教育部哲學社會科學研究重大課題攻關項目

「十一五」國家重點圖書出版規劃項目·重大工程出版規劃
國家社會科學基金重大項目
北京大學「九八五工程」重點項目

儒藏

精華編一九五册
子部儒學類

儒藏

精華編

北京大學《儒藏》編纂與研究中心

《儒藏》精華編第一九五册

首席總編纂　季羡林

項目首席專家　湯一介

總 編 纂　湯一介　龐　樸　孫欽善　安平秋（按年齡排序）

本册主編　馮達文

《儒藏》精華編凡例

一、中國傳統文化以儒家思想爲中心。《儒藏》爲儒家經典和反映儒家思想、體現儒家經世做人原則的典籍的叢編。收書時限自先秦至清代結束。

二、《儒藏》精華編爲《儒藏》的一部分，選收《儒藏》中的精要書籍。

三、《儒藏》精華編所收書籍，包括傳世文獻和出土文獻。傳世文獻按《四庫全書總目》經史子集四部分類法分類，大類、小類基本參照《中國叢書綜録》和《中國古籍善本書目》，於個别處略作調整。凡單書已收入入選的個人叢書或全集者，僅存目録，並注明互見。出土文獻單列爲一個部類，原件以古文字書寫者一律收其釋文文本。韓國、日本、越南儒學者用漢文寫作的儒學著作，編爲海外文獻部類。

四、所收書籍的篇目卷次，一仍底本原貌，不選編，不改編，保持原書的完整性和獨立性。

五、對入選書籍進行簡要校勘。以對校爲主，確定内容完足、精確率高的版本爲底本，精選有校勘價值的版本爲校本。出校堅持少而精，以校正誤爲主，酌校異同。校記力求規範、精煉。

六、根據現行標點符號用法，結合古籍標點通例，進行規範化標點。專名號除書名號用角號（《》）外，其他一律省略。

七、對較長的篇章，根據文字内容，適當劃分段落。正文原已分段者，不作改動。千字以内的短文一般不分段。

八、各書卷端由整理者撰寫《校點説明》，簡要介紹作者生平、該書成書背景、主要内容及影響，以及整理時所確定的底本、校本（舉全稱後括注簡稱）及其他有關情況。重複出現的作者，其生平事蹟按出現順序前詳後略。

九、本書用繁體漢字豎排，小注一律排爲單行。

《儒藏》精華編第一九五册

子部　儒學類

性理之屬

學蔀通辨

〔明〕陳建 撰
張永義 校點

目録

校點説明

《學蔀通辨》四編十二卷，明陳建撰。陳建字廷肇，號清瀾，廣東東莞人。生於明孝宗弘治十年（一四九七），卒于明穆宗隆慶元年（一五六七），嘉靖七年（一五二八）中舉，八年、十一年，兩次參加會試，皆中副榜。選授福建侯官教諭，繼遷江西臨江府學教授、山東陽信縣知縣。嘉靖二十三年，以母老辭歸，遂隱居不仕，潛心著述。所著書，除《學蔀通辨》外，另有《西涯樂府通考》、《治安要議》、《皇明資治通紀》等。

據陳建自述，在任福建侯官教諭時，因與督學潘潢議及朱陸異同之故，遂作《朱陸編年》二編。後來經過不斷修改和補充，「稿至六七易」，終於在嘉靖二十七年完成了《學蔀通辨》一書。「蔀」出自《易》豐卦爻辭「豐其蔀，日中見斗」，取其「遮蔽」之意。陳建認爲，當時之所以聖學不明，主要是受到了三重蔀障的危害，一是佛學的近似惑人，二是陸學的陽儒陰釋，三是朱陸的早異晚同説。駁正三蔀，以明聖學，分别構成了《學蔀通辨》四編的内容。陳建希望，通過此書，「朱陸儒佛之辨，庶幾由此無蔀障混淆之患；禪佛之似，庶乎不亂孔孟之真」。

朱陸「早異晚同」説的主要提倡者是程敏政和王陽明。程敏政著《道一編》爲陸學張目，稱朱陸「其初則誠若冰炭之相反，其中則覺夫疑信之相半，至於終，則若輔車之相倚」。王陽明因之，作《朱子晚年定論》，極言朱子晚歲「大悟其説之非，痛悔極艾，至以爲自誑誑人之罪不可勝贖」，因取朱子晚年書信合于陸説者三十四則，作爲朱子的「晚年定論」。程、王之説，經陽明弟子的鼓動，一時間影響甚大。

陳建和羅欽順是「早異晚同」説的兩位主要批評者。羅欽順曾致書陽明，指出《晚年定論》所收書信，有顛倒早晚之嫌。陳建《學蔀通辨》則依據朱子

和象山的《文集》、《語類》、《年譜》等書，對兩家學術往還進行了更詳細的考辨，並得出了朱、陸「早同晚異」這一正好相反的結論。撇開「早同晚異」說能否成立不論，陳建的考辨在糾正陽明失誤、闡明朱子思想前後變化次序等方面，均有重要的貢獻。這也是《學蔀通辨》一書的價值所在。

不過，由於衛道立場過强，陳建此書也有用語過分的缺陷。正如四庫館臣所言：「王守仁輯《朱子晚年定論》，顛倒歲月之先後，以牽就其說，固不免矯誣。然建此書，痛詆陸氏，至以病狂失心目之，亦未能平允。觀朱子集中與象山諸書，雖負氣相爭，在所不免，不如是之毒詈也。蓋詞氣之間，足以觀人之所養矣。」（《四庫全書總目》）

陳建身後，朱陸之爭更加激烈。圍繞《學蔀通辨》的討論，也剛好分成了對立的兩派。讚賞者如顧炎武，稱「《困知》之記，《學蔀》之編，固今日中流之砥柱矣」（《日知録》卷十八）。陸隴其亦云，陳建「最足爲考亭干城」（《三魚堂文集》卷五）。批評的人則以傾心王學者爲多。康熙時李紱曾稱，陳建「名爲尊朱，而不知所以尊之者」，「是皆朱子之罪人也」（《朱子晚年全論》凡例）。乾隆間吴鼎專門撰《東莞學案》一書，痛詆《學蔀通辨》「全爲阿附閣臣，排陸以陷王」而作。直到晚近，錢穆還以爲：「其書愈後愈深入，愈見精語絡繹錯出。若專以辨正篁墩、陽明之論視此書，亦失此書用力所在矣。」（《讀陳建〈學蔀通辨〉》）梁啟超卻說：「他（陳建）的書純然破口漫駡，如何能服人？」（《中國近三百年學術史》）評論雖然極端對立，但也從一個側面表明，陳建和他的《學蔀通辨》是明清思想史上一個不容忽視的環節。

《學蔀通辨》初刻於嘉靖二十七年，卷前有陳建所作《總序》。萬曆三十三年，黄吉士、吴中立重刻，顧憲成爲之作序。入清以後，該書又續有刊刻，存世的有，康熙十七年顧天挺刻本、五十年汪璲評訂本、同治五年正誼堂全書本、光緒十八年西京清麓叢書本等。

諸刻之中，以嘉靖初刻本最爲完善，錯漏極少。萬曆本基本上是嘉靖本的重刻。除了版式上的變化之外（嘉靖本半葉十行，行二十字，萬曆本半葉九行，行二十字），僅更正了少數的誤植之處。清刻本中，康熙朝的兩種刻本流傳並不廣，主要原因是陳建的另一部著作《皇明資治通紀》入乾隆朝禁書，《學蔀通辨》也連帶受到影響。最爲人們熟知的，是同治年間張伯行的正誼堂全書本。但該本因避諱等原因，删改之處甚多。一九三六年，商務印書館曾據正誼堂全書本斷句排印，收入《叢書集成初編》。

本次校點，以嘉靖二十七年初刻本爲底本，以萬曆三十三年黄吉士刻本（簡稱萬曆本）、正誼堂全書本（簡稱正誼堂本）爲校本。個別底本和校本皆有疑問處，曾參考《朱子語類》和《朱子文集》二書。

校點者　張永義

學蔀通辨總序

天下莫大於學術。學術之患，莫大於蔀障。近世學者所以儒佛混淆，而朱陸莫辨者，以異説重爲之蔀障，而其底裏是非之實不白也。《易》曰：「豐其蔀，日中見斗。」深言掩蔽之害也。夫佛學近似惑人，其爲蔀已非一日。有宋象山陸氏者出，假其似以亂吾儒之真，援儒言以掩佛學之實，於是改頭换面，陽儒陰釋之蔀熾矣。幸而朱子生同於時，深察其弊，而終身力排之，其言昭如也。不意近世一種造爲早晚之説，迺謂朱子初年所見未定，誤疑象山，而晚年始悔悟，而與象山合。其説蓋萌於趙東山之《對江右六君子策》，而成於程篁墩之《道一編》。至近日王陽明因之，又集爲《朱子晚年定論》。自此説既成，後人不暇復考，一切據信，而不知其顛倒早晚，矯誣朱子，以彌縫陸學也，其爲蔀益以甚矣。語曰：「一指蔽目，太山弗見。」由佛學至今，三重蔀障，無惑乎朱陸儒佛混淆而莫辨也。建爲此懼，迺竊不自揆，慨然發憤，究心通辨，專明一實，以抉三蔀。前編明朱陸早同晚異之實，後編明象山陽儒陰釋之實，續編明佛學近似惑人之實，而以聖賢正學不可妄議之實終焉。區區淺陋，豈敢自謂摧陷廓清，斷數百年未了底大公案？而朱陸儒佛之辨，庶幾由此無蔀障混淆之患，禪佛之似，庶乎不亂孔孟之真，未必不爲明學術之一助云。其卷目小序，繫列于左。嘉靖戊申孟夏初吉，東莞陳建書于清瀾草堂。

前編：

上卷所載，著朱子早年嘗出入禪學，與象山未會而同，至中年始覺其非，而返之正也。

中卷所載，著朱子中年方識象山，其説多去短集長，疑信相半，至晚年始覺其弊，而攻之力也。

下卷所載，著朱陸晚年冰炭之甚，而象山既没之後，朱子所以排之者尤明也。

後編：

上卷所載，著象山師弟作弄精神，分明禪學，而假借儒書以遮掩之也。此爲勘破禪陸根本。

中卷所載，著陸學下手工夫，在於遺物棄事，屏思黜慮，專務虚静以完養精神。其爲禪顯然也。

下卷所載，著象山師弟顛倒錯亂，顛狂失心之弊。其禪病尤昭然也。

續編：

上卷所載，著佛學變爲禪學，所以近理亂真，能溺高明之士，文飾欺誑，爲害吾道之深也。

中卷所載，著漢、唐、宋以來學者，多淫於老佛，近世陷溺推援之弊，其所從來遠矣。

下卷所載，著近年一種學術議論，類淵源於老佛，其失尤深而尤著也。

終編：

上卷所載心圖、心説，明人心道心之辨，而吾儒所以異於禪佛在此也。此正學之標的也。

中卷所載，著朱子教人之法，在於敬義交修，知行兼盡，不使學者陷一偏之失，而流異學之歸也。此正學之塗轍

也。

下卷所載，著朱子著書明道、闢邪反正之有大功於世，學者不可騁殊見而妄議。末附總論遺言，以明區區通辨之意云。

序目畢

學蔀通辨提綱

一、朱陸早同晚異之實，二家譜集具載甚明。近世東山趙汸氏《對江右六君子策》乃云：「朱子《答項平父書》有去短集長之言，豈鵝湖之論至是而有合耶？使其合并於晚歲，則其微言精義必有契焉，而子静則既往矣。」此朱陸早異晚同之説所由萌也。程篁墩因之，迺著《道一編》，分朱陸異同爲三節，始焉若冰炭之相反，中焉則疑信之相半，終焉若輔車之相倚，朱陸早異晚同之説於是乎成矣。王陽明因之，遂有《朱子晚年定論》之録，專取朱子議論與象山合者，與《道一編》輔車之卷正相唱和矣。凡此皆顛倒早晚，以彌縫陸學，而不顧矯誣朱子、誑誤後學之深。故今前編編年以辨，而二家早晚之實，近世顛倒之弊，舉昭然矣。

一、自老莊以來，異學宗旨，專是養神。《漢書》謂「佛氏所貴，修鍊精神」。胡敬齋曰：「儒者養得一箇道理，釋老只養得一箇精神。」此言實學術正異之綱要。陸象山講學，專管歸完養精神一路，具載《語録》可考。其假老佛之似，以亂孔孟之真，根柢在此，而近世學者未之察也。故今後編之辨陸，續編之辨佛，皆明其作弄精神，所以異於吾儒之學。至終編則明吾儒之理學，異於異學之養神，蓋此書樞要只此云。

一、朱子有朱子之定論，象山有象山之定論，不可强同。專務虚静，完養精神，此象山之定論也。主敬涵養以立其本，讀書窮理以致其知，身體力行以踐其實，三者交修並盡，此朱子之定論也。觀於後編、終編可考矣。乃或專言涵養，或專言窮理，或止言力行，則朱子因人之教，因病之藥也。惑者乃單指專言涵養者爲定論，以附合於象山，其誣朱子甚矣，故不得不辨。

一、此書本散採諸書，今繩以屬辭比事，引伸觸類之法。其文理接續，血脉貫通，句句理會，其言自相發明。

一、此書多剪繁蕪而撮樞要，不敢泛録以厭觀覽。

一、採據諸書：《朱子文集》、《朱子語類》、《朱子年譜》、《象山文集》、《象山語録》、《象山年譜》、《程氏遺書》、《伊洛淵源録》、《六子書》、《四書大全》、《文獻通考》、《事文類聚》、《傳燈録》、《大慧語録》、宋僧宗杲著。《崇正辨》、宋建安胡寅著。《慈湖遺書》、宋慈溪楊簡著。《鶴林玉露》、宋廬陵羅大經著。《草木子》、元括蒼葉子奇著。《居業録》、國朝餘干胡居仁敬齋著。《白沙集》、新會陳獻章著。《荷亭辨論》、東陽盧格著。《篁墩文集》、《道一編》、並休寧程敏政著。《陽明文録》、《傳習録》、並餘姚王守仁著。《象山學辨》、南海霍韜渭厓著。《困知記》、泰和羅欽順整菴著。其摘引單言者，書目不列，止見本文。謹按：朱子未出以前，天下學者有儒佛異同之辨。朱子既没之後，又轉爲朱陸異同之辨。此聖學顯晦所由繫，世道升降之大幾也。蓋自周衰，降爲戰

國，天下雖有異端如楊墨申韓之屬非一，然其爲説尚淺，未足以深惑乎人也。迨至東漢而佛學入中國，至南北朝而達磨西來傳禪，其明心見性之論始足以陷溺高明之士，其本來面目之似始足以混《中庸》未發之真矣。嗚呼！禪佛之近似已足以惑人，而況重以象山之改頭换面，假儒書以彌縫佛學，爲説益精益巧乎！又況重以篁墩諸人，又顛倒早晚，假朱子以彌縫象山，爲謀益工益密乎！常觀程子闢佛氏曰：「邪誕妖異之説，塗生民之耳目。」塗言蔀也。朱子排陸氏曰：「分明被他塗其耳目，至今猶不覺悟。」言益蔀也。孰意近年又爲《道一編》諸書所塗，成三重蔀邪？建無似，究心十年，著成此辨，垂十萬言。其大要明正學，不使爲禪説之所亂；尊朱子，不使爲後人之所誣；撤豐蔀，不使塗後學之耳目而已。君子其尚虚心而熟察之哉！

學蔀通辨前編卷上

此卷所載，著朱子早年嘗出入禪學，與象山未會而同，至中年始覺其非，而返之正也。

庚戌，宋高宗建炎四年。九月甲寅，子朱子生。《朱子年譜》。

己未，高宗紹興九年。二月乙亥，象山陸子生。《象山年譜》。

辛未，紹興二十一年，陸子十三歲。陸子生穎異，幼嘗問父賀曰：「天地何所窮際？」父笑而不答，遂深思至忘寢食。後十餘歲，因讀書至「宇宙」二字，解者曰：「上下四方曰宇，往古來今曰宙。」忽大省悟，曰：「原來無窮。人與宇宙，皆在無窮之中者也。」援筆書曰：「宇宙内事，乃己分内事。己分内事，乃宇宙内事。」又曰：「宇宙便是吾心，吾心便是宇宙。東海有聖人出焉，此心同也，此理同也。西海、南海、北海有聖人出焉，此心同也，此理同也。千百世之上，至千百世之下，有聖人出焉，此心此理亦莫有不同也。」《象山年譜》。

按：陸子「宇宙」字義之悟，正禪家頓悟之機。然其言引而不發，學者卒然難於識破。必合《後編》所載作弄精神一路觀之，然後其禪昭然矣。蓋此編專明朱陸早晚，至《後編》方究極象山禪蘊也。

癸酉，紹興二十三年，朱子二十四歲。赴任同安主簿，始受學於延平李先生之門。《年譜》云：「初，朱子學靡常師，出入於經傳，泛濫於釋老。自云：『初見延平，說得無限道

理，也曾去學禪。李先生云：「公恁地懸空理會得許多道理，而面前事卻理會不下。道亦無他玄妙，只在日用間着實做工夫處，便自見得。」某後來方曉得他說。』」《朱子語類》云：「佛學舊嘗參究，後頗疑其不是。及見李先生之言，初亦信未及，亦且背一壁放，且理會學問看如何，後年歲間漸見其非。」

朱子早年之學，大略如此。後十年，延平先生方卒。

戊寅，紹興二十八年，朱子二十九歲。作《存齋記》云：「人之所以位天地之中，而爲萬物之靈者，心而已矣。然心之爲體，不可以見聞得，不可以思慮求。謂之有物，則不得於言。謂之無物，則日用之間無適而非是也。君子於此，亦將何所用其力哉？必有事焉而勿正，心勿忘勿助長也，則存之之道也。如是而存，存而久，久而熟，心之爲體，必將瞭然有見乎參倚之間，而無一息之不存矣。」《朱子文集》。

按：此記爲同安學者許順之作。朱子初年之學亦只說一箇心，專說求心見心，全與禪陸合。

戊子，孝宗乾道四年，朱子三十九歲。《答何叔京書》云：「熹奉親遣日如昔。向來妄論持敬之說，亦不自記其云何。但因其良心發見之微，猛省提撕，使心不昧，則是做工夫底本領。本領既立，自然下學而上達矣。若不察良心發見處，即渺渺茫茫，恐無下手處也。所喻多識前言往行，固君子之所急，熹向來所見亦是如此。近因反求未得箇安穩處，卻始知此未免支離。如所謂『因諸公以求程氏，因程氏以求聖人』，是隔幾重公案？曷若默會諸心以立其本，而其言之得失，自不能逃吾之鑒邪？」《朱子文集》。

朱子此書，《道一編》指爲朱子晚合象山，

王陽明採爲《朱子晚年定論》。據《年譜》，朱子四十歲丁母祝孺人憂。此書有「奉親遺日」之云，則祝無恙時所答，朱子年猶未四十，學方日新未已，與象山猶未相識，若之何得爲晚合、得爲晚年定論邪？ 其顛倒誣誑，莫斯爲甚。

朱子又《答何叔京書》云：「今年不謂饑歉至此。夏初，所至洶洶，遂爲縣中委以賑糶之役，百方區處，僅得無事。博觀之敝，此理甚明，何疑之有？ 若使道可以多聞博觀而得，則世之知道者爲不少矣。熹近日因事方少有省發處，如『鳶飛魚躍』，明道以爲與『必有事焉勿正』之意同者，今乃曉然無疑。日用之間，觀此流行之體，初無間斷處，有下功夫處，乃知日前自誑誑人之罪，蓋不可勝贖也。此與守書册、泥言語全無交涉，幸於日用間察之。知此則知仁矣。」《朱子文集》。

按：賑饑事，攷《年譜》，正在是年。王陽明所編《定論》，採《答何叔京》凡四書。前一書也，此一書也，尚有二書，又皆在此録二書之前，皆祝孺人猶在，朱子未識象山時所答。至淳熙乙未，朱子方會象山，而何叔京亦卒矣。見朱子作叔京《墓誌》。陽明何得概指爲晚年哉？

右《答何叔京》二書，學專説心，而謂與書册、言語無交涉，正與象山所見不約而合。此朱子早年未定之言，而篁墩、陽明矯取以彌縫陸學，印證己説也。朱子嘗謂「李伯諫所論，大抵以釋氏爲主，而於吾儒之説近於釋者取之」。今觀《道一》、《定論》二編，大抵以陸氏爲主，而於朱子之説近於陸者取之，而顛倒早晚不顧也。學者察此，禪蔀大略可覩矣。

庚寅，乾道六年，朱子四十一歲。

朱子《答薛士龍書》云：「熹自少愚鈍，事事不能及人。顧嘗側聞先生君子之餘教，粗知有志於學，而求之不得其術。蓋舍近求遠，處下窺高，馳心空妙之域者，二十餘年。比乃困而自悔，始復退而求之於句讀文義之間，謹之於視聽言動之際，庶幾銖積絲累，分寸躋攀。以幸其粗知義理之實，不爲小人之歸，而歲月侵尋，齒髮遽如許矣。」《朱子文集》。

朱子初年，學專説心，而謂與書册、言語無交涉，其馳心空妙可見。據朱子自謂「馳心空妙二十餘年」，當不啻年垂四十，而此書當在此年以後矣。下三書皆相發。

又按：《語類》廖德明録「癸巳所聞」云：「先生言二三年前，見得此事尚鶻突，爲他佛説得相似。近年來方看得分曉。」按：癸巳，朱子四十四歲。言二三年前，則正是四十歲前。而「近年看得分曉」，則正是四十以後，尤可徵也。

朱子《答許順之書》云：「大抵舊來之以佛老之似，亂孔孟之真，故每有過高之病。近年方覺其非，而亦未能盡革，但時有所覺，漸趨平穩耳。順之此病尤深，當痛省察矯揉也。」又《答許順之書》云：「三復來示，爲之悵然。已輒用愚見，附注於下。只於平易慤實之處，認取至當之理。凡前日所從事，一副當高奇新妙之説，並且倚閣。久之見實理，自然都使不着矣。蓋爲從前相聚時，熹亦自有此病，所以相漸染，成此習尚，今日乃成相誤，惟以自咎耳。」並《朱子文集》。

朱子初年，學專説心，而謂與書册、言語全無交涉，此正過高之病，一副當高奇新妙之説也。

朱子《答汪尚書書》云：「熹於釋氏之説，蓋

嘗師其人，尊其道，求之亦切至矣，然未能有得。其後以先生君子之教，校乎先後緩急之序，於是暫置其說，而從事於吾學。其始蓋未嘗一日不往來於心也，以爲俟卒究吾說而後求之，未爲甚晚。而一二年來，心獨有所自安。雖未能即有諸己，然欲復求之外學，以遂其初心，不可得矣。」《朱子文集》。

朱子曰：「某年十五六時，亦嘗留心于此。一日在劉病翁所會一僧，與之語，其僧只相應和了說，也不說是不是，卻與劉說某也理會得箇昭昭靈靈底禪。劉後說與某，某遂疑此僧更有要妙處在，遂去扣問他。見他說得也煞好，及去赴試時，便用他意思去胡說。試官爲某說動了，遂得舉，時年十九。後赴同安任時，年二十四五矣，始見李先生。與他說，李先生只說不是。某倒疑李先生理會此未得，再三質問，李先生爲人簡重，卻不甚會說，只教看聖賢言語。某遂將那禪來權倚閣起，意中道禪亦自在，且將聖人書來讀。讀來讀去，一日復一日，覺得聖賢言語漸漸有味，卻回頭看釋氏之說，漸漸破綻罅漏百出。」《朱子語類》。

此書與此語相表裏，遂明說師釋扣僧來歷。朱子爲人光明，不少隱諱如此。病翁即劉屏山子翬也。

朱子《困學詩》云：「舊喜安心苦覓心，捐書絕學費追尋。困橫此日安無地，始覺從前枉寸陰。」《朱子文集》。

朱子初年學務求心，而謂與守書冊、泥言語全無交涉，故致捐書絕學而苦覓心也。嗚呼！禪學近似亂真，能陷溺高明，雖朱子初猶捐書絕學，馳心二十餘年，而於象山又何怪焉？但朱子中年能覺其非而亟反之，象山則終身守其說而不變，此朱陸

所以爲早同而晚異耳。好事者乃欲移朱子之早年以爲晚，是誣朱子終身爲禪而不反也，不亦悖哉？

「安心、覓心」，出《傳燈録》：「二祖謂達磨曰：『我心未安，請師安心。』師曰：『將心來，與汝安。』二祖良久曰：『覓心，了不可得。』師曰：『與汝安心。』」按：象山《與鄧文範書》云：「得倉臺書，謂别後稍棄舊而圖新，了然未有所得，殆似覓心了不可得者，此乃欲有所得之心耶？」王陽明詩云：「同來問我安心法，還解將心與汝安。」其言皆本《傳燈録》。羅整菴《困知記》云：「近時以道學鳴者，泰然自處於程朱之上。然究其所得，乃程朱早嘗學焉而竟棄之者也。夫勤一生以求道，乃拾先賢所棄以自珍，反從而議其後，不亦誤耶？」整菴此言，實彈文公案，切中其病矣。

按：程篁墩《道一編》謂朱子晚年深悔其支離之失，而有味于陸子之言。王陽明《定論序》謂朱子晚歲大悟舊説之非，痛悔極艾，至以爲自誑誑人之罪不可勝贖。此等議論，皆是矯假推援、陰謀取勝，皆是借朱子之言，以形朱子平日之非，以著象山之是，以顯後學之當從。陽雖取朱子之言，而實則主象山之説也。陽若取朱子，而實抑朱子也。其意蓋以朱子初年不悟而疑象山，晚年乃悔而從象山，則朱子不如象山明也，則後學不可不早從象山明也。此其爲謀甚工，爲説甚巧。一則即朱子以攻朱子，一則借朱子以譽象山，一則挾朱子以令後學也。正朱子所謂「離合出入之際，務在愚一世之耳目，而使之恬不覺悟，以入于禪」也。嗚呼，敝也久矣。象山以改頭換面之術，蔀障天下已數百年

矣。篁墩輩以顛倒早晚之術，蔀障天下又數十年矣。今欲一旦辨而明之，誠不自量，姑盡吾心焉耳。韓子曰：「知而不以告者，不仁也。告而不以實者，不信也。」蘇子曰：「我知之，不以告人，其名曰棄天。」愚雖不肖，敢不惟不仁不信棄天之懼乎！

學蔀通辨前編卷上

學蔀通辨前编卷中

此卷所載，著朱子中年方識象山，其説多去短集長，疑信相半，至晚年始覺其弊，而攻之力也。

甲午，孝宗淳熙元年，朱子四十五歲，陸子三十六歲。

朱子《答吕子約書》云：「陸子静之賢，聞之蓋久。然似聞有脱略文字，直趨本根之意。不知其與《中庸》學問思辨然後篤行之旨，又何如耳？」　又《答吕子約書》云：「近聞陸子静言論風旨之一二，全是禪學，但變其名號耳。競相祖習，恐誤後生，恨不識之，不得深扣其説，因獻所疑也。然恐其説方行，亦未必肯聽此老生常談，❶徒竊憂歎而已。」《朱子文集》。

此二書，猶未會象山時所答。

乙未，淳熙二年，朱子四十六歲，陸子三十七歲。

五月，吕伯恭約陸子及兄子壽，會朱子于鵝湖。論學不合，各賦一詩見志。陸子壽詩云：「孩提知愛長知欽，古聖相傳只此心。大抵有基方築室，未聞無趾忽成岑。留情傳注翻榛塞，着意精微轉陸沉。珍重友朋勤琢切，須知至樂在于今。」子静和云：「墟墓興哀宗廟欽，斯人千古不磨心。涓流積至滄溟水，卷石崇成太華岑。易簡工夫終久大，支離事業竟浮沉。欲知自下升高處，真僞先須

❶「老」，原誤作「先」，今據正誼堂本改。

辨只今。」❶朱子續和云：「德義風流夙所欽，別離三載更關心。偶扶藜杖出寒谷，又枉籃輿度遠岑。舊學商量加邃密，新知培養轉深沉。只愁説到無言處，不信人間有古今。」朱、陸《年譜》。

《朱子年譜》謂「其後子壽頗悔其非，而子静終身守其説不變」。是以子壽後五年卒，朱子祭之以文，有「道合志同，降心從善」之許，而於子静日益冰炭云。子壽，名九齡。

十二月，朱子《答張敬夫書》云：「熹於文字之間，覺向來病痛不少。蓋平日解經，最爲守章句者，然亦多是推衍文義，自做一片文字。非惟屋下架屋，説得意味淡薄，且是使人看者，將注與經作兩項工夫做了。下稍看得支離，至於本旨，全不相照。以此方知漢儒可謂善説經者，不過只説訓詁，使人以此訓詁經文，不相離異，只做一道看了，直是意味深長也。王陽明採入《定論》止此。《大學中庸章句》緣此略修一過，再録上呈，然覺其間更有合删處。《論語》亦如此，草定一本，未暇脱稿。《孟子》則方欲爲之，而日力未及也。子壽兄弟氣象甚好，其病却是盡廢講學而專務踐履，却於踐履之中，要人提撕省察，悟得本心，此爲病之大者。要其操持謹質，表裏不二，實有以過人者。惜其自信太過，規模窄狹，不復取人之善，將流於異學而不自知耳。」《朱子文集》。

王陽明節録此書入《晚年定論》，其欺弊有三：此書在既會象山之後，《論孟集注》未成之時，何得爲晚？其欺弊一也。删去「《學》《庸》緣此修過」以下者，蓋《定論》序

❶「只」，原誤作「古」，今據萬曆本改。

文以爲中年未定之説，思改正而未及，故於此删去修過之由，以彌縫其説也，謾人以爲未及改也。其欺弊二也。亦删去「子壽兄弟」以下者，以譏陸之故而特爲諱避也。考《定論》一編，凡譏及陸學處皆删去，惟一二稍稱陸學處則不删。其欺弊三也。只看陽明録此一書，便有許多弊。篁墩、陽明專挾朱子手書，驅率後學，致後學亦以爲彼據朱子手書不疑也。此權詐陰謀，不合用之於講學。

又按：張敬夫卒於淳熙庚子，先朱子之卒二十載。

朱子《答吕子約書》云：「孟子言學問之道，惟在求其放心。而程子亦言心要在腔子裏。今一向耽着文字，令此心全體都奔在册子上，更不知有己，便是箇無知覺、不識痛癢之人，雖讀得書，亦何益於吾事邪？」《朱子文集》。

按：《文集》此書全文，乃有爲之言，因人而發者。《道一編》乃節録以證朱陸晚同，王陽明因取爲《晚年定論》，亦是謾人。全書云：「向來疾證，來書以爲勞耗心力所致，而諸朋友書亦云讀書過苦使然，不知是讀何書？若是聖賢之遺言，無非存心養性之事，決不應反至生病。恐又只是太史公作祟耳。孟子言學問之道，至何益於吾事邪？況以子約平日氣體不甚壯實，豈可直以耽書之故，遂忘饑渴寒暑，使外邪客氣得以乘吾之隙，是豈聖人謹疾、孝子守身之意哉？」其全書首尾如此，蓋爲子約耽書成病而發，而因戒其讀史之癖耳，非以讀聖賢之書爲無益也。今篁墩、陽明删去首尾，欲使學者不知其爲有爲之言，而概以讀書爲無益者，不亦誣哉？朱

子《答汪尚書》謂「上蔡所云止觀之説，本不與克己同塗並轍。後之好佛者遂掇去首尾，孤行此句，以爲己援」。《道一》、《定論》二編之弊，大率類此，故類著之。

丁酉，淳熙四年，朱子四十八歲。《論孟集注》成。《朱子年譜》。

《年譜》云：「此書雖成於是年，其後刪改，日益精密。」至《學庸章句》，則成於淳熙己酉，時朱子年六十矣。《行狀》亦云：「先生著述雖多，於《語》、《孟》、《大學》、《中庸》尤所加意。若《大學》、《論語》則更定數四，以至垂沒焉。」兹言尤明白可按。王陽明固不可詆爲早歲所著之書，《傳習録》。爲中年未定之説，《定論序》。欲盡廢之而行己説矣。

或曰：「陽明作《定論序》，謂朱子晚歲大悟舊説之非，痛悔極艾，至以爲自誑誑人之罪，不可勝贖。《集注》諸書，乃其中年未定之説，自咎爲舊本之誤，思改正而未及。陽明所據，信然耶？」曰：「此陽明捕風捉影，誣前誑後之深也。『自誑誑人之罪，不可勝贖』，即朱子早年《答何叔京書》語也。『舊本之誤』，朱子初無是語也。朱子《續文集·答黄直卿》有『向來定本之誤』之語，陽明編置《定論》首篇，爲序文張本，然此語非爲著書發也。按《答黄直卿書》云：『爲學直是先要立本，文義卻可且與説出正意，令其寬心玩味，未可便令考校同異，研究纖密，恐其意思促迫，難得長進。此是向來定本之誤，今幸見得，卻煩勇革，不可苟避譏笑，卻誤人也。』詳此書，蓋論教人之事。説教人定本，文意甚明，朱子嘗云：「聖人教人有定本。」又下文謂「教人須先立定本」，正同此。陽明何得矯假以爲悔《集注》

諸書之證也哉？」又按：朱子正《文集》，亦載此書。但此句止云「此是向來差誤」，無「定本」二字，其非爲著述尤明。陽明編《定論》，不採正集而採續集，亦乖。

近日，常州秦尚書作廖太宰《中庸管窺》序，謂：「嘗聞朱子晚年頗病章句支離，自謂向來定本之誤，方欲改而未及，其見諸黃直卿、張敬夫問答等書可考也。」愚按：近日士大夫不知陽明之欺，遂據信以爲實然而疑朱子者，類如此。近時學者意見與朱子不合者，必詆爲早年之説，未定之論，其俑皆作於此。此蔀不辨，誣前惑後之禍，不知何時而已。愚爲此究心痛辨，爲考亭訟冤。

庚子，淳熙七年，朱子五十一歲。是歲，陸子壽卒。《象山年譜》。

按：朱子先《答林擇之書》，有「陸子壽兄弟，近日卻肯向講學上理會」之語，王陽明採爲《晚年定論》。朱子《祭陸子壽文》，有「道合志同，降心從善」之語，《道一編》序首以證朱陸晚同。其弊不獨以早爲晚，尤假子壽以遮蓋象山也。蔀障多端，辨不能盡。

辛丑，淳熙八年，朱子五十二歲，陸子四十三歲。

二月，陸子訪朱子于南康。朱子帥僚友諸生，與俱至白鹿洞書堂，請升講席。陸子爲講《論語》「君子喻於義，小人喻於利」一章，深明義利之辨。朱子請書于簡，自爲之跋，稱其發明懇到，切中學者隱微深錮之病云。朱、陸《年譜》。

呂伯恭與朱子帖云：「子靜留得幾日，鵝湖氣象已全轉否？」朱子答書云：「子靜舊日規模終在，其論爲學之病，多説如此即只是

意見，如此即只是議論，如此即只是定本。既某因與説：『既是思索，即不容無意見。既是講學，即不容無議論。統論爲學規模，亦豈容無定本？但隨人材質病痛而救藥之，即不可有定本耳。』渠卻云：『正爲多是邪意見、閑議論，故爲學者之病。』某云：『如此即是自家呵斥，亦過分了。須是着邪字閑字，方始分明，不教人作禪會耳。又教人恐須先立定本，卻就上面整頓，方始説得無定本底道理。今如此一概揮斥，其不爲禪學者幾希矣。』」《朱子文集》。

按：南康之會，朱子於象山取其《講義》，而終譏其禪會，疑信相半如此。按：朱子又嘗答吕伯恭，謂「子静依舊遮前掩後，巧爲辭説。」此語尤深中其病云。

癸卯，淳熙十年，朱子五十四歲，陸子四十五歲。

朱子《答項平父書》云：「所喻曲折及陸國正語，三復爽然，所警於昏惰者爲厚矣。大抵子思以來，教人之法惟以尊德性、道問學兩事爲用力之要。今子静所説，專是尊德性事，而某平日所論，卻是道問學上多了。所以爲彼學者，多持守可觀，而看得義理全不子細，又別説一種杜撰道理遮蓋，不肯放下。而某自覺雖於義理上不敢亂説，卻於緊要爲己爲人上多不得力。今當反身用力，去短集長，庶幾不墮一邊耳。」《朱子文集》、《象山年譜》。

按：《象山年譜》，去年秋，除國子正。是年冬，遷敕令所删定官。據此書在辨無極前五年，正是中年疑信相半未定之際。後此，所以排象山之失者方日深。《道一編》乃指此書爲朱子晚年信取象山，輔車相倚，誤矣。

五月，朱子表曹立之墓云：「立之幼穎悟，長

知自刻厲。聞張敬夫講道湖湘，欲往見之，不能致。有告以沙隨程氏學古行高者，即往從之，得其指歸。既又聞陸氏兄弟獨以心之所得者爲學，其説有非文字言語之所及者，則又往受其業，久而若有得焉。子壽蓋深許之，而立之未敢以自足也，則又寓書以講於張氏。然敬夫尋没，立之竟不得見。後得其遺文，考其爲學始終之致，於是乃有定論不疑。其告朋友書，有曰『學必貴於知道，而道非一聞可悟，一超可入也。循下學之則，加窮理之功，由淺而深，由近而遠，則庶乎其可矣。今必先期於一悟，而遂至於棄百事以趨之，則吾恐未悟之間，狼狽已甚，又況忽下趨高，未有幸而得之者耶？』此其晚歲用力之標的程度也。」《朱子文集》。

前書似信，而此表尤疑。疑信相半，未定如此。

朱子《答諸葛誠之書》云：「示喻競辨之端，三復惘然。愚意比來深欲勸同志者，兼取兩家之長，不可輕相詆訾。就有未合，亦且置勿論，而姑勉力於吾之所急。不謂乃以曹表之故，反有所激，如來喻之云也。不敏之故，深以自咎。子静平日所以自任，正欲身率學者一於天理，而不以一毫人欲雜於其間，恐決不至如賢者之所疑也。義理天下之公，而人之所見，有未能盡同者，正當虛心平氣，相與熟講而徐究之，以歸於是，乃是吾黨之責。而向來講論之際，見諸賢往往皆有立我自是之意，厲色忿詞，如對仇敵，無復少長之序、禮遜之容，至今懷不滿。」《朱子文集》。

朱子因門人競辨之過，故作此書以解之。平日自任之云，蓋如象山之意而言，猶是中年疑信相半之説也。或乃指此爲朱子晚年尊陸之證，誤矣。

乙巳，淳熙十二年，朱子五十六歲，陸子四十七歲。

朱子貽陸子書云：「奏篇垂寄，得聞至論，慰沃良深。語圓意活，渾浩流轉，有以見所養之深，所蓄之厚。但向上一路，未曾撥轉處，未免使人疑着，恐是葱嶺帶來耳。」《朱子文集》。

按：《象山年譜》，去年冬，上「輪對五劄」。因録寄朱子，而朱子答之，亦疑信相半如此。葱嶺在西域。

朱子《與劉子澄書》云：「子静寄得對語來，語意圓轉，渾浩無凝滯處，亦是渠所得效驗。但不免些禪底意思。昨答書戲之云，這些子恐是葱嶺帶來，渠定不伏。然實是如此，諱不得也。近日建昌説得動地，撑眉努眼，百怪俱出，甚可憂懼。渠亦本是好意，但不合只以私意爲主，更不講學涵養，直做得如此狂妄。世俗滔滔，無話可説，有志於學者又爲此説引去，真吾道之不幸也。」《朱子文集》。

建昌，指象山門人傅子淵。蓋子淵，江西建昌人，象山所亟稱者，而亦朱子所深闢者。二家冰炭，自此始矣。

丙午，淳熙十三年，朱子五十七歲，陸子四十八歲。

五月，朱子答陸子書云：「昨聞嘗有丐外之請，而復未遂，今定何如？子淵去冬相見，氣質剛毅，極不易得。但其偏處，亦甚害事。雖嘗苦口，恐未必以爲然。道理雖極精微，然初不在耳目聞見之外。是非黑白，只在面前。此而不察，乃欲别求玄妙於意慮之表，亦已誤矣。熹衰病日侵，所幸邇來日用功夫頗覺有力，無復向來支離之病。甚恨未得從容面論，未知異時相見，尚復有異同否耳？」《朱子文集》、《象山年譜》。

按：象山是年冬，始奉祠還家。此時猶在朝，而嘗有丐外之請也。《象山年譜》載是書於是年，信矣。子淵偏處甚害事，即前《與劉子澄書》所稱是也。

按：《道一編》採此書爲朱陸晚同，又自注云：「或疑書尾尚持異同之説，然觀朱子於此既自以支離爲病，而陸子與傅子淵書亦復以過高爲憂，則二先生胥會，必無異同可知。惜其未及胥會而陸已下世矣。」竊按此書，乃朱陸異同之始。後此，方冰炭日深。二家譜集，班班可考，篁墩何得爲此捕風捉影，空虚億度，牽合欺人也？趙東山論朱陸亦云：「使其合并於晚歲，則其微言精義必有契焉，而子静則既往矣。抑朱子後來德盛仁熟，使子静見之，又當以爲何如也？」即同此一種見識。蓋求朱陸生前無可同之實，而没後乃臆料其後會之必同。本欲安排早異晚同，乃至説成生異死同，可笑可笑！如此，豈不適所以彰朱陸平生之未嘗同，適自彰其牽合欺人之弊，奈何近世咸加據信而莫能察也？惜哉！昔裴延齡掩有爲無，指無爲有，以欺人主，陸宣公謂其「愚弄朝廷，其罪甚於趙高指鹿爲馬」。今篁墩輩分明掩有爲無，指無爲有，以欺弄後學，使遇君子，當如何議罪？

朱子《答程正思書》云：「所論皆正當確實，而衛道之意又甚嚴，深慰深慰。祝汀州見責之意，敢不敬承？蓋緣舊日曾學禪宗，故於彼説，雖知其非，而未免有私嗜之意。亦是被渠説得遮前掩後，未盡見其底蘊。譬如楊墨，但能知其爲我兼愛，而不知其至於無父無君，雖知其無父無君，亦不知其便是禽獸也。去冬，因其徒來此，狂妄兇狠，手足盡

露，自此乃始顯然鳴鼓攻之，不復爲前日之唯阿矣。」

朱子《答劉公度書》云：「建昌士子，過此者多。方究得彼中道理，端的是異端，誤人不少。向見賢者亦頗好之，近亦覺其非否？」

朱子《答趙幾道書》云：「所論時學之弊甚善。但所謂冷淡生活者，亦恐反遲而禍大耳。孟子所以舍申商而距楊墨者，爲此也。向來正以吾黨孤弱，不欲於中自爲矛盾，亦厭繳紛競辨若可羞者，故一切容忍，不能極論。近乃深覺其弊，全然不曾略見天理彷佛，一味只將私意東作西捺，做出許多詖淫邪遁之説。又且空腹高心，妄自尊大，俯視聖賢，蔑棄禮法，只此一節，尤爲學者心術之害，故不免直截與之説破。渠輩家計已成，決不肯舍。然此説既明，庶幾後來者免墮邪見坑中，亦是一事耳。」《朱子文集》。

按：《答程正思》謂「去冬其徒來此」等語，正與前答陸子所謂「子淵去冬相見」，與劉子澄所謂「建昌説得動地」語同。答劉公度、趙幾道書，語意皆同。二家冰炭，實始于此。所謂「未盡見底蘊」、「未免私嗜唯阿」，如前《答項平父書》是也。「厭繳紛競辨」、「容忍不能極論」，如《答諸葛誠之書》是也。「冷淡生活」，觀《後編》所載象山「此道甚淡」等語可見。

通按：朱子於象山，自甲辰、乙巳歲以前，每去短集長，時稱其善，疑信相半。自丙午、丁未歲以後，則於象山鮮復稱其善，而專斥其非，絕口不復爲集長之説。其先後予奪，分明兩截，此朱陸早同晚異之實也。至此《答程正思》諸書，則其早同晚異之故也。蓋朱子初年，因嘗參究禪學，與象山所見亦同，以故私嗜唯阿，時稱其善也。

迨中年以後，朱子見道益親，始大悟禪學近理亂真之非。晚年益覺象山改換遮掩之弊，自此乃始直截説破，顯然攻之矣。此朱陸始同終異之關要，愚故表而出之。

通按：朱子年十五、六時，已究禪學，馳心空妙者二十餘年，而後始覺其非。朱子年四十五、六時，方識象山，疑信相半者亦十餘年，而後深覺其弊。嗚呼！甚矣，此學之能蔀惑高明，而難於辨察也，而況後世之士乎？朱子於禪學，謂「其始未嘗一日不往來於心」，謂「近方覺其非而亦未能盡革」；於陸氏，謂「被渠説得遮前掩後」，謂「雖知其非而未免有私嗜之意」。嗚呼！甚矣，此學之能蔀惑高明，而難於舍棄也，而況後世之士乎？向非朱子克永厥壽，則終爲所蔀惑，而其爲非爲弊，誰則明之？朱子嘗謂「某講學，幸而天假之年」，又謂「呂與叔惜乎壽不永，某若只如呂年，亦不見到此田地」，觀此信矣。

通按：朱子之學，有二關焉，有三節焉，有三實焉。上卷《答薛士龍》諸書，爲朱子逃禪返正關。此卷《答程正思》諸書，爲朱陸始同終異關。此二關也。朱子早年馳心於禪學，中年私嗜於象山，晚年併排禪陸，而一意正學。此編三卷，乃三節也。後三編則朱子晚年排禪、排陸、明正學之實，此三實也。學者察此二關、三節、三實，無豐蔀之患矣。

學蔀通辨前編卷中

學蔀通辨前編卷下

此卷所載，著朱陸晚年冰炭之甚，而象山既没之後，朱子所以排之者尤明也。

丁未，淳熙十四年，朱子五十八歲，陸子四十九歲。

五月，朱子答陸子書云：「税駕已久，諸況益佳。學徒四來，所以及人者在此而不在彼矣。區區所憂，一種輕爲高論，妄生内外精粗之别，以良心日用分爲兩截，謂聖賢之言不必盡信，而容貌詞氣之間不必深察者。此其爲説，乖戾狠悖，大爲吾道之害，不待他時末流之弊矣。此事不比尋常小小文義異同，恨相去遠，無由面論，徒增耿耿耳。」《朱子文集》。

按：《象山年譜》，自去年冬得旨奉祠還家，學者輳集。故此書有「税駕已久」、「學徒四來」之云也。此朱子晚年攻陸切要之言，《道一編》乃列爲早年冰炭，差矣。

戊申，淳熙十五年，朱子五十九歲，陸子五十歲。

正月，陸子作《荆國王文公祠堂記》，略云：「公英特邁往，不屑於流俗聲色利達之習，介然無毫毛得以入于其心。潔白之操，寒於冰霜，公之質也。掃俗學之凡陋，振弊法之因循，道術必爲孔孟，勳績必爲伊周，公之志也。不蘄人之知，而聲光燁奕，一時鉅公名賢爲之左次。公之得此，豈偶然哉？用逢其時，君不世出，君或致疑，謝病求去，君爲責躬，始復視事，公之得君，可謂專矣。新法之議，舉朝讙譁，行之未幾，天下恟恟。公方

秉執《周禮》，精白言之，自信所學，斷乎不疑。君子力爭，繼之以去。小人投機，密贊其決。忠樸屏伏，憸狡得志。曾不爲悟，公之蔽也。熙寧排公者，大抵極詆訾之言，而不折之以至理。平者未一二，而激者居八九，上不足以取信於裕陵，下不足以解公之蔽，反以固其意，成其事。新法之罪，諸君子固當分之矣。公以蓋世之英，絶俗之操，山川炳靈，殆不世有。其廟貌弗嚴，邦人無所致敬，郡侯錢公慨然撤而新之，以時祠焉，余竊所敬歎。」《象山文集》、《年譜》。

朱子《答劉公度書》云：「所喻『世豈能人人同己，人人知己？在我者明瑩無瑕，所益多矣』。此等語言，殊不似聖賢意思。無乃近日亦爲異論漸染，自私自利，作此見解邪？臨川近説愈肆，《荆舒祠記》曾見之否？此等議論，皆是學問偏枯，見識昏昧之故，私意又從而激之。若公度之説行，則此等事都無人管，恣意横流矣。」《朱子文集》。

按：象山《文集》、《年譜》載《荆公祠記》，俱明言淳熙戊申。《道一編》乃指爲初年冰炭，顛倒早晚矣。嗚呼！早年者以爲晚歲，晚歲者又以爲早年，誰料篁墩著書從頭徹尾顛倒欺誑。稱荆舒者，王安石先封荆國公，後追封舒王。

陸子《答胡季隨書》云：「《王文公祠記》，乃是斷百餘年未了底大公案，聖人復起，不易吾言矣。」《象山文集》。

按：王安石爲相，首變法度，引用兇邪，實一人可以喪邦。而其『三不足』之説，則又一言可以喪邦者。遂使靖康覆亡，中原淪於左衽之禍，安石階之也，言之痛心。纖人乃爲立祠，象山又從而爲之記，盛稱其美，重爲諛墓之辭，分過於人，曲爲庇鄉人

之計。朱子譏其昏昧偏私，誠切中其病矣。乃自謂「聖人復起，不易吾言」，將誰欺乎？

是年，陸子改貴溪應天山爲象山，建精舍講學。與學者云：「二程見周茂叔後，吟風弄月而歸，有吾與點也之意。後來明道此意卻存，伊川已失此意。」又云：「元晦似伊川，欽夫似明道。伊川蔽錮深，明道卻通疏。」《象山年譜》。

陸子嘗謂人曰：「丱角時，聞人誦伊川語，自覺若傷我者。」又曰：「伊川之言，奚爲與孔子、孟子之言不類？」《象山行狀》。

「伊川學問，未免占決卜度之失。」

「李白、杜甫、陶淵明，皆有志於吾道。」《象山語録》。

按：象山論人如此，其得失明矣。究象山志趣，專尚曾點。凡其胸襟高灑，不拘小節，類於點者，即以爲通疏而取之。至於文理密察，矜於細行，與點不類者，即以爲蔽錮而不之取。故夫深詆伊川，而推譽李白輩，以此也。

朱子曰：「陸子静看伊川低，此恐子静看其説未透耳。譬如一塊精金，卻道不是金，非金之不好，不識金耳。」《朱子語類》。

象山詆伊川，猶陽明詆朱子，大率儒禪不相合也。

曾祖道曰：「頃年嘗見陸象山，象山與祖道言，目能視，耳能聽，鼻能知香臭，口能知味，心能思，手足能運動，如何更要甚存誠持敬？硬要將一物去治一物，須要如此做甚？詠歸舞雩，自是吾夫子家風。」朱子曰：「陸子静所學，分明是禪。」《語類》。

按：《語類》，此乃象山没後，祖道追述之語，以類附此。又按：象山《答曾宅之書》

謂「持敬」字乃後來杜撰。王陽明亦譏朱子主敬爲綴，爲畫蛇添足，而謂「點也雖狂得我情」。譏持敬而尚點狂，陸學趣見，自是一種。

朱子《答歐陽希遜書》云：「學者當循下學上達之序，庶幾不錯。若一向先求曾點見解，未有不入於老、佛也。」《朱子文集》。

曾點見得大意而行不掩，卒終於狂。學者如何可學？曾點之狂，流爲莊周。莊周之變，遂爲禪學矣。

四月，陸子與朱子書，略云：「昔年兩得侍教，康廬之集，加款於鵝湖，然猶鹵莽淺陋，未能成章，無以相發，甚自愧也。比日少進，甚思一侍函丈，當有啟助，以卒餘教。梭山兄謂《太極圖説》與《通書》不類，疑非周子所爲，此言殆未可忽也。極者中也，言無極則是無中也，豈宜以無極字加於太極之上？『無極』二字出於《老子》，聖人之書所無有也。」《象山文集》、《年譜》。

梭山，名九韶，字子美。嘗詆《太極圖説》之非，朱子先已辨之矣。至是，象山復爲之申其辨，而朱子答之各有二書。全文各數千言，不能悉録也，姑撮著其略如此。

十一月，朱子答陸子書，略云：「周子所以謂之無極者，正以其無方所、無形狀。如《老子》『復歸於無極』，『無極』乃無窮之義，非若周子所言之意也。」《朱子文集》、《年譜》。

十二月，陸子答朱子書，略云：「老氏以無爲天地之始，以有爲萬物之母，以常無觀妙，以常有觀徼。直將無字搭在上面，正是老氏之學，豈可諱也？尊兄所謂真體不傳之秘，及迥出常情、超出方外等語，莫是曾學禪宗？」《象山文集》、《年譜》。

己酉，淳熙十六年，朱子六十歲，陸子五十一

歲。

正月，朱子答陸子書，略云：「熹詳老氏之言有無，以有無爲二。周子之言有無，以有無爲一。正如南北水火之相反。請更子細着眼，未可容易譏評也。『迥出常情』等語，只是俗談，即非禪家所能專有，況今雖偶然道着，而其所見所説，即非禪家道理，非如他人陰實祖用其説，而改頭换面，陽諱其所自來也。」《朱子文集》、《年譜》。

按：朱陸辨無極歲，載二家《年譜》，並同。《道一編》乃謂此辨在二家未會面之前，而咎《朱子年譜》置鵝湖既會之後爲失其次。於是以辨無極諸書，列於鵝湖三詩之前，定爲首卷，謂以著其異同之始，早年未定之論。篁墩一何誣之甚也！按：象山首書謂「昔年兩得侍教，康廬之集，加款於鵝湖」云云，其敘述先後極爲明白，不待别加考證，而早晚已曉然於一書之中。篁墩列此書於編首，而於此豈有不知？分明自欺欺人而已。然《道一編》雖欺，而人則不知其欺也。篁墩高才博學，名重一時，後學無不宗信也。於是，修《徽州志》者稱篁墩文學，而以能考合朱陸爲稱首矣。按：閩臺者，稱《道一編》有功於朱陸，爲之翻刻以廣傳矣。近年各省試録，每有策問朱陸者，皆全據《道一編》以答矣。近日縉紳有著《學則》、著《講學録》、序《中庸管窺》，無非尊陸同朱，群然一辭矣。至席元山之《鳴冤録》、王陽明之《定論》，則效尤附和，又其甚者矣。古云：「難將一人手，掩得天下目。」今篁墩分明以一人手而掩天下之目矣。若今不辨，則其誑誤天下後世，將何紀極？愚讀書至此，不勝憤慨，爲此究心通辨。嗚呼！愚之爲此，豈朱

子在天之靈有以啟其衷，而使之白其誣於萬世耶？

按：《道一編》刻本今有二：一徽州刻者，程篁墩所著，原本也。一福州刻者，王陽明門人所删節，別本也。別本節去「辨無極」七書不載，豈亦已覺其弊而爲之掩匿耶？又按：《象山年譜》刻本今亦有二：一在漳州，一在撫州，皆近年陽明門人刻。撫本頗多增飾，與漳本小異，併記于此。

陸子《與陶贊仲書》云：「《荆公祠堂記》與《答元晦》二書併往，可精觀熟讀。此數文皆明道之文，非止一時辨論之文也。吾文條析甚明，看晦翁書，但見糊塗没理會，吾書坦然明白。吾所明之理，乃天下之正理、實理、公理、常理，所謂『本諸身，徵諸庶民，考諸三王而不謬，建諸天地而不悖，質諸鬼神而無疑，百世以俟聖人而不惑』者也。」

陸子《與邵叔誼書》云：「得元晦書，其蔽殊未解，某復書又加明暢。併録往，幸精觀之。」並《象山文集》。

矜悻自高，象山一生氣象自是如此。

朱子《與邵叔誼書》云：「子静書來，殊無義理，每爲閉匿，不敢廣以示人，不謂渠乃自暴揚如此。所與左右書，渠亦録來，想甚得意。大率渠有文字，多即傳播四出，惟恐人不知，此其常態，亦不足深怪。吾人所學，卻且要自家識見分明，持守正當，深當以此等氣象舉止爲戒耳。」

朱子《答程正思書》云：「《答子静書》，無人寫得，聞渠已謄本四出久矣，此正不欲暴其短，渠乃自如此，可歎可歎！然得渠如此，亦甚省力，且得四方學者略知前賢立言本旨，不爲無益。不必深辨之云，似未知聖賢任道之心也。」《朱子文集》。

「無極」之辨，冰炭極於此。

二月，序《大學章句》。三月，序《中庸章句》。《朱子年譜》。

《年譜》云：「二書之成久矣，不輟修改，至是始序之。」按：二書雖序於是年，然後此尚復修改不輟。《大學》直至垂没，改定「誠意」章乃絶筆。《傳習録》因論格物之説，與其禪見不合，乃詆爲朱子早歲所著而未及改，矯誣莫甚矣。

《傳習録》：門人問曰：「格物之説，如先生所教，明白簡易。文公於此，反有未審，何也？」陽明曰：「文公精神氣魄大，是他早年合下便要繼往開來，故一向只就考索著述上用功。若先切己自修，自然不暇及此。文公早歲便著許多書，晚年方悔，是倒做了。」門人曰：「晚年之悔，如所謂『向來定本之誤』，又謂『雖讀得書，何益於吾事』，又謂『此與守書册、泥言語全無干涉』，是他到此方悔從前用功之錯，方去切己自修矣。」曰：「然。此是文公不可及處。他力量大，一悔便轉。可惜不久即去世，平日許多錯處皆不及改正。」按：陽明此節，即與《定論》序文相表裏，無一句一字不顛倒錯亂，誣前誑後。至謂朱子不知先切己自修，平日許多錯處皆不及改，正是詆誣朱子一生無一是處。自朱子没後，無人敢如此詆誣。自古講學著書，無人敢如此顛倒欺誑。昔尹和靖有言：「其爲人明辨有才，而復染禪學，何所不至也？」嗚呼，可畏哉！

陸子《答胡季隨書》云：「以顔子之賢，必不至有聲色貨利之累，忿狠縱肆之失。夫子答其問仁，乃有克己復禮之説。所謂己私者，非必如常人所見之過惡而後爲己私也。己

之未克，雖自命以仁義道德，自期可以至聖賢之地，皆其私也。顔子之所以異乎人者，爲其不安乎此，極仰鑽之力，故卒能踐克己復禮之言，而知遂以至，善遂以明也。」《象山文集》。

此書本與《答論王文公祠記》同爲一書，實出晚年。

朱子曰：「陸子静説顔子克己，不是克去己私利欲之類，别自有箇克處，又卻不肯説破。某嘗代之下語云，不過要言語道斷，心思路絶耳。此是陷溺人之深坑，切不可不戒。」胡達材問：「顔子如何尚要克己？」朱子曰：「這是公那象山先生好恁地説道，『顔子不似他人樣有偏處要克，只是心有所思，便不是了』。這正是禪家之説，如杲老説不可説、不可思之類。他説到那險處時，又卻不説破，卻又將那虚處説起來。如某所説克己，便是説外障。如他説，是説裏障。他所以嫌某時，只緣是某捉着他緊處。别人不曉禪，便被他謾。某卻曉得禪，所以被某看破了。夫子分明説非禮勿視聽言動，顔子分明是『請事斯語』，卻如何恁地説得？」並《朱子語類》。

朱子謂「他説到那險處，又卻不説破，卻又將那虚處説起來」。象山一生講學，是用此術。《象山文集》，篇篇是此弊。朱子又嘗謂：「子静説道理，有箇黑腰子，常是兩頭明，中間暗。」即此也。此象山遮掩禪機，被朱子晚年看破。杲老，宋大慧禪師宗杲也。

壬子，光宗紹熙三年，朱子六十三歲，陸子五十四歲。

正月，陸子知荆門軍，帥吏民講《洪範》五皇極章。《講義》云：「皇，大也。極，中也。《洪範》九疇，五居其中，故謂之極。」《象山年

譜》。

按：《講義》全文，凡千餘言。因辨「皇極」二字，而止録此。

朱子曰：「今人將『皇極』字作『大中』解了，都不是。『皇建其有極』，不成是『大建其有中』？『時人斯其惟皇之極』，不成是『時人斯其惟大之中』？」《朱子語類》。

朱子《皇極辨》曰：「皇者君之稱也。極者至極之義，標準之名。『皇建其有極』云者，言人君以其一身，而立至極之標準於天下也。」《朱子文集》。

按：漢儒以來，皆以「大中」訓「皇極」。象山《講義》承訛踵謬，至朱子始一正之。發明精切，有功前聖。

朱子《答胡季隨書》云：「前書諸喻，讀之惘然。季隨學有家傳，又從南軒之久，常疑久遠無人頭處，必爲浮説所動，今乃果然。乃曰：『纔涉思惟，便不親切。』又曰：『非不能以意解釋，但不欲杜撰耳。』不知卻要如何下工夫耶？夫子言『學而不思則罔』，《中庸》説『博學、審問、慎思、明辨』，聖賢遺訓明白如此，豈可舍之而狗彼自欺之浮説耶？日月逝矣，歲不我與，且將《大學》、《中庸》、《論》、《孟》、《近思》等書子細玩味，久之須見頭緒，不可爲人所誑，虚度光陰也。荆門《皇極説》曾見之否？試更熟讀《洪範》此一條詳解，釋其文義，看是如此否？」《朱子文集》。

「自欺浮説」、「爲人所誑」等語，皆是指象山。

朱子《答項平父書》云：「所喻已悉。以平父之明敏，於此自不應有疑。所以未免紛紜，卻是明敏太過，不能深潛密察，反復玩味，只略見一線路可通，便謂理只如此，所以爲人所惑，虚度光陰也。孟子之意須從上文看，

其意蓋曰，此氣乃集義而自生於中，非行義而襲取之於外云爾，非謂義不是外襲也。今人讀書不子細，將此草本立一切法，横説豎説，誑嚇衆生，恐其罪不止如范甯之議王弼而已也。」《朱子文集》。

按：項平父與胡季隨皆嘗惑於象山者，故二書皆謂爲人誑惑、虚度光陰也。范甯議王弼，考之《通鑑》，謂其「游辭浮説，波蕩後生，使搢紳之徒翻然改轍，遺風餘俗，至今爲患，其罪深於桀紂。」朱子引此，其闢象山深矣。

朱子曰：「告子直是將義屏除去，只就心上理會。」因舉陸子静云「讀書講求義理，正是告子義外工夫」，「某曰不然。如子静不讀書，不求義理，只静坐澄心，卻是告子外義」。李時可問仁内義外。朱子曰：「告子此説固不是，然近年有欲破其説者，又更不是。謂『義專在内，只發於我之先見者便是。如夏日飲水、冬日飲湯之類是已。若在外面商量，如此便不是義，乃是義襲。』其説如此，乃與佛氏『不得擬議，不得思量，當下便是』之説相似。此大害理。」

朱子因與萬正淳論「集義」云：「謂如人心知此義理，行之得宜，固自内發。人性質不同，或有魯鈍，一時見未到，得别人説出來，反之於心，見得爲是而行之，是亦内也。今陸氏只要自渠心裏見得底，方謂之内，若别人説底，一句也不是。才自别人説出，便指爲義外。如是乃告子之説。」並《朱子語類》。

自卷首至此，皆二家冰炭之言。首《荆公祠記》之辨，次伊川人品之辨，次曾點舞雩之辨，次濂溪無極之辨，次顔子克己之辨，次《皇極講義》之辨，次孟子義外之辨，凡此數辨，皆所謂「直截説破，顯然攻之」者

也。

按：陸子嘗云：「吾之學問與諸處異者，只是在我全無杜撰，雖千言萬語，只是覺得他底在我，不能添一些。」觀此言，則朱子與萬正淳之所論者信矣，真一告子也。其視聖賢之好問好察、若無若虛氣象，何啻天淵？

十二月，陸子卒于荆門軍。朱子聞訃，帥門人往寺中爲位哭之。既罷，良久曰：「可惜死了告子。」《象山年譜》、《朱子語類》。

按：陸子壽之卒，朱子痛惜之，爲文以祭。象山則無。按：朱子嘗答葉味道書云：「所喻『既祔之後，主不當復于寢』，向見陸子靜居母喪時，力主此説。其兄子壽疑之，皆以書來見問，因以《儀禮》注中既祔復主之説告之，而子靜固以爲不然，直欲於卒哭而祔之後，撤其几筵。子壽疑而復問，因又告之，以爲如此則亦無復問其禮之如何，只此卒哭之後便撤几筵，便非孝子之心，已失禮之大本矣。子靜終不謂然，而子壽遂服，❶以書來謝，至有負荆請罪之語。今錢君之論，雖無子靜之薄，而其所疑亦非也。」按：《象山年譜》：「淳熙四年，丁繼母鄧氏憂。」此書朱子晚年因事追論也。即此一事，而見子靜薄親忤兄，咈諫違善，其過深矣。此子壽之所以爲降心從善，而子靜真一告子較然與？或乃混合二陸，苟爲彌縫，惡乎可？

癸丑，紹熙四年，朱子六十四歲。《答詹元善書》云：「子靜旅櫬經由，聞甚周旋之，此殊可傷。見其平日大拍頭，胡叫喚，豈謂遽至此哉！然其説頗行於江湖間，損賢者之志

❶「服」，原誤作「腹」，今據萬曆本改。

而益愚者之過，不知此禍又何時而已耳。」

朱子《答趙然道書》云：「荆門之訃，聞之慘怛。故舊凋落，自爲可傷，不計平日議論之同異也。來喻謂恨未及見其與熹論辨，有所底止，此尤可笑。蓋老拙之學雖極淺近，然求之甚艱，而察之甚審。視世之道聽塗説於佛老之餘而遽自謂有得者，蓋嘗笑其陋而譏其僭，豈今垂老而肯以其千金易人之弊帚者哉？」並《朱子文集》。

按：朱子攻排陸學之言，出于象山没後者甚多。但語中無明證者，今不盡載，詳具後編。

朱子《答蔡季通書》云：「長沙之行，幾日可歸。《閣記》不敢辭，但恐病中意思昏瞶，未必能及許教未替前了得耳。向見薛象先盛稱其人，今讀其書，乃知講於陸氏之學者。近年此説流行，後生好資質者，皆爲所擔閣壞了，甚可歎也。」《朱子文集》。

按：《閣記》即下文《稽古閣記》，是年因蔡季通之請，爲象山門人許中應作者。稱陸氏者，象山既没爲古人，方稱氏也。凡稱陸氏者倣此。《道一編》乃以爲出于早年氣盛語健之時，編在初焉冰炭之首，顛倒欺人，至此可駭！嗚呼！《大學》首戒自欺，而篁墩務爲欺。君子不欺闇室，而篁墩特著一書以欺天下。推此，其平生心術可知矣。無怪乎主考鬻題，爲言路所劾，逮繫詔獄，而遂愧恨以死也。豈鬼神惡其積欺而降之罰與？愚也不得從言官後，正其欺於朝廷，願從野史後，昭其欺於汗簡，則亦有不得已焉耳。弘治己未，程敏政主考會試，給事中華昶、林廷玉劾其賣士。下獄問，黜舉子十餘人，罷敏政，未出京卒。

王陽明《與門人書》云：「留都時，偶因饒

舌，遂致多口，攻之者環四面。取朱子晚年悔悟之説，集爲《定論》，聊以解紛耳。然士大夫見之，乃往往遂有開發者。無意中得此一助，亦頗省煩舌之勞。近年篁墩諸公嘗有《道一》等編，見者先懷黨同伐異之念，故卒不能有入，反激而怒。今但取朱子所自言者表章之，不加一辭，雖有褊心，將無所施其怒矣。」愚按：陽明此書，自喜其謀工説巧，能惑一時士大夫矣，自矜其智術又高於篁墩矣。蓋《道一編》猶並取二家言語，比較異同。陽明編《定論》，則單取朱子所自言而不及象山一語。篁墩蓋明以朱陸爲同，而陽明則變爲陽朱而陰陸耳。正如昔人明以儒佛爲同，而象山則變爲陽儒而陰佛，意猶是也。嗚呼！蔀變至此，益深益妙，務愚一世之耳目而使之恬不覺悟，以入于禪。視諸以儒佛朱陸爲同者，有比較牽合之迹，其蔀淺矣。噫！蔀障重重，日新月盛，何時掃蕩，使不爲士大夫之惑耶？

九月朔，朱子作《鄂州學稽古閣記》云：「人之有是身也則必有是心，有是心也則必有是理。然聖人之教，不使學者收視反聽，一以反求諸心爲事，而必曰博學、審問、謹思、明辨而力行之者，何哉？蓋理雖在我，而或蔽於氣稟物欲之私，則不能以自見。學雖在外，然皆所以講乎此理之實。及其浹洽貫通而自得之，則又初無内外精粗之間也。世變俗衰，士不知學。挾册讀書者，既不過於誇多鬭靡，以爲利禄之計。其有意爲己者，又直以爲可以取足於心，而無事於外求也。是以墮於佛老空虚之邪見，而於義理之正、法度之詳有不察焉。道之不明，其可歎已。鄂州教授許君中應建閣既成，因予友蔡君元定

來請記云云。」《朱子文集》。

按：朱子早年學專求心，而此記乃深譏求心之弊。朱子之學早同於陸，而晚異於陸，莫明於此矣。

按：今天下學術議論兩途，只爭箇蔀與不蔀。不察篁墩之蔀，則朱陸晚年契合。察其蔀而究其實，則朱陸晚年冰炭昭然灼然矣。不察象山之蔀，則陸學爲孔爲孟。察其蔀而究其實，則陸學爲禪爲佛昭然灼然矣。予奪懸殊，好惡南北，所争只此耳。嗚呼！蔀障之患，古今天下，何事無之？内而朝廷，外而百司刑政之間，何往無之？然彼特蔀於一事一時，而象山、篁墩則蔀障天下後世，其禍不知何時而已？朱子嘗謂不止如范甯之議王弼，正以一時之害輕而歷世之患重。區區是用，究心此辨耳。

朱子《答周南仲書》云：「熹頑鈍之學，晚方自信。每病當世道術分裂，上者入於佛老，下者流於管商。學者既各以其所近便，先入者爲主，而又驅之以其好高欲速之心，是以前者既以自誤而遂以自欺，後者既爲所欺而復以欺人。文字愈工，辨説愈巧，而其爲害愈甚。」《朱子文集》。

此言尤深中象山師弟及近日篁墩、陽明諸人之病。下者流於管商，指陳同父輩也。同父名亮，浙東永康人，時亦自豪其才，驅駕流輩，志於事功，號爲永康之學。朱子亦嘗與之往復論難，無異於象山焉。嘗謂學者曰：「海内學術之弊，不過兩事，江西頓悟，永康事功。若不極力争辨，此道無由得明。」嗚呼！可見大賢自任之心矣。

庚申，寧宗慶元六年。三月甲子，朱子卒，年七十一。《朱子年譜》。

按：朱子一生，惓惓以訂釋經書、辨明雜學爲己任。此二者，正其上承孔孟，下開來學，有大功於世者也。自程篁墩造爲朱陸早異晚同之説，而視朱子平日所以辨排雜學者，皆爲覆瓿。自王陽明有朱子《定論》之作，而視朱子平日所釋經傳皆爲蕪言。嗚呼，二氏何苦好誣朱子耶？此編之作，天使余正二氏之誣，昭朱子之實，破禪陸之惑也。

或曰：「吾子所論，固公是公非，鑿鑿皆實矣。然得無傷于訐直耶？傷于好辨好勝耶？」曰：「此誠建之戇癖也。建平生惡人爲欺，每讀史至小人欺君誤國，顛倒是非，誣害忠賢處，未嘗不爲之痛憤悼恨，扼腕太息，欲籲其冤而無從。讀《道一編》諸書亦然。是故著爲此辨，以籲考亭之冤，申儒釋之辨，明朱陸之實，以告天下後世，勿爲所欺。惟恐其辭有未盡，辨有未明，不自知其爲訐直爲好辨好勝也。韓子曰：『君子得位則思死其官，不得位則思修其辭，以明其道。』我將以明其道也，非以爲直而加諸人也。嚴滄浪亦謂『辨白是非，定其宗旨，正當明目張膽而言。使其辭説沉着痛快，深切著明，顯然易見，所謂不直則道不見。雖得罪於世之君子，不辭也』。誦二子之言，知言君子固有以諒我矣。嗚呼！今天下皆尊信陸學，而吾獨排之。今士大夫罔不據信《道一編》，而吾獨辨之。以管窺而妄議道學，以么麽而僭論前輩，則區區固亦無所逃罪。故嘗慨然曰：知我者，其惟此書乎！罪我者，其惟此書乎！」

學蔀通辨前編卷下終

學蔀通辨後編敘

或曰：「子所著《學蔀通辨》前編，其於朱陸同異之辨明矣，乃復有後編之作者何？」曰：「前編明朱陸之異，而此編則其所以異也。夫陸子之所以異於朱子者，非徒異於朱子已也，以其異於聖賢也。異於聖賢，如之何而不異於朱子也？陸子之所以異於聖賢者，非徒異於聖賢已也，以其溺於禪佛而專務養神一路也。溺於禪佛而專務養神一路，雖欲不異於聖賢，不可得矣。嗚呼！養神一路，象山禪學之實也，異於聖賢、異於朱子之實也。而近世學者不察焉，相率而輕信其自大之言，曰陸氏之學尊德性也，陸氏先立乎其大也，而不知其假似以亂真也，援儒以入佛也，借儒以掩佛也，有許多弊也，幾何而不中於朱子謂『近世人大被人謾』，又謂『分明被他塗其耳目，至今猶不覺悟也』。嗚呼！陸氏之學爲塗爲蔀已數百年，學者見聞習熟矣。近歲又益以程篁墩諸人之蔀，如塗塗附焉。此說天下已成風，極重有難反之勢矣。驟聞區區此論，未有不愕然以駭者。志道君子但請毋貴耳賤目，虛心細閱此編一過，則將先張之弧、後說之弧，殆有不足以喻之者矣。或猶不然，則此編奚翅覆瓿。」東莞清瀾居士陳建謹敘。

學蔀通辨後編卷上

此卷所載，著象山師弟作弄精神，分明禪學，而假借儒書以遮掩之也。此爲勘破禪陸根本。

朱子《答許中應書》云：「世衰道微，異端蠭起。近年以來，乃有假佛釋之似，以亂孔孟之實者。其法首以讀書窮理爲大禁，常欲學者注其心於茫昧不可知之地，以僥倖一旦恍然獨見，然後爲得。蓋亦有自謂得之者矣，而察其容貌辭氣之間、修己治人之際，乃與聖賢之學有大不相似者。左右於此，無乃亦惑其説耶？夫讀書不求文義玩索，都無意見，此正近年釋氏所謂看話頭者。世俗書有所謂《大慧語録》者，其説甚詳，試取一觀，則其來歷見矣。」《朱子文集》。

朱子曰：「金溪學問，真正是禪。欽夫、伯恭緣不曾看佛書，所以看他不破。只某便識得他，試將《楞嚴》、《圓覺》之類一觀，亦可粗見大意。」《朱子語類》。

按：陸學來歷，本假佛釋，故必先識佛學，然後陸學可辨也。否則，雖南軒、東萊之賢亦看他不破矣。故今此編，詳陳佛學爲證，以此也。《大慧語録》、《楞嚴》、《圓覺》，皆禪宗佛要也。朱子又嘗答趙詠道書，謂「讀近歲佛者之言，則知其源委之所在。此事可笑，非面見極談，不能盡其底裏。」愚爲此編，正是代朱子極談，以盡象山之底裏，窮象山之源委，然後見此事之真可笑也。下文精神之説，正象山源委所在，故首陳之。

朱子曰：「佛學只是弄精神。」

又曰：「禪學細觀之，只是於精神上發用。」並《朱子語類》。

又《答潘恭叔書》曰：「釋氏之病，乃爲錯認精神魂魄爲性。」

又《答連嵩卿書》曰：「爲此説者，只是於自己身上認得一箇精神魂魄，有知有覺之物，即便自爲己性，把持作弄，到死不肯放舍，謂之死而不亡。釋氏之學，本是如此。今其徒之黠者，往往自知其陋而稍諱之，卻去上頭別説一般玄妙道理。雖若滉漾不可致詰，然其歸宿實不外此。」並《朱子文集》。

按：《漢書》論佛氏之旨云：「所貴修鍊精神，以至爲佛。」其言正與朱子合。或曰：「佛氏直指人心，見性成佛，朱子、《漢書》專以精神言，何也？」曰：「精神即心也。心者精神之舍，而虛靈知覺、作用運動，則皆精神之發也。故禪學其始也，絶利欲，遺事物，屏思慮，專虛靜，無非爲修鍊精神計。及其積久也，精神凝聚澄瑩，豁然頓悟，則自以爲明心見性，光明寂照，神通妙用，廣大無邊，一皆精神之爲也。《漢書》之言，朱子之論，得其要矣。象山之學，何莫非原於此？」

陸子曰：「精神全要在内，不要在外。若在外，一生無是處。」

「初學者能完聚得幾多精神？纔一霍，便散了。某平日如何樣完養？故有許多精神難散。」

「人精神在外，至死也勞攘，須收拾作主宰。收得精神在内時，當惻隱即惻隱，當羞惡即羞惡，誰欺得你？誰瞞得你？見得端的，後常涵養，是甚次第？」

「初教董元息自立，收拾精神，不得閑説話。

漸漸好，後被教授教解《論語》，卻反壞了。」「朱元晦泰山喬嶽，可惜學不見道，枉費精神，遂自擔閣。」

因歎學者之難得，云：「我與學者説話，精神稍高者或走了，低者至塌了，吾只是如此。吾初不知手勢如此之甚，然吾亦只有此一路。」

或有譏先生之教人，專欲管歸一路者。先生曰：「吾亦只有此一路。」並《象山語録》。

按：象山講學，專管歸完養精神一路，其爲禪學，無所逃矣。象山每以孔孟爲辭，今攷《魯論》一部，《孟子》七篇，未聞有一言及於精神，而惟釋氏之自私自利者乃專務之，象山之情昭然矣。下文反復辨證，益詳益明。

按：《孔叢子》有云：「心之精神是謂聖。」陸學宗祖，全在此一語。朱子嘗謂《孔叢子》是後人僞作，鄙陋之甚，理既無足取而辭亦不足觀。陸學一派，乃以與其禪見偶合，尊信而專主之，不亦誤乎？按：《莊子》曰：「神全者，聖人之道。」又曰：「精神，聖人之心。」觀此，則作《孔叢子》當是莊列者流。

朱濟道説臨事疑，恐做事不得。陸先生曰：「請尊兄即今自立正坐，拱手收拾精神，自作主宰。萬物皆備於我，何有欠闕？當惻隱時自然惻隱，當羞惡時自然羞惡，當寬裕温柔時自然寬裕温柔，當發强剛毅時自然發强剛毅。」《象山語録》。

朱濟道《與人書》云：「陸先生所以誨人者，深切著明，大概是令人求放心。學者相與講切，無非此事，不復以言語文字爲意，令人仰歎無已。其有意作文者，皆令收拾精神，涵養德性，根本既正，不患不能作文。」《象山年

譜》。

又曰："千古聖賢，只是辦一件事，無兩件事。"《象山語録》。

佛書云："惟有一乘法，無二亦無三。"又云："惟此一事實，餘二則非真。"文殊曰："善哉！無有言語文字，是真入不二法門也。"今陸學專主收拾精神一路，以爲求放心，不復以言語文字爲意，非是真入不二法門也邪？

陸子曰："顔子爲人最有精神，然用力甚難。仲弓精神不及顔子，然用力卻易。然顔子精神高，既磨礲得就實，則非仲弓所能及也。"謂李伯敏曰："吾友近來精神都死，卻無向來亹亹之意，須磨礲鍛鍊，方得此理明"。"窮究磨煉，一朝自省。"並《象山語録》。

按：佛氏修鍊精神，陸氏亦磨鍊精神，同歸一致。顔子何人，乃亦以磨礲精神誣之耶？"一朝自省"，頓悟法也，如下文所陳下樓之覺、鏡象之見之類是也。按：象山嘗云："歐公《本論》固好，然亦只是説得皮膚。"看《唐鑑》一段，門人曰："終是説骨髓不出。"象山曰："後世亦無人知得骨髓去處。"又嘗論讀書，謂"須是就血脉骨髓理會。今學者讀書，只是解字，更不求血脉。"愚謂象山此言，雖云矜誇，而實切中後學病痛。蓋象山血脉骨髓全在養神一路，而近世學者爲所遮掩，鮮克知之也。今此編細與拈出，其禪自明。

詹阜民記象山舉公都子問"鈞是人也"一章云："人有五官，官有其職，某因思是便收此心焉，惟有照物而已。"他日侍坐，先生謂曰："學者能常閉目亦佳。"某因此無事則安坐瞑目，用力操存，夜以繼日。如是者半月，一日下樓，忽覺此心已復澄瑩。中立竊異

者，遂見先生。先生目逆而視之曰：「此理已顯也。」某問先生：「何以知之？」曰：「占之眸子而已。」因謂某：「道果在邇乎？」某曰：「然。昔者嘗以張南軒所類洙泗言仁書考察之，終不知仁，今始解矣。」先生曰：「是即知也，勇也。」某因對曰：「不惟知勇，萬善皆是物也。」先生曰：「然。」《象山語録》。

按：「無事安坐，瞑目操存」，此禪學下手工夫也，即象山之自立正坐、收拾精神也，即達磨面壁靜坐默照之教，宗杲無事省緣靜坐體究之教也。「一日下樓，忽覺此心澄瑩」，則禪學頓悟識心之效驗也。所引「道在邇」等語，則推援之説也。所謂照物，即佛家光明寂照之照。楊慈湖謂「道心發光，如太陽洞照」。王陽明亦以良知爲照心。

《鶴林玉露》云：「子曰：『道不遠人。』孟子曰：『道在邇而求諸遠。』有尼悟道詩云：『盡日尋春不見春，芒鞵踏遍隴頭雲。歸來笑撚梅花嗅，春在枝頭已十分。』亦脱灑可喜。」按：此即與禪陸同一推援之見。詹阜民謂考察洙泗言仁書，終不知仁即「盡日尋春不見春，芒鞵踏遍隴頭雲」也。因瞑目澄心而始解，即「歸來笑撚梅花嗅，春在枝頭已十分」也。愚謂夫子所謂「道不遠人」，指人倫日用、子臣弟友之道而言也。孟子所謂「道在邇」，亦指親親長長而言也。其視阜民之所覺，妖尼之所悟，萬萬不倫。今乃推援牽合，誣之甚矣。論學如此，是何異趙高指鹿爲馬？

詹阜民，字子南。象山嘗與詹子南書云：「日享事實之樂，而無暇辨析於言語之間。」又云：「得其事實，亦不泥其辭説。」又云：「若事實上特達端的，言語自不

同。」又云：「吾友相信之篤，頗知反己就實，深以爲喜。」愚按：《象山文集》每稱「事實如此」者非一，初讀莫知其所謂。及看破《語録》「無事安坐，瞑目澄心」之説，然後知其事實在此也。然後知象山凡稱實學、實行、踐實、務實之類，皆是指此也。然後知象山凡説道、説仁、説此心此理之類，皆無非此也。學者於此等緊要處識破，然後不爲象山之所蔀惑也已。

徐仲誠請教，陸子使思《孟子》「萬物皆備於我矣，反身而誠，樂莫大焉」。仲誠處堂一月，一日問之云：「仲誠思得《孟子》如何？」仲誠答曰：「如鏡中觀花。」曰：「見得仲誠也是如此。」顧左右曰：「仲誠真善自述者。」因説與云：「此事不在他求，只在自家身上。」既又微笑而言曰：「已是分明説了也。」少間，仲誠因問《中庸》以何爲要語，答曰：「我與汝説内，汝只管説外。」《象山語録》。

按：此即與詹阜民所記相發。仲誠處堂一月而有鏡中之見，阜民安坐半月而有下樓之覺，其工夫效驗一也。仲誠以鏡中觀花爲思得《孟子》，阜民以下樓之覺合洙泗言仁，其推援强合一也。鏡中觀花之見，正禪家要妙。然其言引而不發，觀《慈湖遺書》，始説得分明。

《楊慈湖行狀》云：「慈湖初在太學循理齋，嘗入夜憶先訓，默自反觀，已覺天地萬物通爲一體，非吾心外事。至陸先生新第歸來富陽，慈湖留之，夜集雙明閣上，數提『本心』二字，因從容問曰：『何謂本心？』適平旦嘗聽扇訟，陸先生即揚聲答曰：『適斷扇訟，見得孰是孰非者，即本心也。』慈湖聞之，忽覺此心澄然清明，亟問曰：『止如斯耶？』陸曰：『更何有也？』慈湖即北面納拜，終身師事

焉。每謂某感陸先生，尤是再答一語更云云，便支離去。已而沿檄宿山間，觀故書猶疑，終夜坐不能寐。天曈曈欲曉，忽灑然如物脱去，乃益明。後居妣喪，更覺日用應酬未能無礙。沈思屢日，偶一事相提觸，亟起，旋草廬中，始大悟變化云爲之旨。縱横交錯萬變，虚明不動如鑑中象矣。」《慈湖遺書》。

慈湖名簡，字敬仲，浙東慈溪人，象山高第門人也。慈湖頓悟，始於太學之反觀，而成於雙明閣之授受。

按：鑑中影象之見，慈湖一生言之。其作《昭融記》曰：「心之精神是謂聖。此心虚明無體，洞照如鑑，萬物畢見其中而無所藏。」其作《臨安學記》曰：「日用平常，變化云爲，如四時之錯行，如日月之代明，如鑑中萬象，實虚明而無所有。夫是之謂時習而説之學，夫是之謂孔子爲之不厭之學。」其見《訓語》曰：「仁，人心也。人心澄然清明如鑑，萬象畢照而不動焉。」又曰：「渾渾融融，如萬象畢見于水鑑之中，夫是之謂仁，又謂之道。」愚按：此正佛氏弄精神之故智。所謂識心見性，即識此見此也，慈湖烏得妄指爲仁、爲道、爲孔子之學邪？吾不識仁與道，乃有形影之物，可玩弄如此。謬妄推援，指鹿爲馬，可駭可笑！

按：《華嚴經》言：「第一真空絶相觀，第二事理無礙觀，第三事事無礙觀。譬如鏡燈之類，包含萬象，無有窮盡。」《傳燈録》謂「盡十方世界是自己光明，盡十方世界在自己光明内」，謂「心如明鏡臺」，謂「心月孤圓，光吞萬象」。觀此，則知慈湖鏡象之説之來歷矣。陳白沙謂「一片虚靈萬象存」，王陽明謂「良知之體皦如明鏡」，亦即

此意。

朱子《答廖子晦書》云：「鳶飛魚躍，道體無乎不在，觀勿忘勿助之間，天理流行，正如是爾。若謂萬物在吾性分中，如鑑之影，則性是一物，物是一物，以此照彼，以彼入此也。横渠先生所謂『若謂萬象爲太虚中所見，則物與虚不相資，形自形，性自性』者，正譏此耳。」《朱子文集》。

廖子晦，名德明，《宋史》稱其「少學釋氏」。後乃從朱子受業，以書質於朱子曰：「明道先生云：『鳶飛戾天，魚躍于淵，言其上下察也，與「必有事焉而勿正」同。』竊謂萬物在吾性分中，如鑑中之影，仰天而見鳶飛，俯淵而見魚躍，上下之見，無非道體之所在也。方其有事而勿正之時，必有參乎其前而不可致詰者，活潑潑地，智者當自知之。」子晦所見，蓋即同慈湖也。朱子以此書答之，而子晦大悟其失，復書曰：「鑑影之惑，非先生之教，幾殆。某昔者閒居默坐，見夫所謂充周而洞達者，萬物在其中，各各呈露，遂以鑑影之譬爲近，故推之而爲鳶魚之説，竊以爲似之。先生以太虚萬象而闢其失，某讀之久，始大悟其非。若爾，則鳶魚吾性分爲二物矣。」愚按：子晦鑑影之説，尤足發禪陸之藴，故著之。

按：明道謂「鳶飛魚躍一段，子思喫緊爲人處，與必有事焉而勿正心之意，同活潑潑地。會得時，活潑潑地。會不得時，只是弄精神」。今按：鑑影之惑，正是弄精神也。

按：萬物皆備之語，孟子與陸學俱言之。然孟子之萬物皆備，以萬物之理言也。陸學之萬物皆備，以萬物之影象言也。儒釋不同，肯綮只此。朱子《答胡季隨書》云：

「聖賢本意，欲人戒慎恐懼，以存天理之實，非是教人揣摩想像，以求見此理之影也。」正明此意。《困知記》詩云：「鏡中萬象原非實，心裏些兒卻是真。須就這些明一貫，莫將形影弄精神。」亦明此意。

楊慈湖《書炳講師求訓》曰：「簡之行年二十有八也，居太學之循理齋。時首秋，入夜，僕以燈至。某坐于床，思先大夫嘗有訓曰『時復反觀』。簡方反觀，忽覺空洞無内外，無際畔，三才萬物，萬化萬事，幽明有無，通爲一體，略無縫罅。疇昔意謂萬象森羅，一理貫通而已，有象與理之分，有一與萬之異。及反觀後所見，元來心體如此廣大。孔子曰：『心之精神是謂聖。』即達磨謂『從上諸佛，惟以心傳心，即心是佛。除此心外，更無别佛。汝問我即是汝心，我答汝即是我心。汝若無心，如何解問我？我若無心，如何解答汝？』觀此益驗即日用平常之心，惟起意爲不善。此心至妙，奚容加損？日月星辰即是我，四時寒暑即是我，山川人物即是我，風雨霜露即是我，鳶飛魚躍無非我。如人耳目口鼻手足之不同，而實一人。人心如此神妙，百姓自日用而不知。」《慈湖遺書》。

按：此即鏡中萬象之見。按：此推援儒佛尤明。象山嘗因宇宙字義之悟，謂「元來無窮，人與宇宙皆在無窮之中」，又謂「宇宙便是吾心，吾心便是宇宙」等語，正同此禪機。但象山引而不發，而慈湖始發其藴。究陸學一派，惟象山工於遮掩，禪機最深，學者極難識得他破。至慈湖輩，禪機始露，稍加考證，其禪便自瞭然矣。

《傳燈録》招賢大師云：「盡十方世界是沙門眼，盡十方世界是沙門全身，盡十方世界是自己光明，盡十方世界在自己光明

內，盡十方世界無一人不是自己。」此論即象山、慈湖宗祖。橫渠張子嘗謂佛學「蔽其用於一身之小，溺其志於空虛之大。語大語小，流遁失中」。此語切中其病矣。

陸子曰：「今一切去了許多謬妄勞攘，磨礲去圭角，浸潤著光精，與天地合其德云云，豈不樂哉！」

「吾於踐履未能純一，然纔自警策，便與天地相似。」並《象山語録》。

光精與天地合德，警策與天地相似，語其約也。慈湖反觀之訓，道其詳也。約者引而不發，詳者無隱乎爾。

楊慈湖《訓語》曰：「子曰：『朝聞道，夕死可矣。』『心之精神是謂聖。』精神虛明無體，未嘗生，未嘗死，人患不自覺耳。一日洞覺，則知生死之非二矣，則爲不虛生矣。」《慈湖遺書》。

慈湖此語，即佛氏形有死生、真性常在，即以神識爲不生不滅。象山謂「人與宇宙皆在無窮之中」，陳白沙謂「神理爲天地萬物主本，長在不滅」，即此也。

按：象山講學，好說「宇宙」字。蓋此二字盡上下四方，往古來今，至大至久，包括無窮也。如佛說「性周法界，十方世界是全身」之類，是以至大無窮言也。如說「法身常住不滅，覺性與太虛同壽」之類，是以至久無窮言也。此象山宇宙無窮之說，吾心宇宙之說，一言而該禪學之全也。陳白沙曰：「終日乾乾，收拾此而已。斯理也，干涉至大，無內外，無終始。得此欛柄入手，更有何事？往古來今，上下四方，都一齊穿紐收合。會此者，天地我立，萬化我出，而宇宙在我矣。」此言尤發明象山宇宙之旨。禪學作弄精神，至此極矣。程子謂

「佛氏打入箇無底之壑」，朱子謂「佛氏只是説箇大話謾人」，陸學即同此弊。

楊慈湖《訓語》曰：「簡行年二十有八，居太學，夜坐反觀。忽覺天地内外，森羅萬象，幽明變化，有無彼此，通爲一體。後因承象山先生扇訟是非之答，而又覺澄然清明。一日，因觀外書有未解而心動，愈觀而愈動。掩書夜寢，心愈窘不寐。度至丁夜，忽有黑幕自上而下，而所謂窘者掃迹絶影，流汗沾濡。泰然旦而寤，視外物無二見矣。」《慈湖遺書》。

黑幕之見，奇特之甚。流汗之説，爲禪益彰。羅整菴云：「予官京師，偶逢一老僧。問何由成佛，渠漫舉禪語爲答，云『佛在庭前栢子樹』。愚意其必有所謂，爲之精思達旦，攬衣將起，則恍然而悟，不覺流汗通體。既而得禪家《證道歌》一編，讀之如合符節，自以爲至奇至妙。後潛玩聖賢言語，始覺其非。」朱子《答吴斗南書》云：「道只是君臣父子日用常行當然之理，非有玄妙奇特、不可測知如釋氏所云『豁然大悟，通身汗出』之説也。」觀此，儒佛明矣。

慈湖詩云：「惜也天然一段奇，如何萬古罕人知。只今步步雲生足，底用思爲底用疑。」鏡象之見，分明奇特。

梭山云：「子静弟高明，自幼已不同。遇事觸物，皆有省發。嘗聞鼓聲震動牕櫺，亦豁然有覺。其進學每如此。」《象山年譜》。

按：禪家有聞聲悟道之機。《傳燈録》記嚴智禪師「一日瓦礫擊竹作聲，廓然省悟」，正是如此。然梭山此語，終亦引而不發。觀下文慈湖誌語，始發象山之蘊。

楊慈湖誌葉元吉妣張氏墓，謂「元吉自言，嘗得某子絶四碑，一讀知此心明白廣大，異乎

先儒繳繞回曲之説，自是讀書行己，不敢起意。後寐中聞更鼓聲而覺，全身流汗，失聲歎曰：『此非鼓聲也，如還故鄉。』終夜不寐。夙興，見天地萬象萬變，明暗虚實，皆此一聲，皆祐之本體。光明變化，固已無疑，而目前常若有一物。及一再聞某警誨，此一物方泯然不見。元吉弱冠與貢，孺人不以爲喜。聞聲而大警悟，孺人始喜。」《慈湖遺書》。

按：禪家悟道必以夜，亦是奇怪。昔六祖傳法於五祖也，以三更時。茲慈湖悟法於象山也，以夜集雙明閣。他如慈湖太學山間黑幕諸悟，與葉元吉此悟，一皆是夜，皆夜卧寤寐恍惚之間。羅整菴所説京師之悟亦然，餘不言晝夜者，可類推矣。伊川先生謂「如人睡，初覺時，乍見上下東西，指天説地」。禪家所見，豈只是此模樣耶？奈何指此爲識心見性？吾斯之未能信。胡敬齋謂「禪家見道，只如漢武帝見李夫人，只是見出一箇假物事。以爲識心見性，其實未嘗識心，未嘗見性也」。此言深切禪病。蓋漢武見李夫人，正是見夜間形影恍惚也。

陸子曰：「徹骨徹髓，見得超然，於一身自然輕，自然靈。」「人爲學甚難。天覆地載，春生夏長，秋斂冬肅，俱此理。人居其間要靈識，此理如何解得？」「宿無靈骨，人皆可以爲堯舜。謂無靈骨，是謂厚誣。」並《象山語録》。

陸學師弟鏡象諸見，是謂靈識靈見，且有靈骨矣。下文慈湖靈明、靈覺、靈光等語即同。「宿無靈骨」，本禪語。

楊慈湖《奠馮氏妹辭》云：「吾妹性質靈明，❶

❶「性」，原作「姓」，據萬曆本改。

觀古默契，靈覺天然，萬古鮮儷。士而能覺，已足垂芳千古。婦而能覺，古惟太姒。自兹以降，以倬行稱於史固不乏，求其內明心通，惟龐氏母子及吾妹。斯某每歎其未有與擬。靈光溥其無際，神用應酬，卷舒雲氣，亦猶鏡象參差，來備四時之錯行、日月之代明。吾妹靈明之妙正如此。」《慈湖遺書》。

朱子嘗答陳正己，謂「爲靈明之空見所持，而不得從事於博學篤志、切問近思之實」。今按：象山、慈湖正是爲靈明之空見所持也。龐氏母子，按《輟耕録》，「襄州居士龐藴妻龐婆，舉家修禪。有男不昏，有女不嫁。大家團欒頭，共説無生話。女名靈照，製竹漉藴賣之，以供朝夕。」愚按：象山、慈湖雖皆禪，然慈湖之禪直，象山之禪深。慈湖明尊達磨，明稱龐氏，明祖述《孔叢子》僞書之言，明説鑑象反觀、黑幕流汗之悟，一切吐露無隱。若象山則遮掩諱藏，一語不肯如此道矣。此二人學術同而心術異處。

陸子曰：「此道之明，如太陽當空，群陰畢伏。」《象山語録》。

楊慈湖曰：「道心發光，如太陽洞照。」又曰：「人心至靈至神，虛明無體，如日如鑑，萬物畢照。」《慈湖遺書》。

朱子嘗謂：「浙間有般學問，是得江西之緒餘，只管教人合眼端坐，要見一箇物事如日頭相似，便謂之悟。此大可笑。」正是指此。

通按：禪陸以頓悟爲宗，是故其始之求悟也，有養神之功焉。其終之既悟也，有鏡象之驗焉。如象山每教學者閉目正坐，慈湖亦教人合眼端坐，詹阜民無事安坐瞑目，夜以繼日，皆養神求悟之功也。如「宇

宙」字義之省，下樓、扇訟、反觀、黑幕、鼓聲之覺，輕靈之見，靈光之契，皆頓悟鏡象之妙也。凡此皆陸學骨髓所在，皆勘破陸學根本也。從前遮掩術行，雖老師宿儒爲所惑。此編除去遮掩，專究骨髓，其禪不待智者而辨矣。

陸子曰：「有一段血氣，便有一段精神。有此精神卻不能用，反以害之。　精神不運則愚，血氣不運則病。」《象山語録》。

按：養生家有元精、元氣、元神之説。象山論學，亦兼包此意，但含蓄不露。近日王陽明始發其藴。陽明《答人書》云：「精一之精以理言，精神之精以氣言。理者氣之條理，氣者理之運用，原非有二事也。但後世儒者之説與養生之説，各滯於一偏，是以不相爲用。前日精一之論，雖爲愛養精神而發，然而作聖之功，實亦不外是矣。」又曰：「養德、養身只是一事，果能戒謹不睹，恐懼不聞，而專志於是，則神住氣住精住，而仙家所謂長生久視之説亦在其中矣」。

愚按：陽明此説，實發象山之藴以誘人也。然象山、陽明俱未及六十而卒，養生之説亦虚妄矣。乃假精一戒懼之旨以文之，其侮聖言、誑後學也孰甚？老子曰：「谷神不死。」谷者，養也。又曰：「治人事天莫若嗇。夫惟嗇，是謂早服。早服謂之重積德，重積德則無不克，是謂深根固柢，長生久視之道。」朱子曰：「此語是就養精神處説。」莊子曰：「至道之精，窈窈冥冥。至道之極，昏昏默默。無視無聽，抱神以静，形將自正。必静必清，無勞汝形，無摇汝精，乃可以長生。」薛文清公曰：「老莊雖翻謄道理，愚弄一世，奇詭萬變，不可模擬，卒歸

於自私，與釋氏同。」愚按：象山、陽明正是翻謄愚弄，卒歸自私，與釋老同也。

胡敬齋曰：「儒者養得一箇道理，釋老只養得一箇精神。儒者養得一身之正氣，釋老養得一身之私氣。」按：此言見得極分明，近世學術真似、是非、同異之辨，決於此。

章仲至云：「象山先生講論終日不倦，夜亦不困，若法令者之爲也。連日應酬，勞而早起，精神愈覺炯然。問曰：『先生何以能然？』先生曰：『家有壬癸神，能供千斛水。』」《象山年譜》。

包顯道云：「侍登鬼谷山，先生行泥塗二三十里。云平日極惜精力不肯用，以留有用處，所以如今如是健。諸人皆困不堪。」《象山語録》。

按：象山嘗問李伯敏云：「日用常行覺精健否？」又嘗誦詩云：「自家主宰嘗精健，逐外精神徒損傷。」愚謂論學主於精健，正陷釋老自私自利。孔孟何嘗有養精神之説，惜精力、務精健之教哉？「家有壬癸神」二語，佛偈也。

陸子《與涂任伯書》云：「某氣禀素弱，年十四、五，手足未嘗温煖。後以稍知所向，體力亦隨壯也。今年過半百，以足下之盛年，恐未能相逮。何時合并，以究斯義。」《象山文集》。

知所向、究斯義，皆是指養神一路。胡敬齋曰：「異端人多强壯，是其心無思慮，精神不曾耗損，故魂强魄盛。費一生工夫，只養得這私物事。」觀象山正同。

朱子《答程正思書》云：「世學不明，異端蠭起，大率皆便於私意人欲之實，而可以不失道義學問之名，以故學者翕然趨之。」《朱子文

集》。

此語切中陸學一派之病。

或言「金溪其學，專在踐履」之説。朱子曰：「此言雖是，然他意只是要踐履他之説耳。」《朱子語類》。

按：近世皆以象山專務踐履，不尚空言，一切被他謾過，被他嚇倒，不知其意只是要踐履他養神之説耳。豈可輕信其言而不察其所踐履何事哉？

陸子《與邵叔誼書》云：「此天之所以與我者。先立乎其大者，立此者也。積善者，積此者也。集義者，集此者也。知德者知此，進德者進此也。同此之謂同德，異此之謂異端。」《象山文集》。

陸子曰：「苟學有本領，則知之所及者，及此也。仁之所守者，守此也。時習之，習此也。説者，説此也。樂者，樂此也。如居高屋之上建瓴水矣。學苟知本，六經皆我注腳。」「伐南山之竹，不足以受我辭。然其會歸，總在於此。」《象山語録》。

象山講學，專管歸此一路，只用一「此」字，將聖賢經書都橫貫了，恣其推援。從來文字，無此樣轍。

朱子曰：「聖賢之教，無内外本末上下。今子静卻要理會内，不管外面，卻無此理，硬要轉聖賢之説爲他説。寧若爾説且作爾説，不可誣罔聖賢亦如此。」

又曰：「他所見既如此，便將聖賢説話都入他腔裏面。不如此，則他所學無據。這都是不曾平心讀聖賢之書，只把自家心下先頓放在這裏，卻捉聖賢説話壓在裏面。」

「陸子静之學，自是胸中無奈許多禪何。看是甚文字？不過假借以説其胸中之所見者耳。據其所見，本不須聖人文字，他卻須要

以聖人文字説者，此正如販私鹽者，上面須得數片臊魚遮蓋，方過得關津，不被人捉了耳。」並《朱子語類》。

前二條是説援儒入佛，後一條是説借儒掩佛，總言皆是陽儒陰佛也。

朱子曰：「某常謂人要學禪時，不如分明去學他禪，秪一棒一喝便了。今乃以聖賢之言夾雜了説，都不成箇物事。道是龍，又無角。道是蛇，又有足。」《朱子語類》。

朱子《答孫敬甫書》云：「陸氏之學，在近年一種浮淺頗僻議論中，固自卓然，非其儔匹。其徒傳習，亦有能修身治家以施政者。但其宗旨本自禪學中來，不可掩諱。當時若只如晁文元、陳忠肅諸人，分明招認，着實受用，亦自有得力處。不必如此隱諱遮藏，改名換姓，欲以欺人而亦不可欺，徒以自欺而自陷於不誠之域也。若於吾學果有所見，則彼之言釘釘膠粘，一切假合處，自然解拆破散，收拾不來矣。少時喜讀禪學文字，見杲老與張侍郎書云：『左右既得此欛柄入手，便可改頭換面，卻用儒家言語説向士大夫，接引後來學者。』後見張公經解文字，一用此策。但其遮藏不密索，漏露處多，故讀之者一見便知其所自來，難以純自託於儒者。若近年則其爲術益精，爲説浸巧，拋閃出没，頃刻萬變，而幾不可辨矣。然自明者觀之，亦見其徒爾自勞，而卒不足以欺人也。」《朱子文集》。

張侍郎，張子韶也，名九成，號無垢。後世學術陽儒陰釋之禍，實起于宗杲之教子韶，所關非小矣。朱子《雜學辨》謂：「凡張氏所論著，皆陽儒而陰釋。其離合出入之際，務在愚一世之耳目，而使之恬不覺悟，以入乎釋氏之門，雖欲復出而不可得。」按：此言尤發摘深中陸學一派之弊，

俱無以逃此矣。《困知記》曰：「張子韶以佛旨釋儒書，改頭換面，將以愚天下之耳目，其得罪於聖門甚矣。而近世之談道者，猶或陰祖其故智，往往假儒書以彌縫佛學。律以《春秋》誅心之法，吾知其不能免夫。」

按：近世假儒書以行佛學，正猶昔人所謂挾天子以令諸侯。挾天子者，意不在於天子，不過假天子以行其脅制天下之私耳。假儒書者，意不在於儒書，不過借儒書以行其扇誘來學之計耳。朱子《答程允夫書》云：「挾天子以令諸侯，乃權臣跋扈，借資以取重於天下，豈真尊主者哉？若儒者論道而以是爲心，則亦非真尊六經者。此其心術之間，反覆畔援，去道已不啻百千萬里之遠矣。」此言深中近世雜學之病。

《朱子文集》有《讀兩陳諫議遺墨》，謂「王安石之於《周禮》，乃姑取其附於己意者，而借其名高以服衆口，豈真有意於古者哉」？今按：象山之援引經書，正是此弊。陽明之集《朱子定論》，亦是此弊。嗚呼，聖賢之言，何不幸而爲後人飾己欺世之資也。張東海詩云：「金釵寶鈿圍珠翠，眼底何人辨真僞。」愚辨陸學，深有感於兹言。

按：有宋一代，禪學盛行。一時名臣賢士，不獨晁文元、陳忠肅好之，如富鄭公、吕申公、韓持國、趙閲道諸賢皆好之。然皆是明言而直好之，不爲隱諱改換，不害其爲誠慤也。亦以可爲清心寡欲之助而好之，不敢以聖學自居、以傳道自任，不失其爲本分也。自象山出，而後隱諱改換而誠慤亡；自象山出，而後以聖傳自任而不

安其分。《困知記》謂：「後世乃有儒其名而禪其實，諱其實而徒侈其名，吾不知其反之於心，果何如也？」嗚呼！此誠世道之降，而孔子所以有古之狂愚之歎與！

學蔀通辨後編卷上終

學蔀通辨後編卷中

此卷所載，明陸學下手工夫在於遺物棄事，屏思黜慮，專務虛靜以完養精神。其爲禪顯然也。

吴顯仲問云：「某何故多昏？」陸子曰：「人氣禀清濁不同，只自完養不逐物，即隨清明。纔一逐物，便昏眩了。人心有病，須是剥落。剥落得一番，即一番清明。後隨起來，又剥落，又清明。須是剥落得净盡方是。」陸子問李伯敏云：「近日日用常行覺精健否？胸中覺快活否？」伯敏答云：「近日别事不管，只理會我，亦有適意時。」先生云：「此便是學問根源也。若能無懈怠，暗室屋漏亦如此，造次顛沛必於是，何患不成？故云『君子以自昭明德』、『古之學者爲己』。今之學者，只用心於枝葉，不求實處。」並《象山語録》。

所謂「只自完養不逐物」，謂「别事不管，只理會我」，即管歸無事安坐、閉目養神一路。陳白沙謂「致養其在我者，而勿以聞見參之。去耳目支離之用，全虚圓不測之神」，即同此工夫頭腦。

陸子曰：「心不可泊一事，只自立心。人心本來無事，胡亂被事物牽將去。若是有精神，即時便出便好。若一向去，便壞了。」「既知自立此心，無事時須要涵養，不可便去理會事。人不肯心閑無事，居天下之廣居，須要去逐外，着一事，印一説，方有精神。」「人心只愛去泊着事。教他棄事時，如鶻孫失了樹，更無住處。」「古人精神不閑用，不

做則已，一做便不徒然，所以做得事成。須要一切蕩滌，莫留一些方得。」並《象山語録》。此皆陸學養神要訣。此即佛氏以事爲障之旨。

《慈湖遺書》云：「近世學者沈溺乎義理之意説，胸中常存一理不能忘捨。捨是，則豁然無所憑依，故必置『理』字於其中。不知聖人胸中初無如許意度。」愚按：象山猶是説事障，慈湖則説理障矣。然理不能外事，事不能外理，二者病則一般。

陸子曰：「凡事莫如此滯滯泥泥。某平生於此有長，都不去着他事，凡事累自家一毫不得。」

「内無所累，外無所累，自然自在。有一些子意，便沉重了。」

「如何容人力做？樂循理謂之君子。」

「學者不可用心太緊。深山有寶，無心於寶者得之。」

「仲弓爲人沖静寡思，日用之間自然合道。」

「資禀好底人闊大，不小家相，不造作，閑引惹都不起不動，自然與道相近。」

「今人只是去些子凡情不得，相識還如不相識云云。如此始是道人心。」

「黄百七哥今甚平夷閑雅，無營求，無造作，甚好。」

「學者要知所好。此道甚淡，人多不知好之，只愛事骨董。」

「『君子之道，淡而不厭』。淡味長。有滋味便是欲。人不愛淡，卻只愛熱鬧。人須要用，不肯不用。人須要爲，不肯不爲。」

「此道非争競務進者能知，惟静退者可入。」

「風恬浪静中，滋味深長。人資性長短雖不同，然同進一步則皆失，同退一步則皆得。」

「人能退步自省，自然與道相入。」並《象山語

録》。

按：此數條只是要得閑曠、虚静、恬淡、退寂。意念皆忘，絲毫無累，任其自然自在，以爲完養精神之地。朱子嘗謂：「看子静意思，只是禪。誌公云：『不起纖毫修學心，無相光中常自在。』他只是要如此。然豈有此理？」嗚呼，信矣！

朱子《答石子重書》云：「許順之留書，見儆甚至，但終有桑門伊蒲塞氣味。云『不如棲心淡泊，於世少求，時玩聖賢之言，可以資吾神、養吾真者，一一勘過』。似此説話，皆是大病。」今按：象山氣味，全與許順之同。朱子嘗謂「冷淡生活」，即此可見。象山所引經言，正是取資神養真也。《莊子・刻意》篇云：「純粹而不雜，静一而不變，淡而無爲，動而以天行。」此養神之道也。《達生》篇云：「棄事則形不勞，遺生則精不虧。夫形全精復，與天爲一。」《天道》篇云：「水静則明燭鬚眉，水静猶明，而況精神？聖人之心静乎！天地之鑒也，萬物之鏡也。夫虚静恬淡寂寞無爲者，天地之平，❶而道德之至。夫虚静恬淡寂寞無爲者，萬物之本也。明此以南向，堯之爲君也。明此以北面，舜之爲臣也。以此處上，帝王天子之德也。以此處下，玄聖素王之道也。以此退居而閑遊，江海山林之士服。以此進爲而撫世，則功大名顯而天下一也。」愚按：今人只疑陸學根本於禪，不知禪陸之學皆根本《莊子》。觀此明矣。

釋氏《息心銘》云：「無多慮，無多智。」《安心偈》云：「人法雙静，善惡兩忘，自心真

❶ 「平」，原誤作「乎」，據萬曆本改。

實，菩提道場。」臥輪禪師云：「臥輪有伎倆，能斷百思想。對境心不起，菩提日日長。」某禪師云：「但能莫存知見，泯絶外緣，離一切心，即汝真性。」又曰：「無心即是道。莫學佛法，但是休心。」達磨謂二祖曰：「汝但外息諸緣，可以入道。」按：諸説具見《傳燈》。朱子謂「但讀近歲佛者之言，則知其源委所在」。此類可見。

羅豫章先生詩云：「聖道由來自坦夷，休迷佛學惑他岐。死灰槁木渾無用，緣置心官不肯思。」今按：象山每謂「心不可泊一事」，謂「都不起不動，無營求造作引惹」，謂「須一切蕩滌剥落净盡」，豈非所謂死灰槁木而置心官於不思乎？至門人楊慈湖，則又明言曰：「道非心思所可知，非言語所可及，可覺不可求。」又曰：「默而識之，覺也，不可思也，不可言也。」嗚呼！其視聖賢「思睿」、「思誠」、「九思」、「慎思」、「學而不思則罔」、「思之弗得弗措」之教，悖戾甚矣。

陸子曰：「某觀人，不在言行上，不在功過上，直截雕出心肝。」

又曰：「惡能害心，善亦能害心。如濟道，是爲善所害。」《象山語録》。

按：象山此論，不管言行功過，不分善惡，而專説心，尤悖道入禪之甚。象山於詹阜民下樓之覺，徐仲誠鏡象之見，皆是不在言行功過而直截觀心也，即佛氏「直取無上菩提，一切是非莫管」之餘智也。「惡能害心，善亦能害心」，謂「心不可一有所思，不拘善惡，皆勞費精神也」，即慧能「不思善、不思惡」、《安心偈》欲善惡兩忘之故轍也。象山嘗謂「心不可泊一事」等語，皆即此意也。

又按：善能害心之説，亦即佛氏以理爲障之意。

陸子曰：「學有本末。顔子聞夫子三轉語，其綱既明，然後請問其目。夫子對以非禮勿視、勿聽、勿言、勿動，顔子於此洞然無疑，故曰：『回雖不敏，請事斯語矣。』本末之序蓋如此。今世論學者，本末先後，一時顛倒錯亂，曾不知詳細處未可遽責於人。如非禮勿視、聽、言、動，顔子已知道，夫子乃語之以此。今先以此責人，正是躐等。」《象山語録》。

按：「四勿」之訓，即克己切要工夫，原非兩截事。學者修身入道，莫急於此。象山何得分本末先後，謂未可先以此責人？顔子已知道，乃語此耶？蓋其禪見不在言行功過而直截説心，以克己爲明心根本之功，而「四勿」爲粗迹事爲之末，妄生分别，亂道誤人也。象山專欲學者明心，而視聽言動非禮不恤，正佛氏「直取無上菩提，一切是非莫管」也。朱子嘗謂「良心日用分爲兩截，此其爲説乖戾狠悖，大爲吾道之害」。又謂「今人論道，只説心，不説身。外面有過言過行更不管，卻云吾正其心」。正指此也。

愚謂象山只説一箇心，而以讀書求義爲末，猶可。只説一箇心，而以視聽言動亦爲末，甚矣！近世只知陸學不讀書之爲不可，而不知其不泊事、不管言行功過、不分善惡、不恤視聽言動非禮之尤大不可也。近世只疑象山偏於尊德性而流於禪，而不知其分明葱嶺帶來達磨、慧能正法眼藏也。嗚呼！陸學至此少明矣。

陸子曰：「不專論事論末，專就心上説。」《象山語録》。

象山一生論學，總腦在此。愚攷孔門論

學，罕言心，專説實事。如説非禮勿視、聽、言、動，居處恭，執事敬，與人忠之類。未聞不論事論末，而專就心上説也。至《孟子》七篇，説心始詳。然究其旨，皆是以良心對利欲而言。若象山之言心，乃對事而言。一主於寡欲存心，一主於棄事澄心。二者言似而指殊，正儒釋毫釐千里之判。

愚嘗究陸學，自謂「先立其大」，甚矣欺人。夫孟子之先立其大也，道心爲主，而不使欲得以害心。陸氏則養神爲主，而惟恐事之害心，惟恐善之害心。天淵之別，若何而同也？孟子之先立其大也，曰「心之官則思，思則得之，不思則不得也」。陸學則曰「不可思也」，「心不可泊一事也」。冰炭之反，若何而同也？象山假此語以飾己欺人，而近世未有能破其説者，故建不得不爲痛辨。終編尤詳。

陸子曰：「如今讀書，且平平讀，未曉處且放過，不必太滯。」

「讀書不必窮索。」

舉一學者詩云：「讀書切戒在荒忙，涵泳工夫興味長。未曉莫妨權放過，切身須要急思量。自家主宰常精健，逐外精神徒損傷。寄語同遊二三子，莫將言語壞天常。」

「學者須是打疊田地净潔。若田地不净潔，則奮發植立不得，亦讀書不得。若讀書，則是假寇兵，資盜糧。」並《象山語録》。

陸子《與胥必先書》云：「常令文義輕而事實重。於事實則不可須臾離，於文義則曉不曉，不足爲重輕。」《象山文集》。

「事實」二字已見前。謂「事實不可須臾離」、「切身須要急思量」，專務完養精神也。「讀書不必窮索，不必太滯」，惟恐逐

外損傷精神也。「未曉莫妨權放過」、「文義曉不曉不足爲重輕」，言讀書之無益也。「言語壞天常」、「讀書假寇資盜」，言讀書之反害也。嗚呼！象山之旨明矣。

陸子曰：「尋常懈怠起時，或讀書，或誦詩歌，或理會一事，或整肅几案筆硯，借此以助精彩。然此是憑物，須要識破。」因問去懈怠，曰：「要須知道不可須臾離乃可。」《象山語録》。

陸子《與邵中孚書》云：「《告子》一篇，自『牛山之木』以下等常讀之，其浸灌培植之益當日深日固也。其卷首與告子論性處卻不必深考，恐其力量未到，則反惑亂精神。」《象山文集》。

近世只知象山嘗言讀書，而不知其讀書之故在於借助精彩也，浸灌培植也，皆爲完養精神計也。正許順之謂「時玩聖賢之言，可以資吾神，養吾真」，只此一路也。抑象山於此尤含蓄焉。夫以讀書等爲憑物，須識破，則書可不必讀矣。以孟子論性猶爲惑亂精神，則他書無復可讀者矣。象山之意只在不讀書，而遮前掩後，巧爲辭説也。不若慈湖、白沙雖禪，然質直無隱。

陳白沙《答趙提學書》云：「吾始從吴聘君學，其於古聖賢之書蓋無所不講，然未知入處。比歸白沙，杜門不出，日靠書册尋之，忘寢忘食，如是者亦累年而卒未得焉。於是舍彼之繁，求吾之約，惟在静坐。久之，然後見吾此心之體，隱然呈露，常若有物。於是涣然自信曰：作聖之功，其在兹乎！」又《與賀黄門書》云：「爲學須從静中坐養出箇端倪，方有商量處，未可便靠書册也。」愚按：不靠書册，惟在静坐，陸

學養神要訣，只此八字。呈露端倪二語，即説鏡象之見，白沙可謂無隱乎爾矣。白沙詩云：「耳目無交不展書，此身如在太清居。」此語形容禪會亦切。《崇正辨記》釋「神悟」，謂「典籍皆心外法，味之者勞而無證」。今按：象山、白沙所見，不出神悟範圍。

陸子曰：「某自來非由乎學，自然與一種人氣相忤。纔見一造作營求底人，便不喜。有一種沖然淡然底人，便使人喜。以至一樣衰底人，心亦喜之。」

「今人略有氣焰者，多只是附物，原非自立也。若某則不識一箇字，亦須還我堂堂地做箇人。」並《象山語録》。

象山嘗謂「六經皆我注腳」，此又明謂「不由乎學」，謂「不識一箇字，亦堂堂做人」，其禪尤爲明白。

象山《皇極講義》云：「其心正，其事善，雖不曾識字，亦自有讀書之功。」象山素論每如此。嗚呼！孔孟曾有不識字之教耶？惟禪佛乃不假言語文字，可以識心見性矣。朱子嘗謂「禪家悟後，光明自發，雖不識字底人，便作得偈誦」。陳白沙引吴草廬，謂「提耳而誨之，可使不識一字之凡夫立造神妙」。正與象山符節契合。

陳白沙詩云：「古人棄糟粕，糟粕非真傳。吾能握其機，何用窺陳編。」又曰：「吾心内自得，糟粕安用那。」愚按：糟粕之説，出自老莊。王弼、何晏之徒，祖尚虚無，乃以六經爲聖人糟粕，遂致壞亂天下。白沙奈何以爲美談至教，與象山注腳之説相倡和哉？

或問先生何不著書，陸子曰：「六經著我，我著六經。」

「仰首攀南斗，翻身倚北辰。舉頭天外望，無我這般人。」《象山語録》。

按：象山精神心術、氣象言語，無一不禪。味此言，其矜悻自高氣象婉然在目。自古聖賢，曷嘗如此？此正佛氏「天上天下、惟我獨尊」也。近世學者狂誕大言，其弊皆象山始。《傳燈録》智通禪師偈云：「舉手攀南斗，迴身倚北辰。出頭天外見，誰是我般人？」又：釋氏謂「一大藏教，只是一箇注脚」。嗚呼！來歷明矣。

陸子《與姪孫濬書》云：「學者之不能知至久矣。非其志識度越千餘年名世之士，則《詩》、《書》、《易》、《春秋》、《論》、《孟》、《大學》、《中庸》之篇，正爲陸沉，真柳子厚所謂獨遺好事者藻繪，以矜世取譽而已。堯、舜、禹、湯、文、武、周公、孔、孟之心，將誰使屬之耶？」《象山文集》。

象山只説一箇心，而以經書爲注脚，又爲陸沉甚矣。

王陽明嘗撰《尊經閣記》，謂「聖人之述六經，猶世之祖父遺子孫以名狀數目，以記籍其家之産業庫藏而已。惟心乃産業庫藏之實也。世儒不知求六經之實於吾心，而徒考索於影響，牽制於文義，是猶子孫不務守視享用其産業庫藏之實，積至爲窶人丐夫，而猶指其記籍曰，斯吾産業庫藏之積也」。嗚呼！陽明此言，直視六經爲虚器贅物，真得糟粕注脚之嫡傳矣。陳白沙詩云：「六經盡在虚無裏，萬理都歸感寂中。」又曰：「千古遺編都剩語，晚生何敢復云云。」即與象山、陽明無異旨矣。

《困知記》曰：「自象山有『六經皆我注脚』之言，流及近世，士之好高欲速者，將聖賢經書都作没緊要看了，將相坐禪入定矣。

一言而貽後學無窮之禍，象山其罪首哉！」愚按：近世宗尚陸學者，皆自幼從朱子之教，讀聖賢之書，理頗明矣。然後厭淺近而好高奇，厭繁難而趨簡徑，其議道述言，高談闊論，雖曰宗陸，而實朱子之教先有以啟佑培植之也。使其自幼即從象山之教，而捐書絕學，遺物棄事，屏思黜慮，閉眉合眼，專一澄心，不以言語文字爲意，不恤視聽言動非禮，不知成甚麽人？君子試於此思之，則陸學之是非，不難見矣。

朱子《答汪尚書書》云：「夫道固有非言語臆度所及者，然非顏、曾以上幾於化者，不能與也。今日爲學用力之初，正當學問思辨而力行之，乃可以變化氣質而入於道。顧乃先自禁切，不學不思，以坐待其無故忽然而有見，無乃溺心於無用之地，玩歲愒日而卒不見其成功乎？就使僥倖於恍惚之間，亦與天理人心、敘秩命討之實了無交涉。其所自謂有得者，適足爲自私自利之資而已。此則釋氏之禍横流稽天而不可遏者，有志之士所以隱憂浩歎而欲火其書也。」《朱子文集》。

恍惚鏡象之見，陸學以爲至道，朱子乃以爲與天理人心、敘秩命討之實了無交涉，冰炭決此。

《傳燈録》：「南嶽懷讓禪師見一僧常日坐禪，師曰：『大德坐禪圖什麽？』曰：『圖作佛。』師取一磚於石上磨，僧曰：『作什麽？』師曰：『磨作鏡。』僧曰：『磨磚豈能成鏡？』師曰：『坐禪豈能成佛耶？』」《朱子語類》云：「昔日了老專教人坐禪，杲老不以爲然，著《正邪論》排之。」愚按：陸學欲静坐養神以成聖，即與僧家坐禪成佛之説同一機軸也。坐禪之説，浮屠之有識者

每非之。陸氏之説，使遇懷讓，其能免磨磚之誚耶？朱子《答汪尚書》，即磨磚之誚也。

朱子《答林擇之書》云：「大抵好高欲速，學者之通患。而爲此説者，立論高而用功省，適有以投其隙，是以聞其説者欣然從之，惟恐不及，往往遺棄事物，脱略章句，而相與馳逐於虚曠冥漠之中。其實學禪之不至，而自託於吾學以少避其名耳。道學不明，變怪百出，以欺世眩俗。後生之有志者，爲所引取，陷於邪妄而不自知，深可悼懼也。」《朱子文集》。

禪病只是「遺棄事物，脱略章句」二端。

朱子曰：「子静尋常與吾人説話，會避得箇『禪』字。及與其徒，卻只説禪。」「子静雖占姦不説，然説話間自有箇痕跡可見。子静只是人未從他便不説，及鈎致得來，便直是説，方始與你理會。」又曰：「子静雜禪，又有術數，或説或不説。」並《朱子語類》。

朱子此等説話，雖出象山心肝，近世學者未及察。佛書云：「初以欲鈎牽，後引入佛智。」此禪家牢籠誘致之術。今按：象山假借儒書，鈎致後學，正是用此術。

朱子曰：「子静説話，常是兩頭明，中間暗。」或問：「暗是如何？」曰：「是他那不説破處。他所以不説破，便是禪家所謂『鴛鴦繡出從君看，莫把金針度與人』。他禪家自愛如此。」「某嘗説陸子静説道理，有箇黑腰子。其初説得瀾翻，極是好聽。少間到那緊處時，又卻藏了不説，又別尋一箇頭緒瀾翻起來，所以都捉他那緊處不着。」並《朱子語類》。

此皆禪陸遮掩深機，非朱子，未易看得他破。

或曰：「此編所採，多象山《語録》之言，而鮮及其《文集》、書疏，何耶？」曰：「象山《文集》與人論辨書疏，皆翻謄改换，假借遮掩，大言闊論，一味喝罵世學之非。求其指陳下手工夫，則寥寥不及。及閲《語録》與門人口傳私授之言，然後所謂養神一路工夫始見。此正是象山禪機深處，當時惟朱子識破他。蓋《文集》者，象山之鴛鴦譜，而《語録》則象山之金針也。《文集》者，朱子所謂『與吾人説話，會避得箇「禪」字』，而《語録》則所謂『與其徒却只説禪者也』。區區此編，惟欲明其養神一路，以著其爲禪之實，所以詳於《語録》而略於《文集》也。近世不知此弊，皆只據信其《文集》，而不究觀其《語録》，如何不爲所謾邪？」

《象山語録》記李伯敏呈所編《語録》，先生云：「編得也是，但言語微有病，不可以示人，自存之可也。」愚按：象山每答人書疏文字，多即傳播四出，惟恐人不知。伯敏所編《語録》，乃謂不可以示人，此尤可以識象山之意。蓋《語録》具載養神下手工夫，禪病咸在，若以示人，則人識破其禪矣，以故不欲示人。乃若答人書疏，則遮掩得密實，難識得他破，以故傳播不憚。此正朱子所謂「鴛鴦繡出從君看，莫把金針度與人」，於此尤可驗。愚爲此編，不獨辨明象山學術，并象山心術無所遁矣。昔人謂《論語·鄉黨》一篇畫出一箇聖人，愚爲此編分明畫出一箇象山矣。陳白沙亦云：「莫道金針不傳與，江門風月釣臺深。」

朱子《答吕子約書》云：「學者於道，徒習聞於其外之文，而不考其中之實者，往往類此。

王介甫所以惑主聽而誤蒼生，亦只是此等語耳，豈可以此便爲極至之論而躋之聖賢之列，屬以斯道之傳哉？以此等議論爲極至，便是自家見得聖賢道理未曾分明，被他嚇倒也。」《朱子文集》。

蘇子由《古史》嘗譏司馬遷疎略而輕信，朱子深取之。此書正説學者疎略輕信之弊類如此也。蓋假聖言以文其私者，固莫逭其欺誑之咎，亦由遇之者習聞其外之文而不考其中之實，疎略輕信，陷於其術而不自知也。王介甫之告君也，一則曰堯舜，二則曰堯舜，神宗信其言而不考其實，於是爲其所陷，而興利殃民之説行矣。陸象山之講學也，一則曰孔孟，二則曰孔孟，後學信其言而不考其實，於是爲其所陷，而明心見性之説行矣。朱子所謂「嚇倒」一言，深切時弊。

《朱子語類》謂「王安石學問高妙，出入於老佛之間。其政事欲與堯舜三代爭衡，只是本原不正，義理不明，終於遺禍」。朱子《答劉季章書》謂「臨川前後二公，巨細雖有不同，然原其所出則同是此一種見識，可以爲戒而不可學也」。近日，霍渭厓所著《象山學辨》，謂：「王安石以自信亂天下，陸子静以自信誤後世。若二人者，其名教萬世之罪人與！」斯言皆萬世公案。

許行父謂陸子静「只要頓悟，更無工夫」。朱子曰：「如此説不得。不曾見他病處，説他不倒。大抵今人多是望風便罵將去，都不曾根究到見他不是。須子細推原怎生不是始得，此便是窮理。」《朱子語類》。

按：近世學者辨陸最難。其以象山爲孔孟之學者，固是疎略輕信，被他嚇倒。其以爲偏於尊德性，亦尚被他遮掩，送箇好

題目與他。以爲似禪流於禪者，亦只是知其皮膚而已。至此望風罵去，則亦未知所以辨陸之要也。何謂辨陸之要？養神一路是已。首卷所載，養神所得之體段。此卷所載，養神下手之工夫。下卷所載，養神之患害。皆辨陸之要也，皆推原根究他不是處也。自朱子没後，無人根究到此。嘗謂象山在當時，不合遇一朱子。在後世，不合遇一陳某。次第將禪蔀相將發盡了，陸學自此難乎遮掩矣。

近世學者動曰朱陸同異，愚謂欲辨陸學，未須與朱子較同異，緊要直須與孔孟較同異，與禪佛較同異。若陸學果與孔孟同，與禪佛異，則其學是矣，則其與朱子之同，不待辨矣。若陸學果與禪佛同，與孔孟異，則其學非矣，則其與朱子之異，不待辨矣。若不辨陸學與禪佛同異，而徒與朱子較同異，已落在枝節，非根本之論矣，多此一重辨矣。故今此編，專以孔孟禪佛爲證以此。

或曰：「朱子辨陸學，止説到陽儒陰佛，改換遮掩處，未嘗説及養神一路。子於此編，始究言之。何也？」曰：「養神一路，即象山所遮掩，而陰佛之實也。當時象山止與門人私授口傳，未嘗形於書疏文字，是以朱子無從知之辨之也。此編據《語録》推究，而後其禪實始白也。苟徒曰陰佛、曰遮掩，而不説破養神一路，未免無徵不信。近世學者多疑朱子寃陸，❶緣此而致强爲早晚之説以通之也。昔達磨將滅，謂『某人得吾皮，某人得吾肉，道育得吾骨，慧可得吾體』。愚謂如近世似禪流禪

❶「陸」，原誤作「録」，據正誼堂本改。

之議，皆象山皮膚也。朱子改换遮掩之說，始得象山之骨也。此編養神一路，則象山之髓也。是故論人必得其髓，而後無遁情，無遺蔀矣。朱子嘗謂象山卻成一部禪，區區此編作，方成象山一部禪矣。」

學蔀通辨後編卷中終

學蔀通辨後編卷下

此卷所載，著象山師第顛倒錯亂，顛狂失心之弊。其禪病尤昭然也。

陸子《與王順伯書》云：「兄前與家兄大概謂儒釋同，某嘗以『義利』二字判儒釋。」又曰：「公私其實即義利也。惟義惟公故經世，惟利惟私故出世。儒者雖至於無聲臭方體，皆主於經世。釋氏雖盡未來際普度之，皆主於出世。從其教之所由起者觀之，則儒釋之辨判然矣。」《象山文集》。

朱子曰：「向見子静與王順伯論佛，云釋氏與吾儒所見亦同，只是義利公私之間不同。此說不然。若是同時，何緣得有義利不同？只彼源頭便不同。❶ 吾儒萬理皆實，釋氏萬理皆空。」《朱子語類》。

按：近世論儒佛，多謂本同末異。象山即是此意也。《朱子文集》所稱李伯諫亦云：「儒佛見處既無二理，其設教何異也？蓋儒教本人事，佛教本死生。」此言即與象山合轍。本人事即是主經世，本死生即是主出世也。

按：近世異學同主養神，然老莊則欲主之以長生，禪佛則欲主之以出世，陸學則欲主之以經世。本同而末異，皆非天理之自然，一出於私智之安排作弄，真胡文定所謂人人各說一般見解，誑嚇衆生而已。

陸子曰：「釋氏謂此一物非他物故也，然與吾儒不同。吾儒無不該備，無不管攝。釋氏

❶「彼」，原作「被」，正誼堂本作「初」，據《朱子語類》改。

了此一身，皆無餘事。公私義利於此而分矣。」《象山語録》。

此語即同前意。「此一物」，即明心鏡象本來面目也。王陽明嘗云：「佛氏本來面目，即所謂良知。格物致知之功，即佛氏之常惺惺。體段工夫大略相似，但佛氏有箇自私自利之心，所以不同耳。」即此一種議論。

按：《道一編》指答王順伯等語，謂陸子亦嘗闢佛。愚謂篁墩大被人謾矣。朱子嘗謂張子韶改頭換面，陰予而陽擠之，將以自蓋其迹而幸人之不疑己。《困知記》謂李翺「於佛取其微旨，而姑闢其粗迹，以無失爲聖人之徒」。又謂「吾儒有陰實尊用其説而陽闢之者，蓋用禪家訶佛罵祖之機者也」。象山正是此弊。嗚呼！禪佛已近似惑人，又加以改頭換面，又加以訶佛罵祖，安得不惑人愈甚，而辨之愈難耶？可畏也哉！

問：「先生作書攻王順伯，也不是言釋，也不是言儒，惟理是從否？」陸子曰：「然。」《象山語録》。

朱子嘗謂「依違兩間，陰爲佛釋之地」，此正陸學心髓矣。《王陽明文録》：「或問：『釋與儒孰異乎？』曰：『子無求其異同於儒釋，求其是者而學焉可矣。』」正同此一種見。

按：象山謂釋氏了此一身，皆無餘事，而自謂無不該備，無不管攝，爲公私義利之分。愚謂釋氏聞此言，恐未必服。將反脣相稽曰：「吾佛之道，先天地而爲萬物主，吾性周法界，吾光明寂照遍河沙，吾之道，殆無不該備，無不管攝也。汝之道乃亦只有養神一路，專教人棄事、不泊事，以求頓

悟鏡象也，專惜精力，務精健，求浄潔快活，自私自利也。汝之道殆只是了此一身，皆無餘事也，何得責人則明，恕己則昏也？汝自棄之根，無一而非勦吾之見，襲吾之説，竊吾之宗旨，盜吾之緒餘，以掩取虚名於天下，何得訶佛罵祖，陽離陰合，以求附於孔孟？不知孔孟之徒亦有具隻眼者，固將視見汝之肺肝，看破汝之骨髓，豈爲汝所遮掩也？天下之道二，非儒則佛，非佛則儒，無依違中立之理。舍曰欲之，而必爲之辭。汝欲學佛，則全是佛，無陰予陽擠，汝欲爲儒，則全爲儒，無陽儒陰佛，始有安身立命處。毋致人謂汝儒不儒，佛不佛，道是龍，又無角，道是蛇，又有足也。毋致人謂汝欲以欺人，而人不可欺，徒以自欺而自陷於不誠之域也。」使陸子聞斯言也，不知何辭以對？

陸子曰：「今世儒者，類指佛老爲異端。孔子曰：『攻乎異端。』孔子時，佛教未入中國，雖有老子，其説未著，卻指那箇爲異端？蓋『異』字與『同』字爲對，雖同師堯舜，而所學異緒，與堯舜不同，此所以爲異端也。」因儆學者攻異端曰：「天下之理，❶將從其繁且難者而學之乎？學者何苦於繁難之説而不爲簡易之從乎？」《象山語類》。

陸子《答薛象先》云：「異端之説，出於孔子。今人鹵莽，專指佛老爲異端。不知孔子時固無佛教，其惡鄉愿，《論》《孟》中皆見之，獨未見其排老氏，則所謂異端者，非指佛老明矣。」《象山文集》。

按：象山前言，猶依違兩間，陽離陰合。

❶「理」下，正誼堂本有「將從其簡且易者而學之乎」十一字。

至此二條，則明引孔子之言，以回護佛老矣。所云「同師堯舜而所學異緒」，儆學者「攻異端而歸於繁難」，則攻詆朱子矣。回護佛老不爲異端，而詆朱子之教爲異端，顛倒乖戾甚矣。

陸子曰：「學者須當有所立，免得臨時爲利害所動。」朱季繹云：「如敬肆義利之説，乃學者持己處事所不可無者。」先生云：「不曾行得，説這閑言長語則甚？如此不已，恐將來客勝主，以辭爲勝。」朱云：「近日異端邪説害道，使人不知本。」先生云：「如何？」朱云：「如禪家之學，人皆以爲不可無者，又以謂形而上者，所以害道，使人不知本。」先生云：「吾友直道甚底是本？又害了吾友甚底來？自不知己之害，又烏知人之害？包顯道嘗云，人皆謂禪是人不可無者，今吾友又云害道，兩箇卻好縛做一束。今人所謂害道者，卻是這閑言語。」又謂李伯敏云：「吾友分明是先曾知此理來，後被異端壞了。異端非佛老之謂，異乎此理，如季繹之徒，便是異端。」《象山語録》。

此二條象山所論，尤爲狠悖。夫季繹以敬肆義利爲學者持己處事所不可無，此乃聖賢教人第一義，象山奈何指爲閑言長語、異端害道也？究季繹三轉語，實切箴規，殆有意爲象山忠臣者，而不知象山喜諛惡直，不喜人規，嫉正黨邪，全不睹是也。謂禪學不害道，而季繹之言爲害道，謂異端非佛老，而季繹爲異乎此理，象山顛倒謬亂，不堪點檢甚矣！

按：霍渭厓《象山學辨》有曰：「陸子之學似是而非，其强辨浮辭足以亂正而惑俗。」又曰：「陸子於佛老，陽叱其名而陰食其實。又借孟子口涎之似，以誇張之者也。」

又曰：「陸子者矜悻自高，喜人己諛，不喜人己規，長舌利口，文飾格言，以遂其自滿之陋者也，老、佛、儒三者混而一之者也。」愚按：「此言自未嘗識破象山者觀之，未有不疑其冤者。惟閱此編一遍，然後知其句句切中象山骨髓矣。」

陸子《贈僧允懷説》云：「懷上人學佛者也，尊其法教，崇其門庭。建藏之役，精誠勤苦，經營未幾，駸駸向乎有成，何其能哉！使家之子弟、國之士大夫，舉能如此，則父兄君上可以不詔而仰成，豈不美乎？」《象山文集》。

按：姦僧誑誘愚俗，罔奪民財，以尊夷狄之法教，崇無君無父、淪滅三綱之門庭，此明王之所禁，而聖賢之所必斥也。象山乃亟加褒譽，美其經營，嘉其勤苦，至欲使子弟士大夫舉效之，顛倒錯亂，尚孰有甚於此？

陸子《與顔子堅書》云：「向在八石時，常納區區之忠。既而子堅遂變儒服，端以爲迂拙之言，必蒙見棄。屬者屢蒙見過，每於鄙言謂有所啟。追念疇昔，爲之慨然。乃知高明終當遠到，向來不求聲名、不較勝負之語，更願加察。道非口舌所能辨，子細向脚跟下點檢，豈能自謾？」《象山文集》。

按：象山《與詹子南書》云：「顔子堅已去髪胡服。」蓋子堅變儒服爲僧矣。夫門人致變服爲僧，象山乃不加斥責而曲爲諛辭以相容悦，猶曰「高明終當遠到」，猶曰「道非口舌所能辨」。嗚呼，髡首而胡服矣，不知所到者尚何道耶？淪胥爲夷不自覺也。悲夫！

朱子《答顔子堅書》云：「所謂古人學問不在簡編，必有所謂統之宗、會之元者，僕之愚，於此未喻。聖人教人博文約禮，學問思辨而

力行之，不可誣也。若曰學以躬行心得爲貴，而不專於簡編，則可。若曰不在簡編，而惟統宗會元之求，則是妄意躐等，以陷于邪説詖行之流矣。又聞不念身體髮膚之重，天敘天秩之隆，方將毀冠裂冕以從夷狄之教，則又深爲憫然。豈亦所謂統宗會元者之爲祟，而使吾子至於此耶？聞已得祠曹牒，髡鬎有期，急作此附遞奉報，願吾子於此更入思慮，更與子静謀之。」《朱子文集》。

按：顔子堅棄儒爲僧，象山未聞諫止。朱子懇懇然欲救止之而不可得也。因統宗會元之爲祟，遂至毀冠裂冕，釋累出家以求之。其喪心，良可悲痛。

因坐中有江西士人問爲學，朱子曰：「公門都被陸子静誤教莫要讀書，誤公一生。使公到今已老，此心倀倀然如村愚拍盲無知之人，撞牆撞壁，無所知識，使得這心飛揚跳擲，渺渺茫茫，都無所主，若涉大水，浩無津涯，少間便會失心去。何故下此一等，只會失心，别無合殺也？傅子淵便是如此。子淵後以喪心死。豈有學聖人之道，臨了卻反有失心者，是甚道理？吁！誤人誤人，可悲可痛。分明是被他塗其耳目，至今猶不覺悟。」《朱子語類》。

按：《象山語録》云：「先生於門人最屬意者，惟傅子淵。先生臨終前數日，見子淵與周益公論道五書，歎曰：『子淵擒龍打鳳底手段。』」又：「或問今之學者爲誰，先生屈指數之，以傅子淵居首，鄧文範次之，傅季魯、黄元吉又次之。」又象山《答陳君舉書》曰：「子淵人品甚高，非餘子比也。」愚按：子淵爲高第首稱，而乃至於失心，陸學可知矣。

文公説：「江西學者自以爲得陸删定之學，

高談大論，略無忌憚。忽一日自以爲悟道，明日與人飲酒，如法罵人。某謂賈誼云：『秦二世今日即位，明日射人。』今江西學者乃今日悟道而明日罵人，不知所悟者果何道也？」《朱子語類》。

江西學者即傅子淵。按象山《與包詳道書》云：「朋友自仙里來者，皆云蒙子淵啟發，無不推服。但頗有言其酒後言動，殆不可考。吾家長上亦罪其顛狂，又有詩偈，類釋子語，不可以訓。要之，瑕瑜功罪，各不相掩。」按此言，則子淵果有酗酒顛狂之實，而朱子斥之非過矣。顏子堅髡劉效僧徒，子淵詩偈類釋子，其邪趨一矣。嗚呼！以狂邪失德之人，而推爲高第首稱焉，謂啟發無不推服焉，惟取其頓悟而一切言行功過不計焉。象山顛倒至此，奈何近世咸爲所蔀，無人識得他破也？惜哉！

文公說金溪「宗旨是禪分曉。如禪家『乾矢橛』等語，其上更無意義，又不得別思義理，將此心都禁遏定，久久忽自有明快處，方謂之得。此之謂失其本心，故下稍忿慾紛起，恣意猖獗」。《朱子語類》。

朱子《答汪長孺書》云：「所喻殊不可曉。既云『識得八病，遂見天理流行昭著，無絲毫之隔』，不知如何未及旋踵，便有氣盈矜暴之失，復生大疑，鬱結數日？首尾全不相應，似是意氣全未安帖，用心過當，致得如此。全似江西氣象，其徒有今日悟道而明日醉酒罵人者，嘗舉賈生論胡亥之語戲之，今乃復見此，蓋不約而同也。」

朱子《答汪叔耕書》云：「所談儒佛同異，未得其要。至論求乎儒者之學，而以平其出入之息參之，又有忘心忘形、非寐非寤、虛白清

鏡、火珠静月、每現輒變之説，大不可曉。如此不已，將有狂易喪心之病，竊爲吾子憂之。」《朱子文集》。

按：陸學聽其言自謂聖學明心，稽其弊乃至顛狂失心，學者豈可爲所欺誤？《伊洛淵源録》胡文定公曰：「自孟子没，聖學不傳，則有西方之傑窺見間隙，遂入中國，舉世傾動，靡然從之。於是人皆失其本心，莫知所止，而天理滅矣。」按：佛學失心之禍，從來如此。

朱子《答胡季隨書》云：「詹元善書，説與子静相見甚款。以身驗之，乃知伊洛拈出『敬』字，真是學問始終日用親切之妙。❶ 而讀書窮理以發揮之，不須妄意思想頓悟懸絶處，徒使人顛狂粗率，而於日用常行之處反不得其所安也。」

朱子《答高應朝書》云：「所示講義，發明深切，遠方學者得所未聞，計必有感動而興起者。然此恐但可爲初學一時之計，若一向只如此説，而不教以日用平常意思，涵養玩索功夫，即恐學者將此家常茶飯做箇怪異奇特底事看了，日逐荒忙，陷於欲速助長，躁率自欺之病。久之，茫然無實可據，則又只學得一場大話，互相恐嚇而已。」並《朱子文集》。

高應朝，象山門人。「荒忙」以下數語，切中陸學之病。此顛狂之漸也。荒忙躁率之甚，則至於顛狂矣。

《程氏遺書》言「至忙者無如禪客」。《朱子語類》謂「被異端説虚静了後，使學者忙得更不敢睡」。

朱子曰：「子静是他會説得動人，使人都恁

❶「始」，原誤作「如」，據正誼堂本改。

地快活，❶便會使得人都恁地發顛發狂。某也會恁地說，使人便快活，只是不敢，怕壞了人。他之說卻是使人先見得這一箇物事了，方下來做工夫，卻是上達而下學，與聖人下學上達，都不相似。然他才見了，便發顛狂，豈肯下來做？」又曰：「他只說恁地了便是聖賢，然無這般顛狂底聖賢。」《朱子語類》。

按：陸學自謂聖學明心，而其弊乃至於顛狂失心何邪？朱子言之備矣。蓋其始之求之也，用心過當，荒忙躁率，欲速助長，使得這心跳躑飛揚。其終之得之也，乍見一物，光輝變現，影象恍惚，怪異奇特，令人驚駭，全身流汗。其弊安得不至於顛狂而失心？

問：「釋氏有豁然頓悟之說，不知使得否？倚靠得否？」朱子曰：「某也曾見叢林中有言頓悟者，後來看這人也只尋常。如陸子靜門人，初見他時，常云有所悟，後來所爲，卻更顛倒錯亂。看來所謂豁然頓悟者，乃是當時略有所見，果是凈潔快活，然稍久則漸漸淡去了，何嘗倚靠得？」

「子靜渠自說有見於理，到得做處，卻一向任私意做去，全不睹是。人同之則喜，異之則怒。」並《朱子語類》。

按：近世多以朱子誤疑象山，今觀所云「顛倒錯亂，全不睹是」，考之象山言行，鑿鑿可徵。是非朱子誤疑象山，乃後人爲象山所欺而誤疑朱子也。

朱子曰：「子靜之學，看他千般萬般，病只在不知有氣禀之雜。把許多麤惡底氣都做心之妙理，合當恁地自然做將去，只道這是胸中流出自然天理，不知氣有不好底夾雜在

❶「地」，原誤作「他」，據萬曆本改。

裏，一齊滾將去，道害事不害事？」《朱子語類》。

朱子《答吳伯豐書》云：「異端之學以性自私，又不察氣質情欲之偏而率意妄行，便謂無非至理，此尤害事。近世儒者亦有近似之者，故所見愈高則所發愈暴。」《朱子文集》。

不察氣禀偏雜而率意妄行，所以至於顛倒錯亂。

朱子曰：「陸子静之學，只管説一箇心。若識得一箇心了，萬法流出，更都無許多事。他卻是實見得恁地，所以不怕天，不怕地，一向胡叫胡喊。他學者亦然，實是卒動他不得。一齊恁地無大無小，便是天上天下，惟我獨尊。」

「金溪之徒不事講學，只將箇心來作弄，胡撞亂撞。」並《朱子語類》。

陸學胡叫胡喊、胡撞亂撞，安得不至顛倒錯亂？

朱子曰：「近世有人爲學，專務説空説妙，不肯就實，卻説是悟，此是不知學。學問無此法，才説一悟字，便不可窮詰，不可研究，不可與論是非。一味説入虚談，最爲惑人。然亦但能謾得無學底人，若是有實學底人，如何被他謾？才説悟，便不是學問。奉勸諸公且子細讀書。」

「近世人大被人謾，可笑。見人胡亂一言一動，便被降下了。只緣自無工夫，[1]所以如此。便又有不讀書之説，可以誘人，宜乎陷溺者多。」並《朱子語類》。

近世所以大被人謾者，只緣蔀障爲害。今此編三蔀既辨，陸學自此謾人恐難矣。

朱子曰：「陳君舉書，謂某不合與陸子静諸

[1] 「無」，原誤作「失」，據正誼堂本及《朱子語類》改。

人辨。以爲相與詰難，竟無深益，蓋刻畫太精，頗傷易簡，矜持已甚，反涉吝驕。不知更如何方是深益？若孟子之闢楊墨也，只得恁地闢他。説刻畫太精，便只是某不合説得太分曉，不似他只恁地含糊。」

「君舉只道某不合與説，只是他見不破。天下事，不是是，便是非，直截兩邊去。如何恁地含糊鶻突？某鄉來與説許多，豈是要眼前好看？青天白日在這裏，而今人雖不見信，後世也須有人見得此説，也須回轉得幾人。」並《朱子語類》。

孟子曰：「予豈好辨哉？予不得已也。」朱子曰：「鄉來與説許多，豈是要眼前好看？」聖賢憂世衛道之心一也。

又按：朱子《答劉公度書》云：「陳君舉得書，殊不可曉。似都不曾見得實理，只是要得博雜。欲包羅和會衆説，不令相傷，其實都曉不得衆説之是非得失，自有合不得處也。」愚按：近世一種議論，多要包羅和會朱陸，不令相傷。其實都曉不得朱陸之是非得失，自有合不得處也。君舉，永嘉陳止齋傅良也。吴草廬澄爲元國子司業，謂學者曰：「朱子於道問學之功居多，而陸子静以尊德性爲主。問學不本於德性，其弊必偏於言語訓釋之末。」趙東山贇陸子象曰：「儒者曰其學似禪，佛者曰我法無是。超然獨契本心，以俟聖人百世。」師山鄭氏曰：名玉，歙人，説見《道一編》。「朱陸二先生同是堯舜，同非桀紂，同尊孔孟，同排釋老，同以天理爲公，同以人欲爲私，大本達道，無有不同者。」愚按：此三言皆近世尊陸赤幟。使三子早見愚此編，當痛悔其大被人謾，當痛悔其誑人誤人之罪不可勝贖矣。

按：鄭師山之言，近世尤所怵惑而不能解。不觀程子有云乎：「楊墨亦同是堯舜，同非桀紂。」又謂「儒佛句句同，事事合，然而不同」。近世學者奈何識不及此？朱子嘗謂「秦漢以來，傳記所載皆是説夢」。由今觀之，近世論朱陸者，真説夢也。《道一編》夢魘顛倒尤深也，爲前人所夢魘不悟，而又以夢魘後人也。奈何近日學者猶據信其夢魘顛倒之語以爲蓍龜也？嗚呼，悲夫！此夢何時而覺？

或曰：「象山門人如袁燮、楊簡、舒璘、沈煥，《宋史》皆稱其賢，著於《列傳》。然則陸學可盡非邪？」曰：「四子學雖偏，而質則美者也。質美者忠信篤厚，天資近道也。朱子嘗謂『楊敬仲議論見識，自是一般，而爲人簡淡誠慤，自可愛敬』。《答潘子善書》。又謂『禪家行得好，自是其資質爲人好耳，非禪之力也』。如前宋呂正獻、陳忠肅諸人雖皆溺禪，而不害其爲賢。故楊敬仲輩雖禪而《宋史》稱之，蓋瑕瑜不相掩也。」或曰：「袁、楊、舒、沈四子著於《宋史》，而象山不推居高弟。傅子淵、鄧文範諸人，象山亟稱，而《宋史》不以入《列傳》。何也？」曰：「子淵諸人之禪，高於袁、楊、舒、沈。袁、楊、舒、沈之賢行，超於子淵諸人。象山取其禪而《宋史》論其行，是以所稱不同。」曰：「然則取舍之際，《宋史》當爲優邪？」曰：「固然也。象山不取賢而取子淵輩之狂妄，顛倒錯亂，何足憑？」

學蔀通辨後編卷下終

學蔀通辨續編敘

或曰：子所辨學蔀，前後二編，其於陸學明矣，乃復有續編之作者何？曰：著陸學淵源之自也。夫象山之學，非無所因襲而超然獨見也，皆前人已有此規摹，象山因竊取而增飾之，翻騰而誇炫之爾。張子曰：「自佛説熾傳中國，儒者爲所引取淪胥，指爲大道，英才間氣，冥然被驅。」程子謂：「此説天下已成風，其何能救？人才愈高明，則陷溺愈深。」誦斯言也，前代風俗學術規摹可想矣。象山固英才高明之士，安得不爲所引取深陷，指爲大道而淵源之邪？是故觀於上卷所載達磨、慧能、宗杲、常總諸人之規摹，而棄佛粗迹，而脱略經典，而專一求心，而借儒飾佛，無一而非陸學之淵源也。觀於中卷所載李習之、蘇子由、張子韶、吕氏諸人之規摹，而譏迹取心，而援儒入佛，而陽儒陰佛，而陽離陰合，無一而非陸學之淵源也。下卷所載近日王陽明諸人，不過又因象山而規摹之，而淵源之耳。朱子謂：「今人不曉禪，所以被他謾。」謂：「讀近歲佛者之言，則知其源委。」此編爲卷僅三，而上下古今千餘年禪蔀規摹，源委略備。君子一展卷間，而上下古今千餘年禪蔀昭然指掌矣。嗚呼！斯固窮理辨惑、究本窮源之不可已與？東莞清瀾居士陳建敘。

學蔀通辨續編卷上

此卷所載，著佛學變爲禪學，所以近理亂真，能溺高明之士，文飾欺誑，爲害吾道之深也。

朱子曰：「佛教初入中國，只是修行說話，如《四十二章經》是也。初間只有這一卷經，其中有云：『佛問一僧：汝處家爲何業？對曰：愛彈琴。佛問：緩絃如何？曰：不鳴矣。絃急如何？曰：聲絶矣。緩急得中如何？曰：諸音普矣。佛曰：學道亦然。心須調適，道可得矣。』初間只如此說。後來達磨入中國，見這般說話，中國人都會說了，遂換了話頭，專去面壁，静坐默照。到後來又翻得許多禪底說話來，盡掉了舊時許多話柄，越弄得來闊，其實只是作弄這些精神。」

「佛入中國，至晉、宋間，其教漸盛。然當時文字亦只是將老莊之說來鋪張。直至梁會通間，達磨入來，然後被他一切掃蕩，不立文字，直指人心。蓋當時儒者之學既廢絶不講，老、佛之說又如此淺陋，被他窺見這箇罅隙了，故横說竪說，如是張皇，没奈他何，人才聰明，便被他誘引將去。」

「佛學其初只說空，後來說動静。支蔓既甚，達磨遂脱然不立文字，只是默然端坐，遂心静見理。此說一行，前面許多皆不足道，老氏亦難抗衡了。今日釋氏，其盛極矣。」

「佛氏初如『不愛身，以濟衆生』之說。此說最淺近，未是他深處。後來是達磨過來，初見梁武，武帝不曉其說，只從事於因果，遂去面壁九年，只說人心至善，即此便是，不用辛

苦修行。又有人取老莊之説，從而附益之，所以其説愈精妙，然只是不是耳。」並《朱子語類》。

按：此數條著佛學變爲禪學之始，而實肇陸學之端矣。蓋浮屠釋迦以來，止謂之佛。自達磨入中國，而後禪學興。佛之爲言覺也，禪之爲言静也，由静而後至于覺也。「其實只是作弄精神」，一言而盡異學之綱要矣。

《文獻通考》：「晁氏曰：『佛書自漢明帝以來，至梁武帝華林之集，入中國者五千四百卷。曰經，曰律，曰論，謂之三藏，傳于世盛矣。厥後達磨西來，以三藏皆筌蹄，不得佛意，故直指人心，俾之見性。衆尊之爲祖，雖曰不假文字，而弟子録其善言，往往成書，由是禪學興焉。』」

《神僧傳》：「菩提達磨，南天竺婆羅門種。梁武帝普通初，泛海至廣州。武帝迎至金陵，親問曰：『朕即位以來，造寺捨經，度僧不可勝數，有何功德？』師曰：『並無功德。』帝曰：『何以並無功德？』師曰：『此但人天小果，有漏之因，如影隨形，雖有非實。』帝曰：『如何是真功德？』師曰：『净智妙圓，體自空寂。如是功德，不以世求。』帝不省玄旨。師知機不契，遂去梁渡江，趨魏境，止嵩山少林寺，終日面壁而坐，九年遂逝焉。」愚按：「净智妙圓，體自空寂」，此八字形容佛性之體段，開萬世禪學之源。

《伊洛淵源録》：「胡文定公曰：『自孟子没，世無傳心之學。此一片田地，漸漸抛荒，無人耕種。佛之徒如達磨輩，最爲桀黠。見此間隙，以爲無人，遂入中國，面壁端坐，揚眉瞬目，到處稱尊。此土之人，拱

手歸降，不能出他圈套。』」愚按：近世陸學一派，尤拱手歸降，誠不能出他圈套矣。

朱子曰：「佛學自前也只是外面麤説，到梁達磨來，方説那心性，然士大夫未甚理會做工夫。及唐中宗時，有六祖禪學專就身上做工夫，直要求心見性，士大夫才有向裏者，無不歸他去。」又曰：「佛學當初只是説，無存養底工夫。至唐，六祖始教人存養工夫。」《朱子語類》。

六祖，大鑒禪師盧慧能也。禪家以達磨入中國爲初祖，六傳而爲慧能，故稱六祖。「不思善、不思惡時認本來面目」，正六祖教人存養之工夫，悟道識心之要訣也。

《傳燈録》：「僧神秀書偈云：『身是菩提樹，心如明鏡臺。時時勤拂拭，莫遣有塵埃。』慧能於秀偈側寫云：『菩提本非樹，明鏡亦非臺。本來無一物，何假拂塵埃。』五祖因此傳法於能。」愚謂慧能説得高妙如此，烏得不陷溺高明？

又按：《傳燈録》：「五祖曰：『會中四百九十九人會佛法，惟有盧行者一人不會佛法。他則悟道，謂之過量人，方傳得衣鉢。』」夫不會佛法而專説心性，説存養，説悟道，彌近理而大亂真，固如此矣。

朱子曰：「汪端明少從學於焦援先生。汪既達，時從宗杲問禪。憐焦之老，欲進之以禪，因勸焦登徑川見杲。杲舉『寂然不動，感而遂通』，焦曰：『和尚不可破句讀書。』不契而歸。」「杲老所喜，皆是麤疎底人，如張子韶、唐立夫諸公是也。汪聖錫、吕居仁輩稍謹愿，便被他薄。」並《朱子語類》。

諸人皆從宗杲學禪者也。杲所舉「寂然不動」，正嘗教子韶用儒家言語説向士大夫

者也。杲嘗答曾天游侍郎書云：「今時學道之士，只求速效，不知錯了也。卻謂『無事省緣，静坐體究』爲空過時光，不如看幾卷經，念幾聲佛，佛前多禮幾拜，懺悔平生所作過惡，要免閻家老子手中鐵棒。此是愚人所爲。」愚按：宗杲不信看經念佛，而惟急「無事省緣，静坐體究」，且用儒家言語説向士大夫，是蓋訶佛罵祖之機，轉爲改頭换面之教矣。

按：禪學興於達磨，盛於慧能，極於宗杲。其傳心之要，則達磨不信因果，而説净智妙圓，直指人心；慧能不會佛法，而説本來面目，教人存養；宗杲不信看經念佛，而務無事省緣，静坐體究。近世一種闢佛粗迹而專説養神明心者，其範圍不出此矣。

《傳燈録》：「古靈行脚回，參受業師。見師窗下看經，有蜂子投窗求出，靈曰：『世界如許闊，不肯出，鑽他故紙。』」按：古靈譏僧看經，即與宗杲同，即與達磨以三藏皆筌蹄同。陸學糟粕注脚經書，其機軸源此。

宋僧常總嘗問一士人曰：「《論語》云『默而識之』，識是識箇甚？子思言『君子無入而不自得』，得是得箇甚？」士人無以對。河東侯希聖曰：「是不識吾儒之道，猶以吾儒語爲釋氏用，在吾儒爲不成説話。既曰默識與無入而不自得，更理會甚識甚得之事？是不成説話也。」朱子《中庸或問》曰：「侯氏所辨常總之説甚當。近世佛者，妄以吾言傳著其説，而指意乖剌如此類者多矣，甚可笑也。」愚謂宗杲舉似焦援，及陸學所引儒書，皆是此弊。

《崇正辨》曰：「理有至真，以似而亂之，則

可惡矣。故惡莠，恐其亂苗也。惡紫，恐其亂朱也。惡楊墨，恐其亂仁義也。惡佛老，恐其亂性理也。姦僧猾釋，欲主張其説，恐不能勝，又竊取儒書近似之説，以符同之，使愚夫儒士怵惑不能自解，可不戒而遠之哉！」

朱子曰：「道之在天下，一人説取一般。禪家最説得高妙去。蓋自莊老來，説得道自是一般物事，闃闃在天地間。後來佛氏又放開説，大決藩蘺，更無下落，愈高愈妙，吾儒多有折而入之。世間惑人之物，不特尤物爲然，一言一語可取，亦是惑人，況佛氏之説足以動人如此。」

因舉佛氏之學，如云「有物先天地，無形本寂寥。能爲萬物主，不逐四時凋」。又曰：「撲地非他物，縱横不是塵。山河及大地，全露法王身。」又曰：「若人識得心，大地無寸土。」看他是甚麽様見識？今區區小儒，怎生出得他手？宜其爲他揮下也。此是法眼禪師下一派宗旨如此。並《朱子語類》。

佛氏説得高妙如此，如何不陷溺高明？

朱子曰：「釋老之書極有高妙處，句句與自家箇同，但不可將來比方，煞誤人事。」

或論《中庸》平常之義，舉釋子偈云：「世間萬事不如常，又不驚人又久長。」曰：「便是他那道理，也有極相似處，只是説得來别。故某於《中庸序》着語云：『至老佛之徒出，則彌近理而大亂真矣。』須是看得他彌近理而大亂真處始得。」並《朱子語類》。

按：「彌近理而大亂真」一語，非朱子見得親切，不敢如此道。近世惟二程子所見與同，并摘録其言于卷。

朱子《答吴斗南書》云：「佛學之與吾儒，雖有略相似處，然正所謂貌同心異、似是而非

者，不可不審。明道先生所謂『句句同，事事合，然而不同』者，真是有味。非是見得親切，如何敢如此判斷耶？」《朱子文集》。

謝顯道歷舉佛說與吾儒同處問伊川先生，先生曰：「恁地同處雖多，只是本領不是，一齊差卻。」《程氏遺書》。

或曰：「佛氏與吾儒相似處，其詳可得聞乎？」曰：「嘗聞之矣。釋氏『行住坐卧，無不在道』，與吾儒『道不可須臾離』相似也。『不解即心是佛，真是騎驢覓驢』，與吾儒『聖賢無心外之學』相似也。『赤肉團上有一無位真人』，與吾儒『天然自有之中』相似也。『不思善，不思惡，認本來面目』，與吾儒『喜怒哀樂未發之中』相似也。『青青翠竹，莫匪真如。總總黃花，無非般若』，與吾儒『鳶飛魚躍』相似也。『一月普現一切水，一切水月一月攝』，與吾儒『月映萬川』之喻相似也。『有物先天地，無形本寂寥』，與吾儒『無極而太極』相似也。『千種言，萬般解，只要教君長不昧』，與吾儒『明明德』相似也。『主人翁惺惺』，與吾儒『求放心』相似也。『棄卻甜桃樹，沿山摘醋梨』，與吾儒『舍梧檟而養樲棘』相似也。『一棒一條痕，一摑一掌血』，與吾儒『切實工夫』相似也。『時時勤拂拭，莫遺有塵埃』，與吾儒『日新工夫』相似也。佛氏說得甚相似如此，非至明，誰不惑之？嗚呼！伊川所答謝顯道之言，朱子所述明道之語，學者誠不可不熟察而深省矣。」

問：「禪者云：『「知」之一字，衆妙之門。』他也知得這『知』字之妙？」朱子曰：「所以伊川說佛氏之言近理，謂此類也。」問：「所謂知，指此心之神明作用處否？」曰：「然。」「佛家所謂『作用是性』雖無道理，然他卻一

生受用快活，便是他就這形而下者之中，理會得似那形而上者。」

「釋氏專以作用爲性。問：『如何是佛？』曰：『見性爲佛。』曰：『如何是性？』曰：『作用爲性。』曰：『如何是作用？』曰：『在目曰見，在耳曰聞，在鼻嗅香，在口談論，在手執捉，在足運奔。遍現俱該法界，收攝在一微塵。識者知是佛性，不識喚作精魂。』」並《朱子語類》。

《草木子》曰：「自釋迦拈青蓮花，迦葉呵呵微笑，自此示機。直至達磨說出能作用即是佛性，自此禪宗皆祖此。」又曰：「禪宗一達此旨，便以爲了。只知能作用者便是，更不論義理。所以疎通者歸於恣肆，固滯者歸於枯槁。」

問：「佛氏說性，在目爲見，在耳爲聞，在口爲議論，在手能持，在足運奔。」朱子曰：「如此只是箇無星之秤、無寸之尺。若在聖門，則在目雖見，須是明始得。在耳雖聞，須是聰始得。在口談論，及在手足之類，須是動之以禮始得。『天生烝民，有物有則。』如佛氏之說，是有物無則了。」

「佛氏原不曾識得這理一節，便認知覺運動做性。只認那能視、能聽、能言、能思、能動底便是性，最怕人說這理字，都要除掉了。此正告子『生之謂性』之說也。」

「龐居士云：『神通妙用，運水搬柴。』佛家所謂作用是性，便是如此。他都不理會是和非，只認得那衣食作息、視聽舉履便是道。說我這箇會說話底，會作用底，叫喚便應底，便是神通妙用，更不問道理如何。禪老云『赤肉團上有一無位真人，在汝等諸人面門上出入』。他便是只認得這箇，把來作弄。」並《朱子語類》。

此三條辨佛氏論性之非，極爲明白。奈何近世講學之士，猶墮其失，拾朱子所棄以自珍者？

按：象山與曾祖道言：「目能視，耳能聽，鼻能知香臭，口能知味，心能思，手足能運動，如何更要甚存誠持敬？」楊慈湖《己易説》謂「目能視，所以能視者何物？耳能聽，所以能聽者何物？口能噬、鼻能嗅，所以能噬能嗅者何物？手能運用，足能步趨，心能思慮，所以能運用、步趨、思慮者何物」？又《慈湖訓語》云：「吾目視耳聽，鼻嗅口嘗，手執足運，無非大道之用。」按：象山師弟，分明佛氏作用之旨。

《傳習録》：「王陽明謂門人曰：『所謂汝心，卻是那能視聽言動底，這箇便是性，便是天理。有這箇性，才能生。這性之生理，便謂之仁。這性之生理，發在目便會視，發在耳便會聽，發在口便會言，發在四肢便會動，都只是那天理發生。以其主宰一身，故謂之心。』」按：陽明此言，發明佛氏作用之旨尤明。其爲告子「生之謂性」之説尤明。

陳北溪《字義》云：「今世有種杜撰等人，愛高談性命，大抵全用浮屠作用是性之意，而文以聖人之言，都不成模樣。據此意，其實不過只是告子『生之謂性』之説。此等邪説，向來已爲孟子掃卻，今又再拈起來，作至珍至實説。只認得箇精神魂魄，而不知有箇當然之理。只看得箇模糊影子，而未嘗有的確定見。枉誤了後生晚進，使相從於天理人欲混雜之區爲可痛。」嗚呼！讀北溪此言，不能不令人動杜牧之「後人而復哀後人」之感也。

朱子曰：「佛家從頭都不識，只是認知覺運

動做性做玄妙説。」或曰：「如此則安能動人？必更有玄妙處。」曰：「便只是這箇。他那妙處，離這知覺運動不得。無這箇，便説不行。只是被他作弄得來精。」《朱子語類》。

按：宗杲《答曾侍郎書》云：「尋常計較安排底是識情，隨生死遷流底亦是識情，怕怖慞惶底亦是識情。而今參學之人，不知是病，只管在裏許頭出頭沒，教中所謂隨識而不隨智，以故昧卻本地風光、本來面目。若或一時放下，百不思量計較，忽然失脚蹋着鼻孔，即此識情便是真空妙智，更無別智可得。若別有所得、有所證，則又卻不是也。如人迷時唤東作西，及至悟時，即西便是東，無別有東。此真空妙智與太虚空齊壽。只這太虚空中，還有一物礙得他否？雖不受一物礙，而不妨諸物於空中往來。此真空妙智亦然。凡聖垢染着一點不得，❶雖着不得，而不礙生死凡聖於中往來。如此信得及，見得徹，方是箇出生入死得大自在底漢。」愚按：此説正是他妙處，離這知覺運動不得，正是被他作弄得來精矣。

按：達磨説「浄智妙圓，體自空寂」，慧能説「本來無一物」，宗杲説「真空妙智」，此空門授受正法眼藏。

或曰：「佛氏以空爲性，又以作用爲性。夫作用則有物而非空矣，不自枘鑿乎？」曰：「此體用之説也。真空者性之體也，作用者性之用也，體用一原也。故佛氏謂真空則能攝衆有而應變，又謂即此識情便是真空妙智，明體用一原也。釋神會《顯宗記》謂『湛然常寂，應用無方。用而常

❶「點」，原誤作「照」，據正誼堂本改。

空，空而常用。用而不有，即是真空。空而不無，即成妙有。妙有即摩訶般若，真空即清净涅槃」。其言尤作弄得來精，與《中庸》『大本達道』之説相似矣。」

朱子曰：「佛氏只是弄精神。」問：「彼言一切萬物皆有破壞，惟有法身常住不滅。所謂法身，便只是這箇？」曰：「然。不知你如何占得這物事住？天地破壞，又如何被你占得這物事常不滅？」問：「彼大概欲以空爲體。他言天地萬物萬事皆歸於空，這空便是他體。」曰：「他也不是欲以空爲體，他只是説這物事裏面本空，着一物不得。」「儒者以理爲不生不滅，釋氏以神識爲不生不滅。」並《朱子語類》。

《居業録》曰：「釋氏是認精魂爲性，專一守此，以爲超脱輪迴。緣他當初只是去習静坐，屏思慮久了，精神光彩，其中了無一物，遂以爲真空。這道理只有這箇極玄極妙，天地萬物都是這箇做出來，得此，則天地萬物雖壞，這物事不壞，幻身雖亡，此不亡，所以其妄愈甚。」

朱子曰：「釋氏合下見得箇道理空虚不實，故要得超脱盡去了物累，方是無漏爲佛地位。若吾儒合下見得箇道理便實了，故首尾與之不合。」

「陸子静從初亦學佛，嘗言『儒佛差處，只是義利之間』。某應曰：『此猶是第二着。只他根本處，便不是。當初釋迦爲太子時，出遊見生老病死苦，遂厭惡之，入雪山修行，從上一念便一切作空看，惟恐割棄之不猛，屏除之不盡。吾儒卻不然。蓋見得無一物不具此理，無一理可違於物。佛説萬理俱空，吾儒説萬理俱實。從此一差，方有公私義利之不同。今學佛者云識心見性，不知是識何

心？是見何性？』」並《朱子語類》。

此儒釋不同頭腦處。

問：「惡外物如何？」伊川程子曰：「是不知道者也，物安可惡？釋氏之學便如此，要屏事，不問這事是合有合無。」又曰：「學佛者多要忘是非，是非安可忘得？」《程氏遺書》。

朱子曰：「釋氏欲驅除物累，至不分善惡，皆欲掃盡，云凡聖情盡，即如如佛，然後來往自由。」

「吾儒心雖虚，而理則實。若釋氏，則一向歸空寂去了。」《朱子語類》。

釋氏不分是非善惡，皆欲掃盡，一歸空寂，所以害道。

有言莊老禪佛之害者。朱子曰：「禪學最害道。莊老於義理滅絶猶未盡，佛則人倫已壞，至禪，則又從頭將許多義理掃滅無餘。以此言之，禪最爲害之深者。」《朱子語類》。

《居業録》曰：「禪家只是默坐澄心，絶滅思慮，直求空寂。空寂之久，心能靈通。殊不知空寂之中，萬理滅絶，那些靈通，只是自己精神意見，全不是道理。凡所動作，任意爲之，以爲此即神通妙用，不用檢察，自然廣大無邊，其猖狂自恣者以此。」

按：此言禪學絶滅義理之故明矣。

問釋氏理障之説。伊川程子曰：「此錯看了『理』字也。天下只有一箇理，既明此理，夫復何障？若以理爲障，則是己與理爲二。」

又曰：「《書》言『天敘』、『天秩』，天有是理，聖人循而行之，所謂道也。聖人本天，釋氏本心。」《程氏遺書》。

聖人本天，天即理也。釋氏本心，心即精神知覺也。儒釋之辨，非程朱大儒，安能剖判明白如此？

朱子《觀心説》曰：「或問：『佛者有觀心説，

然乎？』曰：『夫心者，人之所以主乎身者也，一而不二者也，爲主而不爲客者也，命物而不命於物者也。故以心觀物，則物之理得。今復有物，以反觀乎心，則是此心之外，復有一心，而能管乎此心也。然則所謂心者，爲一耶？爲二耶？爲主耶？爲客耶？爲命物者耶？爲命於物者耶？此亦不待較而知其謬矣。』」《朱子文集》。

觀此，則楊慈湖反觀之説之謬可知。

朱子《釋氏論》曰：「其徒蓋有實能恍然若有所睹而樂之不厭，至於遺外形骸，而死生之變不足以動之者，此又何耶？曰：是其心之用既不交於外矣，而其體之分於内者，乃自相同而不舍焉。其志專而切，其機危而迫，是以精神之極，而一旦惘然若有失也。其所以至此之捷徑，蓋皆原於莊周承蜩、削鐻之餘論，而又加巧密焉耳。然昧於天理，而特爲是以自私焉，則亦何足稱於君子之門哉？」《朱子文集》。

承蜩、削鐻見《莊子·達生》篇：「仲尼適楚，出於林中，見痀僂者承蜩猶掇之也。仲尼曰：『子巧乎，有道耶？』曰：『我有道也。吾處身若厥株枸，吾執臂也若槁木之枝，雖天地之大、萬物之多，而惟蜩翼之知。吾不反不側，不以萬物易蜩之翼，何爲而不得？』孔子顧謂弟子曰：『用志不分，乃凝於神，其痀僂丈人之謂乎！』」「梓慶削木爲鐻，鐻成，見者驚猶鬼神。魯侯問曰：『子何術以爲焉？』對曰：『臣工人，何術之有？雖然，有一焉。將爲鐻，未嘗敢以耗氣也，必齋以静。心齋三日，而不敢懷慶賞爵禄；齋五日，不敢懷非譽巧拙；齋七日，輒然忘吾有四肢形體也。當是時也，其巧專而外汨消，以天合天，器

之所以疑神者，其是與！』」

朱子曰：「禪只是箇呆守法。如麻三斤、乾屎橛，他道理初不在這上，只是教他麻了心，只思量這一路。專一積久，忽有見處，便是悟。大要只是把定一心，不令散亂，久後光明自發。所以不識字底人纔悟後，便作得偈頌。」

「佛者云：『置之一處，無事不辨。』❶只是教人如此做工夫。如《莊子》亦云：『用志不分，乃凝於神也。』只是如此。」並《朱子語類》。

禪學工夫只是要箇專一，無多術也。

朱子曰：「宗杲云：『如載一車兵器，逐件取出來弄，弄了一件，又弄一件，便不是殺人手段。我只有寸鐵，便可殺人。』」《朱子語類》。

朱子曰：「釋氏有清草堂者，有名叢林間。其始學時，苦無所入，有告之者曰：『子不見猫之捕鼠乎？四足据地，手尾一直，目睛不瞬，心無他念。惟其不動，動則鼠無所逃矣。』清用其言，乃有所入。彼之所學雖與吾異，然所以得之者，則無彼此之殊，學者宜以是而自警也。」《朱子語集》。❷

寸鐵之説，言要一也。捕鼠之説，言專一也。朱子講學多借用禪語以警學者，觀《語類》「騎驢覓驢」、「甜桃醋梨」等語尤可見。朱子借用禪語以勉進吾儒，猶象山借用儒書以彌縫佛學，意頗相類，皆借彼明此之意也。《傳燈録》曰：「正人説邪説，邪説亦是正。邪人説正説，正説亦是邪。」此語亦有見識。愚爲之轉語曰：「吾儒説禪説，禪説亦是儒。禪家説儒説，儒説亦是禪。」識此，可與論朱陸矣。

❶「辨」，正誼堂本作「辦」。

❷「語」，當作「文」，本則出自《朱子文集》卷七十一。

朱子《答吴斗南書》云：「所云『禪學悟入，乃是心思路絶，天理盡見』，此尤不然。心思之正，便是天理。流行運用，無非天理之發見，豈待心思路絶而後天理乃見邪？」朱子《答陳衛道書》云：「釋氏見處，只是要得六用不行，則本性自見。只此便是差處。六用豈不是性？若待其不行，然後性見，則是性在六用之外，别爲一物矣。」並《朱子文集》。

宗杲云：「心無所之，老鼠入牛角，便見倒斷也。倒斷即是悟處。」此即心思路絶、天理盡見之謂。近福州烏石巖有僧書一偈末云：「行至水窮山盡處，那時方見本來真。」即是此意。「六用」出《楞嚴經》，耳、眼、鼻、舌、身、意，六根之用也。

朱子《答廖子晦書》云：「爲佛學者自謂有見，而於四端五典、良知良能、天理人心之實然而不可易者，皆未嘗略見彷彿。甚者披根拔本，顛倒錯繆，無所不至。則夫所謂見者，殆亦用心太過，意慮泯絶，恍惚之間，瞥見心性之影象耳。與聖門真知實踐之學，豈可同年而語哉？」

朱子《答胡季隨書》云：「釋氏只是恍惚之間見得些心性影子，卻不曾子細見得真實心性。正使有存養之功，亦只是存養得他所見影子。固不可謂之無所見，亦不可謂之不能養，但所見所養非心性之真耳。」並《朱子文集》。

胡敬齋曰：「釋氏見道，只如漢武帝見李夫人，非真見者也。」又曰：「禪家在空虚中見出一箇假物事，以爲識心見性，以爲不生不滅，其實未嘗識心，未嘗見性也。」

愚謂敬齋直道禪家所見爲假物非真，極是！極是！自朱子没後，無人見得如此端的直截。

《老子》曰：「道之爲物，惟怳惟忽。忽兮

恍兮，其中有像。恍兮忽兮，其中有物。窈兮冥兮，其中有精。」釋老所見略同。

朱子《答陳衛道書》云：「性命之理，不必着意思想，但每事尋得箇是處，即是此理之實。不比禪家見處，只在儱侗恍惚之間也。」又曰：「儒者之論，每事須要真實是當。不似異端，便將儱侗底影象來罩占此真實地位也。此等差互處，舉起便是不勝其多，寫不能窮，説不能盡。」《朱子文集》。

按：陸學以鑑象之見爲見道，爲知仁，正是將儱侗恍惚底影象來罩占此真實地位也。

朱子《答陳衛道書》云：「釋氏所見，較之吾儒，彼不可謂無所見，但卻只是從外面見得箇影子，不曾見得裏許真實道理。所以見處則儘高明脱灑，而用處七顛八倒，無有是處，見處行處打成兩截也。」《朱子文集》。

所論兩截，近世禪陸通病。

問儒釋。朱子曰：「據他説道明得心，又不曾得心爲之用。説道明得性，又不曾得性爲之用。」又曰：「僧家所謂禪者，於其所行全不相應。向來見幾箇好僧，説得好，又行得好，自是其資質爲人好耳，非禪之力也。所謂禪，是僧家自舉一般見解，如秀才家舉業相似，與行己全不相干。學得底人，有許多機鋒將出來弄，一上了便收拾了。到其爲人，與俗人無異。只緣禪自是禪，與行不相應耳。」《朱子語類》。

此語亦是説禪學兩截之病，觀陸學正然。

朱子嘗謂「楊敬仲簡淡誠愨，自可敬愛，而其議論見識，自是一般」。可見其自是資質好，非禪之力。又謂「子静常有悟，後來更顛倒錯亂」。正只緣禪自是禪，與行不相應耳。

因論《傳燈録》。禪者曰：「此迹也，何不論其心？」明道程子曰：「心迹一也，豈有迹非而心是者也？正如兩脚方行，指其心曰，我本不欲行，他兩脚自行。豈有此理？」明道先生不好佛語。或曰：「佛之道是也，其迹非也。」曰：「所謂迹者，果不出於道乎？然吾所攻者其迹耳，其道則吾不知也。使其道不合於先王，固不願學也。如其合於先王，則求之六經可矣，奚必佛？」伊川程子曰：「釋氏之説，若欲窮其説而去取之，則其説未必能窮，已化而爲佛矣。只且於迹上考之，其設教如是，則其心果何如？難爲取其心不取其迹，有是心則有是迹。王通言心迹之判，便是亂説。不若且於迹上斷定不與聖人合。其言有合處，則吾道固已有；有不合者，固所不取。如是立定，卻省易。」並《程氏遺書》。

按：近世於佛學，皆是取其心，取其道，而不取其迹。分爲兩截，非二程子，是非何由折衷？

朱子曰：「禪學熾，則佛氏之説大壞。緣他本來是大段着工夫收拾這心性，今禪説只恁地容易做去。佛法固是本不見大底道理，只就他本法中是大段細密。今禪説，只一向麤暴。」又曰：「釋迦佛初間入山修行，他也只是厭惡世諦，爲一身之計。觀他修行大故用功，未有後來許多禪底説話。後來相傳，一向説開了。」《朱子語類》。

西山真氏曰：「自禪教既分，學者往往以爲不階言語文字而佛可得，於是脱略經教而求所謂禪者。高則高矣，至其身心顛倒有不堪點檢者，則反不如誦經持律之徒，循循規矩中，猶不至大謬也。今觀《遺教經》以端心正念爲首，而深言持戒爲禪定

智慧之本。至謂制心之道如牧牛、如馭馬，不使縱逸，去瞋止妄，息欲寡求，然後由遠離以至精進，由禪定以造智慧，具有漸次梯級，非如今之談者，以爲一超可造如來地位也。」愚按：佛學猶以脱略經教，趨禪爲非，吾儒豈可糟粕六經，趨禪弗察？

朱子曰：「釋氏書初只有《四十二章經》，所言甚鄙俚。後來日添日益，皆是中華文士相助撰集。如晉宋間自立講師，孰爲釋迦，孰爲阿難，孰爲迦葉，各相問難，筆之於書，轉相欺誑。大抵多是剽竊《老子》、《列子》意思，變换推衍，以文其説。」「宋景文《唐書贊》説『佛多是華人之譎誕者，攘《莊》、《列》之説，佐其高』。此説甚好。如歐陽公只説箇禮法，程子又只説自家義理，皆不見他正贓，卻是宋景文捉得他正贓。」並《朱子語類》。

愚謂唐以前，中華文士攘竊《莊》、《列》以文其説，佐其高。至宋，則攘竊孔孟以文其説，佐其高矣。嗚呼！竊《莊》、《列》以文佛釋，以異端而佐異端，猶可言也。竊孔孟以文佛釋，遂以夷狄之教而亂吾中國聖賢之學，不可言也。迦葉，釋迦弟子。阿難，又迦葉弟子也。

朱子曰：「佛書多有後人添入，如西天二十八祖所作偈皆有韻，分明是後人增加。」又曰：「西域豈有韻？諸祖相傳偈，平仄押韻語，皆是後來人假合。」《朱子語類》。

此尤捉着正贓。

朱子《釋氏論》曰：「凡佛之書，其始來者如《四十二章》、《遺教》、《法華》、《金剛》、《光明》之類，其所言者不過清虚緣業之論，神通變現之術而已。及其中間爲其學者如惠遠、

僧肇之流，乃始稍竊《莊》、《列》之言以相之，然尚未敢正以爲出於佛之口也。及其久而耻於假借，則遂顯然篡取其意，而文以浮屠之言。如《楞嚴》所謂『自聞』，即莊子之意。而《圓覺》所謂『四大各離，今者妄身，當在何處』，即《列子》所謂『精神入其門，骨骸反其根，我尚何存』者也。凡若此類，不可勝舉。至於禪者之言，則其始也蓋亦出於晉宋清談議論之餘習，而稍務反求靜養以默證之，或能頗出神怪以衒流俗而已。其後傳之既久，聰明才智之士，或頗出於其間而自覺其陋，於是更出己意，益求前人之所不及者而陰佐之，而盡諱其怪幻鄙俚之談。於是其說一旦超然，真若出乎道德性命之上，而惑之者遂以爲果非堯舜周孔之所能及矣。」《朱子文集》。

何叔京曰：「浮屠出於夷狄，流入中華。其始也，言語不通，人固未之惑也。晉宋而下，士大夫好奇嗜怪，取其侏儷之言而文飾之，而人始大惑矣。非浮屠之能惑人也，導之者之罪也。」愚按：前世士大夫好奇嗜怪，以《莊》、《列》助禪而文飾之，人已大惑。況後世士大夫又以儒書助禪，而文飾益甚焉，夫安得不爲深蔀？

明道程子曰：「釋氏之説，其歸欺詐。今在法欺詐，雖赦不原，爲其罪重也。及至釋氏，自古及今欺詐，天下人莫不溺其說而不自覺也，豈不謂之大惑耶？」《程氏遺書》。

朱子曰：「論佛只是説箇大話謾人，可憐人都被他謾，更不省悟。」《朱子語類》。

胡敬齋亦曰：「學釋老者多詐。」今觀象山、篁墩、陽明一派欺蔀，尤驗。奈何近世都被他謾？古今同慨！

朱子《讀大紀》曰：「釋氏始終本末，亦無足言。然以其有空寂之説而不累於物欲也，則

世之所謂賢者好之矣。以其有玄妙之説而不滯於形器也，則世之所謂智者悦之矣。以其有生死輪迴之説而自謂可以不淪於罪苦也，則天下之傭奴、爨婢、黥髡、盜賊亦匍匐而歸之矣。此其爲説所以張皇輝赫，震耀千古，而爲吾徒者，方且蠢然鞠躬屏氣，爲之奔走服役之不暇也。幸而有一間世之傑，乃能不爲之屈，而有聲罪致討之心焉。嗚呼！惜哉。」《朱子文集》。

此言佛氏之所以盛，由其説能舉天下之智愚賢不肖而溺之也。考張子之言尤足徵，併著卷末。

横渠張子曰：「自其説熾傳中國，儒者未容窺聖學門牆，已爲引取淪胥其間，指爲大道。乃其俗達之天下，致善惡知愚，男女臧獲，人人著信，使英才間氣，生則溺耳目恬習之事，長則師世儒宗尚之言，遂冥然被驅，因謂聖人可不修而至，大道可不學而知，故未識聖人心，已謂不必求其迹，未見君子志，已謂不必事其文。此人倫所以不察，庶物所以不明，治所以忽，德所以亂。異言滿耳，上無禮以防其僞，❶下無學以稽其弊，自古詖淫邪遁之辭翕然並興，一出於佛氏之門者千五百年。向非獨立不懼，精一自信，有大過人之才，何以正立其間，與之較是非、計得失也哉？」

横渠之言如此，可謂深切著明矣。

通按：此卷所載，雖雜引諸書，然亦有節次統紀。首論禪學興盛來歷，次論禪學高妙近似，次論釋氏作用是性，次論釋氏歸空，次論釋氏掃除事理而專説心，次論釋氏工夫專一，次論釋氏所見影象恍惚非

❶「僞」，原誤作「爲」，據萬曆本改。

真，次論釋氏兩截，次論釋氏後來變换增加，文飾欺誑，末總論釋氏惑害之深。大綱凡十節，而其文理接續，血脉貫通，則讀者當自得之矣。

學蔀通辨續編卷上

學蔀通辨續編卷中

此卷所載，著漢唐宋以來學者，多淫於老佛，近世陷溺推援之弊，其所後來遠矣。

朱子曰：「揚雄《太玄》曰：『潛心于淵，美厥靈根。測曰：潛心于淵，神不昧也。』乃老氏説話。」又曰：「楊子説到深處，止是走入老莊窠窟裏去，如清静寂寞之説是也。至如《玄》中所説靈根之説，亦只是老莊意思，止是説那養生底工夫爾。」「陶淵明，古之逸民，所説者莊老。」並《朱子語類》。

按：自孔孟没，漢晉學者皆宗老莊，唐宋則宗禪佛，然皆不外養神一路也。《鶴林

玉露》記陶淵明《神釋形影詩》云：「『大鈞無私力，萬理自森著。人爲三才中，豈不以我故。』我，神自謂也。人與天地並立爲三才，以此心之神也。若塊然血肉，豈足以並天地哉？末云：『縱浪大化中，不喜亦不懼。應盡便須盡，無復獨多慮。』乃是不以死生禍福動其心，泰然委順，養神之道也。淵明可謂知道之士。」愚按：自漢以來，聖學不明，士之所謂知道者，知此而已。陸子嘗謂陶淵明有志於吾道，正指此也。

問：「唐時莫是李翺最識道理否？」朱子曰：「也只是從佛中來。」曰：「渠有《去佛齋文》，闢佛甚堅。」曰：「只是粗迹。至説道理，卻類佛。」《朱子語類》。

李翺字習之，從韓退之遊，自謂得子思《中庸》之學，著《復性》三篇。其説曰：「人之

所以惑其性者，情也。喜怒哀懼愛惡欲，皆情之爲也。情者，妄也，邪也。妄情息滅，本性清明。」大要以滅情爲言，此説道理正類佛也。

朱子曰：「李翺復性則是，云滅情以復性則非。情如何可滅？此乃釋氏之説，陷於其中而不自知。」《朱子語類》。

按：釋氏謂「六用不行，則本性自見」。又云：「但能莫存知見，泯絶外緣，離一切心，即汝真性。」此滅情復性，禪宗要旨也。象山云：「人只是去些子凡情不得。」又云：「心不可汩一事，須要一切蕩滌剥落净盡。」即同此滅情之旨。

《困知記》云：「李習之雖嘗闢佛，然《復性書》之言陷於佛氏之説而不自知。其亦嘗從禪師問道，得非有取其微旨，而姑闢其粗迹，以無失爲聖人之徒耶？」《傳燈録》：「李翺爲朗州刺史，嘗問藥山禪師：『如何是道？』師曰：『雲在天，水在瓶。』翺作偈云：『鍊得身形似鶴形，千松株下兩函經。我來問道無餘話，雲在青天水在瓶。』」

問：「韓文公與太顛書，不審有崇信之意否？」朱子曰：「真箇是崇信。是他貶從那潮州去無聊，後被他説轉了。如云『所示廣大深迴，非造次可喻』，不知太顛與他説箇甚麽，恁地傾心信向？」又曰：「退之亦多交僧，如靈師、惠師之徒。」《朱子語類》。

按：韓退之雖闢佛而交僧，晚年乃爲太顛所動，傾心信向。周元公云：「不識太顛何似者，數書珍重更留衣。」何與《原道》之言背馳耶？雖然，退之一李習之也。《原道》闢佛，亦只是闢其粗迹也。按：柳子厚《送僧浩初序》謂「韓退之病余嗜浮圖

言，罪余不斥浮圖。余謂浮圖之言，往往與《易》、《論語》合，雖聖人復生，不可得而斥也。退之所病者其迹也，雖余亦不樂也」。愚謂文學如二三子，一代宗工，然皆只知病佛粗迹，而不免爲其微言所惑，他尚何望？

朱子曰：「游定夫有《論語要旨》，『天下歸仁』引龐居士語。」又曰：「游定夫以『克己復禮』與釋氏一般，只存想此道理而已。舊本游氏全用佛語解此一段，某已削之。若只以存想言克復，則與下截『非禮勿視』四句有何干涉？」又曰：「若只是存想『天下歸仁』，恁地則不須克己，只坐定存想半月十日，便自天下歸仁，豈有此理？」《朱子語類》。

按：游定夫言「克己」與「四勿」無干涉，正與象山同。詹阜民安坐瞑目，操存半月，忽覺此心澄瑩，自以爲仁，而象山許之，即存想歸仁之證也。

《伊洛淵源録》載吕氏《雜志》云：「程先生謂游酢、楊時先知學禪，已知向裏没安泊處，故來此，卻恐不變也。游定夫後更爲禪學，從諸禪老遊。定夫嘗言：『前輩先生往往不曾看佛書，故詆之如此之甚。其所以破佛者，乃佛書自不以爲然者也。』其溺於異學如此。」

朱子曰：「吕與叔未發之説尤可疑。如引『屢空』而曰『由空而後見乎中』，其不陷於浮屠者幾希矣。蓋其病根正在欲於未發之前，求見乎所謂中者而執之，是以屢言之而病愈甚。蓋一有求之之心，則是便爲已發，固已不得而見之，況欲從而執之？則其爲偏倚亦甚矣，又何中之可得乎？此爲義理之根本，於此有差，則無所不差矣。程子譏之以爲不識大本，信哉！楊氏所謂『未發之時以

心驗之，則中之義自見。執而勿失，無人欲之私焉，則發必中節矣。』又曰：『須於未發之際，能體所謂中。』其曰『驗之』、『體之』、『執之』，則亦呂氏之失也。大抵楊氏之言多雜於佛老，故其失類如此。《中庸或問》。

按：《語類》：朱子謂「陸子静學者欲執喜怒哀樂未發之中，不知中如何執得？那事來面前，只得應他當喜便喜，當怒便怒，如何執得」？正與此相發。按：《中庸或問》辨程門諸子淫於老佛之失甚詳，今姑録此，餘不盡也。

又按：《語類》：僧常總，龜山鄉人，住廬山東林。龜山嘗往見之，問孟子道性善之説。其言之雜佛，有自來矣。

朱子《答張敬夫書》云：「上蔡所謂知覺，正謂知寒煖饑飽之類。推而至酬酢佑神，亦只此耳。謂仁者心有知覺則可，謂心有知覺謂之仁則不可。至於伯逢，又謂上蔡之意自有精神，得其精神則天地之用皆我之用矣。此説甚高甚妙，而反之於身，愈無根本可據之地。所謂天地之用即我之用，殆亦其傳聞想像如此耳，實未嘗到此地位也。」《朱子文集》。

朱子曰：「上蔡説得『覺』字太重，便相似説禪。」

「上蔡多説知覺。自上蔡一變而爲張子韶。」並《朱子語類》。

謝上蔡以知覺言仁，猶佛氏以知覺言性，其失一也。精神之説，尤陷釋氏，與象山吾心宇宙之説正同。

《事文類聚》云：「佛者漢言覺也，將以覺悟群生也。」宋豐稷對神宗曰：「佛者覺也，覺則無所不了。」張子韶曰：「『覺』之一字，衆妙之門。」陳白沙曰：「人惟覺，便我大而物小，物有盡而我無盡。」皆是説得

覺字太重也。

朱子曰：「程門諸子在當時親見二程，至於釋氏卻多看不破，是不可曉。」

因論《上蔡語録》。「如云『見此消息，不下工夫』之類，乃是謂儒佛本同，而所以不同者，但是下截耳。龜山亦如此。」並《朱子語録》。

佛氏雖程門高弟亦看不破，其惑人至此。

朱子《答吴公濟書》云：「來書云儒釋之説本同末異，熹謂本同則末必不異，末異則本必不同。正如兩木同是一種之根，無緣卻生兩種之實。」《朱子文集》。

此論簡要直截，片言折獄矣。

朱子曰：「正獻爲温公言，佛家心法，只取其簡要。」《朱子語類》。

正獻，吕申公公著也。《宋名臣言行録》云：「申公晚多讀釋氏書，益究禪理。温公博學有志行，而獨不喜佛。申公每勸其留意，且曰：『所謂佛學者，直貴其心術簡要耳，非必事事服習，爲方外人也。』」按：申公之意，亦是取上一截。

朱子《答林擇之書》云：「《吕公家傳》論佛學，尤可駭歎。程氏之門千言萬語，只要見儒者與釋氏不同處。而吕公學於程氏，意欲直造聖人，盡其平生之力，乃反見得佛與聖人合，豈不背戾之甚哉？」❶《朱子文集》。

《吕氏家傳》云：「原明公自少既從諸老先生學，當世善士悉友之矣。晚更從高僧圓照、師宗本證悟、師修顒遊，盡究其道。別白是非，斟酌淺深而融通之，然後見佛之道與聖人合。」按：原明，申公之子希哲也。

朱子《答吕東萊書》云：「《横渠墓表》出於吕

❶「背」，原誤作「肯」，據萬曆本改。

汲公。汲公尊橫渠，然不講其學，而溺於釋氏，故其言多依違兩間，陰爲佛老之地。如云『學者苦聖人之微，而珍佛老之易入』。如此則是儒學異端皆可以入道，但此難而彼易耳。又稱橫渠『不必以佛老而合乎先王之道』。如此則是本由佛老然後可以合道，但橫渠不必然而偶自合耳。此等言語，與橫渠著書立言，攘斥異學，一生辛苦之心，全背馳了。」《朱子文集》。

汲公，吕大防也。

朱子曰：「《華嚴合論》，其言鄙陋無稽，不知陳了翁一生理會這箇，是有甚麽好處？可惜極好底秀才只恁地被他引去了。」又曰：「了翁好佛，説得來七郎八當。」《朱子語類》。

了翁《金剛經説》曰：「佛法之要，不在文字，而亦不離於文字。此經要處只九箇字，阿耨多羅三藐三菩提。梵語九字，華言一字，一『覺』字耳。《中庸》『誠』字即此字也。」了翁之意，亦是見得佛與聖人合也。

朱子辨蘇子由《老子解》云：「蘇侍郎晚著此書，合吾儒於老子，以爲未足，又并釋氏而彌縫之，可謂舛矣。然其自許甚高，至謂當世無一人可以語此者。而其兄東坡公亦以爲不意晚年見此奇特。以予觀之，其可謂無忌憚者與。」《朱子文集》。

蘇子由注《老子》，其《後序》曰：「《中庸》云：『喜怒哀樂之未發，謂之中。發而皆中節，謂之和。致中和，天地位焉，萬物育焉。』此蓋佛法也。六祖謂『不思善，不思惡』，則喜怒哀樂之未發也。蓋中者佛性之異名，而和者六度萬行之總目。致中和而天地萬物生於其間，非佛法何以當

之？」觀此，則蘇氏彌縫之舛可知矣。

按：《文獻通考》：「宋仁宗時，僧契嵩以世儒多詆釋氏之道，乃著《輔教編》五卷，廣引經籍，以證三家一致，輔相其教焉。」蘇子由所見，正與契嵩合。《崇正辨》曰：「爲佛之徒者，所以擁護其道，無所不至。衣冠淺士，乃一聞佛説，則傾意從之，甘心於僧役而不悔，豈非名教之罪人哉？」

朱子《雜學辨》：張子韶《中庸解》云：「不見形象而天地自章，不動聲色而天地自變，垂拱無爲而天地自成。天地亦大矣，而使之章、使之變、使之成，皆在於我。天地又自此而造化之妙矣。」朱子辨之，謂「此語險怪不通。若聖人反能造化天地，則是子孫反能孕育父祖。凡此好大不根之言，蓋原於釋氏心法起滅天地之意」。《朱子文集》。

按：蘇子由謂「致中和而天地萬物生於其間」云云，正同此「心法起滅天地」之意。

又按：朱子《雜學辨》蘇、張溺佛之失甚詳，今亦不能盡録，姑摘記緊要一二于此。

朱子曰：「張公始學於龜山之門，而逃儒以歸於釋。既自以爲有得矣，而其釋之師語之曰：『左右既得欛柄入手，開導之際，當改頭換面，隨宜説法，使殊塗同歸，則世出世間，兩無遺恨矣。』用此之故，凡張氏所論著，皆陽儒而陰釋。其離合出入之際，務在愚一世之耳目，而使之恬不覺悟，以入乎釋氏之門，雖欲復出而不可得。」《朱子文集》。

昔人謂西晉亂亡之禍，起於夕陽亭荀勗教賈充之一語。愚謂後世學術陽儒陰釋之禍，實起于宗杲教張公之一語矣。然荀勗一語止禍一代，宗杲一語遺禍無窮。上而千古聖賢學術爲所汩亂，下而天下萬世人心爲所蔀惑，不知其禍何時而已。嗚呼，

酷哉！

按：宗杲爲人權數陰謀秘計，大類呂不韋。不韋陰以其子爲秦王之子，而秦人不覺。宗杲陰以其學易吾儒之學，而後世亦鮮知之。始皇既立，名號猶襲嬴秦，而血脉骨髓則已移于呂無垢。象山繼作，名號不殊於孔孟，而血脉骨髓則已移于禪。嗚呼！六國并兵合力以攻秦，不能得秦人之寸尺，而不韋奪其國於几席談笑之間。昌黎、伊洛終身闢佛，曾不能少殺其勢，宗杲乃從容一語而遺吾道無窮之禍。二人者，其古今之大盜與！

通按：有宋一代，禪學盛行。然汴宋以前，蘇子由諸人明以儒佛爲同。南渡以後，張子韶輩始陽儒而陰佛。以儒佛爲同，其好佛也直。陽儒而陰佛，其好佛也譎。此世道升降之幾，所關非細故也。孔子曰：「古之愚也直，今之愚也詐而已矣。」閲歷古今世變，同一令人增慨。

朱子《答石子重書》云：「此道寂寥，近來又爲邪説汩亂，使人駭懼。聞洪适在會稽，盡取張子韶《經解》版行，此禍甚酷，不在洪水夷狄猛獸之下，令人寒心。人微學淺，又未有以遏之，惟益思自勉，更求朋友之助，庶有以追蹤聖徒，稍爲後人指出邪徑，俾不至全然陷溺，亦一事耳。」《朱子文集》。

朱子惓惓爲後人指出邪徑，而近日學者乃有故蹈邪徑而反詆朱子者，其是非識見，何相遼乃爾！

朱子《雜學辨》曰：「呂氏曰：『聞見未徹，正當以悟爲則。所謂致知格物，正此事也。比來權去文字，專務體究，尚患雜事紛擾，無專一工夫。若如伊川之説，物各付物，便能役物，卻恐失涉顛頇爾。』愚謂以悟爲則，乃釋

氏之法而吾儒所無有。呂氏顧以爲致知格物之事，又云去文字而專體究，猶患雜事紛擾，不能專一，則是理與事爲二，必事盡屏而後理可窮也。顧謂伊川顢頇，豈不惑哉！」《朱子文集》。

呂氏即呂居仁，亦嘗參禪宗杲。杲以無事省緣、静坐體究爲教，故呂氏有此見解。其去文字、屏事尚悟、詆伊川，全與象山同見解。象山曰：「格物者，格此者也。」陽明曰：「格物致知之功，即佛氏之常惺惺。」皆與呂氏同見解。「顢頇」出佛書，云「儱侗真如，顢頇佛性」。

朱子《辨呂氏大學解》云：「彼其陽離陰合，自以爲左右采獲而集儒佛之大成矣。曾不悟夫言行不類、出入支離之爲心害，而莠亂苗、紫奪朱之患，❶又將無所不至也。近世之言道者，蓋多如此，其誤後學深矣。」

朱子《答陳明仲書》云：「汪丈每以呂申公爲準，則比觀其《家傳》所載學佛事，殊可笑。彼其德器，渾厚謹嚴，可爲難得矣，一溺其心於此，乃與世俗之見無異。又爲依違中立之計以避其名，此其心亦可謂支離之甚矣。顧自以爲簡易，則吾不知其説也。」《朱子文集》。

汪丈即汪聖錫尚書也，名應辰。二書所言陽離陰合、左右采獲、依違中立、出入支離之弊，皆一種學術。❷

朱子曰：「某初師屏山、藉溪。藉溪學於文定，又好佛老，以文定之學爲論治則可，而道未至。屏山少年能爲舉子業，官莆田，接塔下一僧，能入定數日。後乃見了老，歸家讀

❶「亂苗紫」，三字原缺，據《朱文公文集》卷七十二補。

❷「皆」，原在「術」字之下，并附小注「皆字在一字上」，兹據乙正。

儒書，以爲與佛合，故作《聖傳論》。其後屏山先亡，藉溪在。某自見於此道未有所得，乃見延平。」

或問屏山十論。朱子曰：「他本是釋學，但只是翻謄出來說許多話爾。」《朱子語類》。

屏山劉子翬、藉溪胡憲，皆朱子少時師也。朱子初年學禪，亦以二人之故。《聖傳》、《十論》見《屏山文集》。「翻謄」二字，切中世學之病。象山、陽明講學，皆是翻謄出來。

朱子《答李伯諫書》云：「詳觀所論，大抵以釋氏爲主，而於吾儒之說近於釋者取之。異於釋者，在孔孟則多方遷就，以求其合；在伊洛則無所忌憚，而直斥其非。夫直斥其非者，固未識其旨。所取所合，亦竊取其似是而非者耳。故語意之間，未免走作。然敢詆伊洛而不敢非孔孟者，直以舉世尊之，而吾又身爲儒者，故不敢耳，豈真知孔孟之可信而信之哉？是猶不敢顯然背叛，而其毀冠裂冕、拔本塞源之心固已竊發。學者豈可使有此心萌於胸中哉？」《朱子文集》。

此書說透伯諫心髓，說透近世一派雜學心髓。

朱子《答江德功書》云：「釋氏之學爲主於中，而外欲强爲儒者之論，正如非我族類，而欲强以色笑相親，意思終有間隔礙阻。」《朱子文集》。

與前書「遷就走作」等語相發。

朱子曰：「學佛者常云儒佛一同，某言你只認自家說不同。若果是，又何必言同？只這靠傍底意思，便是不同，便是你不是，我底是了。」《朱子語類》。

此語說得直截痛快，尤可施於近世之欲同朱陸者。

朱子《答江德功書》云：「近世學者溺於佛學，本以聖賢之言爲卑近，而不滿於其意。顧天理民彝有不容殄滅者，則又不能盡叛吾説以歸於彼。兩者交戰於胸中而不知所定，於是因其近似之言，以附會而説合之。凡吾教之以物言者，則引而附之於己。以身言者，則引而納之於心。苟以幸其不異於彼，而便於出入兩是之私。至於聖賢本意，則雖知其不然，而有所不顧也。」《朱子文集》。

此書説世學之病，亦痛切。

朱子《答汪太初書》云：「近世學者，不知聖門實學之根本次第，而溺於老佛之説。無致知之功，無力行之實，而嘗妄意天地萬物、人倫日用之外，別有一物，空虛玄妙，不可測度。其心懸懸然，惟儌幸於一見此物，以爲極致。」

朱子《答廖子晦書》云：「詳來喻，正謂日用之間，別有一物光輝閃鑠，動蕩流轉，是即所謂『無極之真』，所謂『谷神不死』，所謂『無位真人』。此釋氏語，正谷神之酋長也。」並《朱子文集》。

「無極之真」，儒也。「谷神不死」，老也。「無位真人」，佛也。此即以老佛之似，亂吾儒之真也。「一物」，即鏡象之見也。

朱子《答李周翰書》云：「示喻縷縷，備見本末。但原説之辨，髣髴其間，頗有陽尊孔子，而陰主瞿聃之意耳。」《朱子文集》。

瞿聃，瞿曇、老聃也。當時講學之弊，類如此。

或謂佛之理比孔子爲徑。伊川程子曰：「天下果有徑理，則仲尼豈欲使學者迂遠而難至乎？故外仲尼之道而由徑，則是冒險阻、犯荆棘而已。」《程氏遺書》。

朱子曰：「信州龔安國聞李德遠過郡，見之。

李云：『若論學，惟佛氏直截。如學周公、孔子，乃是抱橋柱澡洗。』」朱子曰：「禪學只一喝一棒，都掀翻了，也是快活。卻看二程説話，可知道不索性。奚特二程，便夫子之言亦如此。『學而時習之，不亦説乎？』看得好支離。」並《朱子語類》。

按：前人於孔、佛猶有支離直截之論，則夫近世之以支離直截論朱陸者，即前人之餘涎耳。蘇子由謂「後世因老子之言以達道者不少，而求之於孔子者，常苦其無所從」。呂汲公謂「學者苦聖人之微，而珍佛老之易入」。皆同此意。《崇正辨》曰：「聖人之道不可躐等，釋氏之教一超直入。故儒生以吾聖人爲迂，以彼釋氏爲徑。今以登十三級浮屠明之。不可躐等者，猶自最下用足歷級升而上也。一超直入者，猶自平地不用足歷，忽飛而至也。此實而彼虛，實難而虛易。士大夫樂於無稽超勝之説，以爲孔子所不到，孟子所不知，而實無所得，使世習日以淪胥，莫可救也。」愚按：前世溺禪者必詆聖人，近世溺禪者必詆朱子。孔聖猶不免譏，詆朱固無足怪矣。

朱子曰：「今之學者，往往多歸異教何故？蓋謂自家這裡工夫有欠缺處，奈何這心不下，没理會處。而禪者之説則自以爲有箇悟門，一朝得入，則前後際斷。説得恁地見成捷快，如何不隨他去？」《朱子語類》。

朱子《答汪尚書書》云：「道在六經，何必他求，誠如台諭。❶然世之君子不免於淪胥者何哉？以彼之爲説者曰子之所求於六經者，不過知性知天而已。由吾之術，無屈首

❶「台」，原誤作「合」，據萬曆本改。

受書之勢而有其效。其見解真實，有過之者，無不及焉。世之君子，既以是中其好徑欲速之心，而不察乎他求之賊道。貴仕者，又往往有王務家私之累，聲色勢利之娛，日力亦不足矣。是以雖知至道不外六經而不暇求，不若一注心於彼，而徼幸其萬一也。至於蘇氏，其言高者出入有無，而曲成義理，下者指陳利害，而切近人情。其智識才辨，謀爲氣概，又足以震耀而張皇之，使聽者欣然而不知倦。此其亂人心，妨道術，主名教者不得恝然而無言也。狂妄僭率，極言至此，熹之愚昧么麽，豈不知其力之不足？所以慨然發憤而不能已，亦決於此而已矣，天下豈有二道哉？」《朱子文集》。

此書尤切中世學之病。所稱蘇氏之病，象山、陽明正同。朱子嘗謂伊川「快説禪病」，今由此編觀之，朱子真可謂快説禪病矣。李果齋謂「析世學之謬，辨異教之非，擣其巢穴，砭其隱微，摧陷廓清之功，非近代諸儒所能彷彿其萬一」。究觀此編，然後知斯言之非阿所好矣。蓋朱子未出以前，佛學盛行，雖經傳太史、韓文公、二程、張子之辨而不息。直至朱子出，而後邪説退伏，不敢與吾儒爭衡；而後學者曉然知佛學心迹本末之皆邪，而儒佛異同之辨息；而後一切雜學以佛旨釋儒書者，不得以愚後學之耳目；而後士大夫無復參禪於叢林，問道於釋子，甘爲僧役而不恥者矣。是朱子未出以前，一禪佛世界，朱子出而後復吾儒世界也。魏鶴山謂「朱子之功，不在孟子下」。不究辨至此，夫豈知斯言之不我欺？

通按：近世溺佛之弊，有以佛氏勝於周孔者，有以佛氏與聖人同者，有以儒佛本同

末異者，有陽儒而陰佛者。是數説者，實以漸而變。以佛氏爲高妙徑捷，勝於周孔者，其陷溺病根也。以爲與聖人同者，少變其説以誘人也。以爲本同末異者，其説之又變也。至於陽儒陰佛，則其變之極而爲術益精，爲説彌巧也。嗚呼，君子觀於此編，亦可以少窮禪蔀之變態矣。

明道程子曰：「道之不明，異端害之也。昔之害近而易知，今之害深而難見。昔之惑人也乘其迷暗，今之惑人也因其高明。自謂窮神知化，而不足以開物成務，言爲無不周徧，實則外於倫理，窮深極微，而不可以入堯舜之道。天下之道，非淺陋固滯，則必入於此。自道之不明也，邪誕妖異之説競起，塗生民之耳目，溺天下於汙濁。雖高才明智，膠於見聞，醉生夢死，不自覺也。是皆正路之榛蕪，聖門之蔽塞，闢之而後可以入道。」

伊川程子曰：「世之博文强識者衆矣，其終無有不入於禪學者。特立不惑，子厚、堯夫而已。」又曰：「今日卓然不爲此學者，惟景仁與君實耳。」並《程氏遺書》。

按：當時舉天下高才明智，醉夢於邪説。而足音空谷，僅張、邵、范、馬四君子焉耳。蓋佛學惑人之害，於此極矣。

明道程子曰：「昨日之會，大率談禪，使人情思不樂，歸而悵恨者久之。此談天下已成風，其何能救？古亦有釋氏，盛時只是崇設象教，其害至小。今日之風，便先言性命道德，先驅了智者，才愈高明則陷溺愈深。然據今日次第，便有數孟子亦無如之何。只看孟子時，楊墨之害能有甚？況之今日，殊不足言。此事亦係時之隆汚，清談盛而晉室衰，然清談爲害卻是閑言語，又豈若今日之害道？」《程氏遺書》。

按：此言則知異端之害，不獨繫聖道之明晦，尤關繫世道之盛衰。嗚呼！清談盛而晉室衰，五胡亂華矣。禪談盛而宋室不競，女真入據中國矣。二代之禍，如出一轍。然後知程子之憂深而慮切矣，豈非後世之永鑒乎？

愚嘗因此而通究之：達磨以前，中國文士皆假莊、列以文飾佛學。達磨、慧能而後，中國文士則假儒書以文飾佛學矣。假莊、列以飾佛者，假儒書以飾佛之漸。假儒書以飾佛者，則陽儒陰佛之漸也。是後世佛學所以日益高妙惑人者，皆中國之人相助爲惑之罪也。不然，則以《四十二章》等經之侏儷鄙俚，《傳燈》一録之誕幻無稽，何能惑人至此之甚哉？故何叔京曰：「非浮屠之能惑人也，導之者之罪也。」斯言深燭其弊矣。水心葉適氏曰：「佛學至慧能自爲宗，此非佛之學然也，中國之學爲佛者然也。今夫儒者於佛之學不敢言，曰異國之學也，於佛之書不敢觀，曰異國之書也，彼夷術狄技絶之易耳。不幸以中國之人爲非佛之學，以中國文字爲非佛之書，行於不可行，立於不可立，儒者知不能知，力不能救也。蕩佚縱恣，終於不返。是不足爲大感與？」愚按：假莊列，假儒書，陽儒陰佛，三者皆是以中國之人爲非佛之學，以中國文字爲非佛之書，譸張爲幻也。問之則曰，吾學心學也，吾之學非虛空而寂滅也。世衰道微，程朱世不常出，儒者知不能知，力不能救，坐視其蕩佚縱恣，猖狂叫呶而不返也。愚故集程朱遺論，著爲此編，以俟後之君子。

學蔀通辨續編卷中

學蔀通辨續編卷下

此卷所載，著近年一種學術議論，類淵源於老佛，其失尤深而尤顯也。

王陽明答人書云：「『不思善不思惡時認本來面目』，此佛氏爲未識本來面目者設此方便。本來面目，即吾聖門所謂良知。隨物而格，是致知之功。即佛氏之常惺惺，亦是常存他本來面目耳。體段工夫，大略相似。但佛氏有箇自私自利之心，所以始有不同耳。」

王陽明答人書云：「聖人致知之功，至誠無息。其良知之體，皦如明鏡。妍媸之來，隨物見形，而明鏡曾無留染，所謂『情順萬事而無情也』。『無所住以生其心』，佛氏曾有是言，未爲非也。明鏡之應物，妍者妍，媸者媸，一照而皆真，即是生其心處。妍者妍，媸者媸，一過而不留，即是無所住處。」問：「佛氏有常提念頭之說，其猶孟子所謂『必有事』、夫子所謂『致良知』之說乎？其即常惺惺、常記得、常知得、常存得者乎？於此念頭提在之時，而事至物來，應之必有其道，但恐此念頭提起時少，放下時多，則工夫間斷耳。雖曰常提不放，而不加戒懼克治之功，恐私欲不去。若加戒懼克治之功焉，又爲思善之事，而於本來面目，又未達一間也。如之何則可？」陽明先生答曰：「戒懼克治即是常提不放之功，即是必有事焉，豈有兩事邪？此節所問，前一段已自説得分曉，末後卻是自生迷惑，説得支離。」

此三條謂佛氏與聖人同，下三條謂仙家與聖人同。陽明學術根源骨髓，盡在此矣。

朱子嘗論陸氏，謂「道聽塗説於佛老之餘，而遽自謂有得，蓋嘗笑其陋而譏其僭」。使朱子而今生也，當以陽明爲何如？

《傳習録》：「問仙家元氣、元精、元神。陽明先生曰：『只是一件。流行爲氣，凝聚爲精，妙用爲神。』」

王陽明《答人書》云：「精一之精以理言，精神之精以氣言。理者氣之條理，氣者理之運用，原非有二事也。但後世儒者之説，與養生之説，各滯於一偏，是以不相爲用。前日精一之論，雖爲愛養精神而發，然而作聖之功，實亦不外是矣。」又曰：「夫良知一也，以其妙用而言謂之神，以其流行而言謂之氣，以其凝聚而言謂之精，安可以形象方所求哉？真陰之精即真陽之氣之母，真陽之氣即真陰之精之父，陰根陽，陽根陰，亦非有二也。苟吾良知之説明，則凡若此類，皆可以不言而喻。不然，則如來書所謂三關、七返、九還之喻，尚有無窮可疑也。」

王陽明《答人書》云：「養德養身只是一事，果能戒謹不睹，恐懼不聞，而專志於是，則神住氣住精住，而仙家所謂長生久視之説亦在其中矣。」

按：陽明良知之學，本於佛氏之本來面目，而合於仙家之元精、元氣、元神。據陽明所自言，亦已明矣，不待他人之辨矣。奈何猶强稱爲聖學，妄合於儒書以惑人哉？《程氏遺書》曰：「神住則氣住，是浮屠入定之法。論學若如是，則大段雜也。」朱子《雜學辨》謂蘇子由「合吾儒於老子，以爲未足，又併釋氏而彌縫之，可謂舛矣」。愚謂陽明良知之説，其爲雜爲舛孰甚。近日士大夫乃有以陽明爲真聖學，尊信傳授，而隨聲以詆朱子者，亦獨何哉？

陽明謂「佛氏有箇自私自利之心，所以不同」。愚按：良知之説歸於養生三住，無往非自私自利也。陽明奈何責人而忘己，同浴而譏裸裎邪？使佛氏反唇相稽，陽明其將何辭以對？

《傳習録》：「問：『佛以出離生死誘人入道，仙以長生久視誘人入道，究其極至，亦是見得聖人上一截。後世儒者，又只得聖人下一截。』陽明先生曰：『所論上一截下一截，亦是人見偏了如此。若是論聖人大中至正之道，徹上徹下，只是一貫，更有甚上一截下一截？』」

按：陽明講學通仙佛儒，上下而兼包之。謂爲聖人中正一貫之道，誠舛矣。昔朱子辨吕舍人，謂「左右采獲而集儒佛之大成」。今陽明又廣爲籠罩而併集仙佛儒三教之大成也，誠雜矣。

王陽明《答人問神仙書》云：「吾儒亦自有神仙之道。顔子三十二而卒，至今未亡也，足下能信之乎？後世上陽子之流，蓋方外技術之士，未可以爲道。若達磨、慧能之徒，則庶幾近之矣，然而未易言也。足下欲聞其説，須退處山林三十年，全耳目，一心志，胸中洒洒，不掛一塵，而後可以言此。」

陽明一生講學，只是尊信達磨、慧能，只是欲合三教爲一，無他伎倆。謂顔子至今未亡，此語尤可駭。豈即佛氏所謂「形有死生，真性常在」者邪？

王陽明《答人問道詩》云：「饑來喫飯倦來眠，只此修行玄更玄。説與世人渾不信，卻從身外覓神仙。」

《傳燈録》：「或問慧海禪師，修道如何用功？曰：『饑來喫飯，困來即眠。』一切人喫飯時不肯喫，百種思量；睡時不肯睡，

千般計較。』」考陽明講學，一切宗祖《傳燈》。

王陽明《示諸生詩》云：「爾身各各自天真，不用求人更問人。但致良知成德業，謾從故紙費精神。乾坤是易原非畫，心性何形得有塵。莫道先生學禪語，此言端的爲君陳。」王陽明《送門人詩》云：「簦笈連年愧遠求，本來無物若爲酬。」又《書太極巖詩》云：「須知太極原無極，始信心非明鏡臺。」又《無題詩》云：「同來問我安心法，還解將心與汝安。」

心非明鏡、心性何形、本來無物等語，皆本《傳燈録》慧能一偈也。安心之説，本於《傳燈録》達磨示二祖也。故紙之説，本於《傳燈録》古靈譏僧看經也。皆已見前矣。朱子嘗謂「試取《大慧語録》一觀，則象山之來歷可見」。愚謂今學者試取《傳燈録》一觀，則陽明之來歷不容掩矣。

按：象山、陽明雖皆禪，然象山禪機深密，工於遮掩，以故學者極難識得他破。若陽明，則大段漏露，分明招認，端的爲君陳矣。今略與拈出，其禪便自顯然矣。近日乃有以陽明爲聖學而尊信之者，又有以爲似禪流於禪，而不察其爲達磨、慧能正法眼藏者，區區皆所未喻。

王陽明《示門人詩》云：「無聲無臭獨知時，此是乾坤萬有基。抛卻自家無盡藏，沿門持鉢效貧兒」。

陽明此詩説禪甚高妙。首句即説鑑象之悟也，第二句心法起滅天地也，後二句皆《傳燈録》語也。陽明於禪學，卷舒運用熟矣。朱子嘗謂「陸子静卻成一部禪」，愚謂陽明亦成一部禪矣。

王陽明《雜詩》云：「至道不外得，一悟失群

闇。」又云：「悟後六經無一字，静餘孤月湛虚明。」又云：「謾道六經皆注脚，憑誰一語悟真機。」又云：「悟到鳶魚飛躍處，工夫原不在陳編。」

朱子嘗謂「以悟爲則，乃釋氏之法，而吾儒所無有」。又謂「才説悟，便不是學問，不可窮詰，不可研究，一味説入虚談，最爲惑人」。陽明奈何以爲至道，拾先賢所棄以自珍哉？嘗記昔人作舉，用有過官吏判語一聯云：「將唾去之果核，重上華筵。吹已棄之燼灰，再張虐焰。」陽明之講學，亦當以此語判之。

陽明撰《山陰學記》，有曰：「聖人既没而心學晦，支離決裂，歲盛月新。間有略知其謬而反本求源者，則又鬨然指爲禪學而群訾之，駭以爲禪而仇視之，不自知其爲非，不亦大可哀乎？」愚謂陽明既明宗禪，又諱人訾己爲禪，履其實而欲避其名以惑人何耶？若陽明曾不自知其爲非可哀，而顧以非人哀人何耶？

王陽明作《見齋説》：「或曰：『道有可見乎？』曰：『有。有而未嘗有也。』曰：『然則無可見乎？』曰：『無。無而未嘗無也。』曰：『然則何以爲見乎？』曰：『見而未嘗見也。道不可言也，强爲之言而益晦。道無可見也，妄爲之見而益遠。夫有而未嘗有，是真有也。無而未嘗無，是真無也。見而未嘗見，是真見也。顔子如有所立卓爾。夫謂之如，則非有也。謂之有，則非無也。非有非無，是故雖欲從之末由也已，故夫顔氏之子爲庶幾也。文王望道而未之見，斯真見也已。夫有無之間，見而不見之妙，非可以言求也。子求其見也，其惟人之所不見乎？夫亦戒慎乎其所不睹也已，斯真睹也已，斯

求見之道也已。』」

陽明此說，推援儒佛，翻謄作弄，高妙奇詭。禪陸鏡象之見，正是有無之間、見而未嘗見之妙也。《朱子語類》曰：「如今所論，卻只於渺渺茫茫，想見一物懸空在，更無捉摸處。將來如何頓放，更没收殺。」又曰：「古之聖賢未嘗説無形影底話，近世方有此等議論，談玄説妙，便如空中打箇筋斗。」《大學或問》曰：「今欲藏形匿影，别爲一種幽深恍惚、艱難阻絶之論，務使學者莽然措其心於言語文字之外，而曰道必如此然後有以得之，則是近世佛學詖淫邪遁之尤者，而欲移之以亂吾儒之實學，其亦誤矣。」三復斯言，深中陽明之病。朱子嘗謂伊川快説禪病，如湖南、龜山之病，皆先曾説過。愚謂如近日陽明諸人之病，朱子皆先曾説過，朱子真快説禪病也哉！

《老子》曰：「道可道，非常道。名可名，非常名。玄之又玄，至道之門。」《莊子》曰：「夫道不可聞，聞而非也。道不可見，見而非也。道不可言，言而非也。知形形之不形乎？」按：此言即陽明議論宗祖。

《傳習録》：「問：『顔子没而聖人之學亡，此言不能無疑。』陽明先生曰：『見聖道之全者惟顔子，觀喟然一歎可見。道之全體，聖人亦難以語人，須是學者自修自悟。雖欲從之，末由也已，即文王望道未見意。望道未見，乃是真見。顔子没，而聖學之正派遂不盡傳矣。』」

此條即同前意。《見齋》一説，皆是説道難語人也。愚按：聖賢言道不外人倫日用，故曰「達道」，曰「道不遠人」，曰「道在邇」，曰「道若大路」，固非所謂窈冥昏默，何嘗曰「道無可見」、「道難語人」也？惟禪學

識心鏡象之見，然後窈冥恍惚，見而不見，難以語人。陽明奈何亟援文王、顏子，妄爲印證。其誣道誣聖，誣學誣人，不亦甚乎？惜夫建生也晚，不得與陽明同時，鳴鼓對壘，奉此編，竊効箴規。觀陽明何以爲復，不有益于彼，必有益于我。

又按：顏子没而聖學亡，陽明送湛甘泉文有此言也。信斯言，則曾、思、孟子皆不足以語聖學，而陽明直繼孔顏之絶學矣。《傳習録》又謂「堯舜猶萬鎰，文王孔子猶九千鎰，禹湯武王七八千鎰」。信斯言，則文王孔子均未得爲至聖矣。陽明之猖狂無忌憚甚矣！嗚呼！陽明一生所尊信者達磨、慧能，而於孔、曾、思、孟，皆有所不滿。顏子非有喟然一歎類其禪見，亦不能免於陽明之疑矣。朱子所謂「是猶不敢顯然背叛，而其毁冠裂冕、拔本塞源之心，固已竊發」。一種心髓，大抵皆然。

王陽明《送門人歸》文：「或問：『儒與釋孰異乎？』陽明子曰：『子無求其異同於儒釋，求其是者而學焉可矣。』曰：『是與非孰辨乎？』曰：『子無求其是非於講説，求諸心而安焉者是矣。』」

陽明此説，正朱子所謂「依違兩間，陰爲佛老之地」。如前所陳，皆其「求是而學」、「求心而安焉」者也。又按：《朱子語類》云：「項平父嘗見陳君舉門人説儒釋，只論其是處，不問其同異，遂敬信其説。此是甚説話？原來無所有底人，見人胡説話，便惑將去。」考陽明溺禪之弊，無一不經朱子之闢，真拾先賢所棄以自珍矣。

又按：陽明《答人書》云：「夫學貴得之心。求之於心而非也，雖其言之出於孔子，不敢以爲是也。求之於心而是也，雖

其言之出於庸人，不敢以爲非也。」愚惟求心一言，正陽明學術病根。自古衆言淆亂折諸聖，未聞言之是非折諸心。「雖孔子之言不敢以爲是者也」，其陷於師心自用，猖狂自恣甚矣。夫自古聖賢皆主義理不任心，故不曰「義之與比」、「惟義所在」，則曰「以禮制心」、「在正其心」，一毫任心師心無有也。惟釋氏乃不説義理而只説心，惟釋氏乃自謂了心、照心、應無所住以生其心，而猖狂自恣。嗚呼！此儒釋之所以分，而陽明之所以爲陽明與！

王陽明《月夜與諸生歌》：「處處中秋此月明，不知何處亦群英。須憐絶學經千載，莫負男兒過一生。影響尚疑朱仲晦，支離羞作鄭康成。鏗然舍瑟春風裏，點也雖狂得我情。」

按：陽明學專説悟，雖六經猶視爲糟粕影響，故紙陳編，而又何有於朱子？陽明一生尊信達磨、慧能，雖孔、曾、思、孟猶不免於疑，而尚何有於朱子？蓋儒釋之不相能，猶冰炭之不相入。朱子一生闢佛，而陽明以爲至道，欲率天下而趨之，無惑乎牴牾朱子而亟加詆訾矣。羅整菴謂「拾先賢所棄以自珍，反從而議其後」。至哉斯言！

或曰：「陽明嘗非朱子解格物，而別釋《大學》古本矣。其是非，子亦嘗攷之耶？」曰：「嘗攷之矣。陽明之訓格物，曰『物者，意之用也。格者，正也。正其不正，以歸于正，而必盡乎天理也』。此其訓與正心誠意淆，複窒礙乖經意矣。又：《傳習録》云：『吾心之良知，即所謂天理也。致吾心良知之天理於事事物物，則事事物物皆得其理矣。致吾心之良知者，致知也。

事事物物皆得其理者，格物也。』如此言，則是先致知而後格物，益顛倒舛戾之甚矣。❶陽明乃以此議朱子，寧不顏汗？原其失，由於認本來面目之説爲良知，援儒入佛，所以致此。朱子嘗謂『釋氏之説爲主於中，而外欲强爲儒者之論。正如非我族類而欲强以色笑相親，意思終有間隔礙阻』。羅整庵亦云：『世有學禪而未至者，略見些光影，便要將兩家之説和合爲一。彌縫雖巧，敗闕處不可勝言。弄得來儒不儒，佛不佛，心勞日拙，畢竟何益之有？』陽明正是此病。」

或曰：「陽明講學，每謂『知行合一，行而後知』，深譏程朱先知後行之説，如何？」曰：「陽明莫非禪也，聖賢無此教也。聖賢經書，如曰『知之非艱，行之惟艱』，曰『知至至之』，曰『知及仁守』，『博文約禮』，『知天事天』之類，未易更僕數，而《中庸》『哀公問政』章言知行尤詳，何嘗有『知行合一、行而後知』之説也？惟禪宗之教，然後存養在先，頓悟在後；求心在先，見性在後；磨鍊精神在先，鏡中萬象在後。故曰『行至水窮山盡處，那時方見本來真』。此陽明『知行合一、行而後知』之説之所從出也。大抵陽明翻謄作弄，横説豎説，誑嚇衆生，無一字不源於佛。」

或曰：「近世爲此説者，夷攷其行，而尤多不掩焉。何邪？」曰：「此有數説，朱子已備言之矣。謂『只守此心而理未窮，致有錯認人欲爲天理』。謂『不察氣稟情欲之偏，而率意妄行，便謂無非至理，此尤害事』。此一説也。又曰：『禪是佛家自舉

❶「益」，正誼堂本作「蓋」。

一般見解，如秀才家舉業相似，與行己全不相干。學得底人，只將許多機鋒來作弄。到其爲人，與俗人無異。只緣禪自是禪，與行不相應耳。』此又一説也。又曰：『釋氏之學，大抵謂若識得透，應干罪惡即都無了。❶然則此一種學在世上，乃亂臣賊子之三窟耳。王履道做盡無限過惡，遷謫廣中，剗地在彼説禪非細。此正謂其所爲過惡，皆不礙其禪學爾。』此又一説也。觀此數説，其故可知矣。故朱子謂『近世爲此説者，觀其言語動作，略無毫髮近似聖賢氣象』，又謂『其修己治人之際，與聖賢之學大不相似』。嗚呼，象山且然，而況瞠乎其後者！」

程篁墩《文集》有《對佛問》一篇，論辨數千言，謂佛爲賢知之流，使生與孔子同時，當爲孔子所與。謂佛教爲其流之弊，同于夷惠之隘不恭。謂梁武亡國非好佛之罪。謂佛徒奉佛像、守佛法，爲吾儒忠孝之論。謂盜賊呼佛免罪，爲聖人大改過。謂建齋救度，爲《周官》小祝禱禳。謂佛骨佛牙、天堂地獄、閻羅夜叉之説，皆爲非誕。謂佛教歸于爲善，而謂儒者斥其徒爲不仁，闢其妄爲不智。愚按：篁墩素志佑佛，故作此編，惓惓曲爲辨解。推此，而《道一編》之作，又何足多怪邪？昔人稱吾儒左右異端者，爲作法門外護，爲張皇佛氏之勢。若陽明良知之説，篁墩佛問之對，真所謂作法門外護，以張皇佛氏之勢哉！篁墩《對佛問》設爲問答凡十餘節，今舉一節以見其謬，餘不足盡辨也。「或曰：『先正嘗病學佛者之髠也緇也，奉佛之居

❶ 「干」，正誼堂本作「於」，《朱子語類》作「千」。

太麗也，以爲勿髡勿緇而廬其居，則其教可漸虧也。』曰：『此非子之所知也。古有三年無改于父道者，孔子以爲孝。爲楚囚南冠而不易者，君子以爲忠。父肯堂、子肯構者，見稱于先王之世。佛之去今千餘年矣，爲其徒者奉其師，飾其居，守其法而不變，則其立法之嚴明，與受教之堅定，固世之所難也。《詩》云：「他山之石，可以攻玉。」則存其徒以勵吾人，亦無所不可也。』」按：篁墩此對，不以佛法爲非，而以能奉佛爲美，正與象山《贈僧允懷》同意。至引儒書忠孝之道，以掩飾無父無君、詖淫邪遁之教，尤爲非倫。篁墩學識乖謬，大率類此。

昔韓絳、吕惠卿代王安石執政，時號韓絳爲傳法沙門，吕惠卿爲護法善神。愚謂近日繼陸學而興者，王陽明是傳法沙門，程篁墩則護法善神也。二事相類。

陳白沙詩云：「元神誠有宅，灝氣亦有門。神氣人所資，孰謂老氏言。下化囿乎迹，上化歸其根。至要云在兹，自餘安足論。」又曰：「人惟覺，便我大而物小，物有盡而我無盡。夫無盡者，微塵六合，瞬息千古，生不知愛，死不知惡，尚何暇銖軒冕而塵金玉邪？」愚按：白沙神氣之説，溺於老氏之谷神不死也。無盡之説，溺於佛氏之法身常住，形雖死而神不滅也。視陽明無二轍也，抑豈知吾儒正理「夭壽不貳，修身以俟之」而已，更無許多貪想。佛祖戒貪嗔癡，近世爲此説者，墮落貪癡窠臼矣。

近日陽明門人有著《圖書質疑》，附録專詆朱子，專主養神。至謂神爲聖人之本，而引《易》、《孟子》説神處以證者。愚按：「神」字有三義。有鬼神造化之神，有在人

精神之神，有泛言神妙之神。如《易》説「神以知來」、「以神道設教」、「陰陽不測之謂神」、「神無方而易無體」，皆是説鬼神造化之神。《孟子》説「所存者神」、「聖而不可知之神」，此是説神妙之神。《易》説「至精至神」、「精義入神」，亦只是説神妙，皆非指人心之精神也。未聞以神爲聖人之本也。惟莊、列之流然後説「神全者聖人之道」，説「心之精神是謂聖」，其所指與《易》、《孟子》自殊，何得混淆推援，借儒飾佛？

胡文定論達磨，謂「此土之人拱手歸降，不能出他圈套」。愚謂達磨之説，不獨當時之人拱手歸降，不能出他圈套。由唐及宋以來，談道之士皆拱手歸降，不能出他圈套。象山、陽明一派，尤拱手歸降，不能出他圈套。孟子曰：「吾聞用夏變夷，未聞變於夷也。」韓子曰：「今也舉夷狄之教而加之先王之教之上，幾何其不胥而爲夷也。」嗚呼！奈何使世道變於夷，胥爲夷，而恬不之覺也。

愚嘗因此而深有感於夷狄亂華之禍之烈也。五胡雲擾，金元迭興，固以夷亂華也。達磨西來，慧能嗣法，亦以夷亂華也。胡元之禍，至於舉中國之人而臣服之。禪佛之禍，至於舉天下之士而拱手歸降之。胡元之禍，以異類而于吾中國帝王之統。禪佛之禍，以異學而亂吾中國聖賢之學。胡元之禍，人莫不知其爲亂華。禪佛之禍，非惟不知其爲亂華，而且尊信以爲聖學。胡元之禍，禍人之身。禪佛之禍，禍人之心。胡元之禍，我聖祖起而驅逐廓清之，而左衽之患息。禪佛之禍，雖以程朱之深距痛闢，昌言顯排，而其流害猶未已焉。

是何中原之戎虜易逐，而人心之蔽溺難解耶？嗚呼！安得大聖人復作，行韓子火書廬居之策，一掃明心見性之虛談，使中國無復佛學亂華之禍，豈非世道一大快哉！

學蔀通辨續編卷下終

學蔀通辨終編敘

愚著《學蔀通辨》終編畢，或曰：「吾子所著前、後、續三編，其於三蔀之辨，亦既詳既明矣。乃復有終編之辨者何？」曰：「前、後、續三編，闢異説也。終一編，明正學也。前、後、續三編，撤蔀障也。終一編，著歸宿也。前、後、續三編，外攘也。終一編，内修自治之實也。苟徒明於議人而不知正學之所歸，以内修而自治，非聖賢爲己之學也，蔀雖辨無益也。此愚所以於三編之後，而尤不容已於終編之辨也。曰終編云者，辨至此而始終也。」嗚呼！終編之辨其辭雖約，然而朱子一生所以講學而教人者，其大要不出於此矣。不獨朱子一生所以講學而教人者，其要不出於此，雖千古聖賢所以傳道而教人者，其要不出於此矣。學者欲求儒釋真似是非之辨，其要亦無出於此矣。一得之愚，不忍自棄，敬裒成袠，繫三編之後，以俟天下與來世知道君子相與正之。東莞清瀾居士陳建謹敘。

學蔀通辨終編卷上

此卷所載心圖、心説，明人心道心之辨，而吾儒所以異於禪佛在此也。此正學之標的也。

心	仁義禮智	德性	義理	道心
	虛靈知覺	精神	氣稟	人心

《虞書》曰：「人心惟危，道心惟微。」

張子曰：「合性與知覺，有心之名。」

愚按：性即道心也，知覺即人心也，此論心之的也。

朱子曰：「人心是有知覺嗜慾者，道心則是義理之心，可以爲人心之主宰，而人心據以爲準者也。」

又曰：「如人知饑渴寒煖，此人心也。惻隱羞惡，道心也。」

又曰：「如喜怒，人心也。喜其所當喜，怒其所當怒，乃道心也。饑欲食、渴欲飲者，人心也。得飲食之正者，道心也。」

又曰：「人心是箇無揀擇底心，道心是箇有揀擇底心。」

觀此數言，人心、道心之辨明矣。

朱子曰：「吾儒所養者，仁義禮智。禪家所養者，只是視聽言動，只認得那人心，無所謂道心。」

又曰：「釋氏棄了道心，卻取人心之危者而作用之。遺其精者，取其粗者以爲道。」並《朱子語類》。

儒佛不同，樞要只此。愚嘗究而論之：聖賢之學，心學也。禪學、陸學，亦皆自謂心學也。殊不知心之名同，而所以言心則異也。心圖具，而同異之辨明矣。是故孔孟皆以義理言心，至禪學，則以知覺言心。孔子曰：「其心三月不違仁。」孟子曰：「仁義禮智根於心」，曰「豈無仁義之心」，曰「不忍人之心」，曰「仁，人心也」。皆是以義理言心也，並不聞説知説覺也。禪學出，而後精神知覺之説興。曰「『知』之一字，衆妙之門」，曰「覺則無所不了」，曰「識心見性」，曰「净智妙圓」，曰「神通妙用」，曰「光明寂照」，皆是以精神知覺言心也。《孔叢子》曰：「心之精神是謂聖。」張子韶曰：「『覺』之一字，衆妙之門。」陸象山曰：「收拾精神，萬物皆備。」楊慈湖曰：「鑑中萬象。」陳白沙曰：「一片虚靈萬象存。」王陽明曰：「心之良知是謂聖。」皆是以精神知覺言心也。儒釋所以雖皆言心而不同，以此也。近世不知此而徒譊譊曰：彼心學也，此亦心學也。陸氏之學，是即孔孟之學也。嗚呼！惑也久矣。儒以義理爲主，佛以知覺爲主。學術真似同異，是非邪正，皆判於此。孔子曰：「非禮勿視，非禮勿聽，非禮勿言，非禮勿動。」孟子曰：「非仁無爲也，非禮無行也。」周子曰：「仁義禮智四者動静、言貌、視聽無違之謂純。」此以義理爲主也。《傳燈録》曰：「作用是性。在目曰見，在耳曰聞，在鼻嗅香，在口談論，在手執捉，在足運奔。」陸象山曰：「吾目能視，耳能聽，鼻能知香臭，口能知味，心能思，手足能運動，更要甚存誠持敬？」楊慈湖曰：「吾目視耳聽，鼻嗅口嘗，手執足運，無非大道之用。」王

陽明曰：「那能視聽言動底，便是性，便是天理。」此以知覺爲主也。愚謂義理於人，所係甚重。全義理則爲聖爲賢，失義理則爲愚爲不肖。知覺則夫人有之，雖桀紂盜跖亦有之，豈可謂能視聽言動底便是天理，無非大道之用邪？此理甚明，豈容誣也！

仁義禮智，理之精也，所以主正乎知覺而使之不差者也。虛靈知覺，氣之妙也，所以引翼乎仁義而爲之運用者也。二者相爲用也。

義理所以主宰乎知覺，知覺所以運行乎仁義。朱子曰：「人心如卒徒，道心如將帥。」

仁義禮智，心之德。虛靈知覺，心之才。《傳》曰：「才者德之資，德者才之帥。」或曰：「誠若子言，則胸中不如有二物相對耶？」曰：「不然也。二者相爲用也，雖謂之一亦可也，然非初學者所遽及也。夫惟聖人，其始一之者乎！何也？聖人者，性焉安焉，其所知覺者無非義理，理與知覺渾融爲一，所謂『從心所欲，不踰矩』矣，所謂『動容周旋中禮』矣。若夫學者，不能無氣稟之拘而虛靈爲之所累，義理因之以蔽，其所知覺者未免多從於形氣之私而未能中禮而不踰矩。故必格物致知，窮乎義理，以爲虛靈知覺之主。務使心之所欲，必不至踰於矩也，動容周旋必欲其中於禮也，所謂『道心爲主而人心每聽命』也。故夫學者，其始未能一，而欲求一之者也。聖人者，自然而一之者也。是故，不能合其二以爲一者，非至學也。」

周子《太極圖說》謂「人得其秀而最靈，形既生矣，神發知矣」。正是指虛靈知覺而

言。至聖人「定之以中正仁義」，便是以義理爲知覺之主。

平時已致窮理之功，臨事又復加審慎然後發，此是吾儒之道。若禪學，則只完養一箇精神知覺便了，任渠自流出去，以爲無不是道矣。

學問思辨，窮其理於平時也。非禮勿視、聽、言、動，審發於臨事也。❶皆是以義理爲知覺之主。

吾儒惟恐義理不明，不能爲知覺之主，故必欲格物窮理以致其知。禪家惟恐事理紛擾，爲精神知覺之累，故不欲心泊一事、思一理。

吾儒之學主敬而窮理，異端之學主静以完養精神。

朱子嘗謂「佛氏最怕人説這『理』字，都要除掉了」。愚按：楊慈湖謂「學者沉溺乎義理之意説，胸中常存一理不能忘捨」。此豈非「最怕人説這『理』字，都要除掉了」耶？象山説「善能害心」，豈非將「善」字亦都要除掉了耶？嗚呼！吾人除了「理」，掉了「善惡」不管，不知成甚麽人？下梢只成得箇猖狂自恣而已，奈何猶假「先立其大」，藉口欺人？

朱子曰：「儒者以理爲不生不滅，釋氏以神識爲不生不滅。」胡敬齋曰：「儒者養得一箇道理，釋老只養得一箇精神。」此言剖判極直截分明。自孔孟老莊以來，只是二道迭爲盛衰，如陰陽治亂相對相乘，不知何時定于一？

「道也者，不可須臾離」，道即仁義禮智也。「君子尊德性而道問學」，德性亦仁義禮智

❶「審」下，正誼堂本有「其」字。

也。若禪學，則以精神靈覺爲德性，爲道，爲不可須臾離矣。儒禪所争只此。朱子謂「人心猶船，道心猶柁」。譬喻極親切。若禪學，則以人心靈覺爲柁矣。

《傳習録》謂「朱子説道心爲主而人心聽命，説得不是」。觀《論語》「非禮勿視、聽、言、動」，周子謂「仁義禮智四者，動静、言貌、視聽無違之謂純」，豈非分明道心爲主而人心聽命乎？何得主禪學以疑朱子也？

道心爲人心之主，從古聖賢垂訓，皆不外此意，但不曾有如此明言。至朱子序《中庸》，始申虞庭之訓，明言直指以示人，一言而盡入德之要，大有功於學者。後學所當拳拳服膺不暇，尚何得暴棄妄議耶？

《商書》「以義制事，以禮制心」，《孟子》「非仁無爲，非禮無行」等語，皆是以道心爲人心之主。

人與天不同。論天地之化，氣爲主而理在其中。論聖賢之學，理爲主而氣聽其命。盈天地間皆一元之氣，未聞氣之外别有所謂元亨利貞。蓋天地理氣不相離，二之則不是。在人精神作用，皆氣也。所以主宰其間，而使之不差者，理也。是理氣在人不能無二，欲混之有不可。何也？蓋天地無心，而人有欲故也。

北溪陳氏曰：「心含理與氣。理固全是善，氣尚含兩頭在，未便全是善底。纔動，便易從不善上去。」「心含理與氣」，正與張子謂「合性與知覺」同。

心含理與氣。理形而上，氣形而下。心也者，形而上下之間。

朱子曰：「人心者，氣質之心也。可爲善，可爲不善。」陳北溪所謂「氣含兩頭」，即此意也。

或曰：「人心虚靈知覺，何得言無揀擇也？」曰：「此即告子『生之謂性』，未分善惡也。如目能視，耳能聽，心能思，手足能運動，固虚靈知覺也。知趨利避害者，亦虚靈知覺也。善權謀術數、機械變詐者，亦虚靈知覺也。爲善爲惡，皆虚靈知覺也。此正揚雄所謂善惡混也。故朱子以爲無揀擇底心，而陳北溪以爲氣尚含兩頭在，以此也。」

或曰：「仁義禮智，性也，而子屬於心，何也？」曰：「仁義禮智，人心所具之理也。非混然一物也，非判然二物也。孟子曰：『仁，人心也。』非判然二物也。孔子曰：『其心三月不違仁。』非混然一物也。大抵心也性也，一而二、二而一者也。」

《朱子語類》説心性「元不可相離，捨心則無以見性，捨性則無以見心。故孟子言心性，每相隨説。」愚謂不獨吾儒言心性，每相隨説，如釋氏説識心見性，亦是相隨説也。但其所指以爲心性者不同，而遂爲儒佛之異爾。

析而言之，則仁義禮智爲性，虚靈知覺爲心。統而言之，則二者皆心也，亦皆性也。然雖皆心而有道心人心之别，雖皆性而有義理之性、氣質之性之殊。君子以統同辨異，須析之極其精而不亂。

或曰：「精神靈覺，自老莊禪陸皆以爲至妙之理。而《朱子語類》乃謂『神只是形而下者』。《文集·釋氏論》曰：『其所指爲識心見性者，實在精神魂魄之聚，而吾儒所謂形而下者耳。』何耶？」曰：「以其屬於氣也。精神靈覺，皆氣之妙用也。氣則猶有形迹也。故陸學曰『鏡中觀花』，曰『鑑中萬象』，形迹顯矣，影象著矣，其爲形

而下也宜矣。蓋形而上謂之道，道即仁義禮智，如何有形影？若以精神知覺爲形而上，則仁義禮智謂何？其爲形而下無疑矣。」

孔門每説見，陸學亦每説見。《論語》曰「參前倚衡」，曰「如有所立卓爾」，《大學》曰「顧諟天之明命」，此孔門之所謂見也。楊慈湖曰「鑑中萬象」，徐仲誠曰「鏡中觀花」，陳白沙曰「隱然呈露，常若有物」，此禪陸之所謂見也。此等處甚相似，如何不惑人？殊不知孔門之見，見理而無形影。禪陸之見，則著形影而弄精神。此儒佛所以似同而異。

禪陸以鏡象之見爲見道，爲識心見性，爲虚靈知覺作用之本體。愚竊謂不然。蓋心、性、道如何有形影？虚靈知覺如何有形影可見？故朱子謂「與天理人心、敘秩命討之實，了無交涉」。胡敬齋謂「釋氏見道，只如漢武帝見李夫人，懸空見出一箇假物事。以爲識心見性，其實未嘗識心，未嘗見性也」。此言看破禪學之極矣。

孟子曰：「仁，人心也。」言仁者，人之所以爲心也，不可謂仁即心、心即仁。「義，人路也。」言義者，人之所當由行也，不可謂義即路、路即義。若謂仁即是心，心即是仁，則其他「以仁存心」、「其心三月不違仁」等語，皆窒礙而不通矣。是故必言仁者，人之所以爲心，而學者之存心不可違於仁，然後爲聖門事業，合於聖賢之旨。若謂仁即是心，心即是仁，學者能存此心便了，則即與釋氏「即心是佛」、陸學「即心是道」同轍。蓋差之毫釐之間，而儒釋千里之判。

陸學皆謂「即心是道」。楊慈湖詩云：「此

道元來即是心。」愚謂由心「三月不違仁」及孟子「義理之悦我心」等語觀之，則心與道有辨明矣。由「以禮制心」及孟子「物皆然，心爲甚」之訓觀之，則心不可謂即道明矣。《孟子》一書言心，皆是以義理之心爲主，不使爲利欲陷溺而喪失其良心。如說「四端之心」、「同然之心」、「放其良心」、「失其本心」等語，皆一意。「仁，人心也」，「放其心而不知求」，蓋言失其仁而不知求。故學問之道無他，求其所失之仁而已。求仁者，去人欲存天理而已。若陸氏，乃以靜坐收拾精神，不令散逸爲求放心，失之遠矣，奈何爲惑？

「學問求放心」，《大全》注中有一說，謂「仁，人心也」是指義理之心而言。若將「求放心」做收攝精神，不令皆放，❶則只說從知覺上去，與「仁，人心也」不相接了。蓋「求放心」即是求仁，學問即是求仁之方。如學問思辨，持守踐行，涵養省察，擴充克治，凡此學問之道，無非所以求吾既失之仁也。愚謂此說似得《孟子》之意，與《集注》程朱小異。程朱說「求放心」，乃是先立箇基本，而後從事於學問，尋向上去。程朱玩《孟子》文意，學問即所以求放心。程朱之意則學問在求放心之後。鄙意所疑如此，明者觀之如何？

《孟子》上章說「存乎人者，豈無仁義之心哉？其所以放其良心者，亦猶斧斤之於木也」。觀此，則求放心正是指仁義之心，而不可指爲精神之心，尤明矣。或曰：「然則《集注》求放心之説，與陸子將無同邪？」曰：「不同。程朱是將求放心做主

❶「令皆」，正誼堂本作「合背」。

敬看，以爲學問基本。陸子教人求放心，則是主静以收拾精神，不使心泊一事，不復以言語文字爲意。二者惡得同？」

禪學「收攝精神」之説，與《孟子》「求放心」之説甚相似，真所謂彌近理，大亂真。所以至今，人看陸子静不破。

孟子言心，陸子亦言心。孟子言陷溺，陸子亦言陷溺。然孟子惟恐人陷溺於利欲，而無以存其仁義之心。陸子惟恐人陷溺於文義知見，而無以存其精神之心。

孟子專言利欲害心，陸子則言善亦能害心，言心不可泊一事，言逐外傷精神，其視孟子，何啻燕越？胡敬齋曰：「吾儒之一，一於理而不爲利欲所雜。佛老之一，一於虚無而不爲事物所雜，思慮所牽。」觀此明矣。

《象山語録》云：「此道與溺於利欲之人言猶易，與溺於意見之人言却難。」按：此分明是言利欲猶未爲甚害，而意見之爲害甚矣，豈所以爲訓？草木子曰：「金谿之學，謂『收斂精神，自作主宰，何有欠缺』，至於利欲未爲病，纔涉於思即是害事，全似告子。」據此語，亦看破象山矣。

孟子、陸氏言心不同之故，此儒釋分别路頭處，此名同實異、毫釐千里處，此看破陸氏緊要處。數百年來，學者皆爲渠所謾，無人理會到此。昔嚴滄浪評詩，自謂「猶那查太子析骨還父、析肉還母」。蘇老泉自言其著書謂「方其致思於心也，若或起之。及其得之心而書之紙也，若或相之」。愚作《通辨》，自覺亦頗有此意，豈孔孟程朱在天之靈有以啓之而欲明此一事也邪？

學蔀通辨終編卷上

學蔀通辨終編卷中

此卷所載，著朱子教人之法，在於敬義交修，知行兼盡，不使學者陷一偏之失而流異學之歸也。此聖學之塗轍也。

或曰：「子之爲學，不求諸心而求諸迹，不求之内而求之外，吾恐聖賢之學不如是之淺近而支離也。」朱子曰：「人之所以爲學，心與理而已。心雖主乎一身，而其體之虚靈，足以管乎天下之理。理雖散在萬物，而其用之微妙，實不外乎一人之心。初不可以内外精粗而論也。然或不知此心之靈而無以存之，則昏昧雜擾而無以窮衆理之妙。不知衆理之妙而無以窮之，則偏狹固滯而無以盡此心之全。此其理勢之相須，蓋亦有必然者。是以聖人設教，使人默識此心之靈，而存之於端莊静一之中，以爲窮理之本。使人知有衆理之妙，而窮之於學問思辨之際，以致盡心之功。巨細相涵，動静交養，初未嘗有内外精粗之擇。及其真積力久，而豁然貫通焉，則亦有以知其渾然一致，而果無内外精粗之可言矣。今必以是爲淺近支離，而欲藏形匿影，别爲一種幽深恍惚、艱難阻絶之論，務使學者莽然措其心於言語文字之外，而曰道必如此，然後有以得之，則是近世佛學詖淫邪遁之尤者。而欲移之以亂古人明德新民之實學，其亦誤矣。」《大學或問》。

此條言存心致知，相須互發，正所以示入道之要，而不陷於異學之失也。

朱子曰：「學者工夫，惟在居敬窮理。此二事互相發。能窮理，則居敬工夫日益進。能

居敬，則窮理工夫日益密。」「涵養本原，思索義理，須用齊頭做，方能互相發。程子下『須』字、『在』字，便是要齊頭着力。」並《朱子語類》。

此卷所載，乃真朱子定論。王陽明乃摘取朱子救偏藥病之言爲定論，援朱入陸，夫豈其然？

朱子曰：「知行常相須。如目無足不行，足無目不見。論先後，知爲先。論輕重，行爲重。」《朱子語類》。

此尤萬世不易之論。《傳習録》乃謂「知行合一，行而後知」。其横説豎説，誑嚇衆生甚矣。

或問：「有只教人踐履者。」朱子曰：「義理不明，如何踐履？」曰：「他説行得便見得。」曰：「如人行路，不見便如何行？」《朱子語類》。

陸學一派有此説，朱子闢之明矣。

朱子曰：「《書》曰：『知之非難，行之惟艱。』工夫全在行上。」《朱子語類》。

上論先後，知爲先也。此論輕重，行爲重也。皆確論也。

朱子曰：「涵養、致知、力行三者，便是以涵養做頭，致知次之，力行次之。不涵養則無主宰，既涵養又須致知，既致知又須力行。若致知而不力行，與不知同。亦須一時並了，非謂今日涵養，明日致知，後日力行也。要當皆以敬爲本。敬只是提起這心，莫教放散。恁地則心便自明，這裏便窮理格物，見得當如此便是，不當如此便不是。既見了，便行將去。」《朱子語類》。

朱子平日論爲學工夫，多因事因人而發，未有若此條之完全而曲盡者，可謂至言矣。

朱子《答項平父書》云：「人之一心，萬理具

備。若能存得，便是聖賢，更有何事？然聖人教人，所以有許多門路節次，而未嘗教人只守此心者，蓋爲此心此理雖本完具，卻爲氣質之稟不能無偏。若不講明體察，極精極密，往往隨其所偏，墮於物欲之私而不自知。近世爲此説者，觀其言語動作，略無毫髮近似聖賢氣象，正坐此耳。」又曰：「此心固是聖賢本領，然學未講，理未明，亦有錯認人欲作天理處，不可不察。伊川先生云：『涵養須用敬，進學則在致知。』此兩句與從上聖賢相傳指訣如合符契。」

朱子《答曾光祖書》云：「求其放心，乃爲學根本田地。既能如此向上，須更做窮理功夫，方見所存之心、所具之理不是兩事。隨感即應，自然中節，方是儒者事業。不然，卻亦與釋子坐禪攝念無異矣。」並《朱子文集》。

此二書言不可偏於存心，而缺於致知，其弊將流於禪學。近世爲此説者，正是指陸學也。

朱子《答胡廣仲書》云：「來喻謂『「知」之一字，便是聖門傳授之機』。以聖賢之言考之，似皆未有此等語意，卻是近世禪家説話多如此。若必如此，則是未知以前，可以怠惰放肆，無所不爲，而必若曾子一『唯』之後，然後可用力於敬也。此説之行，於學者日用工夫大有所害，恐將有談玄説妙以終其身，而不及用力於敬者，非但言語之小疵也。」

朱子《答符舜功書》云：「嘗謂『敬』之一字，乃聖學始終之要。未知者非『敬』無以知，已知者非『敬』無以守。若曰先知大體而後敬以守之，則夫不敬之人，其心顛倒繆亂之不暇，亦將何以察乎大體而知之耶？」並《朱子文集》。

此二書言不可偏於致知，而缺於持敬。其

弊亦流於禪學也。

朱子《答張敬夫書》云：「儒者之學，大要以窮理爲先。蓋凡一物有一理，須先明此，然後心之所發輕重長短，各有準則。若不於此先致其知，而但見其所以爲心者如此，識其所以爲心者如此，泛然而無所準則，則其所存所發亦何自而中於理乎？且如釋氏擎拳豎拂、運水搬柴之説，非不見此心，非不識此心，而卒不可與入堯舜之道，正爲不見天理而專認此心以爲主宰，故不免流於自私耳。」又《答書》云：「以敬爲主，則内外蕭然，不忘不助而心自存。不知以敬爲主而欲存心，則不免將一箇心把捉一箇心，外面未有一事時，裏面已有兩頭三緒，不勝其擾擾矣。就使實能把捉得住，只此已是大病，況未必真能把捉得住乎？儒釋之異，亦只於此便分了。如云『常見此心光爍爍地』，便有兩箇主宰。不知光者是真心乎？見者是真心乎？」並《朱子語類》。❶

此二書，一言不窮理而務識心，一言不主敬而欲存心，其弊皆流於禪學也。

朱子曰：「孟子曰：『博學而詳説之，將以反説約也。』《語》云：『博我以文，約我以禮。』須是先博，然後至約。人若先以簡易存心，不知博學、審問、謹思、明辨、篤行，將來便入異端去。」

朱子曰：「如《論語》『一貫』、《孟子》『自得』之説，只是説一番，何曾全篇如此説？今卻是懸虚説一箇物事，不能得了，只要那『一』去『貫』，不要從『貫』去到那『一』。如此，則《中庸》只消『天命之謂性』一句，及『無聲無臭，至矣』一句便了。中間許多『達道』、『達

❶「語類」，當爲「文集」之誤。所引，皆見《朱子文集》。

德』、『達孝』、『九經』、『禮儀三百，威儀三千』之類，皆是粗迹，都掉卻更不去理會。只恁懸虛不已，恰似村道説無宗旨底禪樣，瀾翻地説去也得，將來也解做頌，燒時也有舍利，只是不濟得事。」並《朱子語類》。

此二條言爲學工夫，當致其博，不可偏於約也。偏約則流於禪矣。

楊道夫言：「羅先生教學者静坐中，看『喜怒哀樂未發謂之中』，未發作何氣象。」朱子曰：「此説終是偏病。道理自有動時，自有静時。學者只是『敬以直内，義以方外』，見得世間無處不是道理。雖至微小處亦有道理，便以道理處之，不可專要去静處求。所以伊川謂『只用敬，不用静』，便説得平也。是他經歷多，故見得恁地正而不偏。」

朱子曰：「濂溪言『主静』，『静』字只好做『敬』字看，故又言『無欲故静』。若以爲虛静，則恐入釋老去。」

朱子《答張元德書》云：「明道教人静坐，蓋爲是時諸人相從，只在學中，無甚外事，故教之如此。今若無事，固是只得静坐，若特地將静坐做一件工夫，則卻是釋子坐禪矣。但只着一『敬』字，通貫動静，自無間斷，不須如此分別也。」《朱子文集》。

此三條言爲學工夫，當主於敬，不可偏於静也。偏静則流於禪矣。按：《程氏遺書》：「問：『敬莫是静否？』伊川先生曰：『纔説静，便入於釋氏之説也。不用「静」字，只用「敬」字。纔説着「静」字，便是忘也。』」朱子之説本此。

按：吾儒所説「静」字，與禪學説「静」，辭同意異。吾儒主於無欲而静，禪學主於無事而静。故曰「心不可泊一事」，曰「無事安坐，瞑目澄心」，此陸學之主於無事而静

也。《太極圖説》曰：「無欲故靜。」《通書》曰：「一者，無欲也。無欲則靜虛動直。」此聖賢之主於無欲而靜也。無欲而靜，則即爲敬爲誠。無事而靜，則入於空虛，流於寂滅。此正所謂差毫釐而謬千里，所謂「句句同，事事合，然而不同」。近世學者疎略，於此等處未嘗看破，所以坐爲陸子所惑。

問：「先生所作李先生《行狀》，云『終日危坐，以驗乎喜怒哀樂未發之前氣象爲如何，而求所謂中者』。與伊川之説若不相似。」朱子曰：「這是舊日下得語太重。今以伊川之語格之，則其下工夫處亦是有些子偏。今終日危坐，收斂在此，勝如奔馳。若一向如此，又似坐禪入定。」

問：「伊川《答蘇季明》云：『求中於喜怒哀樂，卻是已發。』觀延平亦謂『驗喜怒哀樂未發之前氣象爲如何』，此説又似與季明同。」朱子曰：「但欲見其如此耳，然亦有病。若不得其道，則流於空。故程子云：『今只道敬。』」並《朱子語類》。

朱子《答呂士瞻書》云：「程先生云：『涵養於未發之前則可，求中於未發之前則不可。』此語切當不可移易。李先生當日用功，未知何如，後學未敢輕議。但今當只以程先生之語爲正。」《朱子文集》。

此二條即與前三條之意相發。而於未發工夫，不可毫釐有差矣。續編載朱子辨呂與叔、楊龜山「未發」之説與此相表裏，當參攷。

按：朱子初年，嘗答何叔京書云：「李先生教人，大抵令於靜中體認大本未發時氣象分明，即處事應物自然中節，此乃龜山門下相傳指訣。」此書王陽明採入《晚年定論》。

朱子作《延平行狀》，亦深取此説。後來乃以爲不然者，蓋子思作《中庸》，止説「喜怒哀樂未發謂之中」，平鋪示人，未嘗教人静坐體認，以求見乎中也。静坐體認之説，非聖賢意也，起於佛氏也。六祖所謂「不思善，不思惡，認本來面目」，宗旨正此也。宗杲所謂「無事省緣，静坐體究」，亦此也。後世學者做存心工夫，不得其真，多流於此也。在昔惟程伊川識破此弊，至門人吕與叔、楊龜山輩，皆倍其師之説，而仍主此説。傳之豫章、延平，以至朱子早年亦主此説，以爲入道指訣。迨晚年見道分明，始以爲不然。

《居業録》曰：「與儒道相似，莫如禪學。後之學者做存心工夫，不得其真，多流於禪。」又曰：「學一差便入異教，其誤認聖賢之意者甚多。」按：近世静坐求中之説，正是此病。

或曰：「然則豫章、延平二先生，亦流於禪而同於陸學邪？」曰：「豫章學於龜山，延平學於豫章。體驗未發之説，轉相承沿，蓋尊信其師之過。所見有似於禪耳，初非有心於禪也。即其平日，亦未嘗恃此而廢讀書窮理之功也。非如陸學一派，則明宗禪旨，而以經書爲糟粕注腳，以讀書窮理爲逐外，爲障蔽也。二者烏得同耶？」

朱子曰：「未發固要存養，已發亦要審察。無時不存養，無事不省察。」

或問：「工夫當養於未發？」曰：「未發有工夫，既發亦用工夫。既發若不照管，也不得，也會錯了。」

「如涵養熟者，固自然中節。便做到聖賢，於發處亦須審其是非而行。涵養不熟底，雖未必能中節，亦須直要中節可也。要知二者可

以交相助，不可交相待。」並《朱子語類》。此三條，又與前三條之意相發。而於未發已發工夫，不可毫釐有偏矣。又按：《朱子文集》有《中庸首章説》，以致中爲「敬以直内」，以致和爲「義以方外」，以涵養省察爲「敬義夾持」，即與此同意。

按：子思作《中庸》，發明中和之旨，内外兼該，動静畢舉，未嘗有所輕重。朱子釋之，亦以涵養省察交致並言，工夫不容少缺。此聖賢萬世無弊之道也。近世陸學一派，惑於佛氏「本來面目」之説，謂合於《中庸》未發之中，於是只説未發，不説已發，只説涵養，不説省察，陷於一偏，流於空寂，全非聖賢之旨。

按：孔子教人，未嘗言及於未發。其語門弟子，只説非禮勿視聽言動，居處恭，執事敬，與人忠，言忠信，行篤敬之類，皆是就已發處言之也。夫孔子豈不知未發之旨哉？誠以爲未發工夫微妙無形而易差，已發工夫則明顯有迹而易力，未發難於捉摸，而已發有可辨別據依，與其以無形示人而啓学者騖虛好高之弊，孰若就有形易見處求之之爲務實而無失也？至於子思，喫緊爲人，中和之論，兼該並舉。心學之秘，發洩盡矣。豈可復重彼輕此，舍孔門中正平實之道而狥禪宗偏弊浮虛之説，亂道而誤人哉？志於學者，不可以不辨。

《朱子文集》有《觀列子偶書》云：「向所謂未發者，即《列子》所謂『生之所生者死矣，而生生者未嘗終。形之所形者實矣，而形形者未嘗有』爾，豈子思《中庸》之旨哉？」朱子論佛學剽掠《莊》、《列》及此。見近世講學之弊，類如此云。

朱子曰：「今人論道，只論理，不論事。只説

心，不説身。其説至高，而蕩然無守，流於異端空虛之説。且如『天下歸仁』，只是天下與其仁，程子云『事事皆仁』是也。今人須要説，『天下皆歸吾仁之中』。其説非不好，但無形無影，全無下手腳處。夫子對顏淵克己復禮之目亦只是就視聽言動理會。蓋人能制於外則可以養其內，固是內是本，外是末。❶但偏説存於中，不説制於外，則無下手腳處，此心便不實。外面儘有過言過行，更不管，卻云吾正其心，有此理否？」《朱子語類》。

此語與前後皆相發。

説爲學次第。朱子曰：「本末精粗，雖有先後，然一齊用做去。且如致知格物而後誠意，不成説自家物未格，知未至，且未要誠意，須待格了知了，方去誠意，安有此理？聖人亦只説大綱，自然底次序是如此。」「自格物至平天下，聖人亦是略分箇先後與人看。不成做一件净盡無餘，方做一件，如此，何時做得成？」並《朱子語類》。

此論於《大學》尤有功。

朱子《答吳晦叔書》云：「《大學》之書，雖以格物致知爲用力之始，然非謂初不涵養踐履，而直從事於此也。又非謂物未格、知未至，則意可以不誠，心可以不正，身可以不修，家可以不齊也。但以爲必知之至，然後所以治己治人者，始有以盡其道耳。若曰必俟知至而後可行，則夫事親從兄，承上接下，乃人生之所不能一日廢者，豈可謂吾知未至而暫輟，以俟其至而後行哉？」《朱子文集》。

此書即同前意。近日王陽明講學，謂世儒

❶ 「末」，原誤作「未」，據萬曆本改。

不當分先知後行，謂朱子不當作《格致補傳》，必待豁然貫通地位然後誠意，則有白首不及爲之患。今攷朱子意正不然，而陽明不知而妄譏也。

近世東陽盧正夫著《荷亭辨論》一書，以譏朱子。其中有云：「《大學》格物，乃先格明德、新民之所在。朱子乃謂盡格天下之物，而於草木塵息無不窮究。則是初入大學者先於明德、新民之外用工夫，旁詢博訪，偏觀盡識，非惟泛無指歸，日亦不足矣。」按此言即與陽明所譏同意，皆未嘗深考而妄譏之過。今考證于左。

朱子曰：「程子謂『今日格一件，明日又格一件，積習既多，然後脫然有貫通處』。某嘗謂他此語便是真實做工夫來，他也不說格一件後便會通，也不說盡格得天下物理後方始通，只云積習既多，然後脫然有箇貫通處。」「明道云：『窮理者，非謂必盡窮天下之理，又非謂止窮得一理便到。但積累多後，自當脫然有悟處。』又曰：『自一身之中，以至萬物之理，理會得多，自當豁然有箇覺處。』今人務博者，卻要盡窮天下之理。務約者，又謂反身而誠，則天下之物無不在我者。皆不是。如一百件事，理會得六七十件了，這三四十件雖未理會，也大概是如此。向來某在某處，有訟田者，契數十本，中間一段作僞，崇寧、政和間，至今不決。將正契及公案藏匿，皆不可考。某只索四畔衆契，比驗前後，所斷情僞，更不能逃者。窮理亦只是如此。」「『致知』一章，此是《大學》最初下手處。程子此處說得節目甚多，皆是因人之資質耳。雖若不同，其實一也。見人之敏者，太去理會外事，則教之使去父慈子孝處理會，曰『若不務此，而徒欲泛然以觀萬物之理，則吾恐

其如大軍之遊騎，出太遠而無所歸』。若是人專只去裏面理會，則教之以『求之情性固切於身，然一草一木亦皆有理』。要之，內事外事皆是自己合當理會底，但須是六七分去裏面理會，三四分去外面理會方可。若工夫中半時已自不可，況在外工夫多，在內工夫少耶？此尤不可也。」並《朱子語類》。

朱子《答陳齊仲書》云：「格物之論，伊川意雖謂眼前無非是物，然其格之也，亦須有緩急先後之序。如今爲學而不窮天理、明人倫、講聖言、通世故，乃兀然存心於一草木一器用之間，此是何學問？如此而望有所得，是炊沙而欲其成飯也。來喻似未看破此處。」《朱子文集》。

按：近世疑朱子格物之訓，大概不過曰：務知而緩於行也，騖外而遺於內也，功博而難盡也，學泛而無歸也。今觀此數條，其於此弊，朱子皆已見之豫，籌之熟。而近世察言不精，立論輕率，妄毀儒先，賺惑來學之罪，不能免矣。愚不忍朱子之受誣，懼道術之分裂，憂橫議之日新月盛，其禍不知何時而已也，特考著于篇。

《居業録》曰：「程朱發明道理如此明白，開示爲學工夫如此真切，今人又做差了。道之興喪，不係於天乎？」愚嘗竊論之：三代而下人物而至於程朱，亦可以無議矣。講學而至於朱程，亦可以無議矣。其言亦儘精儘密，儘美儘備矣。今之學者所急，惟一「行」字耳。誠能實循其言，亦足以造道而成德矣。誠能主敬以立其本，窮理以致其知，反躬以踐其實，過則聖，及則賢，不及則亦不失於令名矣。而何必騁其聰明，矜其辨慧，另出一機軸以求勝於古

人哉？吾見求勝未能，而已淪於佛老之謬妄矣。學者舍程朱不爲而欲爲佛老，烏在其爲智？

學蔀通辨終編卷中終

學蔀通辨終編卷下

此卷所載，著朱子著書明道、闢邪反正之有大功於世，學者不可騁殊見而妄議。末附總論遺言，以明區區通辨之意云。

薛文清公曰：「堯、舜、禹、湯、文、武、周公、孔子、顔、曾、思、孟、周、程、張、朱，正學也。不學此者，即非正學也。」又曰：「《四書集注》皆朱子萃群賢之言議，而折衷以義理之權衡，至廣至大，至精至密。學者但當精思熟讀，潛心體認而力行之，自有所得。切怪後人於朱子之書之意，尚不能偏觀而盡識，或輒逞己見，妄有訾議，或勦拾成說，以衒新奇，多見其不知量也。」按：文清之言，真萬世確論。

近年閣下輔臣發策禮闈，謂「朱陸二家簡易支離之論，終以不合。而今之學者顧欲强而同之，何所見與？豈樂彼之徑便，而欲陰詆吾朱子之學與？究其用心，其與何澹、陳賈輩亦豈大相遠與？甚至筆之簡册，公肆詆訾，以求售其私見者。禮官舉祖宗朝故事，燔其書而禁斥之，得無不可乎？」按：此策亦義正詞嚴。燔書故事，攷《皇明政要》，永樂間，饒州士人朱季友獻所著書，專毁濂洛關閩之説。文廟與大學士楊士奇議，命禮部焚其書，罪斥之。王陽明《答人書》云：「孟子闢楊墨。墨子兼愛，行仁而過者耳。楊子爲我，行義而過者耳。此其爲説，亦豈滅理亂常之甚？而其流之弊，孟子至比於夷狄禽獸，所謂以學術殺天下後世也。今世學術之弊，吾

不知其於洪水猛獸何如？孟子云：『予豈好辨哉？予不得已也。』楊墨之道塞天下，孟子時，天下之尊信楊墨，當不下於今日之崇尚朱説。而孟子獨以一人呶呶於其間，可哀也已。若某者，其亦不量其力也已。」愚按：陽明此書，是以朱子比楊墨矣，是以朱子學術爲殺天下後世，爲洪水猛獸矣。嗚呼！其公肆詆呰，至此甚矣！無怪乎禮闈發策，謂欲燔其書而且擬諸何澹、陳賈也。蓋澹、賈輩詆朱子，欲使其學不得行於當時。陽明輩詆朱子，欲使其學不得行於後世。其用心一也。悲夫！

盧正夫《荷亭辨論》，深非朱子解《易》主卜筮，深非朱子修《通鑑綱目》書「莽大夫揚雄死」。愚按：《周易》卦爻列吉凶悔吝、利往無咎之象，無非爲卜筮設。《繫辭》説「卜筮者尚其占」，説「極數知來之謂占」，説「蓍之德圓而神，卦之德方以智。以定天下之業，以斷天下之疑」，説「神以知來，知以藏往。是興神物，以前民用」。由此觀之，《易》非是爲卜筮作而何？朱子解《易》主卜筮何過？揚雄仕漢，歷事三朝。遭遇莽篡，既不能效龔勝之伏節，又不能效梅福之深遁，則亦已矣。何至作劇秦美新之文，以諛莽希寵，欲爲新室佐命之臣？程子謂「光武之興，使雄不死，能免於誅乎？」則夫《綱目》書「莽大夫」、書「死」以誅之，聖人復起，不易矣。《荷亭辨論》乃左右揚雄，非詆朱子，吾不知其説。

羅整菴曰：「嘗見近時十數種書，於宋諸大儒言論，有明詆者，有暗詆者，直是可怪。既而思之，亦可憐也。坐井觀天而曰天小，不自知其身在井中爾。然或往告之

曰：『天非小也，子盍從井外觀之？』彼方溺於坐井之安，堅不肯出，亦將如之何哉？」又曰：「今之學者，概未嘗深攷其本末，但粗讀《陸象山遺書》數過，輒隨聲逐響，横加詆訾，徒自見其陋也已矣，於朱子乎何傷？」

陽明講學，詆朱子解格物爲義外，爲支離。愚按：《孟子》曰「舜明於庶物」，《易》曰「知周乎萬物」，《大學》曰「格物」，三言一意。朱子訓「格」爲「至」，周即至也，明猶至也。朱子之訓，深合聖經。若陽明訓格物爲「正意念之用」，援儒入佛，不通之甚。乃欲以此議彼，可駭可笑！《草木子》曰：「《論語》『天下歸仁』，朱子訓『歸』爲『與』字，或者淺其説。愚謂苟人能克己，行一事合天理，問之家而準，問之鄉而準，問之國而準，問之天下而準，所謂天下莫不與也，放之四海而皆準也。若謂克己，天下皆囿於吾仁之中，如吕與叔《克己銘》云『洞然八荒，皆在我闥』，氣象雖豁然可喜，事理則茫然無據。」愚按：近世陸學説人能克己而存此心，則天下皆歸於吾仁之中，與吕與叔説相似。考其説，不獨與朱子相牴牾，且與孔子相牴牾。孔子之意，謂克去己之私欲以復乎禮，方始是仁，故下文説非禮勿視聽言動。吕與叔言克己，是克去人己町畦，無復禮底意思，與「四勿」殊無干涉。若陸學之説，則援儒入佛，尤爲不可。朱子之訓，不可移易。《草木子》良有見。

近世陸學一派，不獨於程朱之言有疑，雖於孔曾思孟亦不免。象山謂「顔子没，夫子事業自是無傳」，楊慈湖謂「子思、孟子言多害道」，王陽明謂「顔子没而聖人之學

亡」，即此也。象山疑《易・繫》非夫子作，疑《繫辭》首章近推測之辭，惟「默而成之，不言而信」兩語可信而已，《慈湖遺書》於《大學》格致誠正，於《中庸》忠恕違道不遠，於《繫辭》形而上下等語，皆以爲支離害道，王陽明所謂「求心而非，雖其言之出於孔子，不敢以爲是者」，即此也。嗚呼！言出於孔子，猶不敢以爲是，而況於曾、思、孟子？而又何有於程、朱？邪説横流，壞人心術。痛哉！痛哉！

朱子嘗與學者論解經云：「南軒語《孟》，某嘗説這文字不好看。蓋解經，不必做文字，止合解釋得文義通，則理自明，意自足。今多去上做文字，少間説來説去，只説得他自一片道理，經意卻蹉過了。嘗見一僧云：『今人解書如一盞酒，本自好，被這一人來添些水，那一人又來添些水，次第添來添去，都淡了。』他禪家儘見得這樣，只是他又忒無注解。」愚按：添水固失之，忒無注解者亦非也。忒無注解者入於禪，添水者流於宋末諸儒箋注破碎煩猥之失，均之爲過不及也。必如朱子集注《四書》而後爲得中道，爲天下不可少之書。

或曰：「然則朱子平日言語文字，果能一一盡善，而無毫髮可議耶？」曰：「是難言也。夫人之意見不同，難乎其盡如吾意也。君子論人，惟當觀其大端大本，而不可求瑕責備於一二言語文字之未合也。『讀書未到康成處，安敢高聲議漢儒。』近世之好議朱子者，其學問之功，何敢望朱子藩籬？而徒逞一隅之意見，拾佛老之緒餘，以妄議爭勝，矜世盜名，多見其不知量也。近日羅整菴説得極公。《困知記》曰：『宋諸大儒言論文字，豈無小小出入

處？只是於大本大原上見得端的，故能有以發明孔孟之微旨，使後學知所用力之方，不爲異説之所迷惑。所以不免小有出入者，蓋義理真是無窮，其間細微曲折，如何一人便見得盡？後儒果有所見於其小小出入處，不妨爲之申明，亦先儒以俟後之君子之本意也。』愚謂此論，使朱子復生，亦當弗咈。」

或曰：「佛學之害，經傳太史、韓文公辨之不息，至二程子辨之亦不息。自朱子出而後佛學衰，何也？」曰：「緣朱子尤深中禪病，始盡禪病也。昔達磨謂『某人得吾皮，某人得吾肉，道育得吾骨，慧可得吾髓』。愚謂近世闢佛，如傅太史《武德》一疏得其皮，韓文公《原道》一篇得其肉，至二程子而後得其骨，至朱子而始得其髓。是故，闢佛至朱子而後盡。故佛學至朱子出而

始衰，而儒佛異同之辨始息。而後士大夫自此無復參禪問道於釋氏之門者矣。佛書云：『我佛爲一大事因緣出現於世。』愚謂朱子正是爲此一大事出現於世，蓋天有意於斯文云。」

或曰：「宋世雜學最盛，如橫浦、永嘉、永康之學，蘇黄門、吕舍人、葉水心之學，紛紛籍籍，皆因朱子辨之而息。惟金溪之學辨之不息，排之不止，遂起吴草廬、趙東山一派議論。其故何邪？」曰：「緣朱子未嘗説破養神一路也。養神一路非他也，即其假似亂真之實，即其遮掩而陰佛之實也。辨陸學而不辨其養神一路，譬之詰盜而不獲贓，固無以服人心而成獄也。此朱子之辨所以無以息陸學，而卒來冤陸之疑也。此朱子之辨所以必得區區此編繼之，以發其所未盡，然後其禪實昭然暴白，而

冤陸之疑自息也。」曰：「然則子之辨陸也，朱子不如邪？」曰：「朱子何可當也？象山禪機深密，遮掩術精。當是時也，天下盡爲所蔀矣。雖南軒、東萊之賢，猶看他不破矣。非朱子晚年深覺其弊，昌言而顯排之，則後世亦盡爲所蔀矣，今日又孰從而知其假似亂真？孰從而辨其陽儒陰佛，以發其未盡之蘊邪？嗚呼！『道喪千載，聖遠言湮，不有先覺，孰開我人？』朱子此言，實自況也。朱子何可當也？」

朱子未出以前，蘇子瞻以佛旨解《易》，游定夫以佛旨解《論語》，王安石、張子韶以佛旨釋諸經，程門諸子以佛旨釋《中庸》，呂居仁以佛旨釋《大學》。自朱子出，而後其書皆廢。愚嘗因此通論之：六經非得朱子出，六經之旨不明。佛學非得朱子出，佛學不衰。宋世雜學非得朱子出，雜學不息。陸學非得朱子出，陸學無人識得他破。昔人謂「天不生仲尼，萬古如長夜」。愚謂天不生朱子，萬古皆豐蔀。究辨至此，然後知朱子之功。胡敬齋曰：「孔子賢於堯舜，以事功言也。孟子功不在禹下，亦以事功言也。」愚以爲顏、曾、思、孟之功，賢於稷、契、皐、夔。程、朱之功，賢於伊、呂。後世若非程、朱，則天下貿貿然，高者入於佛老，卑者趨於功利，人欲肆，天理滅矣。由此言之，朱子何可當也？

有帝王之統，有聖賢之統。如漢祖、唐宗、宋祖，開基創業，削平群雄，混一四海，以上繼唐、虞、夏、殷、周之傳，此帝王之統也。孟子、朱子，距異端，息邪説，闢雜學，正人心，以上承周公、孔子、顏、曾、子思之傳，此聖賢之統也。然究而論之，皆不若

朱子之爲難。何也？開基創業，以智力而服一時，固難。明道闢邪，不假智力，而服天下萬世之人心，尤難也。孟子闢楊墨，去孔子未遠。至朱子，則去孔子幾二千年，而佛氏盛行中國亦逾千載，其陷溺人心已久，舉天下賢智冥然被驅，斯時也，非命世豪傑之才，孰能遏其滔天之勢而收摧陷廓清之功乎？嗚呼！君子不觀此編，無以知禪佛之害之大。君子不觀此編，無以知朱子闢禪佛之功之大。朱子何可當也？

朱子一生，釋群經以明聖道，辨異學以息邪説，二者皆有大功於世。然釋經明道之功，天下莫不知之。至於闢異息邪，則近世學者未之盡知也。區區述爲此編，然後朱子闢異息邪之功著矣。蓋嘗謂釋經明道，朱子之功也顯諸仁。闢異息邪，朱子之功也藏諸用。

通按：佛學自入中國至今，大抵三變。每變而爲障益深。始也罪福輪迴之障，愚者陷之，智者鮮焉，其爲害猶淺也。中焉變爲識心見性之障，則智者亦陷之，蓋彌近理而大亂真矣。終焉又變爲改頭換面之障，則術愈精而説愈巧，而遂謀即真，而辨之愈難矣。今人只知陸學之爲陸，而不知陸學之即禪，禪學之即佛，佛學之即夷也。嗚呼！周孔之教不能行於西戎，戎狄之教乃盛行乎中國，至於拱手歸降，不能出他圈套，可爲痛哭流涕！朱子曰：「楊墨只是差了些子，其末流遂至於無父無君。孟子之辨，只緣是放過不得。今人於佛，或以爲其説似勝吾儒之説，或以彼雖説得不是，不用管他。此皆是看他不破，故不能與辨。若真箇見得是害人心、亂吾道，

豈容不與之辨？所謂孟子好辨者，非好辨也，自是住不得也。」又曰：「陳君舉謂某不合與陸子静諸人辨，只是見他不破。」愚謂近世學者通病無他，只是爲他所蔀，看他不破。今輯爲此編，誠欲與天下後世學士大夫同看破此事，無復歸降夷狄之教之患，一洗近代之惑云。

通按：近世學者之弊，惟以禪佛之道爲高妙，爲簡徑而易造也；以聖賢之道爲粗淺，爲迂遠而難至也。故舍儒而趨佛，其本心矣。其後也，乃變爲儒佛同之説，又變爲本同末異之説，又變爲改頭换面、陽儒陰佛之説，是蓋屢變其説，而誘人以入於佛也。於朱陸亦然。蓋惟以朱子爲支離，而陸學爲簡易也。故疑朱而宗陸，其本心矣。其後也，乃變爲朱陸同之説，又變爲早異晚同之説，又變爲陽朱陰陸之説，是蓋屢變其説，而誘人以入於陸也。嗚呼，欺蔀重重，日新日巧，其弊至於今日極矣。建行年踰五十，分毫無補於世，所幸此心之靈不泯，沈潛典籍，究觀今古，於此學頗有所見，此蔀頗有所覺。昔人著書，謂得之於天者不忍棄，且不敢褻。愚爲此辨，實天啟其衷，何忍棄褻，不爲天下後世布之？佛書云：「初以欲鈎牽，後引入佛智。」與吾儒「納約自牖」之説相似。陸學正是用此術。象山見世人所信者孔孟也，於是即孔孟之言以誘之，而一語不及於佛。人但知其爲孔孟之言，不可不從也，無不爲所鈎牽而入其佛智矣。陽明見世人所信者朱子也，於是集爲《朱子定論》以誘之，而一語不及於陸。人但知其爲朱子之言，何疑而不從也？無不爲所鈎牽而入其佛智矣。嗚呼！禪蔀至此，其術

精説巧，至矣盡矣！無以復加矣！朱子嘗謂「近世人大被人謾」，蓋術精説巧至此，不得不爲他所謾矣。所謂「離合出入之際，務在愚一世之耳目，而使之恬不覺悟，以入于禪」。此言真取心肝劊子手。愚初未有知，亦頗爲二氏所惑，後來乃察其蔀，著爲此辨。

或曰：「近歲胡敬齋、羅整菴、霍渭厓之辨如何？」曰：「諸君子皆心朱子之心，而有意於明學術矣。然胡敬齋之《居業録》詳於辨禪，而辨陸則略。於象山是非得失，猶多未究也。羅整菴、霍胃厓目擊陽明之事，故所論著專攻陸學，其言切，其辨詳矣。然於象山養神底藴，與夫近日顛倒早晚之弊，亦未暇究竟，觀者猶未免有冤陸之疑也。此編摘録諸君子之言而補其所未備，亦以成諸君子之志也。朱子嘗謂『讀書如猛將用兵，直是鏖戰一陣。如老吏治獄，直是推勘到底』。愚爲此辨，真是與象山、篁墩、陽明諸人鏖戰一陣，直是推勘到底，而三蔀廓如，迷人障自此打開，妖魔變怪，自此無所逞其伎倆矣。昔嚴滄浪《詩辨》自謂『參詩精子』，而引釋妙喜自謂『參禪精子』以況。使滄浪見愚此編，得無有辨禪精子之戲耶？」

昔人論著書，謂非窮愁不能著。張南軒見朱子諸經解，謂乃知閒中得就此業，殆天意也。由此言之，書非閒居不能著。張横渠云：「天不微斯道復明，則不使今人有知者。既使今人有知，斯道必有復明之理。」由此言之，書非天畀有知不能著。愚也天既畀之窮，畀之閒，又畀以薄有知。三者會矣，此蔀之辨，愚所以不得而辭。嗚呼！是豈天厭斯蔀之深而假手於愚，

以啟告天下後世與？

或曰：「此編闢佛，視胡致堂《崇正辨》，異同如何？」曰：「致堂辨佛下一截粗迹之蔀也，懼其惑庸愚也。此編辨佛上一截心性之蔀也，懼其惑高明也。同異大概如此。」

朱子《答詹元善書》謂「儒名而釋學，潘、張猶其小者。蘇氏兄弟乃以儀、秦、老、佛合爲一人，其爲學者心術之禍最爲酷烈，而世莫之知也」。愚謂近世倡爲陽儒陰佛，顛倒早晚，援朱入陸者，正是儀、秦、老、佛合爲一人，其爲學者心術之禍尤烈。嘗閲吾《廣州志》，宋有梁觀國者，生在朱子前，卓識特行，力排釋老。時蘇氏文章擅名天下，獨觀國不與也。謂其雜以禪學，飾以縱横，非有道者之言。著《議蘇文》五卷以駁之，胡致堂亟稱焉。嗚呼！蘇氏之學在朱子前，無人敢置喙竊議者，而觀國獨議之。陸氏之學，自朱子後，無人敢昌言顯排者，而霍渭厓亟排之。吾郡若二公，可謂超世豪傑之士。

近見河南崔后渠侍郎銑序《楊子折衷》，湛甘泉著。謂「佛學至達磨、曹溪，論轉徑截。宋大慧授之張子韶，其徒得光又授之陸子靜，子靜傳之楊慈湖。衍説詡章，益無忌憚。詆毁聖賢，重爲道蠹。不有整菴、渭厓諸公，中華其夷乎！」按：崔公此敘甚確，第未詳得光授子靜來歷、出何書。必有明據，恨聞見孤陋，不及見崔公扣之，姑記俟考。

古今天下，大都被一箇豐蔀爲害。朝廷有朝廷之蔀，家庭有家庭之蔀，官府有官府之蔀，學者有學者之蔀。朝廷之蔀，姦邪欺蔽人主，如趙高、恭顯、虞世基、李林甫

之徒是已。家庭之蔀，溺愛不明，如前史記尹吉甫爲其妻所蔽，《天順日録》記楊東里爲其子所蔽之類是已。官府之蔀，以下蔽上，如《祥刑要覽》宋祭酒記工獄之枉，歐陽永叔閲夷陵架閣公案，見在枉直違錯不可勝數之類是已。蔀于家者害于而家，蔀于國者凶于而國，蔀于學術者亂天下萬世學術。此豐蔀見斗之象，聖人所以著戒之深。是故，一蔀除而天下治矣，蔀之所繫大矣哉。愚嘗因此而推陰陽消長之義，究往昔盛衰之故，竊有慮焉。吾儒，人道也，陽也。禪佛，鬼道也，陰也。孔子生於中國之東，震旦也，陽也。佛生於西域之西，巽位也，陰也。中國，陽明之區也。戎狄，幽陰之域也。儒道宜行於中國，佛道宜行於戎狄，斯陰陽各止其所，華戎各安其分也。苟中國而尊禪佛之教，華夏而行戎狄之道，則陽失其爲陽，而陰得以乘之，烏得而不啟猾夏亂華之禍乎？西周中葉，西域已有佛矣。然是時文武治隆，孔孟繼作，聖賢道盛，佛無由至也。迨及東漢，聖賢不作，中國道衰，佛於是乘間而入。魏晉繼之，其教益盛，夷狄之道遂大行於中國，馴有五胡亂華之禍。以陰召陰，固其氣類之相感也。梁武帝不鑒，崇奉浮屠益力，於是達磨又自西方而至，明心見性之説惑人益甚。歷唐及宋，至於舉中國之學士大夫而從之，陰氣感召，戎狄益横。安史禍唐，遼金禍宋，馴及胡元，遂盡四海而左衽之，其效亦可覩矣。今日士大夫奈何猶尚禪尚陸，使禪佛之魂駸駸又返耶？區區通辨，蓋亦杞憂殷鑒，抱此耿耿云。

或曰：「子嘗集爲《周子全書》，又爲《程氏

遺書類編》矣。二書何爲而作？」曰：「二書序備言之矣。周子之書，朱子嘗表章《太極圖》、《通書》以傳矣，而其遺文遺詩，遺言遺事，猶多散佚。今集爲全書，庶學者得以覩大賢言行之全也。二程講學之詳，朱子嘗集爲《遺書》以行世矣，然皆因諸氏舊録之本，人爲一卷，言論散見無統。今分門類輯，庶學者便於考閲，而聖賢之旨益燦然矣。愚之著爲《學蔀通辨》者，因朱子之所已明辨者而益明辨之也。愚之編集周程二書者，因朱子之所已表章者而益表章之也。二者皆遵朱子之志，成朱子之志也。非遵朱子也，遵聖賢之正學也。」

維昔嘉靖癸巳、甲午之歲，建竊禄南閩。適今少宰婺源樸溪潘公，時宗主多士。承教之餘，間語及朱陸異同之故。建議論頗與公合，公因命考訂。建初稿止爲編年二編，嘗呈似沐教，今十餘年矣。日居月諸，不輟討論修改，探究根極，始列爲四編，稿至六七易，兹迺克就梓。今公進秉鈞衡，雍容廊廟，而建遯于巖野，竊伏海瀕，雲泥異路，長安日遠，可望不可攀，就正無由。緬懷疇昔，曷勝瘖歎。建謹識。

學蔀通辨終編卷下畢

龍溪會語

〔明〕王畿 撰
張衛紅 校點

目录

校點説明

王畿(一四九八—一五八三),字汝中,號龍溪,浙江山陰(今紹興)人。於嘉靖二年(一五二三)從學陽明,次年悟得良知心體,此後與錢德洪一同協助陽明教授來學者。嘉靖六年陽明起徵思恩、田州前,在天泉橋上與王畿、錢德洪論學,王畿就陽明「四句教」發表了著名的「四無説」,得陽明首肯。故王門弟子公認王畿爲「得師門晚年宗説」者。王畿於嘉靖十一年中進士,歷官南京兵部職方司主事、職方司郎中等職。其間以病乞歸,在各地參與王學講會,實際爲官時間很短。後因忤内閣首輔夏言,嘉靖二十年被夏言上疏斥爲「僞學」,次年遭罷黜,從此「林下四十餘年,無日不講學」(《明儒學案》卷十二,《王龍溪傳》)。王畿資質過人,辯才無礙,爲陽明弟子中極少有的高才。他講學遍及浙、蘇、贛、皖、湘、鄂、閩等地,八十多歲仍不廢出遊,于王學傳播甚有力。他的「四無説」、「見在良知説」等思想發揮了陽明思想的高明一路,中晚明思想界圍繞陽明學的諸多辯論多與他的思想直接相關。同時,因許多王門後學不善會其思想,也導致認欲爲理、猖狂恣肆等學術流弊。故《明儒學案·泰州學案》序言云:「陽明先生之學,有泰州、龍溪而風行天下,亦因泰州、龍溪而漸失其傳。」黄氏雖因不能理解王畿之學而帶有貶抑,卻也道出了其在中晚明思想史上的重要影響。可以説,無論就思想内涵還是講學活動的影響,王畿都是王學發展的中心人物,是我們了解王學在中晚明思想史上發展演變的一個重要參照。

《龍溪會語》六卷,明萬曆四年(一五七六)王畿門人貢安國編、查鐸刻,是王畿的主要著作之一。現僅存孤本。最早由韓國陽明學江華學派的開創者鄭齊斗(字士仰,號霞谷,一六四九—一七三六)及其子鄭厚一收藏,繼而先後由鄭氏後

人、江華學人李建昌（字鳳朝，號寧齋，別號明美堂，一八五三—一八九八）收藏。再後，由日本研究滿鮮史的專家稻葉岩吉（號君山，一八七六—一九四〇）於一九三二年（昭和七年）在朝鮮獲得。當時此本在中國已佚失，故稻葉岩吉在卷末跋文中説「蓋孤本也」。再後，一九三七年，稻葉岩吉任教於僞滿洲國建國大學，將此本由韓國攜往長春，由僞滿洲「中央」圖書館收藏，繼由燕京大學圖書館藏，今藏於北京大學圖書館。卷前頁安國、查鐸二序題「龍溪先生會語」，每卷首行則題「龍溪王先生會語」。稻葉岩吉獲此本後於一九三二年在韓國曾予影印，今日本京都大學人文科學研究所圖書館有藏。

現存最早的王畿文集刻本即明萬曆十六年（一五八八）蕭良榦刻本《王龍溪先生全集》二十卷，編次有異。其後重要的有明萬曆四十三年（一六一五）丁賓刻本《王龍溪先生全集》二十二卷。後世其他版本基本上是以蕭良榦本或丁賓本爲底本的重刻或節録本。丁賓本與蕭良榦本相較，除多出兩卷外，其餘差異不大。

本次校點以北京大學圖書館藏萬曆四年本《龍溪會語》爲底本，以《四庫全書存目叢書》影印明萬曆十六年蕭良榦刻本（簡稱全集本）爲校本。

底本的部分標題與全集本有異，如底本之《斗山留別諸同志漫語》，全集本作《斗山會語》。

底本的敘述人稱作「予」、「龍溪」，全集本則作「先生」；其他人物全集本亦作尊稱，如底本作「遵巖」，全集本作「遵巖子」。

底本收録了王畿的講學語録、文章、書信共二十一篇，以作者自撰的先後時間爲序編輯而成，分別見於全集本之「語録」、「雜著」、「書」之部分。

綜上所述，底本是王畿在世時唯一刊刻的、現存最早的著作文本，保留了王畿文章的原始風貌。

本次整理的校改原則如下：

一、底本明顯有錯字、衍字、脱文，校本不誤者，據校本改動底本原文，出校説明。

二、底本與校本有異文，校本提供了有價值的信息且容易出校者，如底本作「友人問」，校本作

「虬峰謝子曰」，不改底本原文，出校説明。

三、底本較詳而校本較省的題、文，不改底本，出校説明。

四、底本與校本稱謂不同的異文，如底本作「予」、「龍溪」，校本作「先生」，第一次出現處出校説明，後不再一一出校。

五、因校本删、編、改寫底本所致文字差異且有校勘價值者，第一次出現處出校説明，後不再一一出校。

本書校點參考了吴震先生編校整理的《王畿集》（鳳凰出版社，二〇〇七年版）附録二《龍溪會語》。

校點者　張衛紅

龍溪先生會語序

予年暮矣，衰病侵尋，懷求友四方之志，力不逮矣。齋居默省，壯年志學，垂老無聞，謂何？笥中蓄龍溪老師《會語》，盈十餘帙，時捧一二，焚香斂衽，閱一過，輒助發多多。近得查子警甫同心商究學脈，所尊信此帙意同，但嫌散漫無紀，因共謀裒録，編爲成書。

謹按先生之學，刊繁揭要，探本逢源，窺天人統宗之奥，握陰陽闔闢之機。種種不離倫物，而倫物一切生於虛明之中。故予嘗信先生之學真入聖梯航也。點掇心源，窮極微眇，拈來機竅，直湊天根，有發《易》、《庸》所未發者，宋儒以來未之或逮矣。不冥會之，孰從而臆及之乎？至於辨二氏之似是，揔百家之委流，入其精髓，析之毫釐，則有功聖門多矣。先生志意凌厲，識度宏深，有尚友千古之氣，不屑屑世人稱譏，一洗鄉願陋習。迹其用，常有獨往獨來、不求人知而求天知者。平生所在憎多口，既功從師証，德由悟入，亦獨信所詣，恢恢如也。夫氣質未融，不妨其有未融也；查滓未净，不妨其有未净也。顧其學可以考往聖而俟百世焉爾。夫子曰：「知及之，仁能守之。不莊以涖之，則民不敬。動之不以禮，未善也」。夫「知及之」，知止也；「仁守之」，緝熙其止也。特德未盛耳。更深造之，益醖釀之，則充實光輝，動容周旋而中禮矣。先生於此必有不自滿假之心，非予小子能測其微也。先生晚年，氣

愈斂，神愈藏，混於塵世，不見與愚夫愚婦有異，熙熙穆穆，如抱赤子之心。夫人能自信其心，始信先生之心也。與昔《大雅》之稱文王無歆羨、無畔援，泯識知，穆然緝熙敬止，與帝則周旋，故後人頌之曰：「維天之命，於穆不已，於乎不顯，文王之德之純。」蓋聖人之心，語其微，天之命也；指其顯，帝之則也。吾人之學，盡性至命，其的矣。文王我師也，先生豈欺予哉！

今年季夏，子警甫將赴官河東，念離索無助，將挾是編以行。夫子警甫嘗有志於道。夫苟志於道，其於是編也，必有心領神會而師承之矣。千里同堂，是編其聲欬矣乎！

萬曆三年歲在乙亥季夏初吉，門人貢安國頓首書于宛陵精舍。

龍溪先生會語後序

余往聞先生之教，每以不得久處門牆爲憾。自河東歸，即圖卒業。因循牽制者，忽忽又二三季。❶乙亥春，始得與俞允升、翟平甫、蕭以寧三兄由武林吊緒山先生，因謁門下爲久處計。先生復先期有雲間之行，無由得一面證。未幾，而河東之命下矣。後會難期，歸途悵悵。抵宛陵，遂謀諸吾師貢先生，得《語録》數帖以行。庶儀刑雖遠，聲欬猶存，亦可爲師資之助也。

沿途細玩，見其於先天混沌之妙、乾坤闔闢之機、千聖心傳之要、二氏似是之非，莫不漏洩其藴奥，剖析其幾微，真有發前賢之所未發者。至於周流四方，日以求友爲事，所至發揮性靈則透入心髓，指點病痛則直中膏肓，凡上而公卿大夫，下而鄉耆士庶，承其顔色，聽其議論，莫不各有所興起。其與人爲善之心，雖老而不倦。余竊以爲先生之學，聖學也。自昔文成公倡道東南，聰明睿智，直達天德，學者雲從風附，多詣道妙。然其爲教，亦隨緣設法、因人而施耳。至其上達之妙，不落言詮，亦有可悟而不可傳者。廼先生以上乘之資，獨得不傳之妙，故其學以萬物爲體，以混沌爲根，不離一切倫物之間，而一切倫物卒不能爲此心之礙。文成公致知格物之藴，已深造而自得之矣。迨其晚年，其養愈純，其精愈藏，蓋已能所俱泯，順逆兩忘，熙熙穆穆，超

❶「季」，《王畿集》作「季」。

乎生死之外者矣。乃世之學者或以形迹之間疑之，不知賢者所爲與鄉黨自愛者原自殊科，先生固已言之矣。間以此録示諸同事諸公，讀之莫不躍然，且有津津知所興起。以是知良知在人，真有不謀而合者。

聞喜王君尤愛而傳之，因託梓之，俾與同事者共焉。先生之《會語》甚多，此其十之二三耳。夫先生之精神，非言語所能傳也。然不得見先生，得見餘言而有所興起，則是録也，未必非同志之一助也。因僭言於簡末。時萬曆四年歲在丙子仲夏初吉，門人查鐸書於汾州公署。

龍溪會語卷之一

宣城門生貢安國輯
麻城後學蔡應揚
涇縣門生查鐸校
萊州後學胡來貢
廣德門生李天植同校

水西會約題詞

嘉靖己酉夏，余既赴水西之會，浹旬，將告歸，復量諸友地里遠近，月訂小會，圖有終也。先是戊申春仲，余因江右諸君子期，之青原，道經於涇。諸友聞余至，相與扳聚，信宿而别，渢渢若有所興起。諸君懼其久而或變，復相與圖會於水西，歲以春秋爲期，蕲余與緒山子迭至，以求相觀之益。余時心許之。今年春，六邑之士如期議會。先期，遣使戒途，勸爲之駕。余既心許之，不克違。孟夏之望，發自錢塘，由齊雲歷紫陽，以達於水西，則多士彬彬候余已踰旬月，其志可謂專矣。諸友不以余爲不肖，謬欲以北面之禮相加。夫千里求益，固余本心，而登壇説法，實非所敢當。若曰將以表諸友之信心，則是諸友之事，非余之咎也。是會合宛及旁郡聞風而至者，凡二百三十人有奇。少長以次，晨夕會於法堂，究訂舊學，共證新功，渢渢益有所興起。邑大夫東岑君，余同志也，以時來督教。邑之鄉先生及窮谷之耆舊，樂其事之希有，咸翩翩然辱臨而觀之，可謂一時之盛矣。諸友懼兹會之不能久也，乞余一言，以志心期。

夫道有本原，學有要領，而功有次第，真假毫釐之幾，不可以不辨也。余與諸君

旬日相會，此等處言之已詳矣，未識諸君果能相信得及否？ 水漸木升，積累之次第，固非一蹴所能至，由萌蘖之生以達於千尋，由源泉混混以放於四海，其本末源委、長養流行之機，實非有二物也。 今日良知之説，人孰不聞？ 然能實致其知者有幾？ 此中無玄妙可説，無奇特可尚，須將種種向外精神打並歸一，從一念獨知處朴實理會，自省自訟，時時見得有過可改，徹底掃蕩，以收廓清之效，方是入微工夫。 若從氣魄上支持，知解上湊泊，格套上倚傍，傲然以爲道在是矣，雖與世之營營役役、紛華勢利者稍有不同，其爲未得本原、無補性命，則一而已。 所望諸君不以余之去來爲聚散，每會如所訂期，苟非大故不得已，必須破冗一來，相摩相蘯，相勸相規，爲性命之心重一分，爲勢利之心自然輕一分。 譬之魚之於水，相濡以沫，相煦以吻，終不若相忘於江湖之爲愈也。 且今日之會，非有法制可以防閑，惟藉區區道義爲之聯屬，二三百人之中，豈能人人盡發真志、盡有信心？ 亦藉中間十數諸友舊有所聞者，虚心樂取，招徠翕聚，以爲之倡耳。 一人倡之，十人從而和之，已而和之者益衆，雖欲此會之不興，不可得也。 苟爲性命之心不切，不能包荒隱惡、長育成就，以全吾同體之愛，徒欲以勝心相高，甚至忿争訐戾、動氣奮顔，而猶傲然以爲知學，圮族敗群，莫此爲甚，雖欲此會之不廢，不可得也。 吾人立身行己，自有法度，既爲此學，一切凡情俗態良知有未安處，便須破除斬截，不可假借通融之見放令出路。 石翁有云：「名節者，衛道之藩籬。 藩籬不固，其中鮮有存者。」語若分析，自今視之，未必非對病之藥，亦圖終之一助也。

諸君念之戒之！己酉夏五月下浣書於水西風光軒中。

冲玄會紀

慨惟先師設教，時時提揭良知爲宗，而因人根器，隨方開示，令其悟入，惟不失其宗而已。一時及門之人，各以質之所近領受承接，人人自以爲有得。乃者儀刑既遠，微言日湮，吾黨又復離群而索居，未免各執其方，從悟證學，不能圓融洞徹，歸於大同。譬之鼎彝鍾鼒，器非不美，非得大冶陶鎔，積以歲月，終滯於器，不能相通，間復有躍冶而出者矣。不肖深愧弗類，圖惟合併。竊念淛爲首善之地，江右爲過化之區，講學之風，於斯爲盛。戊申之夏，既赴冲玄之會。秋仲，念庵諸君送余南還，相與涉鷺湖之境，陟象山之墟，慨流光之易邁，嘆嘉會之難數。乘間入龍虎山，❶得冲玄精廬，乃定爲每歲江淛大會之約，書壁示期。今茲仲秋，復偕緒山錢子攜兩淛、❷徽、宣諸友如期來赴。東郭丈暨卓峰、瑶湖、明水、覺山、少初、咸齋諸兄先後繼至，合凡七十餘人。辰酉群聚於上清東館，相與紬繹舊聞，商訂新得，顯證密語，合異爲同。聞者欣欣，咸有所發。顧余不肖，亦與有聞，自慶此會之不偶也。粤自朱陸之後，僅有此風，聚散不常，復成離索，竊有憂焉。爰述相與紬訂之旨與諸友答問之詞，約爲數條，以識贈處，

❶「虎」，原誤作「虛」，冲玄會舉於江西龍虎山，今改。
❷「復」上，全集本有「先生」二字。

并俟他日相證之義云。❶

先師提掇良知二字，乃是千聖秘密藏，虞廷所謂「道心之微」。一念靈明，無內外，無寂感。吾人只是不昧此一念靈明，便是致知；隨時隨物不昧此一念靈明，便是格物。良知是虛，格物是實，虛實相生，天則乃見。或以良知未盡妙義，於良知上攙入無知意見，便是佛氏之學。或以良知不足以盡天下之變，必加見聞知識補益而助發之，便是世儒之學。

吾人今日致知功夫不得力，第一意見爲害最重。意見是良知之賊，卜度成悟，明體宛然，便認以爲實際。不知本來靈覺生機封閉愈密，不得出頭。若信得良知及時，意即是良知之流行，見即是良知之照察，徹內徹外，原無壅滯，原無幫補，所謂丹府一粒，點鐵成金。若認意見以爲良知，便是認賊作子。此是學術毫釐之辨，不可以不察也。

自先師提出本體工夫，人人皆能談本體、說工夫，其實本體、工夫須有辨。自聖人分上說，只此知便是本體，便是工夫，便是致。自學者分上說，須用致知的工夫以復其本體，博學、審問、慎思、明辨、篤行五者廢其一，非致也。世之議者或以致良知爲落空，其亦未之思耳。

吾人講學，切忌幫補湊合。大抵聖賢立教，言人人殊，而其宗旨所在，一言便了，但得一路而進，皆可以入道。只如《大學》格致等說，本自完足無欠，必待補箇「敬」字

❶「慨惟」至「義云」此段，全集本簡縮作：「己酉仲秋，先生偕緒山錢子攜浙、徽諸友赴會冲玄，合凡百餘人，相與紬繹參互，紀其語於左云。」

以爲格致之本，便是贅説；必待提箇「志」字以致其知，便是億見。不知説箇誠意，已是主一，已是敬了，格致是做誠意的工夫，非二事也。古人説箇「欲明明德於天下」，便是最初大志願，一切格致誠正工夫，不過了得此志願而已。何等簡徑直截！纔落補凑，便成葛藤，無有了期。

先師嘗謂人曰：「戒慎恐懼是本體，不覩不聞是工夫。」戒慎恐懼若非本體，於本體上便生障礙；不覩不聞若非工夫，於一切處盡成支離。蓋工夫不離本體，本體即是工夫，非有二也。

今人講學，以神理爲極精，開口便説性説命；以日用飲食、聲色貨財爲極粗，人面前便不肯出口。不知講解得性命到入微處，一種意見終日盤桓其中，只是口説，縱令宛轉歸己，亦只是比擬卜度，與本來性命生機了無相干，終成俗學。若能於日用貨色上料理經綸，時時以天則應之，超脱得凈，如明珠混泥沙而不污，乃見定力。極精的是極粗的學問，❶極粗的是極精的學問，精精粗粗，其機甚微，非真實用工之人，不易辨也。

吾人今日講學未免説話太多，亦是不得已。只因吾人許多習聞舊見纏繞，只得與剖析分疏。譬諸樹木，被藤蔓牽纏，若非剪截解脱，本根生意終不條達。但恐吾人又在言語上承接過去，翻滋見解，爲病更甚。須知默成而信，孔門惟顏子爲善學。吾人既要學顏子，須識此病痛，斬除得凈，不然只是滕口説，與本根生意原無交涉也。

❶「極精的是極粗的學問」，原作「極粗的是極精的學問」，今據全集本改。

朋友中有守一念靈明處認爲戒懼工夫，纔涉言語應接，所守工夫便覺散緩。此是分了内外。一念靈明，無内外，無方所，戒慎恐懼，亦無内外，無方所。識得本體原是變動不居，不可以爲典要，雖終日變化云爲，莫非本體之周流，自無此病矣。

吾人學問，自己從入處，便是感動人樣子。從言語入者，感動人處至言語而止；從意想入者，感動人處至意想而止；從解悟入者，感動人處至解悟而止。若能離此數者，默默從生機而入，感動人處方是日新。以機觸機，默相授受，方無止法。此顔子所以如愚而未見其止也。

大抵悟入與敦行工夫須有所辨。敦行者未必皆悟，未有悟而不敦於行者也。今人自以敦行爲足而不求證悟，固未免於未聞道。若曰吾已得悟而不必務於敦行，則又幾於無忌憚矣。不可不戒也。

吾人今日講學，先要一切世情淡得下，此是吾人立定脚根第一義。《中庸》結末開口説箇「淡」字，正是對病藥方。淡原是心之本體，有何可厭？惟心體上淡得下，便無許多醲釅勞攘，便自明白，便能知幾，可與入德，直入至無喜無怒、無聲無臭。只是淡至極處，立心爲己，便是達天德根基。若起頭清脱不出，到底夾帶包藏，只在世情上揀得一件好題目做，與孔門「闇然日章」家法奚翅千里！不肖蓋嘗折肱於是者，幸相與儆戒，用終遠業，不以身謗師門，庶幾無負於今日之會，亦千古一快也。己酉仲秋日書於上清東館。

斗山留別諸同志漫語❶

不肖慨惟離索之久，思求助於四方。乃者千里遠涉，歷釣臺，登齊雲，陟紫陽，止於斗山之精廬，得與新安同志諸君爲數日之會，其意固不在於山水之間也。諸君不以余爲不肖，❷相與辨析疑義，究訂舊聞，相觀相磨，情真而意懇，渢渢乎有不容已之機。參諸孟氏尚志之説、曾子格物之説、子思戒懼慎獨之説，復證顔氏好學之説，宏綱大旨，節解絲紛，若合若離，亹亹繹繹，其説可謂詳矣。至於求端用力之方，生身立命之原，則群居廣坐之中，固有所未暇及也。比因久雨，移館城隅，諸君復移榻相就，連床晤語者更兩日夜。探本要末，廣引密證，其説又加詳焉。諸君乃復各以用力之疏密、受病之淺深次第質言，以求歸於一是之地。余不肖，何足知之？

夫學，一而已矣，而莫先於立志。惟其立志之不真，故所用之功未免於間斷；用功之不密，故所受之病未免於牽纏。是未可以他求也。諸君果欲此志之真，亦未可以虚見襲之及以勝心求之，須從本源上徹底理會，將無始以來種種嗜好、種種貪著、種種奇特技能等凡心習態全體截斬令乾净，從混沌中立定根基，自此生天生地生大業，方爲本來生生真命脈耳。此志既真，然後工夫方有可商量處。譬之真陽受胎，而攝養保任之力自不容緩也；真種投地，而

❶「斗山留別諸同志漫語」，全集本卷二作「斗山會語」。

❷「諸君」至「以求歸於一是之地」，全集本簡縮作：「諸君各以用力之疏密、受病之淺深，次第質言，以求歸於一是之地」。

培灌芟鋤之功自不容廢也。昔顔子之好學，惟在於不遷怒、不貳過，此與後世守書册、資見聞全無交涉。惟其此志常定，故能不遷；此志常一，故能不二。是從混沌中直下承當，先師所謂「有未發之中，始能」者是也。顔子之學既明，則曾子、子思之説可類推矣。

夫顔子没而聖學亡。諸君欲學顔子，須知顔子之所學者何事。若舍身心性情而以勝心虚見覓之，甚至以技能嗜好累之，未見其善學也。商量至此，豈惟説之加詳，將併其意思一時泄漏。諸君珍重珍重！雖然，此非悟後語，殆嘗折肱於是者。自聞父師之教，妄志古人之學，於今幾三十年，而業不加修，動袛於悔，岌岌乎仆而復興，夫亦虚見嗜慾之爲累耳。動忍以來，稍有所悟，自反自艾，切切求助，以收桑榆之功，其本心也。昔者秦越人，醫之神者也。直藥童子服勤既久，頗能傳其方，間以語諸人，人服頗效。而此童子者，則固未之能也。余不肖，何以異於是？諸君重信其方，務加修服以去其病，而不以不肖之未能爲疑，吾道幸矣！

明發戒行，留此爲别。流光易邁，真志難立，習俗易染，至道難聞。所望此志時時相應，共進此道，直以千古豪傑自待，而無愧於紫陽之鄉人，斯固千里耿耿之心期也。❶

南譙别言

相違二三年，兹來南譙，得與諸君相會

❶「明發」至「期也」，全集本無。

聚。觀諸君意味，堆堆未有所發，二三年間作何勾當？向來承領話頭，作何行持？僕誠不肖，無足爲諸君倡，然諸君亦未肯自愛，覩體相違，兩成辜負，心竊憐之。間與諸君商及舊學，見諸君憤然内愧，惕然若復有所興起，又知諸君之有意於不肖也。即此興起，正是善端之萌，會須乘此端緒速與下手，弗令間斷。

古人之學，全在緝熙，始能底於光明。若復堆堆度日，後來光景無多，聚散益未可期，却恐竟成辜負耳。吾人本來真性，久被世情嗜慾封閉埋没，不得出頭。譬如金之在鑛，質性混雜，同於頑石，若不從烈火中急烹猛煉，令其銷鎔超脱，斷未有出鑛時也。吾人學問，不離見在。諸君既業舉子，只此舉業，便是對境火坑，❶種種得喪利害世情，盡向此中潛伏倚傍，本來真性反被凌轢晦蝕。古人云：「入見夫子之道而悅，出見紛華富貴而悅。」此正諸君臨爐交戰時也。夫舉業讀書，是與千古聖賢上下論議，以求印證觸發，原是樂事。乃被世情攙和牽纏，奪志勞神，翻成苦業，非是舉業辜負人，人自辜負舉業，良可慨也！此等處猶爲粗迹，縱令脱去舊習，專心在册子上理會，只此讀書一事，爲義尤精，不可以不辨也。吾人讀書，譬如喫飯，須令滋味消化，游液灌溉，方能益人。若徒務貪多，食而不化，久久積滯，翻成食痞，豈惟有乖攝養，將非徒無益而反害之，今日之弊亦居然可見矣。

僕以不肖之身，每勞四方同志動念。兹來同南玄丈相與及旬，晨夕觀摩，自謂受

❶「對」，原誤作「見」，今據全集本改。

益不淺。間有質言，丈亦不以爲非。且自悔尚涉意氣，未能徹底綿密，方圖永事，以收桑榆之功，其所望於諸君相與求助之意，亦復不淺。夫真金只在頑石中，然指頑石爲真金，何啻千里！真性離欲，始發光明；真金離鑛，始見精采。諸君於此果能信得及，便須乘此悔愧之萌，及時脩省，循粗逮精，緝熙弗懈，使真性時時發用流行，不復爲世情之所蔽蝕，方爲戰勝者肥耳。然而學病虛言，喻惟從好，則不肖之與諸君煞宜努力，異時再見，無復堆堆，庶不竟成辜負也。

道山亭會語❶

嘉靖辛亥秋，太平周子順之訪予山中，因偕之西遊，將歷觀東南諸勝，遇同志之區，則隨緣結會，以盡切劘之益，其意固不在於山水之間也。❷過蘇，值吾同年近沙方大夫開府吴中，聞予與順之至，郡博吴儀舜氏集同志之友數十輩，會於道山亭下，延予二人往涖之。大夫行修才俊，志於聖賢之學有年，儀舜久從雙江公游，蓋同志也。夫吴中多豪傑，聲華禮樂之盛，甲於東南。況雙江、緒山、沃洲、及齋諸公有事兹土，貞教

❶ 此文收入全集本卷二，有刪節。

❷「其意」至「所志」凡三百十二字，全集本簡縮作：「過蘇，值近沙方大夫開府吴中，聞予與順之至，集同志數十輩，會於道山亭下，延予二人往涖之。夫吴中多豪傑，聲華禮樂之盛，甲於東南。況雙江、緒山、沃洲、及齋諸公有事兹土，貞教闡化，後先相聞，流風有存者。登壇設法，則予豈敢當？若曰群處質言，相與訂舊學而覓新功，以就正有道，則固不肖之本心也。既如會，諸生懼其既別而或離也，乃圖爲月會之約，而屬予言以導其所志。」

闡化，後先相聞，流風猶有存者。登壇設法，則予豈敢當？若曰群處質言，相與訂舊學而覓新功，以就正於有道，則固不肖之本心也，其敢以辭？既如會，則章縫濟濟，裒然已滿於户外矣。揖讓升堂，取次列坐，默觀顯示，參互指陳，其大旨在於戒口耳而務身心、黜浮華而崇本實，而歸之乎立志。辰而入，終酉而出，諸友聽專氣肅，神與偕來，渢渢乎若有所興也。明日，復會於白蓮山房，友人陸生應澤、嚴生星、黄生姬水、徐生調元輩以此會之不常，懼其既别而或離也，乃圖爲月會之約，而屬言於予，以導其所志。

夫學之不講，孔子以爲憂。然後之講學，有以口耳者，有以身心者，先哲蓋嘗言之矣。君子之學，以親師取友爲急，而其要以辨志爲先。古今之言志者，大略有三，曰富貴、功名、道德。是雖老生之恒談，然約古今人品高下而論之，要無出於此者，不可以不辨也。古之所謂道德者，若孔、顔、思、孟是也。所謂功名者，若僑、向、奚、蠡是也。所謂富貴者，若儀、秦、衍、澤之徒是也。斯三者，所志不同，而其所趍亦遠矣。道德者，至誠經綸而無所倚，達乎天矣。功名則務爲建立以其實心，取必於期會，而爵禄無以入其中。富貴則察知利害之形，役使天下之諸侯，有徒步而陟相位者，意氣赫然，震掉一世，方且以大丈夫目之。要皆非苟然者也。世降學絶，士鮮克以豪傑自命，聖賢不世出，道德之風蓋亦邈矣。下此而功名，而富貴，果能實心建立而忘爵禄否乎？果能明於利害而赫然震掉否乎？是未可知也。所趍既卑，故所見益陋，依傍假借，大抵名高而實下。今之所謂道德，古之功名也；今之所謂功名，古之富貴也。今

之所謂富貴而已者，庸鄙攘竊，自比於乞墦穿窬，有儀、秦所不屑爲者，而甘爲之，所趍益已下矣。若此者，其來有由。功利之毒淪浹於人之心髓，本原潛伏，循業流注，以密制其命，雖在豪傑，有所不免，非一朝一夕之故矣。於此時而倡爲道德之説，何異奏雅樂於鄭衛之墟，亦見其難也已。所幸靈知之在人心，亘千百年而未嘗亡，故雖利欲騰沸之中，而炯然不容昧者未嘗不存乎其間。譬諸寶鼎之淪於重淵，赤日之蔽於層雲，而精華光曜初未嘗有所損污也。孟氏有曰：「所欲有甚於生，所惡有甚於死。」死生亦重矣，而所欲所惡有甚焉者，寧舍彼而取此，信乎靈知之果未嘗亡也。生死且然，况身外之功名富貴而輕於生死者乎！然而世之以燕安失之者亦多矣。是乃入聖入賢之微幾、人品之高下、學術之邪正，皆於此乎。在善學者明於内外之故，察於輕重之機，識取夫炯然不容昧者而固守之，以進於道德之歸。譬諸探重淵而列鼎象，披層雲而覩日光，而功利之神奸魑魅自無所遯其形。此端本澄源之功，君子之辨志，辨諸此而已矣。吾人有生以來，漸於習染，雖淺深不同，未有脱然而盡無者。所賴先哲之微言未泯，而吾心之炯然者未嘗昧。一念尚友之志不容自已，而不忍以功名富貴薄待其身。故每遇同志，亦復不量其力，呶呶焉妄爲之言，以成相觀之助。雖屢遭疑謗詆侮，有所不暇恤也。吾人今日之學，誠莫有先於辨志者矣。此志苟立，自能相應自樂於親師取友，而所以傳習而論學者自專且久，❶而無有異物之遷。是猶爭名者

❶「而所以傳習」，全集本无「而」字。

之樂趍於朝，爭利者之樂趍於市，其志應而勢使然也。不然，則雖日講時習於此，適以增其假竊之資，亦口耳而已矣，於身心竟奚益哉！

孔子曰：「先進於禮樂，野人也；後進於禮樂，君子也。如用之，則吾從先進。」說者謂周末文勝，孔子欲損之以還於質，故大林放之問，致辨於奢儉易戚之間，皆從先進之志也。夫吴聲華禮樂之盛，似矣，苟概以從先進之說，無亦在所損乎否耶？千葉之花無實，九層之臺易圮，此無他，崇飾太高而發榮太繁故也。予聞之：淡薄所以明志，紛麗技巧易失其本心。世未有浮華不黜而能完養其精實者也。昔有餒夫偶食穀而甘，即欲與衆嘗之，以共免於饑困之患，而其腹尚枵然未嘗飽也。今者則何以異於是？吾人不以其偶食而遂忽其欲共嘗之心，不以其未嘗飽而并疑穀之不足以飽，則知所以養生矣。夫穀之味，冲腴而淡，異於肥甘，竊恐吾人厭飫之餘，溺於所養，而於此或有所不察耳。

不肖因同心之屬，嘆兹會之不偶也，聊發狂言，用終就正之願，以廣諸君子未究之業。試以質諸方大夫，將亦在所與也乎！

嘉靖辛亥冬十一月朔書于南濠别墅。

别周順之漫語❶

粵自水西之别，與順之相違者兩年於兹。今年秋，順之裹糧千里，復訪予會稽山中，求所請益。因與探禹穴，躋龍山，沿洄鑑湖之曲，覓梅隱之故墟，尋蘭渚之遺跡，

❶「别周順之漫語」，全集本卷十六作「别言贈周順之」。

徜徉浹旬，相觀彌切，而順之依依默默，若超然於名利之外，不以其所履者爲已足，而以其所造者爲未至，方自視欿然也。復送之西遊，延訪隱淪，將窮三洞五湖之勝，翹然遐覽，寄興益幽，蓋非徒區區山水間而已也。出關止宿于湖墅山房，偶舉教典「名利行道四不住」之説，若有以啓予者。

夫不住於名利者，豪傑之所能；不住於行與道者，非聖賢不能也。慨惟聖學息而伯術倡，士鮮克以豪傑自命，其所汲汲而趍者，不在於名，則在於利。以世界論之，自古至今，爲千百年漸染；以人身論之，自少至老，爲一生薰習。承沿假托，機械日繁，❶求其能脱然於此者蓋寡矣，而況於行乎？而又況於道乎？紫陽有云：「豪傑而不聖賢者有之，未有聖賢而不豪傑者也。」順之天性冲毅，耻累於習染，志乎聖賢者有年矣，行履卓然，已有聞於時，而且過爲貶損引慝，皇皇然以未得聞道爲憂，是豈直不住於行？其於道也，盖亦幾矣。

予聞之，道無方所而學無止極。淵然而寂，若見其可即，而非以形求也；炯然而澄，若見其可覩，而非以知索也；盎然而出，若見其可循，而非以力强也。夫非以形求，則爲忘形之形；非以知索，則爲忘知之知；非以力强，則爲忘力之力。惟志無可忘，斯得無所得；得且不可，而况於住乎？若此者，存乎心悟。未有所悟而求得，與未有所得而求忘，皆妄也。雖然，習染之入人亦微矣。漸漬薰炙，蒸淫乎心髓，循景竊發而不自知。故凡應感逆順之間，稱譏交承之際，未免矯持强飾、顧忌調停，

❶「繁」，原誤作「繫」，今據全集本改。

出於有所爲而爲者，皆習染之爲累也。

向在水西亦曾言之，兩年之間作何體會？若非深察而密爲之證，所謂超然者未免終涉於興，而欲然者終或未能有以副也。故君子之學，以悟爲則，以遣累爲功。累釋而後可以入悟，悟得而後其功始密而深，是謂真得真忘，非言説意想之所能及也。

予不肖，妄意聖學蓋亦有年，因循受累，業不加修，而道日遠。多過以來，頗知省惕，思以求入於悟而未能也。惟是一念求友之心若不容以自棄，故於千里遠來之情亦若不容以自默。其所切切爲順之妄言者，雖非悟後語，庶幾同心之助，彼此相益之義也。然則吾人將何所求哉？道不可以言説意想而得，則離言説、絶意想之外，將何所事悟也者？聖學之微機，無所因而入，遣累之説亦言筌耳。譬諸夢之得醒，曾有假於言語意想與否？此可以默識矣。今日之學，但恐未離夢説耳。果能真醒，諸夢將自除，又奚染習之足累乎！所望堅志弗回，益敦其所履而深其所造，期於悟而後已。使天下將因行而益信其所學，予亦藉此以免於夢説之罪已乎！

書滁陽會語兼示水西宛陵諸同志❶

嘉靖癸丑春閏之十日，❷余赴南譙，取道滁陽，拜瞻陽明先師新祠於紫薇泉上。同年太僕巾石吕子以滁爲先師講學名區，

❶ 此标題，全集本卷二，作「滁陽會語」。

❷ 「嘉靖」至「十人」凡七十字，全集本簡縮作：「予赴南譙，取道滁陽，拜瞻先師新祠於紫微泉上。太僕巾石吕子以滁爲先師講學名區，相期同志與其儁士數十人」。

相期同門諸君子及署之僚屬、州校諸博與其雋士數十人，大會於祠下。諸君謬不余鄙，謂余晚有所聞，各以所悟所得相質，以求印正。余德不類，何足以辱諸君之教？而先師平生所學之次第，則嘗竊聞之矣。無已，請爲諸君誦之，而自取正焉。

先師之學，凡三變而始入於悟，再變而所得始化而純。先師少稟英毅凌邁，超俠不羈，於學無所不窺。嘗泛濫於詞章，馳騁於孫吴，雖其志在經世，亦才有所縱也。及爲晦翁格物窮理之學，幾至於殞。既而苦其煩且難，自嘆以爲若於聖學無緣，乃始究心於佛老之學，築洞天精廬，日夕勤修，鍊習伏藏，洞悉機要，其於彼家所謂見性抱一之旨，非惟通其義，蓋已盡得其髓矣。自謂嘗於靜中内照，形軀如水晶宫，忘己忘物，忘天忘地，混與虚空同體，光耀神奇，恍惚變幻，似欲言而忘其所以言，乃真境象也。及居夷處困，動忍之餘，恍然神悟，不離倫物感應，而是是非非天則自見。徵諸四子六經，殊言而同旨。始嘆聖人之學坦如大路，而後之儒者妄開逕竇，紆曲外馳，反出二氏之下，宜乎高明之士厭此而趍彼也。自此之後，盡去枝葉，一意本原，以默坐澄心爲學的，亦復以此立教，於今《録》中所謂「如雞覆卵，如龍養珠，如女子懷胎，精神意思凝聚融結，不復知有其他」，「顔子不遷怒貳過，有未發之中，始能有發而中節之和」，「道德言動，大率以收斂爲主，發散是不得已」，種種論説，皆其統體耳。一時學者聞之翕然，多有所興起。然卑者或苦於未悟，高明者樂其頓便而忘積累，漸有喜靜厭動、玩弄疎脱之弊。先師亦稍覺其教之有偏，故自滁、留以後，乃爲動靜合一、工夫本體

之説以救之。而入者爲主，未免加減廻互，亦時使然也。自江右以後，則專提「致良知」三字，默不假坐，心不待澄，不習不慮，盎然出之，自有天則，乃是孔門易簡直截根原。蓋良知即是未發之中，此知之前更無未發；良知即是中節之和，此知之後更無已發。此知自能收斂，不須更主於收斂；此知自能發散，不須更蘄於發散。收斂者感之體，靜而動也；發散者寂之用，動而靜也。知之真切篤實即是行，真切是本體，篤實是工夫，知之外更無行；行之明覺精察即是知，明覺是本體，精察是工夫，行之外更無知。故曰：「致知存乎心悟，致知焉盡矣。」逮居越以後，所操益熟，所得益化，信而從者益衆。時時知是知非，時時無是無非，開口即得本心，更無假借湊泊，如赤日麗空而萬象自照，如元氣運於四時而萬化自行，而自亦莫知其所以然也。蓋後儒之學泥於外，二氏之學泥於内，既悟之後，則内外一矣。萬感萬應皆從一生，兢業保任不離於一。❶晚年造履益就融釋，即一爲萬，即萬爲一，無一無萬，而一亦忘矣。

先師平生經世事業震耀天地，世以爲不可及。要之學成而才自廣，幾忘而用自神，亦非兩事也。先師自謂「良知二字，自吾從萬死一生中體悟出來」，多少積累在，但恐學者見得太容易，不肯實致其良知，反把黄金作頑鐵用耳。先師在留都時，曾有人傳謗書，見之不覺心動，移時始化。因謂：「終是名根消煞未盡，譬之濁水澄清，終有濁在。」余嘗請問平藩事，先師云：「在當時，只合如此做，覺來尚有微動於氣

❶「兢」，原誤作「競」，今據全集本改。

所在。使今日處之，更自不同。」夫良知之學，先師所自悟，而其煎銷習心習氣、積累保任工夫，又如此其密。吾黨今日未免傍人門户，從言説知解承接過來，而其煎銷積累保任工夫，又復如此其疎。徒欲以區區虚見影響緣飾，以望此學之明，譬如不務覆卵而即望其伺夜，不務養珠而即望其飛躍，不務煦育胎元而即望其脱胎神化，益見其難也已。

慨自哲人既遠，大義漸乖，而微言日湮。吾人得於所見、所聞、所傳聞，未免各以性之所近爲學，又無先師許大爐冶陶鑄銷鎔以歸於一，雖於良知宗旨不敢有違，而擬議卜度，攙和補凑，不免紛成異説。有謂「良知落空，必須聞見以助發之，良知必用天理，則非空知」，此沿襲之説也。有謂「良知不學而知，不須更用致知，良知當下圓成無病，不須更用消欲工夫」，此凌獵之論也。有謂「良知主於虚寂，而以明覺爲緣境」，是自窒其用也。有謂「良知主於明覺，而以虚寂爲沉空」，是自汩其體也。蓋良知原是無中生有，無知而無不知。致良知工夫原爲未悟者設、爲有欲者設。虚寂原是良知之體，明覺原是良知之用，體用一原，原無先後之分。學者不循其本、不探其原，而惟意見言説之騰，❶祇益其紛紛耳。而其最近似者，不知良知本來易簡，徒泥其所悔之迹而未究其所悟之真，閧然指以爲禪，同異毫釐之間，自有真血脈路，明者當自得之，非可以口舌爭也。

諸君今日所悟之虚實與所得之淺深，質諸先師終身經歷次第，其合與否？所謂

❶「騰」，原誤作「謄」，今據全集本改。

「如人飲水，冷煖自知」，以此求之，沛然有餘師矣，而余也何足以知之？昔人嘗有「貧兒説金」之喻，今者則何以異此？惟諸君終始保任，不復以易心乘之，不因其從旁乞食而併疑其説金之非，庶幾不負先師四十年前臨滁開講之苦心，亦不枉不肖千里取道求益之本願，微言不致終泯，而聖學之明有日矣。

余既別滁陽，赴水西，因憶巾石諸兄相屬，今日之會不可以無紀。追述會中相與之意，作《會言》，將以遺之。譾聞虚見，無能仰窺先師之蘊，恐輕於玩洩，反增狂戾，臨發復止，不得已。而後安國諸友見而請曰：「滁舊爲陽明夫子臨講之地。先生發其所悟所得之旨，而四十年前之精爽儼然如在，可謂一時之盛矣。夫子之神無所不在也。盍留宛陵、水西，使諸生晨夕觀省，即其所學而庶幾焉，以展其對越之誠，固滁陽諸君子之同心也。」并書以示。癸丑夏四月朔書。

石首後學王喬衡
新城後學王之輔
阜城後學祁　鯨
安陸後學劉紹恤
禹城後學劉　金同刻

龍溪王先生會語卷之一　畢

龍溪會語卷之二

宣城門生貢安國輯
麻城後學蔡應揚
涇縣門生查鐸校
萊州後學胡來貢
廣德門生李天植同校

三山麗澤録❶

予與遵巖子相別且十餘年矣，每書相招，期爲武夷之會。時予羈於迹，辭，未有以赴也。嘉靖丁巳夏杪，始得相會於三山石雲館第。先是丙辰冬，唐子荊川以廼翁狀事入閩，予送之蘭江之上，意予沿途朋類追從，欲密其迹，遂獨赴武夷，會遵巖。遵巖訝之，乃復申訂前約，以今年四月會於九曲、天遊之間。比予將赴水西之會，恐不逮事，更以五月爲期。至則遵巖以病未能即來，仲弟東臺方解組，僑居芝城，因趍與東臺會，且詢來耗。適右轄萬子楓潭赴任，過芝城，邀爲予曰：「丞峰公、龍巖、未山、遠齋諸君在三山，福守祁子又爲親交，❷諸士友亦有同此志者。子既入閩，情不容於不會。」已而龍巖子復遣使來勸駕。遂順流抵三山，以遲遵巖之至。既會，彼此慰勞。已

❶ 此文收入全集本卷一，刪節甚多，且編排順序不同。而全集本同名著作之「遵巖王子曰：『仲尼終歲周流』」、「先生謂遵巖子曰：『正心，先天之學也』」、「遵巖子居鄉，遇拂逆事」三條，此文未録。

❷ 「守祁」，原文漫漶不清，旁邊有手補兩字「守祁」。「福守祁子」指福州府知府祁清，號蒙泉，浙江山陰人，嘉靖二十六年進士（传見徐景熹修《福州府志》卷三十一《職官志》。乾隆十九年本，祁清孫娶龍溪之女（見趙錦：《龍溪王先生墓誌銘》），「福守祁子又爲親交」指此。

顧視形骸，相對黯然以欷，輒復釋然以喜。故人久闊驟聚之情，固如是也。出則聯輿，入則並席。日則間與卬峰及諸君子相聚處，更問互答，以盡切劘之益。夜則相與宴息深坐，究闡舊學，并證新功。或遵巖子倡而予酬之，或予啓而遵巖子承之，或偕答問疑義，相與尋繹以歸於一，蓋旬有九日而別。臨別，龍巖諸君相謂曰：「昔者朱陸鵝湖之會，纔數日耳，數百年傳爲勝事。在當時尚不免有異同之見、動色求勝之嫌。今二君之會，迹合心駢，顯證默悟，意象超豁，了無形迹之滯。吾輩日藉相觀，亦有所發，不減於東萊之在鵝湖也。而顧無一言以紀其盛，不幾於欠事乎？況閩爲楊、羅、朱、李四子所自出，素稱道學之鄉，而承傳既遠，遺韻將湮，懷世道之慮者，方惕然病之。二君不遠千里相聚於此，諸所發明簡易邃博，將遡四子而上之。譬之黃鍾大呂，宣暢於絕響之餘，有耳者所共聞，道將賴以復明，學將賴以復振也，而可少乎哉？」予與遵巖歉然避席，曰：「倡道興學，則吾人豈敢當？若曰各紀所聞，以俟將來，庶乎其可耳。」爰述證悟答問之語，釐爲數條，予啓其端，遵巖發其趣，用致贈處，以就正於大方，且徵他日再會之期，當不以爲僭妄也。

遵巖曰：❶「學術不出於孔氏之宗，失其統而爲學者，其端有二，曰俗與禪。若夫佛氏之學，則固吾儒之宗派，或失於矯則有之，非可以異端論也。」龍谿曰：❷「然。

❶「遵巖曰」，全集本作「遵巖子问曰」。下同，不一一出校。

❷「龍谿」，全集本作「先生」。下同，不一一出校。

異端之說，見於孔氏之書。當時佛氏未入中國，於老氏尚往問而稱之。莊子、老氏之宗，皆非可以異端名也。吾儒之學，自有異端。老氏學道德，佛氏學性命，蒙莊宗老而任狂，過於矯與誕則有之。今日所病，却不在此，惟在於俗耳。先師有云：『世之人苟有究心虛寂、學道德性命而不流於俗者，雖其陷於老釋之偏，猶將以爲賢。蓋其心求以自得也。』世之儒者不此之病，顧切切焉惟彼之憂，亦見其過計也已。良知者，千聖之絕學，範圍三教之宗，道德性命之靈樞也。使致知之學原本虛寂，而未嘗外於倫物之感應，外者有節而內者不誘，聖學之宗也，何偏之足病？故曰『致知在格物』，言格物所以致吾之知也。吾儒與二氏，毫釐之辯，正在於此。惟其徇於應感之迹，揣摸假借，不本於良知以求自得，始不免於俗學之支離，不可以不察也。」

遵巖曰：「老子原是聖學。」龍溪曰：「然。老子，羲皇無爲之學也，病周末文勝，故立言不免於矯，亦孔子從先進之意。」友人問觀妙觀徼之旨，龍溪曰：「觀妙是性宗，無中之有也；觀徼是命宗，有中之無也。有無交入，老氏之玄旨也。在吾儒即寂感之義。」

友人問：「老子谷神玄牝，明是養生之術。」龍溪曰：「吾儒未嘗不養生，只是致知盡之，不如彼家名象多端龐雜。谷神即良知，谷神不死，即良知常活。良知是鴻蒙初判之竅，故曰『玄牝之門』。良知是生天生地、萬化之基，故曰『天地根』。以神馭氣，神氣自相配合，是集義所生者。集義即是致知。『用之不勤，綿綿若存』，即是勿忘勿助、集義、養氣之節度也。彼家亦以孟子

養氣爲幾於道，但聖學不明，反自以爲異耳。」

友人問老氏「三寶」之説。龍溪曰：「此原是吾儒之學、《大易》之旨，但稱名不同耳。慈者仁也，與物同體也。儉者嗇也，凝聚保合也。不敢爲天下先者下也，謙冲禮卑也。慈是元之亨，儉是利貞之性情，不爲天下先是用九之無首，故曰『老子得易之體』。」❶

友人問莊子之學。龍溪曰：「莊子已見大意，擬諸孔門，不在開、點之下。東坡論莊子推尊孔子之意，雖是筆端善於斡旋，亦是莊子心事本來如此。其曰『不知以養其所知』及『木雞承鵰』諸喻，即孔門『無知』、『如愚』之旨。其曰『未始有物，未始有初』諸説，即《大易》先天之旨。但寓言十九，似涉狂誕。世人泥以爲眥，真痴人前説夢也。」

遵巖論釋氏學曰：「蕭梁以來，遡祖承宗，其説浸盛，學爲士而溺於禪，遂多有之。心通性達，廓然外遺乎有物之累，而洞然内觀於未形之本，則孔門之廣大高明，其旨亦何以異？其疑慮融釋，靈幾照灼，雨施雲行，則草木畢遂，天虚淵定，而飛潛自形，自謂妙得乎姬《易》、《大雅》之微，傳足以闢夫執器滯言之陋。以爲擬議矜綴，似而非真，誦説訓解，多而迷始也。然以其擺落形迹以爲無方體，捨棄大義以爲黜聰明，蕩然無復可守之矩度，而游移茫昧，徒有不可測之言，反爲浮誕惰縱者之所托，故儒者尤患之。」龍溪曰：「若是，則吾儒與禪學

❶「友人」至「之體」，見於全集本卷七《南游會紀》。「友人」，全集本作「或」。下段同。

無復可辯矣。器本不可執，言本不容滯。議擬矜綴，執之病也； 誦説訓解，滯之訛也。有可守即爲執，有可測即爲滯。若曰『反爲浮誕惰縱者之所托』，此則學禪者之病，非禪病也。後儒以其執器滯言之見，而欲窺其廓然之際，以爲形迹可畧，品節將由以不存，大義少疎，條理或因之無辯，是謂不揣其本而齊其末，一切拘迫諦泥之態，將爲禪者之所嗤，烏在其爲闢禪也哉！ 吾儒與禪不同，其本只在毫釐。昔人以吾儒之學主於經世，佛氏之學主於出世，大略言之耳。佛氏普度衆生，盡未來際，未嘗不以經世爲念，但其心設法，一切視爲幻相，看得世界全無交涉處，視吾儒親民一體、肫肫之心終有不同。此在密體而默識之，非器數言詮之所能辯也。」

龍溪謂遵巖曰：「子之氣魄大，精神力量足擔當世界，與世之踽踽諦諦者不同。譬之大樹則鶚鳳易於雜栖，大海則龍蛇易於混處，世人以其踽踽諦諦之見，欲指摘訾議，撼而測之，祗見其自小也已。若吾人自處，則不可以不慎，有混有雜，終非完行。鳳翔則鶚自滅，龍起則蛇自藏。此身獨往獨來，隨處取益，以挽回世界爲己任，而不以世界累其身，方爲善用其大耳。」

遵巖曰：「千古聖人之學，只一知字盡之。《大學》脩身以齊家、治國、平天下，只在致知。《中庸》誠身以悦親信友、獲上治民，只在明善。明善即致知也。雙江云『格物無功夫』，吾有取焉。」龍溪曰：「此正毫釐之辯。若謂格物有功夫，何以曰『盡於致知』？ 若謂格物無功夫，何以曰『在於格物』？ 物是天下國家之實事，由良知感應而始有。『致知在格物』，猶云欲致良知，

在天下國家實事上致之云爾。知外無物，物外無知，如離了悦親信友、獲上治民，更無明善用力處，亦非外了明善，另有獲上治民、悦親信友之功也。以意逆之，可不言而喻矣。」

龍溪謂遵巖曰：「吾人學問未能一了百當，只是信心不及，終日意象紛紜，頭出頭没，有何了期？只今且道如何是心，如何是信得及。心無所用，則爲死灰，不能經世，纔用時便起煩擾。用不用之間，何處着力？日月有明，容光必照，變化云爲，往來不窮，而明體未嘗有動，方不涉意象，方爲善用其心。有諸己始謂之信，非解悟所及也。」

遵巖謂龍溪曰：「區區於道實未有見。向因兄將幾句精語藴習在心，隨處引觸，得個入處，只成見解，實未有得。」予曰：❶「此是兄不可及處，他人便把此作實際受用，到底只成弄精魄。蓋從言而入，非自己證悟，❷須打破無盡寶藏，方能獨往獨來，不落知解，不傍人門户。兄既不安於此，只從良知上朴實致將去，一毫不以意識攙和其間，久之自當有得，不在欲速强探也。」

遵巖謂龍溪曰：「孔子六十而耳順，此六經中未嘗道之語。不曰目與口鼻，惟曰耳順，何謂也？」龍溪曰：「目以精用，口鼻以氣用，惟耳以神用。目有開闔，口有吐納，鼻有呼吸，惟耳無出入。佛家謂之圓通觀。❸順與逆相對，孔子五十而知天命，

❶「予」，全集本作「先生」。類此情況下不一一出校。
❷「證」，原作「正」，今據全集本改。
❸「圓通觀」，原作「玄通貫」，今據全集本改。

能與太虚同體，方能以虚應世，隨聲所入，不聽之以耳而聽之以神，更無好醜簡擇，故謂之耳順。此等處更無巧法，惟是終始一志，消盡查滓，無有前塵，自能神用無方，自能忘順逆。」

遵巖曰：「荆川隨處費盡精神，可謂潑撒。然自謂跳上蒲團，便如木偶相似，收攝保聚可無滲漏。予則不能及也。」龍溪曰：「此事非可强爲，須得其機要，有制煉魂魄之功，始能伏藏而不滲漏。荆川自謂得天眼訣，能煉虚空，亦曾死心入定，固是小得手處，然與致良知功夫終隔一塵。蓋吾儒致知以神爲主，養生以氣爲主。以神爲主，是戒慎恐懼工夫，神住則氣自住，便是當下還虚無爲作用。以氣爲主，是從氣機動處理會，氣結神凝，神氣含育，終是有作之法。」

友人問楊、羅、李、朱之學。龍溪曰：「龜山親得明道先生道南之傳，豫章、延平皆令學者觀未發以前氣象，此學脈也。延平自謂『默坐澄心，體認天理』，此其終身用力之地。其傳之考亭，亦諄諄以喜怒哀樂未發之旨啓之。考亭乃謂『當時貪着訓詁，不復記憶』，至以爲辜負此翁，則考亭又何學耶？考亭以窮理之要在讀書，是專以窮理爲知。明道云：『只窮理，便盡性以至於命。』若如考亭之言，不惟與《大易》窮理之旨未盡明透，其於所傳於楊、羅諸賢之旨亦若有所未契，不可以不深究也。」

遵巖謂龍溪曰：「學不厭，誨不倦，教學相長也。」予曰：「然。吾人之學原與物同體，誨人倦時即學有厭處，成己即所以成物，非二事也。孔子有云『默而識之』，此是千古學脈。虞廷謂之『道心之微』。學而非

默，則涉於聲臭；誨人而非默，則墮於言詮。故曰『何有於我哉』，此非自謙之辭，乃真語也。若於此參得透，始可與語聖學。」

友人問：「河汾有云：『佛，西方之聖人也，中國則泥。』夫佛具圓明無礙之智，不入斷滅，使其主持中土，亦能隨時立教，何至於泥？」龍溪曰：「佛雖不入斷滅，畢竟以寂滅爲宗。只如盧行者在忍祖會下一言見性，謂自性本來清淨具足，自性能生萬法，何故不循中國禮樂衣冠之教，復從寶林祝髮，弘教度生？蓋既以寂滅爲宗，到底不肯背其宗乘，雖度盡未來際，衆生同歸寂滅，亦只是了得他教門中事，分明是出世之學。故曰：要之不可以治天下國家。吾儒却是與物同體，乃天地生生之機。先師嘗曰：『自從悟得親民宗旨，始勘破佛氏終有自私自利意在。』此却從骨髓上理會出來，所差只在毫釐，非言語比並、知識較量所得而窺其際也。」

友人問：「佛氏雖不免有偏，然論心性甚精妙，乃是形而上一截理也。吾人敍正人倫，未免連形而下發揮。况心性沉埋既久，一時難爲超脱，借路悟入，未必非此學之助。」龍溪曰：「此説似是而實非。本無上下兩截之分，吾儒未嘗不説寂、不説虚、不説微、不説密，乃千聖相傳之秘藏，從此悟入，乃是範圍三教之宗。佛氏得吾儒之緒餘，便作許大張主。自聖學不明，後儒反將千聖精義讓與佛氏，纔涉虚寂，便以爲異學，不肯承當。不知佛氏所説本是吾儒大路，反欲借路而入，亦可哀已！夫仙佛二氏，皆是出世之學。佛氏雖後世始入中國，唐虞之時所謂巢許之流，即其宗派。唐虞之時聖學明，巢許在山中，如木石一般，

任其自生自化，乃是堯舜一體中所養之物。蓋世間自有一種清虚恬淡、不耐世事之人，雖堯舜亦不以相强。只因聖學不明，漢之儒者强説道理，泥於刑名格式，執爲典要，失其變動周流之性體，反被二氏點檢訾議，敢於主張做大。吾儒不悟本來自有家當，反甘心讓之，尤可哀已。先師嘗有『屋舍三間』之喻。唐虞之世，此三間屋舍原是本有家當，巢許輩皆其衛舍守房之人。及至後世，聖學做主不起，僅僅自守其中一間，將左右兩間甘心讓與二氏。及吾儒之學日衰，二氏之學日熾，甘心自謂不如，反欲假借存活。迨其後來，連其中一間岌岌乎有不能自存之勢，反將從而歸依之，漸至失其家業而不自覺。吾儒今日之事，何以異此？間有豪傑之士，不忍甘於自失，欲行主張正學以排斥二氏爲己任，不能探本入微，務於内脩，徒欲號召名義，以氣魄勝之，祇足以增二氏之檢議耳。先師良知之學，乃三教靈樞，於此悟入，不以一毫知識參乎其間，所謂經正而邪慝自無，非可以口舌諍也。」

龍溪謂遵巖曰：「今人都説静坐，其實静坐行持甚難。念有所着，即落方所。若無所着，即成懸空。此中須有機竅，不執不放，從無中生出有來，方是天然消息。」遵巖曰：「予時常也要静坐，正爲此二病作祟，不知荆川於此有得否？昔人謂：不敢問至道，願聞衛生之經。予素究養生之術，爲我畧言之。」龍溪曰：「荆川自有荆川作用。予於此雖有所聞，終是虚見，言之反成洩漏。予欲静坐，且從調息起手，息調則神自返，神住則息自定，神息相孕，水火自交，然非是致知之外另有此一段工夫，只

於其中指出機竅，令可行持。古云：『得其要機，則立躋聖地。』非止衛生之經，至道亦不外此。明秋不負台、蕩之約，當共坐究竟，此一事非草草所能悉也。」

遵巖問曰：「荊川謂『吾人終日擾擾，嗜慾相混，精神不得歸根。須閉關靜坐一二年，養成無欲之體，方爲聖學』，此意何如？」龍溪曰：「吾人未嘗廢靜坐，若必藉此爲了手法，未免等待。聖人之學，主於經世，原與世界不相離。古人教人，只言藏脩游息，未嘗説閉關靜坐。若日用應感，時時收攝精神，和暢充周，不動於欲，便與靜坐一般。況欲根潛藏，非對境則不易發。如金體被銅鉛混雜，非遇烈火則不易銷。若以見在應感非究竟法，必待閉關靜坐始爲了手，不惟差却見在功夫，既已養成無欲之體，未免喜靜厭動，與世間已無交涉，如何復經得世？獨脩獨行如方外人則可，若欲承接堯舜姬孔學脈，不得如此討便宜也。」

龍巖、楓潭子問於龍溪曰：❶「古人『通晝夜之道而知』，何謂也？」龍溪曰：「千古聖賢，只一『知』字盡之。『知』是貫徹天地萬物之靈氣。吾人日間欲念慌惚，或至牿亡，夜間氣昏睡熟，便是不能通乎晝夜，便與天地不相似，便與萬物不相涉。須時時致良知，朝乾夕惕，不爲欲念所擾、昏氣所乘，貞明不息，方是『通乎晝夜之道而知』。通乎晝夜，自能通乎天地萬物，自能範圍曲成。存此謂之存神，見此謂之見『易』。故曰『神無方而易無體』，是謂『彌綸天地之道』，是謂『窮理盡性，以至於命』。」楓潭子喟然曰：「如此方是通乎晝夜之實

❶「龍巖楓潭子」，全集本作「楓潭萬子」。

學，非徒談説理道而已也。」

⿶山了峰問：❶「先師在軍中四十日未嘗睡之事，有諸？」龍溪曰：「然。此原是聖學。古人有息無睡，故曰『向晦入燕息』。世人終日擾擾，全賴後天查滓厚味培養，方彀一日之用，夜間全賴一覺熟睡，方能休息。不知此一覺熟睡，陽光盡爲陰濁所陷，如死人一般。若知燕息之法，當向晦時，耳無聞，目無見，口無吐納，鼻無呼吸，手足無動靜，心無思累，一點元神與先天清氣相依相息，如爐中種火相似，比之後天昏氣所養，奚啻什伯？是謂通乎晝夜之道而知。」

楓潭問天根月窟。龍溪曰：「此是邵子一生受用功夫，是從陰陽升降之幾握固得住，消息循環，無終無始，謂之弄丸。然此原是聖學，非如養生家任督周天之説。良知纔覺處，謂之復，纔覺便聚翕得住，弗致流散，謂之姤。吾人知復而不知姤，只如電光，靈根不固；知姤而不知復，只定得氣，靈機不顯。知復知姤，方是陰陽互根，方是太極生生之機，方是一陰一陽之道。邵子『閒往閒來』，亦只是竊弄此機到熟處，便是内聖外王之學。」❷

龍巖、楓潭問：❸「《乾》之用九，何謂也？」龍溪曰：「用九是和而不倡之義，若曰陽剛不可爲物先，則乾非全德矣。吾人之學，切忌起爐作竈，惟其和而不倡，故能時乘御天，應機而動，故曰『乃見天則』。吾

❶「⿶山了峰」，全集本作「遵巖子」。

❷此段文字未録入全集本同題著作，而與全集本卷八《天根月窟説》之「或問天根月窟之義」條、卷四《答楚侗耿子問》之「天根月窟是康節一生受用本旨」條基本一致。

❸「龍巖楓潭」，全集本作「楓潭子」。

人有凶有咎，只是倡了。孔子退藏，得用九之義。」又云：「『首出庶物』，何謂也？」曰：「乾體剛而用柔。首出者，剛之體；無首者，柔之用。用柔即乾之坤，用六永貞即坤之乾，乾坤合德也。」

玒峰過石雲館而論學曰：「諸君嘗言寂感一體，其義何如？」龍溪曰：「寂是心之本體，非以時言。有思有爲便不是寂，感有不通即非寂體。」「然則雙江歸寂之説何如？」龍溪曰：「雙江先生云『感處無功夫』，不爲無見。然寂本無歸，即感是寂，是爲真寂。若有所歸，寂感有時，終成二見。」遵巖曰：「雙江慮學者不知寂體，只從感上牽補過去，故提得寂字較重，非謂寂而後生感也。」玒峰云：「雙江寂感終分先後，自從虛靜胎養出來。若只感上求寂，即爲義襲之學。」龍溪曰：「千古聖賢只在幾上用功。周子云：『寂然者，誠也；感通者，神也。動而未形，有無之間者，幾也。』動者，感也，未形則寂而已。有無之間是人心真體用，當下具足，更無先後，幾前求寂便是沉空，幾後求感便是逐物。聖人則知幾，賢人則庶幾，學者則審幾，是謂無寂無感，是謂常寂常感，是謂寂感一體。」

龍巖問曰：「古云『看一部《楞嚴經》不如讀一《艮》卦』。既曰『艮其背』，又曰『思不出其位』，何也？」龍溪曰：「此是聖學之宗傳。止必有所。艮其背，止其所也。聖學功夫，只在『艮其背』一言。聖人取象，耳目口鼻手足，感觸皆在於面，皆是動處，惟背不動。凡卦陰陽相得謂之和應，《艮》卦上下二體，未嘗相和，故謂敵應，言耳目感觸與物相應，只如艮背一般，不爲所引，故曰『不相與也』。外道絕應，衆人和應，聖

學敵應。『不獲其身』，只如不用耳目感觸一般，忘己也。雖『行於庭』，不見一些聲色一般，忘物也。艮非偏於靜也。吉凶悔吝，生乎動靜而不與，故無咎。心之官則思，『思不出其位』，即所謂止其所也。不出位之思，方是心得其職，方是聖學。」又曰：「北辰，天之樞也。天樞無時不運，七曜賴以生明，四時賴以成歲，而未嘗離於本垣，此即『思不出其位』之義。若止而不思則運息，便是禪學；若思而不止則位離，便是俗學。」❶

卭峰謂龍溪曰：「昨來所論寂感之義，驗之日用應酬，心體不動而觸處皆通，覺有入處，得此生生之幾，似不容已，乃知師友相觀之益不可無也。」龍溪曰：「如此方是經世之學。天機所動，其容已乎！然此却是自能取益。所謂瓦礫黃金，若非虛心樂受，縱便黃金，亦成頑鐵用耳。」

未山過館論學曰：「卭峰先生謂以心喻鏡，鏡有塵垢即用刮磨，心有塵垢作怎生磨？」龍溪曰：「古人取譬，只是得其大概，以無形之心而喻以有形之物，一一相比，如何同得？磨鏡功夫只在照上磨，不是磨了後方去照。吾人心鏡被世情嗜慾塵垢昏蔽，亦只在應感上刮磨，務令光明透露，非是離了應感世情，逃諸虛空做得。人心未嘗無感時，縱令槁心靜坐，亦有靜境相感。譬鏡在匣，亦不廢照，寂感一體也。」

卭峰謂龍溪曰：「祁守忠信沉毅，每事盡心，近來多事中甚得其力。」予曰：「祁子每以才不副志爲歉。先生曰：『每

❶ 此段文字與全集本卷八《艮止精一之旨》部分內容基本一致。

事盡心，才自彀用。』揮霍取辦之才，正非予之所欲也。」

蒙泉會予，每欲聞過。❶予曰：「此是不自滿之心。苦節自守，每事從簡，月計不足，歲計有餘，士民日受和平之福，只此便是寡過之道。要人説過，不如自己見過之明。苟有無心之失，不妨隨時省改。今人憚於改過，非但畏難，亦是體面放不下。勘破此關，終日應酬，可以洒然無累矣。」

龍溪嘗宿於蒙泉私署，見蒙泉日間百務紛紜，晚間對坐，意象超然若無事者。嘗曰：「且管見在性命，過去、未來，憂之何益？徒自苦耳。」予曰：「只此是無將迎，只此是學。若日間隨分酬應，不論閑忙好醜，不以一毫榮辱利害、將迎意必介於其間，便是無入而不自得。古人無入而不自得，以其無入而非學也。」

遠齋曰：「諸公每日相聚講學固好，予却謂不在講上，只實落做將去，便是身體力行。」龍溪曰：「然。若是真行路人，遇三叉路口有疑，不得不問，不得不講。若只坐謀所適，殆無所疑，殆不消講耳。若徒務口講而不務力行，則不可耳。」

遵巖謂龍溪曰：❷「予之作文比荊川早悟一兩年，予未有荊川識見，但荊川文字終有凌振之氣。予發之稍和厚，亦係於所稟耳。」又曰：「韓子謂『師其意，不師其詞』，此是作文要法。歐蘇不用《史》、《漢》一字，脱胎換骨，乃是真《史》、《漢》。」

龍溪謂遵巖曰：「古人作文，全在用

❶「蒙泉會予每欲聞過」，全集本作「蒙泉祁子請問過」。

❷「遵巖謂龍溪曰」至「只此是學」兩段，全集本佚。

虛。古今好文字足以有傳，未有不從圓明一竅中發者。行乎所當行，止乎所不得不止，一毫意見不得而增減焉。只此是作文之法，只此是學。」

龍溪問於遵巖曰：「家居十餘年，行履何如？於此件事體究何如？」遵巖曰：「此生之志，不敢自負於知己，終是世情牽繞，割截不斷。日逐體究，不無少見，終落知解，不能覿體光明透徹。」予曰：「此是吾人通病，然此亦是一病兩痛。惟其世情牽繞不斷，所以未免包裹影響，不能直達光透。惟其本體不能直達光透，所以世情愈覺纏繞周羅。古云：『但去凡心，別無聖解。』若志一真，當下自反，即得本心。良知自瞞不過，世情自假借不去，所謂赤日當空，群晦自泯。吾人此生只此一件事，更有何事攙搭得來？」

龍溪曰：「吾人居家，以習心對習事，未免牽纏墮落。須將此身撒得出來，時常求友於四方，換易境界，方有得力處。只如不肖長年出遊，豈是家中無些子勾當？豈是更無妻孥在念？亦豈是招惹朋類、專欲以教人爲事？蓋此學之於朋友，如魚之於水，相濡相吻，不若相忘於江湖。終日與朋友相觀相磨，一時不敢放逸，與居家悠悠意味自大不同。朋友因此或亦有所感發開悟，亦是朋友自能取益，非我使之能益。固有士夫相接一句開口不得時，真成對面千里，豈能一毫有所意必也？」

嘗讀遵巖《孔孟圖考序》，仲尼獨爲萬世仁義禮樂之主，何也？既開室設科以來，四方之士復偕之周流四方，隨地講習，非獨其門人子弟而後爲此學也，舉一世之人莫不欲使之共學。故上則見其邦君，中

則交其公卿大夫，下則進其凡民。如耦耕荷蓧之丈人、拏舟之漁父、闕党互鄉之童子，皆有意焉。固非必人人之必能此道也。遇其邦君、卿大夫而得一二人焉，而學明於上矣。遇其凡民之父子兄弟而得一二人焉，而學明於下矣。啓發掖引之機，問聘之所及，光輝之所見，在鄉滿鄉，在國滿國，所接莫非人，則亦莫非學矣。當其時，未嘗一日不與人接，固以此爲易天下之道也。史遷之知，不足以及此，謂「去來列國，皆以求仕，至于七十二君而不遇」，可慨也已！遵巖子因謂予曰：「子之出遊，亦竊似之。」予曰：「『鳥獸不可同群，非斯人而誰與？』原是孔門家法。吾人不論出處潛見，取友求益，原是己分內事。吾豈敢望古人之光輝，以教人傳道爲事？然取友求益，竊有志焉。若夫此學之明與不明，則存乎所遇，非人所能强也。至於閉門踰垣，踽踽然潔身獨行，自以爲高，則又非予之初心矣。」

答吴悟齋掌科書❶

首秋，領吾兄鎮江發來書，亹亹數百餘言，辭嚴意懇，惟恐吾人錮於習染，陷身於有過，重爲此學之羞。世之疵詬講學者，不特暴棄之徒指爲口實，雖賢者同講者亦且病之，真如洊雷驚耳，令人脩省之不暇。非兄直諒誼深，以人之過爲己過，篤於一體之愛，能如是乎？是誠對證之良藥，所當早蓄而勤服者也。細繹來教，所論致知格物之旨，尚有可商證處。此古今學術同異之

❶ 此標題，全集本卷十作「答吴悟齋」。

辨，苟徒謦言相酬，以示無逆，似反以薄待兄，非捶撻相期一體之初心也。敢舉崖略以請。

來教云：「園中對晤信宿，多所悦服。其略牴牾不在本體上，正在行持保任上，千載學脈原自昭朗，學者不自昭朗耳。」

意謂先師提點良知，令人言下直見本體，若無難者。學者只緣在格物上看得太輕，忽於行持保任工夫，使人不信其行，并不信其言，不若一等高明操勵之人，猶足以立此身於無過之地，是則然矣。乃不肖所欲汲汲求正之意，却正在本體上，是非忽於行持保任也。真見本體之貞明，則行持保任自不容已，不復爲習染之所移。譬之飲食養生，真知五穀之正味，則蒸溲漬糝自不容已，不復爲雜物之所汩。凡溺於習染者，不知貞明者也；淆於雜物者，不知正味者也。孟氏云：「是集義所生者，非義襲而取之也。」集義只是致良知，良知不假學慮，生天生地生萬物，不容自已之生機。致良知是求慊於心，欲其自得也。苟不得其機，雖日從事於行持保任，强勉操勵，自信以爲無過，行而不著，習而不察，到底只成義襲之學。豪傑而不至於聖賢在此，所謂古今學術同異毫釐之辨也。

來教謂：「文公篤信舊聞，不敢自立知見，故以窮至事物之理訓格物，推極知識訓致知。所謂窮理者，《易》文也。知識與良知之旨，未嘗差別。」

是義也，先師《與人論學書》、區區與雙江《議辨》言之詳矣，吾兄殆忽而未之省耶？《易》曰：「窮理盡性，以至於命。」心一也，以其全體惻怛而言謂之仁，以其得宜而言謂之義，以其條理而言謂之理，以其明

覺而言謂之知。仁極仁而後謂窮仁之理，義極義而後謂窮義之理。不外心以求仁，不外心以求義，獨可外心以求理乎？《繫辭》所謂「窮理」，兼格致誠正而言，聖學之全功也。故曰「只窮理，便盡性以至於命」。若專指格物爲窮理，而求理於事事物物之中，不惟於《繫辭》之義有偏，亦失《大學》之本旨矣。心之知一也，根於良則爲德性之知，因於識則不免假於多學之助，此回、賜之學所由以分也。果信得良知及時，則知識莫非良知之用，謂吾心原有本來知識亦未爲不可。不明根因之故，沿習舊見而遂以知識爲良知，其謬奚啻千里而已哉！

來教云：「格物者，吾心靈明，上格天，下格地，明格人物，幽格鬼神，大而五典，小而三千三百，無不貫通透徹，無有內外，無有動靜，何在非物？何在非格？曰『體物而不遺』，曰『感而遂通天下之故』，皆所謂格物。格物者，致知之實地，吾儒所以異於禪家者此也。」

此說似是而非，蓋緣平時理會文公《或問》慣熟，宛轉通融，附成己見。即天地之所以高深，鬼神之所以幽顯，物理固非度外，人倫尤切於身之意也。先師自謂：「格物之旨，其於《或問》兩條九條之説，皆已包羅統括於其中，但爲之有要，而作用不同，特毫釐之差耳。」若曰「何在非物，何在非格」，求端用力之地，果何所事事耶？良知不見不聞，微而顯以體天地之撰，而後謂之格物；良知無思無爲，寂而感以通天下之故，而後謂之格物。致知在格物，而格物本於致知，合內外之道也。其曰「儒佛之異在於格物」，則誠是矣。但未知作用之同與否，果何如耳？佛氏遺棄倫物感應，而虛

無寂滅以爲常，無有乎經綸之施。故曰：「要之不可以治天下國家。」孰謂吾儒窮理盡性之學而有是乎？大人之學通天下國家爲一身。身者，家國天下之主也。心者，身之主也；意者，心之發動；知者，意之靈明；物即靈明應感之迹也。良知，是非之心，天之則也。正感正應不過其則，謂之格物，物格則知至矣。是非者，好惡之公也。自誠意以至於平天下，不出好惡兩端。是故如惡惡臭，如好好色，而毋自欺，意之誠也。好惡無所作，心之正也。無作則無辟矣，身之脩也。好惡同於人而無所拂，家齊國治而天下平也。其施普於天下，而其機原於一念之微，是故致良知之外無學矣。所謂爲之之要，經綸之用也。

來教云：「某之所謂格，與陽明所謂格者稍似而不相似。大都悟入之途雖異，而所悟之宗旨則同。某之格與晦庵、陽明之格二説皆具，不必專主此説爲是，而盡謂彼説爲非。」

兄欲調停兩家之説，使會歸於一，自謂己之格二説皆具其用，意誠厚矣。但未知所謂稍似而不相似與所悟之同異，果從何處得來。文公云：「天下之物，皆有定理。」先師則曰：「物理不外於吾心，心即理也。」兩家之説，内外較然，不可得而强同也。孟氏云：「規矩，方員之至也。」規矩誠設，則不可欺以方員，而方員不可勝用。若曰天下之物自有方員之理，舍規矩孰從而定之哉？縱得其似，亦不過多學之億中耳。其於屢空之學，變動不居，周流六虛，無方員之規矩而天下之方員從此而出，相去何遠哉！此入聖之微機，無典要之大法，不可以不察也。或者謂「心之良知，非

假事物之理爲之證，師心自用，疑於落空」，此正所謂毫釐之辨也。夫萬物皆備於我，非意之也。目備萬物之色，耳備萬物之聲，心備萬物之情，天然感應，不可得而遺也。色有黑白，聲有清濁，情有是非。目惟空始能類色，耳惟空始能別聲，心惟空始能類情。苟疑其墮於空也，而先塗之以黑白，聒之以清濁，淆之以是非，存爲應物之凖，豈惟不足以取證，聰明塞而睿知昏，其不至於聾瞶而眩者幾希矣。此學公於天下，公於萬世，非一家私事。望兄舍去舊聞，虛心以觀兩家之説，孰是孰非，必有的然之見，有不待辨而自明矣。

來教云：「今時講學之弊有二：其一以良知本來無可脩證，纔欲脩證，便落二乘，其弊使人懸空守寂，截然不着格物工夫。其一以知即是行，一切應迹皆可放過，其弊使人見這光景，自以爲足，不復脩行，乾没於僞欲而不自以爲非，是看格物爲不要緊工夫。二者緣於良知本體未曾徹悟，非教使之然也。」

此二者之弊，世間無志甘於染習，與稍有志而狃於近利、泥於虛見，或誠有之。先師設教之旨與吾人相與講學之意則不然。然兄以爲傳流之誤，雖若爲吾人出脱罪過，亦時使然也。良知不學不慮，本無脩證，格物正所以致之也。學者復其不學之體而已，慮者復其不慮之體而已，乃無脩證中真脩證也。若曰「懸空守寂，無所事事」，則格物果將何所屬耶？知即是行，非謂忽於行持，正以發不行不足謂之知之意，使人致謹於應迹也。若曰「見這光景，自以爲足，没於僞欲而不自知其非」，烏得謂之致知也哉！末謂「緣於良知本體未曾徹悟」，可謂

一句道盡，乃復曰「不在本體上」，不自相牴牾也耶？

來教謂：「區區所議『文公讀書窮理，尚隔幾重公案』爲過情。持此進脩，可以寡尤，不失爲躬行之君子。若倒這公案，任意糊塗，其弊爲無忌憚之中庸。講者多不脩，脩者多不講，總於大道未聞也。」

千古聖學，惟在理會性情，舍性情則無學。未發之中，性之體也。其機在於獨知之微，愼獨即致知也。此脩道之功，復性之基，大本立而達道行，天地萬物皆舉之矣。孔子稱回之好學，惟曰「不遷怒，不貳過」，而其用功，惟曰「有不善未嘗不知」、「未嘗復行」，得一善則拳拳服膺而弗失，未嘗求之於外，可謂約矣。子貢從事於多學而識，以言語觀聖人，夫子誨之曰「汝與回也孰愈」，盖進之也。雖嘗警以無言語，以一貫示之以約，終未能使之悟也。顏子没而聖學亡，後世所傳乃子貢一派學術，相沿相襲千百年而未已也。濂溪「主靜無欲」之旨闡千聖之秘藏，明道受學濂溪，以「太公順應」發天地聖人之常，龜山、豫章、延平遞相傳授，每令「觀未發以前氣象」，此學脈也。文公爲學，則專以讀書爲窮理之要，以循序致精、居敬持志爲讀書之法，程門指訣至是而始一變。迨其晚年，自信未發之旨爲日用本領工夫，追憶延平嘗以此相授，當時貪聽記誦，若存若亡，辜負此翁耳，且深悔所學之支離，至以爲誑己誑人，不可勝贖，若文公可謂大勇矣。或謂先師嘗教人廢書否？不然也。讀書爲入道筌蹄，束書不觀，則游談無經，何可廢也？古人往矣，誦詩讀書而論其世，將以尚友也。故曰「學于古訓乃有獲」，學于古訓，所謂讀書也。其未得也，

有觸發之義；其既得也，有栽培之義；其得而玩之也，有印正之義。魚兔由筌蹄而得，滯於筌蹄而忘魚兔，是爲玩物喪志，則有所不可耳。較之程門公案，已隔幾重。回、賜之所由以殊科也。

兄謂「守此進脩，可以寡尤」，此固然矣。然必有志而後能守，苟甘於暴棄，無所忌憚，雖有公案，且將視爲長物，孰從而持之躬行？君子必本於慎獨，道脩性復，始可謂之躬行。若依做古人之迹，務爲操勵以自崇飾，而生機不顯，到底只成義襲作用，非孔門之所謂君子也。講學正所以脩德，改過遷善，講學之事也。若曰講而不脩，所講又何事耶？

來教欲吾人翻槽洗臼，從格物上講明，以身爲教，無俾良知爲空談，學者有所率循，中人以上者由之可以超悟，下者亦可不失尺寸。

此昔賢忠告之道，非兄愛我之至，何以得聞斯言乎？敢不祗領！孟氏云：「百里奚之適秦，年已七十矣，曾不知食牛干主之爲污也。」賢者與鄉黨自好，分明是兩條路徑。賢者自信本心，不動情於毁譽，自信而是，舉世非之而不顧；自信而非，得天下有所不爲。若鄉黨自好，不能自信，未免有所顧忌，以毁譽爲是非，於是有違心之行，其所自待者疎矣。不肖年馳志邁，多過之身，脩行無力，動憎衆口，豈敢謂毁譽忘情，自擬於賢者？而一念改過，頗能自信，兩者路頭，頗知决擇以爲從違，不忍自負其初心。嘗謂「君子爲善有所顧忌，則不能成大善；小人爲惡有所顧忌，則不能成大惡」，善惡大小之分，决諸一念而已。人之相知，貴於知心。既食五穀之味，則雜物自

無所容，亦賴知我者有以諒其心而卒成之，固難與世人言也。

夫投以木桃而報以瓊瑤，其往厚也；投以瓊瑤而報以所賜，其情均也。不肖於師門晚年宗説幸有所聞，不忍自秘。數十年來，❶皇皇焉求友於四方，豈惟期以自輔，亦期得一二法器，相與共究斯義，以綿此一脈如綫之傳。三五同志之外，若無足以當情者。此學原爲有志者説，爲豪傑者説，千鈞之鼎非烏獲不能勝，執事所謂烏獲，非耶？自古聖賢須豪傑人做，然豪傑而不聖賢，亦容有之。或任氣魄承當，或從知解領會，或以對筭爲經綸，或以沉思爲妙契，或傍名義恃以爲清脩，或藉玄詮負以爲超悟，或鄙末學之卑陋侈然自以爲高，或矜舊見之通融充然自以爲足。種種伎倆，有一於此，皆足爲障道之因，此豪傑之病也。夫道有本而學有機，不得其本，不握其機，則工夫扞格不能入微，雖使勳業格天，文章蓋世，聲名喧宇宙，過眼等爲浮雲。譬之無根之木，無源之水，徒有採摘汲引之勞，盈涸榮枯，可立而待也。夫自萌蘖之生以至於扶蘇，由源泉之混以至於洋溢，終始條貫，原無二物，故曰：「天地之道，可一言而盡，其爲物不貳，則其生物不測。」此千古聖賢之學脈，所謂格物致知，格此致此而已，所謂學術之辨，辨此而已。凡可以言顯者，大旨不出於此。若夫不可以言而顯者，在兄默成而自得之。先師云：「致知存乎心悟，致知焉盡矣。」昔有人會法義，墮以賭頭爲約者，寧可有智人前捨頭，不可無智人前取勝，此言可以喻大。非兄相愛，無以發予

❶「數」上，原衍「三」字，據全集本删。

之狂言。此固報賜之情，亦捶撻相期之初心也。

堂邑後學蕭大才
掖縣後學丁一元
恩縣後學王承旨
寧州後學武　成
臨漳後學楊　溢同刻

龍溪王先生會語卷之二畢

龍溪會語卷之三

宣城門生貢安國輯
麻城後學蔡應揚
涇縣門生查　鐸校
萊州後學胡來貢
廣德門生李天植同校

東遊問答❶

不肖辱學院楚侗子之知，神交十年，每問訊相期，未由覿面。甲子暮春之初，予赴水西之會，道出陽羨，時楚侗子校文宜興，晨啓堂吏入報，瞿然離座曰：「異哉！」亟遣有司諭意，隨出訪，握手相視，懽若平生。笑謂予曰：「晚著得《訟》之繇曰『利見大人，不利涉大川』，此何兆也？心擬徵之，忽堂吏報云云，平生心事，通於神明，天假之緣，非偶然也。」予曰：「道共百年，彼此傾注。今日之兆，於不肖誠不敢當，而在楚侗通道之篤、好善之誠，神之聽之，亦已久矣。『不利涉大川』者，何也？以剛乘險，恐傷於所恃。吾人終日不可忘戒懼之心，天之示人深矣。」乃相侍爲張公、玉女之遊，❷舟中信宿證悟，頗盡請益之懷。時兵憲龍池王君從禪宗入悟，樂意忻忻，參互究繹，尤極玄理。楚侗時時以當下認識本宗示意，龍池君若無所逆。一時聚樂之盛，信非偶然也。臨別，楚侗復蘄予言，乃爲次第問答之語録以就正，亦古人不忘贈處之義也。

❶「問答」，全集本卷四作《會語》。
❷「乃相」至「不忘贈處之義也」凡一百七字，全集本簡縮作「相與參互究繹，闡揚宗教，爰次其問答如左云」。

楚侗曰：❶「陽明先師拈出『良知』二字，固是千古學脈，亦是時節因緣至此，不得不然。春秋之時，五伯功利之習熾，天下四分五裂，人心大壞，不復知有一體之義。故孔子提出箇『仁』字，喚醒天下人心，求仁便是孔氏學脈。到孟子時，楊、墨之道塞天下，至於無父無君，人心戕賊，比之洪水猛獸爲害尤甚，不得不嚴爲之防。故孟子復提出箇『義』字，非義則仁之道無由而達，集義便是孟氏學脈。梁晉而下，老佛之教淫於中國，人心陷溺，禮法蕩然。故濂溪欲追復古禮，❷橫渠汲汲以禮爲教，明道見禪家行禮，嘆以爲三代威儀，蓋禮失而求之於野之意，執禮便是宋儒學脈。禮非外飾，人心之條理也。流傳既久，漸入支離，至分心理爲兩事，心學晦而不顯，鬱而不暢。陽明先生提出良知以覺天下，使知物理不外於吾心，致知便是今日學脈。皆是因時立法，隨緣設教，言若人殊，其主持世界、扶植人心未嘗異也。」

龍溪曰：「仁統四端，知亦統四端。良知是人身靈氣，醫家以手足痿痹爲不仁，蓋言靈氣有所不貫也。故知之充滿處即是仁，知之斷制處即是義，知之節文處即是禮。説箇仁字，循習既久，求之尚覺含糊；説箇良知，一念自反，當下便有歸着。喚醒人心，尤爲簡易，所謂時節因緣也。」

楚侗曰：「僕於陽明之學，初間不惟不信，反加訾議，所以興起信心，全在楚倥舍弟。舍弟資性拙鈍，既不能讀書，又不會理家，家君每視爲棄物。舍弟自懲自艾，苦

❶「楚侗」，全集本作「楚侗子」。以下不一一出校。
❷「濂」，原誤作「廉」，今據全集本改。

苦在山中靜坐求箇出頭，致成血疾。一旦忽然開悟，胸中了然無滯礙。凡四書、六經未曾經目之言，與之語，當下曉了，多世儒所不道語。家君平時守些繩墨，行些好事，舍弟皆以爲小廉曲謹，未免陪奉人情，與自己性分無有干涉，深信陽明先生之學爲千聖的傳，人無知者。僕因將遺言體貼在身分上，細細理會，簡易明白，愈尋究愈覺無窮，益信舍弟之言不我誣也。故信之獨深。」

龍溪曰：「楚侄此悟，不由文義意識而得，乃是心悟，非依通解悟也。」

楚侗問：「老佛虛無之旨與吾儒之學同異何如？」

龍溪曰：「先師有言：『老氏說到虛，聖人豈能於虛上加得一毫實？佛氏說到無，聖人豈能於無上加得一毫有？老氏從養生上來，佛氏從出離生死上來，却在本體上加了些子意思，便不是他虛無的本色。』吾人今日未用屑屑在二氏身分上辨別同異，先須理會吾儒本宗。本宗明白，二氏毫釐始可得而辨耳。聖人微言見於《大易》，學者多從陰陽造化上抹過，未之深究。『夫乾，其靜也專，其動也直，是以大生焉。夫坤，其靜也翕，其動也闢，是以廣生焉』，便是吾儒說虛的精髓。『無思也，無爲也，寂然不動，感而遂通天下之故』，便是吾儒說無的精髓。自今言之，乾屬心，坤屬身，心是神，身是氣，身心兩事，即火即藥。元神元氣謂之藥物，神氣往來謂之火候。神專一則自能直遂，性宗也；氣翕聚則自能發散，命宗也。真息者，動靜之機，性命合一之宗也。一切藥物老嫩、浮沉火候、文武進退，皆於其息中求之。『大生』云者，神之

馭氣也；『廣生』云者，氣之攝神也。天地四時日月有所不能違焉。不求養生而所養在其中，是之謂至德。盡萬卷丹經，有能出此者乎？無思無爲，非是不思不爲，念慮酬酢，變化云爲，如鑑之照物，我無容心焉。是故終日思而未嘗有所思也，終日爲而未嘗有所爲也。無思無爲，故其心常寂，常寂故常感。無動無靜，無前無後，而常自然，不求脱離而自無生死可出，是之謂《大易》。盡三藏釋典，有能外此者乎？先師提出良知兩字，範圍三教之宗，即性即命，即寂即感，至虚而實，至無而有，千聖至此騁不得一些精采，活佛活老子至此弄不得一些伎倆。同此即是同德，異此即是異端，如開拳見掌，是一是三，曉然自無所遯也。不務究明本宗而徒言詮意見之測，泥執名象，纏繞葛藤，祇益紛紛射覆耳。」

楚侗問：「造化有無相生之旨，何如？」

龍溪曰：「良知是造化之精靈，吾人當以造化爲學。造者自無而顯於有，化者自有而歸於無。不造則化之源息，不化則造之機滯。吾之精靈生天生地生萬物，而天地萬物復歸於無。無時不造，無時不化，未嘗有一息之停。自元會運世以至於食息微眇，莫不皆然。知此則造化在吾手，而吾致知之功，自不容已矣。」

楚侗曰：「僕於一切交承應感一毫不敢放過，不是學箇小廉曲謹，惟求盡此心而已，固非以此爲高也。」

龍溪曰：「古人克勤小物與世間小廉曲謹，名似而實不同。克勤小物是吾盡精微功夫，蓋一些放過，吾之心便有不盡，人己應感之間便成疎略。精微愈盡則廣大愈

致，原未嘗有一毫外飾要人道好之心，此是古人致曲之學，從一根生意達之枝葉，自然平滿者也。世間小廉曲謹却是不從一根上充去，未免在枝葉上打點周旋，有箇要人道好之心，到底落在鄉願窠臼裏。此學術真假毫釐之辨，不可不察也。」

楚侗曰：「程門以靜坐爲善學，與孔門之教不同，豈以時有古今，教法亦從而異耶？」

龍溪曰：「孔門教人之法見於《禮經》，其言曰：『辨志樂群，親師取友，謂之小成；强立而不反，謂之大成。』未嘗有靜坐之説。靜坐之説起於二氏，學者殆相沿而不自覺耳。古人自幼便有學，使之收心養性立定基本。及至成人，隨時隨地從事於學，各有所成。後世學絶教衰，自幼不知所養，薰染於功利之習，全體精神奔放在外，不知心性爲何物。所謂欲反其性情而無從入，可哀也已！程門『見人靜坐，便嘆以爲善學』，蓋使之收攝精神，向裏尋求，亦是方便法門，先師所謂『因以補小學一段工夫也』。若見得致知工夫下落，各各隨分做去，在靜處體玩也好，在事上磨察也好，譬諸草木之生，但得根株着土，遇着和風暖日固是長養他的，遇着嚴霜烈日亦是堅凝他的。蓋良知本體原是無動無靜，原是變動周流，此便是學問頭腦，便是孔門教法。若不見得良知本體，只在動靜二境上揀擇取捨，不是妄動便是着靜，均之爲不得所養，欲望其有成也，難矣哉。」

楚侗曰：「《易》云：『蒙以養正，聖功也。』養正之義何如？」

龍溪曰：「『蒙亨』，蒙有亨道，蒙不是不好的。蒙之時，混沌未分，只是一團純

氣，無知識技能攙次其中，默默充養，純氣日足，混沌日開，日長日化而聖功生焉。故曰『童蒙，吉』。後世不知養蒙之法，憂其蒙昧無聞，强之以知識，益之以技能，鑿開混沌之竅，外誘日滋，純氣日漓，而去聖愈遠，所謂非徒無益而反害之也。吾人欲覓聖功，會須復還蒙體，種種知識技能外誘盡行屏絕，從混沌立根，不爲七竅之所鑿，充養純氣，待其自化，方是入聖真脈路。蒙之所由以亨也。」

楚侗曰：「荆川出處大節可貫金石，可質鬼神，予信之甚真。荆川在山苦節，人人以爲甚奇，此猶勵行者所能及。後來出山，一番真心任事，不顧毁譽，不避形迹，不論成敗，惟求其心之所安。非惟世人議之，相知中亦若有所不滿。此正所謂其愚不可及也。」

龍溪曰：「荆川氣魄擔當大，救世心切，以身狥世，犯手做去，毁譽成敗，一切置之度外，此豈世之譾譾者能窺其際耶？不肖與荆川有千古心期，使天不奪之速，不論在山出山，尚有無窮事業可做。而今已矣，惜哉！」

楚侗曰：「陽明先生天泉橋印證無善無惡宗旨，乃是最上一乘法門，自謂頗信得及。若只在有善有惡上用功，恐落對治，非究竟。何如？」

龍溪曰：「人之根器不同，原有此兩種。上根之人悟得無善無惡心體，便從無處立根基，意與知物皆從無生，無意之意是爲誠意，無知之知是爲致知，無物之物是爲格物，即本體便是功夫，只從無處一了百當，易簡直截，更無剩欠，頓悟之學也。下根之人未曾悟得心體，未免在有善有惡上

立根基，心與知物皆從有生，一切是有，未免隨處對治，須用爲善去惡的工夫，使之漸漸入悟，從有以歸於無，以求復本體，及其成功一也。上根之人絶少，此等悟處顔子、明道所不敢言，先師亦未嘗輕以語人。楚侗子既已悟見心體，工夫自是省力。只緣吾人凡心未了，不妨時時用漸脩工夫，不如此不足以超凡入聖，所謂上乘兼脩中下也。其接引人亦須量人根器，有此二法，不使從心體上悟入則上根無從而接，不使從意念上脩省則下根無從而接。成己成物，原非兩事，此聖門教法也。」

楚侗曰：「吾人工夫，日間應酬，良知時時照察，覺做得主。臨睡時應酬已往，神倦思沉，不覺瞑目，一些做主不得。此時如何用力，方可以通晝夜而知？」

龍溪曰：「吾人日間做得主，未免氣魄承當。臨睡時神思慌慌，氣魄全靠不着，故無可用力處。古人云：『德脩罔覺，樂則生矣。』不知手舞足蹈，此是不犯手入微公案。罔覺之覺始爲真覺，不知之知始爲真知，是豈氣魄所能支撑？此中須得箇悟入處，始能通乎晝夜。日間神思清明，夜間夢亦安静；日間神思昏倦，夜間夢亦勞擾。知晝則知夜矣。《易》云：『君子以向晦入宴息。』古之至人，有息無睡。凡有所夢即是先兆，非睡魔也。」

楚侗曰：「吴中士夫習俗稱爲難處，僕一切以法裁之，分毫不與假借，寧任怨，求盡吾職而已。」

龍溪曰：「此是霹靂手，一切不與假借，士習一變，有補於風教不小。大凡應感之際，有從有違，未免有揀擇炎涼之態，所以生怨。若一切裁之以法，我無容心焉，怨

從何生？但聞往來交際大煞嚴峻，不能以盎然出之，至使人有所不堪，或亦矯枉之過也。」

楚侗曰：「海内如龍溪、念庵二公，❶雖身處山林，頂天立地，關係世教不小。舊讀念庵《冬遊記》，句句寫出肝肺，針針刺入骨髓，并無些子文義湊泊，見解纏繞。其心甚虚，其信受甚篤，乃是公真精神相逼迫，當機不放空箭，時時中的，能使之然。後讀二《夏遊記》，反覺意思周羅，未免牽於文義，泥於見解，殊少灑然超脱之興，心亦不甚虚，信受處亦覺少緩。或是公之精神放鬆些子，時有不中的所在。感應之機甚神，一毫不容僞，衛武公年九十猶不忘箴警。此區區七八年血誠積抱，信公之心無他，故直以此言相聞也。欲公做箇真聖人，令吾黨永有所歸依耳。」

龍溪曰：「不肖脩行無力，放鬆之病，生於托大。初若以爲無傷，不知漸成墮落，乃至於此，誠爲辜負相知。然此生因緣，固已捨身在此件事上討結果，更無别事可做，亦自信其心而已。世間人不肯成人之美，往往面諛而背訾者多矣。非楚侗子愛我、信我，望我之至，肯以此血誠之言相聞耶？管仲之於鮑叔，管仲云云而鮑叔知其無他，非此相信之至，能若是乎！不肖年來深懲托大之病，只起於一念因循。後來光景已無多，反覆創艾，漸有收攝之期。今聞警戒之言，益若有省。此學不能光顯於世，皆是吾人自己精神漏洩所至，一毫不敢歸咎於

❶「龍溪念庵二公」，全集本作「公與念庵」。

人也。」❶

憤樂説❷

隆慶戊辰季冬之初，予歸自云間，過嘉禾，諸友會宿於東溪山房。衆中啓請夫子憤樂之義。予曰：「此是夫子終身受用之實學，予何足以知之。」諸友再三請無已，試爲妄言之，諸友試妄聽之。

知夫子之樂則知夫子之憤，知夫子之憤則知夫子之樂。憤是求通之義，樂者心之本體。人心本自和暢，本與天地相爲流通，纔有一毫意必之私，便與天地不似；纔有些子邪穢查滓攪此和暢之體，便有所隔礙而不能樂。發憤只是去其隔礙，使邪穢盡滌，查滓盡融，不爲一毫私意所攪，以復其和暢之體，非有所加也。憤樂相生，勉焉日有孳孳，不知老之將至，此夫子至誠無息之學。譬之於目，自開自闔，原是快快活活，原是樂。纔爲些子沙屑所礙，便不快活，便入於苦。欲復本來開闔之常，惟在去其沙屑而已，亦非有所加也。

夫學在立志，行不越其所思，志定而後可以言學。夫子十五志於學，至於三十而始立。立者，志立也。未至於立，還有私意纏繞在，必須發憤以去其私。能立便是樂。四十而不惑者，志無所疑也。未能不惑，必須發憤以釋其疑。不惑便是樂。五十而知天命，志與天通也。未能與天相通，必須發憤以通其微。知天命便是樂。六十而耳

❶「歸咎於人也」五字，原脱，今據全集本補。「敢」下，原另行有「龍溪王先生會語後卷之三」十一字，衍，今據全集本删。

❷ 此文收入全集本卷八，有删節。

順，志忘順逆也。順逆尚存，必須發憤以抵於忘。耳順便是樂。雖至七十而從心所欲不逾矩，亦只是志到熟處。未能從心，猶須發憤以入於神化。所欲不逾矩便是樂。此志朝乾夕惕，老而不倦。憤是天然之勇，樂是自然之和暢。故曰憤樂相生，此夫子至誠無息同天之學也。

然此樂人人之所同有，但衆人蔽於私欲，失其本心，便與聖人不相似，亦便與天地不相似。夫子又曰「不憤不啓」，以此自考，亦以此教人。不厭不倦，成己成物，性之德也。顔子能竭才，欲罷不能，便是顔子發憤處。故能服膺，不改其樂，所謂大勇也。吾人欲尋仲尼、顔子之樂，惟在求吾心之樂；欲求吾心之樂，惟在去其意必之私，蕩邪消滓，復還和暢之體，便是尋樂真血脈路。夫仲尼、顔子至聖大賢，猶不忘發憤之心。吾人以不美之質、不肖之身，乃欲悠悠度日，妄希聖賢，是猶夢入清都，自身却未離溷厠，其不爲赤之所笑者無幾。❶

《論語》一書首發「學」之一字，曰：「學而時習之，不亦説乎！」學者覺也，覺與夢對。時習是常覺不寐，學而時習則欲罷不能，而悦之深矣。悦乃入樂之機，樂是萬物同體之公心。「朋自遠來」，「得英才而教育之」，是遂其同體之願，故樂。然此樂原無順逆，無加減，故人雖不知而無所愠，所謂遯世無悶，不見是而無悶，聖脩之極也。遯世而人以爲是，賢人以下皆能之，惟既遯世而人不以爲是，則非之者至矣。若是而能無悶，非聖者不能也。蓋根愈深則華愈斂，德愈潛則迹愈混。故曰「知我者希，則我貴矣」。

❶「之」，或爲「子」之誤。

吾人在世，所處不同，惟有順逆二境，樂則行之，憂則違之，得志則澤加於民，不得志則脩身以見於世。故明此在上則爲伊、傅，明此在下則爲孔、顔，各求自盡以成其德業，未嘗有所意必而動於境也。學爲覺義，即良知也。憤樂相生以至於忘年無知，知之至也。罔覺，覺之至也。天生斯民，使先知覺後知，使先覺覺後覺，一知一覺，德可久而業可大。堯舜耄期猶不忘兢業，此危微精一之旨，固夫子所祖述而覺焉者也。吾人可以自悟已。

別見臺曾子漫語❶

見臺曾子質粹思澄，服膺家庭之訓，自幼有志聖學，傑然以千古經綸爲己任，尤深信陽明先生良知之旨，虚明寂感爲千聖直截根源，以爲舍此更無從入之路。質粹則專，思澄則精，家學則服習久。精專且久，而又知所從入，其進於道也孰禦？起家進士，歷吏曹，陟奉常。己巳夏，請假南還。先期折簡，寓先師嗣子龍陽君，約會武林。予辱尊翁莓臺先生素愛，❷又聞益邃於學，情不能已，乃冒暑西渡趋會。晨夕聚處，聯床證悟，凡平生所得與其所疑而欲言者，盡以相質。念其意懇氣肅，通家執禮甚謙，非徒貌飾爾也。亦忘其譾菲，盡以相證。交脩之益，相觀之善，庶幾兩得之。見臺屬意師門，無不用情，乃者襲封之議，事屬司封，與有力焉。謂會城未有專祠，請於當塗有

❶ 此標題，全集本卷十六作「別曾見臺漫語摘略」。

❷ 「莓臺先生」即曾同亨（號見臺）之父曾存仁，號梅臺。「莓」，通常作「梅」。

道諸君，議爲卜建，用副聖朝褒錫之意，慰往來同志瞻禮之懷，尤爲同心義舉。臨行授簡，徵言爲别，聊述請證一二，漫書貽之，以爲别後之券，固蘭臭耿耿之懷也。

見臺首舉念庵「收攝保聚」之説，以爲孩提愛敬乃一端之發見，必以達之天下繼之，而後爲全體孩提之知。譬諸昭昭之天，達之天下之知，譬諸廣大之天，收攝保聚所以達之也。予謂❶：「昭昭之天即廣大之天，容隙所見則以爲昭昭，寥廓所見則以爲廣大，是見有所牿，非天有小大也。齊王觳觫堂下之牛，特一念之昭昭耳，孟子許其可以保民而王，此豈有所積累而然哉？充而至於保民，亦惟不失此一念而已，故曰『大人者不失赤子之心』。大人之所以爲大人，惟在不失之而已，非能有加毫末也。但以爲近來講學之弊，看得良知太淺，説得致良知功夫太易。良知萬古不息，吾特順之而已，其有所存照，有所脩持，皆病其爲未悟良知本體。然則聖人之兢兢業業，終身若以爲難者，果何謂耶？予嘗爲之解曰：『易者言乎其體也，難者言乎其功也。知易而不知難，無以徵學；知難而不知易，無以入聖。非難非易，法天之行，師門學脈也。』」

見臺問良知虚寂之義。予謂：「虚寂者，心之本體。良知知是知非，原只無是無非，無即虚寂之謂也。即明而虚存焉，虚而明也；即感而寂存焉，寂而感也。即知是知非而虚寂行乎其間，即體即用，無知而無不知，合内外之道也。若曰本於虚寂而後有知是知非之流行，終成二見，二則息矣。」

❶「予」，原誤作「子」，今據全集本改。

見臺問寤寐。予謂：「寤以形接，寐以神交。寤寐者，凝啓之兆，造化闔闢之機也。凝如水冰之凝，啓如蟄蟲之啓。時至消息自然，人力不得而與。故闔爲入機，形疲之寐非自然也；闢爲出機，神馳之寤非自然也。知寤寐之道，則晝夜通而生死一矣。知晝夜、知生死者，良知也。良知即神，良知即《易》，故曰『神無方而易無體』。儒者之學務於經世，古人論經綸無巧法，惟至誠爲能之。至誠也者，無欲也。以無欲應世，立本知化而無所倚，此千古經綸手段，天德之良知也。若夫以任情爲率性，以測億爲覺悟，以才能計度爲經綸，皆有所倚而然，非無欲也。見臺可以自考矣。」

見臺問有念無念。予謂：「念不可以有無言。念者，心之用，所謂見在心也。緣起境集，此念常寂，未嘗有也，有則滯矣；緣息境空，此念常惺，未嘗無也，無則槁矣。❶克念謂之聖，妄念謂之狂。聖狂之分，克與妄之間而已。千古聖學，惟在察諸一念之微，故曰一念萬年，此精一之傳也。」

見臺問良知、知識之辨。予謂：「良知與知識，所爭只一字，皆不能外於知也。根於良，則爲德性之知；因於識，則爲多學之助。知從陽發，識由陰起，知無方所，識有區域。陽爲明，陰爲濁。陽明勝則德性用，陰濁勝則物欲行，陰陽消長之機也。子貢之億中因於識，顔子之默識根於良，回、賜之所由分也。苟能察於根因之故，轉識成知，識即良知之用，嗜欲莫非天機，陰陽合德矣。」

見臺問三教同異。予謂：「昔儒辨之

❶「槁」，原誤作「稿」，今據全集本改。

已詳，今復言之，是加贅也。自儒教不明，二氏之教亦晦。三教不外於心，信得虛寂是心之本體，二氏所同者在此，其毫釐不同處亦在此。須從根源究取，非論説知解可得而分疏也。吾儒精義見於《大易》，曰『周流六虛』，曰『寂然不動』。虛以適變，寂以通感，不泥典要，不涉思爲，此儒門旨訣也。自此義失傳，佛氏始入中國，即其所謂精者據之以主持世界。儒者僅僅以其典要思爲之迹與之相抗，纔及虛寂，反若諱而不敢言。譬諸東晉、南宋之君甘守偏安，無復恢復中原之志，其亦可哀也已！先儒判斷，以儒爲經世，佛爲出世，亦概言之。文中子曰：『佛，西方之聖人，中國則泥。』使中國盡行其教，倫類幾絶，誰與興理？苟悟變通宜民之義，尚何泥之爲病也哉！毫釐可以默識矣。若夫老氏，則固聖門之所與，就而問禮，未嘗以爲非。致虛守寂，觀妙觀竅，擬於聖功，未嘗專以異端目之也。世之所傳者，乃其後天查滓，旁門小術，譸張傾瑣，并老氏之旨而失之。使今之世而有老氏者出，盛德深藏，且將復有猶龍之嘆矣。至其絶聖知，小仁義，剖折斗衡，以還無爲之化，立言過激，使人無可循守，卒流於賢知者之過，較之吾儒中庸之道，似不免於毫釐之辨也。夫異端之説，見於孔氏之書，先正謂『吾儒自有異端』，非無見之言也。二氏之過，或失則泥，或失則激，則誠有之。今日所憂，却不在此，但病於俗耳。世之高者溺於意識，其卑者緇於欲染。能心習見，縱恣謬幽，反爲二氏之所嗤。有能宅心虛寂、不流於俗者，雖其陷於老釋之偏，猶將以爲賢，蓋其心求以自得也。學者不此之病，顧汲汲焉惟彼之憂，亦見其過計也已。

良知者，範圍三教之靈樞，無意無欲，內止而外不蕩，聖學之宗也。予非悟後語，蓋嘗折肱而若有所得焉。吾人果能確然自信其良知，承接堯舜以來相傳一脈，以立天地之心、生民之命，不爲二氏毫釐之所惑，不爲俗學支離之所纏，方爲獨往獨來、擔荷世界大丈夫爾。」

見臺問鄉願狂狷。予謂：「孔子惡鄉願，以其學得聖人大逼真，從軀殼起念，壞人心而傷世教也。鄉願忠信廉潔，不只在大衆面前矯持强飾，雖妻孥面前亦自看他不破，纔是無可非刺。孔子以爲似者，以其不根於心而狥於迹也。同流非是幹流俗之事，不與相異，同之而已；合污非是染污世之行，不與相離，合之而已。忠信廉潔是學聖人之脩行，既足以媚君子；同流合污是學聖人之包荒，又足以媚小人。譬之紫之奪朱、鄭聲之亂雅，比之聖人，更覺光耀動人。聖人之學，時時反求諸心，常見有不是處。鄉愿則終身精神全在軀殼上照管，無些滲漏，常常自以爲是而不知反，故不可與入堯舜之道。壞心術而傷教本，莫此爲甚，所以爲德之賊而惡之尤深。狂者其志嘐嘐然只是要做古人，已有作聖胚胎，但功夫疎脱，行有所不掩耳。不掩處雖是狂者之過，亦是見他心事光明無包藏，只此便是入道之基。若知克念時時嚴密得來，即可以爲中行矣。狷者不屑不潔，篤信謹守，耻爲不善，尚未立有必爲聖人之志，須激發成就，進此一格，方可以入道。此良工苦心也。雖然，知聖人之學而後知鄉願之爲似，知聖人之德而後知亂德之爲非，非易易然也。學絶教弛，世鮮中行，不狂不狷之習淪浹人之心髓，雖在豪傑有所不免。有人於

此，持身峻潔而不緇，處世玄同而無礙，精神回護，侈然自信自是以爲中行，世之人亦且群然以中行稱之，究其所歸，流入於鄉黨自好而不自覺。鄉黨自好，所謂願也。夫鄉黨自好與賢者所爲，原是兩條路徑。賢者自信本心是非，一毫不狥於俗。自信而是，雖天下非之而不顧；自信而非，雖天下是之而有所不爲。若鄉黨自好，則不能自信其心，未免以世情向背爲是非。於是有違心之行，有混俗之迹，外脩若全，中之所存者鮮矣。諺云：『真貨難識，假貨易售。』後世取人，大抵泥迹而遺心，與古人正相反。譬之荆璞之與燕石，一以爲瑕瑜，一以爲完碌，真假固自有在也。見臺卓然立志，尚友古人，而資性純謹，耻於不善，乃類於狷，循勉以進，可冀於中行，區區媚世斷然知有所不爲。但似是而非之習漸漬已深，真假毫釐易於眩惑，或有襲陷其中而不自覺，不可以不察也。」

見臺問：「古之欲明明德於天下，説者謂既自明其明德，使天下之人皆有以明其明德，何如？」予謂：「如在效上取必，雖堯舜有所不能。大人之學原是與萬物同體，此一點靈明原與萬物通徹無間。痿痺不仁，以靈氣有所不貫也。欲明明德於天下者，是發大志願，欲將此一點靈明普照萬物，著察昭朗，不令些子昏昧，是仁覆天下，一體之寔學。不然，便落小成之法，非大學之道也。」

吾黨致知之學疎而未密，離而未純，未能光顯於世，雖是悟得良知未徹，亦是格物功夫未有歸着，未免入於支離。物者意之用，感之倪也；知者意之體，寂之照也；意則其有無之間，寂感所乘之機也。自一

日論之，動靜閒忙、食息視聽、歌詠揖遜無非是物；自一生論之，出處逆順、語默進退無非是物。是從無聲無臭、凝聚感應之實事，合内外之道也。而其機惟在察諸一念之微。察之也者，良知也。格物正所以爲致也。此件原無奇特，聖人如此，愚人亦如此，是爲庸德庸言。一切感應惟在察諸一念之微，一毫不從外面幫補凑泊。其用功不得不密，其存主不得不純，可謂至博而至約也已。千鈞之鼎，非烏獲不能勝。見臺，吾黨之烏獲也。從心悟入，從身發明，使此學廓然光顯於世，非吾見臺之望而誰望哉！隆慶己巳夏閏月上浣書。

龍溪王先生會語卷之三　畢

固始後學孫　兖
杞縣後學何允升
綏德後學王毓陽
開封後學卓世彦
新城後學王象乾同刻

龍溪會語卷之四

宣城門生貢安國輯
麻城後學蔡應揚
涇縣門生查　鐸校
萊州後學胡來貢
廣德門生李天植同校

自訟帖題辭

嘗謂災祥者，適然之數耳。天道微渺，而欲□□證之事應，❶則瞽史之見，君子不道也。然而君子反身脩慝，恒必由之。故身之所遇，雖順逆異境，將無適而非脩德進業之地，是未可一諉之數而漫不之省也。語曰「災祥在德」，是推天以驗之人者也。又曰「吉凶不僭」，是脩人以合於天者也。非通於天人之故，其孰與於斯？

歲庚午冬，龍溪家燬於火。予往候之，見王子有惧心而無慼容，惟自引咎曰：「吾欲寡過而未能，天其以是警戒我耶？」且以爲自信未篤，致憎多口。凡所自訟皆由衷之言，方與兒輩相戒勉，以庶幾乎「震，無咎」之義。其他外物成毀何常，豈能置忻慼於其間哉？因出其所《自訟長語》及所《問答》數條示予。得諦觀之，皆超悟卓越之見，融會精粹之學，中所稱有孟之自反而後可以語顏之不校，則深於道者也。推此心以事天則爲不怨，推此心以待人則爲不尤。不怨不尤，此夫子之所以上達，而樂天知命其極則也。龍溪子殆通於天人之故者歟！

龍溪昔從陽明夫子遊，得講於良知之

❶「□□」，原漫漶不清，依殘跡揣度，疑爲「一一」二字。

學，而潛心者數十年矣。嘗斥之以僞學而不惧，或目之爲禪學而不疑。混迹塵俗而玩心高明，其仡仡乎任道之重，孳孳乎與人爲善之心，蓋有老而彌篤者。予幼不知學，晚未聞道，惟有真朴一念，守而弗渝。而辱與龍溪子交最久，時聞警策之言，若有所悟而步趨不前耳。觀《自訟帖》而有感焉，因綴數語，以志不忘。隆慶辛未春二月上澣會下生明洲商廷試撰。

火災自訟長語示兒輩❶

隆慶庚午歲晚十有二日之昏候，長兒婦廳前積薪起火，前廳後樓盡燬，僅餘庖廚數椽，沿燬祖居及仲兒側厦、季兒廳事之半。賴有司救禳，風廻焰息。幸存後樓傍榭及舊居堂寢，所藏誥軸神廚、典籍圖畫及先師遺墨半入煨燼中。所蓄金銀奩具、器物裳衣、服御儲偫，❷或攘或燬，一望蕭然。古德云：「王老师脩行無力，被鬼神覰破，以致於此，更復何言？」

夫災非妄作，變不虛生。古人遇災而惧，「洊雷，震」，恐惧以致福，「震不於其躬，於其鄰」，畏鄰戒也。今震於其躬矣，豈苟然而已哉！不肖妄意聖脩之學，聞教以來，四五十年，出處閒忙，未嘗不以聚友講學爲事，寢幽寢昌，寢微寢著，岌岌乎仆而復興。海内同志不我遐棄，亦未嘗不以是相期勉。自今思之，果能徹骨徹髓，表裏昭朗，如咸池之浴日，無復世情陰靄間雜障翳否乎？廣庭大衆之中，輯柔寡愆，似矣，果

❶ 此標題，全集本卷十五作「自訟長語示兒輩」。
❷ 「偫」，原誤作「峙」，今據全集本改。

能嚴於屋漏，無愧於鬼神否乎？ 愛人若周，或涉於泛； 憂世若亟，或病於迂。或恣情狥欲，認以爲同好惡； 或黨同伐異，繆以爲公是非。有德於人而不能忘，是爲施勞； 受人之德而不知報，是爲悖義。務機筭爲經綸，則純白不守； 任逆億爲覺照，則圓明受傷。甚至包藏禍心，欺天罔人之念潛萌而間作，但畏惜名義，偶未之發耳。凡此皆行業所招，鬼神之所由鑒也。

予平生心熱，牽於多情，少避形迹，致來多口之憎。自信以爲天下非之而不顧，若無所動於中。自今思之，君子獨立不惧與小人之無忌憚，所爭只毫髮間。察諸一念，其機甚微。凡横逆拂亂之來，莫非自反以求增益之地，未可概以人言爲盡非也。

予素性好遊，轍迹幾半天下。凡名山洞府、幽怪奇勝之區，世之人有終身羨慕、思一至而不可得者，予皆得遍探熟遊，童冠追從，笑歌偃仰，悠然舞雩之興，樂而忘返。是雖志於得朋，不在山水之間，不可不謂之清福。自今思之，所享過分，豈亦造物之所忌乎？ 固不敢以胸中丘壑自多也。

憶昔予承乏武選時，六科給事戚賢等因九廟火災陳言會疏，進賢退不肖。繆以區區爲賢，推其學有淵源，宜列清班、備顧問，輔養君德，不宜散置郎署，所指不肖皆據權位有勢力之徒。時宰方作惡講學，乘機票旨，斥爲僞學，小人旋加禁錮。稽之往鑒，若非聖世所宜有。然在區區，則爲深中隱慝，亦不敢以程朱往事叨冒自委也。

名爲聖解，寔則未能了凡心。名寔未副，其誰與我？ 所自信者，此生尚友之志，與人同善之念，孜孜切切，若根於性，不容自已。海内同志亦多以是信而原之，愛而

歸之。或見推爲入室宗盟，將終身以性命相許，庶足以慰心耳。

弭災之術，大要有三：或强而拒之，或委而安之，或玩而忘之。然而其歸遠矣。學貴着根，根苟不净，營於中而楗於外，❶是强制也，其能久而安乎？上士以義安命，其次以命安義，動忍增益以精義也。若以爲無所逃而安之，豈脩身立命之學乎？吾人以七尺之軀寓形天地間，大都以百年爲期，中間得喪好醜，變若輪云，特須時耳。生時不曾帶得來，死時不能帶得去，皆身外物也。倏聚倏散，了無定形，消息盈虚，時乃天道。自達人觀之，此身且爲幻影，日改歲遷，弱而壯，强而老，形骸榮瘁，且不能常保，況倏然身外之物，役役然常欲據而有之，亦見其惑矣。世固有不隨生而存，不隨死而亡，俛仰千古，有足以自恃者。不此之務，徒區區於聚散無定之形，以爲忻慼，亦見其惑之甚矣。予爲此言，未敢以爲能忘，亦習忘之道也。

因此勘得吾儒之學與禪學、俗學，正只在過與不及之間。彼視世界爲虚妄，等生死爲電泡，自成自住，自壞自空，天自信天，地自信地，萬變輪迴，歸之大虚，漠然不以動心，佛氏之超脱也。牢籠世界，桎梏生死，以身狥物，悼往悲來，戚戚然若無所容，世俗之管帶也。❷脩慝省愆，有惧心而無慼容，固不以數之成虧自委，亦不以物之得喪自傷，内見者大，而外化者齊，平懷坦坦，不爲境遷，吾道之中行也。古今學術毫釐之辨亦在於此，有識者當自得之。

❶「楗」，全集本作「犍」。
❷「管帶」，全集本作「芥蒂」。

不肖今年逾七十，百念已灰，潛伏既久，精神耗泄，無復有補於世，而耿耿苦心、惕然不容自已者有二： 師門晚年宗説，非敢謂已有所得。幸有所聞，心之精微，口不能宣，常年出遊，雖以求益於四方，亦思得二三法器，真能以性命相許者，相與證明領受，衍此一脈如線之傳。孔氏重朋來之樂，程門興孤立之嗟，天壤悠悠，誰當負荷？非夫豪傑之士無待而興者，吾誰與望乎？夫經以明道，傳以釋經，千聖傳心之典也。粵自哲人萎而微言絶，六經、四書之文厄於秦火，鑿於漢儒之訓詁，滑於後儒之億測附會，道日晦而學日荒，蓋千百年於兹矣。我陽明先師首倡良知之旨，闡明道要，一洗支離之習以會歸於一，千聖學脈，賴以復續。夫良知者，經之樞，道之則。經既明，則無藉於傳； 道既明，則無待於經。昔人謂「六經皆我註脚」，非空言也。不肖晨夕參侍，謬承受記，時舉六經疑義叩請印證，面相指授，忻然若有契於心。儀刑雖遠，謦咳尚存。稽諸遺編，所可徵者十纔一二。衰年日力有限，若復秘而不傳，後將復晦，師門之罪人也。思得閉關却掃，偕志友數輩，相與辨析折衷，間舉所聞大旨奥義，編摩纂輯，勒爲成典，藏之名山，以俟後聖於無窮，豈惟道脈足徵，亦將以圖報師恩於萬一也。所幸良知在人，千古一日，憫予惓惓苦心，將有油然而應、翕然而相成者，豈徒終於泯泯而已哉！ 知我者謂我心憂，不知我者謂我何求。嘗聞之，堯舜而上善無盡，孔子從心以後學無盡，武公老耄尚不忘箴儆，古人進道無窮之楷式。天之所以儆惧於我，正洗腸滌胃，陰陽剥復之機，殆將終始尚友之志、同善之心，而玉成之也。苟訟不由中，

復藉以爲文過之囮，是重見惡於鬼神也，豈忍也哉！

漫書以示兒輩，庶家庭相勉於學，以蓋予之愆，亦消災致福之一助也。

自訟問答❶

予既以火災自訟，或問於予曰：「孔子云『吾未見能見其過而内自訟者』，難辭也。今觀《長語》，是古人未見而今見之也，古人之所難而今反易也，何居？」予曰：「否。不然。夫所謂過者，無心而致之者也，而自訟不動於意，天然之勇也。有心則謂之故，故斯惡矣。《書》曰『宥過無大，刑故無小』，原心之法也。聖賢之學，不貴於無過，而貴於能改過，過而憚改，斯謂之惡。『震，無咎』者，善補過也。震者自訟之謂，過則可以善補而復。若夫有心之故，則必革而去之，而後可以復於善，故曰『復，剛反也』，『革，去故也』。譬之空鼎之實雉膏，以其空也，有物塞之則爲否。必顛以出其否，復還空體，而後可以無咎。此革與復之義也。孔子云：『苟志於仁矣，無惡也。』孔門之學，惟務求仁。仁者與天地萬物爲一體，其視天地萬物，如耳目口鼻、四肢百骸之備於吾身，無大小，無善惡，無弗愛也，而未嘗有彼我之分、較計之私，故可以免於惡，而過則不能無也。仁者之過，如日月之食，過也見之，更也仰之，而日月未嘗有所傷，以其無心也。今之人昧於自反，不能以無心應物，認故爲過，陷於惡而不自知，其自恕亦甚矣。顔子得屢空之學，常自立於

❶ 此文收入全集本卷十五，有删節。

無過之地，惟務自反，未嘗得罪於人而人自犯之，故曰『犯而不校』。此顏子大勇也。若先得罪於人，人以横逆加於我，乃其報施之常，所謂出乎爾者反乎爾者也，焉得謂之犯？有孟之自反，而後可以語顏之不校，學之序也。孔子所謂『未見』，其殆『喪予』之嘆，曾子追思之情乎！故曰顏子没而聖學亡。」

或曰：「子之《自訟》以所蓄爲外物，不以動心，似矣。若累朝誥軸、列祖神廚、圖書典籍及陽明夫子遺墨，乃人倫之所重，人道之所珍，未可概以外物少之也。」予曰：「然。誥軸者，祖父相傳之告身，君之寵命，敢不貴乎？昔者孔氏世有明德三命，兹益恭發祥於孔子，子孫傳世千百年未艾者，乃其世德之積慶，未必專以三命存亡爲重輕也。於此輕一分，便是無君之心；於此重一分，便是徼寵之心。❶此可爲知者道也。士夫告身，冀以傳後，子孫不肖，不能自守，至有鬻爲衣食之資者，所貴果安在哉？神廚被燬，誠爲不幸，古有造室新主之禮，宗祠苟完，奠主妥靈，亦以逭不孝之罪也。圖書典籍，學問筌蹄，累葉珍藏，一朝灰散，固爲可惜。自念衰年精力無多，倍宜嗇養，况别有用心處，非復守書册、記故事之時，或者天意假此以示至教，未可知也。唐虞之朝，所讀何書？魚兔苟獲，筌蹄可忘。於此參得透、放得下，得其不可傳之秘，六經亦糟粕耳。先師墨寶，一字千金，神龍之遺爪也。愛惜之意，豈與人殊？因念至人筆畫，原從太虛中來，至寶鬼神所護，不能久留於世，復還太虛，亦是常理。

❶「徼」，全集本作「要」。

古德傳授，有得其皮者，有得其髓者，爪亦皮耳。果得其髓，何惜其他？若徒以爲墨妙，襲而珍之，則與玩器等耳，奚足多哉！」

或曰：「先朝僞學之禁，遭此者爲伊川、晦庵，主此者爲章惇、韓侂胄，善惡較然，不待辨而知也。嘉靖初年，時宰忌陽明夫子之功，并毁其學，嗾給事章僑等列論，指爲僞學，出榜行禁。中年，時宰作惡講學，乘機復有此舉，師友淵源共罹學禁，人以爲異。此等名號，豈聖世所宜有？章、韓何人，甘心效之？可謂不自愛矣。元祐之禁，表章於慶曆之朝，乃者言官建白，頌其功，并辨其學。賴聖明賜允，世錫封爵，且議從祀，千載一時，正在今日。子不惟不以爲幸，反若有所深懲者，豈人情乎？」予曰：「道之行止，學之顯晦，幸與不幸，自有天數，此主持世教之責，非吾人所敢與知。竊念人之爲道，非僞則真，非小人則君子，間不容髪。吾人欲求爲真君子，必有不愧屋漏之功而後能及此，今固欲學而未之能也。明旨所諭，深中隱慝，所謂『揚於王庭』，正吾黨震惧脩省之時，誠不敢以往事自解也。」

或曰：「子以災變之來由行業所招，似矣。何至自訟以爲『欺天罔人』，無乃過爲貶損？抑將以此示教云爾也？」予曰：「不然。禍莫大於包藏，惡莫重於欺罔。明白顯露，可得而指者，謂之陽惡；潛伏曖昧，不可得而指者，謂之陰惡。陽惡根淺而禍輕，陰惡根深而禍重。欲與造化爭巧，尤鬼神之所忌也。惡有陰陽，善亦有陰陽。爲善於人，所見者陽德也；爲善於人，所不見者陰德也。根之淺深，福之輕重，各以類應，不可誣也。故曰：『惠迪吉，從逆

凶，惟影響。』吉凶禍福，存乎一念之順逆，無不自己求之者也。夫天道至察不可欺，徒自欺耳；人心至神不可罔，徒自罔耳。非自欺則爲自慊，非自罔則爲自誠。善惡之機，間不容髮。世人不知自反，昧昧焉肆爲欺罔，辭福取禍而不自覺，反以予言爲過情，弗思耳已。有諸己而求諸人，無諸己而非諸人，藏身之恕也。古德云：『自己無縛，方能解人之縛。』教人之法，亦反求諸己而已，非可以言説喻也。」

或曰：「多口之憎，聖賢所不免。子務自反，不以人言爲非，可謂得止謗之道矣。學術不明，交道日衰，世人不肯成人之美，不信其心而疑其迹，使爲善者懼，可爲世道惜也。」予曰：「不然。心迹未嘗判，迹可疑，畢竟其心尚有不能以自信處。昔有士人謗先師，以爲雖講道德，只做得功名之士。先師聞之曰：『此士人非謗我，乃見稱也。古之人志於功名，則不動心於富貴。某雖日講聖人之學，少有不謹，墮落富貴之念或時有之，况功名乎？蓋其心尚有所未能信也。自信此生决無盗賊之心，雖有偏心之人，亦不以此疑我，若自信功名富貴之心與决無盗賊之心一般，則人之相信，自將不言而喻矣。』不肖今日自反亦若是。多口之憎，正吾求以增益之地，豈敢以爲謗而止之也？若夫學術不明，世之學者未免以彌縫毁譽爲是非，故迹易疑；交道日衰，相與者不肯原其心而徒泥其迹，故謗易興。此誠可爲世道惜也。昔者鮑叔之知管仲分財多而不以爲貪，謀事不中而不以爲愚，戰敗而不以爲怯，受辱而不以爲無耻，蓋信其心也。故曰『生我者父母，知我者鮑叔』。知我之恩與生我者等，豈易易也哉！

在不肖惟有自反，益求自信，以守師門家法，不敢以此望於人也。」

或曰：「名者，造物所忌。子之名重海内，同志宗盟。今日之變，或者天將以此示哀益之道也。」予曰：「有是哉！名爲實賓，況名實未副，尤造物之所忌也。故聲聞過情，君子以爲耻。如耻之，莫如務實，實勝善也，名勝耻也。《易》大畜畜之厚，謂之『畜德』，以篤實也；小畜能畜而不能久，謂之『懿文德』。其猶有爲賓之意乎！觀此可以知學《易》寡過之義矣。」

或曰：「山林行業，異於市朝，所享過分，亦以爲罪，何也？」予曰：「嗟嗟，何言之易也！山林市朝，窮達異名，古之人達則爲卿爲相，得君行道，澤加於民，窮則爲師爲友，脩身以見於世。由所遇之時不同，禍福非所論也。前云『山林清福』，特世法

論耳。若論世法，山林之罪過於市朝。積閒成懶，積懶成病，積病成衰，始於因循，終於墮落，吾見亦多矣。不肖亦折肱於此者也。若論世法，市朝之罪更過於山林。《詩》云：『惟君子使，媚於天子，媚於庶人。』若非爲上爲下，坐享榮華，洪福受盡，會有銷歇之時。只如先朝時宰得君二十餘年，不可謂不專且久，苟存心於上下，相業可以立致。父子濟惡，招權納賂，銷殘士氣，浚竭民脂，四海受其荼毒，生前享盡紛華，死無葬身之地。譬之覆錦於穽，方其蹈錦之時，已履禍階，但世人行險機熟，只顧眼前，懵然視之，不自覺耳。世間號爲豪傑，卓然思以自立者，身履亨途，❶容辭倏雅，終歲熙然，恃爲可久。若非明生死來去

❶「亨」，原誤作「享」，今據全集本改。

根因，縱使文章蓋世，才望超群，勳業格天，緣數到來，轉眼便成空華，身心性命了無干涉，亦何益也？」

或曰：「箕疇以富壽康寧爲福，果何謂也？」予曰：「富壽康寧，其機在於攸好德。舜有大德，故禄位名壽可以必得，被袗鼓琴若固有之，一毫無所加，飯糗終身亦一毫無所減，以其能忘也。譬之萬斛之舟，百鈞不爲重，一羽不爲輕，其所受者大也。吾人薄德寡緣，一切富貴名壽，未免得此失彼。如昔人齒角之喻，不能全享。省得一分紛華，生得一分福慧。譬之小舟不能重載，苟不量而受，必有覆溺之患。蓋未明於消息盈虛之道故也。」

或曰：「子謂『吾儒中行異於禪學、俗學』，是矣。殆非可以襲取而得，請問從入之方。」予曰：「君子之學貴於得悟，悟門不開，無以證學。入悟有三：有從言而入者，有從靜坐而入者，有從人情事變鍊習而入者。從言而入，謂之解悟，學之初機也；從靜坐而入，得自本心，謂之心悟；從鍊習而入，無所擇於境，謂之徹悟。靜坐者必有所藉，境靜而心始靜。譬之濁水之澄，濁根猶存，纔遇風波震蕩，尚易淆動。若從人情事變鍊習，徹底晶瑩，隨流得妙，波蕩萬端而真宰常定，愈鍊習愈光明，不可得而澄淆也，是謂實證實悟。蓋靜坐所得，倍於言傳；鍊習所得，倍於靜坐。善學者量其根器大小，以漸而入，及其成功一也。先師之學，幼年亦從言入，繼從靜中得悟，其後居夷三載，從萬死一生中鍊習過來，始證徹悟，生平經綸事業皆其餘事，儒者中行之實

學也。」❶

或曰：「求法器所以傳道，闡奥義所以傳經。經傳，道亦傳也。此誠良工苦心，其殆吾黨之思删述之意乎？」予曰：「非敢然也。白首窮年，無復有用於世。師門宗説幸有所聞，會須服爲終身行業。學莫善於得朋，功莫切於好古，求以輔吾之志，徵吾之學，庶幾無負於初心云爾。良知者，本心之靈，至虚而寂，周乎倫物之感應。虚以適變，寂以通故，其動以天，人力不得而與，千聖相傳之秘藏也。世之儒者不能自信其心，反疑良憑虚滯寂，不足以盡天下之變，未免泥於典要，涉於思爲，循守助發以爲學，而變動感通之旨遂亡。漸漬積習，已非一朝夕之故。今日致知之學，未嘗遺典要，廢思爲，但出之有本，作用不同。不膠於迹，天則自見，是真典要；不起於意，天機自動，是真思爲。古今學術毫釐之辨，辨諸此而已矣。求友者，舍此更無法器可得；談經者，舍此更無奥義可窺。但世人聽得良知慣熟，反生忽易，❷不以爲恒，言則以爲異學，轉輾支離，將真金作頑鐵費用，爲可惜耳。」

或曰：「子之《自訟》切切以禍福爲言，殆爲常人立教之權法。聖賢之學，無所爲而爲，恐不專以禍福爲警肆也。」予曰：「然。聖賢之學根於所性，雖不從禍福起因，而亦未嘗外於禍福。禍福者，善惡之徵；善惡者，禍福之招。自然之感應也。聖賢之學，禍福與常人同，而認禍福與常人

❶ 此段文字未見於全集本同題著作，與同本卷十七《悟説》部分内容基本一致。

❷ 「忽」，原誤作「怱」，今據全集本改。

異。常人之情以富壽爲福，以貧夭爲禍，以生爲福，以死爲禍。聖賢之學，惟反諸一念以爲吉凶。念苟善，雖顔之貧夭，仁人之殺身，亦謂之福；念苟惡，雖蹠之富壽，小人之生全，亦謂之禍。非可以常情例論也。良知無善無惡，謂之至善；良知知善知惡，謂之真知。無善惡則無禍福，知善惡則知禍福。無禍福是謂與天爲徒，所以通神明之德也；知禍福是謂與人爲徒，所以類萬物之情也。天人之際，其機甚微，了此便是徹上徹下之道，『乃若致知，則存乎心悟，致知焉盡矣』。噫！安得玄機之士相與論禍福也哉？」庚午臘月既望書於洗心亭中。

龍溪先生自訟帖後序

聖人之學，知微而已矣。知微則能無過，而聖人兢兢業業之心，蓋不敢自以爲是也。天地之大猶有所憾，而況於人乎？形生神發以後，一念之所動，寧能盡保其無過？過斯覺，覺斯復，復則天地之心見矣。此聖人之所以爲聖，而亦賢人希聖之學也。雖然，微之難言久矣，過之難知也亦久矣。惟知微而後能知過，惟知過而後能知微。要非矯飾於一言一行者所可幾也。《書》曰：「人心惟危，道心惟微。」微爲聖學之宗，非微之動，謂之曰危。危者，過之所由生也。幾者，動之微，吉之先見。非微之動，謂之曰凶。凶者，過之所由成也。貞吉貞凶，安危之機介於一念之動，非知幾之君子，其孰能與於此？

余小子侍教龍溪先生三十餘年於兹矣。先生，小子女兄之所歸也，聞先生之言甚熟，而察先生之行甚詳，自其起居動息之

小以至於出處辭受之大，自其夫婦兄弟之好以至於君臣朋友之交，自其一鄉一邑之近以至於四海五嶽之遠，凡夫順逆常變、是非好醜與夫人情難易之迹，其所感無朕而所應無窮。先生篤於自信，直心以動，自中天則，紛沓往來，處之若一，未嘗見有履錯之咎。其交於海内，誠愛相與，不激不阿，善於知人之病，隨機開誘，使人之意自消，教學相長，日入於微，易簡直截，一洗世儒支離之習，不惟千聖學脈有所證明，而二氏毫釐亦賴以爲折衷，海内同志翕然信而歸之，推爲三教宗盟。而先生孳孳不自滿之心，惟以過情爲耻，以不知過爲憂，自視歉如也。是豈矯飾於一言一行，以衆人耳目爲趨舍者可得比而同也哉！微言微行，日精日察，無所怨於天而求合於天，無所尤於人而求信於人。何者爲順逆好醜？何者爲難易？神感神應，聲臭俱泯，動斯覺，覺斯化，惟先生自知之，世之人不得而盡知也。

邇者火災之變，亦數之適然耳。先生不諉於數，惕然深警，引爲己過，作《自訟長語》以訓戒於家，因或人疑質，復述爲《問答》以衍其義。遇災而惧，知過而改，古人兢業之心也。是雖意在反省，而天泉秘義時露端倪，標指可以得月，觀瀾可以窺源，信乎師門之嫡傳也。善學者默體而悟，得於言詮之外，聖學斯過半矣。因書以詔同志，斯固先生一體同善之意也。隆慶辛未春正月元日門人張元益撰。

白雲山房答問紀略❶

予自遭室人之變，❷意横境拂，哀情慘慘不舒。諸友慮予之或有傷也，謀於白溪王子，崇酒與殽，旋集於白雲山房，繾綣酬酢，坐起行歌，賓主協竟日之懽，意陶陶也。予念諸友休戚相與之情，不欲虚辱，古人於旅也語，況同志之會，可徒飲酒相追逐而已乎？古人立教，憤而後啓，悱而後發，迎其機也。機未動而語之，謂之强聒。君子五教，答問居一焉。譬如醫之治病，必須病者先述病原，知其標本所在，藥始中病，不爲徒發，望氣切脈，終不若自言之真也。

衆中因請問曰：「嘗聞之，爲學只在理會性情。請問理會性情之方。」予曰：「此切問也。人生在世，雖萬變不齊，所以應之，不出喜怒哀樂四者。人之喜怒哀樂，如天之四時，温凉寒熱，無有停機。樂是心之本體，順本體則喜，逆本體則怒，失本體則哀，得本體則樂。和者，樂之所由生也。古人謂『哀亦是和』，不傷生、不滅性便是哀情之節也。」

衆中復請問曰：「昔程門上蔡十年去得一『矜』字，明道歎其善學。今覺性情不得中和，只是傲，傲生於客氣。傲，矜之别名也。敢問去傲之方。」予曰：「此尤切問也。傲，凶德。纔傲，意氣便驕，聲色便厲，自處便高，視人便下，惟恐一毫喫虧受侮。故以子而傲則不孝，以弟而傲則不悌，以臣

❶ 此文收入全集本卷七，題爲《白雲山房問答》，删節甚多。

❷ 「予自」至「意陶陶也」凡六十二字，全集本簡縮作：「白溪王子偕諸友餞先生於白雲山房」。

而傲則不忠，以朋友而傲則不信。丹朱與象之不肖，只是傲字結果一生。傲之反爲謙。謙，德之柄也。處君臣、父子、兄弟、朋友之間，惟知自反盡分，先意順承，忠信孝友，未嘗有一毫憤戾之態。謙之六爻無凶德，内止而外順也。客氣與主氣相對，譬如今日諸君作主，百凡自爲貶損。酒清，雖渴而不敢飲；肉甘，雖饑而不敢食。處於下位而不以爲屈，終日百拜而不以爲勞。盡爲主之道也。若是爲客，未免易生彼此校計之心，氣便易盈，志便易肆，便有許多責辨人處。諸君若常能爲主而不爲客，志氣自然和平，視人猶己，計校無從而生，不期謙而自謙矣。」

諸友復請曰：「吾人見事舉業，得失營營，未免爲累，不能專志於學，將奈何？」予曰：「是非舉業能累人，人自累於舉業耳。舉業、德業原非兩事。士之於舉業，猶農之於農業。伊尹耕莘以樂堯舜之道，未聞其以農業爲累也。君子之學，周乎物而不過。意之所用爲物，物即事也。舉業之事，不過讀書作文。如意用於讀書，即讀書爲一事；意用於作文，即作文爲一事。於讀書也，口誦心惟，究取言外之旨，而不以記誦爲尚。於作文也，脩辭達意，直書胸中之見，而不以靡麗爲工。隨所事以精所學，未嘗有一毫得失介乎其中，所謂格物也。夫讀書作文之物格，則讀書作文之知始致，而所用之意始誠。故曰致知格物者，誠意之功也。其於舉業，不惟無妨，且爲有助，不惟有助，即舉業爲德業。不離見用而證聖功，合一之道也。讀書譬如食味，得其精華而汰其滓穢，始能養生。若積而不化，謂之食痞。作文譬如傳信，書其實履而略其

游談，始能稽遠。若浮而不切，謂之綺語。所謂無益而反害，君子不貴也。舉業一藝也，志於道則神清氣明，而藝亦進；志於藝則神濁氣昏而道亡，藝亦不進。此可以觀學矣。」

諸友復請曰：「吾人處世，未免身家之累，思前慮後，有許多未了勾當，未免累心。奈何？」予笑曰：「此亦切問也。何不以不了了之？若知了心之法，隨身有無，隨家豐儉，安分量力，以見在日履隨緣順應，高還高，下還下，有餘還有餘，不足還不足，一毫不起非望之想、分外之求。能了心，則身家之事一時俱了。若不能於了處了，只在身家事上討求完全稱意，日出事生，終身更無了期。天不能滿西北，地不能滿東南，日尚有虧，月尚有昃，❶造物且然，吾人苦苦要求滿足，亦見其惑矣。夫理會性情是保攝元氣之道，消客氣是祛邪之術，習舉業是應緣之法，隨分了心是息機靜養之方，皆助道法門也。諸友聞之，皆若惕然有省。時常燕會，醉後屢舞喧囂，以爲縱情樂事。一聞警策之言，私相戒勉，便覺收斂凝輯，無復曩時狂態，只此便見諸友善學處。但恐此念不能持久，別後保任，不知更何如也？

「區區賴師友之訓，志存尚友，頗知在性情上用功，窺見未發之旨，心氣稍稍和平，少疾言遽色。人無皆非之理，平生與人相接，惟見人好處，未嘗見人短處。見人之善，若己有之，惟恐其不得爲君子；見人之不善，若己浼之，惟恐其陷於小人。愛人

❶「日尚有虧月尚有昃」，按意疑當作「日尚有昃，月尚有虧」。

一念，根於所性，予亦不知其何心也。凡人以非禮相加，只知自反，常見己過，不敢以勝心浮氣加於人。雖惡人以暴横相臨，亦惟自反，必有所致之由，不敢作惡於人。縱無由而致，譬之蛇蠍，毒性已成，無可奈何，吾惟避之而已，未嘗致恨於蛇蠍也。凡災變之來，皆是自己不德所致，天心警戒，將以玉成於我，惟當順受以待其定。見在料理身家種種缺陷，以人情視之，若非所能堪，賴有了心之法，只見在缺陷處，皆作意安，常覺平滿，無有不足。天定勝人，人定勝天，消息盈虚，時乃天道。默窺造化貞勝之機，惟在虚以待之而已。諸君皆一日千里之足，區區非敢以身爲教，但欲借此爲諸君助鞭影耳。

「夫學莫先於立志，先師有《立志説》。志猶木之根也，水之源也。木無根則枝枯，水無源則流竭，人無志則氣昏。吾人一生經營幹辦，只是奉持得此志，故志立而學半。習心習氣未能即忘，方知有過可改。忿心生，責此志則不忿；傲心生，責此志則不傲；貪心生，責此志則不貪；怠心生，責此志則不怠。無時而非責志之功，無處而非立志之地。此志既定，自不能不求於先覺，自不能不考於古訓，二者便是輔成此志之節度。譬之有欲往京師之志，便須問路，起脚便疑，必須尋問過來人以决其疑。今人未有疑問，只是坐謀所適，未嘗行也。既問於人，又須查路程本子，以稽其日履，然後路頭不至遺忘。問過來人便是質諸先覺，查路程本子便是考諸古訓，無非所以助成必往京師之志。若志不在燕，而吾强告以適燕之路，雖言之而不聽，雖聽之而不審，亦徒然也。今日諸君既相信愛，敢謂

無志做人？但恐未立得做聖人之志耳。

「先師祠中舊有初八、二十三之會，屢起屢廢，固是區區時常出外，精神未孚，倏行無力而過日增，無以取信於人，亦因來會諸友未發真志，徒以意興而來，亦以意興而止，故不能有恒耳。夫會所以講學明道，非徒崇黨與、立門户而已也。天之所以與我，人之所以異於禽獸，惟此一念靈明不容自昧，古今聖凡之所同也。哲人雖逝，遺教尚存，海內同志信而向者無慮千百，翕然風動。而吾鄉首善之地，反若幽鬱而未暢，寂寥而無聞，師門道脈僅存一線，此區區日夜疚心不容已於懷者也。

「今日諸君來會不過二三十人，❶越中豪傑如林，聞有指而非之者，有忌而阻之者，又聞有欲來而未果、觀望以爲從違者矣。其非而忌者，以爲某某平時縱恣，傲氣凌物，常若有所恃；某某雖稍矜飾，亦是小廉曲謹；某某文辭雖可觀，行實未著：皆未嘗在身心上理會，今欲爲學，不知所學何事。此言雖若過情，善學者聞此，有則改之，無則勉之，莫非動忍增益之助。以舜之玄德，皋陶陳謨，尚擬以丹朱，戒以漫遊傲虐，若命項輩然者，舜皆樂取而無違，此同人大智也。若夫觀望以爲從違，却更有説。此皆豪傑之輩有志於此者，但恐因依不得其人，路頭差錯，爲終身之累耳。言念諸君平時雖不能無差謬，然皆可改之過，五倫根

❶「今日諸君」至「增益之助」凡一百三十八字，全集本作：「諸友復請曰：『越中豪傑如林，我輩此會，有指而非之者，有忌而阻之者，又有觀望以爲從違者，若之何而可孚衆人之情，不負先生之教也？』先生曰：『非者忌者，緣彼未曾在身心上理會，言雖過情，不足深咎，善學者聞之，莫非動忍增益之助。』」

本，皆未有傷。譬之昨夢，只今但求一醒，種種夢事，皆非我有。諸君不必復追往事，只今立起必爲聖人之志，從一念靈明日著日察，養成中和之體，種種客氣日就消滅，不爲所動；種種身家之事隨緣遣釋，不爲所累。時時親近有道，誦詩讀書，尚友千古，此便是大覺根基。或平時動氣求勝，只今謙下得來；或平時狥情貪欲，只今廉靜得來；或平時多言躁競，只今沉默得來；或平時怠惰縱逸，只今勤勵得來。寖微寖昌，寖幽寖著，省緣息累，循習久久，脱凡近以遊高明，日臻昭曠。不惟非者忌者漸次相協，其觀望以爲進退者知其有益，自將翕然聞風而來，無復疑畏，是長養一方善根，諸君錫類之助也。若夫徒發意興，不能立有不可奪之志，新功未加，舊習仍在，徒欲以虚聲號召，求知於人，不惟非者忌者無所考德，一切觀望者不知所勸，亦生退心。譬諸夢人清都，自身却未離溷厠，斬截一方善根，在諸君尚不能辭其責也。」

白溪私語諸友曰：「吾輩聞此警切之教，不覺動心發明。主氣客氣，尤爲聞所未聞。古云：『處貧難，處富易。』僕藉遺資，似覺稍易。諸友不可不加勉也！」予聞而喜曰：「白溪肯發此念，尤爲難得。雖然，生於憂患，死於安樂，富貴福澤，不過厚吾之生；貧賤憂戚，方能玉汝於成。大抵逆境常存戒心，順境易至失脚，在諸友當勉，在白溪尤不可自忽也。所云『爲學只在理會性情』，然須得其要機，方成德業。顔子不遷怒，有未發之中始能。吾人欲求未發之中，須從戒慎恐懼養來。然戒慎恐懼之功亦有淺深。每與東廓公相會，東廓常發此義：自聞先師良知教旨，即知從事此

學。初間從事上戒懼，每事攝持，不敢流入惡道；中年從意上戒懼，一切善惡只從意上決擇；近來始知從心上戒懼，用力更覺易簡。蓋心者意之體，意者心之用。事即意之應迹也。在事上攝持，不過强制於外。在意上決擇，動而後覺，亦未免於滅東生西。不覩不聞，心之本體，在心上體究，方是禁於未發，方是端本澄源之學，師門指訣也。諸君既知在性情上理會，去傲安分，不爲舊習所汩，妄想所營，只須各隨根器大小，量其淺深，以漸而入，水到渠成，真機自顯。但辨肯心，必不相賺。此學進退，只在一念轉移之間，得之可幾於聖賢，失之將入於禽獸，可不惧乎！古人進德脩業貴於及時，亦望諸君趂此日力，各相懋勉，以終大業，無若區區過時而後悔也。同心之言，不嫌直致，諸君諒之。」隆慶辛未歲六月念日書。

答問記略跋

龍溪先生《答問記略》，蓋過余草堂與諸弟子論難語，陳子維府敬梓以播同志者也。先生遭家不禄，余與子錫等亦君子之舉，正以寬先生之憂耳。先生宴笑終日，意陶陶也，則理會性情之方，固已示之不言間矣。而復不容已於言者，其對症之藥方也。雖然，求方於言，不若調自己性情，此療病之要訣也。一點靈明，隨緣隨發，凡一切順逆得喪毫無增損，此體之心而可自得者。先生之不動心，意或在未發之前獨有所照察矣乎？然則求先生之教者，求之方乎？抑求之性情乎？余不學，敢與同志者共商之。白云谿隱人王鍇謹識。

石首後學王喬衡
新城後學王之輔
阜城後學祁　鯨
安陸後學劉紹恤
禹城後學劉　金同刻

龍溪王先生會語卷之四　畢

龍溪會語卷之五

宣城門生貢安國輯
麻城後學蔡應揚
涇縣門生查　鐸校
萊州後學胡來貢
廣德門生李天植同校

南遊會紀❶

南都、滁陽會竟，虬峰學院，履菴司成，漸菴、五臺二冏卿屬言於予曰：「昔者鵝湖之會僅僅數語，簡易支離，不無異同，尚傳以爲勝事。今日之會，諸老道合，群彦志應，隨機啓牖，風規翕然，無復異同之嫌，尤不可以無傳，非惟徵學，亦以弘教也。」因追述會中答問諸語，録以就正，以見一時相與之義，若曰比美前聞，則非所敢當也。

萬曆癸酉秋，❷虬峰學院既畢校事，使

❶ 此文收入全集本卷七，删節甚多。

❷ 此段文字全集本簡縮作：「萬曆癸酉，冏卿漸庵李子、五臺陸子緘詞具舟，迎先生爲南滁之會。既而學院楚侗耿子使命適至，期會於留都。先生乃以秋杪發錢塘，達京口。適冢宰元洲張子北上，泊舟江壖，過訪舟中，云：『嘉靖丁亥，陽明先生赴兩廣，至省拜謁，與聞良知之訓，教人立必爲聖人之志，親師取善，讀書講學以輔成之，何等明快切實！佩服不忘。』先生因以從祀之議，屬之贊成。張子曰：『此事出於天下公論，當贊決題覆，固己分事也。』且云：『留都行時，有一卿長以兩事見教，一止奔競，一抑僞學。瀚謂：「奔競本須抑，只如不肖散部遠臣，聖明一時誤用，豈奔競所能及？若僞學，是何等名號，宋事可鑒，但當虚心以賢不肖定人品，若欲以是概之，是欲抑而反揚，非所以自愛也。」』翼日走全椒，訪南玄戚子之廬，諸友數十人迎會於南譙書院。先生舉戚子嘗有『一念超三界』之説：『一念不涉塵勞，即超欲界；一念不滯法象，即超色界；一念不住玄解，即超無色界。與大衆相别多年，所作何務？念念與塵勞作伴侣，欲界且不能超，况色界與無色界乎？』衆中聞之惕然。漸庵李子、五臺陸子偕同志百餘人，謁先生新祠，即會於祠中。」

命遠將，相期爲留都同志大會，用尋鵝湖之盟。繼而滁陽漸菴、五臺二冏卿復緘辭具舟，❶相迎爲南滁之會，共明師門舊學。不肖衰年，艱於遠涉，群公惓切之懷不可以虚辱，乃以秋杪鼓棹錢塘，達於京口，陸走真州。適冢宰張元翁被召北上，❷泊舟江壖，乃叔與予爲己卯同年，蓋通家舊好也。因訪於舟中，首詢先師從祀之議。元翁云：「嘉靖丁亥，陽明先師赴兩廣至省，舊學陳良才約同學三十人拜謁於清戎公署，與聞良知之教，復命集於學宫，申訂教義。大都教人立有必爲聖人之志，親師取善，讀書講學以輔成之，何等明快切實！今之學徒，講得太玄虚，殊失師旨。言者指摘，致成紛紛之論，非師教使然也。此事出於天下公議，首相張太老相信，主之於上，平泉同志當局，身任其事，衆情亦漸協，事在必成。到部考察事畢，即當贊決，早爲題覆，固同志已分事也。」因談及區區昔年該科論薦之事，時宰作惡，票擬僞學。翁愀然，此等名號，豈聖世所宜有？意若惻惻。不肖以爲衰廢之年，無復有補於世，惟力意海内善類得恃以無恐，某也受賜多矣。翁又謂：「留都行時，座中有一鄉長以兩事見教：一爲止奔競，❸一爲抑僞學。予謂：❹『奔競本須抑，只如區區南都散部遠臣，聖朝一時誤用，豈奔競所能及？若僞學，是何等名號？宋事可鑒。主此者是何人？當此者是何人？但當虚心以賢不肖定人品，若

❶「漸菴五臺二冏卿」，全集本作「冏卿漸菴李子五臺陸子」。以下不一一出校。
❷「張元翁」，全集本作「元洲張子」。
❸「競」，原誤作「兢」，今據全集本改。下同。
❹「予」，全集本作「瀚」。

欲以是槩概之，是欲抑而反揚，亦非所以自愛也。』其人默然。」翼日走全椒，訪同年戚南玄之廬，即前科中疏名論薦，被讒而歸，不肖累之也。憮懷今昔，何異昨夢？幼子汝基輩相拉舊遊及新向諸友數十人，尋會於南譙書院。憶與南玄嘗有「一念超三界」之說，衆中因復舉似：「一念不涉塵勞，即超欲界；一念不滯法象，即超色界；一念不住玄解，即超無色界。噫，斯人不可復作矣！與大衆相別多時，十餘年來所作何務？念念與世界塵勞作伴侶，欲界且不能超，况色界與無色界乎？」衆中聞之，惕然愴悔，如夢復醒，若有更新之意。明發，汝基偕舉人王作霖、吳中英諸友相隨趨滁陽，謁先師新祠於紫薇泉上，漸菴、五臺二丈偕同門老友孟子兩峰，相率滁中同志士友八十餘人及州僚學博，咸集祠中。

漸菴丈首扣吾儒與佛氏同異之旨。予曰：「豈易言也？未涉斯境，妄加卜量，謂之綺語。無已，請舉吾儒所同者與諸公商之。儒學明，佛學始有所證，毫釐同異始可得而辨也。人受天地之中以生，所謂性也。良知者，性之靈，即《堯典》所謂『俊德』。『明俊德』即是致良知，❶不離倫物感應，原是萬物一體之實學。『親九族』是明明德於一家，『平章百姓』是明明德於一國，『協和萬邦』是明明德於天下。親民正所以明其明德也，是爲大人之學。佛氏明心見性，自以爲明明德，自證自悟，離却倫物感應，與民不相親，以身世爲幻妄，終歸寂滅。要之不可以治天下國家，此其大凡也。且天地間生人不齊，不問中國外夷，自有一種

❶「俊」，全集本均作「峻」。

清淨無爲之人。唐虞在上，下有巢由。中國巢由之輩，即西方之佛徒也。儒學明，有聖人主持世教，愛養此輩，如喬松貞璞，偃仰縱恣，使各得以遂其生，無所妨奪，大人一體曲成之仁也。聖學衰，此輩始來做主稱雄。號爲儒者，僅僅自守，不復敢與之抗，甚至甘心降服，以爲不可及，勢使然也。若堯舜姬孔諸聖人之學明，自當保任廓清，光復舊物，雖有活佛出世，如唐虞之有巢許，相生相養，共證無爲，無復大小偏全之可言。緣此靈性在天地間，各各具足，無古今，無内外，渾然一體。在上則爲君爲相，都俞吁咈，以主持世教；在下則爲師爲友，講習論辨，以維持世教。師友之功與君相并，統體源流，各有端緒，未嘗一日亡也。不此之務，而徒紛紛同異之迹，與之較量，抑末也已！

問者曰：「佛氏上報父母之恩，下樂妻孥之養，未嘗遺棄倫理，是世出世法。只緣衆生父子恩重，夫婦情深，佛氏恐其牽纏相續不斷，爲下根衆生説法，立此戒門，所謂權也。若上根人，無欲應世，一切平等，即淫、怒、癡爲戒、定、慧，所謂實也。」予曰：「佛氏雖上報四恩，終是看得與衆生平等，只如舜遇瞽叟，號泣怨慕，引咎自責，至不可以爲人，佛氏却便以爲留情着相。天地絪緼，萬物化生，此是常道。佛氏雖樂有妻子，終以斷淫欲爲教門。若盡如佛教，種類已絶，何人傳法度生？所謂賢知者之過也。」

問者曰：「佛氏普度衆生，至捨身命不惜，儒者以爲自私自利，恐亦是扶教護法之言。」予曰：「佛氏行無緣慈，雖度盡衆生，同歸寂滅，與世界冷無交涉。吾儒與物

同體，和暢訢合，蓋人心不容已之生機，無可離處，故曰：『吾非斯人之徒與而誰與？』裁成輔相，天地之心，生民之命，所賴以立也。」

五臺問：「先師格物之説與後儒即物窮理不同，已信得及，但格物意義尚未明了。」予曰：「格物之物是應感之實事，從無聲無臭凝聚出來，合内外之道也。致知不在格物，便會落空。良知是寂然之體，物是所感之用，意是寂感所乘之機。機之所動，萬變不齊，莫非良知之妙應。用功只在格物上，使舜不遇瞽瞍，則孝之物有未格；周公不遇管蔡，則弟之物有未格；湯武不遇桀紂，則忠之物有未格。格物所以致其良知也。」

兩峰問曰：「《大學》首三條，聞先師有聖人、賢人、學者之分，何如？」予曰：「《大學》是大人之學，對小人而言。大人以天地萬物爲一體，明德是立一體之體，親民是達一體之用，止至善是體用一原，明德親民之極則也。此是即本體爲功夫，聖人之學也。因學者未悟至善之體，又提出知止一段工夫。人心無欲則止，有欲則遷。知止即是致知格物，定、靜、安即是誠意、正心、脩身，慮是與萬物相感應，即是齊家治國平天下，得者，得《大學》之道也。又因學者未悟知止之功，故復説出先後次第，以示學者用功之序。此學者之事也。本體功夫，淺深難易，雖有不同，及其成功一也。」

又問曰：「文公格物之義有四，非止一草一木上去格，亦是身心應感切實功夫。」予謂：「先師格物亦未嘗外此四者，但於其中提出主腦，功夫始有歸着。聖人之學，只是察諸念慮之微。凡文字、講論、

事爲皆在念慮上察，以致其知，此便是學問主腦。若作四項用功，即爲支離之學矣。」

成山王子問曰：「顔子不遷怒、不貳過，晦菴訓解，或非本意。」予曰：「顔子不遷不貳，有未發之中始能。顔子心常止，故能不遷；心常一，故能不貳。常止常一，所謂未發之中也。顔子發聖人之藴，此是絶學，故曰『今也則亡，未聞好學者也』。若如所解，原憲諸賢皆能之，何以謂之絶學？」

時有山人談佛學，誦《金剛經》，未明三心之義，請問。時方與山人對食，予謂：「即此可以證明，念是心之用，未有無念之心。從前求食之念已往，便是過去心不可得；從後欲食之念未生，便是未來心不可得；只今對食之念本空，便是見在心不可得。此是無所住真心，不着四相，若有所得，即有所住、有所著矣。」

山人又問有爲法中六如之義。予謂：「人在世間，四大假合而成，如夢境，如幻相，如水上泡，如日中影，如草頭露，如空裏電，倏忽無常，終歸變滅。惟本覺無爲真性，萬劫常存，無有變滅。大修行人作如是觀，即有爲而證無爲，世出世法。若外有爲別求無爲，是二乘見解，非究竟法也。」

山人問大丹之要。❶予曰：「此事全是無中生有，一毫查滓之物用不着。譬之蜣螂轉丸，丸中空處一點虚白，乃是蜣螂精神會聚所成，但假糞丸爲之地耳。虚白成形而蜣螂化去，心死神活，所謂脱胎也。此是無中生有之玄機，先天心法也。養生家不達機竅，只去後天查滓上求造化，可謂

❶「山人」，全集本作「兩峰孟子」。

愚矣。」

友人問：❶「先正云：❷『佛老之學有體而無用，申韓之學有用而無體，聖人之學體用兼全。』何如？」予謂：「此説似是而非。佛老自有佛老之體用，申韓自有申韓之體用，聖人自有聖人之體用，天下未有無用之體，無體之用也。故曰體用一原。」

友人問：「白沙教人『靜中養出端倪』，何如？」予曰：「端即善端之端，倪即天倪之倪，人人所自有，然非靜養則不可見。泰宇定而後天光發，此端倪即所謂欛柄。用功得欛柄，方可循守。不然，未免茫蕩無歸。不如直指良知真頭面，尤見端的，無動無靜，無時不得其養，一點靈明，照徹上下，不致使人認光景意象作活計也。」

友人問：❸「尋常閒思雜慮，❹往來憧憧，還須禁絶否？」予謂：「心之官則思，思原是心之職。良知是心之本體，瀰天而天，瀰地而地，根底造化，貫串人物，周流變動，出入無時，如何禁絶得他？只是提醒良知真宰，澄瑩中立。譬之主人在堂，豪奴悍婢自不敢肆，閒思雜慮從何處得來？」

友人問：「『行不著，習不察』，舊説『著是知其所當然，察是識其所以然』，何如？」予謂：「此後世之學專在知識上求了。著是《中庸》形著之著，察是《中庸》察乎天地之察，乃身心真實受用，終身由之不知其道，即百姓日用而不知也。若只在知識尋求，於身心有何交涉？」

友人問：「學者用功病於拘檢，不能

❶「友人」，全集本作「或」。下不一一出校。
❷「先正」，全集本作「先生」。
❸「友人問」，全集本作「虬峰謝子曰」。
❹「閒」，原作「閑」，今據全集本改。

灑落；纔要嚴肅，又病於縱放。如何則可？」予謂：「不嚴肅則道不凝，不灑落則機不活。致良知工夫，不拘不縱，自有天則，自無二者之病，非意象所能加減，所謂并行不相悖也。」

友人述上蔡講一部《論語》，證以「師冕」一章之義，請問。予謂：「一部《論語》爲未悟者說，所謂相師之道也。故曰及階、及席，某在斯、某在斯，一一指向他說。若爲明眼人說，即成剩語，非立教之旨矣。」

予謂：「千聖同堂而坐，其議論作爲必不能盡同。若其立命安身之處，則有不容毫髮差者。只如武王不葬而興師，夷齊叩馬而諫，二者若水火之不相入，然同謂之聖，何也？使武王有一毫爲利之心，不出於救生民，夷齊有一毫好名之心，不出於明大義，則是亂臣淺夫之尤者也。此可以爲觀人之法。」

友人問：❶「顏子没而聖學亡，畢竟曾子、孟子所傳是何學？」予謂：「此須心悟。曾子、孟子尚有門可入，有途可循，有繩約可據。顏子則是由乎不啓之扃，達乎無轍之途，固乎無藤之緘。曾子、孟子猶爲有一之可守，顏子則并一忘之矣。『喟然』一嘆，蓋悟後語，無高堅可着，無前後可依，欲罷而不能，欲從而無由，非天下至神，何足以與此？」

友人問象山「耳自聰，目自明，事父自能孝，事兄自能弟，本無欠缺，不必他求」之義。予謂：「良知不學不慮，本來具足。

❶ 未見全集本同題著作，而與同本卷八《撫州擬峴臺會語》「先生曰：『師云顏子没而聖人之學亡』」條基本一致。

譬之耳目，耳有壅塞始不能聰，目有障蔽始不能明，去其壅蔽則聰明自復，不必他求也。故學者復其不學之體而已，慮者復其不慮之體而已。外良知而有學有慮，是求復聰明於外也。若不務壅蔽之去，漫然號於人『吾之聰明本如是』，則又非立教之本旨矣。」

友人問象山「在人情事勢物理上做工夫」。予謂：「事勢物理只在人情中，此原是聖門格物宗旨。世儒顧指爲禪學，未之深考耳。」

友人問明道「吟風弄月以歸，有吾與點之意」。予謂：「學者須識得與點之意，方是孔門學脈，方爲有悟。伊川後來却失了。伊川平生剛毅，力扶世教，以師道爲己任。明道自以爲有所不及，不知明道乃是巽言諷之，惜乎伊川未之悟也。學問到執己自是處，雖以明道爲兄，亦無如何，況朋友乎？」

友人問束書不觀，游談無根。予謂：「吾人時時能對越上帝，無間漫之時，然後可以無藉於書。書雖是糟粕，然千古聖賢心事賴之以傳。聖賢先得我心同然，有印證之義，其次有觸發之義，其次有栽培之義，何病於觀？但泥於書而不得於心，是爲法華所轉，與游談無根之病其間不能以寸，不可不察也。」

友人問：「象山云：『秦不曾壞了道脈，至漢而大壞。』何如？」予謂：「祖龍焚書亦暗合删述之意，不合焚了《六經》，道脈未嘗壞。漢儒將聖門道術著爲典要，變動周流之旨遂不復見於世，迹是情非，所以大壞。」

友人問：「象山云：『學者不可用心

太急。深山有寶，無心於寶者得之。』」予謂：「人心如天樞之運，一日一週天。緊不得些子，慢不得些子，緊便是助，慢便是忘。故曰『天行健，君子以自强不息』。不緊不慢，密符天度，以無心而成化，聖學之的也。」

友人問獅子捉兔捉象皆用全力。予謂：「聖賢遇事，無大小，皆以全體精神應之。不然，便是執事不敬。善射者，雖十步之近，亦必引滿而發，方是彀率。康節云：『唐虞揖讓三杯酒，湯武征誅一局棋。』須知三杯酒亦用却揖讓精神，一局棋亦用却征誅精神，方是全力，方是無敢慢。」

友人問：象山云「人情物理之變，何可勝窮？稷之不能審於八音，夔之不能詳於五種，可以理揆。伏羲之時未有堯之文章，唐虞之時未有成周之禮樂，非伏羲之智不如堯而堯舜之智不如周公。古之聖賢更續、緝熙之際，尚可考也。」予謂：「物有本末，事有終始。堯舜之知而不偏物，若其標末，雖古之聖人不能盡知也。王澤之竭，利欲日熾，先覺不作，民心橫奔，浮文異端轉相熒惑，趨爲機變之巧，以虛誕相高。後世耻一物之不知，亦耻非所耻，而耻心亡矣。」

友人問：象山云「古先聖賢無不由學。伏羲尚矣，猶以天地萬物爲師。人生不知學，學而不求師，其可乎哉？」予謂：「秦漢以來，學絶道喪，世不復有師，至宋始復有師。學者不求師與求而不能虛心以聽，是乃學者之罪。學者知求師矣，能虛心矣，所以導之者非其道，則師之罪也。先師首揭良知之教以覺天下，學者靡然宗之，此道似乎大明於世，然而世之學者真能致其良知者有幾？其間致疑於良知，惑於似是

而非者亦且數端：或以良知爲已發，更求未發以爲歸寂之體；或以良知未足以盡天下之變，必假知識助發之以爲應感之用；或謂良知本來完具，無待於致而後足；或謂世間無有現在良知，必用苦功致之而後全。凡此皆似是之疑，不可以不辨也。知之一字，入聖之機，所謂良知者，不學不慮，乃天所爲，正所謂未發也，於此而更求歸寂之體，則將入於杳冥矣。謂良知爲已發者非也。盡天下之變，不出善惡，盡天下之善惡，不出是非。良知知是知非，乃見天則，以其虛也。目惟虛故能辨黑白，耳惟虛故能辨清濁，良知惟虛故能辨是非。若謂良知不足以盡變，必假助於知識，是塗黑白於目以爲視，聒清濁於耳以爲聽，非惟不足以全耳目之用，而聰明反爲所蔽矣。謂良知有待於助發者非也。良知雖本來完具，而蔽於意欲，未免有失，必用致知之功，絶意去欲，始能復其本來之體。不然，愈蔽愈失，將不復有存矣。謂良知不待致而自足者非也。乍見孺子入井必有怵惕惻隱之心，乃良知也，終始保任以全其乍見之良，不使納交、要譽、惡聲之念攙入其中，便是致知之功，非有藉於脩證也。乍見之心，先王與今人未嘗不同。譬之昭昭之天與廣大之天未嘗異也，不知致之，則不免爲二念所雜。若曰現在良知與聖人不同，必待用刧苦功而後能全，則是良知有待於脩證，非本來至虛之體矣。謂良知有待於致而後全者非也。吾人服膺良知之訓，幸相默證以解學者之惑，務求不失師門宗旨，庶爲善學也已。」

友人問象山、晦菴無極太極之辨。予謂：「象山、晦翁往復辨難，莫詳於論無極

數書。某嘗以質於先師，師曰：『無極而太極，是周子洞見道體，力扶世教，斬截漢儒與佛氏二學斷案，所謂發千聖不傳之絶學。朱陸皆未之悉也。』夫無極而太極，而陰陽、五行、萬物，自無而達於有，造化之生機也。萬物、五行、陰陽、太極而無極，自有而歸於無，造化之殺機也。生機爲順，殺機爲逆。一順一逆，造化之妙用。故曰『易，逆數也』。象山以無極之言出於老氏，不知孔子已言之矣。其曰『易有太極』、『易無體』，無體即無極也。漢儒不明孔氏之旨，將仁義忠孝、倫物度數、形而下者著爲典要，索於刑名器數之末，一切皆有定理，以爲此太極也，而不知太極本無極，不可得而泥也。佛氏之徒見聖人之學拘攣執滯，不能適變，遂遺棄倫物器數，一歸於空，以爲此無極也，而不知無極即太極，不可得而外也。一以爲有物，一以爲無始。一則求明於心而遺物理，一則求明物理而外於心。所趨雖殊，其爲害道而傷教均也。周子洞見其弊，故特揭此一言以昭來學，真良工苦心也。象山謂『《通書》未嘗言無極』，不知《聖學篇》『一者無欲也』，一即太極，無欲即無極，周子已發之矣。晦翁恐太極淪於一物，力爭無極以爲綱維，而不知無極果爲何物。『聖人定之以中正仁義而主靜，立人極焉。』中正仁義所謂太極，靜者心之本體，無欲故靜，無欲即無極。主靜所謂無極也。朱子乃以主靜屬之動靜之靜，分仁義爲動靜，衆人失之於動，聖人本之於靜，自陷於支離而不自覺矣。故曰：『言有無，諸子之陋。』」

友人傳京師士夫議陽明先師之學，❶亦從葱嶺借路過來。予謂：「此似是而非。非惟吾儒不借禪家之路，禪家亦自不借禪家之路。❷昔香嚴童子問僞山『西來意』，僞山曰『我説自我的，不干汝事』，終不加答。後因擊竹證悟，始禮謝。禪師當時若與説破，豈有今日？故曰：『丈夫自有冲天志，不向如來行處行。』豈惟吾儒不借禪家之路，吾儒亦自不借吾儒之路。❸今日良知之説，人孰不聞，却須自悟，始爲自得。自得者，得自本心，非得之言也。聖人先得我心之同然，印證而已，若從言句承領，門外之寶終非自己家珍。人心本來虛寂，原是入聖真路頭，虛寂之旨，羲、黄、姬、孔相傳之學脈，儒得之以爲儒，禪得之以爲禪。故非有所借而慕，亦非有所托而逃也。若夫儒釋公私之辨，悟者當自得之，亦非意識所能分疏也。」

友人問曰：❹「天下皆傳致良知之學。古今事物之變無窮，若謂單單只致良知便了當得聖學，實是信不及。」予謂：「此非一朝夕之故，不但後世信此不及，雖在孔門，子貢、子張諸賢便已信不及，未免外求，未免在多學、多聞、多見上湊補助發。當時惟顔子信得此及，只在心性上用功，孔子稱其好學，只在自己怒與過上不遷不貳，此與多學、多聞、多見有何干涉？孔門明明説破，以多學而識爲非，以聞見擇識爲知之

❶「友人傳京師士夫」，全集本作「或曰人議」。
❷「禪家亦自不借禪家之路」，《湛甘泉先生文集》卷二十三《天關語通録》載陽明論學語録作「禪家亦自不借吾儒之路」。
❸「吾儒亦自不借吾儒之路」，全集本無此句。
❹「友人」，全集本卷四《留都會記》作「濂濱張子」。

次。所謂『一』，所謂『知之上』，何所指也？孟子願學孔子，提出良知示人，又以夜氣虛明發明宗要，只此一點虛明便是入聖之機，時時保任此一點虛明，不爲旦晝牿亡，便是致知，只此便是聖學。此學原是無中生有，顔子從裏面無處做出來，子貢、子張從外面有處做進去，無者難尋，有者易見。故子貢、子張一派學術流傳後世，而顔子之學遂亡。後之學者沿習多學、多聞、多見之説，乃謂初須多學，到後方能一貫；初須多聞多見，到後方能不藉聞見而知，此相沿之弊也。初學與聖人之學只有生熟不同，前後更無兩路。若有兩路，孔子何故非之，以誤初學之人，而以聞見爲第二義？在善學者默然而識之。齊王見堂下之牛而觳觫，凡人見入井之孺子而怵惕，行道乞人見嘑蹴之食而不屑不受，天機神應，人力不得而與，豈待平時多學而始能？充觳觫一念，便可以王天下；充怵惕一念，便可以保四海；充不屑不受一念，義便不可勝用。此可以窺孔孟之宗傳矣。」

友人問曰：❶「古人云『一得永得』，既得矣，復有所失，何也？」予謂：「吾人之學患無所得，既得後，保任工夫自不容已。且道得是得個恁麽，此非意解所及，擇乎中庸，不能朞月守，便是忘却保任工夫，亦便是得處欠穩。在堯舜兢業無怠無荒，文王勉翼亦臨亦保，方是真得，方是真保任。學至大成，始能强立不反。放得大早，自是學者大病，吾儕所當深省也。」

友人問「河圖」「洛書」之義。予謂：「造化之機，一順一逆而已。河圖爲順，洛

❶「友人問」，全集本卷四《留都會紀》作「敬庵子」。

書爲逆。順爲生機，逆爲殺機。順而不逆，則無以成化育之功。河圖左旋，洛書右轉，天水違行之象。故曰：『易，逆數也。』其用逆而其機則順也。不翕聚則不能發散，殺者所以爲生也。世傳金册用逆，不知吾儒之學亦全在逆。顔子『四勿』，便是用逆之數。收視反聽，謹言慎動，不遠而復，所以脩身也。圖、書五皆居中，而一皆居下者，此尤造化示人之精藴。五居中者，人受天地之中以生也。一居下者，即五中之一點也。萬物發用在中而根荄在下。雷在地中，復。陽氣潛孚於黄鍾之宫，君子以此洗心，退藏於密，《乾》之初爻曰『潛龍勿用』，陽在下也。乾之勿用即圖、書之一也，即復之初也，其旨深矣。舊曾與荆川子論及此，後儒不原古人畫卦敘疇之本旨，不明順逆之機，紛紛泥於方位象數之説，牽補附會，無益於學，其亦陋矣。」❶

予謂兩峰曰：❷「自先師拈出良知教旨，學者皆知此事本來具足，無待外求。譬諸木中有火，鑛中有金，無待於外爍也。然而火藏於木，非鑽研則不出；金伏於鑛，非鍛鍊則不精。良知之蔽於染習，猶夫金與火也。卑者溺於嗜慾，高者牿於意見，漸漬淪浹，無始以來之妄緣，非苟然而已也。夫鑽研有竅，鍛鍊有機。不握其機，不入其竅，漫然以從事，雖使析木爲塵，碎鑛爲粉，轉展煩勞，祇益虚妄。欲覓金火之兆徵，不可得也。寂照虚明，本有天然之機竅，動於意欲，始昏始蔽。消意遣欲，存乎一念之

❶ 此段未見全集本同題著作，與同本卷八《河圖洛書解義》基本一致。

❷ 「兩峰」，全集本作「孟子」。

微，得於罔象，非可以智索而形求也。苟徒恃見在爲具足，不加鑽研之力；知所用力矣，不達天然之義，皆非所謂善學也。不肖與兄同事夫子，親承指授，非泛然私淑之比。相馬者得於驪黃之外，斲輪者悟於疾徐之間。哲人雖逝，遺教猶存。數十年來所作何務？悠悠卒歲，思之憫然，所望彼此征邁，不以耄而自棄，啓玄竅，窺神機，一洗妄緣，證取本來面目，毋使西河致疑於夫子，庶爲報答師恩耳。」

予謂五臺曰：「佛氏以生死爲大，吾儒亦未嘗不以爲大。原始反終，故知生死之説。『未知生，焉知死』乃真實不誑語。孔氏以後任生死者不爲無人，説到超生死處，實不易得。任則敦行者皆可能，超非大徹悟不能也。佛原是上古無爲聖人，後世聖學不明，故佛學亦晦。吾人爲此一大事出世一番，原是爲天地立心，爲生民立命。既幸有聞，豈容自諉？今日良知之學原是範圍三教宗盟，一點靈明，充塞宇宙，羲皇、堯舜、文王、孔子諸聖人皆不能外此別有建立。靈性在宇宙間，萬古一日，本無生死，亦無大小。聖學衰，佛氏始入中國主持世教。時有盛衰，所見亦因以異，非道有大小也。謂孔子之道大於佛，固不識佛；謂佛之道大於孔子，尤不識孔子。吾世契崇信孔氏，復深於佛學，一言輕重，世法視以爲向背。自今以後，望專發明孔氏以上諸聖大宗，立心立命，以繼絶學而開太平，弗多舉揚佛法，分別大小，以駭世聽。非有所避忌，隨時立教，法如是故也。聖學明，則佛學不待闡而自明矣。若夫同異毫釐之辨，存乎自悟，非可以口舌爭也。」

予赴會南滁，適淮上敬所中丞遺使相

迎，附至山中，隨筆中有於此學相發者點掇一二，與會中諸友商也。

心之體不可言，聖人未嘗言，獨於《易》言「寂然不動，感而遂通天下之故」。心之體用，不過一感一應。古今言心者盡於此矣。六十四卦，惟艮與咸取象於人身。艮，止也，不動也；咸，感也，感通也。止之體不可容言，而思之用則人生日用之所以不窮，皆心主之。思者，心之職也。日月寒暑，尺蠖龍蛇之屈信啓蟄，極而至於窮神知化，皆不出乎此。寂非證滅也，感非起緣也。即寂而感行焉，寂非内也；即感而寂存焉，感非外也。是謂常寂常感，是謂無寂無感。心豈肉團之謂哉？聖人之意微矣。❶

天地生物之心，以其全付之於人而知也者，人心之覺而爲靈者也。從古以來，生天生地、生人生物皆此一靈而已。孟子於其中指出良知，直是平鋪應感，而非思慮之所及也。良知不外思慮，而思慮却能障蔽良知，故孟子尤指其不慮者，而後謂之良。見孺子入井而怵惕，良知也，而納交要譽惡其聲，則慮矣；見嘑蹴而不屑不受，良知也，而宫室妻妾得我而爲之，則慮矣。故曰「天下何思何慮」，此正指用功而言，非要其成功也。

二氏之學與吾儒異，❷然與吾儒并傳而不廢，蓋亦有道在焉，均是心也。佛氏從父母交媾時提出，故曰「父母未生前」，曰「一絲不掛」，而其事曰「明心見性」。道家從出

❶「予謂五臺曰」至「聖人之意微矣」三段，全集本佚。

❷「二氏之學」上，全集本有「五臺陸子問二氏之學，先生曰」十二字。

胎時提出，故曰「囫地一聲，泰山失足」，「一靈真性既立，而胎息已忘」，而其事曰「脩心煉性」。吾儒却從孩提時提出，故曰「孩提知愛知敬」，「不學不慮」，曰「大人不失其赤子之心」，而其事曰「存心養性」。夫以未生時看心，是佛氏頓超還虛之學；以出胎時看心，是道家煉精氣神以求還虛之學。「良知」兩字，範圍三教之宗。良知之凝聚爲精，流行爲氣，妙用爲神，無三可住，良知即虛，無一可還，此所以爲聖人之學。若以未生時兼不得出胎，以出胎時兼不得孩提。孩提舉其全，天地萬物，經綸參贊，舉而措之，而二氏之所拈出者未嘗不兼焉，皆未免於臆說。或强合而同，或排斥而異，皆非所以論於三教也。

先天之學，❶天機也。邵子得先天而後立象數，而後世以象數爲先天之學者，非也。莊子曰「於庖丁得養生焉」，夫目無全牛，非脈理衆解之謂也，故曰「官知止而神欲行」，大約謂知天機者見在物先，猶言見天地萬物變化生死之關鍵在吾目中，猶庖丁見牛脈理之明也，故曰「邵子竊弄造化」。「一陰一陽之謂道」，冲漠無朕之初也；「繼之者善」，先天流行之氣也；「成之者性」，則人物受之以生，後天保合居方之質也。然雖各一其性，而所謂道與善者未嘗不具於其中，非後天之外別有先天也。道即陰陽冲和之本體，繼善則其生生不息之真機。聖人説造化，只從人身取證，故曰「近取諸身」，非空説造化也。孟子性善之論蓋本諸此。人能知性善而完復於道，則

❶「先天之學」上，全集本有「或問先天後天之旨，先生曰」十一字。

是仁者見之謂之仁，知者見之謂之知。以欲混之，則百姓日用而不知。故曰「君子之道鮮矣」。

戒慎工夫直是從炯然無欲，❶真心見前，便是達天德。此功夫極細密，不容有一毫加減。加即助，減即忘。佛氏謂：「靜曰滅動，不滅照。」夫靜中無朕，何者爲動，何者爲照？而又一心以滅之，則已不勝其憂矣，又安能靜也？觀喜怒哀樂未發以前氣象，義固類此。

友人看《圓覺經》，舉「地水風火四大假合而生，四大分離而死」請問。❷予謂：「不待生死界頭始知，即見在一念便可證取。世人妄認四大爲身，故有生死相，一念偪塞便是地來礙，一念流浪便是水來浸，一念躁妄便是火來焚，一念踔舉便是風來飄。若一念明定，不震不驚，當下超脱，不爲四大所拘管，本無離合，寧有死生之期？方不負大丈夫爲此一大事出世一番也。」

虬峰文宗相期尹洞山、大宗伯傅少岩、大司空徐鳳竹、少司空萬履菴、大司成大廷尉陶泗橋、京兆楊遡川、鴻臚劉小魯、冏卿五臺諸公會於崇正書院。❸洞山公首舉先師語莊渠「心常動」之説，有諸？予曰：「然。莊渠爲嶺南學憲時，過贛。先師問『子才，如何是本心？』莊渠云：『心是常靜的。』先師曰：『我道心是常動的。』莊渠遂拂衣而行。末年，予與荊川請教於莊渠。莊渠首舉前語，悔當時不及再問，因究其説。予曰：『是雖有矯而然，其實心體亦

❶「戒慎」上，全集本有「先生曰」三字。
❷「友人看圓覺經舉」，全集本作「陸子舉佛經」。
❸「虬峰文宗」至「崇正書院」凡五十八字，全集本佚。

原是如此。天常運而不息，心常活而不死。動即活動之義，非以時言也。』因請問『心常靜』之説，莊渠曰：『聖學全在主靜，前念以往，後念未生，見念空寂，既不執持，亦不茫昧，靜中光景也。』又曰：『學有天根，有天機。天根所以立本，天機所以研慮。』予因請問：『天根與邵子同否？』莊渠曰：『亦是此意。』予謂：『邵子以一陽初動爲天根，天根即天機也。天根、天機不可并舉而言，若如此分疏，亦是靜存動察之遺意。悟得時，謂心是常靜亦可，謂心是常動亦可，謂之天根亦可，謂之天機亦可。心無動靜，動靜，所遇之時也。』」

少岩舉後渠序《楊子折衷》，以慈湖爲滅意，與不起意本旨同否？予謂：「意是本心自然之用，如水鑑之應物，變化云爲，萬物畢照，未嘗有所起也。離心起意即爲妄，有起而後有滅，萬欲皆從意生。本心自清自明，虛靈變化，妙應無方，原未嘗起，何待於滅？或以不起意爲不起惡意，非也。善與惡對，心本無惡，雖善意亦不可得而名，是謂至善。有善可爲，是謂義襲，非慊於心也。或以不起意非初學所能及，亦非也。初學與聖人之學只有生熟安勉，原無二致，及其知之成功，一也。昔上蔡舉『何思何慮』請正伊川，伊川以爲『説得太早』，既而曰『却好用功』，則已自悔其説之有未盡矣。或以慈湖之學爲禪，亦非也。慈湖之學得於象山，慈湖舉本心爲問，象山以扇訟是非啓之，恍然自悟，乃易簡直截根源。荆門之政幾於三代，儒者有用之學也。知不起意之説，則知今日誠意致知之旨矣。」「然則慈湖疑正心、洗心皆非聖人之言，何也？」予曰：「此是慈湖執見未化。古人

垂訓，皆因病立方。人心溺於染習，不能無邪無垢，故示以正心、洗心之方。病去則藥除，所謂權法也。象山謂『予不説一，敬仲嘗説一』，便是一障。先師謂『慈湖見得無聲無臭之旨，未能忘見』，未免爲無聲無臭所礙，將古人教法盡與破調，則『不起意』三字亦剩語矣。要之，大本大原乃是入聖真脈路，瑕瑜自不相掩也。」

司成萬履菴攜酒承恩方丈就饗。予謂：「履菴是荆川入室宗盟。荆川平生立心如玉潔，制行如金剛，豈有一毫依附之意？但看得自己太高，以爲得孔老師欛柄，隨處運得轉，做得去，投在他人懷裏，要去轉他。不知脚跟未穩，實反被他轉，不得脱身。要之還是致知工夫未透徹。❶在荆川開府維揚時，❷邀予往會，時已有病，遇春汛，日日坐堂治命，將遺師爲防海之計。一日退食，笑謂予曰：『公看我與老師之學有相契否？』荆川信自己作用可擬先師，故爲此問。予故激之曰：『子之力量固自不同，若説良知，還未致得在。』荆川作色曰：『我平生佩服陽明之教，滿口所説，滿紙所寫，那些不是良知？公豈欺我耶？』❸予笑曰：『難道不是良知？只未致得真良知，未免攙和在。』荆川憤然不服，云：『試舉看。』予謂：『適在堂遣將時，諸將校有所稟呈，辭意未盡，即與攔截，發揮自己方略，令其依從，此是攙入意見，心便不虛，非真良知也。將官將地方事體請問某處該如何設備，某事如何追攝，便引證古人做過勾

❶「司成萬履」至「還是致知工夫未透徹」，全集本佚。

❷「在荆川」至「非虛言也」，收入全集本卷一《維揚晤語》。

❸「欺」，原誤作「款」，今據全集本卷二《維揚晤語》改。

當，某處如此處，某事如何處，自家一點圓明反覺凝滯，此是攙入典要，機便不神，非真良知也。及至議論未合，定着眼睛沉思一回，又與說起，此等處認作沉幾研慮，不知此已攙入擬議安排，非真良知也。有時奮掉鼓激，厲聲抗言，使若無所容，自以爲威嚴不可犯，不知此是攙入氣魄，非真良知也。有時發人隱過，有時揚人隱行，有時行不測之賞，加非法之罰，自以爲得好惡之正，不知自己靈根已爲搖動，未免有所作，非真良知也。他如製木城、造銅面、畜獵犬，不論勢之所便、地之所宜，一一令其如法措置，此是攙入格套，非良知也。嘗曰：我一一經營，已得勝筭，猛將如云，不如着一病都堂在陣。此是攙入能所，非真良知也。若是真致良知，只宜虛心應物，使人人各得以盡其情，能剛能柔，觸機而應，迎刃而解，更無些子攙入。譬之明鏡當臺，妍媸自辨，方是經綸手段。纔有些子才智伎倆，與之相形，自己光明反爲所蔽，口中說得十分明白，紙上寫得十分詳盡，只成播弄精魂，非真實受用也。』荆川憮然曰：『吾過矣。』友道以直諒爲益，非虛言也。今與履菴說破，非是稱譏往事，心同學同，亦欲因以自考交脩之義也。」

履菴邀予曾宿觀光館中，予扣近來新功，履菴若謙讓未遑。履菴一生冲淡謙抑，無一毫競進之心，❶見之使人躁心自消。然未肯出頭擔荷世界，亦在於此。荆川每每激發，欲其開展任事。既爲入室宗盟，此等處未可輕輕抹過。大丈夫出世一番，自有見在合幹的事。身爲國師，以教人爲職，教

❶「競」，原作「兢」，今改。

學相長，學不厭，教不倦，原非兩事，其機只在默識。內以成己，外以成物，合内外之道也。昔者泉翁及東廓、南野諸公爲大司成，與諸生輪日分班講學、歌詩、習禮，示以身心之益，弦誦之聲達於四境，翕然風動。豈必人人皆能發真心、修實行？樹之風聲，以爲之兆，其職固所以自盡。若徒循資格、了升散、絶餽遺、謹約束，使人無破綻可舉，作自了漢，非所望於有道也。

侍御湛台胡子出差方回，候於承恩寓所，自晨抵暮，聞予宿履菴館中，即趣宿雞鳴方丈，次早造館求見。十年相別，敘寒燠外，汲汲以問學求印證，復期過私第請教，其志可謂切矣。湛台謂：「與師相别多年，所聞良知之教，時時不敢忘，一切應用逆順好醜起倒不常，纔欲矜持，似覺拘迫，纔欲舒展，又覺散緩，未得箇恰好處。勘來勘去，只是致良知工夫無病痛，故近來一意只是致良知。虚靈應感，自有天則，制而不迫，肆而不蕩，日覺有用力處，日覺有得力處。以此就正，更望有以進之。」噫！若湛台，可謂善學矣。良知無盡藏，致知工夫亦無盡藏。古云「百尺竿頭，更進一步」，四面虚空，從何處着脚？聞以有翼飛者矣，未聞以無翼飛者也。於此得箇悟入，方爲究竟法。待子更用工夫，火力具足，當儲天泉勺水與子沃之，未晚也。❶

對山林翁出訪，❷見余容色未衰，叩余有術乎。予曰：「無之。所守者，師承之學耳。養德、養身，原無二學。未發之中，千古學脈。醫家以喜怒過縱爲内傷，憂思

❶「履菴邀予曾宿」至「未晚也」兩段，全集本佚。
❷「對山林翁」，全集本卷四《留都會紀》作「三渠王子」。

過鬱爲内傷。縱則神馳，鬱則神滯，皆足以損神而致疾。眼視色不知節，神便着在色上；耳聽聲不知節，神便着聲上。久久皆足以傷生致疾，人但不自覺耳。時時戒懼，不縱不鬱，聰明内守，不着於外，始爲未發之中。有未發之中，始有發而中節之和。神凝氣沖，絪縕訢合，天地萬物且不能違，此是先天心法，保命安身第一義。不肖盖學而未能也。世間小術皆是後天查滓，名爲養生，實則戕生之媒，公殆勘破久矣，不足學也。」❶

諸公謂所論致知格物之義，❷尚信未及。余曰：「不是説了便休，有諸己，方謂之信。諸公試驗看：日逐應感，視聽喜怒，那些不是良知覺照所在？應感上致此良知，便是格物。一時不致良知，視便妄視，聽便妄聽，喜便妄喜，怒便妄怒，便不是格物之學。推之一切應感，食息動静、出處去就，無不皆然。良知即天，良知即帝。顧天明命者，顧此也；順帝之則者，順此也。人生一世只有這件事，得此欛柄入手，方能獨往獨來，自作主宰，不隨人悲笑，方是大豪傑作用，區區愛助之誠也。」

虬峰文宗問未發之旨。❸予謂：「此是千聖秘密藏，不以時言，在虞廷謂之『道心之微』，不與已發相對。微是心之本體，聖人不能使之著，天地亦不能使之著，所謂『無聲無臭』是也。若曰微者著，即落聲臭，非天載之神矣。吾人之學，須時時從此緝熙保任，方是端本澄源之學，勃然沛然，自

❶ 此段未見全集本同題著作，與同本卷四《留都會紀》「三渠王子出訪，見先生容色未衰」條基本一致。
❷ 「諸公謂」，全集本作「或問」。
❸ 「虬峰文宗」，全集本作「謝子」。

不容已。若只從意識見解領會，轉眼還迷，非一得永得也。」虬峰憮然曰：「何幸聞此極則事！自今當知所用力矣。」予謂：「意識則非默識，見解則非玄解，此後儒之通病。公既勘破未發之機，更當有所請也。」

洞山、少岩、鳳竹三公爲主，相期小九卿掌科諸公大會於東園，小魯請於予曰：❶「朋友講習，麗澤之益也。古者於旅也語，今日之會，不可以無言。」予默而不答。嘗聞之，講學有二：有講以身心者，有講以口耳者。諸公裒然聚於一堂，神肅氣冲，一念兢兢，如見如承，揖讓酬獻，笑語周旋，秩然皆中於度，無過可舉，身心之益，莫大於是，只此是學。使平時應感皆如今日，勿以怠心習氣乘之，便可以證聖功，不但寡過而已。若於此復欲有言，非贅則狂矣。諸公戲之曰：「不講之講，乃真講也。」

虬峰文宗選集學中諸生三百餘人，大會於至公堂，次復大會於明倫堂，次復集各府優等在院諸生會於明道書院，令諸生席地坐聽，每爲諸生啓請，間舉五經、四書微旨以求開演，或令諸生各舉所見所疑以求折衷。且謂：「經師易得，心師難遇。」時時縱諛，以堅向信之志。」諸生貌肅聽專，神與偕來，翕然有風動之機，在文宗可謂有撤皐之勇。愧不肖非程伯子，無以仰承大美耳。因述諸生答問之語，纂録如左，以見一時合併之義。諸生能體諒文宗作興之意，舉業外得箇入路，使有補於身心，方爲不孤負耳。

❶「洞山」至「予曰」，全集本作「洞山尹子爲主相期同志大會於東園請曰」。

友人問顔子屢空之義。❶予謂：「古人之學，只求日減，不求日增，減得盡便是聖人。一點虚明，空洞無物，故能備萬物之用。目無一色，故能備萬物之色，耳無一聲，故能備萬物之聲，空故也。聖人常空，顔子知得減擔法，故庶乎屢空。子貢、子張諸人便是增了。顔子在陋巷，終日如愚，説者謂與禹稷同道。吾人欲學顔子，須盡舍舊見，將從前種種鬧攘伎倆盡情抛捨，學他如愚，默默在心地上盤桓，始有用力處。故曰『爲道日損』。若只知識聞見上拈弄，便非善學。」問者曰：「然則廢學與聞見方可以入聖乎？」予曰：「何可廢也！須有箇主腦在，今事變無窮，得了主腦，隨處是學，多識前言往行所以畜德。畜德便是致良知。舜聞善言、見善行，沛然若決江河，是他心地光明，圓融洞徹，觸處無礙，所以謂之大知，不是靠聞見幫補些子，此千聖學脈也。」

友人問：「乾之用九，何謂也？」予曰：「用九是和而不倡之義。若曰陽剛不可爲物先，則乾非全德矣。吾人之學，切忌起爐作灶。惟其和而不倡，故能時乘御天，應機而動，故曰『乃見天則』。吾人有凶有咎，只是倡了。孔子退藏於密，得用九之義。」又云：「『首出庶物』，何謂也？」曰：「乾體剛而用柔，坤體柔而用剛。首出者，剛之體也；無首者，柔之用也。用柔即乾之坤，用六永貞即坤之乾，乾坤合德也。」❷

友人問作文之法。予曰：「嘗聞之，

❶「友人」，全集本作「李子」。

❷此段未見全集本同題著作，與本卷二《三山麗澤録》「楓潭子問：『乾之用九，何謂也？』」條重複。

古人作文，全要用虛。古今好文字足以有傳，未有不從圓明一竅中發來。行乎所當行，止乎所不得不止，一毫意見不得而增減焉。只此是作文之法，只此是學。」❶

諸公舉王遵巖序《孔孟圖考》：「仲尼獨爲萬世仁義禮樂之主，何也？既開堂設科以來，四方之士復終歲周流四方，隨地開講，舉一世之人莫不欲使之共學。故上則見其邦君，中則友其公卿大夫，下則進其凡民，如耦耕荷蓧之丈人、拏舟之漁父、闕黨互鄉之童子，皆有意焉。所接莫非人，則亦莫非學也。」予謂：「孔子與舉世相接，固不能人人之必進此道也。遇其邦君卿大夫而得一二人焉，而學明於上矣；遇其凡民之父兄子弟而得一二人焉，而學明於下矣。問聘之所及，光輝之所見，啓發掖引之機，在鄉滿鄉，在國滿國，未嘗一日不與人相接，固以此爲易天下之道也。史遷之知不足以及此，謂『往來列國，皆以求仕，至於七十二君而不遇』，可鄙也已！」諸公因謂予曰：「子之出遊，亦竊似之。」予曰：「『鳥獸不可與同群，非斯人而誰與』，原是孔門家法。弧矢志在四方，不論出處潛見、取友求益，原是吾人分内事，不肖豈敢望古人之光輝，傲然以教人傳道爲事？取友求益，竊有志焉。若夫人之信否、學之明與不明，則存乎所遇，非人所能强也。至於閉門踰垣，踽踽然潔身獨行，自以爲高，則又非不肖之初心矣。」❷

友人問：「伊川存中應外、制外養中

❶ 此段未見全集本同題著作，與本書卷二《三山麗澤録》「龍溪謂遵巖曰：『古人作文全在用虛』」條重複。

❷ 此段未見全集本同題著作，與《會語》本卷二《三山麗澤録》「嘗讀遵岩《孔孟圖考序》」條复複。

之學，以爲内外交養，何如？」予謂：「古人之學，只從一處養，根得其養，枝葉自然暢茂。若既養其根，又從枝葉上養將來，便是二本。晦菴以尊德性爲存心，以道問學爲致知，取證於『涵養須用敬，進學在致知』之説，以此爲内外交養。知是心之虚靈，以主宰謂之心，以虚靈謂之知，原非二物。存心之外，别有致知之功，皆伊川之説有以誤之也。」❶

堂邑後學蕭大才
掖縣後學丁一元
恩縣後學王承旨
寧州後學武　成
臨漳後學楊　溢同刻

龍溪王先生會語卷之五　畢

❶ 此段未見全集本同題著作，與同本卷四《留都會紀》「一友問『伊川存中應外』」條基本一致。

龍溪會語卷之六

宣城門生貢安國輯
麻城後學蔡應揚
涇縣門生查　鐸校
萊州後學胡來貢
廣德門生李天植同校

天山答問❶

甲戌閏立春前一日，陽和子相期會宿天柱山房，尋歲寒之盟。仕沛裘子充與焉。陽和子質性本剛毅，邇來留心問學，漸覺冲粹，一切應感，嚴而能容，和而有制，常見自己有過可改，不忍自欺其本心。學莫先於變化氣質，若陽和，可謂善變矣。

陽和自謂：❷「功名一念，已能忘機，不動心。」予謂：「何言之易易也！昔有鄉老譏先師曰：『陽明先生雖與世間講道學，其實也只是功名之士。』先師聞之，謂諸友曰：『你道這老者是譏我？是稱我？』諸友笑曰：『此直東家丘耳，何與於譏稱？』師曰：『不然。昔人論士之所志，大約有三：道德、功名、富貴。聖學不明，道德之風邈矣。志於功名者，富貴始不足以動其心。我今與世間講學，固以道德設教，是與人同善不容已之心，我亦未能實有諸己。一念不謹，還有流入富貴時候。賴天之靈，一念自反，覺得早反得力，未至墮落耳。世衰道喪，功利之毒淪於人之心髓，士鮮以豪傑自命。以世界論之，是千百年習

❶「天山答問」，全集本卷五作「天柱山房會語與張陽和周繼實裘子充問答」。

❷「陽和」，全集本作「陽和張子」。後文「陽和」，全集本作「張子」，以下不一一出校。

染；以人身論之，是一生幹當。古今人所見不同，大抵名浮而實下。古之所謂功名，今之道德；古之所謂富貴，今之功名。若今之所謂富貴，狗偷鼠竊、兢兢刀鑽之利，比於乞墦穿窬，有儀、秦所耻而不屑爲者，其視一怒安居之氣象何如也？亦可哀已！』陽和看得功名題目太淺，所以如此自信。若觀其深，必如百里奚之不入爵禄於心，王曾之不事温飽始足以當功名。達如伊傅，窮如孔孟，立本知化。經綸而無所倚，始足以當道德，今去此尚遠也。」

陽和子謂：「周繼實深信禪學，崇齋素，重因果，信自本心，不敢自肆，以爲此是西方聖人之教。中國之學不是過也。」相留寢處數日，因喪中，亦與同齋，意頗無逆。親交中以予溺心虚寂，將外倫物而習於異教，亟來勸阻。予嘆曰：「世以齋素爲異，恣情紛華、窮口腹之欲者，始得爲常乎？以果報爲惑，世之縱欲敗度、肆然無所忌憚者，始爲信心乎？先師有云：『世之人苟有淪於虚寂，究心性命而不流於世情者，雖其陷於異端之偏，猶將以爲賢。蓋其心求以自得也。求以自得，而後可與語聖人之學。』良知者，心之本體，性命之靈樞也。致知之學，原本虚寂，未嘗離於倫物之應感，内者不誘而外者有節，則固中國之宗傳也。世人不此之慮，顧切切焉惟彼之憂，亦見其過計也已。」

繼實乃祖請佃佛寺廢基爲宅，❶已安居有年矣。繼實謀於家庭，仍捨爲寺，立萬歲牌，復祝聖道場。陽和嘆其勇於爲善，親友

❶「繼實」上，全集本有「張子舉」三字。

相勸改爲義學，❶亦名教之一助，非有私也。以爲非起因本意，❷執而不從。此雖若尚有所泥，然而異於世之逐逐貪求者則遠矣。

予扁凝道堂，子充請究所扁之義。❸予謂：「凝是凝翕之意，乃學問大基本。君子不重則學不固，固即凝翕之謂也。天地之道，陰陽而已矣。不專一則不能直遂，不翕聚則不能發散。易簡所以配至德也。日月者，陰陽之聚也，其行有常度，故能得天而久照，君子以此洗心，退藏於密。吾人精神易於發泄，氣象易於浮動，只是不密。密即所謂凝也，故曰『夙夜基命宥密』。孔之默、顔之愚、周之拙、明道之端坐，皆此義也。凝非灰心枯坐之謂。仁者以天地萬物爲一體，人爲天地之心，萬物之宰，發育峻極。孰主張是？生生之易也。譬之心之於身，耳目肢體、癢痾呼吸，皆靈氣之所管攝。而心則靈氣之聚，寄臟而發生者也。經禮三百，曲禮三千，無一事而非仁，則亦無一事而非學也。專而翕所以爲凝也，是謂廣生、大生。凝者經綸之本，化育之機也。故曰『苟不至德，至道不凝焉』。」

陽和謂：「世之學者平時不知所養，躁心浮念，未易收攝，須從靜坐入路。明道見人靜坐，便嘆其善學。象山見門人槐堂習靜，知其天理顯矣。」予謂：「今人都説靜坐，其實靜坐行持甚難，非昏沉，則散亂。今有所着，即落方所；若無所着，即成頑

❶「義」，原漫漶不清，今據全集本補。

❷「以爲遠矣」，全集本文字作「繼實以爲非起因本意，執而不從，何如？先生曰：『雖若尚有所泥，然而異於世之逐逐貪求者，不啻倍蓰，可以爲難矣。』」

❸「予扁」至「之義」，全集本作「子充曰先生扁堂曰凝道敢請所扁之義」。

空。此中須有機竅，不執不蕩，從無中生有，有而不滯，無而不空，如玄珠罔象，方是天然消息。」子充謂：「沛時常習靜，正坐此二病作祟。昔人謂『不敢問至道，願聞衛生之經』，吾師素究養生之術，爲我言其涯略。」予謂：「人之有息，剛柔相摩，乾坤闔闢之象也。子欲靜坐，且從調息起手。調息與數息不同，數息有意，調息無意。綿綿密密，若存若亡，息之出入，心亦隨之。息調則神自返，神返則息自定。心息相依，水火自交，謂之息息歸根，入道之初機也。然非致知之外另有此一段功夫。只於靜中指出機竅，令可行持，此機竅非臟腑身心見成所有之物，亦非外此別有他求。機心無寄，❶自然玄會，慌惚之中，可以默識。要之，『無中生有』一言盡之。愚昧得之，可以立躋聖地，非止衛生之經。聖道亦不外此，陽和既相信，當不以予爲狂言也。」

繼實與子充念予年已望八，❷景屬榆暮，固知所養有素，涉事無煩，日夕應酬，精神未免過用，終覺發散處多，似於爲生死心尚欠切在，欲言之恐涉僭妄，不言又非有犯無隱之義，相與謀於陽和子。陽和子繆謂予見道「透徹無比，善識人病，每聞指授，令人躍然不容已。高年若此，步履視瞻，少年所不能及，是豈可以强爲？隨時應用，見其隨時收攝，造次忙冗中，愈見其鎮定安和，喜怒未嘗形於色。吾黨且學他得力處，弗輕言」。子充忍耐不下，復質言於予。予心謝曰：「二子之欲言，慮予之深；陽和

❶「機」，全集本作「棲」。
❷「繼實」至「相與謀於陽和子」，全集本簡縮作「繼實與子充念先生景屬榆暮，應酬頻繁，精神未免過用」。

之不欲言，信予之過。古云『忠告善道，義兼之矣』，予稟受素薄，幼年罹孱弱之疾，幾不能起。問學以來，漸知攝養，精神亦覺漸復漸充。五六十以後，亦覺不減强壯時，齒髮雖變，氣貌未衰。先正以忘生徇慾爲深耻，大抵得於寡慾養心之助，非有異術以佐之也。但平時爲世界心切，愛人一念若根於所性，未免牽愛留情，時有托大過用之病。先師有云：『道德、言動、威儀，以收斂爲主，發散是不得已。』若强於就誼而不知節，習於多事而不知省，未免傷於所恃，畢竟非凝翕之道。諺云：『春寒秋熟，光景無多。』自今以後，會須趂此日力，自懲自愛，隨時節省，有不敢負諸君惠我之德。所謂脩身以報知己，非有所飾也。」

予與陽和會宿山窗，❶子充見予甜睡，呼吸無聲，喜曰：「精神保合，氣血安和，此壽徵也。」予曰：「未足爲貴。此是後天安樂法，比之世人擾擾營營者差有間耳。世人終日營憂，精神困憊，夜間靠此一覺昏睡，始勾一日之用。一點靈光，盡爲後天濁氣所掩，是謂陽陷於陰，坎之象也。至人有息無睡。《易》曰：『雷藏澤中，君子以向晦入宴息。』謂之息者，耳無聞，目無見，四體無動，心無思慮，如種火相似，先天元神元氣停育相抱，真息綿綿，開闔自然，與虛空同體，玄典謂之『取坎填離』、『復還純乾』。與虛空同體，是與虛空同壽，始爲壽徵也。『息』之一字，範圍三教之宗，釋氏謂之『反息』，老氏謂之『踵息』，蒙莊氏謂之『六月息』，先天地而生，後天地而存，一息通於千古。孟軻氏指出『日夜所息』，示人

❶「予與陽和」，全集本作「先生」。

以用力之方，平旦清明之氣，不使爲旦晝之所牿亡，蓋幾之矣。若夫生死一事，更須有説。内典云：『有任生死者，有超生死者，生死事大，無常迅速。』佛氏以生死爲大事，吾儒之學亦未嘗不以此爲大。《易》曰：『原始反終，故知生死之説。』生死如晝夜，知晝則知夜矣。故曰：『未知生，焉知死？』平時一切毁譽得喪諸境，纔有二念，便是生死之根。毁譽得喪能一，則生死一矣。其曰『無常迅速』，蓋謂光陰易邁，不能常保，會須及時精進，期於度脱，無負大丈夫出世一番因緣。吾人卒歲悠悠，無超然之志，逐境動念，不求脱離，誠爲可懼，不敢不自力。苟從軀殼起念，執吝生死，務求長生，固佛氏之所呵也。《列子》云：『五情苦樂，古猶今也；四體安危，古猶今也。百年猶厭其多，況久生乎？』應緣而生，是爲原始；緣盡而死，是爲反終。一日亦可，百年亦可。忘機委順，我無容心焉，任之而已矣。至於超生死之説，更有向上一機，退以爲進，冲以爲盈，行無緣之慈，神不殺之武，固乎不扃之鑰，啓乎無轍之途。生而無生，生不知樂；死而無死，死不知悲。一以爲卮言，一以爲懸解，悟者當自得之，然亦非外此更有一段功夫。良知虚寂明通，是無始以來不壞元神，本無生，本無死。以退爲進者，乾之用九，不爲首也。以冲爲盈者，損滿益謙，天之道也。過化存神，利而不庸，是爲無緣之慈；聰明睿智，以達天德，是爲不殺之武。無扃鑰可守，無轍迹可循，曠然四達，以無用爲用也。譬之明鏡之照物，❶妍媸黑白，自起自滅，往來於光明

❶「譬之」至「超生死之本」，全集本佚。

之中，而明鏡之體未嘗有所留也。譬之太虛之涵萬象，風雨云雷，倏聚倏散，往來於虛空之中，而太虛之體未嘗有所礙也。蓋物象往來者，生死之因，虛明洞徹，無所留礙者，超生死之本。千聖皆過影，萬年如一息。切不切，非所與論也。」❶

子充謂：「昔在吳中，聞諸坐圜者曰『靜中景象，常惺惺，常寂寂』，此意何如？」予謂：「此是悟後語，但子承領處尚欠穩在。此學須向靜中求以自得，却從人言印證，乃爲實際。若倚傍人言做功夫，已落第二義。苟徒學人之言，不向自己功夫理會，祇益虛妄耳。心之精微，口不能宣，復欲因言以求其精微之蘊，抑又遠矣。子充所病正在此。若悟得常惺惺未嘗不寂，悟得常寂寂未嘗不惺，方爲自己真實受用。惺而不寂，則爲弄精魂；寂而不惺，則爲滅種性。不可以不察也。繼實相信佛學，亦不免有此病，因聲教而入謂之聲聞，觀因緣而入謂之緣覺。苟不向自心中覓，雖至成佛，亦只落在聲聞、緣覺果位中，非大乘佛果也。」❷

予謂陽和子曰：❸「昔者夫子居喪，有時客未至慟哭不禁，有時客至哭不出聲，含哀而已。」陽和未諭不哭之意，子充請質於予。予曰：「凶事無詔，哀哭貴於由衷，不以客至不至爲加減也。昔人奔喪，見城郭而哭，見室廬而哭，自是哀心不容已。今人

---

❶「切不切非所與論也」，全集本作「又何生死之可言哉」。

❷此段文字全集本佚。

❸「予謂」至「於予」，全集本作「子充曰陽明夫子居喪有時客未至慟哭有時客至不哭陽和終以不哭爲疑取請」。

不論哀與不哀，見城郭室廬而哭，是乃循守格套，非由衷也。客至而哭，客不至而不哭，尤爲作僞。世人作僞得慣，連父母之喪亦用此術，以爲守禮，可嘆也已！毁不滅性，哀亦是和，悟得時即此是學。」

子充問操心之法。予謂：「操是操習之操，非把執也。心之良知原是活潑之物，人能操習此心，時時還他活潑之體，不爲世情嗜慾所滯礙，便是操心之法，即謂之存。纔有滯礙，便着世情，即謂之亡。譬之操舟，良知即是舵柄，舟行中流，自在東西無礙，深淺順逆無滯，全靠舵柄在手，隨波上下，始能有濟。良知之變動周流，即舵柄之游移前却，無定在也。若硬把捉死手，執定舵柄，無有變通，舟便不活。此心通達萬變，而昭昭靈靈，原未嘗發，何出之有？既無所出，何入之有？既無所出入，何方所之有？此是指出本心真頭面與人看，以示爲學之的，非以入爲存、出爲亡也。」陽和子曰：「知此始爲心之得所養也。」❶

山寓夜然琉璃，似晦而明。予謂：「此制器之微意。晦則傷魄，明則傷魂，明晦相符，魂魄得養。此亦可以悟學。」❷

子充、繼實洎陽和諸親友念予尋常遠出，固知亟於行教，❸愛人不容已之心，往來交際，未免陪費精神，非高年所宜，靜養寡出，息緣省事，以待四方之來學。如神龍之在淵，使人可仰而不可窺，風以動之，更覺

❶ 此段文字全集本佚，同本卷七《華陽明倫堂會語》「宋子命坐中諸生誦『牛山之木』一章」條、卷十五《册付養真收受後語》與之文義一致。

❷ 此段文字全集本佚。

❸ 「子充」至「行教」，全集本作「子充繼實跪而請曰先生轍環天下隨方造就引掖固是」。

人已皆有所益。予心謝曰：「諸君愛我，可謂至矣，不肖亦豈不自愛？但其中亦自有不得已之情，若僅僅專以行教爲事，又成辜負矣。時常處家，與親朋相燕昵，與妻孥佃僕相比狎，以習心對習事，因循隱約，固有密制其命而不自覺者。纔離家出遊，精神意思便覺不同。與士夫交承，非此學不究，與朋儕酬答，非此學不談。晨夕聚處，專幹辦此一事，非惟閒思妄念無從而生，雖世情俗態亦無從而入，精神自然專一，意思自然冲和，教學相長，欲究極自己性命，不得不與同志相切劘、相觀法。同志中因此有所興起，欲與共了性命，則是衆中自能取益，非吾有法可以授之也。男子以天地四方爲志，非堆堆在家可了此生。『吾非斯人之徒而誰與』，原是孔門家法。吾人不論出處潛見，取友求益，原是己分内事。若夫人之信否與此學之明與不明，則存乎所遇，非人所能强也。至於閉關獨善，養成神龍虛譽，與世界若不相涉，似非同善之初心。予非不能，蓋不忍也。」

陽和子讀禮之暇，❶欲歸景玉山房，及葺天柱行窩，時常與一二同志省緣習靜，究明此一大事，其志可謂遠矣。古云「逸我以老」，區區衰年，既承諸君之愛，隨時休息，與諸君了此向上一機，亦是本分行持，不敢自外也。昔荆川謂：「吾人終日紛紛，嗜慾相混，精神不得歸根。須閉關靜坐一二年，養成無欲之體，方可應世。」予謂：「吾人未嘗廢靜坐，若必專藉此爲了手，未免等

❶「陽和子讀禮」至「不敢自外也」，全集本佚。後文「昔荆川」至「未必非對病之藥也」與《會語》本卷二《三山麗澤録》「遵岩子問曰：『荆川謂吾人終日擾擾』」條重複。

待，無有了期。聖人之學，主於經世，原與世界不相離。古者教人，只言藏脩游息，未嘗專說閉關靜坐。若日用應感，時時收攝保聚，不動於欲，便與靜坐一般。況欲根潛藏，非對境則不易發。如金體雜於銅鉛，非遇烈火則不易銷。大脩行人，於塵勞煩惱中作佛事，方是承接與人爲善一派家學。若世間汩於嗜欲之人，肯發心習靜，究明此一段生死根源，未必非對病之藥也。」

云石沈子期而未至，❶繹朝始會於舟中。云石有志於學，與陽和爲同心，更圖後會未晚也。萬曆二年至日書於洗心亭中。

書同心册後語❷

太史陽和子志於聖學有年，謁假歸省，侍膳之餘，時處云門山中脩習靜業。期予往會，商訂舊學，頗證交脩之益，其志可謂勤矣。間出京邸諸同志贈言手册授予。予得展而觀之，或發主靜翕聚之旨，或申求一體之義，或究動靜二境得失之機，大都戒口說而務躬行，陋知解而尚覺悟，往復參伍，要在不悖師門宗教，誠所謂同心之言矣。陽和子復祈予一言爲之折衷，以輔成所志，非敢然也。姑述所聞，陽和子自取正焉。

夫主靜之說，本於濂溪，自無極所生真脈路，本註云：「無欲故靜，聖學一爲要，一者無欲。」一爲太極，無欲則無極矣。夫學有本體，有工夫。靜爲天性，良知者，性之靈根，所謂本體也。知而致，翕聚緝熙，

❶「云石沈子」至「洗心亭中」，全集本佚。

❷「書同心册後語」，全集本卷五分作「書同心册卷」、「與陽和張子問答」兩文。

以完其無欲之一，所謂工夫也。良知在人，不學不慮，爽然由於固有；神感神應，盎然出於天成。本來真頭面，固有待脩整而後全。若徒任作用爲率性，依情識爲通微，不能隨時翕聚以爲之主，倏忽變化，將至於蕩無所歸，致知之功不如是之疎也。譬如天地之化，貞以啓元，日月之運，晦以生明，元與明不待貞晦而始有，非貞晦則運化之機息矣。貞晦者，翕聚之謂，所以培其固有之良，達其天成之用，非有加也。《蒙》之象曰：「山下出泉，蒙。」夫山下之泉，本靜而清，濬其源，疏其流，順則達之，汩則澄之，蒙養之貞，聖功也。翕聚所以爲蒙也。故謂爽然盎然不足以盡良知，必假學慮而昧夫天機之神應，非所以稽聖；謂作用情識即所以致知，而忽夫翕聚緝熙之功，非所以徵學。善學者默而存之，求以自得焉可也。

孔門之學，惟務求仁。仁者以天地萬物爲一體，主靜之學在識其體而存之，非主靜外別有求仁之功也。靜爲萬化之原，生天生地生萬物，而天地萬物有所不能違焉，是謂廣生、大生，乾坤之至德也。故曰：「視不見，聽不聞，體物而不遺。」不見不聞，靜根也。體之不遺者，與物爲體，微而顯，誠之不可掩也。佛氏之止觀❶，老氏之致虛，自以爲主靜，似矣，未知於一體之義何所當也。悟者當自得之。

世之談學者，或謂靜中易至頹墮，須就動上磨鍊；或謂動上易至蕩搖，須就靜中攝養。或謂久涉塵勞，慮其逐物而易於淪

❶「佛氏」至「悟者當自得之」，全集本佚。

没；久處山林，❶慮其躭静而易於枯槁，❷須動静交參，始不滯於偏見。内典有空假中三輪觀法，静即空觀，動即假觀，動静交即中觀。吾儒亦有取焉。夫根有利鈍，習有淺深，學者各安分量，隨時鍊養，或倏空觀，或倏假觀，或兼倏中觀。譬之地中生木，但得生意不息，和風旭日固所以爲煦育，嚴霜凍雪亦所以爲堅凝。以漸而進，惟求有益於得，及其成功一也，此權法也。聖學之要，以無欲爲主，以寡欲爲功。寡之又寡，以至於無，無爲而無不爲。寂而非静也，感而非動也。無寂無感，無動無静，静虚而動直，明通公溥，而聖可幾矣。此實際也。

夫學必講而後明，❸務爲空言而實不繼，則亦徒講而已。仁者訒於言，懼其爲之難也。古者言之不出，耻其躬之不逮也。此孔門家法也。故曰講學有二：有以口耳者，有以身心者。入耳出口，游談無根，所謂口説也；行著習察，求以自得，所謂躬行也。君子可以觀教矣。此件事無巧法，惟在得悟。心悟者無所因而入，一切倚傍聞見、分疏理道、辨析文義、探索精微，自以爲妙契，正落知解窠臼裏，非心悟也。良知本明，無待於悟，只從一念之微識取。悟與迷對，不迷所以爲悟也。百姓日用而不知，迷也；賢人日用而知，悟也；聖人亦日用而不知，忘也。學至於忘，悟其幾矣。北海之珠，得於罔象。「悟」之一字，主静之玄竅，求仁之秘樞也。先師信手拈出「良

❶ 據上文，「久處山林」前似脱「或謂」二字。
❷ 「槁」，全集本作「槁」。
❸ 「夫學」至「也已」一段，全集本無。

知」兩字，不離日用而造先天，乃千聖之絶學，已是大泄漏。世人聽得耳慣，説得口滑，漫曰「良知良知」，是將真金作頑鐵用，陷於支離而不自覺，可哀也已！

竊念吾之一身，不論出處潛見，當以天下爲己任。伊尹先得我心之同然，非意之也。古之欲明明德於天下，最初立志便分路徑，入此路徑便是大人之學，不入此路徑便是小成曲學。先師「萬物一體」之論，此其胚胎也。吾人欲爲天地立心，必其能以天地之心爲心；欲爲生民立命，必其能以生民之命爲命。吾所謂心與所謂命者，果安在乎？ 識得此體，方是上下與天地同流，宇宙内事皆己分内事，方是一體之實學。所謂大丈夫事，小根器者不足以當之。孔孟之汲汲皇皇，席不煖，轍不停，若求亡子於道，豈其得已也哉？「天下有道，丘不與易」，如欲平治天下，舍我其誰？ 非過於自任，分定故也。區區不足道，食飲動息，混迹隨時，只是世間項輩人，妄意古人之學，此一路徑似出於天牖，與人爲善一念根於所性，不容自已，予亦不知其何心也。千鈞之鼎，非烏獲不能勝。陽和子，今之烏獲，非耶？ 所望終始此志，出頭擔負，共臻大業，務答諸同志倚待之心，方是不求溫飽做人的勾當，方是不愧屋漏，配天地、宰萬物的功程。了此一事，何事不辨？ 真不係今與古、己與人也。珍重珍重！

問：「良知不分善惡，竊嘗聞之矣。然朱子云『良者，本然之善』，恐未爲不是。『繼之者善』，孟子道『性善』，此是良知本體。顔子『有不善未嘗不知』，即良知也；『知之未嘗復行』，即致良知也。學者工夫，全在於知善知惡處爲之力、去之決。如好

好色，如惡惡臭，必求自慊而後已。此致知之實學也。若曰『無善無惡』，又曰『不思善，不思惡』，恐鶻突無可下手。而甚者自信自是，以妄念所發皆爲良知，人欲肆而天理微矣。請質所疑。」

「性無不善，故知無不良。善與惡對，相代之義，❶無善無惡，是謂至善。至善者，心之本體也。性有所感，善惡始分，本體之知未嘗不知也。致其本體之知，去惡而爲善，是謂格物。知者寂之體，物者感之用，意者寂感所乘之機也。毋自欺者，不自欺其良知也。如好好色，如惡惡臭。良知誠切，無所作僞也。真致良知，則其心常不足，無有自滿之意。故曰『此之謂自慊』。纔有作僞，其心便滿假而傲。不誠，則無物矣。知行有本體，有功夫。良知良能是知行本體。顔子『有不善未嘗不知，知之未嘗復行』，皆指工夫而言也。人知未嘗復行爲難，不知未嘗不知爲尤難。❷顔子心如明鏡止水，纖塵微波，纔動即覺，纔覺即化，不待遠而後復，所謂庶幾也。若以未嘗不知爲良知、未嘗復行爲致良知，以知爲本體、行爲工夫，依舊是先後之見，非合一本旨矣。不思善，不思惡，良知知是知非而善惡自辨，是謂本來面目，有何善惡可思得？是非鶻突無可下手之處也。妄念所發，認爲良知，正是不曾致得良知。誠致良知，所謂『太陽一出，魍魎自消』，此端本澄源之學，孔門之精蘊也。」

問：「乾坤皆聖學也。先儒何以有乾道、坤道之別？果以敬義之功謂於本體上

❶「代」，全集本作「對待」。
❷上「知」，原漫漶不清，今據全集本補。

尚隔一塵，不及自强不息之直達本體，則堯、舜、禹之孜孜相戒勉，曰欽、曰慎、曰兢業，皆敬也，是亦不得爲乾道耶？ 自良知之説一出，學者多談妙悟而忽戒懼之功，其弊流於無忌憚而不自知。忭竊以彭山《龍惕》之書有取焉，亦救時之意也。」

「先儒以顔子爲乾道、仲弓爲坤道，亦概言之耳。 顔子已見本體，故直示以用功之目； 仲弓於本體尚有未徹，故先示以敬恕之功，使之自求而得之，非以乾坤爲優劣也。 良知乃自然之明覺，警惕者自然之用，非乾主警惕、坤主自然，有二道也。 學者談妙悟而忽戒懼，至於無忌憚而不自知，正是不曾致得良知，非良知之教使然也。 陽和子取於彭山《龍惕》之説，予嘗有書商及此事，今述其大略以請。 彭山深懲近時學者過用慈湖之弊，謂『今之論心者，當以龍不以鏡，惟水亦然』。 夫人心無方體，與物無對，❶聖人不得已，取諸譬喻，初非可以比而論之也。 水鏡之喻未爲盡非，無情之照，因物顯象，應而無迹，過而不留，自妍自媸，自去自來，水鏡無與焉。 蓋自然之所爲，未嘗有欲也。 著虚之見，本非是學，在佛老亦謂之外道。 只此著便是欲，已失其自然之用。 吾儒未嘗有此也。 又云：『龍之爲物，以警惕而主變化者也。』自然是主宰之無滯，曷嘗以此爲先哉？ 坤道也，非乾道也。 其意若以乾主警惕，坤主自然，警惕時未至自然，自然時無事警惕，此是墮落兩邊見解。 夫學當以自然爲宗，警惕自然之用，戒謹恐懼未嘗致纖毫力，有所恐懼則便不得其正，此正入門下手工夫。 自古體《易》者莫如文

❶「對」，原誤作「時」，今據全集本改。

王，『小心翼翼，昭事上帝』，乃真自然；『不識不知，順帝之則』，乃真驚惕。乾坤二用，純亦不已，是豈可以先後而論哉？慈湖『不起意』之説，善用之，未爲不是。蓋人心惟有一意，始能起經綸、成變化。意根於心，心無欲則念自一，一念萬年，❶無有起作，正是自然之用。『艮背行庭』之旨，終日變化而未嘗有所動也。可細細參玩，得其驚惕自然之旨，從前所疑將不待辨而釋然矣。」

問：「孔子教人每每以孝弟忠信，而罕言命與仁。蓋『中人以下不可以語上』，故但以規矩示之，使有所執持，然後可以入道。大匠教人必以規矩，若夫得手應心之妙，在乎能者從之而已。一貫之傳，自曾、賜而下無聞也。今良知之旨，不擇其人而語之，吾道不幾於褻乎！且使學者棄規矩而談妙悟，深爲可憂也。」

「大匠誨人必以規矩，然得手應心之妙不出規矩之外，存乎人之自悟耳。孝弟忠信是孔門教人之規矩，孔子自謂子臣弟友之道有未能，而學以忠信爲主本，以此立教，亦以此徵學。然孝弟忠信，夫婦所能，及其至，聖人所不能盡，費而隱也。孔門之學務於求仁立教，自聖學失傳，學者求明物理於外，不復知有本心之明，故以致知立教，時節因緣使之然也。『良知』二字是徹上徹下語，良知知是知非，良知無是無非。知是知非即所謂規矩，忘是非而得其巧即所謂悟也。中人上下可語與不可語，亦在乎此。夫良知之旨，所謂『中道而立，能者從之』，非有所加損也。夫道一而已矣。孔子

❶「一念萬年」，原誤作「念萬念」，今據全集本改。

與門弟子言，未嘗不在於一。及門之人篤實莫如曾子，穎悟莫如子貢，二子能傳師教，故於二子名下標示學則，以見孔門教人之規矩，非曾、賜以外無聞也。孔子告曾子以一貫，及其語子弟，則示以忠恕之道，明忠恕即一貫也。子貢謂：『夫子言性與天道，不可得而聞。』性與天道，孔子未嘗不言，但聞之有得與不得之異耳。古人綉鴛鴦譜，不以金針度人，亦是此意。棄規矩而談妙悟，自是不善學之病，非良知之教使之然也。」

問：「狂者行不掩言，亦只是過於高明，脱落格式之類耳，必無溺於汙下之事。鄉願之忠信廉潔謂之曰似，則非真忠信廉潔也。矯情飾僞，可以欺世俗，而不能逃於君子，襲取於外而終無得於中，故曰『德之賊也』。若果所行真是忠信廉潔，則必爲聖人所取，何至疾之若是耶？今以行不掩言者爲狂，而忠信廉潔爲鄉願，則將使學者猖狂自恣，而忠信廉潔之行蕩然矣。請問其説。」

「狂者行不掩言，只是過於高明，脱落格套，無溺於污下之事，誠如來教所云。夫狂者志存尚友，廣節而疎目，旨高而韻遠，不屑彌縫格套以求容於世。其不掩處雖是狂者之過，亦其心事光明特達，略無迴護盖藏之態，可幾於道。天下之過與天下共改之，吾何容心焉？若能克念，則可進於中行，此孔子所以致思也。若夫鄉願，一生幹當，分明要學聖人，忠信廉潔是學聖人之完行，同流合汙是學聖人之包荒。謂之似者，無得於心，惟以求媚於世，全體精神盡向世界陪奉，與聖人用心不同。若矯情飾僞，人面前忠信廉潔，在妻子面前有些敗缺，妻子

便得以非而刺之矣。謂之同流，不與俗相異，同之而已；謂之合汙，不與世相離，合之而已。若自己有所汙染，世人便得以非而刺之矣。聖人在世，善者好之，不善者猶惡之。鄉願之爲人，忠信廉潔既足以媚君子，同流合污又足以媚小人，比之聖人局面，更覺完美無滲漏。堯舜之聖，猶致謹於危微，常若有所不及。鄉願傲然自以爲是，無復有過可改，故不可以入堯舜之道。似德非德，孔子所以惡之尤深也。三代而下，士鮮中行，得鄉願之一肢半節，皆足以取盛名於世。究其隱微，尚不免致疑於妻子，求其純乎，鄉願且不易得，況聖人之道乎？夫鄉黨自好與賢者所爲，分明是兩條路徑。賢者自信本心，是是非非，一毫不從人轉換。鄉黨自好，即鄉願也，不能自信，未免以毁譽爲是非，始有違心之行、狥俗之情。

虞廷觀人，先論九德，後及於事，乃言曰『載采采』，所以符德也。善觀者不在事功名義格套上，惟於心術微處密窺而得之。譬秦鏡之燭，神奸自無所遁其情也。」

問：「良知本來具足，不假脩爲。然今之人利欲膠蔽，夜氣不足以存，良知或幾乎泯矣。譬如目體本明，而病目之人漸成障翳，要在去其障翳而光明自在，不必論其光明爲何如也。今不務克去私欲以復其本體，而徒曰『良知良知』云，如人說食，終不能飽。請扣致之之方。」

「良知不學不慮，本來具足，衆人之心與堯舜同。辟之衆人之目，本來光明與離婁同，然利欲膠蔽，夜氣不足以存，失其本體之良。必須絶利去欲，而後能復其初心，非苟然而已也。今謂衆人之目與離婁異，是自誣也；障翳之目，自謂與離婁同，是

自欺也。夫致知之功，非有加於性分之外，學者復其不學之體而已，慮者復其不慮之體而已。若外性分而别求物理，務爲多學而爲德性之知，是猶病目之人，不務眼藥調理以復其光明，倀倀然求明於外，衹益盲瞶而已，此回、賜之學所由以分也。」

太史陽和張子歸省，❶親庭侍膳之餘，時往云門避靜，究明心性之旨。方圖請乞，爲久處計，其志可謂遠矣。甲戌仲夏二十日，相期往會山中，商訂舊學，併扣新功。張子以爲：「此學固須動靜交參，不專於靜，但吾人久汩世紛，走失不小。靜中存息，若少有受用處，泰宇定而天光發，人不鑒於流水而鑒於止水，各安分限，求以自益，庶不爲虚度耳。」予謂：「張子發此真志，又肯安分，不爲淩躐之圖，尤人所難能。張子取大魁，建大議，後輩方企羨，以爲不可及。今復鋭志於學，爲後輩作此榜樣，其爲企羨，又當何如？」張子所見已漸超脱，猶虚心求益，請扣不已，以爲：「心性本來是一，孟氏存其心、養其性似若二之，何也？」予謂：「此是古人立教權法。性是心之生理，既曰心，又曰性，見心是天然主宰，非凡心也。心之説始於舜，性之説始於湯。《大學》言心不言性，心即性也；《中庸》言性不言心，性即心也。心無動靜，故性無動靜。定者，心之本體，動靜者，所遇之時也。悟得時，謂心是常動亦可，謂心是常靜亦可。譬之日月之明，恒用不息而恒體不易，以用之不息而言謂之動，以體之不易而言謂之靜。善觀者，隨其所指得其立言之意，而不以文害辭，則思過半矣。」三宿

❶「太史」至「望也」一段，全集本佚。

山中，往復辨證，頗徵贈處之義。臨别，復書靜中所見請質於予。因次第其語，披答如右，幸爲終其遠業，固交脩之望也。❶

固始後學孫　衮
杞縣後學何允升
綏德後學王毓陽
開封後學卓世彦
新城後學王象乾同刻

龍溪王先生會語卷之六　畢

❶ 此段文字全集本佚。

跋雲門問答❶

吾越爲文成公倡道之鄉，而龍溪先生又親受衣鉢之傳者。先生之學洞徹圓融，無所凝滯。汲汲乎欲人同進於善，故其於人也無可否，皆和光以與之；孳孳乎求以利濟乎物，故其於事也無好醜，皆混迹以應之。蓋先生唯自信其心，而吾鄉之人每不能無疑於其迹。忭於先生固不敢疑鄉人之所疑，而猶未能信先生之所信。蓋嘗以吾之不可學先生之可，而期先生不以爲謬也。是歲仲夏，枉棹云門，相從累日，或默而坐，或步而遊，一時諸友迭爲唱和，欣欣焉舞雩風詠之樂，不是過也。忭不自量，乃出所疑數條，以請正於先生，而先生條答之，亹亹數千言，所以啓師門之關鑰，指後學之迷津者，至詳懇矣。抑忭聞之，非言之艱，行之唯艱。今日之問答皆言耳，吾黨苟不能以身體之，入乎耳，出乎口，聞教之後與未聞教之先猶若人也，則一時之辨論皆空言，而先生之嘉惠爲虚辱矣。茲忭之所大懼，亦諸友之所同體者也。敢以是交勖焉！

萬曆甲戌夏五月之吉，張元忭謹跋。

❶ 此題原無，據張元忭《不二齋文選》補。

盱壇直詮

〔明〕羅汝芳　撰
陳暢　校點

目録

校點説明

《盱壇直詮》上下二卷，是明代大儒羅汝芳的語録彙集。

羅汝芳（一五一五—一五八八），字惟德，號近溪，祖籍江西南城。嘉靖三十二年（一五五三）進士，歷任太湖（今安徽安慶）知縣、甯國（今安徽宣城）知府，官至參政。羅汝芳是明中後期著名思想家，泰州學派的集大成者，也是明後期陽明學的代表人物。

羅汝芳自幼聰明好學，五歲從母讀書，稍長則博覽群書，後獨鍾理學。二十六歲師從泰州學派代表人物顔鈞，盡受其學，得王艮泰州學派真傳。羅汝芳之學以「赤子之心，不學不慮」、「體仁」爲宗旨，持見新奇，頗有創見，「一洗理學膚淺套括之氣」（《明儒學案·泰州學案三》）。羅汝芳一生熱衷於講學，積極向平民百姓講解自己的主張；他講學極有吸引力，時人謂其「舌勝筆，微談劇論，所觸若春行雷動，雖素不識學之人，俄頃之間，能令其心地開明」（同上）。

《盱壇直詮》是由羅汝芳弟子曹胤儒於萬曆三十七年（一六〇九）集合、整理羅氏語録而成，羅汝芳思想精華盡在其中。下卷附記有曹氏參以自己所見而作的羅汝芳「生平行實」，是較爲翔實的羅汝芳傳記資料。羅汝芳早年爲悟道而出入釋老，學有所成之後仍歸宗儒家，這種思想經歷直接影響了他的講學風格。從現有記録看，羅汝芳四十八歲至五十一歲期間任甯國知府，講學時常常夾雜禪語；五十二歲以後則返歸諸六經，講學以「孔矩」爲尊，直稱「不必從它門乞靈」，晚年更把儒家經典的道理歸於《大學》「孝、弟、慈」。《盱壇直詮》所記語録是羅汝芳從五十二歲至七十四歲逝世的講學内容，直接反映了羅氏「一尊孔矩」之後的講學風格。羅氏講學多圍繞《孟子》「不學不慮」之良知良能與《大學》「孝、

弟、慈」之旨加以發揮，尤其注重以簡易而精實的學言隨機啟發學者。

羅汝芳一生講學之會語會録甚多，據程開祜《序》所言，曹胤儒「慮先生(羅汝芳)生平記録分佈雜出，學者罕見其全，況窺其要？於是彙解詮次爲一書」。將《盱壇直詮》與現今可見的羅汝芳著述，例如《近溪子集》、《近溪子續集》、《近溪羅先生一貫編》、《近溪子明道録》等對勘，不難發現《盱壇直詮》中的語録大部分亦見於前述諸書；以《近溪子集》、《近溪子續集》兩書與《盱壇直詮》的内容重合部分最多。而《盱壇直詮》亦有其他諸書所無之内容，此即曹氏在羅汝芳門下的見聞、問學記録。從《盱壇直詮》與《近溪子集》等著作的比較來看，曹氏在彙編《盱壇直詮》時對羅汝芳語録進行了「加工」處理，主要表現爲以下三種方式。一、增補。在《近溪子集》等書中，有些語録没有記録提問者姓名以及提問的背景，或者只截取記録了羅汝芳師弟對話中的部分内容，曹氏均予以補齊。二、合併和删減。有些語録在《近溪子集》等著作中本屬分佈於不同地方的零散記録，曹氏辨認出其爲同一問答場景中的前後記録，將其合併爲同一則語録；有些語録本爲完整的情境記録，曹氏截取其部分内容，删汰其餘。三、更改。有些語録本爲羅汝芳「寓筆」的第一人稱文字，曹氏改爲第三人稱；而有些語録的字句明顯有錯訛，曹氏編入時加以訂正。

《盱壇直詮》由程開祜初刻於萬曆三十七年，此本今見有二種：一種藏於臺北「中央研究院」歷史語言研究所圖書館(以下簡稱「史語所本」)，中國子學名著集成編印基金會一九七八年據此本影印出版；另一種爲復性書院於一九四二年重刊的《儒林典要》本，據馬一浮《重刊〈盱壇直詮〉序》言，馬氏友人葉左文藏有程開祜刊本，曾手抄一份贈馬一浮，復性書院即據此刊刻出版，臺北廣文書局一九六〇年又據此影印出版。

上述兩種《盱壇直詮》，同爲程開祜刊本，但有差別：「史語所本」本印有錯誤甚多的句讀符號，書中

多處字跡不清，還有後人的毛筆批註，編頁偶有錯誤，又闕楊起元《盱壇直詮敘》。本次整理，以復性書院重刊之《儒林典要》本爲底本，以「史語所」本爲校本。鑒於《盱壇直詮》有「二次加工」的特點，本次校點多以羅汝芳《近溪子集》（明萬曆刻本，收於《耿中丞楊太史批點近溪羅子全集》）、《近溪子續集》（明萬曆刻本，收於《耿中丞楊太史批點近溪羅子全集》）、《近溪羅先生一貫編》（明長松館刻本）參校。另外，底本卷首所收之楊起元《盱壇直詮敘》，殘缺不全，校點時據《太史楊復所先生證學編》（明萬曆四十五年刻本）所收《盱壇直詮序》補全并出校。

校點者　陳　暢

重刊盱壇直詮序

濂、洛、關、閩諸賢所以直接孔孟者，爲其窮理盡性，不徒以六藝爲教，敷説其義而止也。其兼總條貫爲羣經傳注，有近於義學，視漢、唐説經之軌範爲進。若乃訓機接物，不主故常，其言行足以動天地、通神明，則與禪宗大德同功而異位，此未易爲執言語、泥文字者道也。如明道似禪而伊川則邃於義，朱子談義特精而象山長於用禪。其實門庭施設則義爲大，入理深談則禪爲切。所謂始條理者智之事，終條理者聖之事，豈有二哉？儒佛相非，禪義相薄，此皆臨機對治，一期藥病之言。心性無外，得其一，萬事畢，冥符默證，唯此一真。大用現前，不存軌則，豈名言所能域，將何名爲義？何名爲禪？世之紛然持異同者，不解古人機用之妙耳。象山後有陽明，陽明後有近溪，而直指之道益顯，實原於明道「識仁」之説。《大學》之明明德於天下，《中庸》之率性謂道，至是闡發無遺藴矣。然自象山、陽明，其於義學時或稍疏，不及朱子之密，此不足爲象山、陽明病。末流承虚接響，或至捐書廢學，鶩口説者有之。夫一理渾然，汎應曲當，不思而得，不勉而中，是聖人境界。凡民私意未起，計校未生，固與聖人同此心體，然一翳在目，天地易位，其日用之差忒者，氣昬而習蔽之也。若謂不假工夫，本無欠少，則有執性廢脩之失。一往而談，見處未的，依舊業識茫茫，無本可據，此又學者所不可不審也。近溪此書傳本不易覯，其中出門人記録，亦

有稍疏於義者。然大體善啟發人，使聞者直下認取自心，豁然無滯，實具活人手段，而於天地萬物一體之理，昭昭然揭日月而行，可以袪沈霾陰翳之習，尤今日所亟宜提持者也。吾友蘭溪葉君左文，得程開祜刊本，手寫以見貽，藏之累年，幸未散失。今因書院續刻《儒林典要》，遂付之梓，以餉學者。嗟乎！世變如此，其亟求書如此其難，今後亦未知能刻幾何，故不復預定其目，姑出此書，聊以自塞，兼謝故人。輒贅數語於簡端，知我罪我，一任後人論量。

中華民國三十一年八月，馬浮識。

盱壇直詮敘

不佞起之遇吾師近溪先生也晚，❶蓋吾師之倡學於海内有年矣，起之有所聞，實得之於文塘黎丈。起之晤黎丈，如獲拱璧也。既而面證之於吾師。❷所謂魚水，所謂時雨，真沛乎其縱大壑而泠然其御長風矣。時即知有吴郡魯川曹丈爲同門上首，而未之覯；嗣於師《榮哀録》中，見丈之所稱述意，其藴藉之深也。萬曆丙申，起以貳容臺至留都，師門諸友，前後來會。魯川丈亦儼然臨之，語數日夕，殊悦我心。嗣後時相促膝，罄吾師之所傳者，爲起道之。起益若泛巨溟而遊清都，誠有聞所未聞者焉。蓋文塘丈之所得，邇易而直截；魯川丈之所得，宏深而瑩徹。雖均之飲河，均之出藍，而魯川丈之於吾師，若有所默授而别傳也者。不佞亦何幸，向未得之於師者，今得之於魯丈也。邇起卧痾，羅浮有友自吴中來，出魯川丈所彙師門《直詮》一編，不佞盥而卒業，輒舉手而加額焉。蓋丈以時之爲師學者，多影響於學，樂而黏着。夫當下未有以覩其全而闡其奥，且有疑信吾師而未知所適從焉者，故揭此以爲指南。丈之爲意誠溥而爲心亦苦矣。起非淺，何足以知師？敢因丈之所詮者，告諸同志，庶幾乎有如挹吾師之音容而聆吾師之謦咳者，其在斯歟！其在斯歟！新安佘

❶「之」，楊起元《證學編》所收《盱壇直詮序》無此字。

❷「師」至本段末，據楊起元《證學編》卷四《盱壇直詮序》補。

生永寧、周生之訓輩，私淑吾師，一見是編，服膺不置，亟請付梓。不佞爰書數語弁之，俾吾師之道如日之中，而爲有目者所共瞻云。

按：此爲楊復所序，葉君據程刻本轉寫。原書脱爛，僅存此數行，今仍之以存其舊。以下程開祜《序》及卷端編次、校閲人姓名、行欵俱依原式。此書傳本甚希，海内讀者如藏有舊刊楊序文全者，幸不吝寫示，以便補刻。

鐫盱壇直詮序

祜少未聞學，幸得逢一二良友，乃稍稍知所向方。每欲彙輯古先聖大訓格言可爲入道之門者，傳之人人，俾往者不至漫没，而來者有所纘繼。久，乃聞盱江近溪羅先生者，我昭代大儒也，其學獨得宣聖之大，以明明德於天下爲宗旨，以孝、弟、慈爲實際，以不學不慮之知能爲運用。歷官守令、藩臬，阜成安攘，悉奏膚功。更惓惓以講學作人爲務，無論潛見，罔非此事，周游商證通人，求友足跡偏海内。隨處有會，會必累日，至者日加衆。凡所開發，閎朗直截，愜當人人心，聞者感動奮發。所紀會語會録，無慮數十百種。每以太祖高皇帝《聖諭》六言，爲諸人士敷宣闡繹。嘗曰：「我太祖聖諭，直接堯、舜之統，學者能時時奉行，即熙然同游于堯、舜之世矣。」斯志也，所謂祖述憲章，不厭不倦者，非耶？先生没後，又幸得吴門魯川曹先生羽翼表章，發先生之奥旨，一時翕然向風。慮先生生平紀録，分布襍出，學者罕見其全，況窺其要？於是彙輯詮次爲一書，以示嶺南楊太史。太史善之，定名曰《盱壇直詮》，而羅先生精藴盡在是矣。友人手録是編，傳于吾郡，祜見之歎曰：「甚矣哉！曹先生之苦心也。」古聖絶學非得盱江不振，盱江嫡派非得吴門不傳。是書所關係學人甚大，迺亟取而授之梓，以見千古聖學之統。惟此精神貫通，繼往開來，願覽者悉同此普心云。新都後學程開祜仲秩甫撰。

盱壇直詮上卷

吴郡門人曹胤儒編次　新都後學程開祜重校
東粤門人楊起元校正　佘永寧周之訓賀大猷
程開社范廉程允功程石麟同閱

建昌文塘黎子允儒攜先師《近溪子集》及諸會語，訪復所楊少冢宰於羅浮。少宰展卷讀竟，自謂忽覺超然脱繫，翩然出樊，縱步於莽蒼廣漠之墟，而翻飛於九萬里之上。然後嘆曰：「道其至矣乎！」而爲之頌曰：「簡則有功，易則有親，纖毫費力尚隔一塵，然而益知此學之爲難也已。」

或問：「《大學》一書，吾人入道全功，最當急於講求者，其宗旨何如？」近溪子羅子曰：「孔子之學在於求仁，而《大學》即是孔門求仁全書也。蓋『仁者渾然與物同體』，故大人聯屬家國天下以成其身。今觀『明明德』而必曰『於天下』，則通天下皆在吾明德中也。其精神血脈何等相親！說『欲明明德於天下』，而必曰『古之人』，則我之明德親民考之帝王而不繆也。其本末先後尚何患其不止至善也！細玩，首尾只此一意。故此書一明，不惟學者可身遊聖神堂奧，而天下萬世真可使之物物各得其所也。大哉仁乎，斯其至矣！」

近溪子曰：「明德猶燭也，明明德於天下猶燭燃而舉室皆明也。燭不足以明一室，燭非其燭矣。明明德而不能明天下，德非其德矣。如是而爲明德，如是而爲大學。此之謂大人。」

子曰：「孔門宗旨在於求仁，仁者人也，

天地萬物爲一體者也。人以天地萬物爲一體，則大矣。《大學》一書聯屬家國天下以成其身，所以學乎其大者也。然自明明德始焉。明德者，人之所不慮而知，其良知也。孩提之童無不知愛其親，無不知敬其兄者也。老吾老以及人之老，長吾長以及人之長，幼吾幼以及人之幼，而家國天下運之掌矣。故曰：『大人者，不失其赤子之心者也。』」

問：「《大學》『明德』、『親民』還易訓解，惟『至善之止』則解者紛紛，竟未能愜人意，何也？」子曰：「規矩者，方圓之至也；聖人者，人倫之至也。只識得古聖爲『明』『親』之善之至，而明德、親民者所必法焉，則《大學》一書，從首貫尾，自然簡易條直而不費言説也已。」

問：「『古之欲明明德於天下者』，可即是至善否？」子曰：「此古者的有所指，即堯舜是也。故曰：『克明峻德，以親九族，九族既睦，平章百姓，協和萬邦，黎民於變時雍』。此即是天下之本在國，國之本在家，家之本在身，物之本末，事之終始，知所先後，而不亂者也。是爲明明德親民之至善，足爲萬世之格則，而萬世誠、正、修、齊、治、平者之所必法焉者也。」

問：「《大學》篇名現存《禮記》，不知此篇與禮何關？」子曰：「禮有經有曲，世人輒指一事一時言禮者，皆曲而非經也。若論禮經，則真是天之經、地之義，綱紀乎人物，彌綸乎造化，❶必如《大學》規模廣大，矩度森列而血脈精神周流貫徹，乃始足以當之。其間字字句句雖筆之孔子，而非始於孔子。蓋孔

❶「乎」，原作「夫」，據《近溪子集》改。

子一生要仁天下、仁萬世，既竭心思，於是必繼之以先王之道，而仁始足以覆天下萬世矣。故『述而不作，信而好古』，六經皆是此意。而《大學》獨曰善之至、曰物之格者，則尤是六經之精髓，而爲禮之大經、仁之全體也。學者漫謂本心自足，而輒以意見彷彿爲之，家國天下得其平焉者罕矣！」

問：「古聖至善，亦只是父子兄弟足法。則孩提愛親、敬長，恐人人原自具足，何必切切焉謂當求諸古聖也哉？」子曰：「『中庸其至矣乎，民鮮能久矣！』夫至本中庸，即愚夫愚婦可以與知與能者也。至久鮮能，卻是聖人亦是所不知不能，而必俟夫聰明聖智達天德者也。故曰：『上天之載，無聲無臭，至矣夫！』此中庸之至，能於下愚而又神於天載，神於天載而亦能於下愚。則此時心體，果是四端現在。然非聖修作則，便終擴充不去。守規矩而爲方圓，夫豈不易簡也哉！若只徒求書中陳跡，而不以知能之良培植根苗，則支離無成，與徑信本心者，其弊固無殊也已。」

子曰：「『人之所以爲大者』，非大以身也，大以道、大以學也。學大則道大，道大則身大，身大則通天下萬世之命脈以爲肝腸、通天下萬世之休戚以爲髮膚。疾痛疴癢，更無人我而渾然爲一。斯之謂大人而已矣。」

子曰：「《易》云『知始』、『知至』，《語》云『知德』、『知命』，《中庸》云『知天』，《孟子》云『知性』，程子曰『識仁』，此與《大學》所云『格物』，其義一也。且所謂物，孟子先言之矣，曰：『萬物皆備於我矣。』」

問《大學》宗旨。子曰：「孔門此書，卻被孟子一句道盡，所云『大人者不失赤子之心』者也。夫孩提之愛親，是孝；敬兄，是

弟；未有學養子而嫁，是慈。此之孝、弟、慈，原人人不慮而自知，人人不學而自能，亦天下萬世不約而自同者也。今只以所自知者而爲知，以所自能者而爲能，則其爲父子兄弟足法，而人自法之，便唤做『明明德於天下』，又唤做『人人親其親，長其長，而天下平也』。此三件事，從造化中流出，從母胎中帶來，徧天徧地，亘古亘今。試看此時薄海内外，風俗氣候，萬有弗齊，而家家户户誰不以此三件事過日子也？只堯、舜、禹、湯、文、武，便皆曉得以此三件事修諸己而率乎人。以後卻盡亂做，不曉得以此修己率人，故縱有作爲，亦是小道，縱有治平，亦是小康。不知天下原有此三件大道理，而古先帝王原有此三件大學術也。故仲尼將帝王修己率人的道理學術既定爲六經，又將六經中至善的格言定爲《大學》，以爲修己率人的規矩，而使後之學者於物之本末、事之終始，知皆擴而充之，老吾老及人之老，長吾長及人之長，幼吾幼及人之幼，家家户户共相敬愛、共相慈和，雖百歲老翁皆嬉嬉然如赤子一般，便唤做『雍熙太和』，而爲大順之治，總而名之曰《大學》也已。」

子曰：「吾人此心統天及地，貫古迄今，渾融於此身之中，而涵育於此身之外。其精瑩靈明而映照莫掩者謂之精，其玅應圓通而變化莫測者謂之神。神以達精而身乃知覺，是知覺雖精所爲，而實未足以盡乎精也。精以顯神而身乃運動，是運動雖神所出，而實未足以盡乎神也。古之欲明明德於天下者，其心既統貫天地古今以爲心，則其精神亦統貫天地古今以爲精神。故其耳目手足、四肢百體，知覺固與人同，而聰明之精通而無外者自與人異；運動雖與人同，而舉措之神應

而無方者自與人異。夫是以爲人之聖，善之至，學之集大成而萬世無復加焉者也。」

子曰：「孔門宗旨只要求仁，究其所自，原得之《易》，又只統以『生生』一言。夫不止曰『生』，而必曰『生生』云者，生惡可已也。生惡可已，則易不徒乾乾而兼之以坤，坤不徒坤坤而統之以乾。蟠天薄地而雷動滿盈，形森色盎而霞蒸赫絢，横亘直達，邃入旁周，固皆一氣之運化而充塞乎兩間。然細觀此氣之流行布濩，節序無不停妙，絪緼媾結，條理無不分明，則氣也而實莫非精之所凝矣。精固妙凝一氣而貫徹羣靈，然究竟精氣之浩渺而無涯，妙應而無迹，莫之爲而爲焉，莫之致而至焉，則氣也、精也，又莫非神之所出矣。興言至此，則下至九地，上至九天，中及萬民，旁及萬物，渾是一個生惡可已，渾是一個神不可窮。」

子曰：「孔子曰：『心之精神是謂聖。』解者曰：『聖也者，通明者也。』又曰：『聖也者，神明而不測者也。』天下古今，豈有神而不明者哉？抑豈有神而不通者哉？明則無不知矣，通則無不能矣。明通皆自神出，則空洞絶無涯畔，微妙迥徹纖毫。藏用於溥博淵泉，而實昭然聖體，天也，而未嘗與人異也；顯仁於語默云爲，而實總是天機，人也，而未嘗與天殊也。」

子曰：「盈天地之生，而莫非吾身之生。盈天地之化，而莫非吾身之化。冒乾坤而獨露，亘宇宙而長存，此身所以爲極貴，而人所以爲至大也。」

問：「《大學》以修身爲天下國家之本，如何方是修身？」子曰：「致良知則修其身矣。」曰：「如斯而已乎？」曰：「致良知則家齊、國治而天下平矣。夫良知者，不慮不學，

而能愛其親，能敬其長也。故《大學》雖有許多工夫，然實落處只是『上老老而民興孝，上長長而民興弟』。故『上老老』、『上長長』便是修身以立天下之大本，『民興孝』、『民興弟』便是齊治平而畢修身之用也。天德王道一併打合，便是孔子平生所志之學。其從心不踰之矩，即此個絜矩之道是也。統而言之，卻不只是一個致良知耶？故曰：古之欲明明德於天下，而大學之道備矣。」

問：「孔子『吾十有五而志學』章，其旨何如？」子曰：「古書中言道雖多，至『學』之一字，則間或見之，惟是吾夫子，則專志平生而論學不輟。古之聖人成道雖多，如清、任與和，各以資質所近而力造其極，惟是吾夫子，則述而不作，必求隆古至聖而學之。故曰『吾十有五而志於學』。此章幸得晦庵朱先生，又能默而識之，其註疏云：『學者，大學也。』夫謂曰『大學』者，所以學乎其大者也。夫子平生亟稱至聖者，惟是文王，亟稱大聖者，惟是帝堯，則其所祖述，其所憲章，竭精會神以學之者，非二三聖人而何哉？夫惟道之極其至，道之極其大，則閫域幽遐，境界浩蕩。雖其性靈天縱，而求以主張負荷，卓然屹立于宇宙之中也，須到三十而後能之。即今《大學》聖經，首言道在明明德，親民，止至善，知止而後定、靜、安也。定而且安，非志之既立而何哉？自此之後，則於古聖信好愈益精專，敏求愈益奮勵，以此而誠意，以此而正心，以此而修身，以此而齊治平，亦以此而明明德於天下。物則本末兼善，事則終始渾全。不惟放勳之睦族平章，光格上下，文德之刑于友善，運掌化成，若合符節而先後一揆；即偏考三王，俟聖百世，不外十年，而俱可不繆不惑也已。想象吾夫

子，於此二十餘年，精神意氣，近而本諸其身以有立，遠而徵諸今古以不疑。世道之經常，人情之懿好，聯屬統同，通天下國家而爲一己。所謂『仁者人也，親親爲大』，已是融通透徹，一以貫之，而無入不得矣。忠恕求仁之宗，的確必在此時。至於『假我數年，五十以學《易》』，而猶言可無大過，則又以此學大至範圍天地，難免無過。今考《易經》卦象，於大過則曰：『君子以獨立不懼。』卻是聖人以天自處之實際，所謂：天命於穆不已，聖人亦純而不已。不惟中心安仁，天下一人，而且時乘六龍，統天獨御也。故贊《易》首言：『大哉乾元，萬物資始。』『至哉坤元，萬物資生。』可見上律下襲，與祖述憲章，總是吾人一個學，學總是一個大，範圍天地固自不過，曲成萬物亦自不遺。而子思子極其形容，則曰：『譬如天地之無不持載，無不覆幬。譬如四時之錯行，如日月之代明。道並行而不悖，物並育而不害。小德川流，大德敦化。此天地之所以爲大也。』故『不惑』、『知命』始是學《大學》之到家去處。此後『耳順』、『從心』則俱是學《大學》之到家的徵驗去處。但『耳順』是感乎其外而順以應之，無非此學、此大也。『從心』是動乎其中而廣以運之，無非此學、此大也。蓋《大學》只是『明明德』、『親民』。明親之實，只是絜矩上下、前後、左右，老吾老以及人之老，長吾長以及人之長，幼吾幼以及人之幼，惻怛慈愛之真，盎然溢於一腔，誠感神應之妙，沛然達諸四海。吾夫子學至此時，果是大人、赤子，念念了無二體；聖心、天德，生生純是一機。隨衆問辯，其所酬答，更無非此個孝弟慈；隨機感觸，其所好欲，亦無非此個孝弟慈。即如子路問志，便曰：『老者安之，朋友信之，

少者懷之。』子貢問仁，便曰：『己欲立而立人，己欲達而達人。』要之，『耳順』只是一個絜矩。欲不踰矩，又豈不是一個順應也哉？如此以觀吾夫子，其志方爲大志，其仁方爲純仁，而其聖方爲至聖也已。」

問：「夫子十五而志於學，學何學也？」子曰：「學以成乎其人者也。故聖門宗旨，的在求仁，而曰：『仁者人也，親親爲大。』夫人生之初，則孩提是矣，孩提所知，則愛其親敬其長焉是矣。愛敬不失其初，則舉此加彼，自可達之人人，聯屬家國天下以成其身，人曰『大人』，學曰『大學』矣。然則吾夫子七十從心不踰之矩，其即所謂絜矩之矩。而曰『老者安之，朋友信之，少者懷之』，正將運斯世之矩於其掌，而畢所學之志於其初者也。」

子曰：「孔氏之學，學仁也。仁則焉學哉？夫仁者，人也。能仁夫人，斯人而仁矣，是故我與物皆人也。皆人，則皆仁也。皆仁，則我可以爲物，物可以爲我，是通天下萬世而爲一人者也。通天下萬世而爲一人，是人而仁矣。」

問：「孔子自志學以至心不踰矩，矩是何物？」子曰：「朱子云：學即大學之道，則矩即絜矩也。蓋『大學之道，在明明德』。明德之本來明者，即愛親敬長，不慮而知，人皆無不有之者也。老吾老以及人之老，而莫不興孝，長吾長以及人之長，而莫不興弟，即明德之達諸天下，而人人親其親、長其長，治且平焉者也。大人之所以與天地合德，與日月合明，以至凡有血氣者，莫不尊親，豈復有他道哉？孔子生知安行，初年即有此意，但世界浩蕩，常恐主持不去，而羣言淆亂，又慮精一之難，故用力至五十，乃渾是不慮不學之體，而天命我知矣。以後受用，即孟子所謂

『樂則生，生則惡可已。惡可已，則不知足之蹈之、手之舞之』者也。故此學只孔孟相符，至漢以後俱絶響矣。」

子曰：「孔子十五而志於學，是大學也。大人之學，必聯屬家國天下以爲一身，所謂『明明德於天下』也。今世上有志之士，或是功業，則功業成而心亦可了矣；或是道德，則道德成而心亦可了矣。惟孔子以天下人盡明其明德，方爲自己明明德，則竭盡平生心思，費盡平生精力，事畢竟是成不得。事竟不成，則心竟不了。心竟不了，則發憤忘食，亦竟至老而發憤忘食不了也已。」

問：「『立身行道』，果是何道？」子曰：「大學之道也。《大學》『明德』、『親民』、『止至善』，許大的事也只是立個身。蓋丈夫之所謂身，聯屬家國天下而後成者也。如言孝，則必老吾老以及人之老，天下皆孝而其孝始成；有一人不孝，即不得謂之孝也。如言弟，則必長吾長以及人之長，天下皆弟而其弟始成；苟有一人不弟，即不得謂之弟也。是則以天下之孝爲孝，方爲大孝；以天下之弟爲弟，方爲大弟也。」曰：「若如此說，則孔子孝弟也不曾了得。」曰：「吾輩今日之講明良知，求親親長長而達之天下，卻因何來？正是了結孔子公案。」曰：「若如此說，則吾輩亦未必了得。」曰：「若我輩真是爲着孔子了公案，則天下萬世不愁無人爲吾輩了也。即此可見聖人之心。只因他不自以爲了，所以畢竟可了。若彼自以爲了，則所了者又何足以言了也。吾人學術大小，最於世道關切，大家須猛省猛省。」

問：「吾儒之學，其大如此，然必有所以大處，不知何以見得？」子曰：「聖賢之道，原從心上覺悟，故其機自不容已。否則矯僞

而爲之，又安能可久、可大，而成天下萬世之德也耶？孟子曰：『萬物皆備於我，反身而誠，樂莫大焉。』蓋反求此身，本有真體，非意見、方所得而限量，潛於天地萬物之中，而超於天地萬物之外，渾然共成一個，千古萬古更無能閒隔之者，卻非皆備於我而何哉？程子謂：認得是我，何所不至。若以己合彼，則猶是有二，又安得樂？抑又安能聯屬天下國家，以成其身也耶？」

子曰：「吾人此身，與天下萬世原是一個，其料理自身處，便是料理天下萬世處。故聖賢最初用功，便在日用常行。而日用常行，只是性情好惡，我可以通於人，人可以通於物，一家可通於天下，天下可通於萬世。故曰『人情者，聖人之田也』。此平正田地，百千萬人所資生活，卻被孟子一口道破，説道人性皆善。若不認得日用皆是性，人性皆是善，蕩蕩平平、了無差別，則自己工夫先無着落處，又如何去通得人、通得物、通得家國，而成大學於天下萬世也哉？」

問「學而時習之」一章。子曰：「吾夫子生平敏求學古，獨是《易經》得力，首贊之曰：『大哉乾元，萬物資始。』『至哉坤元，萬物資生。』及透悟將來，卻統而言曰：『生生之謂易。』又曰：『元者，善之長也。』『君子體仁，足以長人。』至是，天地物我渾成一個，其根心積慮，固惻隱滿腔，而啟口容聲，亦了無閒別。於是其爲學也，其爲教也，皆是以仁爲宗。吾夫子此個宗旨，既原得諸《易》，而《易》則原本諸天。天何言哉？極究其體，則止是時行而不息；博觀其用，便是物生而不窮。夫惟其有得於時行之妙乎不息也，故語學，則曰：必以時而習之。習能如時，則心自悦之。蓋天人雖遠，機則潛通，故視聽

言動、食息起居，其施諸四體而應乎百感。自孩提以至老耄，固皆時時變通，亦皆時時妙運。但非學，則日用而不知；能學，則乘時以習熟。夫習熟乘時，則其妙用愈見，其妙運愈見，則其默契愈深。而晦庵先生所謂『其進自不能已者』，固足形容其悦懌之機，而亦可想像其當可之妙矣。吾夫子平生自述其學而不厭者，不開卷而即了了也哉？夫學則乃爾，而爲教亦然。蓋惟其有得於天之物生而妙乎不窮也，故朋來必曰『自遠方』，朋自遠來，則其心不止於悦，而必曰『樂』矣。此意惟孟子最善形容，曰：獨樂不若與人，與少不若與衆。蓋『天生蒸民，有物有則。民之秉彝，好是懿德』，夫物則何閒於人哉？均此視聽言動，均此食息起居，亦均此施諸四體而應乎百感，所以謂之帝則，又謂之天則。德雖天然自有，然以時出之，乃稱懿美，而人之好之也，自同一秉彝也已。懸想吾夫子，初去博學於文，而忽悟《易經》時習去處，極其懽忻踴躍。故即一鄙夫相問，已是兩端必竭，況人多信從，而至於遠方友朋亦皆畢集。晦庵先生所謂：德之所被者廣，而道之所傳者久，則人固悦樂乎我，我尤悦樂乎人，盎然宇宙之中，渾是一團生意。吾夫子平日自述其誨人不倦者，又不可觸類而長哉？夫時習而悦，已是可知於人；朋來而樂，又果是相知者衆。此而不厭不倦，猶未見其極處，其或行修謗興，德高毁來，而人不我知，卻又能不愠，始表其爲君子也。但『不愠』二字，今之爲説者，皆云君子儒爲己，故人雖不知，而其心漠然無所動於中。如此説『不愠』，雖亦有理，而實則不然。蓋聖人之所謂己，是聯屬天下以成其己。豈止天下，即萬世亦欲其相通而無閒也。故曰：

『不患人之不己知，患不知人也。』又曰：『行有不得者，皆反求諸己，其身正而天下歸之。』然則所云『不愠』者，只是不敢尤人，而不患人之不己知爾。至反求諸己，以求爲可知，則不至天下皆歸、萬世皆通，必不已矣。蓋委咎於人，則自己用功斯緩；不愠乎人，則自己反求斯切。況吾夫子以仁爲宗，則時時只見其妙於生，物物只見其同於生，統天徹地，貫古貫今。譬則身軀，脈理更無尺寸不聯，念慮亦不忍尺寸不愛且養，閒或手足痿痺、痛痒不知，決不愠而棄之，而必鍼砭藥餌，汲汲皇皇，務醒覺而開通之也。如是方是誨人不倦的極處，亦是學不厭的極處。不厭不倦，方是仁其身以仁天下萬世的極處。不曰君子之德之成哉？」

子曰：「『易有太極』，是夫子贊易之詞，非易之外又有個太極懸在空中也。即如周子云『無極而太極』，亦非太極之外又有個無極懸在空中也。」曰：「易之外固非別有太極矣，然易何以便謂之太極也？」曰：「竊意此是吾夫子極深之見，極妙之語也。蓋自伏羲、文、周三聖立畫顯象之後，世之學者觀看，便謂太虛中實實有乾坤並陳，又實實有八卦分列，其支離瑣碎寧不重爲斯道病耶？故夫子慨然指曰：此易之卦象，完全只太極之所生化。蓋謂爻象雖多，均成個混沌東西也。若人於此參透，則六十四卦原無卦，三百八十四爻原無爻，而當初伏羲仰觀俯察、近取遠求，只是一點落紙而已矣。此落紙的一點，卻真是黑董董而實明亮亮，真是圓陀陀而實光爍爍也。要之，伏羲自無畫而化有畫，夫子將千畫而化一畫，又將有畫而化無畫也已。」

子曰：「『天命之謂性』，正孔子所謂『默

而識之』，所謂『知天地之化育』，又所謂『五十學《易》』、『知天命』者也。蓋伏羲當年亦儘將造化著力窺覷，所謂：仰以觀天，俯以察地，遠求諸物，近取諸身。其初也，同吾儕之見，謂天自爲天，地自爲地，人自爲人，物自爲物。爭奈他志力精專，以致天不愛道，忽然靈光爆破，粉碎虛空，天也無天，地也無地，人也無人，物也無物，渾作個圓團團、光爍爍的東西，描不成、寫不就，不覺信手禿點一點，元也無名，也無字，後來只得喚他做乾，喚他做太極也。此便是性命的根源。三代聖人如文王、周公，俱盡心去推衍擬議，及到孔子，又加倍辛勤，韋編之堅，三度斷絕，自少而壯、而老，直至五十歲來，依然乾坤混沌貫通一團，而曰『天命之謂性』也。居常想像，吾夫子此言出口之時，真傾瀉銀漢，盡吸滄溟，以將潤其津唾；扶摇剛風，轉旋灝氣，以將舒其喘息。又何天之不爲我、我之不爲天，命之不爲性而性之不爲命也耶？自是以後，口悉皆天言，而其言自時；身悉皆天工，而其動自時；天視自我之視，天聽自我之聽，而其視其聽亦自然無所不時也已。所以率此性而爲道，其道則四達不悖，其學也又安得而或厭？修之而爲教，其教則並育而有成，又安得而或倦也耶？」

子曰：「孔子云：『仁者，人也。』夫仁，天地之生德也。天地之大德曰『生』，生生而無盡曰『仁』，而人則天地之心也。夫天地亦大矣，然天地之大，大於生；而大德之生，生於心；生生之心，心於人也。故知人之所以爲人，則知人之所以爲天；知人之所以爲天，則知人之所以爲大矣。聖門之求仁也，曰『一以貫之』。一也者，兼天地萬物，而我其渾融合德者也；貫也者，通天地萬物，而我

其運用周流者也。非一之爲體焉，則天地萬物斯殊矣，奚自而貫之能也？非貫之爲用焉，則天地萬物斯閒矣，奚自而一之能也？非生生之仁之爲心焉，則天地萬物之體、之用斯窮矣，奚自而一之能貫？又奚自而貫之能一也？是聖門求仁之宗也。吾人宗聖人之仁，以仁其身，而仁天下於萬世也，固所以貫而運化之，一而渾融之者也。然非作而致其情也，天地萬物也，我也，莫非生也，莫非生則莫非仁也。夫知天地萬物之以生而仁乎我也，則我之生於其生、仁於其仁也，斯不容已矣。夫我生於其生以生，仁於其仁以仁也，既不容已矣，則生我之生，以生天地萬物，仁我之仁，以仁天地萬物也，又惡能以自已也哉？夫我能合天地萬物之生以爲生，盡天地萬物之仁以爲仁也，斯其生也不息，而其仁也無疆。此大人之所以通天地萬物以成其身者也。」

子曰：「曾子曰：『士不可以不弘毅，任重而道遠。』孟軻氏得之，曰：『其爲氣也，至大至剛，以直養而無害則塞乎天地之閒。』夫天地，是乾坤之德久且大，而所由以著見者也。吾夫子贊易曰：『乾知大始，坤作成物。』夫易廣矣，大矣，資始萬物，而靡一之或遺焉；博矣，厚矣，資生萬物，而靡一之弗成焉。要之，實一元之氣，渾淪磅礴，浩渺無垠焉爾。是氣也，名之爲天，則天矣，天固乾之所以始乎坤者也；名之爲地，則地矣，地固坤之所以成乎乾者也；名之爲我，則我矣，我固天地之所以成始而成終者也。夫合天地萬物，而知其爲一氣也；又合天地萬物，而知其爲一我也。如是而謂浩然而充塞乎其閒也，固宜；如是而謂大之至而弘足以任重，剛之至而毅足以道遠也，亦宜。是故君

子由一氣以生天、生地、生人、生物，直達順施而莫或益之也，本諸其自然而已也；乘天地萬物，以敷宣一氣，充長成全而莫或損之也，亦本諸其自然而已也。」

子曰：「宇宙其一心矣乎！夫心，生德也，活潑靈瑩，融液孚通，天此生，地亦此生也；古此生，今亦此生也，無天地，無古今而渾然一之者也。生之謂仁，生而一之之謂心。心一則仁一，仁一則生無弗一也。是故一則無閒矣，無閒者，此心之仁之所以純乎其運也；一則無外矣，無外者，此心之仁之所以博乎其施也。會而通之，吾茲有取於《易》之乾坤矣。夫易，生生者也。夫乾之與坤，易之生生所由以合德者也。乾一坤也，坤一乾也，未有坤而不始於乾，亦未有乾而不終於坤者也。乾之象曰：『君子以自强不息。』坤之象曰：『君子以厚德載物。』夫自以言乎其己也，物以言乎其人也，人己之閒，以言乎强以健行而厚以持載也。善乎！吾夫子之語仲氏也，曰：『出門如見大賓，使民如承大祭。』是强以健行，而乾之所以始乎坤者也；曰：『己所不欲，勿施於人。』是厚以持載，而坤之所以終乎乾者也。是故君子出門、使民，而兢業不忽，其必有所爲矣；不欲於己，勿施於人，其必有所主矣。説者以其不忽者而名之曰『敬』，以其勿施者而名之曰『恕』。予意其敬不徒敬，而舍恕則無所於爲也；恕不徒恕，而舍敬則無所於主也。名之曰『乾坤合德』，而莫非吾心生生之仁貫徹於人己之閒，至一而匪二，渾合而弗殊者也。」

問：「孔子聖之時，似多得之學《易》而然？」子曰：「易象之贊，必曰：『時義大矣哉！』又曰：『六位時成，時乘六龍以御天。』所以『君子動靜不失其時，其道光明』，而『隨

時變易以從道』也。吾夫子平生得力全在于此，惟孟氏獨能知之，乃特稱之曰：『孔子，聖之時者也。』是以其立教於人也，則當可之謂時；其悅諸乎心也，則曰『學而時習之』。惟其教之當可也，故自不覺其倦；惟其習之以時也，故自不覺其厭。《論語》開卷，便將一生精神全付打出，可見渾然一團仁體，頃刻便充塞天地而貫徹古今。是何等家風，何等滋味也！吾人豈可漫然輕看也哉！」

問：「孔子之『時』與顏子之『復』，同異何如？」子曰：「顏子之『一日復禮』，是復自一日始也，自一日而二日，以至於十百千萬日，渾然太和元氣之流行，而融液周徧焉，即時而聖矣。故復而引之純也，則爲時；時而動之以天也，則爲復。時，其復之所由成；而復，其時之所自來也歟。」

問：「易爲聖之時也，果爲有據矣。不知如何將此時習、以此立教也？」子曰：「乾行之健，即時也，自强不息，即習諸己而訓諸人也。初九以至上九，即時也，潛而弗用以至亢而有悔，即習諸己而訓諸人也。推之六十四卦、三百八十四爻，皆時也，皆所謂天之則也，亦皆習諸己而訓諸人，奉天則以周旋，而時止時行、時動時静也。推之，即《中庸》所謂喜怒哀樂中節之『節』，亦即《大學》致知格物之『格』也。又推之，《禮》、《樂》之損益，《春秋》之褒貶，《詩》、《書》之性情、政事，更無出於時字之外者矣。先儒曰：《易》，其五經之原乎！不明乎《易》，而能明諸經者，難且甚矣！」

問：「顏子『克己復禮』，今解作復卦之『復』，則禮從中出，其節文皆天機玅用，所謂『神無方而易無體』者也。乃禮儀三百，威儀三千，聖人定以《禮經》，傳之今古，又若一成

而不易者，何也？」子曰：「君不觀之制曆者乎？夫語神玅無方，至天道極矣，然其寒暑之往來、朔望之盈虛、晝夜之長短，聖人一切可以曆數紀之，至期脗合而無差焉。初不謂天道之神化，而節序遂不可以預期也。此無他，蓋聖人於上古曆元，鈎深致遠，有以洞見其根柢，而悉達其幾微，故其於運行躔度，可以千載而必之今日，亦可以此時而俟之百世。此其盡性至命之玅，而實修道立教之準也。我夫子成身造世，一以求仁爲宗，正千歲日至其所洞見而悉達者也。故復以自知，而天之根即禮之源也。所謂『乾知大始』，統天時出者乎！『黄中通理』，暢達四肢而禮之出即天之運也。所謂『乾道變化，各正性命者』乎！顔氏博文約禮，感夫子之循循善誘，是則三千、三百而著之經典之常者也。如有立卓，歎夫子之瞻忽末由，是則天根自復而化，不可爲者也。夫子之爲教，與顔子之爲學，要皆不出仁禮兩端。而仁禮兩端，要皆本諸天心一脈。吾人用志浮淺，便安習氣。其則古稱先者，稍知崇尚聖經，然於根源所自，茫昧弗辨，不知人而不仁，其如禮何？是拙匠之徒，執規矩而不思心巧者也。其直信良心者，稍知道本自然，乃於聖賢成法忽略弗講，不知人不學禮，其何以立？是巧匠之徒，竭目力而不以規矩者也。善學孔、顔以求仁者，務須執禮以律躬，而尤純心以敦復。敦復崇禮，又能考究帝王，會通典制，直至脗合聖神，歸於至善而後已焉。是大匠之爲方圓也，巧不徒巧，而規矩以則之；規矩不徒規矩，而巧以精之。則其棟明堂而覆廣厦，不將柱立乾坤而永奠邦家於萬世無疆也哉？」

問：「顔子復禮之『復』，固《易經》復卦

之『復』矣，但本文復不徒復，而必曰『復禮』，不徒曰『復禮』，而必曰『克己』者，何也？」子曰：「復本諸《易》，則訓釋亦必取諸《易》也。《易》曰：『中行獨復。』又曰：『復以自知。』獨與自，即己也；中行而知，即禮也。惟獨而自，則聚天地民物之精神而歸之一身矣，己安得而不復耶？惟中而知，則散一己之精神而通之天地民物矣，復安得而不禮乎？故觀『一日天下歸仁』，則可見禮自復而充周也；觀『爲仁由己』而不由人，則可見復必由己而健行也。是即孟子所謂『萬物皆備於我，反身而誠，樂莫大焉』者也。宋時儒者，如明道説：『認得爲己，何所不至。』又説：『仁者渾然與物同體，義禮智信皆仁也。』似得顔子此段精神。象山解『克己復禮』，能以身復乎禮，似得孔子當時口氣。」曰：「克去己私，漢儒皆作此訓，今遽不從，何也？」曰：「亦知其訓有自，但本文由己之『己』，亦克己『己』字也，如何作得做『由己私』？《大學》『克明德』、『克明峻德』，亦克己『克』字也，如何作得做『去明德』、『去峻德』耶？況『克』字正解，只是作『勝』作『能』，未嘗作『去』。今細玩《易》謂『中行獨復』、『復以自知』，渾然是己之能與勝處，難説《論語》所言，不與《易經》相通也。」曰：「顔子請問其目，而孔子歷指四個『非禮』。非禮不是己私，如何？」曰：「此條卻是象山所云，能以身復乎禮者也。蓋視聽言動，皆身也。視孰爲視，聽孰爲聽，言動孰爲言動？皆禮也。視以禮視，聽以禮聽，非禮則勿視聽；言以禮言，動以禮動，非禮則勿言動，是則渾身而復乎禮矣。此即非禮以見復禮，即如恕之以不欲勿施，而見所欲與施也，皆反言以見正意。大約孔門宗旨，專在求仁，而直指體仁

學脈，只說：『仁者人也。』此『人』字不透，決難語仁。故『爲仁由己』，即人而仁矣。此意惟孟子得之最真，故口口聲聲只說個性善。今以己私來對性善，可能合否？此處是孔、顏、孟三夫子生死關頭，亦是百千萬世人的生死關頭，故不得不冒昧陳說。若謂衆皆莫肯信從而且遷就，則當時子貢諸人已嘗疑孔子是求之於外，樂正子已不信孟子爲實有諸己，況七十之與三千？又況漢、唐、宋而失傳以至今日矣乎？幸大家早共反求，以仁其身而仁天下，仁萬世於無疆可也！」

問：「克己復禮，以『克』作『能』，不識『克、伐、怨、欲』『克』字，如何又專作『勝』也？」子曰：「回之與憲，均稱孔門高第，亦均意在求仁，但途徑卻分兩樣。今若要作解釋，則『克』字似當一樣看，皆是『能』也。孟子曰：『仁，人心也。』心之在人，體與天通，而用與物雜，總是生之而不容已，混之而不可二者也。故善觀者，生不可已，心即是天，而神靈不測，可愛莫甚焉；不善觀者，生不可二，心即是物，而紛擾不勝，可厭莫甚焉。然見心爲可愛者，則古今人無一二；而心爲可厭者，則古今什百千萬，而人人皆然矣。蓋自虞廷，便說『道心惟微』，果是心涵道體，神妙之難窺；『人心惟危』，亦果是心屬人身，形跡之易滯。危而易滯，所以形跡在前者，滿眼渾是物欲；微而難窺，所以神妙在中者，終身更鮮端倪。幸天生我夫子，聖出天縱，自來信好《易經》，於乾之大生、坤之廣生，潛乎默識，會得人人物物，❶都在生生不已之中。引線之星火纖燃，❷銃砲之剛中爆

❶「會」，原爲方框，據「史語所」本補。
❷「燃」，原爲方框，據「史語所」本補。

發，一以貫之，不覺頃刻之間，仁體充塞乎天地人物而無閒矣。故平生所以爲學、所以爲教，只是以仁爲宗，期以號呼羣生之醉夢而省覺之。無奈及門之徒，亦往往互相抵牾，惟顏子於其言語無所不悦，故來問仁，即告之以能己復禮，則天下歸仁。能復，則其生生所由來；歸仁，則其生生所究竟也。原憲卻也久在求仁，然心尚滯於形跡，自思心之不仁，只爲怨欲二端紛擾作祟，於是盡力斬伐，已到二端都不敢行去處，乃欣欣相問：人能伐治怨欲，俱不敢行去處，仁將不庶幾乎？吾夫子聞知此語，❶頗覺傷殘，漫付之一歎，曰：『可以爲難矣！』蓋怨欲是人性生，今伐治不行，豈是容易？至説『仁則吾不知也』，卻甚是外之之詞，亦深致惜之之意。憲竟付之不問，豈其心猶疑聖言之不如己見也？噫！原憲且然，而樊遲諸子，更復何望？及門者且然，而漢唐諸儒又復何望？誠哉！道心之微而難窺，生理之妙而鮮識也！比至有宋，乃得程伯淳『渾然與物同體』之説倡之於先，陸子靜宇宙一心無外之語繼之於後。入我朝來，尊崇孔、顏、曾、孟，大闡求仁正宗，近得陽明王先生發良知真體，單提顯設以化日中天焉。寧非斯文之幸，而千載一時也哉！衆共勉之，衆共勉之！」

子曰：「夫《易》者，聖聖傳心之典而天人性命之宗也，是故塞乎兩閒，徹乎萬世，夫孰非一氣之妙運乎？則乾始之而坤成之，形象之森殊，是天地人之所以爲命而流行不易者也。兩閒之塞，萬世之徹，夫孰非妙運以一氣呼？則乾實統夫坤，坤總歸乎乾，變

❶「聞」，原作「問」，據「史語所」本改。

見之渾融，是天地人之所以爲性而發育無疆者也。然命以流行於兩閒萬世也，生生而自不容於或已焉，孰不已之也。性以發育乎兩閒萬世也，化化而自不容於或遺焉，孰不遺之也。是則乾之大始，剛健中正，純粹至精，不遺於兩閒而超乎兩閒之外；不已於萬世而出乎萬古之先。浩浩其天，了無聲臭，伏羲畫之一，以專其統；文王象之元，以大其生，然皆不若夫子之名之以『乾知大始』而獨得乎天地人之所以爲心者也。夫始曰『大始』，是至虛而未見乎氣，至神而獨玅其靈，徹天徹地，貫古貫今，要皆一知以顯發而明通之者也。夫惟其顯發也，而心之外無性矣。夫惟其明通也，而心之外無命矣。故曰：『復，其見天地之心乎！』又曰：『復以自知也。』夫天地之心也，非復固莫之可見，然天地之心之見也，非復亦奚能以自知也耶？蓋純坤之下，初陽微動，是正乾之大始而天地之真心也，亦大始之知而天心之神發也。唯聖人迎其幾而默識之，是能以虛靈之獨覺玅契大始之精微，純亦不已而命天命也，生化無方而性天性也，終焉神明不測，而心固天心，人亦天人矣！」

問：「復，何以能自知也哉？」子曰：「是有生而知之者矣，聞一善言、見一善行，沛然若決江河，莫之能禦者也；有學而知之者矣，我非生而知之者，好古，敏以求之者也；有困而知之者矣，人一能之，己百之，人十能之，己千之。果能斯道，而雖愚必明者也。」曰：「孔子何以學而知之也？」曰：「孔子志於學，學乎大學者也，學大學者，必先於格物。格物者，物有本末，於本末而先後之，是所以格乎物也。」曰：「格物之本末，何以遂能獨復而自知也哉？」曰：「古之平天下者必先治國，治國必

先齊家，齊家必先修身，是天下本在國，國本在家，家本在身，於是能信之真，好之篤，而求之極其敏焉。則此身之中，生生化化一段精神，必有倏然以自動，奮然以自興，而廓然渾然以與天地萬物爲一體，而莫知誰之所爲者。是則神明之自來，天機之自應，若銃砲之藥，偶觸星火而轟然雷震乎乾坤矣。至此則七尺之軀，傾刻而同乎天地，一息之氣，倏忽而塞乎古今。其餘形骸之念，物欲之私，寧不猶太陽一出而魍魎潛消也哉？故《大學》一書，是孔子平生竭力六經而得的受用，如病人飲藥，已獲奇效，卻抄方徧施，以起死回生乎百千萬衆也。後世切不可只同其他經書看過，當另作一般理會，久久有個獨復自知之時，方信予言爲不繆也已。」

問：「孔子以『復禮』答顔氏問仁，則所謂學《易》者，即所以求仁矣乎？」子曰：「學《易》，所以求仁也。蓋非易無以見天地之仁，故曰『生生之謂易』；而非復，何以見天地之易，故又曰：『復其見天地之心。』夫『大哉乾元』，生天生地，生人生物，渾融透徹，只是一團生理。吾人此身，自幼至老，涵育其中，知見紜爲，莫停一息，本與乾元合體，衆人卻日用不著不察，是之謂道不能弘人也。必待先覺聖賢之明訓格言，呼而覺之，則耳目聰明，頓增顯亮，心思智慧，豁然開發，真是黄中通理而寒谷春回。此個機括，即時塞滿世界，了結萬世，所謂：天下歸仁，而爲仁由己也。其根器深厚，志力堅貞的漢子，際此景界，便心寒膽戰，恭敬奉持，如執玉，如捧盈，毫忽不能昧，便唤做『研幾』；斯須不敢瞞，便唤做『慎獨』；不落聲臭，不涉覩聞，淵淵浩浩，唤作『極深』；坦坦平平，好惡不作，唤做『君子依乎中庸』也。蓋此個天心，

元賴耳目四肢顯露，雖其機不會滅息，而血肉都是重滯。若根器淺薄，志力怠緩者，則呼處或亦有覺，而受用卻是天淵，反致輕視此理，而無所忌憚，不免游氣雜擾，而成小人之中庸矣。楚侗耿先生評曰：「是！是予爲此懼甚矣！」孔門自顏子而下，❶鮮有不在此處作疑，故『仁者人也』，縱口說不倦，而未有人聽；『從心所欲』，縱身體不厭，而無有人喜。走東走西，只是要依各人亂做，況無聖人親自呼覺，又可奈何？其後卻虧了孟子是個豪傑，他只見著孔子幾句話頭，便耳目爽朗，親見如聖人在前，心思豁順，就與聖人脗合；一氣呵出，說道人性皆善，至點掇善處，惟是孩提之愛敬，達之天下，則曰：道在邇，事在易，親親長長而天下平也。憑他在門高第如何諍論，也不改一字；憑他列國君臣如何忿惡，也不動一毫。只是入孝出悌，守先王之道，以待後之學者。看他直養無害，即浩然塞乎天地，萬物皆備，而反身樂莫大焉。」「其氣象較之顏子，又不知如何？」「予嘗竊謂：孔子渾然是易，顏子庶幾乎復，而孟子庶幾乎乾。若求仁而不於易，學《易》而不於乾與復焉，乃欲妄意以同歸於孔顏孟也，亦誤矣哉，亦難矣哉！」

子因或問：「程子云：孔子道大難求，學者須學顏子。顏子有個學眼。復卦所許顏子庶幾，❷只是『有不善未嘗不如，知之未嘗復行。』」乃曰：「說《易》須先乾坤，乾坤須先復卦。乾坤二卦雖不相離，而不可相並，六十卦皆是此意。故今說復也，要乾來照應。

❶「孔門」下，原另起一段，今據「史語所」本改。

❷「復卦所許顏」，《近溪子續集》作「觀復卦聖人親許顏氏之」。

蓋復之爲候，是一年至日，於四時則其時爲春首，於六氣則其氣爲温暖。乾曰『元亨利貞』，復則是元之初起頭處，❶融和温煦，天下萬事萬物最可愛可喜，而爲卦之善者也。然孟子形容這個善，卻云：『可欲之謂善。』而孔子指點這個乾元，則又云：『元者善之長。』是復在六十四卦，豈不是第一最善者哉？今要解得復卦的確，須説復是復個善也。其復善，又是復善之最長，而不可以他卦例言也。」又曰：「『復』是一個而可兩分，雖可兩分而實則總是一個善耳。蓋性善則原屬之天，而順以出之；知善則原屬之人，而逆以反之。故孩提初生，其稟受天地太和，真機發越，固隨感皆便懽喜。若人心神開發於本性之良，徹底透悟，則天地太和亦即時充滿而真機踴躍，視諸孩提又萬萬矣。」又曰：「『復』之一卦，學者只一透悟，則自身自内及外，渾是一個聖體。即天地冬至陽回，頑石枯枝，更無一物不是春了。欒正子只緣未透這關，所以『美、大、聖、神』，竟無他分也。」

問「默而識之」。子曰：「此即程子所謂『先須識仁』也。蓋『仁者，渾然與物同體』，此體既與物同，則教學又豈容二哉？故教不徒教，而以學直己陳德而不敢欺也；學不徒學，而必以教與人爲善而不敢私也。教學相長，人己夾持，以故有親有功，可久可大，而又何厭倦之有哉？程子曰：以己合彼，猶是二物有對，又安能樂？又曰：能存之而樂，亦不患其不能守也。」

問：「程子既云『仁者以天地萬物爲一體』，又云『仁者渾然與物同體』，意果何

❶「復」，原脱，今據《近溪子續集》補。

如？」子曰：「天地之大德曰生，夫盈天地間只一個大生，則渾然亦只是一個仁矣。中間又何有纖豪間隔？又何從而分得天地、分得萬物也哉？故孔門宗旨，惟是一個『仁』字。孔門爲仁，惟是一個『恕』字。如云：『己欲立而立人，己欲達而達人。』分明說：己欲立，不須在己上去立，只立人即所以立己也；己欲達，不須在己上去達，只達人即所以達己也。是以平生功課，學之不厭，誨人不倦。其不厭處，即其所不倦處；其不倦處，即其所不厭處。統天徹地，膠固圓融，由內及外，更無分別，此方是渾然之仁，亦方是孔門宗旨也已。」

問：「道有定體，學有成法。若學無成法，雖道有定體，恐亦不爲我有。是否？」曰：「此語果然，豈惟學有成法，即默識亦有成法。」曰：「如何是默識的成法？」曰：「學是學爲孔子，則吾人凡事皆當以孔子爲法。孔子十五而志于學。今日便當向半夜五更，默默靜靜考問自己的心腸：果是肯如孔子之一心一意去做聖賢耶？或只如世俗之見，將將就就以圖混過此生也？若將就混過，正是鄉愿的本事。孟子罵他做『德之賊』，『賊』字是『害』字。蓋此個念頭即是鴆毒刀兵，害了此一生也。以此做個的確規模，十五則決要志學，三十則決要立，四十則決要不惑，五十、六十七十莫不皆然，方纔謂之學有成法。五更半夜常以此去自考，便又謂之默而識之之成法也。」

問：「學者將天地萬物一體處理會得明盡，則仁便可識，其功是否？」子曰：「程子欲人先識者，識此仁也。仁者，天之生德，活潑潑地，昭著心目，苟一加察，即真機現前，仁識而天地萬物自在其中矣。如入井一段，

既是怵惕惻隱，則我與孺子，原如手之捫足、唇之護舌，又焉有二體哉？若先行理會，方可言仁，則孺子之救，逢人同之，非惟不必理會，而亦不暇理會矣。」

問：「渾然與物同體，視《大易》『君子體仁』之意何如？」子曰：「聖賢語仁多矣，最切要者，莫踰體之一言。蓋吾身軀殼，原止血肉，能視聽而言動者，仁之生機爲之體也。推之而天地萬物，極廣且繁，亦皆軀殼類也。潛通默識，則何我體之非物，而物體之非我耶？譬之巨釜盛水，衆泡競出，人見其泡之殊，而忘其水之同耳。孺子入井境界，卻是一泡方擊，而衆泡咸動，非泡之動也，釜水同是一機，固不能以自已也。」

問：「渾然同體，與兼愛之學何別？」子曰：「體之爲言，最可玩味。夫體即身也，頭目居上，四肢居下，形骸外勞，心腹内運，而身乃成焉，愛豈無差等哉？」或曰：「既是一體，終恐流於兼愛耳。」曰：「君知所恐，自然不流矣。但恐君心或過於忍，無愛之可流耳。」

問：「孔子曰：『志於道。』只此一語，極是學者所當理會，亦是學者所難理會。蓋天下古今，惟是此道，若此道有真見，則志自不容已；志既不容已，則學之不厭，教之不倦，精神漸次堅凝，而聖人發憤忘食、樂以忘憂、不知老之將至，其閫奥將自有入頭處也。」子曰：「誠然！誠然！但今看來，道之爲道，不從天降，亦不從地出，切近易見，則赤子下胎之初，啞啼一聲是也。聽著此一聲啞啼，何等迫切！想著此一聲啞啼，多少意味！其時骨肉之情，依依戀戀，毫髮也似分離不開，頃刻也似安歇不過，真是繼之者善、成之者性，而直見乎天地之心，亦真是推之四海

皆準，垂之萬世無朝夕。若舍此不去著力理會，其學便叫做遠人以爲道，縱是甚樣聰明、甚樣博洽、甚樣精透，卻總是無源之水、無根之木，用力雖勤，而推充不去，不止推充不去，即心身亦受用不來。求其如是而已，如是而人，如是而天下國家，如是而百年千載，我可以時時服習，人可以個個公共，而云『學不厭，教不倦』也，亦難矣哉！亦難矣哉！」

子曰：「夫天，『莫之爲而爲，莫之致而至』者也。聖，則不思而自得，不勉而自中者也。學，則希聖而希天者也。夫欲希聖希天，而不求己之所以同於聖天者以學焉，安能至哉？反而思之，我之初生，一赤子也，赤子之心渾然天理，其知不必慮，其能不必學，蓋即『莫之爲而爲，莫之致而至』之體也。然則聖人之爲聖人，亦惟以其不慮不學者，同之莫爲莫致者。我常敬順乎天，天常生化乎我，久之自成不思不勉、從容之聖人矣。聖如孔子，其同天處更親切焉。彼赤子之出胎而即叫啼也，是愛戀母之懷抱也。孔子卻指此愛根而名之爲『仁』，推充此愛根以爲人，合而言之曰：『仁者人也，親親爲大。』若曰爲人者常能親親，則愛深而其氣自和，氣和而其容自婉，不忍一毫惡於人，不敢一毫慢於人，所以時時中庸而位天育物，其氣象出之自然，而功化成之渾然也已。」或曰：「赤子之心渾然天理，固矣。但謂羣聖之同天，與孔子之尤加親切，卻只是個覺悟，所以說『復，其見天地之心』便其覺悟處也。」曰：「謂之『復』者，正以其原日已是如此，而今始見得如此，便天地不在天地而在吾心，所以又說：『復以自知。』『自知』云者，知得自家原日的心也。」或曰：「自家原有同天同地同聖人的心，每每迷而不悟，想久被世界一切

紛華物欲之所蔽而然乎？」曰：「嘗觀世人亦有一種生來便世味淡薄、物欲輕少者，然於此一著，亦往往不悟，縱説亦往往不信。此即果如陽明先生所謂『個個人心有仲尼，自將聞見苦遮迷』也。蓋人自幼時讀書，便用《集説》等講解，其支離甚可鄙笑。何止《集説》，即漢儒去聖未遠，其註疏汗牛充棟，而孝弟之道卻看得偏輕，不以爲意，蔓延以至後世，又何足怪！故嘗謂：人之不悟，蔽於物欲者固多，而迷於聞見者不少。苟非遇先知先覺之人，爲之説破，縱教聰慧過顏、閔，果然莫可强猜也已。」

問：「『乾以易知，坤以簡能。』何分別如是？」子曰：「乾坤之德，只是『知』、『能』兩字，其實又只是『知』之一字。蓋生天生地、生人生物，透體是此神靈爲之變化，以其純陽而明故也。然陽之所成處，即謂之陰，而陰陽皆明以通之，所以並舉而言，則曰：『乾以易知，坤以簡能。』又曰：『乾知大始，坤作成物。』及其兼統而言，於乾則曰『德行恒易以知險』，於坤則曰『德行恒簡以知阻』。究竟陽之初動爲復，而曰『見天地之心』，是復則明統乎始，曰『復以自知』，是能則又果屬乎知也已。」

問：「羣龍無首，乃見天則。敢問天則必如何乃可得見也？」子曰：「據汝之問，果欲見天則乎？」曰：「然。」曰：「若天則可以見而求，可以問而得，則言語耳目各各用事，羣龍皆有首矣，寧不愈求而愈不可得也耶？蓋《易》之象原出自文王。《詩》之頌文王也，必曰：『不識不知，順帝之則。』又曰：『無然畔援，無然歆羨，誕先登於岸。』其所謂『畔援』、『歆羨』者，豈皆如世之富貴外物哉？即汝曹今日欲求見天則之心也。故道岸之

登不難，而歆畔之忘實難，帝則之順不難，而知識之泯實難。」曰：「若然，則吾將言語知識俱不用之，可乎？」曰：「即此不用之心，與求見之心，又何所分別乎？」

問：「孔子於《易》未嘗言禮，乃告顏子必曰『復禮』者，何也？」子曰：「復者，陽而明者也。『黄中通理，正位居體』，是身之陽所自明也；『暢於四肢，發於事業』，是陽之明所必至也。故《禮》曰：『天理之節文。』而又曰：『時爲大，順次之。』夫復則天，天則時，時則順而理；順而理，則動容周旋，四體不言而默中帝則，節而自成乎文矣。復在乎己也，夫安得不動之而爲禮也耶？是以孔孟立教，每以仁禮並言。蓋仁以根禮，禮以顯仁。則自視聽言動之閒而充之，仕止久速之際，自將無可無不可而爲聖之時也已。」

問：「博約之訓，孔門最重，而説者往往不同。願求歸一之旨。」子曰：「吾儕有生天地之閒，立志做個人品，須要先擴一大胸襟，次張一大眼孔。雖未即經綸天下大經，而經綸規模卻該理會；雖未即立天下大本，而立本著落卻要承當；雖未即知天地之化育，而化育來歷卻當探討。昔顏淵問仁，夫子教以『一日克己復禮，而天下歸仁』；子張問十世，夫子教以：殷因夏禮，周因殷禮，而百世損益可知；至己，則自云『吾學夏禮』、『吾學殷禮』、『吾學周禮』，且歎曰：『周監於二代，郁郁乎文哉！吾從周。』又曰：『爲國以禮』，『能以禮讓爲國乎，何有？』若夫《中庸》末後，其謂『大哉聖人之道』，而歸之禮之三千、三百；『王天下有三重』，而歸之議禮、制度、考文。故古今聖帝明王，綱維一代之乾坤世界，必有禮以綱維之；育養一代之民物生靈，必有禮以主張之。此一個禮，即天地

之所以爲命、帝王之所以爲心、聖賢之所以爲學。天下治亂攸分，總在禮之立不立，而尤在立之善不善，與善之至不至也。天生夫子，爲萬世開太平，只有《學》、《庸》二書，其二書只重仁、禮二端。蓋丈夫有生天地，頭頂腳踏，肩任念存，此身之與乾坤渾然一體，而謂之曰：『仁也者，人也。』欲完此仁，須是有禮，欲得此禮到至善去處，則非一己之聰明所可擬議、一己之力量所可強爲。如擬議、強爲，出自一己，則所定之禮未必能善，縱或有善，亦恐非其至也。故孔門立教，其初便當信好古先，信好古先，即當敏求言行，誦其詩，讀其書，又尚論其世，是則於文而學之，學而博之。學也者，心解而躬親，去其不如帝王賢聖，以就其如帝王賢聖，固不徒口説之騰、聞見之資已也。博也者，考古而證今，雖確守一代之典章，尤偏質百王之建置；耳目固洞燭而不遺，心思亦體察而無外也。此之謂『博學於文』。然豈博而已哉？博也者，將以求其約；約也者，惟以崇其禮而已矣。禮者，統之則爲三綱，分之則爲五常，而詳之則爲百行。會家國天下而反之本焉，則在于吾之一身，身則必禮以修之，而綱常百行，動容周旋，心中其節文也。推此本身而聯乎末焉，則通之家國天下，必禮以齊治均平之，而綱常百行，道德一而風俗同也。大丈夫有生天地閒，其中心之主持樹立，獨專乎此，而無偏倚，謂之『正心』；其發念篤切懇到，獨專乎此，而不他適，謂之『誠意』；此皆孟子所謂射之勇力、樂之玉振，而非其所先者也。若夫開心明目，則惟千古聖神之言，定爲事物本末終始之格，至善而毫釐更無差失，知止而纖悉不可悖違；是則孟子所謂射之精巧、樂之金聲，而不當或後者也。

今觀《大學》一書，自首至尾，總是援引六經格言，而旁加點綴發揮，便是博學于文，而曰致知格物也。其點綴發揮，總是歸宗于内之中正而無偏，外之整飭而不亂，便是約之以禮，而曰誠意、正心、修身、齊家、治國、平天下也。求其一言以蔽之，則其爲父子兄弟足法，而人自法之；一字以蔽之，則『仁』而已矣。然夫子言仁，每每先之以知；此其言禮，每每後之於仁。噫！『博學于文，約之以禮，亦可以弗畔矣！』然則所謂『弗畔』也者，其弗畔於仁矣！夫其弗畔於仁矣夫！」

或云：「天地人物共此虚靈，至各人身中所謂心者，不過是虚靈發竅而已。」子曰：「如此言心，所見猶未親切。蓋『心之精神是謂聖』。聖者，神明而不測者也。故善觀天地之所以生化人物，人物之所以通徹天地，總然是此神靈以充周妙用，毫髮也無間，瞬息也不遺，强名之曰『心』，而人物天地渾淪一體者也。子果於此體見得親切，則言下便自潔浄精微。若要語意精潔，須如精神謂聖，又須如神明不測，方是專主靈知而直達心體也。至若靈而謂之虚者，不過是形容其體之浩渺無垠；又靈而謂之竅者，不過是形容其用之感通不窒。實在心之爲心也，原天壤充塞，似虚而實則非虚；神明宥密，似竅而實則無竅。今合虚靈與竅而並言之，則語非潔浄，理欠精微。所以知子之見，猶未爲親切也已。」

子曰：「人之恒言，凡事務遇有善處，便多稱良。則良亦只是善，而善亦只是良，無大分別。然經傳中，又多以二字並舉言之，則又似不能無所分別於其間者。即今想像而言，善則博大於良，良則真實於善。要之，善是成熟，得自人爲處多；而良是根源，出

自天然處多。」又曰：「『良』字訓作易直。易也者，其感而遂通之輕紗處也，原不出於思量；直也者，其發而即至之迅速處也，原難與以人力。所以良知謂之不慮，良能謂之不學，卻是慮與學到不得的去處也。試觀今時章縫、胥徒之在列者，儼恪端莊，非不禮文閑熟，然究其底裏，可以語良者，則千百而鮮一二也。故忠信之人，始可學禮；粉地之潔，始可繪畫。學者不思希聖希賢則已，若萌此個真志，當以孔子之『仁者人也』、孟子之『形色，天性也』反而求之：我此人也，如何即是仁哉？我此形色也，如何即是天性哉？次則以孔子『率性之謂道』、『道不可須臾離』，孟子之良知、良能不慮而自知、不學而自能，又細細體認。道原不曾離我，我今又何曾離道？良知、良能原不待思慮學習，我今縱不會思慮，而知豈非良知？縱不會學習，而能豈非良能哉？久久反躬尋討，事事隨處觀察，冷灰星爆，火現光晶，赤子天性，恍然俱在。於時覺悟別開途徑，而意味另顯家風，孔子所謂『道不遠人』，孟子所謂『形色天性』，了然親見面目，而非憶想遥度。由是凡從前聞夫古聖之言論、見夫古聖之行履，備載於五經四書之中者，或相爲感通而其機愈顯，或互爲對證而其益無方。如覺己之所知能輕易而失之太過，則以聖賢之成法而裁抑之；如覺己之所知能卑弱而失之不及，則以聖賢之成法而引伸之。務使五倫之綱常、百行之酬應，皆歸純粹之中，而無偏駁之累，則良不徒良，而可以言善，善不徒善，而可以言至矣！若知能本良，而格則尤善，而學又必求達其極至，猶之崑山粹玉，而加以追琢之巧，麗水精金，而賁以文章之美，豈不人人共羨奇珍，而世世永爲重寶哉！」

子因人問《學》、《庸》二書，答曰：「此二書卻是孟子『道性善，言必稱堯舜』二句，足以盡其梗概。蓋先王立教，本是欲人之皆爲聖人。但不明性善，則無根源；不法先聖，則無規矩。然古先聖人所以足爲作聖之規矩者，正以其只盡自己之性，只明己性之善，而更無纖毫之或取諸外也。今且不論其他，祇説孔孟及門之士，動以千百，豈不個個志淩物表，而見出人羣者？但誨他盡己之性則從，誨他信己性之善以盡之，則疑矣；誨他學爲堯舜則從，誨他只把孩提之孝弟去學堯舜，則疑矣。及門之士且然，則其他私淑教言，以及後來想望丰采者，又將何如？聖人於此，也無奈之何，欲以盡言而信從者寡，欲遂不言而學脈永墜，於是筆此二書。其書雖各自爲篇，而通貫只是一意。《中庸》雖若專言性善，而聖人所以盡性之底藴具在也；《大學》雖若專言法聖，而性善所以成聖之脈絡備陳也。今且論天下，中從何來？乃民受天地之中以生也。庸從何來？乃中等平常之人也。今此中等之人，名以平常之輩者，又豈不謂各隨己性，而簡易率直也哉？此簡易率直以爲知，其知不須人思慮，卻是陽明發越，而天命之照耀也。此簡易率直以爲能，其能不須人學習，卻是陽和充盎，而天命之活潑也。故性不徒性，而爲『天命之謂性』矣！夫此不慮之知既爲天知，則舉千萬人而可以與知；此不學之能既爲天能，則舉千萬人而可以與能。故道不徒道，而曰『修道之謂教』矣！夫此道，根諸命，顯諸性，普諸教，則天與吾人更無一息之可離，而吾人於天又可一息之不畏也哉？但可惜百姓卻日用而不知，故其庸常知能，原雖孩提皆良，後來無所收束，則日逐散誕，加以見物而遷，

可好而喜樂輒至過甚，可惡而哀怒輒至過甚，貪嗔横肆，將由惡終矣。惟是君子顧諟天之明命，性静時，惺惺然戒慎，性動時，惶惶然恐懼，於潛隱而常若昊天之現前，於微暗而常若上帝之臨照，慎獨既無須臾之或閒，則道體自能恒久而不遷。率其簡易一本有「之知」二字。以爲知，而日夕安常處順；率其簡易之能以爲能，而隨處有親有功。既無作好，亦無作惡，則性善之中，任其優游，造化之内，亦從其出入矣。此則天然自有之定體，而賢聖不二之定守也。然豈惟未發而然哉？有時喜怒哀樂或因物來而發，其完養保合，亦自有節而和。失中和合德於君子之身，則命自己立，而教豈不自己行也哉？蓋『中也者，天下之大本』，原可合千萬人而歸之一人；『和也者，天下之達道』，原亦可以一人而公之千萬人也。故君子致其中於天下，而必使人人之皆中；致其和於天下，而必使人人之皆和。要之，惟日用敬順其天常，則物感斯安全於心極。天地之大，自中庸而定位於中；萬物之繁，自中庸而並育於内。蓋不已之命，爲繼善之所從出，而無妄之與，均成性之所同然，自非君子教道之修明，又何以見中庸之純一也哉？夫此道名之曰『中庸』，見天下萬世，惟此是個恒性，惟此是個常德，而定下做聖人的準則，更不容你高著分毫，亦不容你低著分毫，而爲王道之平平、王道之蕩蕩、王道之正直也。初則推本其出於帝天之命，所以表其爲純粹之極，故首歎之曰：『中庸其至矣乎！』中閒將古今許多聖賢、聖賢許多德業，或從天而體之於己，或從己而契之于天，雖備稱其爲聖神功化之極，而實表顯其爲不慮不學之良。終則復歎曰：『上天之載，無聲無臭，其至矣

乎！』惟是此個《中庸》，首尾皆歎其爲善之至，所以《大學》便將此至善，欲人止之，以爲明德親民之規矩格則也。今此細心看來，《大學》一篇，相似只是敷衍《中庸》未盡底意義。如《中庸》説『庸德庸言』，而《大學》則直指孝、弟、慈爲天生明德也；《中庸》説修道成教，而《大學》則直指『興仁』、『興讓』爲與民相親也；《中庸》説身心處，或略家國，説家國處，或略身心，而《大學》則直指本末只是一物、終始只是一事，而中間更無縫隙也；《中庸》説修、齊、平、治而聖人甚樣神化，《大學》則直指只是『其爲父子兄弟足法，而人自法之』，即是神化而俱在面前，一目可了也。要之，均言人性之善，亦均言人須學聖人以盡所性之善。《中庸》多推原古今聖人由平常以造極至，而其言渾融含蓄；《大學》多鋪張古今聖人成德以爲行事，而其言次弟詳明。故雖均盡性而工夫不同，雖均法聖而規格卻異。今且將《大學》首章正之。夫天命流行，於穆不已，畢竟得日月之光照開朗，方顯化工。在人之日月，則良知也。知爲己子，則自以慈相親。知爲己父，則自以孝相親。知爲己兄，則自以敬相親。天德之明，知之無盡，則人心之親，亦相通無盡。古今聖人之學，所以爲學之大；聖人大學之善，所以爲善之至。吾人欲學其學之大，而可不求其善之至乎？於其善之至，能知止之，斯於其學之大，自爾得之。『定、靜、安、慮』四字是形容知止之止字，本來純一亦是顯現至善之至字，極其果確也！蓋天下本末只共一物，未有枝葉而不原於根柢，根柢而不貫乎枝葉者也。天下終始只共一事，未有欲如此結束，而不由此肇端者也。於此用功，而先後分曉，則明德以親民，其道可以

善，而其善方可以至矣。試觀古之聖人，欲明明德於天下，夫欲明明德於天下，是本末一物而始終一事也。他卻於所先而先之，治國齊家而及於致知在格物也；於所後而後之，物格知至而及於天下平也。悉心體認，作《大學》者，其旨趣要此學學得大，而又要大學之道道得善、善得至。明明德於天下而先之國家，國家而先之身心，原始要終，由天下之本及天下之末，而了天下之大物也。」

又曰：「本之身心，以通乎天下國家，盡乎天下國家，而管之身心。其説在《大學》，更無詳於《誠意》諸章，卻總是稱述六經賢聖之格言，以定立本舉末之主意。即便是知止而有定，心正則是能静，身修則是能安，齊治平則是能慮而得也。至明言盛德至善而民不能忘，復詳所以没世不忘，卻是親親賢賢、樂樂利利。至後面將親親賢賢演出許多：『上老老而民興孝，上長長而民興弟，上恤孤而民不倍』，將樂樂利利演出許多用人理財。要之，上下四旁各得分願，貫天下國家，本末相共爲一物，終始相共爲一事。學問規模，果然是大。所引章句，一一俱出六經，所指德業，一一俱是帝王賢聖。序以循之，而條理之不紊；會以通之，而體統之可一。學問格則，又果然合於人心之公，極夫天然之善而至也。夫孝是孩提而知愛，弟是孩提而知敬，慈是未學而養子。若非《中庸》推原出於天命之性，標顯率爲平常之道，何以使人人信從，而知爲古今之學之大也哉？經綸天下之大經，立天下之大本，直至知天地之化育。若非《大學》指陳爲千聖之成法、萬世之的訓，何以使人人奮勵，而必精造身心，大學之善之至也哉？嗚呼！吾夫子在世七十餘年，其心只以仁天下萬世爲心，其事只以

仁天下萬世爲事，故曰：『我學不厭而教不倦。』今觀二書，其真切懇到，令人人可以想見興起而不容已矣！」

問「明德」。子曰：「『明』字從日從月，天之所以爲天者，以其有日月也，如非日月，則天之功用息矣。人之心則天也，心之知則日月也。故心之在人，自朝至暮，自幼至老，無非此知以爲功用。舍知以言心，是無日月而能成天也，有是理哉？」曰：「天無二日，則人亦明德焉足矣。乃云『明明德』者，何耶？」曰：「知一也，有自生而言者，天之良知也，所謂『明德』也；有自學而言者，知已之有良知也，所謂『明明德』也。」又曰：「聖人之言，原自一字不容增減。其謂『明德』，則德只是個明。更説有時而昏，不得也。」曰：「明德如是，何必學以明之也？」曰：「《大學》之謂『明明』，即《大易》之謂『乾乾』也。天行自乾，吾『乾乾』而已；一本有「矣」字。天德本明，吾『明明』而已矣。故知必知之，不知必知之，是爲此心之常知。而夫子誨子路以知，只是知其知也。若謂由此求之，又有可知之理，則當時已謂是知也，而卻有所未知，恐非夫子確然不易之詞矣。」曰：「從來見《孟子》説『性善』，而《中庸》説『率性謂道』，孟子説『直養』，孔子説『人之生也直』。蓋謂性必全善，方纔率得；生必通明，方纔直養得。❶夫既有雜，則善便可率，惡將如何率得？若既有蔽，則明便直得，昏則如何直得？於是疑惑不定，將聖賢之言作做上智邊事，只去爲善去惡，而性且不敢率；只去存明去昏，而養且不敢直。率之，愈去而惡

❶「得」下，《近溪子集》有「奈何據諸家議論皆云性有氣質之雜而心有物欲之蔽」二十二字。

與昏愈甚，愈存而善與明愈遠。今何幸得見此心知體，便自頭頭是道，而了了皆通矣。」曰：「雖然如是，然卻不可遂謂無善惡之雜、無昏明之殊也。只能彀得此個知體到手，便憑我爲善去惡，而總謂之率性；儘我存明去昏，而總謂直養無害也已。」

《識仁編》云：「朱子謂：『明德者，虚靈不昧。』今若説良知是個靈底，便苦苦地去求他精明，殊不知要他精，愈不精；要他明，愈不明。若肯一切都且放下，坦坦蕩蕩，更無戚戚之懷，也無憧憧之擾，此卻是能從虚上用功了。世豈有其體既虚，而其用不靈者哉？但此要力量大，又要見識高。稍稍不倫，難以驟語。」

會中有講「天命之謂性」一章，及「顔淵問仁」一章，而請爲和會者。子曰：「天與人，原渾然同體，其命之流行，即己性生生處，己性生生，即天命流行處。但一顧諟，則見得須臾難離，愓然警覺，恐然悚動，而光輝愈加發越，即是火之始燃，而一陽之氣從地中復也。地中即謂之黄中，中而通者，乾元之光明，知之所始也。乾知大始處，便名曰『復』。復也者，即今子心頓覺開明，所謂『復以自知』者也。子心既自知開明，又自見光明愈加發越，則目便分外清明，耳便分外虚通，應對便分外條暢，手足便分外輕快，即名中通而理，所謂：天視自我視，天聽自我聽；己身代天工，己口代天言也。頃刻之閒，暢達四肢，則視聽言動無非是禮，喜怒哀樂罔不中節，天地萬物果然一日而皆歸吾仁，以仁一作「化」字。之育之，而其修道立教之機，亦只反觀一己身中，更不俟他求而有餘裕也。故先儒有解『克己復禮』作『能自復禮』，非禮勿視、聽、言、動作『只此禮以視、聽、言、動』，

更覺順快也已。」

問：「陽明先生所指良知在人心，從何所發？」子曰：「良知無從而發，有所發則非良知也。」「然則何歸？」曰：「在天爲天，在地爲地，在人爲人，無歸無所不歸也。」「然則有動靜之時否？」曰：「亦無動靜。」曰：「若無動靜，則起居食息都無分別乎？」曰：「起居食息，不過是人之事，既曰在人而人，則人已渾然是個良知。其事之應用，又可得而分別耶？」曰：「良知完具于人，又有見與昧，何也？」曰：「見是覺處。知常而覺暫，覺之見於知，猶泡之見於水也。泡莫非水，而見則有時。《中庸》『見乎隱』，是言覺；『顯乎微』，是言知。孟子亦云『先覺』、『後覺』、『先知』、『後知』也。」

問：「白沙陳先生云：須靜中養出端倪。又云：此心虛朗，烱然在中。『烱然』者，可即是『端倪』否？」子曰：「是也。」曰：「吾用功許久，而烱然、端倪，尚未有見，何也？」子曰：「此個工夫亦是現在，且從麄淺處指與君看。」子乃偏呼在坐曰：「汝等此時去家各遠，試反觀其門户、人物、器用，各烱然在心否？」衆曰：「烱然在心。」良久，忽報有客將臨，子復偏呼在坐曰：「汝等此時，皆覺得有客來否？」衆曰：「皆覺得。」子曰：「亦待反觀否？」衆曰：「未嘗反觀，卻自覺得。」子乃回顧初問者曰：「此兩個烱然，各有不同。其不待反觀者，乃本體自生，所謂知也；其待反觀者，乃工夫所生，所謂覺也。今須以兩個合成一個，便是以先知覺後知，而知乃常知矣；便是以先覺覺後覺，而覺乃常覺矣。常知、常覺，是爲聖人，而天下萬世皆在其烱然中矣。」問：「《會語》中謂：不慮不學，可同聖人。今我輩此體已失，恐須學慮。」子

曰：「子若祗學且慮，則聖終不可望矣。」曰：「何以解之？」良久，謂曰：「子聞予言，乃遽生疑耶？」曰：「然。」曰：「此果吾子欲使之疑耶？」曰：「非欲之，但不能不疑也。」子歎曰：「是即爲不學而能矣。」其友亦欣然曰：「誠然。」子復呼之曰：「吾子心中，此時覺烱烱否？」曰：「甚是烱烱。」曰：「即欲不烱烱，得乎？」曰：「自不容已。」子曰：「是非不慮而知也耶？」

問：「不慮而知，此只可在孩提時説，既長則自有許多事物，如何容得不慮？」子曰：「不慮而知是學問宗旨，要看得活。若説是人全不思慮，豈是道理？聖人見得世上人知處大散漫，而慮處大紛擾，故其知愈不精通，愈不停當，所以指示源頭，説知本是天，不必雜以人爲，知不待慮，不必起以思索。此則不惟從前散漫紛擾之病可以盡消，而天聰天明之用亦將旁燭而無疆矣。細推其立教之意，不是禁人之慮，卻正是發人之慮也。」

子曰：「吾心良知玅用圓通，其體亦是潔浄，如空谷聲然，一呼即應，一應即止，前無自來，後無從去，徹古徹今，無晝無夜，更無一毫不了處。但因汝我不識本真，自生疑畏，卻去見解以釋其疑，而其疑愈不可釋；支持以消其畏，而其畏愈覺難消。故功夫用得日勤，知體去得日遠。今日須是斬釘截鐵，更不容情。汝我言下一句，即是一句，赤條條、光裸裸，直是空谷應聲，更無沾滯。豈非人生一大快事耶？」

子曰：「人生天地閒，原是一團靈氣，萬感萬應而莫究根源，渾渾淪淪而初無名色，只一『心』字，亦是强立。後人不省，緣此起個念頭，就會生做見識。因識露個光景，便

謂吾心實有如是，本體實有如是，朗照實有如是，澄湛實有如是，自在寬舒，不知此段光景，原從妄起，必隨妄滅。及來應事接物，還是用著天然靈竗渾淪的心。此心儘在爲他作主幹事，他卻嫌其不見光景形色，回頭只去想念前段心體，甚至欲把捉終身，以爲純一不已，望顯發靈通，以爲宇太天光。用力愈勞，而違心愈遠矣。」

子曰：「此心之體極是微竗輕清，纖塵也容不得。世人苦不解事，卻使著許多麄重手腳，要去把捉搜尋。譬之一泓定水，本可鑑天徹地，纔一動手，便波起明昏。世人惟怪水體難澄，而不知是自家亂去動手也。」

子曰：「無方體，則自然無窮盡；無窮盡，則纔是無方體也。故此段家風，更無容你著口著腳處。」

子曰：「不能以天理之自然者爲復，而獨於心識之烱然處求之，則天以人勝，真以妄奪。君試反而思之：豈嘗有胸中烱然，能終日而不忘耶？事爲持守，能終日而不散耶？即能終日，及夜則又睡著矣。請君但渾身放下，視聽言動都且信任天機，自然而然。從前所喜胸次之烱烱、事務之循循，一切不做要緊；有也不覺其益，無也不覺其損。久則天自爲主，人自聽命，所謂『不識不知，順帝之則』矣。」

問：「吾儕日來請教，或言觀心，或言行己，或言博學，或言主静，先生皆未見許。然則誰人方可以言道耶？」子曰：「此捧茶童子，卻是道也。」衆皆默然有頃，一友率爾言曰：「終不然，此小童子也能戒謹恐懼耶？」子不暇答，但徐徐云：「茶房到此有幾層廳事？」衆曰：「有三兩層。」子歎曰：「好造化！過許多門限堦級，幸未失足打破了甌

子。」其友方略省悟曰：「小童於此，果也似解戒懼，但奈何他日用不知。」子又難之曰：「他若是不知，如何會捧茶？又會戒懼？」其友語塞。子徐爲之解曰：「汝輩只曉得説知，而不曉得知有兩樣。故童子日用捧茶，是一個知，此則不慮而知，其知屬之天也；覺得是知能捧茶，又是一個知，此則以慮而知，而其知屬之人也。天之知只是順而出之，所謂順則成人成物也；人之知卻是反而求之，所謂逆則成聖成神也。故曰：『以先知覺後知，以先覺覺後覺。』人能以覺悟之竅而玅合不慮之良，使渾然爲一而純然無閒，方是睿以通微。」又曰：「神明不測也。噫！亦難矣哉！亦罕矣哉！」

會中一友用工，每坐便閉目觀心。子問之曰：「君今相對，見得心中何如？」曰：「烱烱然也。但恐不能保守，奈何？」曰：「且莫論保守，只恐未是耳。」曰：「此處更無虚假。」曰：「可知烱烱有落處？」其友頗不豫。久之，稍及他事，隨歌詩一首，乃徐徐謂曰：「乃適來酬酢，自我觀之，儘是明覺不爽，何必以烱烱在心爲乎？況聖人之學，本諸赤子，又徵諸庶民。若坐下心中烱烱，卻赤子原未帶來，而與大衆亦不一般也。蓋渾非天性，而出自人爲。今日天人之分，便是將來神鬼之關。能以天明爲明，則言動條暢，意氣舒展，不爲神明者無幾。若只沉滯胸襟，留戀景光，幽陰既久，不爲鬼者亦無幾。噫！豈知此一念烱烱，翻爲鬼種，其中藏乃鬼窟也耶？」

子因一友謂「吾儕今日只合時時照管本心，事事歸依本性」者，反復訂之而未解。時一二童子捧茶方至，子指而歎之曰：「君視此時與捧茶童子何如？」曰：「信得更無兩樣。」

頃之，子復問曰：「不知君此時何所用功？」曰：「此時覺心中光光晶晶，無有滤滯。」子曰：「君前云與捧茶童子一般，説得儘是。至曰心中覺光光晶晶，無有滤滯，説得又自己翻帳也。」此友沉思，久之，遽然起曰：「我看來並未翻帳，先生何爲此言？」子曰：「童子現在，請君問他心中有此光景否？若無此光景，則分明與他兩樣矣。」曰：「此果似兩樣。不知先生心中工夫卻是何如？」子曰：「我底心也無個中，也無個外。所用工夫也不在心中，也不在心外。只説童子獻茶來時，隨衆起而受之，已而從容啜畢，童子來接茶甌時，又隨衆而與之。君必以心相求，則此無非是心；以工夫相求，則此無非工夫；若以聖賢格言相求，則此亦可説『動静不失其時』而『其道光明』也。」其友乃恍然有省。

子曰：「此心在人，原是天地神理，寂之與感，渾涵具在，言且難以著句，況能指陳而分析之也耶？但其玅用，則每因人互異。故即心而言，其初只是一樣；若即人而論，則世固有知爲學與不知爲學之分，人之爲學又有善用功與不善用功之别。其不知爲學者，姑置勿論。即雖知爲學者，而工夫草次，則亦往往不向本原求個清瑩，輒於末流圖之，或當無事之時而著意張主，或於有感之際而盡力袪除，然見未透徹，把捉愈難，不惟寂體背馳，即感應未能安妥也已。惟夫明睿過人，資近上智者，則工夫不肯浪用，而汲汲以知性爲先，究悉明言，詢求哲匠，體察沉潛，而性命之藴，能默識心通，便自朝至暮，縱應感紛紜，卻直養之功，蕩平自在，静定之玅，寂照圓通。世人則終身滯泥於應感之偏，而至人則無日無時而不從容於不動之中矣。」曰：「今世亦有堅忍强學者，雖心體未

透，然工夫深入，亦能於事變不動。難説其終不能寂也。」曰：「此心至靈，何有一本作「所」字。不有？若果强而求之，豈惟事變不動。禪家二乘者流，其坐入静定，有千百餘歲而一念不起者，然自明眼觀之，終是凡夫，與此心真體毫無干涉也。可不慎哉？」

問：「《大學》之首知止，《中庸》之重知天、知人，而《論語》卻言『吾有知乎哉，無知也』。博觀經書，言『知』處甚多，而『不識不知』，惟《詩》則一言之，然未有若夫子直言無知之明決如此者。請問其旨。」子曰：「吾人之學，專在盡心；而心之爲心，專在明覺。如今日會堂，什伯其衆，誰不曉得相見、曉得坐立、曉得問答、曉得思量？此個明覺曉得即是本心，此個本心亦只是明覺曉得而已。事物無大小之分，時候無久暫之閒，真是徹天徹地而貫古貫今也。但人之明覺曉得，其體之涵諸心也，最爲精妙；其用之應於感也，又極神靈。事之既至，則顯諸仁而昭然若常自知矣；事之未來，則藏諸用而茫然渾然，知若全無矣。非知之果無也，心境暫寂而覺照無自而起也。譬之身之五官。口可閉而不言，目可閉而不視；惟鼻孔無閉，香來即知嗅之，其知實常在也；耳孔無閉，聲來即知聽之，其知亦常在也。然嗅之知也，必須香來始出，時或無香，便無嗅之知矣；聽之知也，必須聲來始出，時或無聲，便無聽之知矣。孔子當鄙夫之未問，卻如音未臨乎耳、香未接夫鼻，安得不謂其空空而無知耶？及鄙夫既問，則其事其物，兩端具在，亦即如音之遠近從耳聽以區分，香之美惡從鼻嗅以辨别。鄙夫之兩端，不亦從吾心之所知以扣且竭之也哉？但學者須曉得聖人此論原不爲鄙夫之問，而只爲明此心之體。蓋

吾心之能知，人人皆認得，亦人人皆説得；至心體之無知，則人人皆認不得，人人皆説不得。天下古今之人，只緣此處認不真，便心之知也常無主宰而雜擾以至喪真；只緣此處説不出，便言之立也多無根據而支離以至畔道。若上智之資、深造之力，一聞此語則當下知體即自澄澈，物感亦自融通，所謂『無知而無不知』，而天下之真知在我矣。噫！聖人於此，寧非苦心之極也哉！」

問：「喜怒哀樂未發，是何等時候，亦是何等氣象？」子曰：「此是先儒看道太深，把聖言憶想過奇，便説有何氣象可觀也。蓋此書原喚作《中庸》，只平平常常解釋，便自妥當，且更明快。蓋『維天之命，於穆不已』，命不已則性不已，性不已則率之爲道亦不已，而無須臾之或離也。此個性道體段，原常是渾渾淪淪而中，亦常是順順暢暢而和。我今與汝，終日語默動静、出入起居，雖是人意周旋，莫非天機活潑也。即於今日直至老死，更無二樣，所謂：人性皆善，愚夫愚婦可與知與能者也。而中間只恐怕喜怒哀樂，或至拂性違和，若時時畏天奉命不過其節，即喜怒哀樂總是一團和氣，天地無不感通，民物無不歸順，相安相養而太和在我大明宇宙間矣。此只是人情纔到極平易處，而不覺功化却到極神聖處也。噫！人亦何苦而不把中庸釋《中庸》，又亦何苦而不把中庸服行《中庸》也哉？」

問：「『先王以至日閉關，商旅不行，后不省方。』其意何如？」子曰：「此聖人學問喫緊第一義也，切不可淺近而窺、輕易而説。常見學者每謂『陽初生而微』，豈未聞虞廷所謂『道心惟微』矣乎？蓋心不微則不得謂之道，而幾不微亦不得謂之陽也。故曰純粹以精，又曰『潔净精微』，又曰『誠、神、幾，曰聖

人』也。故商旅之行，欲有所得者也；后之省方，欲有所見者也。今果會得此心渾然是一太極，充天塞地，更無一毫聲臭；徹表極裏，亦無一毫景象，則欲得之心泯而外無所入，欲見之心息而内無所出。如此則其體自然純粹以精，其功自然潔浄而微，其人亦自然誠、神而幾，以優入聖域，而莫可測識也已。」

問：「《易》首乾坤，而乾坤必先易簡？」子曰：「『乾以易知，坤以簡能。』今謂易簡爲乾坤所先，果是有見。但細細看來，學問固有先後，而其中尤有根原，論此二句，則知能又有根原也。蓋言易則必有難，言簡則必有煩。今世學者，每躭静趣，而事爲多至脱略，未必非此誤之。殊不思本經云：『德行恒易以知險』、『恒簡以知阻。』險阻則煩難未嘗可略也。又云：『易簡而天下之理得。』理以天下，則亦未嘗脱略乎煩難也。惟是知能，則首尾俱皆徹透，易而可該難，簡而可該煩，所謂一以貫之而爲聖學之全者也。雖然，此知能二字，本是《易經》精髓，然晦昧不顯，將千百年於兹矣。古今惟是孔、孟兩人，默默打得個照面，如曰『不慮而知』，其知何等易也，然赤子孩提，孰知之哉？天則知之耳；『不學而能』，其能何等簡也，然赤子孩提，孰能之哉？天則能之耳。想當時，孟子只是從赤子孩提此處覷破，便洪纖高下、動植飛潛，自一人以及萬人，自一物以及萬物，自一處以及萬方，自一息以及萬載，皆是一樣知能，皆是一樣不學不慮，豈不皆是一個造化、知能之所神明而不測也哉！故曰：『盡其心者知其性也，知其性則知天矣。』今世學者，於赤子之良知良能，已久廢置不講，於孟子性善一言，則咸疑貳不信，又安望其潛通默識而上達乎乾坤之知能也哉？有志者盍圖之。」

問：「乾坤知能，世人果是久不講明，今欲講明，敢請指個入處。」子曰：「天之與人，其體原是一個，則所知所能，亦原是一般。今且於人之知能講明，便造化之知能不愁無入處也。奈今之人於人之知能，見之者亦罕矣。蓋知能似有兩樣，若麄淺分別，則知能有至大至久者，今則忘其大而求之小、棄其久而索之暫矣。何言乎大也？自中國以及四夷，自朝市以及里巷，無人不有此良知良能，何其大也！自晨興以至夕寐，從孩提直至老耄，無時不用此良知良能，何其久也！此個知能，平鋪徧在，聖凡洋溢，充乎宇宙。性之原是天命，率之便是聖功。爭奈他知則自然而知，不假些子思想；能即自然而能，不費些子學習。有知之實，無知之名；有能之用，無能之迹。究竟固云久大，當下卻似枯淡。後世學者把捉不著，遂從新去學問以開明其心，從新去效法以强力於己。此其工夫，比之不慮不學之初，更有許多意趣，許大執持。確信以爲入聖途徑，授受傳至于今，訓詁蔓延充棟，詎知四書五經之知能，不是今日之《集説》講套也！」或以爲：「今之所謂知能，果是纖細而不可語大，間斷而難以語久，但未知到得純熟之時，亦可以成道入聖否？」子曰：「世間各色伎倆，熟極皆可語聖，況以道而爲聖乎！❶第孟子於此處極是判斷分明，故曰：『聖人之於天道也，命也。』可見聖人萬千不同，天道則難得脗合。所以「浩然」一章歷敘今古賢聖，而願學只是孔子一人，至表揚孔子，則又只是『聖之時也』一句，即《中庸》『溥博淵泉而時出之』，以窺測底裏，即曰：『溥博如天，淵泉如淵。』又曰：

❶「聖」，《近溪子續集》作「學」。

『淵淵其淵，浩浩其天。』則聖人之言行動作，其時之足以世爲天下法則去處，已是人所共見聞、共信從，而昭彰莫掩。若其時之所由來、究竟中藏處，如許之大、之深，卻不去講求探索是何境界，是何端倪，能使造化常出此時，以妙應無方；能使聖人常率此時，以泛應曲當。故世人止滯知能之跡，而不知求知能之蘊。今欲見得其蘊，無他，❶說他無知，卻明白曉了而毫髮不差；說他無能，卻活潑周旋而纖微悉舉；說他有知，卻原非思慮，雖分曉而實沕穆；說他有能，卻原非黽勉，雖活潑而實渾淪。似有而不容以有執，似無而不可以無忘。將謂幾屬于人，而人力殆難至是；將謂幾屬于天，而天心渺不可窮。果是這個知能，言思路絕而難於形狀者。然獨喜周公之頌文德而曰：❷「不識不知，順帝之則。」夫窮索以爲知，分別以爲識，皆吾人之作而致其聰明者也。今曰『不識不知』，則森列目中者，可以一時而俱泯。帝固尊高難見，則實日監在茲，皆吾人之忽而委諸茫蕩者也。今曰『順帝之則』，則知能之深遠者，亦隨處而畢露。夫塵念既息，則神理自彰；天德出寧，則造作俱廢，其機固每相乘除也已。況吾夫子自言：『吾有知乎哉？無知也，有鄙夫問於我，空空如也。』孟子自言：我善養吾浩然之氣，至大至剛，塞乎天地之閒。此與周公之言文德者，信乎其爲先後一揆。而有志於聖神造化之蘊者，其尚於是而竭才究心可也。」

問：「此心每日覺有二念，善念多爲雜

❶「無他」二字，《近溪子續集》無。

❷「然」，《近溪子續集》作「聖人之論具在四書五經吾」，「曰」上無「而」字。

念所勝，又見人不如意，長生忿嫉。從容尚可調停，倉卒必至暴發，事已又生悔恨者。」子曰：「心是活物，應感無定而出入無常，即聖賢未至純一處，其念頭亦不免互動。《定性書》云：惟怒爲難制，則人情大抵然也。譬之天下路逕，不免石塊高低；天下河道，不免灘瀨縱横；惟善推車者，其轅輪迅發，則塊磊不能爲礙；善操舟者，篙槳方便，則灘瀨不能爲阻也。況所云念頭之雜、忿怒之形，亦皆是説前日後日事也。孔子謂：不追既往，不逆將來。工夫緊要，只論目前。今且説，此時相對，中心念頭，果是何如？」曰：「若論此一時，則此已恭敬安和，只在專心聽教，一念雜念也自不生。」曰：「吾子既已見得此時心體，有如此好處，卻果信得透徹否？」大衆忻然起曰：「據此時心體，的確可以爲聖爲賢，而甚無難事也。」曰：「諸君目前各各奮躍，此正是車論轉處，亦是槳勢快處，更愁有甚麼崎嶇可以阻得你？有甚灘瀨可以滯得你？況『民之秉彝，好是懿德』，則此個輪極是易轉，此個槳極爲易操，而王道蕩平，終身由之而何有於崎嶇灘瀨也？故《易經》自『黄中通理』，便到暢四肢、發事業；《孟子》自可欲之善，便到大而化、聖而神。今古一路學脈，真是簡易直截，真是快活方便。奈何天下推車者日數千百人，未聞以崎嶇而迴轍；行舟者亦數千百人，未聞以灘瀨而倚橈。而人之學聖賢者，則車未曾推、舟未曾發，而預愁崎嶇之阻、灘瀨之艱，此豈途路之阨吾人哉？亦果吾人之自扼也哉？誠不可不自省也。」

問：「别後，功夫嘗苦閒斷，奈何？」子曰：「工夫得不閒斷方是聖體。若稍覺有閒，縱是平日説有工夫，亦還在凡夫境界上

展轉，都算帳不得。故學者欲知聖凡之分，只在自考工夫間斷不間斷耳。」曰：「工夫不能超凡入聖，恐多是不熟所致。」曰：「凡境與聖體，相去如天淵之隔，相異猶水火之反。凡境工夫，縱熟，亦終是凡。如水，縱熱，亦只是水，不可謂水熱極便成火也。」

問：「平日在慎獨上用工，頗爲專篤，然雜念紛擾，終難止息，如何乃可？」子曰：「學問之功，必須辨別源頭分曉，方有次第。且言如何爲獨？」曰：「獨者，吾心獨知之地也。」「又如何爲慎獨？」曰：「吾心念慮紛擾，或有時而明，或有時而昏，或有時而定，或有時而亂，須詳察而嚴治之，則慎也。」曰：「即子之言，則慎雜，非慎獨也。蓋獨以自知者，心之體也，一而弗二者也；雜其所知者，心之照也，二而弗一者也。君子於此因其悟得心體在我，至隱至微，莫見莫顯，精神歸一，無須臾之散離，故謂之慎獨也。」曰：「所謂慎獨者，蓋如治其昏而後獨可得而明也，治其亂而後獨可得而定也。若非慎其雜，又安能慎其獨也耶？」曰：「明之可昏，定之可亂，皆二而非一也。獨知也者，吾心之良知、天之明命而於穆不已也。明固知明，而昏亦知昏，昏明二而其知則一也。定固知定，而亂亦知亂，定亂二而其知則一也。古今聖賢惓惓切切，只爲這些子費卻精神，珍之重之，存之養之，爲天地立心，爲生民立命，總在此一處致慎也。」曰：「然則雜念俱置之不問耶？」曰：「隸胥之在於官府，兵卒之在乎營伍，雜念之類也。憲使升堂，而隸胥自肅；將帥登壇，而兵卒自嚴，則慎獨之與雜念之謂也。今不思自作憲使將帥，而惟隸胥、兵卒之求焉，不亦悖且難也哉？」

子曰：「獨之靈體，通徹於帝天；獨之玅

用，昭察於率土。《中庸》指其爲見顯，則慎之所自起；《大學》嚴之於好惡，則慎之所由施。」

子曰：「夷、惠、冉、閔諸公，總未跳出善人窠臼，今要跳出，則須先過信人一關。蓋善即聖堂，廣大無邊，貫通不隔，萬物皆備，千載同然，中閒卻有一個門限，所謂信有諸己也。只到此關，則人人生疑，信者萬無一二。既信關難過，則美、大、聖、神，深宮密室，又安能窺其邃奧、享其榮盛哉？」

問：「孔子臨終逍遥，竊想其氣象，不惟先能知得時節，而其歸止去向，似極大安樂，不識可聞其概否？」子曰：「諸君遽忘所謂本來面目也耶？夫形體雖顯，而其質凝滯；本心雖隱，而其用圓通。故『小人長戚戚』者，務活其形者也；『君子坦蕩蕩』者，務活其心者也。形當活時，尚苦滯礙，況其僵仆而死也耶？心在軀殼，尚能圓通，況離形超脱？則乘化御天、周流六虚，無俟推測，即是此時對面，而其理固明白現前也已。」

有問：「平生極喜談玄，一聞人可長生，真是踴躍不勝。但往往求師指示，皆欲我將形氣修煉，其工夫又覺甚苦。今聞本來面目之説，方認得長生是指此個東西。然而此個東西如何下手修煉也？」子曰：「此個東西本來神妙，不以修煉而增，亦不以不修煉而減。一本作「滅」。其最先下手，只在自己能悟，悟後又在自己能好能樂，至於天下更無以尚，則打成一片而形神俱妙、與道合真矣。若悟處不透，與好樂不真，則面目雖露而隨物有遷；驗之心思夢寐之閒，倏然而水、倏然而火、倏然而妖淫、倏然而狗馬人化物，而天真之本來者將變滅無幾矣。噫！可畏也。」

子曰：「聞之《語》曰『仁者壽』。夫仁，天地之生德也。天地之德，生爲大；天地之

生也，仁爲大。是人之有生於天地也，必合天地之生以爲生，而其生乃仁也；亦必合天地之仁以爲仁，而其仁乃壽也。古詩書之言『壽』也，必曰『無疆』，必曰『無期』。夫無期也者，「無期也者」，一本作「無期云者」。所引之恒久則爾也，是仁之生生而不息焉者也。無疆云者，所被之廣博則爾也，是仁之生生而無外焉者也。是以大人之生也，生吾之身，以及吾家，以及吾國，以及吾天下，而其生無外焉，而吾此身之生始仁也；生兹一日，以至於百年，以至於千年，以至於萬年，而其生不息焉，而吾此日之生始仁也。如是而仁焉，而謂仁之不足爲壽也，吾弗之然也；如是而壽焉，而謂壽之不本於仁也，吾弗之然也。」

子曰：「微乎淵哉！斯道之爲藴，而此心之爲玅乎！流通於萬竅，而形質莫之或拘；樞幹夫三才，而端緒莫之或泥。内外兩忘，而無人之弗我；形神渾化，而無我之非天。則非惟身壽之不足爲重輕，即名壽且無能爲久近矣。」

子曰：「天地無心，以生物爲心。今若獨言心字，則我有心，而汝亦有心，人有心，而物亦有心，何啻千殊萬異？善言心者，不如以生字代之，則在天之日月星辰，在地之山川民物，在吾人之視聽言動，渾然是此生生爲機，則同然是此天心爲復。故言：下著一『生』字，便心與復即時渾合，而天與地、我與物，亦即時貫通聯屬，而更不容二也已。」

問：「『萬物皆備』一章，其説何如？」子曰：「有宋大儒，莫過明道，而明道先生入手，則全在『學者先須識仁』，而識仁之説，則全是體貼『萬物皆備於我』一章。今學者能於孔門求仁宗旨明了，則看《孟子》此章之説，其意便活潑難窮矣。蓋天本無心，以生

萬物而爲心；心本不生，以靈妙而自生。故天地之閒，萬萬其物也，而萬萬之物，莫非天地生物之心之所由生也；天地之物，萬萬其生也，而萬萬之生，亦莫非天地之心之靈妙所由顯也。謂之曰『萬物皆備於我』，則我之爲我也，固盡品彙之生以爲生，亦盡造化之靈以爲靈。則我之與天原非二體，而物之與我，又奚有殊致也哉？是爲天地之大德，而實物我之同仁也。反而求之，則我身之目，誠善萬物之色；我身之口，誠善萬物之味；至于我身之心，誠善萬物之性情。故我身以萬物而爲體，萬物以我身而爲用。其初也，身不自身，而備物乃所以身其身；其既也，物不徒物，而反身乃所以物其物。是惟不立，而身立則物無不立；是惟不達，而身達則物無不達。蓋其爲體也誠一，則其爲用也自周。此之謂君子體仁以長人，亦所謂仁人順事而恕施也。豈不易簡？豈不大樂也哉？其有未誠者，事在勉强而已，勉强云者，强求諸其身也，强求諸身者，强識乎萬物之所以皆備爾也。果能此道，則雖愚必明，雖柔必强。物我渾合之幾，既體之信而無疑，則生化圓融之妙自達之順而靡滯，尚何恕之不可行？又奚仁之不可近也哉？故思欲近仁，惟在强恕；將圖强恕，必務反身；然反身莫强於體物，而體物尤貴于達天。非孔門求仁之至蘊，而孟氏願學之的矩也歟哉！」

問：「尋常如何用工者？」子曰：「工夫豈有定法？不佞有時静思此身百年，今已過多，中閒履歷，或憂戚苦惱，或順逆忻歡，今皆窅然如一大夢。當時通身汗出，覺得苦者不必去苦，忻者不必去忻，終是同歸於盡。翻然再思，過去多半只是如此，則將來一半亦只如此。通總百年，都只如此，卻成一片

好寬平世界也。」或曰：「聖人常言『君子坦蕩蕩』，恐亦於此見得而然？」子曰：「果然！果然！」問者詰曰：「然則喜怒哀樂皆可無耶？」子曰：「喜怒哀樂皆因感觸而形，故心如空谷，呼之即響，原非其本有也。今只慮子之心未坦蕩耳。若果坦蕩，方可言未發之中。既是未發之中，又何患無已發之和耶？君子戒謹恐懼，正恐失了此個受用，無以爲位天地育萬物本原也。」

問：「近時用工，殊覺思慮起滅，不得寧妥者。」子曰：「天下事理皆先本根，本根既正，則末節無難矣。今度所論工夫，原非思慮之不寧，實由心體之未透也。蓋吾人日用思慮雖有萬端，而心神止是一個，遇萬念以滯思慮，則滿腔渾是起滅，其功似屬煩難。若就一念以宰運化，則衆動更無分別。《易》曰：天下何思何慮，天下殊途而同歸，百慮而一致。夫慮以百，言此心非果無思慮也，惟一致以統之，則返殊而爲同，化感而爲寂，渾是竗心更無他物，欲求纖毫之思亦了不可得也已。」

問：「掃盡浮雲而見青天白日，與吾儒宗旨同否？」子曰：「後世諸儒亦有錯認以此爲治心工夫者，然與孔孟宗旨則迥然冰炭也。夫《語》、《孟》俱在，如曰：『苟志於仁，無惡也。』又曰：『我欲仁，斯仁至矣。』又曰：『凡有四端於我者，知皆擴而充之，若火之始然，泉之始達，苟能充之，足以保四海。』看他受用，渾是青天白日，何等簡易！又何等方便也！」曰：「既是如此，何故世人卻不能盡如孔孟耶？」子曰：「此則由於習染太深，聞見渾雜，縱有志向學者，亦莫可下手也。」曰：「此等習染、見聞，難說不是天日的浮雲，故今日學者工夫，須如磨鏡，將塵垢決

去，方得光明顯現耳。」子曰：「觀之《孟子》謂『知皆擴充』，即一『知』字，果是要光明顯現。但吾心覺悟的光明，與鏡面光明，卻有不同。何則？鏡面光明與塵垢原是兩個，吾心之先迷後覺卻是一個。當其覺時，即迷心爲覺；則當其迷時，亦即覺心爲迷。除覺之外，更無所謂迷；而除迷之外，亦更無所謂覺也。故浮雲、天日、塵垢、鏡光，俱不足爲喻。若心欲尋個善喻，莫若冰之與水，猶爲相近也。若吾人閒居放肆，一切利欲愁苦，即是心迷，譬之水之遇寒而凝結成冰，固滯蒙昧，勢所必至。有時共師友談論，胸次瀟灑，則是心開朗，譬之冰遇暖氣消融成水，清瑩活動，亦勢所必至也。況冰雖凝而水體無殊，覺雖迷而心體具在，方見良知宗旨，真是貫古今、徹聖愚，通天地萬物而無二無息，孔孟之功，真是爲天地立心，爲生民立命，而開太平於萬萬世也已。」

友人有請訓迪者。子曰：「聖賢惓惓垂教天下後世，有許多經傳，不爲其他，只爲吾儕此身，故曰：『道不遠人。』且不在其他，而在於此時，故曰：『道也者，不可須臾離。』夫此身此時，立談相對，既渾然皆道，則聖賢許多經傳，亦皆可以會而通之。如《論語》所謂：時習而悦，朋來而樂；《中庸》所謂：率性爲道，修道爲教；《大學》所謂：在明明德，在親民；《孟子》所謂：人性皆善，而浩然塞乎天地之閒。字字句句，無一而不於此身此時，相對立談，而明白顯現，兼總條貫矣。由此觀之，天下之人只爲無聖賢經傳唤醒，便各各昏睡，雖在大道之中，而忘其爲道。所以『百姓日用而不知』，及至知之，則許多道妙、許大快樂，即是相對立談之身，即在相對立談之頃，現成完備而無欠無餘。如昏睡得

醒之人，雖耳目惺然爽快，然其身亦只是前時昏睡之身，而非有他也，故曰：『天之生斯民也，以先知覺後知，以先覺覺後覺。』諸君能趁此一刻之覺，而延之刻刻，積刻成時；又延一時，以至時時；積時成日，又延一日，以至日日，久之以至終身歲月，皆如今此相對立談而不異焉，則源泉涓滴，到海有期，核種纖芽，結菓可待。生意既真，便自久久不息，而至誠純一之境，只在此一覺之功以得之，而無事旁求也已。」

問：「日來所教，尚有求而未得者。」子曰：「子於所求未得，而心即知之，未嘗或昧，是汝心之本然明否？」曰：「是心之本明也。」曰：「心知未得，而口即言之，未嘗或差，是汝口之本然能否？」曰：「是口之本能也。」曰：「心本明而知未嘗或昧，口本能而言未嘗或差，則此身此道，果不離於須臾也。」曰：「今蒙開示，果然如睡既喚而醒，然有所得矣。」曰：「子之心，不特昨日之未得知之，而今日之既得亦復知之；子之口，不特昨日之未得能言之，而今日之既得亦復能言之，則此身此道，不止不離於須臾，而可引之終身也。況以聖賢經傳而會通之，則心之已得、未得，而一一知之不昧，即所謂『明明德』也；口之未得、已得，而一一言之不差，即所謂『率性之謂道』也。以心之所明者，以性之所率者，彼此相與切磋講究，即所謂『在親民』而『修道之謂教』也。學者如是學，即所謂：爲之不厭，時習而悦也。教者如是教，即所謂：誨人不倦，朋來而樂也。然則孟子所謂『人性皆善』者，固於此益信其不誣，而所謂浩然以塞乎天地之閒者，亦可立待以觀乎至誠無息之玅矣。」

問：「諸生此時聞教，不止昏睡獲醒，且

覺志意勃勃興動，而不能自已者。」子曰：「此道生機，在於吾身，原是至真無妄，至一無二。故雖不及後世訓詁之學有幾許道理可以尋思，亦不及後世把捉之學有幾許工夫可以操執。然而些子良知之知、些子良能之能，卻如有源之泉，涓涓而不斷；有種之芽，滋滋而不息，可以自須臾而引之終身、從今日而通之萬世，彀足受用，固無餘剩，亦無欠缺也。」曰：「先儒謂『隨時體認天理』，恐亦是此意否？」子曰：「『天理二字，是某自家體貼出來。』此明道先生語也。蓋明道之學在先識仁，其謂『不須窮索，不須防檢』，直是見得此理與天同體，沖漠而無朕，如何索得？運行而無跡，如何執得？然孩提不慮而知，是與知；孩提不學而能，是與能，則又天之明命，在人自爾虛靈，天之真機，在人自爾玅應。故只從此須臾之頃，悟得透、信得及，則良知以爲知，若無知而自無所不知；良能以爲能，若無能而自無所不能。所謂『明德』也者，應如是而明；所謂『率性』也者，應如是而率，赤子之心不失，而大人入聖之事備矣。不然，從思索以探道理，泥景象以成操執，彼方自謂用力於學，而不知物焉而不神，跡焉而弗化，於天然自有之知能，日遠日背，反不若常人雖云不知向學，而其赤子之體，尚渾淪於日用之間，若泉源雖不導而自流，果種雖不培而自活也。」諸生咸踴躍，再拜曰：「吾儕自昨晚以至今日，反求諸心，果然未嘗頃刻而不明白，亦未嘗頃刻而不活潑也。雖居人世，實與天游矣！夫子之造化吾儕也，何其大且遠也耶！」

問：「諸生領教於天機之玅，固已躍然，但不徵以人事，又恐或涉於玄虛，奈何？」子曰：「天機、人事，原不可二。固未有天機而

無人事，亦未有人事而非天機。只緣世之用智者，外天機以爲人事；自私者，又外人事以求天機，而道術於是乎或幾於裂矣！所以孔孟立教，爲天下後世定個極則，曰：「堯舜之道，孝弟而已矣。」孝者，孩提無不知愛其親者也；弟者，少長無不知敬其兄者也。故以言乎身之必具，則曰：仁者人也，親親爲大。以言乎時之不離，則曰：一舉足而不敢忘，一出言而不敢忘焉。邇可遠在兹也，則垂之萬世而無朝夕，此便是大人不失赤子之心之實理實事。後世不察，乃謂孝之與弟，止舉聖道之切近者爲言。噫！天下之理，豈有妙於不思而得者乎？孝弟之不慮而知，即所謂『不思而得』也。天下之行，豈有神於不勉而中者乎？孝弟之不學而能，即所謂『不勉而中』也。故舍卻孝弟之『不慮而知』，則堯舜之『不思而得』必不可至；舍卻孝弟之『不學而能』，則堯舜之『不勉而中』必不可及。即如赴海者，流須發於源泉，而桔槔沼瀦，縱多而無用也；結菓者，芽須萌於真種，而染彩鏤畫徒勞而鮮功也。其曰：『堯舜之道，孝弟而已矣。』豈是有意將淺近之事以見堯舜可爲？乃是直指入道之途徑，明揭造聖之指南，爲天下一切有志之士而安魂定魄，一切拂經之人而起死回生也。諸君能日用周旋於事親從兄之間，以涵泳乎良知良能之妙，俾此身此道不離於須臾之頃焉，則人皆堯舜之歸，而世皆雍熙之化矣。」

子在會，每每訓諸童子耳目聰明，曰：「此即是汝之良知，終日終夜更無不知之時也。」諸童子各各應聲如響。或曰：「『誰能出不由户，何莫由斯道也。』如何孔子復有此嘆？」子曰：「聖人此語，正是形容良知無須

臾離。如曰：人皆曉得由户，則其終日所行，何莫而非斯道也！」或曰：「既是人皆曉得，如何卻有毆父駡母之輩？」」子曰：「此輩固是極惡，然難説其心，便自家不曉得是惡也。」或曰：「雖是曉得，卻算不得。」子曰：「雖是算不得，卻終是曉得，可見人心良知果是須臾不離也。」或者默然。子因呼在坐者曰：「不佞有一語與諸君商之。孔子云人性相近，是説天下中人居多，故其立教亦以中庸爲至。即如此會四五百人，誰便即能到得堯舜？然其道只是孝弟，孝弟則人人可爲也。亦誰便肯身爲盜跖？但只是大人，卻亦不能無過，只是過則能改。過而不改，是謂過矣。今日若説聰明必如聖人，則此學人未易承當。若説作惡皆如盜跖，則此學人亦難招認。豈知天生大聖人，固是不偶其生，大惡人亦是不偶，故今日吾儕多是中人。既是中人，則遷善改過可以勉强，而不終於下愚；愛親敬長，亦可勉强，而不背乎上智。如此爲學，其學可盡通於賢愚；如此爲會，其會可大通於遠近；如此爲道，其道可直達於古今。故曰：『人人親其親，長其長，而天下平。』吾人出世一場，得親見天下太平，亦足矣。又何必虚見空談，清奇奥玅，割股廬墓，希望高遠，而終不足以濟實用？又何必束手縛足，畏縮矜持，而苦節貞凶也哉？」

五華書院大會，諸生有講「仕而優則學」章者。子曰：「汝曹今日，且須究竟聖賢平生所學者，爲學個甚麽？所仕者，爲仕個甚麽？如《大學》誠意、正心、修身，是所謂『學』，而齊家、治國、平天下，是所謂『仕』。中閒貫穿一句，只説『明明德於天下』，至其實實作用，只是個『孝者所以事君』、『弟者所以事長』、『慈者所以使衆』、『上老老而民興

孝』、『上長長而民興弟』、『上恤孤而民不倍』。細説似有兩件，貫穿實爲一事。故孔子言志，獨以『老安』、『少懷』、『朋友信』爲個話頭。看他所志如此，則學便是學這個，仕便是仕這個，此外更無所謂『學』，更無所謂『仕』，亦更無所謂『志』也已。」

大理諸生講「顔淵問仁」一章、「司馬牛問仁」一章、「樊遲問仁」一章、「子路問政」一章、「子貢問師與商也孰賢」一章既畢，郡守莫君請子啟迪。子顧諸生語曰：「適講説許多書，俱是敷陳世閒道理。今大衆聚於一堂，如此坐立，如此相問，卻是面前實事。諸生各以方纔口中説的道理，與今身子上的行事打個對同，果渾然相合耶？抑尚不免有所閒隔也？」諸生默然。子作而嘆曰：「適纔許多講説，卻與汝輩身上一些對同不來，則推之平時窗下之讀誦，與他日場中之文詞，皆只是一段虚見，一場閒話，而一套空理矣！與汝竟何益耶？故今講孔子的書，便須體察孔子當時提醒門下諸賢的一段精神。蓋當時諸賢，亦如汝輩欲理會道理來者，孔子則句句字字，只打歸各人身上去，求個實落受用，如答顔淵、仲弓，以至子路、子貢，莫不同是此段精神。就是後來記者將此議論作成經書，漢宋諸儒將此經書演成注疏，我國家制令又將經書註疏立成科試，及諸上司歲時進講，皆是接續孔子當時一段精神，使天下萬世，人人皆得個實落受用耳。」時一堂下上，將千百餘衆，咸肅然静聽，更無有一人躁動者。子亦端坐，少頃，因謂莫守曰：「試觀此際諸生意思何如？」莫守忻忻起曰：「此時一堂意思，卻與孔門當時問答精神大約相似。」子曰：「豈惟精神可與對同，即初講諸書，亦可以一一對同也。蓋此一堂，下

如輿皂，次如鄉約父老，次而胥吏，次而生儒，又上如郡邑僚屬，其人品等級誠難一概。若論此時靜肅敬對，一段意氣光景，則賤固不殊乎貴，上亦無異於下。地方遠近，不能爲之分；形體長短，不能爲之限。譬之洱海之水，其來有從瀑而下者，有從穴而出者，今則澄匯一泓，鏡平百里，更無高下可以分別。既無高下可以分別，則又孰可以爲太過？孰可以爲不及也哉？既渾然一樣而無過不及，則予與郡邑，以是意而先之勞之，諸士民亦以是意而順之從之，相通相愛。在上者真是鼓舞而不倦，在下者亦皆平正而無枉，欲求一不仁之事、不仁之人於此堂之前後左右也，寧不遠去而莫可復得也耶？吾人能以此段平明之體而養之於中，便可以語司馬牛之心存不放；能以此段平明之心而推之於衆，便可以語仲弓之所惡勿施；又能擴而充之，便可以語顏子之克己復禮而天下歸仁矣。故孔門宗旨，只是教人求仁；而吾人工夫，只是先須識仁。此時，此會堂下上，百千其心而共一忻忻愛樂之情，百千其目而共一明明覿面之視，百千其耳而共一靈靈傾向之聽，百千其口而共一肅肅無諍之止，百千其手足而共一濟濟不動之立站。故聖人指點仁體，每曰：『仁者人也。』又曰：『君子之道，『本諸身，徵諸庶民』。正說此堂，我是個人，大衆也是個人，我是這般意思，大衆也是這般意思。若識此一段意思，便識得當時所謂『天下歸仁』者，是說天下之人都渾然在天地造化，一團虛明活潑之中也。此一段虛明活潑之仁，❶從孩提少長，便良知良能，所謂『人之生也直』而無或枉也。即愚夫愚婦，皆與

❶「仁」，原爲方框，據「史語所」本補。

知與能，所謂『用中於民』也。孔門惟顔淵、仲弓，此段意思能自承當，所以於己便復得禮，於人便行得恕，故一可爲邦，一可南面，直是此個體段承當得來，便自無我無人、無遠無近而渾然合一。若子張、子路諸賢，不肯輪心向這裏承當，卻謂聖賢之學必有個異乎人處，所以或見我不如人，或見人不如我，或見古不如今、今不如古，或見凡不是聖、聖不是凡，較短論長，是内非外，或失則太過，或失則不及，或失則躁動，或失則怠倦。至於司馬牛、樊遲，則聖人雖把目前事指點與他，他卻必要生疑，蓋他定説：聖人爲學，決有别一種道理，而不應如此易易也。」於時滿堂聞者，翕然稱快，至依依戀戀不忍别去。因命之歌，則歌《南山》五章，命再歌，則歌《勝日尋芳》一首。子顧諸生笑曰：「汝我之依依戀戀，庶幾乎東風面目，而愷悌樂只矣乎！滿堂下上，亦庶幾乎千紅萬紫，而邦家之基之光矣乎！況天地生機，充長無盡，自兹方而徧之天下，從此日而引之終古，其萬年而無疆無期也，亦在汝我之勉力，何如耳？」子敬起以稱謝於郡邑僚屬及諸師生，師生及各僚屬亦再四於子致感。時方朝霧浄展，杲日空懸，光曜臨階，昭融特甚。子復揖諸君而申諭之曰：「太陽有赫，吾明德也。古之人，光被四表，即明明德於天下，而天下歸仁也。慎之哉！此際人己相通，心目炯炯，是則海底紅輪，而復以自知處也。顔何人哉？希之則是。惟諸君珍重珍重！」

張立民　王培德　校

盱壇直詮上卷終

盱壇直詮下卷

吴郡門人曹胤儒編次　新都後學程開祜重校
東粤門人楊起元校正　佘永寧周之訓賀大猷
程開社范廉程允功程石麟同閲

明德子羅子大會於南京之憑虚閣。或問「君子之道費而隱」，子曰：「諸君試看六經中語道之文，曾有如此『費』字之奇特者乎？蓋吾夫子學《易》，到廣生大生去處，滿眼乾坤，如百萬富翁，日用浩費無涯，乃説出這箇字面。善體聖心者，便從『費』字以求『隱』字，則富翁之百萬寶藏，一時具見矣。故『費』是説乾坤生化之廣大，『隱』是説生不徒生而存諸中者，生生而莫量，化不徒化而藴諸内者，化化而無方。故『費』字之奇，不如『隱』字之尤奇，『費』字之重，又不如『隱』字之尤重。『費』則只見其生化之無疆處，而『隱』則方表其不止無疆，而且無盡處。」又曰：「聖人的確見得時中分明，發得時中透徹，不過只在此個『費隱』。故曰：『溥博淵泉，而時出之，溥博如天，淵泉如淵。』夫時中即是時出，時時中出，即是浩費無疆，寶藏無盡，平鋪於日用之間，而無人無我，常在乎目睫之下而無古無今，真如鉅富之家，隨衆穿也穿不了，隨衆喫也喫不了，隨衆受用更也受用不了。君子尊德性者，是尊此個德性；敬畏天命者，是敬畏此個天命；樂其日用之常者，是樂此個日用之常；大人之所以不失赤子良心者，是不失此個赤子良心。後世道術無傳，於天命之性漫然莫解，便把吾人日

用恆性，全不看上眼界，全不著在心胸，或疑其爲惡，或猜其爲混，或妄第有三品，遂至肆無忌憚而不加尊奉敬畏，則卒至於索隱行怪而反中庸矣。蓋由其不見大用顯行，徧滿寰穹，便思於静僻幽隱處著力，謂：就中須養出端倪。又謂：看喜怒哀樂以前作何氣象。不見孩提愛敬，與夫婦知能，渾然天然大道，便思生今反古，刻意尚行，而做出一番奇崛險怪，驚世駭俗之事。此豈不是不知天命而不畏，遂至反中庸者哉？」

子會於從姑山之長春閣，忽問新城在川黄君天祥曰：「君是黄家子否？」曰：「是。」曰：「既是黄家子，胡不管黄家事？」黄君亦有省，但曰：「非不欲管黄家事，其如主人弱何？」子曰：「雖孱弱主人，纔管事，黄家猶有靠托。如弗肯管，即强壯無益，而黄家亦虚生此子也。」在坐皆矍然。

子大會建昌之城隍廟，呼文塘黎君允儒，及寧國梅井郭君忠信輩，語之曰：「只是孝弟，便是堯舜，便是明明德於天下。譬之溪澗，此爲一竇，此爲一淙，殊覺小小，羣山合流，衆壑聚派，即爲江河。一人孝弟，一家孝弟，而人人親長，即唐虞熙皥之盛不難也。」會中有問「孝弟如何爲仁之本」者。子曰：「古本『仁』作『人』，最是。『本』猶『根』也。即如人言：樹必有三大根始茂。夫人亦然，亦有三大根：一父母，一兄弟，一妻子。樹之根，伐其一不榮，伐其二將槁，伐其三立枯矣。人胡不以樹爲鑑哉？」

雲臺余君承詔在城隍廟會中，舉孔子「十有五志學」爲問。子曰：「只今坐中，有五六十者，有三四十者，有初發心者，有久學問者，恐皆不如吾夫子起初十五歲時也！」思泉黄君乾亨問：「講學者多云『當下』，此

語如何？」子曰：「此語爲救世人學問無頭，而馳求聞見、好爲苟難者，引歸平實田地，最爲進步第一義。故曰：『人情者，聖人之田。』然須有許多仁聚禮耨家數，方可望收成結果也。但到此工夫漸就微密，若無先覺指點，則下者便影響難入，高者便放蕩無檢，故孔子謂：『君子中庸，君子而時中；小人中庸，小人而無忌憚。』可見中庸也只是一般，但不能如君子戒謹恐懼，加以時習，便放濫無所歸著，而終爲小人耳。」聞者共惕然曰：「此正今時學者大病，孔子所以重憂夫學之不講而誨人不倦也。」

子大會於建昌城南文峰王氏之家祠中，撫石井傅君默盱、斗陽張君嶺輩相與笑談。有及於素共講學而未肯承當者，其友曰：「譬之酒家，某何嘗不賣酒，但恥掛招牌耳。」子問曰：「何恥也？」曰：「酒少。」子曰：「此個酒海，浸人没頂，君自不知耳。」既而改容悼嘆曰：「此宇宙間學問一大宗旨也。且說『民之秉彝，好是懿德』。誰不作酒？誰不招客？又誰不云：我只沽酒與人，何以招牌爲哉？細細究之，此乃何等心腸，卻是陷在鄉愿窠臼中。孔孟防之，所以曰：閹然媚於世者，德之賊也。蓋吾心之德，原與天地同量，與萬物一體。故欲明明德於天下而是皆以修身爲本者，正恐自賊云耳，故曰：謂其身不能者，賊其身者也。夫父母全而生，子全而歸，孔子東西南北於封墓之後，孟子反齊止嬴於敦匠之餘，固爲天地生民，亦爲父母此身。蓋此身與天下，原是一物，物之大本，只是一個講學招牌。此等去處，須是全付精神透徹理會，直下承當，方知孔孟學術，如寒之衣，如饑之食，性命所關，自不容已。否則將以自愛，適以自賊。故大學之

道，必先致知，而致知在格物也。」

子參滇藩時，大會楚雄書院。當斯時也，父老子弟羣然而集，見諸聲歌，閒以鍾鼓，堂上堂下雍雍如也。適郡邑命吏胥執事供茶，循序周旋，略無差爽。因諸生中有言「戒謹恐懼，不免爲吾心寧静之累」者，子詳發之曰：「羣胥進退恭肅，内固不出，外亦不入，雖欲不謂其心寧静不可得也。如是寧静，正與戒懼相合，而又何相妨耶？今世業舉子者，多安意於讀書作文，居則理家，出則應務，自以此爲日用常行。至論講學作聖賢，卻當別項道理，且須異樣工夫。故每每以閉户静坐爲寧静，以矜持把捉爲戒懼，欲得乎此而恐失乎彼者，殆將十人而九矣！曾不思，天命率性，道本是個中庸，『中庸』解作『平常』，固平常之人所共由也，且須臾不可離，固尋常時刻所常在也。諸士子試觀適纔童冠擊鼓考鍾，一音一響，鏗鏗朗朗；諸父老並立而聽，亦一字一句，曉曉了了；以至羣胥執事供茶，亦一步一趨，明明白白。一堂何曾外卻一人？一人何曾離卻一刻而不是此心之運用、此道之現前也耶？」有一生曰：「戒謹恐懼，相似用工之意，或不應如此現成也。」子曰：「諸生可言適纔童冠歌詩、吏胥進茶時，全不戒懼耶？其戒懼全不用工耶？蓋説做工夫，是指道體之精詳處；説做道體，是指工夫之貫徹處。道體既人人具足，則豈有全無工夫之人？道體既時時不離，則豈有全無工夫之時？故孟子曰：行矣而不著，習矣而不察。所以終日於道體工夫之中，儘是寧静而不自知其爲寧静，儘是戒懼而不自知其爲戒懼，天下古今莫不皆然也。」又曰：「汝諸士子，身心具有此個光明至寶，通晝徹夜照地燭天，隨汝諸

士子出外居家而不舍，替汝諸士子穿衣喫飯而不差，相似寧静而又戒懼，相似戒懼而又寧静。常常在於道學門中，亦久久在於聖賢路上，卻個個不肯體認承當，而混混昧昧，枉過此生，亦真可惜也已！」

子按騰越州衛，及諸鄉大夫士請大舉鄉約，迨講聖諭畢，父老各率子弟以萬計，咸依戀環聽，不能舍去。子呼晉講林生問曰：「適纔汝爲衆人講演《鄉約》善矣，不知汝所自受用者，復是何如？」林生曰：「自領教來，常持此心不敢放下。」子顧諸士夫嘆曰：「只恐林生所持者，未必是心也。」林生竦然曰：「不是心是何物耶？」❶子乃徧指面前所有，示曰：「汝看此時環侍老小，林林總總，個個仄着足而立，傾著耳而聽，睜著目而視，一段精神，果待他去持否？豈惟人哉，兩邊車馬之旁列，上下禽鳥之交飛，遠近園花之芳馥，亦共此段精神，果待他去持否？豈惟物哉，方今高如天日之明熙，和如風氣之暄煦，藹如雲煙之霏密，亦共此段精神，果待他去持否？」林生未及對，諸老幼咸躍然前曰：「我百姓們，此時懽忻的意思，真覺得同鳥兒一般活動，花兒一般開發，風兒、日兒一般和暢，也不曉得要怎麼去持，也不曉得怎麼是不持，但只恨不早來聽得，又只怕上司去後無由再聽得也。」子曰：「汝諸人所言者，就是汝諸人的本心；汝諸人的心，果是就同著萬物的心；諸人與萬物的心，亦果是就同著天地的心。蓋天地以生物爲心，今日風暄氣暖，鳥鳴花發，宇宙之閒渾然是團和樂。今日太祖高皇帝教汝等孝順和睦，安生守分，閭閻之閒亦渾然是一團和樂。和則自

❶ 「是」，原作「知」，據《近溪子集》改。

能致祥，如春天一和，則禽畜自然生育，樹木自然滋榮，苗稼自然秀穎，而萬寶美利無不生生矣。況人家一和而其興旺繁昌，所有利益又何可盡言耶？故適來童子歌《詩》，謂：『樂只君子，邦家之基；樂只君子，萬壽無期。』『樂只』二字，亦正是一團和樂之謂也。汝等老者已不必言，若許多後生小子，肯時時忍耐，不使性氣於親長之前，不好争鬬於鄰里之閒，不多殺害於禽畜之類，以去斲喪這一團和樂之意，則千年萬載，長時我在汝騰越地方矣，又何必恨其來之遲，而怕其去之速耶？」言訖，衆皆淫淫涕下，子强止之，乃散去。林生復同諸士夫再三進曰：「公祖謂諸老幼所言，既皆渾是本心，則林生所言者，何獨不是心耶？」子復嘆曰：「謂之是心亦可，謂之不是心亦可。蓋天下無心外之事，何獨所持而不是心？但既有所持，則必有一物矣。諸君試看，許多老幼在此講談，一段精神，千千萬萬，變變化化，倏然而聚，倏然而散，倏然而喜，倏然而悲，彼既不可得而知，我亦不可得而測，非惟無待於持，而亦無所容其持也。林生於此心渾淪圓活處曾未見得，遽去持守而不放下，則其所執者，或只意念之端倪，或只聞見之想像，持守益堅而去心益遠矣。故謂之不是心亦可也。」林生復進而質曰：「諸生平日讀書，把心與意看得原不相遠，今公祖斷然以所持只可當意念而不可謂心，不知心與意念，如何相去如此之遠也？」子嘆曰：「以意念爲心，自孔孟以後，大抵皆然矣，又何怪夫諸君之錯認也哉？但此個卻是學問一大頭腦，此處不清而謾謂有志學聖，是猶煮沙而求作糜，縱教水乾柴竭，而糜終不可成也。」諸縉紳請曰：「意念與心既是不同，也須爲諸生指破，渠方

不至錯用工也。」子嘆曰：「若使某得用言指破，則林生亦可以用力執持矣。」諸君聞而嘆曰：「然則不可著句指破，便即是心；而稍可著力執持處，便總是意念矣。《易》曰：『復，其見天地之心。』林君欲得見天地之心而持循之，其尚自『復以自見』始。」於是林生及諸縉紳請於明倫堂，聯會四日而後别。

梅井郭君問「乃見天則」與「發而皆中節」同異。子曰：「喜怒哀樂發皆中節，見天則也。但物感之來，其應甚速，苟毫髮踰節，即其則不中，此豈一時思慮所能防範，而一念擬議所可矯强也耶？ 即使思慮而出之，矯强而合之，於『天則』二字亦相去徑庭矣。故《易》曰：『先天而天弗違，後天而奉天時。』吾輩於斯語，不可看太高遠。《禮記》謂：『人生而靜，天之性也。』孟子曰：『大人者，不失其赤子之心者也。』夫赤子之心，純然而無雜，渾然而無爲，形質雖有天人之分，本體實無彼此之異。故生人之初，如赤子時，與天甚是相近，奈何生而靜，後卻感物而動，動則欲已隨之，少爲欲閒，則天不能不變而爲人，久爲欲引，則人不能不化而爲物，甚而爲欲所迷且蔽焉，則物不能不終而爲鬼魅妖孽矣。到此等田地，其喜怒哀樂，豈徒失天之則，亦且拂人之性；豈惟拂人之性，亦且造物之殃。此處又何可不著力也耶？今日果欲天則本然，一一於感發處，節節皆中得恰好，更無毫釐之過，亦無毫釐之不及，停停當當，成個中和，此即『後天而奉天時』，順而循之，而非勉强之能與，卒而應之，而非意見之能及。善學者，於此處要識得，難以用工，決須猛省，逆將回轉，說道：吾人與天，原初是一體，天則與我的性情，原初亦相貫通。驗之赤子乍生之時，一念知覺未萌，然

愛好骨肉，熙熙恬恬，無有感而不應，無有應而不玅，是何等景象，何等快活！ 奈何後因耳目口體之欲，隨年而長，隨地而增，一段性情，初焉偏向自私，已與父母兄弟相違，自少及壯，則天翻地覆，不近人情者，十人而九矣。今日既賴師友喚醒，不肯甘心爲物類妖孽，不肯作人中禽獸，便當尋繹我起初做孩子時，已曾有一個至靜的天體，又曾發露出許多愛親敬長，饑食渴飲，停停當當，至玅的天則，豈今年長便都失去而不可復見也耶？要之，物感有時而息，則天體隨時而呈，不惟夜氣清明方纔發動，即當下反求，若人言我是好人，便生喜樂，言我是禽獸，便生憤怒，亦是明明白白，停停當當，原不爽毫髮分釐也。既是天體依舊還在，卻須即時發一個大大的志願。 如何志願要大？ 蓋天的體段，原無一物不容，原無一物不貫，若有外之心，便不可合天心也。此心如要萬物皆爲吾體，萬年皆爲吾脈，則須將前時許多俗情世念，務於奉承耳目口體，狥物肆情一付當汚濁雜擾，會轉移窒塞此心之虚靈洞達的東西，痛恨疾仇，惟恐其去之不速，而決之不淨焉。然後收拾一片真正精神，揀擇一條直截路徑，安頓一處寬舒地步，共好朋友涵泳優游，忘年忘世，俾吾心體段與天地爲徒，吾心意況共鳶魚活潑，其形雖止七尺，而其量實包太虚，其齒雖近壯衰，而其真不減童穉。到此境界，卻是廓然大公，卻是寂然不動，其喜怒哀樂安得不感而遂通，又安得不物來順應也耶？ 如此喜怒哀樂以應天下國家，又安得不位天地，不育萬物而成聖神功化也耶？ 故細細反觀，今日不患天則之不中，惟患天心之不復；不患天心之未復，惟患己見之不真。其見既真，則本來赤子

之心完養，即是大人之聖。人至大聖，便自然天地合其德，日月合其明，四時合其序，鬼神合其吉凶矣。許大受用，原是生下帶來至寶，又豈肯甘心於耳目口體之欲，致墮落禽獸妖孽之歸？』其猛省勇往，固有挽之而不容自已者矣。於此可見朋友講學一節，真是人生救性命大事，非尋常等倫也。珍重！珍重！」

陳光庭《南轅的啟》云：「子在留都，會於焦弱侯園中，弱侯究竟佛旨，曰：『達磨西來，直指見性成佛。佛門無上菩提，孔門語上的指，老師甚深微眇，意將逢人飲以醍醐，今且平平，純以孝、弟、慈立教，祗爲二乘說法。昔孔聖於中人以上語上，即不於中人以上語下也。子意云何？』子笑而答曰：『我今即不說佛，只因無佛可說，逢人無上可語，即亦無語非上。』」

子貽澹園焦太史書云：「晦庵先生謂：夫子志學，是志于大學。《大學》之止至善，只是學古之大人欲明明德於天下爾。欲明明德於天下，即是立己立人、達己達人而爲仁也。求仁之方，則又只是不怨不尤、反之於己而設身處地焉耳矣。」又云：「豈惟孔子，即伊尹身任先覺，亦視民之饑溺猶己饑溺之。今世道之根本在此學，此學之根本在朋友。朋友不能相信，不免誹議，豈盡其本心哉？亦以得失之故，聞見之偏蔽陷其心之良。所謂斯民饑溺，大人視之，正思被髮纓冠，奔走救援，方是不怨不尤之恕，而欲立欲達之仁也。不此之圖，而惟適己之便焉，此在沮、溺之徒則可，擬之夫子望我輩之心、我與公等自待之志，其可與否？恐不待辨而自明也已。」

子謂熊君應臯曰：「德之不修，由學之

不講也。蓋學則有義可徙，有過可改，故四者之憂，惟不學爲大也。其或講之而不於徙義改過，是亟吾夫子之憂，又當何如？」

子謂杜君蒙曰：「學問端的，只認此體原無動搖。一切念頭，如浮雲之過太虛。太虛之中，不拘不留，真是主張操縱，更無執滯也。」杜自是有吟風弄月以歸之意。

少林沈君懋學問曰：「日中時有得處，旋即失之，亦時有明處，旋即暗之，如何乃可常常保守之也？」子曰：「子之所苦，不當在失與暗時，而當在得與明時也。蓋聖人之學，原是天性渾成，而道心之微，必須幾希悟入，其中本著不得一念，而吾人亦不可以一念著之也。今不求真訣點化，而强從光景中分別，耿耿一念以爲光明，執住此念以爲現在。不知此個念頭，非是真體，有時而生，則有時而滅，有時而聚，則有時而散。故當其得時，即是失根；當其明時，即是暗根；當其欣喜時，又便是苦根也。」

如真李君登問曰：「今時諸士子，祇狥聞見讀書，逐枝葉而無根本，不知何道可反兹末習也？」子曰：「枝葉與根本豈是兩段？觀之草木，徹首徹尾，原是一氣貫通，若首尾分斷，則便是死的。雖云根本，堪作何用？要之，還看吾輩用功志意何如。若是切切實實要求根本，則凡所見所聞皆歸之根本。雖解牛斲輪之賤技，鳶魚庭草之微物，古人俱得以明心見道，而況五經四書，尤聖賢精蘊所寄者乎？若只是個尋枝覓葉的心腸，則雖今日儘有玄談眇論，亦將作舉業套子矣。」

如真李君問：「《易》謂：『君子終日乾乾，夕惕若。』不知『乾乾』二字，與『性性』之說，亦有分別否？」子曰：「乾乾、性性，此

語泛看亦似相同。但古之聖賢立言製字，必是各有著落，即如古人云：乾坤二卦本是陰陽。作《易》者不曰『陰陽』而曰『乾坤』，蓋指其性情而言之也。以此觀之，則先儒謂『性性』，爲能存神，明白就其體段凝定處説；至《易》謂『終曰乾乾』，明白就其工夫奮發處説。但『乾乾』雖説工夫，而不知順性之體，則把捉操持或犯助長之病；『性性』雖説體段，而不知法乾之用，則散漫精神又至忽忘之失。若善會性命，而能使骨肉俱爲渾化，則其體用亦自相停妥也已。」

南昌松屏何生鎔問曰：「今若全放下，則與常人何異？」子曰：「無以異也。」「既無以異，則何以謂之聖學也哉？」曰：「聖人者，常人而肯安心者也；凡人者，聖人而不肯安心者也。故聖人即是凡人，以其自明，故即凡人而名爲聖人矣；凡人本是聖人，以其自昧，故本聖人而卒爲凡人矣。」

子謂何生鎔曰：「但能一覺，則日用間可以轉凡夫而爲聖人；不能一覺，則終身棄聖體而爲凡夫。棄聖爲凡，則雖讀書萬卷、功名極品，也只如浮雲超忽、草木榮朽而已。」

白下秋潭翟君文炳問：「能知即聖人，然乎？」子曰：「知後方可入聖焉耳，非即聖人也。蓋良知心體神明莫測，原與天通，非思慮所能及、道理所能到者也。吾人一時覺悟，非不恍然有見，然知之所及，猶自膚淺。此後須是周旋師友，優游歲月，收斂精神，凝結心思。思者，聖功之本也，故『思曰睿』。睿者，通微之謂也，『通乎晝夜之道而知』，方可言『通』，『動而未形，有無之間』，方可言『微』。至此則首尾貫徹，意象渾融，覺悟之

功與良知之體如金光火色煅煉一團，異而非異，同而非同。但功夫雖玅，去聖則尚遠也。」曰：「如何猶不足以語聖耶？」曰：「觀於孟子謂『大而能化』、『聖不可知』，則聖人地位亦自可以意會矣。」

子之第三孫懷智問道。子曰：「《聖諭》六言盡之。」問功夫。曰：「《聖諭》六言行之。」請益。曰：「《聖諭》六言達之天下。」「如斯而已乎？」曰：「六言行之天下，堯、舜、孔、孟其猶病諸。」

智問修身。子曰：「舍《聖諭》六言而修身，是修貌也，非修身也矣。《中庸》曰：『修身以道，修道以仁。仁者人也，親親爲大。』」

子謂智曰：「《聖諭》六言，其直指吾人日用常行，不可須臾離之道乎？」

廣德李大參天植問：「先生說『形色天性』一章，聞與衆不同，何如？」子曰：「其說也無甚異，但此語要得孟子口氣，若論口氣，則似於形色稍重，而今說者多詳性而略形色，便覺無意味也。大要亦是世俗同情，皆云此身是血肉之軀，不以爲重，及談性命，便更索之玄虛以爲奇特；孟軻氏惜之，故曰：吾此形色，豈容輕視也哉，即所以爲天性也。惟是生知安行、造位天德如聖人者，於此形色方能實踐，謂行到底裏，畢其能事，如天聰天明之盡，耳目方纔到家，動容周旋中禮，四體方纔到家。只完全一個形軀，便渾然方是個聖人，必渾然是個聖人，始可全體此個形色。若稍稍勉而未能安，守而未能化，則耳必未盡天聰，目必未盡天明，四體動容必未盡能任天之便，不惟有愧於天，實有愧於人也。故邵子『天根月窟』之咏，始之以耳目、男子之身，而終之曰：『三十六宮都是春。』蓋形軀本是屬陰，若天根月窟既閒相往來，

則坤爻二六，❶總爲乾爻之所統一，似悉該四季以作長春。所以修心煉性者，亦必名之曰『純陽』也。」

樂安詹侍御事講以學請正曰：「學貴靜乎？」子曰：「不宜離動。」「在動處著力乎？」曰：「宜不失靜體。」「功宜何著乎？」曰：「心兮本虛，致虛要矣。何著？」侍御常以寂爲憂。曰：「性中萬象森然，何寂之憂？」「然則何如而爲得力乎？」曰：「知得力處，便是不得力處；不知得力處，便是得力處。總之，道具吾心而吾身寔在道中，真機隨處洋溢，工夫原無窮際。一念不通之人者，非道也；一息有閒於道者，非功也。」

養貞詹侍御嘗問：「本體何如？」子曰：「無體之體，其真體乎。」問：「功夫何如？」曰：「無功之功，其真功乎。」問：「體可見乎？」曰：「仁者見之，止謂之仁；智者見之，止謂之智。不見之見，乃真見也。」又嘗問：「三教何以別？」曰：「無而無，始墮於偏空；有而無，適得乎中正。」問：「何以致良知？」曰：「無思無慮者，良知之體，儻以有思慮致之，猶方底而圓蓋，必不合矣。」

杜應奎問曰：「先生勉人，每曰：堯舜君民事業。世道茫茫，如何下手？」子曰：「只在此時一念。」奎曰：「一念足乎？」子嘆曰：「且問世間，何事不成於一念？但世人極艱極險，蹈海攀崖，百死一生，各有甘心者，只堯舜君民一著，皆畏難苟安，更無一人切心，又安怪夫至治之不復見於天下也？」

張鑰請教言，子曰：「道也者，不可須臾離也。人於是處徹卻，則此身在天地閒，從

❶「二六」，《近溪子集》作「十八」。

作孩提直至髦耋，與造化消息渾成大片，道家者流所謂『呼接天根，吸通月窟，無可著揀擇，無可容迴避之地、之時』也。故《詩》云：『昊天曰明，及爾出王。昊天曰旦，及爾游衍。』所以君子必戒慎、必恐懼，正以天命之性，即上帝臨之，無敢或貳其心焉耳。不知從事乎此，而誤於事爲應跡，比擬思量，縱偶有合處，亦是遠人以爲道，而難語於純天之妙也已。」

子嘗謂門人及諸孫曰：「前此諸大儒先生，其論主敬工夫極其嚴密，而性體平常處未見提掇，故學者往往至於拘迫。近時同志先達，其論良知學脈，固爲的確，而敬畏小心處未加緊切，故學者往往無所持循。」

子謂復所楊太史起元曰：「我從千辛萬苦，走偏天下，參求師友，得此具足現成、生生不息大家當。往往説與諸人，奈諸人未經辛苦，不即承當。今一手付與吾子，吾子篤信弗疑，安享受用，即是討便宜了。雖然，創業者固艱，守成者不易，若不兢兢業業，物我共成，雖得之必失之。古之守成業者，致盛治端，有望於吾子矣。」

子嘗謂門人曰：「予自壯及老，嘗夢經筵進講，後得楊貞復而夢不復矣。」

嘉靖甲子冬，天臺耿師檄不佞胤儒，置之留都之明道書院，勖之以聖學。時與偕者，同里東溟管子志道，及廣德沖涵李子天植。天植聞學久，閒謂儒曰：「君試將天下事判斷了，作一聖人。」儒時有省。志道曰：「此語未有頭腦。❶君連日聞師友所譚性命語，似解之而無所心會，乃獨於此語若有當焉者，何也？」儒曰：「予於所謂判斷也者，

❶「此語」，原爲方框，據「史語所」本補。

似有契焉，不知其他。」無何，近溪羅師以將入覲謁耿師，至院中，徵儒所得。儒對曰：「近李生勖儒，將天下事判斷了，作一聖人。不知是否？」羅師曰：「聖人如何去做？」志道接語曰：「近承宗師面命，將此點明體，時時提醒。」羅師曰：「此語近之，然如何喚作明體？」耿師曰：「渠二子新入會，無門面話頭，所説皆實話。兄可點與明體，俾渠下手。」時察院門首，有擊鼓報入者。羅師因鼓聲問儒曰：「聞否？」儒對曰：「聞。」又問：「寐時聞否？」曰：「不聞。」又問：「若人一旦捐館時，聞否？」曰：「不聞。」又問：「寐時、死時，此耳在否？」曰：「在。」羅師笑曰：「此雖近於異教家話頭，然究竟寐時、死時，此耳現在，如何不聞？看來聞者是你，便是明體。人有此而聞，有此而生，不然便是死人。今人都將耳目口體奉事，卻不將此明體照管，便是枉了此生。孟子所謂『先立乎大』，如是。」儒時悱然。耿師復顧儒曰：「從此點默識默識。」儒唯唯。

次日，耿師延羅師於明道書院爲會。時與會者，見麓蔡公國珍、養旦劉公應峰、肖謙蔡公悉、桂岩顧公闕、鶴臯周公希旦、甑山張公燧，而儒與管君志道、李君天植，及白下李君登、楊君希淳、焦君竑、吴君自新、金君光初、寧國郭君忠信、吴君禮卿侍。耿師舉酒屬坐上諸公曰：「僕昨遊天界寺，問寺僧行有實修者否，住持以無對。僕時回顧，此寺若空。前按陝時，至一縣，縣官皆不法，僕時看此縣亦若空。今茫茫宇宙，若無一人焉擔當，則天下後世必有『秦無人焉』之嘆。僕今日請諸公對天發一大誓願，將天地萬物擔當一擔當，待至捐館時，滿得此願，方纔是一箇人。」諸公皆曰：「然，然。」羅師曰：「孟子當

時急務，只是要正人心。僕今日只要諸公講學。」諸公又曰：「然，然。」臨別，羅師顧吴禮卿曰：「子從宗師及予遊久，如何不見長進？」禮卿曰：「不敢不勉。」羅師曰：「只是講學，只是聚朋友便了。予今覲回，不見子家座上常有二三十客，便是子學不長進矣。」

又次日，儒偕太嶽楊希淳、東溟管志道輩，追送羅師於江之滸，各奉盃茶。師捧茶問楊君曰：「日來與諸君所譚，覺彀手否？」楊君曰：「有彀手，有不彀手。」師愀然曰：「如何便不彀手？如飲此茶，君送我，我酬君，已而各飲。何等不思不勉！何等從容中道！如何便不彀手？」

嘉靖乙丑夏，不佞儒侍家大人斗墟府君宦撫谿。適羅師自寧國丁外艱，過谿城，宿臬司。儒往侍教，師徵儒新功。儒對曰：「覺道不費些子氣力處，大有受用。」師曰：「不費些子氣力極是。但孔子發憤處，如何説？」儒對曰：「孔子發憤，爲討此受用，故繼之曰：『樂以忘憂。』」師曰：「然。吾人學問如舟車，然車輪之發、舟帆之上，必費些力。比至中途，輪激帆揚，何須致力。」居頃之，問曰：「此時心地如何？」儒對曰：「覺無物。」師又曰：「此便是。」頃又曰：「當得帳否？」儒對曰：「恐當不得帳。」師曰：「然。這是光景會散。」又扣數語，師首肯曰：「如子所説，都是學問脈路，想是明白，無勞多譚，只是人行我行，人歇我不歇，如是做去，五六年便熟了，便是聖人路上人了。」臨別，又囑儒曰：「不肖幼學時，與族兄問一親長疾。此親長亦有些志況，頗饒富，凡事如意。逮問疾時，疾已亟。見予弟兄，數歎氣。予歸途謂族兄曰：『某俱如意，胡爲數歎氣？兄試謂：我弟兄讀書而及第，仕宦而作相，

臨終時還有氣歎否？」族兄曰：「誠恐不免。』予曰：『如此，我輩須尋個不歎氣的事做。』予於斯時，便立定志了。吾子勉之。」

乙丑秋初，不佞儒走盱，拜師素幄中，師留儒從姑。晚坐，師忽問儒所得。儒對曰：「近來見得無聲無臭而廣生大生，天之道也。故嘗理會無思無爲之本，使此未發發時澄澄湛湛，則隨時隨手，達順將去，天地萬物有所不能違，而範圍曲成在是矣。」師曰：「此亦幾於併歸一路，甚好。然有所見，莫不是妄想，成一光景否？亦果能時時澄湛否？隨時隨手果能動中否？」儒時無對。師又曰：「如吾子所見，則百歲後易簀時，欣欣瞑矣。吾則以爲，真正仲尼，臨終不免歎口氣也。」次早，梳洗頃，師顧儒大聲曰：「大丈夫須放大些志氣，莫向枯塚裏作活計！」儒大有省，而疑根則未釋也。師勸儒久住山中，儒亦眷眷不能别。

在川黄君謁師從姑，晤儒詢新功。儒曰：「年來理會吾無思無爲之本，覺不費些子氣力，而老師不許，何也？」黄君曰：「予向來用功，亦多如此邇見，老師以爲終難成就。」俄而，永新莘田蔣君廣亦來叩儒。儒答如前。蔣君曰：「此在閑道人或可，若要做頂天立地大漢子，恐别有説。」翌日，儒獨晤蔣君於蟾窟之上，蔣以所聞於師者，爲儒悉之，且講《孟子》「居廣居，行大道，立正位」章大義。又曰：「人言近老之學類禪，此不知近老者。近老之言，間引夫禪，而近老之學真正孔子脈路，斷斷不差。渠嘗曰：做人莫喫人現成茶飯，須造茶飯與人喫。有味哉言之也。且近老甚有意於君，君莫負之。」儒因蔣君言，遂思師所云「孔子臨終歎氣」也者，

悱然會心，即舉以語黃君。黃君曰：「予近因老師頓挫數番，亦覺有省。昔人云：『昨夜窗前看明月，曉來不是日頭紅。』予平生汲汲爲學，非見老師，幾枉過此生。」

師在從姑，謂諸生曰：「諸友爲學，須要立個必爲聖人之志，時時刻刻用工，後日方有成就。若只茫茫蕩蕩度日，豈不惜哉！」

師謂黃君元吉曰：「古今學者皆曉得去做聖人，而不曉得聖人即是自己，故往往去尋個作聖門路，殊不知門路一尋，則去聖萬里矣。」

師嘗曰：「人能體仁，則欲自制。傳曰：太陽一照，魍魎潛消。是矣！若云克去己私，是原憲宗旨，不是孔顏宗旨。蓋孔氏求仁，其直指名仁，惟曰：『仁者人也。』夫己非所謂仁耶？劉獅泉說：顏子博約，重二我字。夫我獨非己耶？今有將克己『己』字，必欲守定舊解，殊不知認『己』字一錯，則偏地荆榛，令人何處安身而立命也？」

懷蘇錢禮部問曰：「《定性書》與『先識仁』，宗旨同否？」師曰：「孔門之教，主於求仁。程伯子以『識仁』爲學者所先，最爲確論。然須大公順應，方是克己全功，則定性之言，與識仁之論，正互相發明者也。」

姑山，師友朝食頃，與坐者思泉黃君乾亨、文塘黎君輩凡十餘人。不佞儒曰：「吾儕十餘人，今日在此聞學，他日無分窮達，能爲十餘路福星，庶幾哉不負師訓也。」師曰：「是不難。如予一人能孚十友，十友各孚十友，百人矣，百友各孚十友，千人矣。由千而萬，而億，達之四海，運掌也。」

師嘗曰：「學問須要平易近情，不可著手太重。如麄茶淡飯，隨時遣日，心既不勞，事亦可了，久久成熟，自然有悟。蓋此理在

日用閒，原非深遠，而工夫次第亦難以急迫而成。學能如是，雖無速化之玅，卻有雋永之味也。」

師曰：「學問原有兩路。以用功爲先者，意念有個存主，言動有個執持，不惟己可自考，亦且衆共見聞；若性地爲先，則言動即是現在，且須更加平淡，意念亦尚安閒，尤忌有所做作，豈獨人難測其淺深，即己亦無從驗其長益。縱是有志之士，亦不免舍此而趨彼矣。然明眼見之，則真假易辨也。」

師遊姑山之一線天，思泉黃君、文塘黎君及儒輩偕。師仰見天光，呼儒而語之曰：「吾輩今日之學，須從天地未闢之先、吾身未生之先，而遡極於先而無先，自一氣太息震蕩之後、此身託木銷化之後，而要極於後而無後，開大眼孔，放大心胸，看看始得。」儒曰：「唯唯。」黃君俛而思。師笑曰：「纔一佇思，劍去久矣。」

師獨坐姑山之雙玉樓，不佞儒侍。師忽問曰：「如何爲先立乎大？」儒對曰：「萬物皆備於我矣。」又問：「如何作用？」儒對曰：「明明德於天下。」師喜，又問：「作用次第如何？」儒對曰：「老吾老及人之老，長吾長及人之長，幼吾幼及人之幼。孔子所謂：老安、少懷、朋友信，是矣。」師曰：「然然。」次日，相攜山遊，高下躋陟頃，師遽問曰：「赤子『不慮而知』之『知』，與聖人『不思而得』之『知』，吾子今何似？」儒對曰：「只此應師之知便是。」又問曰：「有思慮否？」對曰：「無。」又曰：「能終無思慮否？」對曰：「往者不追，來者不逆。」又曰：「當下何如？」曰：「平平地。」又曰：「忽不平平地，如何？」曰：「平平地。」已而，思泉黃君、太湖南沙羅君以禮亦至，師迎謂曰：「日與曹子幾番問證，似

能先立乎大。」儒對曰：「荷師口生。」師曰：「然然。子令尊令堂，生子僅七尺已耳，予生子，彌宇宙身矣。」

丙寅春正，儒自金谿謁師於姑山之長春閣。師問曰：「近日工夫，都彀手否？」儒對曰：「不敢言彀手，但不敢歇手。」師曰：「不歇手，便彀手了。然亦有時忘否？」對曰：「正苦不能渾然忘耳。」曰：「不能渾然忘者，何也？」對曰：「憧憧爲擾，而頻覺照也。」曰：「何以處之。」對曰：「覺了亦自融得。」曰：「此等憧憧，日間多否？」對曰：「多。」曰：「覺了便多了。」顧謂鑑湖甯君詮曰：「不覺底便道少。」儒時竦然汗也。迨夕，師與儒輩同宿禪床，師雞鳴起坐，儒輩亦起坐，忽聞羣僧誦《圓覺經》，至所謂「夢幻」云者，師問儒曰：「『夢幻』之云，雖梵書語，亦曾理會否？」儒對曰：「即空中之花，由瞪目而生，空實無花也。」曰：「此語果何所指？」對曰：「凡一切世界，以暨心思，皆是也。」曰：「如此，則子之世界、心思，皆能無有耶？」對曰：「亦自了然，第未易消融耳。」安慶任齋朱君鈞，字秉重者，從傍捷出曰：「但我出頭，他自不能勝。」師歎曰：「此皆空花語也，且曹子亦會翻帳，屢言不悟，難悟也哉？夫一切世界，皆我自生，豈得又謂有他？若見有他，即有對，有對即有執，對執既滯，則愈攻而愈亂矣。能覺一切是我，則立地出頭，自他既無，執滯俱化，是謂自目不瞪，空原無花也。」儒大有省，因下榻拜謝，起謂朱君曰：「可謂消我顛倒想矣。」師亟曰：「未，未。子將古人何語印證？試速道來。」儒即對曰：「《語》有之：能已復禮爲仁。」師曰：「子今得爲君子儒也已。」儒舊字醇夫，師因改字汝爲，即於燈下撰字説一通，中有「神龍淵

潛，罔可窺覩」及「其乘虚馭雲，施及六合已而」、「霄晴雨歇，了無纖踪」諸語，書畢，授儒笑曰：「非予好爲侈語，此字説有如符印然，將此學一手交付與子矣。勉之勉之！」

次日，師攜諸生，過師之泗石溪別墅，儒與思泉黄君、文塘黎君、南沙羅君、心文王君潛侍。儒問曰：「雙江聶先生所謂『歸寂』者，何謂也？」師曰：「此『主静』之别名也。」儒曰：「此等工夫何如？」師曰：「究竟此等工夫還是多了，然在初學或未可少。」羅君曰：「與『顧諟』之説如何？」師曰：「頗同。」王君曰：「與『止觀』之旨如何？」師曰：「亦似。」師因曰：「此等工夫雖同，然在學者深淺，各有不同，須得一明師隨材隨時指點，始得不謬。」有客偶舉此里之人，有爲鬼所祟者。儒曰：「人能爲學做個人，雖上帝無能違焉。苟徒事于小，木魅花妖，誰何之矣！」師曰：「此《灌夫傳》所謂千金良藥也。」諸生聽之。師因雜閲諸名公文集，多不快心，隨午饌畢，衆意熙洽。師嘆曰：「善哉！程伯子之語『識仁』也，謂：『識得此意，不須防檢，不須窮索。』彼豈務作侈語耶？良由直見天地萬物渾然一體，故曰：『大不足以名之』，若反身未誠，猶是有二，以己合彼，終未有之，又安得樂？故學者果能識得，誠自己誠，己外無誠；妄由己生，己外無妄，則一是百是，而存養省治，方是欛柄在手。即如今日吾儕，合志同方，徐徐而食，食畢而起，且坐且談，莫非本體，亦莫非工夫，固無善狀，亦無過舉，又何彼己之可分，而真妄之可辨哉？時時如此透徹，便是萬物我備，便是學以致道，即此『學』字，殆亦從人强名之耳。」因顧儒曰：「予平生不作語録，因與子兩番議論，今寓筆矣。」良久，復曰：「筆踪若行，

人庶有省者乎？」儒拱立曰：「師若不留筆踪，不能親炙吾師者，何由自淑？」師頷之曰：「坐。」

師嘗曰：「『性相近也，習相遠也。』相遠，原起於習，習則原出於人。今卻以不善委爲氣質之性，則不善之過，天當任之矣。豈不冤哉？」又曰：「性善一著，是聖凡之關，只一見性善，便凡夫而立地成聖矣。孔子以後，惟孟子一人，直截透露，其他混帳，則十人而九。此不是他肯自放過，蓋此處千重鐵壁，若非真正舍死拚生一段精神，決未許草率透過也。」

或謂：「此性各在，當人稍有識者，誰不能知？況我平生最用力於此，自意亦頗能知，但有時見，有時不見，有時持，有時忘之，不能恒常不失耳。」師曰：「君言知性如此之易，此性之所以難知也。大約吾人用功，須以聖賢格言爲主。不見孟子之論『知性』，必先之以『盡其心者知其性』也？苟心不能盡，則性不可知也。又謂：『知其性，則知天矣。』故天未深知，則性亦不可爲知也。君試反而思之，果如古聖賢，既竭心思而天聰明之盡矣乎？今時受用，果許得如《中庸》『天下至誠』爲能知天地之化育矣乎？即不論心思聰明之難盡、天地化育之難知，且如陸象山接見傅生暐，驚嘆其面目殊常，神采煥發，問之，果夜來於仁體有悟故。此性惟不能知，若果知時，便骨肉皮毛，渾身透亮，河山草樹，大地回春，如人驟入寶所，則色色奇珍隨取隨足，或爲夜光而無所不照，或爲如意而無所不生，安有見不能常，持不能久之弊？苟仍前只是舊日境界，我知其必然未曾有知也已。」

師曰：「《易》云『極深研幾』、『窮神知

化』，俱是因此知體難得圓通，故不得不加許多氣力，不得不用許大精神。今學者纔理會不通，便容易把箇字眼來替，只圖將就作解，豈料錯過到底也？要之，欲明此事，必先遇人。僕至冥頑，於世情一無所了，但心性工夫，卻是四五十年分毫不改。蓋緣起初參得人真，遇得又早，故於天地人物，神理根源，直截不留疑惑，所以擡頭舉目，渾全只是知體著見；啟口容聲，纖悉盡是知體發揮，更無幫湊，更無假借。雖聽者未必允從，而吾言實相通貫也。惟願會中大衆，共堅一心，共竭一力，心堅力竭，則不患不通一個真知，不患不成一個大聖矣！」

問：「人有生知、學知、困知之別，今說不待培養，恐此惟生知乃能。」師曰：「知有兩樣，有本諸德性者，有出諸覺悟者。此三個『知』字，當屬覺悟上看，至於三個知之的『之』字，卻當屬之德性。蓋良知良能原是人人具足，個個圓成，然雖聖人亦必待感觸覺悟，方纔受用得，但以其覺悟之速，便象生成使然。其次則稍稍遲緩，故有三等不同。至謂『及其知之一也』，則所知的德性，皆是不待學而能，不待慮而知。困知、生知，更無毫髮不同。後世因此『知』字不明，遂於德性作疑，說有氣質之雜，而孟氏性善之言更無一人信得過，縱去學問，亦如導泉無源，植樹無根，徒勞心力耳。」

問：「『由仁義行，非行仁義』，是聖人事。學者必須從『行仁義』處起手乃可。」師曰：「此是兩種學問。如商旅路途，一往南行，一往北走，難說出門時且向南，然後又回轉向北也。」曰：「學須是由勉而安，恐人非生知，難遽語此。」曰：「後世學術不明，只在此處混帳。蓋『行仁義』與『由仁義行』，是南

北分歧處；由勉而安，是程途遠近處。『行仁義』有『行仁義』的安勉，『由仁義行』亦自有『由仁義行』的安勉。」

又曰：「今日出門一步，即從不慮不學處著腳趨向，尚且頭頭都是難事，節節都要精專，竭盡生平，方得渾化。若更從外面比做修爲，狥象執迹，出門一步，已與良知良能之體，不啻冰炭，儻做得閑熟一分，則去真心日遠一分，做得成了家儅，即如天淵之不相及矣！將以學聖而反至背聖，將以盡心而反至違心，惜哉！」

師曰：「聖人所以異於人者，以所開眼目不同，故隨時隨處皆是此體流動，充塞一切。百姓則曰莫不日用，鳶飛魚躍則曰察於上下，庭前草色則曰生意一般，更不見有一毫分別，所以謂『人皆可以爲堯舜』、『吾非斯人之徒而誰與也』。我輩與同類之人，親疏美惡，已自不勝隔越，又安望其察道妙於鳶魚、通意思於庭草哉？且出門即有礙，胸次多冰炭，徒亦自苦生平耳。豈若聖賢坦坦蕩蕩，何等受用，何等快活也！」

師在山中嘗語人曰：「不肖之爲人也，嗜好不他著，精神不他費，惟是此學以繫命根，將《語》、《孟》、《學》、《庸》以及《易經》悉滌塵埃，晶光天日，三十年來，穿衣喫飯，終日雖住人寰，注意安身，頃刻不離聖域，是以披瀝天心，號呼世夢中，或觸怒生嗔，萬死而終，不迴避也。」

《識仁編》。師曰：「昔夫子告子路以生死矣，第曰『知生』；告子路以人鬼矣，第曰『事人』。蓋謂死莫非生，而鬼無非人也。夫知死無非生，則古即今，今即古，而萬世斯一矣；鬼無非人，則明亦幽，幽亦明，而三才始統矣。人能以無上最貴之靈、生生之德，而

統三才、一萬世，則盈天地間，固皆我之心神，亦皆我之形骸也已。」

問：「晦庵先生謂：由良知而充之，以至無所不知；由良能而充之，以至無所不能，方是大人不失赤子之心。此意如何？」師曰：「若有不知，豈得謂之良知？若有不能，豈得謂之良能？故自赤子即已無所不知、無所不能也。」於是坐中諸友競求赤子無所不知、無所不能，而竟莫得其實。乃命靜坐謌詩，偶及於「萬紫千紅總是春」之句，師因憮然嘆曰：「諸君知紅紫之皆春，則知赤子之皆知能矣。蓋天之春見於花草之間，而人之性見於視聽之際。今試抱赤子而弄之，人從左呼，則目即盼左，人從右呼，則目即盼右，其耳蓋無時而不聽，其目蓋無處而不盼，其聽、其盼蓋無時無處而不展轉，則豈非無時無處而無所不知能哉？」諸友咸躍然起曰：「先生其識得春風面者矣！何俄頃之際，而使萬紫千紅之皆春也！」

問：「今時譚學，皆有宗旨，而先生獨無，何也？」師曰：「此時我問子答，是知能之良否？」曰：「是知能之良也。」曰：「此個問答要學慮否？」曰：「不要慮，不要學也。」曰：「如此以爲宗旨，儘是的確，而君以爲獨無，何也？」

問：「近聞先生論天命之性，見得此身隨處皆天，豈不快暢！」師曰：「子若如此理會，是謂之失，而非所謂得也。」曰：「如何卻反是失？」曰：「汝既曉得無時無處不是天命，則天命所在，即生死禍福之所在也。不知悚然生些戒懼，卻是侈然謂可順適，則天命一言反作汝之狂藥也已。」

師嘗語會衆曰：「孔門學習，只一『時』字。『時』則平平無奇而了無造作，『時』則常

常如初而更無分別。入居静室而不異廣庭，出宰事爲而如對經史。煩囂既遠，趣味漸深，如是則坐愈静而意愈閑，静愈久而神愈會矣。」

師嘗曰：「心爲身主，身爲神舍，身心二端，原樂於會合，苦於支離。故赤子孩提欣欣然，常是歡笑，蓋其時身心猶相凝聚，而少少長成，心思雜亂，便愁苦難當了也。世人於此隨俗習非，往往馳求外物，以圖遂安樂，不想外求愈多，中懷愈苦，甚至老死不能回頭。惟是善根宿植、慧目素清的人，他卻自然會尋轉路，曉夜皇皇，如饑餓想食，凍露索衣，悲悲切切於欲轉難轉之間，或聽好人半句言語，或見古先一段訓辭，時則憬然有個悟處，方知大道只在此身，此身渾是赤子。又信赤子原解知能，知能本非慮學。至是精神自來貼體，方寸頓覺虛明，如男女搆精以爲胎，果仁沾土而成種，生氣津津，靈機隱隱，云是造化而造化不以爲功，認爲人力而人力殆難至是也。」

師嘗語門人及子姪輩曰：「予三十年來，此道喫緊關心，夜分方得合眼，旋復惺惺，耳聽雞喔，未知何日得安枕也。」又曰：「予初學道時，每清晝長夜，只揮淚自苦。此等境界，予固難與人言，人亦莫之能知也。」

丙寅，儒將自谿返吴，詣盱辭師。師曰：「予有數語贈吾子行。」索紙書曰：「嗣乾坤而卦者，曰『屯』。《易》曰：屯也者，物之始生也，始生必蒙。《屯》之文曰『利建侯』，『我求童蒙』也，故曰：『君子以經綸。』又曰『童蒙求我』，『利居貞』也。亦曰：『包蒙，吉。』於是以貴下賤則得民，於是受以需則光亨。世之大不幸，祗在無學。上下聵聵，爲屯爲否。君子者，以躬參贊，以極昌燿，傾否

亨屯之責寄焉，故曰：『物不可以終否，受之以同人。』」

萬曆癸酉，師應詔起，復過留都，儒時遊辟雍，謁師江干。留都諸縉紳畢集，儒與澹園焦君、秋潭翟君，及秋官大夫卓吾李公、乾齋甘公俱。師詢儒新功，儒對曰：「力量淺劣，然吾師分授家事，不敢不領受支持。」師笑曰：「予分授家事，何如？」儒曰：「天地萬物爲一體，使天地萬物各得其所爲極致，所謂大學，所謂明明德於天下，是吾師之門堂閫域；『老吾老及人之老，幼吾幼及人之幼』，所謂仁義之實，所謂道邇事易，是吾師之日用事物；赤子不慮之良知、不學之良能，與聖人之不思不勉，天道之莫爲莫致，是吾師之運用精神。」師笑曰：「予雖無如許層折，然大段亦得，吾子勉之。」儒對曰：「不敢不勉。」卓吾李君曰：「《大學》一書專言大人之學，雖庶人亦未嘗不明明德於天下，此則吾夫子獨得之學，千古聖人之不能同者。且聖人之所謂人，千萬世之天下合爲一人之人者也。予謂吾夫子欲明明德於萬世，非止一時之天下已也。」師曰：「然然。」

一夕，卓吾公論西方淨土甚詳，師笑曰：「南方，北方，東方，獨無淨土耶？」卓吾默默，衆亦默然，久之寂無譁者。師曰：「即此便是淨土，諸君信得及否？」有頃，卓老徐曰：「不佞終當披剃。」師顧儒曰：「此意何如？」儒對曰：「章甫而能仁，緇錫而素王，今人多未識得。」師曰：「然然。」

淮南龍淮王君典問：「如何方能爲聖賢？」師曰：「今世上千百萬人，難得一二個思爲聖賢，及講求作聖之方，輒復草草。如討論幾場事物，貫串幾段經書，便云是明理要；如執持一點念頭，滯着方寸胸襟，便云

是存心體。至於威儀行止以彷彿儒先動履，靜坐端凝以希圖聖神境界，及至終無成就，反咎聖爲絶學，卻不思起初種子一差，末後有何結果？此止之不可不知，而學之不可不大，有以也。」

乾齋甘公問：「念庵先生不信當下，其見云何？」師曰：「除卻當下，便無下手，當下何可不信？」甘曰：「今人冒認當下便是聖賢，及稽其當下，多不聖賢。此念庵先生所以不信也。」師曰：「當下固難盡信，然亦不可不信。如當下是怵惕惻隱之心，此不可不信者也；當下是納交要譽之心，此不可盡信者也。不可不信而不信之，則不識本體，此其所以不著察；不可盡信而苟信之，則冒認本體，此其所以無忌憚也。善學者，在審其幾而已。」甘曰：「怵惕惻隱，便是聖賢否？」師曰：「此是聖體，擴而充之，便是聖賢。」「請問何以擴充？」師曰：「有所不忍，達之於其所忍，擴充之功也。若只見得怵惕惻隱之端，而不加擴充之功，亦衹是閃電光，而難以語於太陽照也已。」

乾齋公問：「靜而存養此心，動而體察成法，如此用功，可得不偏否？」師曰：「未可如此分別。蓋隨動隨靜，皆是本心，皆當完養，但完養之法不可只任自己意思，須時刻警醒，必果無愧古之至聖。如孟子姑舍羣賢三聖，以願學孔子，夫豈能親見孔子面耶？只是時時刻刻將自己心腸，與經書遺言精神查對，用力堅久，則或見自己本心，偶合古聖賢同然處，往往常多，然細微曲折必須印證過後，乃更無弊。若初學下手，則必須一一遵守，就是覺得古聖經書於自心未穩，且當虛懷質正師友，決不可率意斷判，以流於猖狂自恣之歸也。」

鹽城自泉孟君一元問：「致中和，其義何如？」師曰：「聖賢學術須先見得大處。即如今時，見人氣象從容，應事妥貼，亦有目爲中和者，此則僅足善其一己，而天下國家未必推行得去。故《大學》、《中庸》開口便説個天下，正欲恢擴吾儕器局，聯屬天下以成其身。中則爲大中，和則爲太和，非是尋常小小家數。蓋其根原則自慎獨中來，所謂慎獨者，正是出類拔萃，頂天立地，卓然一身於天地閒也。如此志願以爲工夫，如此工夫以畢志願，則天地萬物渾爲一體。當其喜怒哀樂未施設作用時，其體段精神已包涵無外，天下事幾皆從其中紗應，而爲天下大本也；當發用施設時，則一怒或可以安天下之民，一喜或可以造天下之福，中閒節目，皆足以和平天下而爲天下之達道也。故以天下大本形容慎獨聖人，其中藏原非小可；以天下達道形容慎獨聖人，其發用無不貫通處也。中和致極如此，果是包含徧覆。大哉！聖人之道，洋洋乎發育萬物，峻極於天矣！」

師問儒曰：「聞春臺蔡太守在貴府聯友講學甚善，第其語意，何所提倡？」儒對曰：「蔡公祖在會上，常舉『子曰當仁不讓於師』，此『當』字，如吴下當里役、當粮役之『當』，有役須當。願會中諸君子將仁當一當也。」師曰：「此真夫子喫緊爲人語也，然未易識得。蓋夫子此語出口之時，將上下天地、往來古今、彼此人物一齊勘破，一齊推倒，露無我無人之法體，發統天先天之眇論也。試繹思之，方覺有味。」

山陽楊君憶孟問：「如何爲天命之性？如何爲天地萬物一體？」師曰：「夫四時百物皆天矣，奚復於吾人而外之？出王遊衍皆天矣，又奚復於此心而疑之？故《中庸》

以天之命爲人之性，謂人之性即天之命，而合一莫測者也。諦觀今人意態，天將風霾，則懊惱悶甚；天若開霽，則快爽殊常。至形氣亦然，遇曉，則天下之耳目與日而俱張；際暝，則天下之耳目與日而俱閉，雖欲二之，誰得而二之也哉？ 夫天道幽渺，其不已不離，原不假言説，而吾夫子首發明之，以作《中庸》張本者，蓋欲吾人識知天不離人、人不異天，則一切謀慮、一切云爲，儼然上帝臨之，即隱而見，即微而顯，戒謹恐懼而莫敢邪妄，庶感人心於和平，風世俗以淳厚，而王道蕩平之化，可以會其有極歸其有極也已。噫！ 聖賢之慈憫吾人也，意亦至矣哉！」

坐中有問：「愚聞天下之道皆從悟入。常觀同志前輩談論良知本體，玄微超脱，夷考其作用，殊不得力，何也？」師曰：「吾儒之學，原宗孔孟，今《論》、《孟》之書具在，原未嘗專以玄微超脱爲訓。然其謹言慎行，明物察倫，自能不滯形迹，玅入聖神者，原自《大學》之格致、《中庸》之性道中來也。蓋物格以致其知，知方實落；達道以顯其性，性乃平常。此個學脈，最是聖狂緊關，學者不可不蚤鑒而敬擇也。」

坐中又有問如何識仁者。師曰：「仁者天地之生德，活潑潑地，昭著心目，苟一加察，即真機現前，仁識而天地萬物自在其中矣。如見入井而怵惕惻隱，則我與孺子原如手之捫足、唇之護齒，又焉有二體哉？」

萬曆戊寅，師自燕歸道吴門，過儒廬時，淮安梁君兆明隨侍，談頃，師問儒曰：「子於吾言，俱能彀手否？」對曰：「蒙師指示，於日用間不見彀手，亦不見不彀手，第一念耿耿在。」師曰：「云何耿耿？」對曰：「人己感通之間頗難。昔人云：學然後知不足，教然

後知困。果非虚語，用是耿耿。」師撫掌笑曰：「吾子原師耿楚侗，耿耿固宜。」已而正色曰：「衹此耿耿，乾坤之所以不毁者在是。堯舜之兢業、孔子之憂憤而不知老，無非此意，吾子勉之。」對曰：「不敢不勉。」師曰：「可以行矣。」儒强夕焉，次蚤師命駕，儒追送吴江之南，師止儒，因夜坐語至宵分，凡平日之所引而未發者，多爲儒發之。及曙乃别，師曰：「此學不易，吾子好爲之，毋忘昨一宵之言。」

萬曆中，師從弟汝貞分訓吴江，數爲儒言師生平行實。參以儒所見聞，覈以師之狀誌，次第其略附記之。師生於正德乙亥。迨丁丑，甫三歲，獨坐火圍邊，俟母甯安人未至而哭，父前峰抱之，哭止，隨思曰：「均此一身心，何苦樂倏異也？」展轉追思，未明其故。五歲，安人授《孝經》，羣僕故亂其誦，怒甚，忽自笑告安人曰：「兒纔發怒，頗覺難轉，人言腹中諸臟會横，果然。」安人異之。師初就口食，每食，畏近葷腥，惟嗜蔬茗，稍以他物進，則不悦。父母憐其弱，爲灼艾治之，而未覺其出自性生也。

七歲，入鄉學。即以孔聖爲的，時時稱説《孝經》。十有五，從新城洵水張先生受學。張事母孝，每教人力追古先。師讀《論語》諸書有省，毅然以興起斯道爲己任。偶同弟汝順、汝初、汝貞夜坐，問曰：「有一心事，試語汝輩。今予世事方動倪端，設命緣輻輳，中個狀、會，進升宰輔，晝錦歸閒，如是壽考告終，汝兄可泰然以蓋棺否？恐不能矣。」汝貞竦然，且曰：「迄今不忘也。」

辛卯，學憲東沙張公刻頒《二子粹言》。師悦玩之，内得薛文清公一條云：「萬起萬滅之私，亂吾心久矣。今當一切決去，以全

吾澄然湛然之體。」若獲拱璧，焚香扣首，矢心必爲聖賢。立簿日紀功過，寸陰必惜。屏私息念，如是數月，而澄湛之體未復。壬辰，乃閉户臨田寺中，獨居密室，几上置水一盂、鏡一面，對坐逾時，俟此中與水、鏡無異，方展書讀之，頃或念慮不專，即掩卷復坐，習以爲常，遂成重病。前峰公謂師由斲喪咎之，師乃直述其故曰：「兒病由内，非由外也。惟得方寸快暢，於道不逆，則不藥可愈。」前峰公遂授以陽明王先生《傳習録》，指以致良知之旨。師閲之大喜，日玩索之，病瘥。

丙申，師游泮謁文廟，瞻拜孔子，且見伯祖圭峰公遺跡，心殊惻動，歸而寂思至晚，遂聯數十友爲會，雖作舉子業，而商訂理學居多。

己亥，師益鋭志聖學，力肩斯道。父子、兄弟、親友，自相師友，故盱中有志之士，多觀感興起，而師倡導之功兹始矣。

庚子，會考，省中縉紳士友大舉學會。見吉中山農顔公鈞。山農出泰州心齋王先生之門，而解演説「致良知」義旨。師因述己昨覯危疾而生死毫不動心，今失科舉而得失絶弗攖念。山農俱不見取，曰：「是制欲，非體仁也。吾儕談學，當以孔孟爲準。志仁無惡，非孔氏之訓乎？知擴四端，若火燃泉達，非孟氏之訓乎？如是體仁，仁將不可勝用，何以制欲爲？」師聞之，悟曰：「道自有真脈，學原有嫡旨也。」遂師事之，朝夕專以孔子「求仁」、孟子「性善」質正之，於四書口誦而心惟之，一切時説講章，置之不觀。間作時藝，隨筆揮成，見者驚服，私相語曰：「乃知學問之大益舉業也。」

癸卯，薦鄉書，時年二十有九。師同廬山胡公、洞巖周公，及諸同志大會於滕王閣

數日。次年甲辰，舉會試，師同波石徐公、中溪顔公、西石王公、夢坡敖公、二華譚公，及諸同志大會於靈濟宫。俄聞前峰公有疾，遂不應廷試歸。

乙巳，師建從姑山房以待四方游學之士，矢心天日，接引來學。日與諸友論駁明道、象山、陽明、心齋義旨，足不入城市。

丁未，師往吉安，謁山農顔公。因徧訪雙江聶公、念庵羅公、東廓鄒公、獅泉劉公輩，商榷學問。師嘗語儒曰：「予會試告歸，寔志四方。初年游行，攜僕三四人，徐而一二人，久之自負笈行，不隨一价。凡海内衿簪之彦、山藪之碩、玄釋之有望者，無弗訪之。及門惟以折簡通姓名，或以爲星相士，或以爲形家，或通或拒，咸不爲意。其相晤者，必與之盡譚乃已。」

戊申，師遣人以厚幣聘楚中胡子宗正。宗正舊常以舉業束脯師，師知其於《易》有得也，兹欲受之。比至，則托疾杜門，寢食不相離。及有所扣，漫不爲應。師曰：「我知之矣。」遂執贄願爲弟子。宗正乃言曰：「易之爲《易》，原自伏羲洩天地造化精藴於圖畫中，可以神會而不可以言語盡者，宜屏書册，潛居静慮，乃可通耳。」師如其言，經旬不輟。宗正忽謂師曰：「若知伏羲當日平空白地，著一畫耶？」師曰：「不知也。」宗正曰：「不知則當思矣。」次日，宗正又問曰：「若知伏羲當日平空白地，一畫未了，又著二畫耶？」師曰：「不知也。」宗正曰：「不知則當熟思矣。」師時略爲剖析，宗正默不應，徐曰：「障緣愈添，則本真益昧。」如是坐至三月，而師之易學，恍進於未畫之前，且通之於《學》、《庸》、《論》、《孟》諸書，沛如也。

師徧遊海内，歸則多處姑山，決策尼聖，

凝神易理，方便接引來學，若將終身焉者。或謂甯安人曰：「而子幸一第，乃不爲進取計，何輕視科名若此？」安人曰：「吾兒正不欲輕此科名故耳，今當勉從雅意。」遂治裝促師北上。庚戌，師至維楊，約龍溪王公、緒山錢公大會於留都天壇道觀，竟不果行。大洲趙公時官祠部，對衆歎曰：「羅君儻在孔門，與曾参氏頡頏矣！」

庚戌秋，大會江省月餘，泝流至螺川，集會九邑同志。辛亥，蓉山董公邀會樂安，老幼走百里者不可勝計。暮春，師歸盱，立義倉，創義館，建宗祠，置祭田，修各祖先墓。暇則講里仁會於臨田寺，以淑其鄉人。

壬子，江西撫臺夢山夏公按建昌，遊從姑，訊菴僧，曰：「誰嘗處此？」僧以師對。夏遣官請見，師野服蕭然。夏曰：「盛養壯年，安得遽爲此也？」命有司備路費，促師北上。

癸丑，廷試中式。時内閣存齋徐公、部院雙江聶公、南野歐陽公、儼山周公，皆以興起斯學爲己任者，乃定會所於靈濟宫。師集同年桂岩顧公、近麓李公、洞陽柳公、望山向公、一吾李公，會試同年昆湖瞿公、澤峰吴公、渾庵戴公、少龍賀公、敬所王公，舊同志善山何公、西吾張公、吉陽何公、浮峰張公、芳麓王公數十百人，聯講兩月。人心翕然，稱盛會也。

是夏，領選尹太湖。時蘄黄英山多盜，白日流劫湖民，近界者不勝其害。江防使者遣兵戍其地，民滋弗甯。師廉得其實，迨抵任，則人情洶洶，遞相告急。师往謁當道，密畫事宜，謂當首撤巡兵，次緝渠魁，不必紛紛，庶境土可静，民生可安也。當道允之。賊見官兵既撤，又覘師日以講學化士民，遂

以新令怯弱爲幸。師知其懈，曰：「此之弗圖，將無及矣。」即率民勇星馳至盜處，潛住民閒瞰賊。是夕，賊方集一所，張燈作樂歡飲。師率壯士突入，即席擒縛有名賊首七人，餘黨驚遁。師曉諭撫安，遠近帖然，積年之寇，俄頃平焉，人以爲神。所至，集父老從容誨訓之，於是小民聞風爭持果酒，叩道傍求見。湖賦素難辦，因與之約，悉得詣縣自納，設櫃於門，民甚便之。復流移，修庠序，令鄉館師弟子朔望習禮歌詩，行獎勸焉。立鄉約，飭講規，敷演《聖諭》六言，惓惓勉人以孝弟爲先。行之朞月，賦日完，訟日簡，閭閻頌聲，臺司薦疏籍籍也。

塘南王公時槐作師《傳》云：「嘉靖乙卯，予以南主客郎出僉閩臬，道經太湖，先生時爲令，留止信宿，邀至演武場觀兵壯射。先生語予曰：『吾兹校射，中一矢以上者賞有差，不中者罰。蓋不中者不得受募金，即以增給中者，是移罰爲賞也。官不費而兵壯自勸矣。』又曰：『吾此心每日在百姓身上，周回不暫捨也。』予聞斯言，悚然謹識之。及入閩，祗服未敢忘。復倣其校射賞罰之法行於漳南，久之，以靖山海寇警，幸獲成效。」

嘉靖丙辰，師入覲，秩亦垂滿矣。時分宜當國，政以賄成。師弊例悉罷，行李蕭然，識者刮目。嚴雖不悦，然以薦剡籍籍也，乃托其壻袁工部者邀師一見，則臺省可得。師曰「有命」，竟不往。久之，擢刑部主事。適聞古沖李太宰以誣獲罪，欲棄官歸，具疏終養，座主存齋徐公力止之，乃已。次年丁巳，師乃赴任，沿途講學，不以官爲意。比抵部，大司寇淡泉鄭公每見必曰：「太湖之政，何得民如此？」部事無大小，就師質之，一時人稱明允，師力居多焉。

嘉靖庚申，分宜父子横恣，海内士大夫皆不平。鶴樓張公、悟齋吴公、幼海董公並疏論之，朝廷震怒，下獄議戍，繼而楚侗耿師疏論吴冢宰。時陸錦衣搜索唆謀，同志股悚，師獨就鶴樓三公於部獄，同寢處者四五日，就耿師於朝房，同寢處亦四五日，衆皆以昏曚弗識忌諱爲誚，而不知師德義之勇類如此也。

師出審宣大獄，時分宜憾青霞沈公，沈雖死，餘犯尚多，當道屬曰：「是獄最爲緊要，速盡決之。」師審實，多從輕論。聞者咋舌，後分宜敗，言官發沈之冤，餘犯皆釋，問官反坐，獨師與按臺陳公獲免，後陳見師每舉此相謝也。是年，止斬一人、絞一人，向多風霾陰晦，兹日獨晴煖。二山楊公同事歎曰：「今日非行刑，乃行仁也。」宣大事畢，辛酉，回江省，學者大集。

壬戌，師在京，大修部司火房，集一山羅公、合溪萬公、小魯劉公、見羅李公、魯源徐公輩，日夕聚論，商榷理學。未幾，師補甯國守。往辭存齋徐公，公不發一語，師莫知其故。出遇五臺陸公，問之。公曰：「徐公久爲兄謀，而無善地，意在南考功，而部不知，就兄甯國，此大失公初意耳。」師笑曰：「兄且休矣，甯國不足以取公卿，獨不足以取聖賢乎？」陸拱手謝曰：「壯哉！羅兄志也，此豈人所及哉！」

師之甯國，凡士民入府，則教以孝順父母、尊敬長上。或曰：「孝順父母、尊敬長上，足以治甯國乎？」師曰：「奚啻甯國已也？」數月，教化大行，遠邇向風，且聯合士民，各興講會，清逋欠，修堂廨，建志學書院。堂事稍畢，即集郡縉紳周潭汪公、受軒貢公、都峰周公、砰石屠公、毅齋查公輩，相與討

論，郡邑庠生侍坐聽之，人各感動。其中，奮發興起者，如沈子懋學、徐子大任、蕭子彥、詹子沂、趙子士登、郭子忠信等百餘人。師開導不倦，多至夜分，精神契合，民亦澘乎，且日遷善，郡堂經月，鞭朴不聞。諸公笑曰：「此翰林院也，豈云郡堂哉？」師曰：「是皆從孝順父母、尊敬長上中來也。」

師蒞甯國甫七閱月，楓潭萬公總督南糧，謂甯國南糧三載並未到部，例當疏參。師詳覈其故，具揭白之，隨遣官賫糧解納，不一月，三載之逋悉完。例未入薦，萬公破格薦云：「無我得正己之盡，存神妙應物之感。」衆相訝曰：「如斯出格，如斯薦語，前所未有也。」

南陵額種官馬，百姓苦之。師引通州舊例，請於撫按，而自具奏請罷之。兵部禺坡楊公恐照例者紛紛，欲不允。存齋徐公謂楊公曰：「羅子好人，必能知人，吾欲就之南考功，徐轉而北，將重託焉，不意外補。今初作郡，經濟方新，宜成厥美。」楊公乃允。歲省民間七八千金，民至今頌之。築涇縣、南陵、太平三城，及羅公圩，皆師設法成之。甲子，修水西書院，聯徽甯、廣德之大夫士講會其間，理學丕振。他如議處迎景王宫眷之役夫，定醮齊雲文武之班次，彌太平府百姓之鼓噪，減太平、南陵二縣之浮糧，緝涇縣雞子嶺之寇盜，無不從容中度，上下宜之。臺司無弗註上考者，師之治行爲天下第一矣。

乙丑，入覲。吏書養齊嚴公、考功五臺陸公考師卓異，諸公卿相謂：「羅甯國真實好官，不可多得。」時臺拾遺首及金湖方公，師力爲昭雪，始解。

謁政府存齋徐公，公訪以時務，師曰：「此時人材爲急，欲成就人材，其必由講學

乎！」公是之，遂屬師合部寺臺省及覲會諸賢，大會靈濟宫。徐政府手書程子《定性》一書、「學者先須識仁」一條，令長子攜至會所。兵部南離錢公出次朗誦，諸公懇師申説，師亦悉心推演，聽者躍然。詳見《靈濟宫會語》。

王奉常作師《傳》云：「乙丑，予爲符卿，先生以甯國守入覲，既見政府存齋徐公，出語予曰：『吾適見徐公，首言公當勸皇上以務學爲急，然必於其左右朁御御馬先之，公誠能使諸大閹知嚮學，即啟沃上心一大機括也。公奈何僅循内閣故事，以塞其職耶？公大以吾言爲然，因歎曰：諸君講學，猶是空談，未足風世，得君相同心學道，寰宇立受其福矣！』」

師晤太嶽張公，語之曰：「君進講時，果有必欲堯舜其君意否？」張沉吟久之，曰：「此亦甚難。」師嘆曰：「公所居何等責任！乃無一段真精神以感格君上，而第爲此言，不爲上負天子，下負所學哉？」有從旁解之者曰：「此亦無可奈何。」師責之曰：「吾與張君言至此，欲爲滴淚，而君猶爲諛言以相寬，是無人心者也。」張黯然。

覲事竣，師還郡。適吉泉王直指按郡，郡中寂然無事。王謂所屬曰：「人言羅守以學會、鄉約治郡，予始訝其迂，今闔郡相安無事，則信乎其爲卓異也。」因命集父老子弟而觀其歌詩、習禮。王深加獎賞，且諭之曰：「察院旌賞，不可易得，況他郡皆懲惡，而此郡獨賞善，尤不易得也。」無何，聞前峰公訃，奔歸。士民縉紳送踰百里，無不泣别。合郡士民作《攀轅録》，今存。亦有追隨不舍至家者，如梅井郭君及胥吏輩，凡數十人，儒所見也。師治甯倬政，具見宣城耆民魏世録

所刻《宛水攀轅圖說》中。

丙寅，建前峰書屋於從姑山，四方來學者日益衆。儒於乙丑秋，初住從姑一百二十日，後往來其閒者幾二載。

戊辰，聞山農顏公以剛直取罪，幽繫留都。師乃稱貸二百金，同二子及門人買舟往救。或曰：「山農不及子，子師之，何也？」師曰：「山農先生在縲絏之中，而講學不倦，雖百汝芳，豈及哉？」既而，賴同志併力設處，得戍邵武。南臯鄒公譔師墓碑有云：「山農雖以學自任，放言矢口，得罪縉紳不少，南刑曹業置之死地矣。先生以身代爲之贖，而顏得生全。且顏貧，視先生家若内庫，隨取隨厭，顏又喜施予，隨施盡，又輒隨其所請。先生年已耄，每顏怒，先生跪於榻前，顏批其頰，不少動，俟怒解始起。夫顏橫罹口語，學非有加於先生，而終身事之不衰，生之縲絏，周之貨財，事之有禮，此祖父不能必之孝子慈孫，而得之先生，嗟乎！即此天地可格，鬼神可動，矧曰其他！」又曰：「梁夫山囚楚，先生鬻田往援之。或諷先生曰：『夫山害道，宜罹於法。』先生曰：『彼以講學罹文罔，予嘉其志，不論其他。』胡宗正幼師先生矣，先生聞其於《易》有傳，復不難北面宗正。蓋先生真見天下無一人不善，天下無一人不可師，己耶、人耶、物耶，渾然無閒，誰能閡之！或疑先生學大而無統、博而未純者。先生云：『大出於天機，原自統；博本乎地，命亦自純。』予誦斯語，恍然如見先生。夫不本其自統、自純者爲學，而以意念把捉爲統、爲純，嗟乎！此學之所以難言也。」

己巳，居甯安人之喪。辛未，窀穸事竟，乃周流天下，徧訪同志。大會樂安，大會南豐，大會韶州。由郴桂下衡陽，大會劉仁山

書舍。每會必有《會語》，今存，而此學大明。且是行也，遊濂溪月巖，謁永州舜陵，縱觀九嶷，深入蠻洞，陟日觀於上封，讀禹碑於嶽麓，酌賈誼井泉，挹汨羅廟貌，而衡湘幽勝殆盡其概矣。

壬申，當道引哀詔促師起復。癸酉，北上，過江省，大會旬日，遂從大江而東，沿途如饒州、安慶、甯國、留都、揚州，凡相知同志者，絡繹邀師會講。不佞儒與澹園焦丈、秋潭翟丈，自留都至揚州，從師舟中，凡十餘日。縉紳士友，無日不會。師亦舒徐，處處聚樂。名雖入京，實則聯友共學也。過真州，覺齋徐公大任司閘壩，方建書院，聞師至，大集生徒，講學踰旬。至東昌，兩溪萬公已治館穀留家屬，促師進京。

師至銓部，司廳報師見堂。禺坡楊公謂應谷劉公曰：「此君去甯國時，有譖之者，適周都峰昌言於朝，而耿學院之辨疏亦至，乃知人言之妄，而論定矣。」師見禺坡公於館，公笑執師手曰：「甯國之政，大得民心，鄙懷久念，不意今日乃得面也。」

師會江陵張公，張問師山中功課，師曰：「讀《論語》、《大學》，視昔稍有味耳。」張默然。翌日，招師，且約義河李公陪，師坐定，張顧李曰：「近溪意氣，視舊無異。」師曰：「不免傷感大多爾。」張曰：「何故？」師曰：「閭閻疾苦不能一一上達也。」張曰：「即韓、范、富、歐，亦不能俱達也。」師笑謂李曰：「弟輩連宵歡呼慶幸，以老先生受知聖主，大用明時，即皋、夔、稷、契，不多讓矣。」張曰：「然則堯舜獨不病博濟耶？」師曰：「此自人言堯舜耳，自鄙見論之，唐虞君臣刻刻時時必求博濟也。」張舉酒不言，久之，曰：「胡廬山安在？」師曰：「在廣西按察，昨得書，言

歸矣。」蓋憾師如胡之不順己也，遂補師東昌。麟陽趙公忿然曰：「奈何促賢者一出，而僅以郡符勞之耶？」比至東昌，治之如甯國，三月而士民孚之。修學宫及城隍廟，費數百金。定解邊餉銀法子，歲省民萬金。此皆師推己所宜有以惠民者，民皆交口祝拜無異詞。未幾，遷雲南屯道憲副。

甲戌，師自東昌歸盱，時年六十，遠近門生咸集師庭，稱壽。師乃合郡中同志數百人，大會於盱之玄妙觀，旬日始解。時師遣家屬具疏乞休，當道强止弗上，將劄付改限，促師南行。

玄妙會時，諸同志有華山之約，師聞之曰：「予欲登華山亦久矣，且向許再會樂安，此可偕行。」於是由崇仁抵宜黄，登華山，直詣樂安大會。彼時晝飲聯席，夜卧聯榻，坐起咏歌，無非是學也。

董司寇裕、詹侍御事講、曾運使維倫、陳刺史汝鳳、游貢士徹、陳生致和、陳生廷禮，侍師登華蓋絶頂，巖巒峭拔，壁立萬仞。及夜，子談孔孟宗旨。時月華五色，玲瓏掩映，諸君子喜曰：「神聖之道，果有致極之妙，苟非身親見聞，誰能信得奇異如此也？」

陳生廷禮請教，師曰：「道心惟微，必睿乃足以通之，故『思曰睿，睿作聖』也。吾人輒以浮氣强探，膚詞謾道，往往自謂能致力於學，誠俗所謂簏蔴線透針關也，則見之左也甚矣。」

游君徹問曰：「《中庸》之『誠』與『明』如何分別？」師曰：「近來用工，卻全不在此等去處。」游曰：「不在此處，卻在何處？」時方食點心，師指而言曰：「只在此處。蓋此食點心時叫做明也得，叫做誠也得；只此食點心也叫不得做明，也叫不得做誠，但點心已

是喫了，亦不消再叫誠叫明也。以此推之，則四書五經，百般萬樣，諸般道理，諸般名色，都可以從喫點心一處起，亦都可以從喫點心一處了也。」

吴生良鳳問：「老師嘗勸人願學孔子，請問孔子如何去學？」師曰：「孔子大聖人也，萬世無及焉，然其實非孔子之異於萬世，乃萬世之人自忘其所同於孔子者耳。孟子云：『大人者，不失其赤子之心。』夫赤子之不慮不學，與孔子之不思不勉，渾是一個。吾人由赤子而生長，則其時已久在孔子地位過來，今日偶自忘之，豈惟赤子然哉？孔子宗旨只是求仁，其言則曰『仁者人也』，彼自異於孔子，或亦自忘其爲人也耶。省之！省之！」

師至樂安，流坑董氏少長畢集，忻悦融融。同行諸生笑曰：「昔人春風中坐一月，相傳以爲美談。吾儕自秋迨冬，旦夕數百輩，老安少懷，朋友信從，熙洽貫通，若世羲皇，不知視一月春風又何如也？」

徐生懷義歎曰：「我師自初至以迨今日，時有寒暑，日有蚤暮，而貫四時、通晝夜，無一時離朋友，亦無一刻廢講論，真是人間一異事也。」師曰：「汝看我講論時如何用工？」生曰：「義見師講處講耳，工夫則不知也。」師時方啜茶，笑曰：「我且啜且講，則又何如？」生曰：「如此便是啜處講、講處啜也。」

樂安余大尹問曰：「淡而不厭，是下學立心始事否？」師曰：「論下學立心，固當淡，孔明所謂『非此無以明志』是也。但此章宗旨，卻是接上文『固聰明達天德』説來，若曰必耳目不用，然後天德可達，天德能達，方是至道。可知蓋道之至處，是聲臭俱無，聲

臭俱無，須淡、簡、温以入之也。此等境界，耳目聰明何所用之？耳目不用，精凝於神，神知自明，則無遠近，風自微顯，一以貫之矣。天之至德，人之至道，不相入而靡閒也耶？下文人所不見，以至篤恭而天下平，皆是極其形容，以歸於無聲無臭之至，非果有許多層數工夫也。」

乙亥，師莅雲南，治昆明堤。滇中有滇池，又名滇海，即昆明池。週迴三百餘里，其口出昆陽州，邇來淤塞殊甚，水溢則大爲民患。師詢之，人曰：「西高而東下。」令從下者濬之，省原估費十之九。且與其父老履畝尋水利，復金汁、银汁二溝，民便耕種。乘暇遍歷郡縣，凡水之利害無不平治。秋盡，由大理入永昌，浚龍池，引沙河。所至，與僚友暘谷方公、同野李公，鄉縉紳寅所嚴公、麓池郭公輩，相與定期集士子講學作文以爲常。同野公曰：「羅公原是龍精，所至水泉湧出。」寅所公曰：「滇中銀浮雪湧，皆羅公心源灌注也。」麓池公曰：「近老在滇，時雖不多，而一念愛民忠國，禮賢好士之意，藹然可掬，純然不私。田畝素無塘堰，膏腴不收，自近老來，督工築堰，布滿滇中，即今每歲豐登，軍民充裕，誰之賜耶？此百世功也。」

永昌巡畢，過騰越。行來半日，飛報踵至，則莽賊大至矣。居民奔移入城，州城晝閉。師嚴行牌面，以張聲勢，且發郊外兵夫入城戍守。諜報莽兵數萬已近三宣，其前鋒木邦罕拔尤爲猛悍。師檄州衛出兵禦之，虎牌所至，號令異常。莽酋號莽噠喇者，名瑞體，疑師有備，引去。轉攻迤西。騰、永土民，咸慶再生。撫按聞之，即檄師兼署兵巡。時莽兵急攻迤西，其土宣撫思個求援，師按迤西近地，授以方略，前後困之旬有餘日。

復馳諭三宣，遥相犄角。瑞體盡鋭力戰，得脱。諜報莽兵實五萬，數日内死傷者十之九。瑞體謂其下曰：「吾自用兵以來，未有此困。」三宣又聲言尾之不能去，師遣通事諭之降，俾獻地圖，受爵修貢。瑞體厚犒通事，願如命，且請貢期、貢數以便遵守。師詳報撫院，而毅庵王中丞駭甚，以爲引釁，一日五遣牌止之。師乃令莽酋可再來聽議，聞者解體，莽遂佚去，時丙子春也。後給諫宜庵楊公奏師邊功，其略曰：「原任雲南屯田副使羅某，職屯田而兼攝學道，造士安民，一以講學是事，撫臣王某動以迂士目之。時以金、騰缺兵巡，則檄之代署，意以軍旅事苦之也。某目擊罕拔之横，心憐思個之危，一接兵符，慷慨前往。至即發庫金，廣儲粟，以固根本；嚴哨守，據要害，以防閒諜；稽保甲，練土著，以備不虞。又調各附近砦兵輪番赴騰，以震聲威。購通事，深入以探虚實，出火藥助攻，以摧象陣。又以信義結諸土司，以威福諭各夷寨，以利益化衆奸商。當其時，金騰生氣，夷方股慄，雖未必能越江外擒瑞體，而近戢罕拔之横，遠助思個之援，誰之力也？奈何撫臣懼以引釁，挾以參題，一日旗牌五遣，而兵遂撤。某之志未酬也。」麓池郭公亦曰：「近老迤西一行，深入不毛，奮身不顧，用閒用謀，使稍假以時，幾獲賊首，勞力勞心，天日可鑒。奈爲王毅庵所阻，迄今誰不恨歎！使曩時得行其志，又甯有今日内侵之鉅禍哉？此智士之所扼腕，而仁人君子所爲痛哭流涕長太息者也。雖然，事雖未成而其心其功至今不泯矣。」蓋滇中士民無不忻獲安甯，而猶憾未能永除邊患，爲國家惜之耳。

初至騰越，警報雖急，師亦合縉紳士民

會講於來鳳山堂。此堂以「默識」名扁，王文成公手筆也。衆坐方定，忽報莽賊前鋒失利，而黨衆猶自鴟張，遂倉卒遣師，未得終會。越數日，諸鄉達復修會，亦坐方定，捷音疊至矣。❶乃更賡歌相慶，諸縉紳顧州守張君曰：「吾騰文事武備，一時濟美，則萬世無疆之休，誠於此會卜之矣。今茲會堂以『默識』名扁，而羅公祖《五華會語》謂孔子『默而識之』之『識』，即明道『學者先須識仁』之『識』，果然『仁』字識得，則疾痛疴癢，恫瘝乃身，即文事之修，武備之飭，俱是不厭不倦實地工夫處矣。」

復有客問曰：「公祖《會語》謂『學不厭，教不倦』、『何有於我』爲不難。不知他章『入事父兄，出事公卿』亦云『何有於我』，則亦可得言不難否？」師曰：「此亦從默識中來也。蓋既認得父兄是我之親，公卿是我之尊，則自然推不開，脱不去，其敬事勉力亦已不得。如『無所解於其心』、『無所逃於天地之閒』，莊子且能言之，而孔子卻肯説：此事何有於我身也哉？」客良久歎曰：「子貢當時説：夫子不言，小子何述？卻是推開了自身，而欲覓之於外。天何言哉？」正爲方便指以默識的頭面與他。❷今若曉得四時之行，不得不行，便見夫子不厭處；百物之生，不得不生，便見夫子不倦處。」張州守噱然喜曰：「此豈惟可以知夫子之『默識』，且可以知程子之『識仁』。蓋我與仁原是一個，四時百物亦原是一個，豈有學不厭而教乃倦？亦豈有四時常行而百物不生者哉？」張守徐起又問曰：「看來孔門『仁』字，只是個『一』字，所以

❶「疊」，原爲方框，據「史語所」本補。
❷「正爲方便」上，《近溪子集》有「夫子」二字。

先正有欲把『易有太極』的『易』字作『一』字看。然則所謂識夫仁者，總只是見夫一也。」諸生復有質問者曰：「曾子謂夫子一貫之道，即忠恕而已者。卻不知『忠恕』與『一貫』，又何所分別也哉？」師曰：「分別即不是。纔汝張父母云：人與己是一個，四時與百物是一個，知得此個一處，便知得孔子仁與恕處矣。」諸君因共浩嘆曰：「今之天下國家，若都曉得此個意思透徹，則諸宣撫雖遠，亦可聯之几席，莽噠喇雖夷，亦可服以華教，而況目前生民有不如保赤子、如切體膚也哉！」師曰：「此個責任，原人人本固有的，亦人人本該得的。孔子説：『仁者人也。』今出世既爲人，便出世來當盡仁也。盡這個仁以爲這個人，則其人又何所不該括耶？即如今時鄉村俚語説某人是個人、某人不是個人，其曰是人也者，豈謂能梳頭、洗面而穿衣、喫飯耶？其曰不是人也者，亦豈獨謂其頭面不整而巾履不備也耶？要必舉其所以處事、所以處人、所以處家、處國而言之也。故此意只患人不知不覺，若知覺得時，自便不容辭，亦不容已。如我今知得是屯道，則屯政敢自諉耶？張君今知得是州守，則州事敢自諉耶？故屯田事、州中事，諸公一衆即問之，亦可不應。若我與張君，則身雖在此，而心則往來四境，凡幾番矣。」諸君歎曰：「身在此而心每往來，則可以言默而識矣。屯是州之屯，州是省之州，張父母之心便同公祖，公祖之心便同張父母，則是默而成之，不言而信，存乎德行矣。」客有年大者，進曰：「如公祖與父母，則可謂純是天理矣。但不知人欲雜時，又作何用藥也？」師相顧囑曰：「君老矣，不應復有此大受用。若説破此等受用，則豈止從今至百二十歲，即從

此至千萬億歲，而無疆無盡也已。蓋凡言善惡者，皆先善而後惡；言吉凶，皆先吉而後凶。今盈宇宙中，只是個天；只是個天，便只是個理，惟不知天是理者，方始化作欲去。如今天日之下，原只個光亮，惟瞽了目者，方始化作暗去了也。」客曰：「凡物有個頭腦，此默識而知，是學問的頭腦。二位公祖父母，是一堂人的頭腦。學問無默識，便邪便亂；百姓無官府，便邪便亂。不知在主宰上先立其大，而惟末流治之，則雖盡戮莽人，而邊鄙終不得甯謐也已。」年大之客憬然悟曰：「幸矣，幸矣！我公祖未説破時，老懷慌慌亂亂，只覺得人欲紛擾一般。今一喚醒，則反而求之，我自清蚤起來，梳頭洗面，頂冠束帶，清茶淡飯，繼而踴躍赴會，扶筇登山，迎公祖而坐，聽諸君而講，耳聰目明，身輕志快，即頃刻之間，而寸寸步步俱化作一團天理，果然天日常明而人自雙盲也。學問之有頭腦也，有如是哉！」

翌日，復會鳳山書屋，舉城父老子弟駢集。有客言「今日堂上堂下，人雖千百，而相向相通，心卻渾然合成一個」者，有因師言「感化隴川夷人」而贊以爲「真能以萬物爲一體」者。乃一生進而問曰：「萬物一體，誠仁者之心矣。然孟子卻云：『仁者人也，合而言之道也。』不知仁與道，又何所分別也耶？」師曰：「孟子此言，即《中庸》『率性之謂道』一句也。蓋仁之爲言，乃其生生之大德，普天普地，無處無時，無不是這個生機。山得之而爲山，水得之而爲水，禽獸、草木得之而爲禽獸、草木。天命流行，物與無妄，總曰『天命之謂性』也。然《禮經》云：『天地之性，人爲貴。』人之所以獨貴者，則以其能率此天命之性而成道也。如山水雖得天性生

機，然只成得個山水；禽獸、草木雖得天地生機，然只成得個禽獸、草木。惟幸天命流行之中，忽然生出汝我這個人來，卻便心虛意玅，頭圓足方，耳聰目明，手恭口正。生性雖亦同乎山川、禽獸、草木。而能運用顯設，平成乎山川，調用乎禽獸，裁制乎草木。由是限分尊卑，以爲君臣之道；聯合恩愛，以爲父子之道；差等次序，以爲長幼之道；辨別嫌疑，以爲夫婦之道。此是因天命之生性而率以最貴之人身，以有覺之人心而弘夫無爲之道體，使普天普地俱變做條條理理之世界，而不成混混沌沌之乾坤矣。」衆齊讚曰：「公祖之言，正所謂：人者，天地之心，天地設位，而聖人成能也。」師曰：「此『心』字，與尋常『心』字不同，大衆在此，須用個譬喻，纔得明白。蓋人喚做天地的心，則天地當喚做人的身。如天地没人爲主，卻像人睡着了時，身子完全現在，卻一些無用。天地間一得個堯、舜、周、孔、顔、孟主張，便像人睡醒一般，耳目卻何等伶俐，身體卻何等快活，而家庭内外卻何等整齊也耶！」衆歎曰：「聖人不生，萬古長夜。此語誠爲至言！今我此身，本可以爲堯、舜，爲周、孔，爲顔、孟，而顧自甘於禽獸以同污賤，自淪於草木以同朽腐，其機誠在於醒與不醒之間。今日責任，又在於我。公祖以先知覺後知、以先覺覺後覺，而使騰衝内外，同一常惺惺焉，乃玅也。」一生復進而問曰：「人之睡貴於能醒，果然。但孟子云：雞鳴而起，孳孳爲善、爲利。雖均一醒，而所爲又自不同，則將奈何？」師曰：「醒與睡，是將來作個比喻。睡醒之『醒』，止從開眼説醒；覺醒之『醒』，則從心開處説醒。若以眼開之醒而即當心開之醒，則自堯舜以至顔孟之外，比比以甘同禽獸草

木者，豈盡閉眉合眼之人耶？惟須得如今日一堂上下，人人出見本心，則人與仁合。即上司便成上司，僚屬便成僚屬，鄉士夫便成鄉士夫，羣子弟便成羣子弟，豈不人道昭布於此一堂也哉？」又問：「『合而言之』之道，與『本立道生』之道，可相同否？」師曰：「《論語》首言『學而時習』，即繼以『其爲人也孝弟』。蓋孔子之學，只是教人爲人，孔子教人爲人，只要人孝弟，所以又説：『仁者人也，親親爲大。』親親即仁，以孝弟之仁而合於爲人之人，則孝可以事君，弟可以事長，近可以仁民，遠可以愛物，齊、治、均、平之道，沛然四達於天下國家，而無疆無盡矣！合而言之，則道豈有不生也哉？」

丙子，修築州之侍郎壩。初苦無石，偶遊山後獲之，若神助然。此爲民利頗多，師以時事久平，乃繳還兵巡符印，而轉出境。人情戀戀，遮道不能行。

還省，以病告。撫按堅留，又以學道符印送掌。時貢選期迫，弗及辭。第貢例方嚴，各省多希江陵意，大有顛倒。師每處照舊應以正貢。或以恐發回將累公者，師曰：「於理宜然，奚所計累。」

校士畢，入鄉塲。師大小事無不精辦，至作程文閱卷，及取士俱核，監臨歎曰：「材全德備，可大受，又可小知，君子以上人物哉！」

秋後，徵收屯米，大有餘羡，至多露貯。撫院笑以問師何術致此，師正對曰：「只舉斯心加諸彼而已。」撫院改容稱服。

時又總司印，江陵時欲多決重囚，巡按愚所李公托師詳審，師開決數甚少。李曰：「不致取怒耶？」師曰：「此處利害得失，須較輕重。古之爲囚求生道者何所不至，而敢

希人意多殺戮乎？」臨期綑縛，師爲熱湯飯、盛柴火，教以動念向善，俾一靈有歸，不爲世害，且得終吉。囚徒感泣，罔有怨詈。後李見師必曰：「決囚後，每夜怯於獨宿，如非公確減其數，此心何以安也？」師曰：「獨宿雖無所懼，不安自是本心。」比江陵見人數少，各坐罰俸。師語共事諸公曰：「罰俸自是不佞分內，獨以累諸公，心不安耳。」諸公咸曰：「吾輩甚安。」師曰：「諸公安，不佞安矣。」

丁丑，師築近省晉甯、安甯二州城。暇日，輒臨鄉約，其父老子弟羣聚聽講者動以千計，風聞遠邇，爭鬬漸息，幾于無訟。凡獄有疑，決在俄頃。至於旌表節孝，多特舉焉。

二月，轉左參政，總理兩司。於遠村築塘，開局鑄錢，無不立辦。未幾，捧賀入京，士民遮道呼號，依依不能捨去，真若赤子之戀慈母也。

慶賀事畢，師具疏乞休。同志畢集，日爲會。張江陵亦遣三子禮謁師寓，師以通家子姪待之，至有所論列，師不貶從，止各餽以紗一疋、翻刻《感應書》一册。江陵滋不悦。義河李公面師，言曰：「昨見政府，謂公處滇中事甚當，即書報都院，必復借重一行，其如遠勞何？」蓋以嘗試師，且畏人言，欲其少附己，當終用之也。師謝曰：「深荷垂念，但蚤已具告吏部，今不復入矣。」李即以其言復，張益怏怏。是日，師遂移寓城外寺中。諸同志聞師具告，多攜席就師宿，而司寇白川劉公亦攜榼赴焉。张素不悦劉，乃嗾一給諫併論之，師致仕歸。

戊寅，師歸卧從姑山房，遠近就學者衆。或曰：「師以講學罷官，盍少輟以從時好？」師曰：「我父師止以此件家當付我，我此生

亦惟此件事幹，舍此不講，將無事矣。況今去官，正好講學。」

時嚴禁講學，或曰：「師宜輟講，庶免黨禍。」師曰：「人患無實心講學耳，人肯實心講學，必無禍也。黨人者，好名之士也，非實心講學者也。」

己卯，從凝齋劉公之請，偕二子軒、輅入廣，二子終於肇慶。殮畢，從南海歷惠、潮入閩，徧訪同志所在，大會而後歸。

軒寢疾，執師之手曰：「軒也罪通於天，今死矣。然大人有八孫，一二長者弁矣，可無念軒也。」又曰：「有終窮者年也，無終窮者學也。軒也願返而更進，亦願大人之學與年而俱進也。」師惕然曰：「請因吾子之言而勉之。」無何，輅疾亦亟，師撫之，輅曰：「死生存亡，命也夫！大人幸自寬，若兒輩之於來去，翛然也。」

楊少宰《冬日記》云：「子適粤，二子軒、輅卒於端州。視其含殮，周其棺具，遣之歸。門人曰：『子不爲嬴博之禮乎？』師曰：『安知吴季子非力不能，而不得已也。我則賴諸大夫之力也。』遂東適閩，數月而後返。」

師返自閩、粤，門人多疑之，謂其不篤於父子之愛也。黎允儒曰：「子惟篤於愛，是以不偕返也。古者，父母之喪，六十不毁，七十衰麻在身而已，教民無以死傷生。而夫子年幾七十矣，偕返，則哀傷以爲不達於道，不可訓也。且子夏與季札孰賢？」於是疑者頓釋。

庚辰，修本郡之太平橋。

辛巳，鄒給諫元標舉薦理學名臣，其薦師語云：「惟道是學，而得失不入於心；逢人必誨，而賢愚不分其類。」郡守敬庵許公笑曰：「鄒黄門可謂善形容近溪者矣。」

癸未，大修從姑山房，以居四方從遊之士，來游者日益衆故也。是歲，宜庵楊給諫奏師雲南邊功，語見前，且曰：「粹養素譽於鄉評，雅望流芳於宦轍，邇理學之公，舉者可睹已。」

甲申，師七十，遠近學者畢來稱賀，多有挈家就學者，師建洞天樓房居之。大會月餘。秋，從永豐入吉安，訪塘南王奉常。王試問玄門之學，師曰：「豈嘗有所聞乎？盍言之。」王漫述艮背之説，師曰：「内典謂吾人自咽喉以下皆爲鬼窟。」因極口贊「中庸」二字，曰：「平常是道，何事旁求？」是夕，聯榻而寢。比四鼓，師問奉常曰：「近日何如？」王曰：「吾惟直透本心耳。」師詰問本心，王請示。師曰：「難言也。譬如蒸飯必去蓋，乃知甑中有飯；去甑，乃知釜中有水；去釜，乃知竈中有火，信難言哉！」王曰：「豈無方便可指示處？」師曰：「莫如樂，第從樂而入可也。」次日，士人有以專持佛號求往生爲學者，王問曰：「若此者何如？」師曰：「得無全靠彼乎？」王曰：「學者攝心方便之門不一，亦均之爲有靠也。」師曰：「此當有辨。」過安福，訪潁泉鄒公。至永新，拜山農顔公。適泰和，會廬山胡公。師曰：「此行了數十年期約會。」敬齋張公北上，邀師同舟劇談。張後語人曰：「近老説書，真俟百世聖人而不惑，幸善繹之，人毋泥舊聞作障也。」是歲，按院珠泉韓公薦地方人材，其薦師語云：「興味超然物表，志趣迥出塵埃。雅談性命之宗，日起清修之譽。」

乙酉，師大會同志於江省。

丙戌，鴈山季建昌重刻師《會語》各集，藏於府庫。是夏，師同楚中柳塘周公，自建昌遡江省，從鄱湖至玉山，入浙河，下錢塘，

過嘉興，過姑蘇，過無錫。所至與同志及名流無不傾倒。時不佞儒偶薄遊三衢，荷師以所刻《會語》六册封賜，且手書惓惓，以道之至者相勖也。季春，師詣留都，約如真李君、澹園焦君輩，談學於永慶寺。隨舉會於興善寺，又大會於鷄鳴山之憑虚閣。師會憑虚，講《中庸》『費隱』章義，其略見前。又有問「人之所以異於禽獸幾希」者，師曰：「註疏家謂：人得其全而爲人，物得其偏而爲物。此專屬形氣，而且明白現前，凡有知識所共聞見，不俟賢哲而始通曉者。第孟子此個『幾希』，類之『舜之異於深山野人』、『夜氣之好惡與人相近』，皆是指此性體，而所指性體亦且最是微眇，況存之則入聖賢，去之則同禽獸，安得以眼前麄迹而輕易言之？愚謂此章歷論羣聖，其意主在憂勤惕勵，生於覺悟警省，故敢以此『覺』字爲異於禽獸處也。蓋天命流行，物與無妄，萬有並育於兩間，其靈性生生，渾然一體而無二樣；然其性雖同一生生，其生雖同一靈眇，皆知不待慮，能不待習，總自造化窟中順便布濩，從蚤至晚，從古至今，流行而了無停機，直達而了無轉識者也。惟人在萬物之中，其靈明稟得尤多，而聖生吾人之内，其神明尤爲獨至，故知能雖普地而同，然而覺悟則超羣而先得。百姓雖日用不知，比之物類冥頑，猶堪提喚。此則天地間人、物一大限，而君子、小人之存去，似更有憑據也。至於堯、舜、湯、武之性、反，皆從覺處形容其大小、難易不同焉耳。至其根源，又從《易經》透來，其曰：數往者順，知來者逆，是故易逆數也。然則聖人性、反之覺，又不總是《大易》之逆知也耶？」問者曰：「憂勤惕勵，生於警醒覺悟，此人、物之所以大異，君子、庶民所以不同，是矣。但

聖賢逆知之覺，又有大小難易之分，何哉？」師曰：「觀之論大舜、禹、湯亦自可見。蓋聖賢存此憂惕，原是完全己性，而性所統宗，惟是生化之仁、合宜之義。舜之明物察倫，而性無不盡者，原不著些子意思，亦不費些子工夫，止係其覺處精通，故其生處順適。因性之仁，由之爲仁，初不知其爲仁，而乃行乎仁；因性之義，由之爲義，初不知其爲義，而乃行乎義。以後聖人，卻從明物察倫以去全體仁義，大小難易豈不略有差殊？而憂勤惕勵，雖同其覺之初起，恐未可同日而語也。」

又問：「《易》之逆數，請一言盡之。」師曰：「夫道一而已矣，道一則學亦一。豈有聖人盡性只是一覺，而聖人通易又不是一覺也哉？蓋語道至於《大易》，則天地民物、五倫萬善，極其具備純全，了無纖毫欠缺。惟是聰明神聖，方能與之脗合符同，則易理可語道之全，而聖心可語易之全矣。然究其所以脗合、符同，則惟此『覺』字庶足以形容，而學者因之而有入頭處也。易之爲易，其充塞寰穹，樞機造化，惟是一神以靈玅而通顯之，在天則萬萬成象，在地則萬萬成形。凡所成形象萬萬，皆乘其元化之靈玅通顯而爲知能，是以周徧活潑。體段若可區分，而真精了無閒隔，昭彰謂之帝則，繼承謂之己性，而實則渾全是爲易理也。此之易理，本神明不測，本靈顯無邊，故物至則知之，知之則幾動，幾動則吉先。象者，象此，以其稍著而言；爻者，效此，以其稍隱而言；而實則皆先幾之微眇，而玅覺之圓融也。故自天行之健象，而即象之以不息之自強；自乾龍之初爻，而即效之以潛藏而勿用。推之而至於諸象、諸爻，豈不總是贊聖神玅覺以開先，而啟

吾人純心以慎動也哉！至其中每以卜筮爲言，蓋聖人欲示人幾先之爲靈，乃以龜筮之出於無心者證之，而其靈乃益顯；欲示人以聖覺之爲玅，乃以玩占之周於萬變者證之，而其玅乃益神。要之，言在卜筮，而意在知幾，似未可拘方而泥之也。」又問：「聖之神幾、善易，是矣。學者欲從覺而入聖，則何如？」師曰：「此則大小難易之説，似不可不預講也。蓋《易》之卦，雖六十有四，而統之則在乾坤，乾坤雖云並列，而先之又在乾卦。故學者欲了達全《易》，須是開通覺性，欲開通覺性，須是先明乾道。夫天者，乾之形體；而乾者，天之性情。故乾即是天，而純粹以精，無時而不運也。天即是乾，而大生並生，無處而不包也。無處不包，則天體無外。天不外乎我，而我獨外乎天哉？無時不運，則乾行不已。乾不能已乎我，而我獨能已乎乾哉？是則大明乎乾之始，而全經之始，無弗明矣！大明乎乾之終，而全經之終，無弗明矣！蓋陰陽之内外遠近、大小高下，不過六位時成，而天之體盡之矣。陰陽之消長進退、順逆吉凶，不過六虚周遊，而乾之健盡之矣。譬之規一設而天下無餘圓，矩一立而天下無餘方。然則乾卦之位定行周，而卦外復有餘卦，爻外復有餘爻也哉！其視舜之由行仁義，明物察倫，沛然決江河而之四海，其於羣聖之大小難易，豈不昭然若指掌哉？敬因幾希之論而併及焉。」

留都之會届一月，殆無虚日。黎允儒集有《會語續録》，大司成瀫陽趙公刻之，貯於國學中。

師自留都，大會蕪湖，大會涇縣，大會甯國。縉紳士民，一時雲集。又從祁門過饒州，晤史惺堂諸公。

丁亥，復所楊太史就學姑山，遂同盱之名彦，爲師建講堂於鳳凰山之麓，扁曰「明德堂」。是秋，赴建陽崔令之請，師過新城，潛谷鄧君元錫謁師，曰：「錫自垂髫從師遊，蓋亦有年，學問宗旨未免無疑。及讀《會語》全集，方知明興論道，無如師之精實而明瑩者矣。」崔，甯國人，師門生也。

師過泰甯，士友畢集，會中言有一年高士夫，疾垂危，而咸爲感傷者。師曰：「諸君不必過傷，死生晝夜常事耳。」在坐改容問曰：「死生晝夜，古實有此語。然夜可以復晝，而死則豈能復生？」師曰：「諸君知天之晝夜，果孰爲之哉？蓋以天有太陽，周匝不已而成之者也。心在人身，亦號太陽，其昭朗活潑，亦何能以自已耶？所以死死生生，亦如環如輪，往來不息也。」有一年高者，撫掌笑曰：「不佞平生常以此係念，從今聞此，稍稍放心矣。」

至建陽，大會數日，有《建陽會語》。守道見我袁公，建近溪先生行館。

戊子夏，師静養姑山。命諸孫勿往留都應試。

六月，從姑山崩一角，風拔大木百餘株。

八月，師微疾，命門弟子來宿，日夕談學不倦，且貽同志書曰：「不肖謝世，萬罪，萬罪！《會語》幸毋忘平生也，性命一理，更無疑矣。惟諸君珍重，珍重！」

八月二十八日，盱川許公洛、厚山丘公淅問疾。師曰：「我於塵事不著一毫，此心廓然矣。」

南城四尹魯文問疾，請曰：「老師疾，宜用玄門工夫。」師曰：「玄門養生，壽僅千百。若此學得力，則自是而千萬年，千萬年猶一息耳。」諸孫復懇如魯請，師曰：「汝輩與諸

友著緊此學，便是延我命於無窮。不爾，年歷數百，奚益哉？」

二十九日辰初，師冠服，禮謝天地祖考畢，端坐中堂，弟子環侍請教言，師曰：「徒言不是道，滿前洋溢，便是發育萬物，峻極於天。」徐曰：「人生天地閒，須要有頂天立地志氣，不可一毫落寞。」又曰：「此學玄微，不是説了就罷，須是發一個不惜身命，心無一毫爲世事念，時日不放，後來方有成就。」

師謂諸生曰：「汝輩爲學，切忌幫補湊合。大抵聖賢立教，言雖殊而旨則一，儻得一路以進，即可入道。若落補湊，便成葛藤，終無成日。」

孫懷智問：「本體如何透徹？」師曰：「難矣哉！蓋聰明顯悟，聞見測識，皆本體之障。世儒以障爲悟者多矣！若欲到透徹景界，必須一切剥落淨盡，不掛絲毫，始得。甚矣！透徹之難也。勉之勉之！」

師謂懷智曰：「此學惟患性命之脈絡不真。性命脈絡不真，則天人之機緘不達。天人機緘不達，則精神之積累不恒。精神積累不恒，則生化之玅用，又豈容襲取而强致之哉？予每對學人直以是告，而信者絶無一二也。」

或問修身爲本。師曰：「仁者人也，人渾然只是一個仁，便是修身爲本。」有頃，召諸門人及諸孫，手授《會語》八卷，且楷書《中庸》「大哉洋洋」之章，再三叮嚀以别。諸孫問：「考終有何語？」師曰：「諸事俱宜就實。盂圓則水圓，盂方則水方。」孫懷智問師去後，有何神通？師曰：「神通變化，此異端也。我只平平。」

中午，益府左長史萬君言策問疾。師命具紙筆，手書曰：「此道炳然宇宙，不待言

說，古今自直達也。後來見之不到，往往執諸言詮。善求者，一切放下。放下，胸中更有何物可有耶？願同志共，無惑焉！無惑焉！盱江七十四翁羅某頓首書。」書竟，授萬巳，拱立舉手，目送出。萬出，則拜師於前堂，師猶遣人致遜謝語云。時海虞袁都督世忠爲建昌總，目擊其事。萬出，遇袁，語云：「先生當彌留之際，志意堅定，言動不失故常，字勢遒勁，行列端整，且計日反真，如歸故宅，『一切放下』宗旨，進於忘言也已。」

九月初一日，師自梳洗，端坐堂中，命諸孫次第進酒，各各微飲，仍對衆稱謝，隨拱手別諸門人曰：「我行矣，珍重，珍重！」諸門人哭留，師愉色許曰：「爲諸君且再盤桓一日。」初二午刻，整冠更衣而逝。從午至申，坐不少偏。越日乃斂，顏色紅活，手足綿軟如生。

殮之日，門人雲集，相向而哭，聞者不問遠邇，即愚夫愚婦莫不設位舉哀，盱城内外爲之罷市。七日之内，悲號歎息所不忍聞。

門人楊起元、董裕、詹事講、蕭彦、鄧鍊輩數百人，私謚之曰「明德先生」。就鳳凰山之麓明德堂中，立師祠，春秋祭享。迄今祠中月聯友爲會，每會誦《近溪子全集》數條，共相勸勉云。

塘南王太常及師從弟汝貞、孫懷智所作師《傳記》中，有云：「先生當太湖離任，邑吏以公費餘金，請受爲路費，竟斥置官庫而行。後署晉安道篆所親，私閲案牘，其官遷轉不常，卷經數十年未刷，一刷可得金數百餘，開請於師。師誦唐人詩『此鄉多寶玉，慎勿厭清貧』句，不置口，遂不敢復請。先生之介如此。至鬻産貸金以急師友之難，傾囊倒囷以應饑乏之求，即人以禮餽隨手散施，澹然其忘情也。

先生之薄利，殆罕其儔。而味者以有慾之心，藉口於先生之脱略蹊徑，遂蕩然潰防敗節，以僭附於狂簡者，不亦遠哉！」

又云：「先生於釋典、玄宗，無不探討，緇流羽客，延納弗拒，人所共知；而不知其取長棄短，確有定裁。門人中有閲《禪宗正脈》者，諸孫中有閲《中峰廣録》者，先生見之，輒曰：「爾曹慎勿觀此，禪家之書，最令人躲閃。一入其中，如落陷阱，更能轉頭出來，復歸大道者，百無一二。戒之，戒之！且潛心於《大學》『孝、弟、慈』之旨可矣。」

門人萬司理煜《狀》曰：「我師之學，直接孔氏，以求仁爲宗，以天地萬物爲體，以孝、弟、慈爲實功，以古先聖神爲矩則。故其躬行實踐，無論居家居官，如是而學，如是而教，勤勤懇懇，惟欲聯屬斯世以歸仁。所至，必起講會，每講必有語録，一句一字，喫緊指點良知顯現目前，通人己、塞天地、貫古今，無間無息。開示學者從入之路，未有若是其簡易而精實者。吾儕能自信而自得之，則知性知天，立地可以躋聖也已。」

門人詹柱史事講云：「吾師仕則以其學敷之政，不仕則以其政敷之教。歷七十四年，無日不在斯道，任重道遠若此，孰非本道之大原而措之躬行者哉！」又云：「師嘗語人曰：『鳶飛魚躍，無非天機；聲笑歌舞，無非道妙；發育峻極，眼前都是。』其超然灑然見之襟懷，雍然穆然見之家庭，油然熙然見之處人接物。」又云：「講每見師居常，無日不親師友，無念不通人心。自志學之初，以至令終之日，孳孳矻矻，惟成就後學是急。蓋師之心，仁心也；師之心，仁體也。仁者以天地萬物爲一體，師其有之矣！」

瀫陽趙閣學志皐云：「予素心理學，龍

溪王公謂予曰：『江右近溪羅先生，雅好學，大建旗鼓，爲四方來學倡，户履常滿，束裝就業，無問遠邇。』」又云：「先生之學，大都指點人心，以日用現前爲真機，以孝、弟、慈爲實用，以敬畏天命爲實功，一念不厭不倦爲朝夕。家常茶飯，人人可食，何智何愚，破觚爲圓，言言中的，徹天徹地。高之不得，率履不越庸常；卑之不得，易簡通乎天載。渾玄、渾釋，忘俗、忘儒，心涵天地之虚，量沛江河之決，學之得其大者也。尼父箋箋一脈，千百年來閼而不通者，真至先生而衍其派矣。」

龍溪王先生曰：「羅近溪，今之程伯子也，接人渾是一團和氣。」

陽和張學士曰：「羅近溪之心胸，風光月霽；羅近溪之氣宇，海闊天空；羅近溪之辭語，金聲玉振；羅近溪之威儀，鳳文麟趾。予私願爲之執鞭也。」

心穀陳冢宰有年曰：「世之談名理者，往往先要眇，後倫物；乃《近溪會語》，言言孝、弟、慈，不置也。不佞陋然而於夙心若有契焉者，兹且益自信，歸而求之毋敢隕越云。」

塘南王奉常時槐曰：「先生脱略蹊徑，渾無朕迹，人所共知，而不知其中貞白無瑕，一切外物嗜好都絶，芥視千金，皭然不浼，舉以與人，若拂輕塵，寔出性成，非由强作。」又曰：「讀近老諸刻，具占此老真悟，一洗世儒種種安排造作之弊。」

雲陽譚中丞希思曰：「公即境即言，發其渾淪活潑之機，啟以並生同生之天。有苦思慮起滅者，則以心體未透覺之；有以中常烱烱爲得力者，則以赤子原未帶來正之；有以持心不放爲工夫者，則以意念端倪、聞見想像之錯認者提醒之。隨問隨答，惟是性靈

朗耀，洞徹空澄而迴無隔礙，自然圓妙迅疾，一粒而九有盡含，一息而萬年莫竟，總括之以『覺』字。覺，靈知也。言人心之靈，動於感應，其是非得失，纖微罔不自知，循其知而致焉，是聖賢之關鑰也。」

嘉定張建昌恒曰：「參政羅某，生而有作聖之思，夙已契性天之旨。自陽明王子倡良知之學，本宦私淑其傳，益加闡發，揭孝弟爲良知之本體，指敬畏爲致知之工夫，謂：『信得過，即聖賢實修；當得起，即堯舜事業。於是人人皆直見本來面目，在在可保養赤子真心。』蓋接孔氏之傳，翼顏、曾、思、孟之統，而大有功於來學者也。若其襟懷光霽，魚躍鳶飛，度量汪洋，天空海闊。雖百家有一善，拜受不遺；雖愚夫生一問，曉告必盡。所著《近溪全集》等書，宗旨統一，血脈貫通，允矣印正六經，實非支離章句。至於敭歷中外，無論職任淺深，因事燭照，爲民造福。疾革之時，細書別言，心地足占甯澈。竊以身没之後，家徒壁立，子孫不免饑寒。本宦非止鄉國之善士，所當題請從祀孔廟，得附先儒之列，與薛瑄、王守仁同芳，庶乎道統昭明，而人心激勸矣。」

建昌簡教授似參曰：「概其生平，學詣玄深，道臻廣大，卓矣往聖之正脈，昭然後學之芳規，允曰真儒，宜當從祀孔廟者也。」

南臯鄒吏部元標曰：「先生目與人同，不見人過則與人異；口與人同，樂道人善則與人異；心與人同，而以衆人之心爲心；身與人同，而以衆人之身爲身。有官也，而以百姓之肥瘠爲營，勿恤乎家矣；有學也，而以衆人之立達爲先，勿執乎已矣。其尚友也，時釋時玄，不廢參究，一軌於大道；其論著也，爲訓爲典，極其闡揚，一根於真

性。謂先生有見乎，則與愚夫婦同體，未嘗有見也。上焉者，得先生眉睫閒；下焉者，亦忻忻化育中，以養以造。先生非吾黨之元氣乎！夫元氣周流布濩天壤閒，不可得而見，惟觀造物，生者生，化者化，飛者飛，潛者潛，動植者動植，始知元氣之功大。吾黨自成者成，自道者道，得言者忘言，得意者忘意，得象者忘象，不事雕鑿，渾然天成，始知先生之功大，予不得而窺先生之學矣。」

福建周撫院寀曰：「先生之學，得其大，故以天下國家爲範圍；見其真，故以天則流行爲作用。目前覿體，故不落言詮；時時契合，故不煩防檢。無揀擇，故不爲世局格套所束；無黏滯，故不爲物情好惡所染。立言近易而旨味玄深，受用自在而鍛練艱苦。人知先生之樂，而不知先生之憂；人見先生之不立異，而不知先生之翛然有以特異也。」

天臺耿師奠羅師文，有曰：「予惟斯道，原本於天，率迪厥性，古今同然。天道本易，易則易知。人多忽易，而騖險奇。天道本簡，簡則易從。人顧厭簡，煩縟是崇。惟公知德，學宗易簡。敷衷而語，語不爲選。信心而行，行忘押檢。不思不慮，直躋聖域。致中致和，直基位育。孔氏血脈，惟是求仁；孔氏路逕，惟是同人。親親長長，天下斯平。惟學惟誨，集聖大成。志紹孔業，誰可與論？惟公智及，世鮮其倫。」

《冬日記》云：「先師平生，將有所適，則同志預戒以待，及其至也，輒數十人在同寢食矣。次日多至百人，少亦不下五六十人。再過一二日，則二三百人。此其常也。其去也，相信者依依不忍別，常送至一二三百里而

後返。」

又云：「諸友坐定，先師至，常歎曰：『都是聖人。』蓋欲以發商量之端，亦其恭之至也。二子長軒、次輅，氣志高明，不爲塵凡羈鏁。參學遠遊，時人多不滿，而先師獨喜，竟成就其所學，先師時引以爲弗及也。其視子姓僮僕，皆謂『吾弗如』，故言教鮮。若先師者，可謂身教之至矣！」

復所楊少冢宰起元曰：「斯道以聞知者爲主，見知者爲輔。由孔子而來，千有餘歲，然後我高皇帝聞而知之。高皇帝之學，直接夫堯、舜、湯、文、孔子之統者也。惜其時無見知之臣爲之輔，是以六合之内，徒仰其成功之巍、文章之焕，而其則天難名之，盛尚鬱而未宣。其閒真儒輩出，而莫知其統，是以欲超帷墻之見，馳域外之觀，而終有所拘牽，莫之敢也。文、武造周，至孔子，且六百年矣，其道猶未墜地而在人。而高皇啟運至今，二百餘年，識其大者，誰乎？則輔佐，非望散之流可知也。然觀孟子之見知，已後孔子數十餘年，則見知我高皇者，何必當其時哉？予之學，蓋師盱江近溪羅子。羅子之學，實祖述孔子而憲章高皇。爰自江門，洗註疏之陋。姚江揭人心之良，暗合於高皇，而未嘗推明其所自，則予所謂莫知其統者也。姚江一脈，枝葉扶疏，布散寰宇，而羅子集其成焉。其延接後學，有所闡演，必以高皇《聖諭》六言爲稱首。夫天地之神靈，萃於人無終無窮，其與日而俱新、與月而俱盛焉，固也。」

又曰：「吾師之學，至矣！蓋孔子求仁之旨，的在《大學》。《大學》一書，是性體與矩式兼至者也。秦漢以來，悠悠千載，其閒豪傑之士，聰明超悟者，或見性體矣，而

未必盡合其矩式；高邁倬行者，或遵矩式矣，而未必能透夫性真。惟吾師之學，發志最早，自髫齓之年，以及壯强衰老，孜孜務學，未嘗少倦。參訪於四方高賢宿德，惟恐不及，德無常師，善無常主，但聞一言之益，即四拜頓首謝之。會衆智以稽古訓，契《中庸》以歸《大學》。靈透洞徹，生德盎然，而其躬行密實，殆篤恭不顯矣。故其隨人啟發，直指性體，至所真修，刻刻入神，非言所及也。每稱高皇，道並羲黄，而《六諭》乃天言帝訓，居官居鄉，極力敷衍。蓋畏天命，畏大人，學不厭、教不倦，平常而通性命，易簡而該神化，自孔子以來，未有吾師者也。」

又曰：「人一也，而有大人；學一也，而有大學；聖一也，而有大聖；心一也，而有大心。起不敏，何足以知吾師哉！宇宙之内，必有大人焉，具大心，學大學，作大聖者，於吾師之言，旦暮遇也。」

張立民　王培德校

盱壇直詮下卷終

盱壇直詮跋

萬曆丙午初夏，不佞儒過了凡袁丈於吾蘇之開元僧舍，相與揚榷斯學，蓋溢志而盡其事已。袁丈曰：「邇來理學先生立言於世，没而不朽者，莫過於盱江近溪羅先生。先生近宗王文成，遠溯程宗正，弘洙泗之風而懸諸日月，恨子相遇之日疏也。猶幸座師嶺南復所楊先生爲先生門人，予時竊聆其緒言。楊先生今亦棄門生矣，予欲自適而不可，將參驗而必之。子親受業於羅先生且久，其何以道予先路？」不佞爰少述先師誨人大義，重以一二微言，袁丈則竦意而聽焉，悱然若有所深解焉。不佞遂出暇日手所編《盱壇直詮》，邀爲校之，是亦有意存焉。袁丈袖之曰：「俟予卒業而更謀之子也。」越三四昕夕，袁丈過予石鼓草堂，曰：「予反復是編，恍如挹羅先生之音容，而下風其謦欬也者。楊師所謂若泛巨溟而游清都，匪虚也。今予亦無庸校矣，曷不亟梓之以公之人？」不佞諾之，徐與社中文所馮丈、吴西葉丈、省餘黄丈、又玄尤丈商之，皆以爲然。乃摭其繇跋之，轉而授之新都程君仲秩，仲秩蓋服膺是編者。

萬曆己酉仲春既望，吴郡門人曹胤儒識。

中華民國三十一年三月復性書院重刊

十一月刊成

呻吟語

〔明〕吕坤　撰
王國軒
王秀梅　校點

目録

校點説明

《呻吟語》六卷，明代吕坤撰。吕坤（一五三六—一六一八），字叔簡，號新吾，晚號抱獨居士、了醒亭居士，河南寧陵人。明代著名思想家、政治家。一生經歷嘉靖、隆慶、萬曆三朝，分别在陝西、山西、山東及中央做官二十餘年，歷任知縣、吏部主事、右參政、提刑按察使、提督、巡撫、右僉都御史、刑部左、右侍郎等官職。六十二歲時，因上著名的《憂危疏》遭讒，辭官家居，八十三歲卒於故里。

吕坤爲官清正廉明，所到之處，鏟除弊端，澄清吏治，爲百姓做了不少好事。他不僅向朝廷上書指出皇帝、國家及朝臣的問題，還寫了大量文章，對治國、爲官、讀書、做人等各方面提出了許多獨到的見解。「所娓娓討論者，身心性命、家國天下而已」，「凡所講明而切究，皆古人經驗之良劑，内之可以醫身心性命痿痹不仁之病，外之可以醫家國天下倒懸大瘇之病」。（栗毓美《呻吟語序》）具有鮮明的獨創性和針對性。

吕坤的著作，除《呻吟語》外，重要的還有《去僞齋文集》、《實政録》等多種，後人曾將吕坤的著作編輯爲《吕子遺書》、《吕新吾全集》，近來，中華書局出版了新校點本《吕坤全集》。

吕坤爲學强調獨創性，高唱「我只是我」，試圖擺脱道統，走出理學，開闢經世致用的實學之路。標出「萬物一體」爲立學宗旨。主張「孔孟學術，堯舜事功」，强調學術與事功並重，反對學者的迂腐、虚僞和不切實際。這在當時有振聾發聵的作用。

《呻吟語》是吕坤的代表作之一，積數十年之功才完成。其子吕知長在《呻吟語摘跋》中説：「家君之爲《呻吟語》也，歷寒暑五十餘祀矣，無論燕居獨處，即堂署紛拏之際，輪蹄馳驟之頃，著痾牀笫之餘，中夜夢醒之會，遇有心得語，輒録記之。楮册不備，則壁間牖下、書面門屏，金屑玉粒，不一而足。」可見

作者用功之勤。此書共六卷，分爲内外兩篇，又按照内容細分爲性命、存心、倫理、談道、修身、問學、應物、養生、天地、世運、聖賢、品藻、治道、人情、物理、廣喻、詞章等十七章，涉及自然、社會和人生的各個方面。他的文章不僅説理深刻，文字也極爲精確、簡練。

《呻吟語》一書，明代就有家刻本，但未能遠播。至清康熙二十六年（一六八七）有陸隴其正定刊本，乾隆元年（一七三六）有陳宏謀節録本，乾隆三年，陳氏又有補遺本。乾隆五十九年，吕坤後裔吕燕昭又有金陵刻本。道光二年（一八二二）又有鄂山刻本。此外尚有清同治十三年（一八七四）桂松慶木犀山房校刻本，清宣統元年（一九〇九）上海文瑞樓石印本。一些叢書也收録了《呻吟語》全本或節録本。《四庫全書》收有《呻吟語摘》二卷，並稱是「坤晚年之定本」。此外，本書還收録於道光七年栗毓美等編輯的《吕子遺書》和光緒十五年（一八八九）錢繩祖編輯的《吕新吾全集》中。

這次校點，是以栗毓美等編刻的《吕子遺書》中之《呻吟語》爲底本。此本曾用多本參校，删去重複，補正遺漏，因而收録完備，校勘精良，竄誤極少，是公認的善本。此次整理，對標點仔細推敲，力求準確。文字方面，又參校了錢繩祖編刻的《吕新吾全集》本（簡稱「全集本」），凡引用他書文字或史實，均作了核對，校正了少數訛誤。爲方便讀者，對一些不常見的異體字、俗體字也做了改正。儘管如此，尚恐還有不完滿之處，敬祈讀者指正。

校點者　王國軒　王秀梅

序

學以講而明，亦以講而晦。明代講學家分朋角立，各創門户。宗考亭者，末流至於支離；宗金谿、慈湖者，末流至於虛渺。連篇累牘，互肆詆諆，若忘乎所講之何學，所學之何用者。是聖賢之書，適助其氣質之偏，而講學遂爲世詬病。其躬行心得不染門户氣習者，薛文清、曹靖修兩家而已。兩先生既没，嘉隆間門户之焰益張，學者談空歸寂，聖道榛蕪。而新吾吕夫子崛起寧陵，揭孔、孟爲準的，特立獨行，一空依傍，不知何者爲濂、洛，何者爲陸、王，舉一切講學家入主出奴之見掃而空之，所娓娓討論者，身心性命、家國天下而已。

蓋先生自視若病夫然，不暇如諸家之舍己病而病人之病也。然唯先生以病夫自視，故其於人之病，亦切切焉若身有之，而有以探其標本，中其經絡。凡所講明而切究，皆古人經驗之良劑，内之可以醫身心性命痿痺不仁之病，外之可以醫家國天下倒懸大瘴之病。

《呻吟語》六卷，不談精微，不侈高遠，不鉤棘於詞章訓詁，如秦越人治病，洞見五臟癥結。讀之者始而媿汗，繼而憤發，終乃油然涣然，若人人腹中所欲言。廉頑立懦，先生之功於是爲大。

是書板藏吕祠，未能遠播。康熙丁卯，陸清獻公刻於正定，是爲最初刻本，流傳亦鮮。嗣此，陳文恭公有節録本，蔣時南中丞曾重刻之，陳笠帆方伯別有節鈔本。其刻全

書者，自陸本而外，惟先生裔孫燕昭金陵本及近歲鄂敬亭中丞關中本耳。

道光六年春，皇上允河南撫臣請，以先生從祀廟庭，時撫豫者梓庭程公也。公生平最嗜先生之學，既見諸行事，又欲學者共睹其全書，以毓美昔令寧陵，嘗補鐫集板，公謂補苴罅漏，抑末也。先生遺書浩繁，刻非一時，編非一手，其中譌舛不一而足，亟宜重勘一書，用垂久遠。命與王澮淵明府慶麟，先取《去僞齋集》，清其編次，以次及《呻吟語》，以次及《實政録》。《文集》十卷既成編，爰搜羅是書各本，删複補遺，壹以祠板爲準，而以他刻參定焉。每篇之後，仍箋明删補之由，以釋疑徵信，不敢謂無遺憾，要以先生片言隻字皆淑世淑身之榘蘉，不宜苟且從事云爾。

夫學者幸生崇儒重道之朝，家誦户絃，風同道一。況河、洛之間，名儒輩出，耳目薰習，知所向方。先生語録具在，譬之和、扁在前，沉疴立起，讀者欲不自奮勉，不可得已。

道光丁亥孟冬，知河南開封府事渾源栗毓美謹序。

原　序

呻吟，病聲也。呻吟語，病時疾痛語也。病中疾痛，惟病者知，難與他人道，亦惟病時覺，既愈，旋復忘也。

予小子生而昏弱善病，病時呻吟，輒志所苦以自恨曰：「慎疾，無復病。」已而弗慎，又復病，輒又志之。蓋世病備經，不可勝志；一病數經，竟不能懲。語曰「三折肱成良醫」，予乃九折臂矣，疢痼年年，呻吟猶昨。嗟嗟！多病無完身，久病無完氣，予奄奄視息，而人也哉？

三十年來，所志《呻吟語》凡若干卷，攜以自藥。司農大夫劉景澤攝心繕性，平生無所呻吟，予甚愛之。頃共事雁門，各談所苦。予出《呻吟語》視景澤，景澤曰：「吾亦有所呻吟，而未之志也。吾人之病大都相同，子既志之矣，盍以公人！蓋三益焉：醫病者見子呻吟，起將死病；同病者見子呻吟，醫各有病；未病者見子呻吟，謹未然病。是子以一身示懲於天下，而所壽者衆也。即子不愈，能以愈人，不既多乎？」予矍然曰：「病語狂，又以其狂者惑人聞聽，可乎？」因擇其狂而未甚者存之。嗚呼！使予視息苟存，當求三年艾健，此餘生何敢以疢痼自棄！景澤，景澤，其尚醫予也夫！

萬曆癸巳三月，抱獨居士寧陵呂坤書。

原校姓氏　門人劉言謹　校正
張　庚
盧宗泰

徐元化
劉言訒
徐鳴珂
喬警韋
張　文　同校
男呂知畏
呂知思
孫呂聲宏
呂聲洋　同録

陸　序正定刊本

《呻吟語》者，新吾吕先生省察克治之言也。謂之呻吟者，先生自視其身若常在病中，時時呻吟，事事呻吟，察之嚴而克之勇，自不能已，故以是名其書。蓋嘗論之，人之生具仁義禮知之性，然不能無氣禀之偏，及其感物而動，則又有物欲之蔽，故自大賢以下，鮮有無病者。其所以能不汩於流俗，而卓然爲天地間偉人，亦在乎能知其病而已。知其病而呻吟者，治之也易；不知其病而不呻吟者，治之也難。自古賢人君子，未有不如是而能成其德者也。博文約禮，顔子之呻吟也；臨深履薄，曾子之呻吟也；戒慎恐懼，子思之呻吟也；知言養氣，孟子之呻吟也。人徒見其德之成，睟面盎背，暢於四支，發於事業，極天蟠地，繼往開來，而不知皆從呻吟中得之。吾見今人之病多矣，能知其病者有幾？氣質之不能變化，物欲之不能掃除，意、必、固、我之念膠於中，聲、色、貨、利之私誘於外，豈徒不呻吟而已哉？方且揚揚自得以爲快意，所以揚其波而助其燄者，無所不爲，此和、扁所以望而卻走也。使能呻吟如先生，庶幾其有瘳乎？

先生當萬曆之世，天下方日弊，卑者溺功利，高者迷佛、老，聖學榛莽，生民塗炭。先生獨能以正大篤實爲學，卓然超出於流俗之上，其言皆與程、朱相表裏，間有出入者，亦少矣。呻吟之功大矣哉！

是書止寧陵有板，未能遠播，購者艱難。康熙丁卯孟夏，正定諸州縣以公事會於郡

城，語及同寅協恭之義，僉以善相勸、過相規爲約。適王子益仲，先生鄉人也，攜是書在郡，咸謂能以先生之呻吟者勸且規，則吾同人其庶幾矣，遂謀協力梓之。余喜先生之書得廣其傳，而吾同人皆將有以自拔於流俗也，謹敘於末。是舉也，賢於蘭亭之一觴一詠豈不遠哉！

後學當湖陸隴其纂。

陳序一《吕子節録》

數年前，余偶遊書市，從故紙堆中得《呻吟語》二册，讀之，則明儒吕叔簡先生所作也。先生以爲，人非聖賢，其身心常在病中，故於省察克治修己治人之要，皆從人情物理中推勘而出，眼前指點，鉥目劌心。少陵云「欲覺聞晨鐘，令人發深省」者，其是之謂乎！

舊凡若干言，其中偶有過高之語，余稍節之，録其醇者，間就鄙意綴以評語，非敢於作者有所增益，蓋亦講明而切究之，以求得乎大中至正之歸耳。

余嘗謂：人之聰明才力多不用以自責，而用以責人；不用以集所長，而用以護所短。兹編其對證之藥也。故身世之事，非知之艱，行之維艱。余譾陋無似，防檢多疏，早夜孜孜，功不補過。今既取是編而節録之，又序而刻之，誠欲寶此苦口之良劑以藥余身心也。不然，其與委此編於故紙堆中也何異？然而余滋懼矣。

乾隆元年孟冬既望桂林陳宏謀謹序。

陳序二《節録補遺》

余節録吕新吾先生《呻吟語》，既刊板滇中，近復購得原本，其中切近精要之言多向所未見，乃知舊時所讀僅屬纂本，非全書也。公餘繙閱再三，不能割愛，乃補録若干條，並付剞劂，庶無遺珠之憾云。

乾隆三年八月朔陳宏謀識。

鄂　序《節録補遺》

凡人之病患，不在病也，患無藥以治病也；不患無藥也，患無良醫知藥以除病也；不患無良醫也，患在有病者之不藥不醫不呻吟而不病病也。旨哉！老子之言曰：「夫唯病病，是以不病。」

新吾吕先生，學者也，學而醇者也。其致力於學也，其以私欲爲病乎？其以理義爲藥乎？其以古昔聖賢爲良醫乎？其以「呻吟」名其語也，其病病者乎？先生有病乎？曰：「無。」先生無病乎？曰：「有。」無病矣，曷言乎有？曰：「先生固嘗呻吟矣，有病矣。」曷言乎無？曰：「先生則既呻吟矣。呻吟，病聲也；呻吟語，病時語也。唯不呻吟，故病增；唯知呻吟，故病減；唯既呻既吟，故病乃日愈。」然則先生病愈矣，先生之語曷爲尚名呻吟邪？曰：「先生病愈矣，人之視先生可毋呻吟也。先生自視能勿呻吟與？使先生自視而謂可毋呻吟也，則可呻可吟者又至矣。」

先生之語自小以基大，由明以燭幽，祛其僞，葆其誠，復其天。先生之學醇矣，先生之病愈矣，人之視先生咸謂學之醇猶病之愈矣。先生則自視其身無一日一事之不在病中也。唯然，而先生無一日一事在病中矣。且要其學，自病病始，病病者，呻吟之謂焉。人自聖人而下，氣稟之所限，見聞之所蔽，觀摩習俗之所移，孰則可云無病哉？病而自知其病，呻吟也，求病之愈也。病愈而猶恐其病，呻吟也，慮病之未悉愈也。有病而不

自覺，常若無病者，且嬉笑焉，歡呼焉，不將沉於疹癘，而刀圭失其靈，和緩失其術與？夫病而羞於呻吟者，畸士之病也；病而工於呻吟者，俗子之病也；不以病爲病而不知呻吟者，愚人妄人之病也。余内自省，病夫也，嘗呻吟以自道所苦，不敢蹈畸士之病也，不敢蹈俗子之病也，然亦不敢如愚人妄人之諱疾養癰以自痼。

蕉鄉吳君、鐵帆鮑君、輔之恒君、蘭舫雲君、澗莼吳君，皆力學者也，皆以不學之病爲病者也。每思飲藥求良醫，未獲副願，其與余儻所謂同病者非邪？ 及讀吕先生語，均若湔浣腸胃，漱滌五臟，爽然怡然，幾自忘呻且吟者之苦矣。世有病而呻吟者哉，其奉先生之語爲藥石，爲醫師也，其將免於呻吟矣。然必如先生常存呻吟之心也，而後呻吟乃可免。爰偕蕉鄉吳君暨鮑、恒、雲、吳諸君子，重梓是語，以公世之同病而知病病者。至語中綱目功效，前人敘之晰矣，茲不贅。

道光壬午五月朔日長白鄂山謹序。

凡例七則

此書向止寧陵有板，康熙丁卯，陸清獻公令正定之靈壽時，同官柘城王益仲攜有原書，合謀雕板。其每篇補録，公序中不言所自，計内外篇共補七十條。細覈《聖賢》篇，有與原書複出者一條，實六十九條，今悉依正定本録之。按：先生答人書云：「《呻吟語》談政頗多，愛我者删之，止存云云，弟甚悔其傳也。」考是書，先生積三十年之功，至萬曆二十一年，年五十八歲時，乃有定本。序所云「擇其狂而未甚者存之者」也。意未經删定之前稿本，當有傳鈔流播者，陸氏所補或本之。

一、乾隆甲寅，先生二十三世孫燕昭官金陵，❶曾取原書重鐫，其自跋云：「陸先生正定本至今無存，惟陳文恭公《吕子節録》刻於都門，嗣蜀、晉均有刻本。」兹檢對《節録》本，又有出於當湖所補之外者一百三十餘則，謹遵正定本例，散附各篇。按：《節録》本分三十二目，次第與今傳本迥異。公序云：「得於書市故紙堆而節録之，後三年購得原書，復刻《補遺》二卷，其次第乃一遵舊刊本。」竊爲反復參考，凡《節録》本所有，而反爲原書所無者，語多憤世意。文恭公所得於書市之二册，亦據先生癸巳前未經删定之本而纂録者與？

一、先生《去僞齋文集》第八卷，原目有偶句、散句二類，今文集重編，此類無所附麗，中惟「慎言動於妻子僕隸之間」一條、「世上無難處之事」一條、「冰凌燒不熱」一條、「兩間無物我」二句，與此書複出不載外，其對句五十二，散句二十三，悉依類附存，一字不漏。

一、凡採自正定本、《節録》本及《文集》

❶「二十三世」，恐有誤。

者，每篇末俱識明若干則據陸氏補，若干則據陳氏補，若干則據《文集》補，以存原書之真。

一、壬午歲，長白鄂敬亭中丞照正定槧本刊板關中，據陳氏《節録》本附《補遺》一卷，共一百五十三則，而陸氏所補概未收入。兹彙各家刊本細爲讎勘，其十二則陸本業已補收，又七則均原書所有，陳氏選刻時或删存數語，或節去發端，或僅留結尾，以致校閲者誤爲複載，實一百十四則。今於各篇按語内夾註聲明，以袪讀者之疑。

一、他本字句間與原書不同，擇其義長而實係原書校刊之誤者從之，若義可兩通，壹以原書爲準。

一、正定本附刻《呻吟語疑》一十七則，今仍附於後。

呻吟語凡例畢

呻吟語卷一

寧陵呂坤叔簡甫著

内　篇

性　命

正命者，完卻正理，全卻初氣，未嘗以我害之，雖桎梏而死，不害其爲正命。若初氣鑿喪，正理不完，即正寢告終，恐非正命也。

德性以收斂沉著爲第一，收斂沉著中，又以精明平易爲第一。大段收斂沉著人怕含糊，怕深險。淺浮子雖光明洞達，非蓄德之器也。

或問：「人將死而見鬼神，真邪？幻邪？」曰：「人寤則爲真見，夢則爲妄見。魂遊而不附體，故隨所之而見物，此外妄也。神與心離合而不安定，故隨所交而成景，此內妄也。故至人無夢，愚人無夢，無妄念也。人之將死如夢然，魂飛揚而神亂於目，氣浮散而邪客於心，故所見皆妄，非真有也。或有將死而見人拘繫者，尤妄也。異端之語入人骨髓，將死而懼，故常若有見。若死必有召之者，則牛羊蚊蟻之死，果亦有召之者邪？大抵草木之生枯，土石之凝散，人與衆動之死生、始終、有無，只是一理，更無他説，萬一有之，亦怪異也。」

氣無終盡之時，形無不毀之理。

真機真味要涵蓄，休點破，其妙無窮，不可言喻。所以聖人無言。一犯口頰，窮年説不盡，又離披澆漓，無一些咀嚼處矣。

性分不可使虧欠，故其取數也常多，曰窮理，曰盡性，曰達天，曰入神，曰致廣大、極高明。情欲不可使贏餘，故其取數也常少，曰謹言，曰慎行，曰約己，曰清心，曰節飲食、寡嗜欲。

深沉厚重是第一等資質，磊落豪雄是第二等資質，聰明才辯是第三等資質。

六合原是箇情世界，故萬物以之相苦樂，而至人、聖人不與焉。

凡人光明博大，渾厚含蓄，是天地之氣；温煦和平，是陽春之氣；寬縱任物，是長夏之氣；嚴凝斂約、喜刑好殺，是秋之氣；沉藏固嗇，是冬之氣。暴怒是震雷之氣，狂肆是疾風之氣，昏惑是霾霧之氣，隱恨留連是積陰之氣，從容温潤是和風甘雨之氣，聰明洞達是青天朗月之氣。有所鍾者，必有所似。

先天之氣發洩處不過毫釐，後天之氣擴充之必極分量。其實分量極處原是毫釐中有底，若毫釐中合下原無，便是一些增不去。萬物之形色才情，種種可驗也。

蝸藏於殼，烈日經年而不枯，必有所以不枯者在也。此之謂以神用，先天造物命脈處。

蘭以火而香，亦以火而滅；膏以火而明，亦以火而竭；礮以火而聲，亦以火而洩。陰者所以存也，陽者所以亡也，豈獨聲色氣味然哉？世知鬱者之爲足，是謂萬年之燭。

火性發揚，水性流動，木性條暢，金性堅剛，土性重厚，其生物也亦然。

一則見性，兩則生情。人未有偶而能静者，物未有偶而無聲者。

聲無形色，寄之於器；火無體質，寄之於薪；色無著落，寄之草木。故五行惟火無

體，而用不窮。

人之念頭與氣血同爲消長。四十以前是箇進心，識見未定而敢於有爲；四十以後是箇定心，識見既定而事有酌量；六十以後是箇退心，見識雖真而精力不振。未必人人皆此，而此其大凡也。古者四十仕，六十、七十致仕，蓋審之矣。人亦有少年退縮不任事，厭厭若泉下人者；亦有衰年狂躁妄動喜事者，皆非常理。若乃以見事風生之少年爲任事，以念頭灰冷之衰夫爲老成，則誤矣。鄧禹沉毅，馬援矍鑠，古誠有之，豈多得哉！

命本在天，君子之命在我，小人之命亦在我。君子以義處命，不以其道得之不處，命不足道也。小人以欲犯命，不可得而必欲得之，命不肯受也。但君子謂命在我，得天命之本然；小人謂命在我，幸氣數之或然。是以君子之心常泰，小人之心常勞。

性者，理氣之總名，無不善之理，無皆善之氣。論性善者，純以理言也；論性惡與善惡混者，兼氣而言也。故經傳言性，各各不同，惟孔子無病。

氣、習，學者之二障也。仁者與義者相非，禮者與信者相左，皆氣質障也。高髻而笑低髽，長裾而譏短袂，皆習見障也。大道明，率天下氣質而歸之，即不能歸，不敢以所偏者病人矣。王制一，齊天下趨向而同之，即不能同，不敢以所狃者病人矣。哀哉！茲誰任之？

父母全而生之，子全而歸之，髮膚還父母之初，無些毁傷，親之孝子也。天全而生之，人全而歸之，心性還天之初，無些缺欠，天之孝子也。

虞廷不專言性善，曰「人心惟危，道心惟微」。或曰「人心非性」。曰：「非性可矣，亦

是陰陽五行化生否？六經不專言性善，曰『惟皇上帝，降衷下民，厥有恒性』。又曰『天生蒸民有欲，無主乃亂』。孔子不專言性善，曰『繼之者善也，成之者性也』。又曰『性相近也』，『惟上智與下愚不移』。纔説相近，便不是一箇，相遠從相近起脚。子思不專言性善，曰『修道之謂教』。性皆善矣，道胡可修？孟子不專言性善，曰『聲色、臭味、安佚，性也』。」或曰：「這性是好性。」曰：「好性如何君子不謂？又曰『動心忍性』，善性豈可忍乎？犬之性，牛之性，豈非性乎？犬牛之性亦仁義禮智信之性乎？細推之，犬之性猶犬之性，牛之性猶牛之性乎？周茂叔不專言性善，曰『五性相感而善惡分，萬事出矣』，又曰『幾善惡』。程伯淳不專言性善，曰『惡亦不可不謂之性』。大抵言性善者，主義理而不言氣質，蓋自孟子之折諸家始。後來諸儒遂主此説而不敢異同，是未觀於天地萬物之情也。義理固是天賦，氣質亦豈人爲？無論衆人，即堯、舜、禹、湯、文、武、周、孔，豈是一樣氣質哉？愚僭爲之説曰：義理之性，有善無惡；氣質之性，有善有惡。氣質亦天命於人而與生俱生者，不謂之性可乎？程子云：『論性不論氣不備，論氣不論性不明。』將性、氣分作兩項，便不透徹。張子以善爲天地之性，清濁純駁爲氣質之性，似覺支離。其實天地只是一箇氣，理在氣之中，賦於萬物，方以性言，故性字從生從心，言有生之心也。設使没有氣質，只是一箇德性，人人都是生知聖人，千古聖賢千言萬語、教化刑名都是多了底，何所苦而如此乎？這都是降伏氣質，扶持德性。立案於此，俟千百世之後駁之。」

性一母而五子，五性者，一性之子也。

情者，五性之子也。一性靜，靜者陰；五性動，動者陽。性本渾淪，至靜不動，故曰「人生而靜，天之性也」。纔説性，便已不是性矣，此一性之説也。

宋儒有功於孟子，只是補出箇氣質之性來，省多少口吻。

問：「禽獸草木亦有性否？」曰：「有。」「其性亦天命否？」曰：「天以陰陽五行化生萬物，安得非天命？」

或問：「孔子教人，性非所先。」曰：「聖人開口處都是性。」

水無渣，著土便濁；火無氣，著木便煙；性無二，著氣質便雜。

滿方寸渾成一箇德性，無分毫私欲，便是一心之仁；六尺渾成一箇沖和，無分毫病痛，便是一身之仁；滿六合渾成一箇身軀，無分毫間隔，便是合天下以成其仁。仁是全體，無毫髮欠缺；仁是純體，無纖芥瑕疵；仁是天成，無些子造作。衆人分一心爲胡越，聖人會天下以成其身。愚嘗謂「兩間無物我，萬古一呼吸」。

按：《性命篇》舊凡二十三則，「問禽獸草木」以下四則據陸清獻公正定輯本補。

存心

心要如天平，稱物時，物忙而衡不忙；物去時，即懸空在此。只恁静虛中正，何等自在！

收放心休要如追放豚，既入苙了，便要使他從容閒暢，無拘迫懊憹之狀。若恨他難收，一向束縛在此，與放失同。何者？同歸於無得也。故再放便奔逸不可收拾。君子

之心如習鷹馴雉，搏擊飛騰，主人略不防閑；及上臂歸庭，卻恁忘機自得，略不驚畏。

學者只事事留心，一毫不肯苟且，德業之進也如流水矣。

不動氣，事事好。

心放不放，要在邪正上說，不在出入上說。且如高卧山林，遊心廊廟；身處衰世，夢想唐虞；遊子思親，貞婦懷夫，這是箇放心否？若不論邪正，只較出入，卻是禪定之學。

或問：「放心如何收？」余曰：「只君此問，便是收了。這放收甚容易，纔昏昏便出去，纔惺惺便在此。」

常使精神在心目間，便有主而不眩。於客感之交，只一昏昏，便是胡亂應酬。豈無偶合？終非心上經歷過，竟無長進，譬之夢食，豈能飽哉？

防欲如挽逆水之舟，纔歇力便下流；力善如緣無枝之樹，纔住脚便下墜。是以君子之心無時而不敬畏也。

一善念發，未說到擴充，且先執持住，此萬善之囮也。若隨來隨去，更不操存此心，如驛傳然，終身無主人住矣。

千日集義，禁不得一刻不慊於心，是以君子瞬存息養，無一刻不在道義上。其防不義也，如千金之子之防盜，懼餒之故也。

無屋漏工夫，做不得宇宙事業。

君子口中無慣語，存心故也。故曰「修辭立其誠」，不誠何以修辭？

一念收斂，則萬善來同；一念放恣，則百邪乘釁。

得罪於法，尚可逃避；得罪於理，更沒處存身。只我底心便放不過我。是故君子畏理甚於畏法。

或問：「雞鳴而起，若未接物，如何爲善？」程子曰：「只主於敬，便是善。」愚謂惟聖人未接物時，何思何慮？賢人以下，睡覺時合下便動箇念頭，或昨日已行事，或今日當行事，便來心上。只看這念頭如何，若一念向好處想，便是舜邊人；若一念向不好處想，便是跖邊人；若念中是善而本意卻有所爲，這又是舜中跖，漸來漸去，還向跖邊去矣。此是務頭工夫，此時克己，更覺容易，點檢更覺精明。所謂去惡在纖微，持善在根本也。

目中有花，則視萬物皆妄見也；耳中有聲，則聽萬物皆妄聞也；心中有物，則處萬物皆妄意也。是故此心貴虛。

忘是無心之病，助長是有心之病。心要從容自在，活潑於有無之間。

「靜」之一字，十二時離不了，一刻纔離，便亂了。門盡日開闔，樞常靜；妍媸盡日往來，鏡常靜；人盡日應酬，心常靜。惟靜也，故能張主得動，若逐動而去，應事定不分曉，便是睡時，此念不靜，作箇夢兒也胡亂。

把意念沉潛得下，何理不可得？把志氣奮發得起，何事不可做？今之學者，將箇浮躁心觀理，將箇委靡心臨事，只模糊過了一生。

「心平氣和」，此四字非涵養不能做。工夫只在箇定火，火定則百物兼照，萬事得理。水明而火昏，靜屬水，動屬火，故病人火動則躁擾狂越，及其甦定，渾不能記。甦定者，水澄清而火熄也。故人非火不生，非火不死；事非火不濟，非火不敗。惟君子善處火，故身安而德滋。

當可怨可怒、可辯可訴、可喜可愕之際，其氣甚平，這是多大涵養。

天地間真滋味，惟静者能嘗得出；天地間真機括，惟静者能看得透；天地間真情景，惟静者能題得破。作熱鬧人，說孟浪語，豈無一得？皆偶合也。

未有甘心快意而不殃身者，惟理義之悦我心，卻步步是安樂境。

問：「慎獨如何解？」曰：「先要認住獨字，獨字就是意字。稠人廣坐、千軍萬馬中，都有箇獨。只這意念發出來，是大中至正底，這不勞慎，就將這獨字做去，便是天德王道。這意念發出來，九分九釐是，只有一釐苟且爲人之意，便要點檢克治，這便是慎獨了。」

用三十年心力，除一箇「僞」字不得。或曰：「君儘尚實矣。」余曰：「所謂僞者，豈必在言行間哉？實心爲民，雜一念德我之心，便是僞；實心爲善，雜一念求知之心，便是僞；道理上該做十分，只争一毫未滿足，便是僞；汲汲於向義，纔有二三心，便是僞；白晝所爲皆善，而夢寐有非僻之干，便是僞；心中有九分，外面做得恰象十分，便是僞。此獨覺之僞也，余皆不能去，恐漸潰防閑，延惡於言行間耳。」

自家好處掩藏幾分，這是涵蓄以養深；別人不好處要掩藏幾分，這是渾厚以養大。

寧耐是思事第一法，安詳是處事第一法，謙退是保身第一法，涵容是處人第一法，置富貴貧賤死生常變於度外，是養心第一法。

胸中情景要看得：春不是繁華，夏不是發暢，秋不是寥落，冬不是枯槁，方爲我境。

大丈夫不怕人，只是怕理；不恃人，只是恃道。

静裏看物欲，如業鏡照妖。

「躁心浮氣，淺衷狹量，」此八字，進德者之大忌也。去此八字，只用得一字，曰主静。静則凝重，静中境自是寬闊。

士君子要養心氣，心氣一衰，天下萬事分毫做不得。冉有只是箇心氣不足。

主静之力大於千牛，勇於十虎。

君子洗得此心净，則兩間不見一塵；充得此心盡，則兩間不見一礙；養得此心定，則兩間不見一怖；持得此心堅，則兩間不見一難。

人只是心不放肆，便無過差；只是心不怠忽，便無遺忘。

胸中只擺脱一「戀」字，便十分爽净，十分自在。人生最苦處，只是此心沾泥帶水，明是知得，不能斷割耳。

盜只是欺人。此心有一毫欺人，一事欺人，一語欺人，人雖不知，即未發覺之盜也。言如是而行欺之，是行者言之盜也；心如是而口欺之，是口者心之盜也。纔發一箇真實心，驟發一箇僞妄心，是心者心之盜也。諺云「瞞心昧己」，有味哉！其言之矣。欺世盜名其過大，瞞心昧己其過深。

此心果有不可昧之真知，不可强之定見，雖斷舌可也，决不可從人然諾。

纔要説睡，便睡不著；纔説要忘，便忘不得。

舉世都是我心，去了這我心，便是四通八達，六合内無一些界限。要去我心，須要時時省察，這念頭是爲天地萬物，是爲我。

目不容一塵，齒不容一芥，非我固有也。如何靈臺内許多荆榛，卻自容得？

手有手之道，足有足之道，耳目鼻口有耳目鼻口之道。但此輩皆是奴婢，都聽天君使令。使之以正也順從，使之以邪也順從，

渠自没罪過。若有罪過，都是天君承當。

心一鬆散，萬事不可收拾；心一疏忽，萬事不入耳目；心一執著，萬事不得自然。

當尊嚴之地，大衆之前，震怖之景，而心動氣懾，只是涵養不定。

久視則熟字不識，注視則静物若動。乃知蓄疑者亂真知，過思者迷正應。

常使天君爲主，萬感爲客便好。只與他平交，已自褻其居尊之體；若跟他走去走來，被他愚弄掇哄，這是小兒童，這是真奴婢，有甚面目來靈臺上坐役？使四肢百骸可羞可笑。示兒。

不存心看不出自家不是，只於動静語默、接物應事時件件想一想，便見渾身都是過失。須動合天則，然後爲是。日用間，如何疏忽得一時？學者思之。

人生在天地間，無日不動念，就有箇動念底道理；無日不説話，就有箇説話底道理；無日不處事，就有個處事底道理；無日不接人，就有箇接人底道理；無日不理物，就有箇理物底道理。以至怨怒笑歌、傷悲感歎、顧盼指示、咳唾涕洟、隱微委曲、造次顛沛、疾病危亡，莫不各有道理，只是時時體認，件件講求。細行小物尚求合則，彝倫大節豈可踰閑？故始自垂髫，終於屬纊，持一箇自强不息之心；通乎晝夜，要之於純一不已之地，忘乎死生。此還本歸全之道，戴天履地之宜。不然恣情縱意，而各求遂其所欲，凡有知覺運動者皆然，無取於萬物之靈矣。或曰：「有要乎？」曰：「有。其要只在存心。」「心何以存？」曰：「只在主静，只静了，千酬萬應都在道理上，事事不錯。」

迷人之迷，其覺也易；明人之迷，其覺也難。

心相信，則迹者土苴也，何煩語言？相疑，則迹者媒蘖也，益生猜貳。故有誓心不足自明，避嫌反成自誣者，相疑之故也。是故心一而迹萬，故君子治心不修迹。《中孚》治心之至也，豚魚且信，何疑之有？

君子畏天不畏人，畏名教不畏刑罰，畏不義不畏不利，畏徒生不畏舍生。

忍、激二字，是禍福關。

殃咎之來，未有不始於快心者。故君子得意而憂，逢喜而懼。

一念孳孳，惟善是圖，曰正思。一念孳孳，惟欲是願，曰邪思。非分之福，期望太高，曰越思。先事徘徊，後事懊恨，曰縈思。遊心千里，歧慮百端，曰浮思。事無可疑，當斷不斷，曰惑思。事不涉己，爲他人憂，曰狂思。無可奈何，當罷不罷，曰徒思。日用職業，本分工夫，朝惟暮圖，期無曠廢，曰本思。此九思者，日用之間，不在此則在彼。善攝心者，其惟本思乎！身有定業，日有定務，暮則省白晝之所行，朝則計今日之所事，念茲在茲，不肯一事苟且，不肯一時放過，庶心有著落，不得他適，而德業日有長進矣。

學者只多忻喜心，便不是凝道之器。

小人亦有坦蕩蕩處，無忌憚是已；君子亦有常戚戚處，終身之憂是已。

只脱盡輕薄心，便可達天德。漢、唐以下儒者，脱盡此二字不多人。

斯道這箇擔子，海内必有人負荷。有能慨然自任者，願以綿弱筋骨助一肩之力，雖走僵死不恨。

耳目之玩，偶當於心，得之則喜，失之則悲，此兒女子常態也。世間甚物與我相關，而以得喜，以失悲邪？聖人看得此身亦不關悲喜，是吾道之一囊橐耳。愛囊橐之所受

者，不以囊橐易所受，如之何以囊橐棄所受也？而況耳目之玩又囊橐之外物乎！

寐是情生景，無情而景者，兆也；寤後景生情，無景而情者，妄也。

人情有當然之願，有過分之欲。聖王者足其當然之願，而裁其過分之欲，非以相苦也。天地間欲願止有此數，此有餘則彼不足，聖王調劑而均釐之，裁其過分者以益其當然。夫是之謂至平，而人無淫情，無觖望。

惡惡太嚴，便是一惡；樂善甚亟，便是一善。

投佳果於便溺，濯而獻之，食乎？曰：不食。不見而食之，病乎？曰：不病。隔山而指罵之，聞乎？曰：不聞。對面而指罵之，怒乎？曰：怒。曰：此見聞障也。夫能使見而食，聞而不怒，雖入黑海，蹈白刃，可也。此鍊心者之所當知也。

只有一毫粗疏處，便認理不真，所以說「惟精」，不然衆論淆之而必疑。只有一毫二三心，便守理不定，所以說「惟一」，不然利害臨之而必變。

種豆其苗必豆，種瓜其苗必瓜，未有所存如是而所發不如是者。心本人欲，而事欲天理；心本邪曲，而言欲正直，其將能乎？是以君子慎其所存。所存是，種種皆是；所存非，種種皆非，未有分毫爽者。

屬纊之時，般般都帶不得，惟是帶得此心。卻教壞了，是空身歸去矣，可爲萬古一恨。

吾輩所欠，只是涵養不純不定，故言則矢口所發，不當事，不循物，不宜人。事則恣意所行，或太過，或不及，或悖理。若涵養得定，如熟視正鵠而後開弓，矢矢中的；細量分寸而後投針，處處中穴。此是真正體驗，

實用工夫。總來只是箇沉靜，沉靜了，發出來件件都是天則。

定靜中境界，與六合一般大，裏面空空寂寂，無一箇事物。纔問他索時，般般足，樣樣有。

「暮夜無知」，此四字，百惡之總根也。人之罪莫大於欺，欺者，利其無知也。大姦大盜，皆自無知之心充之天下。大惡只有二種：欺無知，不畏有知。欺無知，還是有所忌憚心，此是誠僞關；不畏有知，是箇無所忌憚心，此是死生關。猶知有畏，良心尚未死也。

天地萬物之理，出於靜，入於靜；人心之理，發於靜，歸於靜。靜者，萬理之橐籥，萬化之樞紐也。動中發出來，與天則便不相似，故雖暴肆之人，平旦皆有良心，發於靜也。過後皆有悔心，歸於靜也。

動時只見發揮不盡，那裏覺錯？故君子主靜而慎動。主靜，則動者靜之枝葉也；慎動，則動者靜之約束也，又何過焉？

童心最是作人一大病，只脱了童心，便是大人君子。或問之，曰：「凡炎熱念，驕矜念，華美念，欲速念，浮薄念，聲名念，皆童心也。」

吾輩終日念頭離不了四箇字，曰「得失毁譽」。其爲善也，先動箇得與譽底念頭；其不敢爲惡也，先動箇失與毁底念頭，總是欲心僞心，與聖人天地懸隔。聖人發出善念，如饑者之必食，渴者之必飲；其必不爲不善，如烈火之不入，深淵之不投，任其自然而已。賢人念頭只認箇可否，理所當爲，則自强不息；所不可爲，則堅忍不行。然則得失毁譽之念可盡去乎？曰：「胡可去也？」天地間惟中人最多，此四字者，聖賢藉以訓

世，君子藉以檢身。曰「作善降之百祥，作不善降之百殃」，以得失訓世也。曰「疾沒世而名不稱」，曰「年四十而見惡」，以毁譽訓世也。此聖人待衰世之心也。彼中人者，不畏此以檢身，將何所不至哉？故堯、舜能去此四字，無爲而善，忘得失毁譽之心也；桀紂能去此四字，敢於爲惡，不得失毁譽之恤也。

心要虚，無一點渣滓；心要實，無一毫欠缺。

只一事不留心，便有一事不得其理；一物不留心，便有一物不得其所。

只大公了，便是包涵天下氣象。

士君子作人，事事時時只要箇用心。一事不從心中出，便是亂舉動；一刻心不在腔子裏，便是空軀殼。

古人也算一箇人，我輩成底是甚麽人？若不媿不奮，便是無志。

聖狂之分，只在「苟」「不苟」兩字。

余甚愛萬籟無聲蕭然一室之趣。或曰：「無乃太寂滅乎？」曰：「無邊風月自在。」

無技癢心，是多大涵養。故程子見獵而癢。學者各有所癢，便當各就癢處搔之。

欲只是有進氣無退氣，理只是有退氣無進氣，善學者審於進退之間而已。

聖人懸虚明以待天下之感，不先意以感天下之事。其感也，以我胸中道理順應之；其無感也，此心空空洞洞，寂然曠然。譬之鑑，光明在此，物來則照之，物去則光明自在。彼事未來而意必，是持鑑覓物也。嘗謂鏡是物之聖人，鏡日照萬物而常明，無心而不勞故也。聖人日應萬事而不累，有心而不役故也。夫惟爲物役而後累心，而後應有偏著。

恕心養到極處，只看得世間人都無罪過。

物有以慢藏而失，亦有以謹藏而失者。禮有以疏忽而誤，亦有以敬畏而誤者。故用心在有無之間。

說不得真知明見，一些涵養不到，發出來便是本象，倉卒之際，自然掩護不得。

一友人沉雅從容，若温而不理者。隨身急用之物，座客失備者三人，此友取之袖中，皆足以應之。或難以數物，呼左右取之，攜中犂然在也。余歎服曰：「君不窮於用哉！」曰：「我無以用爲也，此第二著，偶備其萬一耳。備之心，慎之之心也，慎在備先。凡所以需吾備者，吾已先圖，無賴於備。故自有備以來，吾無萬一，故備常餘而不用。」或曰：「是無用備矣。」曰：「無萬一而猶備，此吾之所以爲慎也。若恃備而不慎，則備也者，長吾之怠者也，久之必窮於所備之外。恃慎而不備，是慎也者，限吾之用者也，久之必窮於所慎之外。故寧備而不用，不可用而無備。」余歎服曰：「此存心之至者也。《易》曰『藉之用茅，又何咎焉』，其斯之謂與？」吾識之，以爲疏忽者之戒。

欲理會七尺，先理會方寸；欲理會六合，先理會一腔。

靜者生門，躁者死户。

士君子一出口無反悔之言，一動手無更改之事，誠之於思故也。

只此一念公正了，我與天地鬼神通是一箇，而鬼神之有邪氣者，且跧伏退避之不暇。庶民何私何怨，而忍枉其是非腹誹巷議者乎？

和氣平心，發出來如春風拂弱柳，細雨潤新苗，何等舒泰！何等感通！疾風迅

雷，暴雨酷霜，傷損必多。或曰：「不似無骨力乎？」余曰：「譬之玉，堅剛未嘗不堅剛，溫潤未嘗不溫潤。余嚴毅多，和平少，近悟得此。」

儉則約，約則百善俱興；侈則肆，肆則百惡俱縱。

天下國家之存亡，身之生死，只係「敬」「怠」兩字。敬則慎，慎則百務修舉；怠則苟，苟則萬事隳頹。自天子以至於庶人，莫不如此。此千古聖賢之所兢兢，而世人之所必由也。

每日點檢，要見這念頭自德性上發出，自氣質上發出，自習識上發出，自物欲上發出。如此省察，久久自識得本來面目。初學最要知此。

道義心胸發出來，自無暴戾氣象，怒也怒得有禮。若説聖人不怒，聖人只是六情。

過差遺忘，只是昏忽，昏忽只是不敬。若小心慎密，自無過差遺忘之病。孔子曰「敬事」。樊遲粗鄙，告之曰「執事敬」。子張意廣，告之曰「無小大，無敢慢」。今人只是懶散，過差遺忘安得不多？

吾初念只怕天知，久久來不怕天知，又久久來只求天知，但未到那何必天知地步耳。

氣盛便没涵養。

定静安慮，聖人胸中無一刻不如此。或曰：「喜怒哀樂到面前，如何？」曰：「只恁喜怒哀樂，定静安慮胸次無分毫加損。」

憂世者與忘世者談，忘世者笑；忘世者與憂世者談，憂世者悲。嗟夫！六合骨肉之淚，肯向一室胡越之人哭哉？彼且謂我爲病狂，而又安能自知其喪心哉？

「得」之一字，最壞此心。不但鄙夫患

得，年老戒得爲不可，只明其道而計功，有事而正心，先事而動得心，先難而動獲心，便是雜霸雜夷。一念不極其純，萬善不造其極，此作聖者之大戒也。

充一箇公己公人心，便是胡越一家；任一箇自私自利心，便是父子仇讎。天下興亡，國家治亂，萬姓死生，只争這箇些子。

廁牏之中可以迎賓客，牀笫之内可以交神明，必如此而後謂之不苟。

爲人辨冤白謗，是第一天理。

治心之學，莫妙於「瑟僩」二字。瑟訓嚴密，譬之重關天險，無隙可乘。此謂不疏，物欲自消其窺伺之心。僩訓武毅，譬之將軍按劍，見者股慄。此謂不弱，物欲自奪其猖獗之氣。而今吾輩靈臺四無牆户，如露地錢財，有手皆取。又孱弱無能，如殺殘俘虜，落膽從人。物欲不須投閒抵隙，都是他家産業；不須硬迫柔求，都是他家奴婢，更有那箇關防？何人喘息？可哭可恨。

沉静非緘默之謂也。意淵涵而態閒正，此謂真沉静。雖終日言語，或千軍萬馬中相攻擊，或稠人廣衆中應繁劇，不害其爲沉静，神定故也。一有飛揚動擾之意，雖端坐終日，寂無一語，而色貌自浮。或意雖不飛揚動擾，而昏昏欲睡，皆不得謂沉静。真沉静底，自是惺憁，包一段全副精神在裏。

明者料人之所避，而狡者避人之所料。以是相與，是賊本真而長奸僞也。是以君子寧犯之人疑，而不賊己之心。

室中之鬬，市上之争，彼所據各有一方也。一方之見，皆是己非人，而濟之以不相下之氣，故寧死而不平。嗚呼！此猶愚人也。賢臣之争政，賢士之争理，亦然。此言語之所以日多，而後來者益莫知所決擇也。

故爲下愚人作法吏易，爲士君子所折衷難。非斷之難，而服之難也。根本處在不見心而任口，恥屈人而好勝，是室人市兒之見也。

大利不换小義，况以小利壞大義乎？貪者可以戒矣。

殺身者不是刀劍，不是寇讎，乃是自家心殺了自家。

知識，帝則之賊也。惟忘知識以任帝則，此謂天真，此謂自然。一著念便乖違，愈著念愈乖違，乍見之心歇息一刻，别是一箇光景。

爲惡惟恐人知，爲善惟恐人不知，這是一副甚心腸？安得長進？

或問：「虚靈二字，如何分别？」曰：「惟虚故靈。頑金無聲，鑄爲鐘磬則有聲；鐘磬有聲，實之以物則無聲。聖心無所不有而一無所有，故感而遂通天下之故。」

渾身五臟六腑、百脈千絡、耳目口鼻、四肢百骸、毛髮甲爪，以至衣裳冠履，都無分毫罪過，都與堯舜一般。只是一點方寸之心千過萬罪，禽獸不如。千古聖賢只是治心，更不説别箇。學者只是知得這箇可恨，便有許大見識。

人心是箇猖狂自在之物，隕身敗家之賊，如何縱容得他？

良知何處來？生於良心。良心何處來？生於天命。

心要實又要虚，無物之謂虚，無妄之謂實。惟虚故實，惟實故虚。心要小又要大，大其心能體天下之物，小其心不僨天下之事。

要補必須補箇完，要拆必須拆箇净。

學術以不媿於心、無惡於志爲第一。也要點檢這心志是天理，是人欲。便是天理，

也要點檢是邊見，是天則。

堯眉舜目，文王之身，仲尼之步，而盜跖其心，君子不貴也。有數聖賢之心，何妨貌似盜跖？

學者欲在自家心上做工夫，只在人心做工夫。

此心要常適，雖是憂勤惕厲中，困窮抑鬱際，也要有這般胸次。

不怕來濃艷，只怕去沾戀。

原不萌芽，説甚生機？

平居時，有心訒言還容易。何也？有意收斂故耳。只是當喜怒愛憎時，發當其可，無一厭人語，才見涵養。

口有慣言，身有誤動，皆不存心之故也。故君子未事前定，當事凝一。識所不逮，力所不能，雖過，無愧心矣。

世之人何嘗不用心？都只將此心錯用了。故學者要知所用心，用於正而不用於邪，用於要而不用於雜，用於大而不用於小。

予嘗怒一卒，欲重治之。召之，久不至，減予怒之半。又久而後至，詬之而止。因自笑曰：「是怒也，始發而中節邪？中減而中節邪？終止而中節邪？」惟聖人之怒，初發時便恰好，終始只是一箇念頭不變。

世間好底分數休占多了，我這裏消受幾何，其餘分數任世間人占去。

京師僦宅，多擇吉數。有喪者，人多棄之，曰能禍人。予曰：「是人爲室禍，非室能禍人也。人之死生，受於有生之初，豈室所能移？室不幸而遭當死之人，遂爲人所棄耳。惟君子能自信，而付死生於天則，不爲往事所惑矣。」

不見可欲時，人人都是君子；一見可欲，不是滑了脚跟，便是擺動念頭。老子

曰：「不見可欲，使心不亂。」此是閉目塞耳之學。一入耳目來，便了不得。今欲與諸君在可欲上做工夫。淫聲美色滿前，但如鑑照物，見在妍媸，不侵鏡光；過去妍媸，不留鏡裹，何嫌於坐懷？何事於閉門？推之可怖可驚、可怒可惑、可憂可恨之事，無不皆然。到此才是工夫，才見手段。把持則爲賢者，兩忘則爲聖人。予嘗有詩云：「百尺竿頭著脚，千層浪裹翻身。箇中如履平地，此是誰何道人？」

一里人事專利己，屢爲訓説不從。後每每作善事，好施貧救難。予喜之，稱曰：「君近日作事，每每在天理上留心，何所感悟而然？」曰：「近日讀司馬温公語，有云：『不如積陰德於冥冥之中，以爲子孫長久之計。』」予笑曰：「君依舊是利心，子孫安得受福？」

小人終日苦心，無甚受用處。既欲趨利，又欲貪名；既欲掩惡，又欲許善。虚文浮禮，惟恐其疏略；消沮閉藏，惟恐其敗露。又患得患失，只是求富求貴；畏首畏尾，只是怕事怕人。要之温飽之外，也只與人一般，何苦自令天君無一息寧泰處！

滿面目都是富貴，此是市井小兒，不堪入有道門牆，徒令人嘔吐而爲之羞耳。若見得大時，舜、禹有天下而不與。

讀書人只是箇氣高，欲人尊己；志卑，欲人利己，便是至愚極陋。只看四書、六經千言萬語，教人是如此不是？士之所以可尊可貴者，以有道也。這般見識，有甚麼可尊貴處？小子戒之。

第一受用，胸中乾净；第二受用，外來不動；第三受用，合家没病；第四受用，與物無競。

欣喜歡愛處，便藏煩惱機關，乃知雅澹

者，百祥之本。怠惰放肆時，都是私欲世界，始信懶散者，萬惡之宗。

求道學真傳，且高閣百氏諸儒，先看孔、孟以前胸次。問治平要旨，只遠宗三皇五帝，净洗漢唐而下心腸。

看得真幻景，即身不吾有何傷？況把世情嬰肺腑。信得過此心，雖天莫我知奚病？那教流語惱胸腸。

善根中纔發萌蘖，即著意栽培，須教千枝萬葉。惡源處略有涓流，便極力壅塞，莫令暗長潛滋。

處世莫驚毁譽，只我是，無我非，任人短長。立身休問吉凶，但爲善，不爲惡，憑天禍福。

念念可與天知，盡其在我。事事不執己見，樂取諸人。

淺狹一心，到處便招尤悔。因循兩字，從來誤盡英雄。

齋戒神明其德，洗心退藏於密。

常將半夜縈千歲，只恐一朝便百年。

試心石上即平地，没足池中有隱潭。

心無一事累，物有十分春。

神明七尺體，天地一腔心。

終有歸來日，不知到幾時。

吾心原止水，世態任浮雲。

按：《存心》篇舊凡一百二十一則，「學者欲在自家心上做工夫」以下四則據陸本補。「平居時有心訒言」以下十一則據陳文恭公《吕子節録》本補。「第一受用」以下十五則據《去僞齋文集》第八卷補。

倫理

宇宙内大情種，男女居其第一。聖王不欲裁割而矯拂之，亦不能裁割矯拂也。故通之以不可已之情，約之以不可犯之禮，繩之以必不赦之法，使縱之而相安相久也。聖人亦不若是之亟也，故五倫中，父子、君臣、兄弟、朋友，篤了又篤，厚了又厚，惟恐情意之薄。惟男女一倫，是聖人苦心處，故有別先自夫婦始。本與之以無別也，而又教之以有別，況有別者，而肯使之混乎？聖人之用意深矣！是死生之衢而大亂之首也，不可以不慎也。

親母之愛子也，無心於用愛，亦不知其爲用愛。若渴飲饑食然，何嘗勉强？子之得愛於親母也，若謂應得，習於自然，如夏葛冬裘然，何嘗歸功？至於繼母之慈，則有德色，有矜語矣。前子之得慈於繼母，則有感心，有頌聲矣。

一家之中，要看得尊長尊，則家治。若看得尊長不尊，如何齊他得？其要在尊長自修。

人子之事親也，事心爲上，事身次之。最下，事身而不恤其心；又其下，事之以文而不恤其身。

孝子之事親也，禮卑伏如下僕，情柔婉如小兒。

進食於親，侑而不勸；進言於親，論而不諫；進侍於親，和而不莊。親有疾，憂而不悲；身有疾，形而不聲。

侍疾，憂而不食，不如努力而加餐。使此身不能侍疾，不孝之大者也。居喪，羸而廢禮，不如節哀而慎終。此身不能襄事，不

孝之大者也。

朝廷之上，紀綱定而臣民可守，是曰朝常。公卿大夫、百司庶官各有定法，可使持循，是曰官常。一門之内，父子兄弟、長幼尊卑各有條理，不變不亂，是曰家常。飲食起居、動静語默，擇其中正者守而勿失，是曰身常。得其常則治，失其常則亂，未有苟且冥行而不取敗者也。

雨澤過潤，萬物之災也；恩寵過禮，臣妾之災也；情愛過義，子孫之災也。

人心喜，則志意暢達，飲食多進而不傷，血氣沖和而不鬱，自然無病而體充身健，安得不壽？故孝子之於親也，終日乾乾，惟恐有一毫不快事到父母心頭。自家既不惹起，外觸又極防閑。無論貧富貴賤，常變順逆，只是以悦親爲主。蓋悦之一字，乃事親第一傳心口訣也。即不幸而親有過，亦須在悦字上用工夫，幾諫積誠，耐煩留意，委曲方略，自有回天妙用。若直諍以甚其過，暴棄以增其怒，不悦莫大焉。故曰不順乎親，不可以爲子。

郊社，報天地生成之大德也。然災沴有禳，順成有祈，君爲私田則仁，民爲公田則忠，不嫌於求福，不嫌於免禍。子孫之祭先祖，以追養繼孝也。自我祖父母以有此身也，曰賴先人之澤以享其餘慶也。曰我朝夕奉養承懽，而一旦不復獻杯棬，心悲思而無寄，故祭薦以伸吾情也。曰吾貧賤不足以供菽水，今鼎食而親不逮，心悲思而莫及，故祭薦以志吾悔也。豈爲其遊魂虚位能福我而求之哉？求福已非君子之心，而以一飯之設，數拜之勤，求福於先人，仁孝誠敬之心果如是乎？不謀利，不責報，不望其感激，雖在他人猶然，而況我先人乎？《詩》之祭必

言福，而《楚茨》諸詩爲尤甚，豈可爲訓邪？吾獨有取於《采蘩》《采蘋》二詩，盡物盡志，以達吾子孫之誠敬而已，他不及也。明乎此道，則天下萬事萬物皆盡我所當爲，禍福利害皆聽其自至。人事脩而外慕之心息，向道專而作輟之念忘矣。何者？明於性分而無所冀倖也。

友道極關係，故與君父并列而爲五。人生德業成就，少朋友不得。君以法行，治我者也；父以恩行，不責善者也；兄弟怡怡，不欲以切偲傷愛；婦人主内事，不得相追隨。規過，子雖敢争，終有可避之嫌。至於對嚴師，則矜持收斂而過無可見。在家庭，則狎昵親習而正言不入。惟夫朋友者，朝夕相與，既不若師之進見有時，情禮無嫌，又不若父子兄弟之言語有忌，一德虧則友責之，一業廢則友責之，美則相與獎勸，非則相與匡救。日更月變，互感交摩，駸駸然不覺其勞且難，而入於君子之域矣。是朋友者，四倫之所賴也。嗟夫！斯道之亡久矣。言語嬉媟，尊俎嫗煦，無論事之善惡，以順我者爲厚交；無論人之姦賢，以敬我者爲君子。躡足附耳，自謂知心；接膝拍肩，濫許刎頸。大家同陷於小人而不知，可哀也已！是故物相反者相成，見相左者相益。孔子取友曰「直」、「諒」、「多聞」，此三友者，皆與我不相附會者也，故曰益。是故得三友難，能爲人三友更難。天地間不論天南地北，縉紳草莽，得一好友，道同志合，亦人生一大快也。

長者有議論，唯唯而聽，無相直也。有諮詢，謇謇而對，無遽盡也。此卑幼之道也。

陽稱其善，以悦彼之心；陰養其惡，以快己之意，此友道之大戮也。青天白日之下，有此魑魅魍魎之俗，可哀也已。

古稱君門遠於萬里，謂情隔也。豈惟君門？父子殊心，一堂遠於萬里；兄弟離情，一門遠於萬里；夫妻反目，一榻遠於萬里。苟情聯志通，則萬里之外，猶同堂共門而比肩一榻也。以此推之，同時不相知，而神交於千百世之上下亦然。是知離合在心期，不專在躬逢；躬逢而心期，則天下至遇也。君臣之堯、舜，父子之文、周，師弟之孔、顔。

「隔」之一字，人情之大患。故君臣、父子、夫婦、朋友、上下之交，務去「隔」。此字不去，而不怨叛者，未之有也。

仁者之家，父子愉愉如也，夫婦雝雝如也，兄弟怡怡如也，僮僕訢訢如也，一家之氣象融融如也。義者之家，父子凜凜如也，夫婦嗃嗃如也，兄弟翼翼如也，僮僕肅肅如也，一家之氣象栗栗如也。仁者以恩勝，其流也知和而和；義者以嚴勝，其流也疏而寡恩。故聖人之居家也，仁以主之，義以輔之，洽其太和之情，但不潰其防，斯已矣。其井井然，嚴城深塹，則男女之辨也，雖聖人不敢與家人相忘。

父在居母喪，母在居父喪，以從生者之命爲重。故孝子不以死者憂生者，不以小節傷大體，不泥經而廢權，不徇名而害實，不全我而傷親。所貴乎孝子者，心親之心而已。

天下不可一日無君，故夷、齊非湯、武，明臣道也。此天下之大防也。不然則亂臣賊子接踵矣，而難爲君。天下不可一日無民，故孔、孟是湯、武，明君道也。此天下之大懼也。不然則暴君亂主接踵矣，而難爲民。

爵禄恩寵，聖人未嘗不以爲榮，聖人非以此爲加損也。朝廷重之以示勸，而我輕之以示高，是與君忤也，是窮君鼓舞天下之權

也。故聖人雖不以爵禄恩寵爲榮，而未嘗不榮之，以重帝王之權，以示天下帝王之權之可重，此臣道也。

人子和氣愉色婉容，發得深時，養得定時，任父母冷面寒鐵，雷霆震怒，只是這一腔温意，一面春風，則自無不回之天，自無屢變之天。讒譖何由入？嫌隙何由作？其次莫如敬慎，夔夔齊栗，敬慎之至也。故瞽瞍亦允若。温和示人以可愛，消融父母之惡怒；敬慎示人以可矜，激發父母之悲憐。所謂積誠意以感動之者，養和致敬之謂也。蓋格親之功，惟和爲妙、爲深、爲速、爲難，非至性純孝者不能。敬慎猶可勉强耳。而今人子以涼薄之色、惰慢之身、驕蹇之性，及犯父母之怒，既不肯挽回，又倨傲以甚之，此其人在孝弟之外，固不足論。即有平日温愉之子，當父母不悦，而亦愠見，或生疑而遷怒者，或無意遷怒而不避嫌者，或不善避嫌愈避而愈冒嫌者。積隙成釁，遂致不祥。豈父母之不慈？此孤臣孽子之法戒，堅志熟仁之妙道也。

孝子之事親也，上焉者先意，其次承志，其次共命。共命，則親有未言之志不得承也。承志，則親有未萌之意不得將也。至於先意，而悦親之道至矣。或曰：「安得許多心思，能推至此乎？」曰：「事親者，以悦親爲事者也。以悦親爲事，則孳孳皇皇無以尚之者，只是這箇念頭。親有多少意志，終日體認不得？」

或問：「共事一人，未有不妒者，何也？」曰：「人之才能、性行、容貌、辭色，種種不同，所事者必悦其能事我者，惡其不能事我者。能事者見悦，則不能事者必疏。是我之見疏，彼之能事成之也，焉得不妒？既

妒，安得不相傾？相傾，安得不受禍？故見疏者妒，妒其形己也；見悦者亦妒，妒其妒己也。」「然則奈何？」曰：「居寵則思分而推之以均衆，居尊則思和而下之以相忘，人何妒之有？緣分以安心，緣遇以安命，反己而不尤人，何妒人之有？此入宫入朝者之所當知也。」

孝子侍親不可有沉静態，不可有莊肅態，不可有枯淡態，不可有豪雄態，不可有勞倦態，不可有病疾態，不可有愁苦態，不可有怨怒態。

子弟生富貴家，十九多驕惰淫泆，大不長進，古人謂之豢養。言甘食美服養此血肉之軀，與犬豕等。此輩闒茸，士君子見之爲羞，而彼方且志得意滿，以此誇人。父兄之孽，莫大乎是。

男女遠别，雖父女、母子、兄妹、姊弟，亦有别嫌明微之禮，故男女八歲不同食。子婦事舅姑，禮也，本不遠别，而世俗最嚴翁婦之禮，影響間即疾趨而藏匿之。其次夫兄弟婦相避。此外一無所避，已亂綱常。乃至叔嫂、姊夫、妻妹、妻弟之妻互相嘲謔以爲常，不幾於下流乎？不知古者遠别，止於授受不親，非避匿之謂。而男女所包甚廣，自妻妾之外，皆當遠授受之嫌。愛禮者不可不明辨也。

子婦，事人者也，未爲父兄以前，莫令奴婢奉事，長其驕惰之性。當日使勤勞，常令卑屈，此終身之福，不然是殺之也。昏愚父母，驕奢子弟，不可不知。

問安，問侍者，不問病者。問病者，非所以安之也。

喪服之制，以緣人情，亦以立世教，故有引而致之者，有推而遠之者，要不出恩義兩

字，而不可曉亦多。觀會通之君子，當制作之權，必有一番見識，泥古非達觀也。

親没而遺物在眼，與其不忍見而毁之也，不若不忍忘而存之。

示兒云：門户高一尺，氣焰低一丈。華山只讓天，不怕没人上。

慎言之地，惟家庭爲要。應慎言之人，惟妻子僕隸爲要。此理亂之原，而禍福之本也。人往往忽之，悲夫！

門户可以託父兄，而喪德辱名，非父兄所能庇；生育可以由父母，而求疾蹈險，非父母所得由。爲人子弟者，不可不知。

繼母之虐，嫡妻之妒，古今以爲恨者也。而前子不孝，丈夫不端，則舍然不問焉。世情之偏也久矣。懷非母之迹而因似生嫌，借恃父之名而無端造謗，怨讟忤逆，父亦被誣者，世豈無邪？恣淫狎之性而恩重綠絲，挾城社之威而侮及黄裹，《谷風》、《柏舟》妻亦失所者，世豈無邪？惟子孝夫端，然後繼母嫡妻無辭於姻族矣。居官不可不知。

齊，以刀切物，使參差者就於一致也。家人恩勝之地，情多而義少，私易而公難，若人人遂其欲，勢將無極。故古人以父母爲嚴君，而家法要威如，蓋對症之治也。

閨門之中，少了箇「禮」字，便自天翻地覆。百禍千殃，身亡家破，皆從此起。

家長，一家之君也。上焉者使人歡愛而敬重之，次則使人有所嚴憚，故曰嚴君。下則使人慢，下則使人陵，最下則使人恨。使人慢未有不亂者，使人陵未有不敗者，使人恨未有不亡者。嗚呼！齊家豈小故哉？今之人皆以治生爲急，而齊家之道不講久矣。

兒女輩常著他拳拳曲曲，緊緊恰恰，動必有畏，言必有驚，到自專時，尚不可知。若使

之快意適情，是殺之也。此愚父母之所當知也。

責人到閉口捲舌、面赤背汗時，猶刺刺不已，豈不快心？然淺隘刻薄甚矣。故君子攻人，不盡其過，須含蓄，以餘人之愧懼，令其自新，方有趣味。是謂以善養人。

曲木惡繩，頑石惡攻，責善之言不可不慎也。

恩禮出於人情之自然，不可强致。然禮係體面，猶可責人；恩出於根心，反以責而失之矣。故恩薄可結之使厚，恩離可結之使固，一相責望，爲怨滋深。古父子、兄弟、夫婦之間，使骨肉爲寇讎，皆坐「責」之一字耳。

宋儒云：「宗法明而家道正。」豈惟家道？將天下之治亂，恒必由之。宇宙内無有一物不相貫屬，不相統攝者。人以一身統四肢，一肢統五指。木以株統幹，以幹統枝，以枝統葉。百穀以莖統穗，以穗統稃，以稃統粒。蓋同根一脈，聯屬成體，此操一舉萬之術，而治天下之要道也。天子統六卿，六卿統九牧，九牧統郡邑，郡邑統鄉正，鄉正統宗子。事則以次責成，恩則以次流布，教則以次傳宣，法則以次繩督，夫然後上不勞下不亂，而政易行。自宗法廢而人各爲身，家各爲政，彼此如飄絮飛沙，不相維繫，是以上勞而無要領可持，下散而無脈絡相貫，姦盜易生而難知，教化易格而難達。故宗法立而百善興，宗法廢而萬事弛。或曰：「宗子而賤而弱而幼而不肖，何以統宗？」曰：「古之宗法也，如封建，世世以適長，適長不得人，則一宗受其敝。且豪强得以豚鼠視宗子而魚肉孤弱，其誰制之？蓋有宗子，又當立家長。宗子以世世長子孫爲之，家長以闔族之有德望而衆所推服、能佐宗子者爲之。胥重

其權而互救其失。此二者，宗人一委聽焉，則有司有所責成，而紀法易於修舉矣。」

責善之道，不使其有我所無，不使其無我所有，此古人之所以貴友也。

「母氏聖善，我無令人。」孝子不可不知。「臣罪當誅兮，天王聖明。」忠臣不可不知。

士大夫以上有祠堂，有正寢，有客位。祠堂有齋房、神庫，四世之祖考居焉，先世之遺物藏焉，子孫立拜之位在焉，犧牲鼎俎盥尊之器物陳焉，堂上堂下之樂列焉，主人之周旋升降由焉。正寢，吉禮則生忌之考妣遷焉，凶禮則尸柩停焉，柩前之食案香几衣冠設焉，朝夕哭奠之位容焉，柩旁牀帳諸器之陳設、五服之喪次、男女之哭位分焉，堂外弔奠之客、祭器之羅列在焉。客位，則將葬之遷柩宿焉，冠禮之曲折、男女之醮位、賓客之宴饗行焉。此三所者，皆有兩階，皆有位次，故居室寧陋，而四禮之所斷乎其不可陋。近見名公有以旋馬容膝、繩樞甕牖爲清節高品者，余甚慕之。而愛禮一念甚於愛名，故力可勉爲，不嫌弘裕。敢爲大夫以上者告焉。

守禮不足愧，亢於禮乃可愧也。禮當下則下，何愧之有？

家人之害，莫大於卑幼各恣其無厭之情，而上之人阿其意而不之禁；尤莫大於婢子造言而婦人悅之，婦人附會而丈夫信之。禁此二害，而家不和睦者鮮矣。

只竪定一個「是」字做，便是「建諸天地而不悖，質諸鬼神而無疑」底道理，更問甚占卜？信甚星命？或曰：「趨吉避凶，保身之道。」曰：「君父在難，正臣子死忠死孝之時，而趨吉避凶可乎？」或曰：「智者明義理，識時勢，君無乃專明於義理乎？」曰：「有可奈何時，正須審時因勢，時勢亦求之識

見中，豈於讖緯陰陽家求之邪？」或曰：「氣數自然，亦强做不成。」曰：「君子所安者義命，故以氣數從義理，不以義理從氣數。富貴利達則付之天，進退行藏則決之己。」或曰：「到無奈何時何如？」曰：「這也看道理。病在膏肓，望之而走，扁鵲之道當如是也。若屬纊頃刻，萬無一生，偶得良方，猶然忙走灌藥，孝子慈孫之道當如是也。」

謹言不但外面，雖家庭間，沒箇該多說底話；不但大賓，雖親厚友，沒箇該任口底話。

按：《倫理》篇舊凡四十五則，「守禮不足」以下四則據陳本補。

談　道

大道有一條正路，進道有一定等級。聖人教人，只示以一定之成法，在人自理會。理會得一步，再說與一步，其第一步不理會到十分，也不說與第二步。非是苦人，等級原是如此。第一步差一寸，也到第二步不得。孔子於賜，纔說與他「一貫」，又先難他「多學而識」一語。至於仁者之事，又說「賜也，非爾所及」。今人開口便講學脈，便說本體，以此接引後學，何似癡人前說夢？孔門無此教法。

有處常之五常，有處變之五常。處常之五常是經，人所共知；處變之五常是權，非識道者不能知也。「不擒二毛」，不以仁稱，而「血流漂杵」，不害其爲仁。「二子乘舟」，不以義稱，而管、霍被戮，不害其爲義。由此推之，不可勝數也。嗟夫！世無有識者，每泥於常而不通其變。世無識有識者，每責其經而不諒其權。此兩人皆道之賊也，事之所

以難濟也。噫！非精義擇中之君子，其誰能用之？其誰能識之？

談道者雖極精切，須向苦心人説，可使手舞足蹈，可使大叫垂泣。何者？以求通未得之心，聞了然透徹之語，如饑得珍羞，如旱得霖雨。相説以解，妙不容言。其不然者，如麻木之肌，鍼灸終日尚不能覺，而以爪搔之，安知痛癢哉？吾竊爲言者惜也。故大道獨契，至理不言。非聖賢之忍於棄人，徒嘵嘵無益耳。是以聖人待問而後言，猶因人而就事。

廟堂之樂，淡之至也。淡則無欲，無欲之道與神明通。素之至也，素則無文，無文之妙與本始通。

真器不修，修者僞物也；真情不飾，飾者僞交也。家人父子之間不讓而登堂，非簡也；不侑而飽食，非饕也，所謂真也。惟待讓而入，而後有讓亦不入者矣；惟待侑而飽，而後有侑亦不飽者矣。是兩修文也。廢文不可爲禮，文至掩真，禮之賊也，君子不尚焉。

百姓得所，是人君太平；君民安業，是人臣太平；五穀豐登，是百姓太平；大小和順，是一家太平；父母無疾，是人子太平；胸中無累，是一腔太平。

至道之妙，不可意思，如何可言？可以言，皆道之淺也。玄之又玄，猶龍公亦説不破，蓋公亦囿於玄玄之中耳。要説説箇甚然，卻只在匹夫匹婦共知共行之中，外了這箇，便是虚無。

除了箇「中」字，更定道統不得。傍流之至聖，不如正路之賢人。故道統寧中，絶不以傍流繼嗣。何者？氣脈不同也。予嘗曰：「寧爲道統家奴婢，不爲傍流家宗子。」

或問：「聖人有可克之己否？」曰：「惟堯、舜、文王、周、孔無己可克，其餘聖人都有。己任是伊尹底，己和是柳下惠底，己清是伯夷底。己志向偏於那一邊，便是己。己者，我也。不能忘我而任意見也，狃於氣質之偏而離中也，這己便是人欲。勝不得這己，都不成箇剛者。」

自然者，發之不可遏，禁之不能止，纔説是當然，便没氣力。然反之之聖，都在當然上做工夫，所以説勉然。勉然做到底，知之成功，雖一分數境界，到那難題試驗處，終是微有不同。此難以形迹語也。

堯、舜、周、孔之道，只是傍人情，依物理，拈出箇天然自有之中行將去，不驚人，不苦人，所以難及。後來人勝他不得，卻尋出甚高難行之事，玄冥隱僻之言，怪異新奇偏曲幻妄以求勝，不知聖人妙處只是箇庸常。看六經、四書語言何等平易，不害其爲聖人之筆，亦未嘗有不明不備之道。嗟夫！賢智者過之佛、老、楊、墨、莊、列、申、韓是已。彼其意見，纔是聖人中萬分之一，而漫衍閎肆，以至偏重而賊道。後學無識，遂至棄菽粟而餐玉屑，厭布帛而慕火浣，無補飢寒，反生奇病。悲夫！

「中」之一字，是無天於上，無地於下，無東西南北於四方。此是南面獨尊，道中底天子，仁義禮智信都是東西侍立，百行萬善都是北面受成者也。不意宇宙間有此一妙字，有了這一箇，别箇都可勾銷。五常、百行、萬善，但少了這箇，都是一家貨，更成甚麽道理？

愚不肖者不能任道，亦不能賊道，賊道全是賢智。後世無識之人，不察道之本然面目，示天下以大中至正之矩，而但以賢智者

爲標的。世間有了賢智，便看底中道尋常，無以過人，不起名譽，遂薄中道而不爲。道之壞也，不獨賢智者之罪，而推崇賢智，其罪亦不小矣。《中庸》爲賢智而作也，「中」足矣，又下箇「庸」字，旨深哉！此難與曲局之士道。

道者，天下古今共公之理，人人都有分底。道不自私，聖人不私道。而儒者每私之，曰「聖人之道」，言必循經，事必稽古，曰衛道。嗟夫！此千古之大防也，誰敢決之？然道無津涯，非聖人之言所能限；事有時勢，非聖人之制所能盡。後世苟有明者出，發聖人所未發，而默契聖人欲言之心；爲聖人所未爲，而脗合聖人必爲之事，此固聖人之深幸，而拘儒之所大駭也。嗚呼！此可與通者道，漢、唐以來，鮮若人矣。

《易》道，渾身都是，滿眼都是，盈六合都是。三百八十四爻，聖人特拈起三百八十四事來做題目，使千聖作《易》，人人另有三百八十四説，都外不了那陰陽道理。後之學者求易於《易》，穿鑿附會以求通，不知《易》是箇活底，學者看做死底；《易》是箇無方體底，學者看做有定象底。故論簡要，乾坤二卦已多了；論窮盡，雖萬卷書説不盡。《易》底道理，何止三百八十四爻？

「中」之一字，不但道理當然，雖氣數，離了中，亦成不得。寒暑災祥失中，則萬物殃；飲食起居失中，則一身病。故四時各順其序，五臟各得其職，此之謂中。差分毫便有分毫驗應。是以聖人執中以立天地萬物之極。

學者只看得世上萬事萬物種種是道，此心纔覺暢然。

在舉世塵俗中，另識一種意味，又不輕

與鮮能知味者嘗，纔是真趣。守此便是至寶。

五色勝則相掩，然必厚益之，猶不能渾然無迹。維黑一染，不可辨矣。故黑者，萬事之府也，斂藏之道也。帝王之道黑，故能容保無疆；聖人之心黑，故能容會萬理。蓋含英采，韜精明，養元氣，蓄天機，皆黑之道也。故曰「惟玄惟默」。玄，黑色也；默，黑象也。《書》稱舜曰「玄德升聞」，《老子》曰「知其白，守其黑」，得黑之精者也。故外著而不可掩，皆道之淺者也。雖然，儒道內黑而外白，黑爲體，白爲用。老氏內白而外黑，白安身，黑善世。

道在天地間，不限於取數之多，心力勤者得多，心力衰者得少，昏弱者一無所得。假使天下皆聖人，道亦足以供其求。苟皆爲盜跖，道之本體自在也，分毫無損。畢竟是世有聖人，道斯有主；道附聖人，道斯有用。

漢、唐而下，議論駁而至理雜，吾師宋儒。宋儒求以明道而多穿鑿附會之談，失平正通達之旨，吾師先聖之言。先聖之言煨於秦火，雜於百家，莠苗朱紫，使後學尊信之而不敢異同，吾師道。苟協諸道而協，則千聖萬世無不脗合。何則？道無二也。

或問：「中之道，堯、舜傳心，必有至玄至妙之理？」余歎曰：「只就我兩人眼前説，這飲酒，不爲限量，不至過醉，這就是飲酒之中。這説話，不緘默，不狂誕，這就是説話之中。這作揖跪拜，不煩不疏，不疾不徐，這就是作揖跪拜之中。一事得中，就是一事底堯、舜，推之萬事皆然。又到那安行處，便是十全底堯、舜。」

形神一息不相離，道器一息不相無，故道無精粗，言精粗者，妄也。因與一客共酌，

指案上羅列者謂之曰:「這安排必有停妥處,是天然自有底道理。」那僮僕見一豆上案,將滿案尊俎東移西動,莫知措手。那熟底入眼便有定位,未來便有安排。新者近前,舊者退後,飲食居左,匙箸居右,重積不相掩,參錯不相亂,布置得宜,楚楚齊齊。這箇是粗底,若説神化性命不在此,卻在何處?若説這裏有神化性命,這箇工夫還欠缺否?推之耕耘簸揚之夫,炊爨烹調之婦,莫不有神化性命之理,都能到神化性命之極。學者把神化性命看得太玄,把日用事物看得太粗,原不曾理會。理會得來,這案上羅列得,天下古今萬事萬物都在這裏,横豎推行,撲頭蓋面,脚踏身坐底,都是神化性命。乃知神化性命極粗淺底。

有大一貫,有小一貫。小一貫貫萬殊,大一貫貫小一貫。大一貫一,小一貫千百。無大一貫,則小一貫終是零星;無小一貫,則大一貫終是渾沌。

靜中看天地萬物,都無些子。

一門人向予數四窮問無極、太極及理氣同異、性命精粗、性善是否。予曰:「此等語,予亦能勦先儒之成説及一己之謬見以相發明,然非汝今日急務。假若了悟性命,洞達天人,也只於性理書上添了『某氏曰』一段言語,講學衙門中多了一宗卷案。後世窮理之人信彼駁此,服此闢彼,百世後汗牛充棟,都是這椿話説,不知於國家之存亡,萬姓之生死,身心之邪正,見在得濟否?我只有箇粗法子,汝只把存心制行、處事接物、齊家治國平天下、大本小節都事事心下信得過了,再講這話不遲。」曰:「理氣性命終不可談邪?」曰:「這便是理氣性命顯設處,除了撒數没總數。」

陽爲客，陰爲主；動爲客，静爲主；有爲客，無爲主；萬爲客，一爲主。

理路直截，欲路多歧；理路光明，欲路微曖；理路爽暢，欲路懊煩；理路逸樂，欲路憂勞。

無萬，則一何處著落？無一，則萬誰爲張主？此二字一時離不得。一只在萬中走，故有正一無邪萬，有治一無亂萬，有中一無偏萬，有活一無死萬。

天下之大防五，不可一毫潰也，一潰則決裂不可收拾。宇内之大防，上下名分是已；境外之大防，夷夏出入是已；一家之大防，男女嫌微是已；一身之大防，理欲消長是已；萬世之大防，道脈純雜是已。

儒者之末流與異端之末流何異？似不可以相誚也。故明於醫可以攻病人之標本，精於儒可以中邪説之膏肓。闢邪不得其情，則邪愈肆；攻疾不對其症，則病愈劇。何者？授之以話柄，而借之以反攻，自救之策也。

人皆知異端之害道，而不知儒者之言亦害道也。見理不明，似是而非，或騁浮詞以亂真，或執偏見以奪正，或狃目前而昧萬世之常經，或徇小道而潰天下之大防，而其聞望又足以行其學術，爲天下後世人心害，良亦不細。是故有異端之異端，有吾儒之異端。異端之異端，真非也，其害小；吾儒之異端，似是也，其害大。有衛道之心者，如之何而不辯哉？

天下事皆實理所爲，未有無實理而有事物者也。幻家者流無實用而以形惑人。嗚呼！不窺其實而眩於形以求理，愚矣。

公卿争議於朝，曰天子有命，則屏然不敢屈直矣。師儒相辯於學，曰孔子有言，則

寂然不敢異同矣。故天地間惟理與勢爲最尊。雖然，理又尊之尊也。廟堂之上言理，則天子不得以勢相奪；即相奪焉，而理則常伸于天下萬世。故勢者，帝王之權也；理者，聖人之權也。帝王無聖人之理，則其權有時而屈。然則理也者，又勢之所恃以爲存亡者也。以莫大之權，無僭竊之禁，此儒者之所不辭，而敢於任斯道之南面也。

陽道生，陰道養。故向陽者先發，向陰者後枯。

正學不明，聰明才辨之士各枝葉其一隅之見，以成一家之説，而道始千歧百徑矣。豈無各得？終是偏術。到孔門，只如枉木著繩，一毫邪氣不得。

禪家有理障之説，愚謂理無障，畢竟是識障。無意識，心何障之有？

道莫要於損己，學莫急於矯偏。

七情總是箇欲，只得其正了，都是天理。五性總是箇仁，只不仁了，都是人欲。

萬籟之聲，皆自然也。自然，皆真也。物各自鳴其真，何天何人？何今何古？六經，籟道者也，統一聖真。而漢、宋以來，胥執一響以吹之，而曰是外無聲矣。觀俳諧者，萬人粲然皆笑，聲不同也而樂同，人各笑其所樂，何清濁、高下、妍媸之足云？故見各鳴其自得。語不詭于六經，皆吾道之衆響也，不必言言同、事事同矣。

氣者，形之精華；形者，氣之渣滓。故形中有氣，無氣則形不生；氣中無形，有形則氣不載。故有無形之氣，無無氣之形。星隕爲石者，先感於形也。

天地萬物只到和平處，無一些不好，何等暢快！

莊、列見得道理原著不得人爲，故一向

不盡人事。不知一任自然，成甚世界？聖人明知自然，卻把自然閣起，只説箇當然，聽那箇自然。

私恩煦感，仁之賊也；直往輕擔，義之賊也；足恭僞態，禮之賊也；苛察歧疑，智之賊也；苟約固守，信之賊也。此五賊者，破道亂正，聖門斥之。後世儒者往往稱之以訓世，無識也與！

道有二然，舉世皆顛倒之。有箇當然，是屬人底，不問吉凶禍福，要向前做去；有箇自然，是屬天底，任你躑躅咆哮，自勉强不來。舉世昏迷，專在自然上錯用工夫，是謂替天忙，徒勞無益。卻將當然底全不著意，是謂棄人道。成箇甚人？聖賢看著自然可得底，果於當然有礙，定不肯受，況未必得乎？只把二「然」字看得真，守得定，有多少受用處！

氣用形，形盡而氣不盡；火用薪，薪盡而火不盡。故天地惟無能用有。五行惟火爲氣，其四者皆形也。

氣盛便不見涵養。浩然之氣雖充塞天地間，其實本體閒定冉冉口鼻中不足以呼吸。

有天欲，有人欲。吟風弄月，傍花隨柳，此天欲也。聲色貨利，此人欲也。天欲不可無，無則禪；人欲不可有，有則穢。天欲即好底人欲，人欲即不好底天欲。

朱子云：「不求人知，而求天知。」爲初學言也。君子爲善，只爲性中當如此，或此心過不去。天知、地知、人知、我知，渾是不求底。有一求心，便是僞，求而不得，此念定是衰歇。

以吾身爲內，則吾身之外皆外物也。故富貴利達，可生可榮，苟非道焉，而君子不

居。以吾心爲内，則吾身亦外物也。故貧賤憂戚，可辱可殺，苟道焉，而君子不辭。

或問敬之道。曰：「外面整齊嚴肅，内面齊莊中正，是静時涵養底敬。讀書則心在於所讀，治事則心在於所治，是主一無適底敬。出門如見大賓，使民如承大祭，是隨事小心底敬。」或曰：「若笑談歌咏、宴息造次之時，恐如是則矜持不泰然矣。」曰：「敬以端嚴爲體，以虚活爲用，以不離於正爲主。齋日衣冠而寢，夢寐乎所祭者也；不齋之寢，則解衣脱冕矣，未有釋衣冕而持敬也。然而心不流於邪僻，事不詭於道義，則不害其爲敬矣。君若專去端嚴上求敬，則荷鋤負畚，執轡御車，鄙事賤役，古聖賢皆爲之矣，豈能日日手容恭，足容重邪？又若孔子曲肱指掌，及居不容，點之浴沂，何害其爲敬邪？大端心與正依，事與道合，雖不拘拘於端嚴，不害其爲敬。苟心遊千里，意逐百欲，而此身卻兀然端嚴在此，這是敬否？譬如謹避深藏，秉燭鳴佩，緩步輕聲，女教《内則》原是如此，所以養貞信也。若饁婦汲妻及當顛沛奔走之際，自是回避不得，然而貞信之守與深藏謹避者同，是何害其爲女教哉？是故敬不擇人，敬不擇事，敬不擇時，敬不擇地。只要箇心與正依，事與道合。」

先難後獲，此是立德立功第一箇張主。若認得先難是了，只一向持循去，任千毁萬謗也莫動心，年如是，月如是，竟無效驗也只如是，久則自無不獲之理。故工夫循序以進之，效驗從容以俟之。若欲速，便是揠苗者，自是欲速不來。

造化之精，性天之妙，惟静觀者知之，惟静養者契之，難與紛擾者道。故止水見星月，纔動便光芒錯雜矣。悲夫！紛擾者昏

昏以終身，而一無所見也。

滿腔子是惻隱之心，滿六合是運惻隱之心處。君子於六合飛潛動植、纖細毫末之物，見其得所，則油然而喜，與自家得所一般；見其失所，則閔然而戚，與自家失所一般，位育念頭如何一刻放得下？

萬物生於性，死於情。故上智去情，君子正情，衆人任情，小人肆情。夫知情之能死人也，則當遊心於澹泊無味之鄉，而於世之所欣戚趨避，漠然不以嬰其慮，則身苦而心樂，感殊而應一。其所不能逃者，與天下同；其所了然獨得者，與天下異。

此身要與世融液，不見有萬物形迹、六合界限，此之謂化。然中間卻不模糊，自有各正底道理，此之謂精。

人一生不聞道，真是可憐。

「己欲立而立人，己欲達而達人」，便是肫肫其仁，天下一家滋味。然須推及鳥獸，又推及草木，方充得盡。若父子兄弟間便有各自立達爭先求勝的念頭，更那顧得別箇？

天德只是箇無我，王道只是箇愛人。

道是第一等，德是第二等，功是第三等，名是第四等。自然之謂道，與自然遊謂之道士。體道之謂德，百行俱修謂之德士。濟世成物謂之功。一味爲天下潔身著世謂之名。一味爲自家立言者，亦不出此四家之言。下此不入等矣。

凡動天感物，皆純氣也。至剛至柔與中和之氣，皆有所感動，純故也。十分純裏，纔有一毫雜，便不能感動。無論嘉氣、戾氣，只純了，其應便捷於影響。

萬事萬物有分別，聖人之心無分別，因而付之耳。譬之日因萬物以爲影，水因萬川以順流，而日、水原無兩，未嘗不分別，而非

以我分别之也。以我分别，自是分别不得。

下學學箇甚麽？上達達箇甚麽？下學者，學其所達也；上達者，達其所學也。

弘毅，坤道也。《易》曰「含弘光大」，言弘也。「利永貞」，言毅也。不毅不弘，何以載物？

六經言道而不辨，辨自孟子始。漢儒解經而不論，論自宋儒始。宋儒尊理而不僭，僭自世儒始。

聖賢學問是一套，行王道必本天德。後世學問是兩截，不修己，只管治人。

自非生知之聖，未有言而不思者。貌深沉而言安定，若蹇若疑，欲發欲留，雖有失焉者，寡矣。神奮揚而語急速，若湧若懸，半跆半晦，雖有得焉者，寡矣。夫一言之發，四面皆淵阱也。喜言之則以爲驕，戚言之則以爲懦，謙言之則以爲諂，直言之則以爲陵，微言之則以爲險，明言之則以爲浮。無心犯諱，則謂有心之譏；無爲發端，則疑有爲之説。簡而當事，曲而當情，精而當理，確而當時，一言而濟事，一言而服人，一言而明道，是謂修辭之善者。其要有二：曰澄心，曰定氣。余多言而無當，真知病本云云，當與同志者共改之。

知彼知我，不獨是兵法，處人處事一些少不得底。

静中真味，至淡至冷，及應事接物時，自有一段不冷不淡天趣。只是衆人習染世味十分濃豔，便看得他冷淡。然冷而難親，淡而可厭，原不是真味，是謂撥寒灰，嚼浄蠟。

明體全爲適用。明也者，明其所適也，不能適用，何貴明體？然未有明體而不適用者。樹有根，自然千枝萬葉；水有泉，自然千流萬派。

天地人物，原來只是一箇身體，一箇心腸。同了，便是一家；異了，便是萬類。而今看著風雲雷雨，都是我胸中發出；虎豹蛇蠍，都是我身上分來，那箇是天地？那箇是萬物？

萬事萬物都有箇一，千頭萬緒皆發於一，千言萬語皆明此一，千體認萬推行皆做此一。得此一，則萬皆舉；求諸萬，則一反迷。但二氏只是守一，吾儒卻會用一。

三氏傳心要法，總之不離一「静」字。下手處皆是制欲，歸宿處都是無欲，是則同。

「予欲無言」，非雅言也，言之所不能顯者也。「吾無隱爾」，非文辭也，性與天道也。説便説不來，藏也藏不得，然則無言即無隱也，在學者之自悟耳。天地何嘗言？何嘗隱？以是知不可言傳者，皆日用流行於事物者也。

天地間道理，如白日青天；聖賢心事，如光風霽月。若説出一段話，説千解萬解，説者再不痛快，聽者再不惺憁，豈舉世人皆愚哉？此立言者之大病。

罕譬而喻者，至言也；譬而喻者，微言也；譬而不喻者，玄言也。玄言者，道之無以爲者也。不理會玄言，不害其爲聖人。

正大光明，透徹簡易，如天地之爲形，如日月之垂象，足以開物成務，足以濟世安民，達之天下萬世而無弊，此謂天言。平易明白，切近精實，出於吾口而當於天下之心，載之典籍而裨於古人之道，是謂人言。艱深幽僻，弔詭探奇，不自句讀不能通其文，通則無分毫會心之理趣；不考音韻不能識其字，識則皆常行日用之形聲，是謂鬼言。鬼言者，道之賊也，木之蠹也，經生學士之殃也。然而世人崇尚之者何？逃之怪異，足以文凡

陋之筆；見其怪異，易以駭膚淺之目。此光明平易大雅君子爲之汗顔泚顙，而彼方以爲得意者也。哀哉！

衰世尚同，盛世未嘗不尚同。衰世尚同流合污，盛世上同心合德。虞廷同寅協恭，修政無異識，圮族者殛之；孔門同道協志，修身無異術，非吾徒者攻之。故曰道德一，風俗同。二之非帝王之治，二之非聖賢之教，是謂敗常亂俗，是謂邪説破道。衰世尚同，則異是矣。逐波隨風，共撼中流之砥柱；一頽百靡，誰容盡醉之醒人？讀《桃園》，誦《板》、《蕩》，自古然矣。乃知盛世貴同，衰世貴獨。獨非立異也，衆人皆我之獨，即盛世之同矣。

世間物一無可戀，只是既生在此中，不得不相與耳。不宜著情，著情便生無限愛欲，便招無限煩惱。

「安而後能慮」，止水能照也。

君子之於事也，行乎其所不得不行，止乎其所不得不止。於言也，語乎其所不得不語，默乎其所不得不默。尤悔庶幾寡矣。

發不中節，過不在已發之後。

纔有一分自滿之心，面上便帶自滿之色，口中便出自滿之聲，此有道之所恥也。見得大時，世間再無可滿之事，吾分再無能滿之時，何可滿之有？故盛德容貌若愚。

「相在爾室，尚不媿於屋漏」，此是千古嚴師。「十目所視，十手所指」，此是千古嚴刑。

誠與才合，畢竟是兩箇，原無此理。蓋才自誠出，才不出於誠，算不得箇才，誠了自然有才。今人不患無才，只是討一誠字不得。

斷則心無累。或曰：「斷用在何處？」

曰「謀後當斷，行後當斷」。

道盡於一，二則贅；體道者不出一，二則支。天無二氣，物無二本，心無二理，世無二權。一則萬，二則不萬，道也二乎哉？故執一者得萬，求萬者失一。水壅萬川未必能塞，木滋萬葉未必能榮，失一故也。

道有一真，而意見常千百也，故言多而道愈漓。事有一是，而意見常千百也，故議多而事愈僨。

吾黨望人甚厚，自治甚疏，只在口吻上做工夫，如何要得長進。

宇宙内原來是一箇，纔説同，便不是。

周子《太極圖》第二圈子是分陰分陽，不是根陰根陽。世間没這般截然氣化，都是互爲其根耳。

説自然是第一等話，無所爲而爲；説當然是第二等話，性分之所當盡，職分之所當爲；説不可不然是第三等話，是非毁譽是已；説不敢不然是第四等話，利害禍福是已。

人欲擾害天理，衆人都曉得；天理擾害天理，雖君子亦迷，況在衆人？而今只説慈悲是仁，謙恭是禮，不取是廉，慷慨是義，果敢是勇，然諾是信。這箇念頭真實發出，難説不是天理，卻是大中至正天理被他擾害，正是執一賊道。舉世所謂君子者，都在這裏看不破，故曰「道之不明」也。

二女同居，其志不同行，見孤陽也。若無陽，則二女何不同行之有？二陽同居，其志同行，不見陰也。若見孤陰，則二男亦不可以同居矣。故曰「一陰一陽之謂道」。六爻雖具陰陽之偏，❶然各成一體，故無嫌。

❶「爻」，原作「子」，據全集本改。

利刃斫木綿，迅礮擊風幟，必無害矣。

士之於道也，始也求得，既也得得，既也養得，既也忘得。不養得則得也不固，不忘得則得也未融。學而至於忘得，是謂無得。得者，自外之名，既失之名。還我故物，如未嘗失，何得之有？心放失，故言得心，從古未言得耳目口鼻四肢者，無失故也。

聖人作用，皆以陰爲主，以陽爲客。陰，所養者也；陽，所用者也。天地亦主陰而客陽，二氏家全是陰。道家以陰養純陽而嗇之，釋家以陰養純陰而實之。凡人陰多者，多壽多福；陽多者，多夭多禍。

只隔一絲，便算不得透徹之悟，須是入筋肉，沁骨髓。

異端者，本無不同，而端緒異也。千古以來，惟堯、舜、禹、湯、文、武、孔、孟一脈是正端，千古不異。無論佛、老、莊、列、申、韓、管、商，即伯夷、伊尹、柳下惠，都是異端；子貢、子夏之徒，都流而異端。蓋端之初分也，如路之有歧，未分之初，都是一處發脚，既出門後，一股向西南走，一股向東南走，走到極處，末路梢頭，相去不知幾千萬里，其始何嘗不一本哉！故學問要析同異於毫釐，非是好辨，懼末流之可哀也。

天下之事，真知再没箇不行，真行再没箇不誠，真誠之行再没箇不自然底。自然之行，不至其極不止，不死不止，故曰「明則誠」矣。

千萬病痛，只有一箇根本；治千病萬痛，只治一箇根本。

宇宙内主張萬物底，只是一塊氣，氣即是理。理者，氣之自然者也。

到至誠地位，誠固誠，僞亦誠。未到至誠地位，僞固僞，誠亦僞。

義襲取不得。

信知困窮抑鬱、貧賤勞苦，是我應得底；安富尊榮、懽忻如意，是我儻來底，胸中便無許多冰炭。

事有豫而立，亦有豫而廢者。吾曾豫以有待，臨事鑿枘不成，竟成棄擲者。所謂權不可豫設，變不可先圖，又難執一論也。

任是千變萬化，千奇萬異，畢竟落在平常處歇。

善是性，性未必是善；秤錘是鐵，鐵不是秤錘。或曰：「孟子道性善，非與？」曰：「余所言，孟子之言也。孟子以耳目口鼻四肢之欲爲性，此性善否？」或曰：「欲當乎理，即是善。」曰：「如子所言，動心忍性，亦忍善性與？」或曰：「孔子繫《易》，言『繼善成性』，非與？」曰：「世儒解經，皆不善讀《易》者也。孔子云『一陰一陽之謂道』，謂一陰一陽均調而不偏，乃天地中和之氣，故謂之道。人繼之則爲善，繼者，稟受之初；人成之則爲性，成者，不作之謂。假若一陰則偏於柔，一陽則偏於剛，皆落氣質，不可謂之道。蓋純陰純陽之謂偏，一陰二陽、二陰一陽之謂駁，一陰三四五陽、五陰一三四陽之謂雜。故仁智之見，皆落了氣質一邊，何況百姓？仁智兩字，拈此以見例。禮者見之謂之禮，義者見之謂之義，皆是邊見。朱註以繼爲天，誤矣。又以仁智分陰陽，又誤矣。抑嘗考之，天自有兩種天：有理道之天，有氣數之天。故賦之於人，有義理之性，有氣質之性。二天皆出於太極，理道之天是先天，未著陰陽五行以前，純善無惡，《書》所謂『惟皇降衷，厥有恒性』，《詩》所謂『天生蒸民，有物有則』是也。氣數之天是後天，落陰陽五行之後，有善有惡，《書》所謂『天生蒸民有欲』，

孔子所謂『惟上知與下愚不移』是也。孟子道性善，只言箇德性。」

物欲從氣質來，只變化了氣質，更説甚物欲。

耳目口鼻四肢有何罪過？堯、舜、周、孔之身都是有底；聲色貨利可愛可欲有何罪過？堯、舜、周、孔之世都是有底。千萬罪惡，都是這點心。孟子「耳目之官不思而蔽於物」，太株連了。只是先立乎其大，有了張主，小者都是好奴婢，何小之敢奪？沒了窩主，那怕盜賊？問：「誰立大？」曰：「大立大。」

威儀養得定了，纔有脱略，便害羞赧；放肆慣得久了，纔入禮群，便害拘束。習不可不慎也。

絜矩是强恕事，聖人不絜矩。他這一副心腸原與天下打成一片，那箇是矩？那箇是絜？

仁以爲己任，死而後已，此是大擔當；老者衣帛食肉，黎民不饑不寒，此是大快樂。

內外本末交相培養，此語余所未喻。只有內與本，那外與末張主得甚？

不是與諸君不談奥妙，古今奥妙，不似《易》與《中庸》，至今解説二書，不似青天白日，如何又於晦夜添濃雲也？望諸君哀此後學，另説一副當言語。❶須是十指露縫，八面開窗，你見我知，更無躲閃，方是正大光明男子。

形而上與形而下，不是兩般道理；下學上達，不是兩截工夫。

世之欲惡無窮，人之精力有限，以有限

❶「當」上，文淵閣四庫全書本《呻吟語摘》有「確」字，可從。

與無窮鬭，則物之勝人不啻千萬，奈之何不病且死也。

冷淡中有無限受用處，都戀戀炎熱，抵死不悟，既悟不知回頭，既回頭卻又羡慕。此是一種依羶附腥底人，切莫與談真滋味。

處明燭幽，未能見物而物先見之矣；處幽燭明，是謂神照。是故不言者非暗，不視者非盲，不聽者非聾。

儒戒聲色貨利，釋戒色聲香味，道戒酒色財氣。總歸之無欲，此三氏所同也。儒衣儒冠而多欲，怎笑得釋、道？

敬事鬼神，聖人維持世教之大端也，其義深，其功大。但自不可鑿求，不可道破耳。

天下之治亂，只在「相責各盡」四字。

世之治亂，國之存亡，民之死生，只是箇我心作用。只無我了，便是天清地寧，民安物阜世界。

惟得道之深者，然後能淺言。凡深言者，得道之淺者也。

以虛養心，以德養身，以善養人，以仁養天下萬物，以道養萬世。養之義大矣哉！

萬物皆能昏人，是人皆有所昏。有所不見，爲不見者所昏；有所見，爲見者所昏。惟一無所見者不昏，不昏然後見天下。

道非淡不入，非静不進，非冷不凝。

三千三百，便是無聲無臭。

天德王道不是兩事，內聖外王不是兩人。

損之而不見其少者，必贅物也；益之而不見其多者，必缺處也。惟分定者，加一毫不得，減一毫不得。

知是一雙眼，行是一雙脚。不知而行，前有淵谷而不得，傍有狼虎而不聞，如中州之人適燕而南，之粵而北也。雖乘千里之

馬，愈疾愈遠。知而不行，如痿痺之人數路程，畫山水。行更無多説，只用得一「篤」字。知底工夫千頭萬緒，所謂「匪知之艱，惟行之難」，「匪苟知之，亦允蹈之」，「知至至之，知終終之」，「窮神知化」，「窮理盡性」，「極深研幾」，❶「探賾索隱」，「多聞多見」。知也者，知所行也；行也者，行所知也。知也者，知此也；行也者，行此也。原不是兩箇。世俗知行不分，直與千古聖人駁難，以爲行即是知。余以爲，能行方算得知，徒知難算得行。

有殺之爲仁，生之爲不仁者；有取之爲義，與之爲不義者；有卑之爲禮，尊之爲非禮者；有不知爲智，知之爲不智者；有違言爲信，踐言爲非信者。

覓物者苦求而不得，或視之而不見。他日無事於覓也，乃得之。非物有趨避，目眩於急求也。天下之事，每得於從容，而失之急遽。

山峙川流，鳥啼花落，風清月白，自是各適其天，各得其分。我亦然，彼此無干涉也。纔生係戀心，便是歆羨，便有沾著。至人淡無世好，與世相忘而已。惟並育而不有情，故並育而不相害。

公生明，誠生明，從容生明。公生明者，不蔽於私也；誠生明者，清虚所通也；從容生明者，不淆於感也。舍是無明道矣。

「喜怒哀樂之未發謂之中」，自有《中庸》來，無人看破此一語。此吾道與佛、老異處，最不可忽。

知識，心之孽也；才能，身之妖也；貴寵，家之禍也；富足，子孫之殃也。

只泰了，天地萬物皆志暢意得，忻喜懽

❶「極深研幾」，原作「幾深研極」，據《周易・繫辭上》改。

愛，心身家國天下無一毫鬱閼不平之氣，所謂八達四通，千昌萬遂，太和之至也。然泰極則肆，肆則不可收拾而入於否。故泰之後，繼以大壯，而聖人戒之曰：「君子以非禮弗履。」用是見古人憂勤惕勵之意多，豪雄曠達之心少。六十四卦，惟有泰是快樂時，又恁極中極正，且懼且危。此所以致泰保泰而無意外之患也。

今古紛紛辨口，聚訟盈庭，積書充棟，皆起於世教之不明，而聰明才辨者各執意見以求勝。故爭輕重者，至衡而息；爭短長者，至度而息；爭多寡者，至量而息；爭是非者，至聖人而息。中道者，聖人之權衡度量也。聖人往矣，而中道自在，安用是嘵嘵强口而逞辨以自是哉？嗟夫！難言之矣。

人只認得「義」「命」兩字真，隨事隨時在這邊體認，果得趣味，一生受用不了。

「夫焉有所倚」，此至誠之胸次也。空空洞洞，一無所著，一無所有，只是不倚著。纔倚一分，便是一分偏；纔著一釐，便是一釐礙。

形用事，則神者亦形；神用事，則形者亦神。

威儀三千，禮儀三百，五刑之屬三千，皆法也。法是死底，令人可守；道是活底，令人變通。賢者持循於法之中，聖人變易於法之外。自非聖人而言變易，皆亂法也。

道不可言，纔落言詮，便有倚著。

禮教大明，中有犯禮者一人焉，則衆以爲肆而無所容。禮教不明，中有守禮者一人焉，則衆以爲怪而無所容。禮之於世大矣哉！

良知之説，亦是致曲擴端學問，只是作用大端費力。作聖工夫當從天上做，培樹工

夫當從土上做。射之道，中者矢也，矢由弦，弦由手，手由心，用工當在心不在矢。御之道，用者銜也，銜由轡，轡由手，手由心，用工當在心不在銜。

聖門工夫有兩途：「克己復禮」，是領惡以全好也，四夷靖則中國安；「先立乎其大者」，是正己而物正也，內順治則外威嚴。

「中」是千古道脈宗，「敬」是聖學一字訣。

性只有一箇，纔說五，便著情種矣。

敬、肆是死生關。

瓜李將熟，浮白生焉，禮由情生。後世乃以禮爲情，哀哉！

道理甚明、甚淺、甚易，只被後儒到今說底玄冥，只似真禪，如何使俗學不一切詆毀而盡叛之？

生成者，天之道心；災害者，天之人心。道心者，人之生成；人心者，人之災害。此語衆人驚駭死，必有能理會者。

道器非兩物，理氣非兩件。成象成形者器，所以然者道。生物成物者氣，所以然者理。道與理，視之無迹，捫之無物，必分道器、理氣爲兩項，殊爲未精。《易》曰：「形而上者謂之道，形而下者謂之器。」蓋形而上，無體者也，萬有之父母，故曰道。形而下，有體者也，一道之凝結，故曰器。理氣亦然。生天、生地、生人、生物，皆氣也。所以然者，理也。安得對待而言之？若對待爲二，則費隱亦二矣。

先天，理而已矣；後天，氣而已矣；天下，勢而已矣；人情，利而已矣。理一，而氣、勢、利三，勝負可知矣。

人事就是天命。

我盛則萬物皆爲我用，我衰則萬物皆爲

我病。盛衰勝負，宇宙内只有一箇消息。

天地間惟無無累，有即爲累。有身則身爲我累，有物則物爲我累。惟至人則有我而無我，有物而忘物。此身如在太虛中，何累之有？故能物我兩化。化則何有何無？何非有何非無？故二氏逃有，聖人善處有。

義，合外内之道也。外無感，則義只是渾然在中之理。見物而裁制之則爲義，義不生於物，亦緣物而後見。告子只説義外，故孟子只説義内，各説一邊以相駁，故窮年相辨而不服。孟子若説義雖緣外，而形實根吾心而生，物不是義，而處物乃爲義也。告子再怎開口？性，合理氣之道也。理不雜氣，則純粹以精，有善無惡，所謂義理之性也。理一雜氣，則五行紛糅，有善有惡，所謂氣質之性也。諸家所言皆落氣質之後之性，孟子所言皆未著氣質之先之性，各指一邊以相駁，故窮年相辨而不服。孟子若説有善有惡者雜於氣質之性，有善無惡者上帝降衷之性，學問之道正要變化那氣質之性，完復吾降衷之性。諸家再怎開口？

乾與姤，坤與復，對頭相接，不間一髮。乾、坤盡頭處，即姤、復起頭處，如呼吸之相連，無有斷續，一斷便是生死之界。

知費之爲省，善省者也；而以省爲省者愚，其費必倍。知勞之爲逸者，善逸者也；而以逸爲逸者昏，其勞必多。知苦之爲樂者，善樂者也；而以樂爲樂者癡，一苦不返。知通之爲塞者，善塞者也；而以塞爲塞者拙，一通必竭。

秦火之後，三代制作湮滅幾盡。漢時購書之賞重，故漢儒附會之書多。其幸存者，則焚書以前之宿儒尚存而不死，如伏生口授之類；好古之君子壁藏而石函，如《周禮》出

於屋壁之類。後儒不考古今之文，概云先王制作而不敢易。即使盡屬先王制作，然而議禮制度考文，沿世道民俗而調劑之，易姓受命之天子皆可變通，故曰刑法世輕重，三王不沿禮襲樂。若一切泥古而求通，則茹毛飲血、土鼓汙尊皆可行之今日矣。堯、舜而當此時，其制度文爲必因時順勢，豈能反後世而躋之唐虞？或曰：「自秦火後，先王制作何以別之？」曰：「打起一道大中至正線來，真僞分毫不錯。」

理會得「簡」之一字，自家身心、天地萬物、天下萬事盡之矣。一粒金丹不載多藥，一分銀魂不攙錢幣。

耳聞底，眼見底，身觸頭戴足踏底，燦然確然，無非都是這箇，拈起一端來，色色都是這箇。卻向古人千言萬語、陳爛葛藤鑽研窮究，意亂神昏，了不可得。則多言之悞後人也噫！

鬼神無聲無臭，而有聲有臭者，乃無聲無臭之散殊也。故先王以聲臭爲感格鬼神之妙機。周人尚臭，商人尚聲，自非達幽明之故者，難以語此。

三千三百，繭絲牛毛，聖人之精細入淵微矣。然皆自性真流出，非由强作，此之謂天理。

事事只在道理上商量，便是真體認。

使人收斂莊重莫如禮，使人温厚和平莫如樂。德性之有資於禮樂，猶身體之有資於衣食，極重大，極急切。人君治天下，士君子治身，惟禮樂之用爲急耳。自禮廢，而惰慢放肆之態慣習於身體矣；自樂亡，而乖戾忿恨之氣充滿於一腔矣。三代以降，無論典秩之本，聲氣之元，即儀文器數，夢寐不及。悠悠六合，貿貿百年，豈非靈於萬物，而萬物且

能笑之。細思先儒「不可斯須去身」六字，可爲流涕長太息矣。

惟平脈無病，七表、八裏、九道，皆病名也。惟中道無名，五常、百行、萬善，皆偏名也。

千載而下，最可恨者，樂之無傳。士大夫視爲迂闊無用之物，而不知其有切於身心性命也。

一、中、平、常、白、淡、無，謂之七，無對。一不對萬，萬者一之分也。太過不及對，中者太過不及之君也。高下對，平者高下之準也。吉凶禍福貧富貴賤對，常者不增不減之物也。青黄碧紫赤黑對，白者青黄碧紫赤黑之質也。酸鹹甘苦辛對，淡者受和五味之主也。有不與無對，無者萬有之母也。

或問：「格物之物是何物？」曰：「至善是已。」「如何格？」曰：「知止是已。」「《中庸》不言格物，何也？」曰：「舜之執兩端於問察，回之擇一善而服膺，皆格物也。」「擇善與格物同否？」曰：「博學審問，慎思明辨，皆格物也。致知誠正，修齊治平，皆擇善也。除了善，更無物；除了擇善，更無格物之功。」「至善即中乎？」曰：「不中不得謂之至善，不明乎善不得謂之格物。故不明善不能誠身，不格物不能誠意。明了善，欲不誠身不得；格了物，欲不誠意不得。」「不格物亦能致知否？」曰：「有。佛、老、莊、列皆致知也，非不格物，而非吾之所謂物。」「不致知亦能誠意否？」曰：「有。尾生、孝己皆誠意也，乃氣質之知，而非格物之知。格物二字，在宇宙間乃鬼神訶護真靈至寶，要在箇中人神解妙悟，不可與口耳家道也。」

學術要辨邪正。既正矣，又要辨真僞。既真矣，又要辨念頭切不切，向往力不力，無

以空言輒便許人也。

百姓凍餒謂之國窮，妻子困乏謂之家窮，氣血虛弱謂之身窮，學問空疏謂之心窮。

人問：「君是道學否？」曰：「我不是道學。」「是仙學否？」曰：「我不是仙學。」「是釋學否？」曰：「我不是釋學。」「是老、莊、申、韓學否？」曰：「我不是老、莊、申、韓學。」「畢竟是誰家門户？」曰：「我只是我。」

與友人論天下無一物無禮樂，因指几上香曰：「此香便是禮，香烟便是樂；坐在此便是禮，一笑便是樂。」

心之好惡，不可迷也，耳目口鼻四肢之好惡不可徇也。瞽者不辨蒼素，聾者不辨宮商，鼽者不辨香臭，狂者不辨辛酸，逃難而追亡者不辨險夷遠近。然於我無損也，於道無損也，於事無損也，而有益於世，有益於我者無窮。乃知五者之知覺，道之賊而心之殃也，天下之禍也。

氣有三散：苦散，樂散，自然散。苦散、樂散可以復聚，自然散不復聚矣。

悟有頓，修無頓。立志在堯，即一念之堯；一語近舜，即一言之舜；一行師孔，即一事之孔，而況悟乎？若成一箇堯、舜、孔子，非真積力充，斃而後已不能。

有人於此，其孫呼之曰祖，其祖呼之曰孫；其子呼之曰父，其父呼之曰子；其舅呼之曰甥，其甥呼之曰舅；其伯叔呼之曰姪，其姪呼之曰伯叔；其兄呼之曰弟，其弟呼之曰兄；其翁呼之曰壻，其壻呼之曰翁。畢竟是幾人？曰：「一人也。」「呼之畢竟孰是？」曰：「皆是也。」吁！「仁者見之謂之仁，知者見之謂之知」，無怪矣，道二乎哉！

豪放之心非道之所棲也，是故道凝於寧静。

聖人制規矩不制方圓，謂規矩可爲方圓，方圓不能爲方圓耳。

終身不照鏡，終身不認得自家。乍照鏡猶疑我是別人，常磨常照，才認得本來面目。故君子不可以無友。

輕重只在毫釐，長短只爭分寸。明者以少爲多，昏者惜零棄頓。

天地所以循環無端，積成萬古者，只是四箇字，曰「無息有漸」。聖學亦然。縱使生知之聖，敏則有之矣，離此四字不得。下手處是「自强不息」，成就處是「至誠無息」。

聖學入門，先要克己，歸宿只是無我。蓋自私自利之心是立人達人之障，此便是舜、跖關頭，死生歧路。

心於澹裏見天真，嚼破後許多滋味；學向淵中尋理趣，涌出來無限波瀾。

百毒惟有恩毒苦，萬味無如澹味長。

總埋泉壤終須白，纔露天機便不玄。

横吞八極水，細數九牛毛。

按：《談道》篇舊凡一百七十九則，「有人於此」以下五則據陸本補。「天地所以循環無端」以下三則據陳本補。「心於澹裏見天真」以下四則據《文集》補。

呻吟語卷一畢

呻吟語卷二

内篇

寧陵吕坤叔簡甫著

修身

六合是我底六合，那箇是人？我是六合底我，那箇是我？

世上没箇分外好底，便到天地位、萬物育底功用，也是性分中應盡底事業。今人纔有一善，便向人有矜色，便見得世上人都有不是，余甚恥之。若説分外好，這又是賢智之過，便不是好。

率真者無心過，殊多躁言輕舉之失；慎密者無口過，不免厚貌深情之累。心事如青天白日，言動如履薄臨深，其惟君子乎！

沉静最是美質，蓋心存而不放者。今人獨居無事，已自岑寂難堪；纔應事接人，便任口恣情，即是清狂，亦非蓄德之器。

攻己惡者，顧不得攻人之惡。若曉曉爾雌黄人，定是自治疏底。

大事難事看擔當，逆境順境看襟度，臨喜臨怒看涵養，群行群止看識見。

身是心當，家是主人翁當，郡邑是守令當，九邊是將帥當，千官是冢宰當，天下是天子當，道是聖人當。故宇宙内幾樁大事，學者要挺身獨任，讓不得人，亦與人計行止不得。

作人怕似渴睡漢，才唤醒時，睁眼若有知，旋復沉困，竟是寐中人。須如朝興櫛盥之後，神爽氣清，冷冷勁勁，方是真醒。

人生得有餘氣，便有受用處。言盡口説，事盡意做，此是薄命子。

清人不借外景爲襟懷，高士不以塵識染情性。

官吏不要錢，男兒不做賊，女子不失身，纔有了一分人。連這箇也犯了，再休説別箇。

才有一段公直之氣，而出言做事便露圭角，是大病痛。

講學論道於師友之時，知其心術之所藏何如也；飭躬勵行於見聞之地，知其暗室之所爲何如也。然則盜跖非元憝也，彼盜利而不盜名也。世之大盜，名利兩得者居其最。

圓融者無詭隨之態，精細者無苛察之心，方正者無乖拂之失，沉默者無陰險之術，誠篤者無椎魯之累，光明者無淺露之病，勁直者無徑情之偏，執持者無拘泥之迹，敏練者無輕浮之狀，此是全才。有所長而矯其長之失，此是善學。

不足與有爲者自附於行所無事之名，和光同塵者自附於無可無不可之名，聖人惡莠也以此。

古之士民各安其業，策勵精神，點檢心事。晝之所爲，夜而思之，又思明日之所爲。君子汲汲其德，小人汲汲其業，日累月進，旦興晏息，不敢有一息惰慢之氣。夫是以士無慆德，民無怠行；夫是以家給人足，道明德積，身用康强，不即於禍。今也不然，百畝之家不親力作，一命之士不治常業，浪談邪議，聚笑覓懽，耽心耳目之玩，騁情遊戲之樂，身衣綺穀，口厭芻豢，志溺驕佚，憒然不知日用之所爲，而其室家土田百物往來之費，又足以荒志而養其淫，消耗年華，妄費日用。噫！是亦名爲人也，無惑乎後艱之踵至也。

世之人形容人過，只象箇盜跖；回護自家，只象箇堯、舜。不知這卻是以堯、舜望人，而以盜跖自待也。

孟子看鄉黨自好看得甚卑，近來看鄉黨人自好底不多。愛名惜節，自好之謂也。

少年之情，欲收斂不欲豪暢，可以謹德；老人之情，欲豪暢不欲鬱閼，可以養生。

廣所依不如擇所依，擇所依不如無所依。無所依者，依天也。依天者有獨知之契，雖獨立宇宙之内而不謂孤。衆傾之，衆毀之而不爲動，此之謂男子。

坐間皆談笑，而我色莊；坐間皆悲感，而我色怡，此之謂乖戾，處己處人兩失之。

精明也要十分，只須藏在渾厚裏作用。古今得禍，精明人十居其九，未有渾厚而得禍者。今之人惟恐精明不至，乃所以爲愚也。

分明認得自家是，只管擔當直前做去，卻因毀言輒便消沮，這是極無定力底，不可以任天下之重。

小屈以求大伸，聖賢不爲。吾道必大行之日然後見，便是抱關擊柝，自有不可枉之道。松柏生來便直，士君子窮居便正。若曰在下位、遇難事姑韜光忍恥，以圖他日貴達之時然後直躬行道，此不但出處爲兩截人，即既仕之後，又爲兩截人矣。又安知大任到手不放過邪！

才能技藝，讓他占箇高名，莫與角勝。至於綱常大節，則定要自家努力，不可退居人後。

處衆人中，孤另另的别作一色人，亦吾道之所不取也。子曰「群而不黨」，群占了八九分，不黨只到那不可處方用。其用之也，不害其群，才見把持，才見涵養。

今之人只是將「好名」二字坐君子罪，不知名是自好不將去。分人以財者，實費財；教人以善者，實勞心。臣死忠，子死孝，婦死節者，實殺身。一介不取者，實無所得。試著渠將這好名兒好一好，肯不肯？即使真正好名，所爲卻是道理。彼不好名者，舜乎？跖乎？果舜邪，真加於好名一等矣；果跖邪，是不好美名而好惡名也。愚悲世人以好名沮君子，而君子亦畏好名之譏而自沮，吾道之大害也，故不得不辨。凡我君子，其尚獨，復自持，毋爲嘵嘵者所撼哉！

大其心容天下之物，虛其心受天下之善，平其心論天下之事，潛其心觀天下之理，定其心應天下之變。

古之居民上者，治一邑則任一邑之重，治一郡則任一郡之重，治天下則任天下之重。朝夕思慮其事，日夜經紀其務，一物失所，不遑安席；一事失理，不遑安食。限於才者求盡吾心，限於勢者求滿吾分。不愧於君之付託，民之仰望，然後食君之祿，享民之奉，泰然無所歉，反焉無所愧。否則是食浮於功也，君子恥之。

盜嫂之誣直不疑，❶撾婦翁之誣第五倫，皆二子之幸也。何者？誣其所無。無近似之迹也，雖不辨而久則自明矣。或曰：「使二子有嫂，有婦翁，亦當辨否？」曰：「嫌疑之迹，君子安得不辨？『予所否者，天厭之，天厭之』，若付之無言，是與馬償金之類也，君子之所惡也。故君子不潔己以病人，亦不自汙以徇世。」

❶「直」，原作「雋」，據《史記》卷一〇三、《漢書》卷四十六《直不疑列傳》，直不疑被誣盜嫂，雋不疑無此事，因據改。

聽言不爽，非聖人不能。根以有成之心，蜚以近似之語，加之以不避嫌之事，當倉卒無及之際，懷隔閡難辨之恨，父子可以相賊，死亡可以不顧，怒室鬩牆，稽脣反目，何足道哉！古今國家之敗亡，此居强半。聖人忘於無言，智者照以先覺，賢者熄於未著，剛者絶其口語，忍者斷於不行。非此五者，無良術矣。

榮辱係乎所立，所立者固，則榮隨之，雖有可辱，人不忍加也。所立者廢，則辱隨之，雖有可榮，人不屑及也。是故君子愛其所自立，懼其所自廢。

掩護勿攻，屈服勿怒，此用威者之所當知也。無功勿賞，盛寵勿加，此用愛者之所當知也。反是皆敗道也。

稱人之善，我有一善，又何妒焉？稱人之惡，我有一惡，又何毀焉？

善居功者，讓大美而不居；善居名者，避大名而不受。

善者不必福，惡者不必禍，君子稔知之也，寧禍而不肯爲惡。忠直者窮，諛佞者通，君子稔知之也，寧窮而不肯爲佞。非但知理有當然，亦其心有所不容已耳。

居尊大之位，而使賢者忘其貴重，卑者樂於親炙，則其人可知矣。

人不難於違衆，而難於違己。能違己矣，違衆何難？

攻我之過者，未必皆無過之人也。苟求無過之人攻我，則終身不得聞過矣。我當感其攻我之益而已，彼有過無過何暇計哉！

恬淡老成人又不能俛仰，一世便覺乾燥。圓和甘潤人又不能把持，一身便覺脂韋。

做人要做箇萬全，至於名利地步休要十

分占盡，常要分與大家，就帶些缺綻不妨。何者？天下無人己俱遂之事，我得人必失，我利人必害，我榮人必辱，我有美名人必有媿色。是以君子貪德而讓名，辭完而處缺，使人我一般，不嶢嶢露頭角立標臬，而胸中自有無限之樂。孔子謙己，嘗自附於尋常人，此中極有意趣。

「明理省事」甚難，此四字終身理會不盡，得了時無往而不裕如。

胸中有一箇見識，則不惑於紛雜之說；有一段道理，則不撓於鄙俗之見。《詩》云：「匪先民是程，匪大猷是經，惟邇言是争。」平生讀聖賢書，某事與之合，某事與之背，即知所適從，知所去取。否則口《詩》、《書》而心衆人也，身儒衣冠而行鄙夫也，此士之稂莠也。

世人喜言無好人，此孟浪語也。今且不須擇人，只於市井稠人中聚百人，而各取其所長。人必有一善，集百人之善可以爲賢人；人必有一見，集百人之見可以決大計。恐我於百人中，未必人人高出之也，而安可忽匹夫匹婦哉！

學欲博，技欲工，難説不是一長。總較作人，只是够了便止。學如班、馬，字如鍾、王，文如曹、劉，詩如李、杜，錚錚千古知名，只是箇小藝習，所貴在作人好。

到當説處，一句便有千鈞之力，卻又不激不疏，此是言之上乘。除外雖十緘也不妨。

循弊規若時王之制，守時套若先聖之經，侈己自得，惡聞正論，是人也，亦大可憐矣，世教奚賴焉？

心要常操，身要常勞。心愈操愈精明，身愈勞愈强健。但自不可過耳。

未適可，必止可；既適可，不過可，務求適可而止。此吾人日用持循，須臾粗心不得。

士君子之偶聚也，不言身心性命，則言天下國家；不言物理人情，則言風俗世道；不規目前過失，則問平生德業。傍花隨柳之間，吟風弄月之際，都無鄙俗媟嫚之談，謂此心不可一時流於邪僻，此身不可一日令之偷惰也。若一相逢，不是褻狎，便是亂講，此與僕隸下人何異？只多了這衣冠耳。

作人要如神龍，屈伸變化自得自如，不可爲勢利術數所拘縛。若羈絆隨人，不能自決，只是箇牛羊。然亦不可嘵嘵悻悻。故大智上哲看得幾事分明，外面要無迹無言，胸中要獨往獨來，怎被機械人駕馭得？

「財色名位」，此四字考人品之大節目也，這裏打不過，小善不足録矣。自古砥礪名節者，兢兢在這裏做工夫，最不可容易放過。

古之人，非曰位居貴要，分爲尊長，而遂無可言之人，無可指之過也。非曰卑幼貧賤之人一無所知識，即有知識，而亦不當言也。蓋體統名分，確然不可易者，在道義之外；以道相成，以心相與，在體統名分之外。哀哉！後世之貴要尊長而遂無過也。

只盡日點檢自家，發出念頭來，果是人心？果是道心？出言行事，果是公正？果是私曲？自家人品自家定了幾分？何暇非笑人，又何敢喜人之譽己邪！

往見泰山喬嶽，以立身四語甚愛之，疑有未盡，因推廣爲男兒八景。云：「泰山喬嶽之身，海闊天空之腹，和風甘雨之色，日照月臨之目，旋乾轉坤之手，磐石砥柱之足，臨深履薄之心，玉潔冰清之骨。」此八景，予甚

媿之，當與同志者竭力從事焉。

求人已不可，又求人之轉求；徇人之求已不可，又轉求人之徇人；患難求人已不可，又以富貴利達求人，此丈夫之恥。

文名、才名、藝名、勇名，人儘讓得過，惟是道德之名，則妒者衆矣。無文、無才、無藝、無勇，人儘謙得起，惟是無道德之名，則媿者衆矣。君子以道德之實潛修，以道德之名自掩。

「有諸己而後求諸人，無諸己而後非諸人」，固是藏身之恕。有諸己而不求諸人，無諸己而不非諸人，自是無言之感。《大學》爲居上者言，若士君子守身之常法，則余言亦蓄德之道也。

乾坤儘大，何處容我不得？而到處不爲人所容，則我之難容也。眇然一身而爲世上難容之人，乃號於人曰：「人之不能容我也。」吁！亦愚矣哉！

名分者，天下之所共守者也。名分不立，則朝廷之紀綱不尊，而法令不行。聖人以名分行道，曲士恃道以壓名分。不知孔子之道，視魯侯奚啻天壤？而《鄉黨》一篇，何等盡君臣之禮。乃知尊名分與諂時勢不同。名分所在，一毫不敢傲惰；時勢所在，一毫不敢阿諛。固哉！世之腐儒以尊名分爲諂時勢也。卑哉！世之鄙夫以諂時勢爲尊名分也。

聖人之道，太和而已，故萬物皆育。便是秋冬，不害其爲太和，況太和又未嘗不在秋冬宇宙間哉！余性褊，無弘度、平心、温容、巽語，願從事於太和之道以自廣焉。

只竟夕點檢，今日說得幾句話，關係身心；行得幾件事，有益世道。自慊自愧，恍然獨覺矣。若醉酒飽肉，恣談浪笑，卻不錯

過了一日？亂言妄動，昧理從欲，卻不作孽了一日？

只一箇俗念頭，錯做了一生人；只一雙俗眼目，錯認了一生人。

少年只要想我見在幹些甚麽事，到頭成箇甚麽人，這便有多少恨心，多少愧汗，如何放得自家過。

明鏡雖足以照秋毫之末，然持以照面不照手者何？面不自見，借鏡以見，若手則吾自見之矣。鏡雖明，不明於目也，故君子貴自知自信。以人言爲進止，是照手之識也。若耳目識見所不及，則匪天下之見聞不濟矣。

義、命、法，此三者，君子之所以定身，而衆人之所妄念者也。從妄念而巧邪，圖以幸其私，君子恥之。夫義不當爲，命不能爲，法不敢爲，雖欲强之，豈惟無獲，所喪多矣。即獲亦非福也。

避嫌者，尋嫌者也；自辨者，自誣者也。心事重門洞達，略不回邪；行事八窗玲瓏，毫無遮障，則見者服，聞者信。稍有不白之誣，將家家爲吾稱冤，人人爲吾置喙矣。此之謂潔品，不自潔而人潔之。

善之當爲，如飲食衣服然，乃吾人日用常行事也。人未聞有以禍福廢衣食者，而爲善則以禍福爲行止；未聞有以毀譽廢衣食者，而爲善則以毀譽爲行止。惟爲善心不真誠之故耳。果真果誠，尚有甘死饑寒而樂於趨善者。

有象而無體者，畫人也，欲爲而不能爲。有體而無用者，塑人也，清净尊嚴，享犧牲香火而一無所爲。有運動而無知覺者，偶人也，待提掇指使而後爲。此三人者，身無血氣，心無靈明，吾無責矣。

我身原無貧富貴賤得失榮辱字，我只是箇我，故富貴貧賤得失榮辱如春風秋月，自去自來，與心全不牽掛，我到底只是箇我。夫如是，故可貧可富，可貴可賤，可得可失，可榮可辱。今人惟富貴是貪，其得之也必喜，其失之也如何不悲？其得之也爲榮，其失之也如何不辱？全是靠著假景作真身，外物爲分内。此二氏之所笑也，況吾儒乎？吾輩做工夫，這箇是第一，吾愧不能，以告同志者。

「本分」二字，妙不容言。君子持身，不可不知本分。知本分，則千態萬狀，一毫加損不得。聖王爲治，當使民得其本分。得本分，則榮辱死生，一毫怨望不得。子弑父，臣弑君，皆由不知本分始。

兩柔無聲，合也；一柔無聲，受也。兩剛必碎，激也；一剛必損，積也。故《易》取一剛一柔，是謂平中，以成天下之務，以和一身之德，君子尚之。

毋以人譽而遂謂無過，世道尚渾厚，人人有心史也。人之心史真，惟我有心史而後無畏人之心史矣。

淫怒是大惡，裏面御不住氣，外面顧不得人，成甚涵養？或曰：「涵養獨無怒乎？」曰：「聖賢之怒自別。」

凡智愚無他，在讀書與不讀書；禍福無他，在爲善與不爲善；貧富無他，在勤儉與不勤儉；毀譽無他，在仁恕與不仁恕。

古人之寬大，非直爲道理當如此，然煞有受用處。弘器度以養德也，省怨怒以養氣也，絶仇讎以遠禍也。

平日讀書，惟有做官是展布時。將窮居所見聞，及生平所欲爲者一一試嘗之，須是所理之政事各得其宜，所治之人物各得其

所，纔是滿了本然底分量。

只見得眼前都不可意，便是箇礙世之人。人不可我意，我必不可人意。不可人意者我一人，不可我意者千萬人。嗚呼！未有不可千萬人意而不危者也。是故智者能與世宜，至人不與世礙。

性分、職分、名分、勢分，此四者，宇内之大物。性分、職分在己，在己者不可不盡；名分、勢分在上，在上者不可不守。

初看得我污了世界，便是箇盜跖；後看得世界污了我，便是箇伯夷；最後看得世界也不污我，我也不污世界，便是箇老子。

心要有城池，口要有門户。有城池則不出，有門户則不縱。

士君子作人不長進，只是不用心不著力。其所以不用心不著力者，只是不媿不奮。能媿能奮，聖人可至。

有道之言得之心悟，有德之言得之躬行。有道之言弘暢，有德之言親切。有道之言如遊萬貨之肆，有德之言如發萬貨之商。有道者不容不言，有德者無俟於言。雖然，未嘗不言也。故曰「有德者必有言」。

學者説話要簡重從容，循物傍事，這便是説話中涵養。

或問：「不怨不尤了，恐於事天處人上更要留心不？」曰：「這天人兩項，千頭萬緒，如何照管得來？有箇簡便之法，只在自家身上做，一念一言一事都點檢得，没我分毫不是，那禍福毁譽都不須理會。我無求禍之道而禍來，自有天耽錯；我無致毁之道而毁來，自有人耽錯，與我全不干涉。若福與譽是我應得底，我不加喜；是我倖得底，我且惶懼愧赧。況天也有力量不能底，人也有知識不到底，也要體悉他。卻有一件緊要，

生怕我不能格天動物。這箇稍有欠缺，自怨自尤且不暇，又那顧得別箇？孔子説箇『上不怨，下不尤』，是不願乎其外道理；孟子説箇『仰不愧，俯不怍』，是素位而行道理，此二意常相須。」

天理本自廉退，而吾又處之以疏；人欲本善夤緣，而吾又狎之以親。小人滿方寸，而君子在千里之外矣，欲身之修，得乎？故學者與天理處，始則敬之如師保，既而親之如骨肉，久則渾化爲一體。人欲雖欲乘間而入也，無從矣。

氣忌盛，心忌滿，才忌露。

外勍敵五：聲色、貨利、名位、患難、晏安。內勍敵五：惡怒、喜好、牽纏、褊急、積慣。士君子終日被這箇昏惑凌駕，此小勇者之所納款，而大勇者之所務克也。

玄奇之疾，醫以平易；英發之疾，醫以深沉；闊大之疾，醫以充實。不遠之復，不若未行之審也。

奮始怠終，修業之賊也；緩前急後，應事之賊也；躁心浮氣，畜德之賊也；疾言厲色，處衆之賊也。

名心盛者必作僞。

做大官底，是一樣家數；做好人底，是一樣家數。

見義不爲，又託之違衆，此力行者之大戒也。若肯務實，又自逃名，不患於無術，吾竊以自恨焉。

「恭敬謙謹」，此四字有心之善也；「狎侮傲凌」，此四字有心之惡也。人所易知也。至於「怠忽惰慢」，此四字乃無心之失耳，而丹書之戒「怠勝敬者凶」，論治忽者，至分存亡。《大學》以「傲惰」同論，曾子以「暴慢」連語者，何哉？蓋天下之禍患皆起於四字，一

身之罪過皆生於四字。怠則一切苟且，忽則一切昏忘，惰則一切疏懶，慢則一切延遲。以之應事，則萬事皆廢；以之接人，則衆心皆離。古人臨民如馭朽索，使人如承大祭，況接平交以上者乎？古人處事不泄邇，不忘遠，況目前之親切重大者乎？故曰「無衆寡，無小大，無敢慢」，此九字，即「毋不敬」。「毋不敬」三字，非但聖狂之分，存亡治亂、死生禍福之關也，必然不易之理也。沉心精應者始真知之。

人一生大罪過，只在「自是自私」四字。

古人慎言，每云「有餘不敢盡」。今人只盡其餘，還不成大過。只是附會支吾，心知其非而取辨於口，不至屈人不止，則又盡有餘者之罪人也。

真正受用處，十分用不得一分，那九分都無些干係。而拚死忘生，忍辱動氣以求之者，皆九分也。何術悟得他醒？可笑可歎。

貧不足羞，可羞是貧而無志；賤不足惡，可惡是賤而無能；老不足歎，可歎是老而虛生；死不足悲，可悲是死而無聞。

聖人之聞善言也，欣欣然惟恐尼之，故和之以同言，以開其樂告之誠。聖人之聞過言也，引引然惟恐拂之，故内之以温色，以誘其忠告之實。何也？進德改過，爲其有益於我也。此之謂至知。

古者招隱逸，今也獎恬退，吾黨可以媿矣。古者隱逸養道，不得已而後出；今也恬退養望，激虛名以干進。吾黨可以戒矣。

喜來時一點檢，怒來時一點檢，怠惰時一點檢，放肆時一點檢，此是省察大條款。人到此多想不起，顧不得，一錯了便悔不及。

治亂係所用事。天下國家，君子用事則治，小人用事則亂。一身，德性用事則治，氣

習用事則亂。

難管底是任意，難防底是慣病。此處著力，便是穴上著針，癢處著手。

試點檢終日說話，有幾句恰好底，便見所養。

業刻木如鋸齒，古無文字，用以記日行之事數也。一事畢則去一刻，事俱畢則盡去之，謂之修業。更事則再刻如前。大事則大刻，謂之大業；多事則多刻，謂之廣業。士農工商所業不同，謂之常業。農爲士則改刻，謂之易業。古人未有一生無所業者，未有一日不修業者。故古人身修事理，而無怠惰荒寧之時，常有憂勤惕勵之志。一日無事，則一日不安，懼業之不修，而曠日之不可也。今也昏昏蕩蕩，四肢不可收拾，窮年終日無一猷爲，放逸而入於禽獸者，無業之故也。人生兩間，無一事可見，無一善可稱，資衣藉食於人，而偷安惰行以死，可羞也已！

古人謗人也，忠厚誠篤。《株林》之語，何等渾涵！輿人之謡，猶道實事。後世則不然，所怨在此，所謗在彼，彼固知其所怨者未必上之非，而其謗不足以行也，乃别生一項議論。其才辨附會，足以泯吾怨之之實，啟人信之之心，能使被謗者不能免謗之之禍，而我逃謗人之罪。嗚呼！今之謗，雖古之君子且避忌之矣。聖賢處謗無别法，只是自修，其禍福則聽之耳。

處利則要人做君子，我做小人；處名則要人做小人，我做君子，斯惑之甚也。聖賢處利讓利，處名讓名，故澹然恬然，不與世忤。

任教萬分矜持，千分點檢，裏面無自然根本，倉卒之際，忽突之頃，本態自然露出。是以君子慎獨。獨中只有這箇，發出來只是

這箇，何勞回護？何用支吾？

力有所不能，聖人不以無可奈何者責人；心有所當盡，聖人不以無可奈何者自諉。

或問：「孔子緇衣羔裘，素衣麑裘，黃衣狐裘，無乃非儉素之義與？」曰：「公此問甚好。慎修君子，寧失之儉素不妨。若論大中至正之道得之爲，有財卻儉不中禮，與無財不得爲而侈然自奉者相去雖遠，而失中則均。聖賢不諱奢之名，不貪儉之美，只要道理上恰好耳。

寡恩曰薄，傷恩曰刻，盡事曰切，過事曰激。此四者，寬厚之所深戒也。

《易》稱「道濟天下」，而吾儒事業動稱行道濟時、濟世安民。聖人未嘗不貴濟也。舟覆矣，而保得舟在，謂之濟可乎？故爲天下者，患知有其身，有其身不可以爲天下。

萬物安於知足，死於無厭。

足恭過厚，多文密節，皆名教之罪人也。聖人之道自有中正。彼鄉原者，徼名懼譏，希進求榮，辱身降志，皆所不恤，遂成舉世通套。雖直道清節之君子，稍無砥柱之力，不免逐波隨流，其砥柱者旋以得罪。嗟夫！佞風諛俗不有持衡當路者一極力挽回之，世道何時復古邪？

時時體悉人情，念念持循天理。

愈進修愈覺不長，愈點檢愈覺有非。何者？不留意作人，自家儘看得過；只日日留意向上，看得自家都是病痛，那有些好處？初頭只見得人欲中過失，到久久又見得天理中過失，到無天理過失則中行矣。又有不自然、不渾化、著色喫力過失，走出這箇邊境，纔是聖人，能立無過之地。故學者以有一善自多，以寡一過自幸，皆無志者也。

急行者只見道遠而足不前，急耘者只見草多而鋤不利。

禮義之大防，壞於衆人一念之苟。譬如由徑之人，只爲一時倦行幾步，便平地踏破一條蹊徑。後來人跟尋舊跡，踵成不可塞之大道。是以君子當衆人所驚之事，略不動容；纔干礙禮義上些須，便愕然變色，若觸大刑憲然，懼大防之不可潰，而微端之不可開也。嗟夫！此衆人之所謂迂，而不以爲重輕者也。此開天下不可塞之釁者，自苟且之人始也。

大行之美以孝爲第一，細行之美以廉爲第一。此二者，君子之所務敦也。然而不辨之申生不如不告之舜，井上之李不如受饋之鵞，此二者，孝廉之所務辨也。

吉凶禍福，是天主張；毁譽予奪，是人主張；立身行己，是我主張。此三者不相奪也。

不得罪於法易，不得罪於理難。君子只是不得罪於理耳。

凡在我者，都是分内底；在天在人者，都是分外底。學者要明於内外之分。則在内缺一分便是不成人處，在外得一分便是該知足處。

聽言觀行，是取人之道；樂其言而不問其人，是取善之道。今人惡聞善言，便訑訑曰：「彼能言而行不逮，言何足取？」是弗思也。吾之聽言也，爲其言之有益於我耳，苟益於我，人之賢否奚問焉。衣敝枲者市文繡，食糟糠者市粱肉，將以人棄之乎？

取善而不用，依舊是尋常人，何貴於取？譬之八珍方丈而不下箸，依然餓死耳。

有德之容，深沉凝重，内充然有餘，外閴然無迹。若面目都是精神，即不出諸口而漏

洩已多矣，畢竟是養得浮淺。譬之無量人，一杯酒便達於面目。

人人各有一句終身用之不盡者，但在存心著力耳。或問之，曰：「只是對症之藥便是。如子張只消得『存誠』二字，宰我只消得『警惰』二字，子路只消得『擇善』二字，子夏只消得『見大』二字。」

言一也，出由之口，則信且從；出跖之口，則三令五申而人且疑之矣。故有言者，有所以重其言者。素行孚人，是所以重其言者也，不然且爲言累矣。

世人皆知笑人，笑人不妨，笑到是處便難。到可以笑人時，則更難。

毁我之言可聞，毁我之人不必問也。使我有此事也，彼雖不言，必有言之者，我聞而改之，是又得一不受業之師也。使我無此事邪，我雖不辨，必有辨之者，若聞而怒之，是又多一不受言之過也。

精明，世所畏也而暴之；才能，世所妒也而市之。不没也夫！

只一箇貪愛心，第一可賤可恥。羊馬之於水草，蠅蟻之於腥羶，蜣螂之於積糞，都是這箇念頭。是以君子制欲。

清議酷於律令，清議之人酷於治獄之吏。律令所冤，賴清議以明之，雖死猶生也。清議所冤，萬古無反案矣。是以君子不輕議人，懼冤之也。惟此事得罪於天甚重，報必及之。

權貴之門，雖係通家知己，也須見面稀，行蹤少就好。嘗愛唐詩有「終日帝城裏，不識五侯門」之句，可爲新進之法。

聞世上不平事，便滿腹憤懣，出激切之語，此最淺夫薄子，士君子之大戒。

仁厚刻薄是修短關，行止語默是禍福

關，勤惰儉奢是成敗關，飲食男女是死生關。

言出諸口，身何與焉？而身亡。五味宜於口，腹何知焉？而腹病。小害大，昭昭也。而人每縱之徇之，恣其所出，供其所入。

渾身都遮蓋得，惟有面目不可掩，面目者，心之證也。即有厚貌者，卒然難做預備，不覺心中事都發在面目上。故君子無媿心則無怍容。中心之達，達以此也；肺肝之視，視以此也。此修己者之所畏也。

韋弁布衣，是我生初服，不媿此生，儘可以還。大造軒冕，是甚物事？將箇丈夫來做壞了，有甚面目對那青天白日？是宇宙中一腐臭物也。乃揚眉吐氣，以此誇人，而世人共榮慕之，亦大異事。

多少英雄豪傑，可與爲善，而卒無成，只爲拔此身於習俗中不出。若不恤群謗，斷以必行，以古人爲契友，以天地爲知己，任他千誣萬毁何妨？

爲人無負揚善者之心，無實稱惡者之口，亦可以語真修矣。

身者，道之輿也。身載道以行，道非載身以行也。故君子道行則身從之以進，道不行則身從之以退。道不行而求進不已，譬之大賈，百貨山積不售，不載以歸，而又以空輿雇錢也，販夫笑之，貪鄙孰甚焉？故出處之分，只有二語：道行則仕，道不行則卷而懷之。舍是皆非也。

世間至貴莫如人品，與天地參，與古人友，帝王且爲之屈，天下不易其守。而乃以聲色財貨、富貴利達，輕輕將箇人品賣了，此之謂自賤。商賈得奇貨亦須待價，況士君子之身乎？

修身以不護短爲第一長進，人能不護短，則長進者至矣。

世有十態，君子免焉。無武人之態粗豪，無婦人之態柔懦，無兒女之態嬌稚，無市井之態貪鄙，無俗子之態庸陋，無蕩子之態儇佻，無伶優之態滑稽，無閭閻之態村野，無堂下人之態局迫，無婢子之態卑諂，無偵諜之態詭闇，無商賈之態衒售。

作本色人，説根心話，幹近情事。

君子有過不辭謗，無過不反謗，共過不推謗。謗無所損於君子也。

惟聖賢，終日説話無一字差失，其餘都要擬之而後言，有餘不敢盡，不然未有無過者。故惟寡言者寡過。

心無留言，言無擇人，雖露肺肝，君子不取也。彼固自以爲光明矣，君子何嘗不光明？自不輕言，言則心口如一耳。

保身底是德義，害身底是才能。德義中之才能，嗚呼免矣。

恒言「疏懶勤謹」，此四字每相因。懶生疏，謹自勤。聖賢之身豈生而惡逸好勞哉？知天下皆惰慢則百務廢弛，而亂亡隨之矣。先正云：古之聖賢未嘗不以怠惰荒寧爲懼，勤勵不息自强。曰懼曰强，而聖賢之情見矣。所謂「憂勤惕勵」者也，惟憂故勤，惟惕故勵。

謔非有道之言也，孔子豈不戲？竟是道理上脱灑。今之戲者媟矣，即有滑稽之巧，亦近俳優之流，凝静者恥之。

無責人，自修之第一要道；能體人，養量之第一要法。

予不好走貴公之門，雖情義所關，每以無謂而止。或讓之，予曰：「奔走貴公，得不謂其喜乎？」或曰：「懼彼以不奔走爲罪也。」予歎曰：「不然。貴公之門奔走如市，彼固厭苦之，甚者見於顔面，但渾厚，忍不發

於聲耳。徒輸自己一勤勞，徒增貴公一厭惡。且入門一揖之後，賓主各無可言，此面愧赧已無發付處矣。」予恐初入仕者狃於衆套而不敢獨異，故發明之。

亡我者我也，人不自亡，誰能亡之？

沾沾煦煦，柔潤可人，丈夫之大恥也。君子豈欲與人乖戾？但自有正情真味。故柔嘉不是軟美，自愛者不可不辨。

士大夫一身，斯世之奉弘矣。不蠶織而文繡，不耕畜而膏粱，不雇貸而車馬，不商販而積蓄，此何以故也？乃於世分毫無補，慚負兩間人。又以大官詫市井兒，蓋棺有餘愧矣。

且莫論身體力行，只聽隨在聚談間，曾幾箇説天下國家身心性命正經道理？終日嘵嘵刺刺，滿口都是閒談亂談。吾輩試一猛省，士君子在天地間，可否如此度日？

君子慎求人，講道問德，雖屈己折節，自是好學者事。若富貴利達向人開口，最傷士氣，寧困頓没齒也。

言語之惡，莫大於造誣；行事之惡，莫大於苛刻；心術之惡，莫大於深險。

自家才德，自家明白底。才短德微，即卑官薄禄已爲難稱。若已踰涘分而觖望無窮，卻是難爲了造物。孔、孟終身不遇，又當如何？

不善之名每成於一事，後有諸長不能掩也，而惟一不善傳。君子之動，可不慎與？

一日與友人論身修道理，友人曰：「吾老矣。」某曰：「公無自棄。平日爲惡，即屬纊時幹一好事，不失爲改過之鬼，況一息尚存乎！」

既做人在世間，便要勁爽爽立錚錚底，若如春蚓秋蛇，風花雨絮，一生靠人作骨，恰

似世上多了這箇人。

有人於此：精密者病其疏，靡綺者病其陋，繁縟者病其簡，謙恭者病其倨，委曲者病其直，無能可於一世之人，奈何？曰：「一身怎可得一世之人？只自點檢吾身，果如所病否？若以一身就衆口，孔子不能。即能之，成箇甚麽人品？故君子以中道爲從違，不以衆言爲憂喜。」

夫禮非徒親人，乃君子之所以自愛也；非徒尊人，乃君子之所以敬身也。

君子之出言也，如嗇夫之用財；其見義也，如貪夫之趨利。

古之人勤勵，今之人惰慢。勤勵故精明而德日修，惰慢故昏蔽而欲日肆。是以聖人貴「憂勤惕勵」。

先王之禮文用以飾情，後世之禮文用以飾僞。飾情則三千三百雖至繁也，不害其爲率真；飾僞則雖一揖一拜，已自多矣。後之惡飾僞者乃一切苟簡決裂，以潰天下之防，而自謂之率真，將流於伯子之簡而不可行，又禮之賊也。

清者，濁所妒也，而又激之，淺之乎其爲量矣。是故君子於己諱美，於人藏疾。若有激濁之任者，不害其爲分曉。

處世以譏訕爲第一病痛。不善在彼，我何與焉？

余待小人不能假辭色，小人或不能堪。年友王道源危之曰：「今世居官，切宜戒此。法度是朝廷底，財貨是百姓底，真借不得。人情，至於辭色，卻是我底，假借些兒何害？」余深感之，因識而改焉。

剛明，世之礙也。剛而婉，明而晦，免禍也夫。

君子之所持循，只有兩條路：非先聖之

成規，則時王之定制。此外悉邪也，俗也，君子不由。

非直之難，而善用其直之難；非用直之難，而善養其直之難。

處身不妨於薄，待人不妨於厚；責己不妨於厚，責人不妨於薄。

坐於廣衆之中，四顧而後語，不先聲，不揚聲，不獨聲。

苦處是正容謹節，樂處是手舞足蹈，這箇樂又從那苦處來。

滑稽詼諧，言畢而左右顧，惟恐人無笑容，此所謂「巧言令色」者也。小人側媚，皆此態耳，小子戒之。

人之視小過也，愧怍悔恨如犯大惡，夫然後能改。「無傷」二字，修己者之大戒也。

有過是一過，不肯認過又是一過，一認則兩過都無，一不認則兩過不免。彼强辯以飾非者，果何爲也？

一友與人争而歷指其短，予曰：「於十分中君有一分不是否？」友曰：「我難説没一二分。」予曰：「且將這一二分都没了，纔好責人。」

余二十年前曾有心迹雙清之志，十年來有四語云：「行欲清，名欲濁。道欲進，身欲退。利欲後，害欲前。人欲豐，己欲約。」近看來，太執著，太矯激。只以無心任自然，求當其可耳，名迹一任去來，不須照管。

君子之爲善也，以爲理所當爲，非要福，非干禄；其不爲不善也，以爲理所不當爲，非懼禍，非遠罪。至於垂世教，則諄諄以禍福刑賞爲言，此天地聖王勸懲之大權，君子不敢不奉若而與衆共守也。

茂林芳樹，好鳥之媒也；污池濁渠，穢蟲之母也。氣類之自然也。善不與福期，惡

不與禍招。君子見正人而合，邪人見憸夫而密。

吾觀於射，而知言行矣。夫射，審而後發，有定見也；滿而後發，有定力也。夫言能審滿，則言無不中；行能審滿，則行無不得。今之言行皆亂放矢也，即中，幸耳。

蝸以涎見覓，蟬以聲見黏，螢以光見獲。故愛身者不貴赫赫之名。

大相反者大相似，此理勢之自然也。故怒極則笑，喜極則悲。

敬者，不苟之謂也，故反苟爲敬。

多門之室生風，多口之人生禍。

磨甎砌壁不塗以堊，惡掩其真也。一堊則人謂糞土之牆矣。凡外飾者，皆內不足者。至道無言，至言無文，至文無法。

苦毒易避，甘毒難避。晉人之璧馬，齊人之女樂，越人之子女玉帛，其毒甚矣，而愚者如飴。即知之，亦不復顧也。由是推之，人皆有甘毒不必自外饋，而耽耽求之者且衆焉。豈獨虞人、魯人、吳人愚哉！知味者可以懼矣。

好逸惡勞，甘食悦色，適己害群，擇便逞忿，雖鳥獸亦能之。靈於萬物者，當求有別，不然類之矣。且鳳德麟仁，鶴清豸直，烏孝雁貞，苟擇鳥獸之有知者而效法之，且不失爲君子矣，可以人而不如乎？

萬事都要箇本意，宫室之設只爲安居，衣之設只爲蔽體，食之設只爲充饑，器之設只爲利用，妻之設只爲有後。推此類不可盡窮。苟知其本意，只在本意上求，分外底都是多了。

士大夫殃及子孫者有十：一曰優免太侈，二曰侵奪太多，三曰請託滅公，四曰恃勢陵人，五曰困累鄉黨，六曰要結權貴，損國病

人，七曰盜上剥下，以實私橐，八曰簧鼓邪説，摇亂國是，九曰樹黨報復，陰中善人，十曰引用邪昵，虐民病國。

兒輩問立身之道。曰：「本分之内不欠纖微，本分之外不加毫末。今也舍本分弗圖，而加於本分之外者不啻千萬矣。内外之分何處别白？況敢問纖微毫末間邪？」

智者不與命鬬，不與法鬬，不與理鬬，不與勢鬬。

學者事事要自責，慎無責人。人不可我意，自是我無量；我不可人意，自是我無能。時時自反，才德無不進之理。

氣質之病小，心術之病大。

童心、俗態，此二者士人之大恥也。二恥不脱，終不可以入君子之路。

習威儀容止，甚不打緊，必須是瑟僩中發出來，纔是盛德光輝。那箇不嚴厲？不放肆？莊重不爲矜持，戲謔不爲媟嫚，惟有道者能之，惟有德者識之。

容貌要沉雅自然，只有一些浮淺之色，作爲之狀，便是屋漏少工夫。

德不怕難積，只怕易累。千日之積不禁一日之累，是故君子防所以累者。

枕席之言，房闥之行，通乎四海。牆卑室淺者無論，即宫禁之深嚴，無有言而不知，動而不聞者。士君子不愛名節則已，如有一毫自好之心，幽獨言動可不慎與！

富以能施爲德，貧以無求爲德，貴以下人爲德，賤以忘勢爲德。

入廟不期敬而自敬，入朝不期肅而自肅。是以君子慎所入也。見嚴師則收斂，見狎友則放恣，是以君子慎所接也。

《氓》之詩，悔恨之極也，可爲士君子殷鑒，當三復之。唐詩有云：「雨落不上天，水

覆難再收。」又近世有名言一偶云：「一失脚爲千古恨，再回頭是百年身。」此語足道《氓》詩心事，其曰「亦已焉哉」，所謂「何嗟及矣」，無可奈何之辭也。

平生所爲，使怨我者得以指摘，愛我者不能掩護，此省身之大懼也，士君子慎之。故我無過而謗語滔天不足驚也，可談笑而受之。我有過而幸不及聞，當寢不貼席，食不下咽矣。是以君子貴「無惡於志」。

謹言慎動，省事清心，與世無礙，與人無求，此謂小跳脱。

身要嚴重，意要安定，色要温雅，氣要和平，語要簡切，心要慈祥，志要果毅，機要縝密。

善養身者，饑渴寒暑勞役外感屢變，而氣體若一，未嘗變也。善養德者，死生榮辱夷險外感屢變，而意念若一，未嘗變也。夫藏令之身至發揚時而解㑊，長令之身至收斂時而鬱閼，不得謂之定氣。宿稱鎮静，至倉卒而色變；宿稱澹泊，至紛華而心動，不得謂之定力。斯二者皆無養之過也。

裏面要活潑於規矩之中，無令怠忽；外面要擺脱於禮法之中，無令矯强。

四十以前養得定，則老而愈堅；養不定，則老而愈壞。百年實難，是以君子進德修業貴及時也。

涵養如培脆萌，省察如搜田蠹，克治如去盤根。涵養如女子坐幽閨，省察如邏卒緝奸細，克治如將軍戰勍敵。涵養用勿忘勿助工夫，省察用無怠無荒工夫，克治用是絶是忽工夫。

世上只有箇道理是可貪可欲底，初不限於取數之多。何者？所性分定原是無限量底，終身行之不盡，此外都是人欲，最不可萌

一毫歆羡心。天之生人各有一定底分涯，聖人制人各有一定底品節，譬之擔夫欲肩輿，丐人欲鼎食，徒爾勞心，竟亦何益？嗟夫！篡奪之所由生，而大亂之所由起，皆恥其分内之不足安，而惟見分外者之可貪可欲故也。故學者養心先要箇知分，知分者心常寧，欲常得。所欲得自足以安身利用。

心術以光明篤實爲第一，容貌以正大老成爲第一，言語以簡重真切爲第一。

學者只把性分之所固有，職分之所當爲，時時留心，件件努力，便駸駸乎聖賢之域。非此二者，皆是外物，皆是妄爲。

進德莫如不苟，不苟先要箇耐煩。今人只爲有躁心而不耐煩，故一切苟且，卒至破大防而不顧，棄大義而不爲。其始皆起於一念之苟也。

不能長進，只爲「昏弱」兩字所苦。昏宜静以澄神，神定則漸精明；弱宜奮以養氣，氣壯則漸强健。

一切言行，只是平心易氣就好。

恣縱既成，不惟禮法所不能制，雖自家悔恨，亦制自家不得。善愛人者，無使恣縱；善自愛者，亦無使恣縱。

天理與人欲交戰時，要如百戰健兒，九死不移，百折不回，其奈我何？如何堂堂天君，卻爲人欲臣僕？内款受降？腔子中成甚世界？

有問密語者，囑曰：「望以實心相告。」余笑曰：「吾内有不可瞞之本心，上有不可欺之天日。在本人有不可掩之是非，在通國有不容泯之公論。一有不實，自負四愆矣，何暇以貌言誑門下哉？」

士君子澡心浴德，要使咳唾爲玉，便溺皆香，纔見工夫圓滿。若靈臺中有一點污

濁，便如瓜蒂藜蘆入胃，不嘔吐盡不止，豈可使一刻容留此中邪？夫如是，然後溷廁可沉，緇泥可入。

與其抑暴戾之氣，不若養和平之心；與其裁既溢之恩，不若絶分外之望；與其爲後事之厚，不若施先事之薄；與其服延年之藥，不若守保身之方。

猥繁拂逆生厭惡心，奮寧耐之力；柔豔芳濃生沾惹心，奮跳脱之力；推挽衝突生隨逐心，奮執持之力；長途末路生衰歇心，奮鼓舞之力；急遽疲勞生苟且心，奮敬慎之力。

進道入德，莫要於有恒。有恒則不必欲速，不必助長，優優漸漸，自到神聖地位。故天道只是箇恒，每日定準是三百六十五度四分度之一，分毫不損不加，流行不緩不急，而萬古常存，萬物得所。只無恒了，萬事都成不得。余最坐此病。古人云：「有勤心無遠道。」只有人勝道，無道勝人之理。

士君子只求四真：真心、真口、真耳、真眼。真心無妄念，真口無雜語，真耳無邪聞，真眼無錯識。

愚者人笑之，聰明者人疑之。聰明而愚，其大智也夫。《詩》云：「靡哲不愚。」則知不愚非哲也。

以精到之識，用堅持之心，運精進之力，便是金石可穿，豚魚可格，更有甚麽難做之事功？難造之聖神？士君子碌碌一生，百事無成，只是無志。

其有善而彰者，必其有惡而掩者也。君子不彰善以損德，不掩惡以長慝。

余日日有過，然自信過發吾心如清水之魚，纔發即見，小發即覺。所以卒不得遂其豪悍至流浪不可收拾者，胸中是非原先有以

照之也。所以常發者何也？只是心不存，養不定。

纔爲不善，怕污了名兒，此是徇外心。苟可瞞人，還是要做。纔爲不善，怕污了身子，此是爲己心，即人不知，或爲人疑謗，都不照管。是故欺大庭易，欺屋漏難；欺屋漏易，欺方寸難。

吾輩終日不長進處，只是箇「怨尤」兩字，全不反己。聖賢學問只是箇自責自盡。自責自盡之道原無邊界，亦無盡頭，若完了自家分數，還要聽其在天。在人不敢怨尤，況自家舉動又多鬼責人非底罪過，卻敢怨尤邪？以是知自責自盡底人決不怨尤，怨尤底人決不肯自責自盡。吾輩不可不自家一照看，纔照看，便知天人待我原不薄惡，只是我多慚負處。

果是瑚璉，人不忍以盛腐殠；果是荼蓼，人不肯以薦宗祊。履也，人不肯以加諸首；冠也，人不忍以籍其足。物猶然，而況於人乎？榮辱在所自樹，無以致之，何由及之？此自修者所當知也。

無以小事動聲色，褻大人之體。

立身行己，服人甚難也。要看甚麼人不服，若中道君子不服，當蚤夜省惕。其意見不同，性術各别，志向相反者，只要求我一箇是也，不須與他别白理會。

其惡惡不嚴者，必有惡於己者也；其好善不亟者，必無善於己者也。仁人之好善也，不啻口出；其惡惡也，迸諸四夷，不與同中國。孟子曰：「無羞惡之心，非人也。」則惡惡亦君子所不免者，但恐爲己私作惡，在他人非可惡耳。若民之所惡而不惡，謂爲民之父母，可乎？

世人糊塗，只是抵死没自家不是，卻不

自想我是堯、舜乎？果是堯、舜，真是没一毫不是。我若是湯、武，未反之前也有分毫錯悞，如何盛氣拒人，巧言飾己，再不認一分過差邪？

「懶散」二字，立身之賊也。千德萬業，日怠廢而無成；千罪萬惡，日横恣而無制，皆此二字爲之。西晉讎禮法而樂豪放，病本正在此。安肆日偷，安肆，懶散之謂也，此聖賢之大戒也。甚麽降伏得此二字？曰「勤慎」，勤慎者，敬之謂也。

不難天下相忘，只怕一人竊笑。夫舉世之不聞道也久矣，而聞道者未必無人。苟爲聞道者所知，雖一世非之可也；苟爲聞道者所笑，雖天下是之，終非純正之學。故曰衆皆悦之，其爲士者笑之，有識之君子必不以衆悦博一笑也。

以聖賢之道教人易，以聖賢之道治人難；以聖賢之道出口易，以聖賢之道躬行難；以聖賢之道奮始易，以聖賢之道克終難；以聖賢之道當人易，以聖賢之道慎獨難；以聖賢之道口耳易，以聖賢之道心得難；以聖賢之道處常易，以聖賢之道處變難。過此六難，真到聖賢地步。區區六易，豈不君子路上人？終不得謂篤實之士也。

山西臬司書齋，余新置一榻，銘於其上。左曰：「爾酣餘夢，得無有宵征露宿者乎？爾炙重衾，得無有抱肩裂膚者乎？」古之人卧八埏於襁褓，置萬姓於袵席，而後爽然得一夕之安。嗚呼！古之人亦人也夫，古之民亦民也夫。右曰：「獨室不觸慾，君子所以養精；獨處不交言，君子所以養氣；獨魂不著礙，君子所以養神；獨寢不媿衾，君子所以養德。」

慎者之有餘足以及人，不慎者之所積不

能保身。

近世料度人意，常向不好邊説去，固是衰世人心無忠厚之意。然士君子不可不自責，若是素行孚人，便是别念頭，人亦向好邊料度。何者？所以自立者足信也。是故君子慎所以立。

人不自愛，則無所不爲；過於自愛，則一無可爲。自愛者先占名，實利於天下國家而迹不足以白其心則不爲；自愛者先占利，有利於天下國家而有損於富貴利達則不爲。上之者，即不爲富貴利達，而有累於身家妻子則不爲。天下事待其名利兩全而後爲之，則所爲者無幾矣。

與其喜聞人之過，不若喜聞己之過；與其樂道己之善，不若樂道人之善。

要非人，先要認底自家是箇甚麽人；要認底自家，先看古人是箇甚麽人。

口之罪大於百體，一進去百川灌不滿，一出來萬馬追不回。

家長不能令人敬，則教令不行；不能令人愛，則心志不孚。

自心得者，尚不能必其身體力行；自耳目入者，欲其勉從而强改焉，萬萬其難矣。故三達德不恃知也而又欲其仁，不恃仁也而又欲其勇。

合下作人，自有作人道理，不爲别箇。認得真了，便要不俟終日，坐以待旦，成功而後止。

人生惟有説話是第一難事。

或問修己之道。曰：「無『鮮克有終』。」問治人之道，曰：「無『忿疾於頑』。」

人生天地間，要做有益於世底人。縱没這心腸，這本事，也休作有損於世底人。

説話如作文，字字在心頭打點過，是心

爲草稿而口謄真也，猶不能無過。而況由易之言，真是病狂喪心者。

心不堅確，志不奮揚，力不勇猛，而欲徙義改過，雖千悔萬悔，竟無補於分毫。

人到自家没奈自家何時，便可慟哭。

福莫美於安常，禍莫危於盛滿。天地間萬物萬事，未有盛滿而不衰者也。而盛滿各有分量，惟智者能知之。是故卮以一勺爲盛滿，甕以數石爲盛滿。有甕之容而懷勺之懼，則慶有餘矣。

禍福是氣運，善惡是人事。理常相應，類亦相求。若執福善禍淫之説而使之不爽，則爲善之心衰矣。大段氣運只是偶然，故善獲福，淫獲禍者半；善獲禍，淫獲福者亦半；不善不淫而獲禍獲福者亦半。人事只是箇當然，善者獲福，吾非爲福而修善；淫者獲禍，吾非爲禍而改淫。善獲禍而淫獲福，吾寧善而處禍，不肯淫而要福。是故君子論天道不言禍福，論人事不言利害。自吾性分當爲之外，皆不庸心，其言禍福利害，爲世教發也。

自天子以至於庶人，未有無所畏而不亡者也。天子者上畏天，下畏民，畏言官於一時，畏史官於後世。百官畏君，群吏畏長吏，百姓畏上。君子畏公議，小人畏刑。子弟畏父兄，卑幼畏家長。畏則不敢肆，而德以成；無畏則從其所欲，而及於禍。非生知安行之聖人，未有無所畏而能成其德者也。

物忌全盛，事忌全美，人忌全名。是故天地有欠缺之體，聖賢無快足之心。而況瑣屑群氓，不安淺薄之分，而欲滿其難厭之欲，豈不妄哉？是以君子見益而思損，持滿而思溢，不敢恣無涯之望。

静定後看自家是甚麽一箇人。

少年大病，第一怕是氣高。

余參政東藩日，與年友張督糧臨碧在座。余以朱判封，筆濃字大，臨碧曰：「可惜！可惜！」余擎筆舉手曰：「年兄此一念，天下受其福矣。」判筆一字，所費絲毫硃耳，積日積歲，省費不知幾萬倍。充用硃之心，萬事皆然。天下各衙門積日積歲，省費又不知幾萬倍。且心不侈然自放，足以養德；財不侈然浪費，足以養福。不但天物不宜暴殄，民膏不宜慢棄而已。夫事有重於費者，過費不爲奢；省有不廢事者，過省不爲吝。余在撫院日，不儉於紙，而戒示吏書片紙皆使有用。比見富貴家子弟，用財貨如泥沙，長餘之惠既不及人，有用之物皆棄於地，胸中無不忍一念，口中無可惜兩字。人或勸之，則曰：「所值幾何？」余嘗號爲溝壑之鬼，而彼方侈然自快，以爲大手段，不小家勢。痛哉！兒曹志之。

言語不到千該萬該，再休開口。

今人苦不肯謙，只要拏得架子定，以爲存體。夫子告子張從政，以「無小大，無衆寡，無敢慢」爲不驕。而周公爲相，吐握、下白屋，甚者父師有道之君子，不知損了甚體？若名分所在，自是貶損不得。

過寬殺人，過美殺身。是以君子不縱民情，以全之也；不盈己欲，以生之也。

閨門之事可傳，而後知君子之家法矣。近習之人起敬，而後知君子之身法矣。其作用處，只是無不敬。

宋儒紛紛聚訟語，且莫理會，只理會自家，何等簡徑。

各自責則天清地寧，各相責則天翻地覆。

不逐物是大雄力量，學者第一工夫全在

這裏做。

手容恭，足容重，頭容直，口容止，坐如尸，立如齋，儼若思，目無狂視，耳無傾聽，此外景也。外景是整齊嚴肅，内景是齋莊中正，未有不整齊嚴肅而能齋莊中正者。故檢束五官百體，只爲收攝此心。此心若從容和順於禮法之中，則曲肱指掌，浴沂行歌，吟風弄月，隨柳傍花，何適不可？所謂登彼岸無所事筏也。

天地位，萬物育，幾千年有一會，幾百年有一會，幾十年有一會，故天地之中和甚難。

敬對肆而言，敬是一步一步收斂向内，收斂至無内處，發出來自然暢四肢，發事業，彌漫六合。肆是一步一步放縱外面去，肆之流禍不言可知。所以千古聖人只一敬字爲允執底關捩子。堯「欽明」、「允恭」，舜「温恭允塞」，禹之「安汝止」，湯之「聖敬日躋」，文之「懿恭」，武之「敬勝」，孔子之「恭而安」，講學家不講這箇，不知怎麽做工夫。

竊歎近來世道，在上者積寬成柔，積柔成怯，積怯成畏，積畏成廢。在下者積慢成驕，積驕成怨，積怨成橫，積橫成敢。吾不知此時治體當何如反也。「體面」二字，法度之賊也。體面重，法度輕；法度弛，紀綱壞。昔也病在法度，今也病在紀綱。名分者，紀綱之大物也。今也在朝，小臣藐大臣；在邊，軍士輕主帥；在家，子婦蔑父母；在學校，弟子慢師，後進淩先進；在鄉里，卑幼軋尊長。惟貪肆是恣，不知禮法爲何物。漸不可長，今已長矣。極之必亂，必亡，勢已重矣，反已難矣。無識者猶然甚之，奈何！

禍福者，天司之；榮辱者，君司之；毀譽者，人司之；善惡者，我司之。我只理會我司，別箇都莫照管。

吾人終日最不可悠悠蕩蕩，作空軀殼。

業有不得不廢時，至於德，則自有知以至無知時，不可一息斷進修之功也。

清無事澄，濁降則自清；禮無事復，己克則自復。去了病便是好人，去了雲便是晴天。

七尺之軀，戴天履地，抵死不屈於人。乃自落草以至蓋棺，降志辱身，奉承物欲不啻奴隸。到那魂升於天之上，見那維皇上帝，有何顏面？媿死！媿死！

受不得誣謗，只是無識度。除是當罪臨刑，不得含冤而死，須是辨明。若污衊名行，閒言長語，愈辨則愈加，徒自憤懣耳。不若付之忘言，久則明也得，不明也得，自有天在耳。

作一節之士，也要成章，不成章便是苗而不秀。

不患無人所共知之顯名，而患有人所不知之隱惡。顯名雖著遠邇，而隱惡獲罪神明，省躬者懼之。

蹈邪僻則肆志抗顏，略無所顧忌；由義禮則羞頭愧面，若無以自容。此愚不肖之恒態，而士君子之大恥也。

物欲生於氣質。

要做賢人君子，我主張，由不得天。要得富貴福澤，天主張，由不得我。

爲惡再没箇勉强底，爲善再没箇自然底。學者勘破此念頭，寧不愧奮？

不爲三氏奴婢，便是兩間翁主。三氏者何？一曰氣質氏，生來氣稟在身，舉動皆其作使，如勇者多暴戾，懦者多退怯是已。二曰習俗氏，世態既成，賢者不能自免，只得與世浮沉，與世依違，明知之而不能獨立。三曰物欲氏，滿世皆可殢之物，每日皆殉欲之

事，沉痼流連，至死不能跳脱。魁然七尺之軀，奔走三家之門，不在此則在彼。降志辱身，心安意肯，迷戀不能自知，即知亦不愧憤。大丈夫立身天地之間，與兩儀參，爲萬物靈，不能挺身自豎，而倚門傍户於三家，轟轟烈烈以富貴利達自雄，亦可憐矣。予即非忠臧義獲，亦豪奴悍婢也，咆哮躑躅，不能解黏去縛，安得挺然脱然，獨自當家，爲兩間一主人翁乎！可歎可恨！

自家作人，自家十分曉底，乃虚美薰心，而喜動顔色，是謂自欺。別人作人，自家十分曉底，乃明知其惡，而譽侈口頰，是謂欺人。二者皆可恥也。

「知覺」二字，奚翅天淵？致了知纔覺，覺了纔算知，不覺算不得知。而今説瘡痛，人人都知，惟病瘡者謂之覺。今人爲善去惡不成，只是不覺，覺後便由不得不爲善不去惡。

順其自然，只有一毫矯强，便不是；得其本有，只有一毫增益，便不是。

度之於長短也，權之於輕重也，不爽毫髮，也要箇掌尺提秤底。

四端自有分量，擴充到盡處，只滿得原來分量，再增不得些子。

見義不爲，立志無恒，只是腎氣不足。

過也，人皆見之，乃見君子。今人無過可見，豈能賢於君子哉？緣只在文飾彌縫上做工夫，費盡了無限巧回護，成就了一箇真小人。

自家身子，原是自己心去害他，取禍招尤，陷於危敗，更不干別箇事。

六經、四書，君子之律令。小人犯法，原不曾讀法律。士君子讀聖賢書而一一犯之，是又在小人下矣。

愼言動於妻子僕隸之間，檢身心於食息起居之際，這工夫便密了。

休諉罪於氣化，一切責之人事；休過望於世間，一切求之我身。

常看得自家未必是，他人未必非，便有長進。再看得他人皆有可取，吾身只是過多，更有長進。

理會得「義命」兩字，自然不肯做低人。

稠衆中一言一動，大家環向而視之，口雖不言，而是非之公自在。果善也，大家同萌愛敬之念；果不善也，大家同萌厭惡之念。雖小言動，不可不謹。

或問：「傲爲凶德，則謙爲吉德矣？」曰：「謙眞是吉，然謙不中禮，所損亦多。在上者爲非禮之謙，則亂名分，紊紀綱，久之法令不行。在下者爲非禮之謙，則取賤辱，喪氣節，久之廉恥掃地。君子接人未嘗不謹飭，持身未嘗不正大。有子曰：『恭近於禮，遠恥辱也。』孔子曰：『恭而無禮則勞。』又曰：『巧言令色足恭，某亦恥之。』曾子曰：『脅肩諂笑，病於夏畦。』『君子無衆寡，無小大，無敢慢』，何嘗貴傲哉？而其羞卑佞也又如此，可爲立身行己者之法戒。」

凡處人，不係確然之名分，便小有謙下不妨。得爲而爲之，雖無暫辱，必有後憂。即不論利害，論道理，亦云居上不驕，民可近不可下。

只人情世故熟了，甚麼大官做不到？只天理人心合了，甚麼好事做不成？

士君子常自點檢，晝思夜想，不得一時閒，卻思想箇甚事？果爲天下國家乎？抑爲身家妻子乎？飛禽走獸，東鶩西奔，爭食奪巢；販夫豎子，朝出暮歸，風餐水宿。他自食其力，原爲溫飽，又不曾受人付託，享人

供奉，有何不可？士君子高官重祿，上藉之以名分，下奉之以尊榮，爲汝乎？不爲汝乎？乃資權勢而營鳥獸市井之圖，細思真是愧死。

古者鄉有縉紳，家邦受其庇蔭，士民視爲準繩。今也鄉有縉紳，增家邦陵奪勞費之憂，開士民奢靡浮薄之俗。然則鄉有縉紳，鄉之殃也，風教之蠹也。吾黨可自愧自恨矣。

俗氣入膏肓，扁鵲不能治。爲人胸中無分毫道理，而庸調卑職，虛文濫套認之極真，而執之甚定，是人也，將欲救藥，知不可入。吾黨戒之。

士大夫居鄉，無論大有裨益，只不違禁出息，倚勢侵陵，受賄囑託，討占夫役，無此四惡也，還算一分人。或曰：「家計蕭條，安得不治生？」曰：「治生有道，如此而後治生，無勢可藉者死乎？」或曰：「親族有事，安得不伸理？」曰：「官自有法，有訟必藉請謁，無力可通者死乎？士大夫無窮餓而死之理，安用寡廉喪恥若是？」

學者視人欲如寇讎，不患無攻治之力。祇緣一向姑息他如驕子，所以養成猖獗之勢，無可奈何。故曰識不早，力不易也。制人欲，在初發時極易勦捕，到那橫流時，須要奮萬夫莫當之勇，纔得濟事。

宇宙内事，皆備此身，即一種未完，一毫未盡，便是一分破綻；天地間生，莫非吾體，即一夫不獲，一物失所，便是一處瘡痍。

克一分、百分、千萬分，克得盡時，纔見有生真我；退一步、百步、千萬步，退到極處，不愁無處安身。

事到放得心下，還慎一慎何妨？言於來向口邊，再思一步更好。

萬般好事説爲，終日不爲；百種貪心要足，何時是足？

回著頭看，年年有過差；放開腿行，日日見長進。

難消客氣衰猶壯，不盡塵心老尚童。但持鐵石同堅志，那有金剛不壞身。

按：《修身》篇舊凡二百八十四則，「要得富貴福澤」以下九則據陸本補。「過也人皆見之」以下十六則據陳本補。陳本尚有「仁人之好善也」一則，別刻誤入。《補遺》按：即原書「其惡惡不嚴」一則，陳氏節去首四語耳，今不複載。「宇宙内事」以下七則據《文集》補。

問學

學必相講而後明，講必相直而後盡。孔門師友不厭窮問極言，不相然諸承順，所謂審問明辨也。故當其時，道學大明，如撥雲披霧，白日青天，無纖毫障蔽。講學須要如此，無堅自是之心，惡人相直也。

「熟思審處」，此四字德業之首務；「鋭意極力」，此四字德業之要務；「有漸無已」，此四字德業之成務；「深憂過計」，此四字德業之終務。

「静」是箇見道底妙訣，只在静處潛觀，六合中動底機括都解破若見了。還有箇妙訣以守之，只是「一」，一是大根本，運這一，卻要因時通變。

學者只該説下學，更不消説上達。其未達也，空勞你説；其既達也，不須你説。故「一貫」惟參、賜可語，又到可語地位纔語。又一箇直語之，一箇啟語之，便見孔子誨人

妙處。

讀書人最怕誦底是古人語，做底是自家人。這等讀書，雖閉户十年，破卷五車，成甚麽用？

能辨真假，是一種大學問。世之所抵死奔走者，皆假也。萬古惟有「真」之一字磨滅不了，蓋藏不了。此鬼神之所把握，風雷之所呵護。天地無此不能發育，聖人無此不能參贊。朽腐得此可爲神奇，鳥獸得此可爲精怪。道也者，道此也；學也者，學此也。

或問：「孔子素位而行，非政不謀，而儒者著書立言便談帝王之略，何也？」曰：「古者十五而入大學，修齊治平，此時便要理會，故陋巷而問爲邦，布衣而許南面。由、求之志富强，孔子之志三代，孟子樂『中天下而立，定四海之民』，何曾便到手？但所志不得不然。所謂『如或知爾，則何以哉』，要知『以』箇甚麽。『苟有用我者，執此以往』，要知『此』是甚麽。『大人之事備矣』，要知『備』箇甚麽。若是平日如醉夢，一不講求，到手如癡呆，胡亂了事，如此作人，只是一塊頑肉，成甚學者？即有聰明材辨之士，不過學眼前見識，作口頭説話，妝點支吾，亦足塞責。如此作人，只是一場傀儡，有甚實用？修業盡職之人，到手未嘗不學，待汝學成，而事先受其敝，民已受其病，尋又還官矣。譬之饑始種粟，寒始紡綿，怎得奏功？此凡事所以貴豫也。」

不由心上做出，此是噴葉學問；不在獨中慎起，此是洗面工夫，成得甚事？

「堯、舜事功，孔、孟學術」，此八字是君子終身急務。或問：「堯、舜事功，孔、孟學術，何處下手？」曰：「以天地萬物爲一體，此是孔、孟學術；使天下萬物各得其所，此

是堯、舜事功，總來是一箇念頭。」

上吐下瀉之疾，雖日進飲食，無補於憔悴；入耳出口之學，雖日事講究，無益於身心。

天地萬物只是箇「漸」，理氣原是如此，雖欲不漸不得。而世儒好講一「頓」字，便是無根學問。

只人人去了我心，便是天清地寧世界。

塞乎天地之間，儘是浩然了。愚謂根荄須栽入九地之下，枝梢須插入九天之上，横拓須透過八荒之外，纔是箇圓滿工夫，無量學問。

我信得過我，人未必信得過我，故君子避嫌。若以正大光明之心如青天白日，又以至誠惻怛之意如火熱水寒，何嫌之可避？故君子學問第一要體信，只信了，天下無些子事。

要體認，不須讀盡古今書，只一部《千字文》，終身受用不盡。要不體認，即《三墳》以來卷卷精熟，也只是箇博學之士，資談口，侈文筆，長盛氣，助驕心耳。故君子貴體認。

悟者吾心也，能見吾心，便是真悟。

「明理省事」，此四字學者之要務。

今人不如古人，只是無學無識。學識須從三代以上來，纔正大，纔中平。今只將秦、漢以來見識抵死與人争是非，已自可笑；況將眼前聞見，自己聰明，翹然不肯下人，尤可笑也。

學者大病痛，只是器度小。

識見議論，最怕小家子勢。

默契之妙，越過六經千聖，直與天談，又不須與天交一語。只對越仰觀，兩心一箇耳。

學者只是氣盈，便不長進。含六合如一

粒，覓之不見；吐一粒於六合，出之不窮，可謂大人矣。而自處如庸人，初不自表異；退讓如空夫，初不自滿足，抵掌攘臂而視世無人，謂之以善服人則可。

心術、學術、政術，此三者不可不辨也。心術要辨箇誠僞，學術要辨箇邪正，政術要辨箇王伯。總是心術誠了，別箇再不差。

聖門學問心訣，只是不做賊就好。或問之，曰：「做賊是箇自欺心，自利心，學者於此二心一毫擺脱不盡，與做賊何異？」

脱盡「氣習」二字，便是英雄。

理以心得爲精，故當沉潛，不然耳邊口頭也。事以典故爲據，故當博洽，不然臆説杜撰也。

天是我底天，物是我底物，至誠所通，無不感格，而乃與之扞格牴牾，只是自修之功未至。自修到格天動物處，方是學問，方是工夫。未至於此者，自媿自責不暇，豈可又萌出箇怨尤底意思？

世間事無巨細，都有古人留下底法程。纔行一事，便思古人處這般事如何；纔處一人，便思古人處這般人如何。至於起居言動語默，無不如此，久則古人與稽，而動與道合矣。其要在存心，其工夫又只在誦詩讀書時便想曰：「此可以爲我某事之法，可以藥我某事之病。」如此，則臨事時觸之即應，不待思索矣。

扶持資質全在學問，任是天資近聖，少此二字不得。三代而下無全才，都是負了在天底，欠了在我底。縱做出掀天揭地事業來，仔細看他多少病痛。

勸學者歆之以名利，勸善者歆之以福祥，哀哉！

道理書盡讀，事務書多讀，文章書少讀，

閒雜書休讀，邪妄書焚之可也。

君子知其可知，不知其不可知。不知其可知，則愚；知其不可知，則鑿。

余有責善之友，既別兩月矣，見而問之曰：「近不聞僕有過？」友曰：「子無過。」余曰：「此吾之大過也。有過之過小，無過之過大。何者？拒諫自矜而人不敢言，飾非掩惡而人不能知，過有大於此者乎？使余即聖人也，則可；余非聖人，而人謂無過，余其大過哉！」

工夫全在冷清時，力量全在濃豔時。

萬仞崚嶒而呼人以登，登者必少。故聖人之道平，賢者之道峻。穴隙迫窄而招人以人，人者必少。故聖人之道博，賢者之道狹。

以是非決行止，而以利害生悔心，見道不明甚矣。

自天子以至於庶人，自堯、舜以至於途之人，必有所以汲汲皇皇者，而後其德進，其業成。故曰：雞鳴而起，舜、跖之徒皆有所孳孳也。無所用心，孔子憂之，曰：「不有博弈者乎？」懼無所孳孳者，不舜則跖也。今之君子縱無所用心而不至於爲跖，然飽食終日，惰慢彌年，既不作山林散客，又不問廟堂急務，如醉如癡，以了日月，《易》所謂「君子進德修業，欲及時也」，果是之謂乎？如是而自附於清品高賢，吾不信也。孟子論歷聖道統心傳，不出「憂勤惕勵」四字，其最親切者，曰「仰而思之，夜以繼日；幸而得之，坐以待旦」。此四語，不獨作相，士、農、工、商皆可作座右銘也。

怠惰時看工夫，脱略時看點檢，喜怒時看涵養，患難時看力量。

今之爲舉子文者，遇爲學題目，每以知行作比，試思知箇甚麽？行箇甚麽？遇爲

政題目[illegible]，試問做官養了那箇？教了那箇[illegible]身，以要國家寵利，此與誆騙何異？吾輩宜惕然省矣。

聖人以見義不爲屬無勇，世儒以知而不行屬無知。聖人體道有三達德，曰智、仁、勇；世儒曰知行只是一箇。不知誰説得是？愚謂自道統初開，工夫就是兩項，曰「惟精」，察之也；曰「惟一」，守之也。千聖授受，惟此一道。蓋不精則爲孟浪之守，不一則爲想像之知。曰「思」，曰「學」，曰「致知」，曰「力行」，曰「至明」，曰「至健」，曰「問察」，曰「用中」，曰「擇乎中庸，服膺勿失」，曰「非知之艱，惟行之艱」，曰「非苟知之，亦允蹈之」，曰「知及之，仁守之」，曰「不明乎善，不誠乎身」。

自德性中來，生死不變；自識見中來，則有時而變矣。故君子以識見養德性，德性堅定，則可生可死。

「昏弱」二字，是立身大業障，去此二字不得，做不出一分好人。

學問之功，生知聖人亦不敢廢。不從學問中來，任從有掀天揭地事業，都是氣質作用。氣象豈不炫赫可觀？一入聖賢秤尺，坐定不妥貼。學問之要如何？隨事用中而已。

學者窮經博古，涉事籌今，只見日之不足，惟恐一登薦舉，不能有所建樹。仕者修政立事，淑世安民，只見日之不足，惟恐一旦陞遷，不獲竟其施爲。此是確實心腸，真正學問，爲學爲政之得真味也。

進德修業在少年，道明德立在中年，義精仁熟在晚年。若五十以前德性不能堅定，五十以後愈懶散愈昏弱，再休説那中興之

要知是職分，所遇之窮通要知是定分。

一率作則覺有意味，日濃日豔，雖難事，不至成功不休，一間斷則漸覺疏離，日畏日怯，雖易事，再使繼續甚難。是以聖學在無息，聖心曰不已。一息一已，難接難起，此學者之大懼也。余平生德業無成，正坐此病。《詩》曰：「日就月將，學有緝熙於光明。」吾黨日宜三復之。

堯、舜、禹、湯、文、武，全從「不自滿假」四字做出，至於孔子，平生謙退沖虛，引過自責，只看著世間有無窮之道理，自家有未盡之分量，聖人之心蓋如此。孟子自任太勇，自視太高，而孜孜向學，欿欿自歉之意似不見有。宋儒口中談論都是道理，身所持循亦不著世俗，豈不聖賢路上人哉？但人非堯、舜，誰無氣質稍偏，造詣未至，識見未融，體驗未到，物欲未忘底過失？只是自家平生之所不足者再不肯口中說出，以自勉自責；亦不肯向別人招認，以求相勸相規。所以自孟子以來，學問都似登壇說法，直下承當，終日說短道長，談天論性，看著自家便是聖人，更無分毫可增益處。只這見識，便與聖人作用已自不同，如何到得聖人地位？

性躁急人，常令之理紛解結；性遲緩人，常令之逐獵追奔。推此類，則氣質之性無不漸反。

恒言「平穩」二字極可玩。蓋天下之事，惟平則穩。行險亦有得底，終是不穩。故君子居易。

二分，寒暑之中也，晝夜分停多不過七八日。二至，寒暑之偏也，晝夜偏長每每二十三日。始知中道難持，偏氣易勝，天且然也。故堯、舜毅然曰「允執」，蓋以人事勝耳。

裏面五分，外面只發得五分，多一釐不

得；裏面十分，外面自發得十分，少一釐不得。誠之不可掩如此夫，故曰「不誠無物」。

休躡著人家脚跟走，此是自得學問。

正門學脈切近精實，旁門學脈奇特玄遠；正門工夫戒愼恐懼，旁門工夫曠大逍遥；正門宗指漸次，旁門宗指徑頓；正門造詣俟其自然，旁門造詣矯揉造作。

或問：「仁義禮智發而爲惻隱、羞惡、辭讓、是非，便是天則否？」曰：「聖人發出來便是天則，衆人發出來都落氣質，不免有太過、不及之病。只如好生一念，豈非惻隱？至以麫爲犧牲，便非天則。」

學問，博識强記易，會通解悟難。會通到天地萬物爲一，解悟到幽明古今無間，爲尤難。

「强恕」是最拙底學問，「三近」人皆可行，下此無工夫矣。

王心齋每以樂爲學，此等學問是不曾苦底甜瓜，入門就學樂，其樂也逍遥自在耳，不自深造真積、憂勤惕勵中得來。孔子之「樂以忘憂」，由於「發憤忘食」；顔子之「不改其樂」，由於博約克復。其樂也，優游自得，無意於懽忻，而自不憂；無心於曠達，而自不悶。若覺有可樂，還是乍得心；著意學樂，便是助長心。幾何而不爲猖狂自恣也乎？

余講學只主六字，曰天地萬物一體。或曰：「公亦另立門户邪？」曰：「否。只是孔門一箇仁字。」

無愼獨工夫不是真學問，無大庭效驗不是真愼獨。終日嘵嘵，只是口頭禪耳。

體認要嘗出悦心真味，工夫更要進到百尺竿頭，始爲真儒。向與二三子暑月飲池上，因指水中蓮房以談學問。曰：「山中人不識蓮，於藥鋪買得乾蓮肉，食之稱美。後

入市買得久摘鮮蓮，食之更稱美也。」余歎曰：「渠食池上新摘，美當何如？一摘出池，真味猶漓；若卧蓮舟，挽碧筩，就房而裂食之，美更何如？今之體認，皆食乾蓮肉者也。又如這樹上胡桃，連皮吞之，不可謂之不喫，不知此果須去厚肉皮，不則麻口；再去硬骨皮，不則損牙；再去瓤上粗皮，不則澀舌；再去薄皮内萌皮，不則欠細膩。如是而漬以蜜，煎以糖，始爲盡美。今之工夫，皆囫圇吞胡桃者也。如此體認，始爲精義入神；如此工夫，始爲義精仁熟。」

上達無一頓底，一事有一事之上達，如灑掃應對，食息起居，皆有精義入神處。一步有一步上達，到有恒處，達君子到君子，達聖人到湯、武。聖人達堯、舜，堯、舜自視亦有上達，自歎不如無懷、葛天之世矣。

學者不長進，病根只在護短。聞一善言，不知不肯問；理有所疑，對人不肯問，恐人笑己之不知也。孔文子不恥下問，❶今也恥上問。顔子以能問不能，今也以不能不問能。若怕人笑，比德山棒、臨濟喝，法壇對衆，如何承受？這般護短，到底成箇人笑之人。一笑之恥，而終身之笑顧不恥乎？兒曹戒之。

學問之道，便是正，也怕雜。不一則不真，不真則不精。入萬景之山，處處堪遊，我原要到一處，只休亂了脚。入萬花之谷，朵朵堪觀，我原要折一枝，只休花了眼。

日落趕城門，遲一脚便關了，何處止宿？故學貴及時。懸厓抱孤樹，鬆一手便脱了，何處落身？故學貴著力。故傷悲於老大，要追時除是再生；既失於將得，要仍

❶「文」，原誤作「又」，據全集本改。

人，或更污下，即將蒼頡以來書讀盡，也只是箇没學問底人。

萬金之賈，貨雖不售不憂；販夫閉門數日，則愁苦不任矣。凡不見知而愠，不見是而悶，皆中淺狹而養不厚者也。

善人無邪夢，夢是心上有底。男不夢生子，女不夢娶妻，念不及也。只到夢境，都是道理上做，這便是許大工夫，許大造詣。

天下難降伏、難管攝底，古今人都做得來，不謂難事。惟有降伏管攝自家難，聖賢做工夫只在這裏。

吾友楊道淵常自歎恨，以爲學者讀書，當失意時便奮發，曰到家卻要如何。及奮發數日，或倦怠，或應酬，則曰：「且歇下一時，明日再做。」「且」、「卻」二字循環過了一生。予深味其言。士君子進德修業，皆爲「且」、「卻」二字所牽縛，白首竟成浩歎。果能一旦前除是從頭。

學問要訣只有八箇字：涵養德性，變化氣質。守住這箇，再莫向迷津問渡。

點檢將來，無愧心，無悔言，無耻行，胸中何等快樂！只苦不能，所以君子有終身之憂。常見王心齋《學樂歌》，心頗疑之。樂是自然養盛所致，如何學得？

除不了我，算不得學問。

「學問」二字，原自外面得來。蓋學問之理雖全於吾心，而學問之事則皆古今名物。人人而學，事事而問，攢零合整，融化貫串，然後此心與道方浹洽暢快。若怠於考古，耻於問人，聰明只自己出，不知怎麼叫做學者？

聖賢千言萬語，經史千帙萬卷，都是教人學好，禁人爲非。若以先哲爲依歸，前言爲律令，即一二語受用不盡。若依舊作世上

奮發有爲，鼓舞不倦，除卻進德是斃而後已工夫，其餘事業不過五年七年，無不成就之理。

君子言見聞，不言不見聞；言有益，不言無益。

對左右言，四顧無愧色；對朋友言，臨別無戒語，可謂光明矣，胸中何累之有？

學者常看得爲我之念輕，則欲念自薄，仁心自達。是以爲仁工夫曰「克己」，成仁地位曰「無我」。

天下事皆不可溺，惟是好德欲仁不嫌於溺。

把矜心要去得毫髮都盡，只有些須意念之萌，面上便帶著。聖賢志大心虛，只見得事事不如人，只見得人人皆可取，矜念安從生？此念不忘，只一善便自足，淺中狹量之鄙夫耳。

師無往而不在也，鄉國天下古人，師善人也；三人行，則師惡人矣。予師不止此也，鶴之父子，蟻之君臣，鴛鴦之夫婦，果然之朋友，烏之孝，騶虞之仁，雉之耿介，鳩之守拙，則觀禽獸而得吾師矣。松柏之孤直，蘭芷之清芳，蘋藻之潔，桐之高秀，蓮之淄泥不染，鞠之晚節愈芳，梅之貞白，竹之內虛外直，圓通有節，則觀草木而得吾師矣。山之鎮重，川之委曲而直，石之堅貞，淵之涵蓄，土之渾厚，火之光明，金之剛健，則觀五行而得吾師矣。鑑之明，衡之直，權之通變，量之有容，概之平，度之能較短長，箠之卷舒，蓋之張弛，網之綱紀，機之經綸，則觀雜物而得吾師矣。嗟夫！能自得師，則盈天地間皆師也。不然，堯、舜自堯、舜，朱、均自朱、均耳。

聖賢只在與人同欲惡。「己欲立而立

人，己欲達而達人」，「我不欲人之加諸我也，吾亦欲無加諸人」，便是聖人。「能近取譬」，「施諸己而不願，亦勿施於人」，便是賢者。專所欲於己，施所惡於人，便是小人。學者用情只在此二字上體認，最爲喫緊。充得盡時，六合都是一箇，有甚人己？

人情只是箇好惡，立身要在端好惡，治人要在同好惡。故好惡異，夫妻、父子、兄弟皆寇讎；好惡同，四海、九夷、八蠻皆骨肉。

「好學近乎知，力行近乎仁，知恥近乎勇」，有志者事竟成，那怕一生昏弱？「內視之謂明，反聽之謂聰，自勝之謂强」，外求則失愈遠，空勞百倍精神。

寄講學諸友云：白日當天，又向蟻封尋爝火；黄金滿室，卻穿鶉結丐藜羹。

歲首桃符：新德隨年進，昨非與歲除。縱作神仙，到頭也要盡；莫言風水，何地不堪埋？

按：《問學》篇舊凡九十九則，「學問之道」以下五則據陸本補。「學問二字」以下十四則據陳本補。陳本有「孟子歷論道統」一則，「士人口中談論」一則，別刻誤入《補遺》，實即原書「自天子以至庶人」及「堯、舜、禹、湯」二則，陳氏一節去前七行，一節去前四行耳。今不複載。「好學近乎知」以下四則據《文集》補。

呻吟語卷二畢

呻吟語卷三

寧陵呂坤叔簡甫著

内　篇

應　務

閒暇時留心不成，倉卒時措手不得。胡亂支吾，任其成敗，或悔或不悔，事過後依然如昨。世之人如此者，百人而百也。「凡事豫則立」，此五字極當理會。

道眼在是非上見，情眼在愛憎上見，物眼無別白，渾沌而已。

實見得是時，便要斬釘截鐵，脱然爽潔。做成一件事，不可拖泥帶水，靠壁倚牆。

人定真足勝天，今人但委於天，而不知人事之未定耳。夫冬氣閉藏不能生物，而老圃能開冬花結春實；物性蠢愚不解人事，而鳥師能使雀奕棋蛙教書。況於能爲之人事，而可委之天乎？

責善要看其人何如，其人可責以善，又當自盡長善救失之道，無指摘其所忌，無盡數其所失，無對人，無峭直，無長言，無累言。犯此六戒，雖忠告，非善道矣。其不見聽，我亦且有過焉，何以責人？

余行年五十，悟得「五不争」之味。人問之，曰：「不與居積人争富，不與進取人争貴，不與矜飾人争名，不與簡傲人争禮節，不與盛氣人争是非。」

衆人之所混同，賢者執之；賢者之所束縛，聖人融之。

做天下好事，既度德量力，又審勢擇人。

「專欲難成，衆怒難犯」，此八字者，不獨妄動人宜慎，雖以至公無私之心，行正大光明之事，亦須調劑人情，發明事理，俾大家信從，然後動有成，事可久。盤庚遷殷，武王伐紂，三令五申，猶恐弗從。蓋恒情多闇於遠識，小人不便於己私，群起而壞之，雖有良法，胡成胡久？自古皆然，故君子慎之。

辨學術，談治理，直須窮到至處，讓人不得。所謂「宗廟朝廷便便言」者，蓋道理古今之道理，政事國家之政事，務須求是乃已。我兩人皆置之度外，非求伸我也，非求勝人也，何讓人之有？只是平心易氣，爲辨家第一法，纔聲高色厲，便是没涵養。

五月繅絲，正爲寒時用；八月績麻，正爲暑時用；平日涵養，正爲臨時用。若臨時不能駕御氣質，張主物欲，平日而曰我涵養，吾不信也。夫涵養工夫豈爲涵養時用哉？故馬蹶而後求轡，不如操持之有常；輻折而後爲輪，不如約束之有素。其備之也若迂，正爲有時而用也。

膚淺之見，偏執之説，傍經據傳，也近一種道理，究竟到精處，都是浮説詖辭。所以知言必須胸中有一副極準秤尺，又須在堂上，而後人始從。不然窮年聚訟，其誰主持邪？

纖芥，衆人能見，置纖芥於百里外，非離龍不能見。疑似，賢人能辨，精義而至入神，非聖人不能辨。夫以聖人之辨語賢人，且滋其惑，況衆人乎？是故微言不入世人之耳。

理直而出之以婉，善言也善道也。

「因」之一字，妙不可言。因利者無一錢之費，因害者無一力之勞，因情者無一念之拂，因言者無一語之争。或曰：「不幾於徇乎？」曰：「此轉人而徇我者也。」或曰：「不

幾於術乎？」曰：「此因勢而利導者也。」故惟聖人善用因，智者善用因。

處世常過厚無害，惟爲公持法則不可。

天下之物，紆徐柔和者多長，迫切躁急者多短。故烈風驟雨無崇朝之威，暴漲狂瀾無三日之勢。催拍促調，非百板之聲；疾策緊銜，非千里之轡。人生壽殀禍福，無一不然。褊急者可以思矣。

幹天下事，無以期限自寬。事有不測，時有不給，常有餘於期限之內，有多少受用處。

將事而能弭，當事而能救，既事而能挽，此之謂達權，此之謂才。未事而知其來，始事而要其終，定事而知其變，此之謂長慮，此之謂識。

凡禍患，以安樂生，以憂勤免；以奢肆生，以謹約免；以觖望生，以知足免；以多事生，以慎動免。

任難任之事，要有力而無氣；處難處之人，要有知而無言。

撼大摧堅，要徐徐下手，久久見功，默默留意。攘臂極力，一犯手自家先敗。

昏暗難諭之識，優柔不斷之性，剛愎自是之心，皆不可與謀天下之事。智者一見即透，練者觸類而通，困者熟思而得，三者之所長，謀事之資也，奈之何其自用也？

事必要其所終，慮必防其所至，若見眼前快意便了，此最無識。故事有當怒而君子不怒，當喜而君子不喜，當爲而君子不爲，當已而君子不已者。衆人知其一，君子知其他也。

柔而從人於惡，不若直而挽人於善。直而挽人於善，不若柔而挽人於善之爲妙也。

激之以理法，則未至於惡也，而奮然爲

惡；媿之以情好，則本不徙義也，而奮然向義，此遊説者所當知也。

善處世者，要得人自然之情，得人自然之情，則何所不得？失人自然之情，則何所不失？不惟帝王爲然，雖二人同行，亦離此道不得。

「察言觀色，度德量力」，此八字，處世處人一時少不得底。

人有言不能達意者，有其狀非其本心者，有其言貌誣其本心者。君子觀人，與其過察而誣人之心，寧過恕以逃人之情。

人情，天下古今所同。聖人防其肆，特爲之立中以的之，故立法不可太激，制禮不可太嚴，責人不可太盡，然後可以同歸於道。不然是驅之使畔也。

天下之事，有速而迫之者，有遲而耐之者，有勇而劫之者，有柔而折之者，有憤而激之者，有喻而悟之者，有獎而歆之者，有甚而淡之者，有順而緩之者，有積誠而感之者。要在相機因時，舛施未有不敗者也。

論眼前事，就要説眼前處置，無追既往，無道遠圖。此等語雖精，無裨見在也。

我益智，人益愚；我益巧，人益拙。何者？相去之遠而相責之深也。惟有道者，智能諒人之愚，巧能容人之拙，知分量不相及而人各有能不能也。

天下之事，只定了便無事。物無定主而争，言無定見而争，事無定體而争。

至人無好惡，聖人公好惡，衆人隨好惡，小人作好惡。

僕隸下人，昏愚者多，而理會人意，動必有合，又千萬人不一二也。居上者往往以我責之，不合則艴然怒，甚者繼以鞭笞。則彼愈惶惑，而錯亂愈甚，是我之過大於彼也。

彼不明，而我當明也。彼無能事上，而我無量容下也；彼無心之失，而我有心之惡也。若忍性平氣，指使而面命之，是兩益也。彼我無苦而事有濟，不亦可乎？《詩》曰「匪怒伊教」，《書》曰「無忿疾於頑」，此學者涵養氣質第一要務也。

或問：「士大夫交際，禮與？」曰：「禮也。古者睦隣國有享禮，有私覿。士大夫相見各有所贄，鄉黨亦然，婦人亦然，何可廢也？」曰：「近者嚴禁之，何也？」曰：「非禁交際，禁以交際行賄賂者也。夫無緣而交，無處而餽，其餽也過情，謂之賄可也。豈惟嚴禁，即不禁，君子不受焉。乃若宿在交知，情猶骨肉，數年不見，一飯不相留，人情乎？數千里來，一揖而告別，人情乎？則彼有餽遺，我有贈送，皆天理人情之不可已者也。士君子立身行己，自有法度，絶人逃世，情所不安。余謂秉大政者貴持平，不貴一切；持平則有節，一切則愈潰。何者？勢不能也。」

古人愛人之意多，今日惡人之意多。愛人，故人易於改過，而視我也常親，我之教常易行。惡人，故人甘於自棄，而視我也常讎，我之言益不入。

觀一葉而知樹之死生，觀一面而知人之病否，觀一言而知識之是非，觀一事而知心之邪正。

論理要精詳，論事要剴切，論人須帶二三分渾厚。若切中人情，人必難堪。故君子不盡人之情，不盡人之過。非直遠禍，亦以留人掩飾之路，觸人悔悟之機，養人體面之餘，亦天地涵蓄之氣也。

「父母在難，盜能爲我救之，感乎？」曰：「此不世之恩也，何可以弗感？」「設當

用人之權，此人求用，可薦之乎？」曰：「何可薦也。天命有德，帝王之公典也，我何敢以私恩奸之？」「設當理刑之職，此人在獄，可縱之乎？」曰：「何可縱也。天討有罪，天下之公法也，我何敢以私恩骫之？」曰：「何以報之？」曰：「用吾身時，爲之死可也；用吾家時，爲之破可也；其他患難，與之共可也。」

凡有橫逆來侵，先思所以取之之故，即思所以處之之法，不可便動氣。兩箇動氣，一對小人，一般受禍。

喜奉承是箇愚障，彼之甘言卑辭，隆禮過情，冀得其所欲而免其可罪也。而我喜之感之，遂其不當得之欲，而免其不可已之罪，以自蹈於廢公黨惡之大咎，以自犯於難事易悅之小人，是奉承人者智巧，而喜奉承者愚也。乃以爲相沿舊規責望於賢者，遂以不奉承恨之，甚者羅織而害之，其獲罪國法聖訓深矣，此居要路者之大戒也。雖然，奉承人者未嘗不愚也，使其所奉承而小人也則可，果君子也，彼未嘗不以此觀人品也。

疑心最害事，二則疑，不二則不疑也。「然則聖人無疑乎？」曰：「聖人只認得一箇理，因理以思，順理以行，何疑之有？賢人有疑，惑於理也；衆人多疑，惑於情也。」或曰：「不疑而爲人所欺，奈何？」曰：「學到不疑時，自然能先覺。況不疑之學，至誠之學也，狡僞亦不忍欺矣！」

以時勢低昂理者，衆人也；以理低昂時勢者，賢人也；惟理是視，無所低昂者，聖人也。

貧賤以傲爲德，富貴以謙爲德，皆賢人之見耳。聖人只看理當何如，富貴貧賤除外算。

成心者，見成之心也。聖人胸中洞然清虛，無箇見成念頭，故曰絕四。今人應事宰物都是成心，縱使聰明照得破，畢竟是意見障。

凡聽言，要先知言者人品，又要知言者意向，又要知言者識見，又要知言者氣質，則聽不爽矣。

不須犯一口說，不須著一意念，只恁真真誠誠行將去，久則自有不言之信，默成之孚。薰之善良，徧爲爾德者矣。

堿蓬生於堿地，燃之可堿；鹽蓬生於鹽地，燃之可鹽。

世人相與，非面上則口中也。人之心固不能掩於面與口，而不可測者，則不盡於面與口也。故惟人心最可畏，人心最不可知，此天下之陷阱，而古今生死之衢也。予有一拙法，推之以至誠，施之以至厚，持之以至慎，遠是非，讓利名，處後下，則夷狄鳥獸可骨肉而腹心矣。將令深者且傾心，險者且化德，而何陷阱之予及哉？不然必予道之未盡也。

處世只一「恕」字，可謂以己及人，視人猶己矣。然有不足以盡者，天下之事，有己所不欲而人欲者，有己所欲而人不欲者，這裏還須理會，有無限妙處。

寧開怨府，無開恩竇。怨府難充而恩竇易擴也，怨府易閉而恩竇難塞也，閉怨府爲福而塞恩竇爲禍也。怨府一仁者能閉之，恩竇非仁義禮智信備不能塞也。仁者布大德不干小譽，義者能果斷不爲姑息，禮者有等差節文，不一切以苦人情，智者有權宜運用，不張皇以駭聞聽，信者素孚人，舉措不生衆疑。缺一必無全計矣。

君子與小人共事必敗，君子與君子共事亦未必無敗。何者？意見不同也。今有仁

者、義者、禮者、智者、信者五人焉，而共一事，五相濟則事無不成，五有主則事無不敗。仁者欲寬，義者欲嚴，智者欲巧，信者欲實，禮者欲文，事胡以成？此無他，自是之心勝而相持之勢均也。歷觀往事，每有以意見相爭，至亡人國家，釀成禍變而不顧，君子之罪大矣哉！然則何如？曰：勢不可均，勢均則不相下，勢均則無忌憚而行其胸臆。三軍之事，卒伍獻計，偏裨謀事，主將斷一，何意見之敢争？然則善天下之事，亦在乎通者當權而已。

萬弊都有箇由來，只救枝葉，成得甚事？

與小人處，一分計較不得，須要放寬一步。

處天下事，只消得「安詳」二字，雖兵貴神速，也須從此二字做出。然安詳非遲緩之謂也，從容詳審，養奮發於凝定之中耳。是故不閒則不忙，不逸則不勞。若先怠緩，則後必急躁，是事之殃也。十行九悔，豈得謂之安詳？

果決人似忙，心中常有餘閒；因循人似閒，心中常有餘累。君子應事接物，常贏得心中有從容閒暇時便好，若應酬時勞擾，不應酬時牽挂，極是喫累底。

爲善而偏於所向，亦是病。聖人之爲善，度德量力，審勢順時，且如發棠不勸，非忍萬民之死也，時勢不可也。若認煞民窮可悲，而枉己徇人，便是欲矣。

分明不動聲色濟之有餘，卻露許多痕迹，費許大張皇，最是拙工。

天下有兩可之事，非義精者不能擇；若到精處，畢竟止有一可耳。

聖人處事，有變易無方底，有執極不變

底，有一事而所處不同底，有殊事而所處一致底，惟其可而已。自古聖人適當其可者，堯、舜、禹、文、周、孔數聖人而已。當可而又無迹，此之謂至聖。

聖人處事，如日月之四照，隨物爲影；如水之四流，隨地成形，己不與也。

使氣最害事，使心最害理。君子臨事，平心易氣。

昧者知其一不知其二，見其所見而不見其所不見，故於事鮮克有濟。惟智者能柔能剛，能圓能方，能存能亡，能顯能藏。舉世懼且疑，而彼確然爲之，卒如所料者，見先定也。

字到不擇筆處，文到不修句處，話到不檢口處，事到不苦心處，皆謂之自得。自得者，與天遇。

無用之朴，君子不貴。雖不事機械變詐，至於德慧術知，亦不可無。

神清人無忽語，機活人無癡事。

非謀之難，而斷之難也。謀者，盡事物之理，達時勢之宜，意見所到，不患其不精也。然衆精集而兩可，斷斯難矣。故謀者較尺寸，斷者較毫釐；謀者見一方至盡，斷者會八方取中。故賢者皆可與謀，而斷非聖人不能也。

人情不便處，便要迴避。彼雖難於言，而心厭苦之，此慧者之所必覺也，是以君子體悉人情。悉者，委曲周至之謂也。卹其私，濟其願，成其名，泯其迹，體悉之至也，感人淪於心骨矣。故察言觀色者，學子粗也；達情會意者，學之精也。

天下事只怕認不真，故依違觀望，看人言爲行止。認得真時，則有不敢從之君親，更那管一國非之，天下非之。若作事先怕人

議論，做到中間，一被謗誹，消然中止，這不止無定力，且是無定見。民各有心，豈得人人識見與我相同？民心至愚，豈得人人意思與我相信？是以作事君子，要見事後功業，休卹事前議論，事成後衆論自息。即萬一不成，而我所爲者合下便是當爲，也論不得成敗。

審勢量力，固智者事，然理所當爲而值可爲之地，聖人必做一番，計不得成敗。如圍成不克，何損於舉動？竟是成當墮耳。孔子爲政於衛，定要下手正名，便正不來，去衛也得，只是這箇事定姑息不過。今人做事，只計成敗，都是利害心害了是非之公。

或問：「慮以下人，是應得下他不？」曰：「若應得下他，如子弟之下父兄，這何足道？然亦不是卑諂而徇人以非禮之恭，只是無分毫上人之心，把上一著、前一步儘著別人占。天地間惟有下面底最寬，後面底最長。」

士君子在朝則論政，在野則論俗，在廟則論祭禮，在喪則論喪禮，在邊圉則論戰守。非其地也，謂之羨談。

處天下事，前面常長出一分，此之謂豫；後面常餘出一分，此之謂裕。如此則事無不濟而心有餘樂。若扣殺分數做去，必有後悔處。人亦然，施在我，有餘之恩則可以廣德；留在人，不盡之情則可以全好。

非首任，非獨任，不可爲禍福先，福始禍端，皆危道也。士君子當大事時，先人而任，當知「慎果」二字；從人而行，當知「明哲」二字。明哲非避難也，無裨於事而祇自没耳。

養態，士大夫之陋習也。古之君子，養德德成，而見諸外者有德容。見可怒則有剛

正之德容，見可行則有果毅之德容。當言則終日不虛口，不害其爲默；當刑則不宥小故，不害其爲量。今之人，士大夫以寬厚渾涵爲盛德，以任事敢言爲性氣，銷磨憂國濟時者之志，使之就文法走俗狀而一無所展布。嗟夫！治平之世宜爾，萬一多故，不知張眉吐膽奮身前步者誰也，此前代之覆轍也。

處事先求大體，居官先厚民風。

臨義莫計利害，論人莫計成敗。

一人覆屋以瓦。一人覆屋以茅，謂覆瓦者曰：「子之費十倍予，然而蔽風雨一也。」覆瓦者曰：「茅十年腐，而瓦百年不碎。子百年十更，而多以工力之費、屢變之勞也。」嗟夫！天下之患，莫大於有堅久之費，貽屢變之勞，是之謂工無用、害有益。天下之愚，亦莫大於狃朝夕之近，忘久遠之安，是之謂欲速成，見小利。是故樸素渾堅，聖人制物利用之道也。彼好文者，惟樸素之恥而靡麗夫易敗之物，不智甚矣。或曰：「靡麗其渾堅者可乎？」曰：「既渾堅矣，靡麗奚爲？苟以靡麗之費而爲渾堅之資，豈不尤渾堅哉！是故君子作有益則輕千金，作無益則惜一介。」「假令無一介之費，君子亦不作無益，何也？」「不敢以耳目之玩，啟天下民窮財盡之禍也。」

遇事不妨詳問廣問，但不可有偏主心。

輕信驟發，聽言之大戒也。

君子處事，主之以鎮靜有主之心，運之以圓活不拘之用，養之以從容敦大之度，循之以推行有漸之序，待之以序盡必至之效，又未嘗有心勤效遠之悔。今人臨事纔去安排，又不耐躊躕，草率含糊，與事拂亂。豈無倖成？竟不成箇處事之道。

君子與人共事，當公人己而不私。苟事之成，不必功之出自我也；不幸而敗，不必咎之歸諸人也。

有當然，有自然，有偶然。君子盡其當然，聽其自然，而不惑於偶然。小人泥於偶然，拂其自然，而棄其當然。噫！偶然不可得，并其當然者失之，可哀也。

不爲外撼，不以物移，而後可以任天下之大事。彼悦之則悦，怒之則怒，淺衷狹量，粗心浮氣，婦人孺子能笑之，而欲有所樹立，難矣。何也？其所以待用者無具也。

「明白簡易」，此四字可行之終身。役心機，擾事端，是自投劇網也。

水之流行也，礙於剛則求通於柔；智者之於事也，礙於此則求通於彼。執礙以求通，則愚之甚也，徒勞而事不濟。

計天下大事，只在要緊處一著留心用力，別箇都顧不得。譬之弈棋，只在輸贏上留心，一馬一卒之失渾不放在心下。若觀者以此預計其高低，弈者以此預亂其心目，便不濟事。況善籌者以與爲取，以喪爲得；善弈者餌之使吞，誘之使進，此豈尋常識見所能策哉？乃見其小失而遽沮撓之，擯斥之，英雄豪傑可爲竊笑矣，可爲慟惋矣。

夫勢，智者之所藉以成功，愚者之所逆以取敗者也。夫勢之盛也，天地聖人不能裁；勢之衰也，天地聖人不能振，亦因之而已。因之中寓處之權，此善用勢者也，乃所以裁之振之也。

士君子抱經世之具，必先知五用，五用之道未得而漫嘗試之，此小丈夫技癢童心之所爲也，事必不濟。是故貴擇人。不擇可與共事之人，則不既厥心，不堪其任，或以虛文相欺，或以意見相傾，譬以玉杯付小兒而奔

走於崎嶇之峰也。是故貴達時。時者，成事之期也。機有可乘，會有可際，不先不後，則其道易行。不達於時，譬投種於堅凍之候也。是故貴審勢。勢者，成事之藉也。登高而招，順風而呼，不勞不費而其功易就。不審於勢，譬行舟於平陸之地也。是故貴慎發。左盼右望，長慮卻顧，實見得利矣，又思其害；實見得成矣，又慮其敗，萬無可虞則執極而不變。不慎所發，譬夜射儀的也。是故貴宜物。夫事有當蹈常襲故者，有當改絃易轍者，有當興廢舉墜者，有當救偏補敝者，有以小棄大而卒以成其大者，有理屈於勢而不害其爲理者，有當三令五申者，有當不動聲色者。不宜於物，譬苗莠兼存而玉石俱焚也。嗟夫！非有其具之難，而用其具者之難也。

腐儒之迂說，曲士之拘談，俗子之庸識，躁人之淺見，譎者之異言，憸夫之邪語，皆事之賊也，謀斷家之所忌也。

智者之於事，有言之而不行者，有所言非所行者，有先言而後行者，有先行而後言者，有行之既成而始終不言其故者。要亦爲國家深遠之慮而求以必濟而已。

善用力者就力，善用勢者就勢，善用智者就智，善用財者就財，夫是之謂乘。乘者，知幾之謂也。失其所乘，則倍勞而功不就；得其所乘，則與物無忤，於我無困，而天下享其利。

凡酌量天下大事，全要箇融通周密，憂深慮遠。營室者之正方面也，遠視近視，曰有近視正而遠視不正者；較長較短，曰有準於短而不準於長者；應上應下，曰有合於上而不合於下者；顧左顧右，曰有協於左而不協於右者。既而遠近長短上下左右之皆宜

也，然後執繩墨，運木石，鳩器用，以定萬世不拔之基。今之處天下事者，粗心浮氣，淺見薄識，得其一方而固執以求勝，以此圖久大之業，爲治安之計，難矣！

字經三書，未可遽真也；言傳三口，未可遽信也。

巧者，氣化之賊也，萬物之禍也，心術之蠹也，財用之災也。君子不貴焉。

君子之處事，有真見矣，不遽行也，又驗衆見，察衆情。協諸理而協，協諸衆情衆見而協，則斷以必行。果理當然，而衆情衆見之不協也，又委曲以行吾理，既不貶理，又不駭人，此之謂理術。噫！惟聖人者能之，獵較之類是也。

幹天下大事，非氣不濟。然氣欲藏不欲露，欲抑不欲揚。掀天揭地事業，不動聲色，不驚耳目，做得停停妥妥，此爲第一妙手，便是入神。譬之天地，當春夏之時發育萬物，何等盛大流行之氣？然視之不見，聽之不聞。豈無風雨雷霆？亦只時發間出，不顯匠作萬物之迹，這才是化工。

疏于料事而拙于謀身，明哲者之所懼也。

實處著脚，穩處下手。

姑息依戀，是處人大病痛。當義處，雖處骨肉，亦要果斷。鹵莽徑直，是處事大病痛，當緊要處，雖細微，亦要檢點。

正直之人，能任天下之事，其才其守，小事自可見。若説小事且放過，大事到手才見擔當，這便是飾説，到大事定然也放過了。松柏生小便直，未有始曲而終直者也。若用權變時，另有較量，又是一副當説話。

無損損，無益益，無通通，無塞塞，此調天地之道，理人物之宜也。然人君自奉無嫌

於損損，於百姓無嫌於益益。君子擴理路無嫌於通通，杜欲竇無嫌於塞塞。

事物之理有定，而人情意見千岐萬徑。吾得其定者而行之，即形迹可疑，心事難白，亦付之無可奈何。若惴惴畏譏，瑣瑣自明，豈能家置一喙哉？且人不我信，辯之何益？人若我信，何事於辯？若事有關涉，則不當以緘默妨大計。

處人、處己、處事，都要有餘，無餘便無救性，此裏甚難言。

悔前莫如慎始，悔後莫如改圖，徒悔無益也。

居鄉而囿於數十里之見，硜硜然守之也，百攻不破。及遊大都，見千里之事，茫然自失矣。居今而囿於千萬人之見，硜硜然守之也，百攻不破。及觀《墳》、《典》，見千萬年之事，茫然自失矣。是故囿見不可狃，狃則狹，狹則不足以善天下之事。

事出於意外，雖智者亦窮，不可以苛責也。

天下之禍，多隱成而卒至，或偶激而遂成。隱成者貴預防，偶激者貴堅忍。

當事有四要：際畔要果決，怕是綿；執持要堅耐，怕是脆；機括要深沉，怕是淺；應變要機警，怕是遲。

君子動大事，十利而無一害，其舉之也必矣。然天下無十利之事，不得已而權其分數之多寡，利七而害三，則吾全其利而防其害，又較其事勢之輕重。亦有九害而一利者，爲之，所利重而所害輕也，所利急而所害緩也，所利難得而所害可救也，所利久遠而所害一時也。此不可與淺見薄識者道。

當需莫厭久，久時與得時相隣。若憤其久也而決絶之，是不能忍於斯須而甘棄前

勞，坐失後得也，此從事者之大戒也。若看得事體審，便不必需，即需之久，亦當速去。

朝三暮四，用術者誠詐矣。人情之極致，有以朝三暮四爲便者，有以朝四暮三爲便者，要在當其所急。猿非愚，其中必有所當也。

天下之禍非偶然而成也，有輳合，有搏激，有積漸。輳合者雜而不可解，在天爲風雨雷電，在身爲多過，在人爲朋奸，在事爲衆惡遭會，在病爲風寒暑濕合而成痺。搏激者勇而不可禦，在天爲迅雷大雹，在身爲忿恨，在人爲横逆卒加，在事爲驟感成凶，在病爲中寒暴厥。積漸者極重而不可反，在天爲寒暑之序，在身爲罪惡貫盈，在人爲包藏待逞，在事爲大敝極壞，在病爲血氣衰羸，痰火蘊鬱，奄奄不可支。此三成者，理勢之自然，天地萬物皆不能外。禍福之來，恒必由之，故君子爲善則籍衆美而防錯履之多，奮志節而戒一朝之怒，體道以終身，孜孜不倦，而絶不可長之欲。

再之略，不如一之詳也；一之詳，不如再之詳也。再詳無後憂矣。

有餘，當事之妙道也。故萬無可慮之事備十一，難事備百一，大事備千一，不測之事備萬一。

在我有餘，則足以當天下之感，以不足當感，未有不困者。識有餘，理感而即透；才有餘，事感而即辦；力有餘，任感而即勝；氣有餘，變感而不震；身有餘，内外感而不病。

語之不從，争之愈勍，名之乃驚。不語不争，無所事名，忽忽冥冥，吾事已成，彼亦懵懵。昔人謂不動聲色而措天下於泰山，予以爲動聲色則不能措天下於泰山矣。故曰

「默而成之，不言而信，存乎德行」。

天下之事，在意外者常多，衆人見得眼前無事，都放下心。明哲之士只在意外做工夫，故每萬全而無後憂。

不以外至者爲榮辱，極有受用處，然須是裏面分數足始得。今人見人敬慢，輒有喜愠心，皆外重者也。此迷不破，胸中冰炭一生。

有一介必吝者，有千金可輕者。而世之論取與，動曰所直幾何，此亂語耳。

才猶兵也，用之伐罪弔民則爲仁義之師，用之暴寡陵弱則爲劫奪之盜。是故君子非無才之患，患不善用才耳。故惟有德者能用才。

藏莫大之害而以小利中其意，藏莫大之利而以小害疑其心，此愚者之所必墮而智者之所獨覺也。

今人見前輩先達作事，不自振拔，輒生歎恨，不知渠當我時也曾歎恨人否？我當渠時能免後人歎恨否？事不到手，責人儘易；待君到手時，事事努力，不輕放過便好。只任嘵嘵責人，他日縱無可歎恨，今日亦浮薄子也。

區區與人較是非，其量與所較之人相去幾何？

無識見底人，難與説話；偏識見底人，更難與説話。

兩君子無争，相讓故也。一君子一小人無争，有容故也。争者，兩小人也。有識者奈何自處於小人？即得之未必榮，而況無益於得以博小人之名，又小人而愚者。

方嚴是處人大病痛，聖賢處世離一温厚不得。故曰「汎愛衆」，曰「和而不同」，曰「和而不流」，曰「群而不黨」，曰「周而不比」，曰

「愛人」，曰「慈祥」，曰「豈弟」，曰「樂只」，曰「親民」，曰「容衆」，曰「萬物一體」，曰「天下一家，中國一人」。只恁踽踽涼涼，冷落難親，便是世上一箇礙物，即使持正守方，獨立不苟，亦非用世之才，只是一節狷介之士耳。

謀天下後世事，最不可草草，當深思遠慮。衆人之識，天下所同也，淺昧而狃於目前。其次有衆人看得一半者，其次豪傑之士與練達之人得其大概者，其次精識之人有曠世獨得之見者，其次經綸措置當時不動聲色後世不能變易者。至此則精矣，盡矣，無以復加矣。此之謂大智，此之謂真才。若偶得之見，借聽之言，翹能自喜而攘臂直言天下事，此老成者之所哀，而深沉者之所懼也。

而今只一箇「苟」字支吾世界，萬事安得不廢弛？

天下事要乘勢待時，譬之決癰，待其將潰則病者不苦而癰自愈。若虺蝮毒人，雖即砭手斷臂，猶遲也。

飯休不嚼就嚥，路休不看就走，人休不擇就交，話休不想就説，事休不思就做。

參、苓、歸、芪，本益人也，而與身無當，反以益病。親厚懇切，本愛人也，而與人無當，反以速禍。故君子慎焉。

兩相磨盪，有皆損無俱全，特大小久近耳。利刃終日斷割，必有缺折之時；砥石終日磨礱，亦有虧消之漸。故君子不欲敵人，以自全也。

見前面之千里，不若見背後之一寸。故達觀非難，而反觀爲難；見見非難，而見不見爲難。此舉世之所迷，而智者之獨覺也。

譽既汝歸，毁將安辭？利既汝歸，害將安辭？功既汝歸，罪將安辭？

上士會意，故體人也以意，觀人也亦以

意。意之感人也深於骨肉，意之殺人也毒於斧鉞。鷗鳥知漁父之機，會意也，可以人而不如鷗乎？至於徵色發聲而不觀察，則又在「色斯舉矣」之下。

士君子要任天下國家事，先把本身除外，所以說「策名委質」，言自策名之後，身已非我有矣，況富貴乎？若營營於富貴身家，卻是社稷蒼生委質於我也，君之賊臣乎！天之僇民乎！

聖賢之量空闊，事到胸中，如一葉之泛滄海。

聖賢處天下事，委曲紆徐，不輕徇一己之情，以違天下之欲，以破天下之防。是故道有不當直，事有不必果者，此類是也。譬之行道然，循曲從遠，順其成迹，而不敢以欲速適己之便者，勢不可也。若必欲簡捷直遂，則兩京程途，正以繩墨，破城除邑，塞河夷山，終有數百里之近矣，而人情事勢不可也。是以處事要遜以出之，而學者接物怕徑情直行。

熱鬧中，空老了多少豪傑；閒淡滋味，惟聖賢嘗得出。及當熱鬧時，也只以這閒淡心應之。天下萬事萬物之理，都是閒淡中求來，熱鬧處使用，是故靜者動之母。

胸中無一毫欠缺，身上無一些點染，便是義皇以上人。即在夷狄患難中，何異玉燭春臺上。

聖人掀天揭地事業只管做，只是不費力；除害去惡只管做，只是不動氣；蹈險投艱只管做，只是不動心。

聖賢用剛，只彀濟那一件事便了；用明，只彀得那件情便了，分外不賸分毫。所以作事無痕迹，甚渾厚，事既有成而亦無議。

聖人只有一種才，千通萬貫，隨事合宜。

譬如富貴，只積一種錢，貿易百貨都得。衆人之才如貨，輕穀雖美，不可禦寒；輕裘雖温，不可當暑。又養才要有根本，則隨遇不窮；運才要有機括，故隨感不滯；持才要有涵蓄，故隨事不敗。

坐疑似之迹者，百口不能自辨；狃一見之真者，百口難奪其執。此世之通患也。唯聖虚明通變，脗合人情，如人之肝肺在其腹中，既無遁情，亦無誣執。故人有感泣者，有愧服者，有歡悦者，故曰「惟聖人爲能通天下之志」。不能如聖人，先要箇虚心。

聖人處小人，不露形迹，中間自有得已處。高崖陡塹，直氣壯頄，皆褊也。即不論取禍，近小丈夫矣。孟子見樂正子從王驩，何等深惡，及處王驩，與行而不與比，雖然，猶形迹矣。孔子處陽貨，只是箇紿法；處向魋，只是箇躲法。

君子所得不同，故其所行亦異。有小人於此，仁者憐之，義者惡之，禮者處之不失體，智者處之不取禍，信者推誠以御之而不計利害，惟聖人處小人，得當可之宜。

被髮於鄉隣之鬭，豈是惡念頭？但類於從井救人矣。聖賢不爲善於性分之外。

仕途上只應酬，無益人事，工夫占了八分，更有甚精力時候修正經職業？我嘗自喜行三種方便，甚於彼我有益。不面謁人，省其疲於應接；不輕寄書，省其困於裁答；不乞求人看顧，省其難於區處。

士君子終身應酬不止一事，全要將一箇静定心，酌量緩急輕重爲後先。若應轇轕情，處紛雜事，都是一味熱忙，顛倒亂應，只此便不見存心定性之功，當事處物之法。

儒者先要箇不俗，才不俗又怕乖俗。聖人只是和人一般，中間自有妙處。

處天下事，先把「我」字閣起；千軍萬馬中，先把「人」字閣起。

處毀譽要有識有量，今之學者儘有向上底，見世所譽而趨之，見世所毀而避之，只是識不定。聞譽我而喜，聞毀我而怒，只是量不廣。真善惡在我，毀譽於我無分毫相干。

某平生只欲開口見心，不解作吞吐語。或曰：「恐非『其難其慎』之義。」予矍然驚謝曰：「公言甚是。」但其難其慎在未言之前，心中擇箇是字纔脱口，更不復疑，何吞吐之有？吞吐者，半明半暗，似於「開誠心」三字礙。

接人要和中有介，處事要精中有果，認理要正中有通。

天下之事，常鼓舞不見罷勞，一衰歇便難振舉。是以君子提醒精神，不令昏眊；役使筋骨，不令怠惰。懼振舉之難也。

實言、實行、實心，無不孚人之理。

當大事要心神定，心氣足。

世間無一處無拂意事，無一日無拂意事，惟度量寬宏有受用處。彼局量褊淺者，空自懊恨耳。

聽言之道，徐審爲先。執不信之心與執必信之心，其失一也。惟聖人能先覺，其次莫如徐審。

君子之處事也，要我就事，不令事就我。其長民也，要我就民，不令民就我。

上智不悔，詳於事先也；下愚不悔，迷於事後也。惟君子多悔。雖然，悔人事不悔天命，悔我不悔人。我無可悔，則天也人也聽之矣。

某應酬時，有一大病痛，每於事前疏忽，事後點檢，點檢後輒悔吝。閒時慵懶，忙時迫急，迫急後輒差錯。或曰：「此失先後著

耳。」肯把點檢心放在事前，省得點檢，又省得悔吝；肯把急迫心放在閒時，省得差錯，又省得牽掛。大率我輩不是事累心，乃是心累心。一謹之不能，而謹無益之謹；一勤之不能，而勤無及之勤。於此心倍苦，而於事反不詳焉。昏懦甚矣，書此以自讓。

無謂人唯唯，遂以爲是我也；無謂人默默，遂以爲服我也；無謂人呴呴，遂以爲愛我也；無謂人卑卑，遂以爲恭我也。

事到手且莫急，便要緩緩想；想得時切莫緩，便要急急行。

我不能寧耐事，而令事如吾意，不則躁煩；我不能涵容人，而令人如吾意，不則譴怒。如是則終日無自在時矣。而事卒以僨，人卒以怨，我卒以損，此謂至愚。

有由衷之言，有由口之言。有根心之色，有浮面之色。各不同也，應之者貴審。

富貴，家之災也；才能，身之殃也；聲名，謗之媒也；歡樂，悲之藉也。故惟處順境爲難。只是常有懼心，退一步做，則免於禍。

語云「一錯二誤」，最好理會。凡一錯者必二誤，蓋錯必悔怍，悔怍則心凝於所悔，不暇他思，又錯一事。是以無心成一錯，有心成二誤也。禮節應對間，最多此失。苟有錯處，更宜鎮定，不可忙亂，一忙亂則相因而錯者無窮矣。

衝繁地，頑鈍人，紛雜事，遲滯期，拂逆時，此中最好養火。若決裂憤激，悔不可言。耐得過時，有無限受用。

當繁迫事，使聾瞽人；值追逐時，騎瘦病馬；對昏殘燭，理爛亂絲，而能意念不躁，聲色不動，亦不後事者，其才器吾誠服之矣。

義所當爲，力所能爲，心欲有爲，而親友

挽得回，妻孥勸得止，只是無志。

妙處先定不得，口傳不得。臨事臨時，相幾度勢，或只須色意，或只須片言，或用疾雷，或用積陰，務在當可。不必彼覺，不必人驚，卻要善持善發，一錯便是死生關。

意主於愛，則詬罵朴擊皆所以親之也；意主於惡，則獎譽綢繆皆所以讎之也。

養定者，上交則恭而不迫，下交則泰而不忽，處親則愛而不狎，處疏則真而不厭。

有進用，有退用；有虛用，有實用；有緩用，有驟用；有默用，有不用之用。此八用者，宰事之權也，而要之歸於濟義，不義雖濟，君子不貴也。

責人要含蓄，忌太盡；要委婉，忌太直；要疑似，忌太真。今子弟受父兄之責也，尚有所不堪，而況他人乎？孔子曰：「忠告而善道之，不可則止。」此語不止全交，亦可養氣。

禍莫大於不讎人而有讎人之辭色，恥莫大於不恩人而詐恩人之狀態。

柔勝剛，訥止辯，讓媿争，謙伏傲。是故退者得常倍，進者失常倍。

余少時，曾洩當密之語，先君責之。對曰：「已戒聞者，使勿洩矣。」先君曰：「子不能必子之口，而能必人之口乎？且戒人與戒己，孰難？小子慎之！」

中孚，妙之至也。格天動物不在形迹、言語、事爲之末，苟無誠以孚之，諸皆糟粕耳，徒勤無益於義。鳥抱卵曰孚，從爪從子，血氣潛入，而子隨母化，豈在聲色？豈事造作？學者悟此，自不怨天尤人。

應萬變，索萬理，惟沉静者得之。是故水止則能照，衡定則能稱。世亦有昏昏應酬而亦濟事，夢夢談道而亦有發明者，非資質

高，則偶然合也。所不合者何限？

禍莫大於不體人之私而又苦之，讎莫深於不諱人之短而又訐之。

肯替別人想是第一等學問。

不怕千日密，只愁一事疏，誠了再無疏處。小人掩著，徒勞爾心矣。譬之於物，一毫欠缺，久則自有欠缺承當時。譬之於身，一毫虛弱，久則自有虛弱承當時。

置其身於是非之外，而後可以折是非之中；置其身於利害之外，而後可以觀利害之變。

余觀察晉中，每升堂，首領官凡四人，先揖堂官，次分班對揖，將退，則余揖手，四人又一躬而行。一日三人者以公出，一人在堂，偶忘對班之無人，又忽揖下，起，媿不可言，群吏忍口而笑。余揖手謂之曰：「有事不妨先退。」揖者退，其色頓平。昔余令大同日，縣丞到任，余讓筆揖手，丞他顧而失瞻。余面責簿吏曰：「奈何不以禮告新官？」丞媿謝，終公讌不解容。余甚悔之。偶此舉能掩人過，可補前失矣。因識之以充忠厚之端云。

善用人底，是箇人都用得；不善用人底，是箇人用不得。

以多惡棄人，而以小失發端，是藉棄者以口實，而自取不韙之譏也。曾有一隸，怒撻人，余杖而恕之。又竊同舍錢，又杖而恕之，且戒之曰：「汝慎，三犯不汝容矣！」一日在燕，醉而寢。余既行矣，而呼之不至；既至，託疾，實醉也。余逐之。出語人曰：「余病不能從，遂逐我。」人曰：「某公有德器，乃以疾逐人邪？」不知余惡之也，以積愆而逐之也。以小失，則余之拙也。雖然，彼藉口以自白，可爲他日更主之先容，余拙

何悔？

手段不可太闊，太闊則填塞難完；頭緒不可太繁，太繁則照管不到。

得了真是非，纔論公是非。而今是非不但捉風捕影，且無風無影，不知何處生來。妄聽者遽信是實，以定是非，曰我無私也。噫！固無私矣，《采苓》止棘，暴公《巷伯》，孰爲辯之？

固可使之媿也，乃使之怨；固可使之悔也，乃使之怒；固可使之感也，乃使之恨。曉人當如是邪？

不要使人有過。

謙忍皆居尊之道，儉朴皆居富之道。故曰卑不學恭，貧不學儉。

豪雄之氣，雖正多粗，只用他一分便足濟事，那九分都多了，反以僨事矣。

君子不受人不得已之情，不苦人不敢不從之事。

教人十六字：誘掖、獎勸、提撕、警覺、涵育、薰陶、鼓舞、興作。

水激逆流，火激横發，人激亂作，君子慎其所以激者。媿之則小人可使爲君子，激之則君子可使爲小人。

事前忍易，正事忍難；正事悔易，事後悔難。

説儘有千説，是卻無兩是。故談道者必要諸一是而後精，謀事者必定於一是而後濟。

世間事各有恰好處，慎一分者得一分，忽一分者失一分。全慎全得，全忽全失。小事多忽，忽小則失大；易事多忽，忽易則失難。存心君子自得之體驗中耳。

到一處問一處風俗，果不大害，相與循之，無與相忤。果於義有妨，或不言而默默

轉移，或婉言而徐徐感動。彼將不覺而同歸於我矣。若疾言厲色，是己非人，是激也，自家取禍不惜，可惜好事做不成。

事有可以義起者，不必泥守舊例；有可以獨斷者，不必觀望衆人。若舊例當、衆人是，莫非胸中道理而彼先得之者也，方喜舊例免吾勞，方喜衆見印吾是，何可别生意見以作聰明哉？此繼人之後者之所當知也。

善用明者用之於闇，善用密者用之於疏。

你説底是，我便從；我不是從你，我自從是，何私之有？你説底不是，我便不從；不是不從你，我自不從不是，何嫌之有？

日用酬酢，事事物物要合天理人情。所謂合者，如物之有底蓋。然方者不與圓者合，大者不與小者合，攲者不與正者合。覆諸其上而不廣不狹，旁視其隙而若有若無。一物有一物之合，不相苦窳；萬物各有其合，不相假借。此之謂天則，此之謂大中，此之謂天下萬事萬物各得其所。而聖人之所以從容中，賢者之所以精一求，衆人之所以醉心夢意錯行亂施者也。

事有不當爲而爲者，固不是；有不當悔而悔者，亦不是。聖賢終始無二心，只是見得定了，做時原不錯，做後如何悔？即有凶咎，亦是做時便大拚如此。

心實不然而迹實然，人執其然之迹，我辨其不然之心，雖百口不相信也。故君子不示人以可疑之迹，不自誣其難辨之心。何者？正大之心，孚人有素；光明之行，無所掩覆也。儻有疑我者，任之而已，嘵嘵何爲？

大丈夫看得生死最輕，所以不肯死者，將以求死所也。死得其所，則爲善用死矣。

成仁取義，死之所也，雖死賢於生也。

將祭而齊，其思慮之不齊者，不惟惡念，就是善念也是不該動底。這三日裏，時時刻刻只在那所祭者身上，更無别箇想頭，故曰「精白一心」。纔一毫雜，便不是精白；纔二，便不是一心。故君子平日無邪夢，齊日無雜夢。

彰死友之過，此是第一不仁。生而告之也，望其能改；彼及聞之也，尚能自白。死而彰之，夫何爲者？雖實過也，吾爲掩之。

争利起於人各有欲，争言起於人各有見。惟君子以澹泊自處，以知能讓人，胸中有無限快活處。

喫這一箸飯是何人種穫底？穿這一匹帛是何人織染底？大廈高堂如何該我住居？安車駟馬如何該我乘坐？獲飽煖之休，思作者之勞；享尊榮之樂，思供者之苦。此士大夫日夜不可忘情者也。不然，其負斯世斯民多矣。

只大公了，便是包涵天下氣象。

定、静、安、慮、得，此五字時時有，事事有。離了此五字，便是孟浪做。

公人易，公己難；公己易，公己於人難。公己於人易，忘人己之界而不知我之爲誰難。公人處人，能公者也。公己處己，亦公者也。至於公己於人，則不以我爲嫌，時當貴我富我，泰然處之而不嫌於尊己；事當逸我利我，公然行之而不嫌於厲民。非富貴我、逸利我也。我者，天下之我也。天下之名分紀綱於我乎寄，則我者名分紀綱之具也，何嫌之有？此之謂公己於人。雖然，猶未能忘其道未化也。聖人處富貴逸利之地而忘其身，爲天下勞苦卑困而亦忘其身，非曰我分當然也，非曰我志欲然也。譬痛者之

必呻吟，樂者之必談笑，癢者之必爬搔，自然而已。譬蟬之鳴秋，雞之啼曉，草木之榮枯，自然而已。夫如是，雖負之使灰其心，怒之使薄其意，不能也。況此分不盡而此心少怠乎？況人情未孚而惟人是責乎？夫是之謂忘人己之界，而不知我之爲誰。不知我之爲誰，則亦不知人之爲誰矣。不知人我之爲誰，則六合混一而太和元氣塞於天地之間矣。必如是而後謂之仁。

纔下手便想到究竟處。

理、勢、數皆有自然，聖人不與自然鬬。先之不敢干之，從之不敢迎之，待之不敢奈之，養之不敢强之。功在凝精，不攖其鋒；妙在默成，不揭其名。夫是以理、勢、數皆爲我用而相忘於不爭。噫！非善濟天下之事者不足以語此。

心一氣純，可以格天動物，天下無不成之務矣。

握其機使自息，開其竅使自噭，發其萌使自峥，提其綱使自張，此老氏之術乎？曰：非也。二帝三王御世之大法不過是也。解其所不得不動，投其所不能不好，示其所不得不避，天下固有抵死而惟吾意指者，操之有要，而战敠其心故也。化工無他術，亦只是如此。

對憂人勿樂，對哭人勿笑，對失意人勿矜。

「與禽獸奚擇哉？於禽獸又何難焉？」此是孟子大排遣。初愛敬人時，就安排這念頭，再不生氣。余因擴充排遣横逆之法，此外有十：一曰與小人處，進德之資也。彼侮愈甚，我忍愈堅，於我奚損哉？《詩》曰：「他山之石，可以攻玉。」二曰不遇小人，不足以驗我之量。《書》曰：「有容德乃大。」三曰

彼横逆者至，於自反而忠，猶不得免焉，其人之頑悖甚矣，一與之校，必起禍端。兵法云：「求而不得者，挑也無應。」四曰始愛敬矣，又自反而仁禮矣，又自反而忠矣，我理益直，我過益寡，其卒也乃不忍於一逞以掩舊善，而與彼分惡，智者不爲。太史公曰：「無棄前修而崇新過。」五曰是非之心人皆有之，彼固自昧其天，而責我無已，公論自明，吾亦付之不辯。古人云：「桃李無言，下自成蹊。」六曰自反無闕，彼欲難盈，安心以待之，緘口以聽之，彼計必窮。《兵志》曰：「不應不動，敵將自靜。」七曰可避則避之，如太王之去邠；可下則下之，如韓信之胯下。古人云：「身愈詘，道愈尊。」又曰：「終身讓畔，不失一段。」八曰付之天。天道有知，知我者其天乎！《詩》曰：「投畀有昊。」九曰委之命。人生相與，或順或忤，或合或離，或疏之而親，或厚之而疑，或偶遭而解，或久搆而危。魯平公將出而遇臧倉，司馬牛爲弟子而有桓魋，豈非命邪？十曰外寧必有內憂。小人侵陵，則懼患防危，長慮卻顧，而不敢侈然有肆心，則百禍潛消。孟子曰：「出則無敵國外患者，國恒亡。」三自反後，君子之存心猶如此。彼愛人不親、禮人不答而遽怒，與夫不愛人、不敬人而望人之愛敬己也，其去横逆能幾何哉？

過責望人，亡身之念也。君子相與，要兩有退心，不可兩有進心。自反者，退心也。故剛兩進則碎，柔兩進則屈。萬福皆生於退反。

施者不知，受者不知，誠動於天之南，而心通於海之北，是謂神應。我意纔萌，彼意即覺，不俟出言，可以默會，是謂念應。我以目授之，彼以目受之，人皆不知，兩人獨覺，

是謂不言之應。我固强之，彼固拂之，陽異而陰同，是謂不應之應。明乎此者，可以談兵矣。

卑幼有過，慎其所以責讓之者：對衆不責，愧悔不責，暮夜不責，正飲食不責，正歡慶不責，正悲憂不責，疾病不責。

舉世之議論有五：求之天理而順，即之人情而安，可揆聖賢，可質神明，而不必於天下所同，曰公論。情有所便，意有所拂，逞辯博以濟其一偏之説，曰私論。心無私曲，氣甚豪雄，不察事之虚實，勢之難易，理之可否，執一隅之見，狃時俗之習，既不正大，又不精明，蠅鬨蛙嗷，通國成一家之説，而不可與聖賢平正通達之識，曰妄論。造僞投奸，諗詵詭祕，爲不根之言，播衆人之耳，千口成公，久傳成實，卒使夷、由爲蹻、跖，曰誣論。稱人之善，胸無秤尺，惑於小廉曲謹，感其煦意象恭，喜一激之義氣，悦一霎之道言，不觀大節，不較生平，不舉全體，不要永終，而遽許之，曰無識之論。嗚呼！議論之難也久矣，聽之者可弗察與？

簡静沉默之人，發用出來不可當。故停蓄之水一決不可禦也，蟄處之物其毒不可當也，潛伏之獸一猛不可禁也。輕洩驟舉，暴雨疾風耳，智者不懼焉。

平居無事之時，則丈夫不可繩以婦人之守也。及其臨難守死，則當與貞女烈婦比節。接人處衆之際，則君子未嘗示人以廉隅之迹也，及其任道徙義，則當與壯士健卒争勇。

禍之成也，必有漸；其激也，奮於積。智者於其漸也絶之，於其積也消之，甚則決之。決之必須妙手，譬之瘍然，鬱而内潰，不如外決；成而後決，不如早散。

涵養不定底，惡言到耳，先思馭氣，氣平再没錯底；一不平，饒你做得是，也帶著五分過失在。

疾言遽色，厲聲怒氣，原無用處。萬事萬物只以心平氣和處之，自有妙應。余褊，每坐此失，書以自警。

嘗見一論人者云：「渠只把天下事認真做，安得不敗？」余聞之甚驚訝。竊意天下事儘認真做去，還做得不像，若只在假借面目上做工夫，成甚道理？天下事只認真做了，更有甚説？何事不成？方今大病痛，正患在不肯認真做。所以大綱常、正道理無人扶持，大可傷心。嗟夫！武子之愚，所謂認真也與？

人人因循昏忽，在醉夢中過了一生，壞廢了天下多少事。惟憂勤惕勵之君子，常自惺惺爽覺。

明義理易，識時勢難。明義理，腐儒可能；識時勢，非通儒不能也。識時易，識勢難。識時，見者可能；識勢，非蚤見者不能也。識勢而蚤圖之，自不至於極重，何時之足憂？

只有無迹而生疑，再無有意而能掩者，可不畏哉！

令人可畏，未有不惡之者，惡生毁。令人可親，未有不愛之者，愛生譽。

先事體怠神昏，事到手忙脚亂，事過心安意散，此事之賊也，兵家尤不利此。

善用力者，舉百鈞若一羽；善用衆者，操萬旅若一人。

没這點真情，可惜了繁文侈費；有這點真情，何嫌於二簋一掬？

百代而下，百里而外，論人只是箇耳邊紙上，并迹而誣之，那能論心？嗚呼！文

士尚可輕論人乎哉？此天譴鬼責所係，慎之。

或問：「怨尤之念，底是難克，奈何？」曰：「君自來怨尤，怨尤出甚底？天之水旱爲虐，不怕人怨，死自死耳，水旱自若也。人之貪殘無厭，不怕你尤，恨自恨耳，貪殘自若也。此皆無可奈何者。今且不望君自修自責，只將這無可奈何事惱亂心腸，又添了許多痛苦，不若澹然安之，討些便宜。」其人大笑而去。

見事易，任事難。當局者只怕不能實見得，果實見得，則死生以之，榮辱以之，更管甚一家非之，一國非之，天下非之。

人事者，事由人生也。清心省事，豈不在人？

閉户於鄉隣之鬭，雖有解紛之智，息争之力，不爲也，雖忍而不得謂之楊朱。忘家於懷襄之時，雖有室家之憂，骨肉之難，不顧也，雖勞而不得謂之墨翟。

流俗污世中，真難做人，又跳脱不出，只是清而不激就好。

恩莫到無以加處，情薄易厚，愛重成隙。

欲爲便爲，空言何益？不爲便不爲，空言何益？

以至公之耳，聽至私之口，舜、跖易名矣。以至公之心，行至私之間，黜陟易法矣。故兼聽則不蔽，精察則不眩，事可從容不必急遽也。

某居官，厭無情者之多言，每裁抑之。蓋無厭之欲，非分之求，若以溫顏接之，彼懇乞無已，煩瑣不休，非嚴拒則一日之應酬幾何？及部署日，看得人有不盡之情，抑不使通，亦未盡善。嘗題二語於私署云：「要説底儘著都説，我不嗔你。不該從未敢輕從，

你休怪我。」或曰：「畢竟往日是。」

同途而遇，男避女，騎避步，輕避重，易避難，卑幼避尊長。

勢之所極，理之所截，聖人不得而毫髮也。故保辜以時刻分死生，名次以相鱗分得失。引繩之絶，墮瓦之碎，非必當斷當敝之處，君子不必如此區區也。

制禮法以垂萬世、繩天下者，須是時中之聖人，斟酌天理人情之至而爲之，一以立極，無一毫矯拂心，無一毫懲創心，無一毫一切心。嚴也而於人情不苦，寬也而於天則不亂，俾天下肯從而萬世相安，故曰「禮之用，和爲貴」。「和」之一字，制禮法時合下便有，豈不爲美？《儀禮》不知是何人制作，有近於迂闊者，有近於迫隘者，有近於矯拂者，大率是個嚴苛繁細之聖人所爲，胸中又帶箇懲創矯拂心而一切之。後世以爲周公也，遂相沿而守之，畢竟不便於人情者，成了箇萬世虛車。是以繁密者激人躁心，而天下皆逃於闊大簡直之中；嚴峻者激人畔心，而天下皆逃於逍遥放恣之地。甚之者乃所敺之也。此不可一二指。余讀《禮》，蓋心不安而口不敢道者不啻百餘事也。而宋儒不察禮之情，又於節文上增一重鎖鑰，予小子何敢言？

禮無不報，不必開多事之端；怨無不酬，不可種難言之恨。

舟中失火，須思救法。

象箸夾冰丸，須要夾得起。

相嫌之敬慎，不若相忘之怒詈。

士君子之相與也，必求協諸禮義，將世俗計較一切脱盡。今世號爲知禮者，全不理會聖賢本意，只是節文習熟，事體諳練，燦然可觀，人便稱之。自家欣然自得，泰然責人。嗟夫！自繁文彌尚，而先王之道湮没，天下

之苦相責群相逐者，皆末世之靡文也。求之於道，十九不合。此之謂習尚，習尚壞人，如飲狂泉。

學者處事處人，先要識箇禮義之中正。這箇中正處，要析之無毫釐之差，處之無過不及之謬，便是聖人。

當急遽冗雜時，只不動火，則神有餘而不勞事，從容而就理。一動火，種種都不濟。

予平生處人處事，激切之病十居其九。一向在這裏克，只恁消磨不去，始知不美之質變化甚難。而況以無恒之志，不深之養，如何能變化得？若志定而養深，便是下愚，也移得一半。

予平生做事發言，有一大病痛，只是箇「盡」字。是以無涵蓄，不渾厚，爲終身之大戒。

凡當事，無論是非邪正，都要從容蘊藉。若一不當意，便忿恚而決裂之，此人終非遠器。

以激而發者，必以無激而廢。此不自涵養中來，算不得有根本底學者。涵養中人，遇當爲之事，來得不陡，若懶若遲；持得甚堅，不移不歇。彼攘臂抵掌而任天下之事，難説不是義氣，畢竟到盡頭處不全美。

天地萬物之理，皆始於從容，而卒於急促。急促者，盡氣也；從容者，初氣也。事從容則有餘味，人從容則有餘年。

凡人應酬，多不經思，一向任情做去，所以動多有悔。若心頭有一分檢點，便有一分得處，智者之忽固不若愚者之詳也。

日日行，不怕千萬里；常常做，不怕千萬事。

事見到無不可時，便斬截做，不要留戀。兒女子之情，不足以語辦大事者也。

斷之一事，原謂義所當行，卻念有牽纏，事有掣礙，不得脱然爽潔。纔痛煞煞下一箇「斷」字，如刀斬斧齊一般，總然只在大頭腦處成一箇「是」字，第二義都放下。況兒女情，利害念，那顧得他？若待你百可意，千趁心，一些好事做不成。

先衆人而爲，後衆人而言。

在邪人前發正論，不問有心無心，此是不磨之恨。見貪者談廉道，已不堪聞；又説某官如何廉，益難堪；又説某官貪，愈益難堪；況又勸汝當廉，況又責汝如何貪，彼何以當之？或曰：「當如何？」曰：「位在則進退在我，行法可也。位不在而情意相關，密諷可也。若與我無干涉，則箝口而已。禮，入門而問諱，此亦當諱者。」

天下事最不可先必而豫道之。已定矣，臨時還有變更，況未定者乎？故寧有不知之名，無貽失言之悔。

舉世囂囂兢兢，不得相安，只是抵死没自家不是耳。若只把自家不是都認，再替別人認一分，便是清寧世界，兩忘言矣。

人人自責自盡，不直四海無争，彌宇宙間皆太和之氣矣。

擔當處都要箇自强不息之心，受用處都要箇有餘不盡之意。

只一箇耐煩心，天下何事不得了？天下何人不能處？

規模先要箇闊大，意思先要箇安閒。古之人約己而豐人，故群下樂爲之用，而所得常倍。徐思而審處，故己不勞而事極精詳。「褊急」二字，處世之大礙也。

凡人初動一念是如此，及做出來卻不是如此，事去回顧又覺不是如此，只是識見不定。聖賢才發一念，始終如一，即有思索，不

過周詳此一念耳。蓋聖賢有得於豫養，故安閒；衆人取辦於臨時，故眩惑。

處人不可任己意，要悉人之情；處事不可任己見，要悉事之理。

天下無難處之事，只消得兩箇「如之何」；天下無難處之人，只消得三箇「必自反」。

人情要耐心體他，體到悉處，則人可寡過，我可寡怨。

事不關係都歇過，到關係時悔之何及？事幸不敗都饒過，到敗事時懲之何益？是以君子不忽小，防其敗也；不恕敗，防其再也。

人只是怕當局，當局者之十，不足以當旁觀者之五。智慮以得失而昏也，膽氣以得失而奪也，只没了得失心，則志氣舒展。此心與旁觀者一般，何事不濟？

世道人心，民生國計，此是士君子四大責任。這裏都有經略，都能張主，此是士君子四大功業。

情有可通，莫於舊有者過裁抑，以生寡恩之怨；事在得已，莫於舊無者妄增設，以開多事之門。若理當革，時當興，合於事勢人情，則非所拘矣。

毅然奮有爲之志，到手來只做得五分；確然矢不爲之操，到手來只守得五分。渠非不自信，未臨事之志向雖篤，既臨事之力量不足也。故平居觀人以自省，只可信得一半。

辨天下大事，要精詳，要通變，要果斷，要執持。纔鬆軟怠弛，何異鼠頭蛇尾？除天下大奸，要顧慮，要深沉，要突卒，要潔絶。纔張皇疏慢，是攖虎鬚龍鱗。

利害死生間，有毅然不奪之介，此謂大

執持。驚急喜怒事，無卒然遽變之容，此謂真涵養。

力負邱山未足雄，地負萬山此身還負地；量包滄海不爲大，天包四海吾量欲包天。

天不可欺，人不可欺，何處瞞藏些子？性分當盡，職分當盡，莫教欠缺分毫。何是何非，何長何短，但看百忍之圖。不瘖不瞽，不癡不聾，自取一朝之忿。

植萬古綱常，先立定自家地步；做兩間事業，先推開物我藩籬。

捱不過底事，莫如早行；悔無及之言，何似休説。

苟時不苟真不苟，忙處無忙再無忙。謙六爻，畫畫皆吉；恕一字，處處可行。才逢樂處須知苦，既没閒時那有忙。生來不敢拂吾髮，義到何妨斷此頭。量嫌六合隘，身負五嶽輕。休買貴後賤，休逐衆人見。難乎能忍，妙在不言。休忙休懶，不懶不忙。

按：《應務》篇舊凡二百五十三則，「舟中失火」以下三則據陸本補。「士君子之相與」以下二十九則據陳本補。陳本尚有「君子作有益則輕千金」一則，係原書「一人覆屋以瓦」一則結尾。「事有可以義起」者四行，亦係節録。原書别刻，皆誤入《補遺》，今不複載。「辨天下大事」以下十五則據《文集》補。

養生

夫水遏之乃所以多之，洩之乃所以竭之，惟仁者能洩，惟智者知洩。

天地間之禍人者，莫如多；令人易多

者，莫如美。美味令人多食，美色令人多慾，美聲令人多聽，美物令人多貪，美官令人多求，美室令人多居，美田令人多置，美寢令人多逸，美言令人多入，美事令人多戀，美景令人多留，美趣令人多思，皆禍媒也。不美則不令人多，不多則不令人敗。予有一室，題之曰「遠美軒」，而扁其中曰「冷淡」，非不愛美，懼禍之及也。夫魚見餌不見鉤，虎見羊不見阱，猩猩見酒不見人。非不見也，迷於所美而不暇顧也。此心一冷，則熱鬧之景不能入；一淡，則豔冶之物不能動。夫能知困窮、抑鬱、貧賤、轗軻之爲祥，則可與言道矣。

以肥甘愛兒女而不思其傷身，以姑息愛兒女而不卹其敗德，甚至病以死，犯大辟而不知悔者，皆婦人之仁也。噫！舉世之自愛而陷於自殺者，又十人而九矣。

五閉，養德養生之道也。或問之曰：「視、聽、言、動、思，將不啟與？」曰：「常閉而時啟之，不弛於事可矣，此之謂夷夏關。」

今之養生者，餌藥服氣，避險辭難，慎時寡慾，誠要法也。嵇康善養生，而其死也，卻在所慮之外。乃知養德尤養生之第一要也。德在我，而蹈白刃以死，何害其爲養生哉？

愚愛談醫，久則厭之。客言及者，告之曰：「以寡慾爲四物，以食淡爲二陳，以清心省事爲四君子，無價之藥，不名之醫，取諸身而已。」

仁者壽，生理完也；默者壽，元氣定也；拙者壽，元神固也。反此皆殀道也，其不然非常理耳。

盜爲男戎，色爲女戎。人皆知盜之劫殺爲可畏，而忘女戎之劫殺，悲夫！

太朴，天地之命脈也，太朴散而天地之壽殀可卜矣。故萬物蓄則造化之元精耗散。

木多實者根傷，草出莖者根虛，費用廣者家貧，言行多者神竭，皆殀道也。老子受用處，盡在此中看破。

饑寒痛癢，此我獨覺，雖父母不之覺也。衰老病死，此我獨當，雖妻子不能代也。自愛自全之道不自留心，將誰賴哉？

氣有爲而無知，神有知而無爲，精者無知無爲，而有知有爲之母也。精，天一也，屬水，水生氣；氣，純陽也，屬火，火生神；神，太虛也，屬無，而麗於有。精盛則氣盛，精衰則氣衰，故甑涸而不蒸。氣存則神存，氣亡則神亡，故燭盡而火滅。

氣只夠喘息底，聲只夠聽聞底，切莫長餘分毫，以耗無聲無臭之真體。

語云「縱欲忘身」，「忘」之一字，最宜體玩。昏不省記謂之忘，欲迷而不悟，情勝而不顧也。夜氣清明時，都一一分曉，著迷處，便思不起，沉溺者可以驚心回首矣。

在篋香韞，在几香損，在鑪香燼。

書室聯：曙枕酣餘夢，旭窗閒展書。

按：《養生》篇舊凡十二則，「語云縱欲忘身」一則據陳本補。「在篋香韞」以下二則據《文集》補。

呻吟語卷三畢

呻吟語卷四

外篇

天地

寧陵呂坤叔簡甫著

濕溫生物，濕熱長物，燥熱成物，淒涼殺物，嚴寒養物。濕溫，沖和之氣也；濕熱，蒸發之氣也；燥熱，燔灼之氣也。淒涼，殺氣，陰壯而陽微也。嚴寒，斂氣，陰外激而陽內培也。五氣惟嚴寒最仁。

渾厚，天之道也，是故處萬物而忘言。然不能無日月星辰以昭示之，是寓精明於渾厚之中。

精存則生神，精散則生形。太乙者，天地之神也；萬物者，天地之形也。太乙不盡而天地存，萬物不已而天地毀，人亦然。

天地只一箇光明，故不言而人信。

天地不可知也，而吾知天地之所生。觀其所生，而天地之性情形體俱見之矣。是故觀子而知父母，觀器而知模範。天地者，萬物之父母，而造物之模範也。

天地之氣化生於不齊而死於齊，故萬物參差，萬事雜糅，勢固然耳。天地亦主張不得。

觀七十二候者，謂物知時，非也，乃時變物耳。

天地盈虛消息是一箇套子，萬物生長收藏是一副印板。

天積氣所成，自吾身以上皆天也。日月星辰去地八萬四千里，囿於積氣中，無纖隔

微障，徹地光明者，天氣清甚，無分毫渣滓耳，故曰太清。不然，雖薄霧輕烟，一里外有不見之物矣。

地道好生之至也，凡物之有根種者，必與之生，盡物之分量，盡己之力量，不至寒凝枯敗不止也。故曰「坤稱母」。

四時惟冬是天地之性，春、夏、秋皆天地之情。故其生萬物也，動氣多而静氣少。

萬物得天地之氣以生，有宜温者，有宜微温者，有宜太温者，有宜温而風者，有宜温而濕者，有宜温而燥者，有宜温而時風時濕者。何氣所生，則宜何氣。得之則長養，失之則傷病。氣有一毫之爽，萬物陰受一毫之病。其宜涼、宜寒、宜暑，無不皆然。飛、潛、動植、蠛蠓之物，無不皆然。故天地位則萬物育，王道平則萬民遂。

六合中洪纖動植之物，都是天出氣，地出質，鎔鑄將出。都要消磨無迹，還他故物。不怕是金石，也要歸於無。蓋從無中生來，定要都歸無去。譬之一盆水，打攪起來，大小浮漚以千萬計，原是假借成底，少安静時，還化爲一盆水。

先天立命處，是萬物自具底，天地只是箇生息培養。只如草木，原無箇生理。天地好生，亦無如之何。

天地間萬物，都是陰陽兩箇共成底。其獨得於陰者，見陽必避，蝸牛壁蘚之類是也。其獨得於陽者，見陰必枯，夏枯草之類是也。

陰陽合時只管合，合極則離；離時只管離，離極則合。不極則不離不合，極則必離必合。

定則水，燥則火，吾心自有水火。静則寒，動則熱，吾身自有冰炭。然則天地之冰炭誰爲之？亦動静爲之。一陰生而宇宙入

靜，至十月閉塞而成寒；一陽生而宇宙入動，至五月熏蒸而成暑。或曰五月陰生矣，而六月大暑；十一月陽生矣，而十二月大寒。何也？曰陽不極則不能生陰，陰不極則不能生陽，勢窮則反也。微陰激陽，則陽不受激而愈熾；微陽激陰，則陰不受激而愈溢，氣逼則甚也。至七月、正月，則陰陽相戰，客不勝主，衰不勝旺，過去者不勝方來，故七月大火西流而金漸生水，正月析木用事而木漸生火。蓋陰陽之氣續接，非直接，直接則絶。父母死而子始生，有是理乎？漸至非驟至，驟至則激。五穀種而能即熟，有是理乎？二氣萬古長存，萬物四時咸遂，皆續與漸爲之也。惟續故不已，惟漸故無迹。

既有箇陰氣，必有聚結，故爲月。既有箇陽氣，必有精華，故爲日。晦是月之體，本是純陰無光之物，其光也映日得之，客也，非主也。

天地原無晝夜，日出而成晝，日入而成夜。星常在天，日出而不顯其光，日入乃顯耳。古人云「星從日生」，細看來星不借日之光以爲光。嘉靖壬寅，日食既滿，天有星。當是時，日且無光，安能生星之光乎？

水静柔而動剛，金動柔而静剛，木生柔而死剛，火生剛而死柔。土有剛有柔，不剛不柔，故金木水火皆從鍾焉，得中故也，天地之全氣也。

噓氣自内而之外也，吸氣自外而之内也。天地之初噓爲春，噓盡爲夏，故萬物隨噓而生長。天地之初吸爲秋，吸盡爲冬，故萬物隨吸而收藏。噓者上升，陽氣也，陽主發。吸者下降，陰氣也，陰主成。噓氣温，故爲春夏；吸氣寒，故爲秋冬。一噓一吸，自開闢以來，至混沌之後，只是這一絲氣。有

毫髮斷處，萬物滅，天地毀。萬物，天地之子也，一氣生死，無不肖之。

風惟知其吹拂而已，雨惟知其淋漓而已，霜雪惟知其嚴凝而已，水惟知其流行而已，火惟知其燔灼而已。不足則屏息而各藏其用，有餘則猖狂而各恣其性。卒然而感則强者勝，若兩軍交戰，相下而後已。是故久陰則權在雨，而日月難爲明；久旱則權在風，而雲雨難爲澤。以至水火霜雪，莫不皆然。誰爲之？曰陰陽爲之。陰陽誰爲之？曰自然爲之。

陰陽徵應，自漢儒穿鑿附會，以爲某災祥應某政事，最迂。大抵和氣致祥，戾氣致妖，與作善降祥，作惡降殃，道理原是如此。故聖人只説人事，只盡道理，應不應在我不在我，都不管。若求一一徵應，如鼓答桴，堯、舜其猶病矣。大段氣數有一定的，有偶然的，天地不能違，天地亦順之而已。旱而雩，水而禜，彗孛而禳，火而祓，日月食而救，君子畏天威，謹天戒當如是爾。若云隨禱輒應，則日月盈虧豈係於救不救之間哉？大抵陰陽之氣，一偏必極，勢極必反。陰陽乖戾而分，故孤陽亢而不下陰，則旱無其極。陽極必生陰，故久而雨。陰陽和合而留故淫，陰升而不舍陽，則雨無其極。陰極必生陽，故久而晴。草木一衰，不至遽茂，一茂不至遽衰。夫婦朋友失好不能遽合，合不至遽乖。天道物理、人情自然如此，是一定的。星殞、地震、山崩、雨血、火見、河清，此是偶然底。吉凶先見，自非常理，故臣子以修德望君，不必以災異恐之。若因災而懼，固可修德；一有祥瑞，便可謂德已足而罷修乎？乃若至德回天，災祥立應，桑穀枯、彗星退、冤獄釋而驟雨，忠心白而反風，亦間有之，但

曰必然事，吾不能確確然信也。

氣化無一息之停，不屬進就屬退。動植之物，其氣機亦無一息之停，不屬生就屬死，再無不進不退而止之理。

形生於氣。氣化没有底，天地定然没有；天地没有底，萬物定然没有。

生氣醇濃渾濁，殺氣清爽澄澈。生氣牽戀優柔，殺氣果決脆斷。生氣寬平温厚，殺氣峻隘涼薄。故春氣絪緼，萬物以生；夏氣薰蒸，萬物以長；秋氣嚴肅，萬物以入；冬氣閉藏，萬物以亡。

一呼一吸，不得分毫有餘，不得分毫不足，不得連呼，不得連吸，不得一呼無吸，不得一吸無呼，此盈虚之自然也。

水，質也，以萬物爲用；火，氣也，以萬物爲體。及其化也，同歸於無迹。水性徐，火性疾，故水之入物也，因火而病。水有定氣，火無定氣，故火附剛則剛，附柔則柔。水則入柔不入剛也。

陽不能藏，陰不能顯。纔有藏處，便是陽中之陰；纔有顯處，便是陰中之陽。

水能實虚，火能虚實。

乾坤是毁底，故開闢後，必有混沌。所以主宰乾坤是不毁底，故混沌還成開闢。主宰者何？元氣是已。元氣亘萬億歲年終不磨滅，是形化氣化之祖也。

天地全不張主，任陰陽；陰陽全不擺布，任自然。世之人趨避祈禳，徒自苦耳。其奪自然者，惟至誠。

天地發萬物之氣，到無外處止；收斂之氣，到無内處止。不至而止者，非本氣不足，則客氣相奪也。

靜生動長，動消靜息。息則生，生則長；長則消，消則息。

萬物生於陰陽，死於陰陽。陰陽於萬物原不相干，任其自然而已。雨非欲潤物，旱非欲熯物，風非欲撓物，雷非欲震物。陰陽任其氣之自然，而萬物因之以生死耳。《易》稱「鼓之以雷霆，潤之以風雨」，另是一種道理。不然是天地有心而成化也。若有心成化，則寒暑災祥得其正乃見天心矣。

天極從容，故三百六十日爲一噓吸；極次第，故温暑涼寒不驀越而雜至；極精明，故晝有容光之照，而夜有月星；極平常，寒暑旦夜生長收藏，萬古如斯而無新奇之調；極含蓄，并包萬象而不見其滿塞；極沉默，無所不分明而無一言；極精細，色色象象，條分縷析，而不厭其繁；極周匝，疏而不漏；極凝定，風雲雷雨變態於胸中，悲懽叫號怨德於地下，而不惡其擾；極通變，普物因材，不可執爲定局；極自然，任陰陽氣數理勢之所極所生，而已不與；極堅耐，萬古不易，而無欲速求進之心，消磨曲折之患；極勤敏，無一息之停；極聰明，亘古今無一人一事能欺罔之者；極老成，有虧欠而不隱藏；極知足，滿必損，盛必衰；極仁慈，雨露霜雪無非生物之心；極正直，始終計量，未嘗養人之奸，容人之惡；極公平，抑高舉下，貧富貴賤一視同仁；極簡易，無瑣屑曲局示人以繁難；極雅淡，青蒼自若，更無炫飾；極靈爽，精誠所至，有感必通；極謙虚，四時之氣常下交；極正大，擅六合之恩威而不自有；極誠實，無一毫僞妄心，虚假事；極有信，萬物皆任之而不疑。故人當法天。人，天所生也，如之者存，反之者亡，本其氣而失之也。

春夏後，看萬物繁華，造化有多少淫巧？多少發揮？多少張大？元氣安得不

斲喪？機緘安得不窮盡？此所以虛損之極成否塞，成混沌也。

形者，氣之橐囊也；氣者，形之線索也。無形，則氣無所憑藉以生；無氣，則形無所鼓舞以爲生。形須臾不可無氣，氣無形則萬古依然在宇宙間也。

要知道雷霆霜雪都是太和。

濁氣醇，清氣漓；濁氣厚，清氣薄；濁氣同，清氣分；濁氣温，清氣寒；濁氣柔，清氣剛；濁氣陰，清氣陽；濁氣豐，清氣嗇；濁氣甘，清氣苦；濁氣喜，清氣惡；濁氣榮，清氣枯；濁氣融，清氣孤；濁氣生，清氣殺。

「一陰一陽之謂道」，二陰二陽之謂駁。陰多陽少，陽多陰少之謂偏。有陰無陽，有陽無陰之謂孤。一陰一陽，乾坤兩卦，不二不雜，純粹以精，此天地中和之氣。天地至善也，是道也，上帝降衷，君子衷之，是故繼之即善，成之爲性，更無偏駁，不假修爲，是一陰一陽屬之君子之身矣，故曰「君子之道」。「仁者見之謂之仁，智者見之謂之智」，此之謂偏。「百姓日用而不知」，此之謂駁。至於孤氣所生，大乖常理。孤陰之善，慈悲如母，惡則險毒如虺。孤陽之善，嫉惡如讎，惡則凶横如虎。此篇夫子論性，純以善者言之，與「性相近」也稍稍不同。

天地萬物，只是一箇漸，故能成，故能久。所以成物，悠者，漸之象也；久者，漸之積也。天地萬物不能頓也，而況於人乎？故悟能頓，成不能頓。

盛德莫如地，萬物於地，惡道無以加矣。聽其所爲而莫之憾也，負荷生成而莫之厭也。故君子卑法地，樂莫大焉。

日正午，月正圓，一呼吸間耳。呼吸之前，未午未圓；呼吸之後，午過圓過。善觀

中者，此亦足觀矣。

中和之氣，萬物之所由以立命者也，故無所不宜。偏盛之氣，萬物之所由以盛衰者也，故有宜有不宜。

禄位名壽，康寧順適，子孫賢達，此天福人之大權也，然嘗輕以與人。所最靳而不輕以與人者，惟名。福善禍淫之言，至名而始信，大聖得大名，其次得名，視德無分毫爽者。惡亦然。禄位壽康在一身，名在天下；禄位壽康在一時，名在萬世。其惡者備有百福，惡名愈著；善者備嘗艱苦，善譽日彰。桀、紂、幽、厲之名，孝子慈孫百世不能改，此固天道報應之微權也。天之以百福予人者，恃有此耳。彼天下萬世之所以仰慕欽承，疾惡笑罵，其禍福固不小也。

以理言之，則當然者謂之天，命有德討有罪，奉三尺無私是已。以命言之，則自然者謂之天，莫之爲而爲，莫之致而至，定於有生之初是已。以數言之，則偶然者謂之天，會逢其適，偶值其際是已。

造物之氣有十：有中氣，有純氣，有雜氣，有戾氣，有似氣，有大氣，有細氣，有間氣，有變氣，有常氣，皆不外於五行。中氣，五行均調精粹之氣也，人鍾之而爲堯、舜、禹、文、周、孔，物得之而爲麟、鳳之類是也。純氣，五行各具，純一之氣也，人得之而爲伯夷、伊尹、柳下惠，物得之而爲龍、虎之類是也。雜氣，五行交亂之氣也。戾氣，五行粗惡之氣也。似氣，五行假借之氣也。大氣，旁薄渾淪之氣也。細氣，纖蒙浮渺之氣也。間氣，積久充溢會合之氣也。變氣，偶爾遭逢之氣也。常氣，流行一定之氣也。萬物各有所受以爲生，萬物各有所屬以爲類，萬物不自由也。惟有學問之功，變九氣以歸

中氣。

火性發揚，水性流動，木性條暢，金性堅剛，土性重厚，其生物也亦然。

太和在我，則天地在我，何動不臧？何往不得？

彌六合皆動氣之所爲也，静氣一粒伏在九地之下以胎之。故動者，静之死鄉；静者，動之生門。無静不生，無動不死。静者常施，動者不還。發大造之生氣者，動也；耗大造之生氣者，亦動也。聖人主静以涵理，道家主静以留元氣。

萬物發生，皆是流於既溢之餘；萬物收斂，皆是勞於既極之後。天地一歲一呼吸，而萬物隨之。

天地萬物，到頭來皆歸於母，故水、火、金、木有盡而土不盡。何者？水、火、金、木，氣盡於天，質盡於地，而土無可盡。故真氣無歸，真形無藏，萬古不可磨滅，滅了更無開闢之時。所謂混沌者，真氣與真形不分也，形氣混而生天地，形氣分而生萬物。

天欲大小人之惡，必使其惡常得志。彼小人者，惟恐其惡之不遂也，故貪天禍以至於亡。

自然謂之天，當然謂之天，不得不然謂之天。陽亢必旱，久旱必陰，久陰必雨，久雨必晴，此之謂自然。君尊臣卑，父坐子立，夫唱婦隨，兄友弟恭，此之謂當然。小役大，弱役强，貧役富，賤役貴，此之謂不得不然。

心就是天，欺心便是欺天，事心便是事天，更不須向蒼蒼上面討。

天者，未定之命；命者，已定之天。天者，大家之命；命者，各物之天。命定而吉凶禍福隨之也，由不得天，天亦再不照管。

天地萬物只是一氣聚散，更無别箇。形

者，氣所附以爲凝結；氣者，形所託以爲運動。無氣則形不存，無形則氣不住。

天地既生人物，則人物各具一天地。天地之天地由得天地，人物之天地由不得天地。人各任其氣質之天地，至於無涯；梏其降衷之天地，幾於澌盡，天地亦無如之何也已。其吉凶禍福，率由自造，天何尤乎而怨之？

吾人渾是一天，故日用起居食息，念念時時事事便當以天自處。

朱子云「天者理也」，余曰「理者天也」。

有在天之天，有在人之天。有在天之先天，太極是已；有在天之後天，陰陽五行是已。有在人之先天，元氣元理是已；有在人之後天，血氣心知是已。

問：「天地開闢之初，其狀何似？」曰：「未易形容。」因指齋前盆沼，令滿貯帶沙水一盆，投以瓦礫數小塊，雜穀豆升許，令人攪水渾濁。曰：「此是混沌未分之狀，待三日後再來看開闢。」至日而濁者清矣，輕清上浮。曰：「此是天開於子。」沉底渾泥，此是地闢於丑。中間瓦礫出露，此是山陵。是時穀豆芽生，月餘而水中小蟲浮沉奔逐，此是人與萬物，生於寅。徹底是水，天包乎地之象也。地從上下，故山上鋭而下廣，象量穀堆也。氣化日繁華，日廣侈，日消耗，萬物毀而生機微。天地雖不毁，至亥而又成混沌之世矣。

雪非薰蒸之化也，天氣上升，地氣下降，是乾涸世界矣。然陰陽之氣不交則絶，故有留滯之餘。陰始生之，嫩陽往來交結，久久不散，而迫於嚴寒，遂爲雪爲霰。白者，少陰之色也，水之母也。盛則爲雪，微則爲霜。冬月片瓦半甎之下著濕地皆有霜，陰氣所呵

也，土乾則否。

兩間氣化，總是一副大蒸籠。

天地之於萬物，因之而已，分毫不與焉。

世界雖大，容得千萬人忍讓，容不得一兩箇縱橫。

天地之於萬物，原是一貫。

輕清之氣爲霜露，濃濁之氣爲雲雨。春雨少者，薰蒸之氣未濃也。春多雨，則洩夏之氣，而夏雨必少。夏多雨者，薰蒸之氣有餘也。夏少雨，則積氣之餘，而秋雨必多。此謂氣之常耳。至於有霪潦之年，必有亢陽之年，則數年總計也。蜀中之漏天，四時多雨；雲中之高地，四時多旱；吳下之水鄉，黃梅之雨爲多，則四方互計也。總之，一箇陰陽，一般分數，先有餘則後不足，此有餘則彼不足，均則各足，是謂太和。太和之歲，九月皆豐。

冬者，萬物之夜，所以待勞倦養精神者也。春生，夏長，秋成，而不培養之以冬，則萬物之滅久矣。是知大冬嚴寒，所以仁萬物也，愈嚴凝則愈收斂，愈收斂則愈精神，愈精神則生發之氣愈條暢。譬之人須要安歇，今夜能熟睡，則明日必精神。故曰冬者萬物之所以歸命也。

按：《天地》篇舊凡六十四則，「兩間氣化」以下四則據陸本補。「輕清之氣」以下二則據陳本補。

世運

勢之所在，天地聖人不能違也。勢來時，即摧之未必遽壞；勢去時，即挽之未必能回。然而聖人每與勢忤而不肯甘心從之者，人事宜然也。

世人賤老，而聖王尊之；世人棄愚，而君子取之；世人恥貧，而高士清之；世人厭淡，而智者味之；世人惡冷，而幽人賓之；世人薄素，而有道者尚之。悲夫！世之人難與言矣。

壞世教者，不是宦官宮妾，不是農工商賈，不是衙門市井，不是夷狄。

古昔盛時，民自飽煖之外無過求，自利用之外無異好，安身家之便而不恣耳目之欲。家無奇貨，人無玩物。餘珠玉於山澤而不知寶，贏繭絲於箱篋而不知繡。偶行於途而知貴賤之等，創見於席而知隆殺之理。農於桑麻之外無異聞，士於禮義之外無羨談，公卿大夫於勸課訓迪之外無簿書。知官之貴而不知爲民之難，知貧之可憂而不知人富之可嫉。夜行不以兵，遠行不以餱。施人者非欲其我德，施於人者不疑其欲我之德。訢訢渾渾，其時之春乎？其物之胚蘖乎？吁！可想也已。

伏羲以前是一截世道，其治任之而已，己無所與也。五帝是一截世道，其治安之而已，不擾民也。三王是一截世道，其治正之而已，不使縱也。秦以後是一截世道，其治劫之而已，愚之而已，不以德也。

世界一般是唐虞時世界，黎民一般是唐虞時黎民，而治不古若，非氣化之罪也。

終極與始接，困極與亨接。

三皇是道德世界，五帝是仁義世界，三王是禮義世界，春秋是威力世界，戰國是智巧世界，漢以後是勢利世界。

士鮮衣美食，浮談怪説，玩日愒時，而以農工爲村鄙；女傅粉簪花，冶容學態，袖手樂遊，而以勤儉爲羞辱；官盛從豐供，繁文縟節，奔逐世態，而以教養爲迂腐。世道可

爲傷心矣！

喜殺人是泰，愁殺人也是泰。泰之人昏惰侈肆，泰之事廢墜寬罷，泰之風紛華驕蹇。泰之前如上水之篙，泰之世如高竿之頂，泰之後如下坂之車。故否可以致泰，泰必至於否。故聖人憂泰不憂否，否易振，泰難持。

世之衰也，卑幼賤微氣高志肆而無上，子弟不知有父母，婦不知有舅姑，後進不知有先達，士民不知有官師，郎署不知有公卿，偏裨軍士不知有主帥。目空空而氣勃勃，恥於分義而敢於陵駕。嗚呼！世道至此，未有不亂不亡者也。

節文度數，聖人之所以防肆也。僞禮文不如真愛敬，真簡率不如僞禮文。僞禮文猶足以成體，真簡率每至於踰閑；僞禮文流而爲象恭滔天，真簡率流而爲禮法掃地。七賢八達，簡率之極也，舉世牛馬而晉因以亡。近世士風崇尚簡率，蕩然無檢，嗟嗟！吾莫知所終矣。

天下之勢，頓可爲也，漸不可爲也。頓之來也驟，驟多無根；漸之來也深，深則難撼。頓著力在終，漸著力在始。

造物有涯而人情無涯，以有涯足無涯，勢必爭。故人人知足，則天下有餘。造物有定而人心無定，以無定撼有定，勢必敗。故人人安分，則天下無事。

天地有真氣，有似氣，故有鳳皇則有昭明，有粟穀則有稂莠。兔葵似葵，燕麥似麥，野菽似菽，槐藍似槐之類。人亦然，皆似氣之所鍾也。

六合是箇情世界，萬物生於情死於情。至人無情，聖人調情，君子制情，小人縱情。

變民風易，變士風難；變士風易，變仕風難。仕風變，天下治矣。

古之居官也，在下民身上做工夫；今之居官也，在上官眼底做工夫。古之居官也，尚正直；今之居官也，尚媕阿。

任俠氣質，皆賢者也。使入聖賢繩墨，皆光明俊偉之人。世教不明，紀法陵替，使此輩成此等氣習，誰之罪哉？

世界畢竟是吾儒世界，雖二氏之教雜出其間，而紀綱法度、教化風俗，都是二帝三王一派家數。即百家并出，只要主僕分明，所謂元氣充實，即風寒入肌，瘡瘍在身，終非危症也。

一種不萌芽，六塵不締搆，何須度萬衆成羅漢三千？九邊無夷狄，四海無奸雄，只宜銷五兵鑄金人十二。

按：《世運》篇舊凡十五則，「六合是情世界」一則據陸本補。「變民風易」四則據陳本補。「一種不萌芽」一則據《文集》補。

聖賢

孔子是五行造身，兩儀成性。其餘聖人，得金氣多者則剛明果斷，得木氣多者則朴素質直，得火氣多者則發揚奮迅，得水氣多者則明徹圓融，得土氣多者則鎮靜渾厚，得陽氣多者則光明軒豁，得陰氣多者則沉默精細。氣質既有所限，雖造其極，終是一偏底聖人。此七子者，共事多不相合，共言多不相入；所同者，大根本大節目耳。

孔、顔窮居，不害其爲仁覆天下，何則？仁覆天下之具在我，而仁覆天下之心未嘗一日忘也。

聖人不落氣質，賢人不渾厚便直方，便著了氣質色相。聖人不帶風土，賢人生燕趙則慷慨，生吴越則寬柔，就染了風土氣習。

性之聖人只是箇與理相忘，與道爲體，不待思維，横行直撞，恰與時中脗合。反之聖人常常小心，循規蹈矩，前望後顧，才執得中字，稍放鬆，便有過不及之差。是以希聖君子心上無一時任情恣意處。

聖人一，聖人全。一則獨詣其極，全則各臻其妙。惜哉！至人有聖人之功而無聖人之全者，囿於見也。

所貴乎剛者，貴其能勝己也，非以其能勝人也。子路不勝其好勇之私，是爲勇字所伏，終不成箇剛者。聖門稱剛者誰？吾以爲恂恂之顔子，其次魯鈍之曾子而已，餘無聞也。

天下古今一條大路，曰大中至正，是天造地設底。這箇路上，古今不多幾人走，曰堯、舜、禹、湯、文、武、周、孔、顔、曾、思、孟，其餘識得底，周、程、張、朱，雖走不到盡頭，畢竟是這路上人。將這箇路來比較古今人，雖伯夷、伊、惠，也是異端，更那説那佛、老、楊、墨、陰陽、術數諸家。若論箇分曉，伯夷、伊、惠是旁行底，佛、老、楊、墨是斜行底，陰陽、星數是歧行底，本原處都從正路起，卻念頭一差走下路去，愈遠愈謬。所以説異端，言本原不異，而發端異也。何也？佛之虚無，是吾道中寂然不動差去；老之無爲，是吾道中守約施博差去；爲我，是吾道中正静自守差去；兼愛，是吾道中萬物一體差去；陰陽家，是吾道中敬授人時差去；術數家，是吾道中至誠前知差去。看來大路上人，時爲佛，時爲老，時爲楊，時爲墨，時爲陰陽、術數，是合數家之所長。岔路上人，佛是佛，老是老，楊是楊，墨是墨，陰陽、術數是陰陽、術數，殊失聖人之初意。譬之五味不適均，不可以專用也；四時不錯行，不可以專令也。

聖人之道不奇，纔奇便是賢者。

戰國是箇慘酷底氣運，巧僞底世道。君非富强之術不講，臣非功利之策不行。六合正氣獨鍾在孟子身上，故在當時疾世太嚴，憂民甚切。

清、任、和、時，是孟子與四聖人議定底謚法，「祖述堯、舜，憲章文、武，上律天時，下襲水土」，是子思作仲尼底贊語。

聖賢養得天所賦之理完，仙家養得天所賦之氣完，然出陽脱殼，仙家未嘗不死，特留得此氣常存。性盡道全，聖賢未嘗不死，只是爲此理常存。若修短存亡，則又係乎氣質之厚薄，聖賢不計也。

賢人之言視聖人未免有病，此其大較耳。可怪俗儒見説是聖人語，便回護其短，而推類以求通；見説是賢人之言，便洗索其疵，而深文以求過。設有附會者從而欺之，則陽虎、優孟皆失其真，而不免徇名得象之譏矣。是故儒者要認理，理之所在，雖狂夫之言不異於聖人，聖人豈無出於一時之感而不可爲當然不易之訓者哉？

堯、舜功業如此之大，道德如此之全，孔子稱贊不啻口出。在堯、舜心上有多少缺然不滿足處，道原體不盡，心原趁不滿，勢分不可强，力量不可勉，聖人怎放得下？是以聖人身囿於勢分力量之中，心長於勢分力量之外，纔覺足了，便不是堯、舜。

伊尹看天下人，無一箇不是可憐底；伯夷看天下人，無一箇不是可惡底；柳下惠看天下人，無一箇不是可與底。

浩然之氣，孔子非無，但用底妙耳。孟子一生受用全是這兩字。我嘗云，孟子是浩然之氣，孔子是渾然之氣。渾然是浩然底歸宿，浩然是渾然底作用，惜也孟子未能到渾

然耳。

聖學專責人事，專言實理。

二女試舜，所謂書不可盡信也。且莫説玄德升聞，四岳共薦，以聖人遇聖人，一見而人品可定，一語而心理相符，又何須試？即帝艱知人，還須一試，假設舜不能諧二女，將若之何？是堯輕視骨肉，而以二女爲市貨也，有是哉？

自古功業，惟孔、孟最大且久。時雍風動，今日百姓也没受用處，賴孔、孟與之發揮，而堯、舜之業至今在。

堯、舜、周、孔之道如九達之衢，無所不通。如代明之日月，無所不照。其餘有所明必有所昏，夷、尹、柳下惠昏於清、任、和，佛氏昏於寂，老氏昏於嗇，楊氏昏於義，墨氏昏於仁，管、商昏於法。其心有所向也，譬之鶻鳩知南；其心有所厭也，譬之盍旦惡夜。豈不純然成一家人物？竟是偏氣。

堯、舜、禹、文、周、孔，振古聖人無一毫偏倚。然五行所鍾，各有所厚，畢竟各人有各人氣質。堯敦大之氣多，舜精明之氣多，禹收斂之氣多，文王柔嘉之氣多，周公文爲之氣多，孔子莊嚴之氣多。熟讀經史自見。若説天縱聖人，如太和元氣流行，略不沾著一些四時之氣，純是德性用事，不落一毫氣質，則六聖人須索一箇氣象，無毫髮不同方是。

讀書要看聖人氣象性情，《鄉黨》見孔子氣象十九。至其七情，如回非助我，牛刀割雞，見其喜處。由之瑟，由之使門人爲臣，憮然於沮溺之對，見其怒處。喪予之慟，獲麟之泣，見其哀處。侍側言志之問，與人歌和之時，見其樂處。山梁雌雉之歎，見其愛處。斥由之佞，答子貢君子有惡之語，見其惡處。

周公之夢，東周之想，見其欲處。便見他發而皆中節處。

費宰之辭，長府之止，看閔子議論，全是一箇機軸，便見他和悅而諍。處人論事之法，莫妙於閔子，天生底一段中平之氣。

聖人妙處，在轉移人不覺。賢者以下便露圭角，費聲色做出來，只見張皇。

或問：「孔、孟周流，到處欲行其道，似技癢底。」曰：「聖賢自家看底分數真，天生出我來，抱千古帝王道術，有旋乾轉坤手段，只兀兀家居，甚是自負，所以徧行天下，以求遇夫可行之君。既而天下皆無一遇，猶有九夷浮海之思，公山佛肸之往。夫子豈真欲如此？只見吾道有起死回生之力，天下有垂死欲生之民，必得君而後術可施也。譬之他人孺子入井，與己無干，既在井畔，又知救法，豈忍袖手？」

明道答安石，能使愧屈；伊川答子由，遂激成三黨。可以觀二公所得。

休作世上另一種人，形一世之短。聖人也只是與人一般，纔使人覺異樣，便不是聖人。

平生不作圓軟態，此是丈夫。能軟而不失剛方之氣，此是大丈夫。聖賢之所以分也。

聖人於萬事也，以無定體爲定體，以無定用爲定用，以無定見爲定見，以無定守爲定守。賢人有定體，有定用，有定見，有定守。故聖人爲從心所欲，賢人爲立身行己，自有法度。

聖賢之私書可與天下人見，密事可與天下人知，不意之言可與天下人聞，暗室之中可與天下人窺。

好問好察時，著一「我」字不得，此之謂

能忘；執兩端時，著一「人」字不得，此之謂能定；欲見之施行，略無人己之嫌，此之謂能化。

無過之外更無聖人，無病之外更無好人。賢智者於無過之外求奇，此道之賊也。

積愛所移，雖至惡不能怒，狃於愛故也；積惡所習，雖至感莫能回，狃於惡故也。惟聖人之用情不狃。

聖人有功於天地，只是「人事」二字。其盡人事也不言天命，非不知，回天無力，人事當然，成敗不暇計也。

或問：「狂者動稱古人，而行不掩言，無乃行不顧言乎？孔子奚取焉？」曰：「此與行不顧言者人品懸絕，譬之於射，立拱把於百步之外，九矢參連，此養由基能事也。孱夫拙射，引弦之初亦望拱把而從事焉，即發不出十步之遠，中不近方丈之鵠，何害其爲志士？又安知日闢弓，月抽矢，白首終身有不爲由基者乎？是故學者貴有志，聖人取有志。狷者言尺行尺，見寸守寸，孔子以爲次者，取其守之確而恨其志之隘也。今人安於凡陋，惡彼激昂，一切以行不顧言沮之，又甚者以言是行非謗之，不知聖人豈有一蹴可至之理？希聖人豈有一朝徑頓之術？只有有志而廢於半塗，未有無志而能行跬步者。」或曰：「不言而躬行，何如？」曰：「此上智也。中人以下，須要講求博學、審問、明辨，與同志之人相砥礪奮發，皆所以講求之也，安得不言？若行不顧言，則言如此而行如彼，口古人而心衰世，豈得與狂者同日語哉！」

君子立身行己自有法度，此有道之言也。但法度自堯、舜、禹、湯、文、武、周、孔以來只有一箇，譬如律令一般，天下古今所共

守者。若家自爲律，人自爲令，則爲伯夷、伊尹、柳下惠之法度。故以道爲法度者，時中之聖；以氣質爲法度者，一偏之聖。

聖人是物來順應，衆人也是物來順應。聖人之順應也，從廓然大公來，故言之應人如響，而脗合乎當言之理；行之應物也，如取諸宮中，而脗合乎當行之理。衆人之順應也，從任情信意來，故言之應人也，好莠自口，而鮮與理合；事之應物也，可否惟欲，而鮮與理合。君子則不然，其不能順應也，不敢以順應也。議之而後言，言猶恐尤也；擬之而後動，動猶恐悔也。卻從存養省察來。噫！今之物來順應者，人人是也，果聖人乎？可哀也已。

聖人與衆人一般，只是盡得衆人底道理；其不同者，乃衆人自異於聖人也。

天道以無常爲常，以無爲爲爲。聖人以無心爲心，以無事爲事。

萬物之情，各求自遂者也。惟聖人之心，則欲遂萬物而忘自遂。

爲宇宙完人甚難，自初生以至屬纊，徹頭徹尾無些子破綻，尤難，恐亘古以來不多幾人。其餘聖人都是半截人，前面破綻後來修補，比至終年晚歲，纔得乾净，成就了一箇好人，還天付本來面目。故曰湯、武反之也。曰反，則未反之前便有許多欠缺處。今人有過便甘自棄，以爲不可復入聖人境域，不知盜賊也許改惡從善，何害其爲有過哉？只看歸宿處成箇甚人，以前都饒得過。

聖人低昂氣化，挽回事勢，如調劑氣血，損其侈不益其强，補其虚不甚其弱，要歸於平而已。不平則偏，偏則病，大偏則大病，小偏則小病。聖人雖欲不平，不可得也。

聖人絶四，不惟纖塵微障無處著脚，即

萬理亦無作用處，所謂順萬事而無情也。

聖人胸中萬理渾然，寂時則如懸衡鑑，感之則若決江河，未有無故自發一善念。善念之發，胸中不純善之故也。故惟有旦晝之梏亡，然後有夜氣之清明。聖人無時不夜氣，是以胸中無無，故自見光景。

法令所行，可以使土偶奔趨；惠澤所浸，可以使枯木萌蘖；教化所孚，可以使鳥獸伏馴；精神所極，可以使鬼神感格，吾必以爲聖人矣。

聖人不强人以太難，只是撥轉他一點自然底肯心。

參贊化育底聖人，雖在人類中，其實是箇活天，吾嘗謂之人天。

孔子只是一箇通，通外更無孔子。

聖人不隨氣運走，不隨風俗走，不隨氣質走。

聖人平天下，不是夷山填海，高一寸還他一寸，低一分還他一分。

聖而不可知之之謂神，不可知，可知之祖也。無不可知，做可知不出；無可知，則不可知何所附屬？

只爲多了這知覺，便生出許多情緣，添了許多苦惱。落花飛絮，豈無死生？他只恁委和委順而已。或曰：「聖學當如是乎？」曰：「富貴貧賤，壽夭寵辱，聖人未嘗不落花飛絮之耳，雖有知覺心，不爲知覺苦。」

聖人心上再無分毫不自在處，内省不疚，既無憂懼；外至之患，又不怨尤。只有一段不釋然，卻是畏天命，悲人窮也。

定静安慮，聖人無一刻不如此。或曰：「喜怒哀樂到面前，何如？」曰：「只恁喜怒哀樂，定静安慮胸次無分毫加損。」

有相予者，謂面上部位多貴，處處指之。予曰：「所憂不在此也，汝相予一心要包藏得天下理，相予兩肩要擔當得天下事，相予兩脚要踏得萬事定，雖不貴，予奚憂？不然予有愧於面也。」

物之入物者染物，入於物者染於物。惟聖人無所入，萬物亦不得而入之。惟無所入，故無所不入；惟不爲物入，故物亦不得而離之。

人於喫飯穿衣，不曾説我當然不得不然；至於五常百行，卻説是當然不得不然，又竟不能然。

孔子七十而後從心，六十九歲未敢從也。衆人一生只是從心，從心安得好？聖學戰戰兢兢，只是降伏一箇「從」字，不曰「戒慎恐懼」，則曰「憂勤惕勵」，防其從也。豈無樂時？樂也只是樂天。衆人之樂則異是矣。任意若不離道，聖賢性不與人殊，何苦若此。

日之於萬形也，鑑之於萬象也，風之於萬籟也，尺度權衡之於輕重長短也，聖人之於萬事萬物也，因其本然，付以自然，分毫我無所與焉，然後感者常平，應者常逸。喜亦天，怒亦天，而吾心之天如故也。萬感劻勷，衆動轇轕，而吾心之天如故也。

平生無一事可瞞人，此是大快樂。

堯、舜雖是生知安行，然堯、舜自有堯、舜工夫學問。但聰明睿智千百衆人，豈能不資見聞？不待思索？朱文公云：「聖人生知安行，更無積累之漸。」聖人有聖人底積累，豈儒者所能測識哉！

聖人不矯。

聖人一無所昏。

孟子謂文王「取之而燕民不悦，則勿

取」，雖非文王之心，最看得時勢定。文王非利天下而取之，亦非惡富貴而逃之，順天命之予奪，聽人心之向背，而我不與焉。當是時，三分天下纔有其二，即武王亦動手不得。若三分天下有其三，即文王亦束手不得。《勺》之詩曰：「遵養時晦，時純熙矣。是用大介。」❶天命人心，一毫假借不得。商家根深蒂固，須要失天命人心到極處；周家積功累仁，須要收天命人心到極處。然後得失界限決絶潔净，無一毫黏帶，如瓜熟自落，栗熟自墜，不待剥摘之力。且莫道文王時動得手，即到武王時，紂又失了幾年人心，武王又收了幾年人心，《牧誓》、《武成》取得何等費唇舌？《多士》、《多方》守得何等耽驚怕？則武王者，生摘勁剥之所致也。又譬之瘡落痂，雞出卵，争一刻不得。若文王到武王時，定不犯手，或讓位微、箕，爲南河、陽城之避，徐觀天命人心之所屬，屬我我不卻之使去，不屬我我不招之使來，安心定志，任其自去來耳。此文王之所以爲至德。使安受二分之歸，不惟至德有損，若紂發兵而問叛人，即不勝，文王將何辭？雖萬萬出文王下者，亦不敢安受商之叛國也。用是見文王仁熟智精，所以爲宣哲之聖也。

湯禱桑林，以身爲犧，此史氏之妄也。按湯世十八年旱，至二十三年禱桑林，責六事，於是旱七年矣天乃雨。夫農事，冬旱不禁三月，夏旱不禁十日，使湯待七年而後禱，則民已無孑遺矣。何以爲聖人？即湯以身禱而天不雨，將自殺與？是絶民也。將不自殺與？是要天也。湯有一身，能供幾禱？天雖享祭，寧欲食湯哉？是七年之

❶「勺」，《詩經》篇名，多作「酌」。「勺」「酌」二字通。

間，歲歲有旱，未必不禱；歲歲禱雨，未必不應。六事自責，史臣特紀其一時然耳。以人禱，斷斷乎其無也。

伯夷見冠不正，望望然去之，何不告之使正？柳下惠見袒裼裸裎，而由由與偕，何不告之使衣？故曰不夷不惠，君子居身之珍也。

亘古五帝三王不散之精英鑄成一箇孔子，餘者猶成顔、曾以下諸賢，至思、孟而天地純粹之氣索然一空矣。春秋、戰國君臣之不肖也，宜哉！後乎此者，無聖人出焉，斬孔、孟諸賢之精英而未盡洩與？

周子謂：「聖可學乎？曰無欲。」愚謂聖人不能無欲，七情中合下有欲。孔子曰己欲立欲達。孟子有云：「廣土衆民，君子欲之。」天欲不可無，人欲不可有。天欲，公也；人欲，私也。周子云：「聖無欲。」愚云：「不如聖無私。此二字者，三氏之所以異也。」

聖人没自家底見識。

對境忘情，猶分彼我，聖人可能入塵不染，則境我爲一矣。而渾然無點染，所謂「入水不溺，入火不焚」，非聖之至者不能也。若塵爲我役，化而爲一，則天矣。

聖人學問只是人定勝天。

聖人之私公，衆人之公私。

聖人無夜氣。

「衣錦尚絅」，自是學者作用，聖人無尚。

聖王不必天而必我，我之天定，而天之天隨之。

生知之聖人不長進。

學問到孔子地位，才算得箇通，通之外無學問矣。

聖人嘗自視不如人，故天下無有如聖人

者，非聖人之過慮也。四海之廣，兆民之衆，其一才一智未必皆出聖人下也。以聖人無所不能，豈無一毫之未至？以衆人之無所能，豈無一見之獨精？以獨精補未至，固聖人之所樂取也。此聖人之心日歉然不自滿足，日汲汲然不已於取善也。

聖人不示人以難法，其所行者，天下萬世之可能者也；其所言者，天下萬世之可知者也。非聖人貶以徇人也，聖人雖欲行其所不能，言其所不知，而不可得也。道本如是其易知易從也。

按：《聖賢》篇，舊凡六十六則，「周子謂聖可學乎」以下十則據陸本補。陸氏原補十一則，今按「聖人因蛛而知網罟」一則，原書《物理》篇已載。「聖人嘗自視不如人」以下二則據陳本補。

品藻

獨處看不破，忽處看不破，勞倦時看不破，急遽倉卒時看不破，驚憂驟感時看不破，重大獨當時看不破，吾必以爲聖人。

聖人做出來都是德性，賢人做出來都是氣質，衆人做出來都是習俗，小人做出來都是私欲。

漢儒雜道，宋儒隘道。宋儒自有宋儒局面，學者若入道，且休著宋儒橫其胸中，只讀六經、四書而體玩之，久久胸次自是不同。若看宋儒，先看濂溪、明道。

一種人難悦亦難事，只是度量褊狹，不失爲君子；一種人易事亦易悦，這是貪污軟弱，不失爲小人。

爲小人所薦者，辱也；爲君子所棄者，

恥也。

小人有恁一副邪心腸，便有一段邪見識；有一段邪見識，便有一段邪議論；有一段邪議論，便引一項邪朋黨，做出一番邪舉動。其議論也，援引附會，儘成一家之言，攻之則圓轉遷就而不可破。其舉動也，借善攻善，匿惡濟惡，善爲騎牆之計，擊之則疑似牽纏而不可斷。此小人之尤，而借君子之迹者也，此藉君子之名而濟小人之私者也，亡國敗家，端是斯人。若明白小人，剛戾小人，這都不足恨，所以《易》惡陰柔。陽只是一箇，惟陰險伏而多端，變幻而莫測，駮雜而疑似。譬之光天化日，黑白分明，人所共見；暗室晦夜，多少埋伏，多少類象，此陰陽之所以別也。虞廷黜陟，惟曰幽明，其以是夫！

富於道德者不矜事功，猶矜事功，道德不足也。富於心得者不矜聞見，猶矜聞見，心得不足也。文藝自多，浮薄之心也；富貴自雄，卑陋之見也。此二人者，皆可憐也。而雄富貴者，更不數於丈夫行。彼其冬烘盛大之態，皆君子之所欲嘔者也。而彼且志驕意得，可鄙孰甚焉？

士君子在塵世中擺脱得開，不爲所束縛；擺脱得净，不爲所污蟣，此之謂天挺人豪。

藏名遠利，夙夜汲汲乎實行者，聖人也。爲名修，爲利勸，夙夜汲汲乎實行者，賢人也。不占名標，不尋利孔，氣昏志惰，荒德廢業者，衆人也。炫虛名，漁實利，而內存狡猾之心，陰爲鳥獸之行者，盜賊也。

圈子裏幹實事，賢者可能；圈子外幹大事，非豪傑不能。或曰：「圈子外可幹乎？」曰：「世俗所謂圈子外，乃聖賢所謂性分內也。人守一官，官求一稱，內外皆若人焉，天

下可庶幾矣，所謂圈子内幹實事者也。心切憂世，志在匡時，苟利天下，文法所不能拘；苟計成功，形迹所不必避，則圈子外幹大事者也。識高千古，慮周六合，挽末世之頽風，還先王之雅道，使海内復嘗秦、漢以前之滋味，則又圈子以上人矣。世有斯人乎？吾將與之共流涕矣。乃若硜硜狃衆見，惴惴循弊規，威儀文辭燦然可觀，勤慎謙默居然寡過，是人也，但可爲高官耳，世道奚賴焉？」

達人落葉窮通，浮雲生死。高士睥睨古今，玩弄六合。聖人古今一息，萬物一身。衆人塵棄天真，腥集世味。

陽君子取禍，陰君子獨免；陽小人取禍，陰小人得福；陽君子剛正直方，陰君子柔嘉温厚；陽小人暴戾放肆，陰小人奸回智巧。

古今士率有三品：上士不好名，中士好名，下士不知好名。

上士重道德，中士重功名，下士重辭章，斗筲之人重富貴。

人流品格，以君子小人定之，大率有九等：有君子中君子，才全德備，無往不宜者也。有君子，優於德而短於才者也。有善人，恂雅温樸，僅足自守識見，雖正而不能自決躬行，雖力而不能自保。有衆人，才德識見俱無足取，與世浮沉，趨利避害，碌碌風俗中無自表異。有小人，偏氣邪心，惟己私是殖，苟得所欲，亦不害物。有小人中小人，貪殘陰很，恣意所極，而才足以濟之，斂怨怙終，無所顧忌。外有似小人之君子，高峻奇絶，不就俗檢，然規模弘遠，小疵常類不足以病之。有似君子之小人，老詐濃文，善藏巧借，爲天下之大惡，占天下之大名，事幸不敗，當時後世皆爲所欺而竟不知者。有君子

小人之間，行亦近正而偏，語亦近道而雜，學圓通便近於俗，尚古樸則入於腐，寬便姑息，嚴便猛鷙，是人也，有君子之心，有小人之過者也，每至害道。學者戒之。

有俗檢，有禮檢。有通達，有放達。君子通達於禮檢之中，騷士放達於俗檢之外。世之無識者專以小節細行定人品，大可笑也。

上才爲而不爲，中才只見有爲，下才一無所爲。

心術平易，制行誠直，語言疏爽，文章明達，其人必君子也。心術微曖，制行詭祕，語言吞吐，文章晦澀，其人亦可知矣。

有過不害爲君子。無過可指底，真則聖人，僞則大奸，非鄉愿之媚世，則小人之欺世也。

從欲則如附羶，見道則若嚼蠟，此下愚之極者也。

有涵養人，心思極細，雖應倉卒，而胸中依然暇豫，自無粗疏之病。心粗便是學不濟處。

功業之士，清虛者以爲粗才，不知堯、舜、禹、湯、皋、夔、稷、契，功業乎？清虛乎？飽食煖衣而工騷墨之事，話玄虛之理，謂勤政事者爲俗吏，謂工農桑者爲鄙夫，此敝化之民也，堯、舜之世無之。

觀人括以五品：高、正、雜、庸、下。獨行奇識曰高品，賢智者流。擇中有執曰正品，聖賢者流。有善有過曰雜品，勸懲可用。無短無長曰庸品，無益世用。邪僞二種曰下品，慎無用之。

氣節信不過人，有出一時之感慨，則小人能爲君子之事。有出於一念之剽竊，則小人能盜君子之名。亦有初念甚力，久而屈其

雅操；當危能奮，安而喪其平生者，此皆不自涵養中來。若聖賢學問，至死更無破綻。

無根本底氣節，如酒漢毆人，醉時勇，醒時索然無分毫氣力。無學問底識見，如庖人煬竈，面前明，背後左右無一些照顧。而無知者賞其一時，惑其一偏，每擊節歎服，信以終身。吁！難言也。

衆惡必察，是仁者之心。不仁者聞人之惡，喜談樂道；疏薄者聞人之惡，深信不疑。惟仁者，知惡名易以污人，而作惡者之好爲誣善也，既察爲人所惡者何人，又察言者何心，又察致惡者何由，耐心留意，獨得其真。果在位也，則信任不疑；果不在位也，則舉辟無貳；果爲人所中傷也，則扶救必力。嗚呼！此道不明久矣。

黨錮諸君，只是褊淺無度量。身當濁世，自處清流，譬之涇渭，不言自別，正當遵海濱而處，以待天下之清也。卻乃名檢自負，氣節相高，志滿意得，卑視一世而踐踏之，譏謗權勢而狗彘之，使人畏忌奉承，愈熾愈驕。積津要之怒，潰權勢之毒，一朝而成載胥之凶，其死不足惜也。《詩》稱「明哲保身」，孔稱「默足有容」「免於刑戮」，豈貴貨清市直，甘鼎鑊如飴哉？申、陳二子，得之郭林宗幾矣。顧、廚、俊、及，吾道中之罪人也，僅愈於卑污耳。若張儉，則又李膺、范滂之罪人，可誅也夫。

問：「嚴子陵何如？」曰：富貴利達之世，不可無此種高人，但朋友不得加於君臣之上。五臣與舜同僚友，今日比肩，明日北面而臣之，何害其爲聖人？若有用世之才，抱憂世之志，朋時之所講求，正欲大行竟施以康天下，孰君孰臣正不必爾。如欲遠引高蹈，何處不可藏身？便不見光武也得，既見

矣，猶友視帝而加足其腹焉，恐道理不當如是。若光武者，則大矣。

見是賢者，就著意回護，雖有過差，都向好邊替他想。見是不賢者，就著意搜索，雖有偏長，都向惡邊替他想。自宋儒以來，率坐此失。大段都是箇偏識見，所謂好而不知其惡，惡而不知其美者。惟聖人便無此失，只是此心虚平。

蘊藉之士深沉，負荷之士弘重，斡旋之士圓通，康濟之士精敏。反是皆凡才也，即聰明辯博無補焉。

君子之交怕激，小人之交怕合。斯二者，禍人之國其罪均也。

聖人把得定理，把不得定勢。是非，理也；成敗，勢也。有勢不可爲而猶爲之者，惟其理而已。知此，則三仁可與五臣比事功，孔子可與堯、舜較政治。

未試於火，皆纯金也；未試於事，皆完人也。惟聖人無往而不可。下聖人一等，皆有所不足，皆可試而敗。夫三代而下人物豈甚相遠哉？生而所短，不遇於所試，則全名定論，可以蓋棺。不幸而偶試，其所不足，則不免爲累。夫試不試之間，不可以定人品也。故君子觀人不待試，而人物高下終身事業不爽分毫，彼其神識自在世眼之外耳。

世之頽波，明知其當變，狃於衆皆爲之而不敢動；事之義舉，明知其當爲，狃於衆皆不爲而不敢動，是亦衆人而已。提抱之兒得一果餅，未敢輒食，母嘗之而後入口，彼不知其可食與否也。既知之矣，猶以衆人爲行止，可愧也夫！惟英雄豪傑，不徇習以居非，能違俗而任道，夫是之謂獨復。嗚呼！此庸人智巧之士所謂生事而好異者也。

士氣不可無，傲氣不可有。士氣者，明

於人己之分，守正而不詭隨；傲氣者，昧於上下之等，好高而不素位。自處者每以傲人爲士氣，觀人者每以士氣爲傲人，悲夫！故惟有士氣者，能謙己下人；彼傲人者，昏夜乞哀或不可知矣。

體解神昏，志消氣沮，天下事不是這般人幹底。攘臂抵掌，矢志奮心，天下事也不是這般人幹底。幹天下事者，智深勇沉，神閒氣定。有所不言，言必當；有所不爲，爲必成。不自好而露才，不輕試以倖功。此真才也，世鮮識之。近世惟前二種人乃互相譏，識者胥笑之。

賢人君子，那一種人裏没有？鄙夫小人，那一種人裏没有？世俗都在那爵位上定人品，把那邪正卻作第二著看。今有僕隸乞丐之人，特地做忠孝節義之事，爲天地間立大綱常，我當北面師事之，環視達官貴人似俛首居其下矣。論到此，那富貴利達與這忠孝節義比來，豈直太山鴻毛哉？然則匹夫匹婦未可輕，而下士寒儒其自視亦不可渺然小也。故論勢分，雖抱關之吏亦有所下以伸其尊；論性分，則堯、舜與塗人可揖讓於一堂。論心談道，孰貴孰賤？孰尊孰卑？故天地間惟道貴，天地間人惟得道者貴。

山林處士，常養一箇傲慢輕人之象，常積一腹痛憤不平之氣，此是大病痛。

好名之人，充其心，父母兄弟妻子都顧不得，何者？名無兩成，必相形而後顯。葉人證父攘羊，陳仲子惡兄受鵝，周澤奏妻破戒，皆好名之心爲之也。

世之人常把好事讓與他人做，而甘居己於不肖，又要掠箇好名兒在身上，而詆他人爲不肖。悲夫！是益其不肖也。

理聖人之口易，理衆人之口難。聖人之

口易爲衆人，衆人之口難爲聖人。豈直當時之毁譽，即千古英雄豪傑之士，節義正直之人，一入議論之家，彼臧此否，各騁偏執，互爲雌黄，譬之舞文吏出入人罪，惟其所欲，求其有大公至正之見，死者復生，而響服者幾人？是生者肆口而死者含冤也。噫！使臧否人物者而出於無聞之士，猶昔人之幸也。彼擅著作之名，號爲一世人傑，而立言不慎，則是獄成於廷尉，就死而莫之辯也，不仁莫大焉。是故君子之論人，與其刻也，寧恕。

正直者必不忠厚，忠厚者必不正直。正直人植綱常，扶世道；忠厚人養和平，培根本。然而激天下之禍者，正直之人；養天下之禍者，忠厚之過也。此四字兼而有之，惟時中之聖。

露才是士君子大病痛，尤莫甚於飾才。露者不藏其所有也，飾者虛剽其所無也。

士有三不顧：行道濟時人顧不得愛身，富貴利達人顧不得愛德，全身遠害人顧不得愛天下。

其事難言，而於心無愧者，寧滅其可知之迹，故君子爲心受惡，太伯是已。情有所不忍，而義不得不然者，寧負大不韙之名，故君子爲理受惡，周公是已。情有可矜，而法不可廢者，寧自居於忍以伸法，故君子爲法受惡，武侯是已。人皆爲之，而我獨不爲，則掩其名以分謗，故君子爲衆受惡，宋子罕是已。

不欲爲小人，不能爲君子，畢竟作甚麽人？曰：衆人。既衆人，當與衆人伍矣，而列其身名於士大夫之林，可乎？故衆人而有士大夫之行者榮，士大夫而爲衆人之行者辱。

天之生人，雖下愚亦有一竅之明。聽其自爲用而極致之，亦有可觀，而不可謂之才。所謂才者，能爲人用，可圓可方，能陰能陽，而不以己用者也。以己用皆偏才也。

心平氣和而有强毅不可奪之力，秉公持正而有圓通不可拘之權，可以語人品矣。

從容而不後事，急遽而不失容，脱略而不疏忽，簡静而不涼薄，真率而不鄙俚，温潤而不脂韋，光明而不淺浮，沉静而不陰險，嚴毅而不苛刻，周匝而不煩碎，權變而不譎詐，精明而不猜察，亦可以爲成人矣。

厚德之士能掩人過，盛德之士不令人有過。不令人有過者，體其不得已之心，知其必至之情，而預遂之者也。

烈士死志，守士死職，任士死怨，忿士死鬬，貧士死財，躁士死言。

知其不可爲而遂安之者，達人智士之見也。知其不可爲而猶極力以圖之者，忠臣孝子之心也。

無識之士有三恥：恥貧、恥賤、恥老。或曰：「君子獨無恥與？」曰：「有恥。親在而貧，恥；用賢之世而賤，恥；年老而德業無聞，恥。」

初開口便是煞尾語，初下手便是盡頭著，此人大無含蓄，大不濟事，學者戒之。

一箇俗念頭，一雙俗眼目，一口俗話説，任教聰明才辯，可惜錯活了一生。

或問：「君子小人，辯之最難。」曰：「君子而近小人之迹，小人而爲君子之態，此誠難辯。若其大都，則如皁白不可掩也。君子容貌敦大老成，小人容貌浮薄瑣屑。君子平易，小人蹺蹊。君子誠實，小人奸詐。君子多讓，小人多争。君子少文，小人多態。君子之心正直光明，小人之心邪曲微曖。君子

之言雅淡質直，惟以達意；小人之言鮮穠柔澤，務於可人。君子與人親而不昵，直諒而不養其過；小人與人狎而致情，諛悦而多濟其非。君子處事可以盟天質日，雖骨肉而不阿；小人處事低昂世態人情，雖昧理而不顧。君子臨義慷慨當前，惟視天下國家人物之利病，其禍福毀譽了不關心；小人臨義則觀望顧忌，先慮爵禄身家妻子之便否，視社稷蒼生漫不屬己。君子事上，禮不敢不恭，難使枉道；小人事上，身不知爲我，側意隨人。君子御下防其邪，而體其必至之情；小人御下遂吾欲，而忘彼同然之願。君子自奉節儉恬雅，小人自奉汰侈彌文。君子親賢愛士，樂道人之善；小人嫉賢妒能，樂道人之非。如此類者，色色頓殊。孔子曰『患不知人』，吾以爲，終日相與，其類可分，雖善矜持，自有不可掩者在也。」

今之論人者，於辭受，不論道義。只以辭爲是，故辭寧矯廉而避貪愛之嫌。於取與，不論道義，只以與爲是，故與寧傷惠而避吝嗇之嫌。於怨怒，不論道義，只以忍爲是，故禮雖當校，而避無量之嫌。義當明分，人皆病其諛，而以倨傲矜陵爲節概；禮當持體，人皆病其倨，而以過禮足恭爲盛德。惟儉是取者，不辯禮有當豐；惟默是貴者，不論事有當言。此皆察理不精，貴賢知而忘其過者也。噫！與不及者誠有間矣，其賊道均也。

狃淺識狹聞，執偏見曲説，守陋規俗套，斯人也，若爲鄉里常人，不足輕重，若居高位，有令名，其壞世教不細。

以粗疏心看古人親切之語，以煩躁心看古人静深之語，以浮汎心看古人玄細之語，以淺狹心看古人博洽之語，便加品騭，真孟

浪人也。

文姜與弑桓公，武后滅唐子孫，更其國廟，此二婦者，皆國賊也。而祔葬於墓，祔祭於廟，禮法安在？此千古未反一大案也。或曰：「子無廢母之義。」噫！是言也，閭閻市井兒女之識也。以禮言，三綱之重等於天地，天下共之。子之身，祖廟承繼之身，非人子所得而有也。母之罪，宗廟君父之罪，非人子所得而庇也。文姜、武后，莊公、中宗安得而私之？以情言，弑吾身者與我同邱陵，易吾姓者與我同血食，祖父之心悦乎？怒乎？對子而言，則母尊；對祖父而言，則吾母臣妾也。以血屬而言，祖父我同姓，而母異姓也。子爲母忘身可也，不敢讎；雖殺我可也，不敢讎。宗廟也，父也，我得而專之乎？專祖父之廟以濟其私，不孝；重生我之恩而忘祖父之讎，亦不孝。不體祖父之心，强所讎而與之共土同牢，亦不孝。二婦之罪當誅，吾爲人子不忍行，亦不敢行也。有爲國討賊者，吾不當聞，亦不敢罪也。不誅不討，爲吾母者逋戮之元凶也。葬於他所，食於别宫，稱后夫人而不係於夫，終身哀悼以傷吾之不幸而已。莊公、中宗皆昏庸之主，吾無責矣。吾恨當時大臣陷君於大過而不顧也。或曰：「『葬我小君文姜』，夫子既許之矣，子何罪焉？」曰：「此胡氏失仲尼之意也。仲尼蓋傷魯君臣之昧禮，而特著其事以示譏爾。曰『我』，言不當我而我之也。曰『小君』，言不成小君而小君之也。與歷世夫人同書而不異其詞，仲尼之心豈無别白至此哉？不然姜氏會齊侯，每行必書其惡，惡之深如此，而肯許其爲『我小君』邪？」或曰：「子狃於母重而不敢不尊，臣狃於君命而不敢不從，是亦權變之禮耳。」余曰：「否！

否！宋桓夫人出耳，襄公立而不敢迎其母，聖人不罪襄公之薄恩，而美夫人之守禮。況二婦之罪彌漫宇宙，萬倍於出者。臣子忘祖父之重，而尊一罪大惡極之母以伸其私，天理民彝滅矣！道之不明一至是哉？余安得而忘言。」

平生無一人稱譽，其人可知矣。平生無一人詆毀，其人亦可知矣。大如天，聖如孔子，未嘗盡可人意。是人也，無分君子小人，皆感激之，是在天與聖人上，賢邪？不肖邪？我不可知矣。

尋行數墨，是頭巾見識；慎步矜趨，是釵裙見識；大刀闊斧，是丈夫見識；能方能圓，能大能小，是聖人見識。

春秋人計可否，畏禮義，惜體面。戰國人只是計利害，機械變詐，苟謀成計得，顧甚體面？說甚羞恥？

太和中發出，金石可穿，何況民物，有不孚格者乎？

自古聖賢，孜孜汲汲，惕勵憂勤，只是以濟世安民爲己任，以檢身約己爲先圖，自有知以至於蓋棺，尚有未畢之性分，不了之心緣。不惟孔、孟，雖佛、老、墨翟、申、韓，皆有一種斃而後已念頭。是以生不爲世間贅疣之物，死不爲幽冥浮蕩之鬼。乃西晉王衍輩一出，以身爲懶散之物，百不經心；放蕩於禮法之外，一無所忌。以浮談玄語爲得聖之清，以滅理廢教爲得道之本。以浪遊於山水之間爲高人，以銜杯於糟麴之林爲達士。人廢職業，家尚虛無。不止亡晉，又開天下後世登臨題詠之禍，長惰慢放肆之風。以至於今，追原亂本，蓋開釁於莊、列，而基惡於巢、由。有世道之責者，宜知所戒矣。

微子抱祭器歸周，爲宗祀也。有宋之

封，但使先王血食，則數十世之神靈有託，我可也，箕子可也。但屬子姓者，一人亦可也。若曰事異姓以苟富貴而避之嫌，則淺之乎其爲識也。惟是箕子，可爲夷、齊，而《洪範》之陳，朝鮮之封，是亦不可以已乎？曰：「纍纍之臣，釋囚訪道，待以不臣之禮，而使作賓，固聖人之所不忍負也。此亦達節之一事，不可爲後世宗臣借口。」

無心者公，無我者明，當局之君子不如旁觀之衆人者，有心有我之故也。

君子豪傑，戰兢惕勵，當大事勇往直前；小人豪傑，放縱恣睢，拚一命横行直撞。

老子猶龍，不是尊美之辭，蓋變化莫測，淵深不露之謂也。

樂要知内外。聖賢之樂在心，故順逆窮通隨處皆泰。衆人之樂在物，故山溪花鳥遇境纔生。

可恨讀底是古人書，作底是俗人事。

言語以不肖而多，若皆上智人，更不須一語。

能用天下而不能用其身，君子惜之。善用其身者，善用天下者也。

粗豪人也自正氣，但一向恁底，便不可與入道。

學者不能徙義改過，非是不知，只是積慵久慣，自家由不得自家，便没一些指望。若真正格致了，便由不得自家，欲罷不能矣。

孔、孟以前人物，只是見大，見大便不拘攣。小家勢人，尋行數墨，使殺了，只成就箇狷者。

終日不歇口，無一句可議之言，高於緘默者百倍矣。

越是聰明人，越教誨不得。

强恕須是有這恕心纔好，勉强推去，若

視他人饑寒痛楚漠然通不動心，是恕念已無，更强箇甚？還須是養箇恕出來，纔好與他説强。

盜莫大於瞞心昧己，而竊劫次之。

明道受用處，陰得之佛、老；康節受用處，陰得之莊、列，然作用自是吾儒。蓋能奴僕四氏而不爲其所用者。此語人不敢道，深於佛、毛、莊、列者，自默識得。

鄉原是似不是僞，孟子也只定他箇「似」字。今人卻把「似」字作「僞」字看，不惟欠確，且末減了他罪。

不當事不知自家不濟，才隨遇長，識以窮精，坐談先生只好説理耳。

沉溺了，如神附，如鬼迷，全由不得自家。不怕你明見真知，眼見得深淵陡澗，心安意肯底直前撞去，到此翻然跳出，無分毫黏帶，非天下第一大勇不能。學者須要知此。

巢父、許由，世間要此等人作甚？荷蕢、晨門、長沮、桀溺，知世道已不可爲，自有無道則隱一種道理。巢、由一派有許多人，皆污濁堯、舜，噦吐臯、夔，自謂曠古高人，而不知不仕無義，潔一身以病天下，吾道之罪人也。且世無巢、許，不害其爲唐、虞；無堯、舜、臯、夔，巢、許也没安頓處，誰成就你箇高人？

而今士大夫聚首時，只問我輩奔奔忙忙，熬熬煎煎，是爲天下國家，欲濟世安民乎？是爲身家妻子，欲位高金多乎？世之治亂，民之死生，國之安危，只於這兩箇念頭定了。嗟夫！吾輩日多而世益苦，吾輩日貴而民日窮，世何貴於有吾輩哉？

只氣盛而色浮，便見所得底淺。邃養之人安詳沉静，豈無慷慨激切、發强剛毅時？

畢竟不輕恁底。

以激爲直，以淺爲誠，皆賢者之過。

評品古人，必須胸中有段道理，如權平衡直，然後能稱輕重。若執偏見曲説，昧於時不知其勢，責其病不察其心，未嘗身處其地，未嘗心籌其事，而曰某非也，某過也，是瞽指星，聾議樂，大可笑也。君子恥之。

小勇噉燥，巧勇色笑，大勇沉毅，至勇無氣。

爲善去惡是趨吉避凶，惑矣，陰陽異端之説也。祀非類之鬼，禳自致之災，祈難得之福，泥無損益之時日，宗趨避之邪術，悲夫！愚民之抵死而不悟也，即悟之者，亦狃天下皆然而不敢異，至有名公大人尤極信尚。嗚呼！反經以正邪慝，將誰望哉？

夫物，愚者真，智者僞；愚者完，智者喪。無論人，即鳥之返哺，雉之耿介，鳲鳩均平專一，雎鳩和而不流，雁之貞靜自守，騶虞之仁，獬豸之秉正嫉邪，何嘗有矯僞哉？人亦然。人之全其天者，皆非智巧者也。纔智巧，則其天漓矣，漓則其天可奪。惟愚者之天不可奪，故求道真，當求之愚；求不二心之臣以任天下事，亦當求之愚。夫愚者何嘗不智哉？愚者之智，純正專一之智也。

面色不浮，眼光不亂，便知胸中靜定，非久養不能。《禮》曰：「儼若思，安定辭。」善形容有道氣象矣。

於天理汲汲者，於人欲必淡；於私事耽耽者，於公務必疏；於虛文燁燁者，於本實必薄。

聖賢把持得「義」字最乾净，無分毫「利」字干擾。衆人纔有義舉，便不免有箇「利」字來擾亂，「利」字不得，便做「義」字不成。

道自孔、孟以後，無人識三代以上面目。

漢儒無見於精，宋儒無見於大。

有憂世之實心，泫然欲淚；有濟世之實才，施處輒宜。斯人也，我願爲曳履執鞭。若聚談紙上微言，不關國家治忽，争走塵中衆轍，不知黎庶死生，即品格有清濁，均於宇宙無補也。

安重深沉，是第一美質，定天下之大難者，此人也；辨天下之大事者，此人也。剛明果斷次之。其他浮薄好任，翹能自喜，皆行不逮者也。即見諸行事，而施爲無術，反以僨事。此等只可居談論之科耳。

任有七難：繁任要提綱挈領，宜綜核之才。重任要審謀獨斷，宜鎮静之才。急任要觀變會通，宜明敏之才。密任要藏機相可，宜周慎之才。獨任要擔當執持，宜剛毅之才。兼任要任賢取善，宜博大之才。疑任要内明外朗，宜駕馭之才。天之生人，各有偏長；國家之用人，備用群長。然而投之所向，輒不濟事者，所用非所長，所長非所用也。

操進退用舍之權者，要知大體。若專以小知觀人，則卓犖奇偉之士都在所遺。何者？敦大節者不爲細謹，有遠略者或無小才，肩鉅任者或無捷識。而聰明材辯敏給圓通之士，節文習熟聞見廣洽之人，類不能裨緩急之用。嗟夫！難言之矣。士之遇不遇，顧上之所愛憎也。

居官念頭有三用：念念用之君民，則爲吉士；念念用之套數，則爲俗吏；念念用之身家，則爲賊臣。

小廉曲謹之士，循塗守轍之人，當太平時，使治一方，理一事，儘能奉職。若定難決疑，應卒蹈險，寧用破綻人，不用尋常人。雖豪悍之魁，任俠之雄，駕御有方，更足以建奇

功，成大務。噫！難與曲局者道。

聖人悲時惘俗，賢人痛世疾俗，衆人混世逐俗，小人敗常亂俗。嗚呼！小人壞之，衆人從之，雖惘雖疾，竟無益矣。故明王在上，則移風易俗。

觀人只諒其心，心苟無他，迹皆可原。如下官之供應未備，禮節偶疏，此豈有意簡傲乎？簡傲上官以取罪，甚愚者不爲也，何怒之有？供應豐溢，禮節卑屈，此豈敬我乎？將以悦我爲進取之地也，何感之有？

今之國語鄉評，皆繩人以細行。細行一虧，若不可容於清議。至於大節，都脱略廢墜，渾不説起。道之不明，亦至此乎？可歎也已！

凡見識出於道理者第一，出於氣質者第二，出於世俗者第三，出於自私者爲下。道理見識可建天地，可質鬼神，可推四海，可達萬世。正大公平，光明易簡，此堯、舜、禹、湯、文、武、周、孔相與授受者是也。氣質見識，仁者謂之仁，智者謂之智。剛氣多者，爲賢智，爲高明；柔氣多者，爲沉潛，爲謙忍。夷、惠、伊尹、老、莊、申、韓，各發明其質之所近是已。世俗見識狃於傳習之舊，不辯是非，安於耳目之常，遂爲依據。教之則藐不相入，攻之則牢不可破，淺庸卑陋而不可談王道。自秦、漢、唐、宋以來，創業中興，往往多坐此病。故禮樂文章，因陋就簡；紀綱法度，緣勢因時。二帝三王旨趣漫不曾試嘗，邈不入夢寐，可爲流涕者。此輩也，己私見識，利害榮辱横於胸次，是非可否迷其本真。援引根據亦足成一家之説，附會擴充儘可眩衆人之聽。秦皇本遊觀也，而託言巡狩四岳；漢武本窮兵也，而託言張皇六師。道自多岐，事有兩端，善辯者不能使服，不知者皆

爲所惑。是人也，設使旁觀，未嘗不明；惟是當局，便不除己。其流之弊，至於禍國家亂世道而不顧，豈不大可憂大可懼哉！故聖賢蹈險履危，把自家搭在中間；定議決謀，把自家除在外面。即見識短長不敢自必，不害其大公無我之心也。

凡爲外所勝者，皆内不足也；爲邪所奪者，皆正不足也。二者如持衡然。這邊低一分，那邊即昂一分，未有毫髮相下者也。

善爲名者，借口以掩真心；不善爲名者，無心而受惡名。心迹之間，不可以不辯也。此觀人者之所忽也。

自中庸之道不明，而人之相病無終已。狷介之人病和易者爲熟軟，和易之人病狷介者爲乖戾。率真之人病慎密者爲深險，慎密之人病率真者爲粗疏。精明之人病渾厚者爲含糊，渾厚之人病精明者爲苛刻。使質於孔子，吾知其必有公案矣。孔子者，合千聖於一身，萃萬善於一心，隨事而時出之，因人而通變之，圓神不滯，化裁無端，其所自爲，不可以教人者也。何也？難以言傳也。見人之爲，不以備責也。何也？難以速化也。

觀操存在利害時，觀精力在饑疲時，觀度量在喜怒時，觀存養在紛華時，觀鎮定在震驚時。

人言之不實者十九，聽言而易信者十九，聽言而易傳者十九。以易信之心，聽不實之言，播喜傳之口，何由何跖？而流傳海内，紀載史册，冤者冤，倖者倖。嗚呼！難言之矣。

孔門心傳，惟有顔子一人，曾子便屬第二等。

名望甚隆，非大臣之福。如素行無愆，人言不足讎也。

儘聰明底是儘昏愚，儘木訥底是儘智慧。

透悟天地萬物之情，然後可與言性。

僧道、宦官、乞丐，未有不許其爲聖賢者。我儒衣儒冠，且不類儒，彼顧得以嗤之，奈何以爲異類也而鄙夷之乎？

盈山寶玉，滿海珠璣，任人恣意採取，並無禁厲榷奪。而束手裹足，甘守艱難，愚亦至此乎？

告子許大力量，無論可否，只一箇不動心。豈無骨氣人所能？可惜只是没學問，所謂「其至，爾力也」。

千古一條大路，堯、舜、禹、湯、文、武、孔、孟由之，此是官路古路，乞人盜跖都有分，都許由，人自不由耳。或曰：「須是根著數聖人走。」曰：「各人走各人路，數聖人者走底是誰底路？肯實在走，脚蹤兒自是暗合。」

功士後名，名士後功，三代而下真功名之士絶少。聖人以道德爲功名者也，賢人以功名爲功名者也，衆人以富貴爲功名者也。

建天下之大事功者，全要眼界大，眼界大則識見自別。

談治道，數千年來只有箇唐、虞、禹、湯、文、武，作用自是不侔。衰周而後直到於今，高之者爲小康，卑之者爲庸陋。唐、虞時光景，百姓夢也夢不著。創業垂統之君臣，必有二帝五臣之學術而後可。若將後世眼界立一代規模，如何是好！

一切人爲惡猶可言也，惟讀書人不可爲惡，讀書人爲惡更無教化之人矣。一切人犯法猶可言也，做官人不可犯法，做官人犯法更無禁治之人矣。

自有書契以來，穿鑿附會，作聰明以亂

真者不可勝紀。無知者借信而好古之名，以誤天下後世蒼生，不有洞見天地萬物之性情者出而正之，迷誤何有極哉？虛心君子寧闕疑可也。

君子當事，則小人皆爲君子，至此不爲君子，真小人也。小人當事，則中人皆爲小人，至此不爲小人，真君子也。

小人亦有好事，惡其人則並疵其事；君子亦有過差，好其人則並飾其非，皆偏也。

無欲底有，無私底難。二氏能無情欲而不能無私。無私無欲，正三教之所分也。此中最要留心理會，非狃於聞見章句之所能悟也。

道理中作人，天下古今都是一樣；氣質中作人，便自千狀萬態。

論造道之等級，士不能越賢而聖，越聖而天。論爲學之志向，不分士聖賢便要希天。

顏淵透徹，曾子敦樸，子思縝細，孟子豪爽。

多學而識，原是中人以下一種學問，故夫子自言「多聞擇其善而從之，多見而識之」，教子張「多聞闕疑」、「多見闕殆」，教人「博學於文」，教顏子「博之以文」。但不到一貫地位，終不成究竟，故頓、漸兩門，各緣資性。今人以一貫爲入門，上等天資自是了悟，非所望於中人，其誤後學不細。

無理之言不能惑世誣人，只是他聰明才辯附會成一段話説，甚有滋味。無知之人欣然從之，亂道之罪不細。世間此種話十居其六七，既博且久，非知道之君子孰能辯之？

間中都不容髮，此智者之所乘，而愚者之所昧也。

明道在朱、陸之間。

明道不落塵埃，多了看釋、老。伊川終是拘泥，少了看莊、列。

迷迷易悟，明迷難醒。明迷愚，迷明智。迷人之迷，一明則跳脱；明人之迷，明知而陷溺。明人之明，不保其身；迷人之明，默操其柄。明明可與共太平，明迷可與共憂患。

巢、由、披、卷、佛、老、莊、列，只是認得「我」字真，將天地萬物只是成就我。堯、舜、禹、湯、文、武、孔、孟，只是認得「人」字真，將此身心性命只是爲天下國家。

聞毁不可遽信，要看毁人者與毁於人者之人品。毁人者賢，則所毁者損；毁人者不肖，則所毁者重。考察之年，聞一毁言，如獲拱璧，不暇計所從來，枉人多矣。

是衆人即當取其偏長，是賢者則當望以中道。

士君子高談闊論，語細探玄，皆非實際，緊要在適用濟事。故今之稱拙鈍者曰「不中用」，稱昏庸者曰「不濟事」，此雖諺語口頭，余嘗媿之。同志者盍亦是務乎？

秀雅温文，正容謹節，清廟明堂所宜。若蹈湯火，衽金革，食牛吞象之氣，填海移山之志，死孝死忠，千捶百折，未可專望之斯人。

不做討便宜底學問，便是真儒。

千萬人吾往，赫殺老子，老子是保身學問。

親疏生愛憎，愛憎生毁譽，毁譽生禍福，此智者之所耽耽注意，而端人正士之所脱略而不顧者也。此箇題目，考人品者不可不知。

精神只顧得一邊，任你聰明智巧，有所密必有所疏。惟平心率物，無毫髮私意者，

當疏當密，一準於道，而人自相忘。

讀書要看三代以上人物是甚學識，甚氣度，甚作用。漢之粗淺，便著世俗；宋之局促，便落迂腐。如何見三代以前景象？

真是真非，惟是非者知之，旁觀者不免信迹而誣其心，況門外之人？況千里之外、百年之後乎？其不虞之譽，求全之毁，皆愛憎也。其愛憎者，皆恩怨也。故公史易，信史難。

或問：「某公如何？」曰：「可謂豪傑英雄，不可謂端人正士。」問：「某公如何？」曰：「可謂端人正士，不可謂達節通儒。達節通儒乃端人正士中豪傑英雄者也。」

名實如形影。無實之名，造物所忌，而矯僞者貪之，闇修者避之。

遺葛牛羊，亳衆往耕，似無此事。聖人雖委曲教人，未嘗不以誠心直道交鄰國。桀在，則葛非湯之屬國也，奚問其不祀？即知其無犧牲矣，亳之牛羊豈可以常遺葛伯邪？葛豈真無牛羊邪？有亳之衆自耕不暇，而又使爲葛耕，無乃後世市恩好名、沾沾煦煦者之所爲乎？不然，葛雖小，亦先王之建國也，寧至無牛羊粢盛哉？即可以供而不祭，當勸諭之矣，或告之天子，以明正其罪矣，何至遺牛羊往爲之耕哉？可以不告天子而滅其國，顧可以不教之自供祭事而代之勞且費乎？不然是多彼之罪而我得以藉口也。是伯者假仁義濟貪欲之所爲也。孟子此言，其亦公劉、太王好貨好色之類與？

漢以來，儒者一件大病痛，只是是古非今。今人見識作爲不如古人，此其大都。至於風會所宜，勢極所變，禮義所起，自有今人精於古人處。二帝者，夏之古也；夏者，殷之古也；殷者，周之古也。其實制度文爲，

三代不相祖述，而達者皆以爲是。宋儒泥古，更不考古昔真僞，今世是非。只如祭祀一節，古人席地，不便於飲食，故尚簠簋籩豆，其器皆高。今祭古人用之，從其時也。子孫祭祖考，只宜用祖考常用所宜，而簠簋籩豆是設，可乎？古者墓而不墳，不可識也，故不墓祭。後世父母體魄所藏，巍然邱壠，今欲舍人子所覩記者，而敬數寸之木，可乎？則墓祭似不可已也。諸如此類甚多，皆古人所笑者也。使古人生於今，舉動必不如此。

儒者惟有建業立功是難事。自古儒者成名，多是講學著述。人未嘗盡試所言，恐試後縱不邪氣，其實成箇事功，不狼狽以敗者定不多人。

而今講學，不爲明道，只爲角勝。字面詞語間，拏住一點半點錯，便要連篇累牘辨箇足，這是甚麽心腸？講甚學問？

得人不敢不然之情易，得人自然之情難。秦漢而後，皆得人不敢不然之情者也。衆人但於義中尋箇「利」字，再没於利中尋箇「義」字。

性分、名分，不是兩項，盡性分底不傲名分。召之見，不肯見之；召之役，往執役之事。今之講學者，陵犯名分，自謂高潔。孔子乘田委吏，何嘗不折腰屈膝於大夫之庭乎？噫！道之不明久矣。

中高第，做美官，欲得願足，這不是了卻一生事。只是作人不端，或無過可稱，而分毫無補於世，則高第美官反以益吾之恥者也。而世顧以此自多，予不知其何心。

隱逸之士，只優於貪榮戀勢人，畢竟在行道濟時者之下。君子重之，所以羞富貴利達之流也。若高自標榜，塵視朝紳，而自謂

清流，傲然獨得，則聖世之罪人也。夫不仕無義，宇宙内皆儒者事，奈之何潔身娱己，棄天下理亂於不聞，而又非笑堯、舜、稷、契之儔哉？使天下而皆我也，我且不得有其身，況有此樂乎？予無用世具，行將老桑麻間，故敢云。

古之論賢不肖者，不曰幽明，則曰枉直。則知光明洞達者爲賢，隱伏深險者爲不肖；真率爽快者爲賢，斡旋轉折者爲不肖。故賢者如白日青天，一見即知其心事；不肖者如深谷晦夜，窮年莫測其淺深。賢者如疾矢急弦，更無一些回護；枉者如曲鉤盤繩，不知多少機關。故虞廷曰「黜陟幽明」，孔子曰「舉直錯枉」。觀人者之用明，舍是無所取矣。

品第大臣，率有六等：上焉者寬厚深沉，遠識兼照，造福於無形，消禍於未然，無智名勇功，而天下陰受其賜。其次剛明任事，慷慨敢言，愛國如家，憂時如病，而不免太露鋒鋩，得失相半。其次恬静逐時，動循故事，利不能興，害不能除。其次持禄養望，保身固寵，國家安危略不介懷。其次貪功啟釁，怙寵張威，愎是任情，撓亂國政。其次奸險凶淫，煽虐肆毒，賊傷善類，蠱惑君心，斷國家命脈，失四海人望。

極寬過厚、足恭曲謹之人，亂世可以保身，治世可以敦俗。若草昧經綸，倉卒籌畫，荷天下之重，襄四海之難，永百世之休，旋乾轉坤，安民阜物，自有一等英雄豪傑，渠輩當束之高閣。

棄此身操執之常，而以圓軟沽俗譽；忘國家遠大之患，而以寬厚市私恩。巧趨人所未見之利，善避人所未識之害。立身於百禍不侵之地，事成而我有功，事敗而我無咎。

此智巧士也，國家奚賴焉？

委罪掠功，此小人事；掩罪夸功，此衆人事；讓美歸功，此君子事；分怨共過，此盛德事。

士君子立身，難是不苟；識見，難是不俗。

十分識見人，與九分者説，便不能了悟，況愚智相去不翅倍蓰？而一不當意，輒怒而棄之，則皋、夔、稷、契、伊、傅、周、召棄人多矣。所貴乎有識而居人上者，正以其能就無識之人，因其微長而善用之也。

大凡與人情不近，即行能卓越，道之賊也。聖人之道，人情而已。

以林皋安樂懶散心做官，未有不荒怠者；以在家治生營産心做官，未有不貪鄙者。

守先王之大防，不爲苟且人開蹊竇，此儒者之操尚也。敷先王之道而布之宇宙，此儒者之事功也。

士君子須有三代以前一副見識，然後可以進退古今，權衡道法，可以成濟世之業，可以建不世之功。

矯激之人，加卑庸一等，其害道均也。吴季札、陳仲子、時苗、郭巨之類是已。君子矯世俗，只到恰好處便止，矯枉只是求直，若過直，則彼左枉而我右枉也。故聖賢之心如衡，處事與事低昂，分毫不得高下。使天下曉然知大中至正之所在，然後爲不詭於道。

曲如鍊鐵鉤，直似脱弓弦，不覓封侯貴，何爲死道邊。

雅士無奇名，幽人絶隱慝。

題湯陰廟末聯：千古形銷骨已朽，丹心猶自血鮮鮮。

寄所知云：道高毁自來，名重身難隱。

按：《品藻》篇舊凡一百五十二則，「而今講學」以下四則據陸本補。「中高第」以下十四則據陳本補。「曲如鍊鐵鉤」以下四則據《文集》補。

呻吟語卷四畢

呻吟語卷五

寧陵呂坤叔簡甫著

外篇

治道

廟堂之上，以養正氣爲先；海宇之内，以養元氣爲本。能使賢人君子無鬱心之言，則正氣培矣；能使群黎百姓無腹誹之語，則元氣固矣。此萬世帝王保天下之要道也。

六合之内，有一事一物相陵奪假借，而不各居其正位，不成清世界；有匹夫匹婦冤抑憤懣，而不得其分願，不成平世界。

天下萬事萬物皆要求箇實用，實用者，與吾身心關損益者也。凡一切不急之物，供耳目之玩好，皆非實用也。愚者甚至喪其實用以求無用，悲夫！是故明君治天下，必先盡革靡文而嚴誅淫巧。

當事者若執一簿書，尋故事，循弊規，只用積年書手也得。

興利無太急，要左視右盼；革弊無太驟，要長慮卻顧。

苟可以柔道理，不必悻直也；苟可以無爲理，不必多事也。

經濟之士一居言官，便一建白，此是上等人，去緘默保位者遠。只是治不古若，非前人議論不精，乃今人推行不力。試稽舊牘，今日我所言，昔人曾道否？若只一篇文章了事，雖奏牘如山，只爲紙筆作孽障，架閣上添鼠食耳。夫士君子建白，豈欲文章奕世哉？冀諫行而民受其福也。今詔令刊布徧

中外，而民間疾苦自若，當求其故。故在實政不行，而虛文搪塞耳。綜核不力，罪將誰歸？

爲政之道，以不擾爲安，以不取爲與，以不害爲利，以行所無事爲興廢起敝。

從政自有箇大體，大體既立，則小節雖有牴牾，當別作張弛，以輔吾大體之所未備，不可便改絃易轍。譬如待民貴有恩，此大體也。即有頑暴不化者，重刑之，而待民之大體不變。待士有禮，此大體也。即有淫肆不檢者，嚴治之，而待士之大體不變。彼始之寬也，既養士民之惡；終之猛也，概及士民之善，非政也，不立大體故也。

爲政先以扶持世教爲主，在上者一舉措間，而世教之隆污、風俗之美惡係焉。若不管大體何如，而執一時之偏見，雖一事未爲不得，而風化所傷甚大，是謂亂常之政，先王慎之。

人情之所易忽，莫如漸；天下之大可畏，莫如漸。漸之始也，雖君子不以爲意。有謂其當防者，雖君子亦以爲迂。不知其極重不反之勢，天地、聖人亦無如之奈何，其所由來者漸也。周、鄭交質，若出於驟然，天子雖孱懦甚，亦必有恚心；諸侯雖豪横極，豈敢生此念？迨積漸所成，其流不覺至是。故步視千里爲遠，前步視後步爲近。千里者，步步之積也。是以驟者，舉世所驚；漸者，聖人獨懼。明以燭之，堅以守之，毫髮不以假借，此慎漸之道也。

君子之於風俗也，守先王之禮而儉約是崇，不妄開事端以貽可長之漸。是故漆器不至金玉而刻鏤之不止，黼黻不至庶人錦繡被牆屋不止。民貧盜起不顧也，嚴刑峻法莫禁也。是故君子謹其事端，不開人情竇而恣小

人無厭之欲。

著令甲者，凡以示天下萬世。最不可草率，草率則行時必有滯礙；最不可含糊，含糊則行者得以舞文；最不可疏漏，疏漏則出於吾令之外者無以憑藉，而行者得以專輒。

築基樹臬者，千年之計也；改絃易轍者，百年之計也；興廢補敝者，十年之計也；堊白黝青者，一時之計也。因仍苟且，勢必積衰；助波覆傾，反以裕蠱。先天下之憂者，可以審矣。

氣運怕盈，故天下之勢不可使之盈，既盈之勢便當使之損。是故不測之禍，一朝之忿，非目前之積也，成於勢盈。勢盈者不可不自損，捧盈卮者，徐行不如少挹。

微者正之，甚者從之。從微則甚，正甚愈甚。天地萬物氣化人事莫不皆然。是故正微從甚，皆所以禁之也，此二帝三王之所以治也。

聖人治天下，常令天下之人精神奮發，意念斂束。奮發則萬民無棄業，而兵食足，義氣充。平居可以勤國，有事可以捐軀。斂束則萬民無邪行，而身家重，名檢修。世治則禮法易行，國衰則姦盜不起。後世之民怠惰放肆甚矣。臣民而怠惰放肆，明主之憂也。

能使天下之人者，惟神惟德，惟惠惟威。神則無言無爲，而妙應如響；德則共尊共親，而歸附自同；惠則民利其利，威則民畏其法。非是則動衆無術矣。

只有不容已之真心，自有不可易之良法。其處之未必當者，必其思之不精者也；其思之不精者，必其心之不切者也。故有純王之心，方有純王之政。

《關雎》是箇和平之心，《麟趾》是箇仁厚

之德，只將和平仁厚念頭行政，則仁民愛物，天下各得其所。不然《周官》法度以虚文行之，豈但無益，且以病民。

「民胞物與」，子厚胸中合下有這段著痛著癢心，方説出此等語，不然只是做戲的一般，雖是學哭學笑，有甚悲喜？故天下事，只是要心真。二帝三王親親仁民愛物，不是向人學得來，亦不是見得道理當如此。曰親、曰仁、曰愛，看是何等心腸，只是這點念頭懇切慇濃，至誠惻怛，譬之慈母愛子，由不得自家，所以有許多生息愛養之政。悲夫！可爲痛哭也已！

爲人上者，只是使所治之民箇箇要聊生，人人要安分，物物要得所，事事要協宜，這是本然職分。遂了這箇心，纔得暢然一霎懽，安然一覺睡。稍有一民一物一事不妥貼，此心如何放得下？何者？爲一郡邑長，一郡邑皆待命於我者也；爲一國君，一國皆待命於我者也；爲天下主，天下皆待命於我者也。無以答其望，何以稱此職？何以居此位？夙夜汲汲圖維之不暇，而暇於安富尊榮之奉，身家妻子之謀，一不遂心而淫怒是逞邪？夫付之以生民之寄，寧爲盈一己之欲哉？試一反思，便當媿汗。

王法，上承天道，下順人情，要箇大中至正，不容有一毫偏重偏輕之制。行法者要箇大公無我，不容有一毫故出故入之心，則是天也。君臣以天行法，而後下民以天相安。

人情，天下古今所同，聖人懼其肆，特爲之立中以防之，故民易從。有亂道者從而矯之，爲天下古今所難爲之事以爲名高，無識者相與駭異之，崇奬之，以率天下。不知凡於人情不近者，皆道之賊也。故立法不可太激，制禮不可太嚴，責人不可太盡，然後可以

同歸於道，不然是驅之使畔也。

振玩興廢用重典，懲奸止亂用重典，齊衆摧强用重典。

民情有五，皆生於便。見利則趨，見色則愛，見飲食則貪，見安逸則就，見愚弱則欺，皆便於己故也。惟便，則術不期工而自工；惟便，則奸不期多而自多。君子固知其難禁也，而德以柔之，教以諭之，禮以禁之，法以懲之，終日與便爲敵而竟不能衰止。禁其所便與强其所不便，其難一也。故聖人治民如治水，不能使不就下，能分之使不泛溢而已。隄之使不決，雖堯、舜不能。

堯、舜無不弊之法，而恃有不弊之身，用救弊之人，以善天下之治，如此而已。今也不然，法有九利，不能必其無一害；法有始利，不能必其不終弊。嫉才妒能之人，惰身利口之士，執其一害終弊者訕笑之；謀國不切而慮事不深者，從而附和之，不曰：「天下本無事，安常襲故何妨？」則曰：「時勢本難爲，好動喜事何益？」至大壞極弊，瓦解土崩，而後付之天命焉。嗚呼！國家養士何爲哉？士君子委質何爲哉？儒者以宇宙爲分内何爲哉？

官多設而數易，事多議而屢更，生民之殃，未知所極。古人慎擇人而久任，慎立政而久行，一年如是，百千年亦如是，不易代不改政，不弊事不更法，故百官法守一，不敢作聰明以擅更張；百姓耳目一，不至亂聽聞以乖政令。日漸月漬，莫不遵上之紀綱法度以淑其身，習上之政教號令以成其俗。譬之寒暑不易，而與作者歲歲有持循焉；道路不易，而往來者年年知遠近焉。何其定静！何其經常！何其相安！何其易行！何其省勞費！或曰：「法久而弊，奈何？」曰：

「尋立法之本意，而救偏補弊耳。善醫者去其疾不易五臟，攻本臟不及四臟；善補者縫其破不翦餘完，澣其垢不改故製。」

聖明之世，情、禮、法三者不相忤也。末世情勝則奪法，法勝則奪禮。

湯、武之誥誓，堯、舜之所悲，桀、紂之所笑也。是豈不示信於民而自己之心乎？堯、舜曰：「何待曉曉爾示民，民不忍不從。」桀、紂曰：「何待曉曉爾示民，民不敢不從。」觀《書》之誥、誓而知王道之衰矣。世道至湯、武，其勢必有桀、紂，又其勢必至有秦、項、莽、操也。是故維持世道者，不可不慮其流。

聖人能用天下，而後天下樂爲之用。聖人以心用天下，以形用心。用者，無用者也，衆用之所恃以爲用者也。若與天下競智勇，角聰明，則窮矣。

後世無人才，病本只是學政不修。而今把作萬分不急之務，纔振舉這箇題目，便笑倒人。官之無良，國家不受其福，蒼生且被其禍，不知當何如處。

聖人感人心，於患難處更驗。蓋聖人平日仁漸義摩，深恩厚澤入於人心者，化矣。及臨難處倉卒之際，何暇思圖？拏出見成的念頭來，便足以捐軀赴義，非曰我以此成名也，我以此報君也。彼固亦不自知其何爲而迫切至此也。其次捐軀而志在圖報，其次易感而終難，其次厚賞以激其感。噫！至此而上下之相與薄矣，交孚之志解矣。嗟夫！先王何以得此於人哉！

聖人在上，能使天下萬物各止其當然之所，而無陵奪假借之患，夫是之謂各安其分，而天地位焉。能使天地萬物各遂其同然之情，而無抑鬱倔强之態，夫是之謂各得其願，

而萬物育焉。

民情既溢，裁之爲難。裁溢如割駢拇贅疣，人甚不堪。故裁之也欲令民堪，有漸而已矣。安静而不震激，此裁溢之道也。故聖王在上，慎所以溢之者，不生民情，禮義以馴之，法制以防之，不使潛滋暴決，此慎溢之道也。二者，帝王調劑民情之大機也，天下治亂恒必由之。

創業之君，當海内屬目傾聽之時，爲一切雷厲風行之法，故令行如流，民應如響。承平日久，法度疏闊，人心散而不收，惰而不振，頑而不爽。譬如熟睡之人，百呼若聾；久倦之身，兩足如跛。惟是盜賊所追，水火所迫，或可猛醒而急奔。是以詔令廢格，政事頽靡。條上者紛紛，申飭者累累，而聽之者若罔聞知，徒多書發之勞、紙墨之費耳。即殺其尤者一人以號召之，未知肅然改視易聽否，而迂腐之儒猶曰宜崇長厚，勿爲激切。嗟夫！養天下之禍，甚天下之弊者，必是人也。故物垢則澣，甚則改爲；室傾則支，甚則改作。中興之君綜核名實，整頓紀綱，當與創業等而後可。

先王爲政，全在人心上用工夫；其體人心，在我心上用工夫。何者？同然之故也。故先王體人於我，而民心得、天下治。

天下之患，莫大於苟可以而止。養頽靡不復振之習，成極重不可反之勢，皆「苟可以」三字爲之也。是以聖人之治身也，勤勵不息；其治民也，鼓舞不倦。不以無事廢常規，不以無害忽小失，非多事，非好勞也。誠知夫天下之事，廑未然之憂者，尚多或然之悔；懷太過之慮者，猶貽不及之憂；兢慎始之圖者，不免怠終之患故耳。

天下之禍，成於怠忽者居其半，成於激

迫者居其半。惟聖人能銷禍於未形，弭患於既著，夫是之謂知微知彰。知微者，不動聲色，要在能察幾；知彰者，不激怒濤，要在能審勢。嗚呼！非聖人之智，其誰與於此！

精神爽奮則百廢俱興，肢體怠弛則百興俱廢。聖人之治天下，鼓舞人心，振作士氣，務使天下之人如含露之朝葉，不欲如久旱之午苗。

而今不要掀揭天地，驚駭世俗；也須拆洗乾坤，一新光景。

無治人，則良法美意反以殃民；有治人，則弊習陋規皆成善政。故有文、武之政，須待文、武之君臣。不然青萍、結綠非不良劍也，烏號、繁弱非不良弓矢也，用之非人，反以資敵。予觀放賑、均田、減糶、檢災、鄉約、保甲、社倉、官牛八政而傷心焉，不肖有司，放流有餘罪矣。

振則須起風雷之益，懲則須奮剛健之乾，不如是，海内大可憂矣。

一呼吸間，四肢百骸無所不到；一痛癢間，手足心知無所不通，一身之故也。無論人生，即偶提一線而渾身俱動矣，一脈之故也。守令者，一郡縣之線也；監司者，一省路之線也；君相者，天下之線也。心知所及，而四海莫不精神；政令所加，而萬姓莫不鼓舞者何？提其線故也。令一身有痛癢而不知覺，則爲癡迷之心矣。手足不顧，則爲痿痺之手足矣。三代以來，上下不聯屬久矣，是人各一身，而家各一情也。死生欣戚不相感，其罪不在下也。

夫民懷敢怒之心，畏不敢犯之法，以待可乘之釁，衆心已離，而上之人且恣其虐以甚之，此桀紂之所以亡也。是以明王推自然之心，置同然之腹，不恃其順我者之迹，而欲

得其無怨我者之心，體其意欲而不忍拂，知民之心不盡見之於聲色而有隱而難知者在也。此所以固結深厚而子孫終必賴之也。

聖主在上，只留得一種天理民彝經常之道在，其餘小道曲説，異端横議，斬然芟除，不遺餘類。使天下之人易耳改目，洗心濯慮於一切亂政之術，如再生，如夢覺，若未嘗見聞，然後道德一而風俗同，然後爲純王之治。

治世莫先無僞，教民只是不争。

任是權奸當國，也用幾箇好人做公道，也行幾件好事收人心。繼之者欲矯前人以自高，所用之人一切罷去，所行之政一切更張。小人奉承以干進，又從而巧言附和，盡改良法而還弊規焉。這箇念頭，爲國爲民乎？爲自家乎？果曰爲國爲民，識見已自聾瞽；果爲自家，此之舉動二帝三王之所不赦者也，更説甚麽事業？

聖人無奇名，太平無奇事。何者？皇錫此極，民歸此極，道德一，風俗同，何奇之有？

勢有時而窮，始皇以天下全盛之威力受制於匹夫，何者？匹夫者，天子之所恃以成勢者也，自傾其勢，反爲勢所傾。故明王不恃蕭牆之防禦，而以天下爲藩籬。德之所漸，薄海皆腹心之兵；怨之所結，衽席皆肘腋之寇。故帝王虐民是自虐其身者也，愛民是自愛其身者也。覆轍滿前而驅車者接踵，可慟哉！

如今天下人，譬之驕子，不敢熱氣，唐突便艴然起怒。縉紳，稍加綜核則曰苛刻；學校，稍加嚴明則曰寡恩；軍士，稍加斂戢則曰陵虐；鄉官，稍加持正則曰踐踏。今縱不敢任怨，而廢公法以市恩，獨不可已乎？如今天下事，譬之敝屋，輕手推扶便愕然咋舌。

今縱不敢更張，而毁拆以滋壞，獨不可已乎？

「公私」兩字是宇宙的人鬼關。若自朝堂以至閭里，只把持得「公」字定，便自天清地寧，政清訟息。只一箇「私」字，擾攘的不成世界。

王道感人處，只在以我真誠惻怛之心，體其委曲必至之情。是故不賞而勸，不激而奮，出一言而能使人致其死命，誠故也。

人君者，天下之所依以忻戚者也。一念怠荒，則四海必有廢弛之事；一念縱逸，則四海必有不得其所之民。故常一日之間，幾運心思於四海，而天下尚有君門萬里之歎。苟不察群情之向背，而惟己欲之是恣，嗚呼！可懼也。

天下之存亡係兩字，曰「天命」。天命之去就係兩字，曰「人心」。

耐煩則爲三王，不耐煩則爲五霸。

一人憂則天下樂，一人樂則天下憂。

聖人聯天下爲一身，運天下於一心。今夫四肢百骸、五臟六腑皆吾身也，痛癢之微無有不覺，無有不顧，四海之痛癢豈帝王所可忽哉？夫一指之疔如粟，可以致人之死命，國之存亡不在耳目聞見時，聞見時則無及矣。此以利害言之耳。一身麻木若不是我，非身也。人君者，天下之人君；天下者，人君之天下，而血氣不相通，心知不相及，豈天立君之意邪？

無厭之欲，亂之所自生也；不平之氣，亂之所由成也。皆有國者之所懼也。

用威行法，宜有三豫：一曰上下情通，二曰惠愛素孚，三曰公道難容。如此，則雖死而人無怨矣。

第一要愛百姓。朝廷以赤子相付託，而

士民以父母相稱謂，試看父母之於赤子是甚情懷，便知長民底道理。就是愚頑梗化之人，也須耐心漸漸馴服。王者必世而後仁，揣我自己德教，有俄頃過化手段否？奈何以積習慣惡之人而遽使之帖然我順，一教不從而遽赫然武怒邪？此居官第一戒也。有一種不可訓化之民，有一種不教而殺之罪，此特萬分一耳，不可以立治體。

天下所望於聖人，只是箇「安」字；聖人所以安天下，只是箇「平」字，平則安，不平則不安矣。

三軍要他輕生，萬姓要他重生。不輕生不能戡亂，不重生易於爲亂。

太古之世，上下相忘，不言而信。中古上下求相孚，後世上下求相勝。上用法勝下，下用欺以避法；下以術勝上，上用智以防術。以是而欲求治，胡可得哉？欲復古道，不如一待以至誠，誠之所不孚者，法以輔之，庶幾不死之人心尚可與還三代之舊乎！

治道尚陽，兵道尚陰；治道尚方，兵道尚圓。是惟無言，言必行；是惟無行，行必竟。易簡明達者，治之用也。有言之不必行者，有言之即行者；有行之後言者，有行之竟不言者，有行之非其所言者。融通變化，信我疑彼者，兵之用也。二者雜施，鮮不敗矣。

任人不任法，此惟堯、舜在上，五臣在下可矣。非是而任人，未有不亂者。二帝三王非不知通變宜民、達權宜事之爲善也，以爲吾常御天下，則吾身即法也，何以法爲？惟夫後世庸君具臣之不能興道致治，暴君邪臣之敢於恣惡肆奸也，故大綱細目備載具陳，以防檢之，以詔示之。固知夫今日之畫一，必有不便於後世之推行也，以爲聖子神孫自

能師其意而善用於不窮，且尤足以濟吾法之所未及。庸君具臣相與守之而不敢變，亦不失爲半得；暴君邪臣即欲變亂而弁髦之，猶必有所顧忌。而法家拂士亦得執祖宗之成憲以匡正其惡而不苟從，暴君邪臣亦畏其義正事核也而不敢遽肆，則法之不可廢也明矣。

善用威者不輕怒，善用恩者不妄施。

居上之患，莫大於賞無功、赦有罪，尤莫大於有功不賞而罰及無罪。是故王者任功罪不任喜怒，任是非不任毁譽。所以平天下之情而防其變也。此有國家者之大戒也。

事有知其當變而不得不因者，善救之而已矣。人有知其當退而不得不用者，善馭之而已矣。

下情之通於上也，如嬰兒之於慈母，無小弗達。上德之及於下也，如流水之於間隙，無微不入。如此而天下亂亡者，未之有也。故壅蔽之奸，爲亡國罪首。

不齊，天之道也，數之自然也。故萬物生於不齊而死於齊，而世之任情厭事者乃欲一切齊之，是益以甚其不齊者也。夫不齊其不齊，則簡而易治；齊其不齊，則亂而多端。

宇宙有三綱，智巧者不能逃也。一王法，二天理，三公論，可畏哉！

《詩》云：「樂只君子，民之父母。」又曰：「豈弟君子，民之父母。」君子觀於《詩》而知爲政之道矣。

既成德矣，而誦其童年之小失；既成功矣，而笑其往日之偶敗，皆刻薄之見也，君子不爲。

任是最愚拙人，必有一般可用，在善用之者耳。

公論非衆口一詞之謂也，滿朝皆非，而

一人是，則公論在一人。

爲政者非謂得行即行，以可行則行耳。有得行之勢而昧可行之理，是位以濟其惡也，君子謂之賊。

使衆之道，不分職守則分日月，然後有所責成而上不勞，無所推委而下不奸。混呼雜命，概怒偏勞，此不可以使二人，況衆人乎？勤者苦，惰者逸，訥者冤，辯者欺，貪者飽，廉者饑，是人也，即爲人下且不能，而使之爲人上，可歎也夫！

世教不明，風俗不美，只是策勵士大夫。

治病要擇良醫，安民要擇良吏。良吏不患無人，在選擇有法，而激勸有道耳。

孔子在魯，中大夫耳，下大夫僚儕也。而猶侃侃。今監司見屬吏，煦煦沾沾，温之以兒女子之情。纔正體統，輒曰示人以難堪；纔尚綜核，則曰待人以苛刻。上務以長厚悦下官心，以樹他日之桃李；下務以彌文塗上官耳目，以了今日之簿書。吏治安得修舉？民生安得輯寧？憂時者傷心慟之。

據册點選，據俸陞官，據單進退，據本題覆，持至公無私之心，守畫一不二之法，此守常吏部也。選人嚴於所用，遷官定於所宜，進退則出精識於撫按之外，題覆則持定見於科道之中，此有數吏部也。外而與士民同好惡，內而與君相争是非，銓註爲地方不爲其人，去留爲其人不爲其出身與所恃，品材官如辨白黑，果黜陟不論久新，任宇宙於一肩，等富貴於土苴，庶幾哉其稱職矣。嗚呼！非大丈夫孰足以語此？乃若用一人則注聽宰執口吻，退一人則凝視相公眉睫，借公名以濟私實，結士口而灰民心，背公市譽，負國殖身，是人也，吾不忍道之。

藏人爲君守財，吏爲君守法，其守一也。

藏人竊藏以營私謂之盜，吏以法市恩不曰盜乎？賣公法以酬私德，剥民財以樹厚交，恬然以爲當然，可歎哉！若吾身家慨以許人，則吾專之矣。

弭盜之末務莫如保甲，弭盜之本務莫如教養。故斗米十錢，夜户不閉，足食之效也。守遺待主，始於盜牛，教化之功也。夫盜，辱名也；死，重法也，而人猶爲之，此其罪豈獨在民哉？而惟城池是恃，關鍵是嚴，巡緝是密，可笑也已。

整頓世界，全要鼓舞天下人心；鼓舞人心，先要振作自家神氣。而今提綱挈領之人，奄奄氣不足以息，如何教海内不軟手折脚，零骨懈髓底？

事有大於勞民傷財者，雖勞民傷財亦所不顧；事有不關利國安民者，雖不勞民傷財亦不可爲。

足民，王政之大本。百姓足，萬政舉；百姓不足，萬政廢。孔子告子貢以「足食」，告冉有以「富之」。孟子告梁王以「養生送死無憾」，告齊王以「制田里，教樹畜」，堯、舜舍此無良法矣。哀哉！

百姓只幹正經事，不怕衣食不豐足；君臣只幹正經事，不怕天下不太平。試問百司庶府，所職者何官？終日所幹者何事？有道者可以自省矣。

法至於平，盡矣，君子又加之以恕。乃知平者，聖人之公也；恕者，聖人之仁也。彼不平者加之以深，不恕者加之以刻，其傷天地之和多矣。

化民成俗之道，除卻身教再無巧術，除卻久道再無頓法。

禮之有次第也，猶堂之有階，使人不得躐僭也。故等級不妨於太煩。階有級，雖疾

足者不得闊步；禮有等，雖倨傲者不敢陵節。

人才邪正，世道爲之也；世道污隆，君相爲之也。君人者何嘗不費富貴哉？以正富貴人，則小人皆化爲君子；以邪富貴人，則君子皆化爲小人。

滿目所見，世上無一物不有淫巧，這淫巧耗了世上多少生成底財貨？悮了世上多少生財底工夫？淫巧不誅而欲講理財，皆苟且之談也。

天地之財要看他從來處，又要看他歸宿處。從來處要豐要養，歸宿處要約要節。

將三代以來陋習敝規一洗而更之，還三代以上一半古意，也是一箇相業。若改正朔，易服色，都是腐儒作用。葺傾廈，逐頹波，都是俗吏作用。於蒼生奚補？噫！此可與有識者道。

禦戎之道，上焉者德化心孚，其次講信修睦，其次遠駕長驅，其次堅壁清野，其次陰符智運，其次接刃交鋒。其下叩關開市，又其下納幣和親。

爲政之道，第一要德感誠孚，第二要令行禁止。令不行，禁不止，與無官無政同。雖堯、舜不能治一鄉，而況天下乎？

防奸之法畢竟疏於作奸之人。彼作奸者，拙則作僞以逃防，巧則就法以生弊，不但去害而反益其害。彼作者十而犯者一耳，又輕其罪以爲未犯者勸，法奈何得行？故行法不嚴，不如無法。

世道有三責：責貴、責賢、責壞綱亂紀之最者。三責而世道可回矣。貴者握風俗教化之權而首壞，以爲庶人倡，則庶人莫不象之。賢者明風俗教化之道而自壞，以爲不肖者倡，則不肖者莫不象之。責此二人，此

謂治本。風教既壞，誅之不可勝誅，故擇其最甚者以令天下，此謂治末。本末兼治，不三年而四海内光景自別。乃今貴者、賢者爲教化風俗之大蠹，而以體面寬假之，少嚴則曰苛刻以傷士大夫之體，不知二帝三王曾有是説否乎？世教衰微，人心昏醉，不知此等見識何處來？所謂淫朋比德相爲庇護以藏其短，而道與法兩病矣，天下如何不敝且亂也？

印書先要個印板真，爲陶先要個模子好。以邪官舉邪官，以俗士取俗士，國欲治，得乎？

不傷財，不害民，只是不爲虐耳。苟設官而惟虐之慮也，不設官其誰虐之？正爲家給人足，風移俗易，興利除害，轉危就安耳。設廉靜寡欲，分毫無損於民，而萬事廢弛，分毫無益於民也，逃不得「尸位素餐」四字。

天地所以信萬物，聖人所以安天下，只是一個「常」字。常也者，帝王所以定民志者也。常一定，則樂者以樂爲常，不知德；苦者以苦爲常，不知怨。若謂當然，有趨避而無恩讎，非有大姦巨凶，不敢輒生饜足之望、忿恨之心。何則？狃於常故也。故常不至大壞極敝，只宜調適，不可輕變。一變，則人人生覬覦心；一覬覦，則大家引領垂涎，生怨起紛，數年不能定。是以聖人只是慎常，不敢輕變。必不得已，默變不敢明變，公變不敢私變，分變不敢溷變。

紀綱法度整齊嚴密，政教號令委曲周詳，原是實踐躬行，期於有實用，得實力。今也自貪暴者奸法，昏惰者廢法，延及今日，萬事虛文。甚者迷制作之本意而不知，遂欲並其文而去之。只今文如學校，武如教場，書

聲軍容非不可觀可聽，將這二途作養人用出來，令人哀傷憤懣欲死。推之萬事，莫不皆然，安用縉紳簪纓塞破世間哉！明王不大振作，不苦核實，勢必亂亡而後已。

安内攘外之略，須責之將吏，將吏不得其人，軍民且不得其所，安問夷狄？是將吏也，養之不善，則責之文武二學校；用之不善，則責吏兵兩尚書。或曰：「養有術乎？」曰：「何患於無術。儒學之大壞極矣，不十年不足以望成材。武學之不行久矣，不十年不足以求名將。至於遴選於未用之先，條責於方用之際，綜核於既用之後，黜陟於效不效之時，儘有良法，可旋至而立有驗者。

而今舉世有一大迷，自秦、漢以來無人悟得。官高權重，原是投大遺艱，譬如百鈞重擔，須尋烏獲來擔；連雲大廈，須用大木爲柱。乃朝廷求賢才，借之名器以任重，非朝廷市私恩，假之權勢以榮人也。今也崇階重地，用者以爲榮人，重以予其所愛，而固以吝於所疏，不論其賢不賢。其用者以爲榮已，未得則眼穿涎流以干人，既得則捐身鏤骨以感德，不計其勝不勝。旁觀者不論其官之稱不稱，人之宜不宜，而以資淺議驟遷，以格卑議冒進，皆視官爲富貴之物，而不知富貴之也欲以何用。果朝廷爲天下求人邪？抑君相爲士人擇官邪？此三人者，皆可憐也。叔季之世，生人其識見固如此可笑也。

漢始興，郡守某者御州兵，常操之内免操二月。繼之者罷操，又繼之者常給之外，冬加酒銀人五錢。又繼之者加肉銀人五錢。又繼之者加花布銀人一兩。倉庫不足，括稅給之，猶不足，履畝加賦給之。兵不見德也而民怨。又繼之者曰：「加，吾不能；而損，吾不敢。」竟無加。兵相與鼓譟曰：「郡長無

恩。」率怨民以叛，肆行攻掠。元帝命刺史按之，報曰：「郡守不職，不能撫鎮軍民而致之叛。」竟棄市。嗟夫！當棄市者誰邪？識治體者爲之傷心矣。

人情不論是非利害，莫不樂便己者，惡不便己者。居官立政，無論殃民，即教養諄諄，禁令惓惓，何嘗不欲其相養相安，免禍遠罪哉！然政一行而未有不怨者，故聖人先之以躬行，浸之以口語，示之以好惡，激之以賞罰。日積月累，耐意精心，但盡薰陶之功，不計俄頃之效。然後民知善之當爲，惡之可恥，默化潛移而服從乎聖人。今以無本之令，責久散之民，求旦夕之效，逞不從之怒，忿疾於頑而望敏德之治，即我且亦愚不肖者，而何怪乎蚩蚩之氓哉！

嘉靖間，南京軍以放糧過期、減短常例，殺户部侍郎，散銀數十萬以安撫之。萬曆間，杭州軍以減月糧，又給以不通行之錢，欲殺巡撫不果。既而軍驕，散銀萬餘乃定。後嚴火夫夜巡之禁，寬免士夫而繩督市民，既而民變，殺數十人乃定。鄖陽巡撫以風水之故，欲毁參將公署爲學宫，激軍士變，致毆兵備副使幾死，巡撫被其把持。奏疏上，必露章明示之乃得行。陝西兵以冬操太早，行法太嚴，再三請寬，不從。謀殺撫按總兵，不成。論者曰：「兵驕卒悍如此，奈何？」余曰：「不然。工不信度而亂常規，恩不下究而犯衆怒，罪不在軍也。上人者體其必至之情，寬其不能之罪，省其煩苛之法，養以忠義之教，明約束，信號令，我不負彼而彼奸，吾令即殺之，彼有愧懼而已。鳥獸未必無知覺，而謂三軍之士無良心，可乎？亂法壞政，以激軍士之暴，以損國家之威，以動天下之心，以開無窮之釁，當事者之罪不容誅

矣！」裴度所謂「韓弘輿疾討賊，承宗斂手削地，非朝廷之力能制其死命，特以處置得宜，能服其心故耳」。「處置得宜」四字，此統大衆之要法也。

霸者，豪强威武之名，非姦盜詐僞之類。小人之情，有力便挾力，不用僞；力不足而濟以謀，便用僞。若力量自足以壓服天下，震懾諸侯，直恁做將去，不怕他不從。便靠不到智術上，如何肯僞？王、霸以誠僞分，自宋儒始，其實誤在「五伯假之」、「以力假仁」二「假」字上，不知這「假」字只是「借」字。二帝三王以天德爲本，便自能行仁，夫焉有所倚？❶霸者要做好事，原没本領，便少不得借勢力以行之，不然令不行，禁不止矣。乃是借威力以行仁義。故孟子曰「以力假仁者霸」，以其非身有之，故曰假借耳。人之服之也，非爲他智能愚人，没奈他威力何，只得服他。服人者以强，服於人者以僞。管、商都是霸佐，看他作用都是威力制縛人，非略人略賣人者。故夫子只説他「器小」，孟子只説他「功烈如彼其卑」，而今定公孫鞅罪，只説他慘刻，更不説他姦詐。如今官府教民遷善遠罪，只靠那刑威，全是霸道，他有甚詐僞？看來王、霸考語，自有見成公案，曰以德、以力，所行底門面都是一般仁義，如五禁之盟，二帝三王難道説他不是？難道反其所爲？他只是以力行之耳。「德」、「力」二字最確，「誠」、「僞」二字未穩。何也？王、霸是個粗分别，不消説到誠僞上；若到細分别處，二帝三王便有誠僞之分，何况霸者？

驟制，則小者未必貼服；以漸，則天下無豪傑皆就我羈靮矣。明制，則愚者亦生機

❶「倚」，原作「何」，據全集本改。

械；默制，則天下無智巧皆入我範圍矣。此馭夷狄、待小人之微權，君子用之則爲術知，小人用之則爲智巧，舍是未有能濟者也。或曰：「何不以至誠行之？」曰：「此何嘗不至誠？但不淺露輕率耳。孔子曰『機事不密則害成』，此之謂與？」

迂儒識見，看得二帝三王事功只似陽春雨露，嫗煦可人，再無一些冷落嚴肅之氣。便是慈母也有訶罵小兒時，不知天地只恁陽春成甚世界？故雷霆霜雪不備，不足以成天威怒；刑罰不用，不足以成治。只五臣耳，還要一個臯陶；而二十有二人，猶有四凶之誅。今只把天德王道看得恁秀雅温柔，豈知殺之而不怨便是存神過化處。目下作用，須是汗吐下後，服四君子、四物百十劑，纔是治體。

三公示無私也，三孤示無黨也，九卿示無隱也。事無私曲，心無閉藏，何隱之有？嗚呼！顧名思義，官職亦少稱矣。

要天下太平，滿朝只消三個人，一省只消兩個人。

賢者只是一味，聖人備五味。一味之人其性執，其見偏，自有用其一味處，但當因才器使耳。

天之氣運有常，人依之以作事，而百務成；因之以長養，而百病少。上之政體有常，則下之志趨定，而漸可責成；人之耳目一，而因以寡過。

君子見獄囚而加禮焉，今以後皆君子人也，可無敬與？噫！刑法之設，明王之所以愛小人而示之以君子之路也。然則囹圄者，小人之學校與！

小人只怕他有才，有才以濟之，流害無窮。君子只怕他無才，無才以行之，斯世

何補？

事有便於官吏之私者，百世常行，天下通行。或日盛月新，至瀰漫而不可救。若不便於己私，雖天下國家以爲極便，屢加申飭，每不能行，即暫行亦不能久。負國負民，吾黨之罪大矣。

恩威當使有餘，不可窮也。天子之恩威止於爵三公、夷九族，恩威盡而人思以勝之矣。故明君養恩不盡，常使人有餘榮；養威不盡，常使人有餘懼。此久安長治之道也。

封建自五帝已然，三王明知不便，勢與情不得不用耳。夏繼虞，而諸侯無罪，安得廢之？湯放桀，費征伐者十一國，餘皆服從，安得而廢之？武伐紂，不期而會者八百，其不會者，或遠或不聞，亦在三分有二之數，安得而廢之？使六國尊秦爲帝，秦亦不廢六國，緣他不肯服，勢必畢六王而後已。

武王之興滅繼絶，孔子之繼絶舉廢，亦自其先世曾有功德，及滅之，不以其罪言之耳。非謂六師所移及九族無血食者，必求復其國也。故封建不必是，郡縣不必非。郡縣者無定之封建，封建者有定之郡縣也。

刑、禮非二物也，皆令人遷善而去惡也。故遠於禮則近於刑。

上德默成，示意而已。其次示觀，動其自然。其次示聲色，其次示是非，使知當然。其次示毁譽，使不得不然。其次示禍福，其次示賞罰，其次示生殺，使不敢不然。蓋至於示生殺，而御世之術窮矣。叔季之世，自生殺之外無示也，悲夫！

權之所在，利之所歸也。聖人以權行道，小人以權濟私。在上者慎以權與人。

太平之時，文武將吏習於懶散，拾前人之唾餘，高談闊論，儘似真才。乃稍稍艱大

事到手，倉皇迷悶，無一幹濟之術，可歎可恨。士君子平日事事講求，在在體驗，臨時只辦得三五分，若全然不理會，只似紙舟塵飯耳。

聖人之殺，所以止殺也。故果於殺而不爲姑息，故殺者一二，而所全活者千萬。後世之不殺，所以滋殺也。不忍於殺一二以養天下之奸，故生其可殺，而生者多陷於殺。嗚呼！後世民多犯死，則爲人上者婦人之仁爲之也，世欲治，得乎？

天下事不是一人做底，故舜五臣，周十亂，其餘所用皆小德小賢，方能興化致治。天下事不是一時做底，故堯、舜相繼百五十年，然後黎民於變；文、武、周公相繼百年，然後教化大行。今無一人談治道，而孤掌欲鳴。一人倡之，衆人從而詆訾之；一時作之，後人從而傾圮之。嗚呼！世道終不三代邪！振教鐸以化吾儕，得數人焉相引而在事權，庶幾或可望乎？

兩精、兩備、兩勇、兩智、兩愚、兩意，則多寡强弱在所必較。以精乘雜，以備乘疏，以勇乘怯，以智乘愚，以有餘乘不足，以有意乘不意，以決乘二三，以合德乘離心，以鋭乘疲，以慎乘怠，則多寡强弱非所論矣。故戰之勝負無他，得其所乘與爲人所乘，其得失不啻百也。實精也而示之以雜，實備也而示之以疏，實勇也而示之以怯，實智也而示之以愚，實有餘也而示之以不足，實有意也而示之以不意，實有決也而示之以二三，實合德也而示之以離心，實鋭也而示之以疲，實慎也而示之以怠，則多寡强弱亦非所論矣。故乘之可否無他，知其所示，知其無所示，其得失亦不啻百也。故不藏其所示，凶也；誤中於所示，凶也。此將家之所務審也。

守令於民，先有知疼知熱、如兒如女一副真心腸，甚麽愛養曲成事業做不出？只是生來没此念頭，便與説綻脣舌，渾如醉夢。

兵、士二黨，近世之隱憂也。士黨易散，兵黨難馴。看來亦有法處，我欲三月而令可殺，殺之可令心服而無怨，何者？罪不在下故也。

或問宰相之道，曰：「無私有識。」冢宰之道，曰：「知人善任使。」

當事者須有賢聖心腸，英雄才識。其謀國憂民也，出於惻怛至誠；其圖事揆策也，必極詳慎精密。躊躕及於九有，計算至於千年。其所施設安得不事善功成？宜民利國？今也懷貪功喜事之念，爲孟浪苟且之圖，工粉飾彌縫之計，以遂其要榮取貴之奸，爲萬姓造殃不計也，爲百年開釁不計也，爲四海耗蠹不計也，計吾利否耳。嗚呼！可勝歎哉！

爲人上者，最怕器局小，見識俗。吏胥輿皁儘能笑人，不可不慎也。

爲政者立科條，發號令，寧寬些兒，只要真實行，永久行。若法極精密，而督責不嚴，綜核不至，總歸虚彌，反增煩擾。此爲政者之大戒也。

民情不可使不便，不可使甚便。不便則壅閼而不通，甚者令之不行，必潰決而不可收拾。甚便則縱肆而不檢，甚者法不能制，必放溢而不敢約束。故聖人同其好惡，以體其必至之情；納之禮法，以防其不可長之漸。故能相安相習而不至於爲亂。

居官只一個快性，自家討了多少便宜，左右省了多少負累，百姓省了多少勞費。

自委質後，終日做底是朝廷官，執底是朝廷法，幹底是朝廷事。榮辱在君，愛憎在

人，進退在我。吾輩而今錯處把官認作自家官，所以萬事顧不得，只要保全這個在，扶持這個尊。此雖是第二等説話，然見得這個透，還算五分人。

銛矛而秫梃，金矢而秸弓，雖有《周官》之法度，而無奉行之人，典謨訓誥何益哉？

二帝三王功業原不難做，只是人不曾理會。譬之遥望萬丈高峰，何等巍峨？他地步原自逶迤，上面亦不陡峻。不信只小試一試，便見得。

洗漆以油，洗污以灰，洗油以膩，去小人以小人，此古今妙手也。昔人明此意者幾，故以君子去小人，正治之法也。正治是堂堂之陣，妙手是玄玄之機。玄玄之機，非聖人不能用也。

吏治不但錯枉，去慵懦無用之人，清仕路之最急者。長厚者誤國蠹民以相培植，奈何？

余佐司寇日，有罪人情極可恨而法無以加者，司官曲擬重條，余不可。司官曰：「非私惡也，以懲惡耳。」余曰：「謂非私惡，誠然；謂非作惡，可乎？君以公惡輕重法，安知他日無以私惡輕重法者乎？刑部只有個『法』字，刑官只有個『執』字，君其慎之。」

有聖人於此，與十人論争，聖人之論是矣。十人亦各是己論以相持，莫不能下。旁觀者至，有是聖人者，有是十人者，莫之能定，必有一聖人至，方是聖人之論，而十人者、旁觀者又未必以後至者爲聖人，又未必是聖人之是聖人也。然則是非將安取決哉？「旻天」詩人怨王惑於邪謀，不能斷以從善。噫！彼王也，未必不以邪謀爲正謀，爲先民之經，爲大猶之程，當時在朝之臣又安知不謂大夫爲邪謀、爲邇言也？是故執

兩端而用中，必聖人在天子之位，獨斷堅持；必聖人居父師之尊，誠格意孚。不然人各有口，人各有心，在下者多指亂視，在上者蓄疑敗謀，孰得而禁之？孰得而定之？

易衰歇而難奮發者，我也；易懶散而難振作者，衆也；易壞亂而難整飭者，事也；易蠱敝而難久常者，物也。此所以治日常少而亂日常多也。故爲政要鼓舞不倦，綱常張，紀常理。

濫准、株連、差拘、監禁、保押、淹久、解審、照提，此八者，獄情之大忌也，仁人之所隱也。居官者慎之。

養民之政，孟子云：「老者衣帛食肉，黎民不饑不寒。」韓子云：「鰥寡孤獨廢疾者皆有養也。」教民之道，孟子云：「使契爲司徒，教以人倫，父子有親，君臣有義，夫婦有別，長幼有序，朋友有信。放勳曰：『勞之來之，匡之直之，輔之翼之，使自得之，又從而振德之。』」《洪範》曰：「無偏無陂，遵王之義；無有作好，遵王之道；無有作惡，遵王之路。無偏無黨，王道蕩蕩；無黨無偏，王道平平；無反無側，王道正直。會其有極，歸其有極。」予每三復斯言，汗輒浹背；三歎斯語，淚便交頤。嗟夫！今之民非古之民乎？今之道非古之道乎？抑世變若江河，世道終不可反乎？抑古人絶德，後人終不可及乎？吾耳目口鼻視古人有何缺欠？爵禄事勢視古人有何靳嗇？俾六合景象若斯，辱此七尺之軀，靦面萬民之上矣。

智慧長於精神，精神生於喜悦，喜悦生於懽愛。故責人者，與其怒之也，不若教之；與其教之也，不若化之。從容寬大，諒其所不能而容其所不及，恕其所不知而體其所不欲，隨事講説，隨時開諭。彼樂接引之

誠而喜於所好，感督責之寬而愧其不材，人非木石，無不長進。故曰「敬敷五教在寬」，又曰「無忿疾於頑」，又曰「匪怒伊教」，又曰「善誘人」。今也不令而責之豫，不言而責之意，不明而責之喻，未及令人，先懷怒意，梃詬恣加，既罪矣而不詳其故，是兩相讎，兩相苦也。智者之所笑而有量者之所羞也。爲人上者切宜戒之。

德立行成了，論不得人之貴賤，家之富貧，分之尊卑，自然上下格心，大小象指。歷山耕夫有甚威靈氣焰？故曰「默而成之，不言而信，存乎德行」。

寬人之惡者，化人之惡者也；激入之過者，甚人之過者也。

五刑不如一恥，百戰不如一禮，萬勸不如一悔。

舉大事，動衆情，必協衆心而後濟。不能盡協者，須以誠意格之，懇言入之。如不格不入，須委曲以求濟事。不然彼其氣力智術足以撼衆而敗吾之謀，而吾又以直道行之，非所以成天下之務也。古之人神謀鬼謀，以卜以筮，豈真有惑於不可知哉？定衆志也，此濟事之微權也。

世間萬物皆有所欲，其欲亦是天理人情。天下萬世公共之心，每憐萬物有多少不得其欲處。有餘者，盈溢於所欲之內而死；不足者，奔走於所欲之外而死。二者均，俱生之道也。常思天地生許多人物，自足以養之，然而不得其欲者，正緣不均之故耳。此無天地不是處，宇宙內自有任其責者。是以聖王治天下，不説均就説平，其均平之術只是絜矩，絜矩之方只是個同好惡。

做官都是苦事，爲官原是苦人。官職高一步，責任便大一步，憂勤便增一步。聖人

胼手胝足，勞心焦思，惟天下之安而後樂。是樂者，樂其所苦者也。衆人快欲適情，身尊家潤，惟富貴之得而後樂。是樂者，樂其所樂者也。

法有定而持循之不易，則下之耳目心志習而上逸。無定，則上之指授口頰煩而下亂。

世人作無益事常十九，論有益惟有煖衣、飽食、安居、利用四者而已。臣子事君親，婦事夫，弟事兄，老慈幼，上惠下，不出乎此。《豳風》一章，萬世生人之大法，看他舉動，種種皆有益事。

天下之事，要其終而後知君子之用心；君子之建立，要其成而後見事功之濟否。可奈庸人俗識，讒夫利口，君子才一施設輒生議論，或附會以誣其心，或造言以甚其過。是以志趣不堅、人言是恤者，輒灰心喪氣，竟不卒功；識見不真，人言是聽者，輒罷君子之所爲，不使終事。嗚呼！大可憤心矣。古之大建立者，或利於千萬世而不利於一時，或利於千萬人而不利於一人，或利於千萬事而不利於一事。其有所費也似貪，其有所勞也似虐，其不避嫌也易以招摘取議。及其成功，而心事如青天白日矣。奈之何鑠金銷骨之口奪未竟之施？誣不白之心哉？嗚呼！英雄豪傑冷眼天下之事，袖手天下之敝，付之長吁冷笑，任其腐潰決裂而不之理，玩日愒月，尸位素餐，而苟且目前以全軀保妻子者，豈得已哉？蓋懼此也。

變法者，變時勢不變道，變枝葉不變本。吾怪夫後之議法者，偶有意見妄逞，聰明不知。前人立法千思萬慮而後決，後人之所以新奇自喜，皆前人之所以熟思而棄者也。豈前人之見不及此哉？

鰥寡孤獨，疲癃殘疾，顛連無告之失所者，惟冬爲甚。故凡詠紅鑪錦帳之懽，忘雪夜呻吟之苦者，皆不仁者也。

天下之財，生者一人，食者九人；興者四人，害者六人。其凍餒而死者，生之人十九，食之人十一。其飽煖而樂者，害之人十九，興之人十一。嗚呼！可爲傷心矣。三代之政行，寧有此哉？

居生殺予奪之柄，而中奸細之術，以陷正人君子，是受傴之刺客也。傷我天道，殃我子孫，而爲他人快意，愚亦甚矣。愚嘗戲謂一友人曰：「能辱能榮，能殺能生，不當爲人作荆卿。」友人謝曰：「此語可爲當路藥石。」

秦家得罪於萬世，在變了井田上。春秋以後，井田已是十分病民了，但當復十一之舊，正九一之界，不當一變而爲阡陌。後世厚取重斂，與秦自不相干，至於貧富不均，開天下奢靡之俗，生天下竊劫之盜，廢比閭族黨之法，使後世十人九貧，死於饑寒者多有，則壞井田之禍也。三代井田之法，能使家給人足，俗儉倫明，盜息訟簡，天下各得其所。只一復了井田，萬事俱理。

赦何爲者？以爲冤邪，當罪不明之有司；以爲不冤邪，當報無辜之死恨。聖王有大慶，雖枯骨罔不蒙恩。今傷者傷矣，死者死矣，含憤鬱鬱，莫不欲讎我者速罹於法以快吾心。而乃赦之，是何仁於有罪，而不仁於無辜也？將殘賊幸赦而屢逞，善良聞赦而傷心，非聖王之政也。故聖王眚災宥過，不待慶時，其刑故也不論慶時，夫是之謂大公至正之道。而不以一時之喜濫恩，則法執而小人懼，小人懼則善良得其所。

廟堂之上聚議者，其虛文也。當路者持

不虛之成心，循不可廢之故事，特借群在以示公耳。是以尊者嚅囁，卑者唯諾，移日而退。巧於逢迎者觀其頤指意向而極口稱道，他日驟得殊榮；激於公直者知其無益有害而奮色極言，他日中以奇禍。

近世士風大可哀已。英雄豪傑本欲爲宇宙樹立大綱常大事業，今也驅之俗套，縕以虛文，不俛首吞聲以從，惟有引身而退耳。是以道德之士遠引高蹈，功名之士以屈養伸。彼在上者倨傲成習，看下面人皆王順長息耳。

今四海九州之人，郡異風，鄉殊俗，道德不一故也。故天下皆守先王之禮，事上接下，交際往來，揆事宰物，率遵一箇成法，尚安有誚笑者乎？故惟守禮可以笑人。

凡名器服飾，自天子而下，庶人而上，各有一定等差，不可僭逼。上太殺，是謂逼下；下太隆，是謂僭上。先王不裁抑以逼下也，而下不敢僭。

禮與刑二者常相資也，禮先刑後。禮行則刑措，刑行則禮衰。

官貴精不貴多，權貴一不貴分。大都之內，法令不行，則官多權分之故也。故萬事俱弛。

名器於人，無分毫之益，而國之存亡、民之死生於是乎係。是故袞冕非煖於綸巾，黃瓦非堅於白屋，別等威者非有利於身，受跪拜者非有益於己，然而聖王重之者，亂臣賊子非此無以防其漸而示之殊也。是故雖有大奸惡，而以區區之名分折之，莫不失辭喪氣。吁！名器之義大矣哉！

今之用人，只怕無去處，不知其病根在來處。今之理財，只怕無來處，不知其病根在去處。

用人之道，貴當其才；理財之道，貴去其蠹。人君以識深慮遠者謀社稷，以老成持重者養國脈，以振勵明作者起頽敝，以通時達變者調治化，以秉公持正者寄鈞衡，以燭奸嫉邪者爲按察，以厚下愛民者居守牧，以智深勇沉者典兵戎，以平恕明允者治刑獄，以廉静綜核者掌會計，以惜恥養德者司教化，則用人當其才矣。宫妾無慢棄之帛，殿廷無金珠之玩，近侍絶賄賂之通，寵幸無不貲之賞，臣工嚴貪墨之誅，迎送懲威福之濫，工商重淫巧之罰，衆庶謹僭奢之戒，游惰杜倖食之門，緇黄示誑誘之罪，倡優就耕織之業，則理財得其道矣。

古之官人也，擇而後用，故其考課也常恕。何也？不以小過棄所擇也。今之官人也，用而後擇，卻又以姑息行之，是無擇也，是容保奸回也。豈不渾厚？哀哉萬姓矣！

世無全才久矣，用人者各因其長可也。夫目不能聽，耳不能視，鼻不能食，口不能臭，勢也。今之用人，不審其才之所堪，資格所及，雜然授之。方司會計，輒理刑名；既典文銓，又握兵柄。養之不得其道，用之不當其才。受之者但悦美秩而不自量，以此而求濟事，豈不難哉？夫公綽但宜爲老，而裨諶不可謀邑，今之人才豈能倍蓰古昔？愚以爲學校養士，科目進人，便當如温公《條議》，分爲數科，使各學其才之所近，而質性英發能備衆長者特設全才一科，及其授官，各任所長。夫資有所近，習有所通，施之政事，必有可觀。蓋古者以仕學爲一事，今日分體用爲兩截。窮居草澤止事詞章，一入廟廊方學政事，雖有明敏之才，英達之識，豈能觀政數月便得每事盡善？不免鹵莽施設，鶻突支吾，苟不大敗，輒得遷陞。以此用人，

雖堯、舜不治。夫古之明體也，養適用之才，致君澤民之術固已熟於畎畝之中。「苟能用我者，執此以往」耳。今之學校，可爲流涕矣。

官之所居曰任，此意最可玩，不惟取責任負荷之義。任者，任也，聽其便宜信任而責成也。若牽制束縛，非任矣。

厮隸之言直徹之九重，臺省以之爲臧否，部院以之爲進退，世道大可恨也。或訝之，愚曰：「天子之用舍託之吏部，吏部之賢不肖託之撫按，撫按之耳目託之兩司，兩司之心腹託之守令，守令之見聞託之皁快，皁快之採訪託之他邑別郡之皁快。彼其以恩讎爲是非，以謬妄爲情實，以前令爲後官，以舊愆爲新過，以小失爲大辜，密報密收，信如金石，愈僞愈詳，獲如至寶，謂夷、由污，謂蹻、跖廉，往往有之。而撫按據以上聞，吏部據以黜陟。一吏之榮辱不足惜，而奪所愛以失民望，培所恨以滋民殃，好惡拂人甚矣！」

居官有五要：休錯問一件事，休屈打一箇人，休妄費一分財，休輕勞一夫力，休苟取一文錢。

吳越之戰利用智，羌胡之戰利用勇。智在相機，勇在養氣。相機者，務使鬼神不可知；養氣者，務使身家不肯顧。此百勝之道也。

兵以死使人者也。用衆怒，用義怒，用恩怒。衆怒讎在萬姓也，湯武之師是已；義怒以直攻曲也，三軍縞素是已；恩怒感激思奮也，李牧犒三軍，吳起同甘苦是已。此三者，用人之心可以死人之身，非是皆强驅之也。猛虎在前，利兵在後，以死毆死，不戰安之？然而取勝者倖也，敗與潰者十九。

寓兵於農，三代聖王行之甚好，家家知

耕，人人知戰，無論即戎，亦可弭盜。且經數十百年不用兵，説用兵，纔用農十分之一耳。何者？有不道之國，則天子命曰：「某國不道，某方伯連帥討之。」天下無與也，天下所以享兵農未分之利。春秋以後，諸侯日尋干戈，農胥變而爲兵，舍穡不事則吾國貧，因糧於敵則他國貧。與其農胥變而兵也，不如兵農分。

凡戰之道，貪生者死，忘死者生；狃勝者敗，恥敗者勝。

疏法勝於密心，寬令勝於嚴主。

天下之事，倡於作俑，而濫於助波鼓焰之徒。至於大壞極敝，非截然毅然者不能救。於是而猶曰循舊安常，無更張以拂人意，不知其可也。

在上者能使人忘其尊而親之，可謂盛德也已。

因偶然之事立不變之法，懲一夫之失苦天下之人，法莫病於此矣。近日建白，往往而然。

禮繁則難行，卒成廢閣之書；法繁則易犯，益甚決裂之罪。

爲堯、舜之民者，逸於堯、舜之臣。唐、虞世界全靠四岳九官十二牧，當時君民各享無爲之業而已。臣勞之係於國家也大哉！是故百官逸則君勞，而天下不得其所。

治世用端人正士，衰世用庸夫俗子，亂世用憸夫佞人。憸夫佞人盛，而英雄豪傑之士不伸。夫惟不伸也，而奮於一伸，遂至於亡天下。故明主在上，必先平天下之情，將英雄豪傑服其心志，就我羈靮，不蓄其奮而使之逞。

天下之民，皆朝廷之民，皆天地之民，皆吾民。

愈上則愈聾瞽，其壅蔽者衆也；愈下則愈聰明，其見聞者真也。故論見聞，則君之知不如相，相之知不如監司，監司之知不如守令，守令之知不如民。論壅蔽，則守令蔽監司，監司蔽相，相蔽君。惜哉！愈下之真情不能使愈上者聞之也。

周公是一部活《周禮》，世只有周公不必有《周禮》，使周公而生於今，寧一一用《周禮》哉？愚謂有周公雖無《周禮》可也，無周公雖無《周禮》可也。

民鮮恥可以觀上之德，民鮮畏可以觀上之威，更不須求之民。

民情甚不可鬱也。防以鬱水，一決則漂屋推山；砲以鬱火，一發則碎石破木。桀、紂鬱民情而湯、武通之，此存亡之大機也。有天下者之所夙夜孜孜者也。

天之生民非爲君也，天之立君以爲民也，奈何以我病百姓？夫爲君之道無他，因天地自然之利而爲民開導撙節之，因人生固有之性而爲民倡率裁制之，足其同欲，去其同惡，凡以安定之使無失所，而後天立君之意終矣。豈其使一人肆於民上而剥天下以自奉哉？嗚呼！堯、舜其知此也夫。

三代之法，井田、學校萬世不可廢。世官、封建廢之已晚矣。此難與不思者道。

聖王同民心而出治道，此成務者之要言也。夫民心之難同久矣，欲多而見鄙，聖王識度豈能同之？噫！治道以治民也，治民而不同之，其何能從？即從，其何能久？禹之戒舜曰：「罔咈百姓以從己之欲。」夫舜之欲豈適己自便哉？以爲民也，而曰「罔咈」。盤庚之遷殷也，再四曉譬；武王之伐紂也，三令五申。必如此而後事克有濟。故曰：「專欲難成，衆怒難犯。」我之欲未必非，

彼之怒未必是，聖王求以濟事，則知專之不勝衆也，而不動聲色以因之，明其是非以悟之，陳其利害以動之，待其心安而意順也，然後行之。是謂以天下人成天下事，事不勞而底績。雖然，亦有先發後聞者，亦有不謀而斷者，亦有擬議已成，料度已審，疾雷迅電而民不得不然者。此特十一耳，百一耳，不可爲典則也。

人君有欲，前後左右之幸也。君欲一，彼欲百，致天下亂亡，則一欲者受禍，而百欲者轉事他人矣。此古今之明鑑，而有天下者之所當悟也。

「平」之一字極有意味，所以至治之世只説箇「天下平」。或言：「水無高下，一經流注，無不得平。」曰：「此是一味平了。世間千種人，萬般物，百樣事，各有分量，各有差等，只各安其位而無一毫拂戾不安之意，這便是太平。如君説，則是等尊卑、貴賤、小大而齊之矣，不平莫大乎是？」

國家之取士以言也，固將曰言如是行必如是也。及他日效用，舉背之矣。今閭閻小民立片紙，憑一人，終其身執所書而責之不敢二，何也？我之所言昭然在紙筆間也，人已據之矣。吁！執卷上數千言，憑滿闈之士大夫且播之天下，視小民片紙何如？奈之何吾資之以進身，人君資之以進人，而自處於小民之下也哉？噫！無怪也，彼固以空言求之，而終身不復責券也。

漆器之諫，非爲舜憂也，憂天下後世極欲之君自此而開其萌也。天下之勢，無必有，有必文，文必靡麗，靡麗必亡。漆器之諫，慎其有也。

矩之不可以不直方也，是萬物之所以曲直斜正也。是故矩無言而萬物則之，無毫髮

違，直方故也。哀哉！爲政之徒言也。

暑之將退也先燠，天之將旦也先晦。投丸於壁，疾則内射，物極則反，不極則不反也。故愚者惟樂其極，智者先懼其反。然則否不害於極，泰極其可懼乎！

余每食雖無肉味，而蔬食菜羹嘗足。因歎曰：「嗟夫！使天下皆如此，而後盜可誅也。枵腹菜色，盜亦死，不盜亦死，夫守廉而俟死，此士君子之所難也。奈何以不能士君子之行而遂誅之乎？此富民爲王道之首務也。」

窮寇不可追也，遁辭不可攻也，貧民不可威也。

無事時，埋藏著許多小人；多事時，識破了許多君子。

法者，御世宰物之神器。人君本天理人情而定之，人君不得與；人臣爲天下萬世守之，人臣不得與。譬之執圭捧節，奉持惟謹而已。非我物也，我何敢私？今也不然，人藉之以濟私，請託公行；我藉之以市恩，聽從如響。而辯言亂政之徒又借曰長厚，曰慈仁，曰報德，曰崇尊。夫長厚、慈仁，當施於法之所不犯；報德、崇尊，當求諸己之所得爲，奈何以朝廷公法徇人情伸己私哉？此大公之賊也。

治世之大臣不避嫌，治世之小臣無横議。

姑息之禍甚於威嚴，此不可與長厚者道。

卑卑世態，嫋嫋人情，在下者工不以道之悦，在上者悦不以道之工。奔走揖拜之日多，而公務填委；簡書酬酢之文盛，而民事罔聞。時光只有此時光，精神只有此精神，所專在此，則所疏在彼。朝廷設官本勞己以

安民，今也擾民以相奉矣。

天下存亡係人君喜好。鶴乘軒，何損於民？且足以亡國，而況大於此者乎？

動大衆，齊萬民，要主之以慈愛，而行之以威嚴。故曰「威克厥愛」，又曰「一怒而安天下之民」。若姑息寬緩，煦煦沾沾，便是婦人之仁，一些事濟不得。

爲政以徇私、弭謗、違道、干譽爲第一恥。爲人上者自有應行道理，合則行，不合則去。若委曲遷就，計利慮害，不如奉身而退。孟子謂「枉尺直尋」，不可推起來，雖枉一寸，直千尺，恐亦未可也。或曰：「處君親之際，恐有當枉處。」曰：「當枉則不得謂之枉矣，是謂權以行經，畢竟是直道而行。」

與其殺不辜，寧失不經。此舜時獄也。以舜之聖，皋陶之明，聽比屋可封之民，當淳朴未散之世，宜無不得其情者，何疑而有不經之失哉？則知五聽之法不足以盡民，而疑獄難決，自古有之。故聖人寧不明也，而不忍不仁。今之決獄輒恥不明，而以臆度之見、偏主之失殺人，大可恨也！夫天道好生，鬼神有知，奈何爲此？故寧錯生了人，休錯殺了人。錯生，則生者尚有悔過之時；錯殺，則我亦有殺人之罪。司刑者慎之！

大纛高牙，鳴金奏管，飛旌捲蓋，清道唱騶，輿中之人志驕意得矣，蒼生之疾苦幾何？職業之修廢幾何？使無媿於心焉，即匹馬單車如聽鈞天之樂，不然是益厚吾過也。婦人孺子豈不驚炫？恐有道者笑之。故君子之車服儀從，足以辨等威而已，所汲汲者，固自有在也。

徇情而不廢法，執法而不病情，居官之妙悟也。聖人未嘗不履正奉公，至其接人處事，大段圓融渾厚，是以法紀不失而人亦不

怨。何者？無躁急之心，而不狃一切之術也。

「寬簡」二字，爲政之大體。不寬則威令嚴，不簡則科條密。以至嚴之法繩至密之事，是謂煩苛暴虐之政也，困己擾民，明王戒之。

世上没個好做的官，雖抱關之吏也須夜行早起，方爲稱職。纔説做官好，便不是做好官底人。

罪不當笞，一朴便不是；罪不當怒，一叱便不是。爲人上者慎之。

君子之事君也，道則直身而行，禮則鞠躬而盡，誠則開心而獻，禍福榮辱則順命而受。

弊端最不可開，弊風最不可成。禁弊端於未開之先易，挽弊風於既成之後難。識弊端而絶之，非知者不能；疾弊風而挽之，非勇者不能。聖王在上，誅開弊端者以徇天下，則弊風自革矣。

避其來鋭，擊其惰歸，此之謂大智。大智者不敢常在我。擊其來鋭，避其惰歸，此之謂神武。神武者心服常在人。大智者可以常戰，神武者無俟再戰。

御衆之道，賞罰其小者，賞罰小，則大者勸懲。甚者，賞罰甚者，費省而人不驚。明者、人所共知。公者。不以己私。如是，雖百萬人可爲一將用，不然必勞必費，必不行，徒多賞罰耳。

爲政要使百姓大家相安，其大利害當興革者，不過什一，外此只宜行所無事，不可有意立名建功，以求烜赫之譽。故君子之建白，以無智名勇功爲第一。至於雷厲風行，未嘗不用，譬之天道然，以沖和鎮静爲常，疾風迅雷間用之而已。

罰人不盡數其罪，則有餘懼；賞人不盡

數其功，則有餘望。

匹夫有不可奪之志，雖天子亦無可奈何。天子但能令人死，有視死如飴者，而天子之權窮矣。然而竟令之死，是天子自取過也。不若容而遂之，以成盛德。是以聖人體群情，不敢奪人之志，以傷天下之心，以成己之惡。

臨民要莊謹，即近習門吏，起居常侍之間，不可示之以可慢。

聖王之道以簡爲先，其繁者，其簡之所不能者也。故惟簡可以清心，惟簡可以率人，惟簡可以省人己之過，惟簡可以培壽命之原，惟簡可以養天下之財，惟簡可以不耗天地之氣。

聖人不以天下易一人之命，後世乃以天下之命易一身之尊。悲夫！吾不知得天下將以何爲也。

聖君賢相在位，不必將在朝小人一網盡去之，只去元惡大奸，每種芟其甚者一二，示吾意向之所在。彼群小衆邪，與中人之可善可惡者，莫不回心向道，以逃吾之所去。舊惡掩覆不暇，新善積累不及，而何敢怙終以自溺邪？故舉皋陶，不仁者遠；去四凶，不仁者亦遠。

有一種人，以姑息匪人市寬厚名；有一種人，以毛舉細故市精明名，皆偏也。聖人之寬厚不使人有所恃，聖人之精明不使人無所容，敦大中自有分曉。

申、韓亦王道之一體，聖人何嘗廢刑名？不綜核？四凶之誅，舜之申、韓也；少正卯之誅，侏儒之斬，三都之墮，孔子之申、韓也；即雷霆霜雪，天亦何嘗不申、韓哉？故慈父有梃詬，愛肉有鍼石。

三千三百，聖人非靡文是尚，而勞苦是

甘也。人心無所存屬，則惡念潛伏；人身有所便安，則惡行滋長。禮之繁文，使人心有所用而不得他適也，使人觀文得情而習於善也，使人勞其筋骨手足而不偷慢以養其淫也，使彼此相親相敬而不傷好以起争也。是範身聯世，制欲已亂之大防也。故曠達者樂於簡便，一決而潰之則大亂起。後世之所謂禮者，則異是矣。先王情文廢無一在，而乃習容止，多揖拜，姱顔色，柔聲氣，工頌諛，豔交遊。密附耳躡足之語，極籩豆筐篚之費，工書刺候問之文。君子所以深疾之，欲一洗而入於崇真尚簡之歸，是救俗之大要也。雖然，不講求先王之禮而一入於放達，樂有簡便，久而不流於西晉者幾希。

在上者無過，在下者多過。非在上者之無過，有過而人莫敢言。在下者非多過，誣之而人莫敢辯。夫惟使人無心言，然後爲上者真無過；使人心服，而後爲下者真多過也。

爲政者貴因時。事在當因，不爲後人開無故之端；事在當革，不爲後人長不救之禍。

夫治水者，通之乃所以窮之，塞之乃所以決之也。民情亦然。故先王引民情於正，不裁於法。法與情不俱行，一存則一亡。三代之得天下，得民情也；其守天下也，調民情也。順之而使不拂，節之而使不過，是謂之調。

治道之衰，起於文法之盛；弊蠹之滋，始於簿書之繁。彼所謂文法簿書者，不但經生黔首懵不見聞，即有司專職亦未嘗檢閲校勘。何者？千宗百架，鼠蠹雨浥，或一事反覆異同，或一時互有可否，後欲遵守，何所適從？祇爲積年老猾媒利市權之資耳，其實

於事體無裨，弊蠹無損也。嗚呼！百家之言不火而道終不明，後世之文法不省而世終不治。

六合都是情世界，惟朝堂官府爲法世界。若也只徇情，世間更無處覓公道。

進賢舉才而自以爲恩，此斯世之大惑也。退不肖之怨，誰其當之？失賢之罪，誰其當之？奉君之命，盡己之職，而公法廢於私恩，舉世迷焉，亦可悲矣。

進言有四難：審人、審己、審事、審時，一有未審，事必不濟。

法不欲驟變，驟變雖美，駭人耳目，議論之媒也。法不欲硬變，硬變雖美，拂人心志，矯抗之藉也。故變法欲詳審，欲有漸，欲不動聲色，欲同民心而與之反覆其議論。欲心迹如青天白日，欲獨任躬行，不令左右借其名以行胸臆。欲明且確，不可含糊，使人得持兩可以爲重輕。欲著實舉行，期有成效，無虛文搪塞，反貽實害。必如是，而後法可變也。不然，寧仍舊貫而損益修舉之，無喜事。喜事，人上者之僇也。

新法非十有益於前，百無慮於後，不可立也。舊法非於事萬無益，於理大有害，不可更也。要在文者實之，偏者救之，敝者補之，流者反之，怠廢者申明而振作之。此治體調停之中策，百世可循者也。

用三代以前見識而不迂，就三代以後家數而不俗，可以當國矣。

善處世者，要得人自然之情。得人自然之情，則何所不得？失人自然之情，則何所不失？不惟帝王爲然，雖二人同行，亦離此道不得。

夫坐法堂，厲聲色，侍列武卒，錯陳嚴刑，可生可殺，惟吾所欲爲而莫之禁，非不泰

然得志也。俄而有狂士直言正色，詆過攻失，不畏尊嚴，則王公貴人爲之奪氣。於斯時也，威非不足使之死也，理屈而威以劫之，則能使之死而不能使之服矣。大盜昏夜持利刃而加人之頸，人焉得而不畏哉？伸無理之威以服人，盜之類也，在上者之所恥也。彼以理伸，我以威伸，則彼之所伸者蓋多矣。故爲上者之用威，所以行理也，非以行勢也。

「禮」之一字，全是箇虛文，而國之治亂、家之存亡、人之死生、事之成敗，罔不由之。故君子重禮，非謂其能厚生利用人，而厚生利用者之所必賴也。

兵革之用，德化之衰也。自古聖人亦甚盛德，即不過化存神，亦能久道成乎，使彼此相安於無事。豈有四夷不可講信修睦作鄰國邪？何至高城深池以爲衛？堅甲利兵以崇誅？侈萬乘之師，靡數百萬之財以困民，塗百萬生靈之肝腦以角力，聖人之智術而止於是邪？將至愚極拙者謀之，其計豈出此下哉？若曰無可奈何，不得不爾，無爲貴聖人矣。將干羽苗格、因壘崇降，盡虛語矣乎？夫無德化可恃，無恩信可結，而曰去兵，則外夷交侵，內寇嘯聚，何以應敵？不知所以使之不侵不聚者，亦有道否也？古稱「四夷來王」，「八蠻通道」，「越裳重譯」，日月霜露之所照墜者莫不尊親，斷非虛語。苟於此而歲歲求之，日日講之，必有良法，何至困天下之半而爲此無可奈何之策哉？

事無定分，則人人各諉其勞，而萬事廢；物無定分，則人人各滿其欲，而萬物爭。分也者，物各付物，息人奸懶貪得之心，而使事得其理，人得其情者也。分定，雖萬人不須交一言。此修齊治平之要務，二帝三王之所不能外也。

驕慣之極，父不能制子，君不能制臣，夫不能制妻，身不能自制。視死如飴，何威之能加？視恩爲玩，何惠之能益？不禍不止。故君子情勝不敢廢紀綱，兢兢然使所愛者知恩而不敢肆，所以生之也，所以全之也。

物理人情，自然而已。聖人得其自然者以觀天下，而天下之人不能逃聖人之洞察；握其自然者以運天下，而天下之人不覺爲聖人所斡旋。即其軌物所繩近於矯拂，然拂其人欲自然之私，而順其天理自然之公。故雖有倔强錮蔽之人，莫不憬悟而馴服，則聖人觸其自然之機而鼓其自然之情也。

監司視小民藹然，待左右肅然，待寮寀温然，待屬官侃然，庶幾乎得體矣。

自委質後，此身原不屬我。朝廷名分，爲朝廷守之，一毫貶損不得，非抗也；一毫高亢不得，非卑也。朝廷法紀，爲朝廷執之，一毫徇人不得，非固也；一毫任己不得，非葸也。

未到手時，嫌於出位而不敢學；既到手時，迫於應酬而不及學。一世業官苟且，只於虛套搪塞，竟不嚼真味，竟不見成功。雖位至三公，點檢真足媿汗。學者思之。

今天下一切人、一切事，都是苟且做，尋不著真正題目。便認了題目，嘗不著真正滋味。欲望三代之治，甚難。

凡居官，爲前人者，無干譽矯情，立一切不可常之法以難後人；爲後人者，無矜能露迹，爲一朝即改革之政以苦前人。此不惟不近人情，政體自不宜爾。若惡政弊規，不妨改圖，只是渾厚便好。

將古人心信今人，真是信不過。若以古人至誠之道感今人，今人未必在豚魚下也。

泰極必有受其否者，否極必有受其泰

者。故水一壅必決，水一決必涸。世道縱極，必有操切者出，出則不分賢愚，一番人受其敝。嚴極必有長厚者出，出則不分賢愚，一番人受其福。此非獨人事，氣數固然也。故智者乘時因勢，不以否爲憂，而以泰爲懼。審勢相時，不決裂於一懲之後，而驟更以一切之法。昔有獵者入山，見騶虞以爲虎也，殺之，尋復悔。明日見虎，以爲騶虞也，舍之，又復悔。主時勢者之過於所懲也，亦若是夫！

法多則遁情愈多，譬之逃者，入千人之群則不可覓，入三人之群則不可藏矣。

兵，陰物也；用兵，陰道也。故貴謀，不好謀不成。我之動定敵人不聞，敵之動定盡在我心，此萬全之計也。

取天下，守天下，只在一種人上加意念，一箇字上做工夫。一種人是那箇？曰「民」。一箇字是甚麽？曰「安」。

禮重而法輕，禮嚴而法恕，此二者常相權也。故禮不得不嚴，不嚴則肆而入於法；法不得不恕，不恕則激而法窮。

夫禮也，嚴於婦人之守貞，而疏於男子之縱欲，亦聖人之偏也。今輿隸僕僮皆有婢妾娼女，小童莫不淫狎，以爲丈夫之小節而莫之問。陵嫡失所，逼妾殞身者紛紛，恐非聖王之世所宜也。此不可不嚴爲之禁也。

西門疆尹河西，以賞勸民。道有遺羊，值五百，一人守而待失者，謝之不受。疆曰：「是義民也。」賞之千。其人喜，他日謂所知曰：「汝遺金，我拾之以還。」所知者從之。以告疆曰：「小人遺金一兩，某拾而還之。」疆曰：「義民也。」賞之二金。其人愈益喜，曰：「我貪，每得利則失名，今也名利兩得，何憚而不爲？」

篤恭之所發，事事皆純王，如何天下不平？或曰：「纔説所發，不動聲色乎？」曰：「日月星辰皆天之文章，風雷雨露皆天之政令，上天依舊篤恭在那裏。篤恭，君子之無聲無臭也。無聲無臭，天之篤恭也。」

君子小人調停，則勢不兩立，畢竟是君子易退，小人難除。若攻之太慘，處之太激，是謂土障狂瀾，灰理烈火。不若君子秉成而擇才以使之，任使不效，而次第裁抑之。我懸富貴之權而示之的，曰：「如此則富貴，不如此則貧賤。」彼小人者，不過得富貴耳，其才可以僨天下之事，亦可以成天下之功；可激之釀天下之禍，亦可養之興天下之利。大都中人十居八九，其大奸凶極頑悍者亦自有數。棄人於惡而迫之自棄，俾中人爲小人，小小人爲大小人，甘心抵死而不反顧者，則吾黨之罪也。噫！此難與君子道。三代以還，覆轍一一可鑒，此品題人物者所以先器識也。

當多事之秋，用無才之君子，不如用有才之小人。

肩天下之任者，全要箇氣；御天下之氣者，全要箇理。

無事時，惟有邱民好蹂踐，自吏卒以上，人人得而魚肉之。有事時，惟有邱民難收拾，雖天子亦無躲避處，何況衣冠？此難與誦詩讀書者道也。

余居官有六自：簿均徭先令自審，均地先令自丈，未完令其自限，紙贖令其自催，干證催詞訟令其自拘，干證拘小事令其自處。鄉約亦往往行得去，官逸而事亦理，久之可省刑罰。當今天下之民極苦官之繁苛，一與寬仁，其應如響。

自井田廢而竊劫始多矣。飽煖無資，饑

寒難耐，等死耳。與其瘠僵於溝壑無人稱廉，不若苟活於旦夕未必即犯。彼義士廉夫尚難責以餓死，而況種種貧民半於天下乎？彼膏粱文繡坐於法堂，而嚴刑峻法以正竊劫之罪者，不患無人，所謂「哀矜而勿喜」者，誰與？余以爲，衣食足而爲盗者，殺無赦；其迫於饑寒者，皆宜有以處之。不然罪有所由，而獨誅盜，亦可愧矣。

余作《原財》一篇，有六生十二耗。六生者何？曰墾荒閑之田，曰通水泉之利，曰教農桑之務，曰招流移之民，曰當時事之宜，曰詳積貯之法。十二耗者何？曰嚴造飲之禁，曰懲淫巧之工，曰重游手之罰，曰絶倡優劇戲，曰限在官之役，曰抑僭奢之俗，曰禁寺廟之建，曰戒坊第遊觀之所刻無益之書，曰禁邪教之倡，曰重迎送供張之罪，曰定學校之額科舉之制，曰誅貪墨之吏。語多憤世，其文不傳。

太和之氣雖貫徹於四時，然炎徼以南常熱，朔方以北常寒，姑無論。只以中土言之，純然暄燠而無一毫寒涼之氣者，惟是五月半後、八月半前九十日耳。中間亦有夜用袷綿時。至七月而暑已處，八月而白露零，九月寒露霜降，亥子丑寅其寒無俟言矣。二三月後，猶未脱綿；穀雨以後，始得斷霜。四月已夏，猶謂清和，大都嚴肅之氣歲常十八。而草木二月萌芽，十月猶有生意，乃生育長養不專在於暄燠，而嚴肅之中正所以操縱沖和之機者也。聖人之爲政也法天，當寬則用春夏，當嚴則用秋冬，而常持之體，則於嚴威之中施長養之惠。何者？嚴不可貫，惠易窮，威中之惠鼓舞人群，惠中之惠驕弛衆志。子産相鄭，鑄刑書，誅强宗，伍田疇，褚衣冠。及語子太叔，猶有「莫如猛」之言，可不謂嚴

乎？乃孔子之評子產，則曰「惠人也」，他日又曰「子產，衆人之母」。孔子之爲政可考矣。彼沾沾煦煦，尚姑息以養民之惡，卒至廢弛玩愒，令不行，禁不止，小人縱恣，善良吞泣，則孔子之罪人也。故曰居上以寬爲本，未嘗以寬爲政。嚴也者，所以成其寬也。故懷寬心不宜任寬政，是以懦主殺臣，慈母殺子。

餘息而在溝壑，斗珠不如升糠；裸裎而卧冰雪，敗絮重於繡縠。舉世用人皆珠縠之貴也，有甚高品？有甚清流？不適緩急之用，即真非所急矣。

盈天地間只靠二種人爲命，曰農夫、織婦。卻又没人重他，是自戕其命也。

一代人才自足以成一代之治，既作養無術，而用之者又非其人，無怪乎萬事不理也。

三代以後，治天下只求箇「不敢」，不知其不敢者，皆苟文以應上也。真敢在心，暗則足以蠹國家，明之足以亡社稷，乃知不敢不足恃也。

古者，國不易君，家不易大夫。故其治因民宜俗，立綱陳紀，百姓與己相安，然後從容漸漬，日新月盛，而治功成。故曰「必世後仁」，曰「久道成化」。譬之天地，不悠久便成物不得。自封建變而爲郡縣，官無久暖之席，民無盡識之官。施設未竟而讒毁隨之，建官未久而黜陟隨之。方胹熊蹯而奪之薪，方繅繭絲而截其緒。一番人至，一度更張。各有性情，各有識見。百姓聞其政令，半不及理會；聽其教化，尚未及信，從而新者。卒至舊政廢閣，何所信從？何所遵守？況加以監司之掣肘，製一幘而不問首之大小，都使之冠；製一衣而不問時之冬夏，必使之服。不審民情便否，先以簿書督責。即高才

疾足之士，俄頃措置之功，亦不過目前小康，一事小補。而上以此爲殿最，下以此爲驢虞。嗚呼！傷心矣。先正有言：人不里居，田不井授，雖欲言治，皆苟而已。愚謂建官亦然。政因地而定之，官擇人而守之；政善不得更張，民安不得易法；其多事擾民，任情變法，與惰政慢法者斥逐之。更其人不易其治，則郡縣賢於封建遠矣。

法之立也，體其必至之情，寬以自生之路，而後繩其踰分之私，則上有直色而下無心言。今也小官之俸不足供饔飧，偶受常例而輒以貪法罷之，是小官終不可設也。識體者欲廣其公而閉之私，而當事者又計其私，某常例，某從來也。夫寬其所應得，而後罪其不義之取，與夫因有不義之取也，遂儉於應得焉，孰是？蓋倉官月糧一石，而驛丞俸金歲七兩云。

順心之言易入也，有害於治；逆耳之言裨治也，不可於人。可恨也！夫惟聖君以逆耳者順於心，故天下治。

使馬者知地險，操舟者觀水勢，馭天下者察民情，此安危之機也。

宇内有三權：天之權曰禍福，人君之權曰刑賞，天下之權曰褒貶。禍福不爽，曰天道之清平；有不盡然者，奪於氣數。刑賞不忒，曰君道之清平；有不盡然者，限於見聞，蔽於喜怒。褒貶不誣，曰人道之清平；有不盡然者，偏於愛憎，誤於聲響。褒貶者，天之所恃以爲禍福者也，故曰「天視自我民視，天聽自我民聽」。君之所恃以爲刑賞者也，故曰「好人之所惡，惡人之所好，是謂拂人之性」。褒貶不可以不慎也，是天道、君道之所用也。一有作好作惡，是謂天之罪人，君之戮民。

而今當民窮財盡之時，動稱礦税之害。以爲事干君父，諫之不行，總付無可奈何。吾且就吾輩安民節用以自便者言之。飲食入腹，三分銀用之不盡，而食前方丈，總屬暴殄，要他何用？僕隸二人，無三十里不肉食者，下程飯卓，要他何用？轎揁人夫，吏書馬匹，寬然有餘，而鼓吹旌旗，要他何用？下莣上簟，公座圍裙，儘章物采矣，而滿房鋪氊，要他何用？上司新到，須要參謁，而節壽之日，各州縣幣帛下程充庭盈門，要他何用？前呼後擁，不減百人，巡捕聽事，不缺官吏，而司道府官交界送接，到處追隨，要他何用？隨巡司道，拜揖之外，張筵互款，期會不違，而帶道文卷盡取擡隨，帶道書吏盡人跟隨，要他何用？官官如此，在在如此，民間節省，一歲儘多，此豈朝廷令之不得不如此邪？吾輩可以深省矣。

酒之爲害不可勝紀也，有天下者而不知嚴酒禁，雖談教養，皆苟道耳。此可與留心治道者道。

簿書所以防奸也，簿書愈多而奸愈黠，何也？千册萬簿，何官經眼？不過爲左右開打點之門，廣刁難之計，爲下司增紙筆之孽，爲百姓添需索之名。舉世昏迷，了不經意，以爲當然。一細思之，可爲大笑。有識者裁簿書十分之九，而上下相安，弊端自清矣。

養士用人，國家存亡第一緊要事，而今只當故事。

臣是臯、夔、稷、契，君自然是堯、舜，民自然是唐、虞。士君子當自責，我是臯、夔、稷、契否？終日悠悠泄泄，只説吾君不堯、舜。弗俾厥后惟堯、舜，是誰之愧恥？吾輩高爵厚禄，寧不皇汗？

惟有爲上底難，今人都容易做。

聽訟者要如天平，未稱物先須是對針，則稱物不爽。聽訟之時，心不虛平，色態才有所著，中證便有趨向，況以辭示之意乎？當官先要慎此。

天下之勢，頓可爲也，漸不可爲也。頓之來也驟，漸之來也遠。頓之著力在終，漸之著力在始。

屋漏尚有十目十手，爲人上者，大庭廣衆之中，萬手千目之地，譬之懸日月以示人，分毫掩護不得，如之何弗慎？

事休問大家行不行，舊規有不有，只看義上協不協。勢不在我而於義無害，且須勉從；若有害於義，即有主之者，吾不敢從也。

有美意，必須有良法乃可行；有良法，又須有良吏乃能成。良吏者，本真實之心，有通變之才，厲明作之政者也。心真則爲民懇至，終始如一；才通則因地宜民，不狃於法。明作則禁止令行，察奸釐弊，如是而民必受福。故天下好事，要做必須實做。虛者爲之，則文具以擾人；不肖者爲之，則濟私以害政。不如不做，無損無益。

把天地間真實道理作虛套子幹，把世間虛套子作實事幹，吁！所從來久矣。非霹靂手段，變此錮習不得。

自家官靠著別人做，只是不肯踏定脚跟挺身自拔，此縉紳第一恥事。若鐵錚錚底做將去，任他如何亦有不顛躓僵仆時。縱教顛躓僵仆，也無可奈何，自是照管不得。

作「焉能爲有無」底人，以之居鄉，儘可容得。只是受一命之寄，便是曠一命之官；在一日之職，便是廢一日之業。況碌碌苟苟，久居高華，唐、虞、三代課官是如此否？今以其不貪酷也而容之，以其善夤緣也而進

之，國一無所賴，民一無所裨，而俾之貪位竊祿，此人何足責？用人者無辭矣！

近日居官，動說舊規，彼相沿以來，不便於己者悉去之，便於己者悉存之，如此，舊規百世不變。只將這念頭移在百姓身上，有利於民者悉修舉之，有害於民者悉掃除之，豈不是居官真正道理？噫！利於民生者皆不便於己，便於己者豈能不害於民？從古以來，民生不遂，事故日多，其繇可知已。

古人事業精專，志向果確，一到手便做，故孔子治魯三月而教化大行。今世居官，奔走奉承，簿書期會，不緊要底虛文先占了大半工夫。況平日又無修政立事之心、急君愛民之志，蹉跎因循，但以浮泛之精神了目前之俗事。即有志者，亦不過將正經職業帶修一二足矣。誰始此風？誰甚此風？誰當責任而不易此風？此三人之罪不止於罷黜矣。

做上官底，只是要尊重，迎送欲遠，稱呼欲尊，拜跪欲恭，供具欲麗，酒席欲豐，騶從欲都，伺候欲謹。行部所至，萬人負累，千家愁苦。即使於地方有益，蒼生所損已多。及問其職業，舉是譽文濫套，縱虎狼之吏胥騷擾傳郵，重瑣尾之文移督繩郡縣，括奇異之貨幣交結要津，習圓軟之容辭網羅聲譽。至生民疾苦，若聾瞽然。豈不驟貴躐遷？然而顯負君恩，陰觸天怒，吾黨恥之。

士君子到一箇地位，就理會一箇地位底職分，無逆料時之久暫而苟且其行，無期必人之用否而怠忽其心。入門就心安志定，爲久遠之計。即使不久於此，而一日在官，一日盡職，豈容一日苟祿尸位哉！

水以潤苗，水多則苗腐；膏以助焰，膏重則焰滅。爲治一寬，非民之福也。故善人

百年始可去殺。天有四時，不能去秋。

古之爲人上者，不虐人以示威，而道法自可畏也；不卑人以示尊，而德容自可敬也。脱勢分於堂階，而居尊之體未嘗褻；見腹心於詞色，而防檢之法未嘗疏。嗚呼！可想矣。

爲政以問察爲第一要，此堯、舜治天下之妙法也。今人塞耳閉目，只恁獨斷，以爲寧錯勿問，恐蹈耳軟之病，大可笑。此不求本原耳。吾心果明，則擇衆論以取中，自無偏聽之失。心一愚暗，即詢岳牧芻蕘，尚不能自決，況獨斷乎？所謂獨斷者，先集謀之謂也。謀非集衆不精，斷非一己不決。

治道只要有先王一點心，至於制度文爲，不必一一復古。有好古者，將一切典章文物都要反太古之初，而先王精意全不理會，譬之刻木肖人，形貌絶似，無一些精神貫徹，依然是死底。故爲政不能因民隨時，以寓潛移默化之機，輒紛紛更變，驚世駭俗，紹先復古，此天下之拙夫愚子也。意念雖佳，一無可取。

賞及淫人，則善者不以賞爲榮；罰及善人，則惡者不以罰爲辱。是故君子不輕施恩，施恩則勸；不輕動罰，動罰則懲。

在上者當慎無名之賞。衆皆藉口以希恩，歲遂相沿爲故事，故君子惡苟恩。苟恩之人，顧一時，市小惠，徇無厭者之情，而財用之賊也。

要知用刑本意原爲弼教，苟寬能弼教，更是聖德感人，更見妙手作用。若只恃雷霆之威，霜雪之法，民知畏而不知愧，待無可畏時，依舊爲惡，何能成化？故畏之不如愧之，忿之不如訓之，遠之不如感之。

法者，一也；法曹者，執此一也。以貧

富貴賤二之，則非法矣。或曰：「親貴難與疏賤同法。」曰：「是也。八議已別之矣，八議之所不别而亦二之，將何説之辭？夫執天子之法而顧忌己之爵禄，以徇高明而虐煢獨，如國法天道何？裂綱壞紀，摧善長惡，國必病焉。」

治人治法不可相無，聖人竭耳目力，此治人也。繼之以規矩準繩、六律五音，此治法也。説者猶曰「有治人無治法」。然則治人無矣，治法可盡廢乎？夫以藏在盟府之空言，猶足以伏六百年後之霸主，而況法乎？故治天下者，以治人立治法，法無不善；留治法以待治人，法無不行。

君子有君子之長，小人有小人之長。用君子易，用小人難，惟聖人能用小人。用君子在當其才，用小人在制其毒。

只用人得其當，委任而責成之，不患天下不治。二帝三王急親賢，作當務之急第一事。

古之聖王不盡人之情，故下之忠愛嘗有餘。後世不然，平日君臣相與，僅足以存體面，而無可感之恩，甚或拂其心而懷待逞之志。至其趨大事，犯大難，皆出於分之不得已。以不得已之心，供所不欲之役，雖臨時固結，猶恐不親。而上之誅求責望又復太過，故其空名積勢不足以鎮服人心而庇其身國。嗚呼！民無自然之感，而徒迫於不得不然之勢；君無油然之愛，而徒劫之不敢不然之威，殆哉！

古之學者，窮居而籌兼善之略。今也同爲僚寀，後進不敢問先達之事，右署不敢知左署之職。在我避侵職之嫌，在彼生望蜀之議。是以未至其地也，不敢圖；即至其地也，不及習。急遽苟且，了目前之套數而已，

安得樹可久之功？ 張無前之業哉？

百姓寧賤售而與民爲市，不貴值而與官爲市。故物滿於廛，貨充於肆，官求之則不得，益價而求之亦不得。有一官府欲采繒，知市直，密使吏增直，得之。既行，而商知其官買也，追之，已入公門矣。是商也，明日逃去。人謂商曰：「此公物不虧值。」曰：「吾非爲此公。今日得我一繒，他日責我無極，人人未必皆此公，後日未必猶此公也。減直何害？ 甚者經年不予直。遲真何害？ 甚者竟不予直。一物無直何害？ 甚者數取皆無直，吏卒因而附取亦無直。無直何害？ 甚者無是貨也而責之有，捶楚亂加，爲之徧索而不得，爲之遠求而難待。誅求者非一官，逼取者非一貨，公差之需索，公門之侵扣，價銀之低假，又不暇論也。嗟夫！ 寧逢盜劫，無逢官賒。盜劫猶申冤於官，官賒則無所赴愬矣。」予聞之，謂僚友曰：「民不我信，非民之罪也。彼固求貨之出手耳，何擇於官民？又何親於民而何讎於官哉？ 無輕取，無多取，與民同直而即日面給焉，年年如是，人人如是，又禁府州縣之不如是者。百姓獨非人哉？ 無彼尤也！」

「公正」二字，是撐持世界底，沒了這二字，便塌了天。

人臣有二懲，曰私、曰僞。私則利己徇人，而公法壞；僞則彌縫粉飾，而實政隳。公法壞則豪强得以横恣，貧賤無所控訴，而愁怨多；實政隳則視國民不啻越秦，逐勢利如同商賈，而身家肥。此亂亡之漸也，何可不懲？

「與上大夫言，誾誾如也。」朱註云：「誾誾，和悅而諍。」只一「諍」字，十分扶持世道。近世見上大夫，少不了和悅，只欠一「諍」字。

古今觀人，離不了好惡。武叔毀仲尼，伯寮愬子路，臧倉沮孟子，從來聖賢未有不遭謗毀者，故曰：「其不善者惡之，不爲不善所惡，不成君子。」後世執進退之柄者，只在鄉人皆好之上取人，千人之譽不足以敵一人之毀，更不察這毀言從何處來，更不察這毀人者是小人是君子。是以正士傷心，端人喪氣。一入仕途，只在彌縫塗抹上做工夫，更不敢得罪一人。嗚呼！端人正士叛中行而惟鄉原是師，皆由是非失真，進退失當者驅之也。

圖大於細，不勞力，不費財，不動聲色，暗收百倍之功。用柔爲剛，愈涵容，愈媿屈，愈契腹心，化作兩人之美。

銓署楹帖：直者無庸我力，枉者我無庸力，何敢貪天之功！恩則以奸爲賢，怨則以賢爲奸，豈能逃鬼之責！

公署楹帖：只一箇志誠，任從你千欺百罔；有三尺明法，休犯他十惡五刑。

公署楹帖：皇天下鑒此心，敢不光明正直？赤子來遊吾腹，願言豈弟慈祥。

按察司署楹帖：光天化日之下，四方陰邪休行；大冬嚴雪之中，一點陽春自在。

發示驛遞：痛蒼赤食草飯沙，安忍吸民膏以縱口腹；睹閭閻賣妻鬻子，豈容窮物力而擁車徒。

發示州縣：憫其饑，念其寒，誰不可憐子女？肯推毫髮與蒼生，不枉爲民父母。受若直，怠若事，誰能放過僕童？況糜膏脂無治狀，也應念及兒孫。

襄垣縣署楹帖：百姓有知，願教竹頭生筍；三堂無事，任從門外張羅。

莫以勤勞怨辛苦，朝廷覓你做嬭母。

城門四聯：東延和門青帝布陽春，鬱鬱葱

葱，生氣溢沙隨之外；黄堂流德澤，融融液液，太和在梁苑之西。南文明門萬丈文光，北射斗牛通魁柄；三星物采，東聯箕尾上台躔。西實成門萬寶告成，耕夫織婦白叟黄童年年歌大有；五徵來備，東舍西鄰南村北疃處處樂同人。北鍾祥門洪濤來萬里恩波，遠抱崇墉浮瑞靄；玄女注千年聖水，潛滋環海護生靈。

按：《治道》篇舊凡二百七十八則，「而今當民窮財盡之時」以下八則據陸本補。「屋漏尚有十目十手」以下二十八則據陳本補。別刻據《節録》本誤補「當事者若執一簿書」一則。按此係原書本篇第四則，今不複存。「圖大於細」以下十則據《文集》補。

呻吟語卷五畢

呻吟語卷六

寧陵呂坤叔簡甫著

外篇

人情

無所樂，有所苦，即父子不相保也，而況民乎？有所樂，無所苦，即戎狄且相親也，而況民乎？

世之人，聞人過失便喜談而樂道之，見人規己之過，既掩護之，又痛疾之。聞人稱譽便欣喜而誇張之，見人稱人之善，既蓋藏之，又搜索之。試思這箇念頭是君子乎？是小人乎？

乍見之患，愚者所驚；漸至之殃，智者所忽也。以愚者而當智者之所忽，可畏哉！

論人情，只往薄處求；説人心，只往惡邊想，此是私而刻底念頭，自家便是箇小人。古人責人，每於有過中求無過，此是長厚心，盛德事。學者熟思，自有滋味。

人説己善則喜，人説己過則怒，自家善惡自家真知，待禍敗時欺人不得。人説體實則喜，人説體虛則怒，自家病痛自家獨覺，到死亡時欺人不得。

一巨卿還家，門户不如做官時，悄然不樂，曰：「世態炎涼如是，人何以堪？」余曰：「君自炎涼，非獨世態之過也。平常淡素是我本來事，熱鬧紛華是我儻來事，君留戀富貴以爲當然，厭惡貧賤以爲遭際，何炎涼如之而暇歎世情哉！」

迷莫迷於明知，愚莫愚於用智，辱莫辱

於求榮，小莫小於好大。

兩人相非，不破家忘身不止。只回頭認自家一句錯，便是無邊受用。兩人自是，不反面稽脣不止。只温語稱人一句好，便是無限懽忻。

將好名兒都收在自家身上，將惡名兒都推在別人身上，此天下通情。不知此兩箇念頭都攬箇惡名在身，不如讓善引過。

露己之美者惡，分人之美者尤惡，而況專人之美、竊人之美乎？吾黨戒之。

守義禮者，今人以爲倨傲；工諛佞者，今人以爲謙恭。舉世名公達宦，自號儒流，亦迷亂相責而不悟，大可笑也。

愛人以德而令之讎，人以德愛我而讎之，此二人者，皆愚也。

無可知處，儘有可知之人，而忽之，謂之瞽。可知處儘有不可知之人，而忽之，亦謂之瞽。

世間有三利衢壞人心術，有四要路壞人氣質，當此地而不壞者，可謂定守矣。君門，士大夫之利衢也；公門，吏胥之利衢也；市門，商賈之利衢也。翰林、吏部、臺、省，四要路也。有道者處之，在在都是真我。

朝廷法紀做不得人情，天下名分做不得人情，聖賢道理做不得人情，他人事做不得人情，我無力量做不得人情。以此五者徇人，皆妄也，君子慎之。

古人之相與也，明目張膽，推心置腹。其未言也，無先疑；其既言也，無後慮。今人之相與也，小心屏息，藏意飾容。其未言也，懷疑畏；其既言也，觸禍機。哀哉！安得心地光明之君子，而與之披情愫，論肝膈也。哀哉！彼亦示人以光明，而以機阱陷人也。

古之君子不以其所能者病人，今人卻以其所不能者病人。

古人名望相近則相得，今人名望相近則相妒。

福莫大於無禍，禍莫大於求福。

言在行先，名在實先，食在事先，皆君子之所恥也。

兩悔無不釋之怨，兩求無不合之交，兩怒無不成之禍。

己無才而不讓能，甚則害之；己爲惡而惡人之爲善，甚則誣之；己貧賤而惡人之富貴，甚則傾之。此三妒者，人之大戮也。

以患難時心居安樂，以貧賤時心居富貴，以屈局時心居廣大，則無往而不泰然。以淵谷視康莊，以疾病視强健，以不測視無事，則無往而不安穩。

不怕在朝市中無泉石心，只怕歸泉石時動朝市心。

積威與積恩二者，皆禍也。積威之禍可救，積恩之禍難救。積威之後，寬一分則安，恩一分則悦。積恩之後，止而不加則以爲薄，纔減毫髮則以爲怨。恩極則窮，窮則難繼。愛極則縱，縱則難堪。不可繼則不進，其勢必退。故威退爲福，恩退爲禍；恩進爲福，威進爲禍。聖人非靳恩也，懼禍也。濕薪之解也易，燥薪之束也難。聖人之靳恩也，其愛人無已之至情，調劑人情之微權也。

人皆知少之爲憂，而不知多之爲憂也。惟智者憂多。

衆惡之，必察焉；衆好之，必察焉，易。自惡之必察焉，自好之必察焉，難。

有人情之識，有物理之識；有事體之識，有事勢之識，有事變之識；有精細之識，有闊大之識。此皆不可兼也。而事變之識

爲難，闊大之識爲貴。

聖人之道本不拂人，然亦不求可人。人情原無限量，務可人，不惟不是，亦自不能。故君子只務可理。

施人者雖無已，而我常慎所求，是謂養施。報我者雖無已，而我常不敢當，是謂養報。此不盡人之情而全交之道也。

攻人者，有五分過惡，只攻他三四分，不惟彼有餘懼，而亦傾心引服，足以塞其辯口。攻到五分，已傷渾厚，而我無救性矣。若更多一分，是貽之以自解之資。彼據其一而得五，我貪其一而失五矣。此言責家之大戒也。

見利向前，見害退後，同功專美於己，同過委罪於人，此小人恒態，而丈夫之恥行也。

任彼薄惡，而吾以厚道敦之，則薄惡者必媿感而情好愈篤。若因其薄惡也，而亦以薄惡報之，則彼我同非，特分先後耳，畢竟何時解釋？此庸人之行，而君子不由也。

恕人有六：或彼識見有不到處，或彼聽聞有未真處，或彼力量有不及處，或彼心事有所苦處，或彼精神有所忽處，或彼微意有所在處。先此六恕，而命之不從，教之不改，然後可罪也已。是以君子教人而後責人，體人而後怒人。

直友難得，而吾又拒以諱過之聲色；佞人不少，而吾又接以喜諛之意態。嗚呼！欲不日入於惡也，難矣！

笞、杖、徒、流、死，此五者，小人之律令也。禮、義、廉、恥，此四者，君子之律令也。小人犯律令刑於有司，君子犯律令刑於公論。雖然，刑罰濫及，小人不懼，何也？非至當之刑也。毀謗交攻，君子不懼，何也？非至公之論也。

情不足而文之以言，其言不可親也。誠不足而文之以貌，其貌不足信也。是以天下之事貴真，真不容掩而見之言貌，其可親可信也夫！

勢、利、術、言，此四者，公道之敵也。炙手可熱，則公道爲屈；賄賂潛通，則公道爲屈；智巧陰投，則公道爲屈；毀譽肆行，則公道爲屈。世之冀幸受誣者，不啻十五也，可慨夫！

聖人處世，只於人情上做工夫，其於人情，又只於未言之先、不言之表上做工夫。

美生愛，愛生狎，狎生玩，玩生驕，驕生悍，悍生死。

禮是聖人制底，情不是聖人制底。聖人緣情而生禮，君子見禮而得情。衆人以禮視禮而不知其情，由是禮爲天下虛文，而崇真者思棄之矣。

人到無所顧惜時，君父之尊不能使之嚴，鼎鑊之威不能使之懼，千言萬語不能使之喻，雖聖人亦無如之何也已。聖人知其然也，每養其體面，體其情私，而不使至於無所顧惜。

稱人以顔子，無不悦者，忘其貧賤而殀。稱人以桀、紂、盜跖，無不怒者，忘其富貴而壽。好善惡惡之同然如此，而作人卻與桀、紂、盜跖同歸，何惡其名而好其實邪？

今人骨肉之好不終，只爲看得「爾」、「我」二字大分曉。

聖人制禮，本以體人情，非以拂之也。聖人之心非不因人情之所便而各順之，然順一時，便一人，而後天下之大不順便者因之矣。故聖人不敢恤小便拂大順，徇一時弊萬世。其拂人情者，乃所以宜人情也。

好人之善，惡人之惡，不難於過甚。只

是好己之善，惡己之惡，便不如此痛切。

誠則無心，無心則無迹，無迹則人不疑，即疑久將自消。我一著意，自然著迹，著迹則兩相疑，兩相疑則似者皆真，故著意之害大。三五歲之男女終日談笑於市，男女不相嫌，見者亦無疑於男女，兩誠故也。繼母之慈，嫡妻之惠，不能脱然自忘，人未必脱然相信，則著意之故耳。

一人運一甓，其行疾；一人運三甓，其行遲；又二人共輿十甓，其行又遲。比暮而較之，此四人者，其數均。天下之事苟從其所便而足以濟事，不必律之使一也，一則人情必有所苦。先王不苦人所便以就吾之一而又病於事。

人之情，有言然而意未必然，有事然而意未必然者，非勉强於事勢則束縛於體面。善體人者，要在識其難言之情，而不使其爲言與事所苦，此聖人之所以感人心而人樂爲之死也。

人情愈體悉愈有趣味，物理愈玩索愈有入頭。

不怕多感，只怕愛感。世之逐逐戀戀，皆愛感者也。

人情之險也極矣。一令貪，上官欲論之而事泄，彼陽以他事得罪，上官避嫌，遂不敢論。世謂之箝口計。

有二三道義之友，數日别，便相思。以爲世俗之念，一别便生；親厚之情，一别便疏。余曰：「君此語甚有趣。向與淫朋狎友滋味迥然不同，但真味未深耳。孔、孟、顔、思，我輩平生何嘗一接？只今誦讀體認間，如朝夕同堂對語，如家人父子相依。何者？心交神契，千載一時，萬里一身也。久之彼我且無，孰離孰合？孰親孰疏哉？若相與

而善念生，相違而欲心長，即旦暮一生，濟得甚事？

受病於平日，而歸咎於一旦。發源於臟腑，而求效於皮毛。太倉之竭也，責窮於囤底。大廈之傾也，歸罪於一霖。

世之人聞稱人之善輒有妒心，聞稱人之惡輒有喜心，此天理忘而人欲肆者也。孔子所惡，惡稱人之惡；孔子所樂，樂道人之善。吾人豈可另有一副心腸？

人欲之動，初念最熾，須要遲遲，就做便差了。天理之動，初念最勇，須要就做，遲遲便歇了。

凡人爲不善，其初皆不忍也，其後忍不忍半，其後忍之，其後安之，其後樂之。嗚呼！至於樂爲不善而後良心死矣。

聞人之善而掩覆之，或文致以誣其心；聞人之過而播揚之，或枝葉以多其罪。此皆得罪於鬼神者也，吾黨戒之。

「恕」之一字，是箇好道理，看那推心者是甚麼念頭。好色者恕人之淫，好貨者恕人之貪，好飲者恕人之醉，好安逸者恕人之惰慢。未嘗不以己度人，未嘗不視人猶己，而道之賊也。故行恕者不可以不審也。

心怕二三，情怕一。

別箇短長作己事，自家痛癢問他人。

休將煩惱求恩愛，不得恩愛將煩惱。

利算無餘處，禍防不意中。

按：《人情》篇舊凡五十三則，「受病於平日」一則據陸本補。「世人聞稱人之善」以下五則據陳本補。「心怕二三」以下四則據《文集》補。

物理

鴟鴉其本聲也如鵲鳩，然第其聲可憎，聞者以爲不祥，每彈殺之。夫物之飛鳴，何嘗擇地哉？集屋鳴屋，集樹鳴樹，彼鳴屋者，主人疑之矣。不知其鳴於野樹，主何人不祥也？至於犬人行，鼠人言，豕人立，真大異事，然不祥在物，無與於人，即使於人爲凶，然亦不過感戾氣而呈兆，在物亦莫知所以然耳。蓋鬼神愛人，每示人以趨避之幾，人能恐懼修省，則可轉禍爲福。如景公之退孛星，高宗之枯桑穀，妖不勝德，理氣必然。然則妖異之呈兆，即蓍龜之告，繇是吾師也，何深惡而痛去之哉？

春夏秋冬不是四箇天，東西南北不是四箇地，温涼寒熱不是四箇氣，喜怒哀樂不是四箇面。

臨池者不必仰觀，而日月星辰可知也；閉户者不必遊覽，而陰晴寒暑可知也。

有國家者，要知真正祥瑞，真正祥瑞者，致祥瑞之根本也。民安物阜，四海清寧，和氣薰蒸而祥瑞生焉，此至治之符也。至治已成，而應徵乃見者也。即無祥瑞，何害其爲至治哉？若世亂而祥瑞生焉，則祥瑞乃災異耳。是故災祥無定名，治亂有定象。庭生桑穀未必爲妖，殿生玉芝未必爲瑞。是故聖君不懼災異，不喜祥瑞，盡吾自修之道而已。不然豈後世祥瑞之主出二帝三王上哉！

先得天氣而生者，本上而末下，人是已；先得地氣而生者，本下而末上，草木是已。得氣中之質者飛，得質中之氣者走。得渾淪磅礴之氣質者爲山河、爲巨體之物；得游散纖細之氣質者爲蠛蠓蚊蟻蠢動之蟲、爲

苔蘚萍蓬藻節之草。

入釘惟恐其不堅，拔釘惟恐其不出；下鎖惟恐其不嚴，開鎖惟恐其不易。

以恒常度氣數，以知識定窈冥，皆造化之所笑者也。造化亦定不得，造化尚聽命於自然，而況爲造化所造化者乎？堪輿星卜諸書，皆屢中者也。

古今載籍，莫濫於今日，括之有九：有全書，有要書，有贅書，有經世之書，有益人之書，有無用之書，有病道之書，有雜道之書，有敗俗之書。《十三經註疏》、《二十一史》，此謂全書。或撮其要領，或類其雋腴，如《四書》、《六經集註》、《通鑑》之類，此謂要書。當時務中機宜，用之而物阜民安，功成事濟，此謂經世之書。言雖近理，而掇拾陳言不足以羽翼經史，是謂贅書。醫技農卜，養生防患，勸善懲惡，是謂益人之書。無關於天下國家，無益於身心性命，語不根心，言皆應世而妨當世之務，是謂無用之書，又不如贅。佛、老、莊、列是謂病道之書。迂儒腐説賢智偏言，是謂雜道之書。淫邪幻誕，機械夸張，是謂敗俗之書。有世道之責者，不毅然沙汰而芟鋤之，其爲世教人心之害也不小。

火不自知其熱，冰不自知其寒，鵬不自知其大，蟻不自知其小。相忘於所生也。

聲無形色，寄之於器；火無體質，寄之於薪；色無著落，寄之草木。故五行惟火無體而用不窮。

大風無聲，湍水無浪，烈火無焰，萬物無影。

萬物得氣之先。

無功而食，雀鼠是已；肆害而食，虎狼是已。士大夫可圖諸座右。

薰香蕕殠，蕕固不可有薰也，是多了底，不如無臭。無臭者，臭之母也。

聖人因蛛而知網罟，蛛非學聖人而布絲也。因蠅而悟作繩，蠅非學聖人而交足也。物者天能，聖人者人能。

執火不焦指，輪圓不及下者，速也。

柳炭鬆弱無力，見火即盡；榆炭稍强，火稍烈。桑炭强，山栗炭更强，皆逼人而耐久。木死成灰，其性自在。

莫向落花長太息，世間何物無終盡？

按：《物理》篇舊凡十六則，「柳炭鬆弱」一則據陸本補。「莫向落花長太息」一則據《文集》補。

廣喻

劍長三尺，用在一絲之銛刃；筆長三寸，用在一端之銳毫，其餘皆無用之羨物也。雖然，使劍與筆但有其銛者銳者焉，則其用不可施。則知無用者，有用之資；有用者，無用之施。易牙不能無爨子，歐冶不能無砧手，工輸不能無鑽斲。苟不能無，則與有用者等也，若之何而可以相病也？

坐井者不可與言一度之天，出而四顧，則始覺其大矣。雖然，雲木礙眼，所見猶拘也。登泰山之巔，則視天莫知其際矣。雖然，不如身遊八極之表，心通九垓之外，天在胸中如太倉一粒，然後可以語通達之識。

著味非至味也，故玄酒爲五味先；著色非至色也，故太素爲五色主；著象非至象也，故無象爲萬象母；著力非至力也，故大塊載萬物而不負；著情非至情也，故太清生萬物而不親；著心非至心也，故聖人應萬事而不有。

凡病人面紅如赭，髮潤如油者，不治。蓋萃一身之元氣血脈盡於面目之上也。嗚呼！人君富，四海貧，可以懼矣。

有國家者，厚下恤民，非獨爲民也。譬之於墉，廣其下，削其上，乃可固也；譬之於木，溉其本，剔其末，乃可茂也。夫墉未有上豐下狹而不傾，木未有露本繁末而不斃者，可畏也夫！

天下之勢，積漸成之也。無忽一毫，輿羽折軸者，積也。無忽寒露，尋至堅冰者，漸也。自古天下國家身之敗亡，不出「積漸」二字。積之微，漸之始，可爲寒心哉！

火之大灼者無煙，水之順流者無聲，人之情平者無語。

風之初發於谷也，拔木走石，漸遠而減，又遠而弱，又遠而微，又遠而盡，其勢然也。使風出谷也，僅能振葉拂毛，即咫尺不能推行矣。京師號令之首，紀法不可以不振也。

背上有物，反顧千萬轉而不可見也，遂謂人言不可信。若必待自見，則無見時矣。

人有畏更衣之寒，而忍一歲之涷；懼一鍼之痛，而甘必死之瘍者。一勞永逸，可與有識者道。

齒之密比，不嫌於相逼，固有故也。落而補之，則覺有物矣。夫惟固有者，多不得，少不得。

嬰珠佩玉，服錦曳羅，而餓死於室中，不如丐人持一升之粟。是以明王貴用物，而誅尚無用者。

元氣已虛，而血肉未潰，飲食起居不甚覺也。一旦外邪襲之，溘然死矣。不怕千日怕一旦，一旦者，千日之積也。千日可爲，一旦不可爲矣。故慎於千日，正以防其一旦也。有天下國家者，可惕然懼矣。

以果下車駕騏驥，以盆池水養蛟龍，以小廉細謹繩英雄豪傑，善官人者笑之。

水千流萬派始於一源，木千枝萬葉出於一本，人千酬萬應發於一心，身千病萬症根於一臟。眩於千萬，舉世之大迷也；直指原頭，智者之獨見也。故病治一，而千萬皆除；政理一，而千萬皆舉矣。

水、鑑、鐙燭、日月、眼，世間惟此五照宜謂五明。

毫釐之輕，斤鈞之所藉以爲重者也；合勺之微，斛斗之所賴以爲多者也；分寸之短，丈尺之所需以爲長者也。

人中黄之穢，天靈蓋之凶，人人畏惡之矣。卧病於牀，命在須臾，片腦、蘇合、玉屑、金箔固有視爲無用之物，而唯彼之亟亟者，時有所需也。膠柱用人於緩急之際，良可悲矣。

長戟利於錐，而戟不可以爲錐；猛虎勇於貍，而虎不可以爲貍。用小者無取於大，猶用大者無取於小，二者不可以相誚也。

夭喬之物利於水澤，土燥烈，天暵乾，固枯槁矣。然沃以鹵水則黄，沃以油漿則病，沃以沸湯則死。惟井水則生，又不如河水之王。雖然，儻浸漬汪洋，泥淖經月，惟水物則生，其他未有不死者。用恩顧不難哉！

鑑不能自照，尺不能自度，權不能自稱，囿於物也。聖人則自照、自度、自稱，成其爲鑑、爲尺、爲權，而後能妍媸、長短、輕重天下。

冰凌燒不熟，石沙蒸不黏。

火性空，故以蘭麝投之則香，以毛骨投之則殠。水性空，故烹茶則清苦，煮肉則腥羶。無我故也。無我，故能物物。若自家有一種氣味，雜於其間則物矣。物與物交，兩

無賓主，同歸於雜。如煮肉於茶，投毛骨於蘭麝，是謂渾淆駁雜，物且不物，況語道乎？

大車滿載，蚊蚋千萬集焉，其去其來，無加於重輕也。

蒼松古柏與夭桃穠李爭妍，重較鸞鑣與衝車獵馬爭步，豈直不能，亦可醜矣。

射之不中也，弓無罪，矢無罪，鵠無罪。書之弗工也，筆無罪，墨無罪，紙無罪。

鎖鑰各有合，合則開，不合則不開。亦有合而不開者，必有所以合而不開之故也。亦有終日開，偶然抵死不開，必有所以偶然不開之故也。萬事必有故，應萬事必求其故。

窗間一紙，能障拔水之風；胸前一瓠，不溺拍天之浪。其所託者然也。

人有饋一木者，家僮曰：「留以爲梁。」余曰：「木小，不堪也。」僮曰：「留以爲棟。」余曰：「木大，不宜也。」僮笑曰：「木一也，忽病其大，又病其小。」余曰：「小子聽之，物各有宜用也，言各有攸當也。豈惟木哉？」他日爲余生炭，滿鑪烘人。余曰：「太多矣。」乃盡濕之，留星星三二點，欲明欲滅。余曰：「太少矣。」僮怨曰：「火一也，既嫌其多，又嫌其小。」余曰：「小子聽之，情各有所適也，事各有所量也，豈惟火哉！」

海，投以污穢，投以瓦礫，無所不容。取其寶藏，取其生育，無所不與。廣博之量足以納觸忤而不驚，富有之積足以供採取而不竭。聖人者，萬物之海也。

鏡空而無我相，故照物不爽分毫。若有一絲痕，照人面上便有一絲；若有一點瘢，照人面上便有一點，差不在人面也。心體不虛，而應物亦然。故禪家嘗教人空諸有，而吾儒惟有喜怒哀樂未發之中，故有發而中節

之和。

人未有洗面而不閉目，撮紅而不慮手者，此猶愛小體也。人未有過簷滴而不疾走，踐泥塗而不揭足者，此直愛衣履耳。七尺之軀顧不如一履哉？乃沉之滔天情欲之海，擠於焚林暴怒之場，粉身碎體甘心焉而不顧，悲夫！

惡言如鴟梟之噭，閒言如燕雀之喧，正言如狻猊之吼，仁言如鸞鳳之鳴。以此思之，言可弗慎與！

左手畫圓，右手畫方，是可能也。鼻左受香，右受惡；耳左聽絲，右聽竹；目左視東，右視西，是不可能也。二體且難分，況一念而可雜乎！

擲髮於地，雖烏獲不能使有聲；投核於石，雖童子不能使無聲。人豈能使我輕重哉？自輕重耳。

澤潞之役，余與僚友并肩輿。日莫矣，僚友問輿夫：「去路幾何？」曰：「五十里。」僚友憮然。少間，又問：「尚有幾何？」曰：「四十五里。」如此者數問，而聲愈厲，意迫切不可言，甚者怒罵。余少憩車中，既下車，戲之曰：「君費力如許，到來與我一般。」僚友笑曰：「余口津且竭矣，而咽若火，始信兒討得便宜多也。」問卜筮者亦然。天下豈有兒不下迫而強自催生之理乎？大抵皆揠苗之見也。

進香叫佛，某不禁。同僚非之，余憮然曰：「王道荆榛而後蹊徑多，彼所爲誠非善事，而心且福利之，爲何可弗禁？所賴者，緣是以自戒而不敢爲惡也。故歲饑不禁草木之實，待年豐彼自不食矣。善乎孟子之言曰『君子反經而已矣』，『而已矣』三字，旨哉！妙哉！涵蓄多少趣味。」

日食膾炙者，日見其美，若不可一日無。素食三月，聞肉味祇覺其腥矣。今與膾炙人言腥，豈不訝哉！

鉤吻、砒霜也都治病，看是甚麽醫手。

家家有路到長安，莫辨東西與南北。

一薪無焰，而百枝之束燎原。一泉無渠，而萬泉之會溢海。

鐘一鳴，而萬户千門有耳者莫不入其聲，而聲非不足。使鐘鳴於百里無人之野，無一人聞之，而聲非有餘。鐘非人人分送其聲而使之入，人人非取足於鐘之聲以盈吾耳。此一貫之説也。

未有有其心而無其政者，如漬種之必苗，爇蘭之必香。未有無其心而有其政者，如塑人之無語，畫鳥之不飛。

某嘗與友人論一事，友人曰：「我胸中自有權量。」某曰：「雖婦人孺子未嘗不權量，只怕他大斗小秤。」

齁鼾驚鄰而睡者不聞，垢污滿背而負者不見。

愛虺蝮而撫摩之，鮮不受其毒矣。惡虎豹而搏之，鮮不受其噬矣。處小人在不遠不近之間。

玄奇之疾醫以平易，英發之疾醫以深沉，闊大之疾醫以充實。

不遠之復，不若未行之審也。

千金之子，非一日而貧也，日朘月削，損於平日而貧於一旦。不咎其積而咎其一旦，愚也。是故君子重小損，矜細行，防微敝。

上等手段用賊，其次拏賊，其次躲著賊走。

曳新屨者行必擇地，苟擇地而行，則屨可以常新矣。

被桐以絲，其聲兩相借也。道不孤成，

功不獨立。

坐對明鐙，不可以見暗，而暗中人見對鐙者甚真。是故君子貴處幽。

無涵養之功，一開口動身便露出本象，説不得你有灼見真知。無保養之實，遇外感内傷依舊是病人，説不得你有真傳口授。

磨墨得省身克己之法，膏筆得用人處事之法，寫字得經世宰物之法。

不知天地觀四時，不知四時觀萬物。四時分成是四截，總是一氣呼吸。譬如釜水寒温熱涼，隨火之有無而變，不可謂之四水。萬物分來是萬種，總來一氣薰陶，譬如一樹花，大小後先隨氣之完欠而成，不可謂之殊花。

陽主動，動生燥。有得於陽，則袒裼可以卧冰雪。陰主静，静生寒。有得於静，則盛暑可以衣裘褐。君子有得於道，焉往而不裕如哉？外若可撓，必内無所得者也。

或問：「士希賢，賢希聖，聖希天，何如？」曰：「體味之不免有病。士、賢、聖皆志於天，而分量有大小，造詣有淺深者也。譬之適長安者，皆志於長安，其行有疾遲，有止不止耳。若曰跬步者希百里，百里者希千里，則非也。故造道之等，必由賢而後能聖；志之所希，則合下便欲與聖人一般。」

言教不如身教之行也，事化不如意化之妙也。事化信，信則不勞而教成；意化神，神則不知而俗變。螟蛉語生，言化也；鳥孚生，氣化也；鼉思生，神化也。

天道漸則生，躐則殺。陰陽之氣皆以漸，故萬物長養而百化昌遂。冬燠則生氣散，夏寒則生氣收，皆躐也。故聖人舉事不駭人聽聞。

只一條線把緊要機括提掇得醒，滿眼景

物都生色，到處鬼神都嚮應。

一法立而一弊生，誠是。然因弊生而不立法，未見其爲是也。夫立法以禁弊，猶爲防以止水也。堤薄土疏，而乘隙決潰，誠有之矣，未有因決而廢防者。無弊之法，雖堯、舜不能；生弊之法，亦立法者之拙也。故聖人不苟立法，不立一事之法，不爲一切之法，不懲小弊而廢良法，不爲一時之弊而廢可久之法。

廟堂之上，最要蕩蕩平平，寧留有餘不盡之意，無爲一著快心之事。或者不然予言。予曰：「君見懸墜乎？懸墜者以一線繫重物，下垂往來不定者也。當兩壁之間，人以一手撼之，撞於東壁重，則反於西壁亦重，無撞而不反之理，無撞重而反輕之理。待其定也，中懸而止。君快於東壁之一撞，而不慮西壁之一反乎？國家以無事爲福，無心處事，當可而止，則無事矣。」

地以一氣噓萬物而使之生，而物之受其氣者早暮不同，則物之性殊也，氣無早暮。夭喬不同，物之體殊也，氣無夭喬。甘苦不同，物之味殊也，氣無甘苦。紅白不同，物之色殊也，氣無紅白。榮悴不同，物之稟遇殊也，氣無榮悴。盡吾發育之力，滿物各足之分量；順吾生植之道，聽其取足之多寡，如此而已。聖人之治天下也亦然。

口塞而鼻氣盛，鼻塞而口氣盛，鼻口俱塞，脹悶而死。治河者不可不知也。故欲其力大而勢急，則塞其旁流；欲其力微而勢殺也，則多其支派；欲其蓄積而有用也，則節其急流。治天下之於民情也亦然。

木鐘，撞之也有木聲；土鼓，擊之也有土響，未有感而不應者，如何只是怨尤？或曰：「亦有感而不應者。」曰：「以髮擊鼓，以

羽撞鐘，何應之有？」

四時之氣先感萬物而萬物應，所以應者何也？天地萬物一氣也。故春感而糞壤氣升，雨感而礎石先潤。磁石動而鍼轉，陽燧映而火生。況有知乎？格天動物只是這箇道理。

積衰之難振也，如痿人之不能起。然若久痿，須補養之，使之漸起；若新痿，須鍼砭之，使之驟起。

器械，與其備二之不精，不如精其一之爲約。二而精之，萬全之慮也。

我之子我憐之，鄰人之子鄰人憐之，非我非鄰人之子而轉相鬻育則不死爲恩矣。是故公衙不如私舍之堅，驛馬不如家騎之肥，不以我有視之也。苟擴其無我之心，則垂永逸者不憚今日之一勞，惟民財與力之可惜耳，奚必我居也？懷一體者，當使芻牧之常足，惟造物生命之可憫耳，奚必我乘也？嗚呼！天下之有我久矣，不獨此一二事也。學者須要打破這藩籬，纔成大世界。

膾炙之處，蠅飛滿几，而太羹玄酒不至。膾炙日增，而欲蠅之集太羹玄酒，雖驅之不至也。膾炙徹，而蠅不得不趨於太羹玄酒矣。是故返朴還淳，莫如崇儉而禁其可欲。

駝負百鈞，蟻負一粒，各盡其力也。象飲數石，鼷飲一勺，各充其量也。君子之用人，不必其效之同，各盡所長而已。

古人云：「聲色之於以化民，末也。」這箇末，好容易底，近世聲色不行。動大聲色，大聲色不行；動大刑罰，大刑罰纔濟得一半事，化不化全不暇理會。常言三代之民與禮教習，若有奸宄，然後麗刑。如腹與菽粟，偶一失調，始用藥餌。後世之民與刑罰習，若德化，不由日積月累，如孔子之「三年」，王者

之「必世」，驟使欣然向道，萬萬不能。譬之剛腹硬腹之人，服大承氣湯三五劑始覺，而卻以四物、君子補之，非不養人，殊與疾悖，而反生他症矣。卻要在刑政中兼德禮，則德禮可行，所謂兼攻兼補，以攻爲補，先攻後補。有宜攻，有宜補，惟在劑量。民情不拂不縱始得。噫！可與良醫道。

得良醫而撓之，與委庸醫而聽之，其失均。

以莫邪授嬰兒而使之禦虜，以繁弱授蒙瞍而使之中的，其不勝任，授者之罪也。

道途不治，不責婦人；中饋不治，不責僕夫。各有所官也。

齊有南北官道，洿下者里餘，雨多行潦，行者不便，則傍西踏人田行。行數日而成路，田家苦之，斷以橫牆，十步一堵，堵數十焉。行者避牆更西，踏田愈廣，數日又成路。田家無計，乃蹲田邊，且罵且泣，欲止欲訟，而無如多人何也。或告之曰：「牆之所斷已成棄地矣，胡不仆牆而使之通，猶得省於牆之更西者乎！」予笑曰：「更有奇法，以築牆之土墊道，則道平矣。道平人皆由道，又不省於道之西者乎？安用牆爲？」越數日道成，而道傍無一人跡矣。

瓦礫在道，過者皆弗見也。裹之以紙，人必拾之矣。十襲而櫝之，人必盜之矣。故藏之，人思亡之；掩之，人思檢之；圍之，人思窺之；障之，人思望之。惟光明者不令人疑。故君子置其身於光天化日之下，醜好在我，我無飾也；愛憎在人，我無與也。

穩卓脚者，於平處著力，益甚其不平。不平有二：有兩隅不平，有一隅不平，於不少處著力，必致其攲斜。

極必反，自然之勢也。故繩過絞則反

轉，擲過急則反射。無知之物尚爾，勢使然也。

是把鑰匙都開底鎖，只看投簧不投簧。

蜀道不難，有難於蜀道者，只要在人得步。得步則蜀道若周行，失步則家庭皆蜀道矣。

未有冥行疾走於斷崖絶壁之道而不傾跌者。

張敬伯常經山險，謂余曰：「天下事常震於始而安於習。某數過棧道，初不敢移足，今如履平地矣。」余曰：「君始以爲險，是不險；近以爲不險，卻是險。」

君子之教人也，能妙夫因材之術，不能變其各具之質。譬之地然，發育萬物者，其性也，草得之而爲柔，木得之而爲剛，不能使草之爲木，而木之爲草也。是故君子以人治人，不以我治人。

無星之秤，公則公矣，而不分明。無權之秤，平則平矣，而不通變。君子不法焉。

羊腸之隘，前車覆而後車協力，非以厚之也，前車當關，後車停駕，匪惟同緩急，亦且共利害。爲人也，而實自爲也。嗚呼！士君子共事而忘人之急，無乃所以自孤也夫。

萬水自發源處，入百川容不得，入江、淮、河、漢容不得，直流至海則浩浩恢恢，不知江淮幾時入，河漢何處來，兼收而并容之矣。閒雜懊惱，無端謗讟，儻來橫逆，加之衆人不受，加之賢人不受，加之聖人則了不見其辭色，自有道以處之。故聖人者，疾垢之海也。

兩物交必有聲，兩人交必有爭。有聲，兩剛之故也，兩柔則無聲，一柔一剛亦無聲矣。有爭，兩貪之故也，兩讓則無爭，一貪一

讓亦無争矣。抑有進焉，一柔可以馴剛，一讓可以化貪。

石不入水者，堅也；磁不入水者，密也。人身内堅而外密，何外感之能入？物有一隙，水即入一隙；物虚一寸，水即入一寸。

人有兄弟争長者，其一生於甲子八月二十五日，其一生於乙丑二月初三日。一曰：「我多汝一歲。」一曰：「我多汝月與日。」不決，訟於有司。有司無以自斷，曰：「汝兩人者均平，不相兄，更不然遞相兄可也。」此《河圖》大衍對待流行之全數。

撻人者梃也，而受撻者不怨梃；殺人者刃也，而受殺者不怨刃。

人間等子多不準，自有準等兒，人又不識。我自是定等子底人，用底是時行天平法馬。

頸檠一首，足荷七尺，終身由之而不覺其重，固有之也。使他人之首枕我肩，他人之身在我足，則不勝其重矣。

不怕炊不熟，只愁斷了火，火不斷時，煉金賁砂可使爲水作泥。而今冷竈清鍋，卻恁空忙作甚？

王酒者，京師富店也，樹百尺之竿，揭金書之帘，羅玉相之器，繪五楹之室，出十石之壺，名其館曰「五美」。飲者争趨之也，然而酒惡，明日酒惡之名徧都市，又明日門外有張羅者。予歎曰：「嘻！王酒以五美之名而彰一惡之實，自取窮也。」夫京師之市酒者不減萬家，其爲酒惡者多矣，必人人嘗之，人人始知之，待人人知之，已三二歲矣。彼無所表著以彰其惡，而飲者亦無所指記以名其惡也。計所獲，視王酒亦百倍焉。朱酒者酒美，亦無所表著，計所獲，視王酒亦百倍焉。或曰：「爲酒者，將掩名以售其惡乎？」曰：

二者吾不居焉，吾居朱氏。夫名爲善之累也，故藏，修者惡之。彼朱酒者無名，何害其爲美酒哉？」

有膾炙於此，一人曰鹹，一人曰酸，一人曰淡，一人曰辛，一人曰精，一人曰粗，一人曰生，一人曰熟，一人曰適口，未知誰是。質之易牙而味定矣。夫明知易牙之知味，而未必己口之信從，人之情也。況世未必有易牙，而易牙又未易識，識之又未必信從已。嗚呼！是非之難一久矣。

余燕服長公服少許，余惡之，令差短焉。或曰：「何害？」余曰：「爲下者出其分寸長，以形在上者之短，身之災也，害孰大焉？」

水至清不掩魚鰤之細，練至白不藏蠅點之緇，故「清白」二字，君子以持身則可，若以處世，道之賊而禍之藪也。故渾淪無所不包，幽晦無所不藏。

一人入餅肆，問餅直幾何，館人曰：「餅一錢一。」食數餅矣，錢如數與之。館人曰：「餅不用麵乎？應麵錢若干。」食者曰：「是也。」與之。又曰：「不用薪水乎？應薪水錢若干。」食者曰：「是也。」與之。又曰：「不用人工爲之乎？應工錢若干。」食者曰：「是也。」與之。歸而思於路，曰：「吾愚也哉！出此三色錢，不應又有餅錢矣。」

一人買布一匹，價錢百五十。令染人青之，染人曰：「欲青錢三百。」既染矣，踰年而不能取，染人牽而索之曰：「若負我錢三百，何久不與？吾訟汝。」買布者懼，跽而懇之曰：「我布值已百五十矣，再益百五十，其免我乎？」染人得錢而釋之。

無鹽而脂粉，猶可言也；西施而脂粉，不仁甚矣。

昨見一少婦，行哭甚哀，聲似賢節，意甚

憐之。友人曰：「子得無視婦女乎？」曰：「非視也，見也。大都廣衢之中，好醜雜沓，情態繽紛，入吾目者千般萬狀，不可勝數也，吾何嘗視？吾何嘗不見？吾見此婦，亦如不可勝數者而已。夫能使聰明不爲所留，心志不爲所引，如風聲日影然，何害其爲見哉？子欲入市而閉目乎？將有所擇而見乎？雖然，吾猶感心也，見可惡而惡之，見可哀而哀之，見可好而好之。雖情性之正，猶感也，感則人，無感則天。感之正者聖人，感之雜者衆人，感之邪者小人。君子不能無感，慎其所以感之者。此謂動處試静，亂中見治，工夫效驗都在這裏。」

嘗與友人遊圃，品題衆芳。渠以艷色濃香爲第一，余曰：「濃香不如清香，清香不若無香之爲香。艷色不如淺色，淺色不如白色之爲色。」友人曰：「既謂之花，不厭濃艷矣。」余曰：「花也而能淡素，豈不爲尤難哉？若松柏本淡素，則不須稱矣。」

服砒霜巴豆者，豈不得腸胃一時之快？而留毒五臟以賊元氣，病者暗受而不知也。養虎以除豺狼，豺狼盡而虎將何食哉？主人亦可寒心矣。是故梁冀去而五侯來，宦官滅而董卓起。

以佳兒易一跛子，子之父母不從。非不辨美惡也，各有所愛也。

一人多避忌，家有慶賀，一切尚紅而惡素。客有乘白馬者，不令入廐閑。有少年面白者，善諧謔，以朱塗面入。主人驚問，生曰：「知翁之惡素也，不敢以白面取罪。」滿座大笑，主人媿而改之。

有過彭澤者，值盛夏，風濤拍天。及其反也，則隆冬矣，堅冰可履。問舊館人：「此何所也？」曰：「彭澤。」怒曰：「欺我哉！吾

始過彭澤，可舟也，而今可車；始也水活潑，而今堅結。無一似昔也，而君曰彭澤，欺我哉！」

人有夫婦將他出者，託僕守户。愛子在牀，火延寢室，及歸，婦人震號，其夫環庭追僕而杖之。當是時也，汲水撲火，其兒尚可免與？

發去木一段，造神櫝一，鏡臺一，脚桶一。錫五斤，造香鑪一，酒壺一，溺器一。此造物之象也。一段之木，五斤之錫，初無貴賤榮辱之等，賦畀之初無心，而成形之後各殊，造物者亦不知莫之爲而爲耳。木，造物之不還者，貧賤憂戚當安於有生之初；錫，造物之循環者，富貴福澤莫恃爲固有之物。

某嘗入一富室，見四海奇珍山積，曰某物予取諸蜀，某物予取諸越，不遠數千里，積數十年，以有今日。謂予：「公有此否？」曰：「予性無所嗜，設有所嗜，則百物無足而至前。」問：「何以得此？」曰：「我只是積錢。」

弄潮於萬層波面，進步於百尺竿頭。

人之手無異於己之手也，腋肋足底，己摸之不癢，而人摸之則癢。補之齒不大於己之齒也，己之齒不覺塞，而補之齒覺塞。

四脚平穩，不須又加搘墊。

只見倒了牆，幾曾見倒了地？

無垢子浴面，拭之以巾。既而洗足，仍以其巾拭之。弟子曰：「舛矣！先生之用物也，即不爲物分清濁，豈不爲身分貴賤乎？」無垢子曰：「嘻！汝何太分別也？足未濯時，面潔於足；足既濯時，何殊於面？面若不浴，面同於足；潔足污面，孰貴孰賤？」予謂弟子曰：「此禪宗也。分別與不分別，此孔、釋之所以殊也。」

兩家比舍而居，南鄰牆積，北鄰爲之塗墐丹堊，而南鄰不歸德。南鄰失火，北鄰爲之焦頭爛額，而南鄰不謝勞。

喜者大笑，而怒者亦大笑；哀者痛哭，而樂者亦痛哭；歡暢者歌，而憂思者亦歌；逃亡者走，而追逐者亦走。豈可以形論心哉？

抱得不哭孩兒易，抱得孩兒不哭難。

疥癬雖小疾，只不染在身上就好，一到身上，難説是無病底人。

一滴多於一斚，一分長似一尋，誰謂細微可忽？死生只繫滴分。

四板築牆，下面仍爲上面；兩杆推磨，前頭即是後頭。

白花菜，掐不盡，一股掗十頭，一夜生三寸。

鑽腦既滑忙搘索，軋頭纔轉緊蹬杆。誰見八珍能半飽，我欲一捷便收兵。

水銀豈可蕩漾，沐猴更莫教調。

賦蠶一聯：苟絲綸之既盡，雖鼎鑊其奚辭。

詠輿夫一聯：倒垂背上珍珠樹，高起肩頭瑪瑙峰。

按：《廣喻》篇舊凡一百一十則，「某嘗入一富室」以下十則據陸本補。「一滴多於一斚」以下八則據《文集》補。

詞章

六經之文不相師也，而後世不敢軒輊。後之爲文者，吾惑矣。擬韓臨柳，效馬學班，代相祖述，竊其糟粕，謬矣！夫文以載道也，苟文足以明道，謂吾之文爲六經可也。何也？與六經不相叛也。否則發明申、韓

之學術，飾以六經之文法，有道君子以之覆瓿矣。

詩詞文賦都要有箇憂君愛國之意，濟人利物之心，春風舞雩之趣，達天見性之精，不爲贅言，不襲餘緒，不道鄙迂，不言幽僻，不事刻削，不徇偏執。

一先達爲文，示予令改之，予謙讓。先達曰：「某不護短，即令公笑我，只是一人笑；若爲我回護，是令天下笑也。」予極服其誠，又服其智。嗟夫！惡一人面指，而安受天下之背笑者，豈獨文哉？豈獨一二人哉？觀此可以悟矣。

議論之家，旁引根據，然而據傳莫如據經，據經莫如據理。古今載籍之言，率有七種：一曰天分語。身爲道鑄，心是理成，自然而然，毫無所爲，生知安行之聖人。二曰性分語。理所當然，職所當盡，務滿分量，斃而後已，學知利行之聖人。三曰是非語。爲善者爲君子，爲惡者爲小人，以勸賢者。四曰利害語。「作善降之百祥，作不善降之百殃」，以策衆人。五曰權變語。託詞畫策以應務。六曰威令語。五刑以防淫。七曰無奈語。五兵以禁亂。此語之外，皆亂道之談也。學者之所務辨也。

疏狂之人多豪興，其詩雄，讀之令人灑落，有起懦之功。清逸之人多芳興，其詩俊，讀之令人自愛，脱粗鄙之態。沉潛之人多幽興，其詩澹，讀之令人寂靜，動深遠之思。沖淡之人多雅興，其詩老，讀之令人平易，消童稚之氣。

愁紅怨緑是兒女語，對白抽黄是騷墨語，歎老嗟卑是寒酸語，慕羶附腥是乞丐語。

艱語深辭，險句怪字，文章之妖而道之賊也，後學之殃而木之災也。路本平而山谿

之，日月本明而雲霧之，無異理有異言，無深情有深語，是人不誠而是書不焚，有世教之責者之罪也。若曰其人學博而識深，意奥而語奇，然則孔、孟之言淺鄙甚矣！

聖人不作無用文章，其論道則爲有德之言，其論事則爲有見之言，其敘述歌詠則爲有益世教之言。

真字要如聖人燕居，危坐端莊而和氣自在；草字要如聖人應物，進退存亡，辭受取予，變化不測，因事異施而不失其中。要之同歸於任其自然，不事造作。

聖人作經，有指時物者，有指時事者，有指方事者，有論心事者，當時精意與身往矣。話言所遺，不能寫心之十一，而儒者以後世之事物、一己之意見度之，不得則强爲訓詁。嗚呼！漢、宋諸儒不生，則先聖經旨後世誠不得十一，然以牽合附會而失其自然之旨者亦不少也。

聖人垂世則爲持衡之言，救世則有偏重之言。持衡之言達之天下萬世者也，可以示極；偏重之言因事因人者也，可以矯枉。而不善讀書者，每以偏重之言垂訓，亂道也夫！誣聖也夫！

言語者，聖人之糟粕也。聖人不可言之妙，非言語所能形容。漢、宋以來，解經諸儒泥文拘字，破碎牽合，失聖人天然自得之趣，晦天下本然自在之道，不近人情，不合物理，使後世學者無所適從。且其負一世之高名，係千古之重望，遂成百世不刊之典。後學者豈無千慮一得，發前聖之心傳而救先儒之小失？然一下筆開喙，腐儒俗士不辨是非，噬指而驚，掩口而笑，且曰：「兹先哲之明訓也，安得妄議？」噫！此誠信而好古之義也，泥傳離經，勉從强信，是先儒阿意曲從之

子也。昔朱子將終，尚改《誠意》註説，使朱子先一年而卒，則《誠意》章必非精到之語；使天假朱子數年，所改寧止《誠意》章哉！

聖人之言，簡淡明直中有無窮之味，大羹玄酒也。賢人之言，一見便透而理趣充溢，讀之使人豁然，膾炙珍羞也。

聖人終日信口開闔，千言萬語，隨事問答，無一字不可爲訓。賢者深沉而思，稽留而應，平氣而言，易心而語，始免於過。出此二者而恣口放言，皆狂迷醉夢語也。終日言無一字近道，何以多爲？

詩，低處在覓故事，尋對頭；高處在寫胸中自得之趣，説眼前見在之景。

自孔子時，便説「史不闕文」，又曰「文勝質則史」，把「史」字就作了一「僞」字看。如今讀史，只看他治亂興亡足爲法戒，至於是非真僞，總是除外底。譬之聽戲文一般，何須問他真假，只是足爲感創，便於風化有關。但有一椿可恨處，只緣當真看，把僞底當真；只緣當僞看，又把真底當僞。這裏便宜了多少小人，虧枉了多少君子。

詩辭要如哭笑，發乎情之不容已，則真切而有味。果真矣，不必較工拙。後世只要學詩辭，然工而失真，非詩辭之本意矣。故詩辭以情真切、語自然者爲第一。

古人無無益之文章，其明道也，不得不形而爲言；其發言也，不得不成而爲文。所謂因文見道者也，其文之古今工拙無論。唐、宋以來，漸尚文章，然猶以道飾文，意雖非古而文猶可傳。後世則專爲文章矣。工其辭語，涣其波瀾，鍊其字句，怪其機軸，深其意指，而道則破碎支離，晦盲否塞矣。是道之賊也，而無識者猶以文章崇尚之，哀哉！

文章有八要：簡、切、明、盡、正、大、温、雅。不簡則失之繁冗，不切則失之浮泛，不明則失之含糊，不盡則失之疏遺，不正則理不足以服人，不大則失冠冕之體，不温則暴厲刻削，不雅則鄙陋淺俗。廟堂文要有天覆地載，山林文要有仙風道骨，征伐文要有吞象食牛，奏對文要有忠肝義膽。諸如此類，可以例求。

學者讀書，只替前人解説，全不向自家身上照一照。譬之小郎，替人負貨，努盡筋力，覓得幾文錢？更不知此中是何細軟珍重。

《太玄》雖終身不看亦可。

自鄉舉里選之法廢，而後世率尚詞章。唐以詩賦求真才，更爲可歎。宋以經義取士，而我朝因之。夫取士以文，已爲言舉人矣，然猶曰「言心聲也」，因文可得其心，因心可知其人。其文爽亮者，其心必光明，而察其粗淺之病；其文勁直者，其人必剛方，而察其豪悍之病；其文藻麗者，其人必文采，而察其靡曼之病；其文莊重者，其人必端嚴，而察其寥落之病；其文飄逸者，其人必流動，而察其浮薄之病；其文典雅者，其人必質實，而察其樸鈍之病；其文雄暢者，其人必揮霍，而察其跅弛之病；其文温潤者，其人必和順，而察其巽軟之病；其文簡潔者，其人必修謹，而察其拘攣之病；其文深沉者，其人必精細，而察其陰險之病；其文沖澹者，其人必恬雅，而察其懶散之病；其文變化者，其人必圓通，而察其機械之病；其文奇巧者，其人必聰明，而察其怪誕之病；其文蒼老者，其人必不俗，而察其迂腐之病。有文之長而無文之病，則其人可知矣。文即未純，必不可棄。今也但取其文而

已。見欲深邃，調欲新脱，意欲奇特，句欲飣餖，鍛鍊欲工，態度欲俏，粉黛欲濃，面皮欲厚。是以業舉之家棄理而工辭，忘我而徇世。剽竊湊泊，全無自己神情；口語筆端，迎合主司好尚。沿習之調既成，本然之天不露。而校文者亦迷於世調，取其文而忘其人，何異暗摸而辨蒼黄，隔壁而察妍媸，欲得真才，豈不難哉？隆慶戊辰，永城胡君格誠登第三場，文字皆塗抹過半。西安鄭給諫大經所取士也，人皆笑之。後余閲其卷，乃歎曰：「塗抹即盡，棄擲不能，何者？其荒疏狂誕，繩之以舉業，自當落第。而一段雄偉器度，爽朗精神，英英然一世豪傑如對其面。其人之可收自在文章之外耳。胡君不羈之才，難挫之氣，吞牛食象，倒海衝山，自非尋常庸衆人。惜也以不合世調，竟使沉淪。」余因拈出，以爲取士者不專在數篇工拙，當得之牝牡驪黄之外也。

萬曆丙戌而後，舉業文字如晦夜濃陰封地穴，閉目蒙被滅鐙光。又如墓中人説鬼話，顛狂人説風話，伏章人説天話。又如《楞嚴》、《孔雀》，呪語真言，世道之大妖也。其名家云：「文到人不省得處纔中，到自家不省得處纔高中。」不重其法，人心日趨於魑魅魍魎矣。或曰：「文章關甚麽人心世道？」嗟！嗟！此醉生夢死語也。國家以文取士，非取其文，因文而知其心，因心而知其人，故取之耳。言若此矣，謂其人曰光明正大之君子，吾不信也。且録其人曰中式，進呈其文曰中式之文，試問其式安在？乃高皇帝所謂文理平通明順典實者也？今以編造晦澀妄誕放恣之辭爲式，悖典甚矣。今之選試官者必以高科，其高科所中，便非明順典實之文；其典試也，安得不黜明順典實之

士乎？人心巧僞，皆此文爲之祟耳。噫！是言也，向誰人道？不過仰屋長太息而已。使禮曹禮科得正大光明執持風力之士，無所畏徇，重一懲創，一兩科後無劉幾矣。

《左傳》、《國語》、《戰國策》，春秋之時文也，未嘗見春秋時人學三代。《史記》、《漢書》，西漢之時文也，未嘗見班、馬學《國》、《左》。今之時文安知非後世之古文？而不擬《國》、《左》則擬《史》、《漢》，陋矣！人之棄己而襲人也。六經、四書，三代以上之古文也，而不擬者何？習見也。甚矣！人之厭常而喜異也。余以爲文貴理勝，得理何古何今？苟理不如人，而摹倣於句字之間，以希博洽之譽，有識者恥之。

詩家無拘鄙之氣，然令人放曠；詞家無暴戾之氣，然令人淫靡；道學自有泰而不驕，樂而不淫氣象，雖寄意於詩詞，而綴景言情皆自義理中流出，所謂「吟風弄月，有『吾與點也』之意」。

按：《詞章》篇舊凡二十五則，「詩家無拘鄙之氣」一則據陳本補。陳本尚有「簡而當事」一則，係原書「自非生知之聖」一則結尾，別刻誤入《補遺》，今不複載。

呻吟語卷六畢

呻吟語疑

吕新吾先生《呻吟語》一書，鞭策身心，箴砭末俗，有功世道非淺。然其間亦有一二可疑者，謹誌之以質君子。意在舍瑕取瑜，非敢妄議論先儒也。當湖後學陸隴其識。

一條謂：「内外本末交相培養，此語余所未喻。只有内與本，那外與末張主得甚？」愚謂此似與孟子「持志養氣」之論顯背。《易》言「敬以直内，義以方外」，亦是交相培養，若輕視外與末，豈程子所謂「體用一原」者乎？聖賢之學雖云美在其中則自然暢於四肢，發於事業。然欲其中之充實，非内外本末交相培養不可。

一條謂：「性只有一箇，纔説五，便著情種矣。」愚謂若如佛氏以知覺爲性，則性只有一箇。若如程、朱言「性即理也」，則理有分有合，合之則爲一，分之則爲五。安得謂性只有一箇？

一條謂「先天，理而已；後天，氣而已。」愚謂先天後天似不可以理氣分。

一條謂：「人問君是道學否？曰：我不是道學。是仙學否？曰：我不是仙學。是釋學否？曰：我不是釋學。是老、莊、申、韓學否？曰：我不是老、莊、申韓學。畢竟是誰家門户？曰：我只是我。」又一條謂：「宋儒紛紛聚訟語且莫理會，只理會自家，何等簡徑。」愚謂此二條是不欲專主宋儒之學而自成一家。但宋儒不同，如吕、謝、游、楊、象山、慈湖，不主之可也。若周、程、張、朱之學，即孔、孟之學也，可概以宋儒目之而曰「且莫理會，我只是我」乎？人苟有我，只是

我之心何所不至邪？

一條言：「堯、舜至孔子都不自滿假，孟子自任太勇，自視太高，而孜孜向學，欿然自歉之意似不見有。宋儒談論都是道理，身所持循亦不染世俗，豈不是聖賢路上人？只是自家平生之所不足者，再不肯口中説出，以自勉自責；亦不肯向別人招認，以求相勸相規。所以自孟子以來學問，都似登壇説法，直下承當，與聖人作用不同。」愚謂此等病痛，只可以言金谿、姚江一流，不可以言孟子及周、程、張、朱。

一條謂：「《儀禮》是嚴苛煩細之聖人所爲。」愚謂時勢不同，《儀禮》亦或有不可行於今者，而遽以「嚴苛煩細」目之，可乎？

一條謂：「漢儒雜道，宋儒隘道。宋儒自有宋儒局面，學者若入道，且休著宋儒橫其胸中，只讀六經、四書而體玩之，久久胸次自是不同。」又一條言：「漢儒無見於精，宋儒無見於大。」愚按：此二條皆不分別，概稱宋儒，舉周、程、張、朱而謂之「隘」，謂之「無見於大」，可乎？舍周、程、張、朱而讀六經、四書，猶入室而不由户也。明季諸儒何人不讀六經、四書？只是不肯從周、程、張、朱入門，故各以其所見窺測聖人之意，遂成一横議世界。聖賢之書適助其氣質之偏而已。殷鑒不遠，不敢不懼。

一條謂：「明道答安石，能使愧屈；伊川答子由，遂激成三黨。可以觀二公所得。」愚謂尊明道而抑伊川，嘉、隆以來諸儒議論多如此。其實明道、伊川雖一寬和、一嚴厲，然不可以遽分優劣。寬和有寬和好處，嚴厲有嚴厲好處。明道能屈安石，伊川不能服子由者，蓋安石尚能容明道，而子由不能容伊川也。此是王、蘇二公之有優劣，非明道、伊川

有優劣也。

一條謂：「明道在朱、陸之間。」愚按：朱子之學即明道之學也，象山之學則與明道相冰炭者也。特明道之言間多渾融，爲陸學者往往假借之以伸其説，遂謂「明道在朱、陸之間」，可乎？

一條謂：「明道不落塵埃，多了看釋、老；伊川終是拘泥，少了看莊、列。」愚謂明道看釋、老，何嘗有一些釋、老之累？若以伊川爲拘泥而欲以莊、列融之，則亦不成其爲伊川矣。

一條謂：「儒者惟有建業立功是難事。自古儒者成名，多是講學著述。人未嘗盡試所言，恐試後，縱不邪氣，其實成箇事功，不狼狽以敗者定不多人。」愚謂此不知指何等樣儒者？若程、朱大儒，任之以事，亦豈狼狽以敗乎？是何視功業重而儒術輕也？

一條謂：「多學而識，是中人以下學問。教有頓、漸二門。」愚謂「博文約禮」，聖門教人只有此一法。謂有頓、漸二門者，此嘉、隆以來諸儒陰入於禪者之言也。

一條謂：「有不容已之真心，自有不可易之良法。其處之未必當者，必其思之不精者也；其思之不精者，必其心之不切者也。」

又一條謂：「周公是一部活《周禮》，世只有周公不必有《周禮》。」愚按：此與孟子仁心仁政之説不同，不如程子云「有《關雎》、《麟趾》之精意，然後可以行《周官》之法度」説得無弊。

一條謂：「《中庸》爲賢、智而作。」愚謂《中庸》爲知、愚、賢、不肖而作，不是專爲賢、知。

一條謂：「六經言道而不辨，辨自孟子始。」愚謂唐、虞之吁、咈即辨也，不可謂自孟

子始。

一條謂：「申、韓亦王道之一體，聖人何嘗廢刑名不綜核？四凶之誅，舜之申、韓也；少正卯之誅，侏儒之斬，三都之墮，孔子之申、韓也。即雷霆霜雪，天亦何嘗不申、韓哉？」愚謂王道之與申、韓，猶珷玞之與美玉也。王道未嘗無刑罰，然非申、韓之刑罰也。其體則仁，其用則義，故曰「天討」。若申、韓，則以殘酷之心行殘酷之事而已。故謂聖人不廢刑罰則可，謂聖人不廢申、韓則不可。舜、孔子之事豈可與申、韓同日論哉？舜、孔子所行，王道也。申、韓者，王道之罪人也。若以申、韓之刑罰爲王道之一體，則桑、孔之理財，亦王道之一體與？

一條謂：「聖人之爲政也法天，當寬則用春夏，當嚴則用秋冬，而常持之體則於嚴威之中施長養之惠。」又一條謂：「居上以寬爲本，未嘗以寬爲政。」愚謂嚴威中施長養，是以嚴爲體也，不如曰長養中施嚴威。蓋嚴不可少，而非所以爲體也。居上以寬爲本，本非在政之外，本亦政也，謂未嘗以寬爲政可乎？聖人爲政，寬處常多，嚴特偶用耳。雷霆霜雪，豈天所常用乎？子産爲政不專於寬，而孔子謂之惠人者，亦以其寬處常多耳，非謂子産政多尚嚴，只懷一箇寬的心也。董生「任德不任刑」之論，豈欺我哉？我浙張考甫先生云：「陰陽之體固是對待，然人之一身，當使陽和之氣多，而陰肅之氣少。」蓋陽饒陰乏，理固如此。新吾先生之言，蓋欲以救一時姑息之弊，與崔子真《政論》同一意思，然卻未免於偏。

呻吟語疑畢

東林書院會語

（存目，見《高子遺書》）

〔明〕高攀龍　撰

榕壇問業

〔明〕黄道周 撰

陳憲猷 校點

目録

校點説明

《榕壇問業》十八卷，明黄道周撰。黄道周（一五八五—一六四六），初名螭若，字玄度、幼平（一作幼玄、幼元）、細遵，福建漳浦（今漳州市）人。幼年生活於家鄉孤島銅山石室，故學者稱石齋先生、石道人。明天啟二年（一六二二）進士，授翰林院編修，官至少詹事。福王時任禮部尚書，隆武時任首輔，積極參與抗清活動，婺源一役兵敗，被執至江寧（今南京市），於明太祖陵寢附近不屈而死。謚忠端。

黄道周一生主要從事著述和講學活動，從遊者達幾千人。他的學術思想主要是對程朱的繼承和發展，學術歸宿乃希望實現「修身齊家治國平天下」的理想，所以他强調學問的功夫在於「躬行」，在於「實踐」，反對空談「性命」之學。著述有《易象正》、《三易洞璣》、《洪範明義》、《月令集傳》、《表記集傳》、《坊記集傳》、《緇衣集傳》、《儒行集傳》、《孝經集傳》、《春秋揆》、《太函經》、《續離騷》、《石齋集》、《黄漳浦集》、《榕壇問業》等四十餘種。

《榕壇問業》一書主要是黄道周在崇禎七年（一六三四）至崇禎八年兩年間，於其家鄉芝山之正學堂講學時，對學生提出的疑難問題所作的答問。這些答問的記録，後來由他與學生一起彙編爲此書的前十六卷。第十七卷爲黄道周崇禎八、九年間答覆友人問難的文字，第十八卷則爲黄氏命弟子代答同學蔣德璟所問的内容。全書重點討論儒家經典中的一些用語和章句，亦討論了大量有關歷史、天文、地理、音律、曆法等問題，涉及面十分廣泛。

《榕壇問業》各卷雖由其學生編輯，但據清代藏書家瞿啟甲考證，最後則由黄道周勘定。此書最初刊行於崇禎十年（一六三七），此即後人所稱之「明刊本」。

清代有所謂林文堂乾隆十五年郭文焰刻本及乾隆二十一年郭文焰刻本。對比此兩版本，無論頁

數、每頁的行數、每行的字數及字體，乃至漏植、誤植、空奪的文字均完全相同。有理由認爲郭氏乃初刻於林文堂，至二十一年又原版再印，兩者其實是同一個版本，故統稱之爲郭氏刻本。儘管此本錯漏或誤植、挖空的地方較多，但一些字、句則明顯不同於《四庫全書》本，而與崇禎十年明刊本較爲接近，對閱讀《榕壇問業》是頗有啟發的。

文淵閣《四庫全書》收《榕壇問業》於「子部・儒家類」，據《四庫全書總目提要》稱，所用版本乃「福建巡撫采進本」，這个采進本今天已不知其詳。四庫本與崇禎十年明刊本比較，有明顯的差別，例如它避諱「夷」、「氐」、「戎狄」、「虜」、「胡騎」、「胡樂」等語，又缺少每卷刻勒者的姓名，及黃道周對該卷認可的簽識。於卷十八及所附蔣先生問語中更刪去若干段文字。至於個別字、詞的差異更時有發生。這些差異對明刊本提供了不少可供校勘的資料。

至於《四庫全書》的文津閣、文瀾閣藏本，因與文淵閣本出入不大，故不用作校點依據了。

黃宗羲《明儒學案》卷五十六參考清人范鄗鼎《廣理學備考・黃幼玄集》，節錄了《榕壇問業》中大量文字，這些節録文字對認識《榕壇問業》具有一定參考價值。

此次校點即以臺北市「國家圖書館」所藏崇禎十年「明刊本」爲底本，以景印文淵閣《四庫全書》本（簡稱「四庫本」）、郭氏刻本爲校本，參校以《明儒學案》等書。一九三六年，上海商務印書館出版了「鐵琴銅劍樓」所藏《黃石齋先生〈榕壇問業〉真蹟》，其內容實為《榕壇問業》第八卷。瞿啟甲先生在題識中指出，這是黃道周的手稿，其中筆誤頗多，後來都在定稿時得到了修正。這個本子，我們在校點時就作參考之用，稱為「手稿本」。

校點者　陳憲猷

姓氏

洪　琦字兆雲　問業六則
許國懋字二懋　問業六則
鄒　遷字德基亦字定基　問業三則
游漢龍字鱗長　問業四則
柯麟都字魯生　問業五則
涂盛際字爾虞　問業一則
朱家佐字君薦　問業三則
盧仲高字孝登　問業三則
趙從龍字希五　問業三則
鄭　煜字孟儲　問業十一則
尤廷拔字詹茹　問業五則
周　驥字房仲　問業四則
張啓俊字師乂　問業三則
林巍忠字朋夔　問業九則
張　謹字藹士　問業一則
唐開先字伯玉　問業八則
尹　昊字孟寶　問業一則
黃　掄字少文亦字太文　問業三則
趙證覺字與蓮　問業六則
陳見龍字非魚　問業二則
許登垣字汝翼　問業七則
黃靖節字共爾　問業五則
柯幹翰字登南　問業二則
吳鶴丹字雲赤亦字雲尺　問業一則
沈文燧字若木　問業五則
郭玄祐字受子　問業二則
洪以儀字羽可亦字扶光　問業一則
唐學瑒字君瓚　問業六則
施日熺字非昃　問業一則
唐　璟字君章　問業六則

劉建槐字仲晃亦字河間　問業一則
戴　華字尊樸亦字仍樸　問業三則
黄秉琰字君琬　問業一則
林欽晉字非著　問業十三則
高昌祚字子羽　問業一則
楊　俊字峻人　問業六則
張應熊字非熊　問業一則
羅　應字期生　問業十五則
洪京榜字尊光亦字一郎　問業二十七則
唐懋元字偉倫　問業八則
吕士壃字而遠　問業十七則
蘇棠芾字伯韡　問業三則
侯世漼字晉水　問業十則
魏公胤字伉侯　問業一則
吕士坊字而德　問業二十則
黄士聰字率中　問業五則
鄭之彌字非愈　問業二則

謝宸楫字爾剡　問業六則
張　汴字子京　問業三則
張　垣字元屏　問業五則
林期捷字興公　問業五則
鄭　燫字枕石　問業一則
謝鴻奇字有懷　問業九則
謝宸櫟字爾載　問業八則
蔣　昇字仲旭　問業六則
盧應珠字季光亦字淵照　問業一則
張瑞鍾字勗之　問業十二則
盧　鑽字君復　問業一則
張子楬字吉甫亦字昂生　問業三則
朱之俊字季乂　問業五則
王麒生字千里　問業九則
劉　濟字賡美　問業七則
楊天宰字玉宸亦字元功　問業八則
張鳴駿字德聲　問業一則

張　璵字鎮樸　問業五則
魏呈習字秉德　問業十則
王經邦字豐功　問業八則
鄭麒禎字肇中　問業五則
劉　淳字賡穆　問業七則
戴垂寶字石星　問業七則
黃居禎字介俶　問業十則
黃　啓字芼人　問業二則
楊貞嘉字元實　問業三則
朱　垣字伯勤　問業一則
戴昌祖字眉仲亦字明遠　問業五則
李長滙字質嘉　問業四則
王命瑶字元槐　問業二則
吴鴻丹字雲磐亦字太灝　問業一則
余光宸字玉斧　問業一則
柯廷熑字威公　問業二則
吴國球字共玉　問業一則
陳有度字無涯　問業一則
劉　瀍字賡言　問業三則
劉金鼎字駿聲　問業一則
余長祚字錫侯　問業三則

附　見

陳奎輝字克韞長樂人　問業十則
劉中藻字薦叔福安人　問業二則
薛大志字當世寧德人　問業四則
徐明彬字晉斌梁山人　問業一則
劉善懋字完公鎮海人　問業一則
陳藎謨字獻可檇李人　問業一則

榕壇問業第一卷

門人張瑞鍾勒編

甲戌五月十有六日，榕壇諸友會於芝山之正學堂，坐定，發端便以格物致知、物格知至爲第一要義。云此義明時，雖仲尼、子淵坐晤非遠；此義不明，雖祖朱禰陸到底不親。諸賢寂然，未有問難。仰視屏間，有李見羅《講義》一章，顧問諸賢云：此章講義盡未？諸賢又寂然，意似未盡者。某云：千古聖賢學問，只是致知，此「知」字只是「知止」，試問「止」字的是何物？象山諸家説「向空去」，從不聞空中有箇止宿；考亭諸家説「逐物去」，從不見即事即物止宿得來。此止字只是至善，至善説不得物。畢竟在人身中，繼天成性，包裹天下，共明共新，❶不説物不得。此物粹精，周流時乘，在吾身中獨覺獨知，是心是意；在吾身對照過，共覺共知，是家國天下。世人只于此處不明，看得吾身内外有幾種事物，着有着無，愈去愈遠。聖人看得世上只是一物，極明極親，無一毫障礙。以此心意，澈地光明，纔有動處，更無邪曲，如日月一般，故曰明明德于天下。學問到此處，天地皇王都於此處受名受象，不消走作，亦更無復走作、那移去處，故謂之「止」。自宇宙内外，有形有聲，至聲臭斷處，都是此物貫徹，如南北極作定盤針，不繇人安排得住。繼之成之，誠之明之，擇之執之，都是此物。指明出來，則直曰「性」；細貼出

❶「新」，《明儒學案》卷五十六作「性」。

來，則爲心、爲意、爲才、爲情。從未有此物不明，可經理世界，可通透照耀。説此話尋常，此物竟無着落。試問諸賢，家國天下與吾一身可是一物？可是兩物？又問：吾身有心、有意、有知，夢覺形神可是一物？兩物？自然谺然，摸索未明，只此是萬物同原推格不透處。格得透時，麟、鳳、蟲、魚一齊拜舞；格不透時，四面牆壁，無處藏身。此是古今第一本義，舍是本義更無要説，亦更不消讀書做文章也。諸賢釋然，各有所得。時日已可中，諸賢各濡墨自就課義。晚刻徵完，急共辯論。廿三人中半依朱義，無爲陸氏之説者，私喜晦翁實詣之效，一遂至此。自關諸賢悟性，厭薄鑿空，非爲功令所懾。坐問紬繹，謝有懷、趙與蓮、吴雲赤、鄭孟儲、洪尊光、唐伯玉、盧君復、黄太文、尹孟實各作有本之物，知止之知；楊玉宸直指誠身明善；盧孝登、尤詹茹、張昴之、德聲、唐君章、君瓚參酌明善窮理之間；黄共爾、魏伉侯、王豐功、王元槐、戴石星、張鎮樸、元屏各依朱義，以即物窮理爲最實詣，意欣然各得。坐後且別，乃訂諸賢翼日各質所疑。既翼日，再補「强恕」一義，謂前義已明，無復以「格致精微」一再推勘者。唯唐伯玉、趙與蓮、鄭孟儲再申此意，遂以諸賢辯質略載於後。

唐伯玉問云：格物致知，紫陽、文成兩家互觭。紫陽亦有參合内外底説，晚年亦説象山底是，今日已盡破諸紛紛了。但如此「知」字與「知止」、「知先後」是一是二？與「慮」字亦頗有層次異同不？某云：是問得好，「明」是「知」之晶光，「慮」是「知」之照耀，同一日光從地出來，透暑透寒，是他格物；從天穿過，有晦有朔，是他能慮。從天外看

日，只是一片光明；從地中看日，要是容光必照。即此物是有本的物，即此物是不遷的止，即此物是先天獨存、不落後着。唐云：如此，則前日課中吳兄説「先天之知」極是，又如何嫌他？某云：實會的人，且不要高聲。

趙與蓮問云：博約兼該孔門正印，鵝湖横分德性、問學爲二，離德性既無處尋學問，抛學問又把德性如何尊？今日説事物歸原，不知德性、問學可是一物？尊之、道之可是一事不？某云：物既不分，事又何别？如説德性無物，便使學問無事，既有源瀾，正好觀看。須信尊是至善寶座，道是格致威儀。

鄭孟儲問云：「格物」之「物」若果有物，「致知」之「知」應别有知。夫子直説「知之爲知之，不知爲不知，是知也」，此「知」字豈有物在？某云：此看極細。夫子生平説「無知」，《中庸》都説「有物」；佛家極要説「無物」，諸乘都説「有知」，此是玄黄之判。然是夫子對子路説得不同，異日無端特呼子路云「由，知德者鮮矣」，彼「知」字若是無物，則此「德」字亦是無知了。此處參透，于本始工夫定無疑誤。

翼日，張德聲又問：「格物」如是有物，則夫子居恒所説「知之者」、「好之者」、「樂之者」、「生而知之」、「學而知之」、「困而知之」、「好古，敏以求之」、「見而知之」、「聞而知之」，此數「之」字竟指何物？如是無物，又何須着此嗤謎？❶某云：如賢説，較孟儲又緊。聖賢出世，只爲此「知」未了，未能與日光并亮。以此不寢不食，仰思待旦，發憤終

❶「嗤」，四庫本作「啞」。

身。如是一句指得，何消如此？德聲云：如有難指處，則萬物一物，了不得此物；衆明同明，了不得此知。任從今日說天下身心洞然無間，猶須終日不食，守此疑圈也。❶某云：且不要疑他。子思說「至誠動物」，《書》云「至誠感人」，人與天地萬物決有通透一路，只怕人心麤眼窄耳。此赫赫原頭，切勿礙空礙實。

是日，唐君瓚推拓此義于象山、涑水、近代姚江異同，上下對得甚明。大要宗主紫陽，以窮至物理爲有體有用。某但云：如賢說，都是不須辨折。末後又問云：如下章「峻德格上下」，《中庸》云中和成位育，此格致又決不從事物上尋求。某亦云：不須辨折，如賢都說得是。是日開駁已透，意諸賢中必有舉「聽訟」一章爲問者，久之，了不復及。意此事不過是身心中一事，蚤年亦嘗講過，遂可付之無言。

翼日，諸賢又說聖門只是論仁，他無要義。格致之義可是仁不？某云：爲有此箇，纔看得萬物皆備。古今來只有《西銘》極透此意，勿說「萬物一體」是腐生之陋談。

盧孝登云：且放下物格知至，如《論語》「約樂」章，說仁、說智、說處約、處樂，仁可是「物格」？知可是「知至」？處約、處樂可是物？是事？某云：此正是「止」處。如夫子說「聽訟猶人」是仁是智？那無情之情，欲盡之詞，是善物不善物？善事不善事？如要與他搬弄，雖終年閣筆，不得做府縣人。有箇詞訟在人身中，有遷善改過，都是看得此物明暗盈虧，意色不同，照出影來。如要自家光淨，放出靈通，只是不爲約、樂所動，

❶「圈」，四庫本作「圜」。

看得約、樂亦是照身影子。以此看車蓋、宮室、門巷、瓢盂，了無罣礙，便與山水動静一般意思。不到此處，如何放下？

魏伉侯云：前説萬物一體，未免是籠統説話。周、程説「敬」，延平説「静」，唐虞説「中」，此中皆不着一事一物，如要静觀未發氣象，又放不得胞與源頭。某云：賢説得極好。未發前不看得天地萬物，已發後必爲天地萬物所倒。此處格透，縱有蔽虧，是天地萬物影光相射。關西、延平都此意，只是説未出來。❶爲賢參透，通身汗下，能於此處實實著手，何患聖賢做不出頭？

翼日，又問諸賢還有疑義不？

黄共爾云：顔、曾俱是聖位上人，曾子一生得力「忠恕」，顔子得力俱在「禮」上，忠恕只得聖心，禮字并得聖人作用。然如夫子説他「屢空」，此中更著何物？如是影話，何所恃靠，便可有是行藏？如的有是纔可行藏，不知高堅的成何物？某云：極是奥藏。某亦曾於此處發憤研求，極高極堅，無下手處；極博極約，纔可安身；不得安身，更無利用。《易》云：「精義入神。」如使聖賢無此工夫，縱使發皇滿世，亦是暴虎馮河，更要空忘，如何得見龍蛇之效？共爾云：此處難言，但説「禮」字。一日爲邦，施此六事。此六事與復禮、約禮是二？是一？抑是此處「高」、「堅」一齊合從？抑是此處才、情一齊罷舍耶？某云：禮如「至善」，復、約便是「止」處。認得此物，天下何物分別？且如大家看顔淵與禹、湯、舜、文尚有分別，顔淵與夫子兩家對談，宛是一物一事。異日孟子述顔淵談話，與有虞別無分面，又扯禹、稷與

❶「未」，四庫本作「不」。

顔子合作一身，賢豈復疑爲邦過爲窮大耶？❶共爾意殊有省。

元屏又問：聖賢所得，各自不同。顔以「開悟」入門，曾以「真積」下手；顔稱「四勿」，曾稱「一貫」。後人不以曾學太精，顔學太淺。今人紛紛爲朱、陸異同，想亦不是。某云：此説得好，都是胸中有物不透，看得東西、大小、白黑耳。

元屏又問：子貢、顔淵一般聰明，夫子對子淵説得簡易直捷，對子貢説「立」、「達」却甚玄奥了。如何己立便能立人，己達便能達人？如説是欲猶懸空想，豈古人欲明天下亦是空想耶？某云：欲仁得仁，欲仁仁至，此事如何説落空想？元屏又云：如此，前日諸賢課中有講「欲明」的「欲」字者，如何嫌他？某曰：也罷，何嘗見老婦穿針，官人放債？

唐君章云：❷顔子説「四勿」，天下誦爲要方。憲問説「四不行」，夫子以爲疑藥。樊遲説「先難」，孟子説「强恕」。出自夫子口中，箇箇可宗；出自原、樊意中，反成疑難。此是如何？某云：此正如程伯子説王介甫在平地上談相輪，不如相輪上談平地也。

謝有懷云：今日言談可謂終日，夫子到説無言默識。既有學、誨，不知默識何物？既云默識，不知學、誨何事？某于言下亦覺有省，起謝諸賢云：正爲此物事灰身，❸杜口未得。有懷又問：子貢説：學不厭，智；教不倦，仁。子思説：成己，仁；成物，智。是一？是二？某云：不省，到那田地自然省

❶「爲」，原作「物」，據四庫本改。
❷「章」，原作「璋」，據本書《姓氏》及各卷改。
❸「身」，四庫本作「心」。

得。某藉諸賢分別，何遂敢知？諸賢默然。

又問：諸賢今日可別有所疑不？

張勗之云：夫子論士，以爲心有所定，計有所守，然後不爲約、樂損益，此事不關領悟而來。子貢對衛文子云：「孔子之施教也，先之以《詩》、《書》，導之以孝悌，説之以仁義，觀之以禮樂，然後成之以文德。」今以「格致求仁」爲宗，又是「知行合一」之旨，如薛文清、王文成、胡敬齋、陳公甫，路徑不同，終與孔門施教之途隔數十里，何能教諸賢不墜講解，不落文義，的的造有爲、有守上去？某云：古人風氣尚醇，化柄在上，四十强仕，成材乃達。今人舞象之年便要立地頂天，文藝百行便奪席登殿矣。如不於文藝一途指出是聖賢晤對、滴滴還源，如此波瀾何所底極？文成諸公不合教人上屋去住，伊自家磨鍊摧折，自天隕來，却教人不得。人只管上屋，不知他是屋匠，上下無疑。天下人各有心眼，那箇不知龍谿、温陵説「喫不得」。至如羅近溪、周海門，近來諸公引人入悟，初亦不離仁、義、禮、樂，只要自家卓爾高堅，雖造「屢空」，不墜空界；自家多識「一貫」，雖多億殖，不受物累。文藝講解正是兩澤相麗處，雖遭謡啄，不至獨善其身。勗之又云：曾子言三十、四十無藝，即無藝矣；五十不以善聞，無聞矣，與夫子「不足畏」相發。似此，聖賢念念心心放不得文藝、聲聞，何繇能斬斷浮游，直証性道？某説：此處實無分別，神龍一日五化，鳳備九德文章，豈有鏟華就實之理？只看他瑲瑲鏘鏘，委蛇屈伸，與魚鳥自然夐異。何況出類拔萃之人，再無復疑文藝聲聞足滓性道也。

尤詹茹言下亦遂豁然，云：嚮纔擬議，欲問文章何以日新。今知此道本之實悟，如

使才品成就，決無大業不居之理。某默然良久，云：才品成就，是有才品的文章；如富有日新，自是忠信進德後事。合下做去，❶只是去却畔援、歆羨，直抒所見，與聖賢相期，久之，神明可通，自然與日月星辰輝映。

戴石生云：性道、文章既合一，何説可聞不可聞？且文章有言，不説言字；性道無言，反説言字。此理如何？某云：天下事物，那箇有口？那箇不會説話？譬如一草一木，有枝有節，雖不説草木，現見他是草木。如他自家臨春怒生，倚風自笑，是誰聽他説話？此處只要領會，更不須疑。諸賢共云：今於此事此物，差不疑貳了；但於此外即事即物，疑難尚多。某云：何妨推拓盡去？

吴雲赤云：士固有同情殊斷者，亦有名美實難盡者。載記所及，尚有八事罥礙於心。某云：何妨備説。雲赤云：圯下受書，商山翼漢，此是何處精怪出來？當大索十日時，白鬚老公逃躲何處？抑是取履、奮椎先後，異學節候不同耶？某云：漢家常有白頭翁，怪他何事？聖賢手段動忍，而後自然不同。雲赤又云：董公作《春秋災異》，何不與弟子商量？季漢，北地尚可爲，何無伊、周手段？王茂弘不答處仲，豈爲肘後報仇？謝安石偶然折屐，豈遂矯情終敗？魏玄成《十思》、《十漸》，難灑前愆；❷趙韓王「再誤」一言，奚當《論語》？某云：某尚未讀書，無繇知他功過。雲赤又云：且如劉青田勳業造邦，文章傳世，比之子房優劣如何？某亦云：不知。但如太祖德過漢高，自然青田優於圯下也。雲赤默然良久。

❶ 「下」，四庫本作「去」。
❷ 「灑」，四庫本作「洗」。

張勗之見過問曰：嚮吴兄問「八賢」，此是讀書窾係，❶爲何不甚開答？某云：知人不易，各有當心處，令人憶愧，如何答他？勗之云：他可不答，如劉、張優劣，答之何妨？某云：青田在上前貶剥諸賢，了無回護，自家抽身，非久正命。此間豈有異事、異書、疑情、疑案？如留侯之與韓、彭、蕭、曹功過上下，高祖自知。即如周昌，豈是留侯商量得到？青田之於汪、胡，緘口不得，安得于此看有異同？

洪尊光來問《春秋》所書二百四十二年，不過萬八千字，古今良史何以都不參合？王河汾作《元經》，始於晉惠，終於四國之亡，與《春秋》可復相印不？某云：自《春秋》後，只有《元經》粗識大意，餘者俱在史部耳。尊光云：如何見得？某云：畢竟意義不同。尊光云：《春秋》書「王狩河陽」，史書「帝在房州」，兩者豈有意義？❷某云：未嘗生見蟠桃，見圖畫中亦與苦李殊葉。尊光未肯。某云：夫子七十二年纔作此事，切勿容易剖判。

張鎮樸云：《春秋》既是夫子絶筆，未可頓參。如夫子删《詩》時纔四十餘耳，弟子講論已自多年，如何至今有齊、魯、毛、韓紛紛不決，直至紫陽翻其反而，肯綮緊要，畢竟何在？某云：賢亦尋他何處未得？鎮樸云：且如「三始」，便自不同。《常棣》、《伐木》、《祈父》、《白駒》，各有風刺；《崧高》、《蒸民》，朋友相贈，都有風頌，直以大篇列於正雅。《天保》、《采薇》，治内治外，天子所用，又非短章，列於小雅。《賓筵》、《抑戒》，

❶「係」，四庫本作「隙」。

❷「意」，四庫本作「異」。

一人之詩，篇數俱鉅，别分大小。此義何居？某云：此義前人都攻擊去了，畢竟事體不同，聲律迥别。鎮樸云：且不論聲律，專論事體。《棫樸》之官人，《菁莪》之育才，《斯干》之考室，《靈臺》之奏功，《六月》之北伐，《江漢》之平淮南，《采芑》之南征，《常武》之平淮北，事體并同，而大小分置，畢竟何居？某云：此亦無怪。如《斯干》考室，與《文王》、《靈臺》，遣戍勞戍，❶自然與中興克復殊奏。《六月》、《江漢》、《采芑》、《常武》，何疑之有？但如賢説，終是章句分會，如何得到上有日星，下有帝王，前有高谷，後有深岸裏去？夫子中年作此一事，精華方壯，於列國水土，九野文象，一一包裹這裏。依之爲禮，制之爲樂，律度、權量、鈞石、斗斛，❷一一俱從此出，豈有他派大小、正變尚有差池之理？學者只爲章句體貼不了，如要把章句理會律襲上事，猶從丘垤上手捫日宫，如何可到？即如十五國風，一衛之中有邶，有鄘。王、豳與秦，意義事物一條千别。曹、鄶、唐、陳，無甚足録，存他一國，與秦、豳上下。《江漢》、周、召，隱義數千，舍之不問，諸小小者何詎煩料理耶？今人只蔽於朱詩，賴賢此發，與嚴坦卿證明極是可敬，餘便不論了。張昺之過來，坐久，又問：珙姪尚問《魯頌》，如何徑不答他？某云：此道亦自千條，不須再説。

黄太文問：易道精微，且不敢問，但舉其粗者，如仲尼作十翼，除了《大象》歸并周公，只有九翼，何處得十來？某云：誰作此説？太文云：是晦翁。某云：晦翁定不如

❶ 上「戍」字，原作「戌」，據四庫本改。
❷ 「斛」，四庫本作「甬」。

此。漢人説《文言》是文王舊話，《雜卦》是九師所傳，如此只有八翼。見近人以上、下小象别爲兩翼，此俱不曉文意也。文王、周公文字在大象、六爻，與夫子意義敻然天淵，豈容混説？是日午下，鄒定基見過，某試舉此義。定基云：此錯耳。註云：「兩象、六爻」，此言六爻俱有兩象，是文王、周公所繫之詞，非謂《大象》❶、《小象》也。某謝。鄒云：某初不讀《易》，然亦未嘗錯過，勸諸賢章句文字之外，别意相求。

尹孟寶云：昊尚有一章句，《易》中「元、亨、利、貞」，翫其爻詞，皆云「利於正固」耳。《文言》直作四德，後來何以不通諸書，俱云「利義之和」？某云：夫子既言「書不盡言，言不盡意」，奈何讀夫子書，不許夫子斷句取義？孟寶殊謂未然。某云：都且放却，某不解章句文義。

於時衆論且畢，疑信各半。盧君復、楊玉宸、王豐功、王元槐年最少，未有疑難，顧問如何。王元槐云：命瑶有一事，問得太泚，不問又拋遠不得。如一代之興，必須正曆，近日議曆紛然，徐閣老既用《西域》，今人又許《滿城》。《滿城》既依郭史，自然與《雲間》、《西域》異道，不知歸宿齊整。欲上合天道，下揆百世，定是如何？某云：問得好，但惜太蚤也。譬如格物，須看得自家身心是一是二，是離是合，生死人鬼，了無異義，然後通得天下家國、幽明神祇。今人做曆，不曉得天一、地二、天三、地四，茫茫在歲差上下，零分多寡，比擬將來寬數十年，又是一番謬誤。且如日之於天，猶心之於人，取道不齊，晷影自别。今勸他星臺先明二至日影，

❶「謂」，四庫本作「惟」。

以定月交淺深，無一人肯者。又要近舍守敬，遠祖沖之，如何得有端竟出來？元槐云：此事遠近實未深曉，但要探箇消息。某云：未能格物，「知」字消息如何相探得來？午下，張三華世兄并勗之俱在坐，元槐是三華外孫，三華云：伊說且不須辯晰，但如伊說，《顓頊曆》七政會于營室，此是真是僞？某云：正如此事亦須格物。當帝堯時，日中星虛，顓頊分在堯前，虛在危前尚一、二十度，豈有數百年後倒行一、二十度之理？後生人每事審問，再不要爲文字所誑，但勿以此隔斷稽古之路。

王豐功次云：經邦不敢遠問，只如聖賢躬體力行，俱在倫理日用。子臣弟友，夫子終身自爲未能。自夫子來，何人不是此物？何人不做此事？却無一人做到夫子田地。夫子於此處說出「忠恕」，分明是以己恕人。

對仲弓說又添出「敬」字。仲弓之「敬」，顔淵之「禮」，莫是此處下手不同，遂使終身言行都不慥慥了？某云：賢說得有歸宿。某今日說格物致知，說强恕而行，未嘗結得敬字，賴賢此說得到格于上下，格于鬼神、鳥獸、草木、魚鱉道理。

楊玉宸當日已信格物是箇明善，再不復疑。某曰：且問看。玉宸云：朱、陸異同，勿論格致。只如一學字，晦翁謂「明善復初」，陸說是「自然有覺」，將覺先於學，抑學後乃覺耶？有學便有習，將覺果是性，學果是習耶？某曰：此則不曉格物是「知」去格他，抑「知至」是物通至此耶？聖賢只是如此學問，猶天上日月東西相起，決不是舊歲星辰教今年風雨，❶亦不是今歲晦朔覺去歲

❶「教」，四庫本作「覺」。

光明。吾人只此一段精魄，上天下地無有停期。温故便知千歲，知新便損益百代，切勿爲時師故紙蔽此晶光。

盧君復最簡重，嗜古不苟言笑，最後離席。問：士不通經，學古不足致用，宋儒講論，于斯道極爲有功，然如當日經濟，視漢、唐如何？漢治雜霸，唐治雜夷，宋治積衰，日淪日廢，議論成功，亘然兩轍，毋亦德行文章、經濟判然兩物，并成兩事歟？某曰：今日最喜得賢此問，異日免被天下笑罵。宋家天下自燕山來，半是戎狄，賴得元祐諸賢清明潔治。末後衰頹，不比五代，自是氣運使然。向無諸賢，不知幾多豪傑臣遼、臣夏，何況金元。且如狄武襄、岳武穆諸賢，經許多危疑，從容問道，豈是河朔節度皮毛所及？陳同父騁驟天下，作一虞允文不成，但看張邦昌、劉豫做不成天子，亦是周、程諸公手。末弩千萬，勿説德行、文章不成政事。今日只管看得此物透與不透，如透者，宓羲神農與今日天下了無分别；如不透者，呼韓稽首，金人列庭，猶是漆暗世界，天下未平也。某昏昧，諸賢高明，一一指示，勿使後人室裏猶有異同。

甲戌五月廿二日道周識

榕壇問業第二卷

門人張垣勒編

甲戌六月二日，余以兒子痁未還山，諸友約爲再會。時在榕壇者四十八人，唐伯玉、蘇伯韡、阮霽皇、唐君瓚、盧孝登、王豐功、魏伉侯、戴石星以家務見謝，凡四十人至於會次。秋水曹公時以莆李視府篆，攝衣升堂，謁夫子像畢，下堦揖諸生，坐定，問：今日講論何章？某請公祖發皇大義。推讓久之。某云：諸生讀書泛泛言《大學》、《中庸》，《大學》中自然以「至善」爲要歸，「格物」、「致知」爲首義；只是「中庸」兩字單舉名篇，於「中和」首義又別着眼。此處尚未理會，如何得開門見山？曹公應聲云：庸者，用也。「中和」兩字只是日用當然，大舜所謂「用中」，與聖門「致中」，皆實有下手處，以此與《大學》一樣着眼。某作禮云：賴有公祖開發，使諸生豁然，不然舍「和」趣「庸」，又成贅義。曹公云：正不知次章如何便說「中庸」，不說「和」字？某云：先輩只教人看未發前氣象，「和」自「庸」得，不消看了。且如喜怒哀樂是「庸」常有的，直做到天地位，萬物育，亦是尋常事業，無甚光怪，只是未發前看得不同耳。曹公云：未發前畢竟如何？某曰：只是戒慎恐懼，且是君子、小人在中庸中了無分別。只有戒懼與無忌憚，便天淵之別了。曹公云：如此看「時中」字，還是一？是二？某未解。曹公云：如時時守中，與時措之宜，此是一？是二？某云：聖門喫緊入手處，只在慎獨，自不覩聞以至

覩聞，自未發以至已發，隱微顯見，何時離得「中」字，何時分破得「中」字？聖門不把「和」字硬對，正是聖門明眼明手；如小人便要極通方，隨時變化，以此於中庸上看麤了。曹公云：如此看「時」字便在隱微顯見、未發已發處透得分明，致用極大，如小人但說得用不得也。某爲斂衽者久之。

某見人厭薄程、朱，於「時中」兩字看不明白，欲於是日豎義，却念前日「强恕求仁」之義講貫未透。❶聖門本領只是明善求仁，求仁工夫看不分明，驟說「中」字便與空門鬬閙了。說静，說敬，入手直捷，亦未能於明善求仁處領得完全。因曹公問題次應云：聖門中尚有疑義，如「克、伐、怨、欲不行」章極是難看也。「仁」字如是難知，夫子不合以是强人；如是易爲，諸子不合都做不到。且說「克」、「伐」、「怨」、「欲」四字，已是上根人下手，不在塵腐路頭，令此處刊除，未開仁印，教人如何用工？譬如驕兒、戾僕，不放出門，雖是小可愛養，中才亦從此做去，難道「存遏」、「懲窒」，便是一路清寧也？但不知顔子「不遷」、「不貳」比此如何耳。曹公云：胡安國學曾到此，試與諸賢一參。

時坐久，曹公以堂事且去。某欲曹公更命一題，公固推讓。因於聖像前探得《桃夭》三段，公謂聖賢談話動便引《詩》，以此開益後學，猶禮樂之有笙簧。諸賢欣然承受。

某私欲吾黨講課，自是韋布素心，一旦動煩有司，不獨鹿豖改色，亦恐有人傍門穿竇，因送曹公次回，揖諸賢云：程叔子極是好人，又經濂溪鎔鑄，去之十年，見獵猶心動。僕今日見官人來講論，便覺微有名心，

❶「貫」，四庫本作「究」。

諸先生幸相箴規，勿爲急燭動火也。時日未午，同諸賢過紫陽祠，謁畢復坐，舉題云：聖賢相引，只是無盡工夫。大禹不自滿假，求仁無怨，欲仁不貪，如就「克」、「伐」、「怨」、「欲」上消磨光淨，去仁何遠？只怕他執煞認着，謂招降殺賊便是天下太平也。如此章是聖門證仁第一大義，與子路「不忮不求」、子貢「無驕無諂」一樣參看。今人都説不行四者還有四者根在，又説在外面打疊，不在裏面磨礲，難道四者根株尚在外面在？❶又道不行底象，如壅水、如截瘧，難道壅水、截瘧夫子還説是難事也？正如「禹周驅逐鳥獸」，「益稷粒食生民」一段，仁心還須千年與舜、文合證，且勿説殺賊招降便是盜息民安，即使比户可封，難説聖心便了也。諸賢云：此爲首義，如次義還是《桃夭》三章不？某云：我輩今日雖是課義，實是探討聖賢消息。某初來要明「中庸」密義，已被曹公點破得出，畢竟此中尚有一事。如《中庸》「其至中庸不可能」，此「中庸」字豈是皮膚，如何要擇？且如「擇乎中庸」，此手豈錯？如何又補箇「一善」出來？聖賢心眼精微，只看「予智」兩章針鋒細對，擇執關頭指點不漏，即此知止格物做到舜、顏上去，無復文章，何況二義、三義耶？諸賢於是命筆，以「克伐」章爲第一，「得善」句爲第二，「桃夭」章爲第三。

是日，暑氣蒸極，諸賢集坐，搆思忘疲，某俯數廊柱，唯有自愧。晚刻，吴雲赤先完兩義。雲赤意與某水乳俱合。既而諸賢首義以次畢投，朱君薦「瀟然玄引」最得聖門進

❶ 下「在」字，四庫本作「乎」。

一步法。❶謝有懷、趙與蓮居常甚敏，是日亦湛思良久乃出。唯陳明師浩然吐所欲言，於題中疑難掀揃殆盡。某拈明師作對諸賢云：凡聖門論仁，常有兩義，一義是密藏，一義是進法。密藏者對子淵、子弓説克復敬恕，當面認出内聖外王，白地明光。進法者，對武伯、子張説千乘百乘，説清説忠，背地藏着實用真體，金針不度。唯對子貢説立、説達，挽却當中耳。凡聖賢皆當中作出，「克、伐、怨、欲不行」已從當中挽住，却未嘗洞中紅心。如射箭者手强目高，時時穿透杆外，此是博施濟衆的難事。弓强手柔，時時穿貼紅邊，此是不行四私得難事。❷然穿貼紅邊與穿透杆外者，手地不同，所以一挽之使近，一慰之使進。異日此義恐不明白，纔對子張説「能行五者天下爲仁」。能行五者，不行四私，所謂抽他銅錢，與他元寶也。不行四私説「不知其仁」，勿作四非禮反説「天下歸仁」，所謂銷他財寶，白地明光也。諸賢於「先難」字都看得明白，只未把聖門歷歷談仁處，一一融會成一大塊。陳明師似嘗看過，却體貼透亮。諸賢謂都看過，只是夫子説「不知」，便虚涵將去，使人自會耳。洪尊光心地最明淨，於此處都看得圓成。黄共爾看得圓成，都於「難」字上體會。大抵此題謂有「難」字替不得「仁」字，有「仁」字把不住「難」字，兩下投刀，使强力敏手、苦心攢眉者一齊心虚，跕脚不住。如顔夫子博約前頭，鑽仰高堅，何等艱苦？難道心地上做起工夫便容易也？所以顔子一箇禮字，當子弓兩箇敬、恕字；子弓兩箇敬、恕字，當子張五箇

❶「瀟」，四庫本作「蕭」。

❷「得」，四庫本作「的」，當是。

恭、寬、信、敏、惠。不是理路不同，正是禀受領略各别。若要一處抖擻，特地證成，便向旁門喫捧乞食去也。

是日，諸賢各極研會。楊峻人、唐君章、鄭枕石、張鎮樸，人自竪義，斐然足讚。唯盧君復、張德聲、尹孟賓以苦暑，不及完篇。翼日，乃證次義。昻之、元屏、鎮樸翼日過寓中，問首次二義要會孰難。某云：此俱是聖門中第一要義。「克伐」題如劉季入關，決定要王，仰視宫闕，俯顧組璽，無一不是王者。與留侯商量封府庫圖籍，俛首謝項，此段精神畢竟與武湯夐别。「擇善」題如武王入洛，俘寶萬千，到頭只是一篇《洪範》。「難」之與「仁」，説二既不得二；「中庸」之與「一善」，説一又不得一。一邊是入海探珠，一邊是登天捫斗，纔着一毫麤心，便是萬山突礙。看子淵得「一善」後，猶是拳拳服膺，則聖藏中豈有合下領法？只管手下入木三分，不要擡頭虚放徑尺也。

《桃夭》三章無甚奥義，然既當壇與曹公拈出，便多作者。鄒定基不作次義，只拈《桃夭》之篇與楊玉宸同意，復貽書見問云：「擇乎中庸，得一善」，此善即至善也。一字與中庸各何處下落？若别有下落，道不得「中庸不可能也」。某云：此事當日説之已明，定基未曾面話。且如「中庸其至乎」，不是「一善」，那得「至」來？正謂擇中庸者不得「一善」，所以「民鮮能久矣」。

虞廷學問：要從「精一」説到「執中」，若無「精一」，豈有「中」字要截得來？定基又問：顔子執、擇都在「膺」上，博、約都在「我」上，克、復都在「己」上。原思克、伐、怨、欲，只見「克己」一邊，把「谿己」邊看不見了。某云：定基看顔子，瞧着兩邊耶？「己」字如

有兩邊，當如月蝕，一邊去黑，一邊生明，迨其明時邊背安在？且如「克己」，定基尚謂未仁耶？定基云：「不行」與「克己」畢竟如何分別？某云：「克」、「復」消息，正如月蝕還明；「不行」消息，正如雲霧不興。叫月蝕還明，自家信得，天下人亦信得；叫雲霧不興，自家把不住，鬼神亦把不住也。張鎮檏因問：前日説「不行」章，有兩義都是無盡義，如何參透？某云：何處看是有盡、無盡？鎮檏云：難亦無盡，仁亦無盡，是無盡義。霧不蔽山，星不蝕月，是有盡義。某云：賢自參會得透。如論體者，月明、山蒼與雲霧了不相涉；如論工者，邊暗、邊明，各隨天下所見。何處得有盡義耶？

翼日，趙希五又問：夫子教顔回「克復」，教仲弓「敬恕」，教樊遲「先難」，至原思獨云「爲難，仁則不知」，豈分量不同，立教亦異耶？某云：此事已曾講過，不復須疑。希五云：考亭説克復是乾道，敬恕是坤道，作何分曉？某云：猶「沈潛剛克，高明柔克」耳，難道樊遲、原思一是屯道，一是蒙道也？希五云：世云「克己」是提宗，「不行」是對治，如何？某云：提宗如服氣還丹，對治如禁葷斷酒，兩事細參，有何分別？若是仁人，只得呼吸尋常，與天同運。

涂爾虞云：「先難後獲」，所獲云何？如可謂難，更當何獲？未識攻苦休歇先後放下，一齊俱有，抑一齊俱無耶？周季侯云：約法三章，少不得垓下一戰，其義有可商不？某云：此則不同，垓下一戰只爲問道入關，若使前徒倒戈，只得放牛牧馬，豈有遏劉耆定，又須翦伐一埸？只是朽馭上頭，戰兢無盡；一心安穩，難事又來。堯舜相對，再不説天下太平，且及時爲樂也。

林非著又問：天下太平，與歸仁一樣氣象。「在邦無怨，在家無怨」，亦是少康。❶「克、伐、怨、欲不行」，可是分疆畫守，自保城池不？某云：正是。滕、薛小邦，亦行得王道，惜他不行。難道效死勿去，亦是王者之師？

楊玉宸是日首義已先完，取去。某不復憶，因問玉宸昨日意旨如何？玉宸云：顔之「克復」，憲之「不行」，講解紛紛。以天宰所見，則顔有復禮在，憲力求去克、伐、怨、欲，畢竟有頭腦、無頭腦之别。某憶前期黄共爾嘗問克己復禮，禮是何物？未及裁答，言下憬然，因問玉宸：復禮是頭腦，此頭腦安頓何處？玉宸亦憬然。某云：無復非禮，便是禮了，此禮字更無可説。譬如日出，無不明處，便是明了，不消説「明」是日出也。玉宸云：日出便明，此是頭腦；未明要日出，此是未有頭腦耳。某云：如賢説極是。但知雲、霧、風、雷、日、月亦自在，但要吹盡油燈，天雞自啼，草露離身，東天漸白耳。

吕而德因問：如此全是景候，昔香巖童子問溈山的的大意，溈山云：我説不干汝事。巖後因擊竹有悟，禮謝溈山云：當時若與説破，豈有今日？不審原思景候到時又是如何？某云：「吾道」則無此法。夫子對曾子説「吾道」，對子貢説「予一貫」，明明呈身。見顔回勞苦，直接他「文」、「禮」上去；見子貢施濟，直挽它「立」、「達」路上來。何嘗看人自啼、自静？只是前頭説「難」、説「獲」、説「爲之難」，後來説「易」、説「簡」、説「易簡而理得」，要人此間探討尋求得箇真歸宿，不漫下工夫也。外道只管虚虚聞聲應

❶「少」，四庫本作「小」。

響，如心風皃，切勿靠信。

周房仲同時亦問：夫子以乾、坤兩義提出克復、敬恕，至如《咸卦》提出「虚」字，《繫辭》又提出「寂」字，老之清淨，佛之妙明，皆從此出，今日如何說不靠信得他？某云：寂感虚受，此是世間人事神明一定道理，豈是佛、老割據得去？又豈是夫子陰隲護他？且如仁字、一字，是夫子特呼出來，爲五經玉璽，任他說慈、說捨、說果、說報、說秘密妙義，何嘗有一字頂戴得去，一字滲破得來？即如克、伐、怨、欲四字，隨他五陰六塵、諸垢淨相，包裹備盡，此處斷除，夫子猶未許他仁字，何況黑白雌雄之間？

鄭孟儲極是湛深人，尚有此意，亦云：談到心性上去，便在乾竺玄中。某云：何處見在他玄中？孟儲云：譬如無意、必、固、我，不行克、伐、怨、欲，此中磨勘，逾磨逾細，便覺空藏，是箇盡頭。某云：正是此處爲他救命，爲他下藥。如荷蕢一流人，夫子直曰「果哉！末難」。此箇「難」字是他瞑眩金丹。古今豈有不格一物能明萬物，不盡己性能盡物性的道理？如是一路掃除，便成透亮，試看日月星辰，豈是掃除透亮得來？如說磨研淨盡，便與空隣，譬如骨角、玉石，千倍下工，只期無憾，豈有切磋琢磨直到絶無，纔稱明了？此一種書，晦庵諸老辨之已熟，我們再不消說。

朱季乂又問：心、性兩字是聖門常談，《語》《孟》多問稱之者。《大學》言心，獨不言性；《中庸》言性，并不言心。豈修、齊、治、平許大事業皆從心造，不從性造？參、贊、位、育許大學問皆繇性造，不從心造歟？抑心、性是一？是二？吾儒所云「存心養性」，與老氏「修心鍊性」、釋氏「明心見性」遠

近異同歟？某云：此是賢考究來問的，抑是賢謄録來問的？如考究來問者，某曾講過，諸賢備知。如謄録來問者，想先輩自有文章也。季乂云：是俊記得。俊初來，實未聞説。某云：看頭日「格物明善」，意義自曉。

是日，剖析斯義，於制私一路不入拘儒，不墜佛、老，賴諸賢長助實多，而次義發皇在諸賢心上，實未盡暢。因問尤詹茹云：「擇乎中庸」，此中庸是散見天下的，抑是環集吾心的？「得一善」是中庸融會的，是中庸揀選的？詹茹云：顏夫子與大舜一樣聰明，一樣擇法，問察之下兩端盡融，如食知味，如行得寶，何繇窺測得他？某云：顏回亦是人耳，就陋巷絃誦上體貼，如何便到虞廷上事？詹茹云：虞廷深山，想與陋巷一樣工夫。某云：賢説得好。孟夫子最善看書，顏回在陋巷，擇得一善便拳拳服膺，此是「舍之則藏」一路。虞舜在深山，聞得一善便沛然若決江河，此是「用之則行」一路。詹茹云：如此則「得一善」不消看到「至善」上去也。某云：此則不同。「中」到「庸」處，如銀出火，鍊用熟成。「得一善」如丹頭點就，百寶所宗。且如人倫，方員要有至極，得一聖人規矩，握要所會，自然不同。譬如一般規矩亦有極精極微工夫，所謂精以致一也。詹茹云：然則顏子已到「知止」、「能得」地位？某云：古人學問，千聖同條，静、安生慮，雖在吾輩，何敢不勉？

黄君琬隨問：「中」字既是未發，「一善」字更是何物？李延平勸人觀未發氣象，此觀字即是擇字否？既於無可擇處着得，又於不着一善處得善，此等微渺。下文告哀公又於「擇善」下分派出「學問」、「思辨」來，此

是同是異？某云：賢問得極好。古人說此中字只就無過、不及上看，分化原頭少不得一番鍛鍊。吾人學問、思辨工夫，正於此處措手，如「九二大人」亦有學問、聚辨的淵源耳。凡人錯處都在極微極渺、正視不到處，如在昭昭路上，不是無忌憚的豈有差池？且如此天下根原，萬物秘藏，要銖兩不差，定費多少心力？此中工夫切勿疑誤。

呂而遠曰：「小人無忌憚」是糠粃一世，不消說了。「君子而時中」，却是天長地久，不隨風雨明晦，的然如此。中庸經決擇過，尚有「一」不？「一」處是何緣？故不敢謂「一善」是中庸錯出單義，又說不得是中庸了義歸墟；看來中庸是舟，「一善」是柂，性善是中庸柂工。某云：都是。但「一善」不是了義歸墟，將謂終身日日買船選柂也。某憶先儒每坐講論，必問孔門所樂何事，顏子所學何學。初意以原思與顏子對照，看出不遷、不貳，而諸賢紛紛爲「每事擇善」、「隨時處中」二語縛着。因林興公來問：顏子亞聖，「過」、「怒」應無，如何還有？某云：賢看「不遷怒」、「不貳過」細，抑「不行克、伐、怨、欲」細也？如說克治工夫，再無麤細之別；如看他體會源瀾，支氏迥然難齊。興公云：夫子教他下手亦在視、聽、言、動上，何嘗直破心扃？某云：正在此處備見天性，凡人下手要有得手、用力要有得力處，如在「怒」、「過」上下手，終身是箇「怒」、「過」也。興公云：如在「己」上下手，豈終身是箇「己」在？某云：此不同。試把手掌當日照過，何者是汝骨肉？去了非禮便是禮了，己克禮復，如何猶說「己」在？興公云：如此「繇己」之「己」，與「克己」之「己」是一？是二？某云：汝兩手擦面，誰是汝手？誰是汝

面？汝自家梳灑，整頓衣冠，雖有別人亦是汝的。此處十分分明，如何自家倒錯？興公又云：畢竟顔子得力何在？某云：不會首義，再看二篇。莫若郭受子所云，隨立隨掃也。

謝有懷、張昺之、柯魯生於是一齊悟「一善」之「善」不是等閒自捐。所問不煩更答。

張元屏云：「中」字既明白，只如「庸」字。舜、顔、武、周許大事業，在夫子都看作庸行；誠明性教而下，篤恭治平而上，聲臭盡處，夫子都看作庸言。此中「擇」、「執」何處下落？某云：看《中庸》首尾，是中庸下落。《大學》開頭說：「止至善。」《中庸》煞尾說：「無聲無臭，至矣。」庸常道理，直到此處，不是舜、顔，誰人領略？賴賢提綴，不使坐上淺看《中庸》，輕批「至善」也。

唐君瓚以補課見過，偶聞是說便云：瑒常疑「希聖」、「希天」之說，如《中庸》首章「不覩」、「不聞」，未曾說「至」，只說「致」字。末章「無聲無臭」，不說「致」字，止說「至」字。《大學》「至善」、「致知」，顔回擇中得一，此不是希天而何？某云：極是。一部《中庸》束到頭了只有兩字，歸結一實，如何諸賢尚有紛紛之疑？

先是與曹公說「時中」，時趙與蓮坐次稍遠，不聞講論，因舉前話云：「君子時中」，「小人無忌憚」，無忌憚只是不戒懼，時中只是戒懼，不知此戒懼時便是擇、守功夫，抑是誠明前頭不思、不勉時候也？某云：此事前說已明，嚮來吕而遠亦疑時中不是戒懼，黃君琬又疑看未發氣象不是擇中。大抵戒懼則時時做得，不戒懼則時時做不得，「擇乎中庸不能朞月」，如何說是「時中」？畢竟於隱微去處工夫不到，如要刻刻致精，自然無

朞月、終身之別，隨他説時中、變化，我只管是刻刻獨知，再勿隨他横生手脚。

是日，二三義頗明，諸賢旁及他義。黄太文問「川流敦化」，楊峻人問「仁本孝弟」，洪尊光問「同室鄉隣」，鄭枕石問「顔回禹稷」，尹孟賨問「不知不能」，黄共爾問「知一知十」，或理可旁通，或言須異日，皆裁答，未能詮次有盡。唯陳明師未有言話，因問明師亦有學誨不明？師問：聖門言「一貫」者二，參言下便承指出「忠恕」，何等直捷；賜言下默，然後談性道，尚有疑關。豈是從人貫者心地易尋，從天貫者命前難語？抑是魯者蹠實，言在意中；慧者課虚，意在言外耶？某云：此則未能要解者，須是曾參不死，端木復生。陳明師固問，張德聲亦以是請。某退避曰：若説者，又是被人惶怪一場。德聲曰：何事？某云：某前在浙江曾發此義，及至毗陵與「謙」、「止」參證，殊未慊心。某生平謂人心頭學地須積精而成，如一片日頭，晃赤赤無一點昏昧。團團天中只一片日子，日北則晝長氣熱，萬物皆生；日南則晝短氣寒，萬物皆死。觸鹵而出則爲雷霆，迫氣而行則爲風雨。餘光所照以爲星辰，餘威所薄以爲潮水，爆石爲火，融金爲液，出入頂踵，照於心繫。如此，世間無一物一事不是日頭串透，人生學問精誠常如此日，然後能貫串六虚，透徹上下，千里萬里無有障隔。如此便到十世百世，更無芥礙了；稍不如此，雖杵針鐵線穿鑽不來，何況鋼城十重内外？明師唯唯。德聲曰：此是天道抑是人理耶？某云：隨賢穿串，莫問阿誰。

張鎮樸復理前語云：前日問《詩》中三頌，却未曾説周、商與魯，王、豳與秦，《風》、《頌》始終如何綴繫？某云：此不須説。

《詩》曰「明明在下，赫赫在上」，又曰「維南有箕，維北有斗」，又曰「嘒彼小星，三五在東」。鎮樸呀然，若未嘗問者。❶ 諸賢於是開指稍闊。

朱君薦問：《左》、《國》爲《春秋》正傳，《春秋》災異不指事應，而左氏言之歷歷不疑，將左氏補仲尼之缺，抑賢人所詳，聖人置不論與？ 某云：史失之誣，《易》失之賊，只看他無失處，不要看他失處。 君薦曰：現前失在何處？ 某云：君子之失也，如日月之食也，日月何曾樂要食在？

唐君章又問：北極遠近不同，自是地形漸別。 漳南、燕北相差十三、四度，過此以往，顛踵反植，於理如何？ 某云：此是常談，又何足怪？

羅期生問焦、京、王、楊諸《易》同異。 某云：寂然而應，❷感而遂通，何說之有？

吴雲赤以前問多，不復置問。 某云：姑舉一二。 雲赤云：聖賢損益差等，如周公、太公報政論治，逆知其後必篡必削，何不更求至道？ 豈是精神有限，抑是時勢使然？ 某云：此則未知。 若是轉移得住，一變再變，現亦有人，却無變處。 又云：蘇空同曰：西漢風俗頹敝，繇高祖不事詩書。 東漢名節厲興，繇世祖敦尚儒術。 莽、操難易，自是二祖異趣。 果是世運使然，亦是風會之故。 某云：此亦未知。 但使黨錮不興，諸賢未盡，延熹餘曆尚在炎年。 雲赤又云：宋、晉兄弟之國，士風、虜禍約略相同，今人遠邁漢、唐，何亦有議論成功之歎？ 某云：此則不知。 聽諸先生私憂過計，某則寸田尺宅未

❶「問」，四庫本作「聞」。

❷「而應」，四庫本作「不動」。

能自謀。

林非著已嘗問過，又來談，云：定危者與人，諸葛武侯鞠躬盡瘁，負許才識，不能復卯金之業，就如一箇闍皓提躡不住，如何得使張、陸歸誠？若使人有此等才識，又有此等至性，一心貫串，天人一心，自比管、樂，兩下分馳，不知此時於心性内如何參得透？於體用上如何看得定？又如何做到盡頭處？某曰：此又未知。若要知者，試問原思做到頭時，「克」、「伐」何在？做不到頭時，「怨」、「欲」何在？一匡受賜，鮑叔未知其始；孤城不下，魯連不知其終。今日只做文章，奈何便要上下今古？

翼日，某以負土復還山中，且餘未悉，以竢來期。

甲戌夏六月初七日道周識

榕壇問業第三卷

門人張瑛勒編

六月九日，某以内諱還山。又十日，郡邑較士，丙舍下楗，朋從不絶。廿九日，曹公祖致書，以會期難遇，再訂初秋之朔。某竟以負土言謝，亦謂考期不遠，聚會非宜也。朔二日，曹公自到榕壇，問諸友所請題目。先是朔日已封二題，付張昜之去：一「爲之不厭」，一「合外内之道」。曹公對諸友發揮大意所未及領。初八日，徵文始完，彙至墓下，僅三十五人。趙與蓮、郭受子、洪尊光、唐君瓚諸兄皆不值，而游鱗長、施非昃、蔣仲旭、謝爾載新下教。

游鱗長見問云：《論語》一書言「仁」多端，至「聖」字則靳言之。不知仁、聖是一？是二？抑有天人安勉之分？夫子辭聖，未嘗辭仁；又辭名，未嘗辭實，但不知夫子所爲何事？所誨何物？一時門徒定道不出。某云：此何須疑？勿問夫子所爲何事，所誨何物，且問古來百千仁聖所爲是何事，所誨是何物。仁、聖是到頭食報之名，爲、誨是三冬穮蓘之務，如富翁長者，如何敢居？下糞耕田，是吾本分，説出此話，豈有含糊？書生只爲「聖」字喝倒，如怕虎人説食虎肉便怪驚，謂無此理，不知是獵家常脯耳。顔淵曰：「舜何人也？予何人也？有爲者亦若是。」孟子曰：「堯舜與人同耳。」又云：「亦爲之而已。」兩「爲」字都從此出。顔、孟以下於此「爲」字都不體貼。經師談到「爲仁聖」便咋舌，且説是空空爲本分事，無「爲仁聖」

理。不知仁聖當日亦只爲得本分事，譬如堯舜，當日兢業終年，豈曾標箇堯舜，終年去爲堯舜耶？

唐君章云：夫子説「爲」、「誨」，是「下學」還是「上達」？如屬「下學」，何以從「默識」説起？如屬「上達」，何以謝仁聖不居？某云：此中千千勿説辭謝，❶如説謝字，「躬行君子」，夫子亦不敢居；「不爲酒困」，夫子亦説「何有於我」。譬如擔糞下田人老實口吃，當用力時齒亦不開。於此處説甚「下學」，説甚「上達」。到異日人稱他富翁，稱他長者，雖極正當，亦要打恭起來，豈有呆説我便是也。如老農夫祁寒暑雨，晨夕田畔不着一聲咨嗟，勿論膏粱子弟勉强不來，即伊家矗頑漢子亦趕不上了。只此就是聖人心事、聖人樣子。

黄太文云：夫子到處遜謝，到處擔當，窮年孜孜，憤樂相乘，大家商量無有盡處，是本領得的所在。如云除却敢心，便有實詣，則一味謙卑，已證聖果，如何還費商量？某云：賢説得是。除是莽、操，亦有「豈敢」之心；小兒瓜菓親前亦要讓，只是當仁不讓了。如説去箇敢心，便可證聖，將顔、孟無復證聖日子。如問本領所在，難得直説。一樣肥糞，工夫不同；一樣工夫，時候各别。聖人雖遇小事，於「三才」上不靠一家。孟子云：「地有肥磽，雨露之養，人事不齊也。」一誨、一爲，教斅相長，精神、心力吐露畢盡矣。凡人精神明清是聖，心力融結是仁，兩處都下不得手口，只要此處人自鍛練到心力融結，精神明清，便去仁、聖何遠？勿説岸上終無人行也。

張元屏云：從來説家亦云夫子非辭仁

❶「千千」，四庫本作「千萬」。

聖，子華非贊仁聖，一是指出學人爲仁聖門路，一是悟到至人成仁聖歸宿，是否？某云：便是。此亦不是尋常説家，但説門路、歸宿，則微不同。門路是迹，歸宿是室，此是吾輩實歷功夫，擔子上起家也。此處相長無量，成己、成物，日月不竭。君章所云「任人見仁，任人見智」是也。陽明先生謂「發憤忘食，是聖人之志」，「樂以忘憂，是聖人之道」，豈命志時初不見道，得道時了不見志耶？不過憤、樂相宣，如風雷水火，要此兩物生成萬彙。如云天地渾然，更無憤、樂，成甚法界？莫云風雷是志，雨露是道也。佛家只曉得虛空是天，聖人蚤説「乾乾」兩字。真龍心骨勿爲蛇蚓所撓耳。

楊峻人又問：「學不厭」云何？「有爲」、「不厭」云云爾，豈學深於爲，抑爲別有所學乎？使爲非仁聖，則聖門所學的是何事？如以仁聖爲之，則仁聖如一榜樣，似有成格可憑，盡境可居。某云：賢問都是。然夫子下語最不死煞，仁聖涯頭有如天海，尋他成格盡境的何所在？生平説「忠清」、「才藝」算不得仁，一旦子貢問「施」、「濟」是仁，反説「何事於仁，必曰聖乎」。又如神禹、顔淵亦是不矜不伐，一旦原憲問「不行克伐是仁」，反説「可以爲難，仁則不知」，觸類引伸，教斆之間豈可量乎？聖既不深於仁，則爲何得又淺於學耶？峻人又問：夫子對子路説「爲人」，究竟亦無實義。如説「仁聖」便是此人，將毋堯、舜亦是此等憤、樂？某云：賴賢指得分明。孟夫子云「號泣于田，仰呼旻天」，❶只是念到不得爲人，不得爲子。試

❶「號泣于田仰呼旻天」，四庫本及《孟子》作「舜往于田號泣于旻天」。

就此段想出聖人不得於天，涕泣悲號，開眸無處，何況發憤而已？

蔣仲旭問：莫亦是地位難臻，工夫可到不？某云：嚮來吴雲赤亦疑「仁聖」是性之，「爲誨」是反之，然此中只説「性教」，不説「性反」。如是工夫者，自家做不了，誨不得別人，雖是教學相長，亦如魯雞終伏不得鵠卵出來。趙希五云：是夫子恐人把「仁聖」自居，便有歇手，特以「不厭」、「不倦」使人鼓舞而不自知。某云：如此則是權教，終無實義。吾門皆是實義，不用權教。蔣仲旭云：既是實義，不用權教，則只任他地位，還我工夫也。某亦深以爲然。吴共玉云：如是實義，則子臣弟友、格致誠正參入「爲」中，終無了法，亦無悟理，如何生出憤、樂、教、誨許多妙趣出來？某云：此事談之已多，吾人只管發憤，樂亦無用，誨亦無用，勿問他是權是實、是假是真。

楊玉宸云：雞唱吹燈，烟飛整案，認此是爲多少得力？如説修贊删定，在吾身中只是三分日子，頭白齒落，半坐空閒，亦誨得多少？某云：賴賢此發。孟夫子説舜徒孳孳，於不厭、不倦處又領得分明。人都不看孟子書，被宋儒麤看誤了。玉宸云：孟子學本子思，於「誠」字贊得分明，於「無息」兩字却未曾贊出。某云：不是「無息」，如何説得「誠」字？凡事只是不爲，爲又不誠，所以厭懌出來。孟子每每説「爲人君」、「爲人臣」、「爲人子」、「爲人弟」，又説「雞鳴而起」、「日夜之所息」，舍此便無作聖工夫，亦無做人地位。

張昺之云：還是作聖工夫難？還是做人地位難？還是作聖地位大，抑是做人工夫大也？某云：論「聖」則有差殊，論「人」

更無分別。諸賢説是地位工夫，某説終是精神、心力。《論語》中兩説「無倦」，與是合四矣。子路、子張「無倦」源頭與夫子有何差别？如有差别，夫子亦不勸他。冉有説「力不足」，夫子把不好字面與他，使他猛省。只從此看便分明，勿就「爲」處看，反費争論也。昴之云：千聖只是箇學不學，何處見爲？然如禹、湯、文、武，分量、氣候寧無不同，如何爲之得一？某云：且勿看他不同，只看他同處。無怠、無荒，不敢怠遑，雖使宓羲、神農，豈有差等？必如峻人所指爲的何事，則夫子對子路、子張亦未曾説無倦何事也，且看不厭、不倦的是何物耳。

吕而遠云：夫子「志學」，云「不踰矩」；❶「平天下」，云「潔矩」。「矩」字的是孔子衣履留與後人。譬如上下四方、覆仰圓成，如何説一「矩」字？既是「矩」字，如何貫去？且如一「矩」爲之，又從何始？某云：瓊山、潛閣兩先生亦曾看到此，未曉出處。某常道此事只有管仲曉得，曾參用得。《管子》云：大圓生大方，大方生規，規生矩。矩自四方從大圓中五變出來，生人，生物，生四肢百節，禮樂疇象，無人曉得。顔子問「目」，夫子把「四勿」與他，版版整齊，他人一毫用不得。曾參以「忠」、「恕」兩字代之。漢初儒者把《大學》、《中庸》置《禮》書中，是聖門奥義。今人抽出以爲心學，如一方磚，磨作圓錢，又於矩中再變回去，是樂律中黄鍾子聲五變之後再起清音也。古人爲學，立一字有千種奥義，追尋將來，所以發憤爲得不厭。今人爲學，極好是賣弄得去，所以自家亦厭薄了。今如賢看到「矩」字，此是《管子》所謂

❶「矩」，原作「距」，據四庫本、郭氏刻本改。

大圓初生時如一印璽，千聖相受，尚有手法。孟子所謂「巧力」，一聖難傳。譬如一物渾圓，勾而股之，此之謂潔。潔是潔而使方。一物四方，率而圓之，此之謂率。率是率而得圓。一物方圓，徑而通之，此之謂貫。貫是貫而得一。聖人只此三法提挈天地，裁成萬物，舉其形迹，似云準繩規矩，推其巧力，便是捖摶兩造，創立精光。三千年來無人解得，賢不推勘，某亦不敢啓齒，但恐言之又生許多口涎，費人砭剥。且勿辯論，只溷溷，大家看四書去也。

吕而德又問：性體穆然，無思無爲。《中庸》便説戒慎、恐懼，此是後天存省之功？是先天流行之體？某云：而德兄弟每問得精微，某有一語甚粗，與而德對破。人須曉得人不是天，性不是道。人若是天，便亦蒼蒼茫茫，遠無紀極。性若是道，便亦隨人函裹，弘闡不來。所賴聖人居敬存誠，時時看得人即是天，性即是道，所以禮樂文章節次生來，成箇變化昭明。外道大錯，只説天字，更不看地、看人，更不知天上日月星辰如何安頓。天上有箇日月星辰，人面上有箇耳目口鼻，只此便須戒懼，豈得無思無爲。如是，未生以前何消探討，程伯子所云，極上更不須説也。成周盛時，公卿士夫箇箇知學，如《頌》云「維天之命，於穆不已」；《雅》云「天生蒸民，有物有則」；夫子乃云「乾道變化，各正性命，保合太和，乃利貞。」吾儒着眼只在「各正」、「不已」中間，未到「於穆」、「變化」上去，切勿云毛髮骨節俱是虚空也。

羅期生云：《中庸》以性明道，揭一「誠」字。即如老氏所謂「其中有信」者，❶窈冥之

---

❶「信」，四庫本作「物」。

內，信有此物，則玄素所求，差別不遠。如何刊落兩家？且如前日所論《繫辭》「退藏」、「寂感」、「何思何慮」，難道無存省、流行之別？某云：賢與而德一樣學問，「洗心」、「退藏」此中更爲何物？「寂感」、「遂通」此外亦有何物？只如「憧憧往來」，此時戒懼已爲晚矣。人身自牀几上下，何處不空？頂踵豎來，何處不實？空、實兩字切不須說，只看日方出地，萬象昭明；雷在澤中，萬物宴息。泛泛說虛中、實藏，猶入古廟中見鳴蛙以爲精怪也。如是，至誠的人只管肅衣冠一揖而退耳。今日方說「爲人」便到此，又玄虛了，且勿談罷。

吳雲赤云：問，苦難切也。格而知，恕而行，爲誨而默識。默之與誠同是一藏，內外虛實合一圓成，若是矯物見清，納物見和，於二五妙合之精得無稍着一意？某云：豈敢。賴賢鍼砭，通身發汗。❶人苦不自聞過也，某自生世五十年，未曾與物牴牾，只是體骨不媚，變化未能。三代以下，如謝安石、王茂弘，都是聖人，難學得就也。雲赤云：至誠動人，久而後見。矯納之人，不能歲月。孟子謂聖人得力在智，則至誠得力在成物上，吾輩當所共勉耳。某云：此道甚大，如賢說又非現在所能，且須不肖反躬克治，識箇頭緒，相與推求也。

鄭孟儲乃問：嚮來說人不是天，性不是道，此語得毋揑怪？且如太和保合，則本來有完成之義；合德合明，則神聖有作爲之功。合內外成物，我費多少鎔鍊陶汰，仍不落博施濟衆局面，不入摩頂放踵空門。僅僅以性體了之，未知性、道兩字作何下落？某

❶「發」，原作「血」，據四庫本、郭氏刻本改。

云：自開口來，萬語千言只爲此事，如何又疑將起來？同是此物，自天爲命，自人爲率，自聖爲修。修之與爲，爲之與學，同是此事，看是文章便作文章，看是性道便作性道，只不要突鶻扯來將禰作祖耳。如此尋求，吾輩談話不如《西銘》、《訂頑》包舉得實也。❶

盧孝登、唐伯玉、施非昃又把兩義合看一番，於誠明、格致上都有體貼。

謝有懷、謝爾載都與《西銘》同意，然疑此處與二氏同旨。謝有懷云：性合外内，則無邊際、無見相，與佛家所説「無人我等相」，及老氏所云「心無其心」、「物無其物」有何差别？謝爾載云：子瞻亦云骨節皆髮，毛孔皆身，真實到此纔扶得世教，醒得人心。某云：吕而德、羅期生亦是此意。今日辯論此事，雖費筆舌，亦是要義。然自前日歷歷道盡，此印此手不落白屋人家，何須攻擊追討？我説合外内之道，他説中邊皆甜，不是和合，反要籠罩過來。何止應節而已，其實此已不成，物無成處，自己不學，誨從何來？現前只説一君一相成就不來，天下盜賊兵戈豈有了日？如吾身中，一心不活，百病横生；取譬得出，良方立現。以此與二氏差别。爾載云：亦只是戒慎、恐懼，不然便有虚詐變僞出來。某云：看得世人虚詐變僞，是吾身隱痛，此便是聖人學問；看得吾身變弄幻化，是天地本情，便是外道學問也。爾載云：佛門亦不如此。某云：流將到去。❷

王豐功云：宋儒有云：「志伊尹之志，學顔子之學。」伊、顔都有所樂，可是志、學都從樂上盤旋出來，抑别有所志、所學也？某

❶「訂」，原作「證」，據四庫本改。

❷「去」，四庫本作「此」。

云：日日要人此問。胡湖州問大程：「顔子所學何學？」大程又問諸賢：「孔門所樂何事？」二義極是要領。前日亦曾提過，喜有此問。夫子生平不説伊尹，只説伯夷、柳下，兼説武王又扶繩了漢帝，嘗云「不食馬肝未爲不知味也」。只説堯舜以來一介、千駟，古今同視。貧屢之身，常在苦境，無一樂字鼓舞不來，直到樂中纔得自在。孟老以是探討精微，補出聖人不漏眼界，切勿道到功名路上去也。功名是時分推排，禹、稷、顔子、伯夷、柳下生下看命，豈能知其所至？近日羅近溪先生亦於樂字上探得八分。只有樂字便不厭、不倦，外内圓成了。然則「憤」是如何？某云：天降時雨，山川出雲，氣象盈舒，的然可見。豐功又云：「志」字絶隱微，誰人詐冒不得，亦看他作用如何。某云：一介不取，千駟弗視，此處豈亦詐冒得來？如是作用，除却孔子，都聽天地推排耳。

是日，諸賢問者不多，都在兩義上折難分合。唯黄君琬問德性、問學須歸結禮上，已於吕而遠問中備露此意。

朱季乂問：至誠之道可以前知，「前知」有甚緊要？某云：前黄可遠先生主試楚中亦發此義。謂「前知」不甚緊要，只是心體光明，吉凶同患，自然爲家國開符吐珍，先一着事。某於此處實未了徹，只得啞口。但願諸賢循常格致，到定、靜中自然知他緩急先後也。

張子京問：「成己」先於「成物」，如何又説「知及」先於「仁守」？「復禮」乃可爲「仁」，如何又説「仁守」還須「動禮」？某云：此道無窮，東西相起，切勿粘他字句。

王元槐問：書説上分别字義。某云：此則不知。

林非著、陳非魚問孔、顔作用。某云：此則現在食的、睡的。

林興公、唐偉倫問「求其放心」。偉倫語意甚懇，却於麯蘖、飛鴻之外窘迫塵務，焦遭時勢。某念此賢立志如此，不覩衽席，必被蒲團圍住，乃對興公云：讀書人莫苦紛嚣，莫喜空寂，只是不驕不諂，不淫不濫，如駕安車，導坎、過橋，常覺六轡在手。雞犬放時亦在家園，何須建皷。如爲聖賢，何妨鬆些，直放此心太虚之表、六合内外。看夫子對顔淵時何等空闊，豈是顔淵亦有鄭聲在旁，佞人侍側耶？

陳明師都不發問，黄共爾良久乃問：昨日，施日熺作魯太師語樂來面請，益節於屏風後聽未明白。如是器數，難道太師不解？如是審音、知變，不知聖心尚費多少言説？不知夫子正樂心事還於此章便了未了？某云：萬事到夫子手中自然簡易直捷，如此數言已爲多矣。一部《周易》千奇萬怪，爲夫子説來如家人耳語、社師蒙訓一樣。羲、農以來各有樂章，百代損益不過如此。看心是心，看事是事，看禮是禮，看政是政，禪、繼、放、伐條理不殊，聲振如一。無他，只是性經相同，心緯一也。❶如説可知處尚有一半，則更有一半不可知了。看此十八字六變咸備，天神地祇、麟鳳鳥獸總萃於此，可知兩字亦是遍閲六代，領略將來，不是提耳輕慢樂師也。此道亦甚大，且須從容冥心七日。

張鎮樸最後問：三軍與行藏有何關涉，却爲子路闡發，豈是顔、季便有《韶》、《武》之分？抑是聖人嘗有征、禪之論？某云：後世聖人，禮樂軍旅在行藏中決是大股，單行

❶「一」上，四庫本有「如」字。

不得。《大武》樂成時，便有周、召分陜之事，然未聞顔淵商量到此。黄共爾前日問顔子，極好，是箇大拜如何謀天樣事。賢今日疑夫子，極好，是揖遜其次必及征誅耶？吾人讀書只管得不寢不食、發憤忘憂。以愚柔自處，便有明强人來；以明强自輔，❶便到愚柔邊去。

戴石星云：夫子意思不論如何，但如此事説「豈敢」，説「云爾」，一味虚懷，開悟後學不知多少。某云：亦要看他傳手、傳心、開胸、開目。如説「豈敢」云云，濟得後來幾分大事？

是日，曹公祖聞到壇中，諸友至者僅十八人。曹公極其款洽，開導無量，但未有載筆從之者。尚冀諸賢録其緒論，益我愚蒙耳。

附寄諸友書

某頓首。某以頑鄙荒遯之餘，不委溝壑，得侍函丈，備觀美富。三會之下，聞所未聞。每發一題，初無定意，及覩諸丈分曹競奏鐘鼕磬筦，備有成音，心明目開，何樂如之！

僭以一度濫登筆長，或識所未通，低徊不下；或意有率爾，妄即刊除。自反此心，良爲發忸。昔夏馥一與擯籍，終身不至；陳留季緒，好爲詆譏，子桓訾其不類。周獨何斯，執此盟載。

聞此，朔二日曹公祖親至講堂，傳餐命坐。此日，諸賢所當咸集，共請提誨，而猥以

❶「輔」，四庫本作「負」。

不肖所寄題目施於楮筆，倒行淩節，愧如之何！某既伏匿，耳目不張，雖有皷鐘，何繇思享？不知誰復載筆，記此當日授受之言者，問業、比益、反約都在題下推求。題下既有評隲，復有講論，不患不詳。所爲此條，欲諸賢旁考經傳，下逮史籍，益廣聞知，破我聾瞶耳。前吴雲赤兄屢有引伸，今亦反近以爲切篤。其實切篤俱從博收，單條起義勢必嚼蠟。古人講論，春夏禮樂，秋冬詩書。以春夏晝長，精神茂暢；秋冬晝短，意思静專耳。先輩孫月峰與耿天臺同在南都，分季紬繹史傳，數年前祁、倪二年伯亦用此法分爲六籍。今如禮樂之餘，有法器、圖象、曆律、星官、地理、算數。《詩》、《書》之餘，有諸子百家、《素問》、太卜。時集要者，有《會典》、《衍補》、《通考》、《函史》左右兩編，何妨以類分限講求？如舉子業者，只存於心，心淨則筆不囂，心深則言不剽，加以師友切磋，的知源本，千谿萬徑，攝月通川，隨處理明，經心成道，豈必隨人描眉改鬢乎？

某思此事性習未開，立少觀多，指摘盛集，咎譽之下顧盼殊勞，講説數番，大意已畢，便當反舌收聲，以省罪過。區區此懷，再貢函丈，非有喜負欲試同人，聊借隣光以舒夜織也。中元前一日，黄道周再頓白。

榕壇問業第四卷

門人唐開先勒編

甲戌八月朔二日乙卯，爲秋仲正會之期，某又以省家入郡，於時在會者五十三人，自愧寡陋，藏匿不深，擬先一日爲撤臯比奉諸長者，請諸鄉里先正左右辟咡。至期，未有至者，而秋水曹公業在壇次。既謁聖及紫陽先生畢，某舉聖門中要義數條，請曹公提命。曹公因舉「多學而識」章，次及「君子所不可及」義。諸賢坐定，曹公便問：此章比「參乎，吾道」孰爲淺深？某云：聖人兩説「一貫」，對參説「道」，對賜説「學」。「學」須悟頭，要與聰穎人參證；「道」須實踐，要與篤實人推求。畢竟「道」在行邊，「一貫」易尋；「學」在知邊，「一貫」難悟也。曹公云：「道」之與「學」總繇心造，貫得去者，千谿萬山亦貫得去；貫不去者，一重故紙亦穿不出頭。某顧諸賢云：只是如此，此外亦更無餘義了。

於時鄒德基坐近東頭，某謂德基云：還可發揮者不？德基云：顔淵一生在博、約處下手，夫子一生在默識處凝神，如謂此處是多，則終身是多；此處是一，則終身是一也。某謂曹公云：此賢到説得好，但不知此中可有頓、漸不？曹公云：只是一箇物，遇鈍人看得極敏，遇敏人麤看得極鈍，豈是道須頓悟、學須漸證耶？某云：已曾領過。道亦不得頓，學亦不得漸，串得去者磨杵亦是利根，串不去者刺錐亦是鈍器也。諸賢寂然。

某謂諸賢：豈看此中果有疑義耶？黄共爾徐云：孔聖呼「參」，一「唯」已畢，當時有人舉似便爲「忠恕」下得轉語。當時若有門人請問，不知子貢如何開交？曹公云：此問最好，正要商量。某云：須此一問，然此中亦無商量處。夫子言下再無滯旨，如對懿子問孝，一語不了，亦尋人開交，豈有「一貫」不了，頻頻閃出疑義？曹公云：如夫子生平遍知萬物，却説「無知」；自認多能，又稱「鄙事」。設有人問是如何轉語？某云：當日轉過，「君子多乎哉，不多也」。又問諸賢：「君子不可及」亦無甚疑難，有何商量？林非著坐近西頭，應云：君子只是中庸人，中庸無甚過人者，反説「不可及」，得毋與《中庸》「其至中庸，不可能也」參看麽？曹公亦首肯之。

某對曹公云：今日領略亦無遺義，但如「學識」可「一貫」得？不可「一貫」得？夫子是多識人？不是多識人？下筆細勘，便自分明；言下追求，終難得盡也。曹公云：夫子只是一身説「道」、説「學」，了無夾帶，一任當體，遠近推求，某亦服膺久之。

良久，諸賢各就筆研。某與曹公西坐振衣亭中，游鱗長、黄少文亦相從就坐，再舉前話。某云：紫陽以參語「行」，以賜語「知」。古人云：行可當知，知不可當行。宋儒又云：真知可當力行。不審如何？曹公云：陽明先生亦主此説。某云：孟子亦云：巧在力先。「學識」是力，「一貫」是巧；「施濟」是力，「取譬」是巧。但不知明明看得紅心者，可當彎弓透札不耳。曹公莞然良久，問云：夫子生平説「無知」，又説「鄙夫空空叩端而竭」，此意云何？某時徑率便云：此如洪鍾，不擇莛杵，隨觸生聲，聲藏何處？曹

公極歎得是。良久撫然，覺自逕率迂愚也。

日晡，課藝完者已三十餘人，始屬觴就坐。鄒德基、謝爾剡、爾載、劉賡美、賡穆各以有服辭去，在坐可四十人。兩義俱完者，吴雲赤、楊峻人、謝有懷三人耳。觴數行，矇人擊磬，歌《伐木》首章。某謂諸賢：草野嚶鳴，不敢致拜。次歌《鶴鳴》二章，致辭如前。又良久，出次稱觴，歌《洞酌》之二，不敢以「行潦」煩公祖。再歌《小明》之兩「嗟」，致神聽也。又良久，歌《蒸民》之六及《泮水》之七，以明哲德心弘將命南征之業。曹公起謝肄，及更定，遂別去。某與諸賢少坐移時，歌《綿蠻》終焉。

翼日，曹公過敝寓，追理前業云：昨聞《伐木》及《小明》之章，爲通夕不寐。某問：云何？公云：聲氣一事，果然不小。鳥自嚶鳴，於人何涉？人感之和平。人自安處，於神何涉？神聽之降福。可見神之聽人，猶人之聽鳥也。某言下愯然，如有鬼神屬於耳側。翼日以告徐晉斌。斌云：《易》言人靈於鬼神，故曰：「而況於人乎，而況於鬼神乎！」傳怕人蠢於鳥，故曰：「可以人而不如鳥乎？」某亦斂衽久之，不知其爲諧語也。

翼日，許二懋見問：聖門一字千了萬了，安得分「行」、分「知」？又如聖人教人因乎其質，曾氏實體，難道不關慧性？顓木慧人，難道盡是機穎作用？某云：子貢何嘗不事事實體，看他要「不欲」、「勿施」，要「博施」、「濟衆」，只是看得忒闊大些。夫子對參、對賜一樣提呼，都是教人說「約」，漸到本原上去。如聖門上人箇箇在圈子裏，亦不消教他「一貫」也。二懋云：「知」、「行」分別，意是如何？某云：正如「解」之與「修」，有手有眼，眼當一千，手當五百。若論手眼，中

間更無多寡之異。譬如挽弓看箭，兩下相成，要到紅心只是一般功德。

趙希五問云：聖門之學不過博文約禮，如是禮者三千、三百，包舉《詩》、《書》，夫子自少到老定奪不盡。如是無文之禮，此是入手便當尋求，豈容留爲後着？某云：此道常有人尋求，無如今日親切。賢看一部《禮記》纔信得「儼若思」，抑先信得「儼若思」，然後去看一部《禮記》耶？真讀書人目光常出紙背，往復循環都有放光所在。若初入手便求要「約」，如行道人不睹宮牆，妄意室中，是亦穿窬之類也。

希五又云：如「志道」是先，「游藝」是後，道、藝中間如何分別？某云：此處看不得先後，如船放海中，四望波瀾，眼見川流，何分時節？希五云：然則博、約景候畢竟如何？某云：上高入天，下堅入石，透紙萬重，下釘八尺。

尤儋茹云：「用中」要須執「兩」，「一貫」亦須「多識」，此中「精一」原頭畢竟如何？異日説一言終身，於此有可參合不？某云：謝爾載亦曾作此問。千個聖賢都是一心，如推存得去，千萬種書都可了徹，然亦須實想五經諸史掀在目前，落一「恕」字，貫串何處？此處亦勿糊塗也。聖門體道，在鄙夫面前説孝、説弟、説敬、説誠、説仁、説義，得了一箇，箇箇貫得，只是「學」便不同也。如要學孝、學弟、學敬、學誠、學仁、學義，亦何處貫串不得？試問諸賢，周公仰思待旦，夫子發憤忘食，此豈謂恕字擬議不透耶？讀書人再不要傍聲起影，如夢蕉鹿，無一是處。然如爾載説「聖人性地明通，萬物同原，自然隨地映現」，於此處較自親切也。一時把忠恕、一貫在學識中摩揣者，如楊峻人、周

房仲、郭受子、劉賡美。諸辨折一齊放下，不須論説。

蘇伯韡、謝爾剡又問：「達巷」、「太宰」兩家語意孰爲淺深？「太宰」説「聖」，「達巷」説「大」，都在夫子身上攢鏃。❶夫子不得已，亦在「吾道」、「予學」上對他分明。世人看得是「學」，夫子看得是「道」；慧人看得是「學」，魯人看得是「道」。夫子自家開口不得。一曰「不試故藝」，一曰「吾執御矣」，此是機語，抑是權語？某云：如何是機？如何是權？謝云：如太宰聖夫子以多能，夫子自稱「少賤」；黨人大夫子以博學，夫子微説「何執」。此有關棙，似是機語。蘇云：釣弋瑣事，不礙聖修；射御名途，何勞言教？此有鑪錘，似是權説。某云：夫子自家不居仁、聖，倒將「學」、「誨」上來；今日不居學、識，又倒在「一貫」上去。層層開剥，現出本身，何嘗於言下機、權作法？如要實悟聖修，須知「大聖名塲」與「釣弋射御」亦了無分別也。

唐君瓚問：晦翁以曾氏當「時雨」，子貢當「達財」，二子似有懸隔。尹氏謂子貢終不能如曾子之「唯」，此間如何？某云：尹氏在程門亦稱爲魯，程門諸賢以尹方參，以謝方賜。然子貢在聖門最蚤，子輿在聖門最少，源流漸靡，初末相資，難道終身一言「不欲」、「勿施」不在曾子之前？曾子一生推服顔子，若無若虚，正須以學、識實之，不然與瞿曇有何分别？看來「不欲」、「勿施」之法，仲弓首領，特地下根，到子貢開花，向曾參結果耳。如是，性道文章要多不多，要貫不貫，要學不學，要識不識，自子貢外再無一人分

❶「鏃」，四庫本作「簇」。

付者，奈何淺淺看他？　君瓚又問：此章語意畢竟未明，可是問「多識」是夫子不是夫子？　抑是問「學」、「識」是多不是多耶？　某云：曉得學、識是多不是多，便曉得學、識是夫子不是夫子矣。

吕而德又問：如坊前日所問，疑墜空門；今日「一貫」未明，絮絮叨叨，反入禪教了。某云：何繇見得？　而德云：老氏五千，瞿曇數萬，竟有何物？　當他原本如有一物，則此一物已先凝滯，如何貫得？　某云：五千、數萬，衹是貧兒；曰儉、曰慈是他財本。「却走馬以糞」，掇拾甚低；還衣腦之珠，珍藏何事？　假使虛無可珍，則實有爲贅，須知「高」、「堅」、「前」、「後」手脚難齊，卓爾現前，心眼要破也。

王豐功又問：嚮時闡發「一貫」大義，於「學」、「識」上實未了然。夜闌，歸家秉燭静坐，覓不得「一」是何物？「多」是何物？「多」、「一」相生又是何物？《易》曰：「動貞夫一」，此「一」字與「貞觀」、「貞明」何處貫串？　某云：此事某常講貫，無人會者。凡天地貞觀，此是氣象凝成，在學、識中做體幹自在。日月貞明，此是精神所結，在學、識中做意思回環。有此兩樣，理義萬千，❶費千古聖賢多少言論，唯曉得兩極貫串，貞一而動，天地、日月東西循環，總此一條走閃不得。四顧星河、煙雲、草木都是性道，都是文章，至此便有要約，何消重疑？　豐功云：如此體會，猶在太虛空際，如何探討自家消息？　如要事事物物求箇太極，雖舌敝、齒落，做不得學、識漢子，如何會到「一貫」田地？　某云：賢看兩極，果落虛空，天地、日

❶「義」，《明儒學案》作「氣」。

月何繇不能傾倒？須信兩極只是一條，控持天地，轆轤日月，觀是此觀，明是此明，不須就他顯求形象，細認聲香。❶豐功云：如此看「一貫」，到有一物貫串中間，如轂之與輻，四旁中央等是一物，何繇能得終古無敝，萬物同原？某云：吾生在天地中間，盡天地中事，何須怪天地有物也？豐功云：蔡九峰以「純守」解「一」，於「精一」之「一」猶有異同。顔回「擇善得一」，豈亦曾到「貞明」、「貞觀」上去？想不過如南軒所云「盡性者一之」耳。某云：擇、執、服膺，自天地日月來，只有此理，更不須說。豐功云：如黄共爾所云，子貢門人請下轉語，便云「唯盡性者能一之」，可亦契不？某云：「窮理盡性以至於命」，此事滔天，豈片言所括？

劉賡美云：諸賢下不得轉語，如使子貢當時自下，直云「夫子之言性與天道，不可得而聞也」，可復契不？某云：山中虎嘯，只是清風，憑誰讚嘆？

楊玉宸問：陰陽變化，離不得「多」；二五絪緼，說不得「一」。「生初」既不須說，「復命」又不容談，何苦於「一」、「多」上往反辨折？譬如《西銘》數行，該括許大。曉得此意，亦省多少言語，豈有聖門諸賢當日未解《西銘》意思也？某云：《西銘》極好，然如一《詩》六義，《春秋》三微，《禮》、《樂》五起，中間變現，千億無涯，如何包裹得住？豐功亦云：籠統話再勿說，如且學、識，看他後來，終是緩綆穿石。如要把柄，體會《詩》、《書》，終是傀儡線子也。某亦瞿然自覺多談。

魏秉德云：此道只須靜觀，久當自徹。

❶「香」，四庫本作「音」。

古人嘗説外照終年，不見一身；内照移時，能見天下。聖人學問只是致知，致知前頭又要格物。如看萬物果是萬物，此與未曾格物有何分别？如看萬物不殊一物，此知豈復萬物所量？譬如鏡子十分光明，自然胡來胡照，漢來漢照，豈必豫先料理胡、漢面孔耶？某云：從來論説，唯有此徹。聖人「一貫」，只是養得靈湛，看得無限名象，從此歸游，❶首尾中間同是此路。如信得盤古世界便有《詩》、《書》，亦信得周公制作初無文字也。只爲此處浩瀚落空，要原本擇執，與人持循，便説天下言無多子，行無多子，使天下文人回頭捫心，與初讀書人了無分别耳。

張師又亦云：學、識原頭果是格物，此物條貫，初甚分明。聖人教人，先知後慮。如此「知」字定是不慮之知，若知便有慮，便膠擾一番，何繇静、定得來？❷想此「止」字即是静、定本領，「知」字即是静、定法門。定、静生安，靈晃自出，百千學、識俱就此處發亮銷光也。❸某云：曩日來説此，唯此説得透。「一貫」如大法樹，萬葉千枝不離此樹；學、識如花葉，隨風映日不離初根。即此是本末條貫，不爲鳥語蟬啼所亂。師又又云：此「一貫」處，初不説出本末，既有本末，是一樹身，如何貫得萬樹？且如格物，物格可是就身心意知看出家國天下，纔有下手，抑是把情性形體與飛走草木揉做一團，纔有識路也？某云：是吾道中人，只要知至。知至者，物不役心，任是不辨豹鼠、畢方，不識廉藻、貳負，亦是學問中人。知不至者，以

❶「游」，四庫本作「休」。
❷「静定」，四庫本、郭氏刻本作「定静」。
❸「銷」，四庫本作「生」。

心役物，任是識得萍實、楛矢，辨得土狗、商羊，亦未是一貫先生也。於是言下大家心折。

鄒德基問：《中庸》末章歸結「謹獨」，朱子又添出「爲己」兩字，此是從身修來，抑從自慊來？　某云：自夫子心上來，與《中庸》亦無分别。又云：「内健外止」爲畜，畜者前言往行一一關心。「内止外健」爲遯，遯者求一人知亦不可得。可見積精當心則外物不摇，是聖賢學、識前事；積虚當心則外景不滯，是聖賢學、識後事。雖是時止時行，却於吾心參透無量。某云：此自德基心上來，於吾心上亦無分别也。

黄少文問：云君子自「下學」立心，直做到「天下平」地位，如敬信勸威，百辟儀刑，果是實業可見？　抑是論理如斯？　某云：現在文廟前過，豈容説理説事？

施非昃問：教即學、識，性即「一貫」；教不過明性，學、識亦不過明「一貫」而已。《中庸》稱誠明合體，此「明」字定與博聞强記殊科，何不直就誠處教人下手，翻説學、識，令人終身在言語文字上推求。某云：不説言語文字，安得到無言語文字上去？　譬如一性，便有二五氤氲，健順保合，千聖萬賢詮譯不透，莫説「無妄」兩字，空空貫串，便與天命相通也。於是「一貫」言義黐爛已多，請諸賢别尋言誨。

蔣仲旭因問：「精氣爲物，游魂爲變」，自《易》與《中庸》説出，何妨發揮？　某云：此事實是難知。《易》與《中庸》偶然逗漏，某則未解。仲旭再問，某云：記某少時初到郡中，在張汰沃齋頭，尊公先輩以册使抵家。一日過訪，便問「山下有天」取象大畜，如何講論。某時空疎，但以臆對云：「山下有

天」，想是空洞，如乾與咸合成玄谷，以此與得寶藏，應出神聲，如是實物亦生成一物不來，把「前言往行」藏在何處？ 先輩亦謂有理。 及後歸家，見輔嗣舊説云「天降時雨，山川出雲」，此便是大畜之象。 爲此慙愧至於纍日。 今見人講論，輒想此語，見有學問處便想此事。 如精氣自是山川，游魂自是雲雨，山川不變，雲雨時興。 人與鬼神同是一物，夢寐云爲同是一變，遡他原頭，「精」、「游」之際，學、識同歸。 若條段看去，精氣亦貫得游魂也。《易》説尺蠖、龍蛇，同是精義，莫於此處分人分鬼看。 曹公説鬼神聽人，猶人聽鳥。 只此兩語，十倍分明。

先是，在振衣亭中曾與曹公論「顔子好學」，初無一語學問，如何過此便無？ 又説： 顔子未嘗一試，如何説與禹、稷同功？ 時游鱗長亦在坐，至是問云： 聖賢易地皆然，必有不易地亦皆然者。 孟子説同室則可，鄉隣則惑，此是易地皆然者。 吾門説纓冠亦是救，閉户亦是救，此是不消易地皆然者。 假使不消易地，孟夫子出齊不豫，似爲禹、稷動火了。 顔子何以彈琴雅歌？ 某云： 饑溺當前，怎忍得過？ 有瓢有簞，怎管外事？ 如此念頭，聖賢、販夫一樣冷熱，亦是分別不得。

林非著又云： 顔子簞瓢不改其樂，此「樂」字在何處起？ 又説「人不堪其憂」，此「憂」字從何處來？ 人生食貧吃苦亦罷，如何便説「不堪」？ 某云： 此處如何容易。 人之貧苦有無一簞瓢者，切莫説樂是仁者，憂是不仁者，使醎酸聖賢在温飽男子下坐也。 非著云： 不是只看憂、樂，源頭分差甚細。 顔子此處亦賴得好學功夫，難道是天資和粹，聊且度身也？ 某云： 日來亹亹，不是爲

人。

侯晉水又問：孟子養氣，此學源本何處得來？某云：亦是「清明在躬」一處得來。侯問：如何説是「集義」得來？某云：氣志既從，氣志既起，此間包括千詩萬書，豈是苟且得度？晉水又問：玄、素兩家亦説養氣，豈不是「清明在躬」？某云：他説是處亦是「白露蒹葭」氣象，難道塞於天地之間？

王千里問：善人教民，爲邦要七年纔可即戎，要百年纔可勝殘去殺，此是何義？某云：今人無此心眼，切不要掉臂談兵。夫子一部《易經》，只尊一人聰明睿智、神武不殺，如此人自是羲、農一流。如善人者，只説不殺，難説是聰明睿知、神武也。凡不殺人者，須是洗心極密，藏身極固，如有七年善城、善池，任是戎馬躪踐不得。但是殘殺成風，刑名司化，徒説不殺，未到百年終是銷他不得。王珪、魏徵在河汾門牆，許他作相，不許他能興禮樂。鳩摩羅什、佛圖澄在劉石面前救得幾箇百姓？癡頑老子在帝羓面前救得幾箇城池？夫子三月復齊侵疆，豈是當時俗眼所識？王云：如此不幾看壞善人也？某云：聰明睿智有時壞人，善人無壞，亦壞他不倒。千里又云：傳稱善人質美、未學，如子羔者亦是善人，做得成宰，如何做不得費宰？某云：費是殘殺城池，閔子不做，如何教子羔做他？此事已經人道，不消再説。

吕而遠又問：如此善人定指何等？若是質美、未學，看他太低；若是自不爲惡，又看他太高了。有宋諸賢皆自謂踐跡入室，坐底聖域，如何掃他在善人班上？又如秦漢以來不學者多，一入善塲都成君子。豈有伯玉、子産而下虚懸位次，伯夷、柳惠而上别樹堂簾之理？嚮對王千里説善人，直是西方

路上。當夫子時，豈有此等人？某説：何必西方之人，如榮啓期、林類、石門守者、荷蕢丈人之類，何曾望見夫子堂奥？何曾却掃夫子衣塵？即自十二聖人而下，除却耒耜、網罟，雖衣裳、棺槨亦拋捨得下了，何敢責他一路承仰宗廟百官也？

黄共爾又問：「幾希」二字與「危微」二字孰爲嚴冷？孟夫子説「舜」便對「蹠」，此處説「禽獸」對「庶物」，覺君子中間站足不住。不知「幾希」兩字的何所指？又不知孟子爲何發此猛教，使人咋舌。某云：孟子此語未猛。共爾云：如夫子説豈有此？某云：夫子説：「小人閒居，爲不善，無所不至。」既「無所不至」，安知不出禽獸而下？又云：「苟患失之，無所不至。」兩「無所不至」便是痛毒過於孟子也。《記》云：「能言不離鳥獸。」此語是孟子話本，莫説是孟子創嚴也。嚮在亭中，曹公亦發此義。某云：季子問「具臣」，夫子直説出「弑父與君」。此語比孟子「今之罪人」又毒痛了。大要聖賢看「善」字精，則看「不善」字自嚴耳。善惡無隣，分路岔頭都是異類。莫説孔北海語是詼諧也。

劉賡穆問「君子九思」，不知幾時得到聖人無思無慮田地？某云：誰説聖人無思？「明生歲成」，了無思慮，此是日月寒暑上事。聖人有慮，要經静、安而出。艮言止也，止後纔得静、安，静、安後纔得慮。所以聖人於艮卦大象説「思不出位」，艮是成卦，萬物所成始成終，無此思慮成得甚麼？九思浩煩，不出一身，明聰、温恭不過此身各得其所。豈有一身千手各執一器，隨眼所照，不礙自然耶？賡穆又問：「忿」字、「得」字這樣粗淺，如何亦入「思」料？某云：思量一遍，極是

深微。

張㬙之云：仲尼閒居，子貢入侍而有憂色。出，告顏回，顏回援琴而歌。夫子問其所樂，回曰樂天知命故不憂。夫子愀然曰：曩吾修《詩》、《書》，正《禮》、《樂》，將以治天下，遺後世，非徒修一身、治魯國而已。顏子出而思之，至於七日骨立。繇是而觀，顏子憂處深於所樂。今人只道顏子所樂，不道仲尼所憂，未審顏子七日骨立，所憂又是何事？某曰：河汾亦云：天下皆憂，吾無憂乎？天下皆疑，吾無疑乎？要是顏子所樂，吾亦樂之；顏子所憂，吾亦憂之，何疑之有？

鄭枕石又問：六藝皆教，莫論理道燦於日星，即如文辭亦非後人所及。《左》、《國》、董、賈、《離騷》、《史記》雖有佳處，夐不相追。至於擬作，非僭則俚，將繇氣運使然，抑是學、誨不至也？某云：自然是學、誨不至，難道墜地啼笑便自不同？

朱季乂問：逄萌之善《春秋》，君平之善《易》，梅福之善《穀梁》，申公之善《詩》，夏侯勝之善《書》，其人各能探索陰陽，進退人事。故逄萌知莽將敗，擲楯而歎。君平不仕衰漢，終於巖耕。梅福直攻外戚，掛冠東遯。申公勸帝力行。夏侯守正不阿。此豈其人品地使然，抑是六籍蒸薰所就？某云：天人各半。季乂又云：子駿、子雲、李斯、匡衡豈盡不學之過？某云：子雲亦嘗讀書，未到「一貫」田地。季乂云：程伯子看《太玄》到「信無不在乎其中」，便説「子雲學已到此」。今説子雲學亦未到耶？某云：不是學不到，却有識不到處。

唐伯玉又問：前日鎮樸問四始、六義，謂何不實落開示？某云：已曾講過。伯玉

云：講則講過，未能豁然。某云：此中亦難一口吐出，且再放下。伯玉惘然，謂是五際未明，不爲四始、六義也。某云：任他五際，只是一言。

謝有懷云：聲音之理通乎性情，達乎政教。夫子自衛反魯，然後樂正，《雅》、《頌》各得其所。此是謂篇章、節次，抑是絃誦宜人也？且舉《雅》、《頌》不及《國風》，定是宫廟、堂宁享祀所作。夫子身爲布衣，如何移動得他，使他就位？某云：此處動移豈關風力？要使正、變知歸，神、人叶聽，即曳履高歌，聲出金石。豈必借鐘磬於巍懸，勞矇瞍於堂序耶？

張子京又問：夫子在齊聞《韶》，從師襄問樂，遂能遠契虞廷，親睹文象。似此千年久遠底事，音節器數能保如初，何以暗記冥思便能如見？且齊非舜後，一亡公子所傳，經歷十代，管仲諸賢未嘗讚嘆，何爲一旦入心到此？某云：嘗過錢塘晤錢友朝彦，作《聞韶篇》，謂是《韶》樂入齊，淪失已多，不圖虞音降在賤隸，是以感嘆至此，心甚然之。比歸家，翻諸古疏，蓋有如此者，良足證明。至如六代餘音藏在故府，世官所循，名師所記，冥悟玄通，何足怪乎？子京云：此處想亦「一貫」不來。某云：不是「一貫」，何處名通？

張元屏又問：前日鎮樸三頌尚未見深答，昨日對衆，坐間又道《詩》存三恪，《風》別九野，《雅》列三垣，變兼七緯，引端藏緒，良令人疑。如説《頌》是三恪，爲何《周》、《魯》并列？若《雅》列三垣，爲何正、變相麗？七緯、九野要是後代推求，豈是初時所立？某云：吾輩只管讀書，勿道幽深一路。元屏又云：文中子謂《豳》是變風。《周禮》又説

「豳雅」、「豳頌」，此是如何？　某云：《詩》、《易》典要，大抵多通，齊、魯諸儒各尋奥義。吾初發難，今爲卮談，切勿爲他所倒。

吴雲赤問：「春王正月」，胡《傳》以姬氏不改時月，程、朱以姬氏改月不改時，陽明則謂時月俱改。此是如何？　某云：某在山中亦有人問過。前賢辨之甚詳，只繇前賢不解曆象，空争口頭理語耳。凡《春秋》三十六食，以郭守敬曆推之，皆周月，非夏時也。蟄蟲不伏，知司曆之失；閏子月無冰，知秋至之必災，是非寅亥之月明矣。辛亥南至，《左氏》云：「公登臺，而書雲物，禮也。」既云「春正月」，又云「日南至」，改時則安得春？改月則安得南至乎？　又如僖公三十三年十二月，「隕霜，不殺草」，此在霜降之後。定公元年十月，「隕霜，殺菽」，此在霜降之前。是以《春秋》書之紀異，豈獨謂霜威之有輕重乎？又如隱公九年三月「大雨雪」，桓公八年十月「大雨雪」，隱咎則晚，桓咎則蚤，皆周月非夏月也。陽明謂雨雪不時，故書與隕霜同義。於此亦不相悖也。《公》、《穀》好與《左氏》牴牾，於此無間，自是近古傳説易明。今人習聞夏時，再開疑罅，何足述乎？

唐伯玉云：周、孔學問自是同源，夫子何以不主周公之説？且如周公豈有不知建寅之是，而固指冬仲以爲初春？某云：周公製作極是精微，豈有周公不曉建寅之是？周公立歲以日行爲主，凡日行天中南北各二十四度，董子所謂兩中。繇二十四度極南而復，《易》所謂復，所謂南至。繇二十四度極北而反，《易》所謂姤，所謂北至也。此四十八度，蓍法所生，一南一北，平分其半，以爲春秋。周公作《易》，夫子作《春秋》，子午卯酉，微著所衷，其義一也。譬如月之有朔，明

尚未生；迨其明生，不謂之朔。時之有春，陽尚未盈；迨其陽盈，不謂之春。聖人因之，改正象魏，因時布和，各有取爾，安得同乎？

雲赤又問：「將受厥明，維暮之春」。春暮定是寅月，抑是辰月耶？某云：詩人多用夏正，七月、九月，一之日、二之日，四月維夏，六月徂暑，皆夏月也。詩本於豳，豳用夏時，虞、夏、殷、周五緯分繫，又何怪乎？

趙與蓮問：《禮經·月令》或以爲出于呂氏，或以爲秦火未焚，參酌舊典，小戴所存，出於周公。某云：《逸周書·夏小正》未必是古書，然與《呂紀·月令》强半出入。今人讀此書亦無甚乖誤者。但如《尚書》「日中星虛」、❶「日永星鳥」，❷此處不同，朔易訛成，因之改度耳。今如除却星中日纏，正其紀次，依他施令，雖出呂書，豈有謬乎？如謂他時候不同，存爲啞鐘，則是《虞書》首篇亦煩更定也。唐伯玉又云：承論。此兩事極難得合。某云：如何？伯玉云：如曆書日食正朔果係周月周時，則仲尼不應書「春正月」、「春二月」、「春三月」；如仲尼既用《夏書》，則《左傳》不應書「日南」及「啓蟄」諸事也。且《春秋》果用子月爲春，則《月令》八節一切差池，豈有「四立」、「二至」周家別記歲時之理？某云：雲赤亦如此看。章本清諸公及蔡註俱云「改歲」耳。雲赤云：改歲，《月令》懸之象魏，難道象魏布和，歲時便可錯用耶？某云：帝王所重，不過農政；丘明所載，只占龍火。二十四氣、七十二候著於京、劉，雖管氏諸書不過約略霜露，瞻窺豸

❶「虛」，四庫本及通行本《尚書·堯典》均作「鳥」。

❷「鳥」，四庫本及通行本《尚書·堯典》均作「火」。

獺而已。❶且依《春秋》冰雪以證冬春，勿謂歷代史書總成僞曆也。趙與蓮云：若此則《月令》決非周公所作矣。某云：周時夏正既已不傳，諸家各私其説，秦漢之際闕焉不傳，至元朔諸賢始一更定，《小戴禮記》只五十六篇，《月令》、《明堂位》、《樂記》三篇乃馬融增入，并非二《戴》也。伯玉云：若此則經傳、史曆一一堪疑，當復何據？某云：以某所據，則祖冲之、僧一行、郭守敬及邢雲路皆知曆者。九代以來簡較日食不止千次，并無以夏時推春秋者，行當與諸賢共定耳。

與蓮又問：天道左旋，日月五星右轉。今人一嚮稱七政俱是左旋，何故？某云：此何須問。譬如人身，手臂運旋，一物左來，一物右去，豈成運動？此道須要七通八透，如人行道，慣走長安，纔曉中間何處要跕。出門問路，不如且爲文章也。與蓮云：如此，天道便難一貫也。某云：且要多識、多聞、仰高、鑽堅，待他明通，自然貫串。與蓮云：畢竟如何學識得來？某云：凡談此道，有訓詁者不妨講「貫」。夫子學琴，亦須先明器數，不能坐見文王。

伯玉見諸賢言論已畢，又問：先儒論《詩》，皆推究世數，以別交際。嚮來纔説九野、三垣、七緯，於《國風》十五、兩雅正變略露一斑，❷如何不根極闡揚「性天」大義？某云：賢意云何？伯玉云：儒家以理解經，不以曆證經；數家以曆造曆，不以經證曆。嚮於雲赤《春秋》、與蓮《月令》已昭揭無遺，何故於諸賢論《詩》尋經舍緯？某云：三百篇中只餘經軸，若要緯看，且誦《七襄》。

❶「瞻」，四庫本、郭氏刻本均作「潛」。
❷「斑」，原作「班」，據四庫本改。

朱君薦、盧孝登業不發問，因昨日歌詩之事又問：樂貴人聲亦資製器，五音、七律子半相生。唐人樂章只是絶句，同是一詩，別稱鍾、吕，或隸太簇，或配蕤賓。昨歌《鶴鳴》二章，云是清商轉羽，復歸清角，此義何據？某云：夫子删定諸《風》，本其水土以正宫、商。如鄭、衛諸篇極多羽調，《雅》、《頌》正變，宫、徵聲兼。要以情理相通，真淫不溷，四聲之間遂生七律。嶰谷之竹，陽雄陰清；❶泗濱之磬，浮輕沈實。施於絲革，無適不然，何獨人聲乎？君薦又問：《伐木》、《小明》當兼何律？隸於何宫？某云：《伐木》清商，以子還母，正、變之會不失宫音。《小明》變徵，以母命子，宫、徵之間，不入羽調。君薦又云：樂無專書，聽此茫然，且須異日。盧孝登云：昨日揚扢詩歌，於「神聽」一義再三致意，豈是斷章取義？抑是設教精微？某云：豈敢。往日在都下屢與岳石粱先生商略此語云：一部《詩經》，兩行鼓吹，只有「正直和平」四個大字。人如曉得「正直和平」，便與鬼神呼吸相通。古人作樂，六變之後便使天神、地祇、丹鳥、玄鶴一齊翔舞，豈獨嚶鳥、鼓鐘通其意響而已。❷是時孝登諸賢搆文初就，未知曹公見過所論鬼神聽人之旨，因又取曹公意義申説一番云：《易·繫》有言：「言出而善，則千里之外應之；言出不善，則千里之外違之。」可是人聲千里，抑是神耳千里也？《綿蠻》之音，遠祈教誨，勿以我傲，棄之如遺。

甲戌穐八月初十日道周又識

❶「雄」，四庫本作「濁」。

❷「意」，四庫本作「音」。

榕壇問業第五卷

門人唐學瑒唐璟勒編

閏月二日，郡中試事尚未畢，諸友懇至講壇，數辭乃已，❶因舉「知之者不如好之者，好之者不如樂之者」爲義。洪兆雲琦、黄介俶居禎、張藹士謹、張非熊應熊、張漢徵堪新下問，而孟賓、太文、明師、而遠、峻人、非昃、與蓮、石星、興公、枕石諸賢，以家務先後不值。某因發題，次謂唐君瓚瑒、君章璟云：某性最下劣，於斯道全未理会。只是束髮來於今三十年，每年反覆，心地上覺自不同。如論「學問」則消散大半，不知是進是退，大約於「知」、「好」、「樂」三字聊稍分明。君章云：知、好、樂不同光景，現前可證，豈消三十年磨勘耶？某云：正恐百年磨勘不來。於是諸賢將有所請。某云：且自推演，見到不同處自然有契，再舉一義爲使天下之人齊明盛服。君章云：此於《中庸》中何等要義？某云：是《中庸》第一要義。林朋夔在坐，因云：既説中庸，如何又説鬼神來？某云：不是此兩字，不知多少霸人揑賢扯聖，如何熨貼得他？且是一箇，別無兩家，天人路頭有立卓爾，雖欲從之，末由也已。君章再問。某云：只在《中庸》首章，精魄動静一一分明。

初六日，諸友徵文已就，只四十八人。洪兆雲、涂爾虞、游鱗長、柯魯生、盧孝登、陳非魚、黄共爾、郭受子、唐君章、林非著、唐偉

❶「乃」，四庫本作「不」。

倫、吕而德、謝爾剡、張子京、謝有懷、蔣仲旭、王千里、張鎮樸、魏秉德、❶黄介俶、劉賡穆皆作轉法，於此道中得無盡義。許二懋、朱君薦、鄭孟儲、張師乂、林朋夔、唐伯玉、吴雲赤、唐君瓚、黄君琬、張非熊、羅期生、洪尊光、蘇伯韡、朱季乂、侯晉水、張昴之、謝爾載、劉賡美、鄭兆中、楊玉宸、王豐功、張漢徵，皆作進義，於致知處得無盡法。王元槐瑶問：此兩義何者最實？某云：亦無分别。作轉法者，於宇宙間精神，心力一齊卷動，看世上淺物都深，麤物都微，糟粕、醪醇俱有精意，所以遇物觸事領略不同，雖不指出知體，畢竟是靈明所透，猶看海水者，不道日月耳。作「知」字進法者，於吾心中法力、光明一齊通透，看世上淺物都深，麤物都微，腐朽神奇同此妙理，所以反念冥觀攔截不住，雖實指出「知」字，畢竟是領妙無窮，猶覩日月者之稱潮汐耳。在夫子身上不厭不倦、憤樂相宣，豈有初、終之别？然如此事，不是實入其中，都夢説不得，譬如文藝，不是一做再做，領略不出也。

翼日，許二懋問：聖人之教，因地豎義，曰興、立、成則於《詩》、《禮》、《樂》，曰志、據、依、游則於道、德、仁、藝，此知、好、樂不審果何所指？夫子生平常説仁、智。「知之」是智，「好且樂者」是仁，想夫子是説仁、智而已。某云：公西華看「不厭倦」亦是此意，却是指出仁、智精神，不是指出仁、智本事也。二懋云：夫子既不明指示人，後人無可把捉，則不得不就學豎義。就學豎義，則《詩》、《書》、《禮》、《樂》、道、德、仁、義、藝都在其中了。某云：道藝有盡，精神無窮，仁聖是「不

❶「德」，原作「得」，據本書《姓氏》章及四庫本改。

厭倦」做的，「不厭倦」不是仁聖做的也。只曉得知、好、樂中間意思不同，是人、是物、是理、是義，都不消分別了。夫子生平説及博學便道是射、御，聽琴、觀器反説是聖神妙理。再不要於之者中間興雲起霧，只信裏面意量無窮耳。

柯魯生云：聖門喫緊只在「知」上到頭，「樂」地只是完滿此「知」。從「知」到「樂」只是夫子領出自家本分，到「樂」時亦無住法耶？某云：此義講之已熟，如夫子説「過此，未之或知」，孟子説「不知舞、蹈」，到「樂」時無有了境，亦寧有別副精神壓倒「樂」上耶？

盧孝登問：此「知」是本來之知，抑窮理之知？如本來者，則「不學」之知即爲舞、蹈，何須「樂」作轉步？如窮理者，則「不改」之樂只在「如愚」，何消「知」作關頭？想此「知」亦非發慧偶嘗，此「樂」亦豈層歷所到？某云：此事只須湛浸，切勿揣摩。古人嘗云：三年，口不敢談利害，不敢言是非；又三年，口更言利害，更談是非。又説：忘仁、義、禮、樂，雖是外道，到是讀書人真消息。天下容有聖人墮體、黜聰，決無賢者膠新、滯故。如是，本來之「知」不消轉步，則周、孔寤夢，只是孩提。如云「不改」之「樂」，不消破關，則伊尹耕莘了無道義。吾人本來是本「精微」而來，不是本「渾沌」而來。如本「渾沌」而來，只是一塊血肉，豈有聰、明官竅？❶如本「精微」而來，任是死去生還，也要窮理讀書。夫子自家説「發憤忘食，樂以忘憂」，又説「不知老之將至」，一語下頭，有此三轉。如是爲人，自然要盡人道；如是好

❶「官」，四庫本作「關」。

學，自然要盡學理。孟子說「盡其心者」，只是此心難盡，每事只領三分。「知」不到「好」，「好」不到「樂」，雖有十分意量，亦只是二、三分精神。精神不到，滿天明月亦是襆被度身意量。欲窮四處雷霆，自有一天風雨，切勿說雲散家家，春來樹樹也。

唐偉倫問：如此看，則「致知」之義深於「良知」，「樂天」之義齊於「好學」。見今世達人皆尊自然而下窮理，古來有道者皆遺「好學」而貴「樂天」，何耶？某云：《易》曰「窮理盡性以至於命」，又曰「樂天知命故不憂」。「樂天」不從「好學」，此「樂」竟從何來？如「良知」不繇「致知」，此「良」究竟何至？「良」有三訓：良，言善也、言常也、言小頃也。言善者從「繼善」來，所稱「柔順利貞」者是；言常者猶稱良常，所謂「厥有恒性」者是；言少頃者猶稱良久、❶良已，所謂「乍見夜氣」者是。其言自然者不過「不學」、「不慮」一段而已，亦是「不學」、「不慮」而良，不是「不學」、「不慮」纔訓作良也。人讀書都要讀其易者，難處放過。如生成瀟灑者頑皮無礙，問他所知、所好、所樂中間開放果是何物，亦復茫然。晉人道：解飲者自知飲趣。如不解飲者，聞酒輒醉，豈亦復領醉妙耶？偉倫云：如此則知，如知味之知；好，如好色之好；樂，如在中之樂。只是自家領略，如何度得別人？某云：只指出此法人人自知，自家認得是「學」，大家認得是「道」，勿復問人此中是何學、何道也。

劉賡美云：此章極是關鍵，如夫子說出自家像讚，畫出自家神明。如「吾十有五」章，十年一轉，每轉十年，只是這副精神繇生

❶「少」，四庫本作「小」。

入化，未審「不惑」、「知命」時可便到「樂」田地不也。某云：曲肱、蔬水，此事豈判十年？聞道有得，還是少時最穎。四、五十來只是悲惘念多，浩落致少矣。聖賢精神深微變化，故有唱不若歎，歎不若泣者。羅近溪先生少年穎悟，謂孔、顏只是箇「樂」。如此看榮啓期、林類，豈不賢於閔、冉耶？賡美云：亦只是此不如。光景前後環生，到處自得，其不可知處正如百尺橦竿，坐盤起舞也。某云：正是。孟子最善看書，説深造逢源，生惡可已，正從此處得來。嚮來王豐功最得此意，鄭孟儲已曾到此，諸多得者，但談之不透耳。賡美又云：前日對張德聲問數「之」字，今日對許二懋問數「者」字，都不實指，只惝怳説去。如在聖門，豈有此等言教？某云：精神爲聖，心力爲仁。屢屢言話，此是《詩》、《書》、《禮》、《樂》之所包胎，道、德、仁、藝之所抽暢，爲何看他儻怳？劉賡美云：嚮偶見江右艾生評文云：聖人立言不附禮樂，刑政不附理數，帝王而深微於「性」與「學」者，唯吾夫子能之。似以此處微言只是「性」、「學」也。某云：性、道與仁如何言説？鼓舞、不倦只是文章，孟子亦説「樂善不倦」。古今多少聖賢不敢於江漢源頭酣歌、鼓撐，奈何動指蚉虻以爲車輪也。

鄭孟儲又問：昔人要尋孔、顏樂處，今人輒謂樂亦非止處。孟子説「聖不可知」，《繫傳》説「未之或知」。於此處可亦有進不？❶某云：如説進者，「不知老之將至」便進於忘憂，如不説進者，「樂水、樂山」豈淺於觀魚濠上耶？

侯晉水亦問：孔、顏只是箇「樂」，然説

❶「不」，四庫本作「否」。

「樂之」者，中間明明有箇種子，不是光光樂趣，但説「知不如好，好不如樂」有何意義？某云：明是如此。此等心眼要在「知」處打開。前日諸賢都問「生而知之者」、「好古敏以求之者」，中間實指何物？某亦未嘗分註。子貢有言：「夫子之言性與天道，不可得而聞也」，既有「好古敏求」四字，豈患空岐，錯下心目？晉水又云：「可與共學，未可與適道；可與適道，未可與立；可與立，未可與權」。此是進法，抑是轉法？抑是論心地不同，階級難越也？某云：夫子立言，隨光所映，受者自人，引者自我；合看是道，分看是學。有此兩章，使一世淺人都深，麤人都細，鞭後牽前，使捷足兒無復跕脚之地。勿復比青配白，看朱成碧也。

楊玉宸云：孔、顔得力，「發憤忘食」是何事？「欲罷不能」又是何事？不過此一點知光包天括地，自家本性與萬物相盪，併力趕上，教休不休。工夫淨時，覺日朗天空，任飛任躍，無論敏求、博約俱着不得，自有一段活潑的地。❶孟子説「萬物皆備」、「反身而誠」，正是「知至」的光景。今人不識「致知」入門，空把孔、顔樂處虚貼商量，無論拾級循途不得，即兀坐靜參亦不得也。某云：如賢説，都不須疑難。昔湖州問程叔子，直以「誠正」立論，於此「知」字尚隔一層。伯子見濂溪重證所樂，亦未嘗一日道破。今日説是性光無量，與萬物相映，從此更尋實義，不落慧空，始信曲肱、蔬食不是黄虀數根，弄月吟風亦不在頭巾話下也。

謝爾載云：大家説此「知」字未曾分明，説此「樂」字枉成活潑。想箇中消息，俟至自

❶「的」，四庫本作「潑」。

迎，學人只應循序漸進，寧爲其難，勿爲其易，纔可與談學問之要，語性情之微耳。某云：累日來都是此說，不須疑難。於是諸賢豁然，復尋前日「不厭」之說。

又翼日，多以鬼神爲問者。某云：夫子已對宰我說明。一部《中庸》只有「誠明」兩字。誠明之道，聽不以耳，視不以目，千百手眼只是獨知，能覩、能聞果是何物？只爲人要說鬼神，纔以誠字替他。不圖已說誠字，今又紛紛要道鬼神也。

吕而德云：孔子有言「氣者神之盛，魄者鬼之盛」，鬼神即是氣魄。又說「體魄在下，知氣在上」。如此鬼、神判然兩物，合之則生，離之則死，如何專指微顯之間？某云：不識生死，只看夢覺；不識鬼神，只看心目。離合屈伸，千倍分明。而德又云：「聖人與鬼神合其吉凶」，似世間別有鬼神。堯夫謂「一念未起，鬼神莫知」，似鬼神判然身外，與《禮記》、《中庸》之言何者最合？某云：合則都合，離則都離，不貴衆見，只貴獨知。

吴共玉問：人心自有鬼神，則「齊明盛服」就是鬼神情狀，何消指出祭祀一條？若祭祀是爲世人說法，則郊、社、禘、嘗如何是聖賢妙旨？某云：此處切勿麤看。《中庸》一書只此兩字，日用飲食無人味嚼。試問「天命」兩字如何是命之於天？「率性」兩字如何是率之於人？天人中間，承接一路，有覺有知，果是何物？從此推求，覺造化之跡，二氣、良能皆是誤認了，何況世人繪空畫鼎也。

羅期生云：《書》言周公多才多藝，❶能

❶「書」，原作「記」，據四庫本改。通行本《尚書・金縢》：「周公能順父，又多材多藝。」

事鬼神。鬼神如在人心，要此才藝何事？且如鬼神流行空際，亦與才藝何涉？某云：此則不知有無，但人如曾子，始於空中見得「十手」、「十目」；人如仲尼，始於默地認得「多見」、「多聞」。如不是周公，如何得與鬼神合德？郭受子云：如此得無戲論。《中庸》不過要人修身，纔把「齊明盛服」四字指出。修身要領如《論語》說「正衣冠」，「尊瞻視」，「儼然如神」，此與「志氣清明」亦無二義。某云：如此則近着這邊。

陳非魚云：如此則是人自爲鬼神也，如何說是「使天下之人」？某云：人自爲鬼神，只是使却一人；天下共一鬼神，便使却天下之人了。非魚又云：人身具精、氣、神，精、氣既以爲物，則神何所麗？離了精、氣變爲游魂，則鬼、神且無精、氣，何以使人？某云：此則未解，且問唐君章、楊玉宸去也。非魚嚮問君章，君章云：夫子前日答蔣仲旭云：山川不變，雲雨時興，人與鬼神同是一物。言下了然，何須復疑？《中庸》兩篇三說「微顯」，首以「天命」，終以「天載」，此與鬼神外此無有也。❶天人相接，只是一路，性命之際，聽覩玄微。《通書》以「誠通」、「誠復」爲「知幾」，《西銘》以「不愧屋漏」爲「無忝」，老聃以「虛室生白」爲「吉祥」，❷武公以「灑掃庭内」爲「奏格」。如此鬼神豈關魂氣間事？又問玉宸，玉宸云：鬼神即天命，「體物不可遺」即須臾不可離，「不見不聞」即不睹聞，「齊明盛服」即是戒慎恐懼工夫。《中庸》要說「誠者天之道，誠之者人之道」，恐人忒離了中間，指出鬼神淺淺在人心目，

❶「與」，四庫本作「以」。

❷「老聃」，四庫本作「莊周」。

使隱怪收其伎倆，小人吐其精誠，所以下章説「如神」、「無疑」，都是此日用道理，飲食知味；説「非禮勿動」、「先敬先信」，都是此「齊明盛服」，指掌淵源。如説鬼神繇「齊明」而生，「齊明」與鬼神映現，猶是取燈寫影，得人物意，不盡精微也。

張非熊云：熊亦見得舜、文、武、周皆是「齊明」之人，「奏格」、「篤恭」都是「齊明」之事，但不知「齊明盛服」算得「未發」大本，抑看作「已發」達道耳。某云：此處喜、怒、哀、樂都無著處，直是捖摶天地，屈伸萬物，宇宙形聲一出一歸，了無覓處，算作陰陽頭腦，極處藏身。非熊又云：「造化之跡」，「跡」字當作何解？某云：既是「跡」字，何須解他。二義已明，於是諸賢更端復問。

謝有懷因問：古今道統，見知、聞知，薪盡火傳，豈有私屬？❶乃孟子稱堯、舜「見知」，獨舉禹、皋不及稷、契，見湯獨推尹、朱，見文獨推呂、散，餘無及焉，何也？某云：二典詳於禹、皋，自然以禹、皋稱首；簡舉成文，尹、朱而下亦互包得去，何消疑他？有懷云：孟子自任「見知」，抑是「聞知」？五百前後共推兩人，到伊身上反成「獨力」，是何意思？某云：古人觀察極是分明，孟子前頭既有顔、曾，後來不數韓、董，居數甚近，獨立難扶。看他「無有」兩歎，如一結讖，斷了「五百」路頭，極是可怪。漢人盛推董生，去孟子時正五百年耳。荀卿前頭亦自依附孔子，却無人推他。譬如一歲，堯、舜是春，湯夏，文秋，仲尼是冬，孟如秦人冬後置閏。既是閏月，不成中氣，二千一百六十年間，於二氣運中合成閏候，所以孟老望之慨然。獲

❶「私」，四庫本、郭氏刻本均作「他」。

麟於今又二千一百餘年，五百氣殊，見聞雜出，孟氏譏後無人因承，則亦付之夢夢而已，切勿談此，恐門外笑人也。有懷云：王通去董子，猶董子之去孟子；今日之去元公，猶元公之去王通也。何謂不得因承？某謂：人只要實見、實聞，不要自家創造，亦不要依傍他人。我輩只是瞻禮日月，安得望氣推星？

洪兆雲問：「夫子之道，忠恕而已」，是曾子「見知」；「堯舜之道，孝弟而已」，是孟子「聞知」。元公說「明通公溥」，似說「思、曾之道，明誠而已」。程、朱後來只說「和」、說「敬」，豈是聞見不同，抑是悟頭頓别？某云：只是數字，躬體力行，無弗一處，切勿道是介陌畫阡，南門北户也。

張師乂云：吾人立身以孝爲本，體順而行，無甚硬礙。然如「幾諫」一事，便是格手，不易完全。某云：爲何想他？師乂云：夫子亦言「當不義則不可不争」，「争」之與「幾」已差池數里。「幾」尚有怨、有勞，「争」則安得無勞、無怨？如爲人臣子，苦口盡言，反來擯逐，豈是道有未盡，抑有命存與？某云：對臣子言，自然是道有未盡。師乂云：盡道當是如何？某云：夫子說「明」只是「敬」，漢人常說「孝生於敬」。延叔堅是東漢名儒，言「仁生於孝」。蔡、鄭諸賢各舉爲篤論。孝能生仁，有子已嘗談之；敬能生孝，自是臨深履薄上事，人知其本於曾子，不知是《論語》中常談也。新臺二子、三閭大夫都是敬身未至，何命之有？

蘇伯韡問：曾子云「孝者所以事君」。又曰「事君不忠，非孝」。其告子夏曰「有親可畏，有君可事，有親可諫，有君可論，是爲至樂」。異日，齊聘爲卿，却而不就，曰：

「吾不遠親而爲人役。」魯君使人致邑，反復不取，曰：「受人者，常畏人。」聖賢言行各有至情，理同跡異。何以如此？某云：未嘗見曾子，不知其故。言下泫然。

伯韡又問：夫子治魯，三月之間讓畔别塗，羔豚不飾，齊歸侵疆。許大作用，何爲不能使當宁聽政，權相卻樂？豈機、權不同，抑行、止繇天耶？某云：此亦不知。一假司寇作真宰相，難怪人眼不熱。幸是季氏相知，如遇别人，横招大禍也。伯韡云：何便至此？某云：趙汝愚、朱晦庵現前可見，放下勿談。

黄介叔問：上智下愚同是一性，如何便説不移？豈是教爲中人而設，性亦爲中人而命耶？如説性有智、愚，應是命無繼善。夫子説「君子而不仁者有矣夫」，此豈是習能移性，性不能移習耶？「不知」、「不移」兩字從那裏説？某云：益之爲言，遷善改過。上知下愚俱是積習所成。積習既成，遷改不動，如他性初何曾有上智下愚之别？切勿如程伯子所云「氣質不同，變化未易」也。

魏秉德問：「求放心」，孟子云「求則得之」，又云「弗思耳矣」。求可即是思不？《易》曰：「何思何慮？」又曰：「君子思不出其位。」分明恐思亦有坐馳了。此思、不思間，如何得存養下手？某云：此亦嘗講過。《易》曰：「咸其脢，无悔；咸其腓，凶。」此動而不動處是神明後堂，此不動而動處是雞犬下路也。秉德云：此位果在何處？如在腔子裏，容易走作；如在宙合中，何消收拾他？某云：宙合中亦要管腔子裏，亦要看「集義」所生，豈有不見身人便成登假耶？

王豐功問：「先行其言而後從之」，《洪範》云「言從作乂」，曾南豐云「若千里之外應

之」，此解可互參不？某云：「言」如引頭，「行」如走路。聖賢經書只爲吾人開道，著作輜重不過是跟脚後來，中間躬行有何言說？切勿爲岐談所引。又問：「幾事不密則害成」，信如此說，只宜躡足附耳，圖于深宮了。《洪範》說「謀及卿士」、「謀及庶人」，❶如許明目張膽，想是「文理密察」之「密」，與「退藏」之「密」意思不同也。某云：賢都看得好。荀卿云「大周生大明」，董生云「治身莫若幽」，都有弊病，以此見賢意識遠於荀、董。

某因問諸賢，居平亦曾流覽《圖》、《書》不？林朋夔云：亦曾看過。《易》曰「參天兩地而倚數」，《本義》謂：「天圓地方，圓者一而圍三，方者一而圍四。」關子明謂「數兆於一，一未可用，生於二，成於三。二、三爲五，五爲參兩」。蘇子瞻云「天一、天三、天五之謂參，地二、地四之謂兩。一、三、五依而爲九，二、四依而爲六，是爲倚數」。三說紛如，孰爲當乎？某云：《本義》自是。漢、唐舊說是氣象初生之本，千古聖賢尋繹不盡。只方圓象器研索難窮，窮得此事，天下亦無復難事了。朋夔云：子明、子瞻可曾窮得不？某云：子明占驗極精，子瞻神識夐異，然於此事實未分明。周公本著立器，因表測象，始定方圓，準於土圭八八之中，倍周其廓百二十八以爲方始，再矩復方而卦象咸備。凡百二十八，四周之數五百一十二，以七分之，每分七十有三，去七不用；刓而圓之，三百六十，以五分之，各得七十二。去兩存參則二百一十有六，去參存兩則一百四十有四。因廓爲徑，存八則象盈，去八則氣虛；

❶「庶」，原作「國」，據四庫本、郭氏刻本及通行本《洪範》改。

因徑爲規，視朞則微饒，視象則微縮。皆前參則後兩，前兩則後參。夏至，日晷二百一十有六；冬至，日晷一百四十有四。北極出地三十有四，下距南極二百一十有六；南極入地三十有四，上減天平一百四十有四，皆以天表準於土中，「參兩倚數」備於此矣。子明、子瞻想亦備見此意，只從原始上説出一端，含吐未明，又把蓍義爲《圖》、《書》所混耳。蓍法主七，象法主八，兩體不用而用九、六。以蓍揲之，三、四之餘以爲四、九，三、八之餘以爲四、六。兩四、一八，其餘四、八；兩八、一四，其餘四、七。是爲「參兩」之始。兆數未明，兩卦互藏，而數義始著矣。今爲一法簡易直捷，以三命陽，以兩命陰，三三爲乾，三兩爲坤。二兩、一三以索三陽，二三、一兩以索三陰，九、六、七、八其義易尋，概名月分，通爲周甲，「參兩倚數」一覽燦然耳。

朋夔云：是則爲布蓍求卦之法，如何以徑率方圓便盡變化、行鬼神之道？某云：鬼神精魄，其大小幽明盡在日月。徑率方圓正是天地日月開人神智，人於此處看得分明，世上更無不明之事。圓神、方知明明示人，如何又説此義未盡乎？朋夔云：如此則關、蘇神識有所不到，如何每常推他？某云：前輩讀書雖有偏全，終無鹵莽。

洪尊光又問：典謨之亂，不録齊桓五命之辭，而載秦穆還殽之誓。《王》、《豳》而外，既存桓叔、朱襮之章，又詳寺人、白顛之作，聖人所學何事疑玄？某云：自是風聲不同，氣象先見。如季子誦《秦》以爲夏聲，豈亦讖耶？某小年時作此論，今多談者，殊不要切耳。尊光又問：《詩》有《商頌》，不及夏聲，豈《九德》、《候人》、《破斧》諸歌都無足録與？又《詩》有「五際」，謂《大明》在亥，《四

牡》在寅，《嘉魚》在巳，《鴻鴈》在申，《天保》在卯，《祈父》在酉，《采芑》在午，如此七際，果何所據？ 某云：七十二緯無復存書，《鑿度》、《魚龍》，不《含神霧》，誰復辨此者？ 嚮日張鎮樸屢問「四始」，亦欲鉤人出緯耳。 某實未讀緯書，何繇辨此端的？ 蚤歲作《易雜圖》，嘗一尋究。今諸賢已置爲啞鐘，如何更黐臭腐以爲神奇？ 尊光云：不問精詳，且粗問大意。如何是「四始」、「五際」？ 某云：周自文、武至宣、平，兩雅大小百有五篇。諸王所歷三百八十四歲，約九十歲以爲一始，七十三歲以爲一際。《小雅》自《鹿鳴》至《無羊》三十篇，亡詩有六，古人以此列于《大雅》之首。大抵戰國誦《詩》之士曲學阿秦，以《大明》當亥，爲秦人改元之始，十月司歲也。漢高登極亦歲在己亥，丙寅爲居攝之元年，己巳爲新室之元年。東漢腐生又附此説，爲桀莽之佐，故云《大明》在亥，水始也；《四牡》在寅，木始也；《嘉魚》在巳，火始也，以從臾新莽更革漢室耳。然光武建元歲在乙酉，只當革政之年；高祖興師并直午亥之際。《鴻鴈》、《祈父》非爲興繇，而讖緯之隆萃于後漢。權位所藉，長呼多風不可奪也。 尊光云：如此則緯書盡是謬妄，如何漢儒以誣孔子？ 某云：聖門原有此説，微言既絶，至道難聞，不知當時分派「五際」果何終始，決不自《小雅》前頭二十五篇之内耳。

謝爾剡問：二南、《雅》、《頌》爲樂章，諸《國風》不被之樂。然季札觀樂，備歌諸《風》，《史記》「《詩》三百五篇，夫子皆絃歌之以合作者」，又似凡詩皆可入樂。鄭夾漈論孔子删《詩》，只取其聲，諸國各具一音，唯邶、鄘、衛三國相近，聲音易混，故曰「自衛反魯，然後樂正」，此義如何？ 某云：歌《風》

何獨季札？自子産、子太叔諸賢皆歌，《鄭志》「原憲《商頌》，發于匡牀」，何獨仲尼乎？夫子轍環以來備審衆音，於理亦然。聲有貞、淫，理關邪、正，水土、天時通於律襲，另是素王一番政令，非復學士所窺。如説邶、鄘、衛三國相近，聲音易混，纔須亟正，此則不然。魯、衛兄弟之國，詩、書相及，《書》中《費誓》只是一篇，《酒誥》并及三等。《詩》中《閟宫》稱頌，邶、鄘又列三國，不是至道再煩，必是沫土難變也。

朱季乂又引魏祖所駁「牛弘噓灰和猛」之説，疑測律不須候氣。都説得是，只於製律損益處尚未究心耳。

蔣仲旭問：禘自既灌，夫子便不欲觀。程子謂成王賜之，伯禽受之，皆非禮也。然《吕氏春秋》稱惠公請郊廟之禮於周天子，王使史角報之。使成王已賜，則惠公又何請耶？《祭統》稱成王、康王賜魯重祭。如成王既祭，❶康王又何加焉？《詩》稱「莊公之子，龍旂承祀」，僖三十一年書「四卜郊」，則此郊應自僖始耶？某云：程子説得是。《祭統》諸書所載不誣。當惠公初年，幽、平搆亂，晉、鄭兩侯實夾輔周，未有殊禮。鄭人取鄶，天子不討，已爲大賚。及後文公再定王國，請隧不許，天子猶以大物未改爲辭，豈有惠公無故專請大祀之理？大抵成、康所賜，既非常典，「白牡騂剛」亦非創事。每郊必卜，每禘必請，自是故府所存，禮不敢越。隱公既以攝位昵於鍾巫，桓公又以弑立不書「即位」，享祀不懈非僖而何？四卜不從，難可稱頌，承祀叶典必在初年，又奚疑乎？仲旭云：如是禮者，夫子何爲説不欲觀？傳

❶「祭」，四庫本作「賜」。

記又云，孔子言「杞之郊也，祀禹也；宋之郊也，祀湯也。魯之郊禘非禮也」。想周人既以后稷配天，則魯人不應以后稷郊祀了。某云：魯人亦避后稷配天之文，不歌《思文》而頌《泮宫》，既與明堂異制，又以姜嫄爲始，以上酬大功，下長侯伯。雖夷戎諸醜，聞上辛郊禘，不敢執其大夫，如何苦要駁他？仲旭云：如此則夫子何不欲觀？某云：此義既自難明。人事不同，禮樂亦異，俯仰之間真難爲着眼耳。

游鱗長問：《春秋》内中國而外夷狄，至邲之戰不與晉而與楚，黄池之會始進吴子，然則夷固可主華盟歟？自春秋而後，吴、楚之力雄於天下，文物遞盛施及于今，夫子豈知異日吴越方幅、楚漢之事歟？某云：吴、楚稱王，不是夫子誰敢黜他？北之有戎，南之有夷，習見則狎，遠聞則怪。盟戎於唐，會戎於潛，不見深譏。邲戰右楚，黄池與吴，又何遽異乎？天下甚小，一王甚大，須知吴、楚時候稱「人」、稱「子」，下筆甚難。

吴雲赤問：聵輒之事，一經子貢品題，業有定案；「正名」之論，對子路發抒，未有分張。子郢既無立理，衛輒又無讓情，若要正名，作何分曉？某云：《春秋》於蒯聵之出，兩書「世子」，《論語》在靈公之時，屢稱「無道」。世子自是當立，無道有何足依？蒯聵以父在不抗靈公，衛輒豈得以祖亡復抗蒯聵？蒯聵居戚一十二年，衛輒歲時何以動問？止於此處想極難通。何必避位、郊迎乃稱合禮乎？雲赤云：蒯聵若爲趙鞅所立，難道此名便正？某云：石曼姑若殺蒯聵，難道衛輒無子弑父之名？人至拒父，何知有祖？隨他不正，切勿復談。

張勗之問：星官之説，有傅説、虎賁、倖

臣、謁者、柱史、❶九卿、司空、軒轅；分野之義，有晉、鄭、燕、韓、趙、魏、河内、中山，如今閩、粤亦隸牛女。此是歷代畫蛇，抑是馮相所辨？且如《周官》保章辨别州土，至于藪澤、六畜、男女無一不詳，何獨不詳星野所屬？僧一行云：星土以精氣相屬，不拘于方隅；分野以山河爲界，不係於都邑。是否？某云：此説闡于《左氏》，皆以始封之國更命日月、太歲所在，主其祭祀。如自戰國以來日月屢更，卜象異食，顓頊、太皞豈復安存？且如今日天下一家，分爲兩京，離爲十五，豈有戰争暨割異道？必如《易》云「在天成象，在地成形」，則蒼龍東首，白虎西尾。今已冬夏跨其中腰，何遽定乎？某前于《雜圖》中亦嘗約略光氣，别其晨昏，欲歷考祲祥以著其驗，未之能耳。勗之云：《春秋》不著災應。漢祖入關，五星聚井，應在三月，而史書誤爲十月。算曆之家日無比蝕，而漢唐所載比食者二。陰霾、風雨百里差殊，而或以日食、晦明，禍分内外，豈是習揣傳訛，抑是文勝則史？某云：若論經常，則宇宙之内何物不有？若論經怪，則戒慎、恐懼豈屬妖祥？亦只得現前自參學究而已。

張鎮樸問：律吕相生，只可順成。自子而丑，遞損遞益，至六而極，十二而反，如何又要隔八相生，使陰陽易位，昭穆不倫？某云：娶妻生子，是古人常談。陽不易位，而陰者改姓。《關雎》、《鵲巢》萬物所開，何疑及此？若要順看，只從黄鍾八十一分遞損，到無射四十四分六釐；從應鍾四十二分六釐遞益，到大吕七十五分一釐。❷陽順陰

❶「史」，原作「吏」，據四庫本改。

❷「釐」，原作「四」，據四庫本改。

逆，兩路分明，豈有纖毫紕漏詔年？看書再不要潦草自著意見。如司馬遷者，聖人而下有其聰明，豈爲淮南所誤？瞿徵君及李文利諸賢，都未深解此意，而過爲結撰，徒傷作者之心。京房自仲吕而下復生六十律，已自精微，萬寳常復爲蛇足。讀書之道至漢而盛，亦至漢而絶。某自束髮時常推演李書，本三寸九分之説，至廿四、五歲纔知其誤，至四十歲纔知其合。離合之故，各自不同。此道須研心静息，尊古反始，非聲氣載籍所得呼動也。

唐君瓚問：井田之制三代通行，東遷而下經界遂衰。夫子相魯三月，不變丘甲；王半山纔要舉行，遂復敗了。豈是時勢不同，抑是法度未審？某説：此事談者已多，封建既殊，井田豈可復設？程子説有《關雎》、《麟趾》之意纔可行《周官》之法度，譬如州縣争一界限，十年不明，何況清勾千家破産？❶仲尼不變丘甲，子産只治洫里，❷得其大意。使都鄙里甲井然有條，歲時考核，别其良楛，自然催徵不煩，辭訟都掃，禮樂易興，盗賊不犯。賢者三年，聖人朞月，不爲誣也。

君瓚又問：嚮張鎮樸問，京房變律，儒者以爲無用，何故説它精微？某云：它猶不變古法，只是推演得多，遂成六甲之候。想自容、撓造法來遂應有此，絃、桐、金、石統繇此分，不必嶰谷之竹止於簫管也。君章曰：❸如京君之意，以黄鍾至仲吕，止當甲子至乙亥耳。「執始」至「南中」當爲丙子所治，

❶「勾」，四庫本作「釐」。
❷「里」，四庫本作「伍」。
❸「章」，四庫本作「瓚」。

「內盛」至「內負」戊子之分，「分動」至「物應」庚子之域，「質未」至「南事」癸亥始畢。如此則黄帝造律尚有不完之曆，倫容制器只屬東方之筦也。不如萬寶常以十二復統十二至、百四十四律，然後旋宫易齊，正變各盡，如何説它蛇足？某云：京君遞推此法，至四十八律已極短，不能成聲。自「惟汗」生「依行」，「依行」生「包育」，丁亥分上巳入子宫；「包育」生「謙待」，戊午分上變爲己未矣。何得復增許多？必如十二各自爲部，不必與仲吕相承，使黄鍾隔八自應月時，仲吕而下别間日甲；使十與十二彼此相因，則「分烏」、「南事」而下，依然可增，何必以玄雲襲高曾之貌乎？君章云：❶月時亦此甲子，歲日亦此甲子，何必更造？某云：既然包舉，則是京房精微。君瓚云：「謙待」至「南事」爲何錯了一宫？「南事」還黄鍾，午不生子，如何依它？某云：此是它疑誤處，理不曾錯，可以更調也。大抵變化鬼神極於五十有四，《詩》自兩雅南北分行，到此交限已缺。六章無聲之聲，變律之律，更俟達人一爲整頓耳。

王千里問：「管氏器小」，看管子才極廣博，思極精微，只是才思多了，正枘不能量鑿，御車不能教釣。管子分别爲之，故覺器小；夫子分别看他，故器小愈見，抑是原本處不同也？某云：説器便自小了。夫子許他器者，都是要用得他。如夫子做堯、舜，用得管氏做稷、契、臯、夔也。顏淵問「爲邦」，夫子説出六事，那一件是管做得？❷子謂顏淵曰「用之則行，舍之則藏」，行時不是有

❶「章」，四庫本作「瓚」。
❷「管」下，四庫本有「氏」字。

足之鐺，藏時不是可卷之席。人到藏時，雖是瑚璉、球璜，與釜甑一般，於密原頭豈有一絲氣色？設使管仲終身商旅，豈有素王、素相手段？如許才器，終是藉人提挈而成。如顔子者，一定不爾也。千里云：顔子才思恐不如他。某云：我輩未嘗親見顔子。看他喟然發嘆，數言之内囊括乾坤，接引一世。突問「爲邦」，豈是尋常心手？千里云：如他言志，如何比得夫子？某云：伊此處正鍼得管子病痛，發得大禹心腸。雖然不比夫子，畢竟單行宇宙之内。

劉賡穆問：李陵有國士之風，子長是千古人物，投分相契，忽然乖違，如管夷吾忍辱檻車便爲鮑叔之所鄙薄，豈有一匡九合之事？子長發此壯心，子卿忽然落魄，令人感嘆。此間情事定是如何？某云：賡穆爲何問此人？看事須看得極大，看心須看得極細。漢家存一李陵成得甚事？失一李陵喪得甚事？千古聖賢，豈爲一人判下生死？子長當時若救得李陵，不過邊庭一將，反偷將士之心。李陵就使報効，不過斬數名王，反開疆場之釁。可惜子長學問不深，爲氣節所動耳。賡穆云：亦只是爲他歎息。此一節關李陵身名猶小，子長無端爲此一事做出一部《史記》，所關甚大。某云：賡穆奈何猶有豪傑、文人之心？文人看事極不破，豪傑做事極害，❶就使漢家無一部《史記》，亦少得甚事？只是子長到那時分只做得如此，所謂百丈文楠燒做灰用也。看他《自序》及《報任安書》極是明白，使人覺顔、閔不仕，跕地極高。

林非著問：夫子不詆猶龍，後人苦攻靈

❶「害」上，四庫本有「利」字。

鷲，二氏原本何殊差？只是分流、濫觴全倒。如以末流眥他原本，則李斯之學荀卿，介甫之學《周禮》，豈可株連及於尼、周？某云：非著相從已久，如何猶要問他淵源？如是後人學仲尼，有弊者足管呼徒以攻自身；❶如是不然，且依孟氏長長、親親，切勿問人佛佛、老老也。

張元屏問：晦翁詆眉山而許介甫，人謂晦翁於介甫愛而不知其惡，於東坡憎而不知其善，還是好東坡而知其惡，惡介甫而知其美耶？某云：晦菴後輩，於前輩有何愛憎？不過是非之心有不循於衆處。東坡於情事透徹，如學問精純豈能遠過程、周？當時閭巷穉叟皆識蘇學士，晦菴説他有縱横之習，何曾枉他？介甫情事不能透徹，學問不能精純，其文章意識自然横絶一代，後來舉世詆爲邪奸。晦翁説他是學行中人，何曾謏他？元屏又問：介甫作詩罵昌黎，晦菴亦以爲是，他日又録爲名臣，躋於韓、范之列。某云：此是伊本朝前輩，文章勳業著於一代，如何貶他？元屏云：君子是非自有公案，豈爲前輩壓倒？且如象山與晦菴，意微不同，便生許多議論。撫州荆公祠，象山又爲作記頌他，反與晦翁同意。不知介甫當時何等才學壓倒時賢？某云：介甫文才自是精堅，蘇子瞻最不服人，過潯陽，見介甫壁上詩，爲他瞻詠信宿乃去。如今人只是横生詆毁耳。君子只要虚心採善、集義，切勿已見貶駁前賢。❷

是日問難已就閎微，某以空疎約略酬對，尚有遺義。謝爾剡將去三山，偶過補鬼

❶「足」，四庫本作「只」。

❷「已」上，四庫本有「恃」字。

神之義。某云：此題切勿便指鬼神看。爾剡云：亦知是微顯之間，覩聞之表，領意神明。然《中庸》已說出「鬼神爲德」，如何冷落得他？某云：鬼神即是中庸。尋常耳目能聽、能覩，尋常不聽、睹，說有覩、有聞，如何不是至德？如說鬼神靈通，安能與人并看？爾剡云：此是云何？某說：《易》云：「天且不違，而況於人乎？而況於鬼神乎？」鬼神自是人之後乘。❶

張子京最後問：《詩》、《書》之餘六藝必通，自是古人造士定有此法。今士子束於功令，舉業既未能精微，何暇及於操縵、雜服、射、御、書、數之科？間有意至，四顧本來，廢然反矣，❷將遵何道使制作度數亦能盡心，帖括文辭亦能應世，于文藝中便睹經濟之用？某云：文藝中要覩經濟，豈是帖括所收？讀書人只管讀書，想着應世便是欺世。歲月甚長，工夫無盡，何曾見人逼切下工便濟得去？温公曰：萬事只要緩圖，只須無助、無忘，得其先後耳。子京云：如何是先後之序？某云：先心後目，先目後手，先經後史，先史後籍，先做聖賢後做孝秀，先做孝秀後做官人。

甲戌閏八月十二日道周又識

❶「乘」，四庫本、郭氏刻本皆作「來」。
❷「四」，四庫本作「回」。

榕壇問業第六卷

門人洪琦洪京榜勒編

士别百日，苦不刮目，所繇致思功少，隨眼時多也。人福分事業九分俱在眼上，此物下不清靈，無復清靈去處。人能時時致思，便覺眸子静深，不逐物走，閃遇有自得處，廓然千古。上下千古聖賢留此文字，只恐人心眼放不清靈；天地亦恐人心眼放不清靈，故留此文字。不然，羲元一畫，鼻上兩眉，大抵亦不須作也。秋爽漸深，繁陰欲落，試問諸賢：臨稱八月，此義何居？

洪尊光云：臨爲丑月，觀爲酉月，臨、觀相反，臨方壯而觀始衰。反臨爲觀，二陽之用錯而居外，所以有凶。某云：此解極分明。聖賢看書，只是一正一反，内爲君子，外爲小人，惠廸爲吉，從逆爲凶。臨以君子居内，事窮勢極，遂有八月之凶。范文正出理鄜延道，見吕鄭州。鄭州云：在中朝尚不能料理閫外，在閫外何以得成帷幄之業？及西事鏬出，韓、范相顧。追思鄭州之言，臨之八月，范公當之。尊光云：然則觀卦何以不作此解？某云：觀以君子在外，勢極而反，「不薦有孚」亦自聲實所致。李深源羈跡江右至十餘載，卒之，元載亦去，相業顯然。觀之「不薦」，李公當之。尊光云：然則《易》之吉凶只看陽有消長，陽自復至夬只是陽内而漸長，陰自姤至剥只是陽外而漸消，陰不與陽爲對，猶小人不與君子并衡，何必云「復邊皆從陽出，姤邊皆自陰升」乎？某云：此亦有意，但恐習聞者掩耳。試舉似洪兆雲看。

兆雲云：《易》稱一陰一陽，陰升則陽降，陽長則陰消。小人之與君子倚伏互勝，寧有小人不動，君子自爲消長之理？某云：尊光亦有意，但講之未明耳。凡氣無寒暑，時無涼熱，寒暑、涼熱皆繇日道所生。日道向北，陽氣漸升；日道向南，陽氣漸降。升而日永，刻漏晝長，陽晝以多；降而日短，刻漏晝促，陽晝以少。晝之長短皆生於日，不生於月，故云陽自升降，陰無消長也。大抵寒暑涼熱，猶之氣運盛衰，氣運盛衰聽主心高下。主心盛明，陽氣充周，則百草滋生，萬物暖燠；主心衰暗，陽氣瘽謝，則百草凋枯，萬物凍折，非有一陰物當頭與日相抗，如黑光之於羲影也。兆雲云：自有圓圖來，便成兩晝。復以陽左，姤以陰右，六變相起，陰陽各分，以成卦次，如人有男女，脈分左右。明明如此，安得云「陰不雙行，陽自開闔，一年十二月，只是陽光自爲進退也」？某云：以日爲主，則寒、暑實非兩事；以君爲主，則邪、正實不雙存。君子遠則小人自親，君子親則小人自遠。豈一邊生小人則一邊去君子，如陰陽之爲代謝乎？大抵陽爻如一日行，有赤、黄二道，分爲六晝。赤、黄之外皆爲白道，不紀日行便成黑道，所謂陰爻也。兆雲云：九道皆有日行，月差與日相逐，日月并在九道之中，陰陽并在六爻之内，如謂有陽無陰，實所未聞。尊光云：日能爲寒、暑，而月不能爲寒、暑。古今涼、燠生於日道，而不生於月行。舉其大概則云陰長陽消，核其精微則只是一陽自爲消長；猶之月然，語其大概則云明生霸死，要其情實則只是此明自爲盈虛耳。某云：今日之談，殊勝《肇論》。

尊光因問：「臨、觀之義，或與或求」，何也？某云：賢者在内，其道有餘，有餘曰

「與」。賢者在外，其勢不足，不足曰「求」。禽、賜較量聞政，曰：「求之歟，抑與之歟？」看臨、觀兩字極精，臨便與大君同意，觀便與生民同情。洪尊光云：臨如至和、嘉祐時文、杜、富、韓相繼爲治，諸君子皆在於內，然不知有王安石、吕惠卿之奸。及熙寧禍發而朋黨論起，根芽乃在景祐之前。觀如元豐之末年，天下方苦新政，君實、晦叔、景仁持國，微仲、堯夫六七君子時望攸歸，觀時進退，復成元祐之治，雖紹述繼煽，宋社就頹，而諸公出處終不失道。嘉祐君子身享其實，元祐君子身享其名。論諸賢學術古今所稀，皆不能維持百年之運，一反一復，不出十年而天下大變，何也？某云：夫子每說「必世後仁」，守成之君只要安常，如值好卦，勿浪變，纔一反正則體背異用矣。有病之軀，兩次易醫，自然不起。尊光云：醫看手力耳，既已錯用，那得不反？某云：只得一反，那可再錯？

戴眉仲云：士君子生平都說挽回世運，有宋諸賢竭力挽回，每一挽回，對頭愈惡，一似生成。有四吕、二范便有四蔡、二惇，奈何說不是陰陽消長？某云：只是君心易向，便作南北分行。譬如人、鬼，雖是雙存，要之，生人終不見鬼。眉仲云：運之所阸，聖者難持，火在水中，終燃不得。陳竇欲去北軍，遂有建寧之禍；涯餗欲除神策，遂罹甘露之災。譬如冰凍人，雖向火，其奈冰何？某云：此亦積漸所成，已非一日。生人病極，豈無人意，便自與鬼爲隣？北地寒深，雖有日光，亦自與冰共戰。非從病起便有鬼生，一自姤中便成冰結也。晉自懷、愍而後，世運已成胡虜，所賴王、戴、周、祖挽回於中；宋自徽、欽而降，天下俱落腥膻，所賴

韓、范、富、歐敦培於始。假使晉、宋無諸君子，豈能與正統齊觀？

戴眉仲云：既説不落陰陽，如何又成世運？某云：氣有陰陽，時有寒暑，人有男女，日有晝夜，皆是積成自然，序數可别，至於治亂之胎結於渺忽，差池長短各不能齊。夏、殷數百，陳、隋數年，除是聖人聞樂見禮，睹始知終，豈復有能執刻漏而數其延促者？前宋主德清明，雖促漏亦成清晝；後漢主德曖昧，雖永歷亦似隆陰。一消一長只在君心，賢人生其間，但如風雷爲日効用，終與君心把持不得。眉仲云：如此則是無用挽回也。某云：風雷得用，雖不能改夏、變秋，亦自造民、生物。

林非著時在叢桂堂中看書，因問：吾門常説春秋己未至洪武戊申，整整一部《易》。宋九青給諫嘗送吾門詩云：「二千九十年，俯仰在冠幭。」❶此是何解？某云：己未至戊申，二千九十年，只當半部《易》耳。全《易》一部，四千三百六十九，以半割之，二千一百八十四，餘九十四年。上除幽王十一年、平王四十八年，下合洪武三十五年，整得九十四，爲半部《易》也。非著云：如此則乾、坤中交三十二卦，斷自宣、幽之際，下逮洪、永，當以永樂壬午爲乾之始中，宣王己未爲坤之初際。今始於隱公元年，下逮洪武元年，前後三分，除九十四年，則陽節陰節縮分已多，何以步遠而合？某云：論卦周，則二千四十八，已當坤、乾之中；❷論氣周，則二千一百六十，亦居常行之半。以五百一十乙約之，已滿四周，内盈四十六，外縮九十四，

❶「幭」，四庫本作「襪」。
❷「坤乾」，四庫本作「乾坤」。

以陪除羸，❶在己未一元之半，其數可致也。非著云：吾門未嘗言數，如言數，則一代盛衰正如寒暑、晝夜，可測而知，何以治忽無常，聽於主心，或延或促，渺不可度？某云：數百年在天地中只成一候，數十年在天地中不當一日。譬如一日，風雨陰晴經時數變，雖在目前，不復能知。至於積久氣運統齊，則春潦秋旱自然可推。故舉半部《易》可印全部，藏往知來，於此過半，勿對癡人道夢姬公也。

尊光問：乾、坤、坎、離、咸、恒、兩濟、夬、姤、剥、復何以爲初、終、中候？某云：兄把圓、方二圖子細熟看，自然通曉。尊光云：吾門説方、圓二圖非龜、龍之始，所以不玩。某云：論羲、軒本《易》，則現在今經；論易簡自然，則圓圖體備矣。尊光云：既以今經即爲古圖，則何物名爲《周易》？某云：爻詞自是周聖所撰，象序諒自古昔而然。看他綜理數千百年，懸如洗鏡，諒不是中古始就。

尊光又問：大衍之數五十，《河圖》加五，《洛書》減五，仲尼説「五十學易」，於此看得如何？某云：歲法閏、餘備從此出。尊光默然。某云：試舉問唐伯玉看。伯玉云：此亦影響。譬如朞三百六旬，氣盈五日有餘，便是《圖》象；朔虚五日有餘，便是《書》象也。某云：五十之義何所不通？履端於始，舉正於中，歸餘於終，縱横屈伸，皆從此看。一、六因之而皆爲水，二、七因之而皆爲火，三、八因之而皆爲木，四、九因之而皆爲金。貌、言、視、聽秉睿而出，便是建、錫之本。伯玉云：此則諸生曉得。又如四十

❶「羸」，四庫本、郭氏刻本皆作「羸」。

有九，自黃赤上下掛一兩分，創義之外，別有奧旨不？某云：除衆曉者，誰爲玄奧？太咸卦歲四千三百六十九，去其體歲四十有九，亦成奧義。然自仲尼上下未嘗從此留心，只是作睿中關，參假未透，尚須八百彭比之年。❶

尊光又云：《圖》以生爲序，左旋；《書》以尅爲序，右轉。《乾坤鑿度》言「天左旋，地右轉」，想亦此意？某云：試問唐君章看。君章云：此説備在《黃圖》。《黃圖序》云：赤極相距各五十五，天日競旋，地牽其中，積遲而右。一歲之行一百五十六分，滿六十三歲而退一度，故七政地道皆爲左旋，以其遲沓遂成轉右。尊光云：然則聖人何以於此異同？某云：聖人別有所見。

黃介俶與非著同在叢桂堂中，見尊光數問曆象，因問五運六氣參錯難齊，要自岐黃以來著於天官，子、午、卯、酉以爲少陰君火，陽明燥金；❷辰、戌、丑、未以爲太陽寒水，太陰濕土；寅、申、巳、亥以爲少陽相火，厥陰風木，對化反治，司氣間化，五年而遷。其六氣循環皆以風、熱、暑、濕、燥、寒爲序，今《文圖》中乃有十二氣，燥金、艮金、風木、專木、濕土、剛土、寒水、明水。少陰君火，厥陰游火，少陽相火，少陽游火，其司天、司泉，皆不繇古法，何也？某云：《素問内經》以運氣治民間之疾，其法主感。感而治之，在於外，故以風、熱、暑、濕、燥、寒各司六十日，視其主客以爲化勝。《文圖》以《圖》、《書》繫天下之命，其道主應，應而治之，在於內，故以心包、三焦游騰四火麗於君相，以視腑臟，各應

❶「比」，四庫本作「祖」。
❷「燥」，原作「躁」，據四庫本改。

喘息以爲標本。胗治不同，而天人共事，微密繇中，其效一也。介俶云：古經皆云「五臟六腑」，今云陰有五臟，臟有五系，上陰之君心縣於肺，故肺與心別自爲系。陽有四腑，腑有四房，下陽之君膽縣於肝，故膽獨爲一系。以上五陰虛胃以與心，以下四陽實胃以與膽，其合則十，其別則九，合爲二十，別爲十八。何也？某云：凡人本天而生，五運、六氣、九圖、十書、八卦只是一物。信得過者，隔垣聞聲，洞見腑臟；信不過者，滌腸剖腹，只是採生。

異日，尊光又引所親談「太乙六壬日將直符」之説。某云：吾門小步，不道「遯」、「奇」。尊光云：自東漢以來，任文公、薊子訓諸賢皆通壬乙之書，何遽無也？某云：伊自爲風角家言耳，不涉壬乙。六朝來唯梁武最好「奇」、「遯」，侯景師至都城，羊鴉仁敗於東川，帝猶據式命將，以廉貞、游奕爲不敗。汴京之亂，郭京、劉孝竭等皆取丁甲鍊爲神兵。以是覆亡者不可勝數。吾門罇俎自軍旅已謝未學，何須問此猥瑣之營！

唐伯玉又問：《黄圖》陽得一、三、五、七、九，陰得二、四、六、八，何故遺十？某云：亦是箕、孔之所不用。整整百萬，與天不復相追。伯玉云：整整百萬，則是天地全數，何故不與日月相追？某云：《春秋》二百四十三年，❶以《易》象分之，只得九十九萬五千三百二十八，尚餘四千六百七十二。夫子不用其餘。伯玉愕然。某云：且去思量，得其端緒也。

異日，伯玉、君章又與尊光同問。某云：已得端緒不？伯玉云：未也。某云：

❶「三」，四庫本作「二」。

得到敬王四十一年四月己丑，便整整百萬矣。君章亦愕然。某云：且去思量，得其端緒也。

異日，尊光又問：前説何以不得端緒？某云：人事差池，天道可見。見後者爲贏，❶見前者爲縮。西狩獲麟是前見縮，蒯聵入衛是後見贏。公孫宿以郕叛於齊是《春秋》正命，前後準差凡二百四十四年餘五百七十六，是其端緒也。尊光亦愕然。某云：試舉似伯玉。異日，伯玉又問。某云：已自明悉，吾門讀書只要明白；既不明白，《論語》、《學》、《庸》豈斷人思想之路？伯玉云：如何是整整百萬？某云：只是天數二十有五，地數三十。如何是《春秋》正命？某云：七十三乘六十四。

尊光云：吾門既不説數，如何又説到此？某云：是《易》中點畫文字。尊光云：既是點畫文字，如何説不明白？某云：胸腹易見，心胃難摸。於是大家掃卻。

戴眉仲復問：有道心便有人心，有德性便有氣性，亦如陰陽合體而出，雖有分別，却不能離。如何得以道心消融人心，以德性變化氣性？某云：晝夜同一，道心看不分明，❷人心便起風雷。同一德性，感得躁暴，氣質便殊。人能「敬」、「静」，在在見極，便無復晝夜、風雷之別，亦無復養心、養氣之殊。

一日，林朋夔見過，某問：聖賢言語皆有來歷，《中庸》擘空説出「造端」、「致曲」，端字既爲聖賢常談，如曲字作何來歷？朋夔云：前日領過「學問」。致知格物，物不曲不直，《易》稱「龍蛇之屈，精義入神」，《禮》稱

❶「嬴」，四庫本、郭氏刻本作「贏」。下句同。
❷「分明」，四庫本、郭氏刻本皆作「明白」。

「物曲本天殺地，鬼神體物，聖人曲成」，正在此勾萌處實實致力。此處隱微，未顯未見，然到顯、見却無復致力之處，正在獨知處衷曲自語，事事見得自己不是。有一兩處鬱崒未達，盡力托出，便是「誠明」路頭。某云：此與克己有無分别？朋夔云：克己似踐形、盡性一流人，致曲似格物、致知一流人，克己當行，致曲當知。某云：「曲成萬物而不遺」，泝其源頭更無分别；「有不善未嘗不知」，此曲最是分曉。

尊光又問：《關雎》、《鹿鳴》冠於《風》、《雅》，乃齊、魯、韓三家皆以《關雎》爲康王政衰之詩。《杜欽傳》曰「佩玉晏鳴，《關雎》刺之」，漢明帝詔曰「應門失守，《關雎》刺世」，太史公云「仁義陵遲，《鹿鳴》刺焉」，蔡邕《琴操》謂「《鹿鳴》，大臣所作。王道衰，賢者隱，故大臣託之諷諫」。繇是而觀，《詩序》參差，皆非聖門本説，晦翁盡删之，是也。吾門時常何以不喜晦翁删序？某云：《詩》多譎諫，主文而無罪，如此等詩性情禮義，前賢猶云刺時，則鄭、衛淫詩或是刺時所作，而晦翁皆謂淫者之口。此處乖謬，害意泥詞，非謂其删《詩序》也。尊光云：如此則《詩》自正雅而外皆有刺而無頌，所以《頌》自命篇，《風》自稱諷，《雅》有正、變，諷、頌互參。觀其命名，思過半矣。某云：如此看甚明白。大抵詩爲禮樂之藪，樂繇禮生，《風》得樂之意，《雅》得樂之理，《頌》得樂之容。故爲禮家皆有禮頌。頌，容也，非詩也，聲、容相宣。亦間有叶詩者，而道不盡於詩。凡詩必依韻，韻必和聲，如《清廟之什》六章無韻，《臣工之什》四章無韻，《閔予之什》：《酌》、《桓》、《賚》、《般》皆無一韻。以「振鷺」、「白馬」推之，知其皆爲容也。尊光云：然則魯、

商二頌又何以皆韻？某云：世代既殊，作者異義，要如周公所裁，皆匪夷之所思度。

尊光又問：三百篇而後降爲樂府，似於《風》、《雅》爲近。如「人生不滿百，常懷千歲憂」，有《蟋蟀》思居之遺。「勞謙得其柄，和光甚獨難」，有《小宛》温恭之風。「馬啖柏葉，人啖柏脂，不可長飽，聊可遏饑」，有《苕華》「星罶」之慨。自唐以來始有近體，未知近代五、七言尚可嗣三百不？某云：此是詞人口唾，尊光爲何掇他？周家以來，山甫、張仲之精於性命，申伯、召伯之懋於事功，衛武、召、康之邃於道德，今繹其詞如「誕先登于岸」、「俾爾彌爾性」、「訏謨定命，遠猷辰告」、「古訓是式，威儀是力」、「誕后稷之穡，有相之道」、「古之人無斁，譽髦斯士」、「昊天曰明，及爾出往」、❶「神之格思，不可度思」、「予懷明德，不大聲以色」、「佛時仔肩，示我顯德行」，精言渺語，紬繹無窮。使漢儒爲之，則樸确無光；使宋儒爲之，則枯朽就爛矣。聲律雖細，本於神明，豈有無聖賢之學作神明之語者？六朝以來，唯有彭澤；晉、宋而上，只推魏武。要其所得，自成顓門。陳伯玉掠皮而多膚，杜子美鏤心而或滯，過此以往，亦鄭、衛之輿儓，鼙鼗之撾操矣。尊光云：王龍門尚採漢魏以方古詩，難道此脈於今而絶？某云：間亦有之，《霓裳羽衣》何必與《韶》、《武》争陳？

吕而德曾過尊光所，因與尊光論士人雖是讀書，到底是個名位。終日披閲，只是得喪、利害盤在心上，與聖賢何涉？想在此處定有篤實功夫，纔得壓倒群動。某云：此事唯有李延平説得好。延平云：古之學者讀

❶「往」，四庫本作「王」。

書只要明道，道明則生死不動其中，何況得失榮辱？ 今人讀書只要應世，應世則錐刀皆動其中，何況生死名位？ 某謂今人最怕説一「道」字，説一「道」字如犯祖宗之諱。泛泛讀書只是唇吻，既從得喪、利害讀書，便就得喪、利害結局，何時跳出這箇圈子？ 而德云：如何跳得？ 某云：先破生死，後破名位。已破名位，更無得喪。 而德云：如此看「道」，漸落禪虚。 某云：吾道之與禪門，只是有學、無學之別。

尊光云：生死只是一日，豈有日日生死？ 某云：爲此一日生死，長却百歲商量。

吕而遠因讀史次問：西晉胡塵，汴宋虜禍，一樣摧頽，何以太興而後晉祚尚崇，以白版鎮於五胡之上，建炎而後宋社遂卑，以黄屋屈於金奴之詔？ 某云：劉、石初起，收拾未定，而氐、羌内患尚有未遑，金虜積威滅遼而後勢無反顧。 而遠云：劉、石席捲中原，勢如掃葉。 周訪、祖逖雖有小勝，未能損其蝟毫。 兀术雖已渡江，❶而廣德、高橋、静安、和尚原諸師往往克捷。 且當靖康時，河東所失者不過恒、代、太原、澤、潞、汾、晉數郡，河北所失者不過真定、懷、衛、濬四州而已。 其餘四五十州郡及兩路兵馬尚存，非如懷、愍時幽、冀、揚、兖俱爲胡羯也。 而舉朝病尫，稽首不暇，以宋視晉，猶奴之於主耳。 而舉世右宋，無與晉者，何也？某云：宋人只有兩個黄潛善、汪伯彦，已當得十個石勒；晉人雖有兩個王敦、蘇峻，當不得一個王倫。 可是宋朝人才忒好也？ 而遠云：王導、庾亮、温嶠、陶侃、祖逖、桓彝，論它志行豈得與李綱、宗澤比耦？ 至如韓、岳、楊、

❶ 「兀术」，四庫本作「烏珠」。

吴自非訪、處、顒、約所及，似亦不是人才之咎。某云：人才只論一個，安得個個人才？信得過者，王猛、崔浩、張賓，亦與夷吾同收其效；信不過者，茂弘、安石，只是庸流。

而遠又云：世事亦自難料，王夷甫之賣牛車，謝安石之辭桓帥，均是一樣安静，而成敗不同。澶淵之議，土木之變，均藉六龍之威，而安危異道。當汴急時，唐恪嘗謂欽宗曰：唐自天寶而後屢失，復興只緣天子在外，可以號召四方。今宜留太子居守，而上自幸洛，連據秦、雍，領天下兵以圖興復。唐恪生不足存，此言亦未大錯。土木之變尚有主此説者，謂死守社稷是諸侯之事，天子出居，《春秋》無貶。李伯紀於此看未分明，得毋是耶？某云：論事須是晰理，晰理須是豫定。唐人尚有奉天之築，宋人初無雍、洛之談，臨時鼠竄，令輜車未及而胡騎躡追，何如死守之愈乎？土木偶然，輪轅如故，而徐武功輩唱此妖言，真可生拔其舌。

而遠又云：古今四番黨禍，皆是小人造此名目。凡説出此字，耳不忍聞。今士大夫平居動説人「黨」，似以己爲獨立者，不知此語出於何時？某云：自王猛、王子朝之黨始也。唐、虞只説協共、❶和衷，夏、商只説蕩平、正直，夫子每説「吾黨異是」。天下一王，何處討此色目掩耳掩口，真是怪事。而遠又云：一病十醫，此病不起。太和之黨，牛、李爭競，一起一復，不足以禍唐。訓注入宮，而黄流大潰。紹述之黨，王、馬波瀾，一起一復，不足以禍宋。黼、貫用事，而胡塵四起。大抵衣冠肆毒，禍盡於衣冠；非類當軒，禍連於宗社也。某云：我輩談道，不須

❶「共」，四庫本作「恭」。

及此。

尊光又云：「屯見而不失其居，蒙雜而著」，此作何解？　某云：猶言屯著而隱，蒙雜而見也。尊光云：古今何義足以當之？某云：齊小白、晉重耳足以當之。齊有無知之難，鮑叔牙已先奉小白奔莒。及難作，管仲始奉子糾奔魯。雍廩難作，而小白自莒先入。震内坎外，不失其位，皆先一着，故云「屯見而不失其居」。重耳困於蒲狄，娶於齊、秦，身更歷國，在外十九年，六十二而始得反，内有兄弟之患，下有吕郤之難，内險外止，雖後一着而天下稱之，故云「蒙雜而著」。尊光云：鮑叔牙、管仲亦當見而不失其居，狐偃、趙衰、司空季子亦當雜而著也。某云：君相自是一體，狄仁傑亦見而不失其居，李深源亦雜而著。尊光云：梁公自雜而著，鄴侯見而不失其居。某云：許得梁公，則去鄴何遠？

而遠云：廬陵初未失德，艱虞養晦，在外十五年，免於誅夷之禍，此亦見而不失其居。睿宗委夷稱嗣，再稱太弟，一值五王之變，一值重俊之難，卒藉其子以顯，此亦「蒙雜而著」也，可惜其中無臣耳。肅宗即位於靈武，代宗避難於陳州，事雖不侔，而「見」、「雜」遞應，比於宋事，則康王兼有之，惜李綱諸賢不究其用耳。某云：康王如何比得唐宗？　而遠云：宋時諸賢亦難比唐室。某云：韓魏公見而不失其居，趙汝愚雜而著。而遠云：何？　某云：魏公當英宗時兩宫未調，疑疾屢作，太后每對群臣嗚咽流涕，英宗每對近侍棄藥詆訶。魏公對后稱慈，對帝稱孝，涕漣之極，動於雲雷。至於撤簾之旦，天下肅然，備覩經綸之大，故見不失居魏公當之。趙知院當紹熙時，光宗不能執喪，嘉王

未承明詔，留正已去，憲聖之旨未下，徐誼詆其坐觀，侂胄因爲巷遇。知院權宜其間，内請指揮，出更袍幄，須臾之間中外晏然，故雜而能著趙相當之。有宋以來唯此兩公，一稱經綸，一稱果行，有唐諸臣未見其偶。而遠云：張柬之、魏元忠輩如何？某云：亦是果行、育德一路，未見經綸。而遠云：唐人家法，不好女主、閹寺，積威所劫，摇動爲難。宋人家法，好曹、韓盛德，與大臣同心。如宋人治外寇，❶靖内難，事事不及唐人。使宋君臣值唐室諸難，不知是如何顛倒？某云：才運君臣往往相配，唐人豪華，故見才；宋人老實，故見德。文質循環，自然到彼，雖是主相所造，亦是氣運使然。

尊光云：如是氣運使然，漢、晉、唐、宋漸不相及，難道今人劣於前代耶？某云：春秋至元室是半部《易》，今爲鴻濛之始行，與義、農同功，如何是前代可比？

尊光又問：鄉稱鄴侯、梁公，不知梁公何以配得鄴侯？梁公身事逆雌，周旋姦佞，至老而没，無一豎建，爲婦女子所譏，不過是杜鴻漸一流人。某云：如何又儕於杜相？尊光云：肅宗之在靈武，未受父命，朔方諸將皆受玄宗殊恩，天下喁喁説開元天子，無不感歎。鴻漸纔望見太子，不思君父，遂奉箋勸進，此不過乘時倚勢取大位者耳。某云：上皇在馬嵬時已有是命，太子一至靈武自是天下歸心。方長安破陷，逆賊縱横，長安百姓一夜數呼云「太子兵至矣」，京畿豪傑往往殺賊以應官兵。靈武即不即位，誰從蜀中迎舊天子者？借九五之勢，收將士之心，

❶「宋」，四庫本作「家」。如是則於「同心」後逗，「人」後句。

未爲不可。鄴侯看事極明白，方長安收復時，肅宗欲表請上皇自還東宫，鄴侯驚曰：「如此，上必不來，但當言馬嵬請留，靈武勸進。今幸成功，晨昏思慕，爲群臣賀表請上皇還京，以就孝養耳。」及後，上皇見表，果如鄴侯所言，則「靈武勸進」未爲不是也。尊光云：得無已驟？某云：草昧經綸，能盤桓者自是聖賢上事，譬如梁公負許大才能，遂飄然，❶豈不絶世？但料當世無復梁公，不得不從容以鞭五王之後，凡看賢者亦勿草草。

尊光因問：宋仁宗天下賢主，一時名輩俱集朝端，而用舍乖睽，卒成黨議，何也？某未答，云：試問吴雲赤看。雲赤云：亦是吕坦夫造就。尊光云：吕坦夫天下賢相，經理中外，容保諸賢，而言論牴牾，遂攖衆怒，何也？雲赤云：中閫人所難言。諸賢一爲國母，一爲國本，動成伏闕。吕、文兩公出處之際，似有瓜葛，一逐孔道輔，再逐石介，而輿論騷然，盛名遂損，主相之際不得不分受其過。尊光云：吕公亦賢者，豈肯以内侍隻言報讐於龍軒？潞公之盛雅，豈至以益州奇錦結知於宫掖？君子不幸遇難明之故，亦多以含垢爲大耳；若值王、吕、章、蔡，豈敢以此言相加？雲赤云：如此纔成二公，不然豈有六十年天下？某云：「微雲澹河漢」，亦自斐然。

尊光又問：用舍行藏，看得圓化，仲尼而下只許子淵。然仲尼皇皇揖七十二君，淵獨彈琴陋巷，終身不仕；王仲淹上十二策，不用退處河汾，其徒房、魏皆爲貞觀名臣。兩人相去千有餘歲，大略形影之間，師弟上

❶「飄然」後，四庫本有「遠去」二字。

下，出處各殊，豈是時命使然，亦是識趣各別？某云：聖賢出處不關識趣，亦不繇時命，要是吞吐天下，在兩袖子或開或合，略不繇人。尊光又云：古人如此者甚多，何充、何準兄弟異趨，梅福、嚴光翁倩同轍，釋之、長公以父子而不侔，尚長、禽慶以友朋而一致，此豈盡能吞吐天下，開合繇己耶？某云：苟無濟世之具，只可量時而施，半依時命，半成識趨。榮枯之際，萬樹同風。是會不談課義，只與尊光諸賢曲室上下，遂復辨折往事，間及文獻，非有指摘旁印當時，儻冀尊光焚其殘草耳。

甲戌秋深暇日道周識

榕壇問業第七卷

門人唐懋元勒編

九、十兩月，以文宗至，欲停會義。唐偉倫云：諸生雖就試，不過數日，暇期甚多。張敬夫當軍旅簿書之際，不廢講章；蔡季通於患難奔竄之餘，屢質疑義。今方清夷，捉筆如茶飯之有賓客，何遂輟其饔飧乎？某笑云：家有賓客，亦看主人忙定耳。聊舉四義，聽諸賢作止，以畢兩月之程。一爲「君子無終食之間違仁」節，其次「知斯三者則知所以修身」，又一爲「告諸往而知來者」，其次爲「知其性則知天矣」。偉倫因問：吾門屢説「求仁」、「致知」，此是兩事抑是一事？某云：「能近取譬」是一語抑是兩語？讀書人立心須要極細，細得盡時，條理分明，自然到仁田地。如取譬處是致知，近取處便是求仁也。偉倫云：如今日説「知三者則知修身」、「告往知來」、「知性知天」，此種種知，果繇學問，果不繇學問？某云：如不繇學問，又説他作麽？❶ 程伯子云：「涵養須用敬進，學則在致知」，致知只是學耳。偉倫云：如「知斯三者」是學，「告往知來」便有不關學處，「知性知天」漸到學無用處。夫子前説「多學而識」，説「然」，又説「非也」，如何專説「學」來？某云：此學豈有須臾可斷，「造次」、「顛沛」正是學問大關，只此知字不是「識想」所造耳。如夫子居平説修身，一「正心」

❶「作」，四庫本作「怎」。

便了。纔説「三近」出來，覺「正心」尚有不了處。我輩不實實用工，豈知好學、力行、知耻此六箇字，於吾身上一毫糊塗不去。如有一毫糊塗，又那得「造次」、「顛沛」之用？歷歷以來，同是此義，不須疑也。

唐伯玉因問：人生世上，總有貧富、貴賤、死生，三端不能自主。執而較之，富貴可割，生死難齊。有一等人始念只是怕死，後來流爲貪着富貴，如李斯輩是。又一等人貪着富貴，到底要死，亦無富貴，如揚雄輩是。千載下知羞李斯，反爲揚雄迴互，❶何故？某云：李斯初念亦不是怕死，揚雄初念亦不是貪着富貴，只是不曾讀書。伯玉云：李斯學於荀卿，揚雄友于仲元，如何不曾讀書？某云：兩公説「性」字不明，便無讀書資質，所以流浪，漸與仁遠。焦漪園諸公極與揚雄開脱，正如德祖所云：老不曉事耳。漢家有兩人怕死，流爲貪着富貴，如馬融就聘於鄧騭，中郎應召於董公，兩人皆頗知學，但未嘗在「仁」字站足。宋家有兩人貪着富貴，流爲怕死，如王子明以《天書》固相死，請爲僧；張天覺力詆温公，舍家奉佛。此兩人亦頗知學，却未嘗在「仁」字問途。如「識仁」者，中間豈有欲、惡、取、舍，豈有富、貴、貧、賤，豈有「終食」、「造次」、「顛沛」，故説「必於是」。「是」者與仁同骨，不與仁同髓。如説「必於仁」者，猶於是處看不通透也。伯玉云：夫子於富貴、生死皆言仁，孟子於富貴、生死皆言義。「安仁」，非君子不能；「慕義」，則壯夫可勉。吾人精義之學當從何始？某云：夫子以仁甚水火，以義掃浮雲，此處精微豈有分別？文信公云：「唯其仁盡，是以義

❶「互」，四庫本作「護」。

至。」聖賢都有必不可那移處，纔成精熟。世人起意避却，硬拗兩字，流爲孔光、馮道、范質、趙普之倫，何可勝説？

吕而德問：仁之爲道，通晝夜，一生死，是不隨起滅的。勘到終食之間，只就着衣、喫飯，實實落落，把世界許多勞攘一齊放下，似不在「頃刻環抱，釋兹在兹」之説。某云：着衣、喫飯，拋下勞攘，如何便説「爲仁」？曾子云：「仁以爲己任，不亦重乎；死而後已，不亦遠乎！」豈是尋常實落得去。有人於「必於是」處看得分明，雖終食間消得十年學問也。司馬君實嘗患思慮紛亂，有時中夜而作，達旦不寐。程正叔謂君實「良自苦人，有多少血氣當此摧殘」。其後，君實告人曰：「近得一術，常念一中字，自然静正。」正叔曰：「人於名言中縛得一箇好字，不如一串數珠耳。」門人問：「受病如何？」曰：「只是不與心爲主。」正叔但知苦用思量，是不與心爲主；不知合食便食，合睡便睡，亦是不與心爲主也。而德云：如何是與心爲主？某云：「無終食之間違仁，造次必於是，顛沛必於是。」

張吉甫云：既「必於是」，便是定見、定力。如此，君子是凛凛克治，一步緊一步的意，如何是存養渾全？某云：克治與存養，豈有兩樣工夫？❶ 吉甫云：如此看「仁」字還在取舍、欲惡一邊。「無違仁」亦是不染着富貴貧賤、顛倒恐怖而已。如顔子「三月不違仁」，亦豈是不着取舍、顛倒恐怖耶？❷ 如三月後有富貴貧賤、造次、顛沛，如何便了？某云：人患無此「三月」工夫，有此「三

❶「豈」，《明儒學案》卷五六作「非」。
❷「怖」下，四庫本、郭氏刻本有「已」字。

月不違」，亦無「終食違」了。人生到老，只是欲、惡兩字，堯、舜、周、孔是處看得分明，除却欲、惡是爲何物？顔子直頭，欲無過怒，如有一分欲、惡，便有三分過怒了。豈有人於生死窮達看得通透，尚終日紛紛多過、多怒的道理？林非著云：過怒發處極微，欲、惡動處極大，聖人説無欲、無惡，説寡過、無大過，此處下手，誰爲得力？某云：程氏兄弟見茂叔，特領無欲真静之體，李延平教諸生尋未發氣象，兩意都無差别，但須學者實實下手，認得造次、顛沛、終食、三月是何如工夫，何如體段耳。

劉賡穆問：君子一生在不覩、聞處用工，説出「終食之間」便涉覩、聞，如何是「終食」前一層消息？某云：伯淳常言「人生而静」以前更不須説。賡穆云：「終食」前未便到「生而静」上也。❶某云：自下牀啼聲，到今日談話，何者不是終食之間？通海銀河再無先後之别。賡穆云：論「川上」話頭似無前後，論「調御」工夫到有内外不同。某云：如何？賡穆云：戒慎不覩，恐懼不聞，此裏面事，似是前境；「造次於是，顛沛於是」，此外面事，似是後際。某云：此處直截，更無分别湯水因緣。

某又語賡穆云：朱元晦初見李延平，陳説理道，❷動輒造微。延平云：公懸空理會，俱得種種道理，而眼面前事却不理會，何也？此道初無繆巧，但就日用平實細心便見。元晦於是一意於「下學」。今看夫子言「終食」，言「造次」、「顛沛」、「富貴」、「貧賤」是何等平實，何等綿細，更要想他前頭便是

❶「而静」，原作「静而」，據四庫本改。

❷「理道」，四庫本、郭氏刻本作「道理」。

懸空理會也。

張藹士問：自古仁人脱不得顛沛，今之仁人亦脱不得顛沛，豈是仁中合有此境，抑是此處鍊得仁來耶？某云：顛沛何須危難，只如蹶趨之間亦有動氣、動志之别。陸子静云：志道者，造次顛沛、動容周旋，應事接物、讀書考古，莫不畢於是。《詩》云：「小心翼翼」，「無貳女心」，❶即是此法。看子静此語，與程正叔所云「爲心作主」，俱在「必於是」處看得分明。

侯晉水問：「貧富」一章，聖人説學無盡頭耳。賜論「切磋」、「琢磨」，初不就《詩》索解，夫子與其「可以言詩」，亦不單在《詩》上論學也。假如空説「往來」，亦與「逝川」同義；如只説「告往知來」，亦是「聞一知二」耳。於此中有何進處？某云：「藏往知來」自是聖神要義，「温故知新」自是學人正諦。

此處關人靈明，亦總須學問耳，豈在言語推求？❷如説「言詩」兩字不是詣極，往來之間别有深義，則《易》、《書》、《春秋》皆無一路通透矣。夫子生平只把新、故、往、來四隅啓發當作振天之鐸，如今人看草木、鳥獸、蟲魚，皆無一箇活動者；就看得活動，依舊是箇草木、鳥獸、蟲魚，於吾人身心、世上經緯，那有一毫干涉？以此説一部《本草》不成耳，如何便到「言詩」田地？晉水因問：晦翁《詩》註，得失何如？某云：他自成德底人，不關風雅上事。唐伯玉云：如晦翁説，「四始」、「六義」再不相通，諷刺之詠以爲導淫，❸懷古之談以爲紀實，如何得有往、來之

❶「女」，四庫本作「爾」。
❷「求」，四庫本作「來」。
❸「以」，四庫本作「指」。

妙？某云：藏、知之妙繫于人心，玩咏既熟，興會自見。如只要讀數訓詁，雖把韓嬰諸篇逐字推求，亦了無意義矣。如是胸中明朗，新、故相推，義類環生，都有進處。即《春秋》、《禮》、《樂》總成比興，有何滯碍？豈必遠宗韓旨，近詆朱詩耶？

陳非魚云：寒暑日月、尺蠖龍蛇共此往來，共此屈伸。《易》曰：「天下何思何慮」。此處知識更藏何所？某云：謝上蔡見明道時亦發此問。明道但云：「極是要事，可惜問之太蚤也。」

吕而遠云：聖門説話都是真實。如「無驕諂」是子貢「已往」真實境，「樂好禮」是子貢「未來」真實境，「道學自修」即是此意。今人只説是悟頭耳。譬如《中庸》説《淇澳》之詩，❶句句是平地用功，如何攔去作悟頭也？某云：此説極好，但有「告往知來」四字，便是六經張本，不在「至善」之篇，別討註疏也。「修解」原無二途，「知行」即是一事，進一步者色色俱新，停一步者塵塵成故。歲成明生，雖同此日月，亦自有進德修業底意思在。此處煞執，雖晝夜寒暑猶費磋磨。

黄介俶云：子夏因《詩》知學，子貢因學知《詩》，夫子皆以爲「可言《詩》」，想説《詩》是夫子本意，論學是二子素懷，一從風、雅上入，一從實歷中來，故覺言之有味耳。如別人談之，恐夫子未許也。某云：大家意思在《詩》、《禮》上商量，雖是説學，已包括甚大。子夏胸中先有「禮後」一句，子貢胸中先有「切磋」兩語，不是臨時答應，酬悦目前。如詩人胸中先有意思，遇色成色，遇聲成聲，

❶「中庸」，當爲「大學」之誤。今通行本《中庸》無説《淇澳》詩者。

比、興、賦、頌自然不同。從此入道纔有源瀾，纔有意致。如外道人打偈，只作空頭耳。着想便打，如何打到登岸所在？介俶又問：先儒謂「静固静也，動亦静也，静者心之本體」，濂溪謂「主静以無欲爲要」，如此則無思、無爲與何思、何慮便闕至極，如何《書》稱「作聖」，《詩》稱「無邪」，與子輿所云「心官則思」顧相背馳耶？某云：「無邪」、「作聖」寧是「不思不慮」？如有思慮便不静者，要心何用？濂溪云：「無思，本也；思通，用也。聖人無思而無不通。」又曰：「無不通生於通微，❶通微生於思，思者聖功之本，而吉凶之幾也。」此原是濂溪破綻語，然於「誠明」原始不甚差殊，何得謂與孔、孟異旨乎？

戴石星問：此「知」生於「思」，則何得謂之「良知」？某云：夫子誨子路只説「知」字，孟子説「良知」便説「思」字，如云「思則得之，不思則不得也」，與「知之爲知之，不知爲不知」語意正自分明。曉得「思」到「良」處便是「思」反「無思」之位。石星云：陸象山讀《程易》至「艮其背」四句，復齋先生云：汝看正叔此段何如？象山言其終不明白，直截謂「艮背」兩句是「無我」，「行庭」兩句是「無物」耳。正叔兄弟只就「時行」、「時止」看得不繫於欲，似有未了徹者。某云：程説「静亦静，動亦静，於心體止」法，極是分明。如「忘我」、「忘物」於此位上更須參覓。伯淳常言：物各當止其所，八元有善而舉之，四凶有辠而誅之，此便是「不獲其身，不見其人」，如熙寧末司馬温公致政家居，吕申公再登樞府，人以出處爲二公優劣。正叔曰：吕公世臣，不得不歸見上；司馬公諍臣，不得不退

❶ 下「通」，原缺，據四庫本補。

處。此便於行止上看得不出其位。學問須於動静、出處上看得分明，莫説「忘物」、「忘我」便足了事也。

魏秉德問：陽明先生云「致知各隨分量所及，如樹有些小萌芽，只把些水灌溉，不要浸壞了它」。論此「良知」根芽與草樹不同，落地光明，貫天徹地，聖、愚之分只有保喪而無增減，豈有只此端倪，怕人浸灌的道理？某云：説則如此説，何嘗見有「良知」落地光明、陀陀爍爍也？程正叔云：學者如登山，平處闊步，到峻處莫不逡巡。某亦云：學者如提燈，燈亮時自謂眼力甚明，燈滅時雖一身手足亦不能自信也。要須學得此光與日月同體，低頭内照，不失眉毛。

秉德又問：程子説艮體是静亦静也，動亦静也。聖門説心法是出入無時，莫知其鄉。既到静源便無出入，抑有出入俱到静源，則曾子所云艮體不出其位，此「位」字當屬何所？某云：反震爲艮，艮自不動，不動時只是克治、洗藏。反艮爲震，震自不静，不静時只是恐懼、修省，各有當然，攙越不得。艮、震分路，未到乾、坤之「元」。如論兩元不分動静，既無動静，那有出入？然則如何是「艮其背，不獲其身」？某云：「我徂東山，滔滔不歸」。如何是「行其庭，不見其人」？某云：「我來自東，零雨其濛」。還有精微於此者乎？某云：「夙夜基命宥密」。

陳無涯因問：此「位」字得無即是「素」字？「素」字即是「仁」字否？某云：此問大好。賁者仁之色，素者仁之地也。有此素地，隨他繪出富貴、貧賤、患難、夷狄、造次、顛沛，如一大幅山川、草木、鳥獸、蟲魚，屈折動静，姿態横生，只見可樂，不見離異耳。學人無此素心，便每每出位。出位者如借人倩

眄作我笑目，纔動此想便是哇淫，勿道當碁奪人手路也。

劉賡美問：盡心、知性、知天，工夫只在「存心」，而「存心」工夫又着在何處也？某云：不然。《中庸》説「盡性」，《孟子》説「盡心」，工夫都在此「盡」字。程正叔、張橫渠於此處看得明白。或問正叔，要盡心者，此心得有限量不？正叔云：人限以形氣，不通以道安得無限量？苟通以道，天下豈有限心之物？又云：若謂「有限」，除是性外有物始得。似此數語於心、性、天上看得極分明。張橫渠云：天之明莫大於日，以無目累見，得有數萬里之高。天之聲莫大於雷霆，以無耳累聽，得有數千里之響。中間寥廓，自然如此。人爲耳目聞見所累，中間填實，便不明通。如要盡其心，須知心之所繇來始得。此數語不如正叔直捷，然大意是看得到了。賡美云：要盡心須知心之所繇來，則是盡心須先知天也。某云：此語亦不甚倒，順數一家，共此祖脈，看得盡處，便自通瓏。賡美又云：孟子一生養氣、集義。看來養氣是「存心」工夫，故不動繇於善養。集義又是養氣工夫，故「襲取」不得「浩然」。王陽明答倫彦老云：心無動、静，君子之學無間於動、静。其静也，常覺而未嘗無，故常應；其動也，常定而未嘗有，故常寧。動、静皆有，是之爲集義。此語得無偏枯不？某云：陽明諸老自有一種是處，某則不知，只道是「必有事焉而勿正，心勿忘，勿助長也」。

鄭孟儲問：性從心生，《中庸》言性，不言心，此何以故？人身中靈覺便是天，又説「知性了，纔説知天」，此中豈有分別乎？某云：盡處則無分別，若不盡者，勺水海性，隙照天光，終難説得分明也。有意思人，再勿

傍影起形，牽扯字義。

羅期生問：《中庸》言「知天」，可是先天之體？《孟子》言「知天」，可是後天之用與？某云：如何分別？羅云：伊着存、養一邊。某云：存、養便是先天之用也。

吕而德問：紫陽云「知性即窮理之事，窮理便向外去，知性祇從中尋」。此語如何領會？某云：紫陽學問，得力在此。自濂溪以來都説性是虚空，人受以生耳。紫陽始於此處討出二五合撰，事事物物皆從此出。如曉得事事物物皆稟于天，自然盡得心量；盡得心量，自然性靈無遺。當時諸賢皆爲禪門所誤，唐仲友便説朱某尚未解字義，如何説性命上事？看《繫辭上》「窮理盡性以至于命」，❶此語極是分明。

李質嘉問：夫子言「性相近」，孟子言「性善」。蔡虚齋云：夫子以其不離氣質者而言，孟子以其不雜氣質者而言，豈孔、孟立教亦異指歟？某云：濂溪以至静爲性，善惡爲幾。伯淳以本善爲性，善而有惡者爲質。姚江、龍谿皆宗是旨，源流漫汗，只是「繼成」註脚耳，何關立教上事？伯淳云：纔説性便已不是性也，豈有聖賢作是言義？荀卿纔説性惡，便開李氏牽犬之路。伯淳徑云善固是性，惡亦未嘗不是性，如此則是天亦有善惡也。儒者回互伯淳甚於夫子，❷亦是當時未有思量耳。

尤詹茹問：「天性在人猶水性之在冰」，此語如何？某云：張横渠不作此説。作此説者，猶程門氣質之論耳。横渠云：氣質之性，君子不謂性也。又云：海結爲冰，冰散

❶「繫辭上」，當爲「説卦」之誤。

❷「互」，四庫本作「護」。

爲水，冰泡聚散，而海不與焉。此處説冰才水性，亦猶外道説石火電光，非實論才、性也。詹茹又問：火日外光，而偏屬陽；水月内光，而偏屬陰；木藏内光，而亦屬陽；金藏外光，而亦屬陰；土藏四光，而陰陽合屬。如此則稟受不同，自有善惡，何謂無耶？某云：如此五吏之才何關帝天之命？詹茹又云：有形便有神，有力便有識，亦有形到而神不到，識到而力不到者。濂溪言力而不競，天也；不識不力，人也。横渠言「存文王則知天載之神」，將毋性光到後，形、神、識、力一一完全乎？某云：性天亦如石火，如要完全，只看盡心。心盡而後如登高山，四顧青蒼，穹窿罩野。

王千里問：「窮理盡性以至于命」，此「命」字分明領得氣數。如「五十而知天命」，此便是帝王命世，千古苞符，難道猶是「天命之謂性」也？某云：上天之載，無聲、無臭，至矣。又云：「維天之命，於穆不已」，不是性盡理窮，如何到得此田地？千里問：孔、顔而外，千古幾人到得？某云：蘇子瞻傲睨一世，見周濂溪乃云「豈敢稱吾友，造化乃其徒」，似曾到得。千里云：濂溪，古今所宗。吾門説他初不識性，如何便説知命？某云：它已是盡心上人，但不善於立言耳。如其所到，已在「純亦不已」路上。千里問：邵堯夫如何？某云：它自高勝，據其所得在伯夷、伊尹之間，只是未脱氣習。千里云：何謂未脱氣習？某云：看他垂老與温公諸人往還，吟咏之間卑藹疏脱，處處逗漏。千里云：他聞洛陽杜鵑便知天下將亂，豈不是知命消息？某云：知命不在此處。熙寧去靖康尚六七十年，豈有禽鳥得氣預道六七十年之事？南北話頭徒開癡柄，堯夫饒舌

不宜到此也。

唐偉倫因問：曾點竟是何品？孟子嘗稱爲狂，如「鏗爾舍瑟，浴沂咏歸」，此又狷之中行者，豈是嘐嘐進取一路？某云：後世鄉願太多，便把狂字雌黄人物，如聖門諸賢都有狂氣。偉倫云：如何？某云：「千乘之國可使治賦」，「百乘之家可使爲宰」。「鳴鼓」，❶「端章」。此是何語？偉倫云：它都實有此本事，後世如寇萊公似子路，劉晏似冉有，亦都實有此本事。「春風」、「沂水」不過是眼空話頭耳，孟子狂他，得無以此？某云：他此處無不相掩，看他斐然數言之下生動千古，便自成章。

洪尊光問：程子云聖人化工也。賢人如剪綵爲花，便乏生意。此語似太别白了。圖畫看牡丹，比之真者何啻萬里？顏、閔之與夫子具體而微，豈有真似之别？某云：正叔此語是説子瞻兄弟搬弄文章耳。如有若之與夫子形似，亦在甥舅之間，豈可認作衣冠敖孟耶？

林非著問：先儒之學，有理、有數。以理附數，遂謂數學之精；以數翼理，遂謂理學之秘。論天地奇耦，則理立而數分；論聖賢疇象，則數成而理著。然如文、箕之蒙難，孔、顏之阨窮，似皆理不勝數。不知兩者孰爲有權，抑豈并行不得軒輊歟？某云：「吉凶生大業」，陰陽、奇耦、窮達、壽夭，總是德業必經之路。如使聖賢都要富貴，都要壽考，則爻象無陰，蓍筴無奇也。夷、齊、顏、冉、龍、比、由、賜八人生死，天下窮奇，然無八人，盜跖、彭鏗比屋而是也。吾門以數明理，以理明數，除却理數，性地自明，不干管、

❶「鳴鼓」，四庫本作「東帶」。

郭之事。

四義略相質難，諸友作者不能强半，余亦以相宅數作郊行，未悉之論。既數日，趙與蓮偶過，因問《圖》、《書》之數。某云：此道迂庸，備在廢簡，如小兒畫沙，牛羊踐踏耳，有何奥義？與蓮云：《圖》、《書》之出，明是天地大文章，不容終秘，何妨闡揚？某云：如不容秘者，前輩闡揚不爲不極；如容秘者，朽殻枯草何以能談？與蓮云：且不説玄奥，只道相得而各有合，變化以行鬼神，可是此一員一方折合補空，縱横偏正者乎？某云：自然是此「五十有五」生成得來。若無此物，五行萬象如何變化？與蓮云：《洛書》「四十有五」却除了十，如何亦相得有合、變化而行？某云：《圖》之與《書》，猶夫之與婦，損益十、五只成一百，若無兩家，萬象不立。與蓮又云：生成奇耦，左右生尅，位置各殊，如何同用？某云：夫婦、支干、音聲、笑貌亦各不同，排比不得。趙云：既是同用，夫子如何只贊「五十有五」？某云：欲成家計，只説丈夫。

林興公亦問：「河出《圖》，洛出《書》，聖人則之」，言出孔《繫》。後儒鑿空，謂九、十之數非古《圖》、《書》，謂《河圖》、天球同在東序，廼歷代相傳重物，而《書》爲文字總名，無文字不可名「書」。某云：《河圖》既爲傳寶，則《易繫》「五十有五」之贊不足復疑。箕子明説「汩其五行」，則《洛書》合有五行生成之説。然《考古》、《緯書》、《河圖》九十六種，皆爲帝王升降之符，譬如一易首坤、首艮，各自名圖，非有别象。《洛書》稱「疇」、稱「範」，亦是自家推演道理，不必天畀名言也。想來九、十成文自是天地所立，推演次序自是歷代不同，羲、文之際其盛著者何足疑乎？與

公又云：李之才、邵子及劉牧、程大昌諸人，并以九爲《圖》，十爲《書》，晦翁改定「十《圖》而九《書》」，此又何據？某云：論《易繫》則有天一、地二之文，論箕疇則有五行至極之數。晦翁據此分《圖》分《書》。然《圖》、《書》之出，非在一代，箕、禹以前，羲、軒而降，變化九、十，義類相推，自非聖人，難詳其説耳。

林朋夔又問：《洪範》一書以爲推衍自《洛》，不知止此「戴九履一，左三右七，二、四、六、八」之數耳，何所配合而始爲五行，次爲五事、八政、五紀、皇極、三德、稽疑、庶徵、福極之種種？人知《圖》從中起，《書》亦從中起，故皇極爲宗，而八者麗焉。然以《書》叙疇，以疇衍《書》，洪纖畢具，而倫次不齊。考所繇來，從無要論，徒謂箕子推衍，與天錫神禹者原自不同耳。若此則何謂「天乃錫禹洪範九疇」也？某云：賴兄此問纔覺生色。前日問「參兩倚數」最有關係，此關係又大，千古暗燈無人起火也。某愚昧，幼嘗尋繹是書原本《河圖》九、十、方、圓通配成用，夏、商經國位置，官方皆出於此。此書發端，三説「彝倫」，是夏、商前後論説《圖》、《書》之本。「彝倫」出於五行，此濂溪圖象之所爲作也。

漢儒星卜諸家，皆以五行爲「彝倫」，但不知其斁叙之故耳。唐人稍論「九宮」，蕪陋愈遠。今據《圖》、《書》陰騭相協，先於王居，繼及民事，皆以五行爲本。故五行第一，初不説「用」，從一數起，終於九、十。其在方圖者，倚數十、五，一與五、九南嚮當中，其法爲王者本，治以「用」、「威」、「福」。故一爲五行，初不説「用」，九應於下爲「嚮用五福，威用六極」。威、福、嚮、用，坎、離主之，故箕疇所爲一、九，《周易》所爲坎、離也。次西南行，二爲「敬用」，八應於上，「五事」之與「庶

徵」相爲表裏，敬、念互存，故八爲「念用」。萬物始坤而終於艮，敬爲「五事」之宗，念爲「庶徵」之本，坤、艮主之，故箕疇所謂二、八，《周易》所爲坤、艮也。轉而東行，三爲「農用」，七應於西，「八政」之與「稽疑」相爲表裏。「明」、「農」合致，故「七」爲「明用」。萬物出震而悦於兑，「農」居龍祥之鄉，「明」涵金水之域，震、兑主之，故箕疇所謂三、七，《周易》所爲震、兑也。轉而東南行，四爲「協用」，六應於上，「五紀」之與「三德」相爲表裏，協、乂相宣，故六爲「乂用」，龍辰所經，應於乾德，兩克協和，長者所治，以爲萬物朔易，訛、成之紀，乾、巽主之，故箕疇所謂四、六，《周易》所謂乾、巽也。五居四方之中，中心無爲以應八極，故曰建極、錫極、保極，會其有極，歸其有極，一極之所虚，六極之所窮，攝於九、十謂之「寄閏」，謂之「歸餘」，率是道也。

其在《圓圖》者，三乘疊象，内外分周。一準北極，居於内上以命五行，化生萬物。「五事」應之，處於南内，密邇天子，是爲敬始，猶紫宫之與太微，虚、危、星、張，前後治之。三在東内蒼龍之鄉，食、貨、祀、司空、司徒、司寇、賓、師、農政庶官之所考績。「五紀」應之，處於西内，太史所職，歲、月、日、時曆數以糾群慝，以集農務，房、心、胃、昴左右治之。六在北上，公孤之位，實秉三德以爲輔弼，太卜應之，以爲稽疑，以定大業，以通衆志。七處南外，斗、室、井、軫諸星治之。八在東外，龍火所直，實主庶徵，以阜民用，太祝應之，以辨福極，以察疾苦，以協孤終。九在西外，角、箕、奎、參諸星治之。東北爲命生之地，西南爲考成之鄉，故金、火革於西南，水、木榮於東北。一與六比而調陰陽，三

與八比而成治務，二與七比而神人之路通，四與九比而斆叙之倫畢。所與《方圖》相拂者，唯從革、炎上之政，使五事、稽疑、五紀、福極相互爲治耳，餘可相比而行也。故《範》以《圓圖》爲體，以《方圖》爲用。《圓圖》以正官方，以考庶績；《方圖》以通神務，以協民居。人道正於上，則天道應於下；人事正於左，則神務應於右。太史、太卜、太祝、太醫，此四者所贊，彝倫、陰騭之窮也，周人用之。如太公居左，召公居右，史佚居後，❶前巫、後史、王中，亦略用此意。故《範》有「九用」：敬用、農用、協用、建用、乂用、明用、念用、嚮用、威用。九用各可相資，建處其中，以通一、十。敬、明、農、念、協、乂、嚮、威遞成互用，不爲差池也。

朋夔云：如何説是《圖》以爲體？某云：《圖》以圜數静居其方，父子立，人道之體；《書》以方數動致其效，君臣立，人道之用。或順，或逆，或生，或尅，彝倫所生，合者以爲兄弟，離者以爲朋友，陰騭相居，大意如此。論其曲折，一、三、五、七、九麗於陽爻，二、四、六、八、十麗於陰爻，陰陽之交窮神極賾，以九御之，凡得五十三萬一千四百四十一，以爲五行、五事、五紀、庶徵之所終始。雖復更，僕未能盡籌耳。

黄共爾問：《西銘》極是至理，然亦有可疑者。某問：云何？共爾云：「惡旨酒」分四事之餘，「育英才」僅三樂之一，大舜、曾子古來絶德，申生、伯奇有何絶詣？貧賤、困窮知是玉成，富貴、福澤寧無去處，只此數言雜引仁孝以爲精義，能無商量？某云：共爾，且勿易看過，横渠以孝子事親爲仁人事

❶「史佚」上，四庫本有「周公居前」四字。

天，頭段説出一體大意，隨後説出繼志、述事、無忝、匪懈、顧養、錫類、底豫、歸全、從命、順令、厚生、玉成、存順、没寧，❶此十四事者，仁孝之義纖毫畢罄矣。程伯淳云：雖有此意思，無此筆力發不出來。今看唯筆力小讓耳，如意思者，直與天地日月同光，奈何指此以爲疑貳？

王豐功亦問：伯奇、申生智不足以全身，德不足以化親，蒙讒至死，予其父以殺子之名，終志不白。繇斯道以死者，不孝之過，過于迂也。張子厚取之，以謂事天，謂恭且勞莫大乎是，將使世人信生信死，聽天推排。孟夫子曰：「殀壽不貳，修身以俟之。」着一「修身」便覺許大擔子上肩難放。子厚如何教人學申生、伯奇之道耶？某云：豐功如何亦作此説？親之殺子尚着許多低回，天之奪人豈容賢者持輓？子厚以「不愧屋漏」爲「無忝」，「存心養性」爲「匪懈」，此於「修身」兩字已説得分明。申生、伯奇只説得「俟之」兩字耳。極有英賢臨塲悲歎，豈獨猾者賣履分香？❷此處看不分明，必爲瞿曇派下所笑。豐功云：如何不説到「挽回」、「玄感」一路？某云：不弛勞而「底豫」便是「傾否」大端，然此舜功，匪夷所就，遇無奈何，只合申生、伯奇使人貞勝耳。文王之於藎臣，申、奇之於貞子，顔回之於貞命，皆與曾參啓視一樣精神。

王千里問：周公居東，考亭以爲東征，仲默以爲避謗，兩説差池，皆本於《金縢》之序。序云：「弗辟，無以告我先王。」訓「辟」爲「致辟」之辟，則「居東」即爲東征。訓「辟」

❶「寧」，原作「定」，據四庫本、郭氏刻本改。
❷「分」，原作「焚」，據四庫本、郭氏刻本改。

爲「避位」之避，則「居東」疑爲引辟也。又云：「二年則罪人斯得。」得罪人在致討之後，則是《破斧》缺斯時事。得罪人在啓悟之前，則是公遜碩膚時事。只此異解，而時數差池。考亭謂居東、復辟通在三年之内，仲默謂迎復、東征共有六年之期，總從序中辟得分見耳。仲默受《書》於考亭，豈容如此違盭？某云：此事原無確據。考亭倣舊説，謂負扆方新，流言已作，國家初造，因權行師，聲罪致討，二年罪人斯得。引避一年而後迎復，於聖人作用未甚背馳。如聞流言即引避，以冲人托於管、蔡之上，雖召、畢諸公攝行相事，何以下服武庚？且召、畢諸公坐視危疑，無此情理。周公隱忍以釀禍亂，不成經、權矣。仲默以得罪人爲得流言之人，如不利孺子之言，豈必兩年始勘疑案乎？故「弗辟」爲「致辟」之「辟」，「得罪人」爲「得大首」之「得」，無疑也。千里云：如此亦依《金縢》之序耳。序中「居東」無東征之文，《大誥》始云「今卜并吉，肆朕誕以爾東征」。《大誥》在《金縢》之後，則是啓悟後事，不在遜膚之前也。

某云：《金縢》一書，東漢諸儒嘗疑其譌，今且不論《金縢》。但如《多方》篇云：「昔朕來自奄，大降爾四國民命，今予惟不爾殺。」則殷人反側自非一時，東征、破斧亦非一事。又如《大誥》所云「以爾庶邦，代殷逋播臣」，不言伐奄，則《大誥》非爲武庚而作明矣。千里云：還有證佐明白者乎？某云：經典之外，唯有《史記》。《史記》惝恍便如東山之爲東征耳。晉魏以來皆以居東爲避謗，謝安所誦《東山》而隕涕也。❶《竹書紀

❶「所」下，四庫本有「以」字。

年》：成王三年，吕伋、伯禽皆已分封。《逸周書》兩無明文，其世次與《竹書》相近，大率克殷大賚便有分藩，周公食邑豐鎬之東，用師沫土，留居東邑，不爲迫上也。從古權臣暗干天位者，不敢仗鉞出於師中。周公舍其負扆，遠辱衮衣，既得罪人，徐征逋播，使已當其難，十夫分其功。豈有金縢已開，武庚方叛，安三載之投閒，動倍年之憊克者乎！千里云：如《東山》之詩只叙情愫，不言征討，似與《破斧》異義，何也？某云：正於此處見得聖人不同。如豪傑人但云「功成不受賞，長揖歸舊廬」而已。❶

魏秉德又問：永徽之間，高宗册立武后，李勣、許敬宗輩都不足責，如褚遂良自是賢者，顧命之臣，初次執争云：王后，太宗所立，惕以顧命，明以無過。天子已爲動容。明日乃云：陛下必欲易后，請妙擇天下令族，何必武氏？高宗所慮者，謂后不可易耳，如可易，則目屬武氏，何疑乎？此言似拒之，實贊之矣。如當時再争，必濟，如何？某云：天下似此者極多，人臣格君要在未萌之始，到萌芽已煩鋤剪了。才人供事已十三年，退居萬年宫又四五年，此時聽其入宫，雖有彊項之言，徒斃鐵撾之下耳。儒生再勿論此，恐爲袁絲所笑。

洪尊光云：嚮説巧、力兩字，如學識是力，一貫是巧；施濟是力，取譬是巧。剖析極明，但榜於巧、力入手處尚有疑義。某云：云何？尊光云：巧、力兼到，總是心精。顏子未到聖人，猶是心麤。孟子才高，却麤於顏子。某云：顏、孟亦無麤、細，顏子巧中用輕弓弱矢，孟子巧中用大弨長箭，均

❶「舊」，四庫本作「田」。

是穿的百步之外。尊光云：顔子明睿，遂至卓爾，似巧勝于力。曾子剛毅，獨得其傳，似力勝於巧。未知從巧、從力孰爲捷得？某云：《學》、《庸》中看曾子極是細心，剛毅處想浩然自有的派。學顔子者，於「約禮」上看得極大；學曾子者，於「慎獨」處看得極小。如使巧、力分行，安有「一得」之路也？尊光又云：有宋諸儒，如茂叔灑落，伯淳和粹，似顔子；堯夫通達，似子貢，是「巧」一邊人。伊川謹重，横渠嚴密，似曾子；晦翁彊博，似孟子，是「力」一邊人。兩班孰爲低昂？某云：此處登岸，或舟或車，到安牀時都無分別。大約諸賢都是天質帶來，不關巧、力。巧、力便是學就，如由基教射，立木走版，久之依稀耳。堯夫與晦翁學力深於四賢，四賢之中横渠又爲工苦，如濂溪、明道亦是天質清和，巧不通神，力用減半也。吾輩只想孔、顔絶世明聰，爲何不食、不寢，鑽、仰、瞻、忽？此處巧亦不來，力無用處。後來「忘憂」、「卓爾」有似巧、力別出相求，不知巧、力現藏何處？孟子纔識到此，便是絶世明聰，看是盡心數言，了了歷歷，真有百千手眼，萬里透札。學者舍此別無源淵。❶

戴仍樸問：「一日歸仁」，嚮雖面證，實未領會。某問：云何？仍樸云：如晦翁所説，天下皆與堯舜，宣尼亦收羅不住，如何一日克復，天下都歸？某云：此處不容人疑。夫子當日便説「一日克復，千古歸仁焉」，豈可復疑千古之遠耶？顔子對夫子説話，事事是經綸百世，如獅子吼，震動天下。七百歸獄，三千出宫，此片刻事爲宇宙喧傳，須知布衣身中皆有此一種消息。仍樸云：如此

❶「源淵」，四庫本作「淵源」。

却在外面，只如「真積力久，一旦豁然」，見得天下無一處隔礙，高門洞開，萬象森然，豈不親切？何必取外邊證佐，爲裏面經綸耶？某云：是則是如此看，但人人説得八荒我闥，無一人信得一日爲仁。却不如陳子昂一朝破千金之琴，孟嘗君半日焚百家之券耳。仍樸云：如此不無已外？某云：斷蛇斬蛟，一樣刀路，神采不同。

時陶文宗方較士，所命題如「空空兩端，竭才卓爾」，不能不多夫子自道，皆種種有意，是吾輩思量。諸賢應試之後略相講求，無復問難者。林朋夔乃舉南靖「不貳過」一題，問聖門心學實不乏人，何獨至回遂稱絶學？譬如曾參慎獨，仲弓居敬，兩賢自是學門鼻祖，豈初少年未到不遷、不貳所在？某云：此則未知，就有此人，亦要堅它神明，壯它魄力。如過、怒兩字是生人之所難免，「止一」之學是聖賢之所共企，此處淵源決不在讀書、六藝語言之下。從此推求，希聖希天，其實難到。朋夔云：「大哉乾元，萬物資始」，再無一字落效法一邊，有怒便自遷，有過便自貳了。不遷怒便是無怒，不貳過便是無過，看來只是未發之中、已發之和。某云：此大難言。人生如無喜怒哀樂，便於木石同體；❶合下便説無怒、無過，亦與佛門一般。只從此見學，從此見好。天體不遷於風、雷，日月不貳於彗、孛，兩事便是聖門效法的大事，莫説不落效法一邊也。朋夔又云：曾點、漆雕開豈亦未見到此？某云：隨他見到，實落難言。

游麟長云：「夫子五十學《易》可無大過」，何以顔子之年便已到此，想是拳拳服膺

❶「於」，四庫本作「與」。

「四勿」從事也。某云：然，此正是約處。約到不貳，約到不遷，便把一生博文工夫納於無文上去。吾輩過失不多，❶只在浩、博一路收拾不下。如實見不貳、不遷，卓可藏神立命，❷雖百國寶書，九千絃誦，何能滓人見聞？

羅期生因問：「空空叩竭」之旨，果是言說、智解一齊墜落，答問、裁成都可不作，彼此具足相笑無言耶？某云：如此則「執兩」、「用中」都無問察之路，只是莊、釋相遇，中途豎指而已。期生云：正疑此說。顏子屢空，又問「爲邦」，直要何物？夫子無端說出夏時四事，❸淫佞二端，直是何故？以此認聖賢實有不空、不竭所在，纔有學、誨、默、識、來、往路頭。譬如虛寂不動，感而遂通，又有應問如嚮，亹亹變化，豈可說天生神物亦是虛閒不干人事耶？易本虛寂，說出吉凶同患；孔、顏、禹、稷本是空洞，說出饑溺由己。此是空中所藏，抑是竭復歸空？如何參透？某云：韓魏公云：「崇朝雨天下，歸斂寂若無。」雖是偶談，亦有意思。

黄苞人又問：博文、約禮直到卓爾，所在此處還是前、後、高、堅，抑不是前、後、高、堅？某云：才力竭時，鑽、仰、瞻、忽一無所用，博約盡頭，前、後、高、堅當前合併。此時宇宙上下無萬精神凝結一處，似太空中一物現成，非我，非夫子，與天地參併，不知世上多少聖賢一向此中瞻前、失後也。苞人云：如此則是瞻、忽東西，到此拿住，如何又說「欲從末由」？某云：汝看此是何物？能

❶「不」，四庫本作「之」。
❷「可」，四庫本作「爾」。
❸「端」，原作「知」，據四庫本改。

高，能堅，乍前，乍後，乍立卓爾，還要拿住得它？ 芚人云：如此到底則是猶龍之歎也。某云：此則不同。從博反約，從轉得定，約、定中間又無站處，以此見得聖賢精神力量終古無窮。

趙與蓮云：聖道一而已，如何有「可語上」、「不可語上」之分？ 周安期曰：仲尼之門，從未有半夜入室而談者，然克、復之義，一貫之指，囑付無多，子貢到底説「不可聞」一事，夫子到底説「吾無隱乎爾」。會它語意，歸宿一路，只云「知我其天」。此間受者不易承當，傳者亦難交付，得無略略逗漏乎？ 某云：天字是聖賢常談，夫子兩度引着子貢，「何言」、「莫知」語下分明，豈有推托玄虛之理。然如「何言」之説「行」、「生」，「莫知」之説「學」、「達」，皆未嘗到無聲、無臭地位，依稀指點已得路頭，正不知「回言終日」、「退省其私」，❶可是兩般言話而已。與蓮默然。某云：此處已難言論，請俟異日別證所聞。

甲戌冬十一月道周識

❶「其」，原作「無」，據四庫本及通行本《論語》改。

榕壇問業第八卷

門人林欽晉勒編

臘月，將還浦守墓，諸友固請一會。於是林非著爲政。非著因問：先儒謂學有三弊：溺於文辭、牽於訓詁、惑於異端。苟無此三者，則必歸於聖人之道矣。今國家以制義取士，士亦從制義應試，雖無異端之惑，而訓詁相沿，文辭遞習，深入膏肓。即不溺文辭，不牽訓詁，循經註之言何繇便歸聖人之道？某云：非著意思極好。吾鄉初年爲詞賦追琢之文，三山最盛。陳述古起而非之，爲「知天盡性」之説，與陳烈、周希孟、鄭穆三人唱明❶，聞者誹笑久之，漸爲信化矣。蔡季通之出春陵，亦有名士挾才誹笑，前修者相過數次便心服拜謁。凡人立志要定，趨向要真，不爲流俗所惑耳。不畏異端也。制舉義原本四書，以聖門之微言導才人之弘致。苟能真切究心，雖淵、騫接手，何必以是自薄乎？張子韶少時能默誦六經，通其奥旨，常對客問經義如流。客曰：「紙上聖賢盡在是矣。」子韶置卷斂袵曰：「精粗本末原無二致」。某不敢謂此是紙上之語，人能如此讀書，何患文辭之靡，訓詁之滯？非著云：「學以聚之，問以辯之」，自有問業來，發明大義，實開胸次。然問者僅資聞見，不無塞責。即能談論，如何實踐得去？人各爲時藝所縛，溺於故套，久且漸失立教初意，終成懈惰。博文、約禮豈容易了得，如何是下手工

❶ 「鄭」，原作「趙」，據朱子《宋名臣言行録》卷十七改。

夫？指示門路使各警省，可便持循。某云：是某錯了。如何七八會來都無實指，竟落空談？某少時初讀《論語》，問先生云：「頭一葉書，孔子只教人讀書，有子如何教人孝弟？孔子只教人老實，曾子如何教人省事？」聞者大笑。某今老來所見第一件猶是讀書，第二件猶是老實耳。凡人人自是聖賢，自有意思，纔説「開示」、「導引」者，不是長傲，便是導諛。只是讀書，大家勸勉，似不爲過。元時有資川黄澤者，每每教人致思，近來羅近溪只教人打坐。致思之去仲尼，猶覺未遠；打坐之去釋子，其間幾何？新安趙汸嘗問黄澤致思之法，澤云：如經傳中難解處自爲一例，致思之久，連類旁通耳。鄧文潔亦教人打坐。此法自李愿中來，只有「消滅」，無「長進」法。非著云：致思只要旁通，嘗記唐宗有言：學者如鑿井，但得美泉耳，何必鑿空乎？某云：正是美泉難遇。見人讀書，長年啖土，若不致思，泉脈何來？非著默然，知是「格致求仁」之旨。

是次以「屢空」、「貨殖」一章爲義。魏秉德問云：天地惟空，故生得許多人事；人心惟空，故受得許多聞見。顔子屢空，自是舍却蹊徑，直尋根宗。至子貢之屢中，必有不中者矣。其有不中者，是億有未中，還是億故不中耶？某云：賢看顔子屢空是屢不殖故空、屢不億故空耶？夫子生平未嘗言命，只此一章言命。命中不着一物，本來自足，初無空、殖可言。無空、殖故無得、失，無得、失，故無億、無忘，只是清虚澹薄則與命較親，卜度經營則與貨較親耳。世人言命都在得失一邊，所以有殖、有億、有氣數人事之差。哲人言命在清虚一邊，所以無殖、無億、無得失、當否之慮。日往月來，寒往暑來，明

推歲成，❶此即見天之命。說空不得，說殖不得，說億不得，說中不得；說不億、不中不得，說屢不億中、自然億中不得。如能盡空此等，游於虛、無，亦與道合體。大約受天之命便有心、有性、有意、有知。有物難格，有知難至；物理未窮，性知難致。「定」後之「慮」去億一丈，去空一尺。空是物格無物，天命以前上事；億是因意生知，人生以後下事。屢空是天人隔照之間，屢中是物理隔照之間。譬如一事當前，有是有非，有得有失，屢空人只說我生以來與物平等，初無是非，初無得失；屢中人便說某處是非，某處得失。至人看來，「安」、「慮」之中萬物畢現，空亦不空，中有不中，是非得失如天命然，一絲一毫洞然難逃。如此便說屢字不得，說無不中不得，無不空不得，所以說空空，又說竭字。竭字是夫子下得極謙、極呆字，如「泉竭自中」之竭。聖人於空下說竭，猶於無能下說何有，何有下說未能，一只是對照作無了藏，非奧義也。如此屢中、屢空便成奧義矣。

秉德又云：先正嘗言道如覆盂，本空、無有。射者即言無有，未嘗不中，然却多一「射」。某說：此言近似，却不是也。豈是顏子射覆，自一至十常說出空；子貢射覆，自二至一常無不中耶？道該萬有，還未嘗有。空者，得他還元一路，十中八、九；億者，得他發生一路，十中二、三。子貢於萬有路上見得七、八，只是格物，物還未格；顏子於元無路上見得八、九，已是物格，與知至爲隣耳。他門常說世儒只曉得格物，不曉得物格，正是此樣。

秉德又云：顏子博文、約禮、屢空，豈是

❶「推」，四庫本作「生」。

墮黜子貢？已悟性天道，屢中豈資卜度？夫子一題以空，一題以億，能遂差池至此？如以億爲格物，空爲物格，則格物、物格中間亦距千里耶？某云：箭開時萬里同觀，箭到時只一鏃地。巧箭不射，高碁莫着，射是巧、力所生，億是明、聰隙現。難道静觀、動照不是一樣神靈？只是静觀無礙，動照易窮耳。秉德云：如此則顔子若億亦有不中，子貢若不億亦無不空耶？某云：自是如此纔謂順命，如在親前逆一念者，不成孝子，更億甚麼？

吕而德云：顔子「屢空」，似是一絲不罣；而「爲邦」之問，許大荷擔。聖賢決不是澹薄無事的，但簞瓢饑溺，易地皆然。禹、稷、顔子全是空洞無物，觸處不礙，若靠着伎倆，終成勞嚷。故夫子於問仁處指出克、復，正是屢空頭腦不？某云：屢空作克、復頭腦亦得。克、復歸仁是反、約一路，屢空近道是至命一路。《易》云「窮理盡性以至於命」，理窮而後性盡，性盡而後命至。命至是造物之始，不着一物以生諸物。反約是窮理之後，不遺一物以至無物也。聖賢讀書如看卦，一正一反，原始要終，自死而生，自生而死。子貢只説正卦，自下而上，爻位吉凶都分别得，亦不是伎倆作用，只却未曾看得全《易》也。而德云：禹、稷是如何？某云：禹、稷六爻皆動，顔子六爻皆静。子貢是如何？子貢只是看卦。

周房仲亦問：仁之一字，自關禮樂。顔子問仁，夫子對他説禮；問爲邦，夫子并對他説樂。如此包裹，點滴不遺。就他自家説博，説約，説出竭字，未嘗便空文禮，今夫子直以爲屢空。空之與竭果何分别？如是仁者，點點滴滴皆有淵源，豈得如「泉竭自中」

之説？ 如説天命本原，包藏萬有，豈有空盡之事？ 前日亦道日月星辰何曾空得，如是孔、顔呆説，枯腸短氣，此處亦發明「性道」不成？ 當作何體會？ 某云：外道説空字極大，如空洞之空。所謂洞見垣一方者，無牆壁、河嶽，都看空洞，即此透彼，如琉璃瓶樣。譬如人在家鄉，看得長安衕衕明明朗朗；在宮牆之外，看得人家房舍一一分明。 皆是身嘗到彼，識光所射，亦是心力所届，如親到一般。所以豫處五臟，直破癥結，不須剖割，立效神方，所謂仁也。 其實聖人無此要妙，只是才力、智識皆常用過，不留纖毫。 如富家翁發財施舍，造橋興梁，救饑拯溺，待下禮賢，敬神奉公，將鉅萬金錢累年用盡，只留得隻身衣食粗足，福亦不生，禍亦不立，❶但有兒郎不名富子，只道是某家遺孩，人人要看，此便是屢空、貨殖對照模樣。 孔子不曾發財，原來無物，衆寶咸歸，叩其囊橐，依舊蕭然，所以直説無知，直説竭字。 顔子已曾發財，私下所藏一朝費盡，無高、無堅、無前、無後，搬捨幾回，欲罷不得，所以既説才竭，又説如有。 子貢未嘗發財，只是治家誓發大願，欲俟滿車、滿篝，博施某方，廣濟某衆，只存誓願，未曾施捨，所以孔名空空，自呼云竭。 顔稱既竭，僅得屢空；子貢多財，從空立願；季路車裘，無復捨處。 聖門學問不過如此。 外道不解，掇拾影響，便以施、舍立論，稱仁、稱禮，皆是依傍孔、顔，誤嘗他藥也。房仲云： 如此則空、竭、大、小原是造命淺深，如何又説不是？ 某云：天命群生，却無如此勞費，仁、義、禮、智隨家俱有，不自爲寶，賊亦不惱。 如自稱財，與賊偕來。 凡有

❶ 「立」，四庫本作「至」。

非禮等事，皆是發財所致；如無非禮等事，已是萬寶咸歸。孔、顏赤身，其富敵國。子貢拮据，誤墮金火，❶爲史遷加誣，蕩家破産。論他發念，何嘗不知？所以捨才順命、順天散才，已名仁方，不稱大藥；雖稱大藥，不落空藏。

唐君瓚問：仰、鑽、瞻、忽，此財用在何處？墜體、黜聰，此財散在何處？某云：不用，何得散處？君瓚云：他歸併誰家？某云：東家不要，西家不要，只爲子貢拖累多少。

林非著云：聖賢不作戲論，今日何作此說？某云：夫子發此論時，何曾莞爾？徒使顏淵喟然興歎耳。非著云：晉思大智，亦好問察，深山不廢見聞。夫子如以一貫接引，學識容易說去；以空、竭接引，學識如何說得去？某云：千貫、萬貫纔以空、竭接引他，如無一貫，奈何以空、竭接引他也？非著云：此豈是前日「學問要損，德性要益」之說也？某云：此亦不同。懲忿、窒欲，遷善、改過，此是吾人茶飯。茶飯恰好，豈常損益？縱有損益，如何併盡？此是萬寶船中、瓊林庫裏發此大義。非著云：如貧子便接引不上耶？某云：貧子已生成近道，且如顏子以下都是貧子。非著云：纔說他仰、鑽，自是才多，今又作才少耶？某云：他看得夫子便是才少了。才少用大，去竭愈蹙；才少用少，去竭愈遲。有才遮蔽，不見自身，不見天命，所以懸空、想億，愈去愈差。非著云：此又是「日減」之說也。王龍谿云：古人之學只求日減，聖人本空，賢人屢空。顏子知得減擔法，所以「其庶」。某云：大差

❶「墮」，四庫本作「墜」。

了。顏子如是減擔，仲尼寧是拋擔耶？非著云：龍谿又言入聖之方須有主腦，不是靠聞見幇補些子耳。某云：此亦不同。多聞、多見是吾用財時候，寡悔、寡尤是吾散財時候，不見、不聞是吾才竭時候，無悔、元吉是吾合才歸命時候。才少窮身，才多窮命，才空命復，才竭智全，只關工夫，不關本體上事。

謝有懷因問：子與言命多屬氣數一邊，只「命也有性焉」一語以理言命。子思言命多屬理一邊，引《詩》言「命維新」微似數耳。不知此章言不受命者果何所指？如是降衷之命，如何不受？如是五行付畀，亦豈人力所爭？如是貧富智愚同歸此命，貧者可富，愚者可智，人事、王道合併將來，❶則子貢所得已深於顏子，夫子此論又何所軒輊耶？某云：正要講明此事。命之有理與氣，如人之有形與神，合下併受，無有分層，順則都順，逆則都逆。善作家人，説他餓死，他亦要仰拾俯掇。善讀書人，縱是頑鈍，他亦要旁稽博覽。有此一途纔見工夫，爲道教之本。如論天命原始，則只是饑食、渴飲、不學、不慮，清明在躬，志氣若神。人如看得名利亦澹，才情亦澹，自是理、氣兩路俱清。如看得名利亦不澹，才情亦不澹，自是理、氣兩路俱濁也。子貢已是聖賢，但就孔、顏看之，便覺不同。《詩》曰「抱衾與裯，實命不猶」，人都是此命，只爲率之不猶，所以差別。《詩》曰「天命不徹，我不敢效我友自逸」，夫子於此亦無甚軒輊耳。有懷云：如此則於理路上無甚開交也。某云：用才與不用才，橫命與不橫命，此俱隨人體勘。論他初體，有何不

❶「王」，四庫本作「天」。

同？有生之始，竇貨與聰明兩無所着；涉世而後，貧人之慕竇貨，富人之慕聰明，豈復別其孰理、孰氣、孰内、孰外耶？有懷云：如此則貨殖須如史遷之言，豈必如漆園所云「塞其天穿之竇」耶？某云：蓄學與殖財，同是一樣聚斂；窮理與格物，同是一樣發身。聚而使空，則微雲不滓；空而使聚，則射覆徒勞。夫子明假此言開人痼癖，學者勿分兩路，自取糾纏。

蔣仲旭云：夫子與參、賜均言「一貫」，却不把參、賜並提，只就顔子對證者，豈是曾子聰明壓不得子貢，顔回愚魯當有過於曾參耶？天下聞見决是難除，人心聰明定不可少。從德性上體會，則有「屢空」之與「屢中」，俱透靈心；從問學上體會，則有「多能」之與「一貫」，俱徵實業。陸氏既尊德性，則希顔子之「空」；朱氏既道問學，則宗子貢之「中」。子貢既聞性道，到底不放「多能」。豈有子貢終年封殖，不曉「多能鄙事」之説耶？某云：如兄實有所見，不隨人空話。子貢從門而入，見夫子百官宗廟縱横美富，自家欿然如一貧家，不覺禮拜，終身投地。顔子從門而出，見一身赤體，蕭然不繫一物，的是富翁的的親子，不向人家争氣争財。曾子聊稍恕身，亦曾出入孔、顔門第，亦曾比倣子貢家庭，見得可休便休，得足且足，如何得化度子貢，招歸顔子耶？陸氏專主德性，不入宫牆，只是貧儒，自寶其身；朱氏兼道問學，若見孔子宫牆，猶是當階辦事。世人嗤嗤剥食子貢，如與子貢共事聖門，方知「屢空」大難度日，「屢中」不是尋常耳。

仲旭又問：顔子「屢空」還説有怒、有過，不知怒、過着在那裏？夫子説無恒之人爲有、爲盈、爲泰，曾子説顔子「以多問於寡，

有若無，實若虛」，豈顏子自勘若多、若有、若實，便是可怒，便自爲過耶？某云：常無、常虛、常約，是聖心之恒體。若無、若虛、若寡，是聖學之復機。恒云「立不易方」，復云「不遠而復」，就着虛無，見有約寡，此亦當怒、當過，何獨見有、見多、見實，然後爲過乎？想來過、怒亦是人生之所應有。雷霆薄蝕，上載難除，只是復不可頻，悔不可祗耳。仲旭云：前日嘗言：在過、怒上用工者，到底是個過、怒；在學、識上用工者，到底是個學、識。如何從此得見本體？某云：不遷、不貳上便見本體，寡尤、寡悔上便了工夫。❶若要認定虛、無、約、寡，與認定實、有、盈、多，更無差別。

洪尊光因問：夫子説子貢「不受命」，子貢反説夫子「天縱」，想是子貢終年欽服。夫子美富，是天無所吝；他自家鄙陋，是天有所嗇。如顏子蕭條，賜既不安；如夫子美富，賜又有限。所以竭力蓄聚，未能拚捨，要與造物相爭，至使外人疑於夫子。微子貢自家與回對勘，誰知回、賜已自不同者？三代而下此識絶少。竹林諸賢脱略世故，二阮幾於屢空，安豐幾於貨殖，世皆以放縱目之，不知諸賢於才命之際亦有所窺不？某云：諸賢在夫子之時作琴張、曾、牧不成，何況可望回、賜？回、賜精明皆在性道、天人之際，諸子只是擺脱物務耳。聖門上唯夫子説酒，諸賢皆不敢説。如處危亂之際以酒自晦，康誥酗慢，豈不足以殺其身乎？嗣宗才韻最高，却乘醉爲人起草，猶之節婦被酒行淫，雖使小人稱慎，奚如使俗子稱狂？凡人品自「四科」而外皆不可學。由、求、宰我尚須取節，

❶「了」，四庫本作「見」。

何況他人？

尊光云：如山巨源具有經濟，向子期思慮精湛，何可少他？某云：以回、賜照他，只有屢失、屢亡，不關德性，亦不關學問。尊光云：何平叔、王輔嗣奚若？某云：此猶則可虛、無、約、寡之間。尊光云：虛、無、約、寡何以亦亂天下？某云：晉人常言：秦尚法律，二世而亡。豈亦玄虛所致？尊光云：彼輩玄虛，於聖門恒、復之旨，可亦相近不？❶某云：正爲世人看他相近，所賴回、賜竭力支持。

王千里問：《易》恒卦唯體卦「亨、利、貞、無咎」，六爻皆無得「吉」者，唯九二「無悔」耳，何得列於「九德」，與復卦比論？某云：「恒，德之固也」，澤、山至靜，而聖人題之以「感」，感便常動。雷、風至動，而聖人題之以「久」，久便常靜。靜以立動之體，動以致靜之用，少男在內，少女在外，其情易感。感故持之以虛。長女在內，長男在外，其道可久，久故持之以常。虛以平其用，常以正其體，使速者可久，使久者不易，其要不累於情欲而已。咸以少而處靜，無情欲之感，不傷於和，故居貞皆吉。恒以長而處動，情欲不宣，非乖則孤，故貞有兩凶、一吝，聖人之道歸於和平而已。千里云：貞是有恒之本德，吝是無恒之愧心。不恒既已當羞，有貞何以得吝？且如初、五兩貞，并以得凶，九三一爻，❷又以得吝，則「無恒之羞」其義云何？某云：古人以貞、悔自分內外，貞雖恒之本德，然夫婦長久，陰陽有常，得恒而可矣。益之以貞動爲變象，此所爲作內凶也。

❶「不」，四庫本作「否」。

❷「九」，原作「六」，據恒卦改。

千里云：如此則於吾心德體何涉？某云：宅心居家，豈有兩樣？譬如以無爲有，以虛爲盈，以約爲泰，故是無恒起羞。祇如長要本無、本虛、本約於吾身，德業豈有長進，便是貞吝。世儒溺於傍門，專守初體，如官人内家一味空寂，自謂貞正，便有求深從婦之嫌。熟玩此詞，殊通至德。

魏秉德因千里問《易》，又問：先、後天八卦方位迥然不同，先儒謂四正有交，故乾坤交其中爻以爲水、火，父母謝權，退居西北、西南之位。三女從坤，三男從乾，以爲人道之本。此説是不？某云：此亦一端，何關羲、文之旨？羲以氣言，其道從天；文以象言，其道從地。從天者，本於日月；從地者，本於山川。山川自西而東，日月自東而西。日月以易簡效動，故天地處於南北。山川以險阻分功，故乾坤導於兩隅。二氣有遞兼之位，經緯各於其方。五行以左旋一周，金木各涵兩象，此理備載《圖》中。吾輩如未研心，且置勿問。王陽明謂算得合時亦有何益？此雖不是，然聖賢此種學問極是難聞，得其皮毛無益象貌，得其象貌無益神理，徒使淺學小慧者弄其青火耳。秉德云：如此則《皇圖》一書何以備詳此義？某云：是某見得如此，與世人通説不得。閉門講論，不是如此，何以酬答羲、文？

楊峻人因問：古今諸賢談《易》者甚多，而子輿七篇未嘗引《易》，豈不肯談，抑有別見他書可證據否？某云：子輿初無他書。峻人云：劉子政、鄭康成、嚴君平、周濂溪、二程、司馬君實、邵堯夫、晦翁皆屢屢談《易》。如謂「天道難聞」，則七聖言之已多；如謂「末世不悟」，則諸賢求之已至。子輿何故不言？豈知後世有子雲者將疑於《大

易》，遂寘不論耶？抑「時」字一字已括諸妙，利之爲言又妨初意，聊藏其間，引而不發耶？某云：賴兄此問。「引而不發」是孟夫子本意，「中道而立」是孟夫子彀率，説一「時」字、一「中」字了一部《易》，不須更説了。

峻人云：還有説處不？某云：「窮理盡性以至於命」，此是聖賢奧詣，一生憤樂於此總萃，時止，時行，不過是此中影子耳。孟子説「盡心」、「知性」、「知天」，又説「事天」、「立命」，又説「成性存存，道義之門」，皆與合節，更無復言説去處。

峻人云：《易》云「書不盡言，言不盡意」，然則聖人之意，其終不可見耶？嚮來揣摩猶是言，説上事，孟氏之意尚未可見，如何理會？某云：前日亦嘗與謝有懷講過，但未曾明白。若要明白，又是後來唇舌之本。峻人云：是俊親問，問不明白則是俊罪過。某云：古今來只一大事纔要讀書，《論語》末篇感時於「雎雉」，《春秋》末篇感時於「獲麟」。孟夫子七篇至末説出《易》理、《易》象、《易》運、《易》候，皆是古今諸儒之所未説。詳細説去使人煩心，潦草説出又使人怪歎。凡《易》六十四卦，合乾、坤、坎、離、頤、大過、中孚、小過，往反不變，爲七十二卦爻象，相乘得三萬一千一百有四，以歲朔乘之，通卦大周五百有四年，加以氣盈七年，得五百一十一年，而《易》象初周盈虚，合計得五百一十八年餘分之積五，大周而餘二歲，爲聖賢聞見之會。古曆慌惚，以《竹書》考之，帝舜元年己未即位居冀，距上元甲子一千五百五十五年，爲羲、農上際，文遠莫徵。唯帝舜五十年合禹、皋陶至於湯。夏歷四百七十年，通得五百一十八歲，升陑克昆吾之歲也。湯元年癸亥即位，二十九年。殷歷四百九十

六年，合伊尹、萊朱，終於文王，以武王七年益之，通得五百四年。武王元年己卯至幽王庚午，二百九十二年。四十八年而入春秋，又百七十二年會於沙隨之歲，而仲尼生，通五百一十一年。自周靈王庚戌而後，帝王之統盡在仲尼，至「獲麟」以降，統緒中絕。孟氏之生去仲尼之生凡兩七十歲，三周之後，疑一置閏，而聖賢聞見不復可循。「獲麟」至光武中興又五百有四歲，至宋仁宗天聖、明道間，五周再閏，諸賢又出。雖聖統不續，而聞遯見遐，無愧闕里。自光武距今一千六百一十年，去聖愈邈，帝統上懸凡三千六百餘歲。天道咸熙，素修、引分，學《易》之士所與孟氏而同歎也。峻人云：如此想亦約略不可詳聞。然吾人聞見本於覺知，覺知先後不關世數。如以世數，則正、嘉之際文清、敬齋、文成、近溪諸賢講論，豈減關、洛？今以聞知、見知責人承受，誰肯低承？❶某云：亦是際盛。生於當時，令人欣欣有鳳鳴、《圖》出之意。迂談越想，不覺惘然。

峻人又問：歷代年譜，班、馬兩家遂大差池。共和以前既無譜牒，不知子由《古史》及邵家《經世》以何爲據而繆增殷曆，徑泝唐年始於甲辰，接於己未耶？汲冢之曆，世猶存疑，今日何爲依他繩尺？將無爲貴遠而賤近乎？某云：共和以前既無譜牒，幸有《竹書》，不得不遵。堯夫固是聰明，淹貫博綜，非其所習，豈有不馬不班？但依《世本》坐推百世之上，如邵家《經世》帝舜九年甲子至周敬王四十三年甲子，已一千八百歲，何謂五百之期？考數非遠耶？古今遺書唯《汲冢》、壁書最可觀，僕自生平不敢以空臆

❶「低」，四庫本作「衹」。

傍人學問。

又云：凡人讀書，於無根據處最要根據。

洪兆雲問云：前日承諭志道、據德、依仁、游藝，是每事、每時動念俱有，只是恰好燦現耳。果無等第、節次，看得極是。某云：若説無等第、節次者，此又却有也。無有志、據，那得依、游？人生只此精神先要拿得堅定，在堅定裏充拓得鬆，便是得力受用，只是點點滴滴在聖賢理路辨其生熟耳。一日之間，心眼拿定，不走錯路，不放工夫，不趕枝葉，又不枯寂作事，使他精神在在灌注，❶隨其所見，在在會心，便是絶大成就。然不如節次安派做去，❷到依仁上旁通六藝，無所不可，如此又爲快活也。

林非著因問：游藝是如何？既非要緊，何不除却？某云：世上再無板，聖賢懸崖跕足，移目便顛，端拱之餘亦有歌詠。凡日用文章，❸正是道德之通途，據、依之快事，但不宜倒做耳。八字中一字錯掛不得，志仁、志德，猶則可通；一志落藝，便是奴才。學者常把八字時時當關看他着落，最有實用，最有生趣。興詩、立禮、成樂，亦是此樣着眼。❹

非著又問：「達巷」章説「博學無成名」，❺説「何執」，説「射」、「御」，未審指歸何在？拈出射、御有何妙義？某云：「無成名」他人看得忙急，夫子却看得等閒。「博學

❶「灌」，四庫本作「貫」。
❷「派」，四庫本作「排」。
❸「凡日用文章」，手稿本作「飛躍天淵」。
❹「眼」下，手稿本有「化工」二字。
❺「學」，原作「約」，據四庫本、郭氏刻本及通行本《論語》改。

無成名」，他人看得闊大，夫子却看得纖小。「君子去仁，惡乎成名」，「不知其仁，焉用佞」，夫子此處説極分明，不要支離解説。

李質嘉問：禘祫之説，諸儒互有異同，馬融、王肅皆云禘大、祫小，鄭玄反之。賈逵、劉歆則云一祭二名。吴氏徵以肆祼爲禘，饋食爲祫。丘文莊云：禘者禘其自出之帝，爲東向之尊，祫者合群廟之主於大祖之廟。朱子云：禘爲大祭，王者有禘有祫，諸侯有祫無禘。祫則群主皆在，禘則群主不在。紛紛云何？某云：此義備於《王制》，諸賢講之甚詳。不過當時有周禮、魯禮，沿襲不同，或有夏、殷祭名溷於時享，字義互異，何關鉅典乎？《禮緯》云：「三年一祫，五年一禘，百王之通義。」然以鄭註觀之，不過魯之王禮耳。魯禮：三年喪畢，皆祫祭於太廟。如文公二年大事太廟，於祫已蚤。閔公二年吉禘于莊公，於禘已速。一祫一禘相距八年，故僖公、宣公皆八年秋有事於太廟。二年之祫，合有一禘在八年之内，如文公祫後，明年春禘於群廟是也。或并在一年，如閔公二年四月祫，五月吉禘于莊公是也。其皆五年者，如昭十五年禘於武宫，昭二十五年將禘於襄公是也。考諸公有禘、祫互舉者，亦有禘、祫一遺者矣。天子諸侯之喪畢，皆合先君之主於祖廟而祭之，謂之祫祭。杜元凱謂禘爲三年一大祭。傳有禘祭而無祫祭之文，則禘、祫一也。唯時祭則祭始祖與親廟，不及祧主，與大祭爲别耳。《王制》本文云：天子犆、礿、祫禘、祫嘗、祫烝，諸侯礿則不禘，禘則不嘗，嘗則不烝，烝則不礿。又云：諸侯礿、犆、禘，一犆、一祫。又云：嘗祫、烝祫，言諸侯之禘不能兼礿，唯一犆、一祫而已。註云：礿則不禘者，虞夏之制。南

方諸侯春礿竟來朝，故闕夏禘。禘則不嘗，西方諸侯夏祭竟來朝，故不嘗。嘗則不烝，此北方諸侯行秋祭竟來朝，故不烝。烝則不礿，此東方諸侯行冬祭竟來朝，故不礿也。天子則每歲祫祭，唯春未告成，就親廟犆祭耳。古者天子郊皆三年，今特間代舉之，猶古者免喪而行禘、祫之義。董仲舒以爲人子事親，豈有間年始舉之理。然自歷代損益，間行以時，亦無三年、五年之別。今官家每歲祫祭，皆稱曰祫。立春出主於殿，雖稱犆祭，其實祠禴之旨。立夏、立秋以告盛物，乃合二祖祭於大殿，謂之時祫。季冬卜日，大告歲功，遂合四祖祭於大殿，謂之大祫。祫皆禘也。大饗配天，又是郊禘之別義，何足疑乎？古今紛紛，只是圜丘、方澤分祀天地始祖、❶世父禘於祧室，此足疑耳。然自帝不襲禮，王不襲樂，本於精禋，以格幽明。天子所議，鬼神率服，又何不可之有？

沈若木時初入會，未領前説，又問「克、復歸仁」之旨。某云：某從來亦未見到此，但見人有己便不仁，有己便傲，傲便無禮，無禮便與天下間隔。無己便細，細便盡禮，盡禮便與天下通。老氏云：「謂我大，甚似不肖。如肖，蚤已細。」克己者，只把己聰明才智一一竭盡，神精力量一一抖擻，❷要到極細、極微所在，雖外間非禮不能染着，猶須如大敵邪穢一樣用工，❸所以「洗心」、「退藏」，不墮「沈潛」、「高明」之弊。如是剛，人實克到柔；如是柔，人實克到剛。事事物物俱從理路鍊得清明，雖視、聽、言、動，無一是我自

❶「祀」，四庫本、郭氏刻本皆作「配」。
❷「神精」，四庫本作「精神」。
❸「大敵」，四庫本作「蕩滌」。

家氣質，如此便是格物物格，致知知至耳。所以天下更無間隔，更無人說我無禮、不肖，便是「天下歸仁」。若木云：如此，歸仁猶在效驗上看耶？某云：不曾施藥，自己康强，克得一身，日行千里。如何說是效驗？同時聽者猶覺愕然，如未曾聞。

張昺之最後乃云：天下無人不說孔子，吾門獨云孟子而下無一能知聖人。據孟子所知聖人者，高不過曰「集大成」，曰「聖之時」，卑則曰「不爲已甚者」。不識當年及門諸子及親子孫乃謂「賢於堯舜」，「生民未有」，「匹於日月，比於天地」，誰見得是？某云：孟老自見得是。昺之云：他及門至親，晨夕領受，豈有不是？某云：如此，誰復能學夫子者？譬如學天，無可學處，只說「天，不爲已甚者」，「天，聖之時者也」，豈不親切？必如顏子仰鑽高堅、❶瞻前忽後，如此說天又無可學處，只得說博，說約，說文，說禮，如見日月星辰、四時寒暑，知其次序，漸見天心耳。如此亦却平易，不爲已甚也。昺之云：如此則「堯舜萬鎰，仲尼九千鎰」之說如何？某云：乘高易呼，他們心粗，如何曉得？

乙亥春正月元夕道周識

❶「仰鑽高堅」，四庫本作「仰高鑽堅」。

榕壇問業第九卷

門人謝宸楫勒編

乙亥春間，浦中諸友從墓下搆一講室，久之未成。五月入郡，諸友復尋舊業。初六日會于壇次，謁晦翁畢，坐定，予云：别久苦不長進，今日何以教我者？諸友闃然。予云：有一事欲與高賢商議。「篤信好學，守死善道」，此是幾層事？幾層學問？「危邦不入，亂邦不居，有道則見，無道則隱」，此是何等人？「有道貧賤，無道富貴，耻也」，此是何等心事？此處勘得透者，纔見讀書有用，不然到有求死不得去處。洪兆雲琦云：此當是學也。天下有亨屯，人身有出處，兩者如風雨晦明，起倒相逐。要知吾身有不隨起倒處，如眼前瞥亂，❶坐暗室中，或作夜行人提燈達旦，都是顛倒。爲他一心逐物走鬧，俾晝作夜，如發風人了無明白，徒爲醒眼發恨耳。善學人從此處見道，信得天有晦明，人有出處，時時是學，不爲一切利欲勳名所亂，《詩》云「風雨凄凄，鷄鳴喈喈」，又云「東有啓明，西有長庚」，正是這様意思。某云：是看得極好。林朋夔云：説到學去，想只是道，子張云「信道不篤」。人都曉得讀書，只是一無所學；亦有終年講學，不識一道字。識得道字，真是入水蹈火，不淫不移，「知幾其神」，應時則出，任是經史盡灰，猶然誦讀自在，眼上不靠《詩》、《書》，胸前不靠事業，更有何人謊誆得他？《詩》云「獨寐晤

❶「瞥」，四庫本作「瞀」。

宿，永矢弗告」，又曰「委委佗佗，如山如河」，正是這様意思。某云：是都看得極好，但某現前不知如何是學，如何是道耳。

盧孝登因問：好學、善道二者合一功夫，抑學是平居求志，道是出世事業耶？某云：如是出世事業，又學甚麽？孝登云：如是志上事，何消從危亂、否泰上着眼？某云：天下是道塲，學是科儀，引身躲閃不得，只有人信守不定便隨風落魔耳。孝登云：信守如何靠得？狄梁公之事女主，張德遠之扶衰祚，巢、許之遇讓朝，務、夷之遭鼎革，此豈是信守不到？又如李元禮、范孟博、樊英、盧藏用輩，豈是不學，亦成就他一種道理耳。某云：如是學道人，於此再開心眼。盧云：如道字看透，纔於危亂、否泰看得明白。學是學此，守是守此，天下身心別無兩道，窮通、興廢合節明通。某云：此處顔、閔低頭。

唐偉倫云：篤信好學，不是理明識深，如何便可出處無憾？如王荆公一種人，好學而入於賊；揚子雲一種人，好學而入於愚。皆自謂知道，而卒去道甚遠。且如霍光、金日磾皆未嘗好學，而受顧命，大行事，如其夙習者然。似於此處有先一着法，學道猶是第二義者。某云：誰受此説？王荆公、揚子雲總繇不學道耳。金秺侯要於篤守上得力，看他撲殺弄兒，分明合道。霍子孟不學，卒以權死。周亞夫木彊似父，[1]亦不善終。絳侯沈識，晚年亦與陸賈諸公往來，長多少學問。如要尋先一着，當從何處着眼？偉倫又云：夫子爲龍德一人，曰「無可，無不可」，又曰「天生德於予」，如此信守，豈是學問得來？今謂篤信兩語，便括出處大事，亦附會

[1]「父」，原作「文」，據四庫本改。

帖括，如何便可施行？　某云：汝想仲尼自信不死，此不死處的是何物？「上天生德」，「未喪斯文」，從此入心，發憤敏求，百年苦短，如何説是帖括上事？　凡世上搬弄聰明者切莫開口。

侯晉水又云：夫子此章分明是説學問，畢竟説到出處上去，豈學問在出處上見？抑出處有主張，纔顯出大學問耶？　某云：出處是影子，學問是正身，道是燈日之光，將身照影，如是本身正受日光，不須低頭顧問影子。　晉水云：到有此影，纔現此光。　逃虚就陰，便別測不得。　今如「危邦不入，亂邦不居」，固非全身遠害，❶然無「則見」、「則隱」一段，與沮溺丈人何異？　今合「隱」、「見」與「危」、「亂」齊看，纔顯得神龍無首，潛躍自如。　夫子劈頭説「篤信」，説「守死」，又似爲節概人立定根基，此等定是何人？　想爲平仲而上，伯玉而下，閔子、曾參之倫。　某云：都看得好，若論淵源，夫子平生亦不過如是。

謝有懷云：平仲、伯玉固是恰到此處，然《易》稱六爻變化，其道光明；天生聖賢，將爲世用。　且如堯、舜在上，巢、許山栖；明王不興，孔墨載道。　必硜硜信守，規治亂爲進退，豈學道之正乎？　某云：巢、許量才自是不及伊、皐，孔、墨量世亦是未成江河。　聖位下人，於「學」字、「道」字都看得明白，不是草草也。　有懷云：如管子天下材，夫子亦許其人，却浪試射鉤，束身膠目，到底成就只是小匡，豈三十年與鮑子講明者有未盡歟？　某云：他也學道，他亦篤守，但是耻根克拓，❷未盡如是。　此位中人羞稱五伯，仔細

❶「非」，四庫本作「爲」。

❷「克拓」，四庫本、郭氏刻本皆作「充擴」。

看他，總有功名富貴之心。

呂而德又云：出處、學問之大，前賢未必盡然。如二王、二龔、李、杜、陳、竇之流，以匡時罹患；林宗、幼安、子真、君平以潛晦完身。或因其時，或因其位，進者不得退，静者未得動，各自有命，豈關學乎？某云：林宗處陳、杜之際，名顯而不傷。仲元學楊、嚴之間，道尊而無患。袁夏甫以土室安身，黄叔度以優游師世，此皆其學，何云命也？而德又云：任永、逢信托疾避世，陳東、韋月將出位納忠，亦皆其時勢使然，得之不因有道，失之不緣不學，據其篤守亦是聖賢中人，必以爲學道，又似無當者。豈篤守與學道意義不同，尚須泝合歟？某云：初無不同，但看過去，聖賢初無呆事留與後生，劈頭信他，劈頭好他，只爲此物兼善天下。孟子云「窮則獨善其身」，説一「窮」字，更無去處。信得過者，荼苦如飴；守得過者，孤城萬里。任是千部詩、書，不過是此道理。兼善亦得，獨善亦得，只是不爲俗物所敗耳。而德云：此處豈復可敗？某云：萬物不敗，聖丹只有兩字；功名是敗丹，蛇蝎纔有兩字。季路傳書，亦篤信不得；神禹嬰城，亦守死不保也。而德云：孔子夏據經名儒，而委隨於安漢公；荀文若紆籌善士，而竭誠於曹孟德。唯此兩臣天下學者，唯此兩主天下無道。譬如此時委身王室，盡言效忠，内扶主后之傾，外折權奸之釁，治亂持危有何不可，而必以功名爲嫌乎？某云：看得功名者，只是看道不精。看道既精，自然於有道、無道處領得十分分明。而德云：此豈可學而至乎？魏玄成、王叔炌亦是學人，不能相幾於武德。褚淵、王儉非知道者，乃能密契於蘭陵。王、魏出入危亂，不以益愚。淵、儉攀附鳳麟，不

以益智。且如寇萊公之才，韓稺圭之膽，王子明之慧，李復古之識，此豈盡從學問中來耶？某云：吕而德多讀書，莫以學道、讀書判爲兩事。而德亦云：極知善學不倦，只是至道難聞。

楊元實云：至道既不可聞，則嚮來信字、學字、守字從何處歸着？道之深者莫過於《易》，其大者莫過動天地，而《易》云：「言行所以動天地也。」夫子説「邦有道，危言危行；邦無道，危行言孫」，想只是這箇樞機，學到盡頭更無尤悔。愧怍既盡，禍亂不生，《詩》曰「永言配命，自求多福」，更無甚出世、入世、至精、至神的道理。某云：如賢看得極是。此等道理不是富貴之先資，亦不是貧賤之痼藥，只要躬體，不在言説之下耳。

黄芼人又問：學問經綸歸到「危邦不入」，可謂明哲保身。若「亂邦不居」，難道袖手觀變？聖賢道力不值危亂，何處發揮？且如春秋，天下分裂，此危彼安，此亂彼平，猶有退身轉步之處。如今人，天下一邦，周流不得，直要鳳鳴、《圖》現，俟河之清。人壽幾何，勿論往事。譬如建文南都，正統土木，正是昇平之時，禍生不測，諸賢只領得「守死」，更領不得「善道」了。如何學道又要「守死」，「守死」又要危亂不涉，顯晦無間？某云：夫子對原憲已説分明：「邦有道，穀，恥也；邦無道，穀，恥也。」人無甚可恥，只做了富貴、貧賤人，於天下無一毫重輕，此十分可恥耳。靖難之後，爲革除帷幄者極多；土木之變，以逃回命官者不少。否泰方交，出處變象，偶一值之，達人無稱也。芼人又云：如齊景、曹鄘輩，豈皆無與學道上事？某云：齊景學道而未善，曹鄘正命而未學。玉石炎崑，蘭蒿焚澤，守正之士寘而不譚。

先是侯晉水問：此等問學恐不是潛龍一流人，如是潛龍，已不消説出「篤信」、「守死」了。某初未答。至是復問。某云：試問楊玉宸看。玉宸云：長沙、安石非不學問，篤信則未；懷英、子明非不善道，守死則非。看得信，守不精，則學道不宏。《易》以「確不可拔」、「樂行」、「憂違」做合下事，或躍或飛都從此起。此章正明白寫出，極好註疏。蓋出處大端必先從「不可拔」處跕得牢牢耐耐，纔於「行」、「違」處看得淨淨明明。見，則有顯仁事業，不至空疎誤國；隱，則有藏用手段，不至處盜虛聲。❶如云危亂不救，自家亦有愧心。蓴羹鱸鱠，何足傲人？天下何事賴此半邊漢子？晉水云：如此看得極是。然必如夫子説，學是學此，信是信此，守是守此，語可相通乎？某云：神明堅定，何微不通？地位既登，手眼自別，信得「確不可拔」，自然天下文明。

劉賡言又問：先儒稱荆軻、聶政、召忽、荀息爲「守死」而不「善道」，陳相、許行「篤信」而不「好學」，此八字殊未穩，賴楊兄破之。然如法見不入、不居，明是「知幾其神」；則見、則隱，又是「清明在躬」。不知夫子何故臨河而反，猶且轍跡不窮，豈是「堅白」之義與「危亂」相磨，「飛躍」之神將「天淵」互用耶？某云：此義諸賢已皆商過，信得過者千金不移，守得過者百戰不奪。只管讀書，自然理會。

是日晤對，可四十人，完義得四分之三。洪兆雲老辣湛定，極似陸夢鶴。趙希五説學、道善，應極明淨。林朋夔、唐伯玉皆於善、道、學、守處發得通透奇至。鄭孟儲、尤

❶「處」，四庫本作「純」。

詹茹、黄君琬、吕而遠、而德、黄芚人、劉賡美、賡穆、謝爾剡皆清峭高嶷，盡刊諸軟語。侯晉水、謝爾載、謝有懷、唐君章皆散朗玄清，邈然象外。盧孝登、唐偉倫、黄介俶、羅期生、黄太文皆含芸吐芳，❶比音廊序。楊俊人茹荼載筆，卓然遒舉。張鎮樸斂英就堅，語無剩義。楊玉宸獨製二篇，連鴻雲表。備觀諸作，咸有其美。獨某以寥落昏散，筆研久虚，着眼玄黄，是爲興歎耳。

次義聊舉「行」、「素」之旨，此是某生平習譚，無復奥義。正如夫子所云「繪事後素」也。天下事物，稍稍着色便行不去。只是白地，受采受裁如水一般，色、味、聲、文一毫不着，隨地行去，無復險阻江河之礙。富貴、貧賤、患難、夷狄一毫着心，便自不素，便行不去。「素」字只是平常戒慎恐懼，喜怒哀樂，一切安和，常有處濬、處簡之意。如林類、榮期拾穗而行歌，黄霸、夏勝雍容而講道，管寧荷钁於遼東，子卿啖氈於雪窖，此景豈是現前做得？亦豈是只行現前之事？人都爲數箇行乎？要作行事看，所以差耳。譬如富貴便行富貴之事，如何去得？書生開口便説三重、九經、袗衣、鼓琴，此如網大海魚，豈有盡理？要知山川自繪，乾坤自素，神禹之菲惡，黄帝之創造，一般意思。帝舜一日正想要五采、五音，大禹便比之丹朱傲慢。小小人家得一科第，便思科第行儀所以行之，不可終日。苟識得箇「素」字，夏行負陽，冬行就陰，冷飯殘羹，備當法乘。諺云：「小心去得，喜粥自在。」釋、道兩門正於此下自註「奴僕」耳。

坐中有問四書「三素」各爲一義者，某

❶「芸」，四庫本作「英」。

云：如何？應云：「素位而行」既是當前素定，「繪事後素」又是素地受采，「素隱行怪」又是探索鉤深，如何分別？某云：只是此素耳。素隱的人猶言長往，把這隱深當本色看，遯世以無悶，獨立以不懼，斷葷以齋戒，秘泄以洗心。此等人亂德作怪，要使天下後世頂禮稱師。又自家安穩，不入富貴、貧賤、夷狄、患難簿中，自謂能轉移富貴、貧賤、夷狄、患難四大簿子，所以後世翕然宗之。多少賢豪垂老半生，嬾心苦俗，便墮他窖中。顯看是素，隱看是怪。素原不居，怪又自行了。如以正道律之，豈曾行上半途。以隱當素，如暗黑漆紙；以現在當素，如未染布；以《易》當素，如明月自明，白日自白，海水自鹹，江水自澹也。又云：如未染布却不是，如當鋪上現取禪衫耳。

魏秉德云：賁亦當素。夫子卜得賁而嘆，以爲不正之色，何也？某云：賁不當素，素非白也。五色玄黄各有素在，賁主丘園，白稱異客。《詩》云：「有萋有苴，追琢其旅。」《易》曰：「賁如皤如，白馬翰如。」秉德云：京房以五色不成爲賁，夫子以不黑不白爲賁，今當以賁爲白乎？某云：賁有六爻，唯白無咎；素有四行，富貴爲難。行之與色，猶言之與動，飾言飾動，跬步爲難。《易》曰：「賁，亨，不利，有攸往。」夫子之嘆蓋歎飾也，歎飾而存白，故曰「白賁無咎」。居易而惡險，故曰「行怪有述，吾弗爲之矣」。

楊峻人云：素者緣盡色空，所謂性也。某云：何處着此語？性無緣、色，亦無空、盡，只是事事物物各有道理，有道理處都極平實耳。峻人云：從古帝王皆從心性料理。唐虞之「精一」、「執中」，商王之「制心」、「制事」，周家之「敬勝」、「義勝」，此皆行素之實，

不徒是視若固有，有而不與也。某云：如此看「行素」亦是。但他説「行素」只是中庸，如舜之耕稼，周公之繼述，只是本地風光，再無神通變化，常於闇然處看得文章成功，自然巍焕難名耳。《中庸》一書都説「誠」字，誠是素之精髓，素是誠之質地，素如玄酒、太羹、繭栗、藁本，誠如七日致齋，視聽無形，再無兩樣道理。

張元屏問：「素富貴」之説載《説苑》，孔子云：「以富貴爲人下者，何人不與？以富貴敬愛人者，何人不親？」是即今日行素守約之旨。然如得位乘時制禮作樂，享祖配天，極崇高之務，如何説一素字？某云：如有這箇想頭，便做不得這樣事業。這是外面的事，水到舟移，自然行去，原他心地潔白精微，豈有玉帛鐘鼓罣在裏面？必如此説，在貧賤時耕田、鑿井、負販、荷擔，自是本分，夷狄、患難如何説得斷髪文身，鬼薪擇米也？❶《易》説「思不出其位」，只是不見其人，不見其身。外道亦云：當割截時，如見有身，便耐不得。既不見身，何從見人？身見人見，一路清明，聲華平静，諸千種願一齊掃落，所以天格神通，鳥獸率舞，自在行去，不動風波。元屏云：如此説又太細了。想艮「不出位」，只是「止」字，「止」如「敬止」之「止」。仁、敬、孝、慈、信五者，夷狄、患難，一刻難離，脩之常常，便名爲素；素得盡時，便名至善，即此是止，即此是行。某云：如此又細得好。

劉賡美云：「素」不願外。此不願外，便是執中、擇中、精一淵源。人世繁華，只是喜怒哀樂，搬弄精怪。如嚮此中打疊乾淨，七

❶「擇米」，四庫本作「白粲」。

情安帖，無一漏走，漸漸看到無體之禮，無聲之樂，無哀之喪，此中包羅千天萬地，信得泰伯、仲雍、箕子、膠鬲、龍逄、比干、黔婁、榮啓與堯、舜、臯、夔都是一箇人身，一樣行徑。如此簡易直捷，在天地間再無險路，再無夷狄、患難、富貴、貧賤四種分別，夫子以爲如何？ 某云：某亦看到，只是行不到。行不到時只是空願，空願便是外想，外想便與繁華子一樣行徑。

魏秉德又問：「篤信」、「行素」兩種學問都是學道，看來畢竟「退藏」之意居多。《易》説「聖人以此洗心，退藏於密」，不知識得《易》後方能退藏，抑是以退藏體《易》？ 且如密中一絲不罣，何物可藏？ 又曰：「知來藏往」，「知來」爲神，「藏往」爲智，此「密」中却是神智之府，如何洗心見得神智出來？豈是「藏」後長此神智，抑是「洗」時神智便現耶？ 某云：古人初無此問，今人難作此答。《詩》云「如切如磋，如琢如磨」，「如金如錫，如圭如璧」。秉德又云：仇璋嘗言：天下無道，聖人藏焉。河汾則曰：天下有道，聖人藏焉；天下無道，聖人彰焉。如此看來，反一無跡，則見者有所未能；因貳濟行，則隱者有所未可。夫子以爲是平仲、伯玉之間，閔子、曾參之輩，不知河汾、叔度能遂至此乎？ 某云：河汾言行已近聖人。適魏而反，聞隋而嘆，觀其出處可謂知道，其季札、子産之間乎！ 叔度言詞不甚表著，有兄伯庸哭母而亡，遂獨廬墓三年乃下，揚綏於魏，乞食於秦，如此似非忘世者。昔人擬之顔子，無德而稱，大約是好學善道，河汾、魯衛之倫。

羅期生因問：古人謂能盡語言飲食之道，則可以盡去就之道；能盡去就之道，則

可以盡生死之道。此中巨細、深淺如何齊豁？且如此意不過適可而止耳，恐聖賢所篤信而學之，學而守之，不止是如此。某云：如此看來，篤信甚難也。夫子一生只是箇「時」字，有人説時字可盡聖人，我便不信，即信又不篤，篤信又不死守了，如何能見聖人之道？夫子自言「天下何思何慮，日往月來，寒往暑來」，只此「往來」是神智之府，鬼神之撰，無一人信者，何況能得聖人一言一字奉之終身，膺之勿失乎？「道」字且不須譚，只要好學，好學力久，此理自見。

戴石星因「好學」之論問云：有宋諸儒學道淵源當以濂溪爲始，濂溪可比得河汾、叔度乎？某云：河汾、叔度處於亂世，濂溪生於明時，致用不同，才具各别。若論所學，原本一也。石星因問：王荊公不可一世，嘗懷刺候濂溪，三及門而三辭焉，遂反而求之六經。濂溪知荊公自處太高，欲少折其鋭，不料反成其執拗。嚮令坐于光霽之下，成就或有不同。某云：是或不然，恐是濂溪門人尊其師説，或是程家門人歸咎濂溪也。邢恕常言茂叔聞道甚蚤，王安石爲江東提點刑獄時已號爲通儒。茂叔遇之，與語連日夜。安石退而精思，至忘寢食。時安石年四十，茂叔年四十四矣。謝無逸亦云：荊公子固在江南，議論或有未決，必曰「姑置是，待茂叔證之」。然荊公四十時在嘉祐，初年試館職，不就，出知常州爲度支判官，與濂溪知南昌時各不相值。及在潯陽，濂溪葬母時荊公已旅出執政，移家金陵，初無講論。明道、半山少濂溪不過三四歲，不在弟子之列，如何陶鎔得他？石星云：謝上蔡執贄程門，從旁隙處安適數月，豁然有省，乃領明道言論。荊公三候便歸，自是根器不同。某云：魯雞

鵠卵，亦是形神迥別。

劉賡穆云：前日嘗云濂溪未嘗識性，今日許他爲河汾、叔度一流人，得無已過？某云：河汾、叔度時未有空門，所以識見不差。當時釣徒牧豕者，皆有荷簣石門之風。❶濂溪從禪門悟來，才具各別。賡穆云：此事豈有門風？某云：清明、穀雨，時日不同。又云：吾輩不要方人，只管本分上事。賡穆因問：前日講「一貫」，是「知至」對針；今日說「忠恕」，是「誠」字註脚。兩番拈出，極是分明，不知「知至」、「意誠」亦與此同義不？某云：賡穆極細心，吾每日說此，無人收管，此元本契書交付兄處也。凡意不誠，總繇他不格物，不格物所以不格理。謂萬物可以意造，萬理可以知破，如到不造、不破去處，生成一箇龍蟠虎踏，❷不得支離，漸漸自露性地，所以說是「物格知至」。賡穆云：《大學》爲何說心、說身、說意、說知，不說性字？某云：且喜嬰兒不識果子，便說桃、說李、說棗、說栗，如識桃、李、棗、栗，依舊笑他果子。兄且細細分別此心、此身、此意、此知果是何物？絕不要說「三界唯心，萬象唯識」也。

呂而遠因問：《中庸》一書明物是性，直從萬物歸結性上，說出莫載、莫破一番道理，如何歸結到天地、夫婦上去？某說：《易》言乾坤只有兩物，爲萬物生始。萬物只有兩物，爲夫婦根宗。兩端中間只有一端，「兩」便莫載，「一」便莫破，戒慎、恐懼，不覩、不聞，千知萬能都此端所造。《易》曰：「言行所以動天地也。」曾子曰：「夫婦會於牆陰，細密之言或知之者矣。」格物工夫從此造起，

❶「簣」，四庫本作「蕢」。
❷「踏」，四庫本作「踞」。

明體漸露，漸漸光明，漸到日月霜露之外，漸到天地萬物爲一，所謂知至，所謂意誠也。周濂溪云：「動而無靜，靜而無動，物也。動而無動，靜而無靜，神也。物則不通，神妙萬物。」如濂溪此語，猶是未嘗格物，天下無無動、無靜之物，有常動、常靜之神，《中庸》一部説天地、夫婦、鬼神，通是此物。知獨者該萬，知萬者還獨；知一者該兩，知兩者還一。如是格物工夫只從兩端細别，立剛與柔，立仁與義，原始要終，知終知至。只此「知」、「能」便是聖人之所斂袵，鬼神之所彈指矣。

蔣仲旭云：夫子説「潛龍不拔」，似于「信守」之意居多，乃乾、坤二卦稱用九、用六，陰陽通復，決無成體不用之理。乾用其剛，反以柔；坤用其柔，反以剛。顔子問「爲邦」，季路問「行三軍」，兩者皆有意於用世，不知回是用柔，路是用剛；抑回是用九，路是用六耶？某云：如此問得好。君論顔子，[1]自是潛龍，夫子引他到「無首」上去。季路自是戰龍，夫子引他到「永貞」上去。顔子未到「無首」，不失其初；季路未到「永貞」，不失其終。皆是夫子變化之力。仲旭云：如夫子者，當是何龍？某云：七龍皆備。仲旭云：戰、亢二龍豈宜安於夫子頭上？某云：高而無位，其道窮也，非是而何？仲旭云：近世儒者皆稱惕龍，如此當是八龍咸備也。某云：君子當龍，賴有君子領得群靈，不然只是飛、潛之長，看他説「坤上下猶未離乎其類也」一語，極有意思。

林興公問：如何説「未離乎其類也」？某云：既知是君子，便有聰明睿知之心；既知是龍，便有風雷搏鬬之勢；知是鳳、麟，泰

[1]「君」，四庫本作「若」。

山亦有鳴、《圖》、封禪之想矣。聖人變化隨時，何類之有？無類故無首，無首故不戰，不戰何悔？故曰：「唯聖者能之。」興公云：人氣質不齊，相離甚遠，如顔子天資合道，三四十時便與夫子相似。❶夫子自「志學」來直到五十始知天命，程途如許迂折。豈夫子亦有氣質之累耶？某云：夫子開闢之手，顔子守成之良，如何比倩？譬如神禹疏瀹，亦有九載功夫，何況仲尼開鑿人間未有之業？

黄介俶云：仲尼只是「素分」事業，如何説「開鑿人間未有」？某云：如此「素分」直是天地描繪不成。介俶云：如此則與「素隱」有何分別？某云：「素分」是行道，「素隱」是入陰，入陰之與行道何啻萬里？介俶云：聖人猶説「成名」，疾名不稱，《易》便説「不易乎世，不成乎名」。古之至人往往逃名匿影，如陶回友重華，而稱之者不逮巢、許；牛牢交文叔，而稱之者不逮子陵；龍丘萇遯世力耕，不仕新室，而稱之者不逮梅尉；武攸緒賣卜長安，不附女主，而稱之者不逮天台道士。達巷黨人説夫子無成名，夫子若不敢當者，豈是易道甚大，聖人常苦未能耶？某云：成仁苦難，成名有何足計？勿論上古，自宋、元禍亂以來，潛鱗、逸羽豈復可盡？蘇雲卿才具大於張德遠，而聲譽不及德遠；陳壽翁學力深於吴草廬，而聲譽不及草廬；趙仁甫行誼高於許平仲，而聲譽不及平仲；黄楚望機悟過於劉青田，而聲譽不及青田。此皆並轡聯鑣，猶差池若此，況於韜光鏟采，不屑人世之務者乎？

王千里又問：四書每説聖人，一曰從容

❶「三四十」，四庫本作「年三十」。

中道，一曰大而化之，一曰遯世不悔。「不悔」兩字可亦是從容造化不？某云：此皆非人所知，往常誦説「知進退存亡，不失其正」便是聖人。「上交不諂，下交不瀆」便是知幾，知幾其神。爲此兩語沈吟半生，未嘗理會。

唐伯玉忽問：《黄圖》三乘，二十六萬二千一百四十四卦；咸統過倍，五十三萬一千四百四十一卦。一是《河圖》，一是《洛書》乎？某云：何偕來之衆也？伯玉云：既如此説，豈得不明？某云：他兩家只合就一百點，無人明者。如何説許多事務？伯玉云：極天下之至賾而不可厭也。某云：此猶未極耳。伯玉云：前日對林巍忠，以《書》配卦，以《圖》合《書》，今日何以不舉？某云：試舉看。伯玉云：朱氏《啓蒙》以《書》配卦，皆依《宓圖》，今配出震齊巽，又是《後天文王》之序。某云：汝見文王異於宓羲耶？伯玉云：既依《後天》，則離九、艮八、兑七、乾六又何所取？豈是圖象生成，隨取三天皆可分配乎？某云：聖人做事，整齊神明，所定點畫不移，誰敢撒手？伯玉云：每見《皇圖》中參差出入，先、後、中三天亦與古人頓别，以故讐校不能盡合。❶某云：此非要事，如看得不合，亦且寘之，不必深求。伯玉云：如《洪範》中所有，云一極所虚，六極所窮，攝於九、十寄閏歸餘，此是明白。《正義》可得聞乎？某云：此亦不須説。古人有學問、思辨的工夫，此等問、辯皆先要學、思，把載籍中《圖》、《書》、爻、象思量十數番，纔參近説證之，則自然契合，不在言説之下。伯玉又云：《先天卦位》自復而頤，

❶「讐校」，原作「售較」，據四庫本改。

以爲至始便該納虚，如《堯典》冬至始於虚度也。今既納箕，則度數之差已去十卦，何云納虚？　某云：某不曾説納虚。納虚者，餘分所積，寘於空道耳。步推因時，自以天行爲主，豈得近舍天憲，遠蒙古書耶？　已有別譚，不須更説。

又云：前賢讀書，以度數名物，亦爲末務，不必勞苦費心，此爲下根開便。　如漢人以此爲至道，則亦不同。只要理會梗概，見他廣大高明，中間無盡，足見聖人憤樂之始。

張昺之云：吾徒且未與此事，只見日來言論實難荷承。昨日説宰我是言語之科，却忍罵忍痛，發「從井」、「短喪」之論，使千古疑關的有證據，極是異心。近日「仁」、「禮」兩字講者甚稀，晦翁欲集《三禮大成》，有所未及。吴幼清論次稍定，又多所漏遺，不能詳合。吾漳素秉家禮，近日期功之喪亦鮮有修持者，不知仲尼之哭司徒敬子、蘧伯玉之請夫子攝喪、顛括之服虢叔、昭公之喪慈母，與孔門諸雜記，平居皆可詳説不？　蓋某時有期服已四五月，尚腰絰肅容，故昺之及之。

某云：此平居都可不論，然如三禮詮次，極是學問中要緊工夫，乃告昺之云：《禮》書經緯蚤欲講明，幼清所裁粗有端緒，久已分類引伸，但日用疏濶，未能繕寫耳。《曲禮》以「毋不敬」發端，此是頭篇，不可移易。《檀弓》記諸禮節之始，未應便爲《曲禮》次篇。賈公彦謂《儀禮》王道之本，《周禮》王道之末。此亦不同。《儀禮》所存，未必精於《戴記》。《周禮》作用，❶歷代尚有異同，然其説可義起也。今當分類立例，各自爲上下二篇。《曲禮》、《内則》、《少儀》宜合爲一類，

❶「作」，四庫本作「所」。

以爲初學持循之矩，所謂禮始於家。猶之《小學》、《王制》、《周官》、《月令》宜合爲一類，以爲明王致用之效，所謂禮行於國。猶之《大學》、《郊特牲》、《明堂位》、《明堂》、《玉藻》、《祭法》、《祭義》、《祭統》、《冠禮》、《冠義》、《昏禮》、《鄉射》、《大射》、《射義》、《聘禮》、《聘義》、《覲禮》、《公食大夫》、《士相見》、《諸侯遷廟》、《釁廟》、《朝事》、《公符》宜合爲一類，以爲吉禮。《喪服大小記》、《雜記》、《士喪服》、《奔喪》、《夕》、《虞》、《饋》、《撤》、《服制》宜合爲一類，以爲凶禮。有此四篇而經統稍備，猶《易》之有上下經、《彖》、《文言》也。《學記》、《經解》、《緇衣》、《儒行》、《坊表記》、《仲尼閒居》、《文王世子》、《武王踐祚》、《衛將軍文子》、《小辯》、《用兵》、《小間》宜合爲一類。《樂記》、《禮運》、《禮器》、《曾子問》、《主言》、《曾子立事》、《本孝》、《立孝》、《大孝》、《事父母》、《制言》、《疾病》、《千乘》、《四代》、《虞戴德》、《誥志》、《子張入官》、《盛德》宜合爲一類。此兩大篇悉本於聖門之雅論，猶《易》之有上下《繫》也。間取《夏小正》、《職方》、《謚法》、《易本命》自爲一編，又取《檀弓》、《考工》、《司馬法》、《弟子職》各四篇終焉，猶《易》之有《雜卦傳》也。如此則整齊完備，上下分明，多不過百篇，少不過八十一篇，而禮家經緯從此大定矣。

昜之云：承此極是大事，然《易》以孔子釋文王、周公，故可分別上下，今如《曲禮》、《儀禮》、《雜記》，或多聖門高弟、魯人之所記録，[1]而推爲前編，以夫子、曾子之言綴於下卷，可乎？某云：都是聖門所記，取其義類相從耳。萬事都可燦見錯出，亦要整齊，至

[1]「人」，四庫本、郭氏刻本皆作「門」。

於禮書尤宜詳整也。昜之云：篇中二《戴》尚有重複，事例亦有異同者，如何？某云：此不過略爲删定。吴幼清亦嘗删過，但未詳悉耳。至於漢儒傳註，都是禮數曲折所繫，未可泛删。見今人讀書不知賈、王、馬、鄭是何貫籍，真可一嘆也。凡禮貴損益，三代之禮不可俱存，然至聖人餘言，寸珠尺玉，安可一切删除而寶其敝蹻乎？杞宋足徵，備於二代，《周官》、《儀禮》確所當行，惜吾泠落未能旦夕就草也。昜之云：此事鍾當與二謝共成之，但要删定重複，去取註疏，不過歲月之間；如《周官》者篇帙尚多，疑信各半，想當孤行。某云：孤行亦自可，但去古既遠，義類相從，及今不取，後必有起而惋惜者。昜之云：如《逸周書》豈可憑據，既取他《職方》，則《王會》、《時訓》何不并存？某云：寧過而存，亦當存其無弊者耳。昜之云：如此裁定，只有七十六篇。某云：間有大篇，自爲上下。如《曲禮》、《檀弓》、《喪服》、《雜記》之類，斟酌自符。

謝爾剡因問：前日朱季乂問樂律，何以不答？某云：彼事難言，徒使人逐末自瞶耳。又云：昜之、鎮樸屢問《詩傳》，何以不説？某云：都説過。爾剡云：鎮樸問三體、五際淵源差殊，昜之問毛傳、朱序是非得失，都未盡譚。某云：五際之義若昧若明，在《三易圖》中屢屢説過。三《詩》本序，斷自「從時」，又何可説？當《毛詩》未出時，雜説甚多，即如《關雎》、《皇華》、《騶虞》、《鼓鐘》、《柏舟》、《芣苢》、《賓筵》、《采薇》已不勝異説。及後《左傳》、《儀禮》、《金縢》、《孟子》諸書咸出，以毛傳考之，無不合者，然後大行。朱詩最後出，又參齊、魯、韓、毛，兼用其説。如《關雎》取匡衡，《柏舟》取劉向，《笙詩》取

《儀禮》,《抑戒》取《國語》,《賓筵》取《韓詩》,與毛出入者十分之五,大指謂四家《詩傳》皆無的據,故據辭論義耳。士君子不欲盡掃前人,又不欲依違去取,元晦既已作此,何可廢乎?

爾炌云:夫子欲放鄭聲,而鄭聲俱在。孟子云「跡熄《詩》亡」,而《春秋》之後尚有《國風》。此最堪疑。某云:此亦有理。鄭非淫詩,而音節近淫,勸戒所在,義不可刪。雅詩雖亡,而遺風尚在,《詩序》所傳,間有可取。爾炌云:楚澤膠舟,下堂見侯,如此豈有陳詩之事乎?《鄭志》所存,魯府所誦,樂工肄及,是非一音,則「雄狐」之作不必指爲齊襄,❶「楚丘」之編不必傳爲新衛。《木瓜》既非齊桓之仁,「二舟」亦非衛朔之義。《黄鳥》既非秦穆之嚴,「阿丘」亦非許女之智。凡在春秋以後皆非古人之風,如以孟氏爲本,則齊、魯、韓、毛皆可廢也,何又取其駁班文此贋鼎乎?❷某云:時代既久,寧過而存;瓜蔓已半,何忍重删。留此數言,以待來者耳。

是會,謝爾炌、爾載實爲主,長汀劉、余二生初在坐,未有問難。爾載方欲發問,又中止。劉兄金鼎因問:「天何言哉,時行物生」,倘是夫子要無言,則是夫子以天自許了。天分明是無言的,夫子分明是代天言的,夫子提木鐸之柄,作有口之天,固以此言鉤子貢之問,好發大意耳。後面説出「行」、「生」,正是天言處。天以「行」、「生」爲言,夫子以言爲「行」、「生」,豈有兩種?某云:亦

❶ 「齊」,原作「魯」,據四庫本及通行本《詩經·齊风·南山》改。

❷ 「駁班」,四庫本作「豹斑」。

説得好。但夫子自云「吾無隱乎爾，吾無行而不與二三子者」，又云「躬行君子，則吾未之有得」，他日又云「吾之行事在於《孝經》」。諸如此等，豈在言述？大畜之卦曰「多識前言往行」，此是言述之本；反卦便是無妄，曰「先王以茂對時育萬物」，此是無言有述之本。不要草草翻題立論。

余兄長祚又問：「默識」章説「不厭、不倦，何有於我」，與「我無能焉」一樣語意，所謂「分明香在梅花上，看到枝頭却又無」也。及「仁聖」章又以「不厭」、「不倦」作承當語，子貢又以「不厭」、「不倦」作仁智解，此是何説？某云：「看到枝頭却又無，分明香在梅花上。」諸友莞然一粲。❶

良久，謝爾載舉「孟莊子之孝」一章來問云：君子學問要篤信、守死，曾子亦是篤信中人，深於至道，何故忽誦夫子之言，以不改父臣與政爲難能也？某云：兄何所見？爾載云：當時晉爲雄長，季孫專命，想有許多難處之事，要將獻子臣政更端一番。經言「資于事父而愛同，資于事父而敬同」，莊子於此定有不爲利誘、不爲威屈者。某亦嘿然，良久乃云：莊子自是賢者，塞海陘而還，可以爲武；斬雍門之楢，可以爲義。有此兩功，可以執政，而退處于季孫之下，臣亦不改，政亦不改，猶然大夫也。季武子以孟孫之勳自銘鼎鐘，以爲令德，莊子若無知者，在諒陰之中，一盟于向，一再伐邾，皆是獻子故事。不與武子分功，退處下人，極是高識。爾載云：魯既屢侵於邾，明年庶其來奔，季孫又多賜其從者，莊子寂若不聞，此亦是一段難事。某云：此却不是改臣與政，亦不是

❶「莞」，原作「筦」，據四庫本改。

繼志述事。看他俘齊之後，季孫多少張皇，報宋而還，公爲賦《南山有臺》之章，如此幾乎改玉，孟孫澹然自成父志而已。是年四月，鄭公孫蠆卒，以伐秦之勳，晉侯爲請於王，得賜大路。蠆以伐秦得賜大路於没，宿以伐齊得鑄鼎鐘於生，莊子身爲首功，而恬然若素。聖門崇獎，謙讓，不以才能爲高，雖雍門、海陘之事推成父業，難與此事比德，故夫子之歎「難能」，猶子反之稱「不伐」也。曾子極是讀書，「告成」之編，只有此人執筆，豈可草草看作無改父道？如孟莊子少年便識聖人這箇意思，❶亦應是改違不得。爾剡聞之亦遂釋然，以爲丘明記事與曾參載筆，果然去聖未遠。凡在會者，以此一會講論最多。

乙亥夏五月十日道周識

❶「莊」，原作「獻」，據四庫本及《論語》改。

榕壇問業第十卷

門人謝宸樑勒編

謝爾剡兄弟既詮次前業，爾載時多山居，剡泉禮石，自以懷來，未盡重紀。後期首問顔淵「爲邦」之義，某云：此義亦曾説過。爾載云：初未曾領上，古來都無講論，只是虞廷諸人大家講貫，遂爲西晉清言、宋室理學之祖。中間「兢業」兩字是大家總意，所云「亮采有邦，無教逸欲有邦」，正謂「有邦」須加幾分問學耳。今人便謂「有邦」只須爲政，不須問學，此如子路使羔之意與顔子大不相同。夫子答他，大要如皋陶所云「庶績其凝，無教逸欲」者耳。「危微」之訓細及無倫，豈便是放鄭、遠佞之所能了？夫子奈何以放、遠兩語便了「精一」之事？某云：此處致「精」便無不「一」，此處看「危」便無不「微」。孟子所云「兼三王，施四事」正是這箇意思。爾載云：孟子體用亦曾到此不？某云：《孟子》書中正與此表裏。顔淵問「爲邦」，從三代説到春秋。公孫問「當路」，從三聖説到仲尼。雖是體用、大小不同，而師法制度、遠近源流燦然可見。爾載云：是如何？某云：仲尼祖述堯、舜，源本在塈讒允命、任賢去邪，自家作用墜費、誅卯，居然有流共、放驩手段，所以末路叮嚀「鄭聲」、「佞人」，與删《詩》、作《春秋》一一同意，是仲尼素分萬世有邦的師法制度。孟子祖述仲尼，源本在息邪距詖、放淫正行，自家作用闢楊、直墨，居然有墜費、誅卯手段，所以末路叮嚀「蔽」、「陷」、「離」、「窮」，與「放鄭聲，遠佞人」亦一

一同意，是孟老素分萬世爲邦的師法制度。管夷吾、晏平仲皆不得此意，所以末路君臣同受此禍。今人不解，只説「霸」之與「王」分量迥別耳。夫子自家一日浩然歎他器小，暗暗指出不儉、不知禮，已與顔淵「克」、「復」同旨，但未曾明言他身上有「淫」、「佞」一路耳。孟夫子當路豈肯如此？ 爾載云：夫子删《詩》尚存桑間濮上之音，《春秋》不明書鄭翩宋都之事，似於此處亦有寬假用法不盡處。某云：《溱洧》，鄭、衛音節和靡，剛腸男子藉以怡顔，如鼓鐃之有絃管，是宣導之一助，且他多是諷刺，繹之可思，聞之不怒，願臣慈友藉爲美談，豈必人是淫奔乎？ 旱雩黜佞，❶間有是理，不必盡然；公羊所道，經不盡書，聊用存義耳。如夫子行事接淅於群婢，《破斧》於聞人，豈有一毫寬假？ 莫爲文字所疑。爾載云：伯夷、伊尹、柳下惠於此處如何？ 某云：「行一不義、殺一不幸而得天下，不爲」，正是三聖爲邦的制度，與孔、孟無纖毫之別。爾載云：三代淑世都是禮樂，「政刑」兩字只是末流汎濫所不能除。夫子説出「放」、「遠」，已是政刑與禮樂合同而化處。某云：此處只關君心，便是中和爲禮樂之本。詩人所譏《蝃蝀》，《尚書》所序雨暘，爲此精微，蘊於氣機之始。世間多少沴戾風霾緣此攄作，不關政刑上事也。

黄介俶云：治定功成，聞樂知德，如行夏時、乘輅、服冕，後無復許多憲章，只是天子飲食、登降推於祭祀、燕享，無時無刻不是樂之作用，到此處喜起賡歌，不得不變爲稱觴、舞蹈。雖帝堯之時，亦有共工比周，丹朱慢遊；雖帝舜心上，亦有欲觀五采，欲聞五

❶「旱」，原作「早」，據四庫本改。

音的意思。正是聖賢於此處加一倍工夫耳。可亦有憂盛明危之意不？某云：憂盛明危到在事業上，聖賢爲邦，但作自家學問，克治身心也。前日魏秉德過此，略説一番，亦同是此意。只謂堯、舜不與，尚有克治工夫，便覺終日有乾乾之意，如何説「無爲」、「恭己」？某云：於此處正是「無爲」、「恭己」，與天同運也。

又一日，洪尊光問：至治之道，諴人和神，莫大於樂。二典首篇只説勑幾唯時，搏拊賡歌，便是此篇綱領。如《春秋》、《詩》、《易》亦同是「夏時」及「韶舞」兩義，如何以殷輅、周冕同作提綱？嚮時曾説《書經》二典本天，三謨本人，禹貢本地，想夏時、殷輅、周冕亦同是此意。某云：漢儒只看此三者爲忠、質、文之本，舉一類餘耳。尊光云：如此便何以該括「至治」？某云：夫子嘗云服茛倚杖者，無組繡之心。孟子云：「服堯之服，誦堯之言，是堯而已。」人主患不以三代爲心，如自帝王以降，差擇事事要最當而存之，便是精一的意思。尊光云：如漢唐以來雜用秦人官儀，亦何損吏治？劉歆要行井田，制《周官》，都不效。今世歷代都建寅爲正，何嘗雨暘時若，農政克舉也？某云：孔、顔意思，只説禮樂是治世之要方，中和是禮樂之本命。雖聖人有淫佞之心，風動亦成波靡耳。雖末世，保得前朝法誡，天下亦可百世長存。章帝嘗云：吾自有法度，與宣宗同意。雖一時匈奴來朝，呼韓稽顙不再傳，而中璫禍作，漢祚遂衰；晏子之麇鹿懸廚，夷吾之嗾狗噬猳。皆是此處看不明白耳。尊光云：如此則只説放鄭、遠佞，豈不明白？又着四事何用？還是三才之原實有所取不？某云：璿璣考齊，山車垂鉤，乾爲元

首，此是三家受命之符；布和重農，軌地立助，章物服采，此是物類遞精。各有始末，差擇相從。如封建之後而有郡縣，肉刑之後而有鞭笞，皆監前酌後，義所當循，只是伊於三才、三統之間卓有領略，不比後人綿蕞耳。

尊光又云：鄭聲、佞人是夫子當時事，夫子明把列國以繼三代，因而去取其間，不是尊古而卑今，亦不是尊王而斥列國也。不知夫子何以不舉溱洧、淇頓之事垂爲法誡？且如鄭國分於東遷之後，東遷後既無詩，何以鄭聲獨著於時？豈在周前已有鄭樂，或房中所用，如四方音部，不在列國之數乎？某云：新鄭在西京之南，四方商旅所聚，驪戎之變，鄭人與焉。王子多父遷於虢、鄶之間，雖爲建國之始，而聲音風會生於水土，不關人也。如論詩，則衛人之詩多淫於鄭者矣。尊光云：《春秋》紀翩儋之禍爲佞人要證，此與鄭、衛同時，至暮年始筆之於書。夫子蚤歲便著此訓，得毋爲女樂、犂鉏輩發此鍼灸乎？某云：千古同病，何獨爾時。

林興公云：王陽明説顏子於「爲邦」處本原已備，夫子特恐其度制文爲或有疎略，故就他不足處説。始皇雄力足駕百世，只爲建亥不行夏正，鼓缶烏烏，卒成敗釁。漢文德量足紹前王，只爲襲秦之制，未遑禮樂，不幾至治。此是如何？某云：試看顏子不足處果在何處？秦皇、漢帝所不足處豈在正朔、服色耶？前輩破綻勿復推尋。興公又云：前日亦曾講過顏子不違仁，豈有「鄭」、「佞」在傍而煩鍼砭？某云：素王、素相只是帝王脱像，戴旒、秉纛俱現此照，豈關自身？孟子云「後世有王者起，必來取法」，正是孔、顏論義。

蔣仲旭問：王者代興，自有典制，或本

天道，或本人事，不相襲也。如殷以金德興，其德尚白。金生於土，貴所生者而建丑正。周以木德興，其姓從蒼。木生於水，貴所生者而建子正。又如五勝之家推周爲火，則宜建寅，不宜建子矣。今如周詩皆建寅，而《左傳》獨云建子，夫子舍時推冕，則周之建子無疑。不知周公何以不主建寅之説，而夫子何以豫爲繼周火德之統？且如韶之紹堯，武之止戈，本於人事，叶於功德，一代鼎革自有一代禮樂，豈可襲他人之樂，聲自己之德乎？今如夫子所云，只是隨時參酌，要於美善而已，於「五帝不襲禮，三王不襲樂」之説何居？　某云：五德、五勝是漢儒習譚，放代、禪繼是聖賢同揆。苟有其德，時位相逢，何足疑乎？

侯晉水問：有天德然後可行王道，顏子有天德，夫子乃教之王道，是不？　某云：皆天德也。晉水云：王道本於無欲。又云：可言王佐。君相兩人孰爲要緊？　某云：一樣要緊。晉水云：末段「放」、「遠」歸結「無欲」，既不是明刑弼教，又不是憂盛明危，於「爲邦」上如何取用？　某云：事事用着。晉水云：夏時四件似是復禮，「放」、「遠」兩件似是克己，孰先孰後？如何下手？　某云：一齊下手。晉水云：如何得一齊下手？　某云：布和率天，軌物率地，服采率人，三才之原，何者不正？既然三正，便絶萬邪；既無一邪，自然衆正。晉水云：此不籠統些？　某云：敬天、敬地、敬人、敬身，周公所仰施四事，仲尼所兼用二柄。

又云：克天下已易，克一身已難；復三代禮易，復自家禮難。王文成云：克己是復禮工夫。某云：「放」、「遠」是禮樂根本。

張勗之因云：放遠淫佞自是禮樂根本，

不知鄭聲、佞人兩者可有先後、輕重之别否？某云：亦一樣。勗之云：王荆公常見晏元獻小詞，笑曰：以宰相作艷詞可乎？平父曰：偶然耳。吕惠卿遽云：爲政必放鄭聲。王平父答曰：放鄭聲不如遠佞人。小説家稱爲惠卿問平父吹笛，遽作爾語，爲平父所折。司馬温國讀漢史至釋之論嗇夫利口，❶乃曰：孔子惡利口之覆邦家，皆指惠卿也。漢庭平津每每獻諛，然猶貌爲質訥。丁謂在上前辯論極可觀聽，李訓、鄭注以韋布動公卿，二惇、三蔡以文學希主眷，流液所點，蒼素易形，簧舌所陳，龍雷改聽。如此小人，何處别察得他？某云：佞者必淫。勗之云：王安石、盧杞固不淫，如何别察他？某云：他何嘗敬天、敬地、敬人、敬身。有淫志者必有邪行，有邪行者喜人媚己，喜人媚己極是淫人。張勗之云：聖世塈讒，重於傲慢；佞人禍敗，著於覆邦。夫子特於佞人之下繫一「殆」字，極爲親切。某云：如是看得關繫極好，要如《虞書》所云：「罔遊于逸，罔淫于樂，罔淫朋于家」，如此省身，雖有佞人，何因得至於側？諸賢議論漸廣，乃復寘此，以商次義。

謝爾載云：「能盡人之性，則能盡物之性」，雖不離是喜怒哀樂，然物性不齊，如何都盡？《尚書》説上下鳥獸魚鱉草木咸若，想是制度盡善，與聚勿施都在自家「立」、「達」上體察得去，決不是自家性地上包裹一番也。孟子説穀與魚鱉、材木都是經制，實地做去，如肅、乂、哲、謀、時，❷雨、暘、燠、寒、風，一一關應在皇極分上，亦有界在氣

❶ 「國」，四庫本作「公」。
❷ 「時」，四庫本作「聖」。

質、情識路上者，不知如何充拓得去，❶如何得一一比於中和？ 某云：性涵動靜，只是中和。任他萬物無情無識，有氣有知，都是中和生聚得來，蓄變得去。中和藏處只是一獨，如萬物歸根蟄伏時候，箇箇有戒慎、恐懼的意思。中和顯處只是一節，如萬物敷條生育時候，箇箇有議度數、制德行的意思。無過不及，不驚不怪，雖虎兕、龍蛇、蜂蠆、鬼蜮，於君子性上有何隔礙？ 凡此理極是尋常，只自家性地看不明白耳。自家性地看得明白，比人照物，動静一般，自然喜怒不傷，哀樂得度。萬物伏藏，與他共獨；萬物蓄變，與他同節。雖有氣質、情識種種不齊，都爲性光收攝得盡。此理朗然，與外道傍門千里萬里之别。爾載云：如此則不煩「作用」也。某云：「作用」是性光，「包羅」是性體，如說中和，則無復體、用分處。

羅期生云：萬物看來只是好生惡死，天地亦是生物之心。孟子說「盡心知性」，想此好生之心充拓得盡，便是性體與天地一般。某云：此處極是，但有不同。凡物有性、有情、有命，好生惡死，是萬物之情；方生方死，是萬物之命；或得偏而生，或得偏而死，是萬物之性。虎豹之有慈仁，蜂蟻之有禮義，魚鱉、草木之有信智，具種種性，與人一般，只是包羅充拓全藉吾人。大壯說「天地之情」，無妄說「萬物之性」。天地乘時，無一非禮之動；萬物純質，無一詐僞之萌。人能盡此兩端，便是「參」、「贊」手段。期生云：堯夫觀物以性情、形體、飛走、草木、水火、土石、日月、星辰，《易》、《詩》、《書》、《春秋》，錯

❶「充拓」，四庫本、郭氏刻本皆作「充擴」。下同，不一一出校。

綜盡變。不知上古聖人盡性踐形，可曾如此不？某云：十三聖人仰觀俯察，乘牛服馬，效《圖》法龜，近身遠物，何一不如此？但未嘗如此配合耳。堯夫此種學問亦從《洪範》得來。世疑《洪範傳》爲劉向杜撰，不知前漢常有此説，雋不疑「闕下」之言，是其左驗也。期生云：譬如蓍龜之性云何？某云：此亦天地之精，偏於信智。期生云：折蓍刳龜，其生已死，而性安在？某云：性是天命，生是物質。物質雖彫，天命不死。如是情者則菀枯開落，與物同盡矣。期生云：先儒稱聖人能一萬物之情，何也？某云：情是性之所分，情自歸萬，性自歸一，性是情之所合。

黄率中問：五行統于極，五德統于信。《易》稱元、亨、利、貞，統之以乾，則信納於貞之中。《中庸》稱容、執、敬、别，統之以臨，則臨歸於乾之始矣。乾之義可通於臨，而臨之義不該於信，將無謂《中庸》通體説誠，故以誠之一字括於「聰明睿知」之中。《大易》通體要誠，故以信之一字藏於「乾乾無息」之内乎？某云：如此看極精微，見得《中庸》一書與《易》同撰。率中又云：《大學》説「文王五止」，與尋常五德爲何不同？某云：此是一部《河圖》、《洛書》也。率中云：如何説是《圖》、《書》，莫是尋常生尅不？某云：亦同是此意。但與容、執、敬、别不同耳。林朋夔前日問《洪範》中意義，某云：生者是父子，一、六、三、八、二、七始於西方，王季、文王、武王之事。尅者是君臣，二、七、一、六、三、八終於西方，是帝乙、紂、文王、周公之事也。君臣爲經，父子爲緯，國人通之，此是一部《河圖》。一、六、二、七趨於西北，九、四、八、三趨於東南，此是帝乙、紂、周公、召公之事。

一、九、二、八、三、七、四、六分於八方，此是豐鎬、岐、豳、郊鄜、瀍澗之事。君臣爲緯，父子爲經，國人通之，此是一部《洛書》也。凡聖賢立言，無一字苟簡，只是讀者察别不到耳。率中云：此看則廢卻五德、❶四方之説耶？某云：天命當身，何者不值？信誠當中，縱横有合。變化鬼神，何遠之有？

余錫侯云：孟子説親、義、序、别、信，又説仁、義、禮、智、聖人。信之一義出於《禮》書，聖人之義出於《洪範》。兩段分《圖》、分《書》，却於生成數上指出長幼、夫婦、賓主、賢否，似於吾門所説更爲微密耳。信在朋友與國人同義，此指五十而言；天道在聖人不與朋友同義，此豈專指五而言乎？某云：合看皆明，分看亦得實體，於身自然有變化而行之事。錫侯云：如此則聖賢何以屢説五德，不説《圖》、《書》？某云：「默而成之，不言而信，存乎德行」。錫侯又云：《中庸》言「盡人性能盡物性」，聖人教人自盡其性，尚有庠序、學較、❷宴飲、射祭、颺承、庸威以匡其不及，如物性不過撙節愛養之耳，如何便盡得其性？朱晦翁云：「知之明，處之當」，豈是盡性前頭便有格物、物格之用耶？某云：不格物，不致知，如何説是能盡其性？盡性亦止是誠，誠便物格，物格便知至。致知格物是明誠之義，物格知至是誠明之旨。錫侯云：如説誠之，則只是無妄，未能窮理。《易》説「窮理盡性以至於命」，還如晦翁所云「即物窮理」，至於豁然之時，纔與天地同觀。某云：「即物窮理」亦只是無妄上真積加功，周公之驅虎、豹、犀、象，與后夔

❶「此」上，四庫本有「如」字。

❷「較」，四庫本作「校」。

之舞鳳凰、百獸，只是真誠，更無方術。論他學問亦無精麤之別。

王元槐云：宋儒説窮理即是盡性實事，陽明説「道問學」即是「尊德性」工夫，此處有空有實，佛家只是空耳。又説如大藥樹，上枝上葉，中枝中葉，節節不同。此又於性中看得差別甚大。今身軀上下不過七尺，臟腑營衛要盡別察尚且不能，何況萬物之性？古今唯神農之咀百毒，軒后之覩癥結，皆別有神明，非謂先觀自身，後觀人身，隨察得庶物也。如盡物性者，須如宓犧仰觀俯察。譬如天地造化一般，一草、一木、一鳥獸皆如親皃，❶別其名狀，不知周、孔而下誰復至此？某云：形象不同，性有何別？孟子以「色白」差等，只是鬬生之爲説耳。龍蛇自放於菹，❷虎豹自歸於澤，木竹自宜弧矢，牛馬自解服乘，此極易曉也。所難曉者，只是不睹之睹，無聞之聞，有形有聲，驚天動地。此處一物未能別察，切勿學人絮絮叨叨。

劉賡穆問：《中庸》説「盡性」，《孟子》説「盡心」，如何分別？朱晦翁説盡性是盡真實本然之全體，盡心是盡虛靈知覺之妙用。如此則性是心之體，心是性之用，盡心是知性功夫，盡性是盡心妙悟，語下分明。盡性是知，盡心是行矣。及解「盡其性」，則云「察之、由之」；「盡人物之性」，則云「知之明，處之當」。如此都兼知、行。嚮答余長祚云：盡只是窮理，於「無妄」上真積加功。又云：盡性前頭有格物、物格之用，如此則是知其性者盡其心也。盡心在盡性之前，猶格物在知至之前，須是靈覺併用，乃實體徐呈，此是

❶「皃」，四庫本作「見」。
❷「菹」，原作「沮」，據四庫本改。

「明誠」之義。如孟子説，却是「知性」，自然要盡心，猶《中庸》之「盡性」自然會到「參贊」田地，所謂「誠明」也。兩義得無差殊不？某云：賡穆兄看書極細。盡性是萬物同原，盡心是聖賢獨著。「强恕而行」是明誠工夫，「反身而誠」是誠明田地，此處合併只是一理，歸結只是一命。命在各正之原，理在分殊之内。「貞觀」則各正同原，「貞明」則分殊不别。所以《易》説「窮理盡性以至於命」，難説貞觀是悟，貞明是修，盡性是知，盡心是行也。若説盡性是明誠本體，盡心是誠明工夫，則語意淵然可會。賡穆云：如是則依晦翁所云，盡性是盡真實本然之體，盡心是盡虚靈覺知之用也。某云：晦翁老成，自是不錯。賡穆云：晦翁説「盡物性」云：「知之明，處之當。」如要知明、處當，則舟車人力不到之地，霜露日月亦有時虧，安得一一裁成得盡？想此只是過化，還有存神所在，使人物各正，人物不得而知。某云：嚮對爾載説極分明。静時與萬物守獨，動時與天地同節，一箇中和包裹萬有，一部《中庸》同是此意。不是中和則誠字、善字更是何物？夫子説「盡美矣，又盡善也」，「明」是明此，「誠」是誠此，此處更無一物走作閃漏，過此以往只是順受。湯旱、堯水亦自難齊，却漂熯堯、湯心性不得。當堯、湯時，亦無一人一物怪堯、湯心性不盡者，即此便是「窮理至命」的樣子。賡穆云：晦翁於此似有不同。某云：晦翁亦不錯。

黄介俶云：人爲萬物之靈，乃物亦有靈於人者，麟、鳳、龜、龍不論，如鳶知風，鸛知雨，鵲知歲，燕知戊己，物性反靈於人。又如鹿友，豹廉，鷗信，鴛忠，善性不滅君子、聖人。如要盡性，却是兼舉該備，任他靈者分

其一得，善者得其一支，各到盡頭，無有滯義。慎獨、中節豈能盡體諸撰乎？某云：聖人盡性只是中和，中和則百靈咸歸，萬善備足。譬如夔樂、倕工、離明、輸巧、布相、基射、趙算、管卜，聖人豈必與之争馳，又何必該其慧妙乎？

魏秉德云：盡人則能盡物，《中庸》説得廣大。犬性不猶牛性，牛性不猶人性，孟子説得精微。此是兩家相救，抑是合併道理？某云：古今唯有周、孔、思、孟識「性」字。楊、荀、周、程只識得「質」字。告子亦錯認「質」字耳。《易》云「繼之者善，成之者性」。善繼天地，性成萬物，繼天立極是性根上事，範圍曲成是性量上事，「善」是萬物所得以生，「性」是萬物所得以成。猿静，狙躁，貓義，鼠貪，鷹直，羔馴，雁序，雉介，此皆是「質」上事，不關「性」事。如性者，自是伊得以生，伊得以成，入水入林能飛能躍的道理。此是天地主張，不關品彙。能盡得天地主張道理，何患萬物陶鑄不成？秉德云：此便如太極未分時候耶？某云：分後仍是此太極，三百八十四爻只是兩畫所變，其不變者雖四千九十六卦顛撲離合，依舊圓成。

王豐功云：未發以前，性在天地之心；已發以後，性在萬物身上。自家胸中有何生成安頓天地萬物去處？某云：未發前，性亦不落天地；已發後，性亦不落萬物。只是自家看得天地缺陷，萬物顛踣，便惕然如墜性傷生一樣，此是我自家「繼」、「成」本色。豐功云：如此則是心也，云何是性？某云：若無心，如何認性得出？豐功云：性得天地之始，不假思慮，纔會中和，如心動，便着物，便費操存，猶之分畫，便有陰陽，如何更以太極陶鑄萬象？某云：意自分陰

陽，心自包涵太極。性是爻象全圖，從心起手，從意分義耳。豐功云：領此甚分明，覺格物致知更有直捷之路。

劉賡言又問：盡其性，能盡人性；盡人性，能盡物性。舜自盡孝，能使瞽瞍底豫，尚須五十年工夫，申生二十年做不得大舜些子。伊尹自盡忠，能使太甲怨艾，亦須百十年精誠，霍子孟十數年做不得伊尹一半。豈是時運使然，抑是歲月未深，抑是性地工夫便有淺深之別耶？某云：性地工夫，起手結脚各自不同。賡言又問：伯牙鼓琴而游魚出聽，師曠動操而玄鶴下翔，莊周感鳥於緇林，季路探鮒於齊野，豈是牙、曠盡性達於淵霄，莊、季留情迷於物路耶？某云：此則氣類偶然，不關中和之效。猶之服食，芝菌通靈，堇附損性，非干五穀，勿問藥師。

唐偉倫問：先儒謂尋孔、顏樂處只在自家討。還討甚麽？某云：「反身而誠，樂莫大焉」，豈是別家勾當？又云：思到苦便甘，思到不好便是樂。既苦，那得復有樂所在？某云：「强恕而行，求仁莫近焉」，此豈不是樂所在？偉倫又云：吟風弄月，芸草不除，如此識得自家意思。某云：如不格物致知，不誠不正，任他風月滿窗，只是山谿茅塞也。偉倫愕然，請事斯言。

翌日，諸賢別證言話。劉賡美問：先儒謂月本無光，借陽精爲光。元晦謂月如粉丸，一邊帶白，隨日斜正，光景所射，圓缺各別。假如月借日光，則日月相近，借光合圓，何以愈缺？如云不當正面，則日月望中正隔大地，何以獨圓？如云四面虛空，日光旁映，則遠三近一，常有四映，何獨朔、望之殊乎？某云：元晦説亦有理，但謂借日之光則猶牽於舊説耳。近世諸賢皆云月如婦人，

生覇、生明各其所生，初無所借。某少時嘗作渾儀，取日完璧，規而圜之，分道黄赤，各踰三百六十。取月半圭，剖圜三分，離爲九道，各絀日周十三度十九分度之七，如一半甌，周於九道。或出黄赤之東西，或出黄赤之南北，除與日同道，正面對光體十五分，圓滿如常。過此前後，離於九道。或在望前，或在望後，銷減側分至於朔，合前後只存三分，如半甌體，帶其鉤弦，何足疑乎？此亦小兒意致，不足獨存。然日全月半，陽實陰虚，正側殊觀，圭璧異狀，生于九道，遠近蚤晚，有目之所共識，非爲好異也。

賡美又問：雷何以有聲？電何以有光？某云：雷震不過百里，或三十里。其遠不聞聲者，閃於川谷，遏于雲霧，則謂之電耳。雷發於地，斥滷所聚，陽威久薄，射於日光，發而作響。秋冬日低，於是斂藏，無足怪也。賡美因問：邵、程雷從何起之説。某云：兩公皆自兀突，後人錯聽耳。堯夫步推皆始于震，每日必有起位。正叔亦曾學過，但非正叔留心處。堯夫兀突發問，正叔兀突答應，使後人尋聲吠影，良足胡盧。

爾載問：五行陰陽始於《易》、《範》，干支之説始於軒后，逮及《春秋》。後世論五行，家爲一説，以干支配之，人異户殊，至於晚唐滅裂滋甚，有渾天、雙山、玄空諸種種離合。《大統曆》酌用才書，獨取納音，此何昉與？某云：漢武時初定曆書，適有興造，集諸博士蠲吉凡十餘家，如建除、納音諸大齟齬，遂盡黜不用，定以正五行干支爲準。終漢之世唯用正五行也。獨黄帝氣運之説著於《素問》，時用甲、己、乙、庚化氣，卯、酉、子、午主客之數耳。古者出師，太史吹銅以聽八方之音，各以當日當位爲主納某方之

氣，以辨制勝之師。故無射上宮是主牧野之戰，南方不競，以知楚師之衰。今之納音只取三十日，爲五行三就，類五爲十，金、火、水、木遞司其官，踰月而合耳，非實準於總除四十五、零除一十五之説也。縱有之，於聖賢《圖》、《範》有何干涉，遂能變化而行鬼神之事？爾載云：支干既是軒后所作，《春秋》不廢，則理數正變是非一端。乙、素、氣運三家都談兵、醫兩事，不及堪輿，是以晚唐以來不勝異説，有而存之，寧可廢乎？某云：因山爲丘，流泉、陰陽實始於黄帝，繼於公劉。爾時干支所屬，不變舊説，今所謂汨其五行，變亂三正，晚唐諸子不得不任其辜。爾載云：《大統曆》定於名世，豈可復疑？某云：遵王之憲，只用今曆。自明時而往者，吾不欲觀之矣。爾載云：正五行之外，當以何爲的要參贊上天？❶某云：《圖》有乾、坎、艮、震、巽、離、坤、兑之文，震納木、火，兑納金、水，藏水、火於震、兑，分戊、己於坤、艮，此是文王納音之要法。一、九、三、七、二、八、四、六宣八風之魂，辰、戌、丑、未藏五十之魄，此是箕子納音之要法。甲、己爲土，乙、庚爲金，寅、申爲火，巳、亥爲木，天地相得，主客配合，氣運乘之，貞變互則，此是軒后納音之要法。以此三法問嘗聞之，晚季云云，吾未之學也。

李賀嘉又問：五運、五勝畢竟是如何？如五帝皆以五德相序，三王而下始稱勝國，使五行受命有生尅之殊，則上帝運符亦隨世俗俱變也。某云：此何足怪。唐、虞禪，殷、周、秦、漢戰，前此論生，後此論尅，人定天從，又何疑乎？

❶「上」，原作「二」，據四庫本改。

呂而遠問：水地之説嘗見《黄圖》，稱日月左旋，地右轉。地轉而右，故水趨而左，平地稍遲，下地愈速，一日水行約三百六十里，當地一度。如此則地所進度即天所退度，一日退天之度當一日經天之數。自古皆説地静而不動，天動而不静，今皆反之。又以地行之度減天周之數。經怪如何？某云：此自《曾子地圓》，❶《元命包》、《乾鑿度》皆作此説，但未曾細細分別耳。汝試思水從何來？又從何歸？如有崑崙吐源，尾閭受終，則此流逝之物託於鈍區，如何搬運得去？而遠云：此亦氣耳。氣自上下，水火因之，如人身雖是安坐，氣水運行自踵灌頂，何須身轉纔得血周？某云：人身元氣包裹膚革之内，猶鷄轂子。所以密密運環，水自傾高就下，露爲長川，❷豈有大地不動，水能獨馳之理？雖云走險使然，而吐源之初輪瀉不竭，決非鼓橐之所能出。徐疾相準，猶金、水二星遲速通除，等於日行之度也。而遠云：水既與地俱旋，因其平傾以爲遲速，海潮進退如何又自不同？某云：一日地行亦有遲疾，疾者潮自常傾，遲者潮自近滿，如舟蕩水中，輕者漏痕常浮，重者漏痕常沈。潮以地行遲疾分一日之進退，水以地行平等得一度之環旋，灼然可見，非以筆舌争也。而遠云：如此則古人何以不道？某云：都道過。而遠愕然。某云：「子在川上曰：逝者如斯夫」，如是水逝，何人不知？孟子云「觀水有術，必觀其瀾；日月有明，容光必照」，水與日、月自是一樣周旋，孔、孟引而不

❶ 「地」，疑爲「天」之誤。通行本《大戴禮記》有《曾子天圓》篇。

❷ 「露」，四庫本作「滙」。

發耳。而遠云：孟老自是有本上事，不關運行也。大地藴含自是水本傾吐不盡。某云：乾是資生，不道是乾乾終日也。世上妙義，一毫凝滯不得。

高子羽因問日月運行之道，云：《堯典》稽天云「三百六旬有六日」，論曆法尚不及六日，只得四分日之一耳。《周易》爻象却三百八十四爻，又是有閏之歲，不當常行之度。如蓍法則只三百六十，無有旬餘及象餘。邵堯夫推步只用三百六十，云：損其朔虚以爲氣盈，則整整得三百六十五日四分日之一也。然既整整三百六旬，損之則無可益，存之則只餘五日六分，何以步推百世，知其盈虚、朔食所在？且如日月一周，天過一度，到朞還始，月縮餘分以爲朔虚，天周餘分以爲氣盈。盈虚生閏，自是古今常譚。然自《四分》、《三統》而後，始知交食加時；自《大衍》、《麟德》，始知月有大小；自何承天、祖冲之、張子信、劉焯後，始知五星有盈縮，日月有遲疾，歲餘有斗差；郭守敬而後，始知追古考今，上下損益。諸種種測識，變本加麗，❶皆是得之考驗，不敢臆説。不知犧、農而上，載籍何存？所經測驗積絫，何時遂定六旬六日之説？今於六日中除七千五百七十三秒，尚有不合，不知古來籠統用過，何以不踈？想是《箕範》、《禹疇》別有成書，未入世眼，聖賢所秘，司於鬼神，不可別測耶？某云：此理備於《大易》，❷十三聖人一一説過，人自不悟耳。子羽云：《大易》只説三百八十四爻，三百六十著，二十五、三十以行變

❶「麗」，四庫本作「厲」。

❷「大」，原作「太」，據四庫本改。

化，如何得盡天地日月運行之用？ 某云：他自未嘗引伸，未嘗鉤深致遠，未嘗御天下之賾。子羽云：劉歆之説《三統》，一一比於爻象。一行之創《大衍》，事事準於蓍龜。劉炫、祖冲之之争歲餘、斗差，幾於殺戮。郭守敬之立長曆，追日食，竊比于仲尼。豈有一部《周易》，許多作家推算不到之理？ 某云：人自家五臟尚别看不得，安得謂一部《周易》便諸家醮爛也？❶ 子羽云：如此則何不對諸生分説？ 某云：已曾一一説過，參而兩之，備在《繫詞》二篇，人自不悟耳。

沈若木因問：焦延壽再加重卦爲四千九十六，如此便極天下之賾，極天下之動不？ 某云：尚是一隅，守而譚之，便是可亂、可厭耳。若木云：焦氏書試之乃無不驗者，是如何？ 某云：嚮羅期生亦嘗問此，未之答也。瓦、骨、竹、木亦憑精靈，自是寂感遂通，不關格致要事。

吕而德因問：羲皇畫卦明象，軒后推律定數，鈞石衡量，禮樂制度皆從此出，是都從性分極元分出許多成務。夏時定曆，韶舞正律，不是草草。嚮時曾論夫子以夏時改周曆，此事説未甚明，今且不問；只論周曆建子是祖黄鐘之義，夏曆建寅是祖太簇之義，太簇不先於黄鐘，而仲尼欲改周公之曆，此是何意？ 且如卦象，復爲三十二卦之首，寅爲臨、損之交，夫子如何以臨改復之序？ 某云：此自天道人事明農立政，不得不如此耳。而德云：朱晦翁嘗言，曆律自有一定之理，非後人所得損益。嚮來每每説出定理本于《大易》，却又含糊不盡，將使後人疑吾道

❶「醮」，四庫本作「瞧」。

於啞鐘，尊古人爲膠瑟耶？某云：講學須對明了者。心性一事極易明了，每發一難尚有異同；何況天道司之冥漠，聖賢諱言，何須再問？而德云：古今不乏細心人，自有書籍來千數百年，洛下、淳風、一行、王朴都謂究極精微。然太初之曆百年已差，王朴之曆建隆即廢，即今西域諸人已説郭太史元統都不識曆。百世悠悠，誰當正之？某云：某在京師嘗對徐玄扈宗伯闡明《易》曆律之義。他開口便道《易》自是《易》，律自是律，與曆何干，而能證發？某自此不復譚道。夫子嘗云：「文獻不足故也，足則吾能徵之。」可惜今人無有明《易》者，即使京房、焦贑而在，吾能使淳風、王朴不敢復譚耳。而德云：曆中最難明者，有氣差、斗差、星差，如此三差皆《易》所無，如何明《易》便能了得曆事？某云：二千三百年來人皆粗看仲尼，豈有仲尼不曉曆法，能舉三十六，食千古，懸照不差之理？凡曆有平行、有積差、有定準。定準者是軒后所命，以正干支。六十年爲率，今《黃圖》中積象者是。有平行者，《黃圖》中六十八年曆及五百一十二年曆是。積差者，《黃圖》中八十五年曆及三千八百五十二所餘陽九百六是也。平行以立氣朔之巾，積差以正交食之始，定準以通爻象之終。參之爲律，兩之爲象，大參、大兩皆復爲曆。去《太玄》之畸零，參四分之贏縮；視歲以日，別晷以至；辯《堯典》之星虛，參《周書》之天駟；詳漢運斗中之期，正元運箕末之會；升降黃赤以酈陰陽，軒后、羲皇可起而問也。而德云：看來「爲邦」章是數往，「百世」章是知來。夫子説藏往爲知，知來爲

聖，夫子奈何以知導顔淵，以「聖」導子張乎？ 某云：是他意興所會，夫子再未嘗以天道示人。而德云：夫子不譚天道，亦不譚性命，如何子思頻頻説出？ 某云：既不譚性命，吾輩終日講貫的爲何物？

謝爾剡適在鄉次，初還，問：諸賢講貫，今日半在《圖》、《書》，得毋自墜雲霧？ 某云：不逢雲霧，安睹青天？ 爾剡因問：聖門中澹臺子羽稱爲博物，子游稱爲文章，兩人相遇，宜乎辯説浩繁，稱譽迥別。而子游之許子羽，只云「行不由徑」，此是何等？ 古者井田之制，方直如枰，修閭氏禁人之横行踰徑者。漢人有云：捷徑邪至，吾不忍以投足；干進苟容，吾不忍以脅肩。語本於此。史傳滅明貌惡，欲事孔子，孔子以爲材薄。既以受業，退而修行，名施於諸侯。如子羽者，可與語「性道」之際乎？ 某云：豈敢有如子羽之人，吾且輟性命而稱遵畔之事耳。

崇禎乙亥六月初五日道周識

榕壇問業第十一卷

門人許登垣勒編

暑後，借王家園與諸友晤會。許汝翼適近隣舍集坐，頃，汝翼因問：天下大患治道不效，豈患聖學不明？漢之地節、甘露，唐之正觀、❶開元，宋之景祐、康定，當時四夷賓服，閭左蕃庶，士大夫辦政莅官，子弟優游庠序。諸賢初無發明，及熙寧、元豐、乾道、淳熙間，始闢門講論，分曹誦說，天下已自蕭然不復可觀。豈如晦翁所云，時有窮達，善有獨兼，不得持同甫之説，關顏、閔之口耶？某云：宋無諸賢，豈得與漢唐齒？遇天下治道不效，❷皆是學問不明。書生開口便道讀書，是讀書人；做官，是做官人。從此人才日益汙下，嘉穀不茂，莨莠日長，滅裂鹵莽，取報宜然耳。汝翼云：當胡海陵時，立「經義」、「治事」二齋，修兵、農、禮、樂、書、算諸務，士人皆有實學，數十年間用之不盡。今書生不過舉業，其精微者又談性命、理道之細，於兵、農、書、算等事廢置不講。縣官宵旰憂奴虜、錢穀之務，卒無一人起而荷承者。想周、程之談性命，不及海陵課實事之最也。某云：天下事靠簿帳不得，只是寸心去做。心地清者做事必明淨，心地密者做事必周詳，心地了徹做事必簡切，決無虛憑簿帳弄出才諝之理。譬如水利、土工、鼓鑄、收納這三四事極是瑣碎，使小人有才者幹辦一

❶「正」，四庫本作「貞」。
❷「遇」，四庫本作「凡」。

番，極是報效，然不過數時，法立弊生，旋歸破壞。惟有心地清明、不憚勞苦者，從頭徹尾一一做去，便成百年之規。今官府書吏精習簿帳，試之繁劇，如健小馬走數百步輒想槽櫪，豈成致遠之器？就如兵家須有專門，作將帥要諳練邊事，至於出機應變只在寸心，或有應變才短而小心敬慎者，雖無大失，❶亦無大敗。嘗試小兒狎知事例，只是貫串弊竇，啓侮冒功而已。何嘗見韓、白奮臂出自師門，呂、散鷹揚初曾服習耶？汝翼云：如此則只須治心，不須治事。子産何以吝邑於尹何，夫子何以輟試於子羔耶？某云：想是他們治心未到，不是他們治事太密也。汝翼云：海陵門人到成就得多。某云：亦不見湖學盛於程門，❷只是風教、運會自有先後之別耳。

是日，因講《周南》、《召南》之義。鄭孟儲問云：周、召二公采邑也，《地志》：扶風東北有周城，東南有召城。地以二公得名，不知何以俱繫之「南」？不知何以又不稱「風」？舊説后妃之化，被及南國。然方后妃時，周、召未封，南國諸侯何以俱囿周、召之下？且如傳稱「王道缺而《關雎》作」，則《關雎》已非風化之本。就以風化立説，則「雀角之訟」、「野麕之誘」顯爲强暴軼於淫邪，何以得稱「文王、后妃之化」耶？某云：聖賢學問先以性情爲本，性情變化以和平爲先。性情上不和平，雖有格天事業，猶之飄風掠過秋草而已。天地罡氣多在西北，聽秦、豳二《風》多少挺勁。其極窈窕者，如《秦》云「在彼板屋，亂我心曲」，《豳》云「無衣

❶「失」，四庫本作「勝」。
❷「湖」，四庫本作「胡」。

無褐，何以卒歲」。語氣猶之截然被於管絃，別成北音，非優柔平沖之韻。❶唯《關雎》至《麟趾》、《鵲巢》至《騶虞》二十五篇，反覆誦之，使人意消體平，形神俱暢，猶盛暑中之被南風，欣欣解慍，不知其然。便有袗衣、鼓琴之意。人生無此意思，雖身佩銜牙，與口啣瓦礫再無分別。見忿欲相尋，人入門出户何處開眼？虞舜之刑潙汭，太姒之嗣徽音，皆從此處下手。此處下手，便見太和在尋常牀几間。周、召許大事業，到老成就無鷹揚之稱，享清明之福，是夫子所動操而思南薰也。孟儲云：《王風》亦有和平者不？某云：既是敗管，如何取節？孟儲云：「雖速我獄，室家不足」，「林有樸樕，野有死鹿」，此語亦贑，❷豈在《秦》、《豳》之下？某云：士君子常有貞正之心，纔有燕婉之致。「漢有游女，不可求思」，古今神明其事，正是吾徒平居本色。切勿草草看過也。

侯晉水云：從來説「二南」以爲南國，今獨以「二風」爲南風，此語何所稽承？某云：説南國者猶是傳，説南風者固是經耳。孟儲云：如周南在扶風東北，亦難以南稱也。晉水云：自酆鄗而觀，則皆在南耳。某云：風化本天，不專畸地。畸地則江漢之間，於周、召何涉？周、召垂老勝殷，遏劉，使天下和平，致治刑措者六七十年，其源本得力都在於此。文王一生肅肅雍雍，只是免得面牆一事。吾人讀萬卷書，不爲二南，猶是面牆耳。晉水云：晦翁稱修身、齊家以治其國，此義亦大，如何不取？某云：性情不調，忿欲乖張，自家鼻眼無安頓處，何況齊

❶「沖」，四庫本作「中」。
❷「贑」，四庫本作「戅」。

家、治國上事？晦翁自是舉出第二義也。讀書人常有呆氣，家庭之際孔門已自難調。夫子異日稱「南方之强」，亦於寬、柔兩字有取。程伯淳、司馬君實生平無疾言遽色，皆是於二南得力。晉水云：於此處説「爲」字，到有下手。古人頌容、舞蹈不離琴瑟，都是此意。然《雅》稱「以雅以南」，又稱「胥鼓南籥」，❶則南者四方異樂之名，不關周、召。不知二南音節亦有與彼相近者乎？且《關雎》爲樂卒章，則《關雎》而下不盡入樂，何以得被管絃，使晨夕盥漱其際？某云：既得彼意，何勞被聲。周、召二公已在，未有聲音之始。晉水云：燕處則聽《頌》之聲。古人聲教自是玄微，不知《頌》與二南孰爲導始？某云：穆穆皇皇，肅肅雍雍，想此兩端，行遠自邇。

呂而德云：周、召二公《詩》不稱「風」，特以「南」冠於諸風之首，此是仲尼所命，以「南」以「雅」以「頌」，無復敢爲損益者。端木爲尼山高弟，其述詩傳採《東山》諸什及《駉馬》等篇爲《魯風》，次《召南》之後，今世所傳《申詩》篇次是也。申、毛當時均爲傳之子夏，不知何以差池若此？某云：秦火之餘，傳於誦説，篇章俱存，而大義難了。齊、魯、申、韓各存章句以自名家，義不相襲，不足怪也。而德云：如《南山》、《楚茨》、《大田》諸作，《周官》以爲「豳雅」，則《豐年》、《載芟》諸篇，當爲「豳頌」，是則周有三詩，《豳》俱三體，所以表章后稷，源本世澤，意思甚長，何不悉從風例附於終篇？而毛公或以爲刺幽之作，元晦悉以爲農社之詩，分錯互異，不知後人何所稽循？某云：《周官》稱「擊土鼓，

❶「又稱」，四庫本作「禮記稱」。

吹豳雅」，舉「雅」可該「風」、「頌」。毛公雖云《大田》刺幽，丘明雖云《楚茨》多禮，然中間多陳農政，以《豳》括之，於義無害也。至如國風，始於《周》、《召》，以明文王肅雍之化，終於《豳風》，以申其勤無逸之旨，與雅、頌殊例，何必同乎？

而德云：二南既不稱「風」，而《邶》、《鄘》、《衛》稱「風」，且以一國而具三風。《黍離》以王國稱「風」，而鄭、齊、魏、唐俱爲屬國，且無大小强弱之殊。《車鄰》以霸國稱「風」，而陳、鄶、曹、豳俱爲屬國，亦無遠近存亡之别，何也？ 嚮於三易註中曾覩「三始」、「四滅」之説，却未分明，今可復得聞乎？ 某云：兄此問已見删《詩》大意。 某平居都説過，惜無會者耳。 凡詩有十二際，每際五等，國風三際，二南爲成周之始，歷五等而變王。衛從二南，與邶、鄘自爲一家，周所以變商，風教之始。 自平中而柔蔓，❶此一際也。《黍離》爲遷國之中，歷五等而變霸。 晉、鄭東依，至於齊而拜胙，周所以變列國，風教之中。 文劣於桓，憂思之音流於亡國，此二際也。《車鄰》爲侯國之終，歷五等而復始。 陳爲虞胤，楚實滅之，鄶、曹之封并於晉、鄭；列國紛争，秦、豳所以復合，風教之終。 自二南歸於二北，此三際也。 有此三際以推二雅，有二雅以推三頌，猶十二舍之在天地，日月所經，晦朔從生。 僻儒因之以有「午亥天門」、「卯酉革政」之説。 蕩而愈遠耳。

而德云：古人五際只説二雅，不及國風。 吾們平居説風爲九野，❷雅爲三垣，今通以十二舍推之，則誰爲三統、五緯、內外終

❶「蔓」，四庫本作「曼」。
❷「們」，四庫本作「門」。

始者？　某云：天地四時，每時各有三際，歲月、日辰厥例維鈞。　夫子雖未嘗比配，以初、中、終三候推之，却無不同者耳。　而德云：如二雅百有五篇，以三候分之，則猶可齊。魯、商二頌不過九篇，何當六候？　某云：亦大意如此。　必精詳配屬，雖以三垣、九野總之難齊，得其渺論亦流爲緯家耳。　而德云：風之終於《豳風》，雅之終於《召旻》，畢竟是思二南之意。　然以周公居豳爲風，則魯公居魯不得爲頌。　魯公諸孫既列爲頌，則周原諸子不得爲南，古稱《周南》爲正風，《豳風》爲變風，《魯頌》爲後人增益，想亦不謬也。　某云：《周南》始於夫婦，温以柔；《豳風》終於君臣，篤以摯；《召南》始於庭幃，和以貞；《召旻》終於邊圉，敬以治。　《周南》、《豳風》自以時地不同，正變異感，不關周公身上事。《召南》、《召旻》自是勞績所在，先後繫思，又不關燕國上事也。　燕、魯去西周各五六千里，召公世治江、漢以御彊楚，周公世治涇、渭以御彊秦，《江漢》四詩皆紀召公以終於雅，《駉牡》四詩皆紀魯公以列於頌。　燕、魯最爲後亡，秦、楚最爲暴起，宗子、家相先後之間權衡進退，不失纍黍，自非仲尼，誰能爲之者？

而德云：齊亦雄國也，而列東遷之後；晉亦大邦，王、霸兩際不紀其烈。　何也？　某云：齊自哀侯之烹，天下多哀之者，入春秋而始大，終春秋而爲田，田、陳一家。　夫子存齊以尊太公，存陳以屏猾楚。　唐、魏之間，晉以創興，亦以創裂。　「素衣朱鵠」，❶「有馬白顛」，夫子所以命秦、晉也。　自某蚤歲常聞是

❶「鵠」，四庫本及《詩經》作「襮」。

論，❶比多談者徒爲波濤耳。吾輩只管在性情裏面看出周、召世業，聖人損益非所敢知也。而德云：如此則申公之録《魯風》必非子夏之説。某云：申詩不傳久矣，以魯匹衛，定是書生之見。想是晉、魏以降強附端木者耳。

王千里云：前日説「《詩》亡《春秋》作」。春秋之時，桓、文之蹟見於《鄭》、《衛》、《曹》、《陳》，可見國風半爲春秋時詩。元晦以爲雅詩亡耳，不得云天子不復採風也。然考諸説，《苕華》、《黄草》、《都人》、《角弓》亦多有東遷後詩者，不得謂雅詩亡也。古人詩多風刺，如《楚茨》、《信南山》、《甫田》、《大田》皆刺井田不治、農政久荒耳，而談者直謂農祀報賽。《採葛》、❷《大車》、《扶蘇》、《狡童》皆諷當時寡謀輕諾、好事失時者耳，而談者直謂淫奔。是則《詩》之大義亡，非《詩》之章句亡也。風刺之義息，而後褒貶之義起，猶之禮樂息，而後政刑起也。某云：如此看書都有意。當春秋盛時，士大夫相見皆歌詩以徵其志。《小雅》之詩亡，自公宴季子歌《南山有臺》始也。《大雅》之詩亡，自韓不信、高張城成周，南面而語諸侯始也。《國風》之詩亡，自公歸楚而楚語始也。《魯頌》之詩亡，自定、哀之間鼷鼠兩食郊牛始也。千里云：然則《詩》之亡在景、敬之間乎？某云：當景、敬時，晉有范文獻諸子，鄭有子産、太叔，魯有穆叔、昭子，動稱《詩》、《書》，言本故府。至定、哀之際，君臣誼衰，列國改姓，終敬王之世而衛逐其君，三晉首亂，《春秋》始作，殆爲是耳。千里云：如此則《春秋》編年何不

❶「蚤」，四庫本作「往」。「聞」，原作「開」，據四庫本改。

❷「採」，四庫本及《詩經》作「采」。

始於東遷之初，而始於魯隱之元？　某云：此事講之已詳。自上元甲子凡二十五元，而至己未。己未爲古今升降之會，天道人事之所取衷。聖作淵微，非蠡測所及耳。

汝翼又問：周、召分陝而治，周公治陝以東，召公治陝以西。又《記》稱江楚多波，其民易動，有道則先治，無道則先亂，故周、召之治同在江漢。如《周南》之稱《江漢》、《汝墳》，《召南》之稱《南山》、《江汜》是也。嚮對吕而德乃云：召公世治江、漢以御彊楚，周公世治涇、渭以御彊秦。秦時未封，不過嬴氏馬圉耳，何得以秦、楚比看？　某云：删《詩》自東遷而後，仲尼所治以周、召之澤遠御百世，不必周、召自爲治之也。周公雖分陝以東，未必親蒞江、漢。召公雖分陝以西，未必多在南山。而詩人寄托，風教所鍾，概可見矣。《雅》稱「文武受命，召公是翰」。《記》稱「周公退老，歸葬於畢」。是周公以豳治秦，召公以江、漢治楚之明驗也。平王之失，在以豳與秦，以鄶與鄭，遂開霸國吞滅之始。《春秋》不録邶、鄘，千古而下誰知衛之先滅邶、鄘？不録唐、魏，千古而下誰知晉之先滅唐、魏？滅邶、鄘而猶存衛，滅唐、魏而不存晉。晉與楚同苛，衛與鄭同恕。聖人意思豈後人所窺？大略寛始封，而嚴吞併，亦是二南之旨耳。汝翼云：二南爲風之始，亦與《易》之乾、坤、咸、恒，《書》之釐降、觀刑同意，何關《春秋》上事？　某云：爾自看書，某自説聖人大意。

吕而遠云：賈誼以騶虞爲文王之囿，王者親射，虞人掖五豝而從之。又《記》稱王者射騶虞。此皆與《騶虞》異義，而二南稱爲祥應，何也？　某云：騶虞既是祥應，何妨稱囿？又何妨以爲射禮乎？秦火既燔，家各

異説。關雎之或美、或刺，蒿宮之或豐、或儉，騶虞之或獸、或人，音節尚存，則旨趣可繹也。而遠云：《易》無通故，《詩》無通説。如韓嬰説《詩》有一事而三四引諷，❶有一詩而三四指事者，不過欲其悠長，宜於誦説而已。韓嬰與董、賈同時，董生服其持論，而後世諸儒但推董、賈，不及韓嬰，何也？某云：後儒或治他經，不覩列傳；其治《詩》者又牽訓詁，不通大意。見董、賈旁通，因時指事，便擊節稱賞。其實韓嬰精辯，在劉向以上一人而已。

而遠云：皮日休讀《新書》稱其爲命世王佐之才，歐陽修讀《繁露》謂深極《春秋》之旨，裴度以賈誼之文爲化成，仲舒之文爲通儒。皆未有稱讚韓嬰者。班氏以仲舒爲群儒首，當時宮中閭巷皆比之仲尼，而卒困於外傳，❷與韓嬰同遇。何歟？某云：遭遇各自其時，孔子不免饑厄，而孟老百鎰千鍾。仲舒困於囹圄，而千秋隻言拜相。抽繭者殊難，登軸者殊易，不足怪也。當漢文、武時，匈奴七國數數有患，雖整飭干羽，不能與弓鉞比勳。及其盛平，韋誼、匡衡、蔡義、翟方進之流，皆執一經坐衡師傅，及於桓榮、張佚牀下見帝，稱天子師，豈復董、賈之所敢問乎？

而遠云：賈誼少年洞達事體，豫處七國之禍不爽毫髮，此其才具豈鼂、董之所敢望？某云：賈生亦少年不曉事體。而遠云：異哉！何故與衆異説？某云：賈生去秦時未四十年，稺了、老婦皆習覩戰國歸併於秦，秦受天下，化爲郡縣，不能再世。

❶「説詩」，四庫本作「詩説」。

❷「傳」，原作「傳」，據郭氏刻本改。

漢視異姓既有郡縣之實，視同姓又有列國之形，惴惴厝火，以爲數年上下必有望夷、函谷之變，是以痛哭流涕而談之，猶蔡澤、韓非之意也。不知春秋戰國四百八十年來，人苦戰争，一旦化爲郡縣，蕭曹規隨，帝后黄老，去秦苛法，漸復詩書，但使諸侯王子弟自爲分藩，不交通賓客，不出三十年其勢自弱，無足大憂者。至於匈奴，只當謹守州縣，或至鰲悖，當命將出討，奈何以表餌餌之？此處賈生看未明白。後人只論事勢，謂縣斷得效耳，不知賈生時淮南已亂，諸宗室鰲僻，極爲難處，人人杞憂，但無賈生筆力痛發之耳。賈生自是史才，文章之祖，與司馬遷一樣氣格。

而遠云：《新書》於道德之際極其精微，大言不墜莊、列，細言不落黄老。司馬子長有莊、列之趣，有黄老之旨，如何得與賈生比肩？某云：而遠亦看得是。但如史遷於仲尼微言無所不達，上下古今罕見其儔。而遠云：賈、董如在仲尼之門，當屬何科？某云：賈自由、賜，董自游、夏。而遠云：既如此，如何得稱王佐之才？某云：何曾見由、賜、游、夏不是王佐之才？而遠云：王佐之才須如伊尹、周公。某云：他已是聖人地位。只如管、葛、房、杜，他亦攀提其間，俯仰自若也。

而遠又云：功名之士左袒洛陽，理學之徒推轂廣川，舍此兩途别無成就。古今只一管夷吾論事似洛陽，談理似廣川，至其精奥都非兩賢所及，而孔門不道，何也？某云：他亦未曾爲過《周南》、《召南》。而遠云：房、杜豈曾爲過？某云：房、杜後來已是面牆而立。

林朋夔云：王佐亦賢人之遭時者耳。

周、召兩公都於二南成德，亦於二南奏功。天下温粹之氣盡在二南，而二公末年不免有疑，何也？《易》乾九四以陽居陰，坤六三以陰居陽，故皆曰「或」，或者疑之也。二公處當其位，不當上戰之時，雖復辟居東，猶然不離於極。豈有疑陽、嫌陰之説？某云：定天下之亹亹，成天下之變化，皆從疑來。成王爲此一疑，生出風雷大事。周公在或躍、無咎之時，召公當無成、有終之日，敬義不孤，何疑之有？《易》曰「直、方、大，不習，無不利」，則不疑其所行也，都就二公心事上看出。嫌、疑兩字的爲霍子孟、桓司馬位置，他當時不盡改王，❶猶未離其類，如莽、操便離其類了。夫子於初爻説出「臣弑其君，子弑其父」，凜然可畏；猶於二南之章説出「正牆面而立」，令人怵然無容身處。到此始信二南功夫成就極大耳。林朋夔又云：坤道在西南，其六三曰：「無成，有終。」巽道在東南，其九五曰：「無初，有終。」此兩者皆臣道也，妻道也。周公無成，有纘緒之勳；召公無初，享敬治之福。則周公之化成於坤，召公之治成於巽，此亦《詩》、《書》之通旨，二南之雋義歟？某云：讀書至此，可爲明悉。然亦勿以此啓後人之疑。

張師乂云：尋繹二南只是要人十分温粹。凡人性情固須和美，亦要剛毅、發强纔不墮陰柔一路。程伯淳常教人變化氣質，如正叔氣質自是嚴毅一邊，亦與伯淳比德，何須變易。李見羅嘗云：性自是性，質自是質，質美者性未必全，性全者質不必變。世間多少善柔人，一望如飴，下氣怡聲，豈便可登二南之路？某云：變化氣質，此説出於

❶「王」，原作「玉」，據四庫本、郭氏刻本改。

《洪範》。《洪範》亦與二南同旨。師乂云：莫是剛克、柔克不？ 某云：此兩克正是復禮根原，二氣、五行所繇變化，八政、庶徵所繇叶極。二氣、五行如不變化，何繇有潤下炎上、曲直從革、時雨時暘、時寒時燠之用？善柔人只如一味甜水，過口便酸耳。南者天地陽明之氣，日月之所取，中多少烈風暴雨，值還南便清霽了，多少利用嘉生，不值南風蕃殖不得。故二南者萬物所養役潔齊也。師乂云：二南中語語寬和，涵泳不盡，兩克、四端，何語似之？❶ 某云：「誰謂女無家，何以速我訟。雖速我訟，亦不女從」，此是「彊弗友剛克」、懲忿、窒慾一邊事。「舒而脱脱兮，無感我帨兮，無使尨也吠」，此是「燮友柔克」、果行、育德一邊事。「漢之廣矣，不可泳思。江之永矣，不可方思」，此是「沈潛剛克」、忠信、進德一邊事。「陟彼崔嵬，我馬虺隤。我姑酌彼金罍」，此是「高明柔克」、修辭、立誠、居業一邊事。行此四事，體備二南，雖周、召之化被於天下可也，何獨房闥之間乎？

師乂又云：李見羅云至聖是質，至誠是學，譬如天地是質，天地運行乾乾不已，當是學也。如此則何處討性出來？ 某云：論性，則天地聖人與人都是一般。論學，則聖人學得天地，中人學不得聖人耳。師乂云：如此則學自因質，不因性也。某云：性自天命，學自人修，誠是性之本體，至誠是明誠之極功。見羅以至誠爲學，此亦不錯也。師乂云：至誠雖亦關學，至聖豈專關質乎？ 某云：天亶聰明，説質字亦自不錯。

❶「語」，四庫本、郭氏刻本作「克」。

林朋夔又云：乾九三稱修詞、❶立誠，坤六二言敬以直内；又乾稱寬仁，坤稱敬義，兩家學問似有陰陽之别，亦豈是剛克、柔克之旨乎？某云：忠信、立誠、敬義、不孤，此是吾儒合下得力，不關氣質上事。至如乾德之賴寬仁，坤德之資敬義，自有天地來分派如此。有如此德性，便有如此學問，一毫氣習不到，所謂「不習，無不利」也。朋夔云：如此則乾須學問，坤不須學問。後來主敬、集義之説固是誠明本體，而「保合太和」之道反是明誠功夫耶？某云：人生何者不學？「不習，無不利」只是不消向險阻上推求，學、聚、問、辯到，是在各正上加功耳。《易》稱三立，曰陰陽、剛柔、仁義，如前兩克、變化之説，固有深微。

於是諸賢共商「中人以上」之義。沈若木云：人性本善，孟子説性善，又説利與善之間，此「間」字是分途，不是性路，猶濂溪言「幾」字是分兆，不是性始也。然自雞鳴夜氣分判出來，譬如中夜是時常日界，中人是時常人界。從中夜走利，是黑邊；走善，是白邊。猶自中人走上，是上達；走下，是下達也。不知此「中」字與「降中」之「中」尚有分别不？某云：此「中」字已落時路，如夜半爲中，此「中」在亥子之間，如天地定針，千轉不變者。雖十二時俱在子半方位，然從此子半上走亦是白邊，下走亦是黑邊也。上清下濁，上白下黑，人在平地以上，皆天；鬼在平地以下，皆地。自平地上皆見精光，自平地下纔無景曜。夫子説「中人以下不可以語上也」，明是「雞鳴而起，孳孳爲利」之徒。若木云：如此則夜半之與中人亦無甚分别。定

❶「詞」，四庫本作「辭」。

針上北極，冬至時子半，隨人着眼，白日開眸。

黄介俶云：往人説此語極不明白，天下中人最多，至教無量，自行束修以上未嘗無誨。如何要待上根之人？王龍谿亦謂初學與聖學只有生熟、安勉不同，原無二致。自外道纔有「不向下根抛種」之説。豈有夫子抹殺中人，定要「中人以上」？今日説自中人爲準，以上準清，以下準濁，除是鬼路，不立人極，覺天地日月俱有光華。某云：介俶看書亦自分明。

周房仲云：聖人生平學力言下不言上，❶聖門高弟若愚、若魯，半是中人。所云博約、忠恕，亦是尋常耳目之所通曉。如何説有「語上」、「不語上」之别？端木學識亦是下學功夫，乃就中間悟出性與天道。豈是仲尼居平别有詔告，在終日省私之際乎？《易》稱形下爲器，形上爲道。漢儒如李尋、京房輩皆以天數爲道。西域又以三乘分品到「無上上處」。不知如何蹠實，使中人而上皆可持循，皆可不惑，漸到顔、曾之路。某云：「中人以上」此語便是「語上」了。孟子説「人所異禽獸者幾希」。「幾希」兩字上下多少？如在「幾希」中間隱然見得人禽分關，聖狂異路，豈是聲臭毛倫之所得至？《中庸》説「道不遠人」，夫子一生竭力只在子、臣、弟、友分上，看得老老實實，只如中人一般，末路纔説「上天之載，無聲無臭，至矣」。其所謂「無聲無臭」者，與「不聞不睹」豈有分别？只是「中人以下」便自墮落。既自墮落，便説地上不來，何況上天之載？

黄率中云：既是中人皆可「語上」，則聖

❶ 「言下不言上」，四庫本、郭氏刻本作「言上不言下」。

門高弟通六藝者千數，與聞「一貫」何但兩人？且人氣質不齊，讀數行書亦有敏鈍之別。又言教難量，尋繹數字亦有百里、千里之差，今概云中人即是上哲，下學即是上達，天下多中人，聖人無高論，此徒是學究套語耳。張子厚云：性在氣質中有清濁，猶寶珠投在清濁水中，水清者珠光映現，水濁者摸索爲勞。中人以上自是清水中珠，中人以下自是埋珠之泥。❶某云：既然有珠，何愁不説？只是平水自有升沈。人都是此中人，登峰造巔亦是此路，墜淵入谷亦是此路。趣興高者如平地自到泰山，趣興卑者如平地自淪深岸。墜珠徑尺，尚有實光；入海淪波，豈是罔象、離朱之所能矚？❷聖門上七十二賢，個個是個中人耳。除是彼婦、讒人纔不與談禮樂之務，其餘諸子各各成就，何曾見聖門三尺猶有魚鹽之業？率中云：如此則「語上」的何所指？某云：自中人以上皆上也。子路問「一成」，人再説兩番，猶是上品。平居要見聖人，思量三次，只是恒人。自有鄉願以來，鼓動中人淪胥汩没到下流，一般孳孳爲利，無復出頭日子。雖道斯世只是中人，其實是中人以下了。如此纔無上達之路，不是「中人之中不可語上」也。既是「中人以下不可語上」，則此「上語」不須上人妙談亦是常話矣。率中云：如此如何引拔得人得到峰巔之上？某云：一息在平地，雙眼懸青天，「死而後已，不亦遠乎」，正是此意。

羅期生云：如此只是教人莫爲中人以下耳，性命、天道更付阿誰？某云：看世間

❶「埋珠之泥」，四庫本作「埋泥之珠」。

❷「朱」，原作「珠」，據四庫本、郭氏刻本改。

何者不是性命、天道？ 期生云：箕子之陳《洪範》，周文之序象卦，《詩》有星野之行，《樂》有曆律之陳，《十翼》之範圍天地，《春秋》之損益百世，豈對中人目見耳聆之所得度。 邵堯夫謂章子厚云：「以君之才，於吾所學頃刻可盡，但須一二十年澄澈塵慮，胸中豁然無物，乃可授受耳。」章子厚雖是邪人，然亦聰明籠蓋一世，却難語此，安得謂中人俱堪告語耶？ 某云：中人以上便浸浸向上邊來，章子厚自向下邊去。 謝客兒要從惠遠，猶以心地不淨卻之，何況內聖外王之學？ 只是人以中人自安，亦漸到下流路上，提撕不得耳。 期生云：如何纔是中人以上？ 某云：胡憲、劉勉之同入太學，聞涪陵譙定得《易》詣于伊川，遂至涪陵受業。 久未有得，以問譙定。 定曰：「心爲物潰，不見本性，唯學可明耳。」胡、劉乃歸，一意克、復，遂爲晦翁之師。 羅從彥見楊時三日，驚汗浹背，曰：「不如是，幾虛過一生。」似此三人都是中人以上。

余錫侯云：夫子說「可語上」，「不可語上」，畢竟有個揀擇，有個恰好應付。 不知此三品人從何處截起？ 如遇中等人可把何語付下？ 某云：夫子看人，俱從「中」起。 夫子着語，俱從「上」來。 錫侯云：如此則是中人亦承上語，當不對針也。 某云：中人認得上語，便是上人；上語落在中人，不失中語也。 天道文章，❶隨人略領，見仁見智，何必齊觀？ 錫侯云：如此則是中人造化。

戴仍樸云：六經如日月照垂，❷夫子只把《詩》、《禮》、《樂》爲興，立成本領。 至其雅

❶「天」，四庫本作「性」。
❷「照」，四庫本作「昭」。

言，惟《詩》、《書》、《禮》三者而已。三者亦須擇人而言，則「上語」示人益自希絶了。乃其生平行在《孝經》，志在《春秋》。至易道服膺，韋編三絶，都置不道，何也？易道自是精微，或學而不言，抑問而不辯？如《孝經》、《春秋》何以不説？某云：此是晚年告成之書，何須辯説？仍樸云：只如學《易》，四五十年不語一字，亦是經怪。某云：幽有鬼神，明有禮樂。既説禮樂，何須鬼神？且不是夫子常談，何處得《十翼》説話？

唐偉倫云：道亦在悟耳。悟者指鐵成金，不悟者刻舟求劍。胡安國作《春秋傳》，冠絶一時，而陳公輔輩譏其頗僻。朱元晦作《語》《孟》解，契合百代，而沈繼祖輩訟其妖魔。雖是利欲汨心，亦關識見婛昧。何況平常茶話，❶中人可道高深幽微之指，夫子説「中人以上」還是意在「不語」。某云：「不語」亦説得是。吕步舒之駁災異，胡海陵之争鍾律，此或不必至如「身心向上」一路，居常切磋，何可無人？

張昜之云：夫子屢説禮樂，而經無《樂書》，或謂樂不可以書傳，而夫子稱「雅頌得所」即爲樂正。是則成周之樂至今在也。前日諸友屢問韶樂去夫子千餘年，聲容俱在，今官家考擊，猶稱韶樂。可是音節、神理相麗而存，抑是喜起明良，叢脞惰墮，❷猶可與《關雎》比亂乎？如云樂自爲樂，詩自爲詩，則夫子不宜以「得所」爲樂正，后夔不宜以「詩言志，歌詠言，聲依永，律和聲」著之《帝典》也。《記》稱武樂至萇弘而失傳，商樂至戴公而已壞，魯樂至師摯而終亡。或稱上古

❶「茶」，四庫本作「答」。

❷「脞」，原作「挫」，據四庫本、郭氏刻本改。

樂書淪於朝鮮，而《洪範》所陳不乏文獻。不知史遷所載律吕俱在，試以詩、歌、聲、律被於八音，則「時」、「幾」、「颺」、「言」五十餘韻可與《勺》、《桓》、《賚》、《般》相起也。❶曆律二事首被《尚書》，定是聖神留此真本，難説夫子不語、至道難聞也。某云：某有此意，但恐君實、景仁更費往復耳。

昜之云：君實、景仁所争者，皆在黍度、權量之間，所以不合。今若《虞典》所云，聲必依永，律必和聲，則《詩》、《書》聲永自成鍾律，何必疑乎？某云：此道須是有徵、有信。當萬寶常、祖孝孫時，古器鍾鎛尺度之屬尚千數百，❷而聲音差池，卒不可定，何況於今風氣日澆，器數不備，是魏徵、韓琦所欲舍其議論，求之原本也。昜之云：聲音雖有南北之殊，而詩歌初無古今之異。以聲依永，則有字之聲可别十二律之永，以律和聲，則有音之律可定六十律之聲。古今徵信孰有過於《勑》、《命》、《時》、《幾》、《勺》、《桓》、《賚》、《般》此八篇律令者？某云：某最鄙陋，常在赤墀之下，竊聞韶樂三鼓之後金磬遞鳴，既而簫管八人合奏，廣庭衆穆，宛如鳳凰之音；自是擊石，群臣舞蹈，諧於百獸。《詩》云「依我磬聲，既和且平」，❸又云「既備乃奏，簫管備舉」，是夏、商人同用此韶樂也。法輅初出，雞人奏和會之音，九章二百餘字，不過「和會」、「大和會」數字耳。推之簫管，合奏幾曲亦是「喜起」、「明良」、「脞惰」之三章，尋其賡颺可以意悟也。《勺》、《桓》、《賚》、《般》自是大武時事，難以聲永概之百

❶「勺」，通行本《詩經》作「酌」。下同。

❷「鎛」，原作「鏄」，據四庫本改。

❸「依我磬聲既和且平」，通行本《詩經》作「既和且平依我磬聲」。

世。若至家常時用，鼓鐘有禁，君子之樂不過琴瑟而已。國風自譏刺而外，兩雅自王政之餘，《關雎》、《葛覃》、《卷耳》、《漢廣》、《鹿鳴》、《伐木》、《賓筵》、《隰桑》、《青莪》、《匏葉》自可按其宫商，施於堂几，但當與王樸借其和均，荀勗調其牛鐸耳。

勗之云：聲詩之用不過别其音律，音生於永，律生於聲，四聲、七律亦互相生，前日對諸賢略略説過，今可更取諸篇定其律吕乎？某云：五音之中，各有二變；一章之曲，各備七音。情性和調，則聲歌安適；❶神思淫厲，則語意乖邪。《關雎》一篇，首章多爲清宫，次章以商、羽轉角，三章以徵還宫，吟繹數次極其分明。然以邪心發之，則宫、徵之間不能爲主矣。《葛覃》清角帶宫聲以歸羽，《卷耳》清商間羽調以歸宫，《喬木》角、徵之音歸於清商。三變商聲，多含宫、羽，以調分之，則《關雎》太簇間以南吕。《荇菜》兩章各有正間，五章相間，自太簇至於蕤賓，不盡宫聲也。令其取音深和，按節誕通，循環肅穆，則皆黄鍾矣。古者樂節，以金發聲，以石收之，中間所貴絲、竹、匏、土諧於人聲，導之以革，止之以木，各依言字，不濫傍聲。今爲絲、竹皆無言字，誰當就風、雅别其律吕者？譬如「勑天之命，惟時惟幾」八字，發音諧於金石，以永取之，其音極下，叶於黄鍾八寸之管，❷而字多清聲，通於徵、羽，在應鍾子亥之交，絲、竹宣之，有所不盡。至於「喜起」、「明良」、「脞惰」間歌，而絲、竹、匏、土正間之義粲然備矣。凡單音宜於環復，雙聲宜於遞和。單音取長，雙聲取短。長聲取深，

❶「聲」，四庫本、郭氏刻本作「笙」。
❷「八」，四庫本作「九」。

深以出幽。短聲取亮，亮以導陽。陰陽遞變，不離其正。要使滿庭有賡歌之意，則《詩》、《書》多擊拊之文，鳥、獸、麟、鳳但解人意，豈必審音乎！　昺之云：此事甚大，行當與鎮樸商之。昔子路鼓瑟爲北鄙之聲，夫子告冉有曰：先王制樂本於中聲，流於南，不入於北。南爲生育之鄉，北爲殺伐之域，舜歌南風而興，紂好北鄙而亡。子路聞之，蓋七日骨立也。不爲二南必至亡身，豈獨正面牆而立哉？　某云：嚮發此論，未見結束。聞兄道古正，自欣然有解愠之思。

乙亥七月望日黄道周識

榕壇問業第十二卷

門人吕士坊勒編

秋仲之二日，爲榕壇正會，吕而德兄弟爲政，衣冠之集四十八人，謁夫子及晦翁畢，分札敷坐。某舉楊貞復云：人心本虚，纔一着物便不得其正，不正便不在，不在時雖視聽、飲食亦不復知；却云知視聽、❶飲食，亦説不得心在，心在亦説不得心正。然則心中即無忿懥、恐懼、好樂、憂患，亦難説心正。大家看此心果是何物，此心正果是何象？延平教人看未發前氣象，果是何意？與貞復亦有異同否？而德云：無在之心説不得已發，無不在之心説不得未發。此見知、覺聞之心尚有欹側、僞妄，説不得此心真正面目。某云：如何是此心真正面目？而德云：看得他不正所在，便看得他至正所在。某云：如兄説，比貞復更透；如貞復説，直要空諸所有，終不得此心真正面目也。

大家問如何是此心真正面目？某云：譬如日光，晃晃陀陀爲雲影所蔽，❷漏出光隙，射於巖阿，或着霧雨，即成虹霓，豈是日光正面？而德云：月有圓虧，成圭成璧，成鏡成鈎，何者是月光正面？某云：都是正面。而德云：何不直待望舒？某云：自家消息，或半或全，含着明光，都是正面。如非正面，雖當望中團欒五色，亦是陰暈，不是月華。而德云：喜怒哀樂與忿懥、恐懼、好樂、

❶「却」，四庫本作「即」。
❷「陀陀」，四庫本作「咜咜」。

憂患分別多少？某云：雨、暘、燠、寒、風只別時恒，不争氣候。乾、坤之中，七緯、五行俱是正面。到有變亂，纔成災沴。忿懥、恐懼、好樂、憂患已是亂行，難説猶是喜怒哀樂之性。而德云：金曰從革，木曰曲直，水曰潤下，火曰炎上，土爰稼穡，五行之性到此亦有變動，作鹹，作苦，作酸，作辛，作甘，亦已不能希淡還於性始，如何有忿懥、恐懼、好樂、憂患便不得其正耶？江北人呼「着意」曰「所」，先儒稱「有所」謂「失正」。想依舊説，以身從心，以「有所」爲「妄心」，其義易明耳。某云：身心原無兩物，着物便是妄意。意之與識，識之與情，情之與欲，此數者附身而起，誤認爲心。則心無正面，亦無正位，都爲意識，情欲誘向外去。孟子所云「操則存，舍則亡」，又云「物交物，則引而去」，正是此話。若論格致原頭，要曉得意識、情欲俱是物上精魄，不是性地靈光也。「有所」是江北人常談，未必是齊魯雅語。如曉得忿懥、恐懼、好樂、憂患俱是物感，從身而起，不從心生，則定、静中間自然安、慮。人到安、慮始識此心真正面目，不然只是自弄精魄。

吴雲赤初離垩室，言下因問：《中庸》説恐懼是慎獨工夫，《易》稱恐懼是主鬯作用，曾子獨云「有所恐懼則不得其正」。孟老自家説「不動心」，又云「孟施舍似曾子」，孟施舍不過無懼而已。後來外道説「無顛倒恐怖」，與孟、曾一路，偶爾相鄰。不知《大學》何與《中庸》分别？某云：《大學》直指心體，《中庸》纔説聖功。心體自是天道，雷電破山與碧落何涉？聖功自是人道，迅雷風烈亦要變動一番。中人所患，不見心體，常被事物驚怪。賢人所患，不見功夫，便落無忌憚裏去。看《大學》、《中庸》前後照管，纔

知古人用心之微。某承此問，亦知雲赤看書極細也。雲赤又問：孟老說「盡心知性知天」，又說「存心養性事天」，此是從天道下手，從人道下手？「盡」、「存」兩字比「正」、「在」兩字孰爲精詳？某云：《大學》從本體上說得明白，孟氏從功夫上說得真切。譬如一天備得二氣、五行，留不得一點雲霧。雲霧盡淨，經緯盡呈，纔見天之正面。風雨晦冥，日光常在，入夷出晉，明體自存，此便是「盡存」、「正在」的消息。人曉得天之與日，纔曉得性之與心；曉得「盡存」、「正在」，纔曉得本體工夫。不已無息，格得此物十倍分明，始信得意識、情欲是心邊物，初不是心；風雨、雲雷是日邊物，初不是日。性之與天皆備萬物，不着一物；心之與日不着一物，乃照萬物。只此兩物，原無二物，知此一事，更無他知。吾四十年讀書只曉得此物，任舉一一以俟來賢。

呂而遠云：《大學》說「正心」，猶言「從繩則正」之「正」。今又說出真正面目，纔曉得此心明白，不爲意欲所亂，與「無妄」「各正」對照分明，此「正」字便端正真實，更無他解了。孟老如何說「必有事焉而勿正」？漢儒都以「正」爲「期必」，此是何解？某云：人讀書都無疑誤，賴而遠體勘。凡《爾雅·釋詁》「正」字十解，無云「期必」者。《說文》「反正爲乏」，篆書「正」與「已」相近，當是「乏」與「已」之誤也。「有事勿乏」，如「不乏祀」之「乏」。「有事勿已」，如「純亦不已」之「已」。則義暢而語順矣。而遠云：此解極是分明，以「正」爲「必」，想諸儒亦有所始。某云：此道舍《爾雅》亦何所始？大約「期必」亦猶「正鵠」之說，以「正」爲「射」耳。《記》稱「諸侯自爲正之具」，未嘗以「正」爲

「期」也。而遠又云：魏司馬稱陝右人稱「着意」爲「所」，想是以俗通書，非是以書通俗也。卦傳説「之卦」，原有「偏往」之義。尋常説「所」字，何必以「區」陰爲詮乎？　某云：嚮纔説過，兄又判得分明。

鄭孟儲云：嚮説貞復語，比貞復尚自不同。貞復只道有忿懥等項，心便不正；如無忿懥等項，心如何正？不見聞知味，爲身不修；如果見聞知味，身如何修？宛轉引導，未曾説人心本虛，着物不得；又未曾説意識等項，皆是物感，不關真心也。今日所説與貞復夐然不同，但直以忿懥等項皆繇身起，則是正心又先要修身了，如何是正心要着？某云：如從心起，則是要着；如從身起，則是後着也。知見、覺聞皆從心起，情欲、畏惡皆從身起。人從此處看不分明，所以顛倒，如看得分明，則腑臟、官骸個個是性光所攝。身心修正豈有兩路工夫？

柯登南亦云：先正常言：此心之體當求忿懼、憂樂所不遷之地，非可就忿懼、憂樂求心也。譬如巨石壓草，石下草自潛滋，惟體妙用神，始得情識絶萌，静正自在。某云：此語極當。人從身上求心，如向國中覓王，終爲權貴所亂。從心上求身，如坐王位覓國，只覺殿宇隨身。忿懥等項所不得其正，只是覓心，❶修簡不上；戒慎、恐懼所能得其正者，只是從心覓身，隱顯分明也。登南又云：此章，先輩雖以身爲心，亦無錯處。惟以見聞、知味爲修身之驗，此處微錯。譬如禪家七處徵心，在眼曰視，在耳曰聞，在鼻辨香，❷在口談論，在手提攜，在足運奔，此

❶「覓心」上，四庫本有「從身」二字。

❷「辨」，四庫本作「聞」。

已與食、色同旨。難道知覺、運動便可説心，聞見、知味便可説修、説正耶？某云：此處只是修身證佐，貞復諸先輩都看得分明。外道七處徵心，只説得意邊諸路，未曾就心中看得。人夷出晉，赫赫如常。

柯魯生云：《大學》言「正心」，不言心如何正；言「不在」，又不言心如何在。阿難言心不在有，亦不在無，亦不在根，亦不在塵。如是見聞、知味，分明心在根裏。老氏所謂「綿綿若存」果是何物，不被佛、老精説一番耶？某試問楊峻人。❶峻人云：吾門説正心，便是真實端整之心，他們説者只是猜謎。某爲許可。又問鄭孟儲。孟儲云：正心之義已盡在「誠意」章，不須再説。此就身邊發出不正、不修樣子便倒剔分明耳。猶之下章説齊家，不須更説修身，只説不修、不齊樣子亦自明白也。某云：孟儲説得是。凡心正者只是自慊，不正者只是消阻蔽藏。❷在者只是誠存於中，不在者只是形掩於外耳。峻人又云：着有非有，着無非無，遂使空門説勝，絶内不出，絶外不入，亦爲異學開宗。理會於視聽、飲食之間，點簡於喜怒哀樂之際，便是吾儒實落正、修學問。不知此處於格致原流尚有遠近、淺深之别不？某云：此處説格致無復遠近、淺深。世間多少讀書人博極《墳》、《典》，正爲身心對簿耳。一事露出肺肝，雖千種學問亦自無益也。

又云：喜怒哀樂是主人分上，視聽、飲食是僮僕分上，主人體簡，僮僕事煩。人到卧時便無視聽、飲食之用，却當卧後認得喜怒哀樂之性。善讀書人只就夢寐一事仔細

❶「某」下，四庫本有「云」字。

❷「阻蔽」，四庫本作「沮閉」。

思量，便識聖賢下手要路。

謝爾載云：七情之内，怒最難融。顔子功夫，「不遷」爲要，然此是陽剛一路人，如陰柔人終日是好樂、憂患、恐懼耳。某云：七情到此處，動相勾連。通人多是喜怒，窮人多是憂懼；常時多是喜怒，變時多是憂懼。中間連帶，根葉相牽，只使常變、窮通不礙吾性，自然喜怒哀樂各正其所也。爾載云：常變、窮通是命上事，喜怒哀樂是性上事。盡性而後至命，豈須至命而後盡性耶？某云：只是窮理。爾載云：思量夢寐一事亦是窮理耶？某云：此處已有存養功夫。

爾載又云：能制一情，可以成德；能忘一情，可以契道。如就生質所近，制其一偏，久當融洽矣。譬如忿懥一路，當頭下手，能使衆情咸歸於正乎？某云：此便是顔子所難。窮理盡後如掃雲雷，❶自睹天日也。爾載又云：龜山先生云：「心到寂然不動方是極致」，古人所貴「洗心」也。東坡嘗云：「既醉之後，方識此心之正」，此語是如何？某云：此是東坡自勘，傍人不知。大約他亦寡欲，寡欲自然静正，未入「夜氣」、「悔吝」一路。難道思慮渾忘，便是寂感遂通也？

羅期生云：「寂然不動，感而遂通」，此處難分體用。《近思録》却云：「心有指體而言者，有指用而言者。」體似未發，用似已發。忿懼、憂樂似有未發之體，正須静觀；視聽、覺知似有已發之用，正須動玩。七情之動，猶《易》六爻，須是一一取占，抑猶有不動去處，可握極而存者乎？某云：既曉得身是六爻，自然信得心是太極。期生云：身是六爻，如何取用？某云：隨身所處，各有中

❶「雷」，四庫本作「霧」。

位；中位不移，本末内外自然恰好。内爲貞卦，外爲悔卦，貞、悔，剛、柔，心宅其中，如金蜂子蹶趨嗜欲，有開必先，何疑之有？

期生因問：六爻之象變動不齊，大約上、下以爲本末。如咸、艮、壯、履皆如人豎體，心在五中，與二相應。天君用事，則處處得吉；四體用事，則悔、吝雜生。凡諸忿懼、憂樂皆生於四體，不生於心耶？某云：期生看得分明。多懼、多凶皆生腰膂之際；或顛，或蹶，皆在本末之間。只是誤身爲心，遂使六爻變動。凡《易》中三百八十四爻，只有六十爻不與四肢分過。

王千里云：爻象變動能壞本卦，四肢妄感能壞本心。如此則修身亦是正心要義，何謂倒乎？某云：無心那得有身？偃師幻人，依然束草；尋常疲頓，百體如尸。譬如睡卧之時，聞呼便醒，豈有啓衾斂足能令心事神明？千里云：熟睡聞呼，心從何來？如從聲來，則是知自外至；如從心來，則心初無知。某云：此是静爻，偶然觸動。如論正體，寤夢相循，始信此心依然不動。

吕而德因問：《易》中六十爻不與四肢分過，想是五位中爻，尚有四爻與他分過，是爲何等？某云：師、履、恒、兑。而德云：履之九五與兑之九五，盛滿之卦，位雖正當，而皆有厲。師之六五、恒之六五，順動之卦，體雖無邪，而亦有凶。何也？某云：凡《易》每動各有正位，正位在二、五之中；每動各有正理，正理在全象之内。履爲君臣，兑爲朋友。君臣、朋友不忘其位，如漢主臨厠以見廷臣，鄧戚張樂以延高士，酈生卻步於徒跣，灌夫憤心於半膝，❶皆爲高位，殊乏

❶「夫」，原作「嬰」，據四庫本改。

致柔之功。師稱「動衆」，恒爲「守獨」，「衆」貴長子之動，「獨」尚婦人之志。動於陰柔以懷競躁，則弟子貽凶於長子，婦人踵事於丈夫；九節度以弟子隕李、郭之師，童貫以婦人啓馬、趙之釁。動静、剛柔其義可知矣。

　　而德又云：二爻亦是中位，何以凶象又倍於五？同人六二以正應而得吝，隨之六二以正應而有失，剥之六二以「蔑貞」而得凶，頤之六二以「拂經」而失類。凡上經四卦，以陰動者雖正而有過，無應則皆凶。姤之九二有妨賓之魚，井之九二有射谷之鮒，損之九二凶生於守中，節之九二凶生於不出。凡下經四卦，以陽動者無應則有過，有應則爲凶，而節獨以無應極凶，何也？某云：君道用一，臣道用二；上經主陽，下經主陰。主陽者，陰動而有應，其失小；陰動而無應，其失大。主陰者，陽動而因時，其失小；陰動而失時，其禍大也。陰陽、剛柔、仁義三才之正應乘於二、五，在在着思。孟老云「思則得之，不思則不得也」，只一「思」字是「正在」、「盡存」之要法，艮「不出位」亦是此意。於此參透，纔見曾、孟同源。

　　周房仲云：咸之九四言「思」，艮之六四言「身」，則《易》之四爻當爲人身中際忿懥、恐懼、好樂、憂患之所從出，四爻猶未當位也。艮稱五曰「輔」，已過一層；咸稱五曰「脢」，又同艮背。此是何義？某云：感之當心者，雖動亦静；感之以言者，雖本亦末也。房仲云：如此則「咸其脢」又稱「志末」，何也？某云：「脢」字字義尚須明白。《本義》作背上肉，背爲五臟所繫，初無着肉之處。説家讀「脢」爲「梅」，如頷下梅核，人迎中路也。言語、飲食上下迎接處，纔一感動便有逐末之思。頤之「拂經」，咸之「輔頰」，

兩義互通，於此慎節可以無悔。凡説脢爲背肉，感而無思者，尚屬滯義，再須推求。

而遠又云：定、静、安、慮，自是止後消息，如在止前覓知，尚有窮理博約許多要務。開口便説良知，已是急於下劑；下手定要格物，又恐爲藥添病。今日纔信得身家上頭有忿懥、恐懼、好樂、憂患、親愛、畏敬、哀矜、傲惰許多種物。物物有知，物物有止，能格得明通，不亂我性，然後心體真實端整；不然，徒是意識用事，終日奔波，飄摇無定也。某云：此處格物猶差纍黍，如要實做，須就夢寐中間認出神之非形，情之非識。情、形動處其實非心；神、識静中未必是性。再破神、識以納心端，重合形、情以歸性始，如此十年，洞見天地、日月、星辰，纔有定、静田地。而遠云：如此則中人上下永無知止之期，不如陽明教人「良知發自不慮」也。某云：而遠試自不慮，看得「和順發揮」果成何物？而遠云：蓍龜亦自不慮，已到至精、至變，至神田地。寢時夢寐，死後神靈，活坐閉目，當有蓍龜之意。某云：如此則是高賢獨手。

而遠又云：窮理讀書，患不致用。今日諄諄，只道性命身心；至如疆場民生，日蹙日困，便自整頓不來。雖顔、閔振袂，不能成風；若禹、皋復生，必更有學問。豈能坐視瘡痍，日課玄虚乎？某云：禹、稷、顔、閔一樣苦心，何曾別有學問？如要學問，黄、農七十二戰，豈有兵書？烈山粒食，天下未開泉府也。

而遠云：軍旅之事，仲尼不談。然如方叔、召虎之倫，南靖淮夷，北驅玁狁；吉甫、張仲之輩，坐籌帷幄，遠御朔方。難道只藉虚聲，都不講究？某云：征伐之道，詳於

《易》、《書》，周公破斧缺斨，❶精神所注，畢在爻象，苦人全不講解耳。而遠云：此亦要事，試爲後人説破。某云：《易》作兵書，只有八象：水、守、火、攻、遠、明、近、險而已。師、同人、謙、豫，此是馭將要法。將一而專，兵静而整，中權後勁，將帥所馭不出中爻，遠可以制戎狄，近可以征邑國，師、謙、豫皆用之。同人用寡，師、謙、豫用衆；同人用於險阻，師、謙、豫用於平原。用於險阻者，趙奢之趨閼與，卷甲乘墉而秦弗知。用於平原者，王翦之代李信，堅壁乘暇而楚爲戮。勞謙之吉，天子按轡以下嚴師；由豫之得，將軍飲醇而消譎計。此四卦者，古今皆用之，其中外、❷前後可得而言也。坎、離、兩濟自是黄、農以來戰守之方。坎以險而利守，故李牧尚鴈門之謀。離以明而利戰，故崔浩策柔然之功。王霸之不救馬武，義真之不救陳倉，險而不失其信。虞詡之日夜兼進，馬隆之轉鬭千里，獲無匪醜之凶。明近於内者，算勝於廟堂，故李絳捐重賞以與魏博，德裕檄三鎮而平澤潞，久克之非憊。明在於外者，決機於行陣，故裴度納李佑而平蔡州，韓愈聽柏耆而收德棣，遠震而行志。凡此八象，備有諸方神明之動，存乎其人，安得謂軍旅之事聖賢不談，韜鈐之書經典盡漏也？

而遠云：戰守之方，只在於遠、近、水、火。如謙、豫兩卦只是震、艮用事，何也？某云：行師之道，莫貴致壹。丈人之威，不分於弟子。謙、豫壹將雖臨三、四，皆在中權。艮限於内，故征邑國；震動於外，❸故利權。

❶「斨」，原作「戕」，據四庫本、郭氏刻本改。
❷「其」，四庫本作「而」。
❸「外」，四庫本作「内」。

建侯。艮、震之義與坎參行，其專志而整暇一也。而遠云：如此則何者果爲長子？某云：二與四同功異位，互卦爲震。三與五同功異位，互卦爲坤。震爲長子，坤爲弟子。裏卦爲復，復爲丈人也。而遠云：如此則復之上六不利行師，亦與師之六五同旨乎？某云：復之窮也，無明遠之功；師之中也，有分柄之勢。不明而分，何功之有？

而遠又云：夬去一陰，勢如隤牆。歸妹外震，悦在於内。一則云「不利即戎」，一則云「征凶」，何也？某云：夬以尚武爲心，尚之乃窮；歸以戀棧爲意，既出，❶而反與四象、❷四事了不相合。何足證存？❸而遠又云：蒙之上九「不利爲寇，利禦寇」，然則周公猶有爲寇之心乎？某云：蒙内險而外艮，宜守而不宜攻。作《易》者首著此義，後來師、謙兩象皆出於此。夫子曰：凡兵之作，與民偕生；戈矛之創，與爪角俱始。但願此途不爲忿懥所用耳。

張鎮樸云：吾門每言易道與人事相應，不知用時要如何看取？且如《焦易》四千九十六卦，語語奇驗，不過是占卜試候耳，如何得如老氏所云「不卜筮而知吉凶」？且如光武之策吴漢，崔浩之料柔然，萬里決勝，不差纍黍，此皆智識所經，豈是卜度得就？某云：《易》稱「愛惡相攻而吉凶生，遠近相取而悔吝生，情僞相感而利害生」。凡《易》之情，近而不相得則凶或害之。又云：柔之爲道，不利遠者，只此愛惡、遠近之間自成爻象。吴漢與劉尚分營二十餘里，勢不相救。

❶「既」，四庫本作「即」。
❷「四」，原作「八」，據四庫本、郭氏刻本改。
❸「證存」，四庫本作「存證」。

魏主至涿邪山亦功半九十，勢不窮追。何足異乎？　鎮樸云：論大勢則天下猶之一身，論至理則一身已闊於天下了。士君子平居正躬修德，以行乎人倫之大，至其事報相反，則命也。如有趨避之心，則臣無死忠，子無死孝，終日行於無害之途，豈是因貳濟行之意？　某云：晉時呂稽常作此論，以爲卜筮可廢也。某見聖賢不廢卜筮，《記》稱「善則歸君，過則歸己」。《詩》曰：「惟龜正之，武王成之。」古人每事不敢自謂神智，凡動大衆，興大役，必資卜筮，所以折斷邪謀，斂戢智慮，使人反己，有寂感遂通之意。死忠、死孝自是「顛沛」、「不違」時事，洗心、退藏自是「居常」、「游泳」時事。京郭之受禍，自是跕足巖牆，何得使存養者動色乎？

呂而德因問下學上達之旨。某云：某則不知，試問林朋夔看。朋夔因云：昨日嘗問「乾爲成象，坤爲效法」，聖人仰觀俯察，遠近類物都是坤道。所以必用坤道者，人生托足便在底面，開口便是學習，只有敬義、直方不消學習，亦要從靜辨中來。不從靜辨中來，便有無數風霧遮蓋上面，冰霜之禍都繇學者自爲。豪傑處心不下，❶積漸所成，有此不屑下學一念，直至亂臣賊子亦做得去；有此專意下學一念，直至「天地變化，草木蕃」亦做得去。《易》云：「美在其中而暢於四肢，發於事業，美之至也。」草木托根於地，一曲一直；禽鳥孚化於觳，載飛載翔。當其用力，只是本色，一日變化，皆不自知。江水就下，河源出山，匹夫厲志，星蜺變天，此事豈人思想所到？　而德云：坤爲「效法」，此效法時已是上學了。聖人只盡人事，事事皆

❶「下」，《明儒學案》作「學」。

下也。愈下愈學，十二制作各有所學，作者非下，取者非上，只是一念孳孳，各有竊比。眼耳放低，心神放定，雖使天德乾乾，亦同是此意，既同是此意，則此意無不通透了。先儒亦云：達在學中，有獨知而不自知之妙。所以不說「人知」，又說「知我其天乎」。朋夔云：上下中間如何看取？而德云：乾坤上下只有此學，人人到處，是人人不到處。到處衆眼同垂，不到處衆足齊絶，便說「達天」亦復何礙？某云：如此則同是此意。

李質嘉云：聖人不知、不能，只是夫婦與知與能上事。曾子以「忠恕」悟「一貫」，子貢以「文章」悟「性道」，此都是學、達本旨，如何遺却，但以「遜志」、「時敏」爲談？某云：夫子自道「好古敏求」。自古至今，中間幾千層事，登了一級又有一級在上頭。只此一事是我性命，是我身心。只此是孝，只此是敬，只此是仁，只此是信，便是下學、上達，難說「雙趺着地，一手指天」也。質嘉又云：程子嘗言：「維天之命，於穆不已，忠也；乾道變化，各正性命，恕也。」學得忠、恕兩字，便在「乾元」之巔。夫子還說「違道不遠」，譬如孔道「上達」兩字，已到京師；「不遠」兩字，猶在郊圻之内。不知下學、上達別有頓路，抑是漸門？某云：夫子七十年只說一句，三千秋解貫未了，難道此間尚有頓路？

是日言說已多，「學」、「達」之義未易曉了，諸賢更商「見賓」、「承祭」之義，復以乾道、坤道爲談。某對朱季乂云：前日此義講之已明，主敬、行恕，雖有敬、恕之分，不過「誠」之一字。季乂云：克己復禮豈亦是誠字？某云：然。季乂云：既是如此，則都是乾道也。朋夔何以說聖賢都是坤道？某云：何曾見坤道不是至誠？

鄭長生云：聖人教人皆繇「知」入，故説「知止而後安慮」。孟子「不動心」亦自「知言」入手。如伯夷、伊尹、柳下惠一流人，似都在「行」處得力，孟子譬之射的，以知爲巧，以行爲力。❶如有力到而巧不到者，猶可審括徐獲；至巧到而力不到者，如何振作得他，使登百步之路？某云：輕弓弱矢，隨人自張。大弝强弩，不洞秋毫。子曰「爲力不同科」，「吾未見力不足者」。

柯威公又問：釋家於心性一路辨之極明，所以差處只是致用不同。吾門却説他體亦不察，何也？某云：何處是他察别？威公云：尊告阿難，❷汝心、汝身暨山河、大地皆圓妙明，此處是他别察。某云：既圓妙明，定是何物？如是汝心，不應另有圓妙明者；如非汝心，此圓妙明又立何處以照汝身？大地山河，皆成影説。吾門於此要實體認，積精所生，積精所成，出晉入夷，輝輝赫赫。如有一毫虚假，便與烏卵同下。

楊元實又問：聖賢好樂各有不同，作《易》之憂患，「獨知」之恐懼，何嘗不得其正？惟有忿懥一途，最費點簡。當其發時，如何節制？當其未發，如何消融？某云：某亦未嘗下手，只如看火一般，知之極真，自然不餌熾炭。司馬君實云：忍過數番，自然不動。此如頑耐，亦與心體無干。

唐偉倫云：釋家亦只是頑耐，不知痛癢，久之只是不聞、不見、不復知味之人。如此不在之心，可便指作頑空看不？某云：頑空的人是捨身捨宅不在的人，是逐主出家。若爲吾徒，只管養育，待他成就，宜君宜

❶「力」，四庫本作「聖」。
❷「尊」上，四庫本有「世」字。

王。

王述之問：養心、養氣是孟子一生學問，莊生稱「不聽之以心，而聽之以氣」。氣能復精於心乎？抑心、氣之間可認幾希？幾希之間可認性體乎？ 某云：性體語大，大於天地；語細，細於鍼芒，長如荳芽，消如雪片。述之云：如此則是道心也。難道堯、舜不增，桀、紂不減者，亦是這個？ 某云：此處幾希豈容駁卸？ 孟老云：「苟得其養，無物不長；苟失其養，無物不消。」一部《大學》，格致當頭，只是此物説心亦得，説性亦得，説氣亦得，只不要放之雞犬，牧以牛羊耳。

張昂生問：「由仁義行，非行仁義」，❶則此幾希發皇，生下布滿，更不須養不？ 某云：明察以來亦有三十載工夫，如何自生自長？

黃介俶問：「思不出其位」，夫子又説「出入無時」，如是心體時常出入，奈何禁住得他？ 如是心位定要敦臨，如何離此殼子？ 某云：負扆只是座頭馬足，周流天下，只扶幼主，勿樹重臣。

吳雲赤問：楊龜山云「六經不言修性，惟揚雄言之」，晦庵講「時習」亦以「明善復初」爲解，則亦是修性也。《易》言盡性，不修何繇得盡？《大學》只説至善兩字爲性體定符，説定、靜、安、慮四字爲心中實境。後來一部《中庸》都爲「知止」一節註脚耳。嚮講正心、修身，便把知止説起，則誠意、知止同爲一義。《大學》何以別自命篇？ 某云：意識、情欲，總之非心；事物糾纏，所以不止。誠者，明德之所從生。明者，群邪之所繇息。

❶「行」，原作「由」，據四庫本、郭氏刻本及《孟子》改。

無此静、定之心，何繇見他真正面目？再尋前義，極是分明。

趙希五問：夫子叙《書》，斷自唐虞，則堯、舜以前斷無足録。而《連山》、《歸藏》出於元豐，《三墳》諸篇間多僞造，秦火之後不足復存。然鄭夾漈博極群書，猶取《連山》、《歸藏》之篇，何也？且如《連山》首艮，紊其君臣；《歸藏》首坤，瀆於父子。不知夏、商二代何以用之？某云：世遠無稽，非敢臆説。然古人用《易》各有所取。先天之卦以復爲首，復下震而上坤，爲「長至」之始，中間純坤，爲「大雪」末候。右次爲剥，剥下坤而上艮，爲「大雪」初中之交，皆子月也。三代異建，而子爲歲初，古今不易。讀剥者以爲首艮，讀復者以爲首坤，何足疑乎？又如後天五行之序，皆始於土，艮爲戊土，與坤對化，在東北、西南之分。夏人建寅，寅始於艮，而達於震。震兼木、火，巽、離又以木、火次於東南。坤爲己土，丑亦陰土也，酉、丑始兑，兑涵金、水而處於西。乾、坎又以金、水次於西北。故納音十甲有火、木、木、火、土、水、金、金、水、土相次而周，軒轅氏所以宅丘也。吾門讀書，自經史而外可寘不道，獨有《圖》、《書》起義，未能忘懷耳。

許爾翼問：蔡氏《皇極内篇》與《太玄》、《潛虚》孰爲優劣？某云：《太玄》如《左氏》，《潛虚》如《公羊》，《皇極》如《穀梁》。《左氏》博深，豈復《公》、《穀》可及？然以揆於《春秋》，亦猶雲甥之於外祖矣。爾翼云：王通續經，與揚雄擬《易》，均之僭妄，其罪孰爲軒輊？某云：河汾夫子當無王之時，有德無位，作爲《元經》以紹絶統。始於金墉之年，卒於陳亡之歲，上稽天道，下應德符，何過之有？循環中論，言簡而精，意博而達，

桓生之歎《法言》，君實之服堯夫，仲尼而降何可多匹乎？　爾翼又云：或謂河汾牽引王、魏，疑是後嗣之書，竊比仲尼，猶有優孟之意。某云：孟軻自學孔子，後世共宗。仲淹私淑仲尼，何遽爲僭乎？　如使王、揚并辜，則柳下、西山難與元聖同輩，冉求、❶季路不在俎豆之班矣。後人讀書更有何用？

黄率中最後欲問堯夫之學。某云：某初不識。率中云：吾門每云堯夫學整而疎，子雲學雜而密。如要整而不疎，密而不雜，豈可終緘其口？　某云：堯夫學問備在《經世》諸篇，何關木舌上事？　率中云：固自難解。某試舉似。率中云：乾遇巽爲月窟，地逢雷爲天根，姤、復兩卦自立冬、夏之中，何以夏至屬物，冬至屬人？　某云：他以陰陽中分人物，若論幾希亦無分屬之路。探窟知物，躡根識人，偶亦興到成韻耳。率中又云：「三十六宮都是春」，解者謂乾三宮，震、坎、艮各五宮，合爲十八宮；坤六宮，巽、離、兑各四宮，合爲十八宮，通得三十六也。此義云何？　某云：東方生喜對俗人論難，爲士夫所非。邵堯夫亦喜於術學誦説，遂使末俗競傳，蚤歲養疎，常爲失笑。凡《易》六十四卦，一反一復只得三十二卦。除乾坤、坎離、頤大過、中孚小過合對，則損四卦爲二十有八，得日躔之分宮。反復則益八卦爲三十有六，得日宮之周甲。凡七十二卦，中分起象，何足疑乎？　然亦自堯夫始明是説，淺儒耳語，無足復談耳。

吕而德云：嚮來講論，自評隲人物，課督玄奥者，率不多談。比來稍復開闊，如率中疑難，初非堅木，亦已與之批繩。不知前

❶「冉」，原作「仲」，據四庫本、郭氏刻本改。

日伯玉所問大咸象數，何以付之偕來，一字不答？某云：正爲攻堅，須留節目。如逢破竹，何憚迎機？而德云：伯玉亦已仰鑽多時，猶迷徑竇。餘人眯眯，更何從問起？某云：欲談格物，且辯身心，禮樂淵源，更須他日。而德云：房、杜、王、魏同在河汾之門，不膺禮樂之託，豈有王、鄭、賈、馬遂能絶塵而奔？某云：向榮之木，皮理不章；垂實之材，文肌如繪。房、杜既有事業，豈得與賈、鄭同其鏤心？而德云：夔龍、契稷既遭盛時，又聞絶學，此是天地所開，抑是聖賢有造？某云：元凱比德，各自堯年；側陋咨求，爲日已久。想益、稷、臯、夔生值重華，皆有三十年學問。而遠出云：嚮纔許我積精十年洞達儀象，以是方之，差不爲晚。某爲粲然。

乙亥八月十五日道周再識

榕壇問業第十三卷

門人柯鱗都勒編

乙亥歲秋，天下方敦辟雍之典，以拔貢比鄉書，奮厲甚盛。會中得雋者游鱗卿、劉賡美并爲領袖，柯魯生自省試歸，復修諸業，因問：古今急計，莫重理財。管子稱「積於不涸之倉，藏於不竭之府」，其法不過官山海，籠百姓之利而已。計然稱「知鬬修備，時用知物」，其法不過知萬貨之情，行如流水。然或用以霸，或用以富。漢之桑弘羊、唐之劉晏亦稱心計。弘羊以均輸徵逐，劉晏以鬻鹽傭漕，兩者似有優劣，均爲君子所不道。然當帑藏匱乏，彊圉孔棘，加派則田畝不增，税户則謗讟日起，鑄錢則本末難饒，煮金則亂民結聚，❶征商則關市弊極矣。當道束手無策，令起數子，於今日何以使民不告病、國有餘財者乎？某云：嚮日講生財之章，正爲此意。

魯生云：聖人説「生衆食寡，爲疾用舒」，今若從四事講來，天下户口不及國初，而游手惰民、❷紈袴冗吏百倍於古。又四方多事，兵不可撤，餉不可缺，衆、寡、疾、舒之際纔一清句，❸則禍難岌岌，摇手勿動耳。誰敢誦聖賢之言者，不如且就數子手下商榷宜之策也。某云：管子治齊，官山海之利。移之它國，亦不能爾。劉晏鬻鹽，至以鹽爲

❶「金」，四庫本作「鹽」。
❷「惰」，原作「石」，據四庫本改。
❸「句」，四庫本作「釐」。

漕傭。卜式云：縣官食租、衣税而已。乃坐市肆販鬻。劉晏又操傭傕之利，雖爲救弊取盈，要非士大夫所務也。

魯生云：軒轅取莊山之金，太公立圜府之法，豈必專藉海王？苟有心計，則李泌之染敗繒，陳恕之給茶本，猶或爲之，何況鹽、鐵爲天地之寶藏？推鹽於茶，推鐵於金，使世有夷吾，必不至仰屋而歎無措耳，豈藉全齊之力乎？某云：周人漆林之征二十而五，金、貝、玉、石與貨該行。鹽、鐵之利非至夷吾始開，但夷吾爲之太密耳。夷吾行法，先於大姓、富子各藉其直，騈邑、女閭，無功者不得，一日索奪可數萬金。此事既已難行，區區計口，一箸一鍼，豈能成九合之業乎？天下要治，須是與奪無弊；天下要盈，須是賞罰分明。與奪無弊，盜臣不起；賞罰分明，寇攘不行。楊可之告緡，元載之陌錢，姚璹之輸俸，裴延齡之抽貫，諸種種細事真無當於權宜也。

魯生云：宋人緡錢至多，其先只茶、酒兩事。天禧間茶課不過三十餘萬，慶曆間酒課至一千七百餘萬貫，諸路鹽税不過其半耳。《康誥》致嚴於酒誡，漢、唐申禁於榷酤，盛世既舍此兩條，而專一鹽利。行鹽既有定地，僻壤鹽價不能驟增，獨有關市行貨，及西南竹木稍稱大務。遇大匱乏，因而修莊山、圜府之政，如宋人於楚、蜀、兩浙、淮南、淮北、洛中、閩、廣各立鑪頭，分界行錢，率千萬萬。其歲入皆百倍於今。又不得已，如元人上都、雲州、興和、宣德、蔚州、奉聖州，及雞鳴山、房山、黄盧、三義諸金銀冶，聽民採煉，以十分之三輸官。此皆未爲瑣屑也，而悉寘不道，孤注於田畝，豈爲能得其大者乎？如賞罰、與奪自是八柄上事，大司農之所不徵，

猶清河源以遏頹波，如何可效耶？某云：方今盛時，良政美意只在不税茶、酒，不算丁錢，不税間架耳。令事事皆行，豈成今日之治？宋人歲輸折幣以奉契丹，亦多出於葭蘆。興和諸州，其各道鑪頭歲入不貲，然縻於郊祀、賞賚、俸需亦以萬萬計。今天下匪頒禄與用費甚節，各道軍需，九邊餉額，本色民運，略足相裨，何遽憂採末世之務乎？❶古人以大兵、大工、大荒、大札視爲權計，不過省其儲胥，一舉而措之，非有累年句連，谿壑之填也。宋人區宇不及古時，而財賦十於今日；❷唐自藩鎮發難，無年不兵，財賦亦倍於今時，究竟虛縻如委川澤。嚮使當時天子知四方之已頻，❸海内之已竭，別作一樣黽勉圖維，安知無有破虜復疆之日？而終年賞士，繼夜給孤，使財盡於漏巵，禍成於中飽，良可惜耳！

魯生云：大工、大荒、大札，此則間值有數可稽，大兵一動，難爲首尾。宋人禁軍歲食五十千，漢段熲用士萬二千人，一年亦食二百四十億。如動十萬之師，一年須幾百萬，豈復正供舊額之所能償？某云：今年需餉亦七百萬，何嘗便動十萬之師？用師欲多，用餉欲衆，用議欲緩，用日欲長，四者合併則江漢命財不存涓滴矣。古者戰勝廟廊之上，豈必取財鑪竈之間乎？

魯生云：如此則師有拙速，餉無急輸，重成易羸，重敗難復，爲之奈何？某云：選千得英，省兵千人；選萬得傑，省戰百克。天地之精英皆在於人才，不在於錢帛。人才

❶「憂」，四庫本作「欲」。
❷「十」，四庫本作「倍」。
❸「頻」，四庫本作「貧」。

重而財帛輕，湯、武所以發蹟；財帛急而人才緩，桓、靈所以絶貫也。良醫視疾，有鍼灸而愈，有投劑而愈者。用藥取方不過數味，迨其不可，雖卻車以載參、苓，豈有救乎？魯生云：如此則選將急於徵糧，用賢急於措餉。如賢才、物力一齊俱匱，倉皇應急，爲之奈何？某云：何曾見水火絶於兩間，山川不生草木？現前要舉殿樑，何以合抱自走？

呂而德云：漢孝昭時，諸賢良文學多議罷鹽鐵者。是時天下昇平，四海殷阜，諸榷官私便，鹽價高而鐵器甚惡，民甘食淡，手耰木耨，是以罷議。今如倣唐、宋分道鑄錢，錢精而盜作者少，界立而子母不散，雖有私錢，不奪銅本。即如開鑛以救銅本之窮，取銅以資中幣之乏，不立鑛官，取辦守令，蠲它處之新派，抵久年之逋輸，既非厚貲爲劇賊之所垂涎，又有微濡爲窮民之所呴沫，方之履畝、丘甲，想亦《春秋》之所不譏也。某云：嘗讀小記，見採銅之苦十倍於白金。白金以三煉而成，青銅以七煅始就。又嚮在京師，見諸銅商負銅本者率十數萬，今雖以各道分鑄，無貿致之煩，而鑪頭物役，種種縻費。《詩》云「如賈三倍，君子是識」，此雖要務，自有主者，不須吾輩推求耳。

而德云：權萬紀當貞觀時，天子方鋭意至道，萬紀輒以「宣、饒銀冶」爲言，自取罪戮，貽笑後世。今無貞觀康阜之時，有《大東》「杼軸」之歎，搜括已窮，士民胥困。賢者抱言利之慚，智者懷聚徒之慝，相率掩口，以是爲諱。不知唐、宋利孔甚多，尚假權於冶鑄；今歲入甚嗇，何得孤征於田畝乎？吳、越舊賦已重，重者難增；楚、豫曠土多荒，荒者易散。閩、廣海壖，泥泊所生，滋種蚌蠃，

無甚餘饒，雖盡輸官，無當海王之入，徒令士民睨睨，胥爲嚚訟耳。政和間，陳亨伯創「經制錢」，大率取之榷酤及官賣契紙與公家出納。每貫收頭子錢，猶裴延齡之抽貫耳。至算丁役，自人家盆盎以上，計直二十千者，悉令出租。如此那得不敗？今天下豐豫，官賣契紙雖暫行之，不及旁徑。能得暇日明其政刑，敦尚禮義，於寇攘不及之處行冶鑄，官山海之利，似無不可者，而率爲大體，迫切坐困，何也？某云：士大夫切勿言利。王半山纔言利，吕惠卿、曾布悉謀於始，杜公才、楊戩乘弊於終，而天下殆矣。今天下利孔亦已盡洩，尚賴二百年寬大之力，徭役未起，海澨山陬一二微營，遺秉滯穗與士民澮蕩，可保還集，田畝加派，尚是良家恒心多賴。如使條例宏開，徵求漸廣，嘯聚反側何可復言？而德云：方今豈有遺秉滯穗，僻谷窮崖亦是有力所趨。儻在官家，猶得徵其涓滴之助。某云：民之困於官家，與困於有力，一耳。有力割劇，❶尚納微租，實專而弊寡。官家徵輸，租不能饒，實廣而弊大。至其取辨，❷歸於有力，徑、竇一也。

而德又云：元和國計簿所計天下方鎮，自鳳陽、鄜坊、邠寧、振武、涇原、銀夏、靈鹽、河東、易定、魏博、鎮冀、范陽、滄景、淮西、淄青等十五道七十一州，不申户口外，每歲賦入僅浙東、西、宣歙、淮南、江西、鄂岳、福建、湖南八道四十餘州，與南宋幅圓不復相遠，而衛兵八十二萬，猶足供諸道馳驅。宋自防淮，上下常三四百萬。今天下倍於元和，而沿邊額兵不過十餘萬，動輒捉襟，歎餉不給

❶「劇」，四庫本作「據」。

❷「辨」，四庫本作「辦」。

者，何也？某云：此事難談，亦非書生所知。丘文莊當嘉靖時，算羽林人等已兩倍於成化時。今又百餘年，種種各倍、或十數倍者，户口登耗又倍曩時，舉一藩封，餘可類推。葉文忠當時每歎金花正供宜在外庫，使廷臣易於參稽。今不可問，何獨一途乎？

而德云：如此則積漸使然，何時可復？某云：天下有道，四海悦安。上有必世之仁，下有三十年之福，饑、戎、荒、札不復相仍。蓄三年之貯，興十萬之師，猶搖塵竈上，納帚奥中，何足難乎？

而遠亦問：蘇子由對荆公稱劉晏權宜國計，因時高下，能知萬物之情，不斂於民而用自足。今乃與桑、孔并稱，得無爲此老稱屈乎？某云：冉求治賦，夫子明許其才。至於論仁，則曰「不知」，甚而以爲聚斂。可見此途未是要急，如養草木，植嘉穀，桔槔灌園，未是惠澤耳。而遠又云：子貢貨殖，夫子不許之治賦。豈貨殖之才又劣於治賦？抑聚斂之途又汙於貨殖耶？某云：貨殖，説「不受命」，聚斂説「鳴鼓而攻」，此意自别。要如顔子匹夫，尚不患貧；豈有天子玉食萬方，每煩士夫憂其匱乏耶？

許汝翼云：信者，人君之大寶，學術、治術皆成於信，而敗於驕。無忠做信不出，無泰養驕不成。漢武好大喜功，窮兵黷武，而海内虚耗。漢文恬静玄默，而粟紅貫朽。此便是兩家樣子不？某云：漢武何曾驕泰？只是文、景以來，紅朽之餘得一番作用，使漠南盡空，❶呼韓稽首。元、成之間，殷富已極，權臣、戚畹驕奢相尚，遂使漢祚中衰，再煩締造耳。如有漢武之才，持以忠信，守以

❶「南」，四庫本作「北」。

節儉，雖古英主何以加焉？

洪尊光云：財者，天地間至不平之物，古來帝王有患貧者，復有患富者。赧王有逃責之臺，始皇有渭南之宮。財自是天下不可少的，何以無財亦亡，多財亦亡？五衢衣弊，齊弱矣，桓公以沐枝買鹿而霸。朝歌鶴軒，衛敗矣，文公以訓農勸學而興。又似生財作用不無異同者。杜祁公嘗言，顯官足私計，❶即爲致身之本；岳武穆謂文臣不惜錢，便爲太平之徵。二語恰似，誰者當存乎？

某云：此則尊光自解，某所不識。

羅期生云：經稱生財有四事，備在《周官》，如三農生穀、六計弊吏之説。看來食寡易稽，而用舒難計，如今日軍興不已，財賦難停。節儉則士無宿飽，取盈則飛輓爲勞。胡騎乍臨，徵召不集，勢必養累年之士，以待一日之寇。寇至則勢猝而力專，待久則勢偷而力薄，彼已難量，闕備俱失。故以節儉而當輸輓，既不可以救時，以征輸而當戈矛，又不可以奏績。桑、孔、楊、曾之計，既刻削在牀膚；營平、屯種之談，又取資於影響。究竟如何始爲要算？某云：此則屢屢經心。古今聖人説治平事，再不説到用兵。《論語》、《學》、《庸》只道「即戎」、「去殺」，説征伐事，再不説到用餉。《江漢》、《常武》只道「不留不處」也。

期生云：説治平不説用兵，此猶可悟；説征伐再不説用餉，如何可通？某云：古者致師，日行有數，尅伐有期。聲罪命討，寇服而歸，雖行六師之中，猶在三餐之內。居平乃裹，即爲行糧；三年大賞，已稱僨極矣。豈有「天幸不至乏絕」之事？看《書》中《胤

❶「足」，四庫本作「作」。

征》、《牧誓》、《泰誓》亦無説餽餉者，何獨《芑薇》、《六月》爲然乎？

期生云：周家行師之法本於《公劉》，《公劉》稱「徹田爲糧」，「其軍三單」，又云：「乃積」、「乃裹」，後人説「徹彼疆土」，「乃疆乃理」，想亦是營平祖意，決無三軍萬里不復齎糧之事。某云：營平只是可守耳，雖趙侯亦未身享營屯之粒，只是算計到此，可以不錯耳。諸葛武侯開墾屯田亦未就，只是意思鎮定如此。古者「徹疆」自是常法，「不留不處」只爲三農，安可以六師之期奪三農之業乎？凡師，在三代有討、有伐，在後代有守、有戰。討、伐有定，故謙、豫不以行師爲嫌；戰、守無常，故城漕已致擊鼓之痛。如戰勝在於廟堂，何必以耰鋤蒙於介胄乎？

期生云：如營屯果有未便，則轉輸何以不煩？處今道古，殊有未合，不過適時耳，何必同也？某云：節餉只有四事，定謀第一，選將第二，因地第三，不惜費第四。期生云：既云節餉，如何又不惜費？某云：大費一日，省事三年。《詩》云：「我姑酌彼兕觥，維以不永傷。」

是日，與諸賢講「大道生財」一節，遂推究至此。因憶前日戴仍樸曾問「來百工則財用足」之義，某未有應也，因問仍樸：前日此問，可是農末相資不？仍樸云：如農末相資者，只是粟帛、釜甑、陶冶、械器之屬，於國家財用豈有毫髮之繫？某云：聖人有作，亦只是宫室、舟車、棺槨、杵臼、耒耜、弓矢諸財、諸用，豈必黄金白銀、上幣中幣耶？仍樸云：三幣之行，通於中古；百工之集，❶不過縻貨。每見通都大邑，群藝麏至，徒爲侈

❶「百」，原作「有」，據四庫本改。

靡，豈有實用？ 國家有大興作、大徵輸，未必復資將作之力，何況兵賦、鄉師、族師之事，能使天子充然不歎無財乎？ 某云：古者致財只欲爲用，今者致用只欲爲財。 譬如今日用師，介冑、戈兵一一朽蠹，有費十金之財，不得一金之用；及至喪祭、營築，十金之用，遂費千金之財。 絲縷羸於管蒯，而織造貴於琢雕。 若使百工子來居廛食餼，文巧有禁，貿易相需，取其常供，時其任器，百家成林，各成本業，合方之貢通變無倦，❶何窮之有乎？ 夷吾、吕公每作寶龜神器以斂重發輕，事雖雜伯於子母相權，義亦有取。 因之以收兩府之職，致飭化之效，丱角楮幣一一相資，何獨農末爲然乎？ 仍樸云：此亦太平有道，《周官》之常談。 施於今日，恐未能爾。 經云「有財此有用」，不云「有用此有財」也。 某云：人與天地，此才各自無盡，❷用着它者，它自能來；用不着它，它自耗散。 有人來得百工，便是「財成天地之道，輔相萬物之宜」。

柯登南因問：《周禮》一書經以六官，緯以三百六十屬，厄於秦焰，而《冬官》遂闕。有謂其未嘗闕，而散見於五官之中者；有謂其五官互建，而《冬官》亦未嘗闕者。 自葉時、吳澄皆主此論。 則河間獻王時豈不知其爲全書，而故以《冬官》有闕，補以《考工》歟？ 某云：獻王時天下藏書漸出，考核極精。《周禮》五篇無「司空」之屬，而《冢宰》篇有「冬官六十屬」之文，則其爲闕陷無疑也。❸ 董仲舒與河間同時，每稱「冬，空也」，

❶「合」，四庫本作「四」。
❷「才」，四庫本作「財」。
❸「陷」，四庫本作「文」。

其意亦出於《周官》。竇太后斥轅固云：「安得司空城旦書而讀之」，則自秦、漢之際已無復此書。想自古者建國之後，宗廟、社稷、城郭、宮府、井壄、廬舍、墳墓、壇壝大率已定，不興大工。《詩》云「乃召司空，乃召司徒，俾立家室」，❶此是創始上事。如禹平水土而後，周公營洛而降，物役已定，不煩專官。井里、鄉遂、溝澮之官疏瀹、修築，地官司徒領之，已明備其文。關市、舟車、橋梁之務，川衡、澤虞領之，不必盡存其職。後世昇平，滔心易生，動有營搆，勞民傷財。先王豫裁其端，使司徒得攝司空之事，極爲要約，何必疑乎？

柯登南云：董子言「冬者，空也」，蓋指刑威而言，猶霜雪之不至地而已，非謂《冬官》也。《漢書》有「鬼薪擇米」之文，❷《周官》皆無之，如府舍、宮廟，歲時修除，何得便輟司空之務？古云「官事不攝」，豈有司徒可代司空，承其利敗者乎？某云：《周官》刑徒皆役於司空，自搏殺、焚棄、三赦、三宥而外，司寇所致辟、坐，設者皆司空也。司空雖專官，實與五官承其勞弊。盛時五刑既希，徭設亦省，❸五官相權，理或有之。且以司徒申五教之務，其制獨詳；司空慎興作之防，其旨獨遠。如師、保、救、諫，不列天官之中，縫染、絲屨反入冢宰之治。天官之治愈細，地官之治愈大，其義可尋，則彼此互取耳。

登南云：胡五峰亦謂冬官事屬之地官，蓋以田壄、井牧、鄉遂之徒皆司徒統之，其事

❶「家室」，四庫本及《詩經》作「室家」。
❷「擇米」，四庫本及《漢書》作「白粲」。
❸「設」，四庫本作「役」。

則司空任之也。又有謂《地官》「遂人」以下皆屬《冬官》者，孰爲確歟？某云：《地官・司徒》所屬最多，自「任地」而下，閭師、遺人皆與司空相出入；自「遂人」而下三十五屬，皆司空之事。《秋官・司寇》自「野廬」而下二十屬，亦皆地官及司空事也。凡任地之務多方，「九職任民」皆列於《冢宰》，「八貢任力」又載於《地師》。《司馬》自「職方」而下有五方、三師，《宗伯》自「職喪」而前有冢人、墓士，分則皆五官之人，合則皆司空之事，猶之用刑者，五官各自用刑，不必皆歸於司寇。然司寇自爲邦禁，五官之刑皆於是誓典耳。五官工事歸於司空，而司空之工還於各屬。故天文，室、壁之北有土；司空，井、柳之間有廚。酒食，天官所以并統廚人，地官所以兼執工役也。

登南云：如此則只設地官，不須司空；或設司空，不須司徒矣。某云：治地之道重於民事，次及市廛。大工散於五官，除修廟、葺宮室，閒時而舉，小小工作可不煩六卿董之，故云「司空」。空者，空也，藏也，因時而命之耳。今如於《冢宰》中取縫染、屨冪，《宗伯》中取冢墓、巾車，《司馬》中取弓矢、甲弁、繕槀，《司寇》中取雍、萍、翨、柞、庶、亢、❶剪、茇，以成司空之治，其去《考工》能有幾何，而須一正卿治之？司空之寄百工於五官，猶天子之寄飲食、服御於冢宰，所以蠲邪省用，使貢諛、導淫者無所騁其豐豫也。

登南云：如此則《冢宰》之篇所云：司空率六十屬者，杳然無據。吳幼清先生於「任土國宅」而上，❷加「惟王建國」二十字，

❶「亢」，四庫本及通行本《周禮》作「穴」。

❷「土」，通行本《周禮・地官・司徒下》作「地」。

及「乃立冬官、司空」二十字，不爲蛇足耶？某云：前賢讀書，要自詳慎。自「任地國宅」上下要加「立春布和」諸語，乃以「遂人」諸條足於「遺人」、「均人」之下，此皆各有所取。幼清之删定，河間之補記，要爲《周官》功臣，不必譏也。

登南云：蔡九峰稱周公方條治事之官，未及師保之職，《冬官》闕首末未備，乃周公未成之書，然歟？ 某云：秦人既改官儀，又廢井田爲阡陌，發徒驪山，窮力阿房，取六國之匠營造無極，視先王司空猶之梟耳耳。周公營洛，土圭取景，及爲明堂，世室重屋，卜豐鄗宅兆，折衷華素。皆秦人之所厭觀，加以諸儒論難，俗主厭聞，惡而去籍，想當然也。然今《周官》中亦無缺事，唯舟船、橋梁耳。卜宅、營墓之法，備藏於《易》，有非載記所能盡者。山澤二師宜不盡談，何足疑乎？

登南云：近項仲昭太史以《冬官補亡》割《天官》之司裘、獸人，《地官》之均人、土均、草人、稻人、山虞、澤虞、丱人、角人、囿人、封人，《春官》之司服、冢人、墓大夫、巾車、司裳，《夏官》之量人、司弓矢、槀人、職方、土方、刑方、山師、川師，而獨不及《秋官》，何歟？ 某云：凡讀書繇人，剪裁繇己。他別有意，不相非也。

登南云：議事亦須停妥耳，如今日稱「冬官可以相權」，又説「秦人已經紊亂」，則兩意盭戾，以何爲準？ 某云：周家卜洛以後，不專立司空，雖無所考，然如吉甫築城朔方，召伯疆理申、謝，皆以上卿兼方伯之任，未嘗專立司空。省官自是防微至意，紊亂自是窮極末流，何相礙乎？ 且如尚寶、太醫、光禄、宫正、女御之皆隸於天官，太僕、鴻臚之皆隸於司馬，行人之隸於司寇，世皆無議，

何獨於司空、地官而疑之？吴幼清亦謂司徒掌邦教，不宜專以任土爲事。然而恒産恒心，不欲明民，❶其義亦難言也。

登南云：如三公論道及輔弼，凝丞、❷史、祝之制在諸書中種種不同，《周官》缺而不稱，獨以師、保、諫、救隸於小司徒，何其微歟？某云：周家故府典籍甚多，如《逸周書》中自有《周官·職方》，及《戴記》所存《明堂位》、《王制》、《玉藻》、《郊特牲》、《月令》，皆各自成書，彼此互見，非萃衆家以成一部也。《周官》亦是一書，與《考記》、《檀弓》、❸《夏正》都是典要法籍所稽耳，何必定爲《周官》姬公所作成周致治之書乎？登南云：鄭康成實主此義，嘉靖中嘗命棘闈策士矣，何得與《載記》齊觀！❹某云：漢人之習《爾雅》，唐人之稱《孝經》，皆取裁於當宁，布號於學宫。士子讀書取其精核，如食魚有骨，噉果香辣者，又何足疑？登南云：如五《官》多奇字，義在字形。《考工》多奇字，形在字義，此何所取？某云：某亦麤讀，讀過自見。

柯威公又問：《禮器》云：「魯人有事於上帝，必先有事於頖宫。」則魯之有郊，審矣。《記》稱成王以周公有大勳勞，故命魯公以天子之禮樂；又孟春乘大輅，載孤韣，❺建旗章，祀帝於郊，配以后稷，儼然以人臣用天子之禮樂。故曰「成王之賜，伯禽之受，皆非也」。楊升菴《郊禘辨》謂非成王、伯禽之爲。《春秋》書禘於莊公，謂禘之僭始於閔公；書

❶「明」，疑當爲「罔」。
❷「凝」，四庫本作「疑」。
❸「考」，四庫本作「戴」。
❹「載」，四庫本作「戴」。
❺「孤」，四庫本作「弧」。

四卜郊，謂郊之僭始於僖公。《魯·閟宮》之三章只言「成王命伯禽以爵土」耳，「莊公之子」以下美僖公郊祀之事，未見出於成王也。孔子《春秋》書郊者九，始僖終哀。使隱、桓、莊、閔之世有郊，奚爲不書？其非成王所賜，明矣。孔子謂言偃曰「魯之郊禘，非禮也，周公其衰矣」，然則郊禘果非周公所受，不知誰授僖公者？某云：當僖公時，王室多難，齊、晉始霸，惠王以子頹出居，襄王以叔帶播越，桓、文左右匡襄，其間楚之僭命者再世矣，周家尚惜鼎、隧之請。閔、僖苟且，纘其亂緒，何事輒請郊禘之，大違霸主之命，干先王之憲乎？蓋郊禘之禮，白牡用商，騂剛用周；尊罍之制，參用三代。皆成王所康周公者，不宜用於群公之廟耳。「閔公二年夏五月乙酉，吉禘于莊公」，言「吉禘」者猶言「吉月」，初用禘于莊公」，告即位且創見也，故吉之。「僖公三十一年夏四月，四卜郊，不從，乃免牲，猶三望」，凡《春秋》所書「郊」，皆以「卜不從」乃書之，非爲有郊輒書之也。自惠公以前，伯禽以下，又十二公所卜郊，而從、不從者多矣，至僖公「四卜郊，不從」乃書之耳，豈「龍旂承祀，六轡耳耳」者，顧爲「免牲」、「三望」而頌乎？是時霸主盡没，王室久衰，猶幸有魯稱秉禮之國，歲時禴禘，秉其遺文，未足非也。宣公乙卯，匡王在殯，卜郊，牛傷，再卜而死，戎楚觀兵，大爲衰兆。成公丁丑，定王之喪未三年，鼷鼠再食牛角，吴始内侵。庚辰五卜郊，不從，成公見止於晉，遂爲陵替之始。襄公乙未夏四月，三卜郊，不從，魯始城費。己亥夏四月，四卜郊，不從，魯始作三軍。定公丙午、哀公丁未，鼷鼠食牛，猶不輟郊，衰絰之間情文蕩然，宗國之望於是又衰矣。故《春秋》之義不書事應，

而考異見郵可以類起。觀其特書，皆非常事，非謂魯初不郊，每郊輒有不從之卜也。然則「夏郊」、「秋嘗」皆爲魯之常典，「莊公之子，春秋匪懈」，特頌魯僖者，直以閟宫新飭歸美僖公。或謂史克及公子魚之舊文，仲尼因之以存鉅典，非謂《春秋》致貶，而《魯頌》留褒也。威公又問：然則《魯頌·閟宫》特叙姜嫄，將毋以姜嫄配天，以后稷主禘歟？某云：姜嫄只是叙述，以爲周家之始，未必特爲姜嫄立廟，何況郊禘乎？威公云：《記》稱閟宫爲姜嫄立廟，或祀后稷而稱姜嫄耳。諸侯不祖天子，而祖其所從出者，每於七廟之外別爲立宫，如《竹書》稱周立高圉之廟，魯立煬公之宫是也。某云：如此則祀太姒而祖周公，已有女主司晨之嫌，何況荒洪俶儻之説乎？大約叙述往事則神明共推，《思齊》之雅與《閟宫》之頌，風會參差，隆窪可覩矣。❶

黄率中又問：陰陽摩盪便有害氣，胡五峰云「觀陰陽之消息，則知聖人之進退」，如消息則得時成功之説耳，如害氣則陽有陽九，陰有百六。班固《漢書》以爲其説本於仲尼。仲尼《十翼》未嘗説出此事。王弇州以上元九章推之，無一合者。堯、湯水旱差近其候，過此則不能盡齊矣。且所謂陽厄不必皆旱，陰厄不必皆水，亦有聖人明盛而當兩厄之年者，何歟？某云：此事已詳著之《易圖》，以非要切，未嘗講論耳。班固據緯書積會以三百四歲爲德運，七百六十歲爲代軌，千五百二十歲爲天地出符，四千五百六十歲爲七精反初。當德運之窮，代軌、出符間有陽九、百六。如自周成王甲午至秦政十年八

❶「窪」，四庫本作「汙」。

百七十年，先百有六年代軌爲周顯王，廿六年王致伯命于秦之歲，退其九年爲秦政元年，是陽九、百六之年也。今以三易推之，知其不然者。凡卦九變，四千九十六以六乘之，爲二萬四千五百七十六。以氣朔約之，得六十七年餘一百六日；以日甲約之，得六十八年餘九十六日。凡卦氣交除皆在此會，以三、四、九、六乘之，而得災歲。雖與仲尼災歲之説不同，而揆之於《易》，其符契一也。《易》六十四卦，皆以先王君子禮樂刑政爲度，致治、弭亂端不在此。必欲豫處禍敗以修救持傾，但須明其意義，舉《大象》而行之。推度之説，不足云也。

林朋夔因問：「神以知來，知以藏往」，尼父知損益於百世，姬公覈夏、殷於歷年，皆三才如鏡，古今一揆。如以藏往之事即爲知來，則上元以來幾千百歲，繇後泝前，豈能懸合？夫子稱「文獻不足，足則能徵」，不過亦文、質通變上事耳，豈尚有神知不測，燭照百世者乎？某云：如三綱五常、文質三統，何消文獻纔有證明？夫子所欲言者，定是當世所不能言之事。即如舊史所藏，亦不消夫子發此浩歎耳。朋夔云：即如三易所識，《易》、《詩》、《春秋》皆是説禮，禮即是曆，將謂是德運所係，抑是鍾律度量所生，抑是經緯天地、表章陰陽的道理乎？某云：現説都是，但無能徵者耳。朋夔云：現有許多文獻，如何又説無徵？某云：成周去夏、殷不遠，人懷古獲，家有來修，夫子尚歎「不足」，何況三代而後？

朋夔云：夫子删述六經，便是千古不刊之文獻，從此藏往，從此知來，何患不足？但如三易所云《詩》道一，《書》道六，《春秋》道四，而《易》終始之，此皆難解。如從四經

上看，天道、人道何從徵證得來？某云：此皆須明天道，後以人事推之，自然洞朗。今讀書只説物理，何暇及此？朋蘷云：天道、人事自相表裏，五經都是此説。但如三代曆律損益相生，年數延促，如指諸掌。譬如夫子定符，豫知秦、劉禪代之事，此是藏往所通，抑是知來玄悟？某云：只是此事往過來續，藏既無量，知亦無量，夜暑晝夜只是一部《春秋》。古人常問何物最益人神智？云但有讀書耳。

林非著云：晉則不敢爲渺論，但問晦翁以「審幾」二字重註「慎獨」，丘文莊遂以「審幾微」爲「謹理欲之初分」。晉思「審」字終不如「慎」字。「慎」字是戒懼，「審」字是察别。獨知中間再無錯路，只嘗戒懼，❶神明便生，有何差途開此岐徑？某云：非著看得細。邵堯夫云：「思慮未起，鬼神莫知，不繇乎我，更繇乎誰？」此正是慎獨要語。如「審理欲之初分」便搬泥過水也。然如獨中幾微萌動，正要審察，周濂溪所謂「幾分善惡者」也。些子不善，亦玷着善體，只爲審察不精，使獨知錯過。嘗云：慎者聖賢所以致精，獨者聖賢所以致一。語雖分析，意實完成。非著云：《易》稱「動之微，吉之先見者也」，此「吉」字已自明白，❷程子又加一「凶」字，如「獨」中只是一理，又加一「欲」字，畢竟於性體上看不分明。某云：吾儒再不要直説性體。吉、凶、悔、吝皆生於動，加一「凶」字正自明白；「獨」中有理便有欲，加一「欲」字纔使人警省。如説空山無虎，何以獨行崖谷，毛管俱寒？

❶「嘗」，四庫本作「常」。
❷「自」，四庫本作「是」。

非著又云：喜、怒、哀、樂中節處謂之「中和」，中節只是合於天理，如合天理而不順於人情，聖人亦不違道干譽。大禹之格有苗，仲尼之誅正卯，亦有寬嚴互用者。後來「情恕理遣」之説，恐是清談之祖以此調人耳，如何可治平天下？某云：此種學問不自輔嗣作祖，蓋自顔子「若無」、「若虚」來。顔子一生學力只在「過」、「怒」兩字，見到「不遷」、「不貳」漸到「中和」，見到「中和」猶未能「不遷」、「不貳」也。非著云：「中和」已是極際，如何未到「不遷」、「不貳」處？某云：「中和」是公衆廳房，「不遷」、「不貳」是自家安身跕足處。各家安竈，莫占堂心。

柯魯生因問：前日「下學上達」之説略講不盡，今日再問此義尚有何説？某云：兄試舉似。魯生云：晦翁開章訓「學」爲「覺後覺之傚先覺」，可謂傚時是「學」，覺時是「達」不？某云：如此只説得「學」、「達」，説不得「下學上達」。魯生云：王龍谿謂「口之可言，力之可致，心思之可及，雖至精微，皆下學事。口所不能言，力所不能致，心思所不能及，皆謂之上達」。石居引「天德王道，陰陽迭運，莫知其神」爲證，龍谿以爲未切，果是如何？某云：他們嘗自夢説，口可言便有不可言處，力可致便有不可致處，心思可及便有不可及處，其可處皆人，其不可處皆天也。如此只説得「上下」，亦如何説得「學達」？如云口所可言以達於不可言，力所可致以達於不可致，心思所可及以達於不可及，如此則逾玄逾微了，如何説真切學問？魯生云：如此則如何下手？某云：某亦不知，兄試舉似。魯生云：如子臣、弟友、文行、忠信實實落落不求人知，雖聖賢天

地亦是這個學問、這個道理。某云：孝子、忠臣、恭弟、信友，纔踐履過，何人不知？此豈靠天學問？且此數條如人家喫飯，豈要告衆？❶又豈有太玄羹酒時常享天？❷說人莫知何事，又何要天知來繇？魯生云：如此則舊日講「貫」猶作「闇修」，是何等學問？某云：顔子有何等學問？季康子問「好學」，夫子只說顔回，說顔回只說「不遷」、「不貳」，自家說學問，只說「不怨」、「不尤」。人有一種怨、尤黏帶些子，雖周、孔學問，與狠打并毒；人有學問不黏帶些子怨、尤，雖日用灑掃，與天地同寬。此處是「學」，此處是「達」，此處最實、最平，此處頂頭無際，此處實信得過，便云「知我者其天乎」。

柯魯生云：吾門講說，常有前後異辭者，今日說「學」、「達」與前日頓別。又如前日說「篤信好學」章，間許善道之說。嚮來品諸文藝，只以「篤守」爲主，何耶？某云：某素寡特，直以「篤」、「守」爲主，猶寒士持齋，成何學道？如論聖人語意，只是靠「守」者。多學而不守，何處討善道出來？看他「危亂不入」，「無道則隱」，着兩耻也，精神皆在「退藏」一邊。說「有道則見」，「有道」、「貧賤」只是帶言耳。「樂行」、「憂違」確不可拔，如此人豈在肉邊揀菜？魯生云：今日乃知吾門講說原無異同。

乙亥十月廿日道周識

❶「衆」，四庫本作「罪」。
❷「玄羹」，四庫本作「羹玄」。

榕壇問業第十四卷

門人鄭麒禎編勒

漳郡文章之盛則稱葵圃鄭家，葵圃鄭觀察與其弟薊州公，皆爲學典雅相尚。觀察没而孝廉海門與弟肇中又以文行稱。肇中二十餘，著詩及詞賦數十卷，以通家往來，某心避之也。既在會中問難維謹，某心念鄭觀察爲農臣，上疏歸，某尚未爲諸生。及在金處歸，數過從，見觀察口中誦《説苑》、《韓詩外傳》及《東萊博議》，動千百言，如下晨鐘。今安得如此人？令人自慚耳。

肇中既敏好不耻，某亦未遑别設一榻，因對衆坐云：三十年前某未解曆律之學，一日過鄭觀察，觀察方取器量晷，問某云：若知北極出地有處中天不？某謝不知。又問：若知表影有處倒南不？某謝不知。又問：若知日出入有非卯酉不？某又謝不知。觀察便默然，别論《史》、《漢》、文章諸雜事。某歸，愧恨不食也。夜持竹几坐中庭者，❶如此兩年之間二三百日，乃知南北中分、陰陽嬴縮之説，以非觀察授我誣也。於時坐中未有問難，謂某與肇中自序家世耳。

肇中因問：「聖人吾不得而見之矣」，此章語意如何？某云：兄所疑何在？鄭肇中云：此章以聖人、君子兩格夐分，然自堯、舜而下，夫子所稱亦君子也。依中遯世即稱聖者修己安物，堯、舜猶難，君子、聖人豈有兩種學問？且如性之稱善，心之稱恒，或無分

❶「者」，四庫本在下句「如此」後。

別。《大易》以善稱繼，《尚書》以恒稱性，今又以有恒次於善人。「明心」與「復性」豈有差等其間乎？某云：論學則聖人、君子亦無兩樣學問，論心則善人、有恒亦無兩樣德性，只是風會不同，習染漸異，夫子勸人實地下手耳。嚮見吴雲赤説「聖人不難，只是有恒難也」，極有意思。

肇中云：聖人可作，要亦大關氣數，豈是恒心所就？昔封德彝言「末世人心漸漓」，魏徵云：「如使人心漸漓，易代而後豈當化爲異物耶？」恒稱「君子立不易方」，大過稱「君子獨立不懼」，天下亦不少此等人，夫子品他在善人之後。又若致絶望者，不知聖人、善人的是何人；又不知恒無、恒虚、恒約便可稱善人，亦可到君子、聖人不？某云：孟子説美、大、聖、神，夫子説不驕、不諂、不失其正，皆爲聖神了。自夫子看來，何所不合？自我輩看來，自然有德性、問學尊、道之殊。如無尊、道功夫，任他常無、常約、常虚，不墮釋老窖中，只是空山樸子，何時得到君子位上？

肇中云：曾子説顔子從事，在若無、若虚、不多、不能上置力。想聖人都是此意，權作樸實呼唤示人耳。且如「善人爲邦」，「善人教民」，全是爲上者主持風教，不知有何制置經略可以即戎去殺？莫亦如老氏所云守嗇、去泰、能慈、能儉，却走馬以糞的意思不？某云：如此看來，聖人、君子又是天下爲公，三代而上羲、農之儔了。夫子此意與「觀蜡」、禮書一樣發慨，肇中看得分明。肇中云：既如此看，何關聖學上事？某云：經世治心，都是要細；明體致用，都是要實。豈有兩種道理？肇中云：恐如此做去，到頭亦只是恒心、恒性，不能到「天下歸仁」地

位。某云：如此所貴學問也。凡學問都是自家心細，如矗大便自虛張，不老不實，且勿問他本體虛無上事也，如論本體，「天下歸仁」豈有兩樣心性在？

洪兆雲云：前日嘗問善人是何等人，却道是西域一流人。今日對鄭肇中又道是老子手段。釋、老兩途吾輩不齒，如何得在君子而下、有恒而上？某云：某何敢作此説？某少時曾會薛方伯先生，方伯偶簡佛書，歎云：古之聰明睿智、神武而不殺者夫。某爲艴然。方伯因問：兄看善人之道果是如何？某云：不踐跡，亦不入於室。方伯歎云：從門入者不是家寶。某亦愕然久之。去今三十年，方伯長我四十歲，謝世十年矣。乃聞肇中談話，令人懷感。凡過去諸賢有一種可傳者，都於心性上有四五分了徹。釋、老只是不學，無尊道功夫，便使後來譸張爲幻。如當時肯學，踐跡入室，豈能貽害至於今日？兆雲云：論他譸張爲幻，還是「無恒」一流人，從其道者當使狐狸、貒貉白日噉人。但當時楊、墨尚未昌熾，不知夫子何以發此言論？某云：夫子亦有謂而發，吾輩只論聖功，不問緣繇耳。兆雲云：此話亦豈有繇來？某云：備在《春秋》。

許爾翼云：夫子當春秋時木鐸天下，便是萬古聖人。於時君子則有蘧伯玉、子産、州來季子、晏嬰、程本，及門則有顔、閔四科具體分體者，以至身通六藝七十餘賢，雖四友、十亂可以比肩，如何便想「有恒」之難？如子路行詐，宰予改觀，要是一時有激之言，豈可以此便概一世？若説人都要做聖人、君子，不要做恒人，所以爲有、爲盈、爲泰，不可方物，難道夫子教人不做聖人、君子、善人，但做恒人也？某云：聖人、善人就不是

恒人做的，亦是恒心做就。爾翼云：孟子説「恒心有常，只歸之士」，從士做聖人，寧止數級？中間踐跡、升堂，得門、入室，在夫子造就不少，其人何以遂致絶歎？所云有謂者，想不謂及門諸彦也。某又云：備在《春秋》。

他日，兆雲問尊光：《春秋》中夫子豈有致慨「有恒」之説？尊光云：無之。兆雲云：會上嘗有此論。尊光云：夫子説「無恒不可作巫醫」，又云「不占而已」，説在昭公二十五年臧會之竊寶龜，三十二年史墨之論大壯也。二十五年冬，昭伯如晉，臧會竊其寶龜僂句，以卜信、僭，云「僭吉」。臧會遂爲僭也。詐而見逐，久之，計於季氏，季氏謂其臧氏所逐也。臧、季方惡，及昭伯出亡，季氏遂立臧會。會曰：僂句不吾欺也。三十二年，公薨於乾侯。趙簡子問於史墨，史墨曰：社稷無常奉，君臣無常位，三后之姓於今爲庶，在《易》之大壯，以雷乘乾，是天道也。季友之生，卜人謁之曰：世爲公輔，政在季氏四公矣。民不知君，何以得國？此二説者皆以卜筮占玩互反，臧會以詐叶於寶龜，史墨以壯干其常位，想是夫子所非，故發此慨也。兆雲云：如是則只爲無恒發慨，不爲聖功立論。《易》稱「恒以一德」，「恒，德之固也」，又云「天地恒久不已」，「日月得天而能久照，四時變化而能久成」，德之配天地、日月、四時者，恒而已，想不爲此占玩兩事。尊光異日以告而德，而德曰：其爲昭、哀兩公乎？昭公之在國也，比於宵徒而逐權臣；其出也，不信而失衆。三十一年公在乾侯，傳曰：「言不能内外也。」恒卦上下皆凶，取鄆，取闞，取之而不能居也。失其國而以五百乘爲臣。哀公多妄而君臣交惡，叛吳歸越，卒以不復。夫子之歎，其爲此乎？抑爲桓、康二

子耶？聖人之生不當堯、舜、文、武之盛，又不及成、康有道之君，次又不當隱、鳌之際，而當無恒之時，乍用乍舍，《詩》曰「終風且霾，惠然肯來。終風且曀，不日有曀」，又曰「曀曀其陰，虺虺其雷」，是夫子所爲致歎也。某云：某自見鄭觀察、薛方伯後，三十年來始聞典論。聽者勿謂巵言，然吾輩只管立身，不須歎世。

鄭孟儲云：隱、鳌得爲善人乎？某云：隱公之遵父命，僖公之用季友，還是君子一流人。孟儲云：隱公任讓不明，❶以啓鍾巫之釁；季友既殺慶父，僖公藉其成勞耳。某云：如此則天下無善人也。孟儲云：恒爲久道化成之卦，九四又云：「久非其位，安得禽也。」然則盡變體常，都無定理，何以「一德」貞固其事？某云：恒卦内外、初終皆不可動。嚮嘗説過，兄未致思耳。孟儲云：恒五爻皆凶，豈皆謂動故凶乎？某云：吉凶、悔吝皆生於動，至於恒者只是守常。初、三、四、上纔動便凶。五爻差可比二。作内吉，作外凶。婦人性静，夫子性躁；婦人動小，夫子動大。故曰：「婦人吉，夫子凶。」孟儲曰：《象》云：「婦人貞吉，從一而終；夫子制義，從婦凶也。」此是何解？某云：婦人從夫，雖有所動，終爲義制。夫子從婦，纔有過動，所壞多矣。隱公没於鍾巫，鳌公從婦於禚，雖未失德，要是君子所不取也。孟儲云：風雷原是變動，如何説「不易方」？某云：我輩守貞正，於變動處見風雷，極是樸實。每有變動，先徵於色，老圃、老漁之所能曉。驚蟄之初，義不可後；閉雹之後，義不可振；禾稼將華，義不可速；禾

❶「任」，四庫本、郭氏刻本作「在」。

稼將成，義不可久。所謂制義要於動中取静耳。孟儲云：如此則時也，何恒之有？某云：唯恒，所以可久，勿爲字義所累。

羅期生云：記嚮日講論，都就長男在外，長女在内，家道久成處看出。今以雷風解之，不知雷風一物是有、是無、是盈、是虚、是約，是泰？某云：有、無、盈、虚、約、泰在雷風身上，某則未知。如在天地身上，決不是譸張變幻出來。此物皆根於日，日道漸長則陽氣漸盈。陽罡觸鹵，破水與石，其勢迅發，如擊焰爆。風起則雷止，雷起則風止，風雷交作，勢不移時；先風後雷，灑雨而已。有、無、盈、虚、約、泰的的在人目上，如何假冒得來？期生云：夫婦作家，盈、虚、約、泰自然瞞昧不得。如值無常，却自譸張。家人説「言有物，行有恒」，都是此理不？某云：雷風自爲夫婦，便是君子、聖人。風動而雷乃起，是爲夫子從婦；雷起而風乃止，是爲婦人從義也。兩物鼓舞，變化萬物，只是爲善之心。

戴石星云：比來説「有恒」、「聖人」都遼闊不可解，今日只問聖人亦只是恒心，恒人亦俱有聖心，只不要看聖人太難，看恒人太易耳。某云：雲赤亦作此説，試問玉宸看。玉宸云：宇宙聖賢總是善念做起，這個善念在天爲明命，則曰「不已」；在人爲至誠，則曰「無息」。無息、不已正是恒處，故《易》曰「繼善成性」，又曰「觀於恒，而天地萬物之情可見矣」。舍一個善，無處討有恒；舍却有恒，亦難名至善。尼父繇聖人、君子説到善恒，❶是繇神聖見本原。孟子繇善説到聖神，是繇本原推神化。徹上徹下宗旨相同，諸論品、論人都是無頭學問。細思聖、善并

❶「善」，四庫本、郭氏刻本作「有」。

提便是善爲聖體，恒是聖、善之在人心者。夫子罕言心性，只説出聖、善，使人自醒。此心此性可是常有的，是不常有的？可是常善的，是常不善的？歷歷自勘，有、無、盈、虚、約、泰之際極是分明。某云：看玉宸説得極明白。同時侯晉水亦問：「厥有恒性」，「民之秉彝」，彝與恒均是一義。今言善，又言恒，可是常善便是恒，抑是有恒便是善耶？某云：常善便是不已，不已便是「維天之命」。晉水云：如此則聖人、君子、善人、有恒無分别了。某云：工夫自然不同。聖人教人，指點次序，得有結宿耳。晉水云：如此則安得嚮來許多言論？某云：總是一個雷風，有時驚天動地，有時發火聞香。天地性情於此可見。

鄭肇中云：嚮來議論雖有結宿，尚未的據。夫子雖引導下學要層次到頭，畢竟尋常修持，何能證聖於經書上，有可直達無疑者乎？某云：聖賢原無頓路，只是源本的的不差。《易》稱「乾以易知，坤以簡能。易則易知，簡則易從。易知則有親，易從則有功。有親則可久，有功則可大。可久則賢人之德，可大則賢人之業」。此賢人便是聖人、君子一流人。世人只管要德業，不要易、簡，所以將無作有，將虚作盈，將約作泰，事事俱有枝葉，把自己知、能看作天下權變，文貌聲名日張日侈，所以望之則不可親，從之則到底無成。既不可久，如何可大？只是中不易、簡，所以無恒。夫子説「以約失之者鮮」，孟子道「不失赤子之心」，人能保此赤子之心到不惑、知命，何患不到聖賢田地？赤子無他，亦只是易、簡。易、簡只是恒性。今人説良知、良能，便要静虚吐靈，發許多光焰出耳，何不説易知、簡能，樸樸實實，無機無械。

夫子説聖人可做，我也直地要做聖人。夫子説聖人不可做，我也直地做我，不做聖人。簡簡易易，可知可能。《易》曰「直方大，不習，無不利」。有、盈、泰便是習，「直方大」便是性。性字既明，天亦可到，聖人則猶是人耳。肇中云：無、虛、約與「直方大」如何商量？某云：此處有何商量？有習者，無、虛、約亦是習也。明得善體，但覺日簡、日易，終身無一盈、泰念頭，確然隤然，便與天地相似。肇中云：如此即是「日損」之説不？某云：恒尚無益，何處有損？損、益便自變動，動便有凶。如是恒者，雷風破山，此體不動。肇中云：如此則安得「富有日新」？某云：可久之爲富，可大之爲新。莫作難親之德，莫作難從之業。肇中云：如此莫是願人不？某云：願人如何可久？

鄭孟儲於是再舉「小德川流」之義。某云：此句被人埋没多時，今方拈出，亦是快事。嚮來只説「不害」、「不悖」耳，何曾見「川流」意思？孟儲云：如何下二章説「時出」、「經綸」皆當得「川流」意思？鄭康成以「小德浸灌」喻諸侯，「大德厚生」喻天子，又云「唯五始足以當之」，此是何説？某云：古人以《中庸》一書皆是説仲尼德業，至此章纔分明寫出《春秋》五始。一元年，二春，三王，四正月，五公即位，以此五始配得五帝之德，爲天下萬物綱紀。黄帝所授施於仲尼，以爲《春秋》二百四十二年，文萬七千餘言，每言一義，不可增損。自公、穀、左氏皆爲此説。康成學兼三傳，以《春秋》爲祖述憲章之實蹟，其義數千，凡例數十，爲小德、大德之總云耳。孟儲云：如《春秋》只是文、武之緒，何與堯、舜上事？某云：古人以元始氣，以春始時，以王始治，以月始朔，以即位始令，

本於璣、璿二典之意，以欽若敬授、允釐咸熙，此即祖述所在。至其義類正變，皆本於周公舊章常制，杜氏所謂「稱凡者五十，其别四十有八，雜稱二百八十有五」是也。孟儲云：如此則上章所云「禮儀三百，威儀三千」，「精微中庸，知新崇禮」是也，何必旁引别傳？某云：後人讀書所不及古者，只是掇皮便止耳。聖賢著述皆無淺義，引類不伸，精微不出，如何得有「知新崇禮」學問？如説此德非獨《春秋》，《詩經》三百五篇千七百餘章，一字一語有禮樂之陳，日星之垂，帝王升降，四千餘年諸侯進退，列國盛衰，因此爲序。譬如百川中藏萬潤，溝澮、谿壑有源有委，涓涓不竭，流而趣海，其義一也。孟儲云：會中屢説《詩》、《春秋》，爲何不説《書》、《禮》、《樂》？某云：《禮》、《樂》即在《詩》、《春秋》中，《書》自孔壁而後或存、或亡，云贋、云真，繹其篇章以存法誡，俱在敦化之中矣。

郭受子因問：後人讀書不及前人，只是拾瀋，亦繇别察不到。先儒以下章「仁義禮智」四德爲川流，四德即「元亨利貞」，乾元所爲資始也，如何説是小德？俗儒開口便道「月落萬川」，人間學問都爲此等語爛了。然有一事可疑，水中看天地與空中看天地了無分别，鳥不見空，魚不見水，想魚之視鳥亦猶鳥之視魚，而人於實中看魚、看鳥，辨别金、木、水、火之性，❶不知人在敦化中間，抑在川流裏去？某云：如此問亦希奇，察天、察地不礙飛、躍，是敦化上事。鳥以空爲實，魚以水爲空，是川流上事也。受子云：如此則依舊是不害、不悖之説了。某云：人於此處豈得異同？受子云：人與魚鳥都在氣中，

❶「辨」，原作「辦」，據四庫本、郭氏刻本改。

氣無虛實，而有陰陽。陽氣蹈空，陰氣蹈水，人立陰陽之中以統五德，當謂氣即是德也，抑還有德生氣者來？某云：德不可覩聞，氣可覩聞，人落氣中亦與魚、鳥無別。凡着覩聞，戒慎、恐懼已自無及。如人病中，中暑、中濕是爲重感，不可救藥也。如要細細分別，就人身上敦化、川流何可盡説？一日一夜氣一百周，脈行一千六十餘丈，豈是人耳目之所能及？聖人以天地觀身，以事業觀天地作用，看宇宙間萬物、四時只是兩部《詩》、《春秋》耳。凡世間有形象者，都是吾身文字；有文字者，都是吾身文字註脚。過此以往，只是魚鳥事業。

羅期生問：前日諸友有問「動静」、「悦樂」者，未有以對也。某問：云何？期生云：先儒稱静觀萬物之理，得吾心之悦易；動觀萬物之分，得吾心之樂難。以「應」觀吾心動静，盡於一「敬」，何難、易之分？程子云惟静可爲學，又云静觀萬物，皆有生意。王勝之常乘月訪康節，必見其正襟危坐，當是至静之内見得精明如此。某云：都是動處勘得破。此静者原不與動俱動。羅期生云：此静者是太極，不落陰陽；動便落陰陽，不是太極了。某云：太極與陰陽總是一個，動極處正是不動所在。張益州嘗謂李畋曰：子知公事有陰陽不？曰：未也。益州云：凡百公事未著字前屬陽，陽主生，變通繇之。著字後屬陰，陰主刑，刑貴正名，不可改也。此亦與堯夫同意。然事前後却無陰陽之分，心前後實有難易之别。要曉得此物動極實是不動，所以隨寓能安，人群不亂，不要光光在静坐處尋起生義。❶

❶「坐處」，四庫本、郭氏刻本作「處坐」。

尤詹茹又問：夫子把有、無、約、泰、虛、實論心，子思以大、小、言、德都是精微上事。然亦有人綱領極是分明，於條目上却不甚密，如郭崇韜、張嘉貞、張齊賢、韓魏公都不料理細務。亦有人極細謹，却不能理大事，如石奮、衛綰、范質、竇儀都無甚發揮。是他材器有大小之别，抑是他學問不同？某云：自然是學問不同。詹茹云：恐他德性上亦有些分别。某云：其分别者是質，不是德性。如德性須是尊養得就。詹茹云：如郭崇韜、張齊賢加之學問，豈能如顔、閔之醇？衛綰、范質加之學問，豈能如由、賜之達耶？天地缺陷尚難完全，牛馬齒角亦有去取，且如鄒衍、東方生之流，亦是材具使然，豈是恒心喪了，能有如此明辯？某云：亦是不學使然。詹茹云：張益州每勸寇公學，寇公學前是如此樣，學後亦是如此。益州自家擊劍任俠，既而折節好學，到底有些劍俠意思。想人不能如仲尼，都在小德中沿流赴海而已。西漢以來，文章、人才各不相似，恐别有氣化在裏面。吾輩囿之而不自知耳。某云：氣化、山川皆能囿人，只有心思通徹天地。仲尼在未學前只是忠信美質，加五十年學問便在堯、舜、文、武前頭。只恐忠信無基，爲有、無、約、泰、盈、虛所蕩耳，莫説美、大、聖、神不是善聖本業也。❶

吕而德云：「天地大德曰生」，《易》曰「復小而辨於物」，復之與生皆仁也。夫子對諸賢終始是一仁字，自顔子而外未嘗輕與人仁。子思説「中和」，又説「肫肫其仁」。仁與天、淵并峙，便是三才之極。此處説「大德」、「小德」，莫都是説仁字？《易》曰「復，其見

❶「聖」，四庫本、郭氏刻本作「信」。

天地之心乎」，合而言之，天地之所爲大也。夫子末年刪定，纂修都是仁之藏用，子淵求之文禮，子貢求之文章，舍「小德」亦無處見「大德」了，不知尚有何處見「大德」不？ 某云：如而德説者，一嚮皆是。

謝爾剡見某問論《春秋》，因問：春秋時諸侯不朝京師，而天王數聘列國，此自夷王之烹齊哀始乎，抑自褒姒之誑燧臺始乎？ 某云：履霜堅冰，其來已漸，此事魯人不得不任其咎。 爾剡云：鄭於平王，母弟也。 繻葛之戰，射王中肩，天下諸侯無有非之者，何獨魯能之乎？ 某云：凡《春秋》以天加王，天王無有不是者。 繻葛之前，❶天王獨四聘於魯，而魯無一朝。《春秋》之書四聘，以明魯之失禮也。 爾剡云：當時天王亦未能秉禮以齊諸侯。 某云：何處見之？ 爾剡云：隱公元年，天王使宰咺來歸惠公仲子之賵，此未死而賵之也。 文公五年，王使榮叔歸含且賵，此已死而賵之也。 均之母也，成風以嫡歸含與賵，死而致之，致以親。 仲子以庶，其子未立，未死而致之，如爲隱殺桓之母者，猶奚斯之聲也。 後世以爲灰釘，此其失在天王。 某云：左氏誤也。 仲子蓋已卒惠公之年，《春秋》不書，近於殉者。 隱公以桓之母母之，故天王歸賵焉。 爾剡云：文九年，秦人來歸僖公成風之襚，彼失之蚤，此失之晚，故《春秋》譏之。 某云：《春秋》尊天王，不責外國。 天王而降，禮其在秦乎？ 魯之於王國，則未有處也。

爾剡又云：隱公三年秋，武氏子來求賻。 魯已含賵，而又求賻，則汰矣。 桓公十有五年春，天王使家父來求車；文公九年

❶「前」，四庫本、郭氏刻本作「師」。

春，毛伯來求金，四傳之所交譏也。某云：君之於臣也無假，不貢則求之，求之猶責焉耳。天子無不直於諸侯，以桓公之時天王屢聘，魯無卿士至於京師者，王崩而不及賻，使天子不具乘馬，是宗國之過也。《春秋》悲之，以天下無可責者，而責於周公之孫，使周公受過焉耳。爾剡云：威、福出於天子，以禮正名，其孰敢違？莊公元年，立不討賊，又未有武功，「冬，王使榮叔來錫桓公命」，何休曰：「弑逆之人，法所不宥，而寵以大勳，故去天稱王。」文公元年，天王使毛伯來錫公命，《穀梁》曰：「禮有受命，無來錫命，錫命非正也。」不正則不威，又何以用諸侯？某云：如此則難爲天子矣。王室式微，彊藩悖叛，天子不得已先施於其宗國，屢降不反，所僅存者聘問、誥命、鼎隧一二虚文耳。故府猶且重之，獨於宗國致其綣綣，而君子又從咎之，是爲父母者無以待老也。《詩》曰「或以其酒，不以其漿。鞙鞙佩璲，不以其長」，是諸君子之謂矣。爾剡云：胡康侯何以不廢是說？某云：讀書何關他人？除是堯、舜、文、武當仁不讓，何繇親見周、孔稟受而行？

張勗之以前日謝爾載問納音之義，某未嘗答，直以「太師吹銅」之語塞之，因問：此事著於天下，既爲明時所録，百姓日用不知，瞽師摇惑其説，今日語之不明，何以破俗正義？某云：此義有何要緊？勗之云：如火一、土二、水五、木三、金四之説，何異汨其五行，此上世所必誅，而今人用之，何也？某云：他自愚黔首，何關兄事？勗之云：畢竟源委如何？某云：前日説過先甲三十，後甲三十，五自爲運，六自爲氣，五、六相乘以行。《河圖》初起四、九，自西而東，反五

以歸於金火，是爲西南金火之運。次起一、六，自中而西而東，以歸水土，是爲中氣戊艮水土之運。次起二、七，自南而東而北而西，歸於火木，是爲環氣南東火木之運。次起五、十，自中而西而南而北，歸於土金，是爲間氣坤己土金之運。次起三、八，自北而中而南，以歸於木水，是爲東北木水之運。此五運者以包六氣，行於週甲之中，相與爲治。金火之治水，絶於東北。水土之治火，絶於正北。火木之治土，伏於四季。土金之治木，絶於正東。木水之治金，絶於西南。六氣之行以分五德，先庚三十，後庚三十，五、六相命以行。《河圖》初起五、十，而西而南而北而中，木絶於正東，爲土德之治。次起四、九，而東而北而中而南，各存其方。次起三、八，而北而西而南而東，則土絶於房中。三甲之治金水，三庚之治土木，五德皆在其中，際十與十二各相起也。作者之意以干支相命氣運之德，不能該全，聖人用其所德，棄其所絶，揣摩圖象以爲義類耳。「九宮三白，南北利運」之説皆從此出，以參於《素問》，不能合也。《素問》又以五、六命歲，得其大者，梗概非遠矣。

勗之云：《素問》運炁以正化主客，別其干支，甲己、乙庚、丙辛、丁壬、戊癸爲五行之序，子午君火，丑未濕土，寅申相火，卯酉燥金，辰戌寒水，巳亥風木，與此敻然不同，何繇比類？某云：《素問》之取象於《後天》，猶納音之取象於《河圖》也。家自爲説，以稽於爻象，猶醇醪之化爲醴蠛矣。❶仲尼作《春秋》，自隱公至文公一百四年，書日者二百四十九。自宣公至哀公一百三十八年，書

❶「醴」，原作「醯」，據四庫本、郭氏刻本改。

日者四百三十二。干支俱在，義無所屬。然自《伊訓》、《洛誥》吉日十月以來備有其説，何可誣也。❶ 勗之云：《伊訓》、《武成》、《洛誥》諸書皆紀日而不紀歲。《左氏》紀歲陰而不紀歲陽。漢元封七年歲在丁丑，而洛下閎、鄧平等以爲甲寅，史遷亦因而用之以爲甲寅。甲寅之與丁丑差廿四年，納音既殊，運氣亦異，施於上古，《春秋》亦無己未，文王亦無戊午矣。日不可除，則歲亦不可除；歲可紊，則日亦可紊也。嚮見丁玉明先生亦以「歲甲干支無據」爲談《春秋》，猶據歲星所在爲證。今歲星移行差三四宫，如何可定？某云：《詩經》傳於誦説，尚且不絶。歲次自五帝以來閭閻之所稱習，如何紊得？如有紊亂，則是大撓、容成積差以來，非復洛閎、鄧生之所能改也。凡讀書，先經，次傳，次史，可與道古耳。諸紛紛者都費辨折，❷ 不煩推求。勗之云：古人稱七聲、十二律，皆與納音相通。自漢、唐日家去古未遠，皆有是説，豈是閭巷亹談？某云：且看《周官》，自然曉會。

許爾翼又問：天以一中分化，只是一理，安分大德、小德？聖門亦稱「小德出入可也」，又稱「小道必有可觀，致遠恐泥」，莫此小德亦是制度？文爲經、曲之末，如《詩》、《書》六藝，豈可以小德目他？凡可出入的物，終是泥滯，川流不得。要細細分别起來，却都是大德貫串，前篇所云「莫載莫破」是也。以「莫破」説不盡，又以「川流」贊之，語極分明。夫子生平口中不説小德，自禮樂而下，軍旅便不談了。子思却説「律天

❶「誣」，四庫本、郭氏刻本作「勝」。
❷「辨折」，原作「辧折」，據四庫本、郭氏刻本改。

時」，「襲水土」，的是何物？某云：嚮纔講過，自「元年春王正月」至「有星孛于東方」都是天時上事，自「雎鳩河洲」至「景山松柏」都是水土上事也。爾翼云：如此則《春秋》判與天時，《詩經》判與水土；《春秋》屬禮，《詩》自屬樂。《記》云：「樂以陽率天，禮以陰率地。」《春秋》何以率天，《詩經》何以率地乎？某云：陰陽、禮樂固自爲用，堯、舜未嘗作詩，而有《喜起》之章；文、武未嘗作春秋，而有《周官》之法。此處何必分行？

爾翼云：古人三才同爲經緯，黄帝宅丘之法，周公卜洛之書，想別成小德。秦皇焚詩書，其農、圃、醫、卜皆賴以存，而此獨無有，豈是仲尼所删，抑是秦漢人不貴小道耶？某云：《七略》所載五行三十一家六百五十二卷，有神農太幽、堪輿金匱、五音奇胲。其託於軒后者，或百餘卷，別爲形家、宮宅、地形，數目倍於醫方，則是亦前代所尚也。古書既不可見，今爲晚唐、南宋諸公滅裂殆盡，何足復談？爾翼云：天道用龍，地道用馬。龍有陰陽，馬分牝牡。地貴牝馬，天貴陽龍。今説家以陰龍爲真，陽龍爲僞，不知此説何始？某云：如此等事，某皆未學，且舉《周禮》一一再看。

鄭肇中見諸賢言論浸廣，或遠於經傳，因問三皇五帝之説。某云：此論備見，疏家開卷已蹟，不復能存，於兄所疑云何？肇中云：帝王代遠，載籍互異，如《春秋運斗》所指三皇爲伏羲、女媧、神農，如秦博士、司馬貞補《記》❶所指天、地、人三皇，又《尚書大傳》稱燧人、伏羲、神農，《禮號謚記》祝融、伏羲、神農。孔子稱五帝，答季康子以伏羲配

❶ 「記」上，四庫本有「皇」字。

木，神農配火，黄帝配土，少昊配金，顓頊配水；其答宰予則曰黄帝、顓頊、帝嚳、堯、舜。《家語》與《戴記》又自不同。孔安國以羲、農、黄帝爲三皇，少昊、顓頊、帝嚳、堯、舜爲五帝，於理覺順，是儒生之所服習。史遷《帝紀》祖五帝德，又以黄帝爲五帝之首，而獨遺少昊，以宗顓頊。今世所傳唯此兩家。祖史遷之説，則當以燧人、伏羲、神農爲三皇，黄帝、顓頊、帝嚳、堯、舜爲五帝。祖安國之説，則當以伏羲、神農、黄帝爲三皇，少昊、顓頊、帝嚳、堯、舜爲五帝也。仲尼於三皇不言燧人，於五帝多一少昊，安所取裁？某云：於此事實所未知。肇中又云：司馬貞補《皇紀》既稱伏羲、女媧、神農，又稱天、地、人三皇，此是何説？某云：褚先生、小司馬之説。又何足談！肇中云：胡五峰亦主小司馬之説。又閲《三墳》，載伏羲爲天皇，神農爲人皇，黄帝爲地皇，次序又别，然與安國同旨矣。前輩如譙周、應邵、宋均皆主史遷。主史遷者雖不言三皇，自應以燧人火化、神農粒食與庖犧并爲皇始，而黄帝得正五帝之先。皇甫謐《世紀》、孫氏《世本》皆主安國。主安國者雖升帝爲皇，自應以少昊青陽、顓頊高陽與高辛并爲帝紀，而唐虞得正五帝之終。二者孰從？某云：如兄説極是明白。三皇、五帝俱是後人所命，不是本地傳宗。認遠祖者隨人祭掃，勿問内神。是日發題，原爲「修己以敬」，而肇中送難，以「有恒」爲首，諸兄從之，遂舉「修己」以繫下篇。

乙亥十月二十五日道周又識

榕壇問業第十五卷

門人戴垂實勒編

鄭肇中初問「修己以敬」之義，某未有以答也。既以「有恒」一章講論爲煩，是次乃申前義。戴石星問云：「君子修己以敬」，只此一句便盡却君子事功、君子學問，如何又説到「安人」、「安百姓」上去？某云：俱是君子本體。石星云：於本體上是一節事？是兩節事？某云：既是本體，何分節次？石星云：既無節次，何須充拓説來？某云：俱是聖賢就本身上商量無盡，若有盡時，己外便無人，人外便無百姓；若無盡時，人安己亦是未安，百姓安己亦是未安。千古聖賢俱就本心爲天下安身立命，舍此寸心，天下身命俱無安頓處，聖賢自家亦無處下手。石星云：極知「修己」事難，「居敬」道大。然如舜之恭己南面，亦是五臣、四友之力，豈是自家垂裳、不動聲色便致無爲之理？方堯時致治亦半百年，璿璣考齊亦非一日，上不能去降割之災，下不能格頑讒之志，胤子傲遊于家，共工方圮于外，豈是自家敬修未至？皋陶論治，只在知人，在安民。知人是智上事，安民是仁上事，古今舍此兩事，決無太平日子。大禹亦云：「知人則哲，安民則惠。能哲而惠，何憂乎驩兜？何遷乎有苗？何畏乎巧言令色孔壬？」堯不知舜，舜不知禹，皋陶雖蝥領、土硎、茨階、胼胝，亦奏不得分毫治效。夫子説敬字已到安人、安百姓上，不知能到知人、官人上去不？某云：人主着敬，敬則心體明清，與天同道。敬庶民與

敬士大夫，敬天地祖宗與敬身，豈有分別？人主一息不敬，便有侮慢、自賢、反道、敗德底事。敷文德、舞干羽、放殛誅竄，亦是敬上作來，豈獨知人、官人而已？皋陶云：「日宣三德，夙夜浚明有家。日嚴祗敬六德，亮采有邦。」此是「敬上知人」之實績。「平章百姓，敦叙九族」，此是「敬上安民」之要領也。石星云：如此則子路問「如斯而已」莫是要窮究這裏不？某云：這裏亦不消窮究。領得敬字，自然到此；不領得敬字，雖知人、安民亦無一處着落。桓、景之於管、晏，漢文帝、唐太宗之於黎老，何嘗不一留心？只是自家不敬，人才造就亦無可觀，何況平章之業？石星云：如此則「堯、舜猶病」只是説敬之難，不是説「修己安百姓」之難也。某云：自然是「修己安百姓」難，所以須敬。如不爲天下百姓，要此「己」何用？石星云：如此則「堯、舜猶病」亦只是着敬耳。某云：堯、舜此心亦只是「無己」，「無己」處亦只是「不安」。一個「敬」字了得百樣「修己」，百樣「修己」了不得一個「敬」字也。石星云：且説一個「修己」了得千樣「安人、安百姓」，千樣「安人、安百姓」了不得一個「修己」也。某云：如此説更分明。

鄭肇中云：聖賢立言甚簡，只得其要領所在。堯、舜相繼百餘年，竭十數聖賢之力，出百姓於鳥獸龍蛇之中，夫子只以一「敬」字了之。黄帝身經七十餘戰，奪天下於虎兕魑魅之中，夫子只説他「垂衣裳而天下治」。聖賢開世，治定功成，或只用此一字，抑繼體守成，禮明樂備，亦用此一字不了？如承頽敝之後，當匡攘之秋，仁、明、武三字猶以爲難，豈玉色金聲修拾得去？某云：正於此中見他浩大。黄陵結襪，多士歸心；會稽軾蛙，

厲夫動色。何況帝王神明上事？肇中云：且不論帝王，只如逢掖拱攝，甽畝之下亦有尊道功夫，須才、須識、須學、須力，自伊尹、膠鬲、管夷吾、百里奚來，動心忍性，增益多少？子路一日誦「不忮不求」之詩，夫子便砭它不足聖門。當時不以一道自名，如今諸儒爲主靜、良知之説，都是徑路了。程門獨舉是旨，至今不絶，然竟無有人能以「敬」字安人、安百姓者。想不是看「敬」字差，是看「修己」字差也。某云：「己」如一間屋子，人、百姓如屋子事件，「敬」如主人翁提匙照鑰。主翁精神無有損失，屋子中事事不失，何關屋子事？肇中云：極知「敬」字極大，但要勘「敬」字何等經綸。某云：竪天立地，安世安身，只一「敬」字，經綸無萬。

趙與蓮抱恙新起，未有言論，與石星偕來，因云：「知人則哲」，帝猶難之。「敬」字是聖賢把柄，「哲」、「惠」又別是天分，非人所及。如帝堯於共工、伯鯀，明明知它，如何又放它九載，昏墊下民？某云：諸賢皆明德之後，巨家世族，勘除殊難。又天未厭災，警予未止，舜方側陋，伯禹未長，如何得容易下手？古人都説「國本不可輕摇」，帝堯明明對諸臣説「胤朱嚚訟」，不是帝堯敬德格天，誰人敢發此口？與蓮云：放齊之罪，浮於驩兜，亦只是爲佞，未嘗爲讒。後來所以免於四罪，馬、鄭都以胤朱爲帝子。孔君以胤國子爵別是一人，仲康時有胤侯顧命，有胤之舞衣是也。某云：唐虞五等不在岳牧之上，胤子爲小國諸侯，未有明德大功，豈得頓膺登庸之舉？如有此舉，則四罪之服不後於驩兜矣。與蓮云：齊、兜讒佞自在帝廷，既帝堯之所明知，如何不蚤爲竄殛？某云：小人自是心地不明，看不明白。他初時

亦豈要濟惡，只是看人才情偶然投合，後來不得不如此。堯仁如天，只是哀憫着他，待他敗壞，自然有人與他計較。與蓮云：如此則九載其咨，百姓昏墊，聖人安得穆然於懷？某云：聖人只是敬止，耑精於疇咨，自然有人出來與他商量。皋陶云：「慎厥身，修思永。」去一人而後無可繼，去一罪而後不可與圖功，豈是慎身、思永之旨？凡聖人意量極大，圖維極遠，只是心細耳。此處要安盡天下，還安不得寸心也。與蓮云：「敬」何處最難？❶某云：敬妻子、僮僕難。又在何處？云：敬鄉里愚不肖難。又在何處？云：敬巧猾、奸雄難。與蓮云：程伯淳於此處説饗親、饗帝。某云：伯淳意思極遠，某意思凡近。且看饗親、饗帝果亦難於三者不耳。

侯晉水云：「敬」字是千古傳心之法，舍却「敬」字，無論做不得堯、舜，做人百姓亦不得。吾門説「明善求仁」，若無「敬」字，何處討工夫？《中庸》怕人看「敬」字太易，纔説出戒慎、恐懼，與《論語》「畏」字相發。《書》曰「君子所其無逸」，又曰「皇自敬德」。安人、安百姓已包在「敬」字內。夫子再托出安人、安百姓，不知安人、安百姓是敬之作用，抑修己分量至安人、安百姓始完耶？某云：嚮纔説是本體，己本體上有人、有百姓，己修得安，人亦安，百姓亦安，所差者只是人安、百姓安，己還未安耳。晉水云：如此則是百姓安，堯、舜猶病未安也。想只是修己難，修己要到安人、安百姓難，❷堯舜猶難耳。《西銘》諸書爲世儒翻剥已盡，今對人説

❶「敬」下，四庫本、郭氏刻本有「是」字。
❷「難」，四庫本作「雖」，屬下讀。

本體便是套了。纔説出敬字，生出許多禮、樂、經濟，便是安人、安百姓，爲敬之作用。不知此敬、安分量亦曾到不言、不動、不賞、不怒、篤恭去處不？某云：自然是如此纔説「堯、舜猶病」。凡就己身看出天下痌瘝不獲，皆是己身罪過；就天下看出己身營窟爲巢，皆是己身病痛。堯、舜授受之際，無端説出「四海困窮，天禄永終」，此八字便是古今君臣所斷舌，纔知它看「敬」字極精，看「己」字極一，雖説風動時雍，聖人實亦未能如此。

洪尊光因問：《大禹謨》篇有「欽哉！慎乃位，❶敬修其可願」兩語在「四海困窮」之上。今《論語》堯咨無「敬修」語，則禹命亦應無之，而夫子以「敬修」告子路，則「敬修」兩字是「危微精一」之大結局。從來講學説「精一危微」、「執中」，無説「敬修」、「可願」者，唯季路願聞子志，夫子説「老者安之，朋友信之，少者懷之」，於此發出敬修、可願之旨。想安人、安百姓亦是願力則然，要實實做到如此，真是「堯、舜猶病」。聖賢事業做未出手，已出手未到頭，都是存留此願。使天下後世想見聖賢心力，正是君子無己之思。某云：如此纔是讀書。

吴雲赤云：夫子敬修之論實出於虞廷，然自濟南伏生授《書》二十八篇，無《禹謨》。《禹謨》出於孔壁，《舜典》得於大航頭，前世多疑之者，不知是孔了述《禹謨》以申其意，抑是《禹謨》依聖論以行其書耶？某云：孔壁中五十八篇，與伏生合得其半，只多二十五篇，餘漫滅不行耳。寧道中有餘傍耶？❷雲赤云：蔡九峰嘗言漢儒以伏《書》爲今文，

❶「乃」下，四庫本及《尚書》有「有」字。
❷「餘」，四庫本作「依」。

今文語反難讀；安國《書》爲古文，古文語反從順。今、古相反者，謂今文出於女子之口，古文已經儒生之筆耳。然伏生背經暗誦，反得其所難；孔國摩勘古書，反得其所易。《書》經兩人之手、口，而文勢語意夐然不同，豈得謂仲尼原本乎？某云：《書》在孟子已不盡信，劉歆常云：「與其過而去之，寧過而存之。」今不論「敬修」是仲尼之述《虞典》，是《禹謨》之借仲尼，❶然自「危微」垂訓以來，只此兩字至精、至一，吾輩可以無疑矣。

呂而遠又問：伏生、女子既傳四七之篇，河内女子遂獻《泰誓》之簡。梅賾晉中始上孔壁之書，姚興齊時乃補《舜典》之闕。豈以前漢而古書難讀，迨於末世蝌蚪始明耶？史遷嘗從安國授《書》，述本紀亦無《舜典》、《禹謨》，只以《禹貢》、《洪範》繼《堯典》之後。如有，則史遷亦應見之。史遷不知有「危微精一」、「執中」、「敬修」之學，乃未嘗讀，非識不到也。賈誼、董仲舒亦未嘗讀此書。賈誼稱「性神明命」，仲舒稱「二中兩和」，皆極精微，未有及《禹謨》中語者。朱晦庵云：先漢文章厚重有力量，孔《書》東晉始出，《大傳》格致極輕，疑是《孔叢子》等爲之。蔡九峰亦以孔安國《書序》絶不類西漢文字，然古今絶學開於是書，亦是東晉諸賢之力。某云：古二十五篇深玄奥義，豈是後儒之所能及？昔有疑《禮記》諸篇是漢儒杜撰者，晦翁亦謂漢儒深醇莫如董、賈，董、賈如何做得《禮運》、《禮器》、《郊特牲》許等文字？❷東晉諸賢既不能作一《書序》，豈能創出許多精微質奥之言？而遠云：孟子語伊亦略依傍，

❶「借」，四庫本作「依」。
❷「等」，四庫本作「多」。

如「天誅造攻」、「徯我后」、「天視自我民視」等語都違謬了。夫子語又只是影響，如「爲山九仞，功虧一簣」、「天之曆數在爾躬」、「允執厥中」却以意成義。想是時清言既久，入理寖微，其浩蕩者以翻莊成釋，其典則者以起義附經，是所優爲，不爲難也。某云：隨它假爲聖賢之言，吾已真得芻蕘之採。

洪尊光又問：前日嘗問《三墳》書是真是僞，吾門直以爲堪輿家言，此書中無一字涉堪輿者，豈爲謾歟？某云：正好當彼種書耳。尊光云：亦整齊嚴密，高潔有意思。今看王輔嗣《略例》亦訓詁，將來豈能如此創義、排比渾成？如張天覺、毛正仲輩，自家作數語不成，有此手段便與《皇極》、《潛虚》并驅争先，何苦託之洪荒之遠？某云：他正要凌駕前人耳。昔有人做《正易心法》者，託爲麻衣道者，張南軒、李壽翁極推服之，晦庵疑其凡近，意是時人所爲，置而不看。一日有湘陰主簿戴師愈來謁，即譚麻衣道者，因歷叩之，果是此老所作。尊光云：《麻衣易》只是幾句活話剽撮白撰得來。《三墳》整齊，張、毛輩如何得就？某云：看他輩做《楞伽經》何等精密。凡晉人見諸高士翻譯胡書，高動天子，便欲反之於經；宋人見王家父子杜撰傳註，震攝天下，便欲壓之以古，所謂神農之言耳。如能説到「敬修」、「可願」、「精一危微」，吾亦從之稽首也。

吕而遠云：異教等書儘有見到此者，吾門何以不道？某云：它何曾夢見「修己可以安人，修己可以安百姓」。「修己以敬」正是中和之本、禮樂淵源，九德、九歌之所從出，歷代帝王唯温恭、祗台、敬止、敬勝四君子耳，餘便未能到此田地。而遠云：夫子對顔淵説「一日歸仁」，若此之易；對子路「敬

修」、❶「猶病」，若此之難。何也？某云：論一日修己亦安得百姓，是聖賢力量；論終復禮亦有猶病之心，❷是聖賢心力也。而遠又云：子貢要博濟，夫子亦説「堯、舜猶病」；子路要安百姓，夫子亦説「堯、舜猶病」。「立人」、「達人」亦説「己」，「克己」、「修己」亦説「己」，可見聖人極無多子作用。某云：而遠恁地分明。

吕而德問：「敬」字是千古心法，不漏纖毫。而「仲弓問仁」章添出「恕」字，「子張問仁」章添出「忠」，❸及「問仁」又添出「恭」、「忠」二字。❹豈「敬」字猶有所未盡耶？宋儒加一「和」字，莫亦是此意不？某：❺此意極細。看來只是修己耳，有己纔取譬得人，是聖賢將身作法。❻以敬去修己纔有本體工夫，是聖賢將法作身。「恕」字是將身作法，「恭」、「忠」是將法作身，再不從人身上討下手也。「和」是「中」之作用，「中」是「敬」字養成得來。無敬做中和不出，所以《中庸》説戒慎、恐懼，只於「敬」字上加一倍功夫。

而德云：然則「和」字是如何看？某云：程伯淳稱「中心斯須不和不樂，則鄙詐之心入之。此與敬以直内同意。謂敬爲和樂則不可，然敬則自然和樂耳」。伯淳之意亦以和是敬字養成也。而德又云：正叔亦云「敬而無失便是未發之謂中。敬不可謂之中，但敬而無失，即所以中也」。此與前語相發，大意亦謂中和是敬養成耳。然其語意得

❶「敬」上，四庫本有「説」字。
❷「終」下，四庫本有「身」字。
❸「仁」，四庫本及《論語》作「政」。
❹「忠」，疑爲「惠」之誤，《論語・陽貨》中孔子答子張問仁，曰：「恭、寬、信、敏、惠」。
❺「某」下，四庫本有「云」字。
❻「作」，四庫本作「説」。

無有滯不？某云：語雖躓滯，大意已是分明。

而德又問：明道嘗言「誠然後能敬，未及誠却須敬而後能誠。」敬之與誠，豈有二義乎？某云：明道亦自《中庸》看來。誠是天道，敬是人道，修己便要修到誠處。誠便與天地同體，事親、事天、饗親、饗帝只是此一意，格於此一意，格於上下鬼神、❶草木、鳥獸。❷而德云：明道又言「體信達順之道，聰明睿知皆繇此出」，此是何意？某云：誠則明矣，人心自敬恭而後自然萬慮不擾，處事精詳。

沈若木因問：「人生而静，天之性也。」人都爲朋從往來，思慮日紛。賢者因之務外逐末，不肖者因之縱慾敗度，所以聖賢左銘右箴都説敬字。如認得初體分明，只一主静便了，如何又着敬字？某云：純公亦言「静坐、獨處不難，居廣居、應天下爲難」。人都於静處着動，天都於動處見静，除是木石纔得以静爲體。若木云：若要看誠字，直於静中看得分明。某云：不是敬了，看那得出上下鳥獸、❸蟲魚、草木箇箇是誠，箇箇與鬼神同體，要就静中看它根胎，只得百分之一。若木云：如是敬者却把上下鳥獸、蟲魚、草木都作天地鬼神看耶？某云：自然是如此。若木云：釋家可有此意思不？某云：他看作石火電光，那得有此意思。若木又云：東、西《銘》可有此意思不？某云：它亦説得二三分，從此修持，悟得一半。

是會次義爲「誠之不可掩如此夫」。去

❶「格」，四庫本作「極」。
❷「獸」下，四庫本有「亦只此一意」五字。
❸「看那」，四庫本作「那看」。

歲講義已於「使天下人」處説得分明，石星不忘前義，因問「鬼神」兩字只是不睹、不聞中有睹聞，只此便是致知，便是格物，却借祭祀來説耳。《大學》首傳便説「此謂誠於中，形於外」，這箇鬼神去剔小人之肺肝；《中庸》下段又説「誠則形，形則著」，這箇鬼神去贊聖賢之功德。世間只此兩種鬼神，皆在不睹、不聞，有共睹、共聞之妙；在與知、與能，有不可知、不可能之秘，算來只是人心實有此理，動而爲意。此意不誠，便有許多邪魔陰慝變現手目；此意一誠，便有許多神明聖賢當身顯見。顯見隱微，此是千古人鬼大關；誠中形外，此是千古幽明大旨。知之者，以爲天命人性；不知者，以爲精氣游魂。把祭祀説個影子，故云「誠之不可掩如此夫」。「如此夫」三字讚得使天下聖人、賢人、愚夫、愚婦一齊癡呆，動其心目。人能看此章透者，纔許它格物、致知；不然，且去正心、誠意也。某云：都説得是，任世舉去一一示人。❶

戴昌祖明遠時初下教，未領前説，因問：《中庸》一書究竟明箇「誠」字，然不於君臣、父子、夫婦、昆弟、朋友言誠，不於天地、鳶魚言誠，獨於鬼神言誠，不知此處鬼神者，果屬祭祀對越之鬼神，抑程子所謂天地功用造化之跡乎？某云：程、張所説鬼神，是天地以上事。《中庸》所説鬼神，是人身以上事。心如火也，火輒有影。天地以生物爲心，生便有屈伸；人身以交物爲心，物交便有隱見。都是實形取影，或正或倒，或遠或近，在天爲災祥，在人爲寤寐，在日用爲聽睹，形聲，極奇、極怪、極平、極常。心力大

❶「世」，四庫本作「爾」。

者，看鬼神亦大；心力小者，看鬼神亦小。精者看精，粗者看粗。善言鬼神者，莫過於《易》，括之一言曰「以齋戒，神明其德」，其實只是誠字。不誠的人看子臣、弟友、天地、鳶魚亦無一物，誠者看天下無形、無聲、無手目、無肺肝，所在箇箇是我心光所照，所以能酬酢一世，變化天下，故曰「知變化之道者，其知神之所爲乎」。明遠云：如此看來，祭祀之鬼神是爲人心寫照，卜蓍之鬼神是爲人心傳響。有形寫照者見之於祭祀，有聲傳響者見之於蓍龜，何處是性命所在？某云：此無形聲者便是性命所在。明遠曰：若此者都是意，意生想，想生妄，如何得到「至誠」所在？某云：如此纔要誠，誠意只是慎獨，慎獨者自一物看到百千萬物，現來承受，只如好色、惡臭，感目、觸鼻自然曉會，不假推求，所謂「知至」。「知至」便是「明誠」，「明誠」便與天地合德，日月合明，鬼神合其吉凶。

吕而德又云：吾門常言禮樂精微，關於天地，非聖賢莫能識，非聖賢莫能用也。然考古禮書，自享祀至於明堂，不過報本追始，盡其誠敬而已。賈傅有言：祭祀禱祠，非禮不誠。推其大要，不過防其邪物，訖其嗜慾，與温恭朝夕，執事有恪而已。諸繁重簡易，與時隆替，非有難知之學，難行之事。且如賓尸酬酢，歌奏異宜，亦本於人情，加之節文，非有怪誕。至於明水、鸞刀、秫本之設，袓割、求祊、坐奥之儀，亦古禮相沿習，不爲創。它如喪禮之招臯，鄉飲酒之四座，廟位之西首，及於饗禮之先爵卑賤，後差貴者，殺膳下洽，樂人始奏，皆事理宜然，無甚遠於人情者，何以必周公始作，仲尼始知乎？鄭康成始引讖緯以釋《禮經》，有五帝諸神，差爲怪

誕，然今亦無循之者。今古禮意差不甚遠，唯古人致齋五三，舉饌皆有牲醴，今以茹素，愛然異致，而神明蠲滌之義一也。吾門每言禮樂精微，其義何居？某云：某何足以知此。古人以樂節禮，禮之動天地、格鬼神者，皆託於樂。今人以禮爲樂，樂之諧人情、通物故者，皆殺於禮，無文、無聲，某又何足以知之？而德又云：前日每對，諸兄值不了者，曰且舉《周禮》看。《周禮》有何佳處？胡五峰、蘇子繇詆其疎繆，如建土踰制、冢宰筦利、甸師受眚，❶內宮立市、閽人掌禁、內祝禳襘之説，種種迂繆，不獨青苗國服而已。晦翁亦云：《周禮》一書不敢令學者看，學者先理會身心，學《周禮》却是後一節事。吾門如何付人去看？某云：讀書須是心精，心麤者再看不得《周禮》。看《周禮》後自然耐煩，知它病痛，某至今未能也。且如《周禮》「大司樂」一章，未經秦火，河間古書此最先出，玩之長人神智，決非後儒之所能造。人都説此物壞人，一壞劉歆，二壞蘇綽，三壞王安石，亦當試之，看其災祥如何耳。

洪以儀扶光亦初下教，輒問古禮樂中無今干支、風水之説，《春秋》書宣公八年冬十月己丑，葬我小君頃熊，雨，不克葬，庚寅日中而克葬。定公十五年九月丁巳，葬我君定公，雨，不克葬，戊午日下稷乃克葬。❷古者卜宅既有定域，昭、穆可從。然既卜日，值雨而遲之，則是不日也。今以卜宅之禮聽之地師趨利之謀，縣於日者，或一日不葬，輒遲數年，可云禮乎？某云：此事譚者已多，何必吾門破其關鍵？

❶「眚」，原作「青」，據四庫本改。

❷「稷」，四庫本及《左傳》作「昃」。

於時仲冬，某自天治初歸，初三日己酉，雞栖矣，漳郡地震有聲，許爾翼云：《春秋》著災異，不書事應，大抵以爲陰盛也。晉伯陽曰：陽掩於陰而不能出。文公元年九月癸酉地震，《公》、《穀》皆以爲咎在公子遂；又九年而公子遂禍作，是年姜歸自齊；又九年而大歸於齊，則救鄭之功爲襄仲禍始也。襄公十六年五月甲子地震，又十六年而子野卒，昭公立，魯於是始衰。昭公十九年五月己卯地震，則猶是昭公也，而亂在王室。二十三年八月乙未地震，則猶是王室也，而亂且在昭公。皆先告焉，則甚哉文王、周公之仁也，「匪命面之，❶言提其耳」。哀公三年夏四月甲午地震，五月辛卯桓、僖宮災，則季氏之澤亦且盡矣。五震之中，終始于臣，而中于君，江都之所不稱，而其義燦然不可諱也。地蓋數動，二百四十年之中舉其大者，明地之絀於日也，而顯爲之繫，以示夫失靜之常。《易》曰「臣道也，❷妻道也」，❸其不中于道則仲尼不書之矣，曰「不足以戒」。今玄月藏伏，而地動又甚著，在于周則其正月也。三始之內，陽戰於陰，而雷又數殷，其在於古嘗有之乎？某云：吾郡僻在海裔，去日又近，盛陽伏地，與陰相薄，如人體中脈，過井原稍爲滯栗，何足疑乎？凡雷震不過百里，漢元初元年、三年皆以復月郡國地震，唯永和二年、元嘉元年復月震在京師，是足占耳。自漢而下，盛冬地震屈指可數，唯大曆二年、貞元二年震在京師，宋之景德元年、熙寧元年皆以復月震在京師，當時君臣敦樸，告戒

❶「命面」，四庫本及《詩經》作「面命」。

❷「臣」，四庫本、郭氏刻本及《周易·坤·文言》作「妻」。

❸「妻」，四庫本、郭氏刻本及《周易·坤·文言》作「臣」。

士有常業，人懷安土，不足憂也。凡占者，家不占國，郡邑不占天下。京房「飛候」亦謂其某處有災而已。君子痌瘝乃身，雖匹夫納溝，尚爲怵然，何況大地？劉向見魯國地動，輒指列國諸事以爲正應，文義極疎。嚮兄所陳，皆與劉向異指，亦足稱耳。

謝有懷因問：「天德王道」，聖門只許顏子；「内聖外王」，千古只許堯夫。不知兩賢果在何處下手？某云：亦在復處下手。有懷云：復中可有動不？某云：復中那得不動？又云：復中可有悔不？某云：那得既復又悔？有懷云：如「頻悔」者不可言復。❶《易》既説「厲」，又説「無咎」，何也？某云：復而遂復之，謂之「休復」。「休復」，臨也。復既見陰，復動而之陽，謂之「頻復」。「頻復」，明夷也。臨以體休，明夷體厲。有懷云：臨至八月而凶，何以得吉？某云：臨當丑月，嚴寒戰兢，與乾同德而有憂色。凡《易》，十有二變而盡一卦，日數其陽，月數其陰。復自下上，七日以至於乾；臨自遯來，八月以至於坤。蓋自八變而陽盡矣。君子知微、知彰、知柔、知剛，誠中形外，則何遠悔之有？顏子「有善未嘗不知，知未嘗復行」，堯夫云：能立於無過之地，則物莫之能傷。箕亦立於無過之地，然至於無咎而已矣。有懷云：如此則何處分它是天德、王道？某云：靜處敬便見天德，動處敬便見王道。

王豐功因問：「下學上達」莫亦是敬不？某云：明水、藁本可祀上帝，❷如何不是下學上達？豐功云：夫子説不怨、不尤，

❶「悔」，四庫本、郭氏刻本皆作「復」。

❷「藁」，四庫本作「鞂」。

此處只是修己。修己尚有學問，如事事去知，與怨、尤念頭有何分別？凡人精神須有安頓自得所在，如無安頓自得所在，雖不怨尤，并敬人、敬身都是落空。不知堯、舜當時所學何學？某云：孟氏有言：自耕稼、陶漁，以至爲帝，無非取諸人者。夫子亦云：舜好問、好察邇言。聖賢學問只是敬人、敬身，天子之矜伐，匹夫之去怨尤，都有二三十年學問。如要安頓，看此廓中安頓多少人、多少百姓，又何處安頓《詩》、《書》？

戴石星晚後又問：《大學》說「至善」，又說「知止」。不知至善是體是用，并知止亦有體、有用不？某云：前日說過，此本明者是體，此明明者是用。隨物明明者是體，此不明，不止者是用。石星云：邵堯夫嘗稱「天以用爲本，以體爲末；地以體爲本，以用爲末」。此是何說？某云：它只說動靜耳。天無一息不動，星辰、河漢只依它得不動，故說「以體爲末」。地無一息不動，江河、草木只依他得動，故說「以用爲末」。其實語不玲瓏。其先又說「火以用爲本，以體爲末，故動；以體爲本，以用爲末，故靜」。體用、動靜說略分明，本、末兩字未有的當耳。石星云：它爲何如此？某云：堯夫觀物要剖析分明，❶只爲「物有本末」一句。用自隨體，動自隨靜，體、用中間可以知命，動、靜中間可以知性，寧有從此横分本、末的道理？石星云：動靜、體用原白分明，誠爲它下個本、末，如何纔穩？某云：天以用爲體，故舉末而見本；地以體爲用，故舉本而見末。火以用爲體，故靜而歸本于天；水以體爲用，故動而流末於地。石星云：此不過該舉言之

❶「析」，原作「折」，據四庫本、郭氏刻本改。

耳，其實理是如何？某云：氣無不動，理無不静。静本以立體，動末以致用。水、火得天之氣，藏體於金、木；金、木得地之理，致用於水、火。人親於金、木，而急於水、火，仁義爲體，禮智爲用。静體既立，動用不竭。石星云：如此則禮智是仁義之末耶？凡説此等語，難得明白。不知有宋諸賢誰最明白者？某云：李伯紀、張復之到明白。石星問：是云何？某云：李伯紀對高宗云：凡人心誠則公，公生明；疑則私，私生暗。張復之謂所親曰：人大小事須用智，智猶水也，不流則腐。百小事不用智，臨大事寧有智來耶？伯紀明於其本，復之明於其末。伯紀明體，復之明用。石星云：如此則伯紀殊勝復之。某云：亦猶金、木不勝水、火。

鄭肇中云：周濂溪、張子厚自是明誠、通復之宗，豈張、李二公之所能及？某云：以程明道之温粹，不能轉移臨川；正叔之誠敬，不能感孚神廟。濂溪、子厚猶是，我輩學問如何得了「敬修」之局？肇中云：君子正本而已，天地亦有用其本不用其末者。人急水、火，水、火豈能遍給天下？某云：水、火自然遍給天下。君子「敬修」不到「安人」、「安百姓」，猶如貫錢株木，無當天地之藏。

十月初五六日道周識

榕壇問業第十六卷

門人劉濟劉淳勒編

乙亥仲冬，劉賡穆兄弟卜築天治之巔，張昜之、楊元實同予至天治，賡美方以選貢至，未謁客，亦從山中游。歸，已過初旬之期，乃以十六日集於榕壇。某以講論二年，大旨只爲「明善」、「致知」，聽聞已狎，聲實未綜，恐漸爲朋從往來之累，或有謏聞動衆之嫌，斷以是日鎖結講事。坐定，因問諸友，歷來言義都是風波，要得風恬浪静，島嶼安然，如何可到？可惜此二年講論未關至極也。洪兆雲云：歷來説到「致知」、「求仁」都關至極，何謂可惜？某云：大家實勘，此處乘乘，莫亦是風飜波皺，偶爾成文，豈便是破船安家，坐山得住？賡穆云：何謂破船安家，坐山得住？某云：《大學》開頭説「止至善」，説「知止」、「有定」，此處風浪一齊焦乾，不知何日大家坐卧耳。唐偉倫遂問：「至善」果是何物？如是明新大業，窮極到頭無一缺陷，雖千萬年堯馳舜驟，無有止法，則此止字是不止義。如是性分原頭，繼成本事，無一夾雜，雖一晌間渴睡打坐，亦關至極，則此止字是頓悟法也。某云：正要走耳，看大業做本分也走，看本分做大業也走。走不止時，氣盡神枯；走得止時，神昏氣倦也。偉倫云：此則是參駁止法，如何是至善本義？莫如是西山所云「同原太極」不？某云：賢且坐定，然後思量。

黄率中云：「止至善」之學，自夫子始明之。堯、舜傳授，不説「至善」，只説「精一」。

「精一」即「至善」之旨也。且如孟子説性善，又疏出美、大、聖、神。夫子説至善，却指出定、静、安、慮。此豈有體、用之殊歟？某云：美、大、聖、神是善底分量，定、静、安、慮是止底意思，不關體、用。率中又問：「乾道變化，各正性命」，只是六爻俱陽，無剛柔之合。夫子以剛、健、中、正、純、粹、精七字贊之，如恐不盡至善之義者。後來又説「陰陽合德」，「繼之者善」，伊川所以有剛善、柔善之説。如要經濟天下，明新大業，豈純靠此一片陽精所成，亦還有保合凝成其間乎？某云：聖人亦只得乾上一分，豈有全體乾元尚須調劑之理？率中云：如孟子學問亦到乾元幾分？某云：他於定、静、安、慮上下手，便到至善田地。七字贊美，想不差池。率中云：何處見得？某云：伊自知止，不動心、不動氣兩件是伊誕登，無人得到。率中云：若此則是孟子學《易》從《大學》得渡也。某云：伊自從《易》入手。率中云：何處見得？某云：且勿説善、説性，只道「乾始能以美利利天下，不言所利，大矣哉」，此數語是伊骨子。他日又説「舜與跖之分，無他，利與善之間也」。一生擔荷都在此處。

謝有懷云：孟子明性善，獨惓惓於「充之」一言。「充」如火燃泉，「達」、「止」如登岸安家，此處可有異同？某云：「知至至之，知終終之」，「擴充」是知之始事，「慮得」是知之中境。如説到頭，終無休歇，只是不動耳。舟上看山，兒童走月，如何知他不動所在？知他不動所在，自然得力，安穩光明。有懷云：先儒論「擴充」先須察識，知至、知止可是察識不？某云：知止是定針上事，知至是定向上事，察識是學問上事，先儒研究都不差池，但勿爲事物所倒。

有懷又問：至善要止，恐是怕人走錯，不怕人走過也。此處至極，豈有過分之理？某云：走過便是錯。不偏不易，於針向上看得分明。

鄭孟儲云：先儒稱《圖》皆從「中」起，心法亦從「中」起，太極中圈未分陰陽，先天念頭未分善惡，所以有「太極無極」之説，如此則「至善無善」也。顔子「有不善未嘗不知」，此是從《圖》下手，不是從「極」下手。如禹拜昌言，❶子路喜過，此都從《圖》下手，不從「極」下手也。某云：極是。天樞凝成不在中圈分上，《圖》上看「極」便有不黑不白所在，天上認辰豈有不東不西之理？世儒讀書只看筆墨，認在心頭，極是變怪也。天有彗孛，雖犯薇垣，不到中樞；人有風魔，雖到死時，不亂善惡。如何可説《圖》上無黑無白，心上未惡未善？孟儲云：定、靜、安後纔有慮出，此定、靜、安中可便是「極」耶？某云：極星去不動處尚一度許，一度三百六十里，則「知止」去「能慮」尚三百六十里也。孟儲云：煜今日始聞斯言。「帝堯」安安，大禹「汝止」，此間相去亦有百里、十里之別。

黄介俶因問：《尚書》首言「安安」，道書亦言「止止」，佛家偏説「定靜」，此「定靜」如何與「安」、「止」不同？某云：聖門説「安」、「止」直從「至善」入手，佛門説「定靜」直從「無善不善」入手。至善者如水就下，百折皆東；無善不善者直待海枯泉竭，閉門安坐，此中死生只是「能慮」、「不能慮」之别。介俶云：《易》稱「何思何慮」，聖人不慮而知，要此「能慮」何用？某云：極星不動處纔能

❶「昌」，原作「善」，據四庫本、郭氏刻本及《書・大禹謨》改。

轉，爲它能轉，使天下星辰、河嶽都有奠麗；如不能轉，日月、經緯如廢車釘，何處得明亮來？ 介俶云：佛亦看到不動處，何爲説無慮得？ 某云：他是面壁瞪眼看石牆，一縷雲生，眼簾垂放，何處討有星漢回環？ 學者須先認「至善」，認得「至善」自然「知止」；先認定、静，自然定、静不得也。

介俶云：《易》稱「窮理盡性以至於命」，性自稱盡，命自稱至。 孔之安於蔬水，顔之安於陋巷，尹之安於有莘，旦之安於赤舄，皆有「至命」之學，是以到頭定、静，千慮萬變不動於中。 如把「至善」當性，則此性中又如何至得命來？ 天人之間，性、命一致，想性盡時命亦自立。 天下明明，❶決不關事業上事。 此處跕定，尹、旦、孔、顔一樣明親，所以不爲事物所倒。 某云：如此看書，纔得明白，不在紙上。

楊元實云：《易》稱「寂然不動，感而遂通」，定、静是寂，則安、慮是感耶？ 「定慧」之説既於聖學無當，而處事精詳，又疑非至善所歸。 説一慮字使天下木石、昆蟲皆有熾然之意，不知此得，果得何物？ 如得所止，則定、静、安時猶未得止；如得明新條理，則「知止」時，猶未得條理也。 某云：人怕不能慮，既得則何所不得？ 周公之仰思待旦，仲尼之忘食忘寢，不是「知止」中人那有此段意慮？ 無此段意慮，那得許大學問出來？ 聖賢極大學問，絶不經人心思。 周公作用，仲尼著述，少小一事吾思之三十年不見首尾，如何輕以「慮得」料人？

侯晉水云：「至善」中間尚須周、孔心力，則此「至善」是韶、武争場，不徒是舜、跖

❶「天下明明」，四庫本作「聖人明德」。

分路也。舜、跖分路可以不慮而知，至其曲折亦須學問。韶、武爭場亦可以不慮而知，至其精微却非學力可到。唐虞皆稱「執中」，此「中」字即未發之「中」。定、静、安可是未發，「慮得」可是「已發」不？某云：已發、未發是家常寢興，能慮、能得是爭天奪國。韶、武、舜、跖各有廣大精微、高明中庸、新故相宣的義妙，❶此處中節亦自難言也。漢儒以此書編於《儒行》之後、《冠》、《昏》之前，大抵十分有七分禮樂，修齊治平，有文有素，得其道者甽畝可王，失其道者苞桑可落，決不是閉目放光，照見牀下也。

晉水又問：明字、知字、慮字總是同原，發於靈府，而慮從知生，知從明生。後來説「欲明」又先「致知」，則是明從知生也。《易》云：「知微、知彰、知柔、知剛」，聖人全靠此「知」字。不知知從何起？某云：致知之知，是「明明」之知；❷知至之知，是「本明」之明。誠在中間，再不須説。

劉賡美云：《學》、《庸》二書相爲表裏，《大學》重在「明」，故以致知開門，格物下手，而其用及於天下國家，則《易》所謂「顯仁」也。《中庸》重在「誠」，以不覩、聞立體，戒慎、恐懼爲功，而其感通於天地鬼神，則《易》所謂「藏用」也。兩部大書關鎖在「自明誠」一章。此處言安、言慮，可以説誠之生明；而知後有定，可以説明之生誠。明誠相生，端在於意。意之與慮不知如何分別？某云：每每勸人問「意」與「知」、「心」與「意」果是何物，抑是一物，抑是兩物？今乃知尚有「慮」。「慮」與「思」鄰，同功異位。「意」與

❶「義妙」，四庫本作「妙義」。
❷「知」，四庫本作「明」。

「物」關，同罪異功。定、静之餘，心學始見。爲此一章開天下玄素異同之路，切勿抛過，鄭重諸賢。

劉賡言又問：❶前説「得」字是「得至善」，抑是「得止」，抑「得大道」，都未分明。某云：孟子説「深造以道，欲其自得之也。自得之，則居之安；居之安，則資之深；資之深，則取之左右逢其源」。此「自得之」果是何物？想在前人亦都説過，未煩斷壑，再下開山。

於時劉河間建槐、余玉斧光宸皆新下問。劉河間云：「至善」之「至」與《中庸》「其至」之「至」、「天載無聲臭」之「至」，三「至」字同源。《中庸》以獲上治民歸於「明善」。《大學》稱小人爲國家，雖有善者，亦末如何矣。似都淺淺，在義利路頭，君子、小人分界處看到精微所在。今如作入定、主静功夫，纔有思慮便説走作，不知何時得到清淨寧一所在。想是外道絶慮禁慾，不見源頭，如撥浮雲不覩天日。知止的人只就源頭安心定慮，如聞雞啼自知日出，不關風雨、撥霧排雲也。某云：説則是如此，要做者纔一登場，手脚自亂。中夜無雞啼，亂山無定針，多少聖賢迷時失路。若要源頭，且把《訂頑》、《西銘》陸續翻看。余玉斧云：《大學》一部皆言明德，知是明德，發現人有此知、此明，所以窮照十方之際，曰極、曰本，總是這些子運用。可見一「明」足以盡學，豈明處尚有未善，「明明」尚有未至，必以「至善」足之，至此方完耶？如云「至善」爲「明德」之本，則「明德」豈猶未是本耶？某云：聖賢言語再勿徑尋。某於此道談之血出，無人曉會，自是微

❶「言」，四庫本作「美」。

賤，學問不尊。日月是日月上事，辰極是辰極上事，貞觀、貞明、貞一，三者體用，啞殺聖賢。「明」、「新」兩義，東起西落；「至善」一條，通天徹地。「至善」高低，有寒有暑；「明」、「新」出入，有晝有夜。信得過者，不思不慮，包裹一世；信不過者，千思萬慮，是十行書。

玉斧又問：《大學》經文説誠意先在致知，先儒又説明德工夫專在誠意。豈知至後意尚有未誠，抑致知後另有誠意工夫耶？某云：雞鳴後尚有日出，日出後尚有雞鳴，只管讀書，不消拆字。

沈若木亦自以入會最晚，未領格物致知之論，因問：《中庸》「無聲、無臭至矣」與「不睹」、「不聞」同是一機，「不睹」、「不聞」與「繼善成性」同是一路，但不知此「知止」「知」字在格物前，抑在格物後？如在格物前，則此「至善」兩字尚屬含胡。❶如看斗極者，傍指衆星，了無的據。如在格物後，則此定、静、安、慮的是空體，妙慧相生。如看斗極，無一星處纔成不動，纔是萬軸之轂，如何還有節次等待得來？某云：知得前後，自然不同。知在斗極下看，得在斗極上坐。既先入關，尚有鴻門一節，馬上意思，如何便得四百餘年？若木云：時師俱云至即止也。至與止無二義，如火至熱，熱至火而止，冰至寒，寒至冰而止，豈有先至冰、火，後止炎、寒？某云：説則如此説，如要立命、安身，先須除此曠論。直節之竹，切不須吹。

吴太灝見諸賢問「止善」之義已畢，因問：《大學》經文以下即繼「此謂知本，此謂知之至也」，此指修身而言耳，或是聖經自

❶「兩」、「胡」，四庫本作「二」、「糊」。

掉，或是傳者讚語，俱未可知。程子斷取之，無所係屬，反補「致知格物」之義，至今以爲疑柄，何也？　某云：程子讀書亦不錯。「致知格物」此最大事，經文但以治、亂、厚、薄四字了之。四字只解本末，本末只繫一身，可見身備萬物，亦可見物備當身。程子不思，疑有漏義耳。太灝又云：原文首釋「誠意」，而《淇澳》三詩繼之；《康誥》至「敬」止，諸《詩》、《書》又繼之，乃終以「聽訟」節，大意以「誠意」爲「明」、「新」之本。《淇澳》解「明」，前王解「新」，《康誥》至「敬」止，總詠「明」、「新」、「至善」之事，「聽訟」章重釋「知本」、「知止」之義。古本原自明白，何必如今本所裁，截空補缺，顛倒舊義乎？　某云：程、朱亦是好意，但紬繹不精，終始爲格致所滯。如古文繼「愼獨」於「知至」、「知本」之後，正是格物大關。人都説「獨」中無物，曾子説「獨」中有十目、十手。人都説皮面相覷，夫子獨説肺肝如見。以此見肚皮蓋屋，都是晶亮東西，容隱不得一物半物。好色、惡臭，自是人間第一大件，物知相觸，萬法緣繇俱從此起。人如曉得峻血交心，聞香捫鼻，便曉得四體百骸個個有知，不從物來，不從意起。如曉得屋漏透光，肝腸掛面，便曉得瓦礫皮膚更無一物，細不能掩，大不能藏。只此「誠意」一章，更無餘義。下面《詩》、《書》疊見層出，只爲首節演其波瀾耳。程、朱説有錯簡，未嘗不是，只是補傳太疏。古人云：誤書豴閱，亦是一適。令無補傳，去上文「知本」、「知至」之複，存「聽訟」、「大畏」之結，亦殊可觀；但使「誠」、「正」別自分篇，情、文亦非合轍。程、朱不爲詮次，今日議論更自紛紛耳。

是日，拈「知止」之義畢，欲以「來百工」爲次義，因思前日對戴仍樸「有財有用」之義

似爲末了，乃問吴雲赤云：《周禮》不説冬官，只於地官栝其名義，❶藪澤、農圃一切治於官師，此是何意？雲赤云：有土此有財。工虞屬地正，使治地有官，雖冬官可缺耳。如鞾革餘材，直是尋常匠料，豈煩大卿治之耶？看來「來百工」兩語只是「財者末也」一句耳。某爲悚然。雲赤因問：筵中談漢鹽鐵及唐轉運事，此當今切務，然用人、理財兩者相爲表裏，車丞相、桑大夫不用中山劉子雍，卒爲千古訾議。劉晏簡核出納，一委士人，胥吏唯奉行文書，是以無弊。今安得茂陵唐生輩六十餘人商本末之務，又安得人如劉晏慎簡臺閣士以任租庸乎？某云：議論守古者甚多，通法匡時者甚少，劉士安多刺名流之有口舌者，以利啖之，如少年敏鋭，不過爲租庸，使追利耳。射利千里之外，知其虚實，與時高下，豈士人所爲！財賦有定，決未有不聚不斂能自六十萬加至千二百萬者。士安雖貧，元載自富，以士安之財歸於元載，則是士安之儉無救元載之侈也。凡士大夫言利，皆無善終。劉士安自是賢者，然去第五琦不多，自是九江祝生之所憤懣耳。❷雲赤云：劉晏亦未嘗射利。自爲低昂，只是通變能發財耳。如「常平法」出自劉晏，今無能行者，亦自可惜。某云：劉晏所謂「常平」，只是江淮之間物貨總聚，❸物多則價自平。桑弘羊亦稱「平準」，都是官家與商賈估價，《周官》市廛未必有此瑣屑。要使天子寬大，宰相廉貞，任此司農爲一時儲胥，使貪濁之聲不歸於上，脂肥之澤滙於京師，

❶「栝」，四庫本作「括」。
❷「憤」，原作「墳」，據四庫本、郭氏刻本改。
❸「總」，四庫本作「繁」。

亦是便益也。

財用之説既非要藥，乃以「選舉」一章爲次義。吴雲赤云：臯陶、伊尹俱稱直臣，伊尹一介不取，爲木引繩，自是化枉材料。臯陶九德，寬柔、願擾、温恭已居其半。上下立論，只在哲惠、好生，以寬以簡，可見此直全在涵養中來。夫子説「人生也直」，直爲句萌之體，與仁同用。虞廷諸臣屢本此説。帝命伯夷曰「直哉唯清」，命伯夔曰「直而温」。禮樂、政刑本是一物，所以聖門屢弘此論。今人説直字能與虞廷同旨不？某云：今之直者，異於是。「斯民也，三代所直道而行也」。雲赤亦爲筦然。

劉賡穆因問：漢家紀載侯王將相有辟舉，若給事、舍人之類，郡國有察舉，即孝廉是也。朝廷有特舉，若賢良方正、茂才異等之類；又有舉於太常受業者，爲博士弟子，即明經是也。漢家賤經生而貴文吏，然經生弟子亦多爲九卿者。州郡辟舉或以掾吏馴至公卿，然有察舉連坐之條，卒使部分爲黨，人死其師。舉主之重麗於君親，殊不可訓。今以考試，文義神明，其典卜於心華，似雖千古不可復易，而談者欲變以鄉舉、里選，使人敦實行，漸革浮華，此意如何？某云：左雄、崔亮得失各半，分上鑽刺何在而無？諺云：舉賢良，鈍如椎；察孝廉，濁如泥。要是一時權宜，如飽膏粱者之思薑芥，如遂弘馮正途，雖韓福、楊厚未必於治有俾正，可爲風教留些後澤耳。

劉賡穆云：書生讀書作「制義」得官，皆云吾所自致。如有鄉舉、里選，便知君親、尊長之重，不敢肆於州里，傲於朋友，豈不是弭亂要方？某云：伊讀書以聖賢自任，代周、孔言語，稍做官便忘了，如何記得州縣公舉、

鄉里推重？即有之，徒使猾胥比周，膏粱冒濫耳。蔚宗有言：俗儒腐生，忘其虚拘，拂巾拭褐，是不可恥也，孰可恥也？賡穆云：漢世人才多於唐、宋，全是辟舉中來。某云：亦是風會使然。漢世人才不能多於唐、宋，只是公輔選望，漢世尤嚴，推讓既多，品望自出。自晉而下不復推讓，執政顯官皆可營躐，所以漢、晉之季台鼎多上流，唐、宋之末碩儒多下位。要是風會欲頹，羽儀自落，天之所壞亦不可支，天之所支亦不可壞。科條變更，何力之有？

張吉甫亦問：古今人才，自三代而下當推孝武。如廣川學問奥於昌黎，龍門史材軼於夏縣，長孺勁直尚於玄成，曼倩諷諫達於懷英。他如申、轅儒術，衛、霍武功，王、馬文章，張、趙吏治，皆爲近代罕耦。其求賢之詔唯見元朔、元光三詔書耳，作興未久，辟舉亦未盛，何處得此輩來？某云：上之所好，下必有甚者。經術吏治、文章武功，孝武一身兼有。諸賢之撰，廣川得其沈，子長得其逸，長孺得其氣，曼倩得其智，張、趙得其刻，衛、霍得其毅。凡一代人主，首出群臣，才器來而從之，往往相比。貞觀諸臣合成一貞觀，明道諸臣合成一明道，開元諸臣合成一開元，靖康諸臣合成一靖康，分配精光，如星與月，如何得使元狩諸賢遂與豐鎬比烈乎？吉甫云：南渡亦儘有賢才，與高、孝不類，如何僅成高、孝之蹟？某云：合來亦只成一高、孝，散去亦只剩一南軒，不受精光者如何得與比數？吉甫云：如此則辟舉亦是要事，令諸隱耀得配光明。某云：景譽既不恒有，遲速又是平行。順帝既似樊英，嚴陵亦像光武，只要大家留意，不患一世無才。

羅期生云：舉錯自是大權，知人尤是絶

學。尋常説「舉直錯枉」，人人曉得；一當人材之藪，冠帶相蒙，拜揖氣昏，何繇辨得？夫子告哀公説「舉直錯枉」，告定公説「知天知人」，當定、哀時，此兩句都無人辨得，亦無有用處。堯、湯而下，❶誰知仲尼者？某云：聖人則是難知，如枉、直亦自然易辯，不過衆所謂直便是直，衆所謂枉便是枉耳。羅期生云：衆論必察，豈可定憑？某云：是非功過則是難憑，如直、枉者，斷之以理，與衆共之，百不一差也。期生云：後世知人如叔向之識鬷蔑，亞夫之論趙禹，孔明之於孟公，其照如犀，用各有濟，此是何如？某云：知人只是知己，知己既精，以此照人，如鑑應物，倍我師之，平我友之，勝我兄之，濟我弟之，如此自然有用。期生云：此處莫有不同，纔有己便見不得人了。夫子説「知人本於知天」。天中空洞，豈有己在？某云：君子省身，事事以天爲度。事君、事親、事兄、事友，自家節次極是分明。以此看人，多所推服，自然我用得他。期生云：如郭林宗、第五伯魚一樣藻鑑，是何處得來？某云：只是看直、看枉。揮金不顧，此是直上一路；執物問價，此是枉上一路。「棄布空山」是直上一路；「就藥京市」是枉上一路。此處分明，且勿問人經濟幾分，福澤多少。

盧淵照應珠、戴薇仲昌祖亦初下問。淵照云：《魯論》記舜有臣五人而天下治，子夏獨稱臯陶。❷臯陶佐舜，首開誅凶之典，與伊尹放桐同是一樣辣手。後世豪傑輕視君相，如蔡剛成、霍子孟漸漸上來，迫着正位，都是兩人開他。如此變動天下，亦須才人，

❶「湯」，四庫本作「舜」。
❷「稱」，四庫本、郭氏刻本作「舉」。

子夏獨以爲直，何也？後代如李膺、張柬之輩亦稱直臣，却自家不保，如何濟得天下？濟天下須是才德咸備，又須聲實兼隆。皐陶出於望族，有才子之稱，伊尹歷仕兩朝，懷非常之炅，所以一出而四海震動，革面革心。今乃欲取草野書生，授以折衝之寄，萬一不效，都爲豪傑鄙笑耳。❶薛文清之早退，吳康齋之辭秩，都於此處看得分明也。某云：領教領教。

戴薇仲亦云：國家甚急選舉，如監、吏二途極爲劣薄，然漢自王尊、趙廣漢出於佐吏，宋自陳東、徐應穮出於太學，才概皆爲可傳。如以皮相料人，則馮煖之求魚自穢，孫明復之乞錢自汙，皆表表終譽，豈時人之所別察？我朝考選既三百年，重棘之試糊名易書，人才變化盡由此道。必使監、吏皆學秀才，猶使秀才皆爲監、吏也。雨集之水不生大魚，必從異徑以得異才。如何而可？某云：此天上事，我輩書生如何輒復議此？

洪尊光一日問：《三墳》書興自元豐，汲冢書肇於太康，是真是僞？某云：宋人好談風水，《三墳》爲堪輿之鼓吹；晉人好冒經傳，汲冢爲魯壁之羯鼓也。如論真僞，今《尚書》中命詞尚有三種不同，何論汲冢乎！尊光云：何謂不同？某云：張霸僞造，鄭玄冒箋，遂二百年。劉向繆録，馬融繆註，又二百年。梁柳翻新，開皇購舊，又二百年。彝鼎耿光，過七百年，火土侵尋，亦無辯處。王忠文疑其事古而詞反近，事近而詞反奥；吾取其近道而存之，純冕從衆，何足嫌乎？

朱季乂問：晉靈公之弑，董狐直書，「亡

❶「都」，四庫本作「徒」。

不越境」，則凡與弑君者逃千里之外，可乎？當時董狐只合舉其事以證，不當以爲疑詞。孔子曰：「惜也，越境乃免。」惜者，惜董狐之言，非惜宣子之不能免也。又左氏書荀息之死，引《詩》「斯言之玷，不可爲也」，「荀息有焉」，是指荀息不能正諫於前，而輕諾於後，貶詞，非褒也。某云：有此問，吾都見過。季乂云：漢祖欲易太子，留侯能使太子安耳，不必去戚夫人。袁盎止慎夫人與后並坐，亦不必去慎夫人。凡閫内燕私，人臣有不敢與者，荀息之見或生於此。且孔子不止魯之女樂，管仲不去齊之六嬖，聖賢到此却是小心。如吕、武臨朝一節，實國家大變，王陵、裴炎欲以一言折之，❶不得而死；陳平、狄仁傑置若罔聞，而身國俱全。豈以禍亂之根生於母子之間，不行忍辱，必至毁敗乎？某直視云：季乂，誰授此說？莫亦嘗從李宏甫得來？

異日，劉賡穆見問：昨朱季乂問數事，極是關係，如何不答？某云：某偶有所思耳。云：誰？某云：思雋不疑、韓魏公也。始元間，有一男子乘黄犢車詣闕，自謂衛太子，詔使公卿中二千石覆視。長安聚觀，丞相、御史莫敢發言。京兆尹雋不疑後至，叱從吏收捕。大臣愕然。不疑曰：諸君何患於衛太子？昔蒯聵違命出奔，輒拒而不納，《春秋》不以爲非。衛太子得罪先帝，亡不即死，今來自詣，此罪人也。遂送詔獄。英宗之立，與太后未洽，屢有危言。韓稺圭調護甚力，恐有不測。一日對太后云：臣等外廷不得見官家，内中保護全在太后，若官家失照管，太后亦未安穩。太后驚曰：相公是何

❶「裴」，原闕，據四庫本補。

言？英宗初晏駕，召神宗未至，英宗復手勑。❶曾公亮愕然，欲止召太子。穉圭曰：先帝復生，乃一太上皇，何可此時不召太子？天下似此事者正自不乏，❷吾偶念二公耳。不復答問，何足疑也？

賡穆又問：前日吳雲赤問葛公不立北地王，魏秉德問褚公不争昭儀之立，❸此事甚當，亦何不一深言？某云：大臣行事，各有難易。如使王諶可立，武曌可争，葛、褚二公爲之極蚤，我輩相去既千百年，留與二兄自持雅論耳。

張勗之又問：《周禮・大司樂》圜鐘爲宫，黄鐘爲角，太簇爲徵，姑洗爲羽，以奏於圜丘，六變而天神降。函鐘爲宫，太簇爲角，姑洗爲徵，南吕爲羽，以奏於方澤，八變而地祇出。黄鐘爲宫，大吕爲角，太簇爲徵，應鐘爲羽，以奏於宗廟，九變而人鬼可禮。此一段是古今奥義，從無説得明白者。某云：某亦用心數年，不得明白。於勗之意上疑滯云何？勗之云：五聲之中，去其商聲，一也；四調之中，不依律序，二也；蕤賓、夷則、無射、仲吕不在音部，三也；環宫義例并不可推，四也；四祀異用，五也；變數異致，六也；六樂歌奏，於是不叶，七也。有此七義，自先儒鄭公以至晦庵皆未明了，今世儒者無復能談，則何用讀書窮理乎？某云：康成言之甚悉，何謂未了？

勗之云：鄭説天宫夾鐘陰聲，其相生從陽。陽爲無射，無射上生仲吕。仲吕與地宫同位，不用。仲吕上生黄鐘，黄鐘下生林鐘，

❶「勑」，四庫本作「動」。
❷「自」，四庫本作「是」。
❸「德」，原作「得」，據四庫本及本書《姓氏》改。

林鐘即爲地宫，又不用。林鐘上生太簇，太簇下生南吕，南吕與無射同位，又不用。南吕上生姑洗，是爲天宫，只用四樂。地宫林鐘，林鐘上生太簇，太簇下生南吕，南吕上生姑洗，無所避用。人宫黄鐘，黄鐘下生林鐘，避地宫不用。林鐘上生太簇，太簇下生南吕，南吕與天宫之陽同位，又避之。南吕上生姑洗。姑洗，南吕之合，又避之。姑洗下生應鐘，應鐘上生蕤賓。蕤賓，地宫林鐘之陽也，又避之。蕤賓上生大吕，此語尚爲未了。且如天地之陽，皆有所避，則地宫林鐘何以不避太簇？如謂天地同位，亦避不用，則人宫黄鐘何以不避大吕？朱晦庵云：此即環宫之法，舉其部頭以例諸樂耳。如大吕爲角，則南吕爲宫；太簇爲徵，則林鐘爲宫；應鐘爲羽，則太簇爲宫。自是四樂，各舉其一而言之。然樂之五音各生於律，律有長短，音有清濁，宫、徵、商、羽、角爲小素生成之法，宫、商、角、徵、羽爲大小相次之序。今概以相環，則應鐘爲宫，清濁已窮；無射爲宫，遂餘一徵；仲吕爲宫，則四聲俱倒矣。如何可用？晦翁雖以部分相統，中存細音，然畢竟撓亂，取名遺實耳。其於司樂專用三宫之説，有何干涉？晦翁又謂此是降神之樂，偶舉四段則不應，謂是六變、八變、九變之全也。自有《周官》來無人明白。且如祭事尚柔，始實翦商之意，都爲無當。至於唐人稱周木德，忌金尅之，則成周全樂并廢，商聲殊可掩口。荀卿以「審詩商」爲太師之職，古君子皆有縣簴辨聲之學，今此一章書百八十字，無有能辨者，❶當是如何？某云：祭事尚柔，孔子謂非武音，此一事最易明白。

❶「辨」，原作「辯」，據四庫本、郭氏刻本改。

然樂有五音、二變，如何缺得？只是不用商部以領宫聲，晦庵之説是也。然古今未喻者，凡樂十二律皆自以本律損益五聲，得六十器，器本於律，律以和聲，至應鐘小羽二寸二分一釐四毫七絲，於節極短，於數極輕，於器極細，而聲律始盡。所謂大不踰宫，細不過羽也。五降之後誼不復彈，所以二變不用，則無八十四調；十二律不旋，則無百四十四律。故黄鐘爲宫則動其宫，爲角則動其角。太簇之徵，太簇之角，姑洗之羽，應鐘之羽，皆用其器以爲其聲，非抑其本宫之律以爲某律之聲也。至於陰陽相感，聲類相求，如周人克商，月在天駟，日在析木之津，星在天黿之首，日月星辰皆在北維，是以樂律本之以求其方。鄭云：夾鐘爲房心之氣，心爲大辰，天帝之明堂，實則天駟之分也。太簇在於析木，黄鐘爲天黿，姑洗壽星，雖五位三所之所不列，然是冬至日出之位，故曰天駟爲宫，天黿爲角，析木爲徵，壽星爲羽，六奏而天神可禮也。地本於林鐘，鶉首、天社在井、鬼之外，姑洗日之所出，南吕日之所入，舍無射而用南吕者，卯酉之直，天地匹也。人本南吕之羽入於畢，周人所用以出師也。人本於黄鐘，黄鐘之宫，大吕之角，太簇之徵，應鐘之羽，皆在北維，故曰武始成而北出。天地用其日月，故天唱以夾鐘，地成以南吕，人用其寒暑，故貴子而終亥。應鐘、圜鐘、函鐘三者木德所爲終始，聖人之精微存焉。南吕、仲吕、大吕此三者，金德所爲終始，聖人獲其成者，去其生者。水德去其生，火德存其始。去金、水二星以收夏、殷之實，存火德之始以留邠鄗之治。聖人之精微，後世之所不知耳。時常歌奏本於太歲、日辰之合，故有「奏黄鐘、歌大吕、舞《雲門》以祀天神，奏

太簇、歌應鐘、舞《咸池》以祭地示，奏姑洗、歌南吕、舞《大磬》以祀四望，奏蕤賓、歌函鐘、舞《大夏》以祭山川，❶奏夷則、歌小吕、舞《大濩》以享先妣，奏無射、歌夾鐘、舞《大武》以享先祖。」若别有大事於天地宗廟，則六成、九變，聖人備取之矣。

勗之云：合歌、合奏，康成以爲蜡祭之樂，故舉十二辰以終歲事。四樂極變，晦翁云「是降神之樂」耳。某云：蜡祭則是矣。如降神之樂，則安得六變、八變、九變用爲迎送之具乎！

勗之又云：夷則、仲吕、無射、夾鐘既可以享祖妣，則何以不動於宗廟之中？❷某云：正如康成所云，亦各有取之耳。勗之云：六十律自京房而後多有傳者，然是非各半，萬寶常造百四十四調八十四律，爲當時所輕，遂不能傳。今如皆用六十器六十聲，則鼗、鼓、琴、瑟、箎、籥、金、石八音之中皆六十種，安得如此繁重？某云：禮樂七年始就，八年復興，如何草草以胡樂俗製了之？且無此法，何處有靁鼓、靁鼗、孤竹之管、雲和之琴瑟，及諸種種宫、角互異乎？勗之云：史遷以黄鐘損益宫、角、商、徵、羽爲序，及於小羽而止，今皆反之，何也？某云：此易改耳。❸史遷以下尅上爲命音之體，以隔八相生爲命律之序，此無所復疑。唯五音出於器，不出於聲，此須明耳。

勗之云：損益相生，鄭世子有八、六互起之説，爲近代所推，今皆以爲未達。如變器爲聲，自成七律，晦翁而下一二達人亦多

❶「舞大夏」三字，原闕，據四庫本、《樂律全書》補。
❷「動」，四庫本作「用」。
❸「改」，四庫本作「解」。

宗之。又如高漸離擊筑，荆軻和之，一爲變徵，再爲羽聲。前日講諸詩，亦一器及一管俱可作四聲。荀勗以筯叩食器，備有五聲。❶以一律備作四聲，何須别創？某云：此唯絲桐及人聲能之。至於鐘磬何能復移？古之舞者皆無聲，直以其象合於律吕。今之舞者皆有聲，猶爲鐘磬自行分訴耳，安能復别古人制作之妙？

勗之云：范鎮、王樸、阮逸、胡瑗、司馬君實諸公皆名儒，爲何聚訟終年不合？某云《大司樂》一章，《書》尚摩勘不來，❷如何追理倫、夔之緒？好古敏求要有節次，切莫泛泛連根帶葉，務爲該備也。

乙亥仲冬廿日道周識

❶「五」上，原衍一「五」字，據四庫本删改。

❷「摩」，四庫本作「磨」。

榕壇問業第十七卷

門人張瑞鍾勒編

丙子春，某以守歲還山，獨處墓下。時諸親朋各以歲事家居，未遑講論。而某新奉環命，將改荔衣，擬拜疏請告，稍謝朋從。山中書籍皆朽蠹，無復足披。抱膝看松，增其寥落。簡諸友尺牘中有陳克韞問業十則，劉薦叔問業二則。克韞，長樂人，爲平和司鐸，敦尚文行，所稱道最深，至可觀。劉薦叔，福安人，以訪郡守至，亦邃於學問。又有薛當世大志，寧德人，問學四五事。皆名孝廉，不相迂鄙。又有檇李陳獻可蓋謨，商三《易》、《皇極》，亦六七事。未有以答也。自揣寡陋，生於海裔，未有聞知。然諸君子皆淵懿拔俗，即無以答之，其問難宜自足傳。因略爲次於後。

陳克韞一問：榕壇講「屢空」，說「命」字，大是不同。命屬太虛，屢空則近於虛，故曰「庶乎貨殖屢中」，便礙於虛，故曰「不受命」。顔子亦多中時，但「中」仍是「空」。如「簞瓢陋巷」已算到周流無用處。子貢亦有空時，但空不能屢。如到切磋、琢磨後，前見已自無存，是兩賢絶詣。但曰「屢空」便有不空時，「簞瓢陋巷」尚有簞瓢陋巷在，「三月不違」亦尚有三月在。曰「屢中」便有不中處，性道文章却推解不來，聞一知二亦遺落處多。如夫子者周流天下，何處定是曲肱蔬水？罕言、雅言，何處定是見聞解悟？到是兩賢之所未及。又云：夫子於兩賢往往較量點化，「一貫」爲「屢中」切劑，「屢空」亦

爲「竭才」微旨。「鄙夫」一章次於「多能」之後，與「如愚」、「多識」一樣着眼。豈不是點化分明？

某云：某看書何曾到此？某一日曾晤丁玉明，坐久，無可酬對者，某因云：顏子「竭才」，又稱「屢空」。夫子説「我叩兩端而竭焉」。此兩「竭」字與「空」字如何取證？玉明云：先生胸中豈有未竭處？某爲爽然。又憶辛未春日，劉完公初入都，問「屢空」、「貨殖」之義。某云：「屢空」便是顏子窮欠，「貨殖」便是子貢聰明。向後完公再舉此語，某遂不認。某何曾説：❶簞陋有餘，周流無用。曲肱蔬水現前，富有天下；三十屢空現前，享有究國。古今只有兩人，一稱「鰥夫」，一稱「貧夭」；一者享受百年，❷一者廟食百世。子貢恁地聰明，豈遂億不到此？億不到此，不成子貢也。張明公曰：不弛勞而底豫，舜其功；無所逃而待烹，申生其恭。亦看得六七分意思。

克韞又云：博學無所成名，黨人無心議擬，已寫出夫子上達莫知境地。夫子以爲知己，纔説出下學實際來。夫子一生不厭不倦，只「下學上達」一句，開頭説「學習」，便到「不知不愠」，❸説「中庸」，便道「遯世不悔」。學到「不見知」處，直是心體上取照，非世人聞見所及，故以「上達」破子貢「聞見」榜樣。然不言「下學」是何等工夫，子貢粗心却不復尋，故聞黨人之語，遂指出「射御」以示門弟子。禮、樂、射、御、書、數，正是「下學」吃緊處。射者，反己，最可悟道。御之一事與周

❶「何」，四庫本作「向」。
❷「受」，四庫本、郭氏刻本作「壽」。
❸「到」，四庫本作「道」。

流較親，故曰「吾執御矣」，蓋實實約略，生平如此，非是權對也。黨人雖不學，却千里相遇；子貢雖聰明，却當面錯過。某云：子貢何曾錯過？「下學上達」依舊是「一貫」本子，只説箇上、下，十倍分明。夫子對子貢傾廚倒庋，子貢見夫子目定心癡，一日陡問：「女以予爲多學而識之者歟？」子貢理會猶未十分，忽聞「一貫」，如富子驟貧。又一日，見夫子自稱「莫我知也夫」，子貢商量未下，忽領得「下學上達」，如貧兒驟富，言下再着不得一毫言語。聖者自示，賢者自承，悟人不討下手，美子不現全身，❶如曾子門人便須償他「忠恕」，「一飯」之外禮意蕭然。今日如何又把殘羹當作大牢之享？執射、執御分明是破着名心，銷他學障。老子云：「如大，久矣其細。」聖賢學問中無復有細於御者，何曾見周公以卜宅致富，虞舜以陶漁興家？

克韞又問：前日説孟子學《易》，以五百餘歲見知、聞知，闡發深微。然孟子學問盡於「不動心」，「不動心」在「知言養氣」，《易》中何處説「知言養氣」？只是「孔子，聖之時也」。「時」即是《易》。進退、存亡不失其正，仕止、久速各當其可，此便是《易》了。某云：如是，人都曉得，再不須問，亦不須説。《易》云「將叛者其辭慚，中心疑者其辭枝。吉人辭寡，躁人辭多，誣善之人其辭游，失其守者其辭屈」，此便是孟子「知言」；「易其心而後語，定其交而後求」，「知微、知彰、知柔、知剛」，此便是孟子「養氣」。養到此處纔説得「三極自如，一極不動」，不要泛泛自酬應上看人工夫。

❶「美子」，四庫本作「人」。

克韞又問：「知其性則知天矣」，此章「心性」、「身命」只是一套事，知得透即是行，行得透即是知。《學》、《庸》兩部都是「心性」上事。《易》說「窮理盡性以至於命」，孟子說「盡心知性以至立命」，想亦無甚差別。大抵窮理至於盡心則盡矣。盡心是知，亦是行。盡心以下，孟子字字說《易》；盡心以上，孟子事事學《易》。盡心以上，即孟子六十四卦；盡心以下，即孟子《繫詞》。孔子有孔子之《易》，孟子有孟子之《易》，猶伏羲有伏羲之《易》，文王有文王之《易》。某云：讀書尚論最要實，安得如此籠括「易」字？一字豈可通掛《孟子》七篇？前五篇上、下都論仁義、禮樂、霸王、聖賢的的大意，《告子》、《盡心》兩篇纔爲《學》、《庸》疏明心性，爲窮理源頭，關防萬世錯路。所云盡心者大要明善而已。明善即是致知，誠身即是格物，物格知至即是至命。孟子云「知命者不立於巖牆之下」，此即格物的的大意。人把《學》、《庸》、《論語》來看《孟子》，字字分明，何消以《易》溷他伏羲、文王、孔子三聖相傳，於《易》前不敢錯說半字？程子說「顧兔可以作《易》」，常爲之噴飯。《孟子》即是《論語》、《學》、《庸》疏義耳。趙岐云：「《孟子》書七篇，二百六十一章，三萬四千六百八十五字。」孫奭云：「天以七紀，璇璣運度；七政分行，故以立法。二百六十一章以當二十一歲之月，三萬四千六百八十五字以當九十五歲之日，離其七篇分章贏縮以當一歲之辰。自孔門來，著作無有精於孟子者。又其全書未經滅裂，是則《告子》、《盡心》謂之開陽瑶光矣。」是皆看孟子太高，然見古人用心，未嘗潦草對聖賢開目也。

克韞又問：心字易知，性字難明。「性，

一也」，朱子解性以爲兼氣質而言，語雖本於程子，然似有二性矣。要之，性不離氣質，第不雜氣質而言耳。非特耳目口鼻爲氣質，即心亦是氣質。心之生處是性，譬如火是氣質，火之光處是性；水是氣質，水之流處是性。心之生處即仁、義、禮、智，故曰「性之德」。告子以生爲性，原不差；朱子以知覺、運動解生，亦不差。第後人認知覺、運動屬血氣，猶孟子所難白雪、白玉者，遂差耳。不知孟子初未嘗非告子，特恐其分别未精，必流爲「義外」之説，故就生字盤他，盤到「根心生色」所在，則「幾希」之義亦明白，惜告子「不得」而遂「勿求」耳。某云：克韞與「達巷」回護猶可，何與告子回護？自孟子後無有知性者，董、賈尚不錯，至周、程便錯耳。夫子説「性相近」。只論上智下愚之初，不論上智下愚之末耳。智、愚末流皆是習，豈是性便如此？克韞説「不雜氣質而言」，此句最好。説不離氣質而言，便不得氣有清、濁，質有敏、鈍。自是氣質，何關性上事？如火以炎上爲性，光者是氣，其麗於木而有明暗、有青赤、有燥濕，是質，豈是性？水以潤下爲性，流者是氣，其麗於土而有重輕、有晶淖、有甘苦，是質，豈是性？生字只是就字起義也，如何便指爲性？「天地之大德曰生」，生是天地之性，亦就理上看來，❶故曰「天生蒸民，有物有則，民之秉彜，好是懿德」，不曾以二氣交感者稱性也。以生謂性，自然以食色爲性；以食色爲性，便與鳥獸異類無别耳。《記》曰「被聲别色而生」，❷只是説他活路，豈是所以生之理也。就生上可拆

❶「亦」，四庫本、郭氏刻本作「是」。
❷「被聲别色」，四庫本及《禮記·禮運》作「别聲被色」。

到「幾希」所在，猶王伯安少年拆竹木要求理所在也。水之潤下，火之炎上，金之從革，木之曲直，人之仁、義、禮、智、信豈可拆其形體而求之？只就形色看出天性，則是聖人盡性之妙，看天下山川、草木、飛潛、動植，無一不與吾身相似，此從窮物格理來。邵堯夫三十年纔見一半，如何便以一句塞之？凡聖賢立言，再不糊塗，勿爲傍門所誤。

克韞又云：天字易知，命字難明。大抵天命之說亦猶心性之說。心之生處是性，天之不已處是命。天何以見不已？即在人心之生生處。故曰「天命之謂性」。天之行健、無息，即心之戒慎、恐懼，所以說「命」必到「無聲無臭」，說「性」必到「不睹不聞」。天命至處便是「太極太虛」，心性至處便是「至誠至聖」。天之有氣數，亦猶人之有氣質。性無所麗，麗於氣質；命無可見，見於氣數。故言氣質而心性即在其中，言氣數而天命即在其中；不可分天命爲理，氣數爲數，猶不可分性爲理，❶氣質爲質也。某云：說合一處，何嘗不合；說精微處，自然要條段分明。天有氣數，人有氣質，天命在氣數中，人性在氣質中，何嘗不是？然說氣數則有災沴之不同，說天命則以「各正」爲體，說氣質則有智、愚之異等，說人性則以「至善」爲宗。氣數猶五行之吏，分布九野，與晝夜循環，猶人身之有脈絡消息。天命猶不動之「極」，向離出治，不與斗柄俱旋，即人身之心性是也。心性不與四肢分咎，天命不與氣數分功。天有福善、禍淫，人有好善、惡惡，中間寂然，感而遂通，再着不得一毫氣質、氣數，不睹、不聞、無聲、無臭，只是性命宅子。於不睹、聞

❶「性」上，四庫本有「心」字。

處見睹，聞，於無聲、臭處斷聲，臭，纔是宅子上認着主翁。四面巖牆走來，試命一團花酒，就中取性，縱使不死不昏，亦是他數高、稟厚，難道是「立命知性」也？凡說性命，只要盡心者不欺本心，事事物物當空照過，撞破琉璃，與天同道，四圍萬里不見浮雲。

克韞又云：前日嘗講夏時之義，因思建子、建丑之說。舊紀所傳載之已久，然信史不如信經，疑今不可疑古。《春秋》書「春王正月」之義，本直截而無可疑，合之《詩經》「七月流火」、「七月食瓜」之無可疑者。❶《豳風》作於周公底定之後，而《周禮》以「正月之吉始和」懸象魏，曰「始和」，明是孟春，未嘗建子也。即商建丑，亦未有實考。惟《商書·伊訓》太甲「元祀十有二月乙丑」見之經耳，然既稱十二月，則是未嘗改月也。自軒轅以來，皆以孟春正月爲歲首，代有律曆，而子獨取夏時者，蓋天道運行每數年一差。想夏曆獨考較不繆，比諸曆爲精，故夫子用之，非疑周正也。然正朔原無所改，而行事或有相兼，《夏書》云：「怠棄三正」，則建寅而兼用子、丑，昔亦有言之者也。今建寅亦以冬至稱賀，又以十月爲歲終而行鄉飲酒禮，固未嘗以子月爲正朔也。如此則《豳風》與《春秋》亦可以了快而無疑矣。

某云：習見此說，讀書要有憑據，不可專以意斷之。《公》、《穀》要以意斷事，然至於「春王正月」不敢以意斷爲寅月者，是其親見不可誣也。史遷親見秦人建亥，其書二世至武帝以上皆無寅月，今諸世表現在可考。既不疑於史遷，不可疑於《公》、《穀》、《左氏》。凡曆書，時月之不敢違者，要以日食爲

❶「之」，四庫本作「益」。

本。使日食不必問，則朔望、時日皆爲無用矣。夫子之不改周曆，此無足疑。夫子之思用夏時，要是一家私論，安可便變魯史以紀時事也？《春秋》書「春王正月」、「春王二月」、「春王三月」，此所謂「三正」，以示列代之所致謹，不可以《月令》繩之。汲冢書有《周月》，稱「一月既南至，昏，昴、畢見，日短極，日月俱起于牽牛之初，右回而行，歷十二舍，終則復始」。又云：「周正歲道，數起於一，❶而成于十次，一爲首，其義則然。凡四時成歲，有春、夏、秋、冬，各有孟、仲、季。十有二月各有中氣以着時應。春中雨水、❷春分、穀雨。」是則汲冢之意謂數曆則以一、二、三、四，數時則以春、夏、秋、冬也。《豳風》數日則云：「一之日觱發，二之日栗烈，三之日于耜，四之日舉趾。」又云：「二之日鑿冰冲冲，三之日納于凌陰，四之日獻羔祭韭。」「三之日」即寅月也，而不稱歲首，尚以日命之。數月則以「巳月」爲始，云：「四月莠葽，五月鳴蜩，八月其穫，十月隕蘀。」又以「午月」繼之，曰：「五月斯螽動股，六月莎雞振羽，七月在野，八月在宇，九月在户，十月蟋蟀入我牀下。」蓋當時各以干支紀歲，以陰陽别之。十月無陽而謂之陽月，四月無陰而謂之陰月。日干、月支，五年再閏，歲陽在於玄枵，則歲陰在於星紀。律陰在大吕，則律陽在黄鐘。星窮於亥，而律窮於巳，故干不數亥，以甲數子。十一月甲子、十二月乙丑、正月丙寅、二月丁卯，變月爲日，以一、二、三、四呼之，五歲而復始。支不起午，以己起巳，四月

❶ 「一」上，《逸周書》有「時」字。
❷ 「中」上，《逸周書》有「三月」二字。「中」下，有「氣」字。則「氣」下加冒號。

己巳、五月庚午、六月辛未、七月壬申、八月癸酉、九月甲戌、十月乙亥，甲與巳合，五歲而復始。戊、辰皆土也，姑洗之律，陰陽盛交，合有日月，故曰「春日」又曰「蠶月」。凡天人之務，至五歲而備矣。日月之交，五月而變。揲蓍之法，陽四而陰八，故以四呼日，以八呼月。莠葽、鳴蜩、食鬱、亨葵、剥棗、築場、納稼，及於條桑，此八月者聖人所以成務也。其四日則聖人以之經始。

聖人之分別日月，損益陰陽，本蓍與律，煩重其事以告後世之遠者。至其改憲，分明三代異制，觀於十月云「隕蘀」、云「納禾稼」、云「滌場」、云「爲改歲」、「爲春酒」，則子月之爲歲首明矣。七月「鳴鵙」、「食瓜」，其氣候原是五月。「九月叔苴」、「十月隕蘀」，氣候亦似八、九月。豳在周原之西，決無晚寒差兩月理。然不敢定爲先時者，以《斯螽》一章「覩牀下」而「嗟婦子」，改歲之義不可易也。《詩》稱「二月初吉，載離寒暑」，言寒而不言春；又稱「維莫之春」，亦又何求言春而不言初？大抵語日月則取之《易》，有四、有八，以一爲始；語寒暑則取之《律》，可叙、可歌，以辰爲端也。曾點説「暮春浴沂」，自然是建辰之月。孟子説「七、八月間旱」，則還在未、申之間。所以然者，孟子言日月，而曾點語寒暑耳。世儒不見汲冢書另有《月令》❶另有《時訓》，又不知周公所以煩重其説，使士君子究其理，田夫野叟辯其事，❷習見夏時，則曰正、二、三月爲春，七、八、九月爲秋耳。五年再閏，十九年七閏之説，置不復考，故夫子特録《豳風》以起《小雅》，使人知有日月、

❶ 汲冢書無「月令」篇，「月令」，疑爲「周月」之誤。

❷ 「辯」，四庫本作「辨」。

寒暑之異。七月始寒，則正月始暑；甲日始陽，則己日始陰；戊以陽兼陰，則癸以陰兼陽。五年而知其閏，十九年而知其次，三四、十九、戊癸互宅，此道不與讀書者治之，寧當與田畯耳語乎？

仲尼以《詩》自爲詩，《春秋》自爲春秋。《詩》可以諷詠而通，《春秋》觸目，衆所共睹，既不宜別爲日月、寒暑之説，又不敢更改時制，移時換月，故以春還春，以秋還秋，以一王之憲不可擅易以亂小民之耳目，又不宜更定以煩君子之心志。使後之人有通於其説，謂春非春，秋非秋者，「則丘有罪焉耳」。是則仲尼之與周公同過也。考周克商之月在於玄枵，日月、星辰皆在北維，因爲歲首以祀人鬼，始於黄鐘，猶太甲初年，遵用殷憲十有二月祀於祖廟也。然殷不改歲，而周則改歲。既改歲則未有不書「元春」而書「冬仲」者，此皆事理必然，無足多怪。至於制作，則周公備極矣。三分、四時、八尺，取晷復爲元始。如用立春，則太簇之律發於明夷。觀其享祀用樂，天主夾鍾，地首林鍾，人用黄鍾，其義可見。豈有周公仰思待旦，不知顓頊以來四帝一王同用建寅之是？自仲尼立議以後，人皆唯唯夏時是遵；其實不知夏時遵合何旨，只謂泰月大來，農政伊始耳。仲尼損益百王，與顔回特發此論，明白易曉，亦欲省周公之煩重還天下，因天下以知百姓無敢汨「五始」、棄「三正」者，并不敢以反古之説詆議聖賢。至如建寅之説，二分、二至，自黄帝以來播於閭巷，其誰不知？杞宋所傳，當於漢初，尚有《顓頊正曆》及《正殷曆》諸書，夫子皆以爲非時而斥之。當周室東遷，熊楚稱王時，想即有別建「三正」，私行其曆者，夫子特筆以識「周正」。當時之譏夫子，猶今日之

疑周時；今日之宗夏時，猶夫子當日之尊「周正」也。

凡《春秋》日食，間有難知；至於災祥、雷雨，極爲易考。隱公九年春三月癸酉，大雨，震電；庚辰，大雨雪。春三月即夏正月，故以雨電爲災。既以震電，不宜復雨雪，故亦書雨雪，如夏正驚蟄而後大雨、震電，又何足異乎？近以法推，三月無癸酉、庚辰。癸酉乃二月十日，庚辰乃二月十七日，如此則震電爲蔿舍而發矣。❶又桓公八年冬十月雨雪，亦是夏正。酉月不宜雨雪。十四年正月無冰，亦是夏正。子月不宜無冰，如解凍後又何足疑？僖公三十三年冬十二月隕霜，不殺草李梅實，此是亥月無疑。唯二年春王正月不雨，至夏四月不雨，疑爲子月，未宜雨耳。然已帶四月、六月而書，則非爲正月，宜雨也。襄公廿八年亦書「春無冰」，如夏正者又何足異？略舉數條，可以豁然。

康成守道不篤，以蜡祭息老物，謂建亥之月是矣，又謂上春釁龜，疑是寅月。然秦人自以亥月釁龜，康成稱爲歲首，又何必疑周人之釁龜，移於寅孟乎？康成不精《春秋》，故持兩端。然其解《周禮》「正月始和」爲「和輯典制」，不指氣候，卓哉，其言之矣！世儒寡學單舉，致論要當詳悉，與之共明，萬勿以某爲誕也。

克韞又云：嚮與考較事見「在邦必達」題，作者多就應世上，此似非是。玩「質直」三句，是學問絕大本領，非聖賢不能知，非聖賢不能行，極不是酬應作用也。大抵此章爲鄉願而發，❷當時狂狷學力不深，陶養未至，

❶「蔿」，四庫本作「寪」。

❷「鄉願」，四庫本、郭氏刻本作「聖賢」。

尚有動而忤俗，反而自疑所在。此自疑所在却是好義未到頭處，世人看他略疎，動成非笑。惟鄉願輩同流合汙，與衆喣喣，到處騰譽。子張却有學術之憂，直欲勘究到底，看他是箇達人不是達人，抑是鄉里吠聲之輩。夫子見他説箇「聞」字，纔爲他一一剖判，説出「色可取，直不可取；仁可取，義不可取；自慊人可居，自信人不可居」，排他聲聞之輩爲無根之流，斂此狂狷之氣就中行一路，此便是盈科後進、成章必達的意思。某云：此則精微，此便是「下學上達」根基。

克韞又云：「達」是精神貫徹，達處都無聲名、聞譽，只是天知、人知、自家洞朗。悦親、順親、信友、獲上，亦從此貫去。謹願之人只能做出忠信、廉潔，不能做出忠孝大事。在家也，只是阿容説「孝子不違其親」；在朝也，只是阿容説「大忠無所擊忤」。世人見他軟美，説話好聽，便推轂他；後來極不濟事，壞人邦家，做自己聲名。所以夫子惡他，比之於賊。如是聞人，恐怕尚有好惡，又敢做仁人，又敢作孝子，又敢作忠臣，又敢做義士，壞人心術，并壞人邦家，所以夫子定要誅他。某云：天下何人不忠孝？何人不仁義？只要涵養真粹，無上人之心。古人云：性猶火也，火性炎上。伯夷典樂曰「直而温」，皋陶九德亦曰「直而温」。察言觀色，正是鄉願丹頭。取此他山，攻我良玉；默地自疑，只恐我的不是，又恐認賊作子。《詩》曰：「戰戰兢兢，如臨深淵，如履薄冰。」《易》曰：「知微知彰，知柔知剛，萬夫之望。」

克韞又云：井田法度今所難行，即戰國時未必行得。孟子何以惓惓於滕？「助」與「徹」皆井田也，鄉遂用「貢」，都鄙用「助徹之法」較員通，何以教之行「助」，而不教之行

「徹」？又引《大田》之詩云「雖周亦助也」。凡代無不弊之法，何以獨言「貢法」之害？竊意「貢」、「助」各有流弊，亦如「差」、「僱」之各有利害。以後代所行言之，則「貢法」之不可廢，亦如「僱役」之不可罷。「僱」便於「差」，「貢」便於「助」，至今未有易者，豈聖賢不算到此，抑法有宜於古不宜於今也？某云：井田原與封建并行，封建則疆域易明，經界易正。如一同之内，遂、溝、洫、澮以達於川，徑、畛、涂、路以達於畿，皆有丈尺，步數分明，老穉之所共曉。既爲郡縣，則民易轉徙，官制不定，兼并游食者多，非如五等所能自理。又天下已大，去王畿道遠，勢必改「徹」爲「貢」。今日之四海，猶古者之侯甸也。古人意思，治地之法只是經理民居，不是盡地之利。每百里内各棄一二十里以爲道路、溝洫，只是怕民遷徙。商君開阡陌以盡地利，是後不得不純用「貢」，然自民家輸公各有定額，能以什一取之，亦猶之「徹法」耳。吴越賦重，有什二、三者，如《周禮》不易之田所謂「上」，則江楚、閩廣多三易、再易之田，亦有賦輕於二十者矣。九等徵輸蓋自《禹貢》而然，取民之道猶之治家，業少則其算嗇，業大則其算寬。今民家自置産與民均分，猶之「徹」、「助」也。輸米於公，有過十一，有不能十一者。如使官家丈量民田，要十分取一，雖酌其豐歉，計畝均分，豈不爲厲於天下？隋、宋兩行，非久輒廢。所以然者，不知先王之意只在安民，不在任地耳。以千百國諸侯，自家算嗇，供應王官，雖密亦可；以四海一王，丈量起科，奪富與貧，貿田自實，雖二十取一，猶爲不可也。「限田」與「優免」原自同法，「優免」既不可冀，「限田」豈可復行？誠得良有司正其册籍，躬行阡

陌，知一方貧富之數，令無詭寄、飛竄之弊，已助得一半，徹到十分耳。「差」、「僱」雖互有得失，然差役亦要良民土著，不失浮浪之徒失陷官物，❶僱役多是游民奸慝所合。今綱運關係尚須差官，唯民夫驛遞幫貼僱役耳，豈能與「貢法」并稱？「貢法」如大海，衆水所合，不得不鹹。《禹貢》九等至十三載乃同，食其明德者，無庸復議。如子産治鄭，管仲治齊，便不得不更定一番。孟子亦是此意，所謂業少者算計宜密耳。如以五十里封疆界於大國，内有君子、野人之需，外有戎馬、交際之費，無遂、溝、洫、澮以别其域，無田産、穀禄以固其心，此徒爲鄰封芻牧，何可十年自保乎？孟子勸滕公行「助」，只是安貼民生，陰寓丘甸、兵農之意，不在徵賦利弊間也。其心非「貢法」，以「貢法」行久，必使衆庶痛癢略不相關。如富家子執簿結租，❷坐享成算，一傳之後，移坵換段，了不復知，亦無復主伯、❸亞旅守望相助之意耳。自秦開阡陌來，君如置碁，民如飛鳥，方丈之田已千百主矣。每見孟子議論，極是精微。

克韞又云：什一之説必如朱子於公田中取二十畝爲廬舍，只以八十畝還公，纔成十一。然《周禮》任地，近郊十一，遠郊二十，而三甸、稍、縣、都皆無過十二，則亦不能概定於十一者。又治野，上地，夫一廛，田百晦，萊五十晦，餘夫差等亦如之。而公邑、家邑、小都、大都之田，皆當時公卿、大夫之制，祭祀、朝聘皆在其中。而餘夫二十五畝、并圭田五十畝，其制俱無所考，豈「請野」以下

❶ 上「失」，四庫本作「使」。
❷ 「結」，四庫本作「詰」。
❸ 「主伯」，四庫本作「伯主」。

皆孟子自爲經濟，抑原本周制而爲之歟？某云：孟子所譚皆是周公餘意。趙岐云：「請野，九十而助。而，如也。欲令郊野九區如什一之助法也。」又當時國賦差重，孟子欲使國中什一之賦從古者園廛二十稅一之法，故曰「自，從也，從古法也」。然考《周禮》，國宅無征園廛，二十而一自是王都之制，與侯國不同。孟子嘗言「輕於堯舜之道，爲大貊小貊」。今安得使鄉國之間二十稅一乎？想周制，王畿近郊十一，遠郊二十，而三甸、稍、縣、都皆無過十二。漆林之征二十而五，滕之國中亦有雜行遠郊、甸、稍、縣、都之制者，孟子勸其一切皆行什一，即所謂鄉遂用「貢」，都鄙用「助」者。然云使「自賦」，則不定爲常額取羸，❶如貢法之硬耳。諸侯之國中，只當天子之近郊，是亦王制，非孟子所創也。《周禮》以「廛」、「里」任國中之地，以「場」、「圃」任園地，以「宅田」、「士田」、「賈田」任近郊之地，以「官田」、「牛田」、「賞田」、「牧田」任遠郊之地，康成云：宅田者致仕之家所受田也，士田者仕者之田，所爲圭田也。❷蓋天子之卿大夫受地視五等爵，而初仕與致仕者未有采邑，理合爲致田以佐所不及。❸故此數田在公邑、家邑、小都、大都之外。又小國之卿僅視天子之士，則自卿以下祿入甚少，爲置圭田五十畝亦是本《王制》。所爲「宅田」、「士田」者非孟子創義也。田制：餘夫受田并萊田，三易之數皆如正夫。小國郊野不比天子之鄉遂，故爲酌量，其數得二十五畝，令不至徙業，以供致旗、任輦、治

❶「羸」，四庫本作「贏」，郭氏刻本作「嬴」。
❷「爲」，四庫本作「謂」。
❸「致」，四庫本作「宅」。

卹之役，故自《周官》制度之後，考究精詳未有如孟子者。蘇潁濱至訾《司馬法》，以爲《周禮》指「萬井之提封」爲「百乘之采邑」，疑其出車不似古傳，可謂過矣。後世儒者輕議古書，惑溺近説，孔君以謂是「鑿混沌而畫蛇足，將夭性命而失巵酒」。今先生雅信《周禮》，推崇孟氏，亦五經之錧轄，六藝之喉衿也。

劉薦叔云：嚮讀《問業》第十二卷，云：「身心原無兩物，着物便是妄意。意識、情欲附身而起，誤認爲心。則心無正面，亦無正位。」又云：「要曉得意識、情欲俱是物上精魂，不是性地靈光。」又云：「格得此物十倍分明，始信得意識、情欲是心邊物，初不是心。」分剮痛透，雲霧俱消矣。然思意識固爲心累，亦是心之所生。孟子云：「乃若其情，則可爲善。」夫子云「我欲仁，斯仁至矣」，又云「欲立」、「欲達」。如此等情欲皆在理路盤轉，謂何非心？且如無此四者，則此心便虚空，與葱嶺何異？葱嶺之學，掃除一切，單刀直入，故曰「本來無一物」。今稱「原無兩物」，則尚有物在。又云「意識、情欲是心邊物」，則物復有物，竟多無所掃除者。孟子謂「凡有四端於我，知皆擴而充之」，要使人於情中認性，欲處認理，人際認天。動静、體察，一念之生，觀所繇起；一情之發，審所繇止。到人欲盡時，天理流行，自然皎日當空，纖雲不起，入夷出晉，赫赫如常。某云：兄爲孟子所言異於夫子，❶抑夫子所言異於孟子耶？孟子説「擴充」，不是「漸次」。夫子説「欲仁」，不是「頓了」。萬物都有個真源，知所繇起，知所繇止，知「擴」知「充」。此一路火光，如從電來，則是隔山雷影，不是本

❶「爲」，四庫本作「謂」。

光；如從燈來，則是竈下炊灰，不成獨照。只此一物通透萬物，要在意識、情欲邊頭認他，如借電、燈以準刻漏也。夫子立言，如中夜泰山，金輪陡現。孟老立言，如東窗正坐，特地分明。葱嶺諸賢直從被中説是寒來暑往耳。善格物者，只格一物。格了一物，更無萬物。某看一物尚未能透，如何敢説無物來繇？又云：如俟人欲盡後天理流行，且待雞啼，占風，撥霧也。

劉薦叔又問：前講云定、静中間自能安、慮，人到安、慮始識此心真正面目。藻思《易》云「何思何慮」，孟子曰「不慮而知」，「慮」似第二義。《大學》乃自知、止、定、静之後得之，則「慮」是聖神絶頂工夫矣。晦翁云：「處事精詳，此不過一貼細人事耳。豈必盡從静、定中來？」積疑數載，及讀《書》「經安汝止，惟幾、惟康」，始知「惟幾」之「慮」決自「安」、「止」中來。禹思天下有溺者繇己溺之，稷思天下有饑者繇己饑之，伊尹思天下之民不被堯舜之澤若己推而納之溝中。《詩》云：「迨天之未陰雨，徹彼桑土，綢繆牖户。」子曰：「老者安之，朋友信之，少者懷之。」五聖人積思待旦，不寢不食，要盡天下納在至善之中，盡百世食他明德之報，不知多少險阻曲折，豈是「不慮而思」之所能了？《中庸》云：「誠者非自成己而已也。」此「知止」、「能慮」都是「誠明」動處。到了「能慮」纔能盡其性，能盡物性，可贊天地化育。二氏亦知定、静，如何識到「能慮」？管仲諸人亦慮周數世，又安人物，又無源頭學問，終歸小補。前日説「思則得之，不思則不得」，只一「思」字是「盡」、「存」之要法，可是此道理不？某云：正是此道理，亦正是此事難得精詳也。民便是民，物便是物，如何看得有

一體之親，有「明新」之盛？《易》曰：「唯深也，故能通天下之志；唯幾也，故能成天下之務；唯神也，故不疾而速，不行而至。」唯幾、唯深、唯神，總是一箇「能慮」，而蓍龜似不慮得之。聖人於此看得分明，知天下只是一物，更無兩物。日月、四時、鬼神、天地亦只是一物，更無兩物。說是兩物者，人所不知，龜亦不知，蓍亦不知了。說是一物者，何以人所不知，龜又能知，蓍又能知？只是人多思慮。如泛海洋，泛看流星，無復南北，到有一定東西，範圍不過，曲成不遺，兩膝貼地，一日一夜周行十三萬里。若竟此言，只恐世人吐舌也。要知天地只是殼子，日往月來，寒往暑來，只是脈絡周行丈數。無數聖賢只爲天地療得心痛，「不曰如之何，如之何者，吾末如之何也矣」！

又云：天地無人，只是一塊血肉。人無天地，難得一線空懸？❶

薛當世自寧德來，鼓篋甚殷。初至，問：學以何爲始？某應云：「博約」爲始。當世云：「約」猶有所始，「博」何所始？某知其學有繇來，因問云：兄何所學？當世云：潔其心。某云：潔心云何？當世云：潔其心則神明來舍，潔其心則聖賢爲徒，潔其心則君親可格。某云：以何爲心？答云：此有覺者爲心。某云：何者是意？答云：此轉覺者是意。某云：何者是知？答云：此不受覺轉者是知。某因問云：何者是物？良久，答云：此中無物。某云：既稱無物，何得有心、有意、有知？既有心、有意、有知，何得說是無物？良久，答云：謂中無物，所以有知。如有物者，知安從來？

❶「得」，四庫本作「道」。

某云：若爾無意，何從得知？若爾無心，何從得意？知、意、心、身生千萬物，此千萬物各印爾知，此是「博約」路頭，通天徹地，勿勤灑掃，只衛空宮。

翼日又問：知若有物，不如無知；心若有意，不如無心。因意見心，因物見知，果然心、知中初無物。某云：如此則爾身中初無心、知，何從又見有意、有物？薛云：物來觸心，知以虛應。知往接物，意緣觸生。虛、觸之間，依然無物，豈應心裏有物藏知？某云：如此則天地間盡數是物，何獨爾心無意、無知？須知爾身的有自來，又知爾心的有自受，止涵萬物，動發萬知，函蓋之間若無此物，日月星光一齊墜落。譬如泓水，仰照碧落，上面亦有星光，下面亦有星光，照爾眼中亦有星光，若無此心，伊誰別察？又如璇臺，四臨曠野，中置安牀，日起，此亦不起；月落，此亦不落；漢轉斗迴，此不轉迴，依然自在，打破大地二萬一千里。這個心血，正在中間，爲他發光；浮在地面，要與山川、動植、日月、星辰思量正法也。此處看不明白，《禮》、《樂》、《詩》、《書》都不消說。

翼日又問：若此，則是三界惟心，六塵惟識也。某云：現是一身，莽說三界；生成五藏，妄碾六塵。不是大雨淋頭，那得通身發汗？如再說者，則不須談。

翼日又問：古德嘗言：儒者只曉得格物，不曉物格；曉得致知，不曉得知至。某云：不曉得物，何繇說格？不曉得知，何繇說至？我只要人曉得一物，不要人了得千知。薛云：程、朱夫子皆與崖、謙諸賢講論，不知當日辯折如何？❶ 某云：大地盤旋，見

❶「折」，原作「拆」，據四庫本、郭氏刻本改。

星、見月，竈廚燈火，不禁夜行。

當世翼日請歸告道，便云：明日回去，又别是一樣學問。

陳獻可博覽群書，喜爲「通志成務」之學，貽書來極論《洞璣》三極之道，以爲古今未有。某未之敢仞也。獻可所著爲《象林》及《洞璣式象》，皆本《晉書》、《宋天文志》，裒益《洞璣》爲立象序卦之所繇始。來書言乾集虎首，坤集龍尾，繇是卦數、爻象相推，而萬世不盭，晷律不違。日差地行，循環不忒，天之言也，亦羲聖所欲言也。兩極隱現於乾，日月出入於坤，轉六十四爲反對三十六，倍反對爲七十二。以之直十二爻而取度，則二、五之高深盡；以之接運氣，則腑臟之主客治；以之取交會而加乘，則日月之贏縮定。天之言也，亦文聖所欲言也。大明生于東，帝宮出于震；太陰視之盈虧，五精視之遲疾；頂踵合于乾坤，星漢區乎八際。前際、後際，貞緯、雜緯，《易》、《詩》、《春秋》，往牒治亂不爽，君子推之可施進退、補救之權；《周官》不廢十煇，《餘圖》遡諸占候，君子明之可布敬治天人之業。天之言也，亦孔聖之所欲言也。凡夫子所言，皆自然之理，故然之蹟。夫子曰：「行于自然之謂《易》，❶營于故然之謂曆，《易》者行于自然而營之者也。」非夫子自道乎？ 某自爲此書來遍示同志，無有人曾看到底者，獻可此言雖不敢仞，然自是心地精微，可謂窮理矣。

某答書既潦草，不復記憶。唐伯玉過齋頭，見獻可書，因問：獻可何不道一畫之變究於十八，每指諸卷分屬而言？某云：他從天道下手，未曾布著。既於兩極、六爻看

❶「易」，四庫影印本黄道周《三易洞璣》卷六引作「道」。

得分明，久之，自然造此。且此最易悟，想彼已習，故不復譚耳。伯玉云：自三千年只道六爻變化，窮賾極動，無人説得分明，何不直舉與他？想他直悟，便談至此矣。某云：無「多識」人，如何輕道「一貫」？如蚤識「一貫」者，雖百錢坐窮耳。張昜之又云：獻可開頭便説「乾集虎首，坤集龍尾，繇此相推萬歲不忒」，吾門豈有此法？此法尚在羲、軒已前數千餘年，如堯時日躔在虚，則前去三千年亦只在璧、奎之間，安得遂符此數？今過此三千年，日躔壽星、大火之交，安得虎首、龍尾常宅乾、坤乎？吾門只舉此段以爲積算之始，非以此爲限，如何守此萬年不爽？某云：伊亦看得分明。伊云「象數相推，晷律不違，日差地行，循環不忒」，既曉得日差、地行，寧不知虎首、龍尾之非定舍？只謂從此數起萬年可齊耳。

昜之云：獻可爲何從聲音入手？某云：是其所長，引伸到便。❶凡讀書先因其明，後通其晦。如入暗室，久便分明也。昜之云：邵堯夫負不世之資，研精三十年，吾門每每説他不合。獻可此處登標遡本，如何看得分明？某云：凡窮理先致一曲，後覩大全。如爲性命之學，與秀才家講，只是茶飯耳；曾經外道走過，一日豁然，自知其非，便十分洞徹矣。爲天道之學，與曆律、星象家譚之，只是呆呆畫餅；曾經邵家走過，一日豁然，知他未盡，便百倍完成矣。

昜之又云：堯夫聰明，自仲尼而下，與《太玄》、《潛虚》、《元包》孰爲優劣？某云：前日説過，《太玄》而下惟《皇極書》粗得其意，略爲齊整耳。凡讀書須洞見本原，知羲、

❶「到便」，四庫本作「便到」。

文所以因理明象，因象明數，有毫髮不可那易之處，非爲方局隨人下手也。揚子雲作《太玄》，窮於畸零之分；司馬氏作《潛虚》，只得九分之一；邵堯夫作《皇極》，準準天道六甲之方，❶至於盈縮、氣朔、交會，不復能舉。以之命曆、推策，則《太玄》之視《皇極》，猶高祖之於雲孫矣。消長、乘除只是救敗之活法，如要上遡羲、軒，下觀周、孔，必洞精七曆，然後以《易》通盤打算，乃知聖人所謂「一貫」不繇多學，龍馬所謂呈《圖》不繇文字，乾、坤、屯、蒙之次非爲偶然，天一、地二之文非爲泛舉。因而推之五百之期、六十之甲，歲月日辰有饒有乏，盈虚、交食各有其端，故云：《易》之與曆，曆之與律，三者同用也。記某少年嘗作《太咸》，❷以形、聲、色九九相推，各得七百廿九，本於《河圖》曲折之數。兩其陰陽，以六因之，足盡萬物之用，然亦到底與《太玄》同摹，其所以差者，不過謂元會運世，歲、月、日、辰約略相等耳。必知此四者實不相等，數自一畫至十八變，乃知歲星之準，鎮星之遲，熒惑之倏閃，金水之附麗，各有繇，❸然非偶相值也。聲音唱和本之於律，律生於《易》，《易》中象數豈可纖忽那移？自漢以來，推步未通，皆除坎、離、震、兑四卦，以爲監司，後餘六十以準一朞之卦。堯夫不知其繆，别依歲曆，以十、十二相起，以歲月日時起元會運世，七、八、九、六宛轉相因，推於聲音，有字、無字只得影響，非爲實測。一年之外至於週甲，少六十日以至三百日，可謂疎矣。三統四分只是髮絲，不能

❶ 下「準」，四庫本作「于」。
❷ 「太咸」，疑爲「太函」之誤，黄道周有《太函經》八卷。
❸ 「各」上，四庫本有「固」字。

盡合，遂至數年之外交食盡差，豈可立大概之乘除，包千年之贏縮乎？❶ 至於聲音微眇、恍惚，以八方之風調五土之氣，比於鳥鳴、鈴語尚有未該。雖鑄以鐘磬，諧以律吕，大小異制，戛擊殊度，則唱和之際遂不能齊，況以口中之音調紙上之字？ 變通愈便則調度愈難矣。

勗之云：獻可亦稱夫子所云「物無定聲，各隨其方；方無定音，各依其義」。數言已盡其藴，則獻可《圖韻》亦包得此意，爲何不讚歎他？ 某云：此道極爲精微，繇人自悟，不因言説。其有據者，一金、二石、三絲、四竹，定依古法，起於黄鐘，終於仲吕。自京房變律，而「執始」以下遂乖本聲，況以喉齒調其義類？ 氣質既殊，水土各别，繹之則易精，用之則寡效；合之則成書，分之則無律。必欲分配匀調，須上稽天道，下察物數，包《詩經》之列國，參《禮》、《樂》之條度，一本於《易》，以聽八聲。知水、火之極微，悟金、木之重疊，裁以五土，終於坤、艮，九、八、七、六以類相從，而後六書之義，七律之變，可以并著而互起也。凡事簡則易從，易則易知。今以三十六母翻切相宣，實爲易簡，而陰陽清濁到處難齊，分以七聲則疑礙間起。又堯夫所云「十唱十二」，實是古法，未可輕議。「以九唱十二爲百有八，以四因之」，亦是古法。但四因一千二百九十六，則是天方數始合於音中。自去八百有一，以《易》裁之，合去一千九十，進退消長，難以齊矣。古云：「合同而化」，天地微眇之故，未有不依天地而能長存者。管子所辯五音，爲鳴窌、離羊、負豕、

❶「贏」，四庫本作「嬴」，郭氏刻本作「羸」。

雉木，❶至今童姁猶能言之。史遷較定律書，出於金石；後人更定，遂指角爲徵，移羽作角。況以開、發、收、閉之義託脣、喉、齒、舌之間，六書之義僅存其一，四聲之數反離其經。是以《洞璣》緒論未之及收，更俟他年研精請益耳。

時以此意寄獻可，使去，未知獻可以爲何如？大約此道可不覃精，必欲累思，須精明《易》理，以律麗之。吾輩無獻可聰明，且留精神以觀爻象。動静出入，符之於身，一欲審聲，便生卜度，既生卜度，便落波流，如《洞璣》者亦可得其大意。知天地、日月、星辰、寒暑只自一畫流貫，自然極於萬世，可示指掌；知聖人無雕鑽之功，神明非刻畫之器，諸瑣瑣者不足勞心也。

❶「鳴窌」前，據《管子》卷十九，疑奪「鳴馬」二字。

榕壇問業第十八卷

門人呂士坊勒編

去日苦多也，得一堂講論殊難。程伊川云：「不啼哭底孩兒誰抱不得？」子産遇叔向，仲尼遇晏嬰，王子晉遇師曠，終日談道，搬之不倒；吾被蔣先生一問，啞得百日也。洪尊光云：鑿山甚易，得玉殊難。蔣先生偶蹴龍宮，吾門何必自移寶藏乎？ 某云：自某談論以來，風過樹黐，無人復看落葉。蔣先生纔拈一枝，覺樹樹紅酣，山山碧戰也。四坐寂然。某云：此處不發憤，那得樂來？前日爲誰開此難端，儘成罪過？ 尊光云：問呂而德看。而德云：前日爲夫子誕辰請教蔣先生，惹得此問。以此罪過不從蔣來，不從諸生，却自夫子生下帶來。某爲慺然，試請而德一一舉似。而德因舉蔣一問云：益、稷、皐、夔生值重華，皆有三十年學問。繇今思之，其嚮用當在五十餘歲，第不知所學何事？ 彼時《山經》未作，《苗譜》稀傳，❶律例、樂書豈有定本？ 無迺天人參半，抑從心性透玄？ 某云：試問吴雲赤看。雲赤云：包羲六佐通陰陽海陸之書，軒轅七輔明存亡治亂之級。如無文字則法教不章，如有傳言則神明破漏。神農半生七十二戰，黄帝階下五十四賢，論棄甲已自如山，若著書何寧成塚？❷ 述而好古，萬古上是此；述而先進，從今千今餘亦此先進。❸ 只借心性做箇

❶ 「苗」，疑爲「笛」之誤。
❷ 「寧」，四庫本作「難」。
❸ 下「今」，四庫本作「歲」。

簡紙，天人做箇漆丹，益、稷、皐、夔只是學堂弟子，勿復問他髻亂勝衣。而德云：契不？某云：天人亦做得簡紙，心性亦做得漆丹，參半透玄，蔣公已自説破。從今、好古，誰是真本《蘭亭》？譬如今人讀書，將使後世爲今人無書可讀也。而德云：如此則何處着落？某云：璿璣玉衡，隨山刊木，蒭蕘鹿豕，是諸賢真正行卷。而德云：如何不到「精一」本上？某云：此本已是畫圖，畫師何曾磐礴？

而德又舉蔣再問云：文王「五止」具一部《圖》、《書》，此便是「易有太極」。若於太極外更加無極，便入老、莊。即於卦象外另圈太極，亦非羲皇初筆否？某云：試問鄭孟儲。孟儲云：前日論説已遍，又爲朱、陸重炊。箕子「九疇」備有五方，文王「五止」初非一畫。《白虎通》略舉義類，得其大端。《易》卦驗得其標瀾，遂流方術。要如木父、❶君火之説，未免偏枯；《圖》左、《書》右之旋，均有順逆。既有順逆，便有兩畫、六變、三乘，只是一圈。且如「三讓」之餘，不説兄弟；嗣徽之裔，不道夫妻。《圖》則兄弟同居，《書》則長幼有序，聖賢只是身體《圖》、《書》，未嘗口談《河》、《洛》。若論口談，何嘗識得作睿中央便是聖人之於天道也？而德云：蔣公只是看象，此又分爻。蔣公爲濂溪發藥，此并爲京郭下鍼，可亦契不？某云：蔣公欲認羲皇初筆，若論初筆，漆枯、兔秃已在兄弟九首之前。

又舉蔣問云：《中庸》是舟，「一善」是柁，如無柁匠，祇是岸横。「一貫」如樹，「學識」如花，徒取花師，終同繒剪。某云：衆看

❶「木父」，四庫本作「父木」。

蔣公虛心體道，如此等語實之，誰復關心？一經烹鎔，香光四照。誰復看書能如蔣公者？而德云：人見吾門說「性」在「止善」，開手已是迂儒。又見吾門談「道」常有聲光，亦疑枝葉。不想瞿曇說「善」到隱怪路上，是有柁無舟；秀才說「學」在文章裏去，是有花無樹也。某云：搯船上岸，亦是別路神通；剪綵上燈，亦是花心所造。如不信得兩極通天，終是敗舟落葉。

又舉蔣問云：阿難徵心，似與吾儒不別，只欠「戒懼」一着耳。吾儒自割臥榻，聽二氏鼾睡，若以心論，統在天命範圍。某云：而德看蔣公論心與二氏論心，果有差別，抑無差別？而德云：吾門說「戒懼」，伊說「無怖」，只是此處差別。前輩亦云：不攻二氏，二氏自滅。如鬼打鼓，舉槌與他，鼓聲不作。某云：試問洪尊光看。尊光云：月自不殊，因眼異色。既有異眼，亦生異舌。孟子說「不動心」，告子亦說「不動心」，同一輪車，有生有死。《詩》說「皇皇后帝」，佛說「衆鬼夜叉」，同一空中，有精有怪。吾儒「戒懼」，只是仁人孝子事親、事天之常；如無此心，只是鬼奴、風犢之其。❶畏敬有所恐懼，正是明淨天中辨出雷根、雹子。如是無風、無雨，何人不說天晴？某云：疾雷破山，晴天自在。漏光滅火，整頓衣冠，終是蔣公看得明悉。尊光云：天命範圍依然鶻突，此間聞、睹斷不傍人。

又舉蔣問云：周公驅虎、豹、犀、象，后、夔舞百獸、鳳凰，論他性學，❷本無精粗，然於苗頑、殷頑反都棘手。將繇人不如物，抑

❶「其」，《明儒學案》卷五十六作「具」。
❷「論」，原作「無」，據郭氏刻本、四庫本改。

亦頑不易廉？盡性爐中，決無後、先走作。某云：試問吕而遠看。而遠云：蔣公此意似從「丘隅」、「伐木」感發得來，盡性爐中只是人、灰難度。人能如鳥，猶是百分中人；鳥得如人，已是千分靈鳥。飛廉、惡來力格猛獸，不足以服朝涉之心；許孜、郭文仁孚異類，不足以通時賢之志。聖人意思，只是千古上下頑懦難起耳。重華五十年不格父母，卒藉帝堉之功；西周十五世不靖竇黿，終資斧戕之力。爲此性爐終難息火，只將心眼全副交盤。❶如是己外有人，人外有物，于田不必號泣，待旦不用仰思也。獸惡網羅，却是惡人性惡；民憎其上，只是憎他習深。苗頑之侮慢自賢，殷頑之知疵反鄙，却是人人都有聖賢之心。虞廷之弊羽、頓干，文公之破斨、缺斧，只是此心不敢與鳥獸同道。萬勿外頭錯怪人物，莫從這裏輕別精粗。某云：蔣公亦是此意。而德云：蔣公説「無先、後走作」，便是一盡俱盡也。某云：「黎民於變，四方是遒」，此間豈論丹鳥、赤鳥？又何處胡飛亂走？

又舉蔣問云：七百歸獄，三千出宮，片刻事震動天下。布衣身中亦有此一種消息，先生《救華亭三疏》、《解遼環萬言》，自是斬蛇、斷蛟手段。總之一官七尺輕，❷欲驗「歸仁」，看此一日。某云：此是拔劍驅蠅，❸何嘗動得天下？杜子美之救次律，李青蓮之贖令公，在聖海瀾中如勺鹽水。吐此勺水，不成陂池，何處是真種消息？試問黄共爾看。共爾云：太原發蹟，一半是要成家；

❶「眼」，四庫本、郭氏刻本作「目」。
❷「一」上，四庫本有「覷得」二字。
❸「是」，原作「自」，據四庫本、郭氏刻本改。

神武掛冠，七分是要拔宅。都有慾在，那得能仁？仁者無慾，不是半夜踰城，便是一朝斷臂。管夷吾九合、一匡，民到于今受賜。夷、齊餓于首陽，民到于今稱之。一家靠才，一家靠節，猶未盡得一日之力。吾門只是問心，未嘗問世，任他半去、半來，我自獨克、獨復，莫説此是大綱，未到節目也。某云：梧桐一葉驚秋，此是天下歸根時候。雪裏野梅放眼，此是妙華結子緣由。信得過者云是天分從心，信不過者云是神明護力。莫聽蔣公，從臾太過。

又舉蔣問云：聖門七十二子個個中人，宋儒却言佛門祖師箇箇奇偉，豈爲澹收不住，正恐耳食者便云文殊、普賢騎得象王，壓倒四科也。某云：白日衆眼自明，中夜推燈莫説。❶此事不消再論，且問鄭非愈看。非愈云：任他騎得象王，終是獠頭鬼面。吾門三尺不道桓、文。

又舉蔣問云：二南非南國，乃南風。義取薰解，本諸舜。然塗山氏女始作南音，則南之義兼本諸禹。管子未爲二南，故有「三歸」。房、杜諸公總是面牆，難道人豪無數，皆坐不讀《關雎》？某云：程正叔、蘇和仲尚坐不讀《關雎》，何況别個？而德云：何？某云：試問朱君薦看。君薦云：「參差荇菜，左右采之」，「南有樛木，葛藟纍之」，程、蘇皆未有此意。而德云：正叔初直講到處見宰執言路，和仲與賢士夫相處極有情愫，豈不是「采荇」、「縈藟」？君薦云：此是一德相求上事，不關體面黨與。他於此處雖不牽帶，尚未分明也。而德云：元晦《浙東糾唐三疏》，恐亦不讀《關雎》。某云：「豈不

❶「推」，四庫本作「吹」。

夙夜，爲行多露。」❶既有士民遮訴，此事亦難輟手。而德云：上有王淮乖異之心，下有同父離間之口，「雖速我訟，亦不爾從」，如何參看？　某云：兄輩看書漸細，如某所云，只道「求之不得，寤寐思服」，是發憤忘食上事。「窈窕淑女，琴瑟友之」，是樂以忘憂上事。周、孔行徑只在此處覃精，鵲巢鳩居猶是後人事業。君薦云：如何是後人事業？　某云：周公東征，召、畢居守；仲尼促駕，淵子安絃。❷人人如此，便是一家，何患幹不得事業？

又舉蔣問云：夏時本遵堯曆，自商、周、秦至漢文、景皆用之，只以所建頒朔。《周書》曰：「夏數得天，百王所同。革命改正以垂三統，至於敬授民時，巡狩祭告，❸猶自夏焉。」周公原不變四時之名，孔子恐無改周公之理。行夏時只是行《夏小正》，以爲變理陰陽之本，如春行冬令則水，秋行夏令則旱，明堂政事原與《洪範》相關。　某云：西漢不信《左氏》，未嘗不信《春秋》；《公》、《穀》不疑周時，後儒苦稱夏月。似亦習於所見，不得無駭所聞。前日講之甚明，試問林朋夔看。朋夔云：周公創改夏時，似亦經怪；仲尼憲章近代，反覺尋常。不信三家舊傳，且看十二公經。僖公十年冬，大雪。如是夏月，雪何足書？　襄公廿八年春，無冰。若逢半後，❹豈有冰理？僖公三十三年冬十二月，隕霜，不殺草。明是亥月稱陽。定公元年冬十月，隕霜，殺菽。明是隕籜，豆熟。《春秋》自本周憲，後人習見夏時。《竹書》既有《時

❶「爲」，四庫本、通行本《詩經》作「謂」。
❷「淵」，四庫本作「顔」。
❸「告」，通行本《逸周書》卷六《周月解》作「享」。
❹「半」，四庫本作「寅」。

訓》，又以《周月》命篇，❶意義膚庸，徒成救綻。❷所稱「日起牽牛」，已非天黿之首。若云「杓指中氣」，亦乖積差之原。想在周人別有閏法，所以五載常正三春。今如閏不變，月便有二丑、二寅；若使卻移歲終，即是三正遞建。調劑之精，非夷所及。豈有周公不識閏餘、歲朔，反令後輩錯指「四立」、「二分」？如云《小正》諸書決難精於《時訓》、《月令》，向使百王同用，何必顯云行夏之時？想在列國暗行夏曆，仲尼見之已爲逮菑，所以確然首舉「春王」，不顧時人私稱古曆。依經據傳，勿傍他書，漫向羲和重陳七月。

又舉蔣問云：《雅》有「五際」，《風》、《頌》宜亦有之，唯《商》、《魯》寥寥，頗難推算。若六笙、九夏果否缺殘？束廣微《補亡》固非，劉原父以爲有聲無詞，聲從詞生，似無無詞有聲之曲。或以《天保》當《南陔》，《常棣》當《華黍》，《伐木》當《崇丘》，《菁莪》當《由儀》，如以《時邁》爲《肆夏》，《執競》爲《樊遏》之類，而併以《思齊》當《齊夏》，《行葦》當《族夏》，其說亦自可通。❸紫陽故掃《詩序》，雖屬邊見，即如《詩說》、《詩傳》亦是商、賜優伶。某云：談《詩》不廢舊說，所以泝遠知風，古意尚可推求，何妨以「經」媲「傳」。鄭夾漈時有錯綜，嚴坦卿亦自明白。勗之既有講求，且問勗之看。勗之云：《黃圖》說《詩》有三百十二篇，以當日軌，消長各六，益《巧言》之「何人斯」，爲實數三百有六，損「何人斯」以去《商頌》爲二百九十有九。

❶「竹書」，當爲「逸周書」之誤。《竹書》無《時訓》、《周月》之篇。
❷「救」，四庫本作「破」。
❸「自」，四庫本作「似」。

日月循行，經理百世，決非後世所得動移。然聞師説，若尋《崇丘》、《由儀》諸篇，即在《南山》、《蓼蕭》之内，則《南陔》諸篇初未曾缺。傳其序者，不容獨遺其文；得其聲者，不容并失其字。即以《魚麗》序次，何殊《酌》、《桓》、《賚》、《般》之文，豈必取材《天保》而上，《彤弓》而下？至如《斯干》之非《新宫》，《楚茨》之非《肆夏》，年久樂湮，無徵孰信？六笙、九夏儻亦存其微言，不必施諸鐘鼓矣。「五際」諒非宣經，聖門亦無顯説。如有暇日，尚勞仰觀。既明三垣、九野之談，可廢六笙、九夏之辨。尋聲依永，稱容明體，自是申、毛後乘。何煩蔣老推求？某云：蔣公此道博深，別須見他求其堂室。

又舉蔣問云：三禮分彙立例，準《小學》、《大學》、《繫辭》、《雜卦》以爲全書，儘是快事。惟樂律黄鐘三寸九分與九寸，尚無確論。黄鐘一誤，諸律全差。京房六十律，錢樂之三百六十律，均似蛇足。請合《太玄》、《新書》元聲、正聲諸説爲《樂》全經，與三禮並懸宇宙。某云：蔣公發此弘願，爲天地開目。《太玄》得領《樂書》，是子雲爽籟。然于鐘律實未分明，何處下手？試問唐伯玉看。伯玉云：此道《洞璣》講之甚明，無人體會。律起一尺二寸，截其陰陽以爲上下二宫，故有夷則之上宫、黄鐘之下宫分統十二，故有百四十四律。自京房至鄭世子無人覷破，徒謂淮南、吕韋横起疑端耳。周公製律，以尺取晷。冬至日晷一尺五寸六分，夏至日晷一尺五寸，合此十二以爲律本，益上則損下，益下則損上。律有陰管，吕有陽籥，分百二十，進退其間，三萬九千絲八千一百釐，是一、是兩，是五、是十，夫子談之廿年，無人肯信，枉令諸儒聚訟經年也。《禮書》自是晦翁遺意，

吴幼清業有定本。《樂書》備在《文圖》。如是不信周公製律之原，且勿復談古今鐘呂之事。某云：此道吾雖屢説，實不分明。前在京師説律即是曆，幾爲闇儒唾煞。今日談之，又自夢夢，亦是此道分數未得昌揚也。

又舉蔣問云：古曆多疎，後曆漸密，議者謂至元郭守敬而盛，亦至元而衰。近以日食刻數不合，將《大統》、《回回》、《西域》、《滿城》四曆并較，各驗《食圖》，亦多錯出。不知古曆之疎何以反得「敬授」精意？《黄圖》自在《太玄》、《經世》之上，定有南針。某云：此道都非一口所吐。劉歆、僧一行如在今日，與之談道便有分曉。若與郭太史商量，亦有同異耳。盧肇不識海潮，云是日光所迫。北人不見南極，便云地下無星。若説《易》即是曆，枉被拘儒惱死也。此道講之亦二十年，無人肯會。試問唐君章看。君章云：《易》起六變，以成十八；地行天周，各有餘分。交會之端，起於直爻。月行爻中，與日相薄，歲十三週，積餘微至，至六十歲以得食，始五百一十一歲以得會，終六千一百三十二月以通嬴縮。❶凡《易》倍竪一百二十有八，以四周之，以三劄之，弧背、弦矢，十三強半以度月規，而交食、晦朔與爻相值，陰陽死生判於爻中，小之當辰，大之當歲。自有易來未之能舉也。《三統》、《大衍》粗夢其端，❷譬之太倉稍颺粒米，今日便舉全囷示人，無人信得。《西洋》空竊蒙古之緒，❸《滿城》又揚郭史之波，比較食差以增損秒法，虚立損益以追提食分，縱曰得之，久必旋迷，近

❶「嬴」，四庫本作「贏」。
❷「夢」，四庫本作「發」。
❸「洋」，疑爲「域」之誤。

亦數年，豈能必世？吾門不作長曆，可通千年；❶不靠一家，可包衆曆。想亦古有此法，可惜今無能徵。蔣公以是相推，何不當前直闡？某云：七聖未嘗作曆，刻漏何當《春秋》？道有明時，吾不藏頭；道有行時，吾不掩尾。可惜繡檄，説未開鍼。

又舉蔣問云：《易》八卦談兵，師、同人、謙、豫是御將要法，坎、離、兩濟是戰守古方。今寵命空優，唯聞左次，號咷已久，不變冥盱，自醫閭抵賀蘭一帶，❷地險盡爲敵人飲馬之場。❸山海之守憊甚，鬼方、河套、大寧空巢奉我，濡尾尚賖，無望折首也。不知敗局落在何爻？即今推環應舉何卦？某云：此有何卦何爻？只落高官肚子。試問戴仍樸看。仍樸云：試問林非著看。非著云：吾門前日抗疏出都，只謂開承當師上六「師動以律」。律是開承之本，持律重者謂之長子，持律輕者謂之弟子；持律正者謂之丈人，持律邪者謂之小人。大君受律以爲錫命，只問律有從違，便是邦有治忽，何處不見此爻？何處不成此卦？莫逐野狐傾耳聽冰也。某云：蔣公此處討實經濟，亦見得《東山》、《破斧》不是蹈厲餘風，補遂、蚩尤時落《握奇》之內，蹶張君子亦自無處登壇。

又舉蔣問云：靖難之後，❹爲革除帷幄者極多；土木之變，以逃回命官者不少。齊、黄、曹、鄺既不足談，「篤信」、「學道」一章恐當竟屬新建。但云過去聖賢初無呆事留與後生，恐逗出鄉願、甘草一路。某云：周則豈敢！而德云：王新建恐亦未到「篤

❶「千」，四庫本、郭氏刻本作「三」。
❷「閭」上，四庫本有「巫」字。
❸「敵人」，原挖塗，據四庫本補。
❹「靖難」，四庫本作「建文」。

學」、「善道」田地。某云：「篤學」、「善道」是潛龍上人，新建遭時遇主，已在飛、躍之間。無一「潛」字，飛、躍不得。試問楊玉宸看。玉宸云：張子房、李深源、劉誠意都得到此，王景略猶有富貴之心。龐德公卻安貧賤，一路革除從難，儘有高賢；土木從塵，唯餘一革。將繇學習致然，亦是風化使爾。士君子守道致身，決不爲風化習氣所壞。「邦有道，貧且賤焉，耻也」，此是一條甘草，專賴學者夾以黄連。某云：領教。

又舉蔣問云：帝堯元年，《經世》推爲甲辰，今依《竹書》定爲丙子。堯在位百年，依《經世》起甲申，則舜元年己未，中間隔世幾於三紀，不如《竹書》丙辰之去己未正可三年。獲麟迄今二千三百餘年，❶素臣自多，苦無闕里，豈真子輿結讖長作秦人閏冬？某因再問謝有懷。有懷云：共和以上，《世譜》無稽。《竹書》丙子、《經世》甲辰，均之臆説。約略賢才或泰或否，子輿之去黨錮，黨錮之去河汾，河汾之距濂洛，五百上下已自難齊，繩以文、孔之年，亦可六百餘歲。聖賢立身，須是後天而老。如爲世數所囿，猶是食氣中人。不知羲皇前頭，❷可得幾箇甲子？疏仡上下，聞見何家？且請蔣公題其闕里。某云：蔣公此意實是難承。生值開闢前闢，莫問斗虹後路。啼麟笑鳳，果是不祥。

又舉蔣問云：世間無一物不是日光串透，人心頭學問如一片日，纔能貫串六虛，透徹上下。第虞日有中、昃，還須步步看取扶桑。某云：蔣公防人厭倦也。此一片日在

❶「三」，疑爲「一」之誤，後附録藉公之問作「一」。
❷「皇」，原作「農」，據四庫本、郭氏刻本改。

天地中，原無蚤暮。人爲天地所隔，自不見日。其實日光無一刻子不貫心眸。而德云：如此日光猶是外鑠，不是特地光芒。某云：天命謂性，性非外來。心中是天，天何漏處？試問王千里看。千里云：天地隔不得日，日行地下，夜氣勾萌；血肉隔不得心，心行體中，醉夢自覺。譬如無地，日當倍明；假使無身，心當倍妙也。某云：某猶未學到此。舉似蔣公，當爲發粲。

又舉蔣問云：聖人雖遇小事，於三才不靠一家，還靠自家耳。到得自家作主，更無三才。某云：蔣公教我陰陽、剛柔、仁義在人性中只是一「中」，認得「中」字，何須陰陽、剛柔、仁義？而德云：此説靠不得。知微、知彰、知柔、知剛，猶怕「三立」無一是處，無血皮中，奈何下砭？某云：試問楊峻人看。楊峻人云：六爻總是一卦，三才只是自家。粹精見性，旁通見情，只此性、情與天地合德，日月合明，鬼神合撰。不是太虛中間，更無陰陽、剛柔、仁義也。某云：某説底錯，賴峻人分曉。而德又云：只靠自家，此間何能無倚？有膽、有識，亦未到聖賢田地。某云：聖賢何曾無膽、❶無識？靠「中」而存，靠「和」而行，靠「虛」而游，靠「實」而成，如此獨立，始能不懼，不懼始能無悶，無悶始能無倚。楊峻人云：「不長夏以革，不大聲以色。不識不知，順帝之則。」此處還靠甚麽？某云：亦還有帝則在。峻人云：「有物有則」亦不靠人，「順帝之則」亦不靠天，則地之道亦不靠地。三極中間一則命貫，此命貫者的是何物？蔣公直云：自家所謂「誠」是「自誠」，「道」是「自道」。某云：生平讀書，只有

❶「賢」，四庫本、郭氏刻本作「人」。

此處未能直領，賴諸友剖析分明。

又舉蔣問云：虞舜盡孝，夫子知天，皆費五十年工夫，文王受命亦在中身，大衍一關實百聖千賢上下證果，向後六十耳順，受者彌虛；九十五耳提，强益不息；千二百歲，崆峒問難，剖出陰陽原委，乃能與日月參光。如此精進十分，始信「生曉」之無，祇歸小慧。學無厭倦，坐證長生。而德云：蔣公善祝，孔、蘧以來未有這段學問。召、畢、呂、散皆百餘歲，不知中身與誰周旋，作如許學問？伯玉磋磨於尼父，衛武提攜於張仲，亦皆半百之年，尚云「知非寡過」。❶河汾十五而爲人師，二程四十而擁皐比，以視「學《易》」得無太蚤？某云：人寡過最難，唯有力學可以自勉。顔淵「不貳」，即三十不以爲夭；彭祖「多慾」，即八百不以爲壽。羅期生云：蔣公既説「大衍一關是千聖證果」，則「五十學《易》」的是如何參會？某云：人生百年，卧消其半，只餘五十。任是現前百歲，亦要再加五十工夫。虞舜、文王、仲尼、蘧瑗皆於此處領得一半工夫。任是聖賢全副精神，亦無全副受用。做得一尺，成得五寸，若到此關，便當證果，雖是仲尼、蘧瑗，包管不住；若過此關，不能證果，雖是岐黄、彭老，夕死爲難。認得此關是理、是數、是工、是用，若得一百，便成二百，子瞻所云「若得七十年，便是百四十」也。繇夫子看來，千年工夫亦只是五百成就。學到天理淨盡，尚有小過難除。莫道「五十知非」，便是終身不貳也。任對蔣公一一舉似，勿從紙上看作訣詞。

翌日，朱伯勤從浦中至，翻閲諸義，因

❶「寡」，原作「悔」，據四庫本、郭氏刻本及《論語》改。

問：蔣公發如許問，何者是蔣公大意？某云：不厭不倦則可謂云爾，是蔣公大意。又問：吾門如許條答，何者是吾門大旨？某云：忘食忘憂，不知老之將至，是吾門大旨。伯勤又問：蔣公所見，自十二卷以上，撮領提綱，備聞妙緒；自十二卷以下，魯生、肇中所緝之明博，石星、賡穆所記之精微，勗之、而德重收之簡至，理過百條，文逾五萬，若要請正，如何裁取？某云：任看山山樹樹，仍是老至倦來。一部《易》書只領得「乾乾終日」。於時王豐功、陳無涯在坐，某謂伯勤問他。豐功云：衞武公學問老成，《抑戒》一篇四百七十字，字字坤道。皐陶哲惠生知，「九德」一章綜貫十八言，言言互體，如何專領乾爻？某云：不是「用九」那得「乾元」？惟其「乾乾」，所以「抑抑」。陳無涯云：「夙興夜寐，洒掃廷內，惟民之章」，此處便是强恕而行，抑是致知格物？「簡而廉，剛而塞，强而義」，此處若有一念陰柔，亦是「不知不止」。大家講貫，末後分明，儘在兩老身上。某云：無涯教我，任對蔣公一一舉似，勿從紙上看作訣詞。

是日丙子歲二月九日也，某馬齒五十有二，會中諸賢請宮庶若椰先生提耳爲贈，若椰黐諸《問業》，揚糠簡竇，得十八條。初示聞道之艱難，末示成德之不易，叮嚀告誡於孔、蘧寡過之年，所以裁成吾黨，垂引來哲，不爲少矣。因録若椰先生問義，篇次如左：

丙子二月望日黃道周識

榕壇十八問附

「人報君親雙斷後，天排雲水兩空痕」，

幼玄黄先生壬申誕日詩也。上既深知幼玄，首俞召用，推車過霹靂，又得滂沱；吐舌舐青天，寧憂虎豹。屬五十加年之旦，正三千遶座之時，漳潮諸賢以璟幸托三同，雌長數月，遠來授簡，遜謝未能，聊就榕壇教鐸詮叩膚疑，以當席茅下風之拜。

問：益、稷、皋、夔生值重華，想皆有三十年學問。繇今推之，其嚮用當在五十餘歲，第不知所學何事？彼時《山經》未作，《苗譜》稀傳，❶律例、樂書豈有定本？無迺天人參半，抑從心性透玄？

問：文王「五止」具一部《河圖》、《雒書》，此便是「易有太極」。若于「太極」外更加無極，便入老、莊。即于卦象外另圈太極，亦非羲皇初筆否？

問：《中庸》是舟，「一善」是柁，如無柁匠，秖是岸横。「一貫」如樹，學識如花，徒取花師，終同繒剪。

問：阿難徵心，似與儒門不異，只欠「戒懼」一着耳。吾儒自割卧榻，左右間聽二氏鼾睡，若以心論，統在天命範圍。

問：周公驅虎、豹、犀、象，后、夔舞百獸、鳳凰，論他性學，本無精麤，然於苗頑、殷頑，反都棘手。將繇人不如物，抑亦頑不易廉？盡性爐中，決無先後走作。

問：七百歸獄，三千出宫，片刻事震動天下。布衣身中亦有此一種消息，先生《救華亭三疏》、《解遼環萬言》，自是斬蛇、斬蛟手段。總之覷得一官七尺輕，欲驗「歸仁」，看此一日。

問：聖門七十二子箇箇中人，宋儒却言佛門祖師箇箇奇偉，豈爲淡收不住，正恐文

❶「苗」，疑爲「笛」之誤。

殊、普賢輩，耳食者以爲騎得象王、獅子，便足壓住四科也。

問：二南非南國，乃南風。義本薰解，蓋取諸舜。然塗山女始作南音，南之取義似兼取禹否？管子惟未爲二南，故有「三歸」。房、杜諸公總是面牆，❶難道人豪無數，皆坐不讀《關雎》？

問：夏時本遵堯曆，自商、周、秦至漢文、景皆用之，只以所建頒朔。《周書》曰：「夏數得天，百王所同。革命改正以垂三統，至於敬授民時，巡狩祭享，猶自夏焉。」周公原不改四時之名，孔子恐無改周公之理。行夏時只是行《夏小正》，以爲燮理陰陽之本，如春行冬令則水，秋行夏令則旱，明堂政事原與《洪範》相關。

問：《雅》有「五際」，《風》、《頌》宜亦有之，惟《商》、《魯》寥寥，頗難推算。若六笙、九夏果否缺殘？束廣微《補亡》固非，劉原父以爲有聲無辭。聲由辭生，似無無辭有聲之曲。或以《天保》當《南陔》，《常棣》當《華黍》，《伐木》當《崇丘》，《菁莪》當《由儀》，如以《時邁》爲《肆夏》，《執競》爲《樊遏》之類，而并以《思齊》當《齊夏》，《行葦》當《族夏》，其說亦自可通。要之，無關詩教也。紫陽故掃《小序》，雖屬邊見，《詩說》、《詩傳》恐亦商、賜伶優。

問：三禮分彙立例，準《小學》、《大學》、《繫辭》、《雜卦》以爲全書，儘是快事。惟樂律黃鐘三寸九分與九寸，尚無確論。黃鐘一誤，諸律全差。京房六十律，錢樂之三百六十律，均似蛇足。請合《太玄》、《新書》元聲、正聲諸說爲《樂》全經，與三禮并懸宇宙。

❶「面牆」，原作「牆面」，據四庫本、郭氏刻本改。

問：古曆多疎，後曆漸密，議者謂至元郭守敬而盛，亦至元而衰。近以日食刻數不合，將《大統》、《回回》、《西洋》、❶《滿城》四曆並較，各驗《食圖》，亦多錯出。不知古曆之疎何以反得「敬授」精意？《黄圖》自在《太玄》、《經世》之上，於《易》、律參同，定有南鍼。

問：《易》八卦談兵，師、同人、謙、豫是御將要法，坎、離、兩濟是戰守古方。今寵命空優，惟聞左次，號咷已久，不變冥盱。而自醫巫閭抵賀蘭一帶，地險盡爲敵人飲馬之場。❷山海之守憊甚，鬼方、河套、大寧空巢奉我，濡尾尚賒，無望折首也。不知敗局落在何爻？即今推環應參何卦？

問：靖難之後，爲革除帷幄者極多，土木之變，以逃回命官者不少。齊、黄、曹、鄺亦不足譚，「篤信」、「學道」一章恐當竟屬新建。但云過去聖賢初無呆事留與後生，恐逗出鄉願、甘草一路。

問：堯元年，《經世》推爲甲辰，今依《竹書》定爲丙子。堯在位百年，百年外依《經世》當起甲申，而舜元年爲己未，中間虛位幾於三紀，不知《竹書》可據。❸獲麟迄今二千一百年餘，素臣自多，苦無闕里，豈真子輿結識長作秦人閏冬？

問：世間無一物不是日光串透，人心頭學問精誠如一片日，纔能貫串六虛，透徹上下。第虞日有中、昃，還須步步認取扶桑。

問：聖人雖遇小事，於三才不靠一家，還只靠自家耳。到得自家作主，更無三才。

❶「洋」，據《明史》卷三十一及本卷前文，疑爲「域」之誤。
❷「敵人」，原墨丁，據四庫本補。
❸「知」，四庫本作「如」。

問：虞舜盡孝，夫子知天，皆費五十年工夫，文王受命亦在中身，大衍一關實百聖千賢證果。向後六十耳順，受者彌虛；九十五耳提，强益不息；千二百歲，崆峒問難，剖出陰陽原委，乃能與日月參光。如此精進十分，始悟「生曉」之無，秖歸小慧。學無厭倦，坐證長生。

丙子花朝年，友弟蔣德璟拜手謹祝，并求教益。

《榕壇問業》爲吾漳諸弟子講論而發。夫子自壬申抵家，諸弟子相從講論，皆在浦之北山。至甲戌夏，始入郡就芝山之正學堂爲講舍。其條約見於篇端，彙次成帙者凡十八卷。憶乙亥十月十六日正會，時環命初下，報人至，歡動城邑。夫子方與諸弟子論文未輟，閽者不敢以聞。翌日，諸公勸駕，亦會歲暮，夫子亦還山守墓，未獲再證。諸弟子所次《問業》已得十六七卷，二月九日爲夫子誕辰，諸弟子合前後問、修二業請于宮庶蔣先生，先生因就《問業》中拈出十八條，推暢玄風，以抒嘉祝。乃復録師説，彙于末卷，以振諸篇。坊實綱紀其事，遂不揣載筆，以托後乘云。丙子夏，門人吕士坊謹識。

夏峰先生語録

（存目，見《夏峰先生集》）

〔清〕孫奇逢 撰

鳴謝

《儒藏》精華編惠蒙善助，共襄斯文；謹列如左，用伸謝忱。

本煥法師　壹佰萬元

智海企業集團董事長　馮建新先生　壹佰萬元

NE·TIGER時裝有限公司董事長　張志峰先生　壹佰萬元

張貞書女士　壹佰萬元

北京大學《儒藏》編纂與研究中心

本册审稿人　骈宇骞　丁如明　张忱石

本册责任编委　甘祥满

圖書在版編目(CIP)數據

儒藏.精華編.一九五/北京大學《儒藏》編纂與研究中心編.—北京：北京大學出版社，2013.12

ISBN 978-7-301-11913-6

Ⅰ.①儒… Ⅱ.①北… Ⅲ.①儒家 Ⅳ.①B222

中國版本圖書館CIP數據核字（2013）第185492號

書　　名	儒藏（精華編一九五） RUZANG
著作責任者	北京大學《儒藏》編纂與研究中心　編
責任編輯	魏奕元　王　應　吴遠琴　童　祁
標準書號	ISBN 978-7-301-11913-6
出版發行	北京大學出版社
地　　址	北京市海淀區成府路205號　100871
網　　址	http://www.pup.cn　新浪微博：@ 北京大學出版社
電子郵箱	編輯部 dj@pup.cn　總編室 zpup@pup.cn
電　　話	郵購部 010-62752015　發行部 010-62750672　編輯部 010-62756449
印 刷 者	北京中科印刷有限公司
經 銷 者	新華書店
	787毫米×1092毫米　16開本　70.5印張　672千字 2013年12月第1版　2024年7月第3次印刷
定　　價	1200.00元

ISBN 978-7-301-11913-6
9 787301 119136 02>
定價:1200.00元